Alexander Pinwinkler
Historische Bevölkerungsforschungen

Alexander Pinwinkler

Historische Bevölkerungsforschungen

Deutschland und Österreich im 20. Jahrhundert

WALLSTEIN VERLAG

Gedruckt mit Unterstützung der Deutschen Forschungsgemeinschaft/Bonn, der Fazit-Stiftung/Frankfurt a. M., der MA 7 – Kulturabteilung der Stadt Wien (Wissenschafts- und Forschungsförderung) sowie der Stiftungs- und Förderungsgesellschaft der Paris-Lodron-Universität Salzburg.

Bibliografische Information der Deutschen Nationalbibliothek
Die Deutsche Nationalbibliothek verzeichnet diese Publikation in der Deutschen Nationalbibliografie; detaillierte bibliografische Daten sind im Internet über http://dnb.d-nb.de abrufbar.

www.wallstein-verlag.de
Vom Verlag gesetzt aus der Adobe Garamond
Umschlaggestaltung: Susanne Gerhards, Düsseldorf
Unter Verwendung folgender Abbildung:
»Der deutsche Volks- und Kulturboden in Europa / Hans Fischer.
Unter Mitwirkung von Albrecht Penck bearb. auf Anregung des Vereins für das Deutschtum im Ausland« [Karte 1:3.270000; Leipzig 1925]
Druck und Verarbeitung: Hubert & Co, Göttingen
ISBN 978-3-8353-1408-5

Inhalt

I. Einführung

1. Zugänge zum Thema und forschungsleitende Thesen

Die vorliegende Monographie stellt akademische Geschichtsforschung, demographisches Denken und Bevölkerungswissenschaften erstmals in wissenschaftsgeschichtlichen Kontexten dar. Im Blickpunkt der Untersuchung steht der Zeitraum zwischen dem frühen 20. Jahrhundert und den 1970er-Jahren, was im Folgenden eingehend begründet wird. Die Studie leistet damit einen Beitrag zur Entwicklung der Historischen Forschung im 20. Jahrhundert wie auch zur Geschichte anderer Wissenschaftsdisziplinen. Ihren Gegenstand bilden Konzeptionalisierungen und Praktiken von ›Bevölkerung‹ in den Geschichtswissenschaften und anderen Fachrichtungen (z. B. in der Geographie und Soziologie) sowie ›Bevölkerungsgeschichte‹ und ›Historische Demographie‹ als sich formierende historiographische Spezialdisziplinen. Im Fokus stehen wissenschaftliche Fachrichtungen, Disziplinen und Paradigmen in Deutschland und Österreich. Diese werden darüber hinaus exemplarisch in internationale Kontexte gestellt und vergleichend untersucht, wobei ich speziell Transfer- und Austauschbeziehungen in den Blick nehme.

Meine Studie setzt einen weiteren Akzent in der Reihe von Monographien, die im Verlauf und seit dem Abschluss des DFG-Schwerpunktprogramms ›Bevölkerung‹ erschienen sind.[1] Wesentliche Anstöße zur Begründung des DFG-Schwerpunktprogramms ›Bevölkerung‹ hatten Ende der 1990er-Jahre der Soziologe Rainer Mackensen und der Historiker Bernhard vom Brocke beigesteuert.[2] Vom Brockes Überblicksdarstellung zur Geschichte der Bevölkerungswissen-

1 Vgl. Josef Ehmer, Bevölkerungsgeschichte und Historische Demographie: 1800-2000, München 2004; Jörg Gutberger, Volk, Raum und Sozialstruktur: Sozialstruktur- und Sozialraumforschung im »Dritten Reich«, Münster ²1999; ders., Bevölkerung, Ungleichheit, Auslese: Perspektiven sozialwissenschaftlicher Bevölkerungsforschung in Deutschland zwischen 1930 und 1960, Wiesbaden 2006; Patrick Henßler/Josef Schmid, Bevölkerungswissenschaft im Werden: die geistigen Grundlagen der deutschen Bevölkerungssoziologie, Wiesbaden 2007; Carsten Klingemann, Soziologie und Politik: Sozialwissenschaftliches Expertenwissen im Dritten Reich und in der frühen westdeutschen Nachkriegszeit, Wiesbaden 2006; Matthias Weipert, »Mehrung der Volkskraft«: Die Debatte über Bevölkerung, Modernisierung und Nation 1890-1933, Paderborn 2006.

2 Vgl. zu den Ergebnissen des DFG-SPP Rainer Mackensen (Hg.), Bevölkerungslehre und Bevölkerungspolitik im »Dritten Reich«, Opladen 2004; ders./Jürgen Reulecke (Hg.), Das Konstrukt »Bevölkerung« vor, im und nach dem »Dritten Reich«, Wiesbaden 2005; Rainer Mackensen (Hg.), Bevölkerungsforschung und Politik in Deutschland im 20. Jahrhundert, Wiesbaden 2006; Josef Ehmer/Ursula Ferdinand/Jürgen Reulecke (Hg.), Herausforderung Bevölkerung: zu Entwicklungen des modernen Denkens über die Bevölkerung vor, im und nach dem »Dritten Reich«, Wiesbaden 2007; Rainer Mackensen/Jürgen Reulecke/Josef Ehmer (Hg.), Ursprünge, Arten und Folgen des Konstrukts »Bevölkerung« vor, im und nach dem »Dritten Reich«. Zur Geschichte der deutschen Bevölkerungswissenschaft, Wiesbaden 2009.

schaften in Deutschland behandelte zwar auch die historiographischen Forschungsrichtungen ›Bevölkerungsgeschichte‹ und ›Historische Demographie‹; diese nehmen in seiner ansonsten verdienstvollen Arbeit aber nur eine nachrangige Stellung ein.[3]

Die Arbeit geht von der Beobachtung aus, dass neuere Forschungen ›Bevölkerung‹ und ›Volk‹ bereits mehrfach als geschichtswissenschaftliche Paradigmen thematisiert haben. Von diesen Studien unterscheiden sich die hier vorgelegten Untersuchungen durch ihren qualitativ weit darüber hinausführenden Ansatz, welcher die konzeptionellen Grundlagen und konkreten Ausformungen des Bevölkerungsdenkens in den Geschichtswissenschaften nach systematischen Gesichtspunkten aufarbeitet und sie in einen Zusammenhang mit der Entwicklung der Bevölkerungswissenschaften stellt. Die Abhandlung grenzt sich dabei klar von herkömmlichen Disziplingeschichten ab, deren Forschungsgegenstände meist ein verhältnismäßig enges Terrain von zentralen Akteuren und ihrem jeweiligen wissenschaftlichen Umfeld umfassen.[4] Meine Studie spürt ›Bevölkerung‹ hingegen in verschiedenartigen wissenschaftlichen, politischen und biographischen Kontexten auf. Der besondere Vorzug dieses methodischen Zugriffs liegt darin, dass der – im Folgenden noch genauer einzugrenzende – Forschungsgegenstand sich sowohl auf im Untersuchungszeitraum bereits etablierte Fachdisziplinen beziehen lässt, als auch Begriffe, Konzepte und Praktiken von ›Bevölkerungsgeschichte‹ und ›Historischer Demographie‹ *avant la lettre* mit umfasst: Letztere können daher analysiert werden, *bevor* historiographische Disziplinen unter diesen Bezeichnungen sich zu formieren begannen. Hierin liegt auch die Chance des gewählten Untersuchungszeitraums, in dem die Geschichtswissenschaften ›Bevölkerung‹ in sehr unterschiedlichen Erscheinungsformen und begrifflichen Kombinationen verwendeten. Der dynamische Wandel dieser Forschungen lässt sich so über politische und institutionelle Brüche hinweg darstellen.[5]

3 Bernhard vom Brocke, Bevölkerungswissenschaft – Quo vadis? Möglichkeiten und Probleme einer Geschichte der Bevölkerungswissenschaft in Deutschland, Opladen 1998; Rainer Mackensen (Hg.), Bevölkerungsfragen auf Abwegen der Wissenschaften: Dokumentation des 1. Colloquiums zur Geschichte der Bevölkerungswissenschaft in Deutschland im 20. Jahrhundert, Opladen 1998.

4 Vgl. als eines von vielen Beispielen für einen disziplingeschichtlichen Zugang den instruktiven Artikel von Paul-André Rosental, The Novelty of an Old Genre: Louis Henry and the Founding of Historical Demography, in: Population 58 (2003), 97-130, welcher die französische historisch-demographische Forschung in den 1950er-Jahren detailliert darstellt.

5 Begriffe wie ›Bevölkerung‹ und ›Volkstum‹ sowie Arbeitsrichtungen und disziplinäre Formationen im Bereich der Historiographie wie ›Bevölkerungsgeschichte‹, ›Historische Demographie‹ oder ›Volks- und Kulturbodenforschung‹ setze ich im Text unter einfache Anführungszeichen. Dies gilt auch für den Leitbegriff ›historische Bevölkerungsforschungen‹, den ich – im Unterschied zu den genannten Begriffen – allerdings stets klein schreibe, sowie für alle Termini, welche zeitgenössischen und gegenwärtigen Wissenschaftsdiskursen entnommen sind und die in dieser Arbeit kritisch reflektiert werden (wie z. B. ›European Marriage Pattern‹ oder ›demographischer Übergang‹). Im Fall ihrer wörtlichen Zitierung weise ich sie hingegen mit doppelten Anführungszeichen aus. Sonstige gängige bevölkerungswissenschaftliche Begriffe wie Fertilität, Mortalität, Migration oder

Dieses Konzept kommt somit ohne einen vorrangig disziplinär orientierten Bezugsrahmen aus. Zugleich begreift es die spezifische Heterogenität der Bevölkerungswissenschaften nicht als Hemmnis, sondern im Gegenteil als wesentlichen Ansatzpunkt für ihre forschungsleitenden Fragestellungen. Ein solcher Zugang wurde für die Geschichtswissenschaften bislang nur bruchstückhaft umgesetzt.[6] Dies überrascht umso mehr, da in den vergangenen Jahren insbesondere Interaktionen und Verflechtungen von ›Bevölkerung‹ und ›Demographie‹ mit ›Politik‹ und ›Öffentlichkeit‹ auf Interesse gestoßen sind. Hierbei geraten zusehends konkrete Akteure und Akteurinnen[7] und ihre Netzwerke in den Blick. Die Studie beschränkt sich nicht auf eine enge Rekonstruktion der akademischen Fachrichtungen ›Bevölkerungsgeschichte‹ und ›Historische Demographie‹, sondern sie verortet diese in einem deutlich breiteren Diskurs um ›Volk‹ und ›Bevölkerung‹.

Sie legt hierfür einen Bevölkerungsbegriff zugrunde, der darauf abzielt, semantische Verknüpfungen zwischen ›Bevölkerung‹ und anderen Kollektivbegriffen wie ›Familie‹, ›Volk‹ und ›Rasse‹ zu rekonstruieren. Zugleich aber wird hier ›Bevölkerung‹ als ein Strukturbegriff *sui generis* verstanden, der sich sowohl auf die statistische Erhebung von Bevölkerungsstand und -bewegung als auch auf die wissenschaftliche Interpretation von Bevölkerungsstrukturen und -prozessen bezog. Neben den quantifizierenden gilt qualifizierenden Dimensionen von Begriffen, Konzepten und Praktiken von ›Bevölkerung‹ und den damit verknüpften Strategien zur Inklusion des ›Eigenen‹ und der Exklusion des ›Fremden‹ mein besonderes Interesse. Die Arbeit greift damit aktuelle Trends der wissenschafts- und historiographiegeschichtlichen Forschung auf. Sie integriert diese Ansätze für die Untersuchung eines Forschungsfelds, das für die Entwicklung der Geschichts-, Sozial- und Bevölkerungswissenschaften bis in die unmittelbare Gegenwart eine kaum zu überschätzende Bedeutung erlangte.

Bevölkerungsstand und -bewegung sowie berufsbezogene Bezeichnungen wie Volks- und Ostforscher, Bevölkerungs- und Landeshistoriker werden durch Anführungszeichen nicht eigens hervorgehoben.

6 Vgl. hierzu u. a. folgende Studien des Verfassers: Alexander Pinwinkler, Zur (Re-)Konstruktion von »Bevölkerungsgeschichte« in der frühen Bundesrepublik Deutschland – nationale und internationale Kontexte, in: Josef Ehmer/Werner Lausecker/Alexander Pinwinkler (Hg.), Bevölkerungskonstruktionen in Geschichte, Sozialwissenschaften und Politiken des 20. Jahrhunderts. Transdisziplinäre und internationale Perspektiven, Köln 2006, 64-100; ders., »Bevölkerungsgeschichte« in der »Deutschen Gesellschaft für Bevölkerungswissenschaft« (1952 bis ca. 1970), in: Ehmer et al. (Hg.), Herausforderung Bevölkerung, 283-294; ders., Deutsche Geschichtswissenschaften und »Bevölkerung« bei den Internationalen Historikerkongressen der Zwischenkriegszeit, in: Annemarie Steidl et al. (Hg.), Übergänge und Schnittmengen. Geschichte der Arbeit, Migration, Bevölkerung und Wissenschaft in Diskussion, Wien 2008, 371-398; ders., Trends der Bevölkerungsforschungen in den Geschichtswissenschaften, in: Mackensen et al. (Hg.), Ursprünge, Arten und Folgen, 107-127.

7 Obgleich im Folgenden meist das männliche grammatikalische Geschlecht für die Bezeichnung der Akteure von ›historischen Bevölkerungsforschungen‹ verwendet wird, verstehen sich alle diesbezüglichen Angaben als geschlechtsneutral.

Vor diesem Hintergrund betrachtet, ist die Frage, welche Fachrichtungen und Disziplinen als ›historische Bevölkerungsforschungen‹ verstanden werden sollen, und wie sich derartige Konfigurationen im Untersuchungszeitraum wandelten, von grundlegender Bedeutung. Der hier herangezogene heuristische Leitbegriff ›historische Bevölkerungsforschungen‹ umschreibt wie bereits angedeutet einen Forschungsgegenstand, der heterogene wissenschaftliche (Teil-) Disziplinen, Fachrichtungen und Paradigmen wechselweise aufeinander beziehen und wissenschaftsgeschichtlich darstellen soll. Die einzelnen Arbeitsrichtungen waren weder in sich konsistent, noch ließen sie sich in jedem Fall von anderen Fachrichtungen der ›historischen Bevölkerungsforschungen‹ klar abgrenzen: Die begrifflich weite Fassung des Forschungsgegenstands soll daher bewusst eine methodische Voraussetzung schaffen, um in der Studie fließende Übergänge und Austauschbeziehungen zwischen den einzelnen Fachrichtungen und Disziplinen sichtbar zu machen: Sie will aufzeigen, dass ›historische Bevölkerungsforschungen‹ in einem weit größeren Ausmaß verbreitet waren, als es der alleinige Rekurs auf ›Bevölkerungsgeschichte‹ und ›Historische Demographie‹ nahelegen würde. Der Blick auf ein verhältnismäßig breites Feld derartiger wissenschaftlicher Forschungen bietet dabei die Chance, den Grad ihrer Durchdringung mit Bevölkerungsbegriffen und -konzepten exemplarisch zu sondieren. ›Historische Bevölkerungsforschungen‹ dürften über die an den Universitäten betriebenen Geschichtswissenschaften weiter hinausgegangen sein, als dies selbst in der Debatte um die deutsche ›Volksgeschichte‹ deutlich geworden ist. Demographische Indikatoren (wie etwa Fertilität, Natalität und Mortalität) bildeten offenbar nur einen Teil dieser Forschungen.

Zudem identifizierten sich akademisch institutionalisierte Historiker ebenso wie heimatkundlich engagierte Lokal- und Regionalforscher sowie Genealogen und Erbbiologen häufig mehr mit deutschen ›Volksforschungen‹ als mit einem engeren Verständnis von ›Bevölkerungswissenschaft‹, das sich vorrangig auf demographische Strukturen und Prozesse bezog: Den Hintergrund dafür bildete die ideologisch bedingte Favorisierung des ›Lebensgesetzlich‹-Organischen durch die ›Volksgeschichte‹ der 1920er- bis 1950er-Jahre, welche durch die Abwertung von ›Zahl‹ und ›Struktur‹ begleitet wurde. Das bedeutete aber keineswegs, dass deutsche Volksforscher innerhalb und außerhalb der Geschichtswissenschaften nicht darauf abgezielt hätten, der Politik und Verwaltung statistische oder kartographische Instrumentarien zur Verfügung zu stellen, um eine Revision des Versailler Vertrags zu erreichen.[8]

Ansätze und Studien zu ›historischen Bevölkerungsforschungen‹ kamen nicht nur aus der Geschichtswissenschaft: Hier sei exemplarisch nur auf Gunther Ipsens (1899-1984) sogenannte ›realsoziologische Dorfforschungen‹ oder auf die von Hans Kinzl (1898-1979) begründete ›Innsbrucker Schule der Bevölkerungs-

8 Vgl. hierzu etwa Michael Fahlbusch, Wissenschaft im Dienste der nationalsozialistischen Politik? Die »Volksdeutschen Forschungsgemeinschaften« von 1931-1945, Baden-Baden 1999.

geographie‹ hingewiesen. Letztere beruhte wesentlich auf der ›Bevölkerungsbiologie‹ des Anthropologen und Genealogen Walter Scheidt (1895-1976).[9] ›Historische Bevölkerungsforschungen‹ innerhalb und außerhalb der ›zünftig‹ organisierten Historiographie verfügten indes – wie bereits angedeutet – über keinerlei institutionelle Strukturen, die alle oder auch nur die Mehrzahl der in diesem Feld tätigen Forscher erfassten; auch verfügten sie über kein einheitliches begriffliches oder methodisches System.

Dies gilt zumal für Bevölkerungsstudien von Fachhistorikern, deren individuelle Zugangsweisen zu ›Bevölkerung‹ sich oft recht deutlich voneinander unterschieden: So untersuchte beispielsweise der Althistoriker Karl Julius Beloch (1854-1929) im ausgehenden 19. Jahrhundert die Bevölkerungsgeschichte der griechisch-römischen Antike und Italiens. Er konzentrierte sich dabei auf eine arealstatistische Verortung der Bevölkerungsentwicklung.[10] Der Danziger Historiker Erich Keyser (1893-1968) wollte in den 1930er- bis 1960er-Jahren vermeintliche rassenanthropologische Grundlagen der »Bevölkerungsgeschichte Deutschlands« aufdecken,[11] während der Genealoge Hermann Mitgau (1895-1980) – um ein anderes Beispiel aufzugreifen – in den 1960er-Jahren die ›Familie‹ als grundlegende bevölkerungswissenschaftliche Untersuchungseinheit definierte.[12]

Wenn diese Forschungsansätze also tatsächlich so breit angelegt waren und sie gleichzeitig einander nur in einem begrenzten Maße rezipierten, wie hier nachdrücklich betont werden soll, dann stellt sich dazu unweigerlich die folgende Frage: Lässt sich genauer abschätzen, bis zu welchem Grad die unterschiedlichen Richtungen und Disziplinen ›historischer Bevölkerungsforschungen‹ – zumindest in den 1920er- bis 1960er-Jahren – überhaupt institutionell und diskursiv miteinander vernetzt waren? Inwieweit lassen sie sich voneinander abgrenzen?

9 Vgl. Franz Fliri, Hans Kinzl und die Innsbrucker Schule der Bevölkerungsgeographie, in: Mitteilungen der Österreichischen Geographischen Gesellschaft 138 (1996), 147-181; Hugo Penz, Verzeichnis der von Univ.-Prof. Dr. Hans Kinzl betreuten Dissertationen, in: Franz Fliri (Hg.), Festschrift für Hans Kinzl zum siebzigsten Geburtstag, Innsbruck 1968, 157-160.

10 Vgl. Karl Julius Beloch, Die Bevölkerung der griechisch-römischen Welt. Bde. 1-2, Leipzig 1886; ders., Bevölkerungsgeschichte Italiens. Ed. von Gaetano de Sanctis. Bd. 1: Grundlagen. Die Bevölkerung Siziliens und des Königreichs Neapel, Berlin u. a.; Bd. 2: Die Bevölkerung des Kirchenstaates, Toscanas und der Herzogtümer am Po, Berlin-Leipzig 1937/39.

11 Vgl. Erich Keyser, Rassenforschung und Geschichtsforschung, in: ABB 5 (1935), 1-8. Vgl. zu Keyser: Alexander Pinwinkler, *Volk*, *Bevölkerung*, *Rasse*, and *Raum*: Erich Keyser's Ambiguous Concept of a German History of Population, ca. 1918-1955, in: Ingo Haar/Michael Fahlbusch (eds.), German Scholars and Ethnic Cleansing 1920-1945, New York-Oxford 2005, 86-99.

12 Vgl. Hansjörg Gutberger, Bevölkerungsforschung und »soziale Ordnung«. Anmerkungen zu den Methoden sozialwissenschaftlicher Bevölkerungsforschung in Deutschland (1930-1960), in: Rainer Mackensen/Jürgen Reulecke (Hg.), Das Konstrukt »Bevölkerung« vor, im und nach dem »Dritten Reich«, Wiesbaden 2005, 314-339, hier 330-332. Vgl. Hermann Mitgau, Zur Entwicklung der genealogischen Soziologie. Ein Blick über die Zäune der Fachdisziplinen, in: Genealogisches Jahrbuch 5 (1965), 5-21, hier 6.

Aufbauend auf diesen Forschungsfragen diskutiere ich folgende Thesen, die in den bisherigen Arbeiten zur deutschen ›Volksgeschichte‹ bislang nur zu einem Teil angesprochen wurden:

1.) Die Studie geht erstens von der Beobachtung aus, dass ›Bevölkerungsgeschichte‹ im hier zugrunde gelegten begrifflich weiten Verständnis im Untersuchungszeitraum meist auf das ›deutsche Volk‹ als Abstammungsgemeinschaft fokussierte. Sie behauptete die biologische Gliederung des ›Volkes‹ in ›Familien‹ bzw. ›Sippen‹ und ›Stämme‹. ›Bevölkerungsgeschichte‹ trat kaum jemals nur als historische Statistik des Bevölkerungsstands und der Bevölkerungsbewegung auf; charakteristisch war vielmehr ihre wechselvolle Verknüpfung mit Fragestellungen und Forschungspraktiken, die auch in anderen Forschungsfeldern der Geschichts- und Kulturwissenschaften abgehandelt wurden; die ›Historische Bevölkerungsstatistik‹ dürfte zudem, wie hier diskutiert werden soll, seit den 1920er-Jahren zunehmend für volksgeschichtliche Zwecke adaptiert worden sein.[13] Die davon zuweilen abgeleitete Annahme, dass »das Konstrukt Bevölkerungswissenschaft als eigenständiges Entwicklungssubjekt« verschwunden sei,[14] betrachte ich hier bewusst nicht als erkenntnisleitend. Diese Studie geht im Gegenteil den inhaltlichen und methodischen Verflechtungen zwischen ›Demographie‹, ›Bevölkerungslehre‹ und ›Geschichte‹ vor, im und nach dem ›Dritten Reich‹ nach.

2.) Eine *ex post* erfolgende Differenzierung zwischen einer – vermeintlichen – ›Realsoziologie‹ oder sozialwissenschaftlichen Bevölkerungswissenschaft auf der einen und einer biologisch-rassischen ›Volkstumsforschung‹ auf der anderen Seite[15] betrachte ich für die hier verfolgten Fragestellungen ebenso wenig als weiterführend. Denn die politische Brisanz von Wissenschaften im ›Dritten Reich‹ ergab sich – so die zweite These – wesentlich gerade aus der Verbindung von tatsächlich oder vermeintlich sachbezogenen Forschungen mit biologisierenden Studien zum deutschen ›Volkskörper‹ und rassistischen bevölkerungspolitischen Praktiken. Vielfach ethnozentrisch aufgeladene Kategorien der ›Tragfähigkeit‹ und des Ausgleichs zwischen ›Unter-‹ und ›Übervölkerung‹ bildeten dabei argumentative Ressourcen, die Bevölkerungsstudien Kohärenz verleihen sollten; solche argumentativen Muster produzierten und legitimier-

13 Als Beispiel sei der Innsbrucker Historiker Adolf Helbok (1883-1968) erwähnt, der in den 1930er-Jahren die ›Historische Bevölkerungsstatistik‹ zu einer biologisierend-qualifizierenden ›Volkstums-‹ und ›Volkskörpergeschichte‹ weiterzuentwickeln suchte. Vgl. Adolf Helbok, Wesen und Aufgaben der deutschen Volkstumsgeschichte, Frankfurt a. M. 1936; ders., Deutsche Geschichte auf rassischer Grundlage, Halle/Saale 1939.

14 So insbesondere Rainer Mackensen, Zur Einführung, in: ders. (Hg.), Bevölkerungslehre und Bevölkerungspolitik im »Dritten Reich«, Opladen 2004, 9-17, hier 14.

15 So z. B. Carsten Klingemann, Konzeption und Praxis sozialwissenschaftlicher Bevölkerungswissenschaft in ihren Beziehungen zu Raumforschung und Geopolitik im Dritten Reich, in: Mackensen (Hg.), Bevölkerungsforschung, 221-250.

ten nicht zuletzt antisemitische und antislawische Stereotypen;[16] viele dieser Arbeiten durchzog zudem die Erörterung von Migrationen; damit dürften sich ihrerseits Fragen nach der Dynamik von ›Assimilation‹ und ›Dissimilation‹ (›Umvolkung‹)[17] und den angenommenen räumlichen und sozialen Grenzen zwischen den ›Völkern‹ verknüpft haben.

3.) Die beiden skizzierten Thesen führen schließlich zu der Frage, wie ›historische Bevölkerungsforschungen‹ sich in Deutschland und Österreich vor, im und nach dem ›Dritten Reich‹ im internationalen Kontext positionierten. Hierzu wird die These vertreten, dass derartige Forschungen sich mit langfristigen Folgen von internationalen Trends abschotteten, wobei diese Tendenz zur Selbstisolierung erst seit den späten 1960er-Jahren überwiegend von außen her sukzessive aufgebrochen wurde.[18]

2. Forschungskontexte und Fragestellungen

Die Studie bezieht sich wesentlich auf neuere Ansätze zur Wissenschafts- und Historiographiegeschichte. Sie sucht insbesondere das Konzept einer kulturalistisch erweiterten Wissenschaftsgeschichte, wie es beispielsweise Ute Daniel und Michael Hagner programmatisch dargelegt haben, für das engere Feld der ›historischen Bevölkerungsforschungen‹ fruchtbar zu machen.[19] Ich folge dabei Hagners Auffassung, dass die in der tradierten Wissenschaftsgeschichte privilegierten Fragen nach »Rationalität, Objektivität und Theorie« nicht mehr den alleinigen »epistemologischen Startpunkt für wissenschaftshistorische Untersuchungen« bilden. Vielmehr sollte »Bedeutungen, Anwendungsbereiche[n] und Wandlungen dieser Kategorien« nachgegangen werden.[20] Für den hier interessierenden Gegenstand bedeutet dies, dass scheinbar rationale oder sachlogische Begriffe wie ›Siedlung‹, ›Bevölkerungsdruck‹ oder ›Agrarverfassung‹, welche die Semantiken ›historischer Bevölkerungsforschungen‹ im Untersuchungszeitraum

16 Vgl. etwa Werner Lausecker, Paul Mombert und die »Vordenker der Vernichtung«. Eine Skizze zu Fragen nach Zusammenhängen von »Bevölkerungs«konstruktionen und *Social Engineering* im Nationalsozialismus, in: Ehmer et al. (Hg.), Herausforderung Bevölkerung, 333-340.

17 Vgl. hierzu Alexander Pinwinkler, »Assimilation« und »Dissimilation« in der Bevölkerungsgeschichte, ca. 1918-1960, in: Mackensen (Hg.), Bevölkerungsforschung, 23-48.

18 Vgl. Alexander Pinwinkler, Figurationen des Peripheren – »Bevölkerungsgeschichte« in der frühen Bundesrepublik Deutschland im internationalen Kontext, in: TAJB 35 (2007), 164-182.

19 Vgl. Ute Daniel, Wissenschaftsgeschichte, in: dies., Kompendium Kulturgeschichte. Theorien, Praxis, Schlüsselwörter. 4., verb. u. erg. Aufl., Frankfurt a. M. 2004, 361-379; Michael Hagner, Ansichten der Wissenschaftsgeschichte, in: ders. (Hg.), Ansichten der Wissenschaftsgeschichte, Frankfurt a. M. 2001, 7-39.

20 Ebd. (Hagner), 23 f.

wesentlich konturierten, als wissenschaftlich verhandelte, historisch wandelbare Kategorien zu deuten sind.

Das in den vergangenen Jahren weiter gestiegene Interesse an Wissenschaftsgeschichte wird hier als Ausdruck eines ausgeprägten Bedürfnisses nach fachlicher Selbstreflexion gesehen. Es spiegelt vielfach die besonderen Forschungsinteressen einer überwiegend jüngeren Generation von Historikerinnen und Historikern. Viele der dabei entstandenen Arbeiten beruhen zudem auf analytischen Zugängen, die sich auf sozial- und kulturwissenschaftliche Theorieangebote zurückführen lassen. Einige von ihnen nehmen z. B. Debatten aus dem Umfeld der ›Neuen Kulturgeschichte‹ zum Anlass, um diese produktiv zu integrieren. Anregend wirkte vor allem Michel Foucault (1926-1984), der als einer der Ersten auf den Konnex zwischen ›Bevölkerung‹, ›Gouvernementalität‹ und (Bio-)Politiken der Macht theoretisch reflektiert einging.[21] Foucaults dekonstruktivistisch angelegte ›Archäologie des Wissens‹ bildet für zahlreiche Studien, die sich aus unterschiedlichen Perspektiven mit ›Bevölkerung‹ beschäftigen, einen erkenntnisleitenden theoretischen Hintergrund. Überlegungen zu Entstehung und Entwicklung der modernen Wissensgesellschaft, die zuletzt u. a. Lutz Raphael und Margit Szöllösi-Janze in die Diskussion einbrachten, bereichern derartige Forschungen zusätzlich durch ihre Thematisierung der wechselseitigen Relationen von Wissenschaft, Gesellschaft und Politik.[22]

Die von Pierre Bourdieu (1930-2002) vertretene Theorie des sozialen Felds eröffnet ebenfalls innovative Perspektiven zur Wissenschaftsgeschichte. Bourdieu bediente sich insbesondere des Kapitalbegriffs, um gesellschaftliche Positionierungskämpfe zu erklären. Dies ist vor allem deshalb von Bedeutung, weil der Wettstreit von Wissenschaftlergruppen um symbolische, kulturelle und ökonomische Ressourcen dadurch als eine zentrale Triebkraft des Wissenschaftswandels dargestellt werden kann.[23] Untersuchungen zur Konkurrenz von Wissenschaftlern sollten darüber hinaus ihrer Verankerung im jeweiligen gesellschaftlichen und politischen Umfeld nachgehen. Wie Mitchell G. Ash deutlich gemacht hat, erscheinen vor allem Wissenschaft und Politik nicht als grundlegend wesensverschiedene Sphären; vielmehr bildeten sie »Ressourcen für einander«.[24] Wissenschaftler geraten so als »Handelnde« in den Blick, die beide

21 Vgl. u. a. Michel Foucault, Sécurité, territoire et population <dt.> Sicherheit, Territorium, Bevölkerung. Geschichte der Gouvernementalität. I. Vorlesung am Collège de France 1977-1978, Frankfurt a. M. 2006.

22 Lutz Raphael, Die Verwissenschaftlichung des Sozialen als methodologische und konzeptionelle Herausforderung für eine Sozialgeschichte des 20. Jahrhunderts, in: GG 22 (1996), 165-193; Margit Szöllösi-Janze, Wissensgesellschaft in Deutschland: Überlegungen zur Neubestimmung der deutschen Zeitgeschichte über Verwissenschaftlichungsprozesse, in: GG 30 (2004), 277-313.

23 Vgl. Pierre Bourdieu, Ökonomisches Kapital – Kulturelles Kapital – Soziales Kapital, in: Franzjörg Baumgart (Hg), Theorien der Sozialisation, Bad Heilbronn 1997, 217-231, sowie Peter Weingart, Wissenschaftssoziologie, Bielefeld 2003.

24 Mitchell G. Ash, Wissenschaft und Politik als Ressourcen für einander, in: Rüdiger vom Bruch/Brigitte Kaderas (Hg.), Wissenschaften und Wissenschaftspolitik: Be-

Aktionsfelder aktiv mitgestalteten und zu ihrer perspektivischen Verschränkung beitrugen.[25]

Wesentliche Anstöße für eine gleichermaßen theoretisch avancierte und empirisch fundierte Historiographiegeschichte gingen in Deutschland insbesondere von der Kontroverse um die deutsche ›Volksgeschichte‹ der 1920er- bis 1960er-Jahre aus, welche verstärkt seit den 1990er-Jahren geführt wurde. Begriffe wie ›Volks-‹, ›Agrar-‹ und ›Landesgeschichte‹ und davon abgeleitete Wortbildungen wie ›Volksforscher‹ oder ›volksgeschichtlich‹ standen für Strömungen innerhalb der historischen Wissenschaften, die ihre Exponenten nicht zuletzt gegen etablierte Richtungen der Historiographie als Schlagwörter instrumentalisierten. Ihre politisch-kämpferische Stoßrichtung war meist ebenso unübersehbar wie der Umstand, dass sich hinter dem Paradigma der ›Volksgeschichte‹ in einem geringeren Ausmaß eine geschlossene Formation verbarg, als Volkshistoriker oft selbst vorgaben. Derartige (Selbst-)Bezeichnungen, welche auch die vorliegende Untersuchung zur Annäherung an die Thematik verwendet, interpretiere ich daher als normativ gesetzte zeitgenössische Konstrukte und stelle sie in entsprechende Kontexte der Produktion und Verhandlung von wissenschaftlichem Wissen. In ähnlich kritischer Weise geht die Studie mit dem Anspruch einiger Akteure der ›Volksgeschichte‹ um, ihre eigene Arbeit als ›neuartig‹ und ›innovativ‹ herauszustellen. Über die speziell in der wissenschaftlichen Debatte der 1990er-Jahre auftretenden Zuschreibungen an die deutsche ›Volksgeschichte‹, dass diese im internationalen Kontext oder nach damaligen wissenschaftlichen Standards ›modern‹ oder ›innovativ‹ gewesen sei,[26] wird dabei ebenso reflektiert wie über die in der Literatur anzutreffende Annahme, dass die ›Volksgeschichte‹ die bundesdeutsche ›Sozialgeschichte‹ der 1960er- und 1970er-Jahre gleichsam vorweggenommen habe.

Die kritische Rekonstruktion von historischen ›Volksforschungen‹ in Deutschland und Österreich wies ungeachtet der oben angesprochenen kontroversen Debatten der 1990er-Jahre über diesen Zeitraum hinaus teils erhebliche Forschungslücken auf: So waren etwa Begriffe und Konzepte wie ›Bevölkerung‹, ›Volk‹, ›Raum‹, ›Umvolkung‹, ›Bevölkerungsdruck‹ oder ›Untervölkerung‹/›Übervölkerung‹ in zeitgenössischen Debatten nahezu allgegenwärtig, sie wurden aber bisher nicht systematisch im Zusammenhang untersucht. Die vorliegende

standsaufnahmen zu Formationen, Brüchen und Kontinuitäten im Deutschland des 20. Jahrhunderts, Stuttgart 2002, 32-51.

25 Mitchell G. Ash, Wissenschaftswandel und politische Ereignisgeschichte im 20. Jahrhundert, in: Karl Acham (Hg.), Geschichte der österreichischen Humanwissenschaften. Bd. 1: Historischer Kontext, wissenschaftssoziologische Befunde und methodologische Voraussetzungen, Wien 1999, 215-246, hier 217.

26 Für diese Debatte gab damals eine Studie von W. Oberkrome einen wesentlichen Anstoß: Vgl. Willi Oberkrome, Volksgeschichte: Methodische Innovation und völkische Ideologisierung in der deutschen Geschichtswissenschaft 1918-1945, Göttingen 1993, hier bes. 99-101, 225 f. Oberkrome hat seine diesbezüglichen Auffassungen allerdings mittlerweile abgeschwächt. Vgl. hierzu bes. das Kap. II.4.

Arbeit setzt es sich zum Ziel, dieses Forschungsdesiderat mit wissenschaftsgeschichtlichen Methoden einzulösen:

Sie untersucht ›historische Bevölkerungsforschungen‹ schwerpunktmäßig für jene Forschungsfelder, die seit den 1920er-Jahren im Kontext von deutschen ›Ost-‹ und ›Volksforschungen‹ entwickelt und praktiziert wurden. Sie bezieht sich dabei auf eine Vielzahl von Akteuren und verknüpft Untersuchungen von begrifflichen Kategorien, Diskursen und Praktiken mit der vielgestaltigen neueren Forschungsliteratur zu diesen Feldern. Die Studie fragt zunächst nach der Position des Konstrukts ›Bevölkerung‹ im Spannungsverhältnis von Wissenschaft und Politik. Sie ordnet dieses für den Untersuchungszeitraum in eine breitere Strömung innerhalb der deutschen und österreichischen Historiographie ein, die ›Bevölkerungsprobleme‹ vorwiegend im ›Osten‹ und ›Südosten‹ Deutschlands und Österreichs zu erkennen glaubte und den westlichen Grenzbereich als vergleichsweise weniger relevant ansah. Demgegenüber spielen ›historische Bevölkerungsforschungen‹, welche der zeitgenössisch sogenannten deutschen ›Westforschung‹ zugerechnet wurden, in der vorliegenden Arbeit eine geringere Rolle. Mit ihrer breiten, und doch thematisch auf ›Bevölkerung‹ fokussierten Zugangsweise strebt die Studie eine empirisch fundierte kritische Zusammenschau und Analyse an, die bislang nur für einzelne herausragende Akteure oder thematisch und zeitlich stärker begrenzte Felder der Geschichtsforschung durchgeführt werden konnte.[27]

Eine entscheidende Weichenstellung für die hier gewählten Zugänge markierte der 42. Deutsche Historikertag in Frankfurt a. M. (1998):[28] In der fachlichen Aueinandersetzung um die deutsche ›Volksgeschichte‹ ging es vordergründig um die fragwürdige Involvierung prominenter Historiker der bundesdeutschen Nachkriegszeit in die Siedlungs- und Rassenpolitik des ›Dritten Reichs‹. Doch die Diskussion beschränkte sich nicht auf umstrittene Biographien wie jene Werner Conzes (1910-1986) oder Theodor Schieders (1908-1984); vielmehr beabsichtigten Historiker, die sich selbst einer sogenannten »Enkel-Generation« zurechneten, die »versäumten Fragen«[29] ihrer Lehrer an die Vertreter der »Großväter-Generation« gleichsam nachholend aufzuarbeiten. Indem die Geschichte der deutschen Historiographie im Nationalsozialismus so neu aufgerollt wurde, sollte ein Beitrag zur kritischen Aufarbeitung der (Zeit-)Geschichte

27 Vgl. aus der Vielzahl von einschlägigen Tagungen und Publikationen u. a. das Review-Symposion zur ›Westforschung‹ in H-Soz-u-Kult, an dem sich u. a. Ingo Haar, Matthias Middell und Peter Schöttler beteiligten: Vera Ziegeldorf, Review-Symposion »Westforschung«: abschließende Redaktionsnotiz, in: H-Soz-u-Kult Humanities Sozial- und Kulturgeschichte, 7.7.2003, http://hsozkult.geschichte.hu-berlin.de/forum/id=345&type=diskussionen (2.9.2013).

28 Vgl. die Druckfassungen der damals vorgetragenen Referate in: Peter Schöttler (Hg.), Geschichtsschreibung als Legitimationswissenschaft 1918-1945, Frankfurt a. M. ^{2}1999.

29 Rüdiger Hohls/Konrad H. Jarausch (Hg.), Versäumte Fragen. Deutsche Historiker im Schatten des Nationalsozialismus, Stuttgart 2000.

des eigenen Fachs geleistet werden.[30] Seither wird systematisch die praktische Mitarbeit von Historikern an politischen Konzepten und konkreten Projekten des ›Dritten Reichs‹ untersucht.[31] Zudem wurden institutionelle Erscheinungsformen, personelle Netzwerke und inhaltliche Positionierungen der Geschichtswissenschaften in der frühen Bundesrepublik Deutschland in den Blick genommen.[32] Die Bedeutung der längerfristigen inhaltlichen und personellen Kontinuitäten und Diskontinuitäten über die politischen Zäsuren von 1918, 1933/38 und 1945 hinweg wurde für den hier interessierenden Gegenstand jedoch nicht ausreichend reflektiert.[33]

Diese Arbeit fragt daher zugleich nach der Bedeutung, welche die genannten politischen Zäsuren für den Wandel von ›historischen Bevölkerungsforschungen‹ hatten. Um ihre Signifikanz für die Entwicklung der Wissenschaften in einer dem Gegenstand angemessenen Weise einschätzen zu können, ist es erforderlich, den Untersuchungszeitraum über die angeführten politischen Einschnitte hinaus auszudehnen. Der Umstand, dass der vorliegenden Studie damit eine – in mehrfacher Hinsicht – uneinheitliche Periode zugrunde liegt, wird als Auftrag gesehen, den angedeuteten Kontinuitäts- und Diskontinuitätsproblemen

30 Ob die Stilisierung dieser Debatte zu einer Frage der ›Generationalität‹ zu einseitigen Polarisierungen beigetragen haben mag, soll hier nicht näher thematisiert werden. Vgl. hierzu das Kap. III.9 dieser Arbeit und die Beiträge in: Rüdiger vom Bruch (Hg.), Wissenschaften und Wissenschaftspolitik: Bestandsaufnahmen zu Formationen, Brüchen und Kontinuitäten im Deutschland des 20. Jahrhunderts, Stuttgart 2002.

31 Vgl. u. a. Ingo Haar, Historiker im Nationalsozialismus. Deutsche Geschichtswissenschaft und der »Volkstumskampf« im Osten, Göttingen. ²2002; Götz Aly/Susanne Heim, Vordenker der Vernichtung: Auschwitz und die deutschen Pläne für eine neue europäische Ordnung, Hamburg 1991; Ingo Haar/Michael Fahlbusch (Hg.), Handbuch der völkischen Wissenschaften. Personen, Institutionen, Forschungsprogramme, Stiftungen, München 2008. Im Mittelpunkt steht die bislang nicht abschließend gelöste Frage, wie die Rolle der Historiker im Spannungsfeld zwischen Wissenschaft, Politik und Vernichtungskrieg einzuschätzen ist: Vgl. z. B. Karl Heinz Roth, Heydrichs Professor. Historiographie des »Volkstums« und der Massenvernichtungen: Der Fall Hans Joachim Beyer, in: Schöttler (Hg.), Geschichtsschreibung, 262-342.

32 Vgl. u. a. Thomas Etzemüller, Sozialgeschichte als politische Geschichte. Werner Conze und die Neuorientierung der westdeutschen Geschichtswissenschaft nach 1945, München 2001; Corinna R. Unger, Ostforschung in Westdeutschland. Die Erforschung des europäischen Ostens und die Deutsche Forschungsgemeinschaft, 1945-1975, Stuttgart 2007; Christoph Cornelißen, Gerhard Ritter: Geschichtswissenschaft und Politik im 20. Jahrhundert, Düsseldorf 2001; Eduard Mühle, Für Volk und deutschen Osten. Der Historiker Hermann Aubin und die deutsche Ostforschung, Düsseldorf 2005. Vgl. für Österreich Karel Hruza (Hg.), Österreichische Historiker 1900-1945. Lebensläufe und Karrieren in Österreich, Deutschland und der Tschechoslowakei in wissenschaftsgeschichtlichen Porträts, Wien 2008; vgl. hierzu auch Rudolf Jaworski/Hans-Christian Petersen, Biographische Aspekte der »Ostforschung«. Überlegungen zu Forschungsstand und Methodik, in: BIOS 15 (2002), 47-62.

33 Vgl. hierzu u. a. Alexander Pinwinkler, Österreichische Historiker im Nationalsozialismus und in der frühen Zweiten Republik – eine ausgebliebene Debatte? Kritische Überlegungen zu Fritz Fellners Essay »Der Beitrag Österreichs zu Theorie, Methodik und Themen der Geschichte der Neuzeit«, in: Zeitgeschichte 32 (2005), 35-46.

entsprechend nachzugehen. Als thematischen Ansatz- und zeitlichen Einstiegsbereich nimmt die Studie die in den Jahren um 1900 verstärkt erkennbare Bedeutung gesellschaftlicher Bewegungen wie der Rassenhygiene und eines völkisch verstandenen Nationalismus in den Blick. Ich argumentiere damit, dass diese einen wesentlichen Hintergrund für die Ausbreitung verstärkt qualitativ ausgerichteter ›Volks-‹ und Bevölkerungsforschungen in der – maßgeblich vom Rankeschen Historismus und erkenntnistheoretischen Positivismus geprägten – deutschen Geschichtswissenschaft bildeten.[34]

Damit waren bereits um die Jahrhundertwende wissenschaftliche und politische Konstellationen zu erkennen, die für die wirkungsmächtige semantische Verschiebung von ›Nation‹ und ›Staat‹ zu ›Volk‹ bzw. ›Volkstum‹ eine entscheidende Vorbedingung darstellten. Die 1970er-Jahre markieren hingegen das Ende des hier zu bearbeitenden Untersuchungszeitraums und verweisen auf den gleichzeitigen Aufstieg neuer Paradigmen der Geschichtsforschung: Die an französischen und englischen Vorbildern geschulte individualisierende ›Historische Demographie‹ gliederte sich nunmehr in den Forschungskanon der westdeutschen ›Historischen Sozialwissenschaft‹ ein.[35]

Die Forschung zu Vergleich, Transfer und Rezeption deutschsprachiger Geschichtswissenschaften in transnationalen Diskurszusammenhängen weist gleichfalls noch ein deutliches empirisches Defizit auf:[36] In erster Linie bezieht

34 Vgl. zu einigen Traditionslinien deutscher Bevölkerungswissenschaften, die um 1900 kulminierten: Jürgen Reulecke/Armin Flender/Matthias Weipert, Bevölkerungswissenschaften im Rahmen einer Mentalitätsgeschichte des frühen 20. Jahrhunderts – generationelle und semantische Kontexte, in: Mackensen/Reulecke (Hg.), Das Konstrukt »Bevölkerung«, 92-94; vgl. hierzu auch Willi Oberkrome, Entwicklungen und Varianten der deutschen Volksgeschichte (1900-1960), in: Manfred Hettling (Hg.), Volksgeschichten im Europa der Zwischenkriegszeit, Göttingen 2003, 65-95.

35 Hierzu verweise ich auf die längst zu einem Klassiker der ›Historischen Demographie‹ avancierte Arbeit von Arthur E. Imhof, Einführung in die Historische Demographie, München 1977. Imhofs spätere Arbeiten zur Mortalität und Veränderung der Lebensspanne wiesen eine stärkere kulturgeschichtliche Komponente auf: Vgl. Arthur E. Imhof, Die gewonnenen Jahre. Von der Zunahme unserer Lebensspanne seit 300 Jahren oder von der Notwendigkeit einer neuen Einstellung zu Leben und Sterben, München 1981. Vgl. ferner zu den seit den 1970er-Jahren erschienenen wichtigsten historisch-demographischen Einführungen, Forschungsberichten und Fallstudien die instruktive Übersicht von Thomas Sokoll/Rolf Gehrmann, Historische Demographie und quantitative Methoden, in: Aufriß der Historischen Wissenschaften. Bd. 7: Neue Themen und Methoden der Geschichtswissenschaft, Stuttgart 2003, 152-229, hier 225-229, sowie zur makrostrukturellen Tradition der Bevölkerungsforschung Jörn Sieglerschmidt, Bevölkerungsgeschichte, in: Günther Schulz et al. (Hg.), Sozial- und Wirtschaftsgeschichte. Arbeitsgebiete – Probleme – Perspektiven, Stuttgart 2004, 249-282.

36 Vgl. aus der reichhaltigen theoretischen Literatur zu diesem Themenfeld u. a. Heinz-Gerhard Haupt/Jürgen Kocka (Hg.), Geschichte und Vergleich. Ansätze und Ergebnisse international vergleichender Geschichtsschreibung, Frankfurt a. M. 1996; Michael Werner/Bénédicte Zimmermann, Vergleich, Transfer, Verflechtung. Der Ansatz der histoire croisée und die Herausforderung des Transnationalen, in: GG 28 (2002), 607-636.

sich die Historiographiegeschichte in Deutschland und Österreich nach wie vor auf den jeweiligen Nationalstaat.[37] Einige Arbeiten gehen indes verstärkt Problemen der wechselseitigen Wahrnehmung deutscher und französischer Geschichtswissenschaften nach.[38] Eine systematisch angelegte Verbreiterung dieses Ansatzes in Richtung auf eine – auch empirisch gestützte – Hinterfragung des Konstrukts nationalstaatlich verfasster Historiographien bildet jedoch nach wie vor ein Desiderat, das sich die vorliegende Arbeit für ihren Fragestellungsbereich aufzuarbeiten bemüht.[39]

Die Studie fragt daher auch nach inter- und transnationalen Aspekten von ›Bevölkerungsforschungen in den Geschichtswissenschaften‹. Dabei gilt es u. a. die Ursachen dafür zu bestimmen, warum es in Deutschland im Unterschied etwa zu Großbritannien und Frankreich zu einer spezifischen fachlich-institutionellen Segmentierung von ›Bevölkerungsgeschichte‹ und ›Historischer Demographie‹ kam. Das charakteristische Problem der Randständigkeit historisch-demographischer Forschungen in den deutschsprachigen Geschichtswissenschaften verknüpft sich dabei mit der gleichzeitig häufig auftretenden – ebenfalls erklärungsbedürftigen – historiographischen Auseinandersetzung mit ›Volk‹ und ›Bevölkerung‹.

3. Methode, Aufbau und Ziele der Untersuchung

Die vorliegende Studie konzentriert sich auf die ›zünftige‹ Geschichtswissenschaft. Darüber hinaus werden Beiträge zur multidisziplinären Bevölkerungsforschung, die z. B. von der Soziologie oder Nationalökonomie geliefert wurden, so

37 Vgl. als Beispiel für eine nationalstaatlich orientierte Form der Historiographiegeschichte Fritz Fellner, Geschichtsschreibung und nationale Identität. Probleme und Leistungen der österreichischen Geschichtswissenschaft, Wien-Köln-Weimar 2002. Vgl. ferner Josef Ehmer/Albert Müller, Sozialgeschichte in Österreich. Traditionen, Entwicklungsstränge und Innovationspotential, in: Jürgen Kocka (Hg.), Sozialgeschichte im internationalen Überblick. Ergebnisse und Tendenzen der Forschung, Darmstadt 1989, 109-140; zum aktuellen Forschungsstand vgl. Karel Hruza, Österreichische Historiker 1900-1945. Zum Stand der Forschung, in: ders. (Hg.), Österreichische Historiker 1900-1945, 13-37.

38 Sie konzentrieren sich dabei meist auf die französische ›Annales‹-Schule: Vgl. Steffen Kaudelka, Rezeption im Zeitalter der Konfrontation. Französische Geschichtswissenschaft und Geschichte in Deutschland 1920-1940, Göttingen 2003; Lutz Raphael, Die Erben von Bloch und Febvre: *Annales*-Geschichtsschreibung und *nouvelle histoire* in Frankreich 1945-1980, Stuttgart 1994; Peter Schöttler, Marc Bloch: Historiker und Widerstandskämpfer, Frankfurt a. M. 1999.

39 Wesentliche Einsichten und Anregungen für weiterführende transnational vergleichende Forschungen vermitteln u. a. Manfred Hettling (Hg.), Volksgeschichten; Christoph Conrad/Sebastian Conrad (Hg.), Die Nation schreiben: Geschichtswissenschaft im internationalen Vergleich, Göttingen 2002; Jan M. Piskorski/Jörg Hackmann/Rudolf Jaworski (Hg.), Deutsche Ostforschung und polnische Westforschung im Spannungsfeld von Wissenschaft und Politik: Disziplinen im Vergleich, Osnabrück 2002.

weit als möglich kontextuell berücksichtigt. Die Arbeit will für den Untersuchungszeitraum neben ihrer thematischen und konzeptionellen Bandbreite die säkularen Umbrüche von ›historischen Bevölkerungsforschungen‹ verdeutlichen und damit einen Beitrag zur Verortung dieser Richtung bzw. Fachdisziplin(en) innerhalb der Geschichte der historischen Wissenschaften leisten. Thematisch und methodisch soll über den bisherigen Forschungsstand hinausgegangen werden: Der Konnex zwischen ›Bevölkerung‹ und ›Geschichte‹ wird nicht nur für das ›Dritte Reich‹, sondern zäsurübergreifend sowohl mit Blick auf die Zeit vor 1918/33 als auch nach 1945 behandelt.

Das Methodenensemble der Arbeit beruht wesentlich auf der Diskursanalyse und der sozialen Netzwerkanalyse. Als ›Diskurs‹ gilt hier ein Ensemble von Begriffen, Metaphern und Zuschreibungen auf der Metaebene, welches die wesentliche Vorbedingung dafür bildet, dass soziale Sachverhalte Gegenstand des ›Redens über etwas‹ werden können. Die hier interessierenden semantischen Felder von ›Bevölkerung‹ und ›Volk‹ gelten daher nicht einfach als vorgefunden, sondern als in sozialen Gruppierungen – etwa in Netzwerken von Fachhistorikern – konstruierte und verhandelte Gegenstandsbereiche der wissenschaftlichen Forschung.[40] Dies bedeutet für den hier verfolgten Forschungsansatz, dass die einzelnen Begriffe und Konzepte von ›Bevölkerung‹ bezüglich ihrer jeweiligen sprachlichen Verwendungsweise historisch rekonstruiert und gleichzeitig bestimmten Gruppierungen von Wissenschaftlern zugeordnet werden. Zu diesem Zweck werden jene sozialen Netzwerke erforscht, in denen ›Bevölkerung‹ erörtert wurde, wobei ich mich speziell an Erkenntnissen der ›Social Anthropology‹ orientiere: Soziale Netzwerke vermögen demnach Akteure und Gruppen, deren Interessenlagen wenigstens partiell übereinstimmen, wirksam miteinander zu verflechten. Netzwerke unterscheiden sich wesentlich hinsichtlich der Dichte der in ihnen zu beobachtenden sozialen Interaktionen. Je dichter das Netzwerk ist, desto stärker kontrolliert es die einzelne Person, desto mehr Ressourcen stellt es dieser aber zur Verfügung; je loser es ist, desto weniger ›soziales Kapital‹ zirkuliert in dem Netzwerk.[41] Dieses idealtypische Modell soll hier auf Vernetzungspraktiken von Historikern bezogen werden, die vor und nach 1933/45 in Deutschland ›Bevölkerungs-‹, ›Volks-‹ und ›Strukturgeschichte‹ betrieben.

Diese Forschungen zu ›Bevölkerung‹ werden zusätzlich um kontextualisierende (werk-)biographische, generationen- und institutionengeschichtliche Untersuchungen ergänzt.[42] Reichweite und Stellenwert demographischen Denkens

40 Vgl. hierzu u. a. Hans Erich Bödeker, Begriffsgeschichte, Diskursgeschichte, Metapherngeschichte, Göttingen 2002; Philipp Sarasin, Geschichtswissenschaft und Diskursanalyse, Frankfurt a. M. 2003.

41 Vgl. hierzu Stanley Wassermann/Katherine Faust, Social Network Analysis. Methods and Applications, Cambridge 1994; Mark Granovetter, The Strength of Weak Ties, in: American Journal of Sociology 78 (1973), 1360-1380. Vgl. zur soziologischen Kapitaltheorie Bourdieu, Ökonomisches Kapital.

42 Vgl. hierzu u. a. Jürgen Reulecke (Hg.), Generationalität und Lebensgeschichte im 20. Jahrhundert, München 2003; Michael Wildt, Generation des Unbedingten. Das

und bevölkerungspolitischer Praktiken werden so insbesondere für ›volks-‹ und ›strukturgeschichtliche‹ Forschungen kritisch-reflektierend erkundet und in Untersuchungen zu Rezeption und Transfer eingebettet. In diesem Zusammenhang rezipiert die Arbeit die internationalen Debatten zu ›Vergleich‹, ›transnationaler Geschichte‹ und ›histoire croisée‹.

In der Studie spreche ich die zweifache Funktion von ›Bevölkerung‹ als einer argumentativen Ressource an, die in nahezu allen Richtungen und Feldern der Geschichtswissenschaft auftrat und eine erkennbare, wenngleich offenbar nur begrenzte Tendenz zur Disziplinbildung beinhaltete. Erich Keyser war einer der ersten deutschen Historiker, der die Forderung aufstellte, ›Bevölkerungsgeschichte‹ von einer sektoral begrenzten Arbeitsrichtung zu einer historischen Fachdisziplin mit weiter reichendem Erklärungsanspruch auszugestalten: Keyser schlug 1927 bei der Tagung des *Gesamtvereins der deutschen Geschichts- und Altertumsvereine* vor, der deutschen »Kulturgeschichte« die Erforschung der deutschen »Bevölkerungsgeschichte« zur Seite zu stellen. Diese sollte vom Begriff der »Bevölkerung des deutschen Volksbodens« her gedacht werden und eine inhaltliche Erweiterung der deutschen »Volksgeschichte« bieten, indem sie den Blick auf die in diesem Raum angesiedelten nichtdeutschen Bevölkerungsschichten richtete.[43] Zwei Jahre später ergänzte Keyser vor dem selben Forum diese Konzeption der ›Bevölkerungsgeschichte‹ um eine dezidiert politische Komponente: Keine andere historische Fachrichtung als die »Bevölkerungsgeschichte« sei als politisches Werkzeug besser geeignet, um den Ansprüchen polnischer Gelehrter auf ehemals preußische Gebiete mit wissenschaftlichen Mitteln zu begegnen.[44] Solche Versuche einzelner Fachvertreter, sich zu Vorreitern der Disziplinbildung im Bereich der bevölkerungshistorischen Forschung aufzuschwingen und diese auf eine politische Agenda zu setzen, werden hier wesentlich auf Machtkonstellationen innerhalb der historischen ›Zunft‹ bezogen.

Als Quellen ziehe ich überwiegend veröffentlichte historiographische Schriften heran. Die Studie schöpft aus einem umfangreichen Quellenbestand, den bisherige Forschungen zur ›Volksgeschichte‹ in wesentlichen Teilen nicht aufgearbeitet haben. Sie wertet unterschiedliche wissenschaftliche Textsorten und Publikationspraktiken (Monographien, Artikel und Rezensionen in Fachzeitschriften usf.) zu ›historischen Bevölkerungsforschungen‹ in vergleichender Absicht aus. Diese Untersuchungen von gedruckten Quellen erfahren eine Erweiterung und Vertiefung durch die Analyse von archivalischen Überlieferungen, wobei

Führungskorps des Reichssicherheitshauptamtes, Hamburg 2002; Rüdiger vom Bruch, Wissenschaft im Gehäuse. Vom Nutzen und Nachteil institutionsgeschichtlicher Perspektiven, in: Berichte zur Wissenschaftsgeschichte, 23 (2000), 37-50.

43 Vgl. Erich Keyser, Die Erforschung der deutschen Bevölkerungsgeschichte, in: Korrespondenzblatt des Gesamtvereins der deutschen Geschichts- und Altertumsvereine 75 (1927), Sp. 197-205, hier 198 f.

44 Erich Keyser, Bevölkerungsgeschichte des Preußenlandes zur Ordenszeit, in: Korrespondenzblatt des Gesamtvereins der deutschen Geschichts- und Altertumsvereine 77 (1929), Sp. 146 f., hier 146.

die bislang nur teilweise oder nicht ausgewerteten Nachlässe von Erich Keyser und Wolfgang Köllmann, zweier führender deutscher Bevölkerungsforscher, einen Schwerpunkt bilden. Anhand der Bearbeitung von Protokollen internationaler Historikerkongresse wird zudem ein Schritt zu einer internationalen Kontextualisierung von ›historischen Bevölkerungsforschungen‹ in Deutschland und Österreich gesetzt. Die vergleichenden Analysen von Bevölkerungsbegriffen und -konzepten erfolgen anhand von verschiedenen historiographischen Œuvres und unter Heranziehung der Forschungsliteratur. Ergänzend sollen Untersuchungen von Rezeption und Transfer die Positionierungen deutscher und österreichischer Fachvertreter gegenüber internationalen wissenschaftlichen Entwicklungen deutlich machen. Die geschichtswissenschaftlichen Forschungsrichtungen, die ich in der vorliegenden Arbeit darstelle, lassen sich nur durch eine jeweils eingehend begründete exemplarische Darstellungsweise angemessen analysieren: Diese Diskurse, Konzepte, Begriffe oder Praktiken werden dabei in jeweils unterschiedliche Kontexte gestellt bzw. aus wechselnden Perspektiven (hinsichtlich ausgewählter Akteure, Netzwerke, Forschungsrichtungen und Institutionen) untersucht. Die verschiedenen Arbeitsrichtungen von ›historischen Bevölkerungsforschungen‹ nehme ich so aufgrund unterschiedlicher methodischer Verfahrensweisen in den Blick. Dadurch sollen sowohl die erstaunliche thematische Vielfalt, aber auch verbindende Strukturelemente derartiger Forschungen verdeutlicht werden.

Diese Überlegungen lassen für die beabsichtigte Untersuchung die folgende Gliederung als sinnvoll erscheinen: Das Kapitel *›Bevölkerung‹ und ›Geschichte‹: Begriffe, Forschungsfelder, Inszenierungen* geht der Frage nach, in welchen Forschungszusammenhängen ›Bevölkerung‹ in die Geschichtswissenschaften eindrang, und welche charakteristischen Denkmuster und methodischen Zugangsweisen ›historische Bevölkerungsforschungen‹ in Deutschland und Österreich entwickelten. Den Ausgangspunkt für die Untersuchungen bilden jene Strukturelemente innerhalb der Geschichtswissenschaften, die für die Generierung und diskursive Ausformung von ›Bevölkerung‹ entscheidende Grundlagen vermittelten. Die Analyse nimmt zuerst spezifische Raumentwürfe sowie Konstrukte von sozialer Differenz, von ›Assimilation‹ und ›Dissimilation‹ (›Umvolkung‹) in den Blick. Von hier aus schlug insbesondere die ethnozentrisch orientierte historische Forschung eine Brücke zum Bevölkerungsbegriff und zu seinen praktischen Anwendungsbereichen. Die Verflechtungen von Wissenschaft und Politik im Bereich der ›historischen Bevölkerungsforschungen‹ werden in einem eigenen Unterabschnitt analysiert.

Die empirisch dichten Fallstudien dieses Kapitels deuten ›Bevölkerung‹ in den Geschichtswissenschaften als ein Ensemble von Begriffen, Konzepten und methodischen Instrumentarien, die relational auf verschiedenartige Weise miteinander verflochten waren. Sie machen deutlich, inwieweit ›volks-‹, ›struktur-‹ und ›bevölkerungsgeschichtliche‹ Denkmuster in der perspektivischen Ethnisierung von sozialen Differenzierungen und Schichtungsprozessen Gemeinsamkeiten aufwiesen, und sie verweisen auf die politisch-praktische Relevanz, die solche

Denkmuster, Konzepte und Praktiken aufwiesen. Die heuristische Bestimmung einzelner Forschungsfelder und Themenbereiche von ›Bevölkerungsgeschichte‹ wird dabei jeweils um Untersuchungen zu ihrem »semantischen Umbau«[45] über die politischen Systemwechsel von 1918, 1933/38 und 1945 hinweg ergänzt. Dieser Abschnitt konzentriert sich auf Forschungen in den Geschichtswissenschaften. Auf die Entwicklung der ›Historischen Bevölkerungsstatistik‹, welche für die historisch orientierte Nationalökonomie seit der zweiten Hälfte des 19. Jahrhunderts erheblich an Bedeutung gewonnen hatte, gehe ich im folgenden Kapitel näher ein.

Das Kapitel *Das deutsche ›Volk‹ als historiographisches Zahlenspiel? Individuelle Akteure, Werkbiographien und generationelle Muster* erweitert die im vorigen Abschnitt für das gesamte Untersuchungsfeld durchgeführte Sondierung nach begrifflichen Wandlungen und diskursiven Verflechtungen im Spannungsfeld zwischen Wissenschaft und Politik um akteurszentrierte Analysen: Das erkenntnisleitende Kriterium, welches ich der Auswahl der Akteure zugrunde lege, ist ihr relativ bedeutender Anteil an der Entwicklung, Darstellung und Verbreitung relevanter Begriffe, Konzepte und Paradigmen: Diese Studien konzentrieren sich daher auf Wissenschaftler, die für historische Bevölkerungs-, Familien-, Agrar- und Siedlungsforschungen im Untersuchungszeitraum eine prägende Rolle spielten. Angesichts der im Untersuchungszeitraum – zumal in den Professorenrängen – überwiegend von Männern beherrschten Wissenschafts- und Hochschullandschaft sollte es dabei kaum verwundern, dass Frauen als Akteurinnen nur eine geringere Rolle spielten. Allerdings wird mit der Soziologin Elisabeth Pfeil (1901-1975) ausführlich auf eine Wissenschaftlerin eingegangen, die mehrfach mit thematisch einschlägigen Beiträgen zu ›historischen Bevölkerungsforschungen‹ hervorgetreten ist.

Indem die wichtigsten Akteure derartiger Forschungen hier in der Form von Doppelporträts vorgestellt werden, lassen sich Interaktion und Verflechtung anhand von Fallstudien exemplarisch verdeutlichen. Für diese Porträts werden jeweils Gelehrte ausgewählt, die wenigstens über erhebliche Abschnitte ihrer Karrieren hinweg parallel wissenschaftlich aktiv waren, deren Arbeiten enge thematische und methodische Bezüge zueinander aufwiesen und für die Rezeption und fachliche Kooperation oder zumindest wechselseitige Wahrnehmung und Kenntnisnahme nachgewiesen werden können. Die Analyseform der Doppelporträts macht es möglich, die von den jeweiligen Akteuren vertretenen wissenschaftlichen Fachrichtungen, Begriffe und Konzepte miteinander zu vergleichen und sie in die jeweiligen politischen, biographischen und institutionellen Kontexte einzubetten. In welchem persönlichen Verhältnis die einzelnen Akteure zueinander standen, und ob ihre Beziehungen überwiegend durch Kooperation,

45 Vgl. hierzu exemplarisch Carsten Klingemann, Semantische Umbauten im Kleinen Brockhaus von 1949/50 und im Großen Brockhaus der fünfziger Jahre durch die Soziologen Hans Freyer, Arnold Gehlen, Gunther Ipsen und Wilhelm Emil Mühlmann, in: Georg Bollenbeck/Clemens Knobloch (Hg.), Resonanzkonstellationen. Die illusionäre Autonomie der Kulturwissenschaften, Heidelberg 2004, 107-131.

Konkurrenz oder Konflikt bestimmt waren, spielt für die Auswahl der Gelehrten keine entscheidende Rolle; diese bilden aber ihrerseits einen Gegenstand der Untersuchungen. Das bedeutet, dass sowohl Lehrer-Schüler-Beziehungen (z. B. G. Ipsen/W. Conze) als auch Fachkollegen, die in der akademischen Hierarchie den gleichen Rang beanspruchten oder einnahmen (z. B. W. Köllmann/A. E. Imhof) in den Blick geraten. Zudem wird diskutiert, inwiefern sich durch die unterschiedliche Alters- und Generationszugehörigkeit der einzelnen Gelehrten für den Wandel von ›historischen Bevölkerungsforschungen‹ ein zusätzliches Erkenntnispotenzial ergibt. Die damit verbundenen Fragen erörtere ich in einem resümierenden Abschnitt, welcher den Zusammenhängen von individuellen Biographien und generationellen Mustern gewidmet ist (*›Bevölkerung‹ und Geschichtswissenschaften: Relationen von wissenschaftlichem Werk, Karriereverläufen und ›Generationalität‹ vor, im und nach dem ›Dritten Reich‹*).

Dabei kommen zusätzlich Forschungsfelder zur Sprache, die im vorherigen Kapitel nicht oder nur am Rande thematisiert werden: ›Historische Bevölkerungsstatistik‹, ›Volkskunde‹, ›Landesgeschichte‹, ›Siedlungsgeschichte‹, ›Agrargeschichte‹ und ›Volkskörperforschung‹ (›Genealogie‹ und ›Sippenforschungen‹) werden durch die Vorstellung ausgewählter Akteure exemplarisch hinsichtlich ihrer Bezugnahmen auf ›Bevölkerung‹ untersucht. Diese Studien umfassen nur einige der historiographischen Fachrichtungen und Disziplinen, für die grundsätzlich eine vertiefende Untersuchung des hier interessierenden Themenfelds in Frage kommt. Forschungsfelder wie ›Historische Migrationsforschung‹ oder »Stadtgeschichte« und historiographische Überblicksdarstellungen, die ›Bevölkerung‹ thematisierten, nehme ich von einer näheren Betrachtung aus. Der Untersuchungsfokus wird dadurch zwar begrenzt, jedoch ist von möglichst detaillierten Analysen ein empirisch umso stärker verdichteter Einblick in spezifische Probleme ›historischer Bevölkerungsforschungen‹ zu erwarten.

Das anschließende Kapitel *Wissenschaftliche Netzwerke. Chancen und Grenzen von Institutionalisierung und Internationalisierung* soll den wissenschaftsgeschichtlichen Rahmen der Arbeit um die Untersuchung von personellen Netzwerken und institutionellen Aspekten ›historischer Bevölkerungsforschungen‹ erweitern und vertiefen. Leitend ist dabei die Frage, in welchen institutionellen Kontexten sich derartige Netzwerke entwickelten, und ob die Bildung einer historiographischen (Sub-)Disziplin ›Bevölkerungsgeschichte‹ angesichts verfügbarer institutioneller Ressourcen angestrebt wurde bzw. inwieweit sie Chancen auf eine Verwirklichung hatte. Die in den beiden ersten Abschnitten des Hauptteils erörterte charakteristische Amalgamation von ›Bevölkerung‹ mit anderen Struktur- und Kollektivbegriffen beziehe ich hier wesentlich auf nationalstaatlich begrenzte und inter- bzw. transnationale Institutionalisierungsprozesse von ›historischen Bevölkerungsforschungen‹. Analyseobjekte sind internationale Historikerkongresse, Arbeitsgruppen von Geschichtswissenschaftlern, Fachzeitschriften und Rezensionen. Diese Untersuchungen nehmen jene Untersuchungsfelder und Akteure der ›historischen Bevölkerungsforschungen‹ neuerlich in den Blick, die in den vorangegangenen Kapiteln schwerpunktmäßig dargestellt werden. Sie konzentrieren sich auf jene Historiker, die in den 1930er- und 1940er-Jahren in der *Nord- und Ostdeutschen Forschungsgemeinschaft* (NOFG) organisiert waren. Dabei wird auch die Frage nach Kontinuität und Diskontinuität der von diesen Forschern praktizierten ›historischen Bevölkerungsforschungen‹ eingehend erörtert.

Der Anhang enthält neben dem Quellen- und Literaturverzeichnis und dem Personen- und Sachregister 92 Biogramme, von denen zwei Frauen und 90 Männern gewidmet sind. Im Hauptteil der Studie kann daher auf die ausführliche Wiedergabe biographischer Daten verzichtet werden. Die gedrängte Darstellung von individuellen Karriereverläufen verortet die im Hauptteil der Arbeit untersuchten Schriften, Akteure und Netzwerke zusätzlich in biographischen Kontexten und vermittelt einen Überblick über die hier behandelten Wissenschaftler. Die Biogramme beziehen sich daher auf die angenommene – somit nur annäherungsweise rekonstruierbare – Grundgesamtheit jener Historiker, Soziologen, Ökonomen und anderer Fachvertreter, welche ›historische Bevölkerungsforschungen‹ mitgestalteten und dieser ihren Stempel aufdrückten.

II. ›Bevölkerung‹ und ›Geschichte‹

Begriffe, Forschungsfelder, Inszenierungen

1. Soziale Differenz I: Konstrukte des ›Eigenen‹ und des ›Fremden‹[1]

Geschichtswissenschaften, ›Bevölkerung‹ und soziale Differenz

Die Verfügungsgewalt über völkerrechtlich garantierte Außengrenzen ist bis heute ein Wesensmerkmal des modernen europäischen Nationalstaats. Der Staat definiert sich einerseits räumlich-territorial, andererseits über die Staatsangehörigkeit der Bevölkerung, die auf seinem Gebiet lebt.[2] Im Folgenden analysiere ich Konstruktionen von sozialen Grenzen in den Veröffentlichungen und wissenschaftlichen Praktiken deutscher Historiker. Ich gehe dabei von der Annahme aus, dass der Diskurs um Grenzen neben der territorialen Distinktion von Staaten wesentlich die Suche nach Unterscheidungsmerkmalen von Bevölkerungen und die Konstruktion sozialer und kultureller Identitäten beinhaltete. Wissenschaftler hatten bereits im 19. Jahrhundert neben Politikern, Beamten und Künstlern einen Anteil an der Entwicklung des Selbstverständnisses der europäischen Nationalstaaten, die sich über ihre kulturelle Abgrenzung nach außen definierten.[3]

Geographen, Geschichtswissenschaftler, Juristen, Soziologen und Statistiker entwarfen hierfür politische, historische und räumliche Legitimationsmuster. Darüber hinaus entwickelten sie auch soziale und sozio-demographische Konstrukte, um das Innere und das Äußere von Staaten und Nationen voneinander abzugrenzen. Sie versuchten, soziale Vergemeinschaftungsprozesse über Kollektiv-Identitäten wie ›Familie‹ (›Sippe‹), ›Volk‹, ›Nation‹ oder ›Rasse‹ historisch und statistisch zu bestimmen. Demographischen Strukturmerkmalen wie Alter,

1 Dieses Kapitel ist die überarbeitete und deutlich erweiterte Version meines Artikels »Grenze« als soziales Konzept: Historisch-demographische Konstrukte des »Eigenen« und des »Fremden« in: Comparativ 13 (2003), Themenheft »Volks-(An)Ordnung. Einschließen, ausschließen, einteilen, aufteilen!« 31-48.

2 Vgl. hierzu Dieter Gosewinkel, Einbürgern und ausschließen. Die Nationalisierung der Staatsangehörigkeit vom Deutschen Bund bis zur Bundesrepublik Deutschland, Göttingen 2001.

3 Vgl. David I. Kertzer/Dominique Arel (eds.), Census and Identity. The Politics of Race, Ethnicity, and Language in National Censuses, Cambridge 2002, bes. 1-42. Vgl. zur Bedeutung der Kartographie für Grenzkonstruktionen die Fallstudie von Morgane Labbé, Die Grenzen der deutschen Nation. Raum der Karte, Statistik, Erzählung, in: Etienne François et al. (Hg.), Die Grenze als Raum, Erfahrung und Konstruktion: Deutschland, Frankreich und Polen vom 17. bis zum 20. Jahrhundert, Frankfurt a. M 2007, 293-319.

Geschlecht, Beruf oder Wohnort kam dabei die Funktion zu, soziale und ethnische Gruppen vermeintlich eindeutig voneinander unterscheidbar zu machen.[4] Wissenschaftler und staatliche Beamte erfassten zudem die demographische Binnengliederung sozialer Gruppen. Indem sie deren Grenzen nach außen hin zogen, wurde aus ›Gesellschaft‹ ›Bevölkerung‹, welche der Staat administrativ zu durchdringen suchte. Die herangezogenen Kategorien wurden im Zusammenwirken von Wissenschaften und Staat produziert und dienten der Entwicklung von bürokratischen Routinen der statistischen Erfassung.[5]

In neueren historischen Forschungen stößt die Entstehung und Bedeutung von Grenzen nicht nur als symbolische Trennlinien zwischen Staaten, sondern auch zwischen Gesellschaften auf ein zunehmendes Interesse. Dieses Thema sei in der westdeutschen Geschichtswissenschaft, wie Hans Medick bereits 1991 feststellte, während des »Kalten Krieges« aus politischen Gründen »gleichsam tabuisiert« gewesen. Den Sammelband »Deutschlands Grenzen in der Geschichte«[6], den Alexander Demandt 1990 herausgab, bezeichnete Medick als eine der wenigen Ausnahmen.[7] Dieses Kompendium ist überwiegend aus politikgeschichtlicher Perspektive geschrieben. Die neuere, sozial- und kulturgeschichtlich orientierte Erforschung von Grenzen baut hingegen auf einem breiteren Ensemble von methodischen Zugangsweisen auf. Nicht zuletzt die Erforschung lokaler und regionaler Identitäten ermöglichte es, die Wechselwirkung von Staaten- und politischer Grenzbildung in der Frühneuzeit zu rekonstruieren. Der politisch-administrative Anspruch, lineare Grenzen zwischen Staaten festzulegen, ließ sich jedoch meist nur schrittweise durchsetzen. Nicht selten überlagerten einander divergierende Herrschaftsrechte, die sich zudem mit politischen Grenzziehungen nicht immer deckten, wodurch widersprüchliche Loyalitäten erzeugt wurden.[8] In dieser Sicht wurden Grenzen nicht allein als politische Konstrukte betrachtet, die als Folge der Formierung europäischer Territorialstaaten entstanden und die lineare Abgrenzungen zwischen Staatswesen mit sich brachten. Grenzen und Grenzräume wurden vielmehr (auch) als Vermittlungs-, Kontakt- und Konfliktzonen zwischen Staatsangehörigen verschiedener Sprache und ethnischer Zugehörigkeit untersucht.[9]

4 Auf die »Fiktion des Zensus«, dass »jedermann erfaßt ist, und daß jeder einen – und nur einen – eindeutigen Platz einnimmt«, insistierte auch Benedict Anderson, Die Erfindung der Nation. Zur Karriere eines folgenreichen Konzepts, Frankfurt a. M.-New York 1996 (Titel der engl. Originalausg. Imagined Communities, 1983), 166.

5 Rémi Lenoir, Die Erfindung der Demographie und die Bildung des Staates, in: ÖZG 8 (1997), 400-444, hier 401.

6 Alexander Demandt (Hg.), Deutschlands Grenzen in der Geschichte, München [2]1991.

7 Hans Medick, Zur politischen Sozialgeschichte der Grenzen in der Neuzeit Europas, in: Sozialwissenschaftliche Informationen 20 (1991), 157-163, hier 157.

8 Peter Sahlin, Boundaries. The Making of France and Spain in the Pyrenees, Berkeley 1989. Vgl. ferner als begriffsgeschichtlichen Zugang Lucien Febvre, Das Gewissen des Historikers, Frankfurt a. M. 1990, 27-37, bes. 36.

9 Vgl. etwa Annette Maas, »A l'extrême frontière …« Grenzerfahrung in Lothringen nach 1870, in: Grenzenlos. Lebenswelten in der deutsch-französischen Region an Saar und Mosel seit 1840, Saarbrücken 1998, 55-77.

An der Diskussion um die Art und Weise, wie die ›Nation‹ oder das ›Volk‹ statistisch repräsentiert werden und aus welchen Elementen sie zusammengesetzt sein sollten, beteiligten sich im Untersuchungszeitraum der vorliegenden Studie auch deutsche Historiker. Im Vergleich zu ihren Kollegen aus Statistik, Soziologie, Geographie und Ethnographie war ihr Anteil allerdings eher geringer, zumal sich die preußisch-deutsche Historiographie, die als ›borussische Schule‹ die Geschichtsforschung dominierte, fast ausschließlich auf die Darstellung der politischen Ereignisgeschichte und die Legitimation des 1871 entstandenen kleindeutschen Nationalstaates konzentrierte.[10] Jedoch gerieten bei Bemühungen um Abgrenzung des eigenen ›Volks‹ von anderen europäischen Nationen sowie bei der Entstehung einer deutschen ›Rasse‹ zunehmend demographische Fragestellungen und vitalstatistische Variablen (Migrationen und zahlenmäßige Proportionen zwischen den Nationen, später auch Fertilität, Mortalität und Heiratsverhalten) in den Blick der Geschichtswissenschaften. Texte und Autoren, die sich mit solchen Themen befassten, waren seit den 1920er-Jahren häufig der deutschen ›Volks- und Stammesgeschichte‹ und ihren regionalen Spielarten als deutsche ›Ost-‹, ›Südost-‹ oder ›Westforschung‹ zuzuordnen. Die Gruppe jener Historiker, von denen ausgewählte Schriften hier zur Diskussion stehen, war allerdings durchaus heterogen. Trotz teilweiser generationeller Grundvoraussetzungen und weitgehender ideologischer Übereinstimmung begriffen sich besonders deutsche Volkshistoriker in der Regel nicht als eine Einheit im Sinne einer gleichgerichtet politisch auftretenden Gruppierung.

Während der Geograph Friedrich Ratzel (1844-1904) noch theoretische Bemühungen um die Begriffsfassung von ›Grenze‹ und ›Grenzsaum‹ in den Vordergrund seiner Überlegungen gestellt hatte,[11] beherrschten bei späteren Akteuren der deutschen ›Volksgeschichte‹ deklamatorische Elemente des ›Grenz- und Volkstumskampfes‹ den Grenzdiskurs. Einer ihrer militantesten Vorkämpfer, Kleo Pleyer (1898-1942), trieb die damit verbundene kriegerische Rhetorik auf die Spitze. Auf dem Erfurter Historikertag 1937 meinte der damals in Königsberg (Kaliningrad) tätige Historiker: »Das Gesetz der Grenze ist das Gesetz der Nation.«[12] Pleyer beschrieb die deutsche Grenze zu Polen und zur Tschechoslowakei als »gesamtdeutsche Ostfront« im »Volkstumskampf«. Diese weise mit Ostpreußen, Schlesien und dem Ostalpengebiet drei Vorsprünge auf. In den beiden Einbuchtungen lebten Polen und Tschechen. Für den »Grenzkampf« sei der

10 Vgl. zur ›borussischen‹ oder ›preußischen Schule‹ Georg G. Iggers, Deutsche Geschichtswissenschaft. Eine Kritik der traditionellen Geschichtsauffassung von Herder bis zur Gegenwart, Wien-Köln 1997, 120-162.

11 Vgl. hierzu Thomas Serrier, »Deutsche Kulturarbeit in der Ostmark«. Der Mythos vom deutschen Vorrang und die Grenzproblematik in der Provinz Posen (1871-1914), in: Michael G. Müller/Rolf Petri (Hg.), Die Nationalisierung von Grenzen. Zur Konstruktion nationaler Identität in sprachlich gemischten Grenzregionen, Marburg 2002, 13-33, hier 29 f.

12 Kleo Pleyer, Die Kräfte des Grenzlandkampfes in Ostmitteleuropa, in: Deutsche Monatshefte in Polen 4 (1938), 125-138.

Krieg von entscheidender Bedeutung, er sei aber nicht die Hauptform des Grenzkampfes. Vielmehr sei der Kleinkrieg, der Alltagskampf um die Volksgrenzen stets wichtiger gewesen. Pleyer sah diese Grenzen nicht als Linien, sondern als Zonen, als »mehr oder minder breite Säume, innerhalb derer die gegnerischen Volkstümer miteinander dichte Fühlung haben.«[13]

In der wissenschaftsgeschichtlichen Forschung stießen Konstruktionen von Grenzen erst vergleichsweise spät auf Interesse. Dabei geriet besonders die Rolle von Geographie und Kartographie bei der wissenschaftlichen Legitimierung von Grenzziehungen in den Blick: Iris Schröder konnte beispielsweise anhand der in Deutschland und Frankreich führenden Geographen Friedrich Ratzel und Paul Vidal de la Blache (1845-1918) zeigen, wie um 1900 geographische Repräsentationen vorgestellter nationaler Einheiten auf Kategorien wie ›Raum‹, ›Grenzen‹ und ›Bevölkerung‹ beruhten und wie Staaten je nach wechselnden politischen Bedürfnissen voneinander abgegrenzt wurden. Was den französischen Humangeographen Vidal de la Blache von Ratzel unterschied, war die Einschätzung der menschlichen Handlungsoptionen gegenüber der naturräumlichen Umwelt. Im Gegensatz zu Ratzel, der das menschliche Handeln wesentlich durch Umweltbedingungen bestimmt sah (Environmentalismus), betrachtete de la Blache den Menschen grundsätzlich als soziales Wesen. Er ging davon aus, dass sich menschliche Lebensformen aktiv an jeweils gegebene »physisch-biotische Milieus« anzupassen vermögen.[14]

Im Folgenden untersuche ich demographische Argumentationsmuster und deutschzentrierte Formen geschichtswissenschaftlichen Ordnungsdenkens. Im Blick auf diese Fragestellung diskutiere ich folgende Leitfragen: Entlang welcher historiographischer Argumentationslinien wurden sozial-ethnische Grenzen gezogen, und welche methodischen Instrumentarien wurden verwendet, um diese sichtbar zu machen? Welche Argumentationsmuster und dichotomen historischen Modelle – z. B. ›Gleichgewicht‹ vs. ›Chaos‹; ›Untervölkerung‹ vs. ›Übervölkerung‹ – entwarfen Historiker dies- und jenseits der von ihnen konstruierten Grenzlinien, um deren Existenz plausibel zu machen? Wenn im Folgenden von spezifischen demographischen Argumentationsmustern in den deutschsprachigen Geschichtswissenschaften die Rede ist, soll ausdrücklich darauf hingewiesen werden, dass damit Fragen der Reproduktion (Heiratsverhalten, Fertilität) und der Bevölkerungsstruktur und -bewegung angesprochen werden.

13 Zit. n. Fritz Morré, Grenzfragen im Osten, in: JDG (1937), 596-612, hier 597.

14 Vgl. Iris Schröder, Die Nation an der Grenze. Deutsche und französische Nationalgeographien und der Grenzfall Elsaß-Lothringen, in: Ralph Jessen/Jakob Vogel (Hg.), Wissenschaft und Nation in der europäischen Geschichte, Frankfurt a. M. 2002, 207-234; Etienne François et al. (Hg.), Die Grenze als Raum. Auf den Zusammenhang zwischen deutschem Revisionismus, territorialen Expansionsbestrebungen und kartographischen Legitimationen außenpolitischer Konzepte in der Weimarer Republik und im ›Dritten Reich‹ machte G. H. Herb schon 1997 aufmerksam: Vgl. Guntram Henrik Herb, Under the Map of Germany. Nationalism and propaganda 1918-1945, London-New York 1997.

Zeitlich konzentriere ich mich auf die Weimarer Republik und das ›Dritte Reich‹, regional auf die deutsch-polnischen Grenzgebiete.

Migrationen als ›Völkerbewegungen‹

In landes- und volksgeschichtlich ausgerichteten Teildisziplinen der Geschichtswissenschaften standen Migrationen vor allem in den 1920er- bis 1950er-Jahren im Zentrum des Interesses an ›Bevölkerung‹. Dieser Themenbereich fand früher und sehr viel stärker Eingang in die konventionelle ereignis- und politikbezogene Geschichtsschreibung als Themen der Reproduktion (Fertilität und Heiratsverhalten), welche die meisten Historiker entweder nicht oder nur in Migrationskontexten thematisierten.[15] Gerade in den sprachlichen Mischgebieten Preußens (etwa in Posen-Westpreußen) und in einigen Provinzen der Habsburgermonarchie (z. B. in Böhmen, Galizien und in der Untersteiermark) machten Historiker migrationsbedingte ethnische bzw. nationale Unterschiede zu einem wesentlichen Differenzierungsmerkmal ethnisierender Auffassungen von ›Bevölkerung‹.

Einer der Vorläufer und Anreger der ethnonationalistischen ›Landeskunde‹ und ›-geschichte‹ der 1920er- und 1930er-Jahre war der österreichische Historiker Raimund Friedrich Kaindl (1866-1930). Bereits seit den 1890er-Jahren bewegte er sich mit seinen Forschungen im Spannungsfeld von ›Volkskunde‹, ›Siedlungsforschung‹ und ›Geschichte‹. Kaindl interessierte sich für Erscheinungen kultureller Diversifizierung in ethnischen Mischzonen und wandte sich in diesem Zusammenhang der historischen Siedlungsforschung zu. Neben der Geschichte des habsburgischen Kaiserreiches bzw. der einzelnen (Kron-)Länder richtete sich sein Interesse auf verfassungs-, verwaltungs- und rechtsgeschichtliche Fragen. Dabei betrachtete er das ›Volk‹ als wesentliche geschichtswissenschaftliche Bezugsgröße. In der Habsburgermonarchie war Kaindl einer der wenigen deutschnational und zugleich kaisertreu orientierten Historiker, die derartige Ansätze mit ethnographischen Feldforschungen in multiethnischen Regionen verknüpften. Seine dreibändige »Geschichte der Deutschen in den Karpathenländern« (1907/11) stellte den ersten Versuch dar, die deutsche ›Siedlung‹ in Südosteuropa historiographisch umfassend darzustellen.[16] Im Mittel-

15 Vgl. beispielsweise Heinrich v. Treitschke, Deutsche Geschichte im 19. Jahrhundert. Bde. 1-5, 4, Leipzig [5] 1907, hier 598-609, u. Franz Schnabel, Deutsche Geschichte im 19. Jahrhundert. Bde. 1-4, 3, München 1987 [zuerst Freiburg/Br. 1934], hier 354-364. Vgl. zur ›Geschichte der Migrationsgeschichte‹ zuletzt den instruktiven Überblick von Sylvia Hahn, Migration – Arbeit – Geschlecht. Arbeitsmigration in Mitteleuropa vom 17. bis zum Beginn des 20. Jahrhunderts, Göttingen 2008, 31-98.

16 Vgl. Raimund Friedrich Kaindl, Geschichte der Deutschen in den Karpathenländern (= Allgemeine Staatengeschichte, hg. v. Karl Lamprecht. Dritte Abt.: Deutsche Landesgeschichten 8, hg. v. Armin Tille) 1: Geschichte der Deutschen in Galizien bis 1772, Gotha 1907. 2. Geschichte der Deutschen in Ungarn und Siebenbürgen bis 1763, in der

punkt seines Interesses stand allerdings nicht ›Bevölkerung‹ als statistisches Konstrukt, sondern ›Volk‹ als Ausdruck ethnographisch anscheinend fassbarer Wesenheiten.[17] Wenn Historiker über die Ursachen der deutsche Siedlungsexpansion reflektierten, kam ›Bevölkerung‹ als Argumentationsfigur allerdings wieder ins Spiel: So stellte etwa der Lehrer und Historiker Erich Schmidt in seiner frühen volkshistorisch orientierten Darstellung der »Geschichte des Deutschtums« in Posen das (wirtschaftliche) »Aufnahmebedürfnis der polnischen Länder« der »wagemutige[n] Bereitwilligkeit« der deutschen Kolonisten gegenüber, »sich vom Volksganzen loszulösen und sich neue Heimstätten zu gründen«. Den Siedlungsvorgang selbst verglich Schmidt, einer naturwissenschaftlich inspirierten Denkfigur folgend, »mit der anscheinend wirren Regellosigkeit eines Naturvorganges«. Dieser hätte sich so abgespielt, als ob »die Luft von allen Seiten auf ein Vakuum zustürzt«. Erst später seien »Ordnung« und »Organisation« in die Bewegung hineingekommen.[18]

Seit den 1920er-Jahren konzentrierte sich das Interesse von Historikern an Migrationen zunehmend auf die Geschichte der deutschen Ostwanderungen im Mittelalter und in der Frühen Neuzeit. Die volksgeschichtliche Forschung der Zwischenkriegszeit fand im ›Deutschtum‹ ihren bevorzugten Gegenstand und verwendete historiographische Leitbegriffe wie »ostdeutsche Kolonisation«[19] oder ›deutsche Ostkolonisation‹ meist synonym nebeneinander. Der Breslauer Historiker Hermann Aubin (1885-1969) setzte an ihre Stelle den Begriff der »deutschen Ostbewegung«.[20] Er betrachtete die »mittelalterliche Ostkolonisation« als »Teil einer viel umfassenderen Erscheinung, der auf allen Lebensgebieten sich vollziehenden deutschen Ostbewegung«. Diese gelte es als einheitlichen Vorgang in ihrer »räumlichen, zeitlichen und inhaltlichen Ganzheit« zu erfassen.[21] Walter Schlesinger (1908-1984), einer der ersten westdeutschen Historiker, der in den 1960er-Jahren traditionelle wissenschaftliche Positionen der deutschen ›Ostforschung‹ auf ihren ethnozentrischen Gehalt hin untersuchte, reflektierte den Begriff der ›Ostbewegung‹ erstmals kritisch, er verwarf ihn aber nicht

Walachei und Moldau bis 1774, Gotha 1907. 3. Geschichte der Deutschen in Galizien, Ungarn, der Bukowina und Rumänien seit etwa 1770 bis zur Gegenwart, Gotha 1911.

17 Vgl. zu Kaindls Biographie und Wirkung Alexander Pinwinkler, Raimund Friedrich Kaindl. Geschichte und Volkskunde im Spannungsfeld zwischen Wissenschaft und Politik, in: Hruza (Hg.), Österreichische Historiker, 125-154.

18 Erich Schmidt, Geschichte des Deutschtums im Lande Posen unter polnischer Herrschaft, Bromberg 1904, 93 f.

19 Rudolf Kötzschke/Wolfgang Ebert, Geschichte der ostdeutschen Kolonisation, Leipzig 1937.

20 Hermann Aubin, Zur Erforschung der deutschen Ostbewegung, in: DALV 1 (1937), 37-70; 309-331; 562-602.

21 Hermann Aubin, Das Gesamtbild der mittelalterlichen deutschen Ostsiedlung, in: ders. et al. (Hg.), Deutsche Ostforschung. Ergebnisse und Aufgaben seit dem ersten Weltkrieg, Bde. 1-2,1, Leipzig 1942, 331-361, hier 332.

vollständig.[22] Die historisch-soziologischen Arbeiten der Brüder Alexander Kulischer (1890-1942) und Eugen Kulischer (1881-1956) über die »Weltgeschichte als Völkerbewegung« hatten im Übrigen bereits in der Zwischenkriegszeit Deutungsmuster von Migrationen mit universalem Anspruch geliefert; auf die Entwicklung der deutschen Geschichtswissenschaft nahmen sie jedoch keinen Einfluss.[23]

Migrationen erschienen in volksgeschichtlich orientierten Studien häufig als Ausdruck naturgeschichtlicher Gesetzmäßigkeiten, die einen autoregulativen Ausgleich zwischen demographischen ›Unterdruck-‹ und ›Überdruckgebieten‹ bewirkten. Die Arbeiten von Hermann Aubin in den 1930er-Jahren sind ein Beispiel für dieses diskursiv verbreitete Denkmuster. Aubin behauptete, dass die zahlenmäßige Überlegenheit der Deutschen gegenüber slawischen Bevölkerungsgruppen eine entscheidende Antriebskraft für ihre massenhafte mittelalterliche »Ostbewegung« gewesen sei. Aufgrund der im Verlauf des 19. Jahrhunderts einsetzenden polnischen Westwanderung habe sich dieses biologisch bedingte »Menschengefälle« zwischen deutschen und slawischen Bevölkerungsgruppen in zahlenmäßiger Hinsicht allerdings »geradewegs umgekehrt«.[24]

Die Annahme eines Spannungsverhältnisses zwischen demographischen ›Unterdruck-‹ und ›Überdruckgebieten‹, das naturnotwendig Migrationen auslösen würde, verknüpften Volkshistoriker daneben mit der Vorstellung eines überzeitlichen ›Kulturgefälles‹ zwischen West und Ost. Der Volkskundler und Historiker Walter Kuhn (1903-1983), der in der schlesischen Sprachinsel Bielitz (poln. Bielsko-Biała) geboren und dort politisch sozialisiert worden war, ist hierfür ein Beispiel. Kuhn war einer der eifrigsten Vertreter des Konstrukts eines unterschiedlichen »Reifegrades« zwischen den »Völkern«: Für ihn setzte die »Kolonisation eines Volkes im Gebiet eines anderen« voraus, dass »beide auf verschiedenen Reifestufen stehen.« In seiner frühen Programmschrift zu diesem Thema unterschied Kuhn zwischen »echten Sprachinseln«, die auf eine »geschlossene« Kolonisation zurückgingen, und »unechten Sprachinseln«, die sich aufgrund individueller Wanderungen entwickelt hatten. Letztere seien im 19. und 20. Jahrhundert entstanden. Sie bildeten keinen Gegenstand seiner Untersuchungen, da sie auf den »Menschenaustausch zweier Völker mit gleicher Entwicklungsreife« zurückzuführen seien.[25] Wie weiter unten gezeigt wird, trat Kuhns Ideologem

22 Vgl. Walter Schlesinger, Zur Problematik der Erforschung der deutschen Ostsiedlung, in: ders. (Hg.), Die deutsche Ostsiedlung als Problem der europäischen Geschichte. Reichenau-Vorträge 1970-1972, Sigmaringen 1975, 12-30.

23 Vgl. Alexander/Eugen Kulischer, Kriegs- und Wanderzüge. Weltgeschichte als Völkerbewegung. Berlin 1932. Siehe hierzu das Kap. IV.3 in dieser Studie.

24 Hermann Aubin, Die historisch-geographischen Grundlagen der deutsch-polnischen Beziehungen, in: Albert Brackmann (Hg.), Deutschland und Polen. Beiträge zu ihren geschichtlichen Beziehungen, München-Berlin 1933, 13-25, hier 20f., 25.

25 Walter Kuhn, Versuch einer Naturgeschichte der deutschen Sprachinsel, in: Deutsche Blätter in Polen 3 (1926), 65-140; 629-634; hier 71f.

der ›Reifestufen‹ später in Widerspruch zu den Ergebnissen seiner bevölkerungsstatistischen Erhebungen.

Aubin sah den wesentlichen Auslöser für Wanderungen hingegen nicht vorrangig in den verschiedenen ›Reifestufen‹ von Germanen und Slawen, sondern in der unterschiedlichen Bevölkerungsdichte der einzelnen Länder, die Migrationsbewegungen herbeiführten bzw. hemmten. Frankreich und Italien hatten nämlich im Hochmittelalter ihre Binnenkolonisation so weit vorangetrieben, dass der dadurch entstandene »Damm« deutsche »Siedler« davon abhielt, »die Wanderung zwecks Landgewinnung in der alten Richtung wieder aufzunehmen.« So blieb den Deutschen, die ihrerseits einen »außerordentlichen Menschenzuwachs« erzielt hatten, nur »der Osten« als Zielgebiet ihres »Bevölkerungsüberschusses«. Das weitläufige Gebiet zwischen Ostsee, Adria und Schwarzem Meer sei von den Slawen nur in geringer Dichte besiedelt worden: »Weithin streckte sich hier vor den Deutschen ein dünn bevölkertes Gebiet, in welchem ihr Kinderüberschuß ein Unterkommen finden und mit seiner überlegenen Wirtschaftsweise fruchtbare Arbeit verrichten konnte.«[26] Aubin kombinierte diese Denkfigur autoregulativer demographischer Ausgleichsbeziehungen zwischen »Deutschen« und »Slawen« mit dem deutschen Anspruch, die slawischen Nachbarn mittels »deutscher Arbeit« zu beherrschen und zu missionieren. Indem die Deutschen am Rande ihres Siedlungsgebiets eine »umfassende Grenzwacht« errichteten, sicherten sie zugleich den Bestand des christlichen »Abendlandes«.[27]

Die demographischen Krisen des 14. und 17. Jahrhunderts sowie die spätere deutsche Auswanderung insbesondere nach Nordamerika hatten Aubin zufolge verhindert, dass neuerlich größere Wellen deutscher Kolonisten nach Osten gingen. Erst seit dem 19. Jahrhundert habe sich dieses Bild verändert: Die polnische Wanderung nach Westen schien sein Modell zu bestätigen, das von ›Bevölkerungsdruck‹ und langfristigem demographischem Ausgleich induziert wurde. Elementarer Bestandteil des Aubinschen Denkansatzes war das Konzept eines deutsch-polnischen ›Menschengefälles‹, das die Vorstellung beinhaltete, die Slawen seien in Mittelalter und Früher Neuzeit aufgrund ihrer spezifischen kulturell-biologischen Disposition unfähig gewesen, den ihnen zugefallenen Raum auszufüllen und sich dort staatlich zu organisieren.

26 Ebd., 14f.
27 Ebd., 14.

Geschichte, ›Erbbiologie‹ und ›Rassenforschung‹: Zur genealogischen Konstruktion des deutschen ›Volkskörpers‹

Heiratsverflechtungen und Familienbildung, Geburtenentwicklung und Sterblichkeit, welche die Forschungsschwerpunkte der meisten an Universitäten tätigen Historiker nur am Rande berührten, stießen in Deutschland spätestens seit der Jahrhundertwende bei Bevölkerungsbiologen, Genealogen und Sippenforschern zunehmend auf Interesse. Dabei bildete nicht der Einzelne, sondern die ›Familie‹ oder die ›Sippe‹ den eigentlichen Gegenstand der Forschung. Historiker und Archivare, die für die ›Genealogie‹ aktiv wurden, bildeten neben ›Heimatforschern‹, Anthropologen, Biologen und Agrarsoziologen nur eine von mehreren Gruppen in einem insgesamt sehr heterogenen und sich von unterschiedlichen methodischen und institutionellen Ausgangspunkten aus entwickelnden Forschungsfeld.

Als historiographische Hilfswissenschaft wies die ›Genealogie‹ bereits um 1900 eine lange Tradition in der Erforschung adeliger Familienverbände auf, die zumindest bis zur Entstehung des absolutistischen Fürstenstaats der Frühen Neuzeit zurückreichte. Seit der zweiten Hälfte des 19. Jahrhunderts entstanden mit dem sozialen und ökonomischen Aufstieg des Bürgertums neue, nun vereinsmäßig organisierte genealogische Forschungen, die außer adeligen auch bürgerliche Familien einbezogen.[28] Zur außeruniversitären Institutionalisierung der ›Genealogie‹ (etwa durch die 1904 gegründete Leipziger *Zentralstelle für deutsche Personen- und Familiengeschichte*) und die Ausweitung ihres Forschungsfeldes trat um 1900 die naturwissenschaftliche Vererbungsforschung. Sie betrachtete nicht allein die Abfolge von ›Geschlechtern‹ und ›Sippen‹, sondern fragte nach deren Verwurzelung im ›Deutschtum‹. Der thüringische Archivar und Genealoge Armin Tille (1870-1941) setzte sich offenbar bereits 1897 als erster deutscher Historiker öffentlich für eine breitere Quellenbasis der ›Historischen Bevölkerungsstatistik‹ durch Verkartung und Auswertung von Kirchenbüchern ein.[29] Die Monographie seines badischen Kollegen Otto Konrad Roller (1871-1936) über »Die Einwohnerschaft der Stadt Durlach im 18. Jahrhundert in ihren wirtschaftlichen und kulturgeschichtlichen Verhältnissen«[30], die aufgrund von Pfarregistern alle sozialen Schichten der städtischen Bevölkerung genealogisch

28 Vgl. hierzu die Ausführungen in Kap. III.3.

29 Vgl. Armin Tille, Zur Bevölkerungsstatistik des Mittelalters, in: Zeitschrift für Social- und Wirtschaftsgeschichte 5 (1897), 411-416. H. F. Friederichs nannte Tille den ersten Historiker, der für die historisch-genealogische Kirchenbuchforschung eintrat. Er datierte dessen diesbezügliche Anregung allerdings erst mit dem Jahr 1906. Vgl. Heinz F. Friederichs, Kirchenbuchverkartungen und Dorfsippenbücher in alter und neuer Sicht, in: Aktuelle Themen zur Genealogie H. 1 (1957), 21-29, hier 21.

30 Otto Konrad Roller, Die Einwohnerschaft der Stadt Durlach im 18. Jahrhundert in ihren wirtschaftlichen und kulturgeschichtlichen Verhältnissen dargestellt aus ihren Stammtafeln, Karlsruhe i. B. 1907.

erfasste, setzte Tilles Forderung in die Praxis um. Diese im Auftrag des Badischen Ministeriums der Justiz, des Kultus und Unterrichts entstandene Studie war eine umfassende Bevölkerungsgeschichte von Durlach im 18. Jahrhundert, die wesentlich anhand von Kirchenbüchern und Stammtafeln dargestellt wurde. Sie ermittelte das Heiratsalter, indem sie Tauf- mit Heiratsurkunden verglich. Roller, der in seiner Arbeit – wie er selber sagte – der »genealogischen Methode« gefolgt war,[31] lieferte damit die erste bekannte auf einer Familienrekonstitution beruhende Studie. Gleichwohl fand sich vor dem Ersten Weltkrieg kein Historiker, der an Rollers Pionierstudie angeknüpft hätte.

Folgenreiche wissenschaftliche Debatten löste vor allem das 1898 erschienene »Lehrbuch der gesammten wissenschaftlichen Genealogie«[32] des Jenaer Historikers Ottokar Lorenz (1832-1904) aus. Beeindruckt von den naturwissenschaftlichen Vererbungsforschungen, suchte Lorenz die Relationen zwischen ›Genealogie‹, Geschichte, Statistik und Naturwissenschaften neu zu bestimmen. Er lieferte mit seinem Lehrbuch einen wesentlichen Anstoß, um die ›Genealogie‹ von ihrer bisherigen Konzentration auf einzelne Familien und ›Geschlechter‹ sowie auf das agnatische Prinzip der Blutsverwandtschaft in männlicher Linie wegzuführen[33] und sie zu bevölkerungs- und gesellschaftswissenschaftlichen Forschungen anzuregen. Als im Jahr 1900 die Botaniker Hugo de Vries (1848-1935), Carl Correns (1864-1933) und Erich Tschermak (1871-1962) die Mendelschen Regeln unabhängig von einander wieder entdeckten, verstärkten sich zusätzlich die Hoffnungen auf eine erbbiologische Fundierung der historischen ›Genealogie‹. Gleichzeitig entstand aber eine Kluft zwischen Vertretern der tradierten ›Genealogie‹, welche diese weiterhin als Hilfswissenschaft der Historiographie ansahen, und den an ›Erbe‹ und ›Blut‹ interessierten Anhängern von populationsgenetischen Forschungen. Die Begründung der Berliner *Gesellschaft für Rassenhygiene* (1906) war mit dem Versuch verbunden, genealogisch interessierte Historiker mit ›erbbiologisch‹ denkenden Vererbungsforschern zusammenzuführen. Die wissenschaftliche Debatte darüber, ob die ›Genealogie‹ als historische Hilfswissenschaft oder als historisch-soziologische »Grenzwissenschaft mit autarker Zielsetzung«[34] zu verstehen sei, blieb jedoch weiterhin unentschieden. Die ›erbbiologische‹ Richtung forderte die im Bereich der ›Genealogie‹ tätigen Forscher jedenfalls dazu heraus, ihre methodischen und theoretischen Grundlagen neu zu

31 Zit. n. Walter Schaub, Sozialgenealogie – Probleme und Methoden, in: BDLG 110 (1974), 15-28, hier 16.

32 Vgl. Ottokar Lorenz, Lehrbuch der gesammten wissenschaftlichen Genealogie. Stammbaum und Ahnentafel in ihrer geschichtlichen, sociologischen und naturwissenschaftlichen Bedeutung, Berlin 1898, bes. 3-28.

33 Vgl. zu den langfristigen Folgen dieses Paradigmenwechsels Martin Zwilling, Mutterstämme – Die Biologisierung des genealogischen Denkens und die Stellung der Frau in Familie und Gesellschaft von 1900 bis zur NS-Zeit, in: TAJB 36 (2008), 29-47.

34 Diana Schulle, Das Reichssippenamt. Eine Institution nationalsozialistischer Rassenpolitik, Berlin 2001, 25.

bestimmen. Sie wiesen der Abstammungsforschung gleichzeitig den Weg zur ›Rassenforschung‹ der 1930er-Jahre.[35]

Unmittelbar nach dem Ersten Weltkrieg entstanden zudem Forschungsrichtungen, die sich der ›Volkskörperforschung‹ und ›Volksgenealogie‹ annahmen. Diese Arbeitsrichtungen sollten die breite Masse der Bevölkerung erfassen. Sie gingen damit bewusst über adelige und bürgerliche Kreise hinaus. Durch diese maßgeblich von Geistlichen wie Konrad Brandner (1881-1939) und Johann Bredt (1873-1936) angeregten Spielarten der ›Genealogie‹, die sich auf die Verkartung von Pfarrmatriken der gesamten Bevölkerung einer bestimmten Gemeinde oder Landschaft stützten, sollten Einsichten in genealogische Familienstrukturen und deren vermeintliche Verwurzelung in ›Heimat‹ und ›Boden‹ gewonnen werden. Sie verfolgten damit einen die ›Volksgemeinschaft‹ betonenden, eher inkludierenden Zugang, der breite Bevölkerungskreise dazu aufrief, ihre Identität genealogisch zu bestimmen.

Um seine Absicht einer systematischen genealogischen Bearbeitung aller 367 steirischen Pfarrarchive in die Tat umzusetzen, organisierte der steirische Pfarrer und Gymnasiallehrer Brandner 1921 bis 1929 die Kirchenbuchverkartung auf Familienbasis (als Rekonstruktion der Familien). Allein im Jahr 1923 arbeiteten Geistliche in 75 steirischen Pfarren auf Brandners Anregung hin an »Volksgenealogien«, die insgesamt rund 120.000 Personen oder 12 Prozent der steirischen Bevölkerung erfassen sollten. Diese Forschungen beanspruchten für sich, die Abstammung der gesamten autochthonen Bevölkerung eines Ortes zu erforschen; im Vordergrund stand dabei die genealogische Untersuchung von Bauernfamilien in agnatischer Linie. Besitzlose Personen, die als ortsfremd in den Pfarrmatriken nicht aufschienen, klammerten sie jedoch ebenso aus wie nichteheliche Geburten.[36]

Brandner verfolgte mit der von ihm propagierten steirischen ›Volksgenealogie‹ das sozialkonservative Konzept, volkspädagogische Dämme gegen die vermeintlichen Verlockungen der Großstadt und die Ausbreitung sozialdemokratischen Gedankenguts zu errichten. Eine starke Verwurzelung der agrarischen Bevölkerung im Land konnte er nicht aufzeigen; die Auswertungen der Pfarrmatriken zeigten im Gegenteil, dass vor allem die kleinbäuerliche Bevölkerung in den vergangenen Jahrhunderten deutlich mobiler gewesen war, als Brandner und seine Mitstreiter ursprünglich angenommen hatten. Nicht zuletzt der Umstand, dass die ›Volksgenealogie‹ nichteheliche Geburten vernachlässigte, reflektierte zudem eine von katholischen Moralvorstellungen durchsetzte organizisti-

35 Vgl. Josef Ehmer, »Historische Bevölkerungsstatistik«, Demographie und Geschichtswissenschaft, in: ders. et al. (Hg.), Herausforderung Bevölkerung, 17-29, hier 26.

36 Brigitte Fuchs, »Rasse«, »Volk«, Geschlecht. Anthropologische Diskurse in Österreich 1850-1960, Frankfurt a. M. 2003, 244 f., sowie Konrad Brandner, Über Volksgenealogie, in: FGB 24 (1926), Sp. 225-228; 293-296.

sche Geschichtsauffassung, die ›Familie‹ und ›Volk‹ als die fundamentalen Kategorien der Gesellschaftsanalyse betrachtete.[37]

Die von dem Hamburger Anthropologen Walter Scheidt (1895-1976) unter dem Einfluss von Humangenetikern wie Fritz Lenz (1887-1976) entwickelte »Bevölkerungsbiologie« entwickelte sich hingegen aus akademischen Debatten um Vererbung, Konstitution und Volkstum. Scheidt begriff die ›Genealogie‹ als Teil der menschlichen Erblehre und wollte diese mit der Bevölkerungsgeschichte zusammenführen. Im Unterschied zur physischen Anthropologie, die auf eine eher statische Rassentypologie hinauslief, beabsichtigte Scheidt eine Konzentration auf den evolutionären Aspekt der »Rassenbildung«. Er verkartete hierzu Kirchenbücher und erstellte »Sippentafeln«.[38] Die von ihm in der zweiten Hälfte der 1920er-Jahre durchgeführten Dorfstudien[39] regten Mediziner, Genetiker und Agrarwissenschaftler zu zahlreichen erb-, familien- oder rassenbiologischen Forschungen an einzelnen dörflichen Bevölkerungsgruppen an. So bezog sich der Humangenetiker Otmar Freiherr von Verschuer (1896-1969) ausdrücklich auf die von Scheidt und seinen Mitarbeitern in der hessischen Schwalm bereits begonnenen erbbiologischen Untersuchungen. Verschuer plante, die ihm von dem Hamburger Anthropologen zur Verfügung gestellten 65.000 genealogisch ausgewerteten Kirchenbuchauszüge in sogenannten »Sippentafeln« zusammenzustellen. Er vertrat dabei das Konzept, soziale Differenz erbbiologisch herzuleiten: Verschuer erwartete sich von der Erhebung der »Häufigkeit, Verteilung, Vererbung verschiedenster Erbmerkmale« Aufschlüsse über die »Bedeutung von Rasse, Rassenmischung und Konstitution für das krankhafte Geschehen im menschlichen Körper«. Den »praktischen Aufgaben der Erb- und Rassenpflege« im NS-Staat sollten dadurch »Unterlagen für den weiteren Ausbau der Sterilisierung, der Eheberatung und anderer Maßnahmen« vermittelt werden.[40]

Die ›erbbiologisch‹ fundierte antisemitische Blutmystik gewann nach 1933 offiziösen Charakter. Die *Forschungsabteilung Judenfrage* des 1935 gegründeten

37 Vgl. ebd. (Fuchs) sowie Elisabeth Timm, Grounding the Family. Locality and its Discontents in Popular Genealogy, in: Ethnologia Europaea: Journal of European Ethnology 42 (2) (2012), 36-50, hier zu Brandner 40 f.

38 Benoît Massin, Rasse und Vererbung als Beruf. Die Hauptforschungsrichtungen am Kaiser-Wilhelm-Institut für Anthropologie, menschliche Erblehre und Eugenik im Nationalsozialismus, in: Hans-Walter Schmuhl (Hg.), Rassenforschung an Kaiser-Wilhelm-Instituten vor und nach 1933, Göttingen 2003, 190-244, hier 204 f.; Uwe Hoßfeld, Geschichte der biologischen Anthropologie in Deutschland: Von den Anfägen bis in die Nachkriegszeit, Stuttgart 2005, 350 f.

39 Vgl. Walter Scheidt/Hinrich Wriede, Die Elbinsel Finkenwärder, München 1927 (Neuauflage 1932 unter dem Titel »Bevölkerungsbiologie der Elbinsel Finkenwärder«); vgl. ferner Hans Mauersberg, Beiträge zur Bevölkerungs- und Sozialgeschichte Niedersachsens, Hannover 1938 (= Studien zur Volkskörperforschung Niedersachens; 1).

40 BArch Koblenz, R 73/15341, Otmar von Verschuer, Antrag um Gewährung einer Beihilfe für eine erbbiologische Bestandsaufnahme der Bevölkerung in der Schwalm, 20.2.1936. Die DFG bewilligte am 26.5.1936 die Durchführung der beantragten Forschungen und unterstützte sie mit 1.000,- RM.

Berliner *Reichsinstituts für Geschichte des neuen Deutschlands*, der u. a. Otmar von Verschuer als prominentes Mitglied angehörte, wandte sich im Sinne der NSDAP der Erforschung der »Judenfrage« zu. In seinem Vortrag »Was kann der Historiker, der Genealoge und der Statistiker zur Erforschung des biologischen Problems der Judenfrage beitragen?«, den er 1937 bei einer Tagung der ›Forschungsabteilung‹ hielt, trat Verschuer für eine enge interdisziplinäre Kooperation zwischen Biologie und Geschichtsforschung ein. »Umfang und Folgen der Rassenkreuzung zwischen Deutschen und Juden« sollten genealogisch-statistisch rekonstruiert und dadurch der Grad der Durchdringung des deutschen »Volkskörpers« mit »fremden« Rassenbestandteilen erfasst werden.[41]

Die von Walter Scheidt inaugurierte und von Otmar von Verschuer fortgesetzte Arbeitsrichtung wurde im ›Dritten Reich‹ darüber hinaus im Rahmen des Arbeitskreises VII/13 (»Die bäuerliche Lebensgemeinschaft«) gefördert; dieser war organisatorisch der Reichsarbeitsgemeinschaft »Agrarpolitik und Betriebslehre« beim Forschungsdienst zugeordnet. Die Ökonomin Stella Seeberg (*1901-nach 1971) wertete für ihre agrarsoziologische Habilitationsschrift nicht nur die Kirchenbücher, sondern auch Grundbuchakten von Kuhbier in der Prignitz aus. Um eine deutsche »Dorfgemeinschaft« als »gewordene Einheit sozialen Lebens in ihren Wachstumsvorgängen« zu untersuchen,[42] lebte sie ein Jahr mit den Dorfbewohnern von Kuhbier. Der Freiburger Rassebiologe Hans F. K. Günther (1891-1968), ein Vordenker der ›Nordischen Bewegung‹ in Deutschland, betreute die Habilitationsschrift des Agrarsoziologen Heinz Wülker (†1943) zur »Bevölkerungsbiologie der Dörfer Hainholz, Vahrenwalde und List (Hannover)«. Wülkers zuständige Dienststelle war das Stabsamt des »Reichsbauernführers«; er gehörte somit zur unmittelbaren Umgebung von Richard Walther Darré (1895-1953). Wülkers Arbeit thematisierte die Verstädterung von drei Bauerndörfern bei Hannover im Zeitraum von 1740 und 1891. Er untersuchte vor allem Probleme der Abwanderung und der sozialen Mobilität. Indem er sogenannte »vollständige Nachfahrentafeln« erstellte, wollte er die Faktoren »Begabung« mit relativ besseren Schulnoten im Dorf und besseren Lebensleistungen in der Stadt korrelieren. Soziale Schichtung und die Knüpfung wirtschaftlicher und verwandtschaftlicher Netzwerke im Dorf wurden so mit vermeintlich biologischen Determinanten wie »Begabung« und empirisch nicht greifbaren Theoremen wie

41 Otmar Freiherr von Verschuer, Was kann der Historiker, der Genealoge und der Statistiker zur Erforschung des biologischen Problems der Judenfrage beitragen? In: Forschungen zur Judenfrage. Bd. 2: Sitzungsberichte der Zweiten Arbeitstagung der Forschungsabteilung Judenfrage des Reichsinstituts für Geschichte des neuen Deutschlands vom 12. bis 14. Mai 1937, Hamburg 1937, 216-222, hier 221.

42 Seebergs Förderer Prof. Wollenweber über die Studie seiner Schülerin, zit. n. Alois Kernbauer, Stella Seeberg. Die erste Dozentin an der Rechts- und Staatswissenschaftlichen Fakultät, in: ders./Karin Schmidlechner-Lienhart (Hg.), Frauenstudium und Frauenkarrieren an der Universität Graz, Graz 1996, 260-264, hier 263; vgl. Stella Seeberg, Dorfgemeinschaft in dreihundert Jahren – gemeinsam mit den Bewohnern des Bauerndorfes Kuhbier, Hamburg 1938.

»Führungsfähigkeit« amalgamiert.[43] Die bevölkerungspolitische Relevanz dieser Forschungen ergab sich im ›Dritten Reich‹ wesentlich durch den gesetzlichen Zwang zum Nachweis der ›arischen Abstammung‹. Die politisch nachgefragte Bedeutung der ›Sippenforschung‹ als einer Sozialtechnik, die genealogische Kriterien für die Inklusion des ›Eigenen‹ und die Exklusion von ›fremden‹ Bevölkerungsgruppen entwickelte und damit zur nationalsozialistischen Selektions- und Vernichtungspolitik beitrug, bestätigte sich dabei nachdrücklich.[44]

Ethno-sozial differenzierte Fruchtbarkeit

In den Forschungen deutscher Historiker und anderer Wissenschaftler, die sich den verschiedenen Richtungen oder Disziplinen der deutschen ›Volksgeschichte‹ oder ›Volksforschung‹ zurechneten, nahmen Migrationen und Fragen der Abstammung von Individuen und Familien, wie oben gesehen, breiten Raum ein. Dagegen wurden demographische Kernthemen (wie Heiratsverhalten, Geburtenentwicklung und Sterblichkeit), die besonders in der amtlichen Bevölkerungsstatistik eine wichtige Rolle spielten, von den meisten Volkshistorikern eher als sekundär empfunden oder nur im engen Rahmen ethnozentrischer Fragestellungen erörtert. Dies überrascht angesichts der Bedeutung, die den mit diesem Themenkreis verbundenen gesellschaftspolitischen Fragen in Deutschland seit den 1920er-Jahren zukam. Es genügt in diesem Zusammenhang, an das Schlagwort »Volk ohne Raum« zu erinnern, das auf den gleichnamigen Roman von Hans Grimm (1875-1959) zurückging[45]; Friedrich Burgdörfer (1890-1967) stellte diesem in den 1930er-Jahren die Vorstellung vom »Volk ohne Jugend«[46] breitenwirksam zur Seite.

Nur wenige Historiker rezipierten methodische Entwicklungen der Bevölkerungsstatistik (die in Deutschland prononciert völkisch orientiert war[47]). Selbst der ›Sprachinselforscher‹ Walter Kuhn, der ansonsten gängige statistische Frageraster weitgehend übernahm und sich beim Wiener Statistiker Wilhelm Winkler

43 Heinz Wülker, Bevölkerungsbiologie niedersächsischer Dörfer (Hainholz, List u. Vahrenwald bei Hannover), Leipzig 1940. Vgl. Volkmar Weiss/Katja Münchow, Ortsfamilienbücher mit Standort Leipzig in Deutscher Bücherei und Deutscher Zentralstelle für Genealogie, Neustadt/Aisch ²1998, 97-104.

44 Vgl. u. a. zur Mitverantwortung der Kirchenarchive und Kirchenbuchstellen für die nationalsozialistische Rassenpolitik Manfred Gailus (Hg.), Kirchliche Amtshilfe. Die Kirche und die Judenverfolgung im »Dritten Reich«, Göttingen 2008.

45 Vgl. Hans Grimm, Volk ohne Raum, Bd. 1: München 1927; Bd. 2: München 1930.

46 Vgl. Friedrich Burgdörfer, Volk ohne Jugend: Geburtenschwund und Überalterung des deutschen Volkskörpers; ein Problem der Volkswirtschaft, der Sozialpolitik, der nationalen Zukunft, 1. Aufl. 1932; 2., erg. u. verm. Aufl. 1934; 3., verm. Aufl. Heidelberg 1938 (= Beihefte zur Zeitschrift für Geopolitik; 9).

47 Vgl. zu Friedrich Burgdörfers völkischer Konzeption der Bevölkerungsstatistik Florence Vienne, Une science de la peur. La démographie avant et après 1933, Frankfurt a. M. 2006; Thomas Bryant, Friedrich Burgdörfer (1890-1967): eine diskursbiographische Studie zur deutschen Demographie im 20. Jahrhundert, Stuttgart 2010.

(1884-1984) in bevölkerungsstatistische Methoden einführen ließ,[48] bediente sich in seinen Arbeiten einfacherer demographischer Maßzahlen wie der Geburten- und der Sterbeziffer. Kuhns statistische Befunde standen seinen weltanschaulich vorgeprägten Bildern über das »Kulturgefälle« zwischen West und Ost gegenüber, das er in seinen frühen Studien über die unterschiedlichen ›Reifestufen‹ der ›Völker‹ konstruiert hatte. Dieses ›Kulturgefälle‹ spiegelte sich demnach in der im Vergleich zu den deutschen Siedlern höheren Geburtenrate unter den slawischen Völkern: Dieses galt ihm als Ausdruck der besonderen kulturellen Rückständigkeit der Slawen. Zugleich stellte er aber fest, dass frühe Heiraten sowohl bei den slawischen wie bei den aus der Pfalz zugewanderten deutschen Galiziern ähnlich stark verbreitet waren. Die durchschnittliche, von Kuhn auf 15 berechnete Geburtenüberschussziffer der deutschen Kolonien, die er aus dem Zusammenwirken von Fertilität und Mortalität ableitete, übertraf seinen Berechnungen nach »sowohl die[jenige der] Slawen der Umwelt wie das Mutterland«. Kuhn zog aus seinen Feststellungen zum demographischen Verhalten der Deutschen in Galizien allerdings nicht etwa die Schlussfolgerung, dass die dortigen Polen und Ruthenen (Ukrainer) mit einem offenbar ähnlichen demographischen Verhalten wie die deutschen Siedler ein vergleichbares kulturelles Niveau wie die Deutschen erreicht hätten. In ihrem Falle galten Kuhn – anders als bei den Slawen – niedriges Heiratsalter und relativ hohe Geburtenraten nicht als Beleg für kulturelle Rückständigkeit. Die stärkere Reproduktionsrate der Deutschen ermögliche es diesen im Gegenteil, ihre Kolonien durch Tochtersiedlungen rasch auszudehnen. Erst mit der »wachsenden Reife des Stammes« (sc. der galizischen Pfälzer) erfolge eine Steigerung des Heiratsalters und eine Senkung der ehelichen Fruchtbarkeit.[49]

Das ›European Marriage Pattern‹

Das Denken in West-Ost-Dichotomien spielte in der deutschsprachigen Geschichtsschreibung und in den Sozialwissenschaften der hier interessierenden Untersuchungsperiode insgesamt und in deutschen ›historischen Bevölkerungsforschungen‹ im Besonderen eine zentrale Rolle. Die Vielfalt historischer Ereignisse schien durch vergleichsweise starre Schematisierungen, etwa zwischen ›Völkern‹ und ›Rassen‹, gleichsam auf einer höheren Abstraktionsebene ›Ordnung‹ in das Geschehen zu bringen und geeignete Legitimationsmuster für aktuelle politische Entwürfe und Gedankengänge zu liefern. Wie oben in Bezug auf deutsche Migrationsforschungen ausgeführt, zogen Historiker häufig lineare

48 Vgl. Alexander Pinwinkler, Wilhelm Winkler (1884-1984) – eine Biographie. Zur Geschichte der Statistik und Demographie in Österreich und Deutschland, Berlin 2003 (= Schriften zur Wirtschafts- und Sozialgeschichte; 75), 217 f.

49 Walter Kuhn, Die jungen deutschen Sprachinseln in Galizien. Ein Beitrag zur Methode der Sprachinselforschung, Münster 1930, 110 f., 106.

Grenzen zwischen Geschichtsregionen im Westen und Osten Europas, die sie als wirtschaftlich oder kulturell voneinander verschieden imaginierten.

Die nicht immer explizit ausgesprochene Vermutung, dass die vermeintlich überlegene Wirtschaftsweise und Sozialstruktur deutscher Siedler verbreitete Familienformen und ›Agrarverfassungen‹ umgestaltet und partiell wohl auch ersetzt hätte, gilt es intensiv zu analysieren: Immerhin verband die ›Volksforschung‹ die sogenannte ›deutsche Ostkolonisation‹ mit der Vorstellung, dass in sich geschlossene deutsche Kolonistengruppen einheitlich, zielstrebig und in Form von periodisch wiederkehrenden ›Wellen‹ ›gen Osten‹ gewandert seien. Urheber derartiger Denkmuster und Konzeptualisierungen von Migrationen neig(t)en dazu, ›Räume‹ und bestimmte sozial-ethnische Gruppen reziprok aufeinander zu beziehen. Von besonderer Bedeutung für den im Folgenden zu erörternden Themenkomplex ist der Umstand, dass sozialen Gemeinschaften häufig bestimmte ›Agrar-‹ bzw. ›Familienverfassungen‹ sowie kollektive Verhaltensmuster zugeschrieben wurden. Individuelle Sichtweisen, Verhaltensausprägungen und Handlungsoptionen der Migranten wurden hingegen meist wenig oder gar nicht thematisiert.

Bei allen Unterschieden, welche die verschiedenen historiographischen Modelle oder Denkmuster im Einzelnen aufwiesen, lässt sich für die meisten jedoch feststellen, dass sie – wohl zu Recht – stark umstritten waren und sind. Dies galt zeitgenössisch etwa bereits für das ›Volks- und Kulturboden‹-Theorem des Geographen Albrecht Penck (1858-1945), auf das Volkstumsforscher und Geopolitiker der Zwischenkriegszeit häufig rekurrierten.[50] Walter Kuhn hob zwar hervor, dass für eine Abgrenzung des »Volksbodens« nach sprachlichen Kriterien weitgehende Einigkeit bestehe. Hingegen seien die Anschauungen über den Begriff des »Kulturbodens«, der über den »Volksboden« hinausgehe, in der Forschung recht unterschiedlich. Kuhn unternahm seine Abgrenzungsversuche auch nach geographischen und insbesondere kulturellen bzw. volkskundlichen Kriterien.[51]

Der Kieler Soziologe und Bevölkerungswissenschaftler Gerhard Mackenroth (1903-1955) tradierte noch in den 1950er-Jahren Denkmuster dieser West-Ost-Dichotomie, die er aber gleichzeitig gegen sozialdarwinistische und rassistische Theoreme abzugrenzen suchte. Mackenroths Konzept der vorindustriellen »Bevölkerungsweise« beruhte wesentlich auf dem Vollstellenprinzip. Demnach waren Heiraten in den agrarischen Gesellschaften West- und Mitteleuropas an eine fixe Anzahl von »generativ vollwertigen« Stellen gebunden. Im »germanisch-romanischen Raum« bewirkte dies »das Einspielen der Konsumnorm auf die konstante Arbeitsnorm einer Bauernfamilie«. Da die unteren Schichten zur Ehelosigkeit gezwungen waren, kam es zu einer langfristigen Begrenzung des Bevölkerungswachstums. Nach Ansicht Mackenroths wich der »europäische

50 Alexander Pinwinkler, »Hier war die große Kulturgrenze, die die deutschen Soldaten nur zu deutlich fühlten …« Albrecht Penck (1858-1945) und die deutsche »Volks- und Kulturbodenforschung«, in: Österreich in Geschichte und Literatur 55 (2011), 180-191.

51 Vgl. Walter Kuhn, Zur Abgrenzung des Begriffs des deutschen Volks- und Kulturbodens, in: DHVKf (1933), 65-71, hier bes. 69.

Osten« von dieser west- und mitteleuropäischen »Bevölkerungsweise« deutlich ab, weil die Zahl der Eheschließungen dort nicht über die Verfügbarkeit von ökonomischen »Vollstellen« reguliert und dadurch begrenzt wurde. In Teilen Ost- und Südosteuropas führte dies noch im frühen 20. Jahrhundert zu einem rapiden Bevölkerungswachstum. Diese europäischen Regionen tendierten aufgrund des Ungleichgewichts zwischen ›Bevölkerung‹ und ›Nahrungsspielraum‹ nach Mackenroth unausweichlich zu Verarmung und Verelendung.[52]

Eines der einflussreichsten Modelle der neueren sozialgeschichtlichen Forschung ist das ›European Marriage Pattern‹, von welchem das ›Eastern European Marriage Pattern‹ zu unterscheiden ist. Der englische Statistiker John Hajnal (1924-2008) vertrat in einem viel beachteten Aufsatz zu diesem – wiederum von einer spezifischen West-Ost-Dichotomie gekennzeichneten – Modell die These, dass entlang einer Scheidelinie St. Petersburg-Triest in der Frühneuzeit sich signifikant unterschiedliche Heirats- und Haushaltsformierungsmuster ausgeprägt hätten.[53] Westlich dieser Linie betrug demnach das Durchschnittsalter der Frauen bei ihrer ersten Eheschließung im Allgemeinen über 24 Jahre, bei Männern über 26 Jahre, während zehn Prozent nie heirateten. Östlich der Linie St. Petersburg-Triest war hingegen das durchschnittliche Alter beider Geschlechter bei der Verehelichung deutlich niedriger und die Zahl der Eheschließungen höher.[54]

Auf den ersten Blick legt Hajnals Strukturmodell der Heiratsmuster den Gedanken nahe, dass es sich dabei um eine Analogie zu ethnozentrischen Differenzkonstruktionen über ›deutsche‹ und ›slawische‹ Bevölkerungsgruppen handeln könnte. Sein Modell unterschied sich indes deutlich von der deutschen ›Volksgeschichte‹, denn es beruhte weder auf dem Prinzip der ökonomischen ›Vollstelle‹ (nach Mackenroth), noch konstruierte es einen deutschen ›Volksboden‹ (siehe Penck oder Kuhn). Im Unterschied zum Konzept der ›Vollstelle‹, das im Kern auf kameralistische Ordnungskonzepte von ›Bevölkerung‹ und ›Nahrungsspielraum‹ zurückgriff, beschränkte sich Hajnals Modell zudem darauf, Bezüge und Wechselwirkungen zwischen Familienstrukturen und sozialgeschichtlich relevanten Kategorien von Heiratsalter und Ledigenquote aufzuzeigen.

Hajnals ›European Marriage Pattern‹ löste unabhängig davon eine rege fachliche Diskussion aus. Einer der wichtigsten Kritikpunkte war, dass es eine Vielfalt von Heiratsmustern zusammenfasse, die sich nur schwer in ein übergeordnetes Modell einfügen ließen. Solange der äußerste Westen und der äußerste

52 Gerhard Mackenroth, Bevölkerungslehre, Theorie, Soziologie und Statistik, Berlin u. a. 1953, hier 421-429, sowie ebd., Kap. II: »Geschichtlicher und länderweiser Überblick über das Material«, 109-224, wofür Mackenroth u. a. Ergebnisse der deutschen wirtschafts- und agrarhistorischen Forschung verarbeitete.

53 Vgl. John Hajnal, European marriage patterns in perspective, in: D. V. Glass/ D. E. C. Eversley (Hg.), Population in History: Essays in Historical Demography, Chicago 1965, 101-143.

54 Vgl. hierzu auch Karl Kaser, Der Erbfall jenseits der »Hajnal-Mitterauer-Linie«. Historische Haushaltsformierungsmuster im Südosten Europas, in: Institut für Wirtschafts- und Sozialgeschichte der Universität Wien (Hg.), Wiener Wege der Sozialgeschichte, Wien-Köln-Weimar 1997, 163-182, hier 166, 167 f.

Osten Europas herangezogen würden, um jeweils ein idealtypisches Heiratsmuster zu bilden, behielt es nach Josef Ehmer zwar seine Gültigkeit bei. Wenn einzelne europäische Regionen genauer untersucht würden, ergebe sich jedoch eine Vielfalt unterschiedlicher Heiratsmuster. Nicht zuletzt widersprachen empirische Forschungen dem methodischen Zugang, das Heiratsverhalten als Steuerungsmechanismus homöostatischer und autoregulativer demographischer Systeme zu konstruieren. Solche Untersuchungen deuteten nämlich keineswegs darauf hin, dass das Heiratsverhalten als eine relevante Funktion im demographischen Ausgleich von Bevölkerung und materiellen Ressourcen angesehen werden kann. Sozialstruktur und Arbeitsorganisation würden das – real existierende – Muster relativ später Heiraten bei hohem Ledigenanteil weit besser erklären als empirisch kaum nachweisbare Kausalbeziehungen zwischen Bevölkerung, Heiratsverhalten und wirtschaftlichen Ressourcen.[55]

Fazit: Historisch-demographische Bilder des ›Eigenen‹ und des ›Fremden‹

Als Resümee der bisherigen Betrachtungen lässt sich festhalten, dass ›Bevölkerung‹ wesentlich über die Erforschung ethno-sozialer Grenzräume Eingang in die Geschichtswissenschaften fand. Der Aufstieg der Volkstumshistorie in Deutschland und Österreich nach dem Ersten Weltkrieg bot hierfür den entsprechenden wissenschaftsgeschichtlichen Rahmen. Wenn es darum ging, sprachliche und soziale Unterschiede innerhalb bestimmter Bevölkerungsgruppen zu ethnischen und ›rassischen‹, unüberbrückbaren Grenzen zu überhöhen, bedienten sich Volksforscher darüber hinaus – wie hier bereits angedeutet wurde – vielfach aus dem Reservoir historisch-demographischer Argumentationsmuster. Die Erhebung der zahlenmäßigen Proportionen zwischen den europäischen ›Nationen‹ oder ›Völkern‹, vor allem aber der Vergleich ihrer inneren Gliederung, schien den Wissenschaftlern ein probates Mittel zu sein, um die angenommenen Gegensätze und Konflikte dieser gesellschaftlichen Großgruppen aufzudecken. Die in der Zwischenkriegszeit in den US-amerikanischen und britischen Sozialwissenschaften erörterten Methodenfragen der Statistik blieben der deutschen Geschichtsforschung dabei weitgehend fremd.[56] Wenn man die Schriften von ›Volkshistorikern‹ analysiert, deutet ebenfalls nichts darauf hin,

55 Vgl. zur Kritik insbesondere Josef Ehmer, Heiratsverhalten, Sozialstruktur, ökonomischer Wandel: England und Mitteleuropa in der Formationsperiode des Kapitalismus, Göttingen 1991, 62-67; ders., Marriage, in: David Kertzer/Marzio Barbagli (Hg.), Family Life in the Long Nineteenth Century 1789-1913, New Haven-London 2002 (= The History of the European Family; 2), 282-321, hier 301-309.

56 Christian Fleck, Stichprobe, in: Anne Kwaschik/Mario Wimmer (Hg.), Von der Arbeit des Historikers: Ein Wörterbuch zu Theorie und Praxis der Geschichtswissenschaft, Bielefeld 2010, 189-192, hier 189.

dass sie das sozialwissenschaftliche Wahrscheinlichkeitskalkül rezipiert und durch die Anwendung des Stichprobenverfahrens operationalisiert hätten.[57]

Einen Ausgangspunkt für die Erörterung der angesprochenen Forschungsfragen bildete vor allem die Migrationsforschung. So verwob etwa Hermann Aubin in seinen Denkmodellen, die sich in Kategorien von ›Räumen‹ und ›Kulturlandschaften‹ bewegten, Migrationen mit Vorstellungen autoregulativer Ausgleichsmechanismen zwischen ›Unter-‹ und ›Übervölkerung‹. Aubin unterschied deutlich zwischen ›Bevölkerung‹ als Begriff, den er vornehmlich auf wirtschaftlich, geographisch und klimatisch determinierte Räume bezog, und ›Volk‹, das er in biologisch gegebenen ›Lebensräumen‹ verwurzelt sah. Im Unterschied zur historiographischen Beschäftigung mit Migrationen, die sich vor allem auf die deutsche ›Ostkolonisation‹ konzentrierte und die seit den 1920er-Jahren einen Aufschwung erlebte, setzte die Konjunktur genealogischer Forschungen bereits vor dem Ersten Weltkrieg im Zusammenhang mit dem Aufstieg des populationsgenetischen Paradigmas ein. Die auf ›Erbe‹ und ›Blut‹ konzentrierten sippenkundlichen Praktiken genealogischer Vereine erfassten weite Kreise außerhalb der engeren historischen ›Zunft‹; ihr häufig ausgeprägt antisemitischer Impuls mündete in den 1930er-Jahren in die rassistische Konstruktion des ›Fremden‹ der NS-Bevölkerungspolitik ein.

Völkisches Ordnungsdenken und unterschiedlich gewichtete Bezugnahmen auf das methodische Reservoir von ›Statistik‹, ›Demographie‹, ›Genealogie‹ und ›Bevölkerungsbiologie‹ waren in den hier untersuchten historiographischen Veröffentlichungen untrennbar miteinander verwoben. In diesem Zusammenhang ist eine kritische Sicht auf behauptete Innovationen innerhalb der ›Volksgeschichte‹ umso berechtigter, da sich mit Walter Kuhn ein Wissenschaftler zu Worte meldete, der sich mehr als andere Volkstumsforscher statistischer Methoden bediente, denen zuweilen ausdrücklich innovative Potenziale zugeschrieben wurden.[58] Selbst bei Kuhn ist es aber – wie oben mit Blick auf seine durchgängig unterschiedliche Bewertung deutscher und slawischer Geburtlichkeit angedeutet wurde – wenig nützlich, von methodischer Innovation zu sprechen. Entscheidend ist vielmehr, dass die Verwendung statistischer Methoden die aufgezeigten Ordnungsmodelle unterstützte.

Bei der Frage, welche Kategorien die Konstruktion ethnischer Differenz anleiteten, unterscheide ich zwischen qualitativen und quantitativen Wertungen: Soziokulturelle Begriffe wie ›Arbeit‹, ›Bodenständigkeit‹ oder ›Tüchtigkeit‹ konnten z. B. sowohl auf angenommene kulturelle Leistungen als auch auf die vermeintliche körperliche Tüchtigkeit deutscher Kolonisten mit erhöhter Geburtenrate bezogen werden. Umgekehrt ließ sich die Technik, den gegebenen ›Raum‹ mit Menschen zu durchdringen, mit der Fähigkeit zur Staatsbildung

57 Vgl. hierzu auch meine Untersuchungen zu Karl Julius Beloch, Erich Keyser und Walter Kuhn, die darauf hindeuten, dass diese Wissenschaftler über wenig elaborierte Verfahren der ›Schätzung‹ nie hinausgekommen sind (Kap. II.5.; III.1.; III.5.).

58 So etwa von Oberkrome, Methodische Innovation, 99-101, 225 f.

koppeln. Im Hinblick auf das Mittelalter schienen deutsche Kolonisten somit um vieles geeigneter zu sein, differenzierte Staatswesen zu begründen als die Polen, die Volksforscher als kulturell rückständig und zahlenmäßig schwach betrachteten. Deutsche standen vielfach für ›Ordnung‹, Polen für ›Chaos‹ und ›Unordnung‹.

Die verschiedenen Kategorien, die Historiker heranzogen, um Grenzen zwischen Gruppen zu ziehen, die sie geschichtlich als getrennt erachteten, waren häufig wider Erwarten durchlässig. Die konstruierten Grenzen wurden somit vielfältig durchkreuzt und transzendiert. In den Schlussfolgerungen, die Historiker aus ihrem Quellenmaterial zogen, tendierten sie aber eher dazu, soziale Grenzen zu verfestigen als sie aufzulösen. Innere Widersprüche und Ambivalenzen wurden geglättet, wenn nicht übergangen. Es war im Gegenteil der besonderen semantischen Struktur und der verqueren inneren Logik des von Historikern gepflegten Ordnungsdenkens zuzuschreiben, dass die dichotomen Bilder, die sie vom ›Eigenen‹ und vom ›Fremden‹ entworfen hatten, eine ausgeprägte Kohärenz entfalteten, die es ihnen erlauben sollte, ›Kohärenzsysteme‹ nahezu bruchlos fortzuschreiben.

2. Soziale Differenz II: ›Assimilation‹ und ›Dissimilation‹

> »›Assimilation‹ ist [...] ein typisch modernes Phänomen. Sie erhält ihren Charakter und ihre Bedeutung durch die moderne Nationalisierung des Staates, d. h. dessen Bestreben nach sprachlicher, kultureller und ideologischer Vereinheitlichung der Bevölkerung, die das Territorium seines Zuständigkeitsbereiches bewohnt.«[59]

Der Kulturtheoretiker Zygmunt Bauman (*1925) deutete die Assimilation – wörtlich »Gleichmachung« – mit den oben zitierten Worten als eine charakteristische Erscheinung der Moderne, die dazu beitragen soll, die Bildung moderner Nationalstaaten seit dem 19. Jahrhundert zu erklären. Im Gegensatz zur frühneuzeitlichen Praxis, ständische Differenzierungen als in der natürlichen Ordnung des menschlichen Lebens angelegt und somit als irreversibel zu betrachten, sei im modernen europäischen Nationalstaat ein Denkmuster der Vereinheitlichung – somit der Assimilierung – entwickelt worden, das es diesem ermöglichen sollte, steuernd in soziale Prozesse einzugreifen.

59 Zygmunt Bauman, Moderne und Ambivalenz: in: Uli Bielefeld (Hg.), Das Eigene und das Fremde. Neuer Rassismus in der Alten Welt? Hamburg 1991, 23-49, 41. Dieses Kapitel ist die überarbeitete und aktualisierte Version meines Artikels »Assimilation« und »Dissimilation« in der Bevölkerungsgeschichte, ca. 1918-1960, in: Mackensen (Hg.), Bevölkerungsforschung, 23-48.

Der Begriff ›Assimilation‹[60] wurde bereits seit dem 16. Jahrhundert – zunächst in naturwissenschaftlichen, speziell biologischen Zusammenhängen – verwendet: Er bezog sich auf »Absorptions- und Inkorporierungsprozesse lebender Organismen« und stand für eine unzweideutig eingleisige »Umwandlung, nicht für selbstgestalteten Wandel; eine Handlung, die lebende Organismen an ihrer passiven Umwelt vollzogen«. Der Vorgang der ›Assimilation‹ führte dazu, dass die assimilierte Einheit sich in Form und Qualität radikal wandelte, während der assimilierende Körper konstant blieb. Erst seit der Mitte des 18. Jahrhunderts gewann der Assimilationsbegriff die Bedeutung eines unspezifischen »Gleichmachens«; die kulturelle und soziale »Angleichung« einer Bevölkerung, die territorial abgegrenzt war, fiel in die neuen staatlichen Zuständigkeitsbereiche.[61] ›Angleichung‹ setzte ›Abgrenzung‹ notwendig voraus. Sie beinhaltete nunmehr auch die Möglichkeit, soziale Differenzen zu konstruieren und diese in hierarchisierender Weise auf ethnisch-soziale Großgruppen, etwa auf ›Völker‹ und ›Nationen‹, zu beziehen.

Es war von entscheidender Bedeutung, dass die negative *Abgrenzung* vom ›Fremden‹ erst eine der wesentlichen Voraussetzungen schuf, um das positive Gegenbild der *Angleichung* an das ›Eigene‹ entwerfen zu können. Die ›Dissimilation‹ (d. h. »Ungleichmachung«) des ›Fremden‹ bildete seine Kehrseite. Das nie geklärte Spannungsverhältnis zwischen ›Assimilation‹ und ›Dissimilation‹ spitzte sich erst in den 1930er- und 1940er-Jahren zu, als Volkstumsforscher die Semantik von ›Assimilation‹ und ›Dissimilation‹ in ihre theoretischen Überlegungen einbezogen und anhand vermeintlich empirischer Forschungen zu operationalisieren suchten.[62] Ein Denken in Kategorien von ›Assimilation‹ und ›Dissimilation‹ begegnet durchgehend in bevölkerungsgeschichtlichen Studien der 1920er- bis 1950er-Jahre. ›Bevölkerungsgeschichte‹ spielte innerhalb deutscher ›Volksforschungen‹ gerade in diesem Zeitraum eine wichtige Rolle. Manche Historiker scheinen ihre rhetorischen Bezugnahmen auf ›Volks-‹ oder ›Bevölkerungsgeschichte‹ dazu instrumentalisiert zu haben, um sich gegenüber

60 F. Heckmann schlug vor, anstelle von »Assimilation« den Begriff der »Assimilierung« zu verwenden, um der Dynamik des zugrunde liegenden Vorgangs stärker Ausdruck zu verleihen. Heckmann wies darauf hin, dass »Assimilierung« in der Literatur in unterschiedlichen, teils verwirrenden Begriffsbildungen erscheint. Er zählte einige der verwendeten Termini auf: »Assimilation, Assimilierung, Akkulturation, Akkomodation, Absorption, Adaptation, Integration, Amalgamation.« Vgl. Friedrich Heckmann, Ethnische Minderheiten, Volk und Nation. Soziologie inter-ethnischer Beziehungen, Stuttgart 1992, 167.

61 Bauman, Moderne und Ambivalenz, 37 f.

62 Vgl. zur Interdependenz von Bevölkerungspolitik, Vernichtungskrieg und Plänen zur ethnischen Flurbereinigung im ›Dritten Reich‹ Hans Mommsen, Umvolkungspläne des Nationalsozialismus und der Holocaust, in: Helge Grabitz/Klaus Bästlein et al. (Hg.), Die Normalität des Verbrechens. Bilanz und Perspektiven der Forschung zu den nationalsozialistischen Gewaltverbrechen, Berlin 1994, 68-84; Isabel Heinemann, »Rasse, Siedlung, deutsches Blut«. Das Rasse- und Siedlungshauptamt der SS und die rassenpolitische Neuordnung Europas, Göttingen 2003.

anderen historiographischen Traditionslinien zu profilieren, die sie selbst – etwa weil sie diese als »liberal« oder »individualistisch« brandmarkten[63] – als nicht mehr zeitgemäß betrachteten.

Die Historiker Ingo Haar und Karl Heinz Roth sowie der Soziologe Carsten Klingemann haben Denkmuster und Theoreme von ›Assimilation‹ und ›Umvolkung‹ in ihren Publikationen anhand einzelner Institutionen und Personen bereits genauer ausgelotet.[64] Es wurde jedoch bislang nicht versucht, einen Überblick über Stellenwert und Funktionen derartiger Theoreme in deutschen ›Volksforschungen‹ insgesamt und in der ›Bevölkerungsgeschichte‹ im Besonderen zu gewinnen. Im Folgenden sollen daher Reichweite und Richtung der auf ›Assimilation‹ und ›Umvolkung‹ bezogenen Konzepte und Praktiken für den fraglichen Zeitraum geprüft und insbesondere der Begriff ›Umvolkung‹ in der ›Bevölkerungsgeschichte‹ genauer untersucht werden. Ich analysiere dabei Relationen von ›Assimilation‹ und ›Dissimilation‹ in Veröffentlichungen zur ›Bevölkerungsgeschichte‹ und frage danach, welche semantischen Verschiebungen und Neugewichtungen im Begriffsfeld ›Assimilation‹ in historiographischen, insbesondere ›bevölkerungsgeschichtlichen‹ Diskursen nachgewiesen werden können.

Deutsche ›Volkslehre‹ und ›Bevölkerungssoziologie‹

Beziehungen zwischen den ethnischen Gruppen nahmen in deutschen ›Volksforschungen‹ seit den 1920er-Jahren insgesamt einen wichtigen Stellenwert ein. Wenn Bedeutung und Umfang von ›Assimilation‹ und ›Dissimilation‹ in diesem Forschungsfeld erörtert wurden, richtete sich der Bezugspunkt meist auf das ›Grenz- und Auslandsdeutschum‹. Interethnische Angleichungsvorgänge, wie etwa zwischen deutschsprachigen Bewohnern des Ruhrgebiets und polnischen Zuwanderern, wurden – wenn auch nachrangig – ebenfalls Diskursgegenstand.[65] Das Spektrum wissenschaftlicher Untersuchungen zu dieser Problematik – seien sie auf deutschsprachige Bevölkerungsgruppen innerhalb oder außerhalb des Deutschen Reiches bezogen – reichte von soziologischen Theorieentwürfen und ›bevölkerungsgeschichtlichen‹ Studien, wie sie im Folgenden analysiert werden, über statistische, geographische, sprachwissenschaftliche bis hin zu rassekundlichen und sozialanthropologischen Studien.[66]

63 So etwa Erich Keyser, Die völkische Geschichtsauffassung, in: Preußische Jahrbücher 234 (1933), 1-20, hier 2, 11.; vgl. auch ders., Die Geschichtswissenschaft, Aufbau und Aufgaben, München 1931.

64 Vgl. Haar, Historiker, bes. 208-223; Carsten Klingemann, Ostforschung und Soziologie während des Nationalsozialismus, in: Jan M. Piskorski et al. (Hg.), Deutsche Ostforschung, 161-199; Roth, Heydrichs Professor.

65 Vgl. u. a. Stefan Goch, Wege und Abwege der Sozialwissenschaft: Wilhelm Brepohls industrielle Volkskunde, in: Mitteilungsblatt des Instituts für soziale Bewegungen 26 (2001), 139-176.

66 Vgl. zur Statistik David I. Kertzer/Dominique Arel (eds.), Census and Identity. The Politics of Race, Ethnicity, and Language in National Censuses, Cambridge 2002, bes.

Studien zur ›Assimilation‹ oder ›Umvolkung‹ hatten durchwegs einen völkischen Hintergrund. ›Bevölkerung‹, ›Raum‹ und vorgeblich ›seelische‹ und/oder ›rassische‹ Dispositionen von Individuen und ganzen ›Volksgruppen‹ standen, wie manche dieser Studien suggerierten, in einem ganz bestimmten Kräfteverhältnis zueinander. Wenn das Gleichgewicht zwischen diesen Kräften etwa aufgrund politischer oder wirtschaftlicher Wirkkräfte gestört werde, komme es zu zahlenmäßigen Verschiebungen zwischen ›Völkern‹ in ethnischen Mischgebieten. Hierdurch würden überlieferte soziale Ordnungen in Frage gestellt, die folglich neu ausgehandelt werden müssten. ›Volksforschungen‹ zielten darauf ab, jene Kräfte zu untersuchen, die Aufschluss über ›Halt‹ oder ›Widerstandsfähigkeit‹ eines ›Volkstums‹ gegenüber fremden Einflüssen geben sollten.

Geht man spezifischen Verwendungsweisen der ›Assimilation‹ in deutschen ›Volksforschungen‹ nach, so lässt sich Folgendes feststellen: Außer dem Begriff der ›Assimilation‹ wurden auch ›Aufsaugung‹, ›Volkstumswechsel‹ oder ›Umvolkung‹ herangezogen, um den Vorgang des Wechsels ethnischer Identitäten auf einer abstrakten Ebene zu beschreiben. Die damit angesprochenen sozialen Vorgänge wurden je nach Standpunkt des einzelnen Autors als mehr durch sprachliche, wirtschaftliche, staatliche oder ›rassische‹ Bedingungen beeinflusst gesehen. Zugleich ließen sich auf der Ebene der vorgeblich empirischen Beschreibung konkreter Assimilierungsvorgänge eine Vielzahl von Begriffen auffinden. Sie richteten sich zwar durchwegs auf unterschiedliche Objekte des historiographischen Interesses, wobei ›Völker‹ oder ›Nationen‹ im Vordergrund standen, sie entsprachen einander jedoch in ihrer spezifisch wertenden Stoßrichtung: ›Germanisierung‹ oder ›Eindeutschung‹ bildeten so entweder den – in der Regel positiv bewerteten – Gegenpol zur negativ gesehenen ›Entdeutschung‹, oder sie wurden konkret gegen ›Polonisierung‹, ›Tschechisierung‹, ›Madjarisierung‹ usw. gestellt.

Im Gegensatz zu ›Assimilation‹ blickten Begriffe wie ›Germanisierung‹ oder ›Volkstumswechsel‹, die mit Ersterem semantisch verwandt sind, auf eine längere Tradition zurück: Bereits im »Deutschen Wörterbuch« der Brüder Grimm (1862) erschien »entdeutschen« als ein Verbum, das mit »abalienare a genere germanico« (*der deutschen Art entfremden*) umschrieben wurde und somit eine ausgesprochen negative Bedeutung zugesprochen erhielt.[67] Die Semantik des

1-42; zur Geographie Michael Fahlbusch, »Wo der deutsche … ist, ist Deutschland!« Die Stiftung für deutsche Volks- und Kulturbodenforschung in Leipzig 1920-1933, Bochum 1994. – Vgl. zu räumlichen und soziologischen Konstruktionen von ›Volksgrenzen‹ Egon Lendl, Die Volksgrenze als Forschungsaufgabe, in: Zeitschrift für Erdkunde (1938), 881-888. Vgl. zur Sprachwissenschaft, insbesondere zu Georg Schmidt-Rohrs Deutung der »Entvolkung« und »Auslöschung durch Sprachverlust« Clemens Knobloch, Rassesemantik in der deutschen Sprachwissenschaft um 1933, in: Klaus D. Dutz (Hg.), Später Mittag. Vermischte Anmerkungen zur Metahistoriographie, Münster 2003, 143-160, bes. 147-150, hier 147 (Zit.).

67 Jacob Grimm/Wilhelm Grimm, Deutsches Wörterbuch, Bd. 3, Leipzig 1862, Sp. 508. Vgl. hierzu auch Wolfgang Kessler (Hg.), Rauschning, Hermann: Die Abwanderung der Deutschen aus Westpreußen und Polen nach dem Ersten Weltkrieg. Ein Beitrag zur

›Volkstumskampfs‹, der seit dem späten 19. Jahrhundert apologetisch den Kampf um die Erhaltung des ›Volkstums‹ deutscher Volksgruppen im Ausland bezeichnen sollte, stand dem Diskurs der ›Umvolkung‹ nahe. Der Umvolkungsbegriff dürfte erst seit den 1920er-Jahren in Wissenschaften und Politik eingedrungen sein,[68] wobei er besonders im Nationalsozialismus eine ausgesprochen aggressive Bedeutungskomponente enthielt;[69] er sollte stets das – wie auch immer begründete – Aufgehen eines ›Volks‹ oder Volksbestandteils in einem anderen ›Volkstum‹ bezeichnen. Für die behauptete Passivität der assimilierten Gruppe wurden nicht zuletzt sozialdarwinistische Erklärungsmuster herangezogen, etwa jenes eines sozial, kulturell oder rassisch begründeten ›Gefälles‹ zwischen dem ›umvolkenden‹ und dem ›umgevolkten‹ ›Volk‹, worin man die notwendige Voraussetzung der Verschmelzung zu erkennen glaubte. ›Umvolkung‹ schien also ein gleichsam naturnotwendiger Vorgang zu sein. Der gleiche Vorgang wurde in Bezug auf einzelne Personen oder soziale Gruppen aber auch entschieden negativ gewertet, etwa wenn Volkstumstheoretiker »Renegaten«, »Überläufern« oder »Assimilanten« vorhielten, dass sie ihrem angestammten »Volkstum« aufgrund ihres Verhaltens untreu geworden seien.[70] Normative Erklärungsmuster der ›Umvolkung‹, wie sie oben angesprochen wurden, erfuhren durch derlei moralisierende Wertungen eine Relativierung.

Die ›Dissimilation‹ sollte hingegen den Vorgang der Ab- oder Aussonderung einer sozialen Großgruppe von einer anderen bezeichnen. Die ›Umvolkung‹ konnte also auch als negativer Prozess der ›Herauslösung‹ eines ›Volks‹ oder ›Volksbestandteils‹ aus einem anderen ›Volkstum‹ verstanden werden. Dieser Aspekt gewann bevölkerungspolitische Bedeutung, als bestimmten Gruppen (etwa Juden und Jüdinnen nach den Nürnberger »Rassengesetzen« von 1935), die Zugehörigkeit zum deutschen ›Volk‹ pauschal abgesprochen wurde. ›Dissimilation‹ konnte aber auch eine Voraussetzung zur »Wiedereindeutschung oder Wiedergewinnung deutschen Blutes«[71] sein, wenn z. B. darauf abgezielt wurde, im ›Volkstumskampf‹ untergegangene Reste deutschen ›Blutes‹ in anderen, meist slawischen ›Völkern‹ aufzuspüren und für das ›Deutschtum‹ zurückzugewinnen. Die Möglichkeit, eine teilweise oder abgeschlossene Assimilation in ihr Gegenteil zu verkehren, wurde im Nationalsozialismus vielfach erörtert, so z. B. in der *Akademie für Deutsches Recht*, die 1933 von Hans Frank (1900-1946) ins Leben

Geschichte der deutsch-polnischen Beziehungen 1919-1929. Die Entdeutschung Westpreußens und Posens, Essen 1988.

68 Vgl. Karl C. v. Loesch, Eingedeutschte, Entdeutschte und Renegaten, in: ders. (Hg.), Volk unter Völkern, Breslau 1925, 213-241, bes. 213, 229.

69 Vgl. Cornelia Schmitz-Berning, Vokabular des Nationalsozialismus, Berlin-New York 1998, 617f., s. v. Umvolkung; Karl-Heinz Brackmann/Renate Birkenhauer, NS-Deutsch. »Selbstverständliche« Begriffe und Schlagwörter aus der Zeit des Nationalsozialismus, Straelen 1988, 187, s. v. Umvolkung.

70 So etwa Max Hildebert Boehm, Das eigenständige Volk. Volkstheoretische Grundlagen der Ethnopolitik und Geisteswissenschaften, Göttingen 1932, 131.

71 Das Zitat stammt aus dem Vortrag eines SS-Brigadeführers, der 1941 im Reichsministerium des Innern gehalten wurde. Schmitz-Berning, Vokabular., s. v. Umvolkung.

gerufen worden war. Der *Ausschuß für Nationalitätenrecht* der Akademie bestand aus vier Unterausschüssen, von denen sich einer mit »Fragen der Assimilation und Dissimilation« beschäftigte.[72]

Einer jener Minderheitentheoretiker, die sich außerhalb der *Akademie für Deutsches Recht* bereits vor 1939 offen für die ›Dissimilation‹ als bevölkerungspolitische Option eintraten, war der sorbische Publizist Jan Skala (1889-1945). Unter »Dissimilation« verstand Skala ausdrücklich die »zwangsweise Ausscheidung fremden Volkstums aus einem anderen Volk«. Er bezog sich hierbei auf den Europäischen Nationalitätenkongress in Bern 1933, an dem die jüdischen Delegierten aus Protest gegen die rassische Diskriminierung der deutschen Juden nicht mehr teilnahmen. Die »Dissimilation« sei als bevölkerungspolitischer Begriff erstmals und seither ausschließlich bei diesem Kongress aufgetaucht, und zwar unter Bezugnahme auf die sogenannte »Nichtariergesetzgebung« des Nationalsozialismus. Dieser würde, so Skala, den Begriff als solchen allerdings nicht kennen.[73] Die Vertreter der deutschen Minderheitengruppen stellten sich in Bern voll auf die Seite des NS-Regimes und erklärten mit offiziösem Anspruch: »Die Ausgliederung voelkisch andersgearteter und besonders andersrassiger Menschen aus einem Volkskoerper halten wir für grundsaetzlich gerechtfertigt [...].«[74] – Die ›Dissimilation‹ dürfte in dieser Erklärung »wohl erstmalig im Umfeld der Minderheitenbewegung als Mittel eines Volkes *gegen* ein anderes Volk [...] zugelassen«[75] worden sein.

Der Assimilationsbegriff kam in volkstumspolitischen und soziologischen Diskursen seit dem späten 19. Jahrhundert nicht nur als Schlagwort vor, sondern wurde auch modellhaft zu beschreiben und begrifflich zu bestimmen versucht. Insbesondere soziologisch orientierte Studien wandten sich Ursachen, Verlaufsformen und Folgen des Übergangs von einem ›Volkstum‹ zu einem anderen zu und suchten diese typologisch herauszuarbeiten und empirisch zu untersuchen. Regionen, in denen sprachlich-kulturelle Mischzonen durch lineare staatliche Grenzen transzendiert wurden, standen im Zentrum des Interesses, wobei Soziologen sich häufig konkret auf die Ostgebiete des Deutschen Reiches bezogen: Max Weber (1864-1920) beispielsweise sah, als er in Freiburg 1895 seine akademische Antrittsrede »Der Nationalstaat und die Volkswirtschaftspolitik« hielt, grundsätzlich zwei Möglichkeiten, wie eine »Nationalitätengrenze« sich ver-

72 Vgl. Werner Schubert (Hg.), Ausschüsse für Völkerrecht und Nationalitätenrecht (1934-1942), Frankfurt a.M. 2002 (= Akademie für Deutsches Recht 1933-1945: Protokolle der Ausschüsse; 14). An den Beratungen dieses Ausschusses, die der SS-Angehörige Behrends leitete, nahmen u.a. M.H. Boehm, Werner Essen und K.C. von Loesch teil.

73 Jan Skala, Assimilation – »Dissimilation« – Renationalisierung, in: Kulturwehr. Zeitschrift für Volkstumsfragen, April (1934), 77-87, hier 87; 79 f.

74 Zit. n. Sabine Bamberger-Stemmann, Der Europäische Nationalitätenkongreß 1925 bis 1938. Nationale Minderheiten zwischen Lobbyistentum und Großmachtinteressen, Marburg 2000, 278. Der Nationalitätenkongress nahm die deutsche Erklärung auch in seine Abschlussresolution auf.

75 Ebd., 279.

schieben könne: »Einmal so, daß nationalen Minderheiten […] Sprache und Sitte der Mehrheit allmählich oktroyiert wird, daß sie ›aufgesogen‹ werden«, andererseits in der wirtschaftlichen Verdrängung«.[76] Der Volkstumsforscher und -politiker Karl C. von Loesch (1880-1951) dürfte einer der Ersten gewesen sein, der im Jahr 1925 für »Entdeutschung« als Synonym den Begriff der »Umvolkung« verwendete. Er entwarf ein vierphasiges »Entdeutschungsschema«, in dem er die »Umvolkung« deutscher Auswanderer in den USA modellhaft als abgeschlossen bezeichnete, sobald die Kinder der dritten Einwanderergeneration erwachsen seien.[77]

Der Soziologe und Wirtschaftswissenschaftler Adolf Günther (1881-1958) beschäftigte sich ebenfalls mit dem räumlich-soziologischen Aspekt der ›Grenze‹. Günther spitzte den Sachverhalt dialektisch zu, indem er eine thematisch vergleichbare Aussage seines Fachkollegen Georg Simmel (1858-1918), der diese begrifflich allein von ihrer soziologischen Bedingtheit her gefasst hatte,[78] nur in diesem Sinn unterstützte, sonst aber ihre Defintion erweiterte. Günther betonte dabei die »räumlichen« und »soziologischen« Aspekte der »Grenze« gleichermaßen und stellte fest, dass diese »ebenso eine räumliche Tatsache mit soziologischen Wirkungen« sei »wie eine soziologische Tatsache, die sich räumlich formt.«[79] Willy Gierlichs (1900-1945), ein Kölner Soziologe, der seinen Sozialraumbegriff u.a. unter Bezugnahme auf Günther herausgearbeitet hatte, charakterisierte »Umvolkung« als einen genuin sozialen Prozess, dessen »natürlicher und sozialer« Schauplatz Grenzen und Grenzräume seien.[80]

In ähnlicher Weise befand Max Hildebert Boehm (1891-1968) für ethnische gemischte Grenzregionen, »daß infolge von Überdeckungserscheinungen die geographisch-räumliche vielfach in eine soziale oder auch eine konfessionelle Grenze umspringt«. Die Grenze würde demnach »gewissermaßen nicht mehr am Boden [sc. haften], sondern den Bevölkerungskörper selber als stufenbildende Grenzfläche« durchziehen. Der Volkstumstheoretiker Boehm war in der Weimarer Republik einer der Wortführer der »Konservativen Revolution«. Er wurde besonders mit seinem programmatischen Buch »Das eigenständige Volk« (1932) bekannt. Boehm verband seine antimodernistische Kritik an »Individualismus« und »Vermassung« mit der Warnung vor Verlust an »Bodenständigkeit«

76 Max Weber, Der Nationalstaat und die Volkswirtschaftspolitik (1895), in: ders., Schriften 1894-1922. Ausgewählt u. hg. von Dirk Kaesler, Stuttgart 2002, 22-46, 25.

77 Vgl. v. Loesch, Eingedeutschte, 229 f.

78 »Die Grenze ist nicht eine räumliche Tatsache mit soziologischen Wirkungen, sondern eine soziologische Tatsache, die sich räumlich formt.« Georg Simmel, Der Raum und die räumlichen Ordnungen der Gesellschaft, in: ders., Soziologie. Untersuchungen über die Formen der Vergesellschaftung, hg. von Otthein Rammstedt, Frankfurt a.M. 1992, 687-790, hier 697.

79 Adolf Günther, Soziologie des Grenzvolks, in: Jahrbuch für Soziologie 3 (1927), 200-234, 204.

80 Willy Gierlichs, Zur Soziologie der »Umvolkung« als Gegenwartsproblem, in: Volksforschung 3, H. 1 (1939), 1-7, hier 2.

des »Volkstums« und der daraus resultierenden Entnationalisierung.[81] Der Bevölkerungsforscher Gunther Ipsen sah den »deutschen Osten« 1933 einer möglichen »Entvölkerung« ausgesetzt. Aufgrund der »Bevölkerungspressung«, die der Versailler Vertrag in Deutschland hervorgerufen habe, sei der rassische »Widerstandswillen« der Deutschen zusammengebrochen und ihre Geburtenziffer abgestürzt. In jenem schmalen »Prellgürtel« zwischen West und Ost, »der das deutsche Volk in Mitteleuropa von der agrarischen Übervölkerung des slawischen Ostens« trenne, seien »Vorgänge der Umvolkung« slawischer Zuwanderer ins Deutschtum, die von Migrationen aufgrund einer beschleunigten Industrialisierung hervorgerufen worden seien, beispielhaft nachweisbar.[82]

Soziologen begriffen ›Assimilation‹ als einen mehrphasigen Vorgang, der sich als sukzessive Herauslösung des Einzelnen oder einer Gruppe aus dem eigenen ›Volkstum‹ beschreiben lasse und ursächlich mit ›seelischen‹ Vorgängen zusammenhänge. Rudolf Heberle (1896-1991) etwa, der Ende der 1920er-Jahre während einer USA-Reise die dortigen soziologischen Studien über die Einwanderergruppen kennengelernt hatte, definierte »Entvolkung« dementsprechend als »Herauslösung von Individuen aus einer willensmäßigen Verbundenheit«. »Angleichung« beschrieb er hingegen als »Übergang von der Muttersprache zur Landessprache«. Über drei Generationen hinweg weise sie typische Verlaufsformen auf und sei im Hinblick auf soziale Schichtungen und das Verhältnis von Stadt- und Landbevölkerung zu differenzieren.[83] ›Assimilation‹ erschien bei Heberle somit als ein Vorgang, der wesentlich an die willentliche Entscheidung des Einzelnen gebunden sei. Insgesamt gab es ein breites Spektrum von Zuschreibungen der ›Assimilation‹ zu Erklärungsmustern, die weder allein auf den Willensentscheidungen des Individuums abhoben, noch sich nur auf sprachliche, kulturelle oder wirtschaftliche Bedingungsverhältnisse bezogen. Deutungen der ›Umvolkung‹ als ein mehr oder weniger ›rassisch‹ begründeter Vorgang, der in der ›Begabung‹ eines distinkten ›Volkstums‹ begründet sei, gewannen jedoch in den späten 1920er- und 1930er-Jahren an Einfluss. Derartige stereotype Erklärungsmuster dürften von Volkshistorikern zunehmend stärker aufgegriffen und eigenständig verarbeitet worden sein.

Die Problematik der ›Assimilation‹, wie sie Heberle aus sozialpsychologischer Sicht beschrieben hatte, beschäftigte in einem besonderen Maß auch völkisch denkende Psychologen und Pädagogen, die in diesen Kontext nicht nur Indivi-

81 Boehm, Das eigenständige Volk, 86; 89; vgl. auch ders., Volkstumswechsel und Assimilationspolitik, in: Festschrift Justus Wilhelm Hedemann zum sechzigsten Geburtstag. Hg. v. Roland Freisler/George Anton Löning/Hans Carl Nipperdey, Jena 1938, 134-158.

82 Gunther Ipsen, Bevölkerung. I. Bevölkerungslehre, in: Handwörterbuch des Grenz- und Auslanddeutschtums, Bd. 1 (1933), 425-463, 459 f. – Nach C. Klingemann spielte ›Umvolkung‹ als rassenmystisches Denkmuster in Ipsens »Bevölkerungslehre« jedoch keine Rolle: Klingemann, Semantische Umbauten, 197.

83 Rudolf Heberle, Auslandsvolkstum. Soziologische Betrachtungen zum Studium des Deutschtums im Auslande, Leipzig 1936 (= Archiv für Bevölkerungswissenschaft und Bevölkerungspolitik 6; Beil. 2), 33, 29.

duen, sondern vor allem soziale Kollektive einbezogen. Einflussreich war hierbei insbesondere die 1938 erschienene Dissertation des Psychologen Robert Beck (*1904). Seine »Untersuchungen auf dem Gebiet der Umvolkung im jetzt deutschen Bereich Oberschlesiens« wurden 1939 von der Deutschen Forschungsgemeinschaft (DFG) gefördert.[84] Mit dem »Schwebenden Volkstum im Gesinnungswandel« prägte der am Psychologischen Institut der Universität Berlin lehrende Beck einen Schlüsselbegriff, den fortan Volksforscher unterschiedlicher Disziplinen in einem breiteren Ausmaß rezipierten.[85] Das »Schwebende Volkstum« sollte sich auf alle Gruppen beziehen, die »zwischen den Völkern« stünden und die daher ethnisch nicht eindeutig identifizierbar zu sein schienen.[86] Hierin spiegelte sich das gestiegene Interesse nicht nur der Psychologen, sondern der Volksforscher aller Richtungen an Grauzonen und Übergängen zwischen den ›Volkstümern‹. Im Vordergrund des Interesses standen dabei allerdings nicht mehr ausschließlich kleinere Nationalitäten wie Kaschuben oder Masuren, deren ethnische Zuordnung zwischen polnischen und deutschen Wissenschaftlern strittig blieb, sondern es ging vielmehr um das ›Grenz- und Auslandsdeutschtum‹ außerhalb der deutschen Reichsgrenzen, das Ende der 1930er-Jahre zunehmend in das Blickfeld der expansionistischen Volksgruppenpolitik des ›Dritten Reichs‹ geriet.

Dass Umvolkungsforschungen im Nationalsozialismus vor allem in Königsberg, Posen und Prag betrieben wurden, wo ›Reichsuniversitäten‹ deklamatorisch zu Bollwerken des ›Grenz- und Auslandsdeutschtums‹ ausgebaut werden sollten, dürfte kaum überraschen. Nicht zuletzt Wissenschaftler jener – politisch exponierten – Hochschulen beteiligten sich an den Entwürfen des ›Generalplans Ost‹, jener Gesamtkonzeption zur Germanisierungspolitik in den besetzten und noch zu erobernden Ostgebieten, die von der SS und dem RSHA maßgeblich zu verantworten war. Im Kontext derartiger Planungsszenarien stand beispielsweise auch ein Projekt über »Volkstum, Gesinnung und Charakter« in Posen (Poznań), das unter der Leitung des Sozialpsychologen Rudolf Hippius (1905-1945) stand:

84 Robert Beck, Schwebendes Volkstum im Gesinnungswandel. Eine sozial-psychologische Untersuchung, Stuttgart 1938. Beck promovierte am 6. Mai 1936 an der Berliner Universität zum Dr. phil. Nach Auskunft des zuständigen Universitätsarchivs bezog sich der letzte Akteneintrag zu Beck, der ab 30. Juni 1942 für den *Einsatzstab Reichsleiter Rosenberg* UK-gestellt worden war, auf ein Schreiben Becks vom 10. Juni 1951 (Mitteilung des Universitätsarchivs der Humboldt-Universität Berlin vom 10.11.2011 an den Vf.).

85 Vgl. die Rezensionen von Karl C. v. Loesch (Volk und Reich 17, H. 4, 1941, 288-290), Kurt Stegmann v. Pritzwald (AdVf 2, 1938, 550-552), Herbert Weinelt (Deutsche Volksforschung in Böhmen und Mähren 1, 1939, 159 f.). Vgl. auch Walter Kuhn, »Schwebendes Volkstum« und künftige Landgestaltung in Südost-Oberschlesien, in: Neues Bauerntum 33 (1941), 26-30.

86 Vgl. auch Heinrich Geißler, Zweisprachigkeit deutscher Kinder im Ausland, Stuttgart 1938; Christian Vasterling, Entdeutschungsgefahren im Reifealter. Zur Psychologie der Umvolkung Jugendlicher, Berlin 1936 [= Jena, Phil. Diss.] (= Neue deutsche Forschungen; 93 = Abtlg. Volkslehre und Gesellschaftskunde; 8); Oswald Kroh, Zur Psychologie der Umvolkung, in: AdVf 1 (1937), 386-397.

»Seelisches Sein« sollte auf der Grundlage statistischer und erbbiologischer Erhebungen mit vorgeblichen »völkischen Prägungen« statistisch korreliert werden. Aus ihren Ergebnissen, die sie zwischen den Extrempolen slawischer »Flutung« einerseits und deutscher »Kernhaftigkeit« andererseits skalierten, zogen die an den Forschungen beteiligten Wissenschaftler Schlüsse für eine potentielle »Rückvolkung« sogenannter deutsch-polnischer »Mischlinge«.[87] Ähnliche Fragestellungen untersuchten auch die im Umfeld des *Sicherheitsdiensts des Reichsführers SS* (SD) wirkenden Akademiker, die sich in der Prager *Reinhard-Heydrich-Stiftung* zusammengeschlossen hatten.[88] Als Assimilationstheoretiker profilierte sich dort neben Hans Joachim Beyer (1908-1971), der diese Organisation aufbaute, vor allem Karl Valentin Müller (1896-1963), der dem *Institut für Sozialanthropologie und Volksbiologie* an der Karls-Universität Prag vorstand. Müller trat dafür ein, das offenkundige verwaltungstechnische Problem ethnischer Vielfalt in den südosteuropäischen Ländern nicht durch große Umsiedlungen, sondern im Wege einer »Überschichtung des gesamten Herrschaftsraums« durch eine deutsche Elite zu bereinigen. Das lokale deutsche »Herrenvolk« sollte dort einem »Vasallenvolkstum« gegenübergestellt werden, wobei Müller Rassenmischungen zwischen diesen Gruppen offen in Kauf nahm.[89]

Nach 1945 überwog innerhalb der Sozial- und Geschichtswissenschaften die Praxis, ›Assimilation‹ begrifflich weniger mit Aspekten des ›Volkstumskampfs‹, sondern mehr mit interethnischem Austausch und Kontakt zu verknüpfen. Dies lässt sich auch anhand von lexikalischen Eintragungen zeigen. Geschichtswissenschaftliche und soziologische Texte und Speziallexika ersetzten ›Umvolkung‹ nunmehr fast durchgehend zugunsten von »Assimilation« und »Anpassung«.[90] Manche Begriffe und Schlagworte, die vor und in der NS-Zeit eine große Rolle gespielt hatten, wurden nach 1945 durch scheinbar weniger belastete Termini ersetzt. Bestimmte Traditionslinien des Umvolkungsdiskurses lebten jedoch über 1945 hinweg fort, wenn auch teilweise in semantisch und inhaltlich gebrochener Weise.

87 Vgl. Rudolf Hippius, (Hg.), Volkstum, Gesinnung und Charakter. Bericht über sychologische Untersuchungen an Posener deutsch-polnischen Mischlingen und Polen (Sommer 1942), Prag 1943, 72. Zu Hippius' Mitarbeitern zählten u. a. die Professoren Kurt Stavenhagen (1885-1951) (Posen) und Konrad Lorenz (1903-1989) (Königsberg).

88 Vgl. Roth, Heydrichs Professor, 303-312.

89 Zit. n. Klingemann, Ostforschung und Soziologie, 191.

90 Ähnliches gilt auch für den Duden: So war der Begriff »Umvolkung« erstmals in der 12. Auflage des Duden – Rechtschreibung der deutschen Sprache und der Fremdwörter, Mannheim 1941, gebucht worden, ehe er in dessen 13. Auflage, Wiesbaden 1947, getilgt wurde. »Umvolkung« bildete im Duden ein Wortpaar mit »Entvolkung«, das bereits in der 10. Auflage (1929) vorhanden gewesen war. »Entvolkung« wurde im Gegensatz zur »Umvolkung« im Duden 1947 wieder verzeichnet. Vgl. Senya Müller, Sprachwörterbücher im Nationalsozialismus. Die ideologische Beeinflussung von Duden, Sprach-Brockhaus und anderen Nachschlagewerken während des »Dritten Reichs«, Stuttgart 1994, 157-159.

Als notwendige Voraussetzung der ›Assimilation‹ reproduzierte Max Hildebert Boehm Ende der 1950er-Jahre gängige begriffliche Versatzstücke von ›Assimilation‹, vor allem hinsichtlich des Drei-Generationen-Modells der ›Umvolkung‹ und des postulierten kulturellen Reifeunterschieds zwischen ›Natur-‹ und ›Kulturvölkern‹. Auffällig an Boehms Vorgehen ist, dass er ideologisch an die »volksdeutsche Bewegung« vor 1933 anknüpfte und jener hinsichtlich ihrer Bewertung des »Volkstumswechsels« »eine gesunde Mitte« »zwischen der Lässigkeit früherer Zeiten und der Überhitzung der jüngsten Gegenwart« zuschrieb. Statt »Assimilation und Dissimilation« sollten jetzt vorzugsweise »Assimilation und Reassimilierung« in den Blick genommen werden. Jene »jugendlichen Ostheimkehrer«, die sich im Stadium einer sprachlichen und sozialen »Verzwitterung« befänden, müssten als entfremdete »Reassimilanten« neuerlich für das deutsche »Volkstum« gewonnen werden.[91] Für das zähe Fortleben derartiger Denkmuster innerhalb der ›Volkstumsforschung‹ spricht ferner ein 1958 in *Europa Ethnica* erschienener Artikel des österreichischen Völkerrechtlers Theodor Veiter (1907-1994), der den »Volkstod durch Unterwanderung« aus soziologischer Sicht erörterte: Dem »Volkstod« würden, so Veiter, auf dem Wege der Assimilation jene autochthonen, d.h. in einer bestimmten Landschaft »stammlich« gebundenen »Volksgruppen« zum Opfer fallen, deren »Heimat« Zielgebiet »fremdvölkischer« Zuwanderer sei. Die »Umvolkung« einer fest gefügten »Volkspersönlichkeit« erschien hier als die notwendige Folge der »Unterwanderung«. Erzwungen oder freiwillig veranlasst, erfolge diese stets als die Einwanderung einer im Verhältnis zum jeweiligen »Aufnahmevolk« größeren Zahl von Migranten.[92]

Das mehr oder weniger offene Spannungsverhältnis zwischen ›Rasse‹ einerseits und sprachlichen bzw. kulturellen Faktoren als auslösende und bewegende Kräfte der ›Assimilation‹ andererseits, das die wissenschaftliche Auseinandersetzung um die ›Umvolkung‹ vor 1945 stark geprägt hatte, wich in lexikalischen Eintragungen einer vergleichsweise nüchternen Behandlung dieser Thematik. Für entsprechende Lemmata lässt sich ein – wenn auch begrenzter – »semantischer Umbau«[93] feststellen, wobei im Einzelnen zu prüfen ist, inwieweit die relative Persistenz völkischer Argumentationsweisen von derartigen Strategien tatsächlich berührt war.

Wilhelm Brepohl (1893-1975) beschrieb im ersten »Wörterbuch der Soziologie« der Nachkriegszeit, das im Jahr 1955 erschien, »Anpassung« als einen nie abgeschlossenen Vorgang. Dieser sei mit der Geschichte von Einwanderungen stets verknüpft. Im Unterschied zu »Assimilation« und »Akkulturation«, welche »die kulturelle Angleichung an das Gastvolk« schlechtweg bedeuteten, erfolgten

91 Max Hildebert Boehm, Assimilation und Reassimilierung, in: Ostbrief (1957/58), 277-284, bes. 282, 283f.

92 Theodor Veiter, Volkstod durch Unterwanderung, in: Europa Ethnica 18 (1958), 9-38, bes. 12, 15, 21f. Von ›ganzheitlichen‹ Theoremen inspirierte Vorstellungen des ›Volks‹ prägten Veiters Ausführungen ebenso unverkennbar wie ein teils apodiktisch vorgetragenes Festhalten an Theorien des ›Volks- und Kulturbodens‹.

93 Vgl. hierzu Klingemann, Semantische Umbauten, 107-131.

soziale Anpassungs- und Annäherungsvorgänge neben dem Konnubium in erster Linie als Übergänge von einer zu einer anderen Sprache.[94] Das »Mehrsprachige Demographische Wörterbuch« der *International Union for the Scientific Study of Population* (IUSSP), das der Wiener Statistiker Wilhelm Winkler (1884-1984) redigierte, ordnete die »Assimilation« (»Assimilierung«, »Angleichung«) gleichfalls der »Anpassung« zu. Diese wurde hier kulturell verstanden als eine gradmäßig erfolgende »Einwurzelung der Einwanderer« in das äußere, aber auch das geistige und »seelische« Leben der neuen Umwelt.[95] Wenigstens für diese beiden Lexikoneinträge kann gelten, dass ›Anpassung‹ als sprachlich-kulturelle Annäherung zwischen unterschiedlichen Ethnien verstanden werden sollte. Rassistische Deutungsmuster, wie sie im Hinblick auf ›Umvolkung‹ verbreitet waren, spielten hierbei keine Rolle.

›Bevölkerungsgeschichte‹

Deutschsprachige Historiker interessierten sich schon seit den 1880er-Jahren für zahlenmäßige Relationen und Verschiebungen zwischen Gruppen, die als ethnisch voneinander distinkt betrachtet wurden. Sie neigten dazu, politische und soziale Konflikte, wie sie damals besonders in den preußischen Ostprovinzen und in der Habsburgermonarchie erkennbar waren, in ethnisierter Form darzustellen. Die Historiker erzielten allerdings keine Einigkeit darüber, entlang welcher sozialer Kategorien ›Grenzen‹ zwischen vermeintlich ethnisch determinierten Gruppen schlüssig gezogen werden könnten. Eine ihrer fortgesetzt anvisierten Zielsetzungen bildete dennoch der Versuch, derartige ›Grenzen‹ normativ festzulegen und geschichtlich zu legitimieren. Sie verknüpften quantifizierende Zuschreibungen von ethnischen Gruppen in vielfältiger, mehrfach abgestufter Weise mit deren qualifizierender Wertung. ›Abstammung‹, ›Sprache‹, ›Siedlungsweise‹, aber auch ›Begabung‹, ›Leistung‹, ›Rasse‹ und ›Blut‹ traten dabei als Zuschreibungskategorien sozialer Differenz in jeweils unterschiedlichen begrifflichen Kombinationen und semantischen Gewichtungen auf.[96]

Schon die von (Friedrich) Julius Neumann (1835-1910) herausgegebene erste bevölkerungsgeschichtliche Buchreihe in Deutschland lieferte für diese Annahmen Beispiele.[97] »Bevölkerungsgeschichte« war hier verwoben mit der Darstellung von »Germanisierung« und »Polonisierung« als konkurrierende Tendenzen

94 Wilhelm Brepohl, Anpassung, in: Wilhelm Bernsdorf/Friedrich Bülow (Hg.), Wörterbuch der Soziologie, Stuttgart 1955, 11-13, hier 12.

95 International Union for the Scientific Study of Population (Hg.), Mehrsprachiges Demographisches Wörterbuch. Deutschsprachige Fassung bearb. von Wilhelm Winkler, Augsburg 1960, 92, Nr. 813.

96 Vgl. hierzu u. a. Pinwinkler, »Grenze« als soziales Konzept.

97 Beiträge zur Geschichte der Bevölkerung in Deutschland seit dem Anfange dieses Jahrhunderts, Tübingen 1.1883-7.1903.

in den als »deutsch« betrachteten Ostgebieten.[98] In seiner Monographie »Volk und Nation«, die parallel zu der Buchreihe erschien, ging Neumann davon aus, dass der Germanisierungsprozess dort seit den 1860er-Jahren ins Stocken geraten sei. In den preußischen Ostprovinzen drohe eine Repolonisierung. In diesem Zusammenhang gewann auch die Frage an Gewicht, ob die preußischen Juden als Polen oder als Deutsche zu zählen seien, oder ob sie eine eigene Nationalität darstellten. Diese Frage sei von den führenden Staatswissenschaftlern noch nicht ausreichend geklärt worden. Neumann stellte jedoch fest, »dass angesehene deutsche Statistiker auch die Juden Posens nicht als Deutsche, sondern eher als besondere Nationalität neben Slaven und Deutschen angesehen haben [...].«[99]

In teils sogar noch schärfer akzentuierter Ausprägung beeinflussten Praktiken deutschnationaler ›Schutzarbeit‹ historiographische ›Grenzlandforschungen‹ in der Habsburgermonarchie und in der österreichischen Ersten Republik.[100] Gerade in der ›Siedlungs-‹ und ›Bevölkerungsgeschichte‹ lassen sich in Österreich, vor allem hinsichtlich der Erörterung der Geschichte ethnischer Minderheiten, teils erstaunliche Kontinuitäten in der fortwährend unhinterfragten Verwendung von Begriffen wie ›Entdeutschung‹ und ›Umvolkung‹ beobachten.[101]

Der Gedanke, dass Einzelne oder ganze Gruppen ihre Zugehörigkeit zu einer Nation etwa durch Sprachwechsel aufkündigen und zu einer anderen ethnischen Gemeinschaft überwechseln könnten, war für Historiker also grundsätzlich nichts Neues. Begriffe wie ›Entnationalisierung‹ und ›Renationalisierung‹ dürften ihnen bereits seit dem ausgehenden 19. Jahrhundert bekannt gewesen seien. Ideologeme, die sich um diese Thematik rankten, lassen sich übrigens auch in populären Geschichtsdarstellungen aufspüren. So bedeutete »Eindeutschung« in der »Deutschen Geschichte von Einhart« des langjährigen Vorsitzenden des *Alldeutschen Verbandes* Heinrich Claß (1868-1953), die 1909 erstmals erschienen war, die Weitergabe von Sprache und Kultur an das Gastvolk, das von den Einwanderern assimiliert werden soll.[102] Die historiographisch orientierte Richtung der ›Volks- und Kulturbodenforschung‹ in der Weimarer Republik war hingegen überwiegend siedlungs- und sprachgeschichtlich, volks- und lan-

98 Vgl. Wilhelm Vallentin, Westpreußen seit den ersten Jahrzehnten dieses Jahrhunderts: ein Beitrag zur Geschichte der Entwickelung des allgemeinen Wohlstandes dieser Provinz und ihrer einzelnen Teile, Tübingen 1893 (= Beiträge zur Geschichte der Bevölkerung in Deutschland seit dem Anfange dieses Jahrhunderts. Hg. v. Julius Neumann; 4).

99 Julius Neumann, Volk und Nation, Leipzig 1888, X.

100 Vgl. Oberkrome, Volksgeschichte, hier bes. 41-55, sowie u.a. die Beiträge in dem Band von Hruza (Hg.), Österreichische Historiker.

101 Vgl. beispielsweise Othmar Pickl, Glaubenskampf und Türkenkriege in ihren Auswirkungen auf das Siedlungswesen und die Bevölkerungsstruktur der österreichischen Länder, in: Siedlungs- und Bevölkerungsgeschichte Österreichs. Hg. vom Institut für Österreichkunde, Wien 1974, 97-113, hier 109 in Bezug auf die »Eindeutschung« und »Umvolkung« der Kroaten in Niederösterreich im 18. Jahrhundert.

102 [Heinrich Claß], Deutsche Geschichte von Einhart. 3., verb. u. vermehrte Aufl. Leipzig 1910, 58.

deskundlich orientiert.[103] In derartigen Forschungen spielten ›Assimilation‹ und ›Dissimilation‹ mit wechselnden begrifflichen Zuschreibungen eine Rolle, wenn es darum ging, Entwicklung und Ausdehnung des deutschen ›Volksbodens‹ darzustellen, jedoch wurden sie nicht systematisch als soziale Prozesse untersucht.

Erst ab Mitte der 1930er-Jahre wurde die Problematik unter dem Einfluss der NS-Volkstumspolitik mehr und mehr Gegenstand von Historikerdebatten. Bislang weniger beachtete Aspekte der ›Umvolkung‹ kamen etwa im August 1934 im ostpreußischen Kahlberg zur Sprache, als Historiker, Bevölkerungswissenschaftler, Archivare und Minderheitenpolitiker dort zusammenkamen, um diese Fragen zu besprechen. Die Experten der NOFG verbanden in Kahlberg den älteren Gedanken eines territorialen Revisionismus mit bevölkerungspolitischen Planungen zur ›Neuordnung Europas‹. Die Historiker schrieben sich dabei die Aufgabe zu, »die Spuren des versunkenen deutschen Volksbodens im ehemaligen deutschen Siedlungsgebiet« aufzudecken.[104]

In der Praxis derartiger Forschungen konnten sich Zuschreibungen einer Jahrhunderte überdauernden Kontinuität ›rassischer‹ Eigenschaften widerspruchsvoll mit Wandlungen von Siedlungs- und Bevölkerungsstrukturen verknüpfen. Einer der in Kahlberg anwesenden Wissenschaftler, der ›Sprachinselforscher‹ Walter Kuhn (1903-1983), suchte etwa die Reste mittelalterlicher deutscher Siedlungen in Galizien aufzudecken, die im 15. und 16. Jahrhundert untergegangen und seither weitgehend an das »Polentum« assimiliert worden waren. Kuhn beschrieb die »Entdeutschung« in Galizien wesentlich als Folge einer biologischen Krise »im ganzen deutschen Volke«, dessen bäuerliche »Lebens- und Siedlungskraft« am Ende des Mittelalters versagt habe, so dass die Verbindung zwischen den Siedlern und ihrem Mutterland abgerissen sei. Gleichwohl seien außer deutsch codierten Tugenden wie »Reinlichkeit, Ordnung, Wirtschaftstüchtigkeit« und ebenfalls als spezifisch deutsch bewerteten Agrarstrukturen »nordisch-rassische« Merkmale selbst noch in jenen Dorfbewohnern erkennbar, deren Vorfahren damals sprachlich entdeutscht worden seien.[105]

Als einflussreicher Multiplikator des Theorems der ›Umvolkung‹ spielte der Historiker Hans Joachim Beyer, der in Danzig (Gdańsk), Berlin und Prag als Hochschullehrer tätig war, eine Schlüsselrolle.[106] Als Vertrauensmann des *Sicherheitsdiensts des Reichsführers SS* (SD), dank seiner führenden Rolle in der *Reinhard-Heydrich-Stiftung* in Prag und aufgrund seiner Funktion als Herausgeber

103 Vgl. hierzu u.a. Fahlbusch, »Wo der deutsche … ist, ist Deutschland!«, Liste der Tagungen und Verzeichnis der Projekte der »Stiftung für deutsche Volks- und Kulturbodenforschung«, 272-276.

104 Haar, Historiker, 212-214.

105 Walter Kuhn, Art. Galizien. Werden und Wesen des deutschen Volkstums, in: Handwörterbuch des Grenz- und Auslanddeutschtums, Bd. 1-3, 3, Breslau 1938, 17-39, hier 25 f.

106 Vgl. zu Beyer und dessen Umvolkungsbegriff Andreas Wiedemann, Die Reinhard-Heydrich-Stiftung in Prag (1942-1945), Dresden 2000, 55-61.

der Vierteljahrsschrift *Auslandsdeutsche Volksforschung*,[107] des Organs der *Arbeitsstelle für auslandsdeutsche Volksforschung*, verfügte Beyer über ein hohes Maß an institutionellem Rückhalt, der es ihm erlaubte, die methodische Ausrichtung dieses Diskurses federführend mitzugestalten.

Die von Beyer geleitete *Arbeitsstelle für auslandsdeutsche Volksforschung* sollte bei ihrer ersten Tagung im August 1937 »den Umfang und die Art der Umvolkungsvorgänge im deutschen Raum«[108] thematisieren. Außer Beyer und dem Bundesleiter des *Verbands für das Deutschtum im Ausland* (VDA), Hans Steinacher (1892-1971), nahmen an den Beratungen u. a. die Historiker Hans Koch (1894-1959) und Harold Steinacker (1875-1965) sowie der Psychologe Oswald Kroh (1887-1955) teil. Letzterer vertrat den Ansatz einer »biologischen Psychologie«, die danach fragen sollte, wie der »Einzelmensch und Volksgruppen in der Spannung, in der sie leben, ihr Volkstum erhalten und sichern«. Um der »Umvolkung« entgegenzuwirken, sollten alle jene Faktoren, darunter die Sprache, »die gegenüber den werbenden und zwingenden Kräften der fremden Volkswelt Halt verleihen«, gestärkt werden. Beyers und Steinackers Wortmeldungen standen dagegen im Zeichen der Propagierung eines »gesamtdeutschen Geschichtsbewußtseins«, das die »Auslandsdeutschen« mit einbeziehe. Da ein derartiges Bewusstsein weithin gefehlt habe, seien die »Begabungen« des deutschen »Volkes« ins Ausland abgeflossen, wodurch die »Entvolkung« erst möglich gemacht worden sei.[109]

Die heuristische Isolierung ›rassisch‹ wertvoller Bestandteile des ›Grenz- und Auslandsdeutschtums‹ aus dem fremden ›Umvolk‹ wurde erst gegen Ende der 1930er-Jahre Bestandteil historiographischer Forschungsprogramme und markierte damit einen weiteren Radikalisierungsschritt. Unter Beyers Regie wurde die ›Umvolkung‹ im Gefolge der Stuttgarter Tagung der *Arbeitsstelle* erstmals in einem interdisziplinären Rahmen erörtert. Meist jüngere Forscher wie etwa der Prager Siedlungshistoriker Herbert Weinelt (1910-1943) suchten dieses Phänomen anhand von Einzelstudien abzuhandeln, wobei neben historischen und soziologischen vor allem psychologische Gesichtspunkte in den Blick genommen wurden.[110]

107 Diese Zeitschrift war 1936 auf Betreiben der *Deutschen Akademie* München (DA) und des Stuttgarter *Deutschen Ausland-Instituts* (DAI) gegründet worden. Beyer schied aus der in »Volksforschung« umbenannten Schriftleitung der Vierteljahresschrift 1939/40 wieder aus. Vgl. Mitteilung an die Bezieher! In: Volksforschung 3 (1939/40), Vorsatzblatt.

108 Hans Joachim Beyer, Zur Frage der Umvolkung, in: AdVf 1 (1937), 361-397.

109 L. Melching, Umvolkung und gesamtdeutsches Geschichtsbewusstsein, in: ABB 7 (1937), 302-304; ders. in: Geographischer Anzeiger 38 (1937), 449 f.

110 Vgl. u. a. Hans Joachim Beyer, Zur Einführung, in: AdVf 1 (1937), 1-16; Heinrich Geißler, Umvolkserscheinungen bei Jugendlichen in der fremdvölkischen Großstadt, in: AdVf 2 (1938), 358-365; Hans Hopf, Zur Frage der Assimilation der Deutschen Mittelpolens (unter Berücksichtigung ihrer sozialen Struktur), in: AdVf 2 (1938), 487-499; Hans Koch, Zur Frage der Umvolkung der evangelischen Deutschen in Kongreßpolen, in: AdVf 1 (1937), 398-406.; Kroh, Zur Psychologie; Georg Schmidt-Rohr,

In der wissenschaftlichen Debatte über ›Umvolkung‹ war Beyer trotz seiner prominenten Rolle allerdings nur eine von mehreren Stimmen, und er war auch nicht der erste Historiker, der diese Thematik untersuchte. Die Beschäftigung mit dem vermeintlichen Wechsel von Volkszugehörigkeiten reichte innerhalb der Geschichtswissenschaft, wie oben bereits angedeutet wurde, bereits länger zurück.[111] Ob allgemein als ›Umvolkung‹ oder hinsichtlich sozialer, politischer oder kultureller Prozesse als ›Germanisierung‹, ›Entdeutschung‹ oder auch ›Polonisierung‹ bezeichnet, war diesen Begriffen vor allem gemeinsam, dass sie meist nationalistisch aufgeladen wurden und politisch gegen als feindlich deklarierte ethnisch-soziale Gruppen instrumentalisierbar waren.

Hermann Aubin, Adolf Helbok (1883-1968) und Harold Steinacker, die Ordinarien der deutschen Volkstumshistorie, interessierten sich in einem hohen Maß für den ›Volkstumskampf‹ des ›Grenz- und Auslandsdeutschtums‹, den sie als andauerndes Ringen um seinen biologischen Bestand deuteten. Aber auch weiter zurückliegende Gegenstände der Geschichtsforschung eigneten sich als Projektionsfläche für teilweise phantasmagorische Spekulationen, deren sozialdarwinistische und eugenische, ›Auslese‹ und ›Blut‹ beschwörende semantische Färbung ebenso wenig zu übersehen war wie ihre mangelnde empirische Fundierung. Dass ›Völker‹ sich infolge von Wanderungen und Eroberungszügen vermischt hätten, dass aufgrund interethnischen Konnubiums und Elitenwechsels ihr soziales Gefüge neu strukturiert worden sei und dass derartigen Prozessen meist eine ausgeprägte kulturelle und politische Bedeutung innegewohnt habe, war in der traditionellen, staatsbezogenen Historiographie nahezu ein Gemeinplatz. Insbesondere die vielfältigen, auch zahlenmäßig umfangreichen Wanderungsbewegungen, wie sie sich beispielsweise in der sogenannten germanischen Völkerwanderung[112] abspielten, zogen in Verbindung mit oft kurzlebigen germanischen Staatsbildungen das Interesse gerade der staats- und volksgeschichtlich orientierten Geschichtsschreibung auf sich. Beide Prozesse – sozialer Wandel infolge von Migration und Akkulturation und (frühe) Staatenbildung – verließen aber kaum jemals die Ebene einer überwiegend deskriptiven Darstellungsweise.

Nicht etwa spezifische soziologische Begriffssysteme, die er induktiv aus dem historischen Stoff gewonnen hätte, gaben beispielsweise Hermann Aubin die Grundlage für seine Darstellung von »Germanisierung« und »Romanisierung« in der Spätantike. Der Breslauer Historiker verglich derartige Prozesse der Assi-

Methodisches und Logisches zum Problem der Umvolkung, in: AdVf 2 (1938), 373-381; Herbert Weinelt, Volkstumsverschiebungen in Mähren und Sudetenschlesien, in: AdVf 2 (1938), 321-343; Gierlichs, Zur Soziologie der »Umvolkung«. Beyer gab ferner die psychologischen Monographien Becks und Geißlers (vgl. Anm. 84 u. 86) heraus, die als Hefte 1 und 2 der »Schriftenreihe der Stadt der Auslandsdeutschen« erschienen.

111 Vgl. exemplarisch Eduard Otto Schulze, Die Kolonisierung und Germanisierung der Gebiete zwischen Saale und Elbe, Leipzig 1896 (= Fürstlich-Jablonowskische Gesellschaft der Wissenschaften / Historisch-Nationalökonomische Sektion: Preisschriften; 20).

112 Vgl. kritisch zu Begriff und Forschungstraditionen Walter Pohl, Die Völkerwanderung. Eroberung und Integration, Stuttgart ²2005, 13-39.

milation vielmehr mit den Zellteilungen und -vereinigungen in der Biologie. Dies erschien ihm offenbar als umso angemessener für die Schilderung spätantiker Assimilierungen zu sein, da die sozialen Beziehungen damaliger »Völkerschaften« aus seiner Sicht unmittelbar mit jenen »primitiver Lebensformen«, eben von Zellkulturen, vergleichbar zu sein schienen.[113] Auch der Innsbrucker Historiker Harold Steinacker ging in spezifischer Weise auf die politische und soziale Krise der Spätantike ein. Er bezeichnete diese pauschal als das Ergebnis einer tiefgreifenden »Rassenmischung«, die zur »Ausrottung der Besten« geführt habe. Auch in der »germanischen Völkerwanderung« hätte sich unterschiedliches Erbgut so vermischt, dass dem »deutschen Volk« viel wertvolles »Blut« verloren gegangen sei.[114] Steinacker unterließ es jedoch ebenso wie Aubin oder Helbok, die Begrifflichkeiten von ›Volkstumskampf‹ und ›Volkstumswechsel‹ typologisch zu analysieren und sie als Grundlagen bevölkerungspolitischer Ordnungsmodelle zur Diskussion zu stellen. Insbesondere den Umvolkungsbegriff ließen sie noch weithin offen.

Beyer verstand hingegen die Klärung der Zusammenhänge von »Umvolkung« und »Leistungsauslese« – als verdeckte »Rassenauslese« – als einen methodischen Zugang, um im »Volkstumskampf« verschüttete, rassisch »wertvolle« Elemente des deutschen »Volkstums« aus seinem »fremdvölkischen« Umfeld zu isolieren. »Umvolkung« beginne stets als »Gesinnungswandel«, sie verändere den Rassencharakter und vollziehe sich für die Auslandsdeutschen sozial als »Aufstiegsassimilation«. Sobald »Mischehen«, etwa zwischen »Deutschen« und »Juden«, eingegangen würden, werde die »Umvolkung« unumkehrbar.[115] Jene Gruppen oder Individuen, die nicht in der Lage seien, sich im Rahmen eines biologisch verstandenen »Umschmelzungsprozesses« »anzupassen«, würden unweigerlich »ausgesondert«. Da sie »unfähig« seien, »die neue und höhere Lebensform zu verwirklichen«, würden sie zu »Schlacken«, die wie das »Judentum« notwendigerweise dissimiliert werden müssten.[116]

Beyers Vorreiterrolle bei der Implementierung eines rassistischen und radikal antisemitischen Umvolkungsbegriffs in die Historiographie erfuhr durchaus akademische Anerkennung.[117] In welchem Maße andere Volksforscher, insbesondere

113 Hermann Aubin, Von Raum und Grenzen des deutschen Volkes. Studien zur Volksgeschichte, Breslau 1938, 5.

114 Zit. n. Anna Schader, Harold Steinacker (1875-1965) – sein Weg in den Nationalsozialismus, Klagenfurt 1997 [Phil. Diss. masch.], 244, 246. Derartige sozialdarwinistische und rassistische Erklärungsansätze stießen teilweise auch in der Alten Geschichte auf Interesse. Vgl. Wolfgang Weber, Völkische Tendenzen in der Geschichtswissenschaft, in: Uwe Puschner (Hg.), Handbuch zur »Völkischen Bewegung« 1871-1918, München 1996, 834-858, hier 848. Vgl. zu Steinacker auch Renate Spreitzer, Harold Steinacker (1875-1965). Ein Leben für »Volk und Geschichte«, in: Hruza (Hg.), Österreichische Historiker, 191-223, bes. 215-221.

115 Hans Joachim Beyer, Rassische Kräfte in der Umvolkung, in: DALV 6 (1942), 1-16, hier bes. 3-6.

116 Beyer, Zur Einführung, 1.

117 Vgl. Roth, Heydrichs Professor, 286f.

Historiker, seinen Zugang zu der Thematik aufgriffen und weiterentwickelten, ist bisher allerdings nicht systematisch untersucht worden. So ging etwa der Archivar und Historiker Erich Keyser auf seinen zeitweiligen Danziger Kollegen ebenso wenig ein wie einige von Keysers Schülern und Mitarbeitern.[118] Keyser behandelte die ›Umvolkung‹ mehr ›historisch-empirisch‹ als ›soziologisch-analytisch‹.[119] Möglicherweise war das auch ein Grund dafür, dass Keyser die Forschungen von Beyer offenbar nicht rezipierte und dass umgekehrt auch Beyer auf seinen Historikerkollegen nicht näher einging. Qualifizierende Wertungen sozial-ethnischer Gruppen waren bei Keyser vergleichsweise enger mit quantitativen, auch aus den Ergebnissen der amtlichen Statistik gewonnenen Daten verwoben als bei Beyer, der sich wiederholt gegen die vermeintliche Statik einer statistischen Auffassung des ›Volkstums‹ aussprach. Die grundlegende Dynamik des ›Volkstums‹ betonten indes beide aus rassistischer Sicht. Das war ein Grund dafür, dass die ›Umvolkung‹ einen integralen begrifflichen Bestandteil von Keysers Buch »Bevölkerungsgeschichte Deutschlands« bildete, das in drei Auflagen 1938, 1941 und 1943 in jeweils erweiterten Fassungen erschien.

›Umvolkung‹ erschien in allen Auflagen von Keysers »Bevölkerungsgeschichte« als eine Folgeerscheinung der Emanzipation der deutschen Juden im 19. Jahrhundert und verstärkter slawischer Einwanderung nach Deutschland. Diese habe die Zusammensetzung des deutschen »Volkes« grundlegend verändert: So sei etwa aufgrund der polnischen Migration ins Ruhrgebiet über die Einheirat in deutsche Familien »viel nichtdeutsches Blut in den deutschen Volkskörper gelangt«. Ferner habe die zunehmende soziale Mobilität eine engere verwandtschaftliche Bindung von sozialen Schichten bewirkt, die sich zuvor stärker voneinander abgegrenzt hätten.[120] Keyser beschrieb die deutsche »Bevölkerungsgeschichte« als das »Fortwirken ältester Erbanlagen« unter den deutschen »Volksgenossen«. Er betonte den Mythos der Beständigkeit »deutscher Art«, die umso »wunderbarer« sei, als es in der Geschichte zu einer vielfachen »Vermischung mit fremden Volksgruppen« gekommen sei. Dabei seien jedoch gewisse soziale Grenzen beachtet worden, so dass etwa Heiraten zwischen »Deutschen« und »Juden« die Ausnahme gebildet hätten. Dieses Verhaltensmuster sei

118 So erörterte Keyser die Darlegungen Beyers zur ›Umvolkung‹ weder in seiner »Bevölkerungsgeschichte«, noch erwähnte er sie in seinen Forschungsberichten zur »Bevölkerungsgeschichte« oder in seinem Beitrag für die Brackmann-Festschrift: Vgl. Erich Keyser, Neue Forschungen über die Bevölkerungsgeschichte Deutschlands, in: VSWG 27 (1934), 165-169; 29 (1936), 45-62; 32 (1939), 42-59; 34 (1941), 66-85.; ders., Die Erforschung der Bevölkerungsgeschichte des deutschen Ostens, in: Hermann Aubin et al. (Hg.), Deutsche Ostforschung, Bd. 1, 90-104.

119 Der Fachdisziplin der »Gesellschaftslehre« riet Keyser nachdrücklich, sich nicht »in unfruchtbare[n] Begriffsspaltereien« zu verlieren und stattdessen eine Sichtweise des Bevölkerungsprozesses zu entwickeln, die sich auf »die Fortpflanzung der Menschheit« konzentriere. Er grenzte sich dabei namentlich von Gunther Ipsen ab. Erich Keyser, Bevölkerungswissenschaft und Geschichtsforschung, in: ABB 5 (1935), 145-161, hier 155 f.

120 Erich Keyser, Bevölkerungsgeschichte Deutschlands, Leipzig 1938 [2. Aufl. Leipzig 1941; 3. Aufl. Leipzig 1943], 337 f.

im deutschen ›Volk‹ seit urdenklichen Zeiten praktiziert worden und habe nur aufgrund staatlicher Maßnahmen, etwa zur Förderung der Emanzipation der Juden, vorübergehend an Bedeutung eingebüßt.[121] In der dritten Auflage bezog sich Keyser unentwegt auf die Gefährdung deutschen »Volkstums« aufgrund von »Umvolkung« und Zuzug von »Volksfremden«. Aufgrund der »Versippung« von Deutschen mit Polen und Tschechen« sei viel »deutsches Blut und damit deutsche Erbanlagen und Eigenschaften verloren« gegangen«.[122] In allen drei Auflagen des Buchs wurden qualifizierende Wertungen »deutschen« und »fremden Volkstums« auch aus quantitativen Angaben, insbesondere zur Wanderungsstatistik, abgeleitet. Die apologetische Erörterung deutschen ›Wesens‹ nahm zusammen mit der Darstellung vorgeblicher Erfolge qualitativer, insbesondere antijüdischer staatlicher Bevölkerungspolitik an Gewicht zu.[123] Der logische Widerspruch zwischen Keysers Behauptung einer überzeitlichen ›Beständigkeit deutscher Art‹ und dem vorgeblichen Eindringen ›fremder‹ Erbanlagen in das deutsche ›Volkstum‹ ließ sich jedoch nicht auflösen, er verschärfte sich sogar.

Nach dem Ende des ›Dritten Reichs‹ wurde Keysers »Bevölkerungsgeschichte« nicht mehr neu aufgelegt. Nichtsdestotrotz beschäftigte sich ihr Verfasser weiterhin mit »Umvolkungen«, die er »zu den bedeutsamsten Vorgängen der Bevölkerungsgeschichte« zählte. Gerade auf dem Hintergrund der jüngsten deutschen Geschichte musste es aber als äußerst fragwürdig erscheinen, dass Keyser den Einfluss derartiger »Vorgänge« auf »Veränderungen im Völkerleben« im Vergleich zu Praktiken des Genozids und der Vertreibung in der Geschichte in scheinbar weltgeschichtlicher Verallgemeinerung offen aufzuwerten suchte. In einem Artikel über den »Deutschtumsverlust in Westpreußen«, der auf seine Studien aus der Kriegszeit zurückging und 1961 im Druck erschien, versuchte er Abwanderung, wiederholte »Um-« und »Rückvolkungen« in dieser Region voneinander abzugrenzen und ihre Relationen statistisch zu bestimmen. Mittels vergleichender Auswertungen, die er anhand von zeitgenössischen Volkszählungen vornahm, kam er dabei zu dem annäherungsweisen Ergebnis, dass der »Deutschtumsverlust« in Westpreußen im fraglichen Zeitraum mit 75 Prozent auf Abwanderung und mit 25 Prozent auf »Umvolkung« zurückzuführen sei.[124]

Während Beyer sich darauf konzentrierte, Entstehungszusammenhänge und Wirkkräfte der ›Umvolkung‹ allgemein zu untersuchen, suchte Keyser das Verhältnis zwischen ›deutschen‹ und ›fremden‹ Anteilen im deutschen ›Volk‹ anhand bevölkerungsstatistischer Daten empirisch aufzuschlüsseln. Hingegen kritisierte

121 Ebd., 2. Aufl. 1941, 455; 454.

122 Ebd., 3. Aufl. 1943, 555f.

123 Keyser integrierte in die zweite Auflage seines Buchs ein Kapitel »Die Unsterblichkeit des deutschen Volkes« (452-455). In der dritten Auflage sind der Abschnitt »Die Gefährdung des Volkstums durch Umvolkung und Zuzug von Volksfremden« (551-556) nahezu vollständig umgearbeitet und das Kapitel »Die nationalsozialistische Bevölkerungspolitik« (572-582) neu in das Buch aufgenommen.

124 Erich Keyser, Der Deutschtumsverlust in Westpreußen 1918 bis 1939, in: Ostdeutsche Wissenschaft 8 (1961), 63-79, bes. 65, 66, 78f.

er solche geschichtswissenschaftlichen Studien, die diese Fragestellung »zu soziologisch« behandeln würden.[125] Obwohl die beiden Historiker also durchaus unterschiedlich an ihre Thematik herangingen, war ihnen doch gemeinsam, dass sie sich dieser Fragestellung jeweils aus einem rassenkundlich determinierten, makroskopischen Blickwinkel widmeten, wobei sie dem Verhältnis des deutschen ›Volkstums‹ zu seinem slawischen ›Umvolk‹ ihr größtes Augenmerk zuwandten. Nicht zuletzt von Beyer geförderte Studien, meist Zeitschriftenartikel, die aus studentischen Qualifikations- oder Preisarbeiten hervorgangen waren, verfolgten hingegen häufig eine betont regionale oder lokale Fragestellung, oder sie neigten dazu, ›theoretische‹ und ›empirische‹ Perspektiven miteinander zu verknüpfen:

Eine regionale Fragestellung verfolgte beispielsweise die Dissertation Dietrich von Oppens (1912-2006) über »Die Umvolkung in Westpreußen«, die 1942 an der Universität Innsbruck approbiert wurde.[126] Ihre Gutachter waren Theodor Schieder (1908-1984), der zu dieser Zeit in Innsbruck eine Vertretungsprofessur innehatte, und Harold Steinacker. Als eigentlicher Doktorvater von Oppens ist allerdings Gunther Ipsen anzusprechen, der zur Zeit seiner Promotion allerdings gerade im ›Fronteinsatz‹ stand.[127]

Von Oppen verknüpfte die ›Umvolkung‹ kausal mit spezifischen Formen der westpreußischen Siedlungsweise, die er gezielt nach ethnischen Gesichtspunkten darstellte. In Westpreußen habe demnach ländliches Bevölkerungswachstum im späten 19. Jahrhundert eine »Verdichtung im landwirtschaftlichen Lebensraum« herbeigeführt, auf die Deutsche und Polen ihrem jeweiligen Volkscharakter entsprechend reagiert hätten. Während die Deutschen zunehmend in die Städte abgewandert seien, sei der polnische Zuwachs größtenteils auf Landgemeinden entfallen. Die Polen hätten sich dort das Kleingewerbe »erobert« und dabei jüdische Handwerker verdrängt. Polnische Versuche, auch in die Führungsschichten der deutsch beherrschten städtischen Industrie einzudringen, seien hingegen misslungen. Industriearbeit sei für sie nämlich »nur ein Weg zur Erweiterung und Verbesserung ihrer ländlichen Existenz« gewesen. Dagegen sei »alle wirkliche Kultur« den Polen durch die Deutschen vermittelt worden. Erst jetzt, 1942, trete den Polen »ein überlegener deutscher Gestaltungswille« entgegen. »Heute« sei es nicht mehr notwendig, den Polen gegenüber »ein Anrecht auf diesen Raum zu begründen«.[128] Diese Studie wurde erst 1955 unter dem Titel »Deut-

125 So bewertete Keyser speziell von Oppens Untersuchung über »Umvolkung« (siehe auch Anm. 119). Vgl. Klingemann, Ostforschung und Soziologie, 195f.

126 Vgl. Dietrich v. Oppen, Die Umvolkung in Westpreußen von der Reichsgründung bis zum Weltkriege (T. 1.2), o.O. [=Innsbruck] 1942 [Phil. Diss. masch.]. Vgl. ferner als Beispiel für baltendeutsche Umvolkungsdiskurse Wilhelm Lenz, Umvolkungsvorgänge in der ständischen Ordnung Livlands. Der landische Mittelstand in Südlivland in der Zeit vom Nordischen Kriege bis zum Weltkrieg, Posen 1941.

127 Vgl. zu von Oppens Promotion Klaus Ahlheim, Geschöntes Leben. Eine deutsche Wissenschaftskarriere, Hannover 2000, 66f.

128 Vgl. v. Oppen, Die Umvolkung, 19, 33, 58, 102 (jew. wörtl. Zit.).

sche, Polen und Kaschuben in Westpreußen 1871-1914«[129] gedruckt, wobei von Oppen kompromittierende Stellen wie die oben angeführten beseitigte. Aus demselben empirischen Material zog er nunmehr allerdings »völlig andere Schlüsse«: Während er 1942 den deutschen Anspruch auf Teile Polens mit dem deutschen »Ordnungswillen« begründet hatte, der unter der preußischen Herrschaft lange zu vermissen gewesen sei, stellte er dreizehn Jahre später die preußische Verwaltung Westpreußens ins helle Licht der Toleranz, welche die polnische Ausbreitung erst ermöglicht habe.[130]

Von Oppen war seit 1950 in der *Sozialforschungsstelle der Universität Münster* in Dortmund tätig und arbeitete 1960 bis 1980 als Professor am *Seminar für Sozialethik* des *Fachbereichs Evangelische Theologie* der Universität Marburg. In seiner aktiven Zeit galt er als ein »eher liberaler« Hochschulpolitiker und »Studienreformer«.[131] Erst 1995 machte einer seiner Schüler, der Marburger Erziehungswissenschaftler Klaus Ahlheim, auf die angeblich verschwundene Dissertation seines akademischen Lehrers aufmerksam. Ahlheim argumentierte, dass antisemitische und antipolnische Textstellen in dieser Doktorarbeit nicht bloß als ein Zugeständnis an den zeitgemäßen Ungeist zu werten sind, wie ihr Verfasser und dessen Verteidiger aus dem Marburger Kollegenkreis in Reaktion auf Ahlheim ins Treffen führten, sondern im Gegenteil in dem »statistischen Kern« dieser Arbeit selbst begründet lagen.[132]

Neben von Oppen ist vor allem auf Max Aschkewitz (1901-1972) einzugehen, dessen Forschungsschwerpunkt auf der Siedlungs- und Bevölkerungsgeschichte Westpreußens lag. Aschkewitz stammte aus Dorpat (Tartu) in Estland. Er war Gymnasiallehrer in Pernau (Pärnu), ehe er 1939 für die deutsche Staatsangehörigkeit optierte und anscheinend in den Reichsgau Danzig übersiedelte. 1940 bis 1945 arbeitete Aschkewitz als Assistent Erich Keysers an der *Forschungsstelle für westpreußische Landesgeschichte* in Danzig-Oliva.[133] Er verfasste damals u.a. Studien zu den Themen »Die Juden in Westpreußen«, »Die Kaschuben« und zu »Abwanderung und Umvolkung von 1910-1931«, die vor dem Kriegsende offenbar nie gedruckt wurden.[134] Gemeinsam mit Keyser arbeitete er ferner an einem Manuskript über »Die Volksgruppen im Reichsgau Danzig-Westpreußen und

129 Dietrich v. Oppen, Deutsche, Polen und Kaschuben in Westpreußen 1871-1914, in: Jahrbuch für die Geschichte Mittel- und Ostdeutschlands 4 (1955), 157-223.

130 So jedenfalls Ahlheim, Geschöntes Leben, 53f.

131 Ebd., 53, 31.

132 Von Oppen, der 1933 in die SS und 1937 in die NSDAP eingetreten war, entschuldigte sich 1995 öffentlich für antisemitische Äußerungen in seiner Doktorarbeit. Zu den kritisierten Stellen seiner Dissertation vgl. ebd., 36f., 63f.

133 BArch, Einwandererzentralstelle Gotenhafen, div. Dokumente zum Einbürgerungsantrag Dr. Max Aschkewitz v. 27.10.1939. In einer eidesstattlichen Erklärung, die Aschkewitz nach dem Krieg verfasste, hob er hervor, dass er damals »der engste Mitarbeiter von Prof. Dr. Erich Keyser« gewesen sei. DSHI 100 Aschkewitz 3, Eidesstattliche Erklärung.

134 HI, Teilnachlass E. Keyser; Schreiben von Dr. Peter Wörster an den Vf. vom 19.7.2002.

ihre Veränderung in den Jahren 1910-1940«. Der für die beiden Historiker zentrale Begriff ihrer Studie, den sie in die vier Kategorien »freiwillige« oder »erzwungene«, »scheinbare« oder »tatsächliche« »Umvolkung« aufgliederten, verwendeten sie synonym mit »Deutschtumsverlust«. Diesen versuchten sie annäherungsweise zu schätzen, indem sie Abwanderung und Geburtenrückgang jeweils nach ethnischen Kriterien aufgliederten und als Variablen in ihren Berechnungen des zahlenmäßigen Zu- und Abflusses zu, von und zwischen den ›Volkstümern‹ berücksichtigten.[135]

Auch in Aschkewitz' veröffentlichten Studien spielte die Problematik des Übergangs von einem zu einem anderen ›Volkstum‹ jeweils im Kontext der regionalen Siedlungsgeschichte eine Rolle. In seiner Arbeit »Die Bevölkerung im südöstlichen Pommerellen vom 13.-18. Jahrhundert« bezeichnete er die katholische Kirche als jene gesellschaftliche Kraft, die seit dem 16. Jahrhundert die Voraussetzungen für die »Polonisierung der noch nicht angeglichenen pomoranischen und deutschen Bewohner des Landes« geschaffen habe. »Völkische Einheitlichkeit« sei somit durch die Zurückdrängung der Evangelischen in der Gegenreformation, die zumeist mit den Deutschen identisch gewesen seien, erzielt worden.[136] In der »Geschichte des Dobriner Landes« seien die einst bevorrechteten deutschen Siedler gleichfalls im 16. Jahrhundert stark dezimiert worden, wobei wirtschaftliche Gründe hierfür ausschlaggebend gewesen seien. Die lokalen Großgrundbesitzer hätten die Deutschen nämlich so sehr ausgebeutet, dass viele von ihnen ihren Besitz aufgeben mussten und mit der »schollenpflichtigen polnischen Bauernschaft« verschmolzen seien.[137]

Aschkewitz betätigte sich nach dem Zweiten Weltkrieg in Kreisen bundesdeutscher Ostforscher weiterhin als Historiker.[138] 1963 veröffentlichte er eine Studie »Zur Frage der Umvolkung in Westpreußen im 19. und 20. Jahrhundert«, die in der Festschrift zu Erich Keysers 70. Geburtstag erschien. Sie wurde dort im Inhaltsverzeichnis unter der Rubrik »Zur Bevölkerungsgeschichte« zitiert. Aschkewitz verwendete hier die Zahlen der Deutsch sprechenden Katholiken und der Zweisprachigen, die er aus der preußischen Nationalitätenstatistik gewann, als entscheidende Indikatoren, um die Anzahl der »zwischen dem Deutschtum und Polentum Schwankenden« in Westpreußen zu eruieren. Diese sogenannte nationale »Zwischenschicht« grenzte er anhand der amtlichen Sprachenstatistik so von »Deutschen« und »Polen« ab, dass diese zunächst als homogen und in sich

135 E. Keyser/M. Aschkewitz, Die Volksgruppen im Reichsgau Danzig-Westpreußen und ihre Veränderung in den Jahren 1910-1940 [o. J.], DSHI Westpr. 31 (II A 27), Bl. 1-286, hier bes. 22 f.

136 Max Aschkewitz, Die Bevölkerung im südöstlichen Pommerellen vom 13.-18. Jahrhundert, in: Altpreußische Forschungen 19 (1942), 155-186, hier 170.

137 Max Aschkewitz, Geschichte des Dobriner Landes, in: DALV 7 (1943), 261-316, hier 287.

138 Vgl. etwa Max Aschkewitz, Die deutsche Siedlung in Westpreußen im 16., 17. und 18. Jahrhundert, in: ZfO 1 (1952), 553-567, hier 567, in der er u. a. behauptete, dass »im Weichsellande« »eine ununterbrochene Linie deutschen Blutes seit dem Mittelalter« nachweisbar sei.

geschlossen erschien. Er vermutete jedoch, dass es sich bei den (ländlichen) Deutsch sprechenden Katholiken um einen Personenkreis handele, »der durchaus noch nicht vollständig dem Deutschtum gewonnen war, der vielmehr erst im Begriff war, sich dieser Volksgruppe anzuschließen«. Hingegen handele es sich bei den Zweisprachigen um »eine Art Vorstufe zu den im Anfangsstadium der Angleichung befindlichen deutschsprechenden Katholiken« .[139] Seine Monographie »Zur Geschichte der Juden in Westpreußen«, die, von Keyser angeregt, im Jahr 1967 veröffentlicht wurde, war in ähnlicher Weise bevölkerungsstatistisch angelegt. Aschkewitz untersuchte hier die Wanderungsbewegung der Juden, deren Ursachen er in politischen Maßnahmen und wirtschaftlichen Verhältnissen erblickte.[140]

Im Gegensatz zur Dissertation von Oppens lassen sich in den veröffentlichten Studien Aschkewitz' keine antisemitischen Anspielungen und offen rassistische Aussagen nachweisen.[141] Der deutsche politische und kulturelle Führungsanspruch gegenüber den Polen und die angebliche administrative »Unfähigkeit« des frühmodernen polnischen Staates erschienen hingegen als so selbstverständlich,[142] dass Aschkewitz sie nicht eigens thematisierte. Es lässt sich aber wohl mit Recht die Frage stellen, ob sich nicht schon hinter derartigen als ›natürlich‹ wahrgenommenen Zuschreibungen ethnisch motivierte Diskriminierung und deutschtümelndes Überheblichkeitsdenken verbargen. Was Aschkewitz' Studien zur ›Assimilation‹ – in durchaus zeittypischer Weise – so statisch erscheinen ließ, war vor allem der Umstand, dass er ethnisch festgeschriebene soziale Gruppen stets auf ein bestimmtes, nach außen hin abgrenzbares ›Volkstum‹ festlegte, gleichgültig, welche Identitäten im zeitlichen Verlauf ihrer ›Angleichung‹ gerade die Oberhand gewonnen zu haben schienen.

›Umvolkung‹ in historiographischen Ordnungsentwürfen zu ›Europa‹

Das wechselseitige Kooperationsverhältnis zwischen Wissenschaft, Verwaltung und Politik hatte sich bereits etabliert, ehe das Umvolkungsszenario im deutschen ›Ostkrieg‹ 1939/41-1945 große Teile Europas umspannende grausame Wirklichkeit wurde. Wenn Historiker oder Ökonomen die deutsche ›Mission‹ oder gar Hegemonie in Europa geschichtlich zu legitimieren und geopolitisch zu

139 Max Aschkewitz, Zur Frage der Umvolkung in Westpreußen im 19. und 20. Jahrhundert, in: Ernst Bahr (Hg.), Studien zur Geschichte des Preußenlandes. Festschrift für Erich Keyser zu seinem 70. Geburtstag, Marburg 1963, 312-326, hier 317, 323, 324.

140 Vgl. Max Aschkewitz, Zur Geschichte der Juden in Westpreußen, Marburg 1967 (= Wissenschaftliche Beiträge zur Geschichte und Landeskunde Ostmitteleuropas; 81), 129-224.

141 Über Aschkewitz' ungedruckte Manuskripte vermag ich indes kein diesbezügliches Urteil abzugeben, da sie zum Großteil noch unbearbeitet im Archiv des Herder-Instituts Marburg liegen.

142 Vgl. Aschkewitz, Die Bevölkerung, 162; ders., Geschichte des Dobriner Landes, 300.

begründen suchten, griffen sie dabei häufig auf ideologische Versatzstücke zurück – wie etwa das Mitteleuropakonstrukt –, die bereits im Zuge der Kriegszieldebatte von 1914 auf eine beachtliche Resonanz gestoßen waren.[143] Im ›Dritten Reich‹ erlebten die um die verschiedenen Formen des Europa-Begriffs gruppierten ethnozentrischen und rassistischen Machtphantasien von Wissenschaftlern einen Höhepunkt. Je verworrener und aussichtsloser die Lage an den Fronten im Verlauf des Krieges wurde, desto größere Bedeutung räumten sie allerdings ›germanischen Stammesverwandten‹ des deutschen ›Volks‹, aber auch slawischen ›Hilfsvölkern‹ wie den Ukrainern ein, die zuvor eigentlich als rassisch ›minderwertig‹ gegolten hatten.

Hans Joachim Beyer begründete die im Kontext eines verschärften deutschen Vernichtungskriegs erfolgte semantische Aufwertung ›slawischer‹ Bevölkerungsgruppen mit dem Hinweis auf ihren zahlenmäßigen Anteil an der Bevölkerung Europas, der sich seit dem 19. Jahrhundert laufend erhöht habe. Biologische ›Dynamik‹ und machtpolitische Bedeutung einzelner ›Völker‹ gingen in dieser Interpretation der europäischen Bevölkerungsentwicklung Hand in Hand. Eine derartige Sichtweise legitimierte unverkennbar aktuelle deutsche Machtinteressen, die ihrerseits aufgrund des Kriegsverlaufs in einen offenen Widerspruch zur nationalsozialistischen Rassedogmatik geraten waren. Das »größere Mitteleuropa« bezog sich laut Beyer im Wesentlichen auf jenen geographischen Raum, der um 1941/42 im deutschen Machtbereich lag. Dieses Gebiet beziehe sein wachsendes politisches Gewicht aus seiner im europäischen Vergleich größeren Bevölkerungsvermehrung, deren »stärkste Kraftquelle« vom »deutschen Volke und seinen Stammesverwandten«, die slawischen Ukrainer mit eingeschlossen, ausgehe.[144]

Um die mitteleuropäische Ordnung neu aufbauen zu können, müssten sowohl der »militante Katholizismus« als auch das »nationalliberale Judentum«, die jene im 19. Jahrhundert im Wege der »Umvolkung« deutscher Kräfte zerstört hätten, überwunden werden. Sein forcierter Analogieschluss vom »Auflösungs- und Überfremdungsvorgang« des 19. Jahrhunderts hin zu aktuellen Bedrohungen, wie sie sich aus dem Kriegsverlauf ableiten ließen, bewog ihn offensichtlich dazu, ein »größeres Mitteleuropa« als einen biologisch konstituierten Raum zu beschreiben, der kulturell im 18. Jahrhundert bereits angelegt gewesen sei.[145] Je stärker aber »Amerikanismus« und »Bolschewismus« im Verlauf des Krieges die-

143 Vgl. hierzu Jacques Le Rider, Mitteleuropa. Auf den Spuren eines Begriffes, Wien 1994, bes. 12-18.

144 Hans Joachim Beyer, Die deutsche Einheit des größeren Mitteleuropa und ihr Verfall im 19. Jahrhundert, Posen 1943 (= Reichsuniversität Posen, Vorträge und Aufsätze; H. 6), 42 f.

145 Ebd., 40-44, 15, sowie A.[nton] Ernstberger, Bespr. Beyer, Die deutsche Einheit, in: Deutsche Volksforschung in Böhmen und Mähren 3 (1944), 114 f. Beyer entnahm die statistischen Daten, die er für seine demographisch argumentierende Konstruktion ›Mitteleuropas‹ heranzog, der Studie von Helmut Haufe, Die Bevölkerung Europas. Stadt und Land im 19. und 20. Jahrhundert, Berlin 1936.

ses Konzept zu bedrohen schienen,[146] umso heftiger schrieb Beyer gegen die nordamerikanische Idee und Praxis des »Melting pot« unterschiedlicher Nationen und Kulturen an, die ihm als Beispiel einer wirren Vermengung rassisch heterogener ethnischer Gruppen galt. Beyer wollte die von ihm perhorreszierte Verschmelzung »Artverwandter« und »Artfremder« im Unterschied zur »Assimilation«, die sich »im Umkreis artverwandter Völker« vollziehe, als »Amalgamation« bezeichnet wissen.[147]

Szenarien einer politisch-kulturellen Gefährdung des ›abendländischen‹ Europas, wie sie Historiker, Publizisten und Politiker schon im Zweiten Weltkrieg vielfach emphatisch beschworen hatten, lebten in der Zeit des ›Kalten Krieges‹ in teils stark modifizierter Weise wieder auf. Prononcierter Antikommunismus und Amerikaskeptizismus konnten auch unter grundlegend geänderten politischen Rahmenbedingungen auf mental teilweise tief verwurzelten Ängsten aufbauen, die schon zuvor in Kreisen deutscher Gelehrter auf Resonanz gestoßen waren.[148]

Hans Herzfeld (1892-1982) etwa, der in der Nachkriegszeit einer der einflussreichsten bundesdeutschen Historiker war, bezeichnete 1956 die politische Teilung Europas zwischen Ost und West als eine »brutale Enteuropäisierung ganzer Völker«. Die Ausdehnung des sowjetischen Machtbereichs in Ostmittel- und Südosteuropa habe zur Folge, dass der Weltfrieden »auf die Dauer unendlich schwerer« bedroht sei als seinerzeit »durch die Mängel und Schwächen des Systems von Versailles«. Aber schon das Minderheitenrecht des Völkerbunds habe »nur eine Übergangsstufe zur endgültigen Assimilation der Minderheiten an das Staatsvolk« bedeutet. Assimilation und Integration, »die in Konformität des Volkstums endete wie in den großen kontinentalen Flächenstaaten Nordamerikas und Rußlands«, sei aber nicht jenes zu favorisierende Modell, das in der Lage sei, die Grenzprobleme Ostmitteleuropas zu lösen. Dort hätten sich die »verschiedenen beteiligten Volksgruppen« zu vielschichtig gemischt, berührt und gegenseitig durchdrungen.[149] Ähnliche Worte fand Theodor Schieder schon 1951, als er die »Bolschewisierung« in Ostmitteleuropa unter Außerachtlassung der nationalsozialistischen Umsiedlungs-, Vertreibungs- und Vernichtungspolitik als die »gewaltsamste Assimilierung der modernen Geschichte« anprangerte.[150]

Die räumliche und ethnische Mischungslage der Bevölkerung in Ostmitteleuropa schien Herzfeld und Schieder nicht mehr wie beispielsweise Beyer eine

146 Vgl. hierzu auch Georg Leibbrandt, Bolschewismus und Abendland, Berlin 1939.

147 Hans Joachim Beyer, Amerikanisches oder bolschewistisches »Volkstum«?, in: Deutsche Volksforschung in Böhmen und Mähren 2 (1943), 201-208, hier 204.

148 Vgl. hierzu auch Wilfried Loth, Rettungsanker Europa? Deutsche Europa-Konzeptionen vom Dritten Reich bis zur Bundesrepublik, in: Hans-Erich Volkmann (Hg.), Ende des Dritten Reiches – Ende des Zweiten Weltkriegs. Eine perspektivische Rückschau, München-Zürich 1995, 201-221.

149 Hans Herzfeld, Menschenrecht und Staatsgrenze in Zwischeneuropa, in: ders., Ausgewählte Aufsätze, Berlin 1962, 216-228, hier 227, 226, 223.

150 Theodor Schieder, Nationalstaat und Nationalitätenproblem, in: ZfO 1 (1952), 161-181, hier 179.

unhintergehbare soziologische Tatsache zu sein, die nur im Wege einer dissimilatorischen Herauslösung und rassistischen Privilegierung des ›deutschen‹ Elements prolongiert werden könne. Ostmitteleuropa wurde hingegen als ›Zwischeneuropa‹ gegen die rivalisierenden sowjetisch oder US-amerikanisch dominierten Blöcke gestellt. Sowohl der amerikanische ›Melting pot‹ als auch das sowjetische Integrationsmodell führten in dieser Sicht unweigerlich zu ›Amalgamation‹ (Beyer) bzw. zu einer Gleichmacherei der ›Völker‹, die äußerst negativ bewertet wurde. Die Folge sei eine ungeliebte ›Konformität des Volkstums‹ (Herzfeld), wodurch wiederum die ethnische Gemengelage in Ostmitteleuropa, die von der europäisch-abendländischen Kultur nachhaltig geprägt worden sei, beschädigt oder gar zerstört würde.

›Assimilation‹, ›Volkstumswechsel‹, ›Umvolkung‹ in ›historischen Bevölkerungsforschungen‹

Die in deutschen soziologischen, psychologischen oder volkskundlichen ›Volksforschungen‹ verbreitete Praxis, zwischen Gruppen, die normativ als ethnisch voneinander distinkt beschrieben wurden, anhand sozio-demographischer Zuschreibungen zu differenzieren, lässt sich auch in deutschen ›bevölkerungsgeschichtlichen‹ Studien kontinuierlich beobachten. Das besondere Interesse von Historikern galt dabei nicht in erster Linie theoretischen Erklärungsmodellen, sondern mehr empirisch angelegten Untersuchungen der Stabilität bzw. Transzendierung sozialer oder kultureller Grenzen zwischen ›Deutschen‹, ›Slawen‹ und ›Juden‹. Vorgänge der ›Assimilation‹, des ›Volkstumswechsels‹ oder der ›Umvolkung‹, die sich überwiegend von Prozessen ableiten ließen, die sich von Migrationen und familialer Vernetzung herleiteten, entwickelten sich innerhalb der Historiographie seit den 1930er-Jahren zu einem mit großer Intensität und personellem Aufwand betriebenen, sukzessive weiterentwickelten Untersuchungsfeld.

Die von Volkshistorikern häufig beschriebene Genese ethno-sozialer Gruppen, die zwischen den ›Völkern‹ stünden (›schwebendes Volkstum‹), bewog Historiker, Forschungsfragen zu formulieren, die damals vielfach als neuartig erachtet wurden. Für die Überschreitung sozial-ethnischer Grenzen (etwa infolge von Migrationen) schien das dichotomische Konzept von ›Umvolkung‹ und ›Entvolkung‹ bzw. von ›Assimilation‹ und ›Dissimilation‹ ein hinreichendes Erklärungsmodell zu bieten. Dieses sollte es erlauben, Praktiken sozialer Verflechtung statistisch-empirisch zu belegen und in Kontexten angewandter Wissenschaften für bevölkerungspolitische Zwecke nutzbar zu machen.

War die soziale Differenzierung zwischen ethnischen Gruppen noch um 1900 überwiegend sprachlich-kulturell konnotiert, so wandelte sich dieser Zugang in den Geschichtswissenschaften spätestens im Lauf der 1920er- und 1930er-Jahre grundlegend: Nunmehr beanspruchten ›Rasse‹, ›Blut‹ und ›Leistung‹ jene qualitativen Kategorien zu sein, anhand derer Bevölkerungsgruppen hierarchisch voneinander abgegrenzt werden sollten. ›Bevölkerungsgeschichtlich‹ gestütztes Ein- und Ausgrenzen des ›Eigenen‹ und des ›Fremden‹ trug nicht zuletzt dazu bei, dissimilatorische Varianten von Bevölkerungspolitik im Überschneidungsbereich von Wissenschaft und Politik vorzubereiten, die letztlich im Genozid an den europäischen Juden kulminierten.

Nach 1945 verlor die ›Rasse‹ in historiographischen Erklärungsmodellen der ›Assimilation‹ in Ostmittel- und Südosteuropa zwar weitgehend an Bedeutung, und auch das Ideologem ›Umvolkung‹ wurde in derartigen Zusammenhängen kaum mehr verwendet. Aufbauend auf antikommunistischen, amerikaskeptischen und zivilisationskritischen Ideen, die deutsche Historiker während der nationalsozialistischen Ära weiterentwickelt hatten, lebte aber im ›Kalten Krieg‹ neuerlich eine Debatte um diese Thematik auf, die allerdings in spezifischer Weise modifiziert und an aktuelle politische Gegebenheiten angepasst wurde. Historiker richteten sich damals häufig gegen bestimmte Tendenzen in der zeitgenössischen sowjetischen Außenpolitik, der sie die Untergrabung einer geschichtlich gewachsenen ›Ordnung‹, insbesondere in Ostmitteleuropa, vorwarfen. Als Projektionsfläche historiographisch begründeter Bilder des ›Ostens‹ kam diese Region insofern neuerlich ins Spiel, auch wenn sich ›Deutschland‹ kaum mehr emphatisch als künftige (mittel-)europäische Ordnungsmacht beschwören ließ. Stattdessen sollte die geistesgeschichtliche Leitmetapher des europäischen ›Abendlands‹ es ermöglichen, der behaupteten politisch-kulturellen ›Bolschewisierung‹ Ostmitteleuropas ideologisch entgegenzuwirken.

3. Raumkonstruktionen I: Geschichte, Geographie und Soziologie

Raumvorstellungen oder Raummetaphern werden innerhalb der Sozial- und Kulturwissenschaften seit den 1990er-Jahren wieder zunehmend diskutiert, wobei sogar ein ›spatial turn‹ oder ›topographical turn‹ konstatiert wird: ›Raum‹ erscheint in diesem Zusammenhang als Produkt sozialer Praktiken, die sich ihrerseits räumlich verorten lassen.[151] Räumliches Erleben und Verstehen wird zudem als analytisch nur schwer fassbar beschrieben, wodurch die wissenschaftliche Konzeptionalisierung von ›Räumen‹ hohen Anforderungen unterworfen wird. Historische Raumforschungen beziehen sich sowohl auf »die Welt als Ganzes« (wie etwa in der »Globalgeschichte«) als auch auf »partikulare Räume in ihrer wechselseitigen Beziehung«.[152] Sie sind daher ähnlich wie soziologische Raumforschungen oft handlungstheoretisch fundiert. Die Ausweitung des inhaltlichen

151 Vgl. Jürgen Osterhammel, Die Wiederkehr des Raumes: Geopolitik, Geohistorie und historische Geographie, in: Neue Politische Literatur 43 (1998), 374-397, hier 375; Jörg Döring/Tristan Thielmann (Hg.), Spatial Turn. Das Raumparadigma in den Kultur- und Sozialwissenschaften, Bielefeld 2008.

152 Ingrid Baumgärtner/Paul-Gerhard Klumbies/Franziska Sick, Raumkonzepte. Zielsetzung, Forschungstendenzen und Ergebnisse, in: dies. (Hg.), Raumkonzepte. Disziplinäre Zugänge, Göttingen 2009, 9-25, hier 15.

und methodischen Fokus historischer Raumforschungen spiegelt sich in der erheblichen Bandbreite, die derartige Studien mittlerweile aufweisen: So beinhaltet die Untersuchung von »Kultur-« und »Wissensräumen« häufig Fragen nach Grenzen und Grenzräumen, Kulturtransfer und kulturellem Austausch und den jeweiligen politischen und wissenschaftlichen Konstruktionsmustern von »Räumen«.[153]

Der deutsche klassische Historismus hatte ›Raum‹ als analytische Kategorie des Geschichtsdenkens im 19. Jahrhundert zunehmend verdrängt, womit eine Marginalisierung der Geographie hinsichtlich ihrer Beziehungen zur Geschichte einherging. Die Historiker des Historismus beschränkten sich darauf, ›Geschichte‹ als »die Entfaltung menschlichen Wollens in der Zeit« zu deuten. Dies lag wesentlich daran, dass sie die von ihnen untersuchten Prozesse, Strukturen und Erfahrungen als »ortlos« begriffen oder sie allenfalls »dem Raumschema des Nationalstaats« zuordneten.[154] Ähnliches galt für die Gesellschaftstheorie seit Marx, Weber und Durkheim, die räumliche Bezüge gesellschaftlicher Strukturen und Prozesse vernachlässigten; dies, obwohl Marx selbst »den Prozeß der Produktion eines spezifisch kapitalistisch-imperialistischen Raumes lebhaft vor Augen hatte«.[155]

Hier interessieren die Beziehungen zwischen ›Raum‹, ›Bevölkerung‹ und ›Geschichte‹. Sie wurden in dem Zeitraum, der hier bearbeitet wird, meist außerhalb der auf ›Staat‹ und ›Nation‹ zentrierten traditionellen Historiographie erörtert: Derartige Forschungen reflektierten die Tendenz zur Unterwerfung der Welt im Zuge des europäischen Kolonialismus und der Entwicklung moderner Verkehrsmittel und Techniken zur Entwicklung von Nachrichten. Pläne zur deutschen ›Siedlungsforschung‹, die bereits vor dem Ersten Weltkrieg in Kreisen deutscher Geographen entwickelt worden waren, beschränkten sich damals auf einzelne Akteure wie den Ratzel-Schüler Wilhelm Peßler (1880-1962). Dieser zielte um die Jahrhundertwende auf einen interdisziplinären »Volkstumsatlas« ab, der die Verbreitung von ›Volkstumsmerkmalen‹, aber auch natürliche Verhältnisse im ›Raum‹ kartographisch darzustellen beabsichtigte. Besonders (Anthropo-)Geographie, ›Siedlungs-‹ und ›Landesgeschichte‹ verhalfen diesen Kategorien nach 1918 zu ihrem wissenschaftlichen Durchbruch. Die in den 1920er-Jahren an den landeskundlichen Instituten in Bonn, Leipzig und Innsbruck inaugurierte ›Kulturraumforschung‹, aber auch das 1927 vom *Volkskunde-Verband* bei einer Tagung in Freiburg beschlossene volkskundliche Großprojekt eines »Atlas der deutschen Volkskunde« reflektierten den institutionellen Erfolg derartiger ›Volk‹ und ›Raum‹ kombinierenden Forschungen.[156]

153 Ebd., 9; 15 f.

154 Osterhammel, Die Wiederkehr des Raumes, hier 374 f.

155 Karl Schlögel, Im Raume lesen wir die Zeit. Über Zivilisationsgeschichte und Geopolitik, München-Wien 2003, 45.

156 Vgl. hierzu bereits Oberkrome, Volksgeschichte, 22-41; Friedemann Schmoll, Die Vermessung der Kultur. Der »Atlas der deutschen Volkskunde« und die Deutsche Forschungsgemeinschaft 1928-1980. Stuttgart 2009, 48-55.

Die folgenden Ausführungen suchen auf diesen Einsichten aufzubauen. Sie bilden den Hintergrund für die leitende Frage, welche Raumkonstrukte ›historische Bevölkerungsforschungen‹ aufwiesen, und wie diese sich wandelten: Grundsätzlich gilt die Annahme, dass derartige Konstrukte von administrativ umgrenzten Räumen, die sich an Verwaltungsgrenzen unterschiedlicher Art orientierten, über soziologisch-relationale Raumbegriffe bis hin zu biologistisch aufgeladenen ›Lebensräumen‹ reichten.[157] Letztere instrumentalisierten die wissenschaftliche Diskussion um geschichtliche Migrationsbewegungen häufig dazu, um politische und ökonomische Expansionsinteressen historisch zu legitimieren.

Für das Verständnis der Relation von ›Raum‹ und ›Bevölkerung‹ ist zunächst hervorzuheben, dass Begriffe und Metaphern wie ›Boden‹, ›Volk‹ und ›Blut‹ sich offenbar besonders dazu eigneten, mit ›Raum‹ und ›Bevölkerung‹ semantisch verknüpft zu werden.[158] Dies dürfte ein wesentlicher Grund dafür gewesen sein, dass diese beiden Konstrukte in der Weimarer Republik und besonders im ›Dritten Reich‹ sich bevölkerungspolitisch als hochgradig instrumentalisierbar erwiesen. Geographische, geopolitische, ›kulturmorphologische‹ oder ›biologische‹ Raumkonstrukte schienen nach 1945 daher zu sehr diskreditiert zu sein, um als historiographische Untersuchungskategorien unbestritten anerkannt zu werden.[159] Vorbehalte unter Historikern gegenüber »Raum, Geographie und folgerichtig auch Ökologie«[160] rief nach dem Zweiten Weltkrieg vor allem die deutsche ›Geopolitik‹ der 1930er- und 1940er-Jahre hervor. Auch für die ›Historische Demographie‹ spielten seit ihrem Aufstieg in den 1970er-Jahren Konzepte des ›Raums‹ als Elemente wissenschaftlicher Analyse keine Rolle: Der von ihr formulierte Anspruch, zu einer »problemorientierte[n] Form der empirischen sozialgeschichtlichen Grundlagenforschung«[161] beizutragen, kam ohne die Raumkategorie aus. ›Historische Bevölkerungsforschungen‹ waren, wie ich im Folgenden darlegen werde, bis dahin nicht zuletzt durch ideologisch determinierte Raumkonstrukte geformt worden.

157 Vgl. zu ›soziographischen‹ Raumforschungen Gutberger, Bevölkerung, bes. 27 f.

158 Vgl. zur historischen Raumforschung auch Kap. IV.4.

159 Vgl. als frühen Forschungsüberblick Alfred Heit, Raum: Zum Erscheinungsbild eines geschichtlichen Grundbegriffs, in: Georg Jenal (Hg.), Gegenwart in Vergangenheit. Beiträge zur Kultur und Geschichte der Neueren und Neuesten Zeit. Festgabe für Friedrich Prinz zu seinem 65. Geburtstag, München 1993, 379-390. Das von Otto Brunner und Werner Conze herausgegebene Kompendium »Geschichtliche Grundbegriffe« (Bde. 1-8, Stuttgart 1972-1997) verzichtete übrigens darauf, ›Raum‹ als historischen Grundbegriff zu verzeichnen.

160 Osterhammel, Die Wiederkehr des Raumes, 374 f.

161 Sokoll/Gehrmann, Historische Demographie, 157.

Deutsche ›Geopolitik‹ und das Phantasma des ›Lebensraums‹

Im Umfeld des Raumkonzepts entwickelten sich seit dem 19. Jahrhundert in den Wissenschaften wie in der deutschen Öffentlichkeit Diskurse, die häufig einen spekulativen und zugleich politisch-suggestiven Charakter aufwiesen. Der mentalitätsgeschichtliche Hintergrund für Phantasmagorien des ›Raums‹ lag im Imperialismus des späten 19. Jahrhunderts und in der Kriegszieldebatte des Ersten Weltkriegs.[162] Wie widersprüchlich und zugleich wirkungsmächtig ›Raum‹ besonders in den 1920er- und 1930er-Jahren politisch aufgeladen wurde, verdeutlichten nicht zuletzt suggestive Schlagworte, die ein deutsches »Volk ohne Raum« imaginierten, während zur selben Zeit die Losung vom »Volk ohne Jugend« als kulturpessimistisches Bedrohungsszenario an die Wand gemalt wurde. Während »Volk ohne Raum« die Erwartung einer kommenden ›Übervölkerung‹ beinhaltete und die Forderung nach Erweiterung des deutschen ›Lebensraums‹ mit sich brachte, konnte im Diktum »Volk ohne Jugend« eine drohende ›Untervölkerung‹ gelesen werden, die fremde ›Völker‹ nach Deutschland eindringen lassen könnte.[163]

Werner Köster nannte »Raum« ein »Hochfrequenzwort«, das eine »Chiffre für einen Konservatismus unterschiedlichster Prägung« darstelle. Der »Minimalismus« seiner semantischen Bestimmtheit habe »immer auch einer ideologischen Maximalintegration« Tür und Tor geöffnet. Dieser Umstand erhielt gerade deshalb eine besondere Bedeutung, weil er in einem hohen Maß interdisziplinär verwendet werden konnte: So begründete der Leipziger Geograph Friedrich Ratzel (1844-1904) ein geodeterministisches Raumkonzept, das so unterschiedliche Forschungsrichtungen wie Geographie, Geschichte, Soziologie, Biologie oder Rechtswissenschaft miteinander verknüpfte. Als Ideologem erschien der ›Raum‹ gerade deshalb besonders geeignet, weil er sich terminologisch als weitgehend unbestimmbar erwies: Die Raummetapher erzeugte nämlich den (falschen, ideologischen) Eindruck eines überall identischen Gegenstandes (oder Quasi-Gegenstandes), so dass »ein unschuldiger Begriffsgebrauch [...] in politischen Zusammenhängen jedenfalls ausgeschlossen« sei. Als nach dem Ersten Weltkrieg der politische Vollzug einer deutschen Raumpolitik in weite Ferne gerückt schien, diente diese Metapher insbesondere »als imaginäre Entfaltungsmöglichkeit für die Wünsche eines ebenso imaginären Subjektes, genannt Volk«.[164]

162 Vgl. hierzu Hans-Ulrich Wehler, Deutsche Gesellschaftsgeschichte 1914-1949, Bde. 1-5,4, 2., durchges. Aufl. 2003, 470 f.

163 Vgl. Burgdörfer, Volk ohne Jugend; Hans Grimm, Volk ohne Raum.

164 Werner Köster, Die Rede über den ›Raum‹. Zur semantischen Karriere eines deutschen Konzepts, Heidelberg 2002, bes. 9, 11 f., 14, 26 f., 33; vgl. auch Heike Wolter, »Volk ohne Raum«: Lebensraumvorstellungen im geopolitischen, literarischen und politischen Diskurs: eine Untersuchung auf der Basis von Fallstudien zu Leben und Werk Karl Haushofers, Hans Grimms und Adolf Hitlers, Münster 2003.

In völkisch orientierten Diskursen der Weimarer Republik trat neben die beschworene »Einheit des Bodens« die Idee der »Einheit des Blutes«, die eine biologische, »bevölkerungsmäßige« Dimension des Raums betonte.[165] Geopolitiker und Nationalökonomen suchten diesen darüber hinaus unter dem Gesichtspunkt der ›Tragfähigkeit‹ zu bestimmen, wobei sie von der Annahme ausgingen, dass Räume nur eine ihrer geographischen Größe entsprechende Zahl von Menschen ernähren könnten.[166] Wurde ein Missverhältnis zwischen ökonomischen Ressourcen und Bevölkerungszahl in einer gegebenen Region konstatiert, trat zudem die Frage auf, wie sich Staat und Politik dazu verhalten sollten. Nach Birgit Kletzin habe es darauf zwei Antworten gegeben: einerseits die bevölkerungspolitisch praktizierte Einschränkung der eigenen Bevölkerungszahl, andererseits den Kampf um die Erweiterung des »Lebensraums«.[167] Radikale antisemitische Argumentationsmuster, die auf ›Raum‹ und ›Volk‹ bezogene ökonomische Optimumtheorien als Bestandteile einer sogenannten ›Judenfrage‹ in Ostmittel- und Osteuropa konstruierten, breiteten sich besonders im ›Dritten Reich‹ aus:[168] Der Raumbegriff wurde dabei vielfach geopolitisch, biologisch und ›rassisch‹ verstanden, wodurch er um offensive qualitative Dimensionen erweitert wurde. Durch die Behauptung, dass sich so definierte ›Lebensräume‹ auf natürlichem Wege ordnen würden, wurde politischen Expansionsabsichten rhetorisch Vorschub geleistet.

Während in geopolitischen Diskursen jedem ›Volk‹ das Recht auf einen eigenen ›Lebensraum‹ zugesprochen wurde, schien der ›Großraum‹ eine übergeordnete, mehrere ›Völker‹ umfassende Einheit darzustellen. Abgeleitet zunächst aus der wirtschaftlichen Krisensituation nach dem Ersten Weltkrieg, entwickelte sich aus dieser Konzeption im Verlauf der 1920er- und 1930er-Jahre ein spezifischer politischer Kampfbegriff, der im Dienst deutscher kontinentaler Hegemonialvisionen stand, scheinbare ökonomische und biologische Eigenschaften von ›Völkern‹ im ›Großraum‹ bündelte und sich vor allem gegen die britische Fest-

165 Vgl. u. a. Karl C. v. Loesch, Die politische Bedeutung der Bevölkerungsverschiebung, in: Volk und Reich. Politische Monatshefte für das junge Deutschland (Dezember 1926), 517-539.

166 Derartige Versuche, die ökonomische und/oder demographische ›Tragfähigkeit‹ von Räumen festzulegen, können als Versuch der »Bestimmung der ökologisch vertretbaren Raumnutzungsgrenze« beschrieben werden. Heit, Raum, hier 382.

167 Vgl. Birgit Kletzin, Europa aus Rasse und Raum. Die nationalsozialistische Idee der Neuen Ordnung, Münster ²2002, hier bes. 112f., 117f., 120, 123, den instruktiven Überblick von Peter Schöller, Geopolitische Versuchungen bei der Interpretation der Beziehungen zwischen Raum und Geschichte. Eine kritische Bilanz der Konzeptionen und Theorien seit Friedrich Ratzel, in: Dietrich Denecke/Klaus Fehn (Hg.), Geographie in der Geschichte, Wiesbaden 1989, 73-88, sowie die Studien in: Carola Sachse (Hg.), »Mitteleuropa« und »Südosteuropa« als Planungsraum: Wirtschafts- und kulturpolitische Expertisen im Zeitalter der Weltkriege, Göttingen 2010.

168 Vgl. zum Aufstieg der ›Bevölkerungsökonomie‹ im ›Dritten Reich‹ Aly/Heim, Vordenker, 104-113, u. Hans-Christian Petersen, Bevölkerungsökonomie – Ostforschung – Politik: eine biographische Studie zu Peter-Heinz Seraphim (1902-1979), Osnabrück 2007, bes. 156-174.

landpolitik richtete. Der geplante ›Großraum Europa‹ sollte alle kontinentalen Länder umfassen, die unter der Führung von Deutschland und Italien ›Nahrungsfreiheit‹ des europäischen ›Raums‹ für sich beanspruchten und ihren ›Bevölkerungsüberschuss‹ in den ›Osten‹ abzuleiten beabsichtigten.[169]

›Anthropogeographie‹ und Soziologie

Der ›Raum‹ wurde als Gegenstand wissenschaftlicher Forschungen bereits gegen Ende des 19. Jahrhunderts zunehmend aufgewertet und in Fachkreisen diskutiert. Sein Bedeutungsgewinn knüpfte an die gesellschaftliche »Revolutionierung des Raumbewußtseins« an, die der Historiker Jürgen Osterhammel für die 1870er-Jahre datierte und deren mental-psychologische Folgewirkung »das Gefühl der Schließung und folgenden Geschlossenheit des planetarischen Zusammenhangs« gewesen sei. Für den Geographen Ratzel stellte sich hierbei wesentlich die Frage nach der »Raumbewältigung«: Ratzel beantwortete diese je nach der relationalen Weite und Enge des gegebenen Raums, etwa für Nordamerika oder Mitteleuropa, jeweils unterschiedlich. Der von ihm entwickelte konzeptionelle Zugang deutete auf einen damals neuartigen, »amerikanisch-abstrakten« Raumbegriff hin, der sich von der tradierten Bindung an die Landschaft gelöst habe.[170]

Ratzels »Anthropogeographie«[171] ließ dieses solchermaßen dynamisierte Raumverständnis in die Untersuchung von »Migrationen auf allen Ebenen« – »von Völkerzügen größten Ausmaßes bis zum Auswanderungs- und Akkulturationsschicksal von Familien und Einzelpersonen« – einfließen. Die »Anthropogeographie« war somit als eine Art »Bewegungs- und Beziehungsgeschichte« angelegt: »Zur Signatur der Geschichte wird Mobilität in Frieden und Krieg; Dynamik ist die Regel, Statik die Ausnahme […]. Geschichte bedeutet Mischung.« Demnach machte erst die zunehmende kulturelle Differenzierung die Völker sesshafter und ihre Staaten dauerhafter.[172]

Neben Ratzel gilt vor allem der Historiker Karl Lamprecht (1856-1915) als einer der Begründer einer neuartigen historiographischen Betrachtungsweise der Wechselbeziehungen zwischen dem Menschen und der Erdoberfläche. Die von Letzterem und seinem Schüler Rudolf Kötzschke (1867-1949) entwickelte Forschungsrichtung der Leipziger Landes- und Siedlungsgeschichte rezipierte wesentlich

169 Vgl. Kletzin, Europa, 125, 130 f., 135.

170 Osterhammel, Raumerfassung und Universalgeschichte im 20. Jahrhundert, in: Gangolf Hübinger/J. Osterhammel/E. Pelzer (Hg.), Universalgeschichte und Nationalgeschichten. Ernst Schulin zum 65. Geburtstag, Freiburg/Br. 1994, 51-72, hier 68, 58-62.

171 Vgl. Friedrich Ratzel, Anthropogeographie. Bd. 1: Grundzüge der Anwendung der Erdkunde auf die Geschichte, Stuttgart 1882. Bd. 2: Die geographische Verbreitung des Menschen, Stuttgart 1891.

172 Jürgen Osterhammel, Geschichtswissenschaft jenseits des Nationalstaats. Studien zu Beziehungsgeschichte und Zivilisationsvergleich, Göttingen 2001, 162 f.

Ratzels Konzepte der ›Anthropogeographie‹ und ›politischen Geographie‹.[173] Wie Lamprecht selbst diese Wechselbeziehungen einschätzte, verdeutlicht ein Blick auf sein historiographisches Hauptwerk, die »Deutsche Geschichte«: Lamprecht maß Raumbezügen in der deutschen Geschichte eine prägende Bedeutung zu. Er ging von der Annahme aus, dass Deutschland »von Natur aus« nur im Norden und Süden zwei fest umrissene Grenzen habe, während die westliche und die östliche Grenze im Lauf der Geschichte ausgeprägt variabel gewesen seien. Im Vergleich zu seinem französischen Nachbarn sei das »deutsche Volk« lange Zeit »geographisch unstet« und »halb nomadisch« gewesen. Es sei daher kaum verwunderlich, dass die äußere Geschichte der Deutschen »in gewaltigen Ausschlägen nach Ost und West« verlaufen sei.[174]

Die räumliche Bewegung der deutschen »Stämme« betrachtete Lamprecht als wesentlichen Bedingungsfaktor für die Entstehung eines »Körper[s] der damaligen deutschen Nation«: Denn erst deren oszillatorische Bewegung nach Ost und West habe die historisch folgenreiche Verschmelzung der deutschen »Stämme« eingeleitet. Ein wesentliches Ergebnis dieses beständigen geographischen »Schwankens« germanisch-deutscher Migrationsbewegungen sei die »territoriale Zersplitterung« der Deutschen gewesen, zumal »das oszillatorische Element innerhalb der deutschen Seßhaftmachung zu einer noch viel stärkeren Verteilung wichtiger Zentralen hin über den deutschen Boden geführt« habe.[175] Das geographische Problem der »Raumbewältigung«, wie es Ratzel in seiner »Anthropogeographie« diskutierte, verwandelte sich so beim Historiker Lamprecht zu einer Frage der historischen Herleitung der deutschen Nationsbildung seit dem frühen Mittelalter. Die föderale Gliederung der deutschen ›Nation‹ ließ sich aus seiner Sicht wesentlich auf die Hin- und Herschwanken deutscher Stammesbewegungen im Früh- und Hochmittelalter zurückführen. Indem diese frühen Migrationsbewegungen sich einmal mehr nach Osten gerichtet, dann wieder mehr Richtung Westen gezielt hätten, erschwerten sie eine nachhaltige politisch-räumliche Schwerpunktbildung in Mitteleuropa. Lamprecht suchte damit wesentlich die verzögerte Entwicklung deutscher Staatlichkeit in der Neuzeit zu erklären.

›Bevölkerung‹ stand in diesen Arbeiten noch im Schatten eines Raum- und Volksbegriffs, den Ratzel universalgeschichtlich auf Migrationen bezog und den Lamprecht auf die deutsche Staats- und Nationsbildung fokussierte. Erst der deutschen ›Bevölkerungs-‹ und ›Volksgeschichte‹ der Zwischenkriegszeit blieb es vorbehalten, ›Raum‹, ›Boden‹ und ›Landschaft‹ miteinander zu verknüpfen und

173 Vgl. Karlheinz Blaschke, Rudolf Kötzschke – der Vater der sächsischen Landesgeschichte, in: Wieland Held/Uwe Schirmer (Hg.), Rudolf Kötzschke und das Seminar für Landesgeschichte und Siedlungskunde an der Universität Leipzig, Beucha 1999, 9-20.

174 Karl Lamprecht, Deutsche Geschichte. Zweiter Ergänzungsband. Zweite Hälfte: Zur jüngsten deutschen Vergangenheit, Bde. 1-2,2, zweite Hälfte, Berlin, 4. Aufl. 1921, 464 f.

175 Ebd., 470 f.

diese Kategorien als Grundlagen des demographischen Wachstums und der Ausbreitung des deutschen ›Volks‹ zu deuten. In ihrem Versuch, die Geschichtswissenschaft mittels völkisch-rassenkundlicher Theoreme umzugestalten, wurden die Volksforscher von maßgeblichen Proponenten der deutschen politischen Rechten unterstützt: So warf etwa die von Karl Haushofer (1869-1946) herausgebene *Zeitschrift für Geopolitik* den etablierten Vertretern der historischen ›Zunft‹ vor, die Geschichte von »Völkern« bislang so dargestellt zu haben, als hätten sich diese permanent in einem bestimmten »Lebensraum« befunden. Die von Haushofer propagierte »Biopolitik« beruhte hingegen auf der Annahme, dass ein »Volkscharakter« durch andere »Räume« und sogar durch »Rassenkreuzungen« geprägt sein konnte. Daraus ließ sich die Forderung ableiten, die ›Biopolitik‹ zur Grundlage einer naturwissenschaftlich begründeten, umfassenden Darstellung der Entwicklung von ›Völkern‹ zu machen.[176]

Rassenkundliche Darstellungen der deutschen ›Volks-‹ und ›Bevölkerungsgeschichte‹, die seit den 1930er-Jahren veröffentlicht wurden, übernahmen ebenfalls derartige Argumentationsmuster. Sie stilisierten das deutsche ›Volk‹ häufig als in einem ›deutsch‹ codierten und zugleich variabel interpretierbaren ›(Lebens-)Raum‹ verwurzelt.[177] Völkisch orientierte Historiker wie der an der Pädagogischen Hochschule Darmstadt tätige Historiker Gustav Paul (*1890) mühten sich in populär gefassten Darstellungen zur »Rassen- und Raumgeschichte« darum, die angebliche ›Bodenständigkeit‹ und über die Jahrhunderte hinweg unwandelbare Raumgebundenheit des deutschen ›Volkes‹ darzulegen.[178] Sie behaupteten eine ›naturgeschichtlich‹ herleitbare Wechselwirkung von deutschem ›Raum‹ und deutschem ›Volk‹. Damit enthüllten sie eine anachronistische Raumkonzeption, die von der Annahme ausging, dass ›Raum‹ und ›Volk‹ seit der Prähistorie unwandelbar miteinander verbunden gewesen seien.

Bei einigen Bevölkerungsforschern ging die rhetorische Bezugnahme auf den ›Raum‹ als vermeintliche biologisch-rassische Kategorie der Geschichte indes mit dem Rückgriff auf vergleichsweise präziser gefasste Raumkonstrukte einher: Diese konnten sich auf administrative Einheiten unterschiedlicher Größenordnung beziehen und Daten der amtlichen Statistik als Quellengrundlage verwenden. Helmut Haufe (1906-1943), der Assistent Gunther Ipsens in Leipzig, Königsberg und Wien, war mit seiner Monographie »Die Bevölkerung Europas«

176 Vgl. Louis von Kohl, Biopolitik und Geopolitik als Grundlagen einer Naturwissenschaft vom Staate, in: Zeitschrift für Geopolitik 10 (1933), 305-310, hier 308. Vgl. zu den Ursprüngen des Begriffs ›Biopolitik‹ in der NS-Bevölkerungspolitik und seiner späteren spezifischen Aneignung durch M. Foucault: Philipp Sarasin, Zweierlei Rassismus? Die Selektion des Fremden als Problem in Michel Foucaults Verbindung von Biopolitik und Rassismus, in: Martin Stingelin (Hg.), Biopolitik und Rassismus, Frankfurt a. M. 2003, 55-79.

177 Vgl. etwa Bettina Kronacher, Der deutsche Lebensraum in der Geschichte, Frankfurt a. M. 1938, 2 f.

178 Vgl. u. a. Gustav Paul, Grundzüge der Rassen- und Raumgeschichte des deutschen Volkes, 2., unveränd. Aufl., München 1936, hier bes. das Kapitel »Der deutsche Raum im besonderen (Die Nord-, Süd-, West- und Osttore)«, 40-59.

dafür ein Beispiel. Haufes Arbeit beruhte auf einem Bevölkerungsbegriff, den er auf den »Vorgang der ›Peuplierung‹ von Räumen« bezog. Haufe zielte nicht auf ein bestimmtes ›Volk‹, sondern auf »Europa« als Untersuchungsgegenstand ab. Seine prozessuale Deutungsweise von ›Bevölkerung‹ lehnte sich an die Semantik der ›Peuplierungspolitik‹ an und wies dem (nationalsozialistischen) Staat die maßgebliche Rolle bei der Steuerung der Bevölkerungsbewegung zu. Armin Tille, der die »Nüchternheit« dieser Schrift in einer Sammelbesprechung zu »Rasse und Geschichte« besonders hervorhob, lobte Haufe dafür, dass dieser sich bemüht habe, »überall auch für die Juden« aufgrund von Konfessionsstatistiken »die besonderen Zahlen beizubringen«.[179] Haufe ist daher ein treffliches Beispiel für das symbiotische Verhältnis von rassistischen bevölkerungspolitischen Interessen und Plänen des ›Dritten Reichs‹ und vermeintlich nüchterner ›bevölkerungssoziologischer‹ Forschung.[180]

Haufe begriff seine Studie als Beitrag zu einer »Soziologie des deutschen Volkstums«, wobei er mit entsprechenden Konzepten von Gunther Ipsen übereinstimmte.[181] Die deutsche Bevölkerungslage könne allerdings nur dann richtig eingeschätzt werden, wenn sie darüber hinaus in den europäischen »Kulturzusammenhang« eingebettet werde. Das Ungewöhnliche von Haufes Arbeitsweise bestand allerdings weniger in einer europäischen Vergleichsperspektive, die bei ihm ohnedies nur die Folie für das Konstrukt einer deutschen Volkstumssoziologie blieb, sondern darin, dass er bemüht war, den demographischen Stoff in seine räumlich-administrativ kleinsten Einheiten zu zerlegen. Die Historikerin und Soziologin Elisabeth Pfeil fasste Haufes Methode und den von ihm herangezogenen Raumbegriff folgendermaßen zusammen:

> »[...] Der verwendete Raumbegriff ist weder staatlich noch geographisch bestimmt; er richtet sich nach der Bevölkerung selbst. Als Konstante wird die kleinste räumliche Einheit (die Verwaltungseinheit des preußischen Landkreises) und ihre Entsprechungen in den anderen Staaten eingeführt; auf sie wird die Bevölkerungsdichte jeweils bezogen. Dann werden aus gewissen Stichdaten die Gebiete ähnlicher Bevölkerungsdichte und-streuung zu Räumen zusammengefaßt. Damit ergeben sich Gebiete ähnlicher gesellschaftlicher und wirtschaftlicher Struktur über Staatsgrenzen hinweg«.[182]

179 Armin Tille, Rasse und Geschichte, in: Rasse. Monatsschrift der Nordischen Bewegung 3 (1936), 198-205, hier 201 f.

180 Vom Brocke charakterisierte Haufes Arbeit als »nüchtern und frei von den völkisch-nationalistischen Ideologemen des Lehrers [sc. G. Ipsen] und der grassierenden Blut- und Boden-Ideologie«. Haufe verortete seine Studie jedoch selbst in den Planungen des totalitären nationalsozialistischen Machtstaats. Diese Einschätzung vom Brockes kann ich hier nicht teilen. Dieser wies selbst darauf hin, dass Haufe den Ausbau des deutschen »Lebensraums« befürwortet habe. Vom Brocke, Bevölkerungswissenschaft, 84.

181 Haufe, Die Bevölkerung Europas, 10.

182 Elisabeth Pfeil, Bespr. Haufe, Die Bevölkerung Europas, in: ABB 11 (1941), 395-396 (Hervorhebung i. Orig.). Zit. n. Gutberger, Volk, 110.

1939 veröffentlichte Haufe seine agrarsoziologischen Studien zum Bevölkerungswandel der bäuerlichen Bevölkerung Rumäniens, die 1938 von der Philosophischen Fakultät der Universität Königsberg als Habilitationsschrift angenommen wurde.[183] Haufes Lehrer Ipsen betonte die politische Relevanz dieser Studie, die der deutschen ›Volksforschung‹ in Ostmitteleuropa neue Wege weise: Sie erforsche »bisher kaum erkannte deutsche Aufbaukräfte in der Lebensordnung des spätmittelalterlichen Rumänentums« und leiste damit einen erheblichen Beitrag zur Durchsetzung der deutschen Soziologie gegenüber der in dieser Region gleichfalls einflussreichen angelsächsischen Soziologie.[184]

Haufe war nicht der einzige ›Volks- und Raumforscher‹ der 1930er- und 1940er-Jahre, der über die methodischen Möglichkeiten reflektierte, die eine Untersuchung mikrostruktureller Einheiten im Bereich der deutschen ›Volksforschung‹ mit sich brächte: Die ›Dorfforschungen‹ Ipsens und des »Boberhaus-Kreises«[185] sowie die ›Sprachinselforschungen‹ Walter Kuhns suchten ebenfalls kleine lokale Einheiten soziologisch, demographisch und volkskundlich zu untersuchen. Sie wollten damit den Anspruch Wilhelm Heinrich Riehls (1823-1897) einlösen, über die Erforschung der Mikrostruktur Einblicke in den organizistisch-biologisch gedachten Aufbau des ›Volkskörpers‹ zu gewinnen. Stärker wirtschaftsgeschichtlich ausgerichtet waren hingegen die Raumforschungen von Wilhelm Abel (1904-1985), einem Frankfurter Nationalökonomen und Wirtschaftshistoriker. In seinen Arbeiten über Agrarkrisen und Agrarkonjunkturen und über Wüstungen sah Abel die Entwicklung der Siedlungsdichte und des Siedlungsbestands in einem wechselseitigen Verursachungszusammenhang mit der Bewegung der Bevölkerung.[186] Abel verfügte im ›Dritten Reich‹ über Verbindungen zur *Reichsarbeitsgemeinschaft für Raumforschung* (RAG); als erster Historiker erhielt er 1937 einen Lehrauftrag für ›Raumforschung‹ an einer deutschen Universität.[187]

Hans Tscharnke (*1911), ein Mitarbeiter des *Instituts für wirtschaftliche Raumforschung* an der Universität Rostock, machte sich ebenfalls Gedanken über die Zusammenhänge von »Bevölkerungsgeschichte und Raumforschung«. Tscharnke wurde 1940 mit einer Dissertation über »Anlässe und Gebiete der Volkszählungen in beiden Mecklenburg« zum Doktor der Wirtschaftswissenschaften promo-

183 Vgl. Helmut Haufe, Die Wandlung der Volksordnung im rumänischen Altreich: Agrarverfassung und Bevölkerungsentwicklung im 19. und 20. Jahrhundert, Stuttgart 1939. Nicht die oben zitierte Studie über die »Bevölkerung Europas«, wie vom Brocke irrtümlich angibt, sondern diese Arbeit war Haufes Habilitationsschrift. Vgl. vom Brocke, Bevölkerungswissenschaft, 423.

184 BArch Koblenz, R 73, Nr. 11525, G. Ipsen an die DFG, Gutachten über die Arbeit Dr. Haufes, 15.4.1939.

185 Vgl. Walter Greiff, Das Boberhaus in Löwenberg/Schlesien 1933-1937. Selbstbehauptung einer nonkonformen Gruppe, Sigmaringen 1985.

186 Vgl. etwa Wilhelm Abel, Die Wüstungen des ausgehenden Mittelalters. Ein Beitrag zur Siedlungs- und Agrargeschichte Deutschlands, Jena 1943, VI (^{2}1955; ^{3}1976).

187 Gutberger, Volk, 145.

viert.[188] Er hob hervor, dass wichtige Einzelheiten »wie etwa die räumlich und zeitlich völlig unterschiedliche Sexualproportion oder Altersschichtung [...] mit ihren wechselnden Ursachen erst bei mengenmäßigem Vergleich kleinster Raumeinheiten«[189] voll zum Ausdruck kämen. Im Sinne der Zielsetzung der Raumforschung, »natürliche[] Zusammenhänge« in der Wirtschafts- und Sozialentwicklung zu erschließen, sei daher die »Massenuntersuchung gleicher, kleinster Einheiten« von großer Bedeutung, wobei politische Grenzziehungen als Ordnungsprinzipien keine maßgebliche Rolle spielen sollten.[190] Der Raumbegriff trete erst dann ins Spiel, wenn die quantitative Ausrichtung dieser Untersuchungen ins Qualitative umschlage. So kristallisiere sich etwa »die Bevölkerungsverteilung im Raume« unterschiedlich heraus, und zwar je nachdem, ob der Raum »geologisch-physikalisch, d.h. geographisch«, »politisch-sozial« oder »wirtschaftlich« bestimmt werde. Es gehe darum, von den »das Streu- oder Bewegungsbild gestaltenden Ursachen [...] auf die natürlichen oder sozialen Formkräfte« zu schließen, die den »lebensgesetzliche[n] Aufbau eines Volkskörpers und seines Raumes« klären könnten.[191]

Elisabeth Pfeil verstand unter ›Raum‹ einen relationalen Begriff, der nicht ohne eine Bezugnahme auf ›Bevölkerung‹ auskam: Unter »Bevölkerung« begriff sie »eine Menschengruppe, die einen bestimmten Raum erfüllt.« Im geschichtlichen Prozess seien zwar landschaftliche Sonderformen des »Raumes« ausgebildet worden, ursprünglich habe es jedoch ein »Gleichgewicht zwischen Rasse und Raum, die reine Rasse eines Raumes«, gegeben. ›Raum-‹ und ›Bevölkerungsgeschichte‹ bildeten damit ein Narrativ der strukturgenetischen Ausdifferenzierung von ›Rassen‹ und ›Räumen‹, die permanent nach einem harmonisch-gleichgewichtigen Zustand strebten. Im »Raum« sah Pfeil daher eine phänotypische, subjekthafte Größe, die im Wege der »Umzüchtung« aus den ihr zuströmenden Kräften die geeignetsten heraussuche. So erwiesen sich beispielsweise die gotischen Zuwanderer, die im frühen Mittelalter in italienische Städte zogen, als eine »raumfremde« Bevölkerungsgruppe, deren führende Schicht aufgrund ihrer »Verstädterung« und damit einhergehender verminderter Fortpflanzungsfähigkeit sich rasch »verbraucht« und dadurch ihren Untergang eingeleitet habe.[192] Pfeil nahm für ihre Theorie der Beziehungen zwischen ›Bevölkerung‹ und ›Raum‹ in Anspruch, eine Mittlerrolle zwischen Bevölkerungswissenschaften, ›Geopolitik‹ und ›Raumforschung‹ einzunehmen. Aus der Sicht von Carsten Klingemann

188 Universitätsarchiv Rostock, Personalakte Hans Tscharnke, Promotionsurkunde, beglaubigte Abschrift, 8.1.1940.

189 Hans Tscharnke, Bevölkerungsgeschichte und Raumforschung, in: ABB 7 (1937), 91-110, hier 92f.

190 Ebd., 93.

191 Ebd., 107-110.

192 Elisabeth Pfeil, Bevölkerung und Raum, Heidelberg-Berlin-Magdeburg 1939 (= Schriften zur Geopolitik; H. 14), 111; 116-118. Diese Broschüre war mit Pfeils zwei Jahre zuvor im *Archiv für Bevölkerungswissenschaft (Volkskunde) und Bevölkerungspolitik* (7. Jg., 1937, 111-129) erstmals erschienenen Aufsatz identisch.

nötigte die im ›Dritten Reich‹ erfolgreich zu Institutionalisierung und Politikberatung hin drängende ›Raumforschung‹ die als Soziologin sich verstehende Pfeil dazu, die von ihr vertretene Forschungsrichtung entsprechend programmatisch zu positionieren. Ihre Schrift »Bevölkerung und Raum« könne daher als »Angebot für eine friedliche Koexistenz« mit der Raumforschung verstanden werden. Klingemann vertrat sogar die These, dass Pfeil eine »Soziologisierung der Bevölkerungswissenschaft vermittelt über den Raumdiskurs« angestrebt habe.[193]

Pfeil scheint tatsächlich versucht zu haben, »Geopolitik und Bevölkerungswissenschaft« einander semantisch anzunähern. Beide untersuchten ihrer Ansicht nach das »Gefüge von Rasse, Staat, Volk und Raum«, wobei »die Geopolitik vom Raume« her komme und die »Bevölkerungswissenschaft vom Menschen« ausgehe.[194] Ihre diesbezüglichen programmatischen Ausführungen trug sie erstmals 1937 im Rahmen eines ›Arbeitslagers‹ vor, das die *Arbeitsgemeinschaft für Geopolitik* in Heidelberg veranstaltete. Angesichts ihrer dortigen Zuhörerschaft habe Pfeil – so Klingemann – das Verhältnis von ›Rasse‹ und ›Raum‹ bewusst angesprochen und so ihre Ausführungen möglichst »zeitgemäß« zu gestalten versucht.[195]

Wenn man Pfeils Studie »Bevölkerung und Raum« hinsichtlich des Auftretens von Theoremen des Rasse- und Vererbungsdenkens untersucht, ergibt sich folgendes Bild: Pfeil bediente sich des erbbiologischen Rassendiskurses nicht nur akzidentiell oder aufgrund des angeblichen Erfordernisses, einem obwaltenden Zeitgeist entgegenzukommen; die Beispiele, die Pfeil für die Relationen zwischen ›Bevölkerung‹ und ›Raum‹ hier brachte, beruhten vielmehr in entscheidender Weise auf dem Gedanken der biologischen ›Auslese‹. Dem ›Raum‹ wurde dabei die Funktion des »Züchters« oder – siehe oben – des ›Umzüchters‹ von ›Völkern‹ zugeschrieben. Die von diesem vermittelten erbbiologischen Vorgänge bezogen sich für Pfeil zudem auch auf die Beziehungen zwischen Stadt und Land: Demnach hätte die Abwanderung von weichenden Erben aus dem »bäuerlichen Lebensraum« in die Städte lange Zeit eine Auslese der »Begabten« nach sich gezogen. Erst aufgrund von stärkeren verwandtschaftlichen Beziehungen zwischen Stadt und Land hätten auch jene, »die vorher sich nicht zutrauten, den Lebenskampf in der Stadt aufzunehmen«, mit der Wanderung in die urbanen Zentren begonnen und dort Familien gegründet. Diese »Minderbegabten« stellten für die sie aufnehmenden Städte laut Pfeil »eine Verschlechterung des städtischen Erbgutes dar«.[196]

Die von Klingemann vertretene Auffassung, dass Pfeil den Raumbegriff nicht nur auf anscheinend biologisch fassbare, sondern auch auf »soziale und geistige«

193 Carsten Klingemann, Soziologie und Politik: Sozialwissenschaftliches Expertenwissen im Dritten Reich und in der frühen westdeutschen Nachkriegszeit, Wiesbaden 2006, 175 f.

194 Zit. n. ebd., 175.

195 »Pfeils Publikum wird zeitgemäße Ausführungen erwartet haben.« Ebd., 175.

196 Elisabeth Pfeil, Bevölkerung und Raum, Heidelberg-Berlin-Magdeburg 1939, 15, in: ABB 7 (1937), 111-129 [unter dem selben Titel in identischer Fassung neuerlich erschienen: Bevölkerung und Raum, Heidelberg-Berlin-Magdeburg 1939 (= Schriften zur Geopolitik; H. 14)].

Räume bezogen wissen wollte,[197] lässt sich anhand ihrer programmatischen Schrift zwar durchaus bestätigen. Klingemann vertrat aber allgemein die Ansicht, dass Pfeil im ›Dritten Reich‹ »mit aller soziologischen Deutlichkeit im Hinblick auf die Bevölkerungswissenschaft gegen biologistischen Raumdeterminismus«[198] eingetreten sei. Die oben exemplarisch zitierten Belegstellen, die unzweideutig die erbbiologisch-rassenkundliche Argumentationsweise Pfeils wenigstens in ihrer Programmschrift von 1937/39 belegen, widersprechen allerdings einer solchen Einschätzung: Denn nichts anderes als eine biologistische Wahrnehmungsweise von soziologischen Prozessen der Land-Stadt-Wanderung leitete Pfeil an, wenn sie gerade das ›Erbgut‹ als jene Triebkraft beschrieb, welche die Bevölkerung in Stadt und Land ›umzüchtete‹. Es ist daher kaum zu übersehen, dass Pfeil in dieser Schrift dem in Deutschland offenbar obwaltenden ›Zeitgeist‹ nicht nur aus Gründen der Opportunität entgegenkam, sondern diesen geradezu zur Grundlage ihrer Ausführungen stilisierte. Sie selbst bilanzierte folgendermaßen: »Der Raum also – können wir sagen – züchtet die Art um. Er züchtet sie so lange um, oder anders gesehen, sie paßt sich so lange an, bis sie sich miteinander in Harmonie gesetzt haben.«[199] Neben den Gedanken der ›Züchtung‹, den Pfeil auf das Subjekt ›Raum‹ bezog, trat somit die Idee der wechselseitigen Angleichung von ›Art‹ und ›Raum‹. Die Homöostase zwischen Bevölkerungsgröße und ›Nahrungsspielraum‹ als der Bevölkerungsentwicklung angeblich notwendig innewohnendes Prinzip ergänzte sie damit um eine weitere Analogiekonstruktion: den Gedanken einer sukzessiven Assimilierung von ›Bevölkerung‹ (›Art‹) und ›Raum‹.

›Volks-‹, ›Bevölkerungs-‹ und ›Siedlungsgeschichte‹

Die Kategorien ›Boden‹ und ›Raum‹ ermöglichten ›Bevölkerungs-‹, ›Siedlungs-‹ und ›Volksgeschichte‹ in der Zwischenkriegszeit den diskursiven Brückenschlag zur revisionistischen Kultur- und Gesellschaftskritik der völkischen Rechten. Politische Ansprüche auf Gebiete, die 1919 infolge der Pariser Friedensverträge vom Deutschen Reich und Österreich abgetrennt worden waren, sollten in Anknüpfung an das ›Selbstbestimmungsrecht der Völker‹ wesentlich aus landeskundlichen und siedlungsgeschichtlichen Strukturbedingungen abgeleitet werden. Die ›Landesgeschichte‹ hatte ursprünglich vornehmlich politisch-dynastische Territorialeinheiten erforscht, sie verfolgte aber zunehmend den Gedanken einer ›ganzheitlichen‹ Zusammengehörigkeit von ›Volk‹, ›Raum‹ (bzw. ›Heimat‹) und ›Boden‹.[200] Im Jahr 1921 charakterisierte der Innsbrucker Historiker und Volkskundler Adolf Helbok (1883-1968) als einer der Ersten die »Siedlungsforschung« als einen »Weg zur geistigen und materiellen Wieder-

197 Vgl. ebd., 7.
198 Klingemann, Soziologie und Politik, 175.
199 Pfeil, Bevölkerung und Raum, 9.
200 Vgl. hierzu Oberkrome, Volksgeschichte, 41-46.

aufrichtung des deutschen Volkes«. Helbok gehörte damit zu jenen Wissenschaftlern, die in den frühen 1920er-Jahren einen wesentlichen Anstoß für den Ausbau völkischer Kulturraumforschungen gaben. Diese beabsichtigten politische Handlungsanleitungen für die Revision der Pariser Friedensverträge zu erarbeiten und zum Aufbau einer neuen ›Volksordnung‹ beizutragen.[201]

Als historiographische Untersuchungseinheiten gewannen ›Raum‹, ›Boden‹ und ›Volk‹ vor allem deshalb politische Brisanz, weil sie wie oben beschrieben bis 1945 mit dem aggressiv vorgetragenen deutschen Anspruch auf ›Lebensraum‹ in Verbindung gebracht wurden oder – nach 1945 – in der bundesdeutschen Sozialstruktur- und Vertriebenenforschung neuerlich politische Relevanz für sich beanspruchten.[202] Konzepte des ›Raums‹ und davon abgeleitete Komposita wie z. B. ›Lebensraum‹, aber auch das von Albrecht Penck entwickelte Programm des deutschen ›Volks- und Kulturbodens‹ drangen seit den 1920er-Jahren in erheblichem Umfang in das historiographische Schrifttum ein. Damit drückte sich ein spezifisches Denken in Kategorien der ›Ganzheit‹ aus, die in der deutschen historischen ›Volksforschung‹ organisch bestimmt war. Das deutsche ›Volk‹ in seiner besonderen ›Art‹ und mit seinem besonderen ›Raum‹ bildete ihren bevorzugten Gegenstand. Die Vertreter der französischen ›Annales‹-Bewegung hatten hingegen die historisch lokalisierbare ›Gesellschaft‹ als eine »funktional und sozial strukturierte[] Ganzheit« im Blick. Für die Fixierung auf deutsche ›Art‹ und deutschen ›Raum‹ gab es auf Seiten der ›Annales‹ kein Äquivalent.[203] Marc Bloch (1886-1944) wandte sich unmissverständlich gegen Essentialismen wie ›Heimat‹, ›Dorf-‹ oder ›Volksgemeinschaft‹.[204]

Während Soziologen und Ökonomen sich meist stärker auf statistische Strukturdaten stützten, griffen Historiker in Deutschland in der Regel in einem höheren Maß auf Verfahrensweisen der tradierten Siedlungsgeschichte und historischen ›Genealogie‹ zurück. So verfolgte Erich Keyser einen Zugang zur ›Bevölkerungsgeschichte‹, der sich von jenem des Kreises um Gunther Ipsen deutlich abgrenzte. In seiner im ›Dritten Reich‹ in drei Auflagen erschienenen »Bevölkerungsgeschichte Deutschlands« nahm Keyser die Gesamtheit der ›biologischen‹ Gruppen in den Blick, die in einem bestimmten Raum lebten. Zu diesen zählte er Völker, aber auch Stände, Berufsgruppen oder Familien. Die

201 Haar, Historiker, 96.

202 Vgl. u. a. Haar, Historiker, bes. 307-360; Gutberger, Volk, bes. 467-482.

203 L. Raphael betonte, dass »Versatzstücke einer völkisch-rassischen Betrachtungsweise« in der französischen Agrargeschichte zwar vorkamen, aber nie »zu einer Gesamtinterpretation auf rassischer oder völkischer Grundlage zusammengefügt« worden seien. Lutz Raphael, Zwischen Agrarromantik und empirischem Rationalismus: Wege der französischen Siedlungsgeografie und Agrargeschichte (1880-1945), in: Hettling (Hg.), Volksgeschichten, 147-172, hier 147.

204 Peter Schöttler, Die intellektuelle Rheingrenze. Wie lassen sich die französischen Annales und die NS-Volksgeschichte vergleichen? In: C. Conrad/S. Conrad (Hg.), Die Nation schreiben, 271-295, hier 288; 291; 295. Vgl. hierzu auch Falk Ruttke/Friedrich Burgdörfer/Adolf Helbok, »Volkskunde« statt »Bevölkerungswissenschaft«, »Volkspflege« statt »Bevölkerungspolitik«!, in: ABB 6 (1936), 201-212.

»Bevölkerungsgeschichte« definierte er als das Zusammenwirken dreier Strukturen im zeitlichen Verlauf, der »Bevölkerungszahl«, der »Bevölkerungsart« und des »Bevölkerungsraums«.[205]

Neben seinen Bemühungen um eine bevölkerungsgeschichtliche Synthese des vom deutschen ›Volk‹ besiedelten und geschichtlich geprägten ›Raums‹ verfasste dieser Danziger Historiker zahlreiche städte- und regionalgeschichtliche Studien, darunter z. B. eine »Geschichte des deutschen Weichsellandes«. Mit dem »Weichselland« beschrieb er eine Region, die erst seit der Russifizierung und Integration von Russisch-Polen im letzten Drittel des 19. Jahrhunderts so genannt wurde und die sich in etwa mit der historischen Landschaft Pommerellen (poln. Pomorskie) deckte. Anhand dieser Studie lässt sich exemplarisch aufzeigen, wie historiographische Raumkonstrukte politische Interessen des ›Dritten Reichs‹ unterstützten: Der Begriff ›Weichselland‹ eignete sich nämlich dazu, die Frage des sogenannten polnischen Korridors propagandistisch in Szene zu setzen. Es ging dabei um die Gebiete dies- und jenseits des Unterlaufs der Weichsel, die zwischen 1919 und 1939 sowohl polnische Gebietsteile aufwiesen als auch Territorien Ostpreußens und der Freien Stadt Danzig beinhalteten. Keyser wies diesen Gebieten, die sich nach 1939 mit dem Reichsgau Danzig-Westpreußen in etwa deckten, retrospektiv eine Einheit von ›Raum‹ und ›Land‹ zu. Ihre Signatur bilde das Gesetz der »langen Dauer«. ›Raum‹ war für Keyser in erster Linie eine naturgeschichtlich determinierte Kategorie; das sogenannte ›Weichselland‹ konturierte er aus dieser Sicht schlüssig entlang des Unterlaufs seines wichtigsten Flusses – der Weichsel (poln. Wisła).[206]

Politisch-soziale Auseinandersetzungen innerhalb dieser Region betrachtete Keyser unter dem Vorzeichen des angenommenen polnisch-deutschen »Volkstumskampfs«. Diesen sah er als im gegebenen Raum angelegt, denn der Kampf zwischen den Völkern des »Weichsellands« sei »ein Gesetz« dieses »Raumes«. Ausgehend von der Annahme einer überzeitlichen weichselländischen Raumeinheit versuchte Keyser die kontinuierliche germanisch-deutsche Besiedlung des »Weichsellandes« zu erweisen. Die germanischen »Nordmänner« [=Normannen, Wikinger], die für ihn unzweifelhaft »Menschen nordischer Rasse« gewesen waren, hatten der Region demnach durch ihre Siedlung und »Kulturarbeit« erstmals »ein einheitliches Gepräge« aufgedrückt.[207] ›Volk‹ und ›Raum‹ waren damit von Anfang an – jedenfalls vom Beginn einer aus Schriftzeugnissen rekonstruierbaren ›Geschichte‹ an – unwandelbar miteinander verknüpft.

Das ›Weichselland‹ bildete eine regionale Untersuchungseinheit, die unterhalb der von Keyser angestrebten Gesamtgeschichte der Bevölkerungen des ›deutschen Raums‹ in Mitteleuropa angesiedelt war. Er selbst trug allerdings nicht zu dem Trend zu lokalen historisch-demographischen Studien bei, wie sie

205 Keyser, Bevölkerungsgeschichte Deutschlands, (1. Aufl.) 1938, hier zit. nach (3. Aufl.) 1943, 2, 7. Keyser brachte diese Auffassung der »Bevölkerungsgeschichte« bereits in seiner Einführung Die Geschichtswissenschaft, 134, zum Ausdruck.

206 Erich Keyser, Geschichte des deutschen Weichsellandes, Leipzig 1939, 7f.

207 Ebd., 12, 15, 14.

etwa in den bevölkerungsbiologischen Dorfforschungen des Anthropologen Walter Scheidt zum Ausdruck kamen. In den zahlreichen Literaturhinweisen seiner »Bevölkerungsgeschichte Deutschlands« finden sich jedoch zahlreiche lokalgeschichtliche Bevölkerungsstudien.[208] Keyser zog derartige Forschungen dazu heran, um seinen Versuch einer bevölkerungsgeschichtlichen Synthese vorgeblich empirisch abzusichern. So griff er etwa bei seiner Darstellung der demographischen Folgen der Großen Pest von 1347/48 und des Dreißigjährigen Krieges vielfach auf Datenmaterial zurück, das im Zuge von heimatkundlichen und bevölkerungsgeschichtlichen Studien über einzelne Städte oder Dörfer zusammengetragen worden war.[209]

Nach 1945 suchte Keyser an seine früheren Forschungen neuerlich anzuknüpfen. Seine geplante Monographie »Raumgeschichte Deutschlands«, an der er in den frühen 1950er-Jahren arbeitete, konnte er aber nie veröffentlichen. Völkische Raumkonzeptionen, die dem ›Raum‹ eine geodeterministische, an gesellschaftlichen Wandel und politische Zäsuren nicht gebundene Wirkungsmacht zuschrieben, traten in dieser Studie nahezu bruchlos zu Tage: Keyser suchte wiederum nach »geschichtlich wirksam gewordenen Lebenseinheiten« des deutschen »Volkes«. Die Kenntnis jener »Kräfte«,

> »die trotz allen Wechsels der Herrschaftsräume […] das Dasein unseres Volkes seit jeher bestimmt haben, [ermögliche es nämlich], nicht nur den für die Zukunft des deutschen Volkes notwendigen Lebensraum […] abzustecken, sondern auch jene innere Gliederung zu ersinnen, die nach Beseitigung jener älteren […] Länderschranken der Entfaltung seiner völkischen Lebenskräfte Raum und Dauer verleihen wird.«[210]

Die Bonner landesgeschichtliche und -kundliche Schule um Hermann Aubin operierte gleichfalls in den 1920er- und 1930er-Jahren mit Raumkonzepten, die bewusst jenseits politik- und staatengeschichtlicher Raumbegrenzungen operierten.[211] Aubins revisionistisches Konzept einer Wiedergewinnung der deutschen Ostgebiete, die 1918/19 verloren gegangen waren, radikalisierte und erweiterte

208 Vgl. Keyser, Bevölkerungsgeschichte Deutschlands (1. Aufl. 1938); vgl. ferner Erich Keyser, Grundfragen städtischer Bevölkerungsgeschichte, in: Egon Freiherr von Eickstedt (Hg.), Bevölkerungsbiologie der Großstadt. Der Stadt Breslau zur Siebenhundertjahrfeier ihres Wiederaufbaus nach dem Mongolensturm gewidmet, Stuttgart 1941, 68-82. In Keysers historischen Arbeiten über seine Heimatstadt Danzig spielte neben der lokalen Bevölkerungsentwicklung vor allem die Danziger Wirtschafts-, Bau- und Kunstgeschichte eine Rolle. Erich Keyser, Die Entstehung von Danzig, Danzig 1924; ders., Geschichte der Stadt Danzig, Kitzingen/Main 1951; vgl. Scheidt/Wriede, Die Elbinsel Finkenwärder.

209 Vgl. Keyser, Bevölkerungsgeschichte Deutschlands, ^{3}1943, 331, 338 f.

210 DSHI 100 Nachlass E. Keyser 119, Erich Keyser, Raumgeschichte Deutschlands (ca. nach 1950), Bl. 1-217, 4 f. In Keysers Nachlass fanden sich keine Dokumente, etwa Korrespondenzen mit Verlagen, die darauf hindeuteten, dass er eine Veröffentlichung dieses Manuskripts angestrebt hätte.

211 Vgl. u. a. Aubin, Von Raum und Grenzen.

sich nach 1933 zu einer »rassisch-expansive[n] Überdehnung in Richtung Lebensraumerweiterung durch Schaffung möglichst weit vorgeschobener, rein deutscher Grenzlande«. Auf diese Weise integrierte Aubin das von ihm vertretene Kulturraumparadigma in die deutsche ›Volksgeschichte‹.[212]

Wie flexibel der Raumbegriff verwendet werden konnte, verdeutlicht auch der begrifflich-semantische Umbau, den Aubin nach 1945 unter dem Eindruck des Untergangs des ›Dritten Reichs‹ vornahm: In den 1930er-Jahren war bei ihm noch die historiographische Legitimation der Idee des deutschen ›Lebensraums‹ im ›Osten‹ im Vordergrund gestanden. Nach 1945 löste hingegen die Ideologie des christlichen ›Abendlands‹ das Lebensraumkonzept ab: So konstruierte Aubin 1952 einen fundamentalen Gegensatz zwischen dem jetzt von ihm christlich definierten »Abendland«, als dessen »Kern« er »Deutschland« zweifelsfrei ausmachte, und dem »abendlandfremden« sowjetischen Einflussbereich. Die Länder dieses östlichen »Grenzsaums«, die seit 1944/45 unter sowjetischer Kontrolle standen, wiesen aus seiner Sicht nichtsdestotrotz eine »abendländische Gesittung« auf, die sie wesentlich der Kulturarbeit deutscher Siedler verdankten. Die sowjetische Expansion nach Westen drohte die Zugehörigkeit dieser Länder und Regionen zum »Abendland« zwar zu untergraben, die Sowjets hätten jedoch ihrerseits nur den *Status quo ante* vor Beginn der deutschen Ostkolonisation wiederhergestellt. Damit stand unausgesprochen die Aufforderung im Raum, den »Osten« künftig nicht einfach einem »abendlandfremden Lebenskreise« zu überlassen:

> »Rußland durchstieß auch den Grenzsaum des östlichen Mitteleuropa nach Westen hin […] und brach tief in den deutschen Kern Mitteleuropas ein. Als es an der Elbe, dem Bayrischen Wald und der Enns Halt machte, stand es genau an der Grenze, an welcher einst die abendländische Bewegung nach Osten angehoben hatte. Alle Länder, welche seitdem eine mehr als tausendjährige Geschichte zu einem Bestandteil der abendländischen Völkergemeinschaft gemacht hatte, sind jetzt einem abendlandfremden Lebenskreise eingefügt. […] In neuem Sinne steht wieder ein abendländischer Ostraum vor uns, weit ausgedehnt, mit verkehrten Vorzeichen, indem die in seinen Boden und in die Herzen seiner Bewohner gesenkte abendländische Gesittung gewissermaßen die Unterschicht bildet.«[213]

Neben solchen Deutungsmustern von ›Raum‹, die besonders in den 1950er-Jahren das ›christliche Abendland‹ rhetorisch gegen den sowjetischen ›Osten‹ in Stellung brachten, ist hier auch auf die historiographischen Debatten um die

212 Hans-Erich Volkmann, Historiker aus politischer Leidenschaft. Hermann Aubin als Volksgeschichts-, Kulturboden- und Ostforscher, in: ZfG 49 (2001), 32-49, hier bes. 33, 36 f.; Mühle, Für Volk, bes. 49-66.

213 Hermann Aubin, An einem neuen Anfang der Ostforschung, in: ZfO 1 (1952), 3-16 (zit. n. Nachdruck in: ders., Grundlagen und Perspektiven geschichtlicher Kulturraumforschung und Kulturmorphologie. Aufsätze zur vergleichenden Landes- und Volksgeschichte aus viereinhalb Jahrzehnten anläßlich der Vollendung des 80. Lebensjahres des Verfassers. Hg. v. Franz Petri, Bonn 1965, 60-71, hier 67).

Zusammenhänge zwischen ›Raumerfassung‹ und ›Universalgeschichte‹ zu verweisen: Jürgen Osterhammel unterschied insgesamt vier Grundformen des universalgeschichtlichen Denkens: (1) Zyklenmodelle des Aufstiegs und Niedergangs großer Kollektive (vor allem Oswald Spengler, 1880-1936; Arnold Toynbee, 1889-1975); (2) Stufenmodelle der Menschheitsgeschichte (z.B. Kurt Breysig, 1866-1940; Ernest Gellner, 1925-1995); (3) typologisierende Vergleiche zwischen (Teil-)Strukturen in voneinander abgrenzbaren zivilisatorischen Einheiten; (4) eine räumlich-beziehungsgeschichtlichen Perspektiven folgende Denkweise.[214]

Besonders die zuletzt genannte Forschungsrichtung wandte sich Migrationen, Eroberungen, Kolonisationsbewegungen und kollektiven Akkulturationsvorgängen und ethnischen-kulturellen Überlagerungen zu. Nicht zuletzt die französische ›Annales‹-Bewegung plädierte dafür, die räumliche Dimension von Geschichte zu sehen, wobei Fernand Braudels (1902-1985) »La méditerranée«[215] hervorzuheben ist. Braudel beschränkte sich in diesem dreiteiligen Werk nicht auf die Erkenntnis von der grundlegenden Raumbezogenheit historischen Geschehens, die in der französischen Geschichtswissenschaft ohnehin stärker als in der bundesdeutschen Historiographie verbreitet war; er konstruierte vielmehr bestimmte raumzeitliche Untersuchungskategorien, die für ihn den Lauf der Geschichte im Mittelmeerraum bestimmten: Es waren dies die drei Tempi »histoire quasi immobile«, »longue durée« und »histoire événementielle«, die für ihn die verschiedenen Ebenen von »Geschichte im Raum« idealtypisch repräsentierten. Damit ermöglichte er eine ›Raum‹ und ›Zeit‹ differenzierende wissenschaftliche Anschauungsweise historischen Wandels, die Fragen der Mentalität und der kulturellen Aneignung allerdings weitgehend unberücksichtigt ließ.

Während diese seit den 1950er- und 1960er-Jahren in westeuropäischen Geschichtswissenschaften viel diskutierten Konzeptionen den ›Raum‹ von seiner Bindung an ein bestimmtes ›Volk‹ lösten, nahmen sich die raumbezogenen Deutungsmuster von Keyser und Aubin in der frühen Bundesrepublik als nur geringfügig adaptierte Reflexe auf die deutsche ›Volksgeschichte‹ der Vorkriegs- und Kriegsjahre aus: Keyser bezog sich vor und nach 1945 auf die Siedlungsgebiete des deutschen ›Volks‹ dies- und jenseits der deutschen Grenzen als Bezugsrahmen, von dem ausgehend ›deutsche Bevölkerungsgeschichte‹ geschrieben werden sollte. Indem er ostentativ an räumlichen Konzeptualisierungen des ›Volks- und Kulturbodens‹ festhielt, brachte Keyser in den 1950er-Jahren seine ausgeprägt revisionistische politische Haltung zum Ausdruck. Aubin verbrämte den Raumbegriff nunmehr mit religiösem Gedankengut und richtete das ›christliche Abendland‹ als gegen den Sowjetkommunismus zu verteidigendes Ideal. Er ordnete sich damit in den politischen Diskurs des ›Kalten Krieges‹ ein, der, wenn-

214 Osterhammel, Raumerfassung und Universalgeschichte, 51.

215 Vgl. Fernand Braudel, La méditerranée et le monde méditerranéen à l'époque de Philippe II. Vol. 1-2, Paris 1949 (5ième éd. 1986) (dt. Das Mittelmeer und die mediterrane Welt in der Epoche Philipps II., Bde. 1-3, Frankfurt a.M. 1998).

gleich unter veränderten politischen Vorzeichen, ›West‹ und ›Ost‹ neuerlich als dichotome Größen einander gegenüberstellte.

Die hier referierten Schriften von Aubin, Keyser, Pfeil u. a. können als Beispiele dafür betrachtet werden, dass ›Raum‹, ›Bevölkerung‹ und historisches Geschehen in der Sicht zumindest dieser Historiker zwangsläufig relationale Wechselwirkungen entfalteten. Welche Vorstellungen über ›optimale‹ oder ›gestörte‹ Beziehungen zwischen ›Bevölkerung‹ und ›Raum‹ (z. B. ›Gleichgewicht‹, ›Übervölkerung‹, ›Untervölkerung‹) als entscheidend im Sinne eines analytischen Verständnisses des Bevölkerungsprozesses gelten sollten, diskutierten historiographische Arbeiten jedoch in der Regel nicht. Zeitgenössische Kritik an derartigen Konzeptualisierungen der Bevölkerungsbewegung, wie sie z. B. der Ökonom und führende Wohlstandstheoretiker Paul Mombert (1876-1938) äußerte, fand meist nur wenig Beachtung, oder sie wurde – wie im Fall Momberts – spätestens seit 1933 aus dem wissenschaftlichen Diskurs verdrängt.[216]

Im Verständnis Wolfgang Köllmanns (1925-1997), der seine Karriere als Historiker im Unterschied zu den oben Genannten erst nach 1945 begann, untersuchte »Bevölkerungsgeschichte« »demographische Strukturen und strukturwandelnde Prozesse raumgebundener sozialer Kollektive«.[217] Dieser Bochumer Historiker verfolgte noch in den 1980er-Jahren für die ›Bevölkerungsgeschichte‹ eine spezifisch makroanalytische Perspektive, er kam jedoch ohne erkennbare politische Aktualisierungen aus.

Eine der ambitioniertesten bevölkerungsgeschichtlichen Unternehmungen der westdeutschen Nachkriegszeit, das enzyklopädische Werk »Raum und Bevölkerung in der Weltgeschichte«, fußte wesentlich auf strukturgeschichtlich orientierten Denkmustern. Die Autoren dieses sogenannten »Bevölkerungs-Ploetz« – außer Köllmann selbst dessen Historiker-Kollege Ernst W. Buchholz (*1923) und der Althistoriker Ernst Kirsten (1911-1987) – waren sich zwar grundsätzlich darin einig, dass »Bevölkerung« und »Raum« Hauptfaktoren der Weltgeschichte bildeten und »in Wechselbeziehung zueinander« stünden. »Die Bevölkerungsdichte eines Gebietes« sei abhängig »von dem Nahrungsspielraum, den es aufweist«.[218] Sie grenzten sich aber von dem Gedanken einer Determinierung menschlichen Sozialverhaltens durch den Erdraum ab. Köllmann relativierte in seinem für den »Bevölkerungs-Ploetz« verfassten Band »Bevölkerung und Raum in Neuerer und Neuester Zeit« die Bedeutung räumlicher Faktoren für den Bevölkerungswandel, indem er darauf hinwies, dass technische Errun-

216 Vgl. Werner Lausecker, »Übervölkerungs«konstruktionen in der deutschen Bevölkerungsgeschichte und Paul Momberts Kritik 1933. Eine Fallgeschichte zur Produktion und Dekonstruktion wissenschaftlicher Mythen 1929-1976, in: Josef Ehmer et al. (Hg.), Bevölkerungskonstruktionen, 131-147.

217 Köllmann, Bevölkerungsgeschichte, und Arthur E. Imhof, Historische Demographie, in: Wolfgang Schieder/Volker Sellin (Hg.), Sozialgeschichte in Deutschland, Bd. II, Göttingen 1986, 9-31 bzw. 32-63, hier 18, 47. Vgl. zu Köllmann Kap. III.8.

218 Ernst Kirsten, Von der Vorzeit bis zum Mittelalter. Bd. 1: Kartenteil zu den Teilen I, II, III, Würzburg ^{2}1956 (= Raum und Bevölkerung in der Weltgeschichte), 5.

genschaften dem Menschen stärker als je zuvor Mittel in die Hand gegeben hätten, um die räumliche Begrenzung menschlichen Handelns zu verringern.[219]

Im Unterschied zu Keyser oder Aubin lässt sich daher in Köllmanns Schriften keine politisch revisionistische Tendenz feststellen. Aus Köllmanns Sicht war die räumliche Verortung der ›Bevölkerungsgeschichte‹ zwar eine historiographische Selbstverständlichkeit. Für den Bochumer Historiker war aber nicht die Qualität des räumlichen Bezugsrahmens als dem deutschen ›Volk‹ vermeintlich wesensgemäßem ›(Lebens-)Raum‹ entscheidend, sondern die jeweilige Fragestellung, die seiner jeweiligen Forschungsarbeit zugrunde lag. Damit war spätestens Anfang der 1970er-Jahre ein eindeutiger Bruch mit den in ›historischen Bevölkerungsforschungen‹ lange vorherrschenden geodeterministischen und politisch-expansiven Raumkonzepten vollzogen. In dem von ihm verfassten Band des »Bevölkerungs-Ploetz« bildete der ›Raum‹ nur den Rahmen für die Darstellung der Entwicklung der jeweiligen Bevölkerungen. Er bezog sich dabei auf regional zusammengefasste Staatengruppen und ging hierarchisch nur bis zur Ebene des Nationalstaats, welche die unterste Darstellungseinheit bildete.[220]

4. Raumkonstruktionen II: Kartographische Inszenierungen[221]

Kritische Ansätze zur Geschichte der Kartographie erfreuen sich in der Geschichtswissenschaft und Wissenschaftsgeschichte einer zunehmenden Resonanz. Dabei wird der spezifische Anspruch auf (natur-)wissenschaftliche ›Rationalität‹ und ›Objektivität‹, welcher der kartographischen Methode lange Zeit oft als unhinterfragte Vorannahme zugeschrieben wurde, anhand empirischer Befunde kritisch geprüft und in diesem Zusammenhang insbesondere der Frage nach dem Verhältnis von Macht, Wissen und Raum nachgegangen. Welche Bedeutung Landkarten für die ›Erfindung der Nation‹ hatten, wie Karten aufgrund ihrer Benennungsmacht von Räumen die Wahrnehmung von ›Realitäten‹ prägten und wie die Vielstimmigkeit kartographischer ›Sprachen‹ vor dem Hin-

219 Wolfgang Köllmann, Bevölkerung und Raum in Neuerer und Neuester Zeit, Würzburg 1965, Vf.

220 Vgl. etwa Wolfgang Köllmann/Peter Marschalck (Hg.), Bevölkerungsgeschichte, Köln 1972. Der Sammelband enthielt u.a. Beiträge englischsprachiger und französischer Historischer Demographen, z.B. von D.E.C. Eversley, T.H. Hollingsworth, D.V. Glass und Louis Henry. Vgl. auch Wolfgang Köllmann, Bevölkerung in der industriellen Revolution. Studien zur Bevölkerungsgeschichte Deutschlands, Göttingen 1974.

221 Dieses Kapitel ist die überarbeitete Version meines Artikels Zur kartographischen Inszenierung von »Volk« und »Bevölkerung« in der deutschen »Volksgeschichte«, in: Mackensen/Reulecke (Hg.), Das Konstrukt »Bevölkerung«, 236-254. Vgl. zu den folgenden Ausführungen auch die dort abgebildeten Karten.

tergrund moderner Lebenswelten einzuschätzen sei, gilt gleichfalls das Interesse jüngerer Studien zur Kartographiegeschichte.[222]

Die folgenden Ausführungen untersuchen Inszenierungen von ›Volk‹ und ›Bevölkerung‹ in volksgeschichtlichen Kartographien deutschsprachiger Geschichtswissenschaften. Dabei gehe ich der Frage nach, ob die These methodischer Innovationen stichhaltig begründet und empirisch abgesichert werden kann, sofern in volksgeschichtlichen Arbeiten kartographische Methoden verwendet wurden. Wenn Karten zu Elementen historiographischer Darstellungen wurden, scheint nämlich eines jener Merkmale unmittelbar zum Ausdruck zu kommen, die nach einem Kriterienensemble von Willi Oberkrome als Kennzeichen methodischer Innovation bewertet werden können. Oberkromes Zusammenstellung von Kriterien beruht auf der Einschätzung bestimmter historiographischer Methoden in der ethnohistorischen ›Landesgeschichte‹, darunter auch allgemein der Kartographie, als komparativ, quantifizierend, theoriegeleitet und interdisziplinär. ›Bevölkerung‹ ist in diesem Kontext nur eines von mehreren anderen Theoremen, die nach Oberkrome spätere struktur- und sozialgeschichtliche Ansätze früh, wenngleich auf ideologisch kontaminierte Weise vorweggenommen hätten.[223]

Studien, die sich bisher mit Problemen der Volksgeschichte und Ostforschung beschäftigt haben, lassen jedoch weder erkennen, ob die Kartographie volksgeschichtliche Forschungen in spezifischer Weise ergänzte oder sogar methodisch aufwertete, noch geben sie umgekehrt Auskunft darüber, welche diskursive Bedeutung der kartographischen Methode in der ›Volksgeschichte‹ allgemein zugeschrieben wurde.[224] Was das Spezifische einer volksgeschichtlichen Kartographie gemäß normativen Vorstellungen deutscher Ethnohistoriker ausmachen sollte, ist somit ebenso wenig geklärt wie die Frage nach dem Verhältnis von ›Volk‹ und ›Bevölkerung‹ in der historischen Kartographie: Wenn etwa der Historiker und deutsche Westforscher Franz Petri (1903-1993) ausdrücklich forderte, »Sprach- und Volkskarten mit Darstellungen der Volksdichte, der sozialen Schichtung, der Siedlungsweise zu verbinden«,[225] lässt sich noch nichts darüber aussagen, ob und in welchem Ausmaß ein derartiges Anliegen tatsächlich in die historiographische Praxis umgesetzt wurde oder nicht.

Derartige Probleme können hier nicht erschöpfend behandelt werden; die empirische Grundlage der Untersuchung bildet ein begrenzter Ausschnitt aus

222 Vgl. Anderson, Die Erfindung, 172-180; David Gugerli/Daniel Speich, Topografien der Nation. Politik, kartografische Ordnung und Landschaft im 19. Jahrhundert, Zürich 2002; Schlögel, Im Raume, bes. 96-107.

223 Vgl. Oberkrome, Volksgeschichte, 99f.

224 Die politische Instrumentalisierung von Karten zur Verwaltung, Ethnographie und Ökonomie in der Weimarer Republik und im ›Dritten Reich‹ erfuhr hingegen bereits eine genauere Untersuchung. Vgl. hierzu Herb, Under the Map, u. Michael Fahlbusch, Deutsche Ostforschung und Geographie, in: Jan M. Piskorski et al. (Hg.), Deutsche Ostforschung 2002, 223-259.

225 Zit. n. Oberkrome, Volksgeschichte, 153.

dem breiten Spektrum der historischen Kartographie. Es geht im Folgenden um die übergreifende Fragestellung, welche Funktionen ›Bevölkerung‹ für volksgeschichtliche, insbesondere bevölkerungsgeschichtliche Karten aufwies.

Erstens untersuche ich bestimmte methodische Probleme: In welchem Ausmaß und in welcher Weise wurden die Verteilung der Bevölkerung, Nationalitätenverhältnisse und Migrationen in historischen Bevölkerungskarten dargestellt? Welche graphischen Mittel (Flächenschraffierungen, Farbgebung, Verwendung von Pfeilen zur Angabe von Wanderungsrichtung und -intensität usw.) wurden verwendet, um Bevölkerungsstand und -bewegung im Kartenbild wiederzugeben? Welche Räume und welche ethnischen Gruppen stellten Volkshistoriker in ihren Karten bevorzugt dar, und umgekehrt: welche Räume oder Gruppen wurden kartographisch marginalisiert oder aus der kartographischen Repräsentation ausgeschlossen?

Zweitens beschäftigt sich dieser Abschnitt mit der Frage möglicher Amalgamierungen von Theoremen völkischer Forschungen und deren kartographischer Umsetzung: Welche spezifischen Konzepte der Volkstumsforschung, etwa der ›Volks- und Kulturbodenforschung‹, bildeten in der Weimarer Republik und im ›Dritten Reich‹ die Grundlage für kartographische Inszenierungen von ›Volk‹ und ›Bevölkerung‹? Wie ist die offenkundige Diskrepanz zu bewerten, die zwischen der Propagierung eines neuen Volkstumsparadigmas und der tatsächlichen Durchsetzung vermeintlich innovativer Forschungspraktiken bestand? Erlaubt es der Vergleich zwischen Konzepten, die volksgeschichtlichen, bevölkerungsgeographischen und -statistischen Kartendarstellungen zugrunde lagen, die Innovationsthese für die historische Kartographie kritisch zu relativieren?

Kartographische Imaginationen von ›Stamm‹, ›Volk‹ und ›Rasse‹

Die Kartographie umfasste neben bevölkerungsgeschichtlichen Karten, denen das Hauptinteresse gilt, auch Karten zur ›Verwaltungs-‹, ›Militär-‹, ›Siedlungs-‹ und ›Wirtschaftsgeschichte‹ und zu Flur- und Ortsformen.[226] Die Kategorie ›Be-

226 Welche Verbreitung historische Bevölkerungskarten in dem hier interessierenden Zeitraum erfuhren, lässt sich vor allem mit Hilfe der Bibliographien und Forschungsberichte von G. Franz und H. Dörries ungefähr ermessen. Die Auswertung dieser Berichte lässt besonders ›Landes-‹ und ›Agrargeschichte‹ als Forschungsfelder hervortreten, in denen die historische Karte als Darstellungsmittel eine Rolle spielte. Vgl. Günther Franz, Historische Kartographie. Forschung und Bibliographie. 2., verb. u. erg. Aufl., Hannover 1962; Hans Dörries, Siedlungs- und Bevölkerungsgeographie (1908-1938), in: Geographisches Jahrbuch 55, 1 (1940), 3-380. Zudem habe ich programmatische wie ›praktische‹ Arbeiten aus dem Bereich der ›Landes-‹ und ›Volksgeschichte‹ durchgesehen. Neben einigen programmatischen Schriften Hermann Aubins und Wilfried Krallerts wurden Karten von Adolf Helbok, Georg Bartholomäus, Fritz Koerner und Walter Kuhn ausgewertet. Zu Vergleichszwecken habe ich auch statistische und geographische Arbeiten zur Bevölkerungskartographie herangezogen, wobei insbesondere die Studien des Geographen Norbert Krebs (Berlin) hervorzuheben sind.

völkerung‹ schien methodisch geeignet zu sein, um die Größe und räumliche Verteilung einer Bevölkerung zu einem bestimmten (Erhebungs-)Zeitpunkt oder für einen begrenzten Zeitraum kartographisch darzustellen. Volkshistorische Kartographien beschränkten sich allerdings nicht darauf, demographische Massendaten, wie sie in der ›Historischen Bevölkerungsstatistik‹ des 19. Jahrhunderts erhoben wurden, kartographisch wiederzugeben. In volkshistorischen Kartographien erweiterten spezifische essentialistische Kollektivbegriffe wie ›Stamm‹, ›Volk‹ oder ›Rasse‹, die sich semantisch eng an den Begriff ›Bevölkerung‹ anschließen ließen und die jenen auch substituieren konnten, die engere bevölkerungsstatistische Bestimmung von ›Bevölkerung‹. So war z. B. anstatt von ›Bevölkerungszahl‹ häufig von der »Volkszahl« die Rede; anstatt von ›Bevölkerungskarten‹ wurde von »Volks- und Sprachenkarten« oder »Volkstumskarten« gesprochen.[227] Zudem wurden diese Kollektivbegriffe häufig als terminologische Grundlagen herangezogen, um bestimmte ethno-soziale Gruppen kartographisch zu repräsentieren. Es wäre daher wenig zielführend, etwa zwischen einer ›volkshistorischen Kartographie‹ im Allgemeinen und einer ›volkshistorischen Bevölkerungskartographie‹ im Speziellen zu unterscheiden. Das soll allerdings nicht bedeuten, dass es im Rahmen volksgeschichtlicher Kartographien keine bevölkerungsgeschichtlichen Karten gegeben habe. Im Mittelpunkt der Analyse stehen vor allem methodische Strategien, mit denen ›Bevölkerung‹ (in einem weiteren Sinn) in historischen Kartographien graphisch visualisiert werden sollte.

In Geographie und Statistik hatte die Kartographie seit dem 19. Jahrhundert einen besonderen Stellenwert,[228] mit dem jener der historischen Kartographie – in Bezug auf ihre Verbreitung als gängige Forschungsmethode innerhalb der Disziplin – nicht annähernd zu vergleichen war. In der Sicht des Wiener Geographen Erik Arnberger (1917-1987), der 1966 ein »Handbuch der thematischen Kartographie« veröffentlichte, würde sich die Geschichtswissenschaft »heute noch zu sehr mit der Archivaufarbeitung« beschäftigen, um sich der historischen Kartographie in einem größeren Ausmaß zuzuwenden. Abgesehen von der »Vor- und Frühgeschichte«, die »verhältnismäßig zahlreiche Karten«, vor allem Fundortkarten, erstellt habe, habe sich die historische Forschung nur selten der Kartographie »als Arbeits- und Darstellungsmittel« zugewandt. Zudem habe die graphische Gestaltung historischer Karten im Vergleich zur Entwicklung der Methoden in der »thematischen Kartographie« meist nicht Schritt halten können. Arnberger bezog dieses überwiegend negative Urteil über die historische Kartographie ausdrücklich auf die deutsche und österreichische Geschichtswissenschaft. Zugleich wies er aber auf historische Atlanten aus Finnland, den Niederlanden und den Vereinigten Staaten hin, die bereits seit den 1930er- und

227 Vgl. hierzu als Beispiel O.[tto] A.[lbrecht] Isbert, Statistik und Kartographie im Dienste der Volksforschung, in: AdVf 2 (1938), 151-161, hier 151 f.

228 Vgl. hierzu u. a. Labbé, Die Grenzen der deutschen Nation; Schröder, Die Nation an der Grenze.

1940er-Jahren Themen wie Siedlungs- und Bevölkerungsgeschichte kartographisch in einem breiteren Umfang verarbeitet hätten.[229]

Vor dem Ersten Weltkrieg und in der Zwischenkriegszeit beschränkten sich historische Karten überwiegend darauf, die flächenmäßige Ausdehnung staatlicher bzw. administrativer Strukturen und deren Veränderungen topographisch darzustellen. Eigenständige Ansätze aus dem Feld der Geschichtswissenschaften, die über die Darstellung derartiger Strukturen hinausgingen, waren jedoch bereits in der zweiten Hälfte des 19. Jahrhunderts zu beobachten. Sie waren wesentlich mit der Flurformenkartographie August Meitzens (1822-1910) und dem historisch-geographischen Ansatz Friedrich Ratzels verbunden, von denen sich u. a. die Leipziger Historiker Karl Lamprecht und Rudolf Kötzschke anregen ließen.[230] Historiker, die sich wie beispielsweise Hermann Aubin oder Adolf Helbok häufig mit landesgeschichtlichen Fragen auseinandersetzten, trugen in den 1920er- und 1930er-Jahren ihre Leitideen einer allgemein verstandenen deutschen ›Volksgeschichte‹ vor, die nicht nur die ›Landesgeschichte‹, sondern die gesamte deutsche Geschichtswissenschaft programmatisch auf neue Fragestellungen und Ziele ausrichten sollten. Bei der Vermittlung dieses Konzepts an weitere Kreise der Historikerschaft spielte der Deutsche Historikertag in Frankfurt a. M. (1924) eine wichtige Rolle.[231] Deutsche und österreichische Historiker, wie sie damals besonders an den Universitäten in Bonn, Leipzig und Innsbruck als Akteure der ›Landesgeschichte‹ aktiv waren, interessierten sich mehr für kartographische Methoden, als dies in der Geschichtswissenschaft bislang üblich gewesen war. Nicht zuletzt aus politischen Interessen einer Revision der bei den Friedensverträgen von Versailles und Saint-Germain-en-Laye gezogenen Staatsgrenzen begannen sie Karten zu veröffentlichen, die neben der Geschichte von Territorien auch jene des ›Volks‹ und der ›Bevölkerung‹ sichtbar machen sollten.

Selbst kartographische Forschungsprojekte, denen retrospektiv eine Vorbildfunktion für spätere derartige Studien zugeschrieben wurde, wie beispielsweise der von Hermann Aubin herausgegebene »Handatlas der Rheinprovinz« (1926),[232] widmeten der politischen Geschichte den zahlenmäßig relativ größten

229 Erik Arnberger, Handbuch der thematischen Kartographie, Wien 1966, 112-119, hier bes. 112 f.

230 Vgl. Dietrich Schäfer, Historische Atlanten und Karten, in: HZ 110 (1913), 557-566, hier 560; Rudolf Kötzschke, Meitzen als Historiker des Siedelungs- und Agrarwesens, in: Deutsche Geschichtsblätter 11 (1910), 273-278, u. Alfons Dopsch, Die Herausgabe von Quellen zur Agrargeschichte des Mittelalters. Hg. von Erna Patzelt, Wien 1928 [Ndr. Aalen 1968], 516-542, hier 532. Der Wiener Historiker Alfons Dopsch (1868-1953) trat besonders dafür ein, dass »Terrainverhältnisse« in die kartographische Darstellung einbezogen werden sollten (ebd.).

231 Willi Oberkrome, Reformansätze in der deutschen Geschichtswissenschaft der Zwischenkriegszeit, in: Michael Prinz/Rainer Zitelmann, Nationalsozialismus und Modernisierung, Darmstadt ²1994, 216-238, hier 225.

232 Hermann Aubin, (Hg.), Geschichtlicher Handatlas der Rheinprovinz. Bearb. v. Josef Niessen, Köln-Bonn 1926. Vgl. auch Günther Franz, Historische Kartographie, in: BDLG 105 (1969), 175-182, hier 179, u. Keyser, Die Geschichtswissenschaft, 220 f., der

Anteil ihrer Karten. ›Bevölkerungsgeschichte‹ (»Die Volksdichte der Rheinlande im Jahre 1820« und »am 1. Dezember 1905«) und »Kulturlandschaftsentwicklung« waren in diesem Atlas jeweils nur mit zwei bzw. einer einzigen Karte vertreten. Günther Franz (1902-1992) stellte noch 1962 in der zweiten Auflage seines Forschungsberichts zur »Historischen Kartographie« fest, dass bevölkerungsgeschichtliche Karten bisher nur »sehr wenig entwickelt« seien.[233] Dies überrascht umso mehr, als ›Geschichte‹, ›Nation‹ bzw. ›Volk‹ in Studien deutscher Historiker seit dem 19. Jahrhundert eng mit der Frage nach der räumlichen Ausdehnung des ›Deutschtums‹ verknüpft waren.[234] Die historische Kartographie galt als ein wirksames Mittel, um Staat und Nation als historisch gewachsene und territorial eingrenzbare Entitäten zu versinnbildlichen. Politische Ansprüche auf verlorenen oder verloren geglaubten ›Volksboden‹ schienen mittels kartographischer Darstellungen auf eine rhetorisch wirksame Weise gestellt werden zu können. Neben im engeren Sinn politischen sollten aber auch soziale bzw. völkische Fragestellungen kartographisch berücksichtigt werden. Unter deutschen Historikern fand die historische Karte hingegen als Darstellungs- und als probates Forschungsmittel – im Vergleich zu Geographen und Statistikern – erst verhältnismäßig spät breitere Akzeptanz. Wenn man diese These einer relativen Rückständigkeit deutscher Historiker in Bezug auf ihre Rezeptionsweise kartographischer Methoden in Betracht zieht, ist es umso fragwürdiger, jene pauschal für das Argument einer methodischen Innovation heranzuziehen. In welchem Ausmaß Hermann Aubin, Adolf Helbok, Walter Kuhn oder Wilfried Krallert (1912-1969) inhaltliche Neuerungen tatsächlich umsetzten und inwieweit sie eigenständige Zugänge zur Kartographie als Disziplinen übergreifende Methode entwickelten, bleibt noch genauer zu untersuchen.[235]

Aubin selbst dachte der Kartographie die Funktion zu, einerseits die naturnotwendig enge Beziehung zwischen ›Mensch‹ und ›Landschaft‹ zu behaupten und andererseits die Ausbreitung deutschen ›Volkstums‹ in den Gebieten des

u. a. die historischen Handatlanten für Elsass-Lothringen, für die Pfalz und das Preußenland als methodische Vorbilder bezeichnete.

233 Günther Franz, Historische Kartographie. Forschung und Bibliographie, 20; vgl. ferner ebd. (Keyser, 221) u. Dörries, Siedlungs- und Bevölkerungsgeographie.

234 Vgl. hierzu Sebastian Conrad, Geographie und soziale Struktur. Die Frage nach dem Kern der Nation in Japan und der Bundesrepublik nach 1945, in: C. Conrad/ders. (Hg.), Die Nation schreiben, 112-136, hier 116-126.

235 Hierfür werden die im Folgenden zitierten Arbeiten beispielhaft herangezogen: Adolf Helbok, Grundlagen der Volksgeschichte Deutschlands und Frankreichs. Vergleichende Studien zur deutschen Rassen-, Kultur- und Staatsgeschichte, Berlin 1938, Kartenband (enthält 126 thematische Karten); Walter Kuhn, Geschichte der deutschen Ostsiedlung in der Neuzeit, Köln-Graz 1955 (= Ostmitteleuropa in Vergangenheit und Gegenwart; 1), Kartenband (enthält sechzehn Karten); Wilfried Krallert, unter Mitarbeit von Walter Kuhn u. Ernst Schwarz, Atlas zur Geschichte der deutschen Ostsiedlung, Bielefeld-Berlin-Hannover 1958 (= Velhagens und Klasings Monographien zur Weltgeschichte N. F.; 4).

sogenannten deutschen ›Volks- und Kulturbodens‹ darzustellen:[236] Die Kartographie sollte sich programmatisch auf das »deutsche Volk« beschränken und die »Leistung« deutscher Siedler für Bestandserhaltung und Ausbreitung deutschen »Volkstums« hervorkehren.[237] Von derartigen völkischen Wertvorstellungen war, wie z. B. anhand von Adolf Helboks Werk »Grundlagen der Volksgeschichte« gezeigt werden kann, nicht zuletzt abhängig, welcher geographische Kartenausschnitt gewählt wurde. Helbok stellte die Geschichte des Gebiets von Ostfrankreich im Westen bis zur Weichsel im Osten als eine räumliche Einheit dar. Ausgangspunkt seiner Überlegungen, warum genau dieser Raum in den Karten sichtbar gemacht werden sollte, dürfte vermutlich der Gedanke gewesen sein, dass die Siedlungsräume der vermeintlichen Vorläufer des Deutschtums, also der germanischen Stämme in Mitteleuropa, als zusammenhängend erscheinen sollten.[238] Deren angeblichen Verbreitungsgebiete wurden somit kartographisch mit Denkfiguren der ›deutschen Volks- und Kulturbodenforschung‹ in Beziehung gesetzt. Helbok beschränkte sich konzeptionell auf das ›Deutschtum‹, dessen geographische Ausbreitung er mittels kulturmorphologischer und rassenkundlicher Methoden darzustellen suchte (vgl. die Karte »Rassen- und Kulturformen in Deutschland«). Er zeichnete ein Bild von den Siedlungsstrukturen als ›deutsch‹ bzw. als ›slawisch‹ erachteter Gruppen, das mit den komplexen sozialethnischen Strukturen in Ostmitteleuropa nur sehr wenig zu tun hatte. Die bloße Verwendung vorgeblich innovativer Methoden trug hierbei nicht dazu bei, ideologische Vorgaben aufzubrechen. Sie schienen diese im Gegenteil noch zu verfestigen, ließ sich das Medium der Karte doch in einem besonderen Maß dazu nützen, um ethnische Homogenität und zahlenmäßige Stärke distinkter ›Volkstümer‹ plakativ hervorzukehren.

Bevölkerungsgeschichtliche Karten machten Bodenstrukturen, Höhenlagen, Sumpflandschaften, Fluss- und Verkehrsnetze, die ja die vermeintlichen (natur-)räumlichen Voraussetzungen ›deutscher‹ Lebensformen bilden sollten, in einem sehr unterschiedlichen Ausmaß, das nicht zuletzt vom gewählten Maßstab abhängig war, sichtbar. Meist begnügten sich die Kartographen allerdings damit, entweder die wichtigsten Wasserläufe und/oder Territorialgrenzen anzugeben, um eine grobe Orientierung zu ermöglichen. Historische Karten, die Walter Kuhn seiner Studie »Geschichte der deutschen Ostsiedlung« beilegte, deuten ein geomorphologisches Grundgerüst tatsächlich nur vage an. Kuhn vernachlässigte hier die naturräumlichen Bedingungen. Er konzentrierte sich stattdessen darauf

236 Vgl. Ingo Haar, Die Genesis der »Endlösung« aus dem Geiste der Wissenschaften: Volksgeschichte und Bevölkerungspolitik im Nationalsozialismus, in: ZfG 49 (2001), 13-31, hier 16.

237 So etwa Walter Kuhn, Die deutsche Leistung in Ostmitteleuropa. Die Lebensformen der ostdeutschen Volksinseln, Berlin o. J. [1939].

238 Vgl. Helbok, Grundlagen der Volksgeschichte, Kartenband. – Vgl. zum Begriff der Germanen als römische bzw. später humanistische Fremdbezeichnung sowie zur Bedeutung des Germanenmythos in völkischen Geschichtswissenschaften und der Archäologie u. a. Walter Pohl, Die Germanen, München 2000, 10, 47 f.

nachzuzeichnen, wann deutsche Siedlungen entweder entstanden, neu begründet oder – nach etwaigen temporären Wüstungen – wieder besiedelt worden seien.[239] Geomorphologische Eigenheiten einzelner Regionen gab er nur in einem kleineren Teil der Karten in einem ungleichmäßigen Ausmaß an. Er konnte daher bloß einen eher unbestimmten Eindruck über den Stand der Bevölkerung eines bestimmten Gebietes zu einem gegebenen Zeitpunkt wiedergeben. Anstatt beispielsweise Ausbreitungsrichtungen von Siedlungs- und/oder Rodungsbewegungen – etwa mittels farblich abgestufter Flächenschraffierungen oder Strichelungen – visuell zu verdeutlichen, gab er eine über die Karte verteilte große Zahl größerer und kleinerer Orte an, die einst von deutschsprachigen Siedlern begründet worden waren.[240] Die bloße Wiedergabe der Ortsnamen, denen zudem ungefährer Gründungszeitraum bzw. -typus beigegeben waren, erfüllte zwar den Zweck, Zahl und räumliche Verteilung dieser Gründungen übersichtlich aufzuführen. Diese Methode eignete sich aber nicht dazu, Raum übergreifende Zusammenhänge und Strukturen der Bevölkerungsentwicklung kenntlich zu machen.

Sieben Karten führten in Kuhns »Geschichte der deutschen Ostsiedlung« die »Herkunftsorte deutscher Neubürger« oder Zuwanderer in ostmitteleuropäischen Städten an.[241] Auch hier, etwa in der Karte »Herkunftsorte der deutschen Neubürger in Lublin 1605-1626«, wird zwar durchaus fassbar, aus welchen Städten und Orten eine größere, aus welchen eine kleinere Zahl von Zuwanderern ins ostpolnische Lublin gekommen war. Der Gesamteindruck bleibt aber eher statisch. Anhand der Karten ist nämlich nicht erkennbar, in welchen geschichtlichen Perioden aufgrund welcher besonderer wirtschaftlicher Lagen in der Herkunfts- und/oder Zielregion oder als Folge welcher konkreten politischen Ereignisse Lublin von Zuwanderern aufgesucht wurde. Was seine besondere Attraktivität für Zuwanderer ausgemacht haben könnte, bleibt daher ebenso im Dunkeln wie die Frage, welche bereits vorhandenen sozialen Netzwerke diese Migration begünstigten.

Ereigniszentriertheit und geographische Makroperspektive: Volkshistorische Kartographie als Teil methodisch konventioneller deutscher Geschichtswissenschaften?

Ich habe oben betont, dass sich historische Karten oft darauf beschränkten, Bevölkerungs(zu)stände und einzelne Ereignisse aus der Bevölkerungsgeschichte einer bestimmten Region wiederzugeben. Dem ist ergänzend hinzuzufügen, dass die meisten bevölkerungsgeschichtlich argumentierenden Karten einer räumlichen Makroperspektive verhaftet blieben. Bevölkerungsgeschichtliche

239 Vgl. Kuhn, Geschichte der deutschen Ostsiedlung, Kartenband.
240 Vgl. ebd., Karte »Neuzeitliche deutsche Siedlungen in den östlichen Sudeten«.
241 Vgl. ebd., Kartenband.

Karten, welche die Verteilung, Entwicklung und Dichte der Bevölkerung auf einer lokalen oder regionalen Ebene zeigten, wurden zwar in einzelnen Fällen veröffentlicht. Sie konzentrierten sich aber meist darauf, einen ganz bestimmten bevölkerungsgeschichtlichen Aspekt oder ein einzelnes bevölkerungsgeschichtlich relevantes Ereignis aufzuzeigen, ohne das spezifische Zusammenwirken oder darüber hinaus die spezifische ›lange Dauer‹ langsam sich wandelnder demographischer Strukturen zu berücksichtigen. Dies galt z. B. für kartographische Studien des Geographen Georg Bartholomäus (*1912), der 1939 zwei Bevölkerungsdichtekarten des Eisenacher Lands für 1817 und 1933 veröffentlichte, ohne die demographische Entwicklung zwischen diesen beiden Erhebungsdaten kartographisch darzustellen. Ansätze zur Darstellung regionaler Bevölkerungsentwicklungen enthielt ferner die Studie »Beiträge zur Geopolitik und Bevölkerungsgeschichte des mittleren Saalegebietes«, die 1935 von dem Historischen Geographen Fritz Koerner (*1893) in Jena veröffentlicht wurde. Koerners Karte »Die Verwüstungen um Weimar und Jena durch den 30-jährigen Krieg«, die gleichfalls in dieser Untersuchung enthalten war, brachte prozentuell ausgewiesene Angaben zur Zahl der zerstörten oder verlassenen Häuser. Der Verfasser leitete aus seinen empirischen Erhebungen allerdings – wohl mit Recht – nur sehr bedingt Erkenntnisse ab, die genauere Aufschlüsse über die Bevölkerungsentwicklung im fraglichen Zeitraum hätten geben können.[242]

Historische Karten, die der ›Agrargeschichte‹ und ›Volkskunde‹ zuzuordnen waren und die häufig lokale oder regionale Themen behandelten, waren von bevölkerungsgeschichtlichen Karten im engeren Sinn zu unterscheiden, sofern sie den Bevölkerungsaspekt vernachlässigten und sich stattdessen vorzugsweise Dorf- und Flurformen, Siedlungsweisen und dem Erbrecht in Gebieten mit vorherrschend agrarischer Wirtschaftsweise widmeten. In diesen Forschungsfeldern wurden u. a. amtliche Grundstücksverzeichnisse (Kataster), die der Erhebung der Grundsteuer dienten, als siedlungs- und wirtschaftsgeschichtliche Quellen genützt und kartographisch verwertet.[243]

›Makroskopische‹ Karten sollten hingegen Migrationen über größere Räume hinweg darstellen. Derartige Visualisierungsformen erlaubten es, ›Landnahmen‹ und (Völker-)Wanderungen z. B. mittels Pfeilen so darzustellen, dass die Ausbreitung deutschen ›Volkstums‹ als ein raumprägender und -verwandelnder Pro-

242 Vgl. Georg Bartholomäus, Die Bevölkerungsbewegung im Eisenacher Land seit dem 16. Jahrhundert. Eine bevölkerungsgeographische Untersuchung, Jena 1939 (= Zeitschrift des Vereins für Thüringische Geschichte und Altertumskunde; Bh. 20); Fritz Koerner, Beiträge zur Geopolitik und Bevölkerungsgeschichte des mittleren Saalegebietes, Jena 1935 (= Schriftenreihe des Nationalsozialistischen Lehrerbundes Jena; H. 1), 30-33.

243 Vgl. die zahlreichen Wiedergaben derartiger Karten im Handwörterbuch des Grenz- und Auslanddeutschtums. Hg. v. Carl Petersen/Paul Hermann Ruth/Hans Schwalm. Bde. 1-3. Breslau 1933-38. Als Beispiel Walter Kuhn ebd., Bd. 3, Galizien, 17-39. Vgl. auch Werner Conze, Hirschenhof – Die Geschichte einer deutschen Sprachinsel in Livland, Berlin 1934, 153 f., der hier Karten zur Rechtsstellung der Bauern in Hirschenhof abbildete.

zess territorialer Durchdringung und völkischer Aneignung erfahrbar werden konnte.[244] Historische Karten, die unterhalb von ›Stämmen‹ und ›Völkern‹ angesiedelte Kollektivsubjekte, etwa Dorf- und Stadtbewohner, ›mikrokospisch‹ dargestellt hätten, hätten dem vorherrschenden, auf ›Großräume‹ konzentrierten Geschichtsbegriff der ›Volksgeschichte‹ hingegen nur zu einem geringeren Grad entsprochen. Säkulare Bevölkerungsprozesse wie etwa die Verstädterung als Folge der Industrialisierung oder der ›demographische Übergang‹[245] von hoher zu niedriger Sterblichkeit und Fertilität, welche die Strukturen der Bevölkerung längerfristig beeinflussten, wurden in volksgeschichtlichen Kartographien kaum ansatzweise dargestellt. Walter Kuhns einzige Karte, welche die Besiedlung einer Region mit Hilfe von unterschiedlichen Schraffierungen linear umgrenzter Räume veranschaulichen sollte, ist jene der »Siedlungsentwicklung des 15.-17. Jahrhunderts in Ostpreußen«.[246]

Dass die ›lange Dauer‹ demographischer Strukturen und Prozesse in der historischen Kartographie weitgehend vernachlässigt wurde, war einerseits darauf zurückzuführen, dass historisch-kartographische Forschungen sich im Wesentlichen auf Mittelalter und Frühneuzeit konzentrierten. Dabei handelte es sich um geschichtliche Perioden, deren kartographische Erforschung aufgrund oftmals lückenhafter und uneinheitlicher Quellenüberlieferungen vergleichsweise komplexerer Arbeitsverfahren bedurften. Derartige Verfahren standen volksgeschichtlichen Kartographen aber kaum zur Verfügung. Erst Fritz Koerner und Karlheinz Blaschke (*1927) gingen mit ihren Monographien über »Die Bevölkerungsverteilung in Thüringen am Ausgang des 16. Jahrhunderts« (1958)[247] und über die »Bevölkerungsgeschichte von Sachsen« (1967)[248] über frühere bevölkerungsgeschichtliche Studien hinaus, indem sie für die kartographische Erforschung dieser eher quellenärmeren Perioden neuartige methodische Zugänge entwickelten. Vor allem für Blaschkes Arbeit ist festzustellen, dass sie über die

244 Vgl. als Beispiel die Karte »Die deutschen Ostwanderungen im Laufe der Jahrhunderte« bei Hans Schulze-Manitius, Deutsche Ostwanderungen, in: ABB 13 (1943), 158-164, hier 158 f.

245 Vgl. zu diesem historiographischen Modell »Bevölkerung und Industrialisierung: Zur Frage des demographischen Übergangs«, in: Beiträge zur Historischen Sozialkunde, H. 3, 30 (2000); Josef Ehmer, Demographische Transition, in: Enzyklopädie der Neuzeit, Bd. 2, Stuttgart-Weimar 2005, Sp. 908-914.

246 Vgl. Kuhn, Geschichte der deutschen Ostsiedlung, Kartenband. G. Bartholomäus behauptete sogar dezidiert, dass »Karte und Tabelle« horizontal »den augenblicklichen Zustand zu einem bestimmten Zeitpunkt« wiederzugeben hätten, und zwar im Gegensatz zu »Diagramm und Tabelle«, die »vertikal einen Längsschnitt durch die Entwicklung aufzeigen und festlegen« sollten. Georg Bartholomäus, Das Eisenacher Land im 19. und 20. Jahrhundert. Versuch einer übersichtlichen Darstellung der Bevölkerungsentwicklung, in: ABB 9 (1939), 14-23, hier 15.

247 Vgl. Fritz Koerner, Die Bevölkerungsverteilung in Thüringen am Ausgang des 16. Jahrhunderts (= Wiss. Veröffentlichungen des Deutschen Instituts für Länderkunde N. F.; 15/16), Leipzig 1958.

248 Karlheinz Blaschke, Bevölkerungsgeschichte von Sachsen, Weimar 1967, hier 24 f., 40 f.

Erträge jener Studien, die vorher in volksgeschichtlichen Kontexten veröffentlicht worden waren, deutlich hinausging.

Vergleicht man volksgeschichtliche Konzepte der Kartographie mit jenen benachbarter Disziplinen und mit historiographischen Forschungsrichtungen in anderen Ländern, so erscheinen diese in einem Licht, das die Innovationsthese als umso kritikwürdiger erscheinen lässt. Kartographische Arbeiten der oben genannten Autoren können zwar nur bedingt mit vergleichbaren Studien aus den Disziplinen ›Bevölkerungsgeographie‹ und ›-statistik‹ verglichen werden. Dies dürfte einerseits an den besonderen Problemen geschichtswissenschaftlicher Kartographie liegen, die oben angedeutet wurden. Andererseits ist es doch unverkennbar, dass dieser im Rahmen von Volkstumsforschungen der 1920er- bis 1950er-Jahre nicht pauschal methodische Innovationen zugeschrieben werden können. ›Volk‹ und ›Bevölkerung‹ waren zu sehr mit anderen imaginierten Kollektivbegriffen amalgamiert, die zu eng darauf ausgerichtet waren, historische Karten als Legitimationsbasis nationalistischer Spekulationen in den Dienst zu nehmen. Dagegen bezog sich sogar die ältere statistische Nationalitätenkartographie oft ungleich eindeutiger ausschließlich auf das vorgeblich objektive, wenngleich nicht unumstrittene Merkmal der ›Sprache‹, welche die Bestimmung der nationalen Zugehörigkeit von der Makroebene der Gesamtnation teils bis hin zur lokalen Bevölkerung einzelner Ortsgemeinden ermöglichen sollte.[249] Umgekehrt fanden Historiker mit ihren kartographischen Arbeiten offenbar nur wenig Beachtung: Bevölkerungsgeographen registrierten historisch-kartographische Arbeiten vermutlich nur bedingt oder gar nicht; dies gilt z. B. für die Wissenschaftler, die der Innsbrucker bevölkerungsgeographischen Schule zuzurechnen waren[250].

Das schon in den 1920er- und 1930er-Jahren relativ breite Spektrum demographischer Methoden, wie sie von Statistikern entwickelt worden waren, und auch die nicht selten erstaunlich diffizile Flächenschraffierung und vielfach abgestufte Farbgebung geographischer Bevölkerungskarten kam in geschichtswissenschaftlichen Bevölkerungskarten nur wenig zum Ausdruck. Der »Atlas des

249 Vgl. Richard Boeckh, Die statistische Bedeutung der Volkssprache als Kennzeichen der Nationalität, Berlin 1866, als eine der theoretischen Arbeiten, auf denen damals die statistische Erfassung von Nationalitäten beruhte, und Karl Czoernig, Ethnographische Karte der Oesterreichischen Monarchie, Wien 1857, dem es in dieser Veröffentlichung darum ging, möglichst alle Gemeinden und Ortschaften kartographisch auszuweisen, die in Regionen mit gemischtsprachiger Bevölkerung lagen.

250 W. Witt beispielsweise zitierte in seinem instruktiven Handbuch (Werner Witt, Bevölkerungskartographie, Hannover 1971), keine geschichtswissenschaftlichen Arbeiten. Erik Arnberger widmete den »Historischen Karten« in seinem »Handbuch der thematischen Kartographie (1966), zwar einen Abschnitt (112-147), jedoch bewertete er die bis zu dieser Zeit erzielten methodischen Möglichkeiten der geschichtswissenschaftlichen Kartographie ungünstig. Vgl. Elisabeth Lichtenberger, Forschungsrichtungen der Geographie. Das österreichische Beispiel 1945-1975, in: Mitteilungen der Österreichischen Geographischen Gesellschaft 117 (1975), 12 f.; 46-48, 12 f.; 46-48, Fliri, Hans Kinzl, 173, 150, sowie die Ausführungen im Kap. III.4. der vorliegenden Studie.

deutschen Lebensraumes«, der ab 1937 von Norbert Krebs (1876-1947)[251] herausgegeben wurde, scheint gewisse methodische Neuerungen enthalten zu haben, die gerade im Bereich der Visualisierung demographischer Daten einen erkennbaren Vorsprung gegenüber historischen Bevölkerungskarten der gleichen Zeit aufwiesen. Ein relativ höherer Grad an methodischer Verfeinerung musste jedoch nicht mit einer Immunisierung vor politischen Anfechtungen einhergehen. Allein die ständige Betonung von ›Deutschtum‹ und ›Mitteleuropa‹ durch Krebs würde es notwendig machen, die entschieden politische Semantik, die diesem Atlaswerk zugrunde lag, genauer zu untersuchen. Allein aus diesem Grund sollten die Arbeiten dieses Berliner Geographen nicht normativ als Vorbild für historische Karten herangezogen werden. Völkische Historiker pflegten ein bemerkenswertes kartographisches Neben- und Durcheinander unterschiedlicher Themenstellungen von der ›Verkehrsgeographie‹ über die Verteilung von ›Kulturströmungen‹ bis hin zur ›Bevölkerungsgeschichte‹. So erstellte Adolf Helbok für den Kartenband zu seiner Studie »Grundlagen der Volksgeschichte« 126 thematische Karten zu ›Geologie‹, ›Meteorologie‹, ›Land- und Forstwirtschaft‹, ›Ortsnamen‹, (frühmittelalterliche) ›Siedlungsgeschichte‹, ›Archäologie‹, ›Vor- und Frühgeschichte‹, ›Volkskunde‹, ›Kunst-‹ und ›Kulturgeschichte‹ und ›Rechtsgeschichte‹ – neben dem deutschsprachigen Raum zu einem kleineren Teil auch für Frankreich. Bei aller Vielfalt der Themen, die Helbok kartographisch verarbeitete, fällt es doch auf, dass diese Karten ohne eine erkennbare Systematik aufeinander folgten und dass sie weder thematisch, noch chronologisch geordnet waren.[252]

Der erkenntnisleitende Gedanke, dass allein das spezifisch volksgeschichtliche Ineinanderblenden von Theoremen und Methoden aus dem breiten Ensemble von ›Kulturraumforschung‹, ›Soziologie‹, ›Anthropologie‹ usw. schon als potentieller Beleg für Modernität und Interdisziplinarität gelten könnte,[253] ist somit kritisch zu hinterfragen. Interdisziplinarität als wissenschaftliche Praxis bezieht sich idealiter auf einen permanenten gegenseitigen Austausch und ein wechselseitiges, auch für unerwartete und kontroverse Ergebnisse offenes Rezeptionsverhalten von Vertretern unterschiedlicher Fachdisziplinen.[254] Aus dem bloßen Vorkommen unterschiedlicher Methoden allein bereits auf Interdisziplinarität zu schließen und daraus wiederum mittelbar Innovation als methodischen Impuls abzuleiten, wie es die enge semantische Verkettung beider Begriffe

251 Norbert Krebs (Hg.), Atlas des deutschen Lebensraumes in Mitteleuropa. Hg. im Auftrage der Preußischen Akademie der Wissenschaften, Berlin 1937-1941. Hans Dörries, Siedlungs- und Bevölkerungsgeographie, 377f., bewertete diese Arbeit als »methodisch neuartig«.

252 Helbok, Grundlagen der Volksgeschichte, Kartenband.

253 In die Richtung dieser Argumentation geht auch Rudolf Jaworski, Deutsche Ostforschung und polnische Westforschung in ihren historisch-politischen Bezügen, in: Piskorski et al. (Hg.), Deutsche Ostforschung, 11-23, hier 22.

254 Vgl. Christian Fleck/Albert Müller, »Daten« und »Quellen«, in: ÖZG 8 (1997), 101-126, hier 101f., und Jürgen Kocka (Hg), Interdisziplinarität. Praxis – Herausforderung – Ideologie, Frankfurt a.M. 1987.

in der fachlichen Diskussion zuweilen nahelegt, dürfte dagegen als eher fragwürdiges Unterfangen beschreibbar sein. Gerade ein vergleichender Blick über die engen Grenzen der deutschen ›Volksgeschichte‹ hinaus erlaubt es zu zeigen, dass weder der Interdisziplinaritäts- noch der Innovationsbegriff dazu geeignet sind, ›Volksgeschichte‹ angemessen zu charakterisieren.[255]

Zur Begrenztheit methodischer Selbstkritik in der ›Volksgeschichte‹. Ursachen fehlender innovativer Potenziale völkischer Kartographien

Selbst Volkshistoriker kritisierten gewisse methodische Aspekte der von ihnen affektiv vertretenen Richtung. Dass etwaige (selbst-)kritische Äußerungen allein gleichfalls nicht unter dem Etikett ›innovativ‹ subsumiert werden können,[256] belegt das Beispiel des Wiener Historikers und Geographen Wilfried Krallert.[257] Dieser stellte Mitte der 1950er-Jahre fest, dass es in der historischen Kartographie eine Kluft zwischen programmatischen Forderungen und Absichten und deren methodischer Umsetzung gebe. Das Anliegen, in kartographischen Arbeiten eine Synthese all jener historischen Strömungen und Prozesse zu schaffen, die das ›Wesen‹ deutschen ›Volkstums‹ erklärbar machen könnten, dürften die Volksforscher selbst aus ihrer eigenen, in der Regel deterministischen Sicht kaum eingelöst haben. In der historischen Kartographie dominiere immer noch, so Krallert, »die Gewohnheit territorialer Karten mit möglichst verschiedenartigem Flächenkolorit aneinandergrenzender Territorialeinheiten«. Krallert forderte dagegen »die Anwendung verschiedener sich überdeckender Schraffuren bzw. Raster ohne feste Umgrenzung«, wobei er sich auf den ostmitteleuro-

255 Vgl. Peter Schöttler, Das »Annales-Paradigma« und die deutsche Historiographie (1929-1939). Ein deutsch-französischer Wissenschaftstransfer? In: Lothar Jordan/Bernd Kortländer (Hg.), Nationale Grenzen und internationaler Austausch. Studien zum Kultur- und Wissenschaftstransfer in Europa, Tübingen 1995, 200-220, hier 218 f. Vgl. auch Sebastian Conrad, der hinter den Argumentationen sowohl der Befürworter als auch der Kritiker der Innovationsthese eine Wissenschaftsauffassung vermutet, »die von der Hoffnung auf die befreiende Wirkung der Wissenschaft durchdrungen ist.« Besser sei es aber, »der gegenseitigen Durchdringung von Wissen und Macht als konstitutiver Bedingung jeder Wissenschaft« Rechnung zu tragen. Sebastian Conrad, Bespr. Schöttler (ed.), Geschichtsschreibung. URL: http://hsozkult.geschichte.hu-berlin.de/REZENSIO/buecher/coseo398.htm (2.9.2013).

256 Dies würde einem Wissenschaftsverständnis entsprechen, das grundsätzlich zu permanenter Selbstkritik und -reflexion in der Lage ist.

257 Vgl. Michael Fahlbusch, Wilfried Krallert (1912-1969). Ein Geograf und Historiker im Dienst der SS, in: Hruza (Hg.), Österreichische Historiker, 793-836, zum ›politischen‹ Volkstumsforscher Krallert, der bereits 1938 der österreichischen illegalen NSDAP angehörte und seit 1943 Gruppenleiter des RSHA VI G war, vgl. auch Petra Svatek, Geisteswissenschaftliche Südostforschung in Wien während des Nationalsozialismus: Interdisziplinarität und politischer Konnex, in: Ingrid Böhler/Eva Pfanzelter et al. (Hg.), 7. Österreichischer Zeitgeschichtetag 2008, Innsbruck 2010, 396-402, hier zu Krallert 398-401.

päischen Raum bezog, der ethnisch besonders vielfältig war.[258] Krallert erkannte damit zwar grundlegende Probleme, die sich bei der kartographischen Darstellung komplexer Nationalitätenverhältnisse ergaben. Dennoch blieb er traditionellen Denkmustern der ›Volksgeschichte‹ verpflichtet, die eine deterministische (Re-)Konstruktion des (deutschen) ›Volks‹ und seiner historischen ›Leistungen‹ zu ihren bevorzugten Forschungsgegenständen gemacht hatte.

Im Wesentlichen handelte es sich bei der Frage der methodisch angemessenen Darstellung sozial-ethnischer Überschichtung und räumlicher Durchdringung multinationaler Siedlungszonen – wenn auch vor dem Hintergrund grundlegend veränderter politischer Umstände – um eine Problematik, welche die ›Volksgeschichte‹ in vergleichbarer Weise schon vor 1945 maßgeblich geprägt hatte. Volkshistoriker stellten sich dieser Thematik auch nach 1945 kaum anders als aus einem ethnisch verengten Blickwinkel heraus. Wie wenig Grundlegendes sich an spezifischen Problemstellungen der historischen Kartographie von den 1920er- bis in die 1950er-Jahre tatsächlich änderte[259] und wie wenig methodische Flexibilität sie infolgedessen aufwies, lässt nicht zuletzt Krallerts Kritik am aktuellen Stand ihrer Methodik unverkennbar anklingen. Folgt man aber diesem Gedankengang Krallerts, so verliert die Hypothese der methodischen Innovation, sofern sie auf die historische Kartographie der ›Volksgeschichte‹ bezogen wird, weiter an empirischer Substanz.

In der Diskussion um die wissenschaftsgeschichtliche Einordnung deutscher volkshistorischer Schriften gilt die Kartographie als eine jener geschichtswissenschaftlichen Hilfsmittel bzw. Analyseinstrumentarien, deren Propagierung oder Anwendung durch die damalige historische Forschung heute als Beleg für ein ihr angeblich innewohnendes Innovationspotenzial herangezogen wird. Der paradigmatische Schwenk vom ›Staat‹ zum ›Volk‹, wie er von volksgeschichtlich orientierten Geschichtswissenschaftlern programmatisch verkündet wurde, führte jedoch nicht notwendigerweise zu einem vertieften historischen Verständnis sozialer bzw. demographischer Prozesse, an denen breitere Bevölkerungsschichten partizipierten.

Die Analyse ausgewählter historischer Bevölkerungskarten ergab, dass die spezifische Fokussierung volksgeschichtlicher wissenschaftlicher Erkenntnisinteressen auf das ›Wesen und Werden‹ des deutschen ›Volkes‹ auch historische Karten, die von Vertretern dieser Richtung publiziert wurden, in einem besonderen Maß kennzeichnete. Historische Bevölkerungskarten waren in einem hohen Maß dazu geeignet, als ›fremd‹ erachtete Bevölkerungsgruppen hierarchisierend zu werten oder ihren Anteil an der Geschichte einer bestimmten Region zugunsten des ›Deutschtums‹ zu negieren. ›Bevölkerung‹ figurierte innerhalb der His-

258 Wilfried Krallert, Die Geschichte Osteuropas in kartographischer Darstellung. Ein Beitrag zur Methodik der historischen Karte, in: Jahrbücher für die Geschichte Osteuropas N. F. 3 (1955), 442-459, hier 449.

259 Aubin war auch nach 1945 führend an der Konzeption einer auf älteren Ansätzen beruhenden, begrifflich modifizierten ›Ostforschung‹ beteiligt. Vgl. hierzu die Ausführungen in den Kap. III.5. und IV.1.

torischen Kartographie als ein semantischer Hebel, um völkisch aufgeladenen Kategorien wie ›Rasse‹, ›Raum‹ oder ›Stamm‹ diskursiv verstärkt zur Durchsetzung zu verhelfen.

Geschichtswissenschaftliche Verfahren wurden nicht zuletzt schon von volksgeschichtlich aktiven Historikern als neuartig (und damit als: ›innovativ‹) propagiert.[260] Wissenschaftler, die nach öffentlicher Anerkennung als Apologeten politischer Revisionsbemühungen und befugte Interpreten zeitgenössischer ›Grenzkämpfe‹ strebten, dürften mit dem Argument der ›Innovation‹ Deutungsmacht angestrebt und sich prospektiv von der meist staatenbezogenen Historiographie abgesetzt haben. Dabei wurde jedoch eine tiefe Kluft zwischen programmatischen Forderungen und forschungspraktischen Realisierungen erkennbar: Landes- und volksgeschichtlich orientierte Historiker wie Hermann Aubin, Adolf Helbok oder Walter Kuhn propagierten zwar die historische Kartographie als ein geeignetes Mittel, um die räumliche Ausbreitung des deutschen ›Volkes‹ und seine angebliche stammesmäßige Zusammensetzung darzustellen. Einige von ihnen initiierten auch die Publikation groß angelegter Kartenwerke, die derartige Geschichtsdeutungen diskursiv durchsetzen sollten. Bevölkerungsstatistische Methoden in einem engen Sinn nahmen in der historischen Kartographie der deutschsprachigen Wissenschaftslandschaft aber keinen besonders hervorgehobenen Stellenwert ein. Selbst gemessen an methodischen Entwicklungen in zeitgenössischen bevölkerungsstatistischen oder -geographischen Kartographien in Deutschland fiel die historische Kartographie vergleichsweise zurück.

Grundlegende methodische Probleme wie etwa die fragwürdige (und zeitgenössisch stets umstrittene) Darstellbarkeit der deutsch-slawischen ›Volksgrenze‹ in Ostmitteleuropa blieben unverändert bestehen und selbst in der Perspektive von ›Volkshistorikern‹ im Prinzip ungelöst. Dies dürfte in erster Linie an dem aus heutiger Sicht höchst einseitigen, nationalistischen bis rassistischen und damit grundlegend verfehlten Geschichtsbild liegen, das den Konzeptionen volkshistorischer Kartographen zugrunde lag. Umso erstaunlicher ist der Befund, dass historische Karten, deren Herkunft aus volksgeschichtlichen Zusammenhängen unschwer nachzuweisen ist, in manchen Geschichtswerken, die einen populärwissenschaftlichen Anspruch vertreten, nach wie vor nachgedruckt werden.[261]

260 Vgl. etwa Harold Steinacker, Weg und Ziel der deutschen Geschichtswissenschaft – Staatsgeschichte, Kulturgeschichte, Volksgeschichte, in: ders., Volk und Geschichte. Ausgewählte Reden, Brünn-Wien 1943, 149-167, hier 161, der behauptete, dass der Nationalsozialismus von den Historikern verlange, eine »neue, durch und durch politische Willenshistorie« gegen eine ältere sogenannte »Wissenshistorie« durchzusetzen.

261 So z. B. in der »Studienbuchreihe der Stiftung Ostdeutscher Kulturrat«, die seit ihrem ersten Band (Fritz Peter Habel, Die Sudetendeutschen, München 1992) bei Langen Müller in München erscheint. Dieses Buch und ein weiterer Band der Reihe (Ernst Hochberger/Anton Scherer/Friedrich Spiegel-Schmidt, Die Deutschen zwischen Karpaten und Krain, München 1994 (= Studienbuchreihe der Stiftung Ostdeutscher Kulturrat; 4) zeigen auf der hinteren inneren Umschlagklappe eine ethnische Verteilungskarte Ostmitteleuropas, deren Autor W. Krallert ist und deren Copyright mit Velhagen

Dass die Geschichtskarte allgemein »in sachlicher, zeitlicher und räumlicher Hinsicht einen isolierenden Charakter« hat,[262] dass sie unaufhörlich sich wandelnde sozio-demographische Strukturen weitgehend statisch wiedergibt, ist eine methodische Ambivalenz, die wohl nur schwer in den Griff zu bekommen sein dürfte. Der Diskrepanz zwischen dynamischen sozialen Prozessen und deren statischer (Re-)Konstruktion sah sich grundsätzlich nicht nur die ›Volksgeschichte‹ gegenüber, sondern bis zu einem gewissen Grad auch die »historisch-thematische Kartographie«,[263] die hinsichtlich ihres theoretischen Reflexionsgrads und ihrer methodischen Standards mit der ›Volksgeschichte‹ indes nicht zu vergleichen ist.

5. Historiographische Politikberatung und Bevölkerungspolitik im ›Dritten Reich‹

Die hier bereits durchgeführten Untersuchungen belegen nachdrücklich Ausbreitung und Bedeutungskomponenten von Begriff und Konstrukt ›Bevölkerung‹ in den Geschichtswissenschaften, wobei der Schwerpunkt auf ›Volks-‹, ›Raum-‹ und ›Landesgeschichte‹ der 1920er- bis 1950er-Jahre liegt. Die vergleichenden Studien lassen die Schlussfolgerung zu, dass ›historische Bevölkerungsforschungen‹ trotz ausgeprägter Heterogenität ihre Untersuchungsgegenstände durchwegs in ähnlicher Weise operationalisierten: ›Bevölkerung‹ wurde vor allem mit historiographischen Denkmustern sozialer und ethnischer Differenz verknüpft, welche, in Deutschland vorbereitet durch die Konstruktion einer drohenden polnischen Unterwanderung der preußischen Ostprovinzen im späten 19. Jahrhundert, vor allem im Zuge des Aufstiegs von ›Volks-‹ und ›Landesgeschichte‹ nach 1918 an Bedeutung gewannen.

Die Bezugnahme auf ›Bevölkerung‹ schien Erklärungsmodelle für vermeintliche demographische Ausgleichsprozesse zwischen ›Übervölkerung‹ oder ›Untervölkerung‹ zu bieten (›Grenze‹ als soziales Konzept). Wie hier verdeutlicht wurde, suchten derartige argumentative Muster oftmals naturwissenschaftlich inspirierte Denkmuster für historiographische Studien fruchtbar zu machen. Diesen sollte durch spezifische methodische Zugangsweisen und Praktiken (u. a. Feldforschungen, Statistik, Kartographie) verstärkt Plausibilität verliehen werden. Hierbei sei etwa an die oben referierten Studien von Hermann Aubin,

& Klasing, 1958, angegeben wird. (Anm. d. Vf.: Michael Wedekind danke ich für diesen Hinweis.) Bei der zuletzt genannten Publikation handelt es sich um die Arbeit von: Krallert et al., Atlas.

262 Jürgen G. Nagel/Martin Schmidt, Raumstrukturen der rheinischen Frühindustrialisierung – Neue Methoden zur Nutzung serieller Quellen in Verbindung mit zeitgenössischen Karten, in: Dietrich Ebeling (Hg.), Historisch-thematische Kartographie. Konzepte – Methoden – Anwendungen, Bielefeld 1999, 110-125, hier 111.

263 Vgl. hierzu den gleichlautenden Titel des Sammelbands Historisch-thematische Kartographie, der von Dietrich Ebeling herausgegeben wurde (ebd.).

Hans Joachim Beyer oder Walter Kuhn erinnert, die ein biologisches ›Menschengefälle‹, Tendenzen zur ›Umvolkung‹ oder differenzielle kulturelle ›Reifegrade‹ von ethnischen Gruppen als vermeintliche Triebkräfte für Bevölkerungsbewegungen konstruierten. Historiker verwoben so unterschiedliche Themen und Konzepte wie Heiratsverhalten, ›Raum‹, ›Umvolkung‹ oder ›Europa‹ mit demographischen Denkmustern *sui generis*, die ihrerseits ethnozentrische und biologistische Auffassungen von ›Volk‹, ›Lebensraum‹ oder ›Rasse‹ zu stützen schienen. ›Historische Bevölkerungsforschungen‹ neigten zur politisch-kämpferischen Erfassung des deutschen ›Volkstums‹. Hingegen wurden liberalere Auffassungen von ›Bevölkerung‹, ›Rasse‹ und ›Volk‹ – wie hier noch näher ausgeführt werden soll – im historiographischen Diskurs der späten Weimarer Republik zusehends zurückgedrängt.

Die Studien zu Begriffen, Forschungsfeldern und Inszenierungen von ›Bevölkerung‹ lassen sich nur dann in angemessener Weise in einen breiteren historischen Rahmen einbetten, wenn ihre Genese und Entwicklung in den Rahmen von Forscherbiographien und wissenschaftlichen Netzwerken gestellt und ihre praktische Wirksamkeit im Überschneidungsbereich von Wissenschaft und Politik untersucht werden.[264] Die folgenden Ausführungen befassen sich mit dem zuletzt genannten Aspekt der Performativität und konzentrieren sich auf Formen und Praktiken der historiographischen Politikberatung und Bevölkerungspolitik.[265] Die zeitliche Schwerpunktsetzung auf das ›Dritte Reich‹ lässt sich damit begründen, dass Historiker während der NS-Diktatur bevölkerungspolitische Aktivitäten entfalteten, welche weder vorher noch nachher ein vergleichbares Ausmaß annahmen. Zudem weise ich darauf hin, dass in der Forschung bislang vor allem die Rolle deutscher – im geringeren Maße österreichischer – Historiker im Nationalsozialismus diskutiert wurde. Die Frage nach den Verflechtungen von Wissenschaft und Politik ist für ›historische Bevölkerungsforschungen‹ vor diesem speziellen Hintergrund zu sehen. Welche Formen der bevölkerungswissenschaftlichen Expertise Historiker in der frühen Bundes-

264 Fahlbusch und Haar führen in diesem Zusammenhang in ihrem Sammelband »Völkische Wissenschaften und Politikberatung« zu Recht den »neuen Ansatz« der Wissenschaftsgeschichte an, der »am sozio-kulturellen Handeln« orientiert sei. Dieser Ansatz beschränke sich nicht auf eine Ideologiekritik, sondern untersuche wissenschaftliche Praktiken und deren Einbettung in gesellschaftliche Zusammenhänge. Ihre Kritik an der Diskursanalyse, welche »die Gefahr der abstrakten Analyse von Sprachmustern« beinhalte, teile ich in dieser Zuspitzung allerdings nicht. Analysen von Begriffen und sprachlichen Mustern sind für die hier vorgelegte Studie gerade deshalb unabdingbar, weil ›Sprache‹ und ›Gesellschaft‹ einander stets wechselseitig durchdringen. Denken und Handeln lassen sich daher – wie auch Fahlbusch und Haar betonen – nicht voneinander trennen. Michael Fahlbusch/Ingo Haar, Einleitung, in: dies. (Hg.), Völkische Wissenschaften und Politikberatung im 20. Jahrhundert, Paderborn-München u.a. 2010, 9-38, hier 11.

265 Zu Netzwerken und institutionengeschichtlichen Aspekten von ›historischen Bevölkerungsforschungen‹ sei auf die Ausführungen in Kap. III. und IV. verwiesen.

republik praktizierten und inwiefern sich diese von entsprechenden Praktiken im ›Dritten Reich‹ unterschieden, werde ich hier hingegen nur knapp andeuten.

Die folgenden Untersuchungen konzentrieren sich auf die Frage, über welche Schnittstellen Wissenschaft, Verwaltung und Politik im ›Dritten Reich‹ miteinander kooperierten. Der wissenschaftlich-administrativen Funktionalisierung von ›Denkschriften‹ im Bereich der bevölkerungswissenschaftlichen Politikberatung gilt dabei mein besonderes Interesse. Daran schließen sich zwei Fallstudien an, welche dem Historiker Erich Keyser und seinen Danziger Mitarbeitern und der Gruppe der Bielitzer ›Wandervögel‹ um den Volkskundler und Siedlungshistoriker Walter Kuhn gewidmet sind. Für Wissenschaftler wie Keyser und Kuhn ergab sich um 1939/40, als das Deutsche Reich weite Teile Polens und später Frankreichs eroberte bzw. annektierte, die aus ihrer Sicht einmalige Gelegenheit, ihre Forschungsergebnisse praktisch nutzbar zu machen und so selbst in das bevölkerungspolitische Programm von Umsiedlung und Vertreibung einzugreifen. Es überrascht daher kaum, dass damals die aktivistische Selbstmobilisierung von Wissenschaftlern unterschiedlicher Fachrichtungen einen Höhepunkt erreichte.

Die Inklusion des ›Eigenen‹ und Exklusion des ›Fremden‹: Geschichtswissenschaften und Bevölkerungspolitik in Diskussion

Wenn in der wissenschaftlichen Debatte die Verflechtungen zwischen Geschichtswissenschaften und Bevölkerungspolitik erörtert werden, stellt sich für ›historische Bevölkerungsforschungen‹ nach wie vor die Frage, welche affirmativen Legitimationsmuster Volksforscher dazu bewogen, ihre Expertise staatlichen oder parteiamtlichen Stellen anzubieten. Dies lässt sich z. B. anhand der Historikerin und Soziologin Elisabeth Pfeil andeuten, die 1937 die Beziehungen zwischen ›Geopolitik‹ und ›Bevölkerungswissenschaft‹ erläuterte. Pfeil fokussierte auf den Status dieser beiden Disziplinen als »Planungswissenschaften«. Beide fragten nach dem »Gefüge von Rasse, Staat, Volk und Raum« und dienten der »Raumordnung«.[266] ›Planung‹ und ›Ordnung‹ waren integrale Bestandteile des ›Radikalen Ordnungsdenkens‹ von deutschen Volksforschern im ›Dritten Reich‹.[267]

Welche Bedeutung diese Schlüsselbegriffe für bevölkerungspolitische Konzepte und Planungen im ›Dritten Reich‹ gewannen, gilt es hier für die Geschichtswissenschaften exemplarisch zu reflektieren. Dabei ist davon auszugehen, dass Kategorien wie ›Volk‹, ›Umvolkung‹ oder ›Lebensraum‹ semantisch darauf ausgerichtet waren, völkische Utopien in eine imaginierte Vergangenheit zu projizieren. Sie weckten aber auch Zukunftsvorstellungen, die im spezifisch

266 Zit. n. Klingemann, Soziologie und Politik, 175.

267 Vgl. Lutz Raphael, Radikales Ordnungsdenken und die Organisation totalitärer Herrschaft: Weltanschauungseliten und Humanwissenschaftler im NS-Regime, in: GG 27 (2001), 5-40.

völkischen Gemeinschaftskult kulminierten: Der affektive Bezug auf ›Volk‹ oder ›Lebensraum‹ sollte so die vermeintlich schädlichen Auswirkungen der industriellen Moderne überwinden und zur Begründung einer idealen ›Volksgemeinschaft‹ beitragen.[268]

›Radikales Ordnungsdenken‹, völkische Heilserwartung und aktivistische Selbstmobilisierung gingen bei vielen Wissenschaftlern in den 1930er-Jahren eine bis dahin nie erreichte Symbiose ein. Der deutsche Genealoge Erich Wentscher (1892-1953) ist hierfür ein Beispiel unter vielen anderen. Wentscher sah bevölkerungspolitische Maßnahmen als notwendig an, um die »völkischen Gegenwartsprobleme« zu überwinden, welche bei der deutschen Volkszählung vom 16. Juni 1933 zutage getreten seien: »Das weltanschauliche und politische Fundament des neuen deutschen Staates« sei »durchaus geeignet, um unbedingte, zielbewußte Bevölkerungspolitik zu tragen.« Die Historiker sollten dem Staatszweck »willig dienen« und die politischen Entscheidungsträger mit ihrer Expertise unterstützen: »Bei der Feststellung und Festsetzung alles Notwendigen wollen wir gewissenhafte Helfer sein. Und nirgendwo werden wir dem Staate williger dienen als auf dem Wege zu gesünderen Ziffern der [Volks-]Zählung.«[269] Die Bevölkerungsstatistik ließ die ›Volksgemeinschaft‹ als rationales politisches Nahziel erscheinen, das sich in Form von Zahlenmaterial repräsentieren ließ.

Die neuere historische Forschung hat vielfach dargelegt, dass neben anderen Fachrichtungen und Disziplinen auch die ›zünftige‹ Historiographie dem NS-Regime ihr methodisches Instrumentarium zur Verfügung stellte, um einen von vermeintlich fremden Bestandteilen freien, rassisch homogenen Staat zu schaffen. Allgemein wird betont, dass Bevölkerungswissenschaften, Staat und Politik spätestens seit dem letzten Viertel des 19. Jahrhunderts zunehmend interagierten.[270] Ich gehe für den Gegenstand dieser Studie von der Überlegung aus, dass dieses Affinitäts- und Verflechtungsverhältnis in Deutschland langfristig besonders wirksam wurde.

Der Begriff ›Bevölkerungspolitik‹ bezieht sich hier nicht nur auf staatliche Steuerungsversuche der quantitativen Vermehrung oder Verminderung der Bevölkerung. Es geht vielmehr um ein breiteres Verständnis von Bevölkerungspolitik, das neben quantitativen und qualitativen inkludierende und exkludierende Aspekte beinhaltete. Damit spreche ich das weite Feld von Familien-, Gesundheits-, Sozial- und Agrarpolitik, aber auch von ›Raumordnung‹ und ›Raumplanung‹ und (Um-)Siedlungen an. Dieses Modell weist den heuristischen Vorteil auf, scheinbar heterogene Felder politischen Handelns, die besonders im Zuge der NS-Herrschaft praktische Bedeutung erlangten, aufeinander

268 Vgl. zur Ideengeschichte deutscher Gemeinschaftsvorstellungen Stefan Breuer, Ordnungen der Ungleichheit – die deutsche Rechte im Widerstreit ihrer Ideen 1871-1945, Darmstadt 2001, hier bes. das Kap. »Bevölkerung und Familie«, 234-262.

269 Erich Wentscher, Das Ergebnis der Volkszählung vom 16. Juni 1933, in: Archiv für Sippenforschung 10 (1933), 277-281, hier 280; 281.

270 Vgl. Raphael, Die Verwissenschaftlichung des Sozialen; Ehmer, Bevölkerungsgeschichte, 63.

beziehen und in ihrem Zusammenhang erfassen zu können.[271] Bevölkerungswissenschaftler, Statistiker, Raumforscher und Historiker entwickelten in den 1920er- und 1930er-Jahren Sozialtechniken des Eingliederns und Ausgrenzens bestimmter Personen- und Bevölkerungsgruppen. Konstruktionen des ›Eigenen‹ und des ›Fremden‹ sowie rassistisch begründete Differenzierungen zwischen ›Deutschen‹, ›Slawen‹ und ›Juden‹ sollten für künftige Sozial- und Raumplanungen ein politisch handlungsleitendes Ordnungsmodell bereitstellen.[272]

Die historische Forschung konzentrierte sich bislang auf die folgenreiche Involvierung deutscher Historiker in die politischen Zielsetzungen und rassistischen Praktiken des ›Dritten Reichs‹. Sie wandte sich dabei weitgehend von argumentativen Mustern ab, welche die Geschichtswissenschaft eher als passives Objekt einer ›Instrumentalisierung‹ durch die NS-Politik begreifen oder ihre Kooperation mit den NS-Machthabern als scheinbar ausweglose ›Verstrickung‹ ansehen wollten. Die Forschung legte stattdessen die teils aktivistische Selbstmobilisierung von Historikern für das ›Dritte Reich‹ frei, wobei vor allem jene Historiker im Blickpunkt standen, die nach 1945 in der Bundesrepublik Deutschland einflussreiche Positionen in der historischen Forschung erlangten.

Götz Aly und Susanne Heim gingen sogar so weit, einige deutsche Historiker als »Vordenker der Vernichtung« zu bezeichnen. Sie rückten damit Wissenschaftler wie Werner Conze oder Theodor Schieder, die in der Bundesrepublik ein hohes Ansehen erlangt hatten, in die unmittelbare Nähe einer geistigen Urheberschaft für den Holocaust.[273] Hans-Ulrich Wehler oder Jürgen Kocka bestritten zwar nicht grundsätzlich die Involvierung dieser und anderer deutscher Historiker in die völkische Bewegung der 1930er-Jahre. Sie sahen ihre direkte Mitverantwortung oder gar Mittäterschaft für die nationalsozialistische Politik jedoch nicht als erwiesen an.[274] Wolfgang J. Mommsen argumentierte im Wesentlichen ähnlich und schätzte zudem das Engagement dieser beiden Historiker für den Nationalsozialismus geringer ein, als dies etwa Götz Aly und Ingo Haar taten. Mommsen betonte aber, dass die deutsche Geschichtswissenschaft im Verlauf der 1930er-Jahre sich sukzessive radikalisiert habe. In Conzes Vorschlägen zur völkisch determinierten Neuordnung Polens sah er »ein umfassendes Programm der Eindeutschung großer Teile Polens […], das gewaltsame Umsiedlungsmaßnahmen

271 So vor allem Raphael, Radikales Ordnungsdenken, und darauf aufbauend ebd. (Ehmer), 71.

272 So bereits Aly/Heim, Vordenker; vgl. auch Isabel Heinemann, »Rasse, Siedlung, deutsches Blut«. Das Rasse- und Siedlungshauptamt der SS und die rassenpolitische Neuordnung Europas, Göttingen 2003.

273 Vgl. Aly/Heim, Vordenker.

274 Vgl. Hans-Ulrich Wehler, Nationalsozialismus und Historiker, in: Schulze/Oexle (Hg.), Deutsche Historiker, 306-339, hier bes. 326; Jürgen Kocka, Zwischen Nationalsozialismus und Bundesrepublik. Ein Kommentar, in: Schulze/Oexle (Hg.), Deutsche Historiker, 340-357, hier bes. 345.

größten Ausmaßes vorsah und mit der Vertreibung der polnischen Juden als einer bereits beschlossenen Maßnahme rechnete«.[275]

Neuere Studien zu den Bevölkerungswissenschaften und zur Historiographie im ›Dritten Reich‹ vertieften, differenzierten und versachlichten diese teils recht emotional geführten Forschungsdebatten: Netzwerke, Veröffentlichungen und wissenschaftliche Praktiken der an den ›Grenzlanduniversitäten‹ in Königsberg und Breslau (Wrocław) tätigen Historiker, Ökonomen und ›Bevölkerungssoziologen‹ wurden so eingehend untersucht: Dabei stellte sich heraus, dass die Netzwerke der an diesen und anderen Forschungsstätten tätigen Forscher wissenschaftliche, politische und administrative Sphären vielfach durchdrangen. Ostforscher wie Werner Conze, Theodor Schieder, Theodor Oberländer und Peter-Heinz Seraphim gerieten im Zuge dieser Forschungsbemühungen ebenso neuerlich in den Blick wie ihre akademischen Mentoren Hermann Aubin, Albert Brackmann und Hans Rothfels (1891-1976).[276] Zudem wurden die in Prag, Posen (Poznań) und Straßburg (Strasbourg) auf besetztem Gebiet errichteten oder nunmehr so bezeichneten ›Reichsuniversitäten‹, die als Bollwerke der deutschen Wissenschaft im völkisch umkämpften ›Grenzland‹ gedacht waren, in die Untersuchungen einbezogen.[277]

Die Debatte um das Ressourcen- und Kooperationsverhältnis von Wissenschaften und Politik konzentrierte sich neben der Weimarer Republik vor allem auf das ›Dritte Reich‹. Dabei wurde hervorgehoben, dass die in Wissenschaft und Politik im ausgehenden 19. Jahrhundert mehrheitlich vertretene liberale Auffassung, wonach ›Bevölkerungspolitik‹ nicht zu den genuinen Aufgabenfeldern des modernen Staates zu zählen sei, bereits vor 1914 zusehends erodiert sei.[278] Die deutsche Niederlage im Ersten Weltkrieg verstärkte zusätzlich die in der deutschen Gesellschaft bereits weit verbreitete Krisenmentalität. Im Bereich der Bevölkerungswissenschaften sei dadurch der Boden für eine völkisch politisierte Forschungspraxis aufbereitet worden. Wissenschaftler und Politiker neig-

275 Vgl. Wolfgang J. Mommsen, Gestürzte Denkmäler? Die Fälle Aubin, Conze, Erdmann und Schieder, in: Jürgen Elvert (Hg.), Historische Debatten und Kontroversen im 19. und 20. Jahrhundert, Stuttgart 2003, 96-109, hier 103.

276 Vgl. u. a. Götz Aly, Theodor Schieder, Werner Conze oder Die Vorstufen der physischen Vernichtung, in: Schulze/Oexle (Hg.), Deutsche Historiker, 163-182; Johannes Hürter/Hans Woller (Hg.), Hans Rothfels und die deutsche Zeitgeschichte, München 2005; Petersen, Bevölkerungsökonomie – Ostforschung – Politik.

277 Vgl. u. a. Christian Baechler/François Igersheim/Pierre Racine (eds.), Les »Reichsuniversitäten« de Strasbourg et Poznan et les résistances universitaires, 1941-1944, Strasbourg 2005; Alexander Pinwinkler, Konstruktionen des Volkstums in historisch-landeskundlichen Forschungen an der deutschen »Reichsuniversität Straßburg«, 1941-44, in: Konrad Krimm (Hg.), NS-Kulturpolitik und Gesellschaft am Oberrhein, Ostfildern 2013, 157-171.

278 Vgl. Josef Ehmer, Bevölkerungswissen und Demographie in der Wissensgesellschaft des 20. Jahrhunderts, in: Jürgen Reulecke/Volker Roelcke (Hg.), Wissenschaften im 20. Jahrhundert: Universitäten in der modernen Wissenschaftsgesellschaft, Stuttgart 2008, 149-167, hier 159. Vgl. auch Weipert, »Mehrung der Volkskraft«, bes. 47-70.

ten dazu, den Trend zur Geburtenbeschränkung und Emanzipation der Frauen mit Szenarien über den angeblich drohenden Zerfall der patriarchalischen bürgerlichen Familie zu kommentieren. Mit der oft beschworenen Sorge um ›Geburtenschwund‹ und ›Volkstod‹ ging zusätzlich die Furcht vor einer möglichen Degeneration der Erbsubstanz des deutschen ›Volkes‹ einher. Derartige Krisenbeschwörungen regten verstärkt Überlegungen an, wie solchen gesellschaftlichen Tendenzen bevölkerungspolitisch begegnet werden könnte.

Nach 1918 rückte vor allem die angestrebte Revision der 1919 bei den Pariser Vorortsverträgen beschlossenen Nachkriegsordnung auf die Tagesordnung von Politik und Forschung. Politiker wie Reichsaußenminister Gustav Stresemann (1878-1929) bezogen das sogenannte ›Grenz- und Auslandsdeutschtum‹ in ihre Pläne für die Rückkehr zum *Status quo ante* ein. Die jenseits der nunmehrigen deutschen Reichsgrenzen lebende deutschsprachige Bevölkerung avancierte dabei zum gepriesenen Vorbild für ein biologisch zu erneuerndes ›Binnendeutschtum‹. Der Aufschwung der wissenschaftlichen Erforschung des ›Grenz- und Auslandsdeutschtums‹ stand mit diesen politischen Motiven und Interessen in engstem Zusammenhang. Die Deutschtumsforschung kooperierte arbeitsteilig mit Administration und Politik und vernetzte sich interdisziplinär im Koordinationszentrum für die historisch-geographische ›Volks- und Raumforschung‹, in der Leipziger *Stiftung für deutsche Volks- und Kulturbodenforschung* (SVKF). Die dort organisierten Wissenschaftler standen zudem in einem regen Austausch mit Deutschtumsverbänden wie dem *Deutschen Schutzbund für das Grenz- und Auslanddeutschtum* (DSB) und deutschen Minderheitenfunktionären in Ostmittel- und Südosteuropa.[279]

In den 1920er-Jahren entwickelte völkische Paradigmen wie das Theorem vom deutschen ›Volks- und Kulturboden‹, die Konstrukte des ›Landvolks‹ von Gunther Ipsen oder des ›eigenständigen Volks‹ von Max Hildebert Boehm unterstützten in der Weimarer Republik den Gedanken einer Revision der ›blutenden Grenzen‹. Maßgebliche Teile der Geschichtswissenschaft, von denen die landesgeschichtlichen Institute von Bonn, Innsbruck und Leipzig eine Vorreiterrolle einnahmen, griffen diese Impulse auf und vollzogen im Verlauf der 1920er-Jahre die Wende zur deutschen ›Volksforschung‹. Historiker schufen damit entscheidende Grundlagen für die nach 1933 neuerlich radikalisierte ›Volksforschung‹. Diese verfügte in den *Volksdeutschen Forschungsgemeinschaften* (VFG) über eine dezentral organisierte Forschungsplattform, die sich konkret in den Planungen für die ›Neuordnung‹ Europas im ›Dritten Reich‹ engagierte.[280]

Die Ergebnisse der von den VFG durchgeführten Forschungen zur – von Oberkrome so bezeichneten – »Strukturgeschichte des Volkskörpers« wurden seit

279 Vgl. Fahlbusch, »Wo der deutsche … ist, ist Deutschland!«, bes. 27-39.
280 Zu den Kooperationspraktiken von Akteuren aus Wissenschaft, Verwaltung und Politik, die im Bereich der deutschen Historiographie vor allem die P-Stellen der VFG und die mit diesen vernetzten Stellen als insitutionelle Brennpunkte vorantrieben, vgl. eingehend Haar, Historiker, 319-359.

1933 im »Handwörterbuch des Grenz- und Auslanddeutschtums« veröffentlicht.[281] Statistiken und Volkstumskarten, welche in den VFG organisierte Wissenschaftler entworfen hatten, verwerteten im Zweiten Weltkrieg die Umsiedlungskommandos der *Volksdeutschen Mittelstelle* (VOMI), aber auch die NS-Kriegsführung und Besatzungspolitik als Informationsquellen über die ethnisch-sprachliche Verteilung der Bevölkerung in den eroberten Gebieten Ost- und Südosteuropas.[282] Einige Geschichtswissenschaftler wie Ingo Haar und Michael Fahlbusch betonten daher die ausgeprägte politische Zweckgerichtetheit derartiger Volkstumsstudien und charakterisierten sie als »wissenschaftliche Begleitforschung« der »völkischen Flurbereinigung«.[283] Historiker und andere Experten, die nach 1933/39 Konzepte und Planungen zur bevölkerungspolitischen ›Neuordnung‹ entwarfen, interessierten sich meist vorwiegend für jene ostmittel-, ost- und südosteuropäischen Staaten und Räume, die der deutschen Hegemonialsphäre zugerechnet wurden oder die durch das Deutsche Reich nach 1939 militärisch unterworfen wurden.[284]

Stereotypen des Antisemitismus und Antislawismus traten in bevölkerungswissenschaftlichen Studie im Zusammenhang mit Analysen ökonomischer Verhältnisse in Osteuropa auf: Handel und Handwerk in Polen wurden dabei häufig als jüdisch vereinnahmt dargestellt. Aufgrund der ›Übersetzung‹ des Handwerks durch Juden werde die Aufnahme des nicht erbberechtigten bäuerlichen Nachwuchses durch die Städte erschwert. Menschen wurden so aufgrund ihrer jüdischen Herkunft für ein angeblich akutes Problem der ›Überbevölkerung‹, das die ökonomische Stagnation unabsehbar prolongiere, kausal verantwortlich gemacht. Das spezifisch bevölkerungswissenschaftliche Gleichgewichtsdenken wurde auf diese Weise zu einem verbindenden Element zwischen der wissenschaftlichen Auseinandersetzung mit ökonomischem Strukturwandel und einem zusehends rassistisch aufgeladenen Ethnonationalismus.

Solche oder ähnliche argumentative Muster beruhten durchwegs auf antisemitischen und antislawischen Denkrichtungen. Diese reichten im Kern weit in das 19. Jahrhundert zurück und gewannen spätestens im Zuge kollektiver Front- und Besatzungserfahrungen des Ersten Weltkrieges neuerlich an Bedeutung. Die Okkupation weiter Teile des russischen Zarenreiches durch die Truppen der verbündeten Mächte Deutschland und Österreich-Ungarn hatte bereits damals völkisch eingestellte Politiker und Gelehrte dazu angeregt, bevölkerungspolitische Konzepte zu entwickeln. In der deutschen Reichsleitung und in Gelehrtenkreisen zirkulierten schon damals zahlreiche Denkschriften, die durch Umsied-

281 Willi Oberkrome, Geschichte, Volk und Theorie. Das »Handwörterbuch des Grenz- und Auslanddeutschtums«, in: Schöttler (Hg.), Geschichtsschreibung, 104-127, hier 111.

282 Vgl. hierzu auch Svatek, Geisteswissenschaftliche Südostforschung.

283 Haar, Historiker, 12.

284 Vgl. hierzu insbesondere die Studien in dem Sammelband von Sachse (Hg.), »Mitteleuropa« und »Südosteuropa«.

lungsmaßnahmen eine Bereinigung der ›polnischen Frage‹ zu erzielen hofften.[285] Einer Verwirklichung dieser Pläne stand allerdings sowohl die abwartende Strategie der Zivilbehörden als auch die sich verschlechternde militärische Lage der Mittelmächte entgegen. In der Habsburgermonarchie war Raimund Friedrich Kaindl einer von jenen Historikern, die damals die Chance sahen, die komplexe ethnische und sprachliche Durchmischung weiter Teile Osteuropas zugunsten einer neuen, deutsch bestimmten hegemonialen ›Ordnung‹ aufzulösen. In seiner 1915 erschienenen Schrift »Deutsche Siedlung im Osten – eine Denkschrift über unsere künftige Wirtschaftspolitik« ließ Kaindl seinen Phantasien einer bevölkerungspolitischen Nutzbarmachung demographischen »Überschusses« freien Lauf: Der »Überschuß deutscher Volkskraft«, der seit der Entdeckung Amerikas nach Übersee abgeflossen und dem deutschen »Volkstum« verloren gegangen sei, könnte nun endlich in den Raum zwischen Westkarpaten und Donaumündung gelenkt werden. Die Vision der ethnischen Entmischung verband sich dabei bereits mit der Idee eines deutschen Siedlerwalls, der an den Grenzen der beiden verbündeten Monarchien errichtet werden sollte. Kaindl trat ferner dafür ein, einerseits politisch »unzuverlässige Elemente« umzusiedeln und andererseits die aus Südrussland abwandernden Deutschen »in unsere Grenzgebiete« zu verpflanzen.[286]

Historiker wie Hermann Aubin, Hans Joachim Beyer, Werner Conze, Erich Keyser und Theodor Schieder, Soziologen, Volkskundler und Siedlungshistoriker wie Gunther Ipsen und Walter Kuhn sowie Ökonomen wie Theodor Oberländer oder Peter-Heinz Seraphim knüpften an diese Forderungen an und suchten sie gleichzeitig weiterzuentwickeln. Sie beteiligten sich nach 1939 aktiv an politikberatenden Aktivitäten der Umsiedlung und ethnischen Homogenisierung von Grenzräumen. Dafür konstruierten sie argumentative Strategien der Legitimation deutscher Hegemonieansprüche in Osteuropa sowie Instrumentarien zur hierarchisierenden Segregation von ›Völkern‹ und ›Volksgruppen‹. Viele ihrer Annahmen und Vorschläge wurden allerdings durch die Radikalisierung des deutschen Vernichtungskriegs im Osten noch übertroffen. Zudem erlangten die SS und die VOMI bereits seit 1936 zunehmende Bedeutung für die deutsche ›Ostforschung‹. Dazu kam, dass die SS und das RSHA ab 1943 weitgehende Kontrolle über die VFG übernahmen. Wissenschaftler wie die oben Genannten trugen aber bereits früh dazu bei, eine Politik wissenschaftlich zu legitimieren, die den gelehrten Nationalismus des 19. Jahrhunderts als überholt erscheinen

285 So legte z. B. Erich Ludendorff (1865-1937), der Erste Generalquartiermeister der deutschen Armee, am 5. Juli 1918 dem Reichskanzler eine Denkschrift vor, in der er vorschlug, in Polen eine deutsch besiedelte »Volksbrücke« zu schaffen. Ludendorff erhoffte sich dadurch, »Restpolen« vom Deutschen Reich isolieren zu können. Vgl. Wolfgang J. Mommsen, Anfänge des *ethnic cleansing* und der Umsiedlungspolitik im Ersten Weltkrieg, in: Eduard Mühle (Hg.), Mentalitäten – Nationen – Spannungsfelder. Studien zu Mittel- und Osteuropa im 19. und 20. Jahrhundert, Marburg 2001, 147-162, hier 159 f.

286 Raimund Friedrich Kaindl, Deutsche Siedlung im Osten – eine Denkschrift über unsere künftige Wirtschaftspolitik, Stuttgart-Berlin 1915 (= Der Deutsche Krieg. Politische Flugschriften; 34), bes. 9, 10, 15, 22, 34, 36, 37.

ließ. Ihre politische Militanz ließ die Grenzen zwischen Wissenschaft und Politik zusehends verschwimmen: So bildete etwa für Theodor Oberländer ›Ostforschung‹ im Jahr 1936 eine unabdingbare Voraussetzung für den politischen Kampf, die »Universität ihre Munitionsfabrik, die verschiedenen Institute und Propagandastellen die Artillerie«.[287]

Die Beratungspraktiken der Volkstumsexperten zielten bevorzugt auf die sogenannte ›Aus-‹ oder ›Umsiedlung‹ ab: Diese Form völkischer Sozial- und Bevölkerungspolitik kam im ›Dritten Reich‹ mit seinen skrupellosen Vertreibungs- und Genozidmaßnahmen ihrer Verwirklichung sehr nahe. Wie die rassistischen Begründungszusammenhänge derartiger Politiken in das Gewand sozialpolitisch wünschenswerter Maßnahmen gekleidet wurden, vermochte nicht zuletzt das Beispiel der Historiker Conze und Schieder eindringlich zu verdeutlichen. Neben die historiographisch geprägte ›Ost-‹, ›West-‹ und ›Südostforschung‹, die jeweils bestimmte ›Räume‹ an den Rändern des deutschen Sprachgebiets untersuchte, traten mit vergleichbarem planerischen Impetus ›Siedlungs-‹ und ›Raumforschungen‹, die sich dem Inneren des Deutschen Reiches zuwandten. Ein bislang weniger bekanntes Beispiel für diese Forschungsrichtung[288] ist der österreichische Siedlungsplaner und Bauforscher Adalbert Klaar (1900-1981). Dieser verknüpfte die interdisziplinäre Siedlungsforschung mit zukunftsbezogenen Expertisen im Planungs- und Verwaltungsapparat des ›Dritten Reichs‹.[289] Während des Krieges veröffentlichte Klaar, der 1942 an der Technischen Hochschule in Wien habilitiert wurde, u.a. die »Siedlungsformenkarte der Reichsgaue Wien, Kärnten, Niederdonau, Oberdonau, Salzburg, Steiermark und Tirol und Vorarlberg«.[290] In volkskundlich interessierten Kreisen galt Klaar, dessen geplante Mitarbeit beim »Ahnenerbe« durch angeblich rein sachliche Motive bestimmt gewesen sei, als »national« eingestellt.[291]

Nach dem Zweiten Weltkrieg konnten Expertisen, die Volkstums- und Rassezugehörigkeiten feststellen oder Umsiedlungsprogramme anleiten sollten, in der Bundesrepublik Deutschland keine politische und wissenschaftliche Relevanz mehr beanspruchen. Vor allem der anthropologische Rassebegriff war nun-

287 Zit. n. Markus Krzoska, Ostforschung, in: Haar/Fahlbusch (Hg.): Handbuch, 452-463, hier 457.

288 Vgl. hierzu Uwe Mai, »Rasse und Raum«: Agrarpolitik, Sozial- und Raumplanung im NS-Staat, Paderborn u.a. 2002.

289 Dazu ist anzumerken, dass es bisher an Forschungen zu Klaar fehlt, die eine genauere Einschätzung seiner Aktivitäten im ›Dritten Reich‹ ermöglichen könnten.

290 Wien 1942.

291 »Volkskundler, die für eine Mitarbeit in Frage kommen«, verfasst von Richard Wolfram (1901-1995), o.D., vermutl. August 1938, zit. n. Helmut Eberhart, Von der »gläubigen Wissenschaft« zum »Ahnenerbe« der SS: Salzburg und die nationalsozialistische Volkskunde, in: Wolfgang Jacobeit/Hannsjost Lixfeld/Olaf Bockhorn (Hg.), Völkische Wissenschaft. Gestalten und Tendenzen der deutschen und österreichischen Volkskunde in der ersten Hälfte des 20. Jahrhunderts, Wien-Köln-Weimar 1994, 549-557, hier 552. Vgl. Architektenlexikon Wien 1880-1945. URL: http://www.architektenlexikon.at/de/302.htm (2.9.2013), s.v. Adalbert Josef Klaar.

mehr weitestgehend diskreditiert. Historiker, Soziologen und Raumforscher verzichteten aber auch in den 1950er-Jahren und danach nicht darauf, sich um die politische Verwertung ihrer Untersuchungen zu bemühen: Sie betätigten sich jetzt vorzugsweise als ›Vertriebenenforscher‹, ›Flüchtlingssoziologen‹ und ›Raumforscher‹.[292] Andererseits stellte die westdeutsche Politik neuerlich finanzielle Ressourcen für die neuerliche Etablierung der ›Ostforschung‹ zur Verfügung: So unterstützte das *Ministerium für gesamtdeutsche Fragen* in Bonn die Errichtung des Herder-Instituts in Marburg,[293] das vor allem die Gruppe der Ostforscher um Hermann Aubin und Erich Keyser institutionell wieder zusammenführte. Auch die ehemals in Königsberg tätigen Ostforscher um Theodor Schieder, die sich neuerlich um ihren aus dem Exil zurückgekehrten Mentor Hans Rothfels gruppierten,[294] nahmen – wie schon vor 1945 – erfolgreich Kontakte zu Politik und Verwaltung auf. So avancierte Schieder bereits 1951/52 zur Führungsfigur im Dokumentationsprojekt zur »Vertreibung der Deutschen«, das im *Bundesministerium für Vertriebene, Flüchtlinge und Kriegsgeschädigte* in Bonn seit 1949 verfolgt worden war. Das Forschungsvorhaben sollte unmittelbar an die Politik der Zwischenkriegszeit und die damalige Debatte um die Revision der Grenzen anknüpfen. Nicht die Umsiedlungs- und Vernichtungspolitik der Nationalsozialisten, sondern das Stereotyp des ›polnischen Drangs nach Westen‹ galt als wesentliche Ursache für die Zwangsemigration der Deutschen aus Ostmitteleuropa. Es ging darum, künftigen deutschen Unterhändlern Material über die deutschen ›Vertreibungsverluste‹ an die Hand zu geben. Falls es zu Friedensverhandlungen gekommen wäre, hätte die »Dokumentation der Vertreibung« der Forderung nach einer Rücknahme des Potsdamer Abkommens Nachdruck verleihen sollen. Die ›Heimatvertriebenen‹ wurden dabei als Opferkollektiv stilisiert. Die ›Vertreibungsverluste‹ wurden mit dem Ziel, die Opferzahlen außenpolitisch zu instrumentalisieren, tendenziell überhöht dargestellt.[295] Diese Auftragsforschungen fanden ihren Niederschlag schließlich in der mehrbändigen »Dokumentation der Vertreibung der Deutschen aus Ost-Mitteleuropa«.[296]

›Raumordnung‹ und ›Landesplanung‹ vollzogen in der frühen Bundesrepublik ebenfalls keinen eindeutigen Bruch mit entsprechenden Forschungen der NS-Zeit. Es kann im Gegenteil festgehalten werden, dass deutsche Raumplaner ihr bereits im Verlauf der 1920er-Jahre gefestigtes Selbstverständnis, als Experten

292 Klingemann, Soziologie und Politik, 287-320 (Kap. »Flüchtlingssoziologen als Politikberater in Westdeutschland«).

293 Krzoska, Ostforschung, 461.

294 Vgl. hierzu die Ausführungen im Kap. IV.

295 Ingo Haar, Die deutschen »Vertreibungsverluste«. Zur Entstehungsgeschichte der »Dokumentation der Vertreibung«, in: TAJB (2007), 251-272; Fahlbusch/Haar, Einleitung, 18-20.

296 Vgl. Dokumentation der Vertreibung der Deutschen aus Ost-Mitteleuropa. Hg. vom Bundesministerium für Vertriebene, Flüchtlinge und Kriegsgeschädigte 1953-1961. Bearbeitung von Theodor Schieder, dokumentiert von Adolf Diestelkamp/Rudolf Laun/Peter Rassow/Hans Rothfels, München 2004.

der Staatsführung zuzuarbeiten, weiter vertieften.[297] Das charakteristische Ausgleichsdenken der Raumplaner manifestierte sich vor 1945 etwa in der Forderung nach strukturpolitischen Maßnahmen für den ländlichen Raum, die ›soziale Gerechtigkeit‹ allerdings auf den ›gemeinschaftsfähigen‹ und ›rassisch wertvollen‹ Teil der Bevölkerung beschränken sollten. Das Motiv des Ausgleichs schlug sich in den 1950er- und frühen 1960er-Jahren in den Arbeiten des *Instituts für Raumforschung* in Bad Godesberg nieder. Es ging wesentlich um das »Mißverhältnis von Bevölkerung und Tragfähigkeit«, das durch die Gebietsverluste und hohe Zahl von deutschen Vertriebenen entstanden war. Ein groß angelegter »Bevölkerungsausgleich« zwischen den Bundesländern sollte dazu beitragen, dieses Problem zu entschärfen.[298] Nicht mehr ›Slawen‹, ›Juden‹ oder ›Gemeinschaftsunfähige‹ bildeten die Projektionsflächen für die Annahme einer gestörten ›Ordnung‹ der Bevölkerungsstruktur, sondern sozialpolitische Integrationsfragen in der Folge von Flucht und Vertreibung der ostdeutschen Bevölkerungsgruppen. Einen ambivalenten Versuch, an die Traditionen der ›Deutschen Soziologie‹ im Rahmen eines Fachinstituts anzuknüpfen und gleichzeitig westliche, insbesondere US-amerikanische Verfahren der empirischen Sozialforschung zu rezipieren, stellte schließlich die *Sozialforschungsstelle Dortmund* dar, die 1946 gegründet und der Universität Münster angegliedert wurde.[299]

Die um den Sozialmediziner und Eugeniker Hans Harmsen (1899-1989) gruppierten Bevölkerungswissenschaftler zeichneten sich ähnlich wie die Raumforscher durch ihre ungebrochene Ablehnung der modernen Klassengesellschaft und ihrer Fragmentierungen aus. Sie waren ähnlich erfolgreich wie Aubin, Keyser, Schieder und andere ehemalige Danziger, Breslauer oder Königsberger Historiker, wenn es darum ging, ihre vor 1945 durchgeführten Forschungen in der frühen Bundesrepublik neuerlich für bevölkerungspolitische Zwecke nutzbar zu machen. Harmsen verfügte seit der Weimarer Republik über ein breites Netz von Kontakten in Verwaltung und Politik, das er sich über politische Brüche hinweg weitgehend erhalten hatte. In der Nachkriegszeit war er daher in seiner Doppelrolle als Experte und Interessenvertreter dazu berufen, den Zusammenhalt der versprengten Gruppe der ehemaligen NS-Bevölkerungsforscher in der *Deutschen Gesellschaft für Bevölkerungswissenschaft* (DGBW) wiederherzustellen.[300] Einzelne Mitglieder der DGBW betätigten sich in der frühen Bundesrepublik als Gutachter für das Bundesministerium für Familienfragen und trugen

297 Ariane Leendertz, Ordnung, Ausgleich, Harmonie. Koordinaten raumplanerischen Denkens in Deutschland, 1920 bis 1970, in: Thomas Etzemüller (Hg.), Die Ordnung der Moderne. Social Engineering im 20. Jahrhundert, Bielefeld 2009, 129-150, hier 144-146; 148 f.; vgl. ferner dies., Ordnung schaffen. Deutsche Raumplanung im 20. Jahrhundert, Göttingen 2008, 252-261.

298 Gerhard Isenberg, Tragfähigkeit und Wirtschaftsstruktur, Bremen 1953, 2, zit. n. ebd. (Leendertz), 148.

299 Jens Adamski, Ärzte des sozialen Lebens. Die Sozialforschungsstelle Dortmund 1946-1969, Essen 2009, hier bes. die Schlussbemerkung, 207-210.

300 Vgl. zur *Deutschen Gesellschaft für Bevölkerungswissenschaft* das Kap. IV.4. der vorliegenden Studie.

die institutionelle und wissenschaftliche Entwicklung weitgehend mit. Gleichzeitig hielten die DGBW und ihre Mitglieder im Kern an ihren gesellschaftspolitischen Anschauungen, die sie seit den 1930er-Jahren vertreten hatten, und der damit verknüpften sozialkonservativen ideologischen Ausrichtung fest.[301]

Ein deutlicher Bruch erfolgte für die hier angeführten bevölkerungswissenschaftlichen Forschungsrichtungen erst im Verlauf der späten 1960er- und frühen 1970er-Jahre. Das spezifische »Pluralismusdefizit und die Theorie- und Methodenarmut«, das die Geschichtswissenschaften bis dahin charakterisiert hatte,[302] machte erst seither – unter maßgeblicher Mitwirkung und Rezeption der Arbeiten emigrierter deutscher Historiker –, einem sozialwissenschaftlich vertieften Gesellschaftsverständnis Platz. Ähnliches galt für die ›Raumforschung‹ und ›-planung‹, bei denen im Verlauf der 1970er-Jahre die tradierte Skepsis gegenüber der Klassengesellschaft einem stärker reflektierten Verständnis von sozialem und ökonomischem Wandel wich.[303] Welche Bedeutung die öffentliche Kritik an dem Kreis um Hans Harmsen, die sich seit damals zunehmend öffentlich artikulierte, für deren bevölkerungswissenschaftlichen Forschungen hatte, führe ich im Kapitel IV.4 näher aus.

Denkschriften, Gutachten und Memoranden als Instrumente historiographischer Politikberatung im ›Dritten Reich‹

Der Historiker Werner Conze plädierte in seinem geplanten Vortrag für den nicht mehr zustande gekommenen 14. Internationalen Soziologen-Kongress in Bukarest (1939) für die »Entjudung der Städte und Marktflecken zur Aufnahme bäuerlichen Nachwuchses in Handel und Handwerk«. Er zählte die »Entjudung« zu den Maßnahmen, die in weiten Teilen Ostmitteleuropas »äußerst wirksam und lindernd« gegen das durch die Realteilung hervorgerufene Problem der Übervölkerung eingesetzt werden könnten.[304] Eine geheime Polen-Denkschrift, die vom 4.-7. Oktober 1939 datiert ist, schlug eine ähnliche antisemitische Tonlage an: Diese »Aufzeichnungen über Siedlungs- und Volkstumsfragen in den wiedergewonnenen Ostprovinzen« forderten im Interesse des »Aufbaus einer gesunden Volksordnung« unzweideutig die »Entjudung Restpolens« und lagen damit eindeutig auf einer Linie mit Himmlers Umsiedlungs- und Vernichtungspolitik.

301 Vgl. Sabine Schleiermacher, Experte und Lobbyist für Bevölkerungspolitik. Hans Harmsen in Weimarer Republik, Nationalsozialismus und Bundesrepublik, in: Stefan Fisch/Wilfried Rudloff (Hg.), Experten und Politik. Wissenschaftliche Politikberatung in geschichtlicher Perspektive, Berlin 2004, 211-238, hier bes. 229 f.

302 Fahlbusch/Haar, Einleitung, 19.

303 Leendertz, Ordnung, 149 f. Siehe hierzu auch die Ausführungen im Kap. IV.4.

304 Werner Conze, Die ländliche Überbevölkerung in Polen, in: Arbeiten des XIV. Internationalen Soziologen-Kongresses Bucuresti, Mitteilungen – Abtg. B – Das Dorf, I. Bd., Bucuresti 1940, 40, zit. n. Aly/Heim, Vordenker, 103. Vgl. hierzu auch die Ausführungen in Kap. III.6.

Diese Polen-Denkschrift ging auf eine Arbeitssitzung von NOFG-Historikern am 28. September 1939 in Breslau zurück, an der sich unter der Federführung Hermann Aubins u.a. Walter Kuhn und Theodor Schieder beteiligt hatten.

Schieder, der Leiter der *Landesstelle Ostpreußen für Nachkriegsgeschichte*, erhielt von der Gruppe den Auftrag, auf der Grundlage dieses Breslauer Treffens eine Denkschrift auszuarbeiten. Das nach ihm »Schieder-Denkschrift« benannte Polen-Memorandum ging über die Revision der 1919 beschlossenen Grenzziehung weit hinaus. Dieses Gutachten plädierte für Vertreibungen »allergrößten Ausmaßes«[305] und radikalisierte damit das Konzept vom deutschen ›Volks- und Kulturboden‹.[306] Schieders bevölkerungsgeschichtliche Argumentationsweise beruhte nach Götz Aly auf der Lehre von der Ungleichheit der Rassen. Sie sah in der Eliminierung des jüdischen Einflusses in Wirtschaft und Politik und der Deportation mehrerer hunderttausend Polen einen gangbaren Weg, um die nationalsozialistische ›Neuordnung‹ im besetzten Polen durchzusetzen. Wolfgang J. Mommsen ordnete hingegen Schieders Studien und Forschungsprojekte, die dieser während des ›Dritten Reichs‹ vorantrieb, nur in das ideologische Spektrum der »nationalen Rechten« ein; seine Studien könnten »nicht als spezifisch nationalsozialistisch angesehen« werden.[307]

Welcher kommunikativen Handlungsstrategien bedienten sich Historiker, um am Prozess der politischen Willensbildung zu partizipieren? Kann überhaupt davon gesprochen werden, dass Historiker (u.a. Wissenschaftler) auf Politik und Verwaltung im ›Dritten Reich‹ in nennenswerter Weise einwirkten? Wie ist das wechselseitige Ressourcen- und Verflechtungsverhältnis von Wissenschaft, Politik und Verwaltung zu beschreiben? Diese Fragen sollen im Folgenden anhand eines spezifischen Quellengenres, der ›Denkschrift‹, exemplarisch diskutiert werden: Indem Wissenschaftler und Ministerialbeamte Denkschriften oder Gutachten verfertigten, nahmen sie nur eine von vielen Möglichkeiten wahr, um politischen Funktionsträgern des ›Dritten Reichs‹ ihre Vorstellungen zu vermitteln. Es konnte sich dabei um förmliche Auftragsarbeiten,[308] um informell von Ämtern oder Funktionsträgern eingeholte, mündlich vorgetragene

305 So W.J. Mommsen, Gestürzte Denkmäler?, hier 103.

306 Vgl. hierzu ausführlich Haar, Historiker, 328-332.

307 Aly, Theodor Schieder, Werner Conze, 163-182, hier 163-167; vgl. auch Angelika Ebbinghaus/Karlheinz Roth: Vorläufer des Generalplans Ost. Eine Dokumentation über Theodor Schieders Polendenkschrift vom 7. Oktober 1939, in: 1999. Zeitschrift für die Sozialgeschichte des 20. und 21. Jahrhunderts 7 (1992), 62-94; Wolfgang J. Mommsen, Vom »Volkstumskampf« zur nationalsozialistischen Vernichtungspolitik in Osteuropa. Zur Rolle der deutschen Historiker unter dem Nationalsozialismus, in: Schulze/Oexle (Hg.), Deutsche Historiker, 183-214, hier 191.

308 So betonte z.B. P. Svatek, dass Aufträge zu Forschungen und zum Verfassen von Denkschriften, die im Rahmen der SODFG entstanden, »eher von außen an die Wissenschaftler herangetragen worden« seien. Svatek, Geisteswissenschaftliche Südostforschung, 400.

Expertisen,[309] aber auch um eigeninitiativ verfasste und bei den entsprechenden Stellen eingereichte Schriften handeln. Praktiken der Politikberatung umfassten zudem ein weites Feld der an oder außerhalb der Universitäten angesiedelten Forschung; Expertenwissen wurde auch geheimdienstlich genutzt oder floss in die ›Gegnerforschung‹ ein.[310]

Für das in Denkschriften dokumentierte Expertenwissen von Historikern der NS-Zeit war darüber hinaus charakteristisch, dass es meist nicht für die Öffentlichkeit bestimmt war und daher vertraulich behandelt werden sollte. Wissenschaftler gingen aber nicht nur bewusst vom Prinzip der Öffentlichkeit ab, sondern sie näherten auch den sprachlichen Stil von Denkschriften an die vermuteten Bedürfnisse der Politik nach Prägnanz und Effektivität an: Albert Brackmann verlangte daher von seinen NOFG-Kollegen, dass ihre Denkschriften »kurz und übersichtlich gehalten sein« sollten, »damit der Politiker sie ohne Schwierigkeiten verstehen kann.«[311] Die Selbstmobilisierung von Wissenschaftlern für das ›Dritte Reich‹ ging in einzelnen Fällen so weit, dass sie – wie etwa der Geograph Wilfried Krallert – am Raub von kriegswichtigem Archivgut mitwirkten. Von Historikern wie Hans Joachim Beyer oder Fritz Valjavec (1909-1960) ist sogar bekannt, dass sie sich als Angehörige von SD-Sonderkommandos an der Erstellung von Selektionslisten oder sogar eigenhändig an Erschießungsaktionen beteiligten.[312]

Denkschriften, Gutachten und ähnliche programmatische Studien bedienten sich oft eines vergleichsweise nüchternen Sprachduktus. Wer versucht, derartige Quellentexte in spezifische politisch-wissenschaftliche Kontexte einzuordnen, stößt häufig sowohl an die Grenzen, welche die Quellenlage der Forschung zieht, als auch an die methodologischen Grenzen der historischen Quellenkritik. Nicht immer lässt sich lückenlos rekonstruieren, inwieweit Denkschriften als Versuche politischer Einflussnahme tatsächlich auf den politischen Entscheidungsablauf einwirkten. Zudem kann ihre Urheberschaft nicht in jedem Fall quellenkritisch schlüssig zugewiesen werden. Obgleich häufig eine eher schwierige Überlieferungslage zu konstatieren ist, vermag eine textkritisch und vergleichend orientierte Herangehensweise an diese Quellengruppe zumindest den

309 So legte z. B. Max Hildebert Boehm im Juni 1941 anlässlich einer Reise nach Paris dem Chef der Abteilung Verwaltung im deutschen Militärverwaltungsstab in Frankreich, SS-Standartenführer Werner Best (1903-1989), seine Thesen zur ›Westforschung‹ vor. Vgl. Wolfgang Freund, Volk, Reich und Westgrenze: Deutschtumswissenschaften und Politik in der Pfalz, im Saarland und im annektierten Lothringen 1925-1945, Saarbrücken 2006, 298 f.

310 Vgl. hierzu Klingemann, Soziologie und Politik, 23-30.

311 Brackmann am 4.3.1943 an die *Sudetendeutsche Anstalt für Landes- und Volksforschung*, zit. n. Ota Konrád, Die Sudetendeutsche Anstalt für Landes- und Volksforschung 1940-1945, in: Stefan Albrecht (Hg.), Die »sudetendeutsche Geschichtsschreibung« 1918-1960. Zur Vorgeschichte und Gründung der Historischen Kommission der Sudetenländer, München 2008, 71-95, hier 93.

312 Vgl. Fahlbusch, Wilfried Krallert, 336; Roth, Heydrichs Professor, 289 f.; Klaus Popa, Fritz Valjavec, in: Haar/Fahlbusch (Hg.), Handbuch, 697-700, hier 699.

Diskursraum von ›Wissenschaft‹ und ›Politik‹ im ›Dritten Reich‹ auszuleuchten. Die Geschichts- und Bevölkerungswissenschaften können so nicht mehr länger als passive Objekte der Politik, sondern als autonome Handlungsträger dargestellt werden.

In jüngster Zeit gelang es Historikern, eine Reihe von Denkschriften, die im ›Dritten Reich‹ entstanden waren, neu bzw. wieder zu entdecken. Die hier bereits angesprochenen Debatten, die um einige dieser Quellen ausgetragen wurden, machten auf spezifische Interpretationsprobleme aufmerksam, welche die Auseinandersetzung mit Denkschriften in der Regel aufwirft. Diese konnten durchaus auf Alleinautoren zurückgehen; häufig scheinen sie jedoch Gemeinschaftsarbeiten von wissenschaftlichen und/oder ministeriellen Arbeitsgruppen gewesen zu sein. Die Verflechtung von Wissenschaft, Verwaltung und Politik ging dabei, wie im Folgenden anhand der ›Stuckart-Denkschrift‹ exemplarisch gezeigt wird, häufig so weit, dass die Anteile von Wissenschaftlern und Ministerialbeamten an einzelnen Denkschriften sich nicht immer trennscharf voneinander abheben lassen. Solche Gutachten oder programmatische Ideensammlungen waren bereits im 19. Jahrhundert für den wechselseitigen Austausch zwischen Wissenschaft und Politik von großer Bedeutung gewesen.[313] Wissenschaftlich argumentierende Denkschriften, die sich an Politik und Verwaltung richteten, waren daher keine Besonderheit des ›Dritten Reichs‹. Der Aufstieg der wissenschaftlichen Politikberatung und damit des Genres ›Denkschrift‹ reflektierte einen längeren historischen Prozess, den der Historiker Lutz Raphael als Trend zur »Verwissenschaftlichung des Sozialen« charakterisierte.[314]

Die Zeit des Nationalsozialismus war sogar dadurch gekennzeichnet, dass die »Verwissenschaftlichung der Politik« und die »Politisierung der Wissenschaften« in einer zuvor nicht gekannten Weise konvergierten.[315] Es überrascht daher kaum, dass Denkschriften nach 1933 eine ausgesprochene politische Relevanz erlangten: Vor allem die anfänglich erfolgreiche Strategie der deutschen Kriegsführung, die in der Eroberung des größten Teils von Polen und der militärischen Niederwerfung Frankreichs gipfelte, dürfte für die Zeit um 1939/40 für eine deutliche Zunahme politikberatender Aktivitäten gesorgt haben. Viele Wissenschaftler fühlten sich angesichts der deutschen militärischen Erfolge dazu ermutigt, sich aktiv an der Debatte um die künftige ›Neuordnung‹ der besetzten Länder zu beteiligen.[316] Für den hier interessierenden Forschungshorizont ist es

313 Vgl. hierzu Hans-Christof Kraus, Vorformen und Anfänge wissenschaftlicher Politikberatung im 19. Jahrhundert, in: Fisch/Rudloff (Hg.), Experten, 59-78, hier bes. 65 f.

314 Vgl. Raphael, Die Verwissenschaftlichung des Sozialen.

315 Margit Szöllösi-Janze, Politisierung der Wissenschaften – Verwissenschaftlichung der Politik, in: Fisch/Rudloff (Hg.), Experten, 79-100, hier bes. 99 f.

316 Eines von vielen Beispielen für den akademischen Tatendrang, den der deutsche Überfall auf Polen unter den Ostforschern offensichtlich auslöste, aber auch für die Sorge, dem »überwältigende[n] Ereignis des Krieges« als Gelehrter nichts Entsprechendes gegenüberstellen zu können, ist die Korrespondenz von Hermann Aubin. Vgl. Eduard Mühle (Hg.), Briefe des Ostforschers Hermann Aubin aus den Jahren 1910-1968, Marburg 2008, 264.

dabei aufschlussreich zu beobachten, dass nicht vorwiegend Grenzrevisionen, sondern zusehends ethisch entgrenzte Planungen des Eingriffs in Bevölkerungsstrukturen auf der Tagesordnung standen. Praktiken von Wissenschaftlern, dem NS-Regime zuzuarbeiten oder dies zumindest zu versuchen, lassen daher unweigerlich die Frage aufkommen, welchen Anteil diese Wissenschaftler an der nationalsozialistischen Politik der rassistischen Segregation, der Vertreibung und des Völkermords hatten.

Dies gilt auch für Walter Kuhn, der einer der führenden deutschen Ostforscher und Siedlungshistoriker war (siehe zur Involvierung von Kuhn und seiner Forschergruppe in NS-Bevölkerungspolitiken auch weiter unten in diesem Kapitel). Kuhn berechnete im Auftrag der Historikergruppe, die sich am 28. September 1939 zu der Breslauer Arbeitstagung zusammengefunden hatte, die Ausbreitung des geschlossenen deutschen Siedlungsgebiets jenseits der 1918/19 festgelegten deutsch-polnischen Staatsgrenze. Sein Gutachten war dem Thema »Deutsche Dörfer in Mittelpolen, unmittelbar jenseits der alten Reichsgrenze« gewidmet. Kuhn ergänzte diese Denkschrift um Schätzungen der polnischen Zuwanderung in den Gebieten, die nach 1918 von Polen annektiert worden waren. Das Gutachten markierte eine ethnographische Linie, hinter der die neue Grenze nicht zurückfallen sollte; es wurde an die deutsch-sowjetische Grenzziehungskommission übermittelt.[317]

Nationalsozialistische Umsiedlungspolitik in Ost- und Südosteuropa beruhte wesentlich auf der wissenschaftlichen Denkfigur der Ansiedlungen in geschlossenen Dorfgemeinschaften, die seit den Studien des Wiener Geographen Hugo Hassinger (1877-1952) über die Umsiedlung der Südtiroler (1939) und den Forschungen Peter-Heinz Seraphims (1902-1979) über das osteuropäische Judentum (1938) vorherrschend geworden war. Hassinger griff bei seinen Überlegungen auch auf Studien Walter Kuhns zurück, als er mit Blick auf die angestrebte »vollständige ethnographische Rekonstruktion der Südtiroler«[318] vorschlug, diese Volksgruppe in den Beskiden nahe der Sprachinsel von Bielitz-Biała anzusiedeln.[319]

Während Kuhn exemplarisch für die deutsche ›Ostforschung‹ steht, lässt sich die sogenannte ›Stuckart-Denkschrift‹ vom 14. Juni 1940 in den Kontext der deutschen ›Westforschung‹ einordnen. Peter Schöttler, der diese Denkschrift erstmals wissenschaftlich edierte, charakterisierte diese in Analogie zu den verschiedenen »Generalplänen Ost« als eine Art »Generalplan West«. Im Unterschied zu der geplanten ›Neuordnung‹ im Osten sei in der ›Stuckart-Denk-

317 Haar, Historiker, 329. Das Gesprächsprotokoll des Breslauer Treffens ist abgedruckt in: Mühle (Hg.), Briefe, 586-588, hier 587 (»Arbeitsplan für die Denkschrift über die ostdeutsche Reichs- und Volkstumsgrenze. Protokoll der Sitzung vom 28.IX.1939 in Breslau«).

318 Fahlbusch, Wissenschaft, 514.

319 Vgl. zu Hassinger Petra Svatek, Hugo Hassinger und Südosteuropa. Raumwissenschaftliche Forschungen in Wien (1931-1945), in: Sachse (Hg.), »Mitteleuropa«, 290-311, bes. 302-306.

schrift‹ jedoch keine Rede von der jüdischen Bevölkerung. Dies bedeute zwar nicht, dass die für den Westen geplante Bevölkerungspolitik nicht am Ende ähnlich brutal wie im Osten durchgeführt worden wäre. Die graduellen Unterschiede, die zwischen der deutschen Politik im Osten und Westen bestanden hätten, sollten dennoch nicht vernachlässigt werden.[320] Ebenso wichtig ist es darauf hinzuweisen, dass die im Folgenden besprochene Denkschrift zur »Grenze zwischen Deutschland und Frankreich« nur eine von mehreren Memoranden war, die Wissenschaftler angesichts der französischen Niederlage zur Neugestaltung der deutschen Westgrenze entwarfen.[321]

Die ›Stuckart-Denkschrift‹ entstand im Umfeld des Staatssekretärs im Reichsinnenministerium Wilhelm Stuckart (1902-1953). Als sich der Sieg über Frankreich im Juni 1940 deutlich abzeichnete, arbeitete er Vorschläge für den Verlauf der neuen deutschen Westgrenze aus und legte diese Hitler direkt vor. Seine programmatische Schrift stellte die strategische Forderung auf, Frankreich auf die Grenzen vor dem Westfälischen Frieden von 1648 zurückzudrängen.[322] Im Kommentar zu seiner Edition wies Schöttler darauf hin, dass die »Stuckart-Denkschrift« »wie viele Denkschriften des ›Dritten Reiches‹ […] bemerkenswert ausführlich und nüchtern geschrieben«[323] sei. Der vorgesehene neue Grenzverlauf wurde akribisch dokumentiert; der Denkschrift waren ursprünglich Kartenmaterial und Statistiken beigelegt, die später verloren gingen. Vorgesehen war, weite Teile Ostfrankreichs, »die doch nicht vom französischen Volk bevölkert, bewirtschaftet und ausgenutzt werden können, dem deutschen Volkstum zur Besiedlung und Wiedergewinnung als deutscher Volksboden« zur Verfügung zu stellen. »Das heute in diesen Räumen siedelnde französische Volkstum« sollte »zum grossen Teil ausgesiedelt« werden.[324] Dadurch wären etwa fünf Millionen Menschen nicht deutscher Abstammung deportiert worden.[325]

Dieser Entwurf präsentierte sich tatsächlich wie eine sachliche Abhandlung. Er ließ Bevölkerungsfragen als Gegenstand vorgeblich nüchterner, zweckrationaler Überlegungen erscheinen. ›Bevölkern‹ wurde hier im Wortsinn verstanden. Das ›deutsche Volkstum‹ erhob demnach aus rein wirtschaftlichen Gründen Ansprüche auf einen ›Raum‹, auf den es zudem historische Besitztitel geltend machen konnte. Bei dieser Argumentationsweise wird deutlich, wie eng sich ›Bevölkerung‹, ›Ökonomie‹ und ›Geschichte‹ in politischen Programmen der Umsiedlung und rassistischen Segregation argumentativ aufeinander beziehen ließen: Historisch argumentierende Bevölkerungsforscher verorteten ›Bevölke-

320 Peter Schöttler, Eine Art »Generalplan West«: Die Stuckart-Denkschrift vom 14. Juni 1940 und die Planungen für eine neue deutsch-französische Grenze im Zweiten Weltkrieg, in: Sozial.Geschichte N.F. 18, Nr. 3 (2003), 83-131, hier 101 (mit Edition, 110-131). Vgl. hierzu auch Freund, Volk, 294-298.

321 Vgl. Freund, Volk, 297.

322 Schöttler, Eine Art »Generalplan West«, 95.

323 Ebd., 94.

324 Ebd., 125 [Edition].

325 Freund, Volk, 296.

rung‹ im Bereich der Paradigmen von ›Siedlung‹, ›Volksboden‹, ›Lebensraum‹ und ›Rasse‹. Sie erzielten eine scheinrationale Plausibilität, die den politischen Zielsetzungen der NS-Funktionärsschicht in der Regel weit entgegenkam.

Wenn hier angedeutet wurde, dass etwa die ›Stuckart-Denkschrift‹ sich zumindest bis zu einem gewissen Grad wissenschaftlich elaborierter Argumentationsweisen bediente, dann bleibt indes die Frage zu erörtern, wer sie verfasste und wie sich das Verhältnis des oder der Urheber zum Adressaten gestaltete. Michael Fahlbusch schlug vor, in der ›Stuckart-Denkschrift‹ eine Collage zu sehen, die aus mehreren Texten des Freiburger Geographen Friedrich Metz (1890-1969) kompiliert sei. Schöttler hielt die Urheberschaft von Metz, der im Juni 1940 eine eigene Denkschrift zur Neugestaltung der deutschen Westgrenze bei Stuckart einreichte, hingegen für eher unwahrscheinlich. Als Autoren der ›Stuckart-Denkschrift‹ kamen seiner Ansicht nach administrative Experten der ›Volkstumspolitik‹ um den namengebenden Staatssekretär im Reichsinnenministerium in Frage. Die Ministerialbeamten hätten sich allerdings auf Studien gestützt, die Westforscher aus dem Umkreis der ›Stuckart-Denkschrift‹ um Hermann Aubin und der *Westdeutschen Forschungsgemeinschaft* (WFG) veröffentlicht hatten. Die Habilitationsschrift »Germanisches Volkserbe in Wallonien und Nordfrankreich« von Franz Petri (1903-1999), auf die selbst Hitler sich bezog, um die neuen Grenzen im Westen zu begründen, wurde in der Denkschrift sogar mit ihrem vollen Titel angeführt.[326]

Deutsche Westforscher hatten bereits seit den 1920er-Jahren den herkömmlichen politisch-diplomatischen Begriff der Grenzlinie durch jenen des ›Grenzraumes‹ ersetzt, der stärker an natürlichen Gegebenheiten orientiert sei. Tatsächlich forderte die Denkschrift, dass die vorgeschlagene Grenzziehung im Westen sich neben ökonomischen und militärischen an landeskundlichen und volksgeschichtlichen Aspekten ausrichten und dabei das Konzept des ›Grenzraums‹ verstärkt berücksichtigen sollte.[327] Insofern lässt sich eine Affinität der ›Stuckart-Denkschrift‹ zu einigen zentralen Annahmen der ›Westforschung‹ feststellen. Einen Beleg für eine direkte Zuarbeit von Gelehrten wollte Schöttler darin allerdings nicht erblicken, so dass »Westforscher« keine »Berater der Macht« gewesen seien. Seine Auffassung, wie das Verhältnis von Wissenschaft, Verwaltung und politischer Exekutive verstanden werden könnte, umriss Schöttler so:

> »Hitler […] hätte das Heft in der Hand behalten, und die Westforscher hätten ihm lediglich eine […] Art rationales Supplement für seine Politik geliefert. Nicht die Denkschrift hätte Hitler beeinflusst, sondern Stuckart hätte den Text und die Karten so anfertigen lassen, dass Hitler damit zufrieden war.«[328]

Die Forscher wären damit zwar keine ›Vordenker der Vernichtung‹ gewesen; sie hätten jedoch ein Forschungsprogramm zur rassistischen Hierarchisierung und

326 Schöttler, Eine Art »Generalplan West«, 99.
327 Ebd., 97 f.
328 Ebd.

Differenzbildung von ›Völkern‹ und ›Rassen‹ entwickelt und scheinbar natürlich gegebene Relationen zwischen völkisch definierten Bevölkerungsgruppen und Naturräumen historisch herzuleiten versucht. Den eigentlichen Planern der ›Vernichtung‹ hätten sie damit nicht nur ein reiches Reservoir an Techniken der Segregation, sondern auch auf wissenschaftlicher Forschungsarbeit beruhende Argumentationshilfen zur Verfügung gestellt.

Beispiel 1:
›Geschichte‹, ›Anthropologie‹ und ›Volkskunde‹: Erich Keyser und die ›Eindeutschungsaktion‹ in Danzig-Westpreußen

Der bis 1945 an der Technischen Hochschule Danzig (Gdańsk) wirkende Historiker Erich Keyser war einer jener deutschen Bevölkerungsforscher, die ihre Arbeiten aktiv politisch funktionalisierten. In seiner »Bevölkerungsgeschichte Deutschlands« führte Keyser aus, dass die »Bevölkerungswissenschaft« eine hohe Verantwortung für die »Volksgemeinschaft« als Ganzes trage und die »Beschäftigung mit der Bevölkerungsgeschichte« daher »unwillkürlich zur Bevölkerungspolitik« werde.[329]

Keyser arbeitete in den 1930er- und 1940er-Jahren eng mit der Publikationsstelle Berlin-Dahlem (P-Stelle Berlin Dahlem) der *Nord- und Ostdeutschen Forschungsgemeinschaft* (NOFG) zusammen. Die P-Stelle kooperierte ihrerseits mit Ministerien, dem *Reichssicherheitshauptamt* (RSHA) und Wissenschaftlern unterschiedlicher fachlicher Provenienz. Zusammen mit Hermann Aubin und Alfred Lattermann (1894-1945) war Keyser damit beauftragt, im Rahmen der deutschen Interessenpolitik gegenüber den Niederlanden die Tätigkeit der holländischen Wirtschaft im Osten am Beispiel der *Niederländischen Ostkompanie* wirtschaftsgeschichtlich zu untersuchen.[330] In diesem Zusammenhang beschäftigte sich Keyser mit Fragen der niederländischen Ostwanderung (Mennoniten) im 17. Jahrhundert.[331]

Keyser beteiligte sich auch an der Erstellung der ›Deutschen Volksliste‹ (›DVL-Verfahren‹), dem wichtigsten Instrument nationalsozialistischer Germanisierungspolitik in den annektierten Ostgebieten. Die von ihm geplante »Landesaufnahme« war Teil der vorgesehenen »Eindeutschung« des Reichsgaus Danzig-Westpreußen und richtete sich auf »die Zahl und Zusammensetzung der Bevölkerung« und die Erfassung volkskundlicher Überlieferungen. Als Vorbild für diese Untersuchungen diente der *Atlas der Deutschen Volkskunde*.[332] Am 17. Juni 1936 berichtete Keyser der DFG, dass das von ihm geleitete *Staatliche Landesmuseum für Danziger Geschichte* in Danzig-Oliva »in den letzten beiden

329 Keyser, Bevölkerungsgeschichte (1. Aufl. 1938), 9.

330 Vgl. dazu Fahlbusch, Wissenschaft, 560.

331 Ebd., 585.

332 Erich Keyser, Die volkskundliche Landesaufnahme im Gebiet der Freien Stadt Danzig, in: Zeitschrift für Volkskunde 6 (1934), 277-279, hier 278.

Jahren im Einvernehmen mit dem Senat der Freien Stadt Danzig und der Gauleitung der N.S.D.A.P. eine umfangreiche volkskundliche Landesaufnahme im Kreise Danzig-Niederung und dem westlich der Weichsel gelegenen Teil des Weichsel-Nogat-Deltas« durchgeführt habe. Diese Untersuchungen sollten nun »durch rassenkundliche Erhebungen im gleichen Bezirk« ergänzt werden. Keyser ersuchte die DFG, entsprechende Forschungen seiner Mitarbeiter Günter Zimmermann (ein Danziger Student der Geschichte, Anthropologie und Geographie, geb. 1914) und Eleonore Martin (eine Berliner Studentin der Geschichte, der Anglistik und der Anthropologie, geb. 1911) durch Gewährung von Stipendien zu unterstützen. Sein Vorhaben werde auch von dem führenden Berliner Anthropologen Eugen Fischer (1874-1967) befürwortet.[333]

Im Exposé »Durchführung anthropologisch-rassenkundlicher Erhebungen im Gebiet der Freien Stadt Danzig«, das Keysers Schreiben an die DFG beigelegt war, konkretisierte Zimmermann das geplante Vorhaben: Mit Hilfe anthropologischer und familienkundlicher Methoden sollte eine »Typengliederung der Danziger Bevölkerung« herausgearbeitet werden. Dafür wären Blutgruppenbestimmungen durchzuführen, »soweit nicht seitens der Bevölkerung Schwierigkeiten gemacht werden«. Um die lokalen Verwandtschaftsverhältnisse (»Verflechtung und Versippung«) zu klären, war auch beabsichtigt, Kirchenbücher heranzuziehen. Der anthropologische Zugriff auf die Bevölkerung drang bis in die Details verwandtschaftlicher Bindungen vor und zog zu diesem Zweck möglichst breite Kreise der Bevölkerung für Untersuchungen heran. Als wesentliches Forschungsziel wurde die »Erkenntnis von Inzuchtvorgängen« dargestellt. Die Bevölkerung erschien als eine technisch-administrative Größe, die dem wissenschaftlichen Zugriff willenlos ausgeliefert werden sollte.[334]

Die DFG bewilligte das Projekt, da Keysers Untersuchungen »für die auf dem reichsdeutschen Gebiet durchgeführten Rassenerhebungen sehr bedeutsam« seien.[335] Nachdem Zimmermann mit Hilfe von Eleonore Martin im Sommer 1936 in drei Dörfern »fast die gesamte ansässige Bevölkerung vermessen« hatte, erstattete Keyser der DFG Bericht. Gleichzeitig bat er Eugen Fischer, den weiteren Fortgang der Arbeiten »zu überwachen«.[336] Zwei Jahre später nahm Zimmermann zusammen mit einigen Studenten der Danziger medizinischen Akademie seine »rassenkundlichen Arbeiten« wieder auf. Dies geht aus einem Schreiben des Rassenpolitischen Amtes des Gaus Danzig der NSDAP an die DFG hervor. Zimmermanns und Martins Untersuchungen hätten »so ausgezeichnetes Material«

333 BArch Berlin, R 73/12566, »Durchführung anthropologisch-rassenkundlicher Erhebungen im Gebiet der Freien Stadt Danzig«, Schreiben von E. Keyser an die DFG v. 17.6.1936.

334 BArch Berlin, R 73/12566, »Vorschläge für die Durchführung anthropologisch-rassenkundlicher Erhebungen im Gebiet der Freien Stadt Danzig«, G. Zimmermann.

335 BArch Berlin, R 73/12566, E. Keyser an die DFG v. 24.7.1936; Schreiben der DFG an das Landesfinanzamt Berlin v. 04.08.1936. Die Mitarbeiter Keysers erhielten für ihre dreimonatigen Erhebungsarbeiten in Danzig je 300,- RM als Stipendium.

336 BArch Berlin, R 73/12566, E. Keyser an die DFG v. 2.10.1936.

geliefert, dass diese nun in Verbindung mit Keysers Staatlichem Landesmuseum in Oliva fortgesetzt würden. Zu diesem Zweck erhielten sie auf Ersuchen der NSDAP anthropologische Messgeräte, die ihnen die DFG leihweise überließ. Es handelte sich um ein Anthropometer, einen Tastzirkel, einen Gleitzirkel, eine »Augenfarbentafel Martin-Saller« sowie um eine »Haarfarbentafel«, die Keyser nach Abschluss der Arbeiten im März 1939 wieder an die DFG zurückstellte.[337]

Keyser hatte damit bereits lange vor dem 14. Dezember 1940, als in Danzig-Westpreußen die ›Durchführung der Eindeutschungsaktion‹ angeordnet wurde, mit Unterstützung aus dem Reich bevölkerungsgeschichtliche und rassenanthropologische Untersuchungen über die Danziger Bevölkerung vorangetrieben. Er konnte daher bereits auf einschlägige Forschungserfahrungen zurückgreifen, als er nach der Annexion Danzigs durch das Deutsche Reich zum Leiter der Danziger *Forschungsstelle für Landes- und Volksforschung* ernannt wurde. Sie wurde am 19. Dezember 1939 bei einer Besprechung im Oberpräsidium Königsberg gegründet und war eine Abteilung der landeskundlichen Forschungsstelle Gauselbstverwaltung Danzig-Westpreußen. Institutionell der NOFG angeschlossen, plante sie Bevölkerungsuntersuchungen im Dienste der völkischen Flurbereinigung in den Ostgebieten des Deutschen Reichs. Im November 1940 nahm Keyser als Vertreter seines Landesamts an einer »Bevölkerungsgeschichtlichen Tagung« der NOFG in Berlin teil. Die Berliner Beratungen sollten nach den Vorstellungen von Albert Brackmann eine Übersicht über bisherige Forschungen erarbeiten, wobei die Erstellung von Studien zu ethnischen Gruppen im »Ostraum«, wie sie etwa Erich Keyser über die Kaschuben durchführte, und die anstehenden Arbeiten zur »Bevölkerungspolitik« als Grundlagen für eine zukünftige »Bevölkerungsforschung des Ostens« im Vordergrund standen.[338] An dem Treffen waren die *Sudetendeutsche Anstalt für Landes- und Volksforschung* in Reichenberg (Liberec) durch Heinz Prokert, das *Landesamt für schlesische Landeskunde* in Breslau durch Hermann Aubin, das *Landesamt für Landesforschung* in Posen durch Walter Geisler (1891-1945) und die *Landesstelle Ostpreußen für Nachkriegsgeschichte* in Königsberg durch Theodor Schieder vertreten.[339] Unter anderem referierten hier Aubin und Walter Kuhn über Fragen der »nationalpolitischen Probleme der Darstellung von Bevölkerungsentwicklungen«.[340] Keyser berichtete über die Pläne seines Amts. Die von ihm geleitete Forschungsstelle sollte vier Arbeitsvorhaben umsetzen, die sich eindeutig in die regionale Germanisierungspolitik einordneten: 1. ein landesgeschichtliches Gutachten für die

337 BArch Berlin, R 73/12566, Rassenpolitisches Amt, Gau Danzig der NSDAP, an die DFG v. 22.8.1938. (BArch, R 73/12566, Schreiben der DFG an E. Keyser v. 27.3.1939).

338 Albert Brackmann in einem Brief vom 19.3.1943 an die *Sudetendeutsche Anstalt für Landes- und Volksforschung*, zit. n. Konrád, Die Sudetendeutsche Anstalt, 93.

339 Diese ›Landesforschungsstellen‹ an den Grenzen zu Polen waren den jeweiligen NSDAP-Gauleitungen unterstellt und sollten den Nukleus eines künftigen – allerdings nie verwirklichten – »Reichsamts für Landesforschung« – bilden. Fahlbusch, Wissenschaft, 578.

340 Ebd.

Gaudienststellen erstellen; 2. an der Eindeutschung der Ortsnamen im neuen Reichsgau mitwirken; 3. die Provinzialgeschichte erforschen; 4. die Bevölkerungsgeschichte des Weichsellandes erarbeiten. Deklariertes Ziel dieser Arbeiten war es, Unterlagen für bevölkerungspolitische Maßnahmen bereitzustellen.[341]

Im Volkslistenverfahren stellte Keyser seine Expertise Wilhelm Löbsack, dem Schulungsleiter der Danziger NSDAP, zur Verfügung. Löbsack, zugleich Generalreferent für Volkstumsfragen, tat sich noch im Mai 1944 als Propagandist der eliminatorischen NS-Judenpolitik hervor: Im Parteiorgan *Danziger Vorposten* resümierte er in kaum verhüllten Worten, dass in Polen und Ungarn bis zu diesem Zeitpunkt »fünf Millionen Juden ausgeschaltet« worden seien.[342] Während Juden oder als Juden Verdächtigte in Danzig bereits seit 1933 systematisch verfolgt, entrechtet und schließlich vertrieben und ermordet wurden, verfolgte man gegenüber ›Volksdeutschen‹ und vermuteten ›Deutschstämmigen‹ im annektierten Reichsgau Danzig-Westpreußen eine vergleichsweise ›inklusive Selektionspolitik‹. Nicht (so sehr) ›rassische‹ Kriterien, sondern das politische Wohlverhalten galten als entscheidende Kriterien für die Aufnahmen in die ›Deutsche Volksliste‹.[343] In der »Anordnung zur Durchführung der Wiedereindeutschungsaktion« in Danzig-Westpreußen hieß es zwar: »Nur solche Personen bzw. Familien werden für die Eindeutschung vorgesehen, die in ihrem Erscheinungsbild von unseren deutschen Volksgenossen nicht unterschieden werden können und rassisch in unseren Volkskörper hineinpassen«; das DVL-Verfahren blieb aber trotz der Bestrebungen Himmlers und der SS, ›rassische‹ Selektionskriterien zu privilegieren, zumindest in Danzig-Westpreußen und in Oberschlesien ein Instrument in den Händen der dortigen Gauleiter, die ihre bereits eingeschlagene Linie der »Volkstums-« gegenüber der »Rassenpolitik« favorisierten.[344] Löbsack, Keyser und dessen Assistent Detlev Krannhals (1911-1969) kamen ausgehend von den Daten der deutschen Volkszählung von 1939 zu dem Schluss, dass »etwa 30.000 Familien für eine Eindeutschung [...] in Frage kommen müssten«.[345]

Keysers Mitwirkung an den Maßnahmen der NS-Volkstums- und Bevölkerungspolitik beschränkte sich indes nicht auf Danzig. Vielmehr kooperierte er zudem mit dem 1927 gegründeten Danziger *Ostland-Institut*, das mit der Überwachung der polnischen Wissenschaft beauftragt war und zunächst als eine Außenstelle der Leipziger *Stiftung für Volks- und Kulturbodenforschung* (SVKF) und später der NOFG geführt worden war.[346] Im Februar 1943 beteiligte sich Keyser

341 Ebd., 581 f.

342 Wilhelm Löbsack, Juda vor dem Fall, in: Danziger Vorposten, 13.5.1944, zit. n. Frank Bajohr/Dieter Pohl, Der Holocaust als offenes Geheimnis: die Deutschen, die NS-Führung und die Alliierten, München 2006, 58.

343 Gerhard Wolf, Deutsche Volksliste, in: Haar/Fahlbusch (Hg.), Handbuch, 129-135, hier 132, 135.

344 Zit. n. Michael G. Esch, »Gesunde Verhältnisse«: deutsche und polnische Bevölkerungspolitik in Ostmitteleuropa 1939-1950, Marburg 1998, 237; vgl. ebd., 132.

345 Ebd., 237.

346 Fahlbusch, Wissenschaft, 189, 535, 577.

in Posen an einer »Besprechung der NOFG über bevölkerungshistorische Aufgaben«, »die in einem kriegswichtigen Sofort-Programm umgehend zur Anwendung gelangen sollten«. Dabei ging es darum, die ›deutschfreundlichen‹ Minderheiten in Westpreußen und Pommern (Masuren, Kaschuben, Schlonsaken) »von den Polen zu trennen und in Volksdeutsche zu verwandeln«: eine Maßnahme, die ausdrücklich als »Umvolkung« bezeichnet wurde.[347]

Keysers Mitwirkung an der historiographischen Legitimation der nationalsozialistischen Gewaltherrschaft in Polen ist damit ebenso belegt wie seine Gutachtentätigkeit für das bevölkerungspolitische Programm der ›Deutschen Volksliste‹. Er selbst nutzte den Begriff ›Bevölkerungsgeschichte‹ dazu, um sich von anderen Vertretern der deutschen ›Volksgeschichte‹ abzugrenzen und seine Auffassung der ethnischen Gemengelage im Grenzgebiet von Deutschland und Polen in den diskursiven Überschneidungsbereich von Wissenschaft, Propaganda und Politik einzubringen. Das Jahr 1945 bildete für ihn, der aus Danzig flüchten musste, wenigstens in dieser Sicht nur eine bedingte Zäsur.[348]

Beispiel 2: Die ›Bielitzer Wandervögel‹ um Walter Kuhn und die NS-Umsiedlungs- und Vertreibungspolitik

Walter Kuhn, Alfred Karasek (1902-1970), Viktor Kauder (1899-1985) und Josef Lanz (1902-1981) wurden Anfang der 1920er-Jahre im damals polnischen Bielitz (Bielsko-Biała) sozialisiert. Der Bielitzer *Wandervogel e. V.*, in dem Kuhn und seine Freunde zusammentrafen, bildete den entscheidenden Ausgangspunkt für ihre gemeinsamen Aktivitäten als ›Heimatkundler‹ und künftige deutsche ›Volksforscher‹. Sie lassen sich den Alterskohorten jener jungen Volksforscher zuordnen, die zwischen der Machtübertragung an die Nationalsozialisten 1933 und dem deutschen Angriff auf Polen 1939 entscheidende Karriereschritte vollzogen.[349]

Die Karrierewege der ›Bielitzer Wandervögel‹ verliefen anfänglich über Instanzen und Netzwerke, die außerhalb der Universitäten angesiedelt waren. Sie wurden jedoch bereits in der Weimarer Republik von einflussreichen Universitätsprofessoren gefördert. Gerade ihre Bereitschaft, sich mit methodischen Instrumentarien aus ›Volkskunde‹, ›Statistik‹, ›Geschichte‹ und ›Siedlungsforschung‹ – mithin von einander benachbarten Disziplinen – auseinanderzusetzen, sollte sie später, in bevölkerungspolitischen Kontexten des Nationalsozialismus,

347 Ebd., 583.

348 Vgl. zu Keyser speziell das Kap. III.5.

349 Vgl. zu den Wechselwirkungen von weltanschaulicher Prägung, ›Generationalität‹ und wissenschaftlichen Praktiken anhand der Bielitzer ›Wandervögel‹ Alexander Pinwinkler, Walter Kuhn (1903-1983) und der Bielitzer »Wandervogel e. V.«: Historisch-volkskundliche »Sprachinselforschung« zwischen nationalistischem Pathos und politischer Indienstnahme, in: Zeitschrift für Volkskunde 105 (2009), 29-51, sowie die diesbezüglichen Ausführungen im Kap. III.9.

in ihrer eigenen Sicht dazu befähigen, komplexe Nationalitätenverhältnisse Ostmitteleuropas zielgerichtet sozialplanerisch und -technologisch umzugestalten. Jene spezifischen Voraussetzungen, die letztlich zur Entstehung einer technokratischen Funktionselite der Siedlungs- und Bevölkerungsplanung führten, wurden somit erst im Zusammenwirken von mächtigen ›Mandarinen‹ der ›Wilhelminer‹ oder der ›Frontkämpfergeneration‹ mit den jüngeren Nachwuchskräften[350] geschaffen.

So war Alfred Karasek im Jahr 1939 gemeinsam mit Wilfried Krallert (1912-1969), dem Geschäftsführer der P-Stelle der *Südostdeutschen Forschungsgemeinschaft* (SODFG) in Wien, und Fritz Valjavec für die SODFG Mitglied im »Hauptschulungsamt« der NSDAP. Seit 1938 war Karasek u. a. wissenschaftlicher Referent der SODFG in Wien. Im Krieg gehörte er als SS-Obersturmführer dem »Sonderkommando Künsberg« an, das seit 1941 der Waffen-SS unterstand. Dieses diente »unmittelbar der Erbeutung, der Sicherstellung und dem Abtransport von politischen Archiven der auswärtigen Ämter, der statistischen Zentralämter bei den Innenministerien und der militärisch-geographischen Karten der besetzten Staaten«. Für die SODFG war Karasek u. a. als »Gebietsbevollmächtigter für die Umsiedlungsaktion der Deutschstämmigen in Wolhynien« zuständig.[351]

Kurt Lück (1900-1942), der als Achtzehnjähriger bei den Kämpfen um Posen verwundet worden war, promovierte 1926 an der Universität Breslau mit einer Arbeit über »Die Bauern im polnischen Roman des 19. Jahrhunderts«. Er war vor allem im deutschen Kulturleben in Posen vertreten, wo er bis 1940 die *Geschäftsstelle der Volksdeutschen* leitete. Im ›Dritten Reich‹ bescheinigte er u. a. »Volkstumszugehörigkeiten« und avancierte zum SS-Obersturmbannführer. Als solcher leitete er die *Volksdeutsche Vereinigung* und fungierte als Verbindungsmann der NOFG zum SD-Oberabschnitt Warthe. Für die NOFG bekleidete Lück neben Walter Kuhn die Funktion eines Sachverständigen für Polen und das dortige Deutschtum. Beide wurden seit 1934 von der NOFG regelmäßig mit Geldmitteln unterstützt. Lück starb 1942 als SS-Hauptsturmführer und »Sonderführer« bei einer sogenannten »Säuberungsaktion« im Mittelabschnitt der Ostfront.[352] Viktor Kauder war ebenfalls Vertrauensmann der NOFG und ein wichtiger Aktivist der deutschen Kulturpflege in Polen. Er gab einige Zeitschriften und Reihen heraus, darunter seit 1925 gemeinsam mit Hermann Rauschning (1887-1982), dem späteren Danziger Senatspräsidenten, die *Deutschen Blätter in Polen*. Kauder vermittelte Kuhn 1932 eine Stelle als wissenschaftlicher Assistent beim *Deutschen Kulturbund* in Polen. Im Rahmen des deutschen Kulturraubs nach dem Polenfeldzug war Kauder als ehemaliger Sekretär des *Verbandes deutscher Volksbüchereien* für die Schließung und Beschlagnahme ganzer Bibliothe-

350 Vgl. hierzu auch Ingo Haar, »Revisionistische« Historiker und Jugendbewegung: Das Königsberger Beispiel, in: Schöttler (Hg.), Geschichtsschreibung, 52-103.

351 Fahlbusch, Wissenschaft, 487 f.; 492; 497, 480, 516.

352 Ebd., 192 f.; 516; 559; Michael Burleigh, Germany turns Eastwards. A Study of Ostforschung in the Third Reich, Cambridge 1988, 103 f.

ken verantwortlich.[353] Josef Lanz war Lehrer in Neudorf bei Drohobycz und in Dornfeld in Galizien, wo er 1939/40 als Sachverständiger in der Umsiedlungskommission mitarbeitete.[354]

Walter Kuhn selbst hatte am 6. Dezember 1939, wenige Monate nach der Eroberung von Bielitz, um Aufnahme in die NSDAP angesucht, in die er am 1. Februar 1940 tatsächlich eintreten konnte.[355] Kuhn nahm häufig an verschiedenen Veranstaltungen von Deutschtumsverbänden teil. Er gehörte seit 1938 z. B. dem *Bund deutscher Osten* (BDO) an, der als Grenzlandorganisation den nationalsozialistischen »Volkstumsgedanken« vertrat.[356] Seine Aktivitäten in nationalkonservativen und NS-nahen Institutionen und Organisationen sowie seine Mitwirkung an VFG-Tagungen vor und nach 1933 trugen wesentlich dazu bei, seine Karriere nach der Machtübernahme der Nationalsozialisten in Deutschland noch zu beschleunigen. Für die NOFG, der er seit ihrer Gründung am 1. November 1933 angehörte, betätigte sich Kuhn 1939 darüber hinaus im Hauptschulungsamt der NSDAP.[357]

Seine Beratungstätigkeit für die NS-Umsiedlungsprogramme ist für die geplante Umsiedlung der sogenannten Wolhyniendeutschen weitgehend dokumentiert. Diese Gruppe von Russlanddeutschen sollte von Ostpolen in die völkerrechtswidrig neu geschaffenen Reichsgaue Posen und Warthegau umgesiedelt werden.[358] Fragen der Familiengröße und -struktur, der Geburtenrate und Sterblichkeit der Kolonisten spielten bei diesen Überlegungen stets eine wesentliche Rolle. Sie traten meist in Verbindung mit der Erörterung von Problemen der Wirtschafts- und Agrarstruktur auf: Dies gilt z. B. für die Schrift »Stammesgruppen, Bodenverhältnisse, Anbaufrüchte usw. in Galizien und Wolhynien und die sich daraus für die Umsiedlung ergebenden Gesichtspunkte«, die Kuhn am 22. Januar 1940 an den Chef der *Sicherheitspolizei* (Sipo) und deren SD-Einwandererzentrale Nord-Ost »Lodsch« richtete. Kuhn trat hier dafür ein, den Wolhyniendeutschen ihre angenommenen biologischen Eigenschaften auch nach ihrer Umsiedlung zu bewahren. Aus seiner Sicht schien dies nur dann möglich zu sein, wenn für ihre Ansiedlung ein spezifisches naturräumliches Umfeld gesucht wurde, das ihrer angenommenen »Stammesart« und zivilisatorischen Rückständigkeit entsprach. Zugleich warnte er bei einer Sitzung des Arbeitskreises Umsiedlung der *Reichsarbeitsgemeinschaft für Raumforschung* (RAG) am 12. April 1940

353 Ebd. (Fahlbusch), 193; 479; ebd. (Burleigh), 106; Wilhelm Fielitz, Das Stereotyp des wolhyniendeutschen Umsiedlers, Marburg 2000, 377.

354 Ebd. (Fielitz, Stereotyp), 381.

355 BArch Berlin, (ehemaliges Berlin Document Center, BDC), W. Kuhn, NSDAP-Gaukartei.

356 StAH, Entnazifizierungsakt W. Kuhn, Fragebogen, sowie Haar, Historiker, 156-158.

357 Fahlbusch, Wissenschaft, 132 f.

358 Vgl. Michael Burleigh, Die Stunde der Experten, in: Mechtild Rössler/Sabine Schleiermacher (Hg.), Der »Generalplan Ost«. Hauptlinien der nationalsozialistischen Vernichtungspolitik, Berlin 1993, 346-350, hier 349.

davor, die Wolhyniendeutschen im Vergleich zu den Reichsdeutschen als »Menschen zweiter Klasse« bzw. lediglich als »Menschenmaterial«[359] zu betrachten.

Die zweite Region, für die Kuhn neben Ostpolen und Wolhynien als Berater eingesetzt wurde, war seine engere Heimat Schlesien. Bei der Berliner »Bevölkerungsgeschichtlichen Tagung«, an der im Herbst 1940 außer Kuhn u.a. Hermann Aubin und Erich Keyser teilnahmen, wurde die »Germanisierung« slawischer Bevölkerungsgruppen in den preußischen Ostprovinzen in historischer Perspektive erörtert. Kuhn bezog sich dabei auf die jüngere Geschichte Schlesiens: Einerseits sei der dortige Bevölkerungsrückgang darauf zurückzuführen, dass im 19. Jahrhundert eine Abwanderung nach Westen eingesetzt habe. Andererseits habe die saisonale Migration polnischer Landarbeiter zugenommen. Ferner sei die Geburtenrate der Deutschen Schlesiens vergleichsweise niedriger, wodurch es zu einer relativen Abnahme der Deutschen gegenüber den Polen gekommen sei. Die besondere Problematik, die sich aus diesen demographischen Entwicklungen ergab, fasste Kuhn bündig so zusammen: »Während die Sprachgrenze nach dem Osten vordrang, so stand dem eine Verschiebung des Menschentums in Rasse nach dem Westen gegenüber«.[360]

Nach 1945 nahm Kuhn für sich in Anspruch, schon während des ›Dritten Reichs‹ gegen das Konzept der SS-Umsiedlungskommissionen gewesen zu sein, »ostdeutsche Gruppen« im Zuge der Umsiedlung mit »westdeutschen Bauern« zu vermischen. Es sei »dringendster Wunsch der Kolonisten« gewesen, »bei der Neuansetzung nach Möglichkeit in den alten Dorfverbänden zusammenzubleiben.« Die SS habe hingegen die überlieferten kulturellen Prägungen verwischen wollen. Ihr Ziel sei die Schaffung eines »Neustammes« gewesen, »der als Versuchsfeld für die Ideen nationalsozialistischer Staats- und Menschenführung dienen konnte«.[361]

Diese Stellungnahme, die Kuhn fast vier Jahrzehnte nach dem Ende des Zweiten Weltkriegs zu seiner Tätigkeit als Umsiedlungsexperte abgab, sollte indes nicht dazu verleiten, seine Rolle als NS-Umsiedlungsexperte zu relativieren. Indem er dafür eintrat, die von ihm vermutete Stammesidentität der ›Kolonisten‹ zu bewahren, verfolgte Kuhn lediglich den Zweck, ihre vermeintliche biologische Widerstandskraft gegen die schädlichen Einflüsse der zivilisatorischen Moderne zu stärken. Sein ausgeprägt dichotomes Bild von ›Kolonisten‹ und ›Reichsdeutschen‹ reflektierte zudem eine statische Auffassung grundlegender Wirkungsmechanismen innerhalb von Gesellschaften, deren Dynamiken von sozialem Wandel, von Migrationen und von Kulturtransfers Kuhn hinsichtlich der Umzusiedelnden nicht berücksichtigte. Hingegen setzte sich Kuhn dafür ein, eine bestimmte ›Stammesart‹ über ihre Umsiedlung hinweg zu bewahren und in einem neuen geographischen Umfeld zu rekonstituieren. Er näherte sich

359 Zit. n. Fahlbusch, Wissenschaft, 516.

360 Zit. n.ebd., 579.

361 Walter Kuhn, Eine Jugend für die Sprachinselforschung. Erinnerungen, in: ders., Neue Beiträge zur schlesischen Siedlungsgeschichte. Eine Aufsatzsammlung, Sigmaringen 1984, 238-275, hier 270.

damit der nationalsozialistischen Leitvorstellung eines nach ›Stämmen‹ und ›Landschaften‹ differenzierten, rassisch homogenen Staates an, der die ›Volksgemeinschaft‹ als Dogma über den Einzelnen stellte. Kuhn machte daher seinerseits durch gelehrte Vorannahmen konstruierte Volksgruppen diskursiv zu einem ›Menschenmaterial‹, das letztendlich beliebig für die Umsiedlungszwecke des NS-Regimes instrumentalisiert werden konnte.

III. Das deutsche ›Volk‹ als historiographisches Zahlenspiel? Individuelle Akteure, Werkbiographien und generationelle Muster

1. ›Historische Bevölkerungsstatistik‹ als Widerpart der konventionellen Geschichtswissenschaft? Karl Julius Beloch und Karl Bücher

In Deutschland waren Nationalökonomen, nicht ›zünftige‹ Historiker maßgeblich dafür verantwortlich, dass die ›Historische Bevölkerungsstatistik‹ im letzten Drittel des 19. Jahrhunderts einen bemerkenswerten Aufschwung erlebte. Es war der Tübinger Wirtschaftswissenschaftler Friedrich Julius Neumann, der ab 1883 die erste bevölkerungsgeschichtliche Buchreihe in Deutschland herausgab. Sie trug den Titel »Beiträge zur Geschichte der Bevölkerung in Deutschland seit dem Anfange dieses Jahrhunderts«.[1] Den Begriff der ›Historischen Bevölkerungsstatistik‹ prägte der österreichische Wirtschaftshistoriker und Statistiker Karl Theodor von Inama-Sternegg (1843-1908), der auch Präsident der *k. k. Statistischen Zentralkommission* war.[2]

Inama-Sternegg bezog diese Forschungsrichtung in erster Linie auf die gesellschaftlichen Verhältnisse und wirtschaftlichen Strukturen von Mittelalter und Früher Neuzeit. Die Bevölkerungsstatistik bildete für ihn den epistemologischen Kern der historischen Statistik, die Datenreihen erstellen und so der wirtschaftsgeschichtlichen Forschung empirische Grundlagen vermitteln sollte. Aus Inama-Sterneggs programmatischer Skizze »Die Quellen der historischen Bevölkerungsstatistik« ging hervor, dass diese in erster Linie verschiedene statistische Sekundärquellen bearbeitete: Steuerregister, Feuerstellen-Kataster, Bürgerverzeichnisse, Mannschafts- und Musterungslisten sollten Datenmaterial über einzelne Bevölkerungsgruppen liefern, die für wirtschafts- und sozialhistorische Fragestellungen verarbeitet werden könnten.[3]

Als erste allgemeine »Volksaufnahmen«, die allerdings noch nicht als Volkszählungen in einem modernen Sinn bewertet werden könnten, bezeichnete Inama-Sternegg die spätmittelalterlichen Erhebungen in Nürnberg (1449) und

1 Neumann (Hg.), Beiträge zur Geschichte der Bevölkerung, Bd. 1.1883-Bd. 7.1903.

2 Vgl. als zusammenfassende Darstellung der Ergebnisse, welche die ›Historische Bevölkerungsstatistik‹ bis dahin erzielt hatte, Karl Theodor von Inama-Sternegg, Bevölkerung des Mittelalters und der neueren Zeit bis Ende des 18. Jahrhunderts in Europa, in: Handwörterbuch der Staatswissenschaften. Bd. 2, 3. Aufl., Jena 1909, 882-898.

3 Karl Theodor von Inama-Sternegg, Die Quellen der historischen Bevölkerungsstatistik, in: Statistische Monatsschrift 12 (1886), 387-408, hier 387 f. u. 392-400.

Straßburg (1473-1477).[4] Sie seien nicht aus einem Interesse an der Volkszahl, sondern zu Verwaltungszwecken durchgeführt worden. Dem Berliner Historiker und Staatswissenschaftler Ignaz Jastrow (1856-1937) schrieb er das Verdienst zu, auf die seit dem 16. Jahrhundert bestehende kirchliche Bevölkerungsstatistik hingewiesen zu haben. In der Auswertung von Kirchenbüchern sah Inama-Sternegg eine Möglichkeit, um künftig zu empirisch fundierten Aussagen über größenmäßig begrenzte, einheitliche Bevölkerungsgruppen zu gelangen.[5] Er erkannte damit – wie zuvor bereits Armin Tille – die Bedeutung dieser Quellengruppe für eine Forschungsrichtung, die seit den 1920er-Jahren zunächst im Rahmen der ›Bevölkerungsbiologie‹, ›Volksgenealogie‹ und ›Sippenforschung‹ und seit den 1970er-Jahren für die neu etablierte ›Historische Demographie‹ wieder an Bedeutung gewann.

Deutsche Nationalökonomen und Wirtschaftshistoriker des späten 19. Jahrhunderts hatten bei ihren Untersuchungen meist das eigene ›Volk‹ und die deutsche ›Volkswirtschaft‹ im Auge. Darüber hinaus waren sie wenigstens programmatisch daran interessiert, universale Gesetzmäßigkeiten des Lebens der ›Völker‹ oder der wirtschaftlichen Entwicklung aufzuzeigen.[6] Die meisten von ihnen unterschieden sich in ihrer politisch liberalen bzw. nationalliberalen, teils ›kathedersozialistischen‹ Einstellung klar von der deutlichen Begrenztheit des Erkenntnishorizonts vieler historischer Studien, die im Umfeld der deutschen ›Volksforschungen‹ der 1920er- und 1930er-Jahre entstehen sollten. Die ethnische Zugehörigkeit, insbesondere in den deutsch-polnischen Grenzgebieten, konnte aber bereits als ein relevantes historisch-statistisches Kriterium angesehen werden, wie die oben erwähnte Buchreihe »Beiträge zur Geschichte der Bevölkerung in Deutschland« verdeutlichte.

Zu den einflussreichsten Vertretern der ›Historischen Bevölkerungsstatistik‹ gehörten im letzten Drittel des 19. Jahrhunderts der Althistoriker Karl Julius Beloch (1854-1929) und der Nationalökonom und Statistiker Karl Bücher (1847-1930). Ein vergleichender Blick auf diese beiden der ›Historischen Schule der Nationalökonomie‹ nahestehenden Pioniere der ›historischen Bevölkerungsforschungen‹ lohnt sich sowohl wegen ihrer besonderen fachlichen, als auch aufgrund ihrer individuellen Originalität als Vertreter eigenwilliger Forschertypen.[7] Die ›Historische Bevölkerungsstatistik‹ sollte in erster Linie die Bevölkerungszahl einzelner deutscher Städte für bestimmte geschichtliche Perioden ermitteln. Historisch-statistische Forschungen verbanden sich oft eng mit wirtschafts- und gewerbegeschichtlichen Fragestellungen. Im Mittelpunkt der Erörterungen und

4 Karl Theodor von Inama-Sternegg, Städtische Volkszählungen im Mittelalter, in: Statistische Monatschrift N.F. 11 (1906), 279-283, hier 279.

5 Von Inama-Sternegg, Die Quellen, 402; 406.

6 Vgl. Hedda Gramley, Propheten des deutschen Nationalismus. Theologen, Historiker und Nationalökonomen (1848-1880), Frankfurt a.M. 2001, bes. 290f.

7 Vgl. hierzu auch Ehmer, »Historische Bevölkerungsstatistik«, 20-23 zu Bücher und Beloch, sowie Beate Wagner-Hasel, Die Arbeit des Gelehrten. Der Nationalökonom Karl Bücher (1847-1930), Frankfurt a.M.-New York 2011.

Kontroversen der Bevölkerungshistoriker standen die Verlässlichkeit und die Möglichkeiten der historiographischen Auswertung bevölkerungsstatistischer Quellen; theoretische Fragen zum Verhältnis zwischen Bevölkerung, Wirtschaft und Gesellschaft spielten hingegen eine geringere Rolle. Von wirtschafts- und sozialwissenschaftlichen Forschungen im Allgemeinen und von der Historischen Statistik und Bevölkerungshistorie im Besonderen hielt sich die akademische Geschichtswissenschaft weitgehend fern. Ihrer Öffnung gegenüber stärker sozialwissenschaftlich orientierten Verfahrensweisen und Methoden standen die überlieferte philologisch orientierte Quellenexegese ebenso entgegen wie der paradigmatisch einflussreiche historistische Individualismus, dessen Leitideen Jacob Burckhardt (1818-1897) im fünften Kapitel seiner »Weltgeschichtlichen Betrachtungen« herausgestellt hatte.[8]

Der ›Tummelplatz eines wüsten Dilettantismus‹? Beloch und die Bevölkerungsgeschichte des Altertums

Karl Julius Beloch, der die demographische Entwicklung als entscheidende Triebfeder der Geschichte einschätzte und diese auch in historiographische Gesamtdarstellungen integrierte, stieß bei vielen seiner Fachkollegen auf teilweise scharfe Ablehnung. Die partielle Zurückweisung von Belochs Forschungsansatz lag in erster Linie an grundlegend unterschiedlichen fachlich-methodischen Herangehensweisen. Hierbei dürfte aber auch eine Rolle gespielt haben, dass Beloch weder von einem übersteigerten Selbstbewusstsein, noch von bisweilen aggressiver Polemik gegenüber tatsächlichen oder vermeintlichen Gegnern frei war. Im Kollegenkreis, der ihm wegen seiner vergleichsweise unkonventionellen Forschungsmethoden ohnehin mit tiefer Skepsis begegnete, verlor er daher zusätzlich an Sympathien.[9] Belochs Interesse für das Verhältnis von Flächenraum und Bevölkerungszahl in der Antike (»Arealstatistik«) unterschied sich deutlich von der philologischen Auswertungspraxis bevölkerungsgeschichtlicher Quellen, welche in der historischen Forschung weiterhin vorherrschte: Er selbst war der Ansicht, dass die Bevölkerungsgeschichte des Altertums so lange der »Tummelplatz eines wüsten Dilettantismus« gewesen sei, bis er *seine* Pionierstudie über »Die Bevölkerung der griechisch-römischen Welt«[10] herausgebracht habe:

8 Vgl. Jacob Burckhardt, Weltgeschichtliche Betrachtungen, Stuttgart 1978 [erstmals 1905 aus dem Nachlass erschienen], 5. Kap., Das Individuum und das Allgemeine (Die historische Größe), 208-248.

9 Vgl. das ausgewogene Porträt Belochs von Karl Christ, Karl Julius Beloch, in: ders., Von Gibbon zu Rostovtzeff. Leben und Werk führender Althistoriker der Neuzeit, Darmstadt 1972, 248-285. Vgl. auch G. W. Bowersock, Beloch and the Birth of Demography, in: Transactions of the American Philological Association 127 (1997), 373-379, u. Walter Scheidel (ed.), Debating Roman Demography, Leiden-Boston-Köln 2001, 1-81, hier bes. 5-9.

10 Leipzig 1886. Die Arbeit war als Teil eines größeren Werkes »Historische Beiträge zur Bevölkerungslehre« konzipiert.

Beloch versuchte darin, über die Ermittlung von Bevölkerungszahlen hinauszugehen und z. B. Überlebenswahrscheinlichkeiten und die durchschnittliche Lebenserwartung zu berechnen.[11] Gerade solche im engeren Sinn demographische Überlegungen und Kalkulationen riefen zahlreiche Kritiker auf den Plan, die sie »als durchaus nicht erwiesen« ansahen.[12] Der Widerstand gegen seine Arbeiten wunderte den Kritisierten selbst keineswegs, »denn die Statistiker verstehen in der Regel nichts vom Altertum, die Philologen nichts von Statistik.«[13]

Einige der von Beloch so heftig angegriffenen »Philologen« unter den Althistorikern überschütteten diesen ihrerseits mit harscher Kritik: Theodor Mommsen (1817-1903), der damals wohl bedeutendste deutsche Althistoriker, äußerte sich zu seinem Buch »Der Italische Bund«,[14] das voll von demographischen Ausführungen war, folgendermaßen: »Kaum ist je eine Monographie mit gleicher Vernachlässigung der Spezialuntersuchung geschrieben und eine Fahrt ins Blaue der Wissenschaft mit gleich leichtem Gepäck angetreten worden.«[15] Dieses vernichtende Verdikt hatte für Beloch zur Folge, dass er, solange Mommsen lebte, keine Chance hatte, an einer deutschen Universität Fuß zu fassen. Abgesehen von Belochs tiefgreifender Kritik an historisch-statistischen Überlegungen in althistorischen Arbeiten dürfte vor allem sein neuartiger methodischer Zugang Mommsens Gegnerschaft hervorgerufen haben. Die sich auf Wahrscheinlichkeitsannahmen stützende ›Konjekturalstatistik‹, wie sie Beloch betrieb, ließ sich nämlich mit der textkritisch-philologischen Arbeitsweise des Altmeisters der deutschen Altertumsforschung kaum vereinbaren.

Belochs Interesse für die klassische Antike wurde von seinen frühen Aufenthalten in Italien her genährt, wo er bereits als Jugendlicher wegen eines Bronchialleidens längere Zeit zubrachte. In Palermo, Heidelberg und Rom studierte er Altertumswissenschaften, wobei er sich bereits bevölkerungsstatistischen Fragen zuwandte. Seine akademische Laufbahn in Italien, wo er seit 1879 eine Professur für Alte Geschichte an der Universität Rom innehatte, unterbrach er nur einmal aufgrund einer Berufung an die Universität Leipzig. Diesem Ruf folgte er 1912/13, ehe er aufgrund einer Erkrankung seiner Frau, die als gebürtige Südländerin das dortige Klima nicht vertrug, wieder auf seine römische Professur zurückkehrte. Im Ersten Weltkrieg wurde Beloch, der aus seiner deutschnationalen Einstellung nie ein Hehl gemacht hatte und der deshalb die Annahme der itali-

11 Ehmer sah in diesen Ansätzen Belochs Fortschritte gegenüber der bloßen Ermittlung von Einwohnerzahlen, wie sie in der ›Historischen Bevölkerungsstatistik‹ bis dahin sonst überwogen. Ehmer, »Historische Bevölkerungsstatistik«, 25.

12 C.[urt] Wachsmuth, Bespr. [Karl] Julius Beloch, Die Bevölkerung der griechisch-römischen Welt, Leipzig 1886, in: JbbNSt 49 (1887), 32-38, hier 37.

13 Karl Julius Beloch, Selbstdarstellung, in: Sigfrid Steinberg (Hg.), Die Geschichtswissenschaft der Gegenwart. Bde. 1-2,2, Leipzig 1926, 1-27, hier 11.

14 Karl Julius Beloch, Der Italische Bund unter Roms Hegemonie. Staatsrechtliche und statistische Forschungen, Leipzig 1880.

15 Zit. n. Bowersock, Beloch, 375.

enischen Staatsbürgerschaft ablehnte, von der italienischen Regierung interniert. Erst 1925 konnte er wieder auf sein Ordinariat in Rom zurückkehren.[16]

›Die gewaltigen Kräfte‹ der ›großen Massenbewegungen‹: Bücher und die historische Statistik von Frankfurt a. M.

Karl Bücher hatte wie Beloch Alte Geschichte studiert. Er absolvierte seine akademische Laufbahn aber nicht als Althistoriker, sondern als ein fachlich überaus vielseitiger Ökonom und Statistiker, welcher der ›Jüngeren Historischen Schule der Nationalökonomie‹ zugerechnet wurde.[17] Bücher erhielt 1881 in München die Venia Legendi für Nationalökonomie und Statistik. Nach Ordinariaten an den Universitäten Dorpat und Basel sowie an der Technischen Hochschule Karlsruhe folgte er 1892 einem Ruf nach Leipzig, wo er bis 1917 lehrte und wo seine nationalökonomischen Hauptwerke entstanden.[18]

Im Gegensatz zu Beloch erntete Bücher mit seiner Studie »Die Bevölkerung von Frankfurt am Main im XIV. und XV. Jahrhundert« unter Fachkollegen nahezu ungeteilte Zustimmung. Bereits 1881 sprach er vor der Generalversammlung des *Gesammtvereins der deutschen Geschichts- und Alterthumsvereine* über Methode und erste Resultate seiner Untersuchungen, wobei er nach eigenem Bekunden von den versammelten Historikern freundlich aufgenommen wurde.[19] Mit der Erforschung der historischen Statistik von Frankfurt a. M. betrat Bücher indes kein historiographisches Neuland. Schon bevor er seine Studie veröffentlicht hatte, untersuchten deutsche und Schweizer Nationalökonomen die Bevölkerungsentwicklung von Städten wie Basel, Rostock oder Straßburg, deren reichhaltige Quellenüberlieferungen historisch-statistische Studien wesentlich begünstigten.[20] Der Tübinger Ordinarius für Nationalökonomie und Statistik Gustav von Schönberg (1839-1908), der über die Finanz- und Bevölkerungsverhältnisse Basels gearbeitet hatte, nahm für sich in Anspruch, Karl Bücher zur

16 Beloch, Selbstdarstellung, 4; 11; 21 f.

17 Vgl. zu Büchers Lebenslauf Wolfgang Drechsler, Karl Bücher (1847-1930), in: Jürgen Backhaus (ed.), Karl Bücher. Theory – History – Anthropology – Non Market Economies, Marburg 2000, 413-416.

18 Vgl. Karl Bücher, Die Entstehung der Volkswirtschaft, Tübingen 1893; ders., Arbeit und Rhythmus, Berlin 1896.

19 Karl Bücher, Die Bevölkerung von Frankfurt am Main im XIV. und XV. Jahrhundert – socialstatistische Studien. Erster Bd., Tübingen 1886, XII. Vgl. u. a. die Rezension von Karl Lamprecht, in: Archiv für soziale Gesetzgebung und Statistik 1 (1888), 485-532.

20 Vgl. Karl Theodor Eheberg, Straßburgs Bevölkerungszahl seit dem 15. Jahrhundert bis zur Gegenwart, in: JbbNSt N. F. 7 (1883), 297-314; 413-429; H.[ermann] Paasche, Die städtische Bevölkerung früherer Jahrhunderte. Nach urkundlichen Materialien aus dem Raths-Archive der Stadt Rostock, in: JbbNSt 39 (1882), 303-380; Gustav Friedrich v. Schönberg, Finanzverhältnisse der Stadt Basel im 14. und 15. Jahrhundert, Tübingen 1879; vgl. auch Ignaz Jastrow, Die Volkszahl deutscher Städte zu Ende des Mittelalters und zu Beginn der Neuzeit, Berlin 1886.

Beschäftigung mit der historischen Statistik des spätmittelalterlichen Frankfurt a. M. angeregt zu haben.[21] Erst Büchers Monographie aber löste eine regelrechte Welle derartiger Untersuchungen aus, die mit dem Ersten Weltkrieg abebbte.[22]

Diesen Arbeiten war gemeinsam, dass sie sich zeitlich zumeist auf das Spätmittelalter beschränkten oder die Untersuchung der spätmittelalterlichen um die frühneuzeitliche Bevölkerungsstatistik ergänzten. Ihr Untersuchungsfokus richtete sich überwiegend auf die sogenannte vorstatistische Zeit, ehe die Territorialstaaten damit begannen, allgemeine staatliche Volkszählungen durchzuführen. An Quellenbeständen zogen sie meist Bürgerbücher und Steuerlisten heran. Der technische und organisatorische Aufwand, der bei solchen Forschungen getrieben werden musste, war beträchtlich. Karl Bücher berichtete in seinen Lebenserinnerungen, dass er mit Rücksicht auf eine einheitliche Erhebungspraxis darauf verzichtet habe, Hilfskräfte für die statistische Verarbeitung der Quellen heranzuziehen. Die rein technischen Arbeiten habe er selbst ausgeführt, wobei er die Zahl der für den ersten Band seiner Studie anfallenden Zählblättchen auf rund 30.000 schätzte. Allein der Umfang der von ihm übernommenen Aufgabe und das Bemühen um deren einheitliche Durchführung hätten dazu geführt, dass er die Vorarbeiten zum geplanten zweiten Band seiner »Bevölkerung« nie habe abschließen können.[23]

Als Ziel seiner Arbeit gab Bücher an, die Forschungen zum Stand und zur Bewegung der Bevölkerung mit Untersuchungen zu ihrer beruflichen Gliederung zu verbinden. Er zeigte sich sogar davon überzeugt, »dass die Erforschung der städtischen Socialgebilde des Mittelalters und ihrer politisch-wirthschaftlichen Organisation den Schlüssel bieten muss zum historischen Verständnis der modernen Gesellschaft«.[24]

Ein wesentliches Motiv für die Durchführung von historisch-statistischen Studien lag in einem damals sich neu ausprägenden Geschichtsdenken, welches das Verhältnis von Individuum und sozialen Gruppen und Schichten neu zu gewichten suchte. Bücher wollte mit seinem Buch über Frankfurt a. M. der »be-

21 Gustav Schönberg, Basels Bevölkerungszahl im 15. Jahrhundert, in: JbbNSt 40 (1883), 344-380, hier 347.

22 Vgl. u. a. Ferdinand Buomberger, Bevölkerungs- und Vermögensstatistik in der Stadt und Landschaft Freiburg (im Uechtland) um die Mitte des 15. Jahrhunderts, Bern 1900; Henri Pirenne, Les Dénombrements de la population d'Ypres au 15ième siècle (1412-1506). Contribution à la statistique sociale du moyen-âge, in: VSWG 1 (1903), 1-32; Otto Fahlbusch, Die Bevölkerungszahl der Stadt Braunschweig im Anfang des 15. Jahrhunderts, in: Hansische Geschichtsblätter 18 (1912), 249-256; Adolf Helbok, Die Bevölkerung der Stadt Bregenz am Bodensee – vom 14. zum Beginne des 18. Jahrhunderts, Innsbruck 1912. H. Pirenne sah noch 1930 Büchers Frankfurt-Studie als jene Arbeit an, die für sich in Anspruch nehmen könne, »d'inspirer de leur méthode tous les travaux consacrés à la démographie médiévale«. Henri Pirenne, Démographie historique, in: Annales d'histoire économique et sociale 2 (1930), 602.

23 Karl Bücher, Lebenserinnerungen, Bd. 1: 1847-1890, Tübingen 1919, 377.

24 Bücher, Die Bevölkerung von Frankfurt am Main, IX.

denklichen Neigung« der deutschen Geschichtswissenschaft entgegenwirken, »hinter dem bestimmenden Einflusse, welchen einzelne hervorragende Persönlichkeiten auf die äusseren Geschicke der Völker üben, die gewaltigen Kräfte zurückzusetzen, welche in den großen Massenbewegungen der Gesellschaft still und langsam wirken, und die schließlich den Entwicklungsgang der Menschheit doch allein nachhaltig bestimmen.«[25] Seine kollektivistisch gefärbte Geschichtsauffassung fand so – zumindest theoretisch – in Belochs stetigem Bemühen einen Verbündeten, die Alte Geschichte um historisch-demographische und wirtschaftsgeschichtliche Aspekte zu bereichern. Beide sahen in einer stärkeren Berücksichtigung derartiger Fragestellungen eine Möglichkeit, die Geschichtswissenschaft in Deutschland zu modernisieren. Wirtschaftliche und gesellschaftliche Massenerscheinungen und die damit anscheinend verknüpften Gesetzmäßigkeiten bildeten besonders für Büchers Forschungsperspektive einen Motor.[26] Die Rekonstruktion historischer Wurzeln von Wirtschaftsstufen, deren theoretische Fassung Bücher als Nationalökonom bekannt gemacht hatte,[27] entsprang wesentlich diesem besonderen Interesse für das Allgemeine in der historischen Entwicklung.

Beloch und Bücher – zwei streitbare Individualisten?

Die Auseinandersetzung um die Frage, ob die antike Wirtschaft als eine ›geschlossene Hauswirtschaft‹ zu charakterisieren sei, führt zum einzigen bislang bekannt gewordenen Aufeinanderprallen zwischen den beiden hier interessierenden Wissenschaftlern, die beide als streitbare Verfechter ihrer jeweiligen wissenschaftlichen Positionen galten. Den Auslöser dafür bildete Büchers 1893 veröffentlichte Studie über »Die Entstehung der Volkswirtschaft«, in welcher er der Idee einer ›fabriksmäßigen‹ Organisation der antiken Wirtschaft eine klare Absage erteilte und damit den heftigen Widerspruch des damals in Halle tätigen deutschen Althistorikers Eduard Meyer (1855-1930) auslöste. Während Bücher der behaupteten ›Modernität‹ des wirtschaftlichen Handelns im griechisch-römischen Altertum sein Konzept der häuslichen Marktproduktion entgegenhielt, suggerierte Meyer mit dem Begriff der industriellen »Fabrikarbeit« die Nähe der antiken Wirtschaftsweise zur industriellen Moderne des ausgehenden 19. Jahrhunderts. Beloch schlug sich in dieser Debatte in gewohnt pointierter Weise auf die Seite Meyers. Obgleich seine Parteinahme für den Hallenser Ordinarius nur einen Nebenaspekt der ›Meyer-Bücher-Kontroverse‹ bildete, setzte

25 Ebd., XI.

26 Vgl. auch Wagner-Hasel, Die Arbeit, 17, die in Büchers Zugehörigkeit zum ›Leipziger Positivistenkreis‹ einen relevanten Hintergrund dafür sieht, warum er in seinen historischen Arbeiten unverkennbar aus dem empirisch-naturwissenschaftlichen Methodenspektrum schöpfte.

27 Vgl. hierzu Toomas Gross, From Karl Bücher to the Formalist-Substantivist Debate in Economic Anthropology, in: Backhaus (ed.), Karl Bücher, 252-258.

sich der angesprochene Bücher mit Belochs Argumentation ausführlich auseinander. Er warf seinem römischen Kollegen u. a. vor, dieser nehme eine in antiken Quellen erwähnte Schildmacherwerkstatt als Beleg für die »attische Großindustrie«. Allein der Umstand, dass diese Werkstatt 120 Sklaven beschäftigt habe, sage nichts darüber aus, wie viele von ihnen tatsächlich dort gearbeitet hätten, und wie viele von ihnen möglicherweise im dazugehörigen Haushalt beschäftigt gewesen seien.[28]

Für Meyer wie Beloch galt gleichermaßen, dass sie ihrem nationalökonomisch gebildeten Widerpart Karl Bücher hinsichtlich der verwendeten Begrifflichkeit und methodischen Fundierung ihrer Argumentationslinie deutlich unterlegen waren.[29] Wie Beate Wagner-Hasel schlüssig argumentierte, hatte der Gelehrtenstreit seinen Hintergrund in zeitgenössischen fachpolitischen Auseinandersetzungen, in denen es Meyer im Grunde um »die Legitimationsfunktion der Alten Geschichte, um ihre Rolle als Deutungswissenschaft für die Gegenwart«[30] ging. Damit scheint auch geklärt zu sein, warum Meyer die Modernität der antiken Wirtschaft in Abgrenzung zu Bücher so stark betonte.

Ihre Gegnerschaft in der ›Meyer-Bücher-Kontroverse‹ sollte indes nicht den Blick darauf verstellen, dass Beloch ähnlich wie sein Leipziger Kollege die Bedeutung struktureller Kräfte für den Lauf der Geschichte hervorhob und jedwede Form der Geschichtsschreibung ablehnte, die sich in einer Apologetik der Taten ›großer Männer‹ erschöpfte. Möglicherweise spiegelte sich hierin das ausgeprägte republikanische Denken eines Gelehrten, der sich selbst als Angehöriger der Oberschicht betrachtete,[31] in Wilhelm II. aber »einen über alle Begriffe unfähigen Kaiser« sah, dem er die Hauptschuld an dem für Deutschland verlorenen Ersten Weltkrieg gab. Ein Denken in Rassebegriffen war Beloch nicht fremd. Seiner Meinung nach setzte sich die europäische Bevölkerung aus Nationen, aber auch aus Rassen zusammen. Die drei großen europäischen »Sprachstämme« identifizierte er weitgehend mit Letzteren, von denen die »slavische Rasse« jene Bevölkerungsgruppe sei, die gegenüber »Germanen« und »Romanen« künftig ein »numerisches Übergewicht« erlangen werde.[32] Beloch, der die Volkszahl auf Kosten der Persönlichkeit so stark betonte, verachtete die Masse und war ein ausgeprägter Individualist.[33] In seiner Autobiographie schrieb er es dem Einfluss jüdischer Kollegen zu, wenn er sich in seiner Laufbahn gehemmt fühlte oder sich in seiner Forschungsarbeit Schwierigkeiten ausgesetzt sah. In

28 Vgl. Karl Bücher, Zur griechischen Wirtschaftsgeschichte, in: Festgaben für Albert Schäffle zur siebenzigsten Wiederkehr seines Geburtstages am 24. Februar 1901, Tübingen 1901, 191-254, hier 202-209.

29 Vgl. Wagner-Hasel, Die Arbeit, 203-209.

30 Ebd., 214.

31 Beloch war der Sohn eines schlesischen Rittergutsbesitzers. Vgl. Beloch, Selbstdarstellung, 1.

32 Karl Julius Beloch, Die Volkszahl als Faktor und Gradmesser der historischen Entwicklung, in: HZ 3. F. 15 (1913), 321-337, hier 332f.

33 So die Einschätzung von Christ, Karl Julius Beloch, 264.

seiner »Griechischen Geschichte« spiegelte sich Belochs antisemitische Neigung in der Hochschätzung der »Arier«, denen er von allen Völkern allein die Fähigkeit zuschrieb, eine »Vollkultur« hervorzubringen.[34] Karl Bücher nahm für sich selbst hingegen in Anspruch, »niemals antisemitische Neigungen« gehabt zu haben. In seinem Frankfurt-Buch zeigte sich jedoch, dass auch er nicht frei von antijüdischen Ressentiments war, denn er machte jüdischen Wucher für die Pogrome des Mittelalters verantwortlich.[35]

Bücher wollte die Bevölkerung mittelalterlicher Städte möglichst umfassend historisch-statistisch erfassen. Er traf sich damit in gewisser Weise mit Beloch, der in jahrzehntelangen Archivstudien den Plan entwickelte, eine übergreifende Gesamtdarstellung zur Bevölkerungsgeschichte Europas zu erarbeiten; freilich konnte er diese zu Lebzeiten nicht mehr abschließen.[36] Bücher lehnte es trotz des erheblichen organisatorischen und technischen Aufwands, der mit solchen anspruchsvollen Forschungen verknüpft war, ab, derartige Studien künftig arbeitsteilig von einem Team von Wissenschaftlern durchführen zu lassen. Er wandte sich gegen Tendenzen zum wissenschaftlichen »Fabrikbetrieb« und sah der Zeit, »in der diese Zusammenarbeit die Wissenschaft beherrscht, nicht mit großen Hoffnungen entgegen«.[37]

Möglicherweise lag somit in Büchers weitgehender Befangenheit im individualistischen Forscherethos des 19. Jahrhunderts einer der Gründe, warum es ihm nicht gelang, den geplanten zweiten Band seiner Frankfurt-Studie abzuschließen. Wichtiger war jedoch, dass grundlegende methodische Problemstellungen der ›Historischen Bevölkerungsstatistik‹ umstritten blieben, so dass ein durchgreifender Erfolg dieser Fachrichtung in Nationalökonomie und Geschichtswissenschaften nicht abzusehen war: Die beteiligten Forscher erzielten nämlich keine Einigkeit darüber, welche ›Reduktionsfaktoren‹ die mittelalterlichen Bevölkerungsverhältnisse im Durchschnitt aufgewiesen haben könnten. Bücher ging selbst davon aus, dass sich für die durchschnittliche Kopfzahl einer städtischen Familie eine zuverlässige Ziffer ermitteln lasse, von der ausgehend mit einer gewissen Wahrscheinlichkeit auf die Größe der Bevölkerung geschlossen werden könne. Seinen Tübinger Kollegen Gustav von Schönberg kritisierte er dafür, dass dieser in seiner Arbeit über die Basler Bevölkerung des 14. Jahrhunderts die entsprechende »Reduktionsformel« den Verhältniszahlen der modernen Statistik entnommen habe, die sich auf mittelalterliche Verhältnisse nicht übertragen

34 Vgl. Beloch, Selbstdarstellung, 12; 13; 16; ebd. (Christ), 265.

35 Bücher, Lebenserinnerungen, 173. Ehmer, »Historische Bevölkerungsstatistik«, 26.

36 Christ, Karl Julius Beloch, 260 f. Gaetano De Sanctis veröffentlichte aus dem Nachlass seines Lehrers Beloch die ersten beiden Bände seiner dreibändigen »Bevölkerungsgeschichte Italiens«; den dritten Band gaben Luigi Pareti und Wolfgang Hagemann heraus: 1. Grundlagen. Die Bevölkerung Siziliens und des Königreiches Neapel, Berlin-Leipzig 1937. 2. Die Bevölkerung des Kirchenstaates, Toscanas und der Herzogtümer am Po, Berlin 1939, ^{2}1965. 3. Die Bevölkerung der Republik Venedig, des Herzogtums Mailand, Piemonts, Genuas, Corsicas und Sardieniens. Die Gesamtbevölkerung Italiens, Berlin 1961.

37 Bücher, Lebenserinnerungen, 378.

ließen. Die methodische Unzulänglichkeit dieses Zugangs liege ferner darin, dass der »schwankende moderne Haushaltsbegriff« sich auf mittelalterliche Verhältnisse keineswegs anwenden lasse.[38]

Bücher selbst stieß mit seinem Vorschlag, die Durchschnittszahl der bürgerlichen Familie in deutschen mittelalterlichen Städten aus der Nürnberger Volkszählung von 1449 abzuleiten, seinerseits auf Widerstand: Der Rostocker Ökonom und Politiker Hermann Paasche (1851-1925), der Büchers Abhandlung sonst als verdienstvoll einschätzte, bezeichnete diese Vorgangsweise als einseitig. Ihm wollte nicht einleuchten, mit welchem Recht Bücher ausgerechnet die Nürnberger Ziffer als Muster für alle anderen heranziehen wollte. Paasche verwies auf vielfältige zufällige Einflüsse, etwa auf Schwankungen in der gewerblichen Konjunktur, welche die Durchschnittszahl bürgerlicher Haushalte in Nürnberg zur Zeit dieser Volkszählung beeinflusst haben mochten und ihre Verallgemeinerung unmöglich machen mussten.[39] Seine eigenen »Minimalzahlen« für die Rostocker Bevölkerung stießen jedoch gleichfalls auf methodische Bedenken des von Paasche zuvor kritisierten Gustav von Schönberg.[40]

Zur Methodenkritik der ›Historischen Bevölkerungsstatistik‹

Die hier nur angedeuteten Kontroversen im Bereich der ›Historischen Bevölkerungsstatistik‹, die insbesondere die Städtestatistik betrafen, ließen erhebliche Zweifel aufkommen, ob diese Fachrichtung bereits über allgemein anerkannte methodische Grundlagen verfügte. Ihrer Fixierung auf die Rekonstruktion von kommunalen Gesamtbevölkerungen, die erst die Basis für weitergehende sozial- und wirtschaftshistorische Untersuchungen darstellen sollte, standen offenbar kaum lösbare Probleme gegenüber: Einerseits war es nicht immer einfach zu bestimmen, wie groß der Anteil jener Bevölkerungsgruppen war, die beispielsweise nicht in einem Steuerverzeichnis aufschienen; andererseits konnte die Frage, wie etwa die »Feuerstelle« begrifflich zu fassen sei, nicht geklärt werden. Bereits Beloch erkannte dies als den eigentlich »wunde[n] Punkt der ganzen mittelalterlichen Bevölkerungsstatistik«, »die in erster Linie eben auf Angaben über die Zahl der Feuerstellen angewiesen«[41] sei. Inama-Sterneggs Anregung, Pfarrmatrikel historisch-demographisch auszuwerten, kam freilich nur für Studien in Betracht, die sich der Frühen Neuzeit zuwandten, wobei Otto Konrad Roller in seiner Studie über das badische Durlach einer der Ersten war, der Kirchenbücher umfassend auswertete.

Die ›Historische Bevölkerungsstatistik‹ wies zwar einige Forschungsergebnisse auf, die längerfristig Bestand hatten, wie etwa die annäherungsweise Klä-

38 Bücher, Die Bevölkerung von Frankfurt am Main, 23.

39 Paasche, Die städtische Bevölkerung, 306 f.

40 Schönberg, Basels Bevölkerungszahl, hier 379.

41 [Karl] Julius Beloch, Die Bevölkerung Europas im Mittelalter, in: Zeitschrift für Socialwissenschaft 3 (1900), 406-423, hier 411.

rung der Einwohnerzahlen mancher mittelalterlicher Städte. Beloch zog aber selbst am 11. Dezember 1912 in seiner Antrittsvorlesung an der Universität Leipzig eine eher ernüchternde Bilanz: Er war zwar weiterhin davon überzeugt, dass die historisch-statistische Forschung der Geschichtswissenschaft weiterführende Einsichten vermitteln könne. Besonders an der historischen Städtestatistik bemängelte er aber, dass diese bloß voneinander isolierte Daten liefere, die insgesamt wenig zur Erhellung der städtischen Bevölkerungsgeschichte beitrügen. Mit derartigen Forschungen solle nicht im Mittelalter begonnen werden; es sei stattdessen sinnvoller, von der Gegenwart aus in die Vergangenheit rückwärts zu gehen, bis das Mittelalter erreicht sei.[42] Belochs zweiter, nicht minder grundlegender Kritikpunkt bezog sich auf die Verankerung der historisch-statistischen Forschung in der allgemeinen Geschichtswissenschaft. Diese habe statistische Fragen bisher kaum behandelt, ja sogar ignoriert. Die Statistiker interessierten sich hingegen kaum für jene historischen Probleme, die vor dem Aufkommen der modernen Volkszählungen im 19. Jahrhundert eine Rolle gespielt hatten.[43]

Wenn mit Karl Julius Beloch sogar einer der Hauptvertreter der ›Historischen Bevölkerungsstatistik‹ sich so kritisch über die methodischen Grundlagen dieser Fachrichtung äußerte, so stellt sich umso mehr die Frage, wie diese Arbeiten bilanzierend eingeschätzt werden können. Hierzu lässt sich zunächst festhalten, dass besonders Belochs Studien bis heute lebhaft diskutiert und seine Ergebnisse immer wieder zum Anlass einer kritisch-reflektierenden Auseinandersetzung genommen werden. Der fundamentalen Kritik vieler seiner zeitgenössischen Fachkollegen zum Trotz erfreut sich Belochs Werk besonders in der historischen Altertumsforschung weiterhin einer regen Resonanz.[44] Indem Althistoriker die Zusammenhänge zwischen der Bevölkerungsgröße, der wirtschaftlichen Entwicklung und dem Lebensstandard der antiken Gesellschaften betonen, greifen sie ähnliche Fragestellungen auf, die bereits Beloch beschäftigt hatten.[45] Josef Ehmer wies dagegen darauf hin, dass Belochs Arbeiten zur frühneuzeitlichen Bevölkerungsgeschichte Italiens, die er als empirisch fundiert einschätzte, heute kaum mehr bekannt seien. In der Kontroverse zwischen Arthur E. Imhof und Wolfgang Köllmann um ›Bevölkerungsgeschichte‹ und ›Historische Demographie‹ sah Ehmer einen »Nachklang« des älteren Gegensatzes zwischen der historisch-statistischen Ermittlung von Globalzahlen und Querschnittsdaten und der erbbiologischen ›Rassenforschung‹, die sich in den 1920er-Jahren gegen die ver-

42 In seinen Erinnerungen wiederholte Beloch diese Kritik, wobei er als Beispiel namentlich Karl Büchers Studie heranzog. Beloch, Selbstdarstellung, 18.

43 Beloch, Die Volkszahl, 323.

44 Vgl. hierzu auch die Arbeit von Günter Stangl, Antike Populationen in Zahlen. Überprüfungsmöglichkeiten von demographischen Zahlenangaben in antiken Texten, Frankfurt a. M. 2008, hier zu Beloch 21-23, 31 f., 300 f.

45 Vgl. etwa Walter Scheidel, Roman population size: the logic of the debate, July 2007 (= Princeton/Stanford Working Papers in Classics). URL: http://www.let.leidenuniv.nl/pdf/geschiedenis/scheidel_vici.pdf (2.9.2013), 2, der Belochs Bevölkerungszahlen mehrfach diskutiert (5 f.; 19; 22 f.; 26 f.).

meintlich ›liberalistische‹ ältere ›Historische Bevölkerungsstatistik‹ gerichtet und diese historiographisch marginalisiert hatte.[46]

2. Von der ›Landes-‹ und ›Siedlungsgeschichte‹ zur ›Volkstumsforschung‹? Rudolf Kötzschke und Adolf Helbok

Die beiden Historiker Rudolf Kötzschke und Adolf Helbok repräsentierten volks-, stammes-, siedlungs- und landesgeschichtliche Zugänge zur Geschichtswissenschaft. Beide waren maßgebliche Akteure der deutschen ›Volksgeschichte‹, die nach dem Ersten Weltkrieg die überkommene Staaten- und Politikhistorie um vermeintlich überzeitliche Werte wie ›Volk‹ und ›Rasse‹ und strukturgenetische Faktoren wie ›Boden‹ und ›Raum‹ ergänzen und vertiefen sollte. Kötzschkes landes- und siedlungsgeschichtliche Forschungen werden bis heute vielfach als methodisch innovativ beschrieben. Seine Arbeiten hätten über Sachsen hinaus Bedeutung erlangt.[47] Helbok gilt hingegen als führender Vertreter einer weithin irrationalen, biologisch-rassischen ›Volkskörpergeschichte‹. Er hatte sich im ›Dritten Reich‹ zudem stark mit nationalsozialistischem Gedankengut identifiziert und löste sich von diesem auch nach 1945 nicht.[48]

Damit wird ein erster wesentlicher Ansatzpunkt für das folgende Porträt dieser beiden Historiker erkennbar: Kötzschke und Helbok waren in der ›Landesgeschichte‹ und ›Kulturraumforschung‹ verankert und transformierten die damit verknüpften Forschungsansätze individuell unterschiedlich. Die fachlichen Konflikte zwischen Helbok und Kötzschkes Schülern verdeutlichen die Widersprüchlichkeit volksgeschichtlicher Programmatik und zeigen die geringe Tragfähigkeit einer Innovationsthese, die sich auf der vermeintlichen Geschlossenheit volksgeschichtlicher Methoden gründet. Ein vergleichender Blick auf diese beiden Historiker lohnt sich darüber hinaus auch deshalb, weil Helbok 1935 seinem älteren Kollegen Kötzschke, der seit 1917 eine Professur für sächsische ›Landesgeschichte‹ innehatte, als Ordinarius an der Universität Leipzig nachfolgte und sich damit die Frage verknüpft, ob und wie er in seiner neuen Funktion der Leipziger ›Landesgeschichte‹ seinen Stempel aufzudrücken vermochte.

46 Ehmer, »Historische Bevölkerungsstatistik«, 22; 27.

47 Oberkrome, Volksgeschichte, 35 f.; Enno Bünz/Werner Freitag, Einleitung, in: Räume und Grenzen. Traditionen und Konzepte der Landesgeschichte, in: BDLG 139/140 (2003/04), 146-154, hier 152. Vgl. auch Esther Ludwig, »Ein sonniges Neuland« oder der Historiker als »Diagnostiker am Leibe des Volkes«, in: Westfälische Forschungen 46 (1996), 49-72, hier 71, die der Kötzschke-Schule recht pauschal eine »strenge Wissenschaftlichkeit« attestiert.

48 So machte er in seiner Autobiographie Churchill und Roosevelt für die Auslösung des Zweiten Weltkriegs verantwortlich: Adolf Helbok, Erinnerungen – ein lebenslanges Ringen um volksnahe Geschichtsforschung. Hg. von Fritz Ranzi/Margit Gröhsl, Innsbruck o. J. [1962], 121.

›Volks-‹ und ›Landesgeschichte‹

Der 1883 geborene Helbok war der Sohn eines großdeutsch gesinnten Finanzbeamten in Hittisau in Vorarlberg. Nachdem er 1910 in Geschichte promoviert und 1919 habilitiert worden war, wurde er zunächst Privatdozent und 1924 beamteter ao. Professor für Österreichische Geschichte und Wirtschaftsgeschichte an der Universität Innsbruck. Da er sich kurz nach der Machtübernahme der Nationalsozialisten in Deutschland der in Österreich illegalen NSDAP angeschlossen hatte, wurde er 1934 beurlaubt und vorzeitig pensioniert. Er wechselte daher auf eine Gastprofessur nach Berlin, ehe er schließlich einem Ruf als ordentlicher Professor an die Universität Leipzig folgte. Dort übernahm er den einstigen Lehrstuhl Karl Lamprechts und widmete diesen der »Deutschen Landes- und Volksgeschichte«. Aus Gründen, die im Folgenden näher beleuchtet werden, ging Helbok jedoch 1941 nach Innsbruck zurück, wo er bis zu seiner Relegierung von der Universität im Jahr 1945 als Ordinarius für »Volkskunde und Volkstumsgeschichte« lehrte.[49] Kötzschke wurde zuerst 1941 und dann wieder 1945 als Leiter des Leipziger *Seminars für Landesgeschichte und Siedlungskunde* reaktiviert, nachdem sein Schüler Walter Schlesinger (1908-1984) seine außerordentliche Professur an der Universität Leipzig wegen NSDAP-Mitgliedschaft verloren hatte.[50]

Der 1867 geborene Rudolf Kötzschke studierte in Leipzig u.a. Klassische Philologie, Germanische Sprachwissenschaft und Geschichte. Nach seinem Studienabschluss lehrte er zunächst an einer Dresdener Privatschule. Für Kötzschkes Auffassung der Landes- und Siedlungsgeschichte erlangte Karl Lamprecht entscheidende Bedeutung. Er holte ihn 1894 nach Leipzig und beauftragte ihn mit der Herausgabe der rheinischen Geschichtsquellen. 1899 habilitiert, wurde Kötzschke 1905 zum Extraordinarius ernannt, ehe er im Folgejahr die Leitung des neugegründeten Leipziger *Seminars für Landesgeschichte und Siedlungskunde* übernahm. Er forderte bereits 1902, aus der »Landesgeschichte« heraus eine »allgemeine deutsche Volksgeschichte« zu entwickeln, denn aus der »geschichtlichen Heimatkunde« erwachse die »deutsche geschichtliche Landes- und Volkskunde«.[51] Kötzschke und Helbok suchten beide die regionale Geschichte Sachsens bzw. Vorarlbergs und Tirols mit volkskundlichen, wirtschafts- und

49 Vgl. zu Helbok Wolfgang Meixner, »... eine wahrhaft nationale Wissenschaft der Deutschen ...«. Der Historiker und Volkskundler Adolf Helbok, in: Skolast 34 (1990), 126-133; Reinhold Johler, »Volksgeschichte«: Adolf Helboks Rückkehr nach Innsbruck, in: Wolfgang Jacobeit/Hannsjost Lixfeld/Olaf Bockhorn (Hg.), Völkische Wissenschaft, Wien-Köln-Weimar 1994, 541-547; Klaus Fehn, Volksgeschichte im Dritten Reich als fächerübergreifende Wissenschaftskonzeption am Beispiel von Adolf Helbok, in: Gunther Hirschfelder et al. (Hg.), Kulturen – Sprache – Übergänge. Festschrift für H. L. Cox zum 65. Geburtstag, Köln-Weimar-Wien 2000, 567-580.

50 Vgl. zu Kötzschke die Beiträge in dem Band von Held/Schirmer (Hg.), Rudolf Kötzschke.

51 Zit. n. Walter Schlesinger, Rudolf Kötzschke, in: ZfO 1 (1952), 274-278, hier 275.

siedlungsgeschichtlichen Ansätzen anzureichern. Kötzschke trat verhältnismäßig früh – bereits vor dem Ersten Weltkrieg – für die volkspädagogischen Zielsetzungen der Landes- und Siedlungsforschung ein. Sein politischer Aktivismus scheint im Vergleich zu Helbok vergleichsweise gemäßigter gewesen sein; insgesamt dürfte er mehr dem Typus des traditionellen Gelehrtenpolitikers entsprochen haben.[52]

Helbok promovierte 1912 über ein Thema der ›Historischen Bevölkerungsstatistik‹: Er hatte seine Dissertation noch im Geist der historischen Städtestatistik geschrieben, die in Deutschland vor allem mit Karl Büchers Studie über Frankfurt a. M. verbunden war. Seine Arbeit über »Die Bevölkerung der Stadt Bregenz am Bodensee – vom 14. zum Beginne des 18. Jahrhunderts«[53] sollte Grundlagen für eine Verfassungs- und Verwaltungsgeschichte dieser Stadt bereitstellen. Sie verband die Untersuchung zur Entwicklung der Bregenzer Einwohnerzahlen mit Aspekten der Sozial- und Besitzgeschichte. Im Verlauf des Ersten Weltkriegs, als Helbok beim Vorarlberger Roten Kreuz tätig war, erfuhren seine großdeutschen Anschauungen eine weitere Radikalisierung: Seine heimatschützerischen Vorhaben, die sich zunächst in der von ihm mitgestalteten Reorganisation der Vorarlberger Museumslandschaft verdichteten, deuteten bereits auf seine künftige Rolle als aktivistischer Vorkämpfer des ›Volkstumsgedankens‹ hin. Seit 1919 trat Helbok öffentlich für die Verbreitung großdeutschen Ideenguts auf. Er richtete sich dabei gegen die christlichsoziale Regierung Vorarlbergs und deren Absicht, das Land an die Schweiz anzuschließen. Helbok proklamierte hingegen die Vorarlberger Zugehörigkeit zum süddeutschen Kulturraum. Um diesen Gedanken zu popularisieren und gegen das in Saint-Germain-en-Laye erlassene Anschlussverbot an Deutschland zu agitieren, rief er 1920 die Zeitschrift *Heimat* ins Leben. Mit Hilfe dieses Organs lieferte er sich mit dem christlichsozialen *Vorarlberger Volksblatt* in den 1920er-Jahren kulturpolitische Kontroversen, in denen seine antiklerikale und völkisch-großdeutsche Gesinnung deutlich hervortrat.[54]

52 So jedenfalls K. Blaschke in seiner eher apologetischen Würdigung: Blaschke, Rudolf Kötzschke, 12 f.

53 Innsbruck 1912. Diese Arbeit beruhte auf Helboks Dissertation »Die Verfassung und Verwaltung der mittelalterlichen Stadt Bregenz am Bodensee vom 14. bis zum Beginne des 18. Jahrhunderts«, die 1910 an der Universität Innsbruck approbiert worden war.

54 Vgl. Der zweite Band des Vorarlberger Lesebuches und seine Beurteilung in der »Heimat«, in: Vorarlberger Volksblatt, 31.10.1925, 10.

Helbok: ›Blut- und Siedlungsräume, Zahlen- und Schichtenaufbau, Kulturformenräume‹

In den 1920er-Jahren trat Adolf Helbok mit Rudolf Kötzschke und Hermann Aubin – Letzteren kannte er von seiner Studienzeit her[55] – in Verbindung. 1924 trafen diese drei Kollegen auf dem Frankfurter Historikertag zusammen. Ihr gesamtdeutsches Bekenntnis und die scharfe Ablehnung der Pariser Friedensverträge einte sie ebenso wie das Bestreben, vermeintlich neuartige Methoden in die Geschichtswissenschaft einzuführen und fremden Gebietsansprüchen wirksamer als bisher entgegenzutreten. In Kooperation mit dem VDA schlossen sie sich zusammen mit anderen Mitstreitern in der Leipziger *Mittelstelle für Volks- und Kulturbodenforschung* zusammen und proklamierten die »Siedlungsforschung« als primären Untersuchungsgegenstand, der »verschüttetes« deutsches »Volkstum« aufdecken und die ethnische Geschlossenheit des deutschen »Volksbodens« beweisen sollte.[56] Kötzschke gab den Vortrag, den Helbok in Frankfurt gehalten hatte, in erweiterter Fassung in der neu gegründeten Reihe »Schriften zur deutschen Siedelungsforschung« heraus und versah ihn mit einem Geleitwort. Helbok erläuterte darin die Grundsätze der Siedlungsgeschichte als »wahrhaft nationale[r] Wissenschaft der Deutschen« – einer »Volkskunde« als »Kulturgeologie«: Diese sollte siedlungsgeographische mit ethnographischer Flur- und Hausformenforschung sowie familiengeschichtlichen Untersuchungen verknüpfen und so die »Seele« des »Volkes« als Ausdruck der »Landschaft«, in der es lebte, zu vergegenwärtigen helfen.[57]

Die genealogische Untersuchung von »Familien« und »Sippen« sollte Aufschluss darüber verleihen, in welchen »Landschaften oder Volksteile[n]« die Fertilität besonders hoch sei; und wie sich diese zum regional verschieden ausgeprägten künstlerischen Talent der einzelnen deutschen »Stämme« verhalte. Die ausgeprägte Irrationalität von Helboks Fragehorizont äußerte sich auch in seiner Annahme, dass derartige Forschungen dem »Landeshistoriker« Einblicke in »das geheimnisvolle Weben der geschichtlichen Kräfte« vermitteln würden.[58] Die von ihm favorisierte Methode war die dörferweise Ausarbeitung von Stammbäumen. Historisch-demographische Forschungen standen nicht zur Diskussion. Kirchenbücher sollten lediglich dazu herangezogen werden, um die Verbreitung von Tauf- und Familiennamen kulturgeschichtlich zu untersuchen.[59]

Damit machte Helbok den von ihm angestrebten Paradigmenwechsel innerhalb der ›Wirtschafts-‹, ›Sozial-‹ und ›Landesgeschichte‹ klar, die sich von der historischen Statistik ab- und einer deutschvölkisch verstandenen »Volksge-

55 Helbok, Erinnerungen,15 f.
56 Vgl. Haar, Historiker, bes. 37-50.
57 Adolf Helbok, Aufbau einer deutschen Landesgeschichte aus einer gesamtdeutschen Siedelungsforschung, Dresden 1925, 1; 5; 9; 17.
58 Ebd., 13.
59 Ebd., 14.

schichte« zuwenden sollte.[60] Als deren Ziel proklamierte er die Erforschung der »Totalität des Lebensorganismus Volk«. Diese gliedere sich in die vier Themenbereiche »Blut- und Siedlungsräume, Zahlen- und Schichtenaufbau, Kulturformenräume«.[61] 1931 verfasste Helbok neuerlich einen programmatischen Aufsatz über »Probleme und Methoden der deutschen Siedlungsgeschichte«. Er sah im Wesentlichen drei Forschungsrichtungen, welche die »Siedlungsgeschichte« als historiographische Disziplin maßgeblich bereichert hätten: Erstens nannte er »die Entfaltung der Statistik« seit dem 19. Jahrhundert, wobei er Karl Theodor von Inama-Sternegg, Karl Bücher und Karl Lamprecht als Vorbilder anführte. Die historische Bevölkerungsstatistik habe Bücher mit seinen Studien über Frankfurt a.M. begründet. Zweitens machte er »die kartographische Arbeitsmethode« dafür verantwortlich, dass die Wissenschaftler ihren Blick auf »Erscheinungen im Raume hingelenkt« hätten. Archäologie und Sprachwissenschaft seien erst durch die Kartographie zu der nunmehr aktuellen siedlungsgeschichtlichen Betrachtungsweise hingeführt worden. Drittens betrachtete Helbok die Naturwissenschaften als wesentlichen Impulsgeber für die historische Siedlungsforschung. Er selbst sah in der Klimaforschung, der Pollenanalyse und der historischen Pflanzengeographie Chancen für die Verbreiterung des methodischen Instrumentariums der »Siedlungsgeschichte«.[62]

Helbok verstand sich selbst als Impulsgeber einer historischen ›Siedlungsforschung‹. ›Volk‹ erschien in seinen Arbeiten nur in geringen Rudimenten als demographisch bzw. sozialstatistisch gegliedert. Migrationen spielten in Helboks Arbeiten im Vergleich zu ›Bevölkerung‹ eine größere Rolle. Die Genese der deutschen ›Stämme‹ in der germanischen Völkerwanderung rief unter deutschen

60 Vgl. Meixner, »… eine wahrhaft nationale Wissenschaft der Deutschen …«, 126-133.

61 Helbok bezog sich dabei nicht zuletzt auf Erich Keyser, der 1931 eine Schrift mit ähnlichen Ansätzen veröffentlicht hatte. Vgl. Adolf Helbok, Was ist deutsche Volksgeschichte? Ziele, Aufgaben und Wege, Berlin 1935, 47; Erich Keyser, Die Geschichtswissenschaft, Aufbau und Aufgaben, München 1931. Noch 1964 veröffentlichte er eine Gesamtdarstellung zur »Deutschen Volksgeschichte«, die wesentliche Denkfiguren der deutschen ›Volksforschung‹ weitgehend ungebrochen tradierte: Die wesensmäßige Verschiedenheit von mittelmeerischer städtischer »Lebensform« und »züchterische[r] Ordnung der Germanen« wurde von ihm dabei ebenso als ein zentrales Problem thematisiert wie der anscheinend unüberwindbare Gegensatz zwischen dem schollengebundenen, germanisches ›Blut‹ in sich tragenden ›deutschen‹ Bauern und den Slawen. Adolf Helbok, Deutsche Volksgeschichte. Wesenszüge und Leistungen des deutschen Volkes. Erster Band: Von der Frühzeit bis zur Reformation, Tübingen 1964, 149 (Zit.); 209.

62 Dass Helbok die französischen ›Annales‹-Historiker bewusst rezipierte, ist zwar nicht auszuschließen, es spricht aber nichts dafür, was diese These untermauern würde: Vgl. Adolf Helbok, Probleme und Methoden der deutschen Siedlungsgeschichte, in: DHVKf 1 (1931), S. 226-241, hier bes. 227f. Umgekehrt wurden Helboks Arbeiten von den Vertretern der ›Annales‹ durchaus rezipiert, wenngleich Marc Bloch dessen Auffassung der »germanischen Wirtschaftskultur« als zu sehr auf Spekulation gestützt ansah. Vgl. M.[arc] B.[loch], La civilisation économique des Germains, in: Annales d'histoire économique et sociale 5 (1933), 202f.

›Volkshistorikern‹ große Aufmerksamkeit hervor.[63] Helbok selbst unterschied zwei unterschiedliche germanische »Niederlassungsformen«: einerseits die allmähliche Ausbreitung als »freibäuerliche Bewegung« und andererseits »die gewaltsame Niederlassung in Masse [...], wie sie ganz besonders die Alemannen, die sich vorerst am Limes gestaut hatten, betrieben.« Deren Wanderung betrachtete er als gewaltsame Form der Aneignung fremder Landstriche durch ein Volk, das in Massen auftrat und ein kulturell niedriges Niveau aufwies. Die alemannische Besiedlung des linksrheinischen Elsass führte er auf »eine Übersiedlung des Volksüberschusses« zurück. Auch hier zeichnete er also das Bild einer sich sukzessive aufstauenden Bevölkerung, deren Überdruck sich wie bei einem Dammbruch mechanisch entladen habe. Migrationen erschienen somit als ein biologisch-selbsttätiger Prozess.[64] Noch in seinem 1964 erschienenen Alterswerk »Deutsche Volksgeschichte« gab Helbok in der Entstehung von »Volksüberschüssen« die »tiefste Ursache« für die mittelalterliche deutsche »Ostsiedlung« an. Unmittelbar migrationsauslösend habe sich in der »Ostsiedlung« allerdings ein religiöses Motiv ausgewirkt, nämlich »der stürmische Antrieb zum Kampf wider die Ungläubigen unter Slawen und Preußen.«[65]

Kötzschke: ›Entstehung und Wandel des Landschaftsbildes, Wanderbewegungen [...], Stammestum der Siedler, Bevölkerungsverhältnisse‹

Die enge Verbindung von historischer und geographischer Betrachtungsweise lässt sich auch bei Kötzschke feststellen: Die angestrebte ›ganzheitliche‹ Untersuchung von ›Land‹, ›Siedlung‹, ›Volkstum‹, ›Kultur‹ und ›Sprache‹ projizierte er einerseits auf die sächsische ›Landesgeschichte‹, andererseits auf die allgemeine ›Siedlungskunde‹ im östlichen Mitteleuropa.[66] Kötzschke suchte an kultur- und sozialgeschichtliche Verfahren anzuknüpfen, die der Historiker Karl Lamprecht, der Geograph Friedrich Ratzel und der Nationalökonom Karl Bücher vor dem Ersten Weltkrieg entwickelt hatten. Herbert Helbig (1910-1987) beschrieb die »siedlungskundliche Methode« als das von Kötzschke bevorzugte Verfahren. Flurformen- und Grundkarten sollten zum wichtigsten Hilfsmittel der land-

63 Vgl. u. a. Ernst Gamillscheg, Romania Germania. Sprach- und Siedlungsgeschichte der Germanen auf dem Boden des alten Römerreiches. Bde. 1-3, Berlin-Leipzig 1934-36; Keyser, Bevölkerungsgeschichte Deutschlands (1. Aufl. 1938), bes. 77-95 (»Die Herausbildung neuer deutscher Stämme«).

64 Helbok: Probleme und Methoden, 234. Vgl. auch Adolf Helbok: Sippensiedlung und Grundherrschaft, in: DHVKf 2 (1931/32), 105-130, in dem er der »Sippe« eine tragende Rolle bei der germanischen Niederlassungspraxis zuschrieb. Der Name der Germanen soll im 13. Jahrhundert demnach auf die »Keimkraft, die überquellende Volksvermehrung« hin gedeutet worden sein: Adolf Helbok. Deutsche Siedlung. Wesen, Ausbreitung und Sinn, Halle/Saale 1938, 190.

65 Helbok, Deutsche Volksgeschichte, 209.

66 Vgl. Rudolf Kötzschke/Hellmut Kretzschmar, Sächsische Geschichte, Dresden 1935; Kötzschke/Ebert, Geschichte.

schafts- und landesgeschichtlichen Forschung werden und die Voraussetzung für eine volksgeschichtliche Gesamtschau schaffen.[67] Kötzschkes Schüler suchten die Arbeiten ihres Lehrers so in die Tradition der Leipziger ›Kultur-‹ und ›Sozialgeschichte‹ einzuordnen.[68]

Dabei sollte die Frage nicht außer Acht bleiben, in welchem Ausmaß Kötzschke sich in seinen Arbeiten tatsächlich auf diese Forschungen stützte. In seiner »Allgemeinen Wirtschaftsgeschichte des Mittelalters« bot er eine rein individualisierende Geschichtsbetrachtung und grenzte sich von den theoretischen Modellen, die Karl Bücher oder Max Weber (1864-1920) zur Wirtschaftsgeschichte entworfen hatten, ausdrücklich ab. Es entsprach dem Zug zum Empirismus der ›Jüngeren Historischen Schule der Nationalökonomie‹, dass Kötzschke in seiner Darstellung der Bevölkerungsverhältnisse mittelalterlicher Städte auf explizit theoretische Erwägungen und Modellbildungen verzichtete. Im Vordergrund stand die Darstellung der Bevölkerungsgrößen und des »Bevölkerungsaufbaus«, worunter der Verfasser nicht etwa die Alters- und Geschlechtsstruktur, sondern eine beruflich-ständische Gliederung verstand. In der knappen Skizze der »natürlichen Gliederung« der städtischen Bevölkerung offenbarte sich einmal mehr das charakteristische Theoriedefizit der historischen Bevölkerungsstatistik: So wirkte Kötzschkes Versuch, das Überwiegen der erwachsenen weiblichen über die männliche Bevölkerung als Auswirkung der »bei den Fehden und im harten Daseinskampf« die Männer »bedrohenden Gefahren« darzustellen, als eher hilfloses Spekulieren, dem keinerlei empirische Evidenz gegenüberstand.[69] Folgt man Kötzschkes Definition der »Siedlungsgeschichte«, die er 1936 in den *Jahresberichten für deutsche Geschichte* (JDG) formulierte, so richtete sich diese

> »ebenso auf das Land wie seine Bevölkerung; sie steht gleichsam inmitten der historischen Landeskunde und der geschichtlichen Volksforschung […]. Entstehung und Wandel des Landschaftsbildes, Wanderbewegungen, die zur Ansiedlung führen, das Stammestum der Siedler, Bevölkerungsverhältnisse, in denen sich die Siedelart und die Siedeldichte ausprägen, Politik, die auf die Siedlung einwirkt oder aus ihr Anlaß zu Maßnahmen erhält, all dies wird bei einer siedlungsgeschichtlichen Überschau nicht unberücksichtigt bleiben können.«[70]

67 Einige der von Kötzschke vorangetriebenen Atlasprojekte, etwa zur Herausgabe eines »Historischen Atlas von Deutschland«, fielen jedoch im Dezember 1943 der Bombardierung des Instituts zum Opfer. Vgl. Herbert Helbig, Fünfzig Jahre Institut für Deutsche Landes- und Volksgeschichte (Seminar für Landesgeschichte und Siedlungskunde) an der Universität Leipzig, in: Berichte zur deutschen Landeskunde 19 (1957), 55-77, hier 59-61; 63.

68 So etwa Blaschke, Rudolf Kötzschke, 9.

69 Rudolf Kötzschke, Allgemeine Wirtschaftsgeschichte des Mittelalters, Jena 1924, 574-576, hier bes. 576 (Zit.).

70 Rudolf Kötzschke, Siedlungsgeschichte, in: JDG 12 (1936), 329-338, hier 329; 13 (1937), 343-355; 14 (1940), 310-323.

In dem Buch »Geschichte der ostdeutschen Kolonisation« (1937), das Kötzschke gemeinsam mit Wolfgang Ebert verfasste, beschränkte er die Siedlungsforschung auf – im Vergleich zur »allgemeinen Landes- und Bevölkerungsgeschichte« – engere Problemstellungen der Siedlung (genauer: der ›deutschen‹ Siedlung).[71] In ihrem Blickpunkt stand der *Vorgang* der Be-Siedlung, die er regional zu umgrenzen und geographisch-klimatisch zu bestimmen suchte. Die Analyse der sozio-demographischen Strukturen von Gruppen, die solche Regionen besiedelten, spielte hingegen eine geringere Rolle. Allerdings boten die Dorfforschungen, die Kötzschke und seine Schüler im Rahmen der ›Siedlungsgeschichte‹ betrieben, durchaus Anknüpfungen für das ›Biologische‹ stärker erfassende Untersuchungen, etwa in den Forschungen zur Lausitzer ›Wendenfrage‹.[72]

Bevölkerungswissenschaftliche Schülerarbeiten entstanden trotz dieser Affinitäten zu ›Boden‹ und ›Blut‹ bei Kötzschke nur vereinzelt. Felix von Schroeders (1912-2003) Doktorarbeit zum »Zufluß ortsfremden Blutes in die Bevölkerung des Kirchspieles Döhlen 1648-1799«, die Kötzschke zusammen mit Hans Freyer (1887-1969) begutachtete, ist hierfür ein Beispiel. Erst nachdem Helbok die Leitung des *Instituts für Deutsche Landes- und Volksgeschichte* übernommen hatte, wuchs die Zahl derartiger akademischer Qualifikationsschriften. Sie wandten sich Fragen des Bevölkerungsaufbaus oder der Bevölkerungsstatistik von Gemeinden und kleineren Verwaltungsbezirken zu, untersuchten den Bevölkerungswandel aufgrund von Verstädterungsprozessen oder reflektierten Probleme der jüngeren Bevölkerungsentwicklung im breiteren Rahmen der regionalen Wirtschafts- und Sozialgeschichte.[73]

Im Vergleich zur älteren deutschen ›Siedlungsgeschichte‹, die sich auf die Erforschung von Dorf- und Flurformen und von ›Agrarverfassungen‹ konzentriert hatte, waren Kötzschkes programmatische Definitionen durchwegs weiter gefasst. Einerseits galt Kötzschke in den 1930er-Jahren als »Nestor der Siedlungsgeschichte alter Prägung«.[74] Andererseits lässt sich nicht übersehen, dass er jüngere Nachwuchsforscher dazu ermutigte, »biosoziologische« Verfahren in die ›Volksforschung‹ zu implementieren. Seine Aktivitäten in der Leipziger SVKF und in den VFG boten hierfür die entscheidende Grundlage.[75] Eine wesentliche Kontinuitätslinie von August Meitzens (1822-1910) Konzeption der ›Siedlungsgeschichte‹ bis hin zu Kötzschke und den ›Siedlungsforschern‹ um die Leipziger

71 Vgl. Kötzschke/Ebert, Geschichte, 7.

72 Vgl. hierzu die von Helbig genannten Studien, die Anfang der 1930er-Jahre von der *Stiftung für deutsche Volks- und Kulturbodenforschung* gefördert wurden. Vgl. Helbig, Fünfzig Jahre, 66.

73 Vgl. ebd. (70-77) die Liste der Schülerarbeiten des Seminars (bzw. Instituts) für 1906 bis 1949. Vgl. Felix von Schroeder, Der Zufluß ortsfremden Blutes in die Bevölkerung des Kirchspieles Döhlen 1648-1799: Eine bevölkerungsgenealogische Untersuchung aus dem Plauenschen Grunde bei Dresden, Bleicherode am Harz 1935.

74 Haar, Historiker, 281.

75 Ebd.

Soziologen Freyer und Ipsen stützt sich auf die stetige Orientierung der ›Siedlungsgeschichte‹ am ›Deutschtum‹ und an dessen kolonisatorischer Ausbreitung.[76] Nach 1945 nahm die Kötzschke-Schule für sich in Anspruch, »Meitzens Lehre von der Konstanz der Flurformen« revidiert zu haben. Die Verbreitung bestimmter Siedlungsformen sollte nicht mehr an angenommenen »Stammesgewohnheiten« festgemacht, sondern auf naturräumliche und wirtschaftliche Bedingungen zurückgeführt werden. Kötzschke selbst hatte allerdings noch 1935 in deterministischer Weise alles geschichtliche Leben als volks- und landschaftsgebunden dargestellt.[77]

Die oft symbiotische Beziehung zu ›Landesgeschichte‹, ›Agrargeschichte‹ und ›Volkskunde‹ erschwert hingegen den Versuch, die Untersuchungsfelder deutscher ›Siedlungsgeschichte‹ für die 1920er- und 1930er-Jahre generalisierend auf bestimmte Methoden und Forschungsfelder festzulegen. Das charakteristische Kennzeichen der ›Siedlungsgeschichte‹ war vor allem ihre ›heimat-‹ und ›landschaftskundliche‹ Ausrichtung; ihr Erkenntnisinteresse bezog sich folgerichtig häufig auf überschaubare, kleinere Räume. Die Frage, welche Bedeutung ›Bevölkerung‹ in derartigen Studien einnahm, lässt sich dahingehend beantworten, dass diese meist nicht in erster Linie nach spezifischen sozio-biologischen Verhaltensmustern von Bevölkerungsgruppen bzw. von einzelnen Menschen fragten, wie sie in familialen Strukturen, in Geburtlichkeit und Sterblichkeit und in komplexen interethnischen (Nachbarschafts-)Beziehungen sichtbar wurden. Kötzschkes ›Siedlungsgeschichte‹ untersuchte zudem Migrationen kaum unter dem Gesichtspunkt der Genese dynamischer, räumlich disparater sozialer Netzwerke. Neben Untersuchungen der Siedlungsformen standen vielmehr Fragen nach der geographischen Verortung ›stammesmäßig‹ voneinander differenzierter Gruppen ›deutscher‹ Siedler im ›fremdvölkischen‹ Umfeld und deren rechtlichen Strukturen im Vordergrund.[78]

Helbok als Nachfolger Kötzschkes in Leipzig (1935-1941)

Historiker wie Helbok und Kötzschke neigten dazu, in ihren veröffentlichten Schriften die langfristigen Wellen und die überwiegend friedlich verlaufende Ausbreitung des deutschen ›Volks- und Kulturbodens‹ besonders hervorzuheben. Daneben stand aber auch die historiographische Exklusion ethnisch ›fremder‹ Bevölkerungsgruppen auf der Tagesordnung: So präsentierte Kötzschke im März 1935 bei einem Treffen der NOFG ein bevölkerungspolitisches Forschungsprogramm, das Sachsen als deutsches Siedlungsgebiet auswies und sich der

76 Vgl. August Meitzen, Die Ausbreitung der Deutschen in Deutschland und ihre Besiedlung der Slawengebiete, in: JbbNSt 32 (1879), 1-59; vgl. auch Rudolf Kötzschke, Meitzen als Historiker des Siedelungs- und Agrarwesens, in: Deutsche Geschichtsblätter 11 (1910), 273-278.

77 Helbig, Fünfzig Jahre, 61 f. Vgl. Bünz/Freitag, Einleitung, 153.

78 Vgl. Rudolf Kötzschke, Siedlungsgeschichte, in: JDG 13 (1937), 343-355.

»Wendenfrage« erstmals unter bevölkerungspolitischen Problemstellungen zuwandte. Da Kötzschke als Kopf der sächsischen ›Siedlungs- und Landesgeschichte‹ galt, war es von Bedeutung, dass er dem aggressiven Grenzrevisionismus der NOFG hierdurch sein Einverständnis gab. Zweck der von ihm angeregten rassenkundlichen Untersuchungen war die Bestimmung der Grenzen des deutschen »Volksbodens«.[79]

Noch deutlicher als Kötzschke forderte Helbok die Anwendung »biosoziologischer« Verfahren, welche die rassische Zusammensetzung des deutschen ›Volkskörpers‹ entschlüsseln sollten. Helbok orientierte sich dabei an den Forschungen der Anthropologen und Rassenkundler Hans F.K. Günther (1891-1968) und Eugen Fischer (1874-1967). In Leipzig suchte er Kontakt zu Otto Reche (1879-1966), mit dem er ein Projekt zur »Klärung des Problems der germanischen Siedlung und ihres Nachwirkens in späterer Zeit« betrieb.[80] Helbok verabschiedete sich unmissverständlich vom wissenschaftlichen Objektivitätsanspruch, den deutsche Volksforscher allerdings bereits seit 1918/19 zunehmend in Frage gestellt hatten: Die von ihm beworbene »lebensgesetzliche« Geschichtsschreibung definierte er ausdrücklich als »eine bewertende Wissenschaft«, womit er die Grenzen zwischen Wissenschaft und Politik endgültig einebnete.[81] Eine regional arbeitsteilige Forschungsorganisation unter Federführung der VFG erschien ihm als geeignetes Mittel, um ein solches Programm in die Praxis umzusetzen.[82]

Wie oben bereits angedeutet, tat sich allerdings zwischen Helboks vollmundigen ›volkspolitischen‹ Entwürfen und ihrer Durchsetzung häufig eine erhebliche Kluft auf. Hierfür war nicht zuletzt das für das ›Dritte Reich‹ charakteristische polykratische Machtgefüge von Universitäten und (partei-)politischen Instanzen verantwortlich. 1935 schien die Machtbasis Helboks als einem der künftig führenden deutschen Volksforscher allerdings allerdings ungefährdet. Im selben Jahr folgte er einer Berufung an die Universität Leipzig, die von ihm erwartete, ihren Ruf als Zentrum der Deutschtumsforschung zu festigen. Nach Helboks Bestellung zum Direktor des früheren *Seminars für Landesgeschichte und Siedlungskunde* wurde dieses sogleich in *Institut für Deutsche Landes- und Volksgeschichte* umbenannt. Damit einher ging der Versuch einer inhaltlichen Akzentverschiebung: Helbok wollte die herkömmliche ›Landesgeschichte‹ durch eine biologische »Volkstumsgeschichte« ablösen und die sächsische Regionalforschung ins zweite Glied einreihen. In seiner Antrittsvorlesung vom 7. Dezember 1935 definierte er »Volkstumsgeschichte« als »Geschichte des deutschen Volksleibes«. Es ging ihm ausdrücklich darum, »das mit den alten unorganischen Problemstellungen umrankte Wort Bevölkerungsgeschichte zu vermeiden«. An seine Stelle wollte er eine »Volksleibgeschichte« setzen, die Teil einer interdisziplinären »Volksgeschichte«

79 Haar, Historiker, 268.
80 Ebd., 337.
81 Helbok, Deutsche Geschichte, 7.
82 Haar, Historiker, 281.

sein sollte.[83] Diesem ostentativ gegen die bisherige liberale »Personenstatistik« gerichteten Programm entsprach Helboks Bemühen, das Leipziger Institut in ein »Reichsinstitut für Volkstumsforschung« umzuwandeln. Daher richtete er am Institut vier sogenannte »Fachreferate« ein: das »Leibraum«-Referat, das Referat »Rassengeschichte«, das »Volkskörper«-Referat und das Referat für »Landes- und Volksgeschichte«.[84]

Helbok konnte seine großzügigen Planungen jedoch nur ansatzweise oder gar nicht verwirklichen. Zunächst scheiterte er mit seinem Vorhaben, den »Atlas der deutschen Volkskunde« wieder nach Leipzig zu holen. Das Projekt eines »Handbuchs der deutschen Bevölkerungsgeschichte«[85] setzte er ebenfalls nicht in die Tat um. Von noch größerer Bedeutung war, dass er Kötzschkes Schüler für sich und seine Forschungsrichtung nicht zu gewinnen vermochte. Offenbar beabsichtigte Helbok, die wichtigsten Kötzschke-Schüler möglichst aus Leipzig zu verdrängen. Einer von ihnen richtete zudem schwerwiegende Plagiatsvorwürfe gegen Helbok, die dieser nicht zu entkräften vermochte. Seine Stellung an der Leipziger Universität wurde dadurch nachhaltig beschädigt.[86] Herbert Helbig musste seine Assistentenstelle 1937 zugunsten Friedrich Ranzis, eines Innsbrucker Schülers von Helbok, räumen. Dieser äußerte sich in einer Rezension, die begreiflicherweise erst nach Helboks Abgang nach Innsbruck erschien, eingehend über dessen Arbeitsweise und zog hierfür dessen Studie »Deutsche Siedlung – Wesen, Ausbreitung und Sinn« heran. Helbig kritisierte sie wegen ihrer mangelnden begrifflichen Klarheit und mancher »schiefen Ansichten«. Er warf ihrem Autor vor, die subjektive Grundlage seiner Theorien nicht kenntlich gemacht zu haben, und monierte, dass in der Arbeit »rechtliche, wirtschaftliche oder sozialgeschichtliche Fragen« zugunsten »volksbiologischer« Probleme vernachlässigt würden.[87]

Walter Schlesinger, Kötzschkes einflussreichster Schüler, erhielt 1941 im Rahmen des Instituts sogar ein eigenes Seminar samt Etat, wogegen sich Helbok erfolglos zur Wehr setzte. Zudem scheiterte sein machtpolitisch begründeter Versuch, Mitdirektor von Hans Freyers *Institut für Kultur- und Universalgeschichte* zu werden.[88] Kötzschke selbst gab nach seiner Emeritierung die Vertretung für Sachsen innerhalb der NOFG nicht aus der Hand und verwehrte seinem Nachfolger die Übernahme der damit verbundenen Kompetenzen.[89] Zudem geriet Helbok in eine heftige Auseinandersetzung mit Matthes Ziegler (1911-1992), dem

83 Zit. n. Ludwig, »Ein sonniges Neuland«, hier 56f.

84 Zit. n. ebd., 62.

85 UAL, PA 561, A. Helbok an Sächsisches Ministerium für Volksbildung, 8.2.1940.

86 Vgl. Ludwig, »Ein sonniges Neuland«, 63-65.

87 Herbert Helbig, Deutsche Siedlungsforschung, in: Archiv für Kulturgeschichte 32 (1944), 300-340, hier 304f.

88 Vgl. hierzu ausführlich Matthias Middell, Weltgeschichtsschreibung im Zeitalter der Verfachlichung und Professionalisierung. Das Leipziger Institut für Kultur- und Universalgeschichte 1890-1990, Bde. 1-3, 2: Von der Kulturgeschichte unter Walter Goetz bis zur historischen Soziologie Hans Freyers, Leipzig 2005, 693-697.

89 Haar, Historiker, 282.

Geschäftsführer der *Arbeitsgemeinschaft für Deutsche Volkskunde* und Reichsamtsleiter im Amt Rosenberg. Ziegler wandte sich scharf gegen Helboks Trennung des Volkes in eine bewusst kreative Oberschicht und eine passive, unbewusst handelnde Masse. Der Leipziger Ordinarius sah sich daher gezwungen, dieses Zweischichtenmodell, das der nationalsozialistischen Idee des einheitlichen germanischen ›Volkstums‹ zuwiderlief, zu verteidigen. Gleichzeitig denunzierte er seinen Gegner bei den NS-Parteidienststellen, was nichts daran änderte, dass er sich schließlich auf einen stärker linientreuen Weg zurückziehen musste.[90]

›Bevölkerungsgeschichte‹ im Spiegel der Gutachten zu Helboks Nachfolge in Leipzig (1941)

Nach Helboks Fortgang aus Leipzig übernahm Walter Schlesinger die Vertretung der vakant gewordenen Professur. Schlesinger führte die in Leipzig mit dem Namen Rudolf Kötzschke verbundene Traditionslinie der ›Volksgeschichte‹ wieder ein.[91]

Im Folgenden konzentriere ich mich auf die akademischen Erörterungen der Nachfolge von Helbok, soweit diese in den überlieferten Gutachten greifbar sind. Die darin enthaltenen Aussagen sind für die hier interessierenden Fragestellungen deshalb relevant, weil sich aus ihnen ableiten lässt, welche fachliche Bedeutung den einzelnen genannten Historikern zugeschrieben wurde, und welches Renommee sich in Deutschland nach wie vor mit einem Ruf an die Universität Leipzig verband. Die Berufungskommission hatte darüber zu befinden, ob der Nachfolger Helboks dessen Weg fortführen oder vielmehr Kötzschkes sächsische ›Landesgeschichte‹ wiederbelebt werden sollte. An der Entscheidungsfindung beteiligten sich neben Helbok selbst als Gutachter der damalige Leipziger Professor Hermann Heimpel (1901-1988) und Hermann Aubin, der an der Universität Breslau lehrte.

Heimpel suchte nach einer Persönlichkeit, die in der Lage sei, nach Helboks Vorbild eine »Geschichte des Volkskörpers ›nach Zahl und Aufbau‹« zu betreiben. Alle drei Historiker, die aus seiner Sicht in Frage kamen, schieden allerdings aus jeweils unterschiedlichen Gründen aus: Günther Franz (1902-1992) hatte gerade einen Ruf auf einen für ihn maßgeschneiderten Lehrstuhl für »Geschichte

90 Schon 1935 hatte Helbok sich gegenüber einem vom Rosenberg-Mann Bernhard Payr (1903-1945), ab 1936 Leiter des Zentrallektorats der *Reichsstelle zur Förderung des deutschen Schrifttums*, verfassten Gutachten für eine seiner Arbeiten rechtfertigen müssen. Payr warf Helboks Schrift »Was ist deutsche Volksgeschichte?« vor, die Ausstrahlung »nordischen Blutes und deutschen Geistes« zu vernachlässigen und stattdessen »das Kreuzfeuer der Einflüsse der Nachbarkulturen auf das Volk der europäischen Mitte« aufzeigen zu wollen. Zit. n. Meixner, »… eine wahrhaft nationale Wissenschaft der Deutschen …«, hier 129; vgl. Helbok, Was ist deutsche Volksgeschichte?

91 Middell, Weltgeschichtsschreibung, Bd. 2, 694f.

der Reformation und des Dreißigjährigen Krieges und insbesondere zur Erforschung des deutschen Volkskörpers« an die im November 1941 eröffnete deutsche *Reichsuniversität Straßburg* erhalten. Franz Petri (1903-1999), der zweite von Heimpel Genannte, schien hingegen zu sehr auf Fragen der ›Westforschung‹ konzentriert zu sein. Dem dritten Kandidaten, Erich Keyser, fehlte offenbar »das für Leipzig zu fordernde« persönliche und fachliche Format. Heimpels erklärter Favorit war der Kötzschke-Schüler Schlesinger, der die sächsische »Landesgeschichte« mit der »allgemeinen deutschen Geschichte« zu verbinden vermöge und daher als Einziger für die freie Stelle in Frage komme. Helbok traute Schlesinger eine Weiterführung der von ihm selbst gepflegten »Volksforschung auf rassischer Grundlage« nicht zu. Mit seinem Widerstand gegen Schlesinger konnte er sich aber nicht durchsetzen. Dieser erhielt 1942 tatsächlich eine außerordentliche Professur für »Deutsche Landes- und Volksgeschichte«.[92]

In seinem Gutachten konnte sich Helbok einen Seitenhieb auf Heimpel nicht verkneifen, dessen Vorstellung einer »Geschichte des Volkskörpers nach Zahl und Aufbau« sich mit den Zielsetzungen *seiner* »Volkstumsgeschichte« keineswegs vollständig deckte. Für den neuen Lehrstuhl schlug er alternativ den Aubin-Schüler und Bonner Historiker Franz Steinbach (1895-1964) vor, der am ehesten deutsche »Volkstumsgeschichte« in Verbindung mit deutscher »Landesgeschichte« vertreten könnte. An zweiter Stelle nannte er den Breslauer Historiker Herbert Schlenger (1904-1968), an dritter ebenfalls Erich Keyser. Was den Danziger Kollegen anging, teilte er Heimpels Einschätzung, dass dieser – »trotz großer unbestreitbarer Verdienste« – »zu wenig eigenständig« und daher für die Stelle nicht geeignet sei.[93] Zudem stimmte Helbok Keysers Konzept einer »Bevölkerungsgeschichte« nur bedingt zu. Er begrüßte zwar, dass dieser sich einer »biologischen« Geschichtsauffassung angenähert habe, die das »Werden des Volkes« als »Kreuzung gleichgeordneter Begabungen« begriff und den damit verknüpften Auslesevorgang in »das Mysterium der Entstehung der größten Leistungsrasse der Welt«, nämlich der germanischen »Nordrasse«, eingebettet sehen wollte. Keysers »Bevölkerungsgeschichte« mythologisierte ebenfalls die »Nordrasse«, kam aber weitgehend ohne das Begabungstheorem aus, wodurch sie von Helboks deutscher »Volkstumsgeschichte« deutlich abwich.[94]

Ausklang

Nach 1945 widmete sich Helbok einer sogenannten »Volkscharakterkunde« und »Genialenforschung«; er suchte diese in patriotischer Absicht als Problem landschaftlicher Häufungen innerhalb Österreichs darzustellen. Die »Volksleibge-

92 UAL, Nachfolge A. Helbok (1941), Phil. Fak. B2/22-28, Gutachten Helbok, 22.5.1941.

93 Ebd., Gutachten Heimpel, undat.; Gutachten Helbok, 22.5.1941; Protokoll der Niederschrift der Kommissionssitzung vom 25.6.1941.

94 Adolf Helbok, Das Werden des deutschen Volkes, in: Petermanns Geographische Mitteilungen, H. 3 (1940), 93-97, hier 94.

schichte«, welche die »Bevölkerungsstatistik und Sozialgeschichte« »ins Biologische« weiten sollte, stellte er 1962 in seinen »Erinnerungen« unbeirrt als zeitgemäß dar. Die Geschichtswissenschaft gelange erst durch eine so verstandene »Rassengeschichte« zur Erkenntnis der »Kultur«. Diese sah er weiterhin durch das »Blutserbe« bestimmt.[95] Damit blieb Helbok auch nach 1945 seiner Absicht treu, die vor 1933 noch überwiegend ›national‹ und ›völkisch‹ geprägte deutsche ›Volksforschung‹ vermeintlich ›rassengeschichtlich‹ zu vertiefen.

Helbok spielte gegenüber den akademischen Behörden seine NSDAP-Mitgliedschaft herunter und betonte seinen unentwegten österreichischen Patriotismus. Gleichzeitig versuchte er, seinen »Kampf gegen das Amt Rosenberg« als Widerstand gegen das NS-Regime zu deuten. Der Überprüfungsausschuss der Universität Innsbruck schenkte dieser Argumentationslinie indes nur wenig Glauben und beschied, dass Helbok als »ein geistiger Wegbereiter und Förderer des genannten [nationalsozialistischen] Systems« anzusehen sei. Helbok wurde daher als für ein akademisches Lehramt »sicherlich nicht tragbar« eingestuft. Am 31. Juli 1946 wurde er als »Belasteter« vom universitären Betrieb ausgeschlossen und seine Pension um 30 Prozent gekürzt.[96] Nichtsdestotrotz gelang es ihm, ab 1953 die Herausgabe des »Österreichischen Volkskundeatlas« zu übernehmen, ehe er auch dieses Amt aufgrund interner Zerwürfnisse verlor. Gegen Ende seines Lebens dürfte Helbok außerhalb eines engen Kreises von Schülern, die ihm die Treue hielten, fachlich weitgehend isoliert gewesen sein.[97]

Kötzschke war per 1. November 1945 als fast Achtzigjähriger noch einmal auf seine frühere Position als Institutsdirektor zurückgekehrt. Gegen den sukzessiven Abbau seines Instituts, dessen Forschungen nicht mit dem marxistischen Geschichtsbild vereinbar zu sein schienen, war er jedoch weitgehend machtlos. Er starb am 3. August 1949, seine Forschungsstätte wurde 1951 zu einer Abteilung des *Instituts für Deutsche Geschichte* herabgestuft, wodurch es seine Selbständigkeit verlor. Seine Schüler gingen in den 1950er-Jahren überwiegend nach Westdeutschland.[98] Nur Karlheinz Blaschke (*1927), der noch bei Kötzschke studiert hatte, verblieb in der DDR. Blaschke habilierte sich 1962 mit einer Studie zur »Bevölkerungsgeschichte von Sachsen«[99] im Fachgebiet »Landesgeschichte« an der Universität Leipzig; er konnte jedoch aus politischen Gründen seine Lehrbefugnis

95 Helbok, Erinnerungen, 152.

96 Politischer Überprüfungsbescheid des Verwaltungsdirektors der Universität [Innsbruck] Richard Pokorny namens des Überprüfungsausschusses betreffend Adolf Helbok. Zit. n. Peter Goller/Gerhard Oberkofler, Universität Innsbruck – Entnazifizierung und Rehabilitation von Nazikadern (1945-1950), Innsbruck 2003, 79 f.

97 Vgl. u. a. zu Helboks vergeblichen Bemühungen, seine Innsbrucker Lehrkanzel wieder zu erlangen, Reinhard Johler, »Tradition und Gemeinschaft«: Der Innsbrucker Weg, in: Jacobeit et al. (Hg.), Völkische Wissenschaft, 589 f. Vgl. Helbok, Erinnerungen, hier das Vorwort von Fritz Ranzi.

98 Vgl. Blaschke, Rudolf Kötzschke, 18 f.

99 Karlheinz Blaschke, Bevölkerungsgeschichte Sachsens bis zur industriellen Revolution, Weimar 1967.

nicht ausüben. Er betätigte sich als Staatsarchivar in Dresden und wurde erst nach der Wende 1989 als führender sächsischer Landeshistoriker rehabilitiert.[100]

3. ›Genealogie‹, ›Sippenkunde‹ und ›Volksordnungsgeschichte‹: Johannes Hohlfeld und Friedrich von Klocke

Sowohl Johannes Hohlfeld (1888-1950) als auch Friedrich von Klocke (1891-1960) widmeten einen Großteil ihrer Arbeiten familienkundlichen Forschungen und waren einflussreiche Akteure in den Netzwerken der ›Genealogie‹. Hohlfeld ist darüber hinaus von Interesse, weil er sich als ehemaliger Anhänger der *Deutschen Staatspartei* der Weimarer Republik dazu veranlasst sah, sich im ›Dritten Reich‹ politisch neu zu positionieren. Dieser Umstand wirft Fragen auf, von denen sich seine wissenschaftliche Konzeption der ›Genealogie‹ nicht trennen lässt. Hohlfeld promovierte 1911 bei Karl Lamprecht zum Dr. phil. und zählte zum Leipziger Schülerkreis von Rudolf Kötzschke. Auf Empfehlung Lamprechts wurde er im Jahr 1912 Assistent an der *Zentralstelle für deutsche Personen- und Familiengeschichte* in Leipzig. Hohlfeld leitete diese als Geschäftsführer von 1924 bis zu seinem Tod im Jahr 1950.[101]

Bei meiner Beschäftigung mit dem westfälischen Historiker Friedrich von Klocke beziehe ich über die Analyse seiner Vorlesungsmanuskripte auch dessen akademische Lehrtätigkeit in die Untersuchung mit ein. Von Klocke war von 1920 bis 1925 Archivar an der ›Zentralstelle‹ und begann 1931 seine Laufbahn als Hochschullehrer an der Universität Münster in Westfalen. Hohlfelds und von Klockes Konzeptualisierungen der ›Genealogie‹ im Spannungsfeld von Geschichts-, Sozial- und Naturwissenschaften und ihr jeweiliges Verhältnis zu völkischen und nationalsozialistischen ›Familien-‹ und ›Sippenforschungen‹ stehen im Mittelpunkt der folgenden Ausführungen.

Hohlfeld: Von der ›Genealogie‹ zur ›Sippenkunde‹?

Für die Entwicklung der historisch-genealogischen Forschung in Deutschland nahm Johannes Hohlfeld, der langjährige Geschäftsführer der *Zentralstelle für deutsche Personen- und Familiengeschichte* in Leipzig, eine institutionell einflussreiche Position ein. Der Sozialhistoriker Volkmar Weiss beschäftigte sich eingehend mit Hohlfeld und bezog dabei dessen parteipolitische Aktivitäten in seine

100 Vgl. Karlheinz Blaschke vor 50 Jahren promoviert, in: Universität Leipzig, April 2001. URL: https://service.uni-leipzig.de/cumulus-uni-journal/#1378114467743_10 (2.9.2013).

101 Volkmar Weiss, Johannes Hohlfeld, von 1924 bis 1950 Geschäftsführer der Zentralstelle für Deutsche Personen- und Familiengeschichte in Leipzig, in: Genealogie 49 (2000), 65-83; ders., Johannes Hohlfeld (1888-1950), in: Gerald Wiemers (Hg.), Sächsische Lebensbilder, Bd. 5, Leipzig 2003, 247-270.

Analyse mit ein. Dieser habe antisemitische Tendenzen in der ›Genealogie‹ bekämpft und sich nach 1933 nicht ohne Erfolg darum bemüht, die relative Unabhängigkeit der ›Zentralstelle‹ gegenüber dem NS-Regime zu wahren.[102] Der wichtigen Frage nach Hohlfelds Wandlung vom erklärten Gegner Adolf Hitlers zum rhetorischen Unterstützer der nationalsozialistischen Politik wich Weiss allerdings weitgehend aus.

Demgegenüber vertrete ich die Ansicht, dass Hohlfelds wissenschaftliches Engagement sich nur dann angemessen beschreiben lässt, wenn seine politischen Positionierungen und Aktivitäten durchgehend mit in den Blick genommen werden. So ist es z. B. bemerkenswert, dass Hohlfeld in seiner 1926 in zweiter Auflage erschienenen »Geschichte des Deutschen Reiches« Hitler noch einen »zugewanderten österreichischen Demagogen« nannte und sich damit die Feindschaft der Nationalsozialisten zuzog. Der NSDAP hatte er »eine rein negative, ätzende Kritik alles Bestehenden« und »einen gedankenarmen Antisemitismus« vorgeworfen.[103]

Hohlfeld gehörte seit 1919 der *Deutschen Staatspartei* an und betätigte sich für diese seit 1935 auch als politischer Redner. Die Partei war 1918 als liberale Sammelbewegung unter dem Namen *Deutsche Demokratische Partei* (DDP) gegründet worden.[104] Sie kam bei den Wahlen zur Nationalversammlung am 19. Januar 1919 auf 18,6 Prozent der Stimmen; seither verlor sie unter dem Konkurrenzdruck der anderen bürgerlichen Parteien jedoch rasch an Wählerzuspruch. Die DDP bekannte sich zusammen mit der SPD zwar zur Republik; indem sie die beiden Präsidialkabinette Brünings unterstützte, war sie aber für den zunehmend autoritären Kurs der deutschen Reichsregierung mitverantwortlich. Als die DDP sich 1930 mit der *Volksnationalen Reichsvereinigung*, deren Anhänger sich aus dem antisemitischen *Jungdeutschen Orden* rekrutierten, zur *Deutschen Staatspartei* zusammenschloss, machte Hohlfeld den Schwenk der Partei nach rechts mit. In seinen Reden befürwortete er nationalkonservatives Gedankengut und verknüpfte dieses besonders seit 1930 mit Appellen an die deutsche »Volksgemeinschaft«. Er soll sich dafür eingesetzt haben, die Staatspartei »auf die nationale Seite zu bringen«, um sie so von ihrem Bündnis mit der Sozialdemokratie

102 Weiss, Johannes Hohlfeld, 74-82. V. Weiss (*1944) war selbst 1990 bis 2007 Leiter der Deutschen Zentralstelle für Genealogie in Leipzig – einer indirekten Nachfolgerin der früheren ›Zentralstelle‹ –, die 1995 dem Sächsischen Staatsarchiv Leipzig als Abteilung unterstellt wurde. Vgl. Volkmar Weiss. URL: http://de.wikipedia.org/wiki/Volkmar_Weiss (2.9.2013). Zu Weiss' politisch rechtslastigen Ansichten zur »Degeneration« der deutschen Bevölkerung und zur »IQ-Falle« vgl. Kritische Psychologie Marburg, Volkmar Weiss: Das »Türkenproblem« oder die Angst vor der Degeneration der Bevölkerung. URL: http://www.kp-marburg.de/volkmar_weiss.htm (2.9.2013).

103 BArch Berlin, R 1509, Nr. 1063, Geheimes Staatspolizeiamt (Dr. W. Best) an den Reichs- und Preußischen Minister des Innern, 19.9.1935.

104 Vgl. zur Geschichte der DDP u. a. Werner Schneider, Die Deutsche Demokratische Partei in der Weimarer Republik 1924-1930, München 1978.

abzubringen.[105] Als er während des Wahlkampfs 1932 als Spitzenkandidat für den Wahlkreis Leipzig aufgestellt wurde, scheint er sich in Erwartung von Hitlers bevorstehender Machtübernahme damit auf dem rechten Flügel der Staatspartei positioniert zu haben.

1934 veröffentlichte Hohlfeld unter einem Pseudonym die Schrift »Zwanzig Jahre deutsches Ringen« und erklärte den von ihm selbst in der Weimarer Republik noch so bezeichneten »österreichischen Demagogen« Hitler nunmehr zum »geschichtlich berufenen Führer des neuen Deutschlands«.[106] Beim *Geheimen Staatspolizeiamt Sachsen* galt Hohlfeld als »besonders rühriger Demokrat«, der aber »bei seinen Wahlreden Auseinandersetzungen mit dem Nationalsozialismus allgemein vermieden haben soll«.[107] In Erwiderung von Rezensionen zu seinen Schriften, die in der »Bücherkunde der Reichsstelle zur Förderung des Deutschen Schrifttums« erschienen waren, sah sich Hohlfeld zu einer Stellungnahme »In eigner Sache« genötigt. Er suchte seine früheren hitlerfeindlichen Äußerungen zu relativieren und in einem NS-freundlichen Sinne umzudeuten: Er habe den Begriff »Demagoge« in Bezug auf Hitler bloß wertneutral verwendet, und zwar so, dass die NSDAP unter der Führung des »aus Österreich gekommenen Volksführer[s] (Demagogen) Adolf Hitler« gestanden sei. Zudem bekannte Hohlfeld jetzt, »niemals ein politischer Liberaler gewesen« zu sein und unter Demokratie »vor allem Herrschaft im Sinne der Führung« verstanden zu haben.[108]

Nicht seine Rechtfertigungsschrift, die Werner Best (1903-1989), der Abteilungsleiter im Geheimen Staatspolizeiamt, sogleich beschlagnahmen und einziehen ließ,[109] sondern eine Intervention des Landgerichtspräsidenten Lorenz, der zugleich Vorsitzender des Vereins zur Erhaltung der ›Zentralstelle‹ war, aber auch die Unterstützung durch den Leiter des *Reichssippenamts*, den Historiker Kurt Mayer (1903-1945), bewahrten Hohlfeld indes vor seiner drohenden Enthebung als Geschäftsführer der ›Zentralstelle‹. Lorenz wurde jedoch beauftragt, Hohlfeld bei seiner Leitungstätigkeit »möglichst weitgehend zu beaufsichtigen«.[110]

105 UAL, Personalakt 2639 Johannes Hohlfeld, Politische Reden in der Deutschen Staatspartei: u. a. Für Hindenburg – gegen Hitler, 4.4.1932 in Pegau; Die Staatspartei – der letzte Hort des freiheitlichen Bürgertums, 28.7.1932 in Waldheim; Letzter Appell, 27.2.1933 in Zwenkau. BArch, R 1509, Nr. 1063, Schreiben Dr. Lorenz an den Reichs- und Preußischen Minister des Innern, 6.6.1936.

106 Johann von Reichenbrand [d. i. Johannes Hohlfeld], Zwanzig Jahre deutsches Ringen. Vom Weltkrieg über Versailles zur nationalen Erneuerung, Berlin 1934, 244. Hohlfelds Wertungen der Person Hitlers und der NSDAP wurden in NS-Kreisen aufmerksam wahrgenommen: Vgl. H. Volz, Vom Umsturz zur nationalsozialistischen Revolution 1918-1933, in: JDG 9/10 (1933/34), 365-392, hier 372.

107 BArch Berlin, R 1509, Nr. 1063, Geheimes Staatspolizeiamt (Dr. W. Best) an den Reichs- und Preußischen Minister des Innern, 19.9.1935.

108 Johannes Hohlfeld, In eigner Sache, Leipzig 1935 (Selbstverlag), 5; 10.

109 BArch Berlin, R 1509, Nr. 1063, Geheimes Staatspolizeiamt (Dr. Werner Best) an den Reichs- und Preußischen Minister des Innern, 19.9.1935.

110 BArch, R 1509, Nr. 1063, Schreiben Dr. Lorenz an den Reichs- und Preußischen Minister des Innern, 6.6.1936. BArch, R 1509, Nr. 1063, Schreiben Reichs- und Preußischer Minister des Innern an Geheimes Staatspolizeiamt, 1.4.1937.

Die nationalsozialistische »Gleichschaltung« der ›Zentralstelle‹ wirkte sich so aus, dass Hohlfeld sich fortan verstärkt an die ideologischen Vorgaben des Regimes anzupassen suchte: So verfasste er etwa einen Artikel »Bismarcks Ahnen und Enkel«, der in der Festschrift zum 60. Geburtstag Otto Reches (1879-1966), einem an der Universität Leipzig tätigen führenden NS-Anthropologen, erschien. In den *Familiengeschichtlichen Blättern* der ›Zentralstelle‹ berichtete er schließlich über den »Stand der deutschen Judenforschung« und ging dabei auf die einschlägigen rassenantisemitischen Veröffentlichungen des *Reichsinstituts für Geschichte des neuen Deutschlands* ein.[111]

Hohlfeld wurde nach Kriegsbeginn 1939 als Reserveoffizier eingezogen und im »Protektorat Böhmen und Mähren« eingesetzt, 1942 indes im Rang eines Hauptmanns entlassen, da er nach eigener Aussage »gegen einen Offizier ein kriegsgerichtliches Vorgehen wegen Beleidigung von Goebbels und Ley verweigert« hatte.[112] Seine Entfernung aus der Wehrmacht behinderte jedoch nicht Hohlfelds fortgesetzte Publikations- und Lehrtätigkeit. Im Gegenteil: So hielt er im Sommersemester 1944 eine Vorlesung »Überblick über die Sippenkunde« am Institut für Kultur- und Universalgeschichte und zeichnete im selben Jahr publizistisch die historische Entwicklung »Von der Genealogie zur Sippenkunde« nach. Er ließ dabei kaum ein antiliberales, antimarxistisches und antisemitisches Klischeebild aus. Hohlfeld bemühte sich sogar, den von den Nationalsozialisten geforderten Nachweis der »arischen« Abstammung historisch zu legitimieren, indem er behauptete, dass diese Praxis sich bis weit ins frühe Mittelalter zurückverfolgen lasse. Der Ariernachweis habe schon damals den Zweck gehabt, die »Gemeinschaft« gegen das Eindringen »fremdblütiger oder sozial unerwünschter Elemente« zu schützen. Seit 1933 habe sich die deutsche ›Genealogie‹ von der individualistischen Erforschung der Familien, für die noch Ottokar Lorenz eingetreten sei, endgültig verabschiedet. Die Leipziger ›Zentralstelle‹ sah er weiterhin als Vorreiterin der Entwicklung hin zur angestrebten »Gesamtgenealogie des Volkes«. Gleichzeitig habe auch die ›zünftige‹ Geschichtswissenschaft, ausgehend von der Landes- und Ortsgeschichte, ihren Schwerpunkt auf die »Rassen- und Bevölkerungsgeschichte« verlegt und damit die familien- und sippenkundliche Forschung aufgewertet.[113]

Die verspätete und keineswegs friktionsfreie Indienstnahme Hohlfelds für den nationalsozialistischen Staat verwies nicht zuletzt auf die gestiegene Bedeutung der genealogischen Wissenschaft im ›Dritten Reich‹. Das am 7. April 1933 erlassene »Gesetz zur Wiederherstellung des Berufsbeamtentums« und die

111 Vgl. Johannes Hohlfeld, Bismarcks Ahnen und Enkel. Eine genealogische Studie, in: Michael Hesch/Günther Spannaus (Hg.), Kultur und Rasse. Otto Reche zum 60. Geburtstag, München-Berlin 1939, 111-121; Johannes Hohlfeld, Über den Stand der deutschen Judenforschung, in: FGB 39 (1941), 26.

112 UAL, PA 2639 Johannes Hohlfeld, Lebenslauf (undat., nach 1945).

113 Middell, Weltgeschichtsschreibung, 730; Johannes Hohlfeld, Von der Genealogie zur Sippenkunde. Ein geistesgeschichtlicher Wandel in Deutschland, in: FGB 42 (1944), Sp. 1-8, hier bes. Sp. 1f.; 8.

»Nürnberger Gesetze« vom September 1935 bereiteten die Grundlagen für eine sich beträchtlich steigernde Nachfrage nach genealogischen Forschungen und Gutachten. Die *Reichsstelle für Sippenforschung beim Reichsministerium des Inneren* (seit 1940 *Reichssippenamt*) und andere Institutionen und berechtigte Forscher waren dazu befugt, die »Deutschblütigkeit« zu ermitteln und zwischen »Ariern« und »Nichtariern« zu unterscheiden.[114] Hohlfeld verstand die ›Genealogie‹ als »die Lehre oder Kunde vom stammesmäßigen Zusammenhang der Menschen und vom Werden, Sein und Wirken bestimmter Familienteile, einzelner Familien und ganzer Geschlechter im Rahmen der menschlichen Gesellschaft.«[115] Er wies dieser wissenschaftlichen Fachrichtung damit die Zielsetzung der »Erkenntnis des Gewordenen« zu und wandte sich noch in den 1920er-Jahren gegen die »völkische Genealogie«, deren »Politisierung der Wissenschaft« er offen als »Barbarei« brandmarkte. Hohlfeld erklärte sich damit zum Gegner des Ausschlusses von Juden und »sonstigen Fremdrassigen« aus den genealogischen Vereinen. Die Anwendung von sogenannten Arierparagraphen durch deutsche wissenschaftliche Vereine lehnte er ab, weil sie die »Pariastellung« deutscher Wissenschaftler im Ausland sanktionierten. Sie sei daher als »schwerste Schädigung der eignen Rasse in ihrer Weltgeltung« zu betrachten. Hohlfeld kritisierte den Rassebegriff somit nicht grundsätzlich; vielmehr sah er seine Instrumentalisierung gegen Juden aus außenpolitischen Gründen als nicht opportun an. Immerhin stellte er sich gegen die antisemitisch begründete Diskriminierung von Juden, die der von Bernhard Koerner geleitete Berliner Verein *Roland* praktizierte. Dieser, ein »wissenschaftlich bedeutungsloser, aber politisch sehr regsamer [...] Verein«, scheint dem impliziten Anspruch der Leipziger ›Zentralstelle‹, die führende Institution der deutschen ›Genealogie‹ zu sein, die Anerkennung verweigert zu haben.[116]

Nicht die wissenschaftlich begründete Ablehnung des Rassebegriffs,[117] sondern die von ihm befürchtete Gefährdung des Führungsanspruchs der ›Zentralstelle‹ durch deutsch-völkische genealogische Vereine dürfte also den eigentlichen Hintergrund für Hohlfelds oben zitierte Äußerungen aus den 1920er-Jahren gebildet haben. Anhänger von Bernhard Koerner scheinen bei der Jahreshauptversammlung der ›Zentralstelle‹ 1922 versucht zu haben, deren Vorstand zu stürzen und diese auf eine völkische ›Sippenkunde‹ hin zu orientieren.[118] Noch 1944 be-

114 Vgl. als Beispiel für die in diesem politischen Klima entstandenen Darstellungen zur ›Sippen-‹ und ›Bevölkerungsgeschichte‹ u.a. Heinrich Banniza von Bazan, Das deutsche Blut im deutschen Raum. Sippenkundliche Grundzüge des deutschen Bevölkerungswandels in der Neuzeit, Berlin 1937.

115 Zit. n. Johannes Hohlfeld, Genealogie als Wissenschaft und als Politik, in: Zeitschrift für kulturgeschichtliche und biologische Familienkunde 1 (1924), 195f., hier 195 (Friedrich Wecken/Friedrich von Klocke (Hg.), Taschenbuch für Familiengeschichtsforschung. 2., erw. Aufl. Leipzig 1922, 44).

116 Ebd. (Hohlfeld), 195.

117 So jedenfalls Weiss, Johannes Hohlfeld (1888-1950), 252.

118 Vgl. Volkmar Weiss, Die Vorgeschichte des arischen Ahnenpasses. Teil 2: Historische oder völkische Genealogie? In: Genealogie 50 (2000), 497-507.

tonte Hohlfeld seine Gegnerschaft zu Koerner, als er daran erinnerte, dass dieser zusammen mit dem 1935 wieder abgesetzten ersten Leiter der *Reichsstelle für Sippenforschung*, Achim Gercke (1902-1997), einen »dilettantischen Plan« zu einer Auswertung von Kirchenbüchern entworfen habe. Er selbst habe sich bereits 1933 klar dagegen ausgesprochen. Dieses Vorhaben sei ohnedies längst gescheitert und die »tatsächliche Führung« seit 1937 an die vom *Rassenpolitischen Amt* der NSDAP unterstützte *Arbeitsgemeinschaft für Sippenforschung und Sippenpflege* übergegangen.[119] Indem Hohlfeld solchen genealogischen Vereinen die wissenschaftliche Dignität absprach, die aus seiner Sicht »Rassepolitik« trieben, suchte er die von ihm geleitete ›Zentralstelle‹ gegenüber der wachsenden Zahl von Konkurrenten auf dem Feld der genealogischen Forschung abzugrenzen und dadurch die Wissenschaftlichkeit der eigenen Arbeitsweise zu bekräftigen. Die nach wie vor umstrittene Position der ›Genealogie‹ als wissenschaftliche Disziplin verstärkte indes Befürchtungen der professionalisierten Historiker-Genealogen, von der anschwellenden Welle rassenkundlicher ›Volkskörperforschungen‹ und ›Volksgenealogien‹ an den Rand gedrängt zu werden.[120]

Vor diesem Hintergrund ist Hohlfelds 1933 vor dem *Gesamtverein Deutscher Geschichts- und Altertumsvereine* ausgesprochene polemische Warnung vor jenen routinierten »Kirchenbuchakrobaten« zu sehen, die eine »Verflachung« des wissenschaftlichen Standards der deutschen genealogischen Forschung herbeizuführen drohten. Angesichts der Machtübernahme des Nationalsozialismus meinte er zwar jetzt, für diese Arbeitsrichtung so große Chancen wie nie zuvor erkennen zu können. Der angestrebten Popularisierung der genealogischen Aktivitäten müsste jedoch gleichzeitig ihre wissenschaftliche Vertiefung zur Seite gestellt werden. »Familie, Stand und Stamm« stellte er als jene Vergesellschaftungsformen dar, deren vergleichende Analyse wesentlich zur Erkenntnis »von Art und Wesen unseres Volkes als Ganzem« beitrage. Hohlfeld vermied aber eine genauere Diskussion des jetzt vermeintlich aktuellen Rassebegriffs. Trotz seines rhetorischen Kotaus vor den neuen NS-Machthabern dürfte er sich daher dem Verdacht ausgesetzt haben, die vermeintlichen Zeichen der Zeit (noch) nicht hinreichend erkannt zu haben.[121]

Das Auftreten der sich als professionell verstehenden Genealogen gegen vermeintliche »Dilettanten« hatte, wie sich anhand eines weiteren Beispiels belegen lässt, tatsächlich eine längere Vorgeschichte: Friedrich von Klocke wandte sich seit Anfang der 1920er-Jahre gegen eine sogenannte »astrologische Methode« in der ›Genealogie‹,[122] die sich von der völkisch-esoterischen Armanenideologie Guido von Lists (1848-1919) herleitete. Im Vergleich zu der gesellschaftlichen Breite, welche die ›Volksgenealogie‹ im Lauf der 1920er-Jahre gewann und die

119 Johannes Hohlfeld, Die Dorfsippenbücher, in: FGB 42 (1944), Sp. 65-90, hier Sp. 65.

120 Vgl. etwa Hohlfeld, Von der Genealogie zur Sippenkunde, 4.

121 Johannes Hohlfeld, Deutsche Volksgenealogie, in: FGB 31 (1933), Sp. 241-256, hier 242 f.

122 Vgl. Friedrich von Klocke, Die Antiwissenschaftlichkeit und ihr Bemühen um die Genealogie, in: FGB 20 (1922), Sp. 225.

Staats- und Parteistellen im ›Dritten Reich‹ nachdrücklich förderten, dürften etablierte Genealogen das Sektierertum dieser ›völkischen Schwärmer‹ damals allerdings noch kaum als ernsthafte Konkurrenz angesehen haben.

Neben die Frage nach der institutionellen Positionierung der Leipziger ›Zentralstelle‹ gegenüber dem ›sippenkundlichen‹ Vereins- und Publikationswesen trat für Hohlfeld als methodische Aufgabenstellung die Klärung des Verhältnisses der genealogischen Disziplin zu Geschichte sowie Sozial- und Naturwissenschaften. Ottokar Lorenz hatte die ›Genealogie‹ zwar als Bindeglied zwischen diesen Forschungsfeldern angesehen, doch die Art ihrer Beziehungen zunächst nur allgemein beschrieben. Hohlfeld suchte diese in programmatischen Vorträgen, etwa 1927 vor der Düsseldorfer *Versammlung deutscher Naturforscher und Ärzte*, näher zu bestimmen. Er konstatierte zwar ebenfalls die eigentümliche Zwischenstellung der ›Genealogie‹ zwischen Natur- und Geisteswissenschaften; gleichzeitig wies er ihr ein scharf abgegrenztes, historisch-soziologisch definiertes Aufgabengebiet zu.[123]

Von Klocke: ›Deutsche Sozialgeschichte‹ als ›Volksordnungsgeschichte‹?

Friedrich von Klockes Integration in das nationalsozialistische Wissenschaftssystem ging wesentlich reibungsloser vor sich, als bei seinem um drei Jahre älteren Leipziger Kollegen Hohlfeld. Von Klockes wissenschaftlicher Werdegang verlief zwar vor und nach 1933 eher zögerlich. Im ›Dritten Reich‹ konnte er aber wichtige Karriereschritte setzen, wozu ihm sein 1933 erfolgter NSDAP-Beitritt nützlich gewesen sein dürfte. Von Klocke studierte, vom Kriegsdienst unterbrochen, 1911-1916 und 1919/20 Geschichte und geschichtliche Hilfs- und Grenzwissenschaften sowie historische Teile der Rechts- und Staatswissenschaften (mit Schwerpunkt Soziologie) in München, Berlin und Münster. Dabei beeindruckte ihn besonders der Münsteraner Professor für Staatswissenschaften und Volkswirtschaftslehre Johann Plenge (1874-1963),[124] der während des Ersten Weltkriegs einer der Propagandisten der »Ideen von 1914« gewesen war, konservativen Kreisen innerhalb der SPD nahestand und sich nach 1933 als »nationaler Sozialist« gab. Nach mehrjähriger Tätigkeit als Archivar habilitierte sich von Klocke 1931 für mittlere und neuere Geschichte an der Universität Münster. Seine Habilitationsschrift galt dem Thema »Patriziat und Honoratiorentum in Westfalen – Untersuchungen zur Geschichte der städtischen Bevölkerung«.[125] Es han-

123 Johannes Hohlfeld, Über die Genealogie als Grenzwissenschaft zwischen Geschichte und Naturwissenschaft, in: Mitteilungen der Zentralstelle für Deutsche Personen- und Familiengeschichte, H. 36, Leipzig 1928, 13-17.

124 Vgl. Joachim Müller, Die »Ideen von 1914« bei Johann Plenge und in der zeitgenössischen Diskussion. Ein Beitrag zur Ideengeschichte des Ersten Weltkrieges, Neuried 2001.

125 Aders, Günter: Friedrich von Klocke. I. Biographische Einführung, II. Schriftenverzeichnis, in: Westfälische Forschungen 16 (1963), 195-215, hier 195f. Von Klockes Ha-

delte sich dabei nicht um eine historisch-statistische Studie, sondern um die Rekonstruktion von »Geschlechterbiographien«. Diese Geschlechter definierte von Klocke als »gentilizische Gruppe[n]«, von denen auf die »Gestalt des Volkes« geschlossen werden sollte.[126]

Von Klocke nahm als Privatdozent eine ausgedehnte Lehrtätigkeit an der Universität Münster auf. Er hielt u.a. Vorlesungen zur »Deutschen Volksgeschichte«, in denen er – verstärkt nach 1933 – zu »Rassen«, »germanischen Völkerschaften«, »deutschen Stämmen« und »Volk und Siedlung im Deutschen Reiche« vortrug. Seinen Vorlesungszyklus »Deutsche Sozialgeschichte«, den er im Sommersemester 1932 begann, bezeichnete er als »Volksordnungsgeschichte«.[127] Im ›Dritten Reich‹ war der Wiener Historiker Otto Brunner (1898-1982) einer der einflussreichsten Apologeten einer »Geschichte der Volksordnung« als »politischer Volksgeschichte«, die er mit kaum überhörbarem Pathos zu einem »Gebot der Stunde« erklärte.[128] Von Klocke hatte die Schlagwörter der »Volksordnung« und »Rasse« selbst bereits in den letzten Jahren der Weimarer Republik als Anknüpfungspunkte für eine völkische Neuorientierung der Geschichtsforschung definiert. Er fand damit breitere Unterstützung, so dass ihm seine Heimatuniversität 1937 einen besoldeten Lehrauftrag »für Landesgeschichte, Volksgeschichte und Sippenkunde« erteilte. Seine Lehrerfolge als Volkshistoriker trugen zudem dazu bei, dass er 1942 zum apl. Prof. an der Universität Münster ernannt wurde.[129]

bilitationsschrift sollte in der Reihe »Veröffentlichungen der Historischen Kommission des Provinzialinstitutes für westfälische Landes- und Volkskunde« erheblich verspätet 1944 im Druck erscheinen. Der fast fertiggestellte Satz des Werkes verbrannte jedoch bei dem Luftangriff auf Münster im September 1944 (ebd., 210).

126 Friedrich von Klocke, Auf Wegen der Genealogie als Wissenschaft. Autoergographie zum 65. Geburtstag, in: Familie und Volk 5 (1956), 89-98, hier 95.

127 Im Wintersemester 1934/35 setzte von Klocke dem Vorlesungstitel »Deutsche Sozialgeschichte« den Zusatz »Vom germanischen zum nationalsozialistischen Zeitalter« hinzu. Als er im SS 1936 neuerlich eine derartige Vorlesung abhielt, änderte er den Untertitel zu »Von der germanischen Vorzeit bis zur Gegenwart«. UAM, Bibl. UMS26, Universität Münster i.W. (Hg.), Vorlesungsverzeichnis, WS 1934/35, 73; Personal- und Vorlesungsverzeichnis, SS 1936, 95.

128 Die »Geschichte der Volksordnung« stelle den »Versuch einer Darstellung des inneren Baues der politischen Verbände des Mittelalters« dar. Sie gehe von herkömmlichen positivistischen Untersuchungen der Rechtsentwicklung ab und öffne »den Blick auf den lebendigen Träger alles geschichtlichen Geschehens, das Volk [...]. Nicht politische Geschichte als bloße Machtgeschichte, nicht Rechtsgeschichte, Wirtschaftsgeschichte usf., die in einem antipolitischen Sinn im Sammelbegriff der Kulturgeschichte äußerlich zusammengefaßt werden, sondern politische Volksgeschichte heißt das Gebot der Stunde.« Otto Brunner, Land und Herrschaft. Grundfragen der territorialen Verfassungsgeschichte Südostdeutschlands im Mittelalter, Brünn u.a. ^{2}1942, 184f. Vgl. zur ›Volksordnung‹ auch die Ausführungen zu Werner Conze im Kap. III.6.

129 UAM, Bestand 63, Nr. 3, Bd. 1, Schreiben des Historischen Seminars der Universität Münster an den Dekan der Philosophischen und Naturwissenschaftlichen Fakultät der Universität zu Münster, 8.3.1937; UAM, Bestand 10, Nr. 3597, Der Dekan der Philosoph.

Anhand der überlieferten Vorlesungsmanuskripte lässt sich zeigen, dass von Klockes Vorlesungen wesentlich auf der Aneignung der Lehren einiger Vordenker der jungkonservativen Bewegung wie etwa Max Hildebert Boehms (1891-1968) oder des ›ganzheitlichen‹ Gesellschaftstheoretikers Othmar Spann (1878-1950) beruhten. Von Klocke selbst stellte die ›Genealogie‹ als eine vorwiegend »historisch-soziologische« Wissenschaft dar. Er plante, nachdem er sich 1931 in Münster habilitiert hatte, einen größeren Zyklus »bevölkerungsgeschichtlicher« Vorlesungen[130] abzuhalten und begann damit im Wintersemester 1931/32. Im Manuskript zu seiner ersten Vorlesung »Deutsche Bevölkerungsgeschichte im Grundriß« schrieb er noch vorsichtig, dass die »Erörterung anthropologischer Strukturen« nur »anhangsweise« erfolgen könne. Als Grund für seine vorläufige Zurückhaltung gegenüber der Verknüpfung von ›Bevölkerung‹ und ›Rasse‹ (bzw. ›Anthropologie‹) gab er den zu diesem Zeitpunkt noch unzureichenden Forschungsstand an.[131] Die Inhaltsübersicht zu seiner Vorlesung »Deutsche Bevölkerungs- und Siedlungsgeschichte«, die er in überarbeiteter Form im Wintersemester 1933/34 hielt, belegt, dass er seine frühere Vorsicht gegenüber einer Erweiterung der Vorlesung um rassenkundliche Aspekte damals bereits aufgegeben hatte. An der Universität Münster dürfte für den Lehrgegenstand »Bevölkerungsgeschichte« jedenfalls ein lebhaftes Interesse bestanden haben, denn diese Vorlesung richtete sich an »Hörer aller Fakultäten«.[132] Ihren ersten Hauptteil begann von Klocke mit dem Kapitel »Die rassen- und stammesgeschichtlichen Grundlagen«, wobei er die sogenannten »rassenmäßigen Grundstoffe im deutschen Volkskörper« zu erörtern versprach. Von Klocke stützte seine diesbezüglichen Überlegungen vor allem auf Arbeiten von Theodor Geiger (1891-1952), Hermann Mitgau (1895-1980), Werner Sombart (1863-1941) und Ferdinand Tönnies (1855-1936). Angesichts der Bedeutungszunahme von rassetheoretischen Erwägungen in seinem Vorlesungszyklus nahmen in seinem Manuskript allerdings Rassetheoretiker wie Egon Freiherr von Eickstedt (1892-1965), Hans F. K. Günther (1891-1968) und Lothar Stengel von Rutkowski (1908-1991) einen höheren Stellenwert als zuvor ein.[133]

Nach 1933/34 entwickelte von Klocke seine Vorlesung über »Bevölkerungs- und Siedlungsgeschichte« zu einer Vorlesung über »Allgemeine deutsche ›Volksgeschichte‹ (Volk und Reich, Raum und Grenzen)« weiter. Er lag damit im Trend der deutschen ›Volksforschung‹, die anstelle der bisherigen Auffassung

und Naturwiss. Fakultät, Antrag auf Ernennung des Dozenten Dr. v. Klocke zum apl. Professor, 2.12.1941.

130 UAM, Bestand 186, Nr. 1, Notiz v. Klocke, 8.10.1931.

131 UAM, Bestand 186, Nr. 7b, Erster Entwurf zu einer Vorlesung »Deutsche Bevölkerungsgeschichte im Grundriß« (gelesen WS 1931/32).

132 UAM, Bibl. UMS26, Universität Münster i. W. (Hg.), Vorlesungsverzeichnis, WS 1933/34, 71.

133 UAM, Bestand 186, Nr. 7b, Vorlesungsmanuskript »Deutsche Bevölkerungs- und Siedlungsgeschichte« (gelesen WS 1933/34). Wie von Klocke in seiner Vorlesung diese Literatur im Einzelnen behandelte, lässt sich anhand der vorliegenden handschriftlichen Vorlesungsmanuskripte nicht mehr genau nachvollziehen.

von ›Bevölkerung‹ das ›Volk‹ zu setzen beabsichtigte. Die »Volksgeschichte« sollte den »deutschen Volkskörper als Träger der deutschen Geschichte« und zugleich den »Lebensraum dieses Volkskörpers« erforschen. Bislang in der Bevölkerungswissenschaft vorherrschende individualistische und liberale Theoreme sollten überwunden werden. Als Beispiele für derartige vermeintliche Fehlentwicklungen galten ihm namentlich der Ökonom Paul Mombert und der Wiener Statistiker Wilhelm Winkler (1884-1984). Diese beiden Wissenschaftler hätten Vorstellungen von »Menge« bzw. »Masse« als Aggregate entwickelt, welche die Bevölkerung als »eine Summe unverbundener oder nur äußerlich verbundener Individuen« betrachteten. Von Klocke stellte derartigen Konzeptualisierungen von ›Bevölkerung‹ die Vorstellung eines organischen »Volksgewebes« entgegen, das durch »Familien, Großfamilien und Sippschaften« gebildet werde.[134]

In seinen wissenschaftlichen Publikationen erwies sich der Münsteraner Historiker als verlässlicher Apologet des ›Dritten Reichs‹: In dem 1940 erschienenen Buch »Westfalen und der deutsche Osten« rühmte er Hitler als einen Vordenker, der die Deutschen bereits 1927 über die »Leistung« der deutschen »Ostlandbewegung« aufgeklärt und die akademische Geschichtswissenschaft zu Recht dafür getadelt habe, diese in ihrer Bedeutung bislang nicht ausreichend erkannt zu haben. Von Klocke zitierte dabei eine Stelle aus »Mein Kampf«, in der Hitler die mittelalterliche deutsche Ostsiedlung als gelungenen Versuch darstellte, »die steigende Volkszahl in Einklang zu bringen mit der Größe von Grund und Boden«.[135] Sein Buch »Westfalen und der deutsche Osten« erwies sich somit für »nationalpolitische Aufgaben« als durchaus brauchbar: Bei den »Buch- und Dokumentenausstellungen«, welche das Reichspropagandaministerium im Lauf des Jahres 1940 veranstaltete und die u. a. mit »Kampf im Osten« oder »Reich und Reichsfeinde« betitelt waren, zählte diese Arbeit des Münsteraner Historikers zu den dort gezeigten Ausstellungsstücken.[136] Derartige Propagandaausstellungen ressortierten zum sogenannten »Kriegseinsatz der deutschen Geisteswissenschaft« (»Aktion Ritterbusch«), an dem von Klocke mit der Teilnahme an einschlägigen wissenschaftlichen Treffen aktiv mitwirkte.[137]

Neben seiner Tätigkeit in Forschung und Lehre betätigte sich von Klocke seit 1934 zudem als *Gaustellenleiter* im *Gaukulturamt der NSDAP* und als Referent im

134 UAM, Bestand 186, Nr. 18, Vorlesungsmanuskript »Allgemeine deutsche Volksgeschichte (Volk und Reich, Raum und Grenzen)«. Von Klocke zog E. Keysers »Bevölkerungsgeschichte Deutschlands« gleichfalls für seine Vorlesung heran. Er kritisierte dieses Buch aber dafür, dass es noch von der »Bevölkerungsvorstellung alter Art« ausgehe. (Ebd.)

135 Zit. n. Friedrich von Klocke, Westfalen und der deutsche Osten, Münster 1940, 6.

136 UAM, Bestand 63, Nr. 3, Bd. 2, Friedrich v. Klocke, Bemerkungen zur Habilitationsschrift, 4.11.1941. Vgl. hierzu Kampf im Osten. Politische Buch- und Dokumentenschau. Hg. vom Werbe- und Beratungsamt für das Deutsche Schrifttum beim Reichsminister für Volksaufklärung und Propaganda, Berlin 1942.

137 Vgl. Frank-Rutger Hausmann, »Deutsche Geisteswissenschaft« im Zweiten Weltkrieg. Die »Aktion Ritterbusch« (1940-1945), Dresden-München 1998, 197; 376.

Gauschulungsamt des Gaues Westfalen-Nord.[138] Der Architekt und NS-»Gaukulturwart« Hermann Bartels (1900-1989) beauftragte ihn damit, Vorträge zur westfälischen »Landes- und Heimatgeschichte« in der *Gauführerschule Nordkirchen* abzuhalten. Zudem lud ihn Bartels dazu ein, in beratender Funktion an der Umgestaltung der nahe Paderborn gelegenen Wewelsburg zu einer »SS-Schule Haus Wewelsburg« mitzuwirken.[139] Die Universität Münster stellte der dort eingerichteten Bibliothek der SS leihweise Bücher zur Verfügung, die das Thema »Varusschlacht« behandelten. Die SS nutzte die Burg als Stätte für »Germanische Zweckforschungen«, worunter vor allem Studien zur Vor- und Frühgeschichte, aber auch zur »Volkskunde« und »Sippenforschung« verstanden wurden. Bartels hatte den Reichsführer-SS Heinrich Himmler (1900-1945) auf die Wewelsburg aufmerksam gemacht, worauf dieser die Burg 1934 pachtete. Für die geplanten und teilweise durchgeführten Baumaßnahmen an der Wewelsburg wurde in ihrer Nähe eigens ein Barackenlager für KZ-Häftlinge eingerichtet, das 1941-1943 als eigenständiges KZ Niederhagen geführt wurde.[140]

Hohlfeld, von Klocke und die ›Genealogie‹ in den 1950er- und 1960er-Jahren

Für die berufliche Karriere von Johannes Hohlfeld bedeutete der Zusammenbruch des ›Dritten Reichs‹ eine vergleichsweise weniger einschneidende Zäsur als für Friedrich von Klocke. Im Unterschied zu seinem westfälischen Kollegen konnte Hohlfeld gegenüber den akademischen Behörden geltend machen, dass er von den Nationalsozialisten als politischer Gegner angesehen und deshalb verfolgt worden sei. Als die Leipziger Universität im Februar 1946 wieder eröffnet wurde, durfte er daher seine Lehrtätigkeit wieder ausüben. Hohlfeld hatte bereits seit 1930 am *Institut für Kultur- und Universalgeschichte* regelmäßig einen

138 UAM, Bestand 63, Nr. 3, Bd. 1, Schreiben des Historischen Seminars der Universität Münster an den Dekan der Philosophischen und Naturwissenschaftlichen Fakultät der Universität zu Münster, 8.3.1937.

139 Von Klocke berichtete 1948 in einem Schreiben an den Rektor der Universität Münster, dass er am 31.8.1935 vom Gaukulturwart in sein Büro bestellt worden sei. Thema sei »die geschichtliche Ausstattung der Räume in der Wewelsburg [gewesen], mit deren Wiederausbau der Gaukulturwart damals beschäftigt war und für deren Räume er Themen aus der westfälischen Geschichte zur Ausmalung bezeichnet haben wollte«. UAM, Bestand 63, Nr. 3, Bd. 1, von Klocke an Prof. Dr. E. Lehnartz, 31.7.1948. Vgl. zuletzt u. a. Jan Erik Schulte (Hg.), Die SS, Himmler und die Wewelsburg, Paderborn 2009.

140 Inwieweit von Klocke in diese Aktivitäten tatsächlich involviert war, ließ sich nicht ermitteln. Möglicherweise leistete er einen Beitrag dazu, dass einige der Zimmer in der Burg im Rahmen der Umgestaltungen und Ausmalungen in einen sächsisch-mythologischen Sinnzusammenhang gerückt wurden (Ausstattung mit Runendekor, Benennung von Zimmern nach König Heinrich I., Heinrich dem Löwen usf.). Vgl. ebd. (Schulte).

Kurs »Zur Einführung in die wissenschaftliche Genealogie« abgehalten. Auch nachdem er 1942 aus der Wehrmacht entlassen worden war, hatte er wieder Kurse zur Auswertung von Dorfsippenbüchern und zur »Sippenkunde« angeboten. Zu diesen Gegenständen sollte er fortan ergänzend eine Vorlesung abhalten. Er beabsichtigte, diese nicht mehr »vom Standpunkt der Rassenlehre«, sondern »vom rein historischen Standpunkt aus« vorzutragen. An den Hohlfeld angebotenen Übungen nahm u. a. der spätere sächsische Landeshistoriker Karlheinz Blaschke als Student teil.[141] Hohlfeld selbst starb nach schwerer Krankheit 1950 in Leipzig. Die von ihm geleitete ›Zentralstelle‹ bestand vorerst weiter, jedoch wurde sie noch in seinem Todesjahr in eine Sammelstiftung übergeführt. 1967 ging sie gemeinsam mit den Sammlungen anderer aufgelöster genealogischer Vereine in der *Zentralstelle für Genealogie in der DDR* auf.

Das Amt des Vorstandsvorsitzenden der ›Zentralstelle‹, die 1954 ihren Sitz nach Westberlin verlegt hatte, bekleidete Friedrich von Klocke. Dieser hatte 1945 seine Lehrtätigkeit an der Universität Münster wegen seiner NS-Belastungen einstellen müssen und war im Entnazifizierungsverfahren 1947 in die Gruppe IV (»Mitläufer«) eingereiht worden. Nachdem er gegen diese Entscheidung berufen hatte, wurde er 1948 in die Gruppe V (»Entlastete«) eingestuft. In Übereinstimmung mit dem geltenden Recht wurde es ihm daher zugestanden, seine Venia Legendi an der Universität Münster wieder auszuüben. Von Klocke erhielt einen Lehrauftrag für »Genealogie und Geschichte der Familie«, der wenigstens begrifflich einen Bruch mit der früheren ›Sippenkunde‹ herbeiführte. Seine Diätendozentur, die ihm 1939 verliehen worden war, war für ihn vorerst jedoch verloren. Die darüber geführten Verhandlungen zogen sich über mehrere Jahre hin, weil von Klockes wissenschaftliche Leistungen »weder in der Zeit vor 1945, als sein Spezialgebiet der Familienforschung in besonderem Ansehen stand, noch auch nach dieser Zeit voll überzeugen« konnten. So ist es zu erklären, dass ihn der nordrhein-westfälische Kultusminister erst am 5. Juli 1955 auf Widerruf zum Dozenten ernannte und ihn in das Beamtenverhältnis berief.[142]

Von Klocke versuchte seine Forschungen in Anbetracht der für die ›Genealogie‹ ungünstigen Rahmenbedingungen um 1950 teilweise neu auszurichten. Er glaubte die Notwendigkeit zu erkennen, die früheren »naturwissenschaftlichen« Experimente hinter sich lassen und die Bindung der ›Genealogie‹ an die Geschichtswissenschaft wieder verstärkt betonen zu sollen. Im Unterschied zu den Humangenetikern, die sich mehr für eine Betrachtung der Seitenverwandtschaften aussprachen und sich dabei an einer »horizontalen« Zugangsweise orientierten, suchten Historiker-Genealogen Erblinien in der Regel »vertikal« über viele

141 UAL, PA 2639 Johannes Hohlfeld, Der Dekan der Philosophischen Fakultät der Universität Leipzig an die Landesverwaltung Sachsen, 13.9.1945.

142 UAM, Bestand 10, Nr. 3597, Einreihungsbescheid F. v. Klocke, 16.10.1947; Dekanat der Philosophischen Fakultät der Universität Münster, 20.7.1949; Der Kurator der Universität Münster, 21.12.1949; Rechtsanwalt Jöstingmeier an Kultusminister Schütz, 25.9.1954; Schreiben [vermutl. des Dekans der Philosophischen Fakultät der Universität Münster] an den Kultusminister, 20.11.1954 (Zitat); Berufungsschreiben von Klocke.

Generationen hinweg in die Vergangenheit zurückzuverfolgen.[143] Von Klocke, der sich selbst – wie oben gesehen – im ›Dritten Reich‹ mit der NS-Rassenideologie identifiziert hatte, bekannte in einem 1950 erschienenen Überblick, den er zum aktuellen Stand der ›Genealogie‹ veröffentlichte:

> »[…] Das Versäumte und Verfehlte in der Genealogie ist tatsächlich sehr umfangreich. Dies gilt nicht zuletzt für das halbe Menschenalter zwischen 1930 und 1945. Was damals in der Sonderform der rassisch ausgerichteten Genealogie in gewissen Kreisen unter der Flagge einer doch weitgehend verkennenden und entstellenden naturwissenschaftlichen Sippenkunde auf Kosten einer ernsten historisch-soziologischen Genealogie geleistet wurde, bedeutet einen schweren Schaden für das Fach.«[144]

Der Münsteraner Historiker kritisierte die deutschen Genealogen, ihr Fach als »Sippenkunde« zu einer Hilfswissenschaft der Vererbungslehre gemacht zu haben und dadurch vom bewährten »historisch-soziologischen« Weg abgekommen zu sein. Namentlich der Berliner Privatgelehrte Stephan Kekulé von Stradonitz (1863-1933), der mit seinem Ahnenbezifferungssystem einen mathematischen Ausdruck für die Stärke geschlechtsgebundener Erbanlagen gefunden haben wollte, habe die »Genealogie« irrigerweise als »Teil der Vererbungslehre« aufgefasst.[145]

Zusammen mit Erich Wentscher, der in den Jahren 1928 bis 1944 noch leitender Redakteur des *Archivs für Sippenforschung* gewesen war, und Hermann Mitgau suchte von Klocke nach 1945 die ›Genealogie‹ innerhalb der Geschichtswissenschaft neu zu positionieren. Von Klocke beteiligte sich zu diesem Zweck an der Begründung des genealogischen Fachorgans *Familie und Volk – Zeitschrift für Genealogie und Bevölkerungskunde,* deren erster Jahrgang 1952 erscheinen konnte. 1962/63 gaben die Herausgeber der Zeitschrift die Bezugnahme auf »Volk« und »Bevölkerungskunde« auf und benannten das Blatt in *Genealogie – deutsche Zeitschrift für Familienkunde* um. *Familie und Volk* erschien als Mitteilungsblatt der *Deutschen Arbeitsgemeinschaft Genealogischer Verbände* und der *Abteilung Genealogie und Heraldik im Gesamtverein der deutschen Geschichts- und Altertumsvereine.* Wentscher deutete den angestrebten Neuanfang der ›Genealogie‹ in seinem Vorwort zum ersten Jahrgang dieser Zeitschrift als ein Anknüpfen an die bisherigen »Volksforschungen«, die allerdings um »abendländische« Zielsetzungen erweitert werden sollten: Der »Abstammungsforschung« war demnach die Aufgabe zugewiesen, »eine höhere volksgeschichtliche Verantwortung« auf sich zu nehmen und mit Hilfe von »Genealogie und Bevölkerungskunde« den »alten deutschen Dienst am Abendland« wieder zu beleben.[146] Dagegen be-

143 So jedenfalls Dorothee Früh, Die Genealogie als Hilfswissenschaft der Humangenetik, 1-25, hier 5. URL: http://www.genetalogie.de/frueh/genealogie/genealogie.pdf (2.9.2013).

144 Zit. n. ebd., 17. Vgl. Friedrich von Klocke, Die Entwicklung der Genealogie vom Ende des 19. bis zur Mitte des 20. Jahrhunderts. Prolegomena zu einem Lehrbuch der Genealogie, Schellenberg 1950, 3.

145 Zit. n. ebd. (Früh).

146 Erich Wentscher, Familie und Volk, in: Familie und Volk 1 (1952), 1 f.

tonte von Klocke die Notwendigkeit, die ›Genealogie‹ als »moderne Familiengeschichte« zu betreiben und sie zu einer Lehre der »genealogischen Gebilde« (Familie, Großfamilie, Sippe) und »Gefüge« (Deszendenz, Aszendenz, Konszendenz) weiterzuentwickeln. Er beabsichtigte dabei die »Beziehungslehre« des Kölner Soziologen Leopold von Wiese (1876-1969) zu einer genealogisch-soziologischen »Gebildelehre« weiterzuentwickeln.[147] Seine hierauf bezogenen Publikationen, die von Klocke anscheinend »längst begonnen« hatte, konnte er krankheitsbedingt jedoch nicht mehr abschließen.[148]

Genealogen und Sippenforscher betonten in den 1930er-Jahren die Bedeutung der Abstammung, wobei die ideologischen Vorzeichen der völkischen Bewegung und des Nationalsozialismus deutlich sichtbar wurden. Nach dem Ende des Zweiten Weltkriegs verschwand die genealogische Betrachtungsweise von Verwandtschaft für mehrere Jahrzehnte weitgehend aus der deutschsprachigen Historiographie. Die ›Genealogie‹ selbst blieb als Hilfswissenschaft den Lokal- und Heimatforschern überlassen. Selbst in der strukturzentrierten ›Bevölkerungsgeschichte‹ Wolfgang Köllmanns spielte ›Genealogie‹ als methodisches Hilfsmittel kaum eine Rolle.[149] Unter den westdeutschen Genealogen bemühte sich damals außer von Klocke nur Hermann Mitgau in Göttingen, genealogische Forschungen nicht nur auf einzelne Familiengeschichten zu beziehen, sondern sie darüber hinausgehend mit der Soziologie zu verbinden. Während von Klocke seine geplante genealogische Gebildelehre nicht mehr ausformulieren konnte, plädierte Mitgau für eine »Lehre von der sozialen Vererbung« und ordnete diese der »Bevölkerungswissenschaft« zu. Das von ihm bereits seit seiner Heidelberger Habilitationsschrift über »Das soziale Generationsschicksal – Untersuchungen zur Frage der Klassenbildung und des sozialen Aufstiegs« (1929/30) verfolgte Konzept zur Erforschung der sozialen Mobilität ließe sich nur dann operationalisieren, wenn die historisch-demographischen Grundlagen in die Untersuchung mit einbezogen würden. Mitgau sah sich daher selbst nicht vorrangig als Genealoge, sondern als Sozialwissenschaftler, der die Gesetzmäßigkeiten des Bevölkerungswachstums erforschen wollte. Weder die Bevölkerungsforschung noch die Soziologie könnten hierzu allerdings der genealogischen Hilfe entbehren.[150]

Mitgau plädierte selbst jedoch zu einseitig für eine abstammungs- und familienbezogene Gesellschaftsforschung bei gleichzeitiger expliziter Ablehnung des

147 Friedrich von Klocke, Auf Wegen der Genealogie als Wissenschaft. Autoergographie, in: Familie und Volk 5 (1956), 217-222, hier 220; 222.

148 Von Klocke starb am 28. Dezember 1960 in Münster. Vgl. Herbert Spruth, Friedrich von Klocke †, in: Familie und Volk 10 (1961), 326 f.

149 Vgl. Wolfgang Köllmann, Genealogische Materialien in Deutschland als Grundlagen bevölkerungsgeschichtlicher Forschungen, in: ders., Bevölkerung in der industriellen Revolution, 17-24.

150 Hermann Mitgau, Die Genealogie als bevölkerungswissenschaftliche Quelle und Lehre von der »Sozialen Vererbung«, in: Studium generale 9 (1956), 523-526, hier 524. Vgl. zu Mitgau Gutberger, Bevölkerung, bes. 53-66.

Einzelnen und der Klasse als Forschungsgegenstände,[151] um der nach neuen methodischen Wegen und theoretischen Grundlagen suchenden westdeutschen Geschichtsforschung tatsächlich weiterführende Impulse vermitteln zu können. Die in den 1970er-Jahren sich neu formierende ›Historische Demographie‹ und ›Historische Familienforschung‹ belebten zwar unter neuen theoretischen Gesichtspunkten und Fragestellungen das Konzept der ›Verwandtschaft‹. Als Quellengrundlage bedienten sie sich der im ›Dritten Reich‹ von Genealogen gesammelten Ortsfamilienbücher. Insbesondere die ›Historische Familienforschung‹ verstand sich aber als integraler Bestandteil einer Spielart der ›Sozialgeschichte‹, welche die Aufdeckung gesellschaftlicher Formationen anstrebte. Sie orientierte sich hierzu vorwiegend an westeuropäischen und US-amerikanischen Forschungen zur Familien- und Sozialgeschichte und grenzte sich von der deutschen genealogischen Forschung ab.[152]

4. Zur ›Bevölkerungsgeschichte‹ und (historischen) ›Bevölkerungsgeographie‹ im Ostalpenraum: Hermann Wopfner und Hans Kinzl

Im Folgenden wird die Frage untersucht, welche Konzepte und Praktiken österreichische Historiker zu ›historischen Bevölkerungsforschungen‹ entwickelten und inwieweit diese die politischen Rahmenbedingungen der Geschichtswissenschaften in Österreich reflektierten. In den Mittelpunkt der Analysen stelle ich den Historiker und Volkskundler Hermann Wopfner (1876-1964) und den Geographen Hans Kinzl (1898-1979), die beide an der Innsbrucker Universität tätig waren. Ihre Forschungen unterschieden sich in methodischer Hinsicht zwar deutlich voneinander, hinsichtlich ihrer Untersuchungsobjekte und spezifischen Argumentationsmuster wiesen sie aber, wie gezeigt werden soll, wesentliche Gemeinsamkeiten auf. Die folgenden Untersuchungen betonen weiterhin die zumindest bis 1945 wirksamen engen personellen und institutionellen Verflechtungen von österreichischer und deutscher Historiographie.

Ein Vergleich zwischen einer ›(reichs-)deutschen‹ und einer ›österreichischen‹ Spielart der Geschichtswissenschaft, der beide Historiographien als klar voneinander trennbare Untersuchungsobjekte konstruiert, ist für den Bereich des hier interessierenden Forschungsgegenstands nicht beabsichtigt. Ich gehe vielmehr der Frage nach, inwieweit die besondere historische und staatsrechtliche Verfasstheit Österreichs, welche die auf (Bundes-)Ländern beruhenden regionalen Identitäten stark betonte, sich in den Erscheinungsformen von ›historischen Bevölkerungsforschungen‹ spiegelte: Es fällt dabei auf, dass die in der tradierten re-

151 Vgl.ebd. (Mitgau), 526.

152 Vgl. Karin Hausen, Historische Familienforschung, in: Reinhard Rürup (Hg.), Historische Sozialwissenschaft. Beiträge zur Einführung in die Forschungspraxis, Göttingen 1977, 59-95. Siehe hierzu auch das Kap. III.8.

gionalen landeskundlichen Forschung wurzelnde ›Siedlungsgeschichte‹ Konzepte und Modelle einer quantifizierenden ›Bevölkerungsgeschichte‹, die nach 1945 in der Bundesrepublik Deutschland im Zuge des Aufstiegs der ›Sozial-‹ und ›Strukturgeschichte‹ entwickelt wurde, nur äußerst zögerlich rezipierte. Hermann Wopfner und Hans Kinzl waren, wie ich darlegen werde, zwar jeweils maßgebliche Repräsentanten von ›historischen Bevölkerungsforschungen‹ in Österreich. Eine so bezeichnete Fachrichtung ›Bevölkerungsgeschichte‹ konnte sich jedoch an den historischen Lehrkanzeln der österreichischen Universitäten im Unterschied zur Bundesrepublik Deutschland nicht etablieren. Die von Kinzl vertretene ›Innsbrucker Schule‹ der ›Bevölkerungsgeographie‹ deckte diesbezüglich bereits relativ früh eine Lücke ab. Ihre Rezeption über die geographische Disziplin hinaus blieb allerdings durchaus begrenzt. Um möglichst plastisch herauszuarbeiten, wie sich ›Siedlungs-‹ und ›Bevölkerungsforschungen‹ in Österreich zueinander verhielten, gehen die folgenden Untersuchungen über Wopfner und Kinzl deutlich hinaus und nehmen auch die im Diskurs hervortretenden anderen Akteure – wie etwa Helmut Carstanjen, Ernst Klebel, Harold Steinacker und Manfred Straka – in den Blick.

Von der ›Siedlungs- und Bevölkerungsgeschichte‹ zur ›Bevölkerungs- und Sozialgeschichte‹ in Österreich?

Die von Historikern heftig kritisierten Bestimmungen des Versailler Vertrags lösten eine Welle von ethnohistorischen und bevölkerungsgeschichtlichen Forschungen und Publikationen aus. Für die Historiographie in Österreich bildeten der Zerfall der Habsburgermonarchie, die 1919 im Staatsvertrag von Saint-Germain-en-Laye vorgeschriebenen Gebietsabtretungen und das Verbot des ›Anschlusses‹ an Deutschland den wesentlichen Hintergrund für die seit den 1920er-Jahren intensivierte historiographische Auseinandersetzung mit völkischen Themen und Wertvorstellungen. Diese erfolgte besonders an den historischen Instituten der Universitäten Graz und Innsbruck, aber auch an verschiedenen Stadt- und Landesarchiven. Kärnten, Steiermark und Tirol hatten 1918/19 Gebiete an Italien und Jugoslawien verloren, so dass sich gerade in diesen Ländern in Gesellschaft, Politik und Wissenschaft starke revisionistische Kräfte bildeten. Österreichische Historiker und Volksforscher, die in dieser von ›Abwehrkampf‹ und ›Heimatforschung‹ geprägten Tradition standen, beteiligten sich seit den 1930er-Jahren zunächst an der Erforschung des Sprachinsel- und Streudeutschtums und nach 1939 im Zusammenwirken mit den NS-Machthabern auch an der ethnopolitischen Repression der in den Fokus der deutschen territorialen Expansion geratenen Nachbarländer.[153]

153 Vgl. u.a. Michael Wedekind, Ethnisch-soziale Neuordnungskonzepte im besetzten Europa (1939-1945) – Forschungsperspektiven zu Fallstudien zum Alpen-Adria-Raum,

Die regionale Ausrichtung derartiger Forschungen dürfte nicht zuletzt deshalb überwogen haben, weil sich ein republikanisches, auf »Neu-Österreich« sich beziehendes Staatsbewusstsein seit den 1920er-Jahre nur schwach entwickelte und bis 1945 im Schatten der einflussreichen ›gesamtdeutschen Geschichtsauffassung‹ blieb, als deren Hauptvertreter der Wiener Historiker Heinrich von Srbik (1878-1951) galt.[154] In den 1920er-Jahren entwickelte sich in Österreich gleichwohl neben der ›Wiener Schule‹ der Historiographie ein spezifischer ›sozialgeschichtlicher Blick‹, der wesentlich im Umfeld des seit 1922 bestehenden *Seminars für Wirtschafts- und Kulturgeschichte* an der Universität Wien auf fruchtbaren Boden fiel.[155] Das mit der ›Wiener Schule‹ eng verbundene *Institut für österreichische Geschichtsforschung* (IÖG) in Wien, das quellenpositivistische methodische Ansätze mit individualisierenden Zugängen im historistischen Geist verknüpfte, blieb gleichwohl institutionell weiterhin dominant. Studien zur ›Bevölkerungsgeschichte‹ fanden daher in der österreichischen Historiographie keine allzu günstigen Voraussetzungen vor.

In Österreich warben vor allem die Historiker der Tiroler landesgeschichtlichen Schule wie Adolf Helbok, Harold Steinacker und Hermann Wopfner für landes-, volks- und ›stammesgeschichtliche‹ Zugänge als neuartige Varianten einer politisch-kämpferischen Geschichtsschreibung. Sie richteten diese bereits unmittelbar nach dem Ersten Weltkrieg rhetorisch gegen die traditionelle Politik- und Staatengeschichte.[156] Abgesehen von diesen Innsbrucker Historikern, zu denen seit 1939 auch Kleo Pleyer (1898-1942) zählte, rückten an prominenter Stelle vor allem Otto Brunner, Hans Hirsch (1878-1940), Heinrich von Srbik, Hans Uebersberger (1877-1962) (jeweils Wien), Hans Pirchegger (1875-1973) (Graz) und Martin Wutte (1876-1948) (Klagenfurt) das deutsche ›Volkstum‹ in den Mittelpunkt ihrer landes- und volksgeschichtlichen Forschungen. Diese Historiker und Archivare waren alle mehr oder weniger eng mit der ›Volks- und Kulturbodenforschung‹ der Weimarer Republik verbunden und engagierten sich im ›Dritten Reich‹ für die VFG. Sie entwickelten in enger Kooperation mit ihren Kollegen aus Deutschland ›sozialtechnologische‹ Methoden, welche die künftige Inklusion dieser Gruppen in den deutschen ›Volkskörper‹ ermöglichen sollten.[157] Die meisten österreichischen Historiker dürfte ihre geradezu leidenschaftliche Nähe zum hochmittelalterlichen Reichsgedanken geeint haben, die gleichzeitig auch eine Brücke zu ›gesamtdeutschen‹ und völkischen

in: Rainer Mackensen/Jürgen Reulecke (Hg.), Das Konstrukt »Bevölkerung« vor, im und nach dem »Dritten Reich«, Wiesbaden 2005, 371-385.

154 Vgl. Eduard Stepan (Hg.), Neu-Österreich. Das Werk des Friedens von St. Germain, Amsterdam-Wien 1923. Schon im Vorwort dieses Sammelwerks wies der Herausgeber programmatisch darauf hin, dass »Neu-Österreich« ein Staat sei, »der kein Ergebnis des Volkswillens und Selbstbestimmungsrechtes« sei. Zu Srbik vgl. Fritz Fellner, Heinrich von Srbik – »Urenkelschüler Rankes«, in: ders., Geschichtsschreibung und nationale Identität, 330-345.

155 Ehmer/Müller, Sozialgeschichte in Österreich, hier 113-116.

156 Oberkrome, Volksgeschichte, 38-39.

157 Fahlbusch, Wissenschaft, hier u.a. zur SODFG in Wien, 247-260.

Geschichtsauffassungen darstellte.[158] Harold Steinacker forderte 1940 sogar eine »kopernikanische Wendung zur totalen Bezogenheit auf das Gesamtvolk als Blut- und Schicksalsgemeinschaft«,[159] während Heinrich von Srbik sogar noch 1951 »trotz manchen angreifbaren Prämissen« in der ›Volksgeschichte‹ den Vorzug sah, die »gesamte Lebenswirklichkeit des deutschen Volkes [...] mit Einschluß der erkennbaren blutmäßigen Grundlagen« erforscht und ›Volk‹ als den »Blut- und Geistesraum des deutschen Menschen« verstanden zu haben.[160]

Das Verhältnis zwischen etablierten und damals sich selbst als innovativ verstehenden Richtungen der ›Landeskunde‹ und ›Volksforschung‹ innerhalb der Geschichtswissenschaften wird dann zu einem wissenschaftsgeschichtlichen Problem, wenn geklärt werden soll, warum Ansätze zu einer stärker sozial- und wirtschaftsgeschichtlichen Ausrichtung der Geschichtswissenschaft, die in Österreich erstmals um 1900 formuliert worden waren, in ihren Methodenkanon bis in die 1960er-Jahre nicht einbezogen wurden. Eine der Hauptursachen dafür, dass die akademisch etablierte Historikerschaft, die entweder selbst am Wiener IÖG lehrte oder dort ausgebildet worden war, sich der Integration der ›Wirtschafts- und Sozialgeschichte‹ in das Fach Geschichte so lange entgegenstellte, kann vorrangig in der den Staat legitimierenden Funktion der Historiker gesehen werden.[161]

Im Unterschied zu Deutschland, wo zunächst Rechtshistoriker und dann vor allem wirtschaftsgeschichtlich arbeitende Nationalökonomen sich seit der zweiten Hälfte des 19. Jahrhunderts vermehrt bevölkerungsgeschichtlichen Fragen zugewandt hatten, befasste sich die wirtschaftshistorische Forschung in Österreich nur wenig mit Bevölkerungsproblemen. Alfons Dopsch, der Leiter des *Seminars für Wirtschafts- und Kulturgeschichte* an der Universität Wien und der international wohl am meisten anerkannte österreichische Historiker der Zwischenkriegszeit,[162] betrieb die von ihm vertretene Fachrichtung als eine kombinierte Wirtschafts-, Sozial- und Verfassungsgeschichte. ›Bevölkerung‹ beschäftigte ihn allenfalls aus einem Interesse für die statistisch-topographische Verteilung von Nationalitäten, die nach dem Ersten Weltkrieg beispielsweise in Böhmen, seiner eigenen Herkunftsregion, aus seiner deutschnational geprägten

158 Vgl. Herbert Dachs, Österreichische Geschichtswissenschaft und Anschluß 1918-1930, Wien-Salzburg 1974, hier bes. 1-93.

159 Steinacker, Weg und Ziel der deutschen Geschichtswissenschaft, 164.

160 Heinrich Ritter von Srbik, Geist und Geschichte vom deutschen Humanismus bis zur Gegenwart, Bd. 1-2, 2, München-Salzburg 1951, 339. Vgl. allgemein zu Kontinuitäten und Diskontinuitäten österreichischer Historiographie vor und nach 1938/45 Pinwinkler, Österreichische Historiker.

161 »Mit der Sozialgeschichte verband sich zwar ein gesellschaftliches Interesse, sie war aber nicht Regierungsgebot.« Fritz Fellner, Geschichte als Wissenschaft. Der Beitrag Österreichs zu Theorie, Methodik und Themen der Geschichte der Neuzeit, in: ders., Geschichtsschreibung und nationale Identität, 36-91, hier 72.

162 Vgl. Thomas Buchner, Alfons Dopsch (1868-1953). Die »Mannigfaltigkeit der Verhältnisse«, in: Hruza (Hg.), Österreichische Historiker, 155-190, hier 162f.

Sicht heraus dringlich wurde.[163] ›Sprachwissenschaft‹, ›Volkskunde‹ und ›Siedlungsforschungen‹ gegenüber grundsätzlich aufgeschlossen eingestellt, scheint Dopsch jedoch nie beabsichtigt zu haben, die ›Bevölkerungsgeschichte‹ als einen integralen Teil seiner Forschungen anzusehen. Dies unterschied ihn von deutschen Fachkollegen wie z. B. Wilhelm Abel oder Erich Keyser, die von der ›Wirtschafts-‹ bzw. der ›Landesgeschichte‹ her eine Brücke zur ›Bevölkerungsforschung‹ zu schlagen versuchten.

Für Helbok, Pirchegger, Steinacker, Wopfner oder Wutte bildete das deutsche ›Volk‹ ein vordringliches Erkenntnisobjekt. Zum Interesse für Lebensformen und vermeintliche kollektive Eigenschaften der breiten Masse der Bevölkerung traten bei ihnen im Verlauf der 1920er- und 1930er-Jahre speziell ›rassen- und volksgeschichtliche‹ Erwägungen. Dies unterschied sie wesentlich von der Orientierung an ›Reich‹ und ›Staat‹, die in Österreich vor allem die ›Wiener Schule‹ der Geschichtswissenschaft um Heinrich von Srbik charakterisierte.

Adolf Helbok und Harold Steinacker taten sich dabei besonders hervor. Sie verknüpften ihre historiographischen Deutungsmuster eng mit den politischen Zielsetzungen des ›Dritten Reichs‹.[164] Steinacker, der zusammen mit Helbok im ›Dritten Reich‹ zu den prominenten Vertretern der Volkstumshistorie zählte, veröffentlichte 1940 eine Schrift, die den programmatischen Titel »Weg und Ziel der deutschen Geschichtswissenschaft« trug. Darin trat er dafür ein, die staatsbezogene »gesamtdeutsche Geschichtsauffassung« in eine entschieden nationalsozialistische »gesamtdeutsche Volksgeschichte« zu transferieren, die gegenüber der überlebten »Wissenshistorie« des 19. Jahrhunderts den Primat der kämpferischen »Willenshistorie« durchsetzen sollte.[165] Damit gewann er innerhalb des SD Anerkennung, jedoch dürfte er im Schatten Srbiks gestanden sein, den die NSDAP vergleichsweise stärker herausstellte.[166] Steinacker scheint nach 1945 in seinen Schriften die »gesamtdeutsche Geschichtsauffassung« aufgegeben zu haben. Er behielt aber einige seiner früheren Anschauungen, darunter ein rassisch bestimmtes Vererbungsdenken, bei. Noch 1963 bekräftigte er am Beispiel der Magyaren seine Auffassung, dass »Völker« durch »Tradition«, aber auch durch »Erbmasse« und »Blut« geformt würden.[167]

163 Vgl. Alfons Dopsch, Die historische Stellung der Deutschen in Böhmen, in: Rudolph Lodgman (Hg.), Deutschböhmen, Berlin 1919, 17-49.

164 Vgl. u. a. Harold Steinacker, Volk und Geschichte. Ausgewählte Reden und Aufsätze, Brünn-Wien 1943, hier z. B. »Die volksdeutsche Geschichtsauffassung und das neue deutsche Geschichtsbild«, 111-148.

165 Steinacker, Weg und Ziel der deutschen Geschichtswissenschaft, 149-167, hier 164, 166.

166 Vgl. Joachim Lerchenmueller, Die »SD-mäßige« Bearbeitung der Geschichtswissenschaft, in: Michael Wildt (Hg.), Nachrichtendienst, politische Elite, Mordeinheit. Der Sicherheitsdienst des Reichsführers SS, Hamburg 2003, 160-189, 170 f.

167 Schader, Harold Steinacker, 364. Die »Volksgeschichte«, so Steinacker 1961, erfasse am ehesten den Gesamtzusammenhang des Geschichtsverlaufs. Vgl. Harold Steinacker, Von Sinn und Wesen der Geschichte, in: Historia Mundi. Ein Handbuch der Weltgeschichte. Bd. 10: Das 19. und 20. Jahrhundert, Bern-München 1961, 721-772, hier 745.

Indem Historiker wie Helbok und Steinacker sich einen emphatischen ›Volks‹-Begriff zu eigen machten, knüpften sie zwar an Forschungstraditionen an, die bereits vor 1914 die Erforschung der siedlungsgeschichtlichen und volkskundlichen Grundlagen der Nationalitätenkonflikte im Habsburgerreich nahegelegt hatten. Der Historiker und Volkskundler Raimund Friedrich Kaindl nahm in Österreich für derartige Forschungen eine Pionierrolle ein.[168] Eine stärkere Institutionalisierung, kontinuierliche interdisziplinäre Vernetzung und eine teils verdeckte Finanzierung, die vorwiegend von staatlichen Stellen und Ministerien in Deutschland getragen wurden, erfolgten jedoch erst seit den ausgehenden 1920er-Jahren. Die *Alpenländische Forschungsgemeinschaft* (AFG) mit Sitz in Innsbruck und die in Wien angesiedelte *Südostdeutsche Forschungsgemeinschaft* (SODFG) sollten seit den frühen 1930er-Jahren als Brücken reichsdeutschen Vormacht- und Expansionsstrebens in Mittel- und Südosteuropa dienen.[169] Historiographische Studien zur ›Siedlungsgeschichte‹, die zeitlich meist weiter zurückgingen, sind dabei von jenen Forschungen zu unterscheiden, die in einem stärkeren Ausmaß statistisches Datenmaterial aus dem 19. und 20. Jahrhundert verarbeiteten. Für beide historiographische Arbeitsfelder reicht der Blick auf die Universitätshistorie alleine nicht aus, um ihre reale Bandbreite zu erfassen. Hierbei sind vor allem die siedlungs- und volksgeschichtlichen Aktivitäten österreichischer Archivare und der Stadt- und Landesarchive im ›Dritten Reich‹ angesprochen, die erst in jüngster Zeit ins Rampenlicht der zeithistorischen Forschung gerieten.[170]

Der betont deutschvölkisch orientierte Ernst Klebel (1896-1961) war einer der publizistisch aktivsten österreichischen Siedlungshistoriker. Klebel wurde 1934 wegen seiner Nähe zu den illegalen Nationalsozialisten seine Dozentur für Geschichte des Mittelalters an der Universität Wien entzogen. 1934-1939 hatte er Vertretungsprofessuren an verschiedenen deutschen Universitäten inne. Nachdem Karl F. Helleiner (1902-1984) im Dezember 1938 als Stadtarchivar von

Vgl. auch Helbok, Erinnerungen, 80, etwa zu der von ihm gerühmten »Tatkraft der Nordrasse«.

168 Vgl. zu Kaindl die Ausführungen im Kap. II. 1.

169 Vgl. hierzu u. a. folgende Arbeiten: Fahlbusch, Wissenschaft; Christian Promitzer, Täterwissenschaft: das Südostdeutsche Institut in Graz, in: Mathias Beer/Gerhard Seewann (Hg.), Südostforschung im Schatten des Dritten Reiches. Institutionen – Inhalte – Personen, München 2004, 93-113; Michael Wedekind, The Sword of Science: German Scholars and National Socialist Annexation Policy in Slovenia and Northern Italy, in: Haar/Fahlbusch (eds.), German Scholars, 110-138.

170 Vgl. zur Geschichte der staatlichen Archivverwaltung in Österreich Herbert Hutterer/Thomas Just, Zur Geschichte des Reichsarchivs Wien 1938-1945, in: Robert Kretzschmar (Red.), Das deutsche Archivwesen und der Nationalsozialismus. 75. Deutscher Archivtag 2005 in Stuttgart, Essen 2007, 313-325, hier bes. 316-322, sowie Österreichs Archive unter dem Hakenkreuz. Hg. von der Generaldirektion, Wien 2010 (= Mitteilungen des Österreichischen Staatsarchivs; 54). Beide Bände gehen u. a. auf den Wiener Archivar und Südostforscher, Umsiedlungsexperten, KZ-Wächter und nationalsozialistischen Aktivisten Franz Stanglica (1907-1945) ein.

St. Pölten wegen der jüdischen Herkunft seiner Ehefrau in den vorzeitigen Ruhestand versetzt worden war und 1939 nach England und später nach Kanada emigrierte,[171] wo er sich der bevölkerungshistorischen Forschung zuwandte, gelangte Klebel auf diese Stelle. In seiner 1940 erschienenen »Siedlungsgeschichte des Deutschen Südostens« erklärte er die Erforschung des »Bluts-, Geschichts- und Kulturzusammenhang[s]« der »deutschen Nation« zum wichtigsten Untersuchungsgegenstand der deutschen Siedlungsforschung. Die 1939 neuerlich an ihn verliehene Venia Legendi wurde ihm 1945 wieder entzogen, woraufhin er nach Deutschland übersiedelte. Dort setzte er seit 1949 seine Karriere zunächst als Stadtarchivar und später als Professor für bayerische »Landesgeschichte« an der Universität Regensburg fort.[172]

Weniger die ›Bevölkerung‹ als vielmehr die Rekonstruktion der Entwicklung von Siedlungs- und Flurformen, die er in die politische Geschichte des ›Deutschtums‹, vorzugsweise des Mittelalters, einzubetten suchte, bildeten den Rahmen der von Klebel betriebenen historischen Siedlungsforschung. Der Salzburger Historiker und Landesarchivar Herbert Klein (1900-1972), wie Klebel Absolvent des IÖG, stand ebenfalls in diesen Forschungstraditionen. Im Unterschied zu Klebel, der größere Räume der Siedlungsgeschichte des ›deutschen Südostens‹ darstellte, ging Klein intensiv auf das Erzstift Salzburg ein und untersuchte dieses aus dem Blickwinkel einer kombinierten ›Verfassungs-‹, ›Rechts-‹, ›Wirtschafts-‹ und ›Sozialgeschichte‹. So betrachtete er z. B. die siedlungs- und wirtschaftsgeschichtlichen Auswirkungen der großen Pestwelle von 1348/49 in einer umfangreichen Studie auf der Grundlage von urkundlichen Nachrichten und Urbaren.[173] Dieser stark quellenfundierte methodische Zugang war für Forschungen, die Archivare zu Siedlungs- und Bevölkerungsfragen betrieben, ebenso charakteristisch wie ihre meist nur gering entwickelte überregionale Vergleichsperspektive und insgesamt mangelnde theoretische Fundierung. Außer Klebel und Klein trieben diese Forschungen u. a. der Wiener Archivar Josef Kallbrunner (1881-1951), der Architekt und Siedlungsforscher Adalbert Klaar, der niederösterreichische Historiker und Archivar Karl Lechner (1897-1975), der

171 Vgl. Karl Gutkas, Landeskunde und Geschichtsforschung in St. Pölten, in: Jahrbuch für Landeskunde von Niederösterreich N. F. 54/55 (1990), 155-169, hier 162 f.

172 Ernst Klebel, Siedlungsgeschichte des Deutschen Südostens, München 1940 (= Veröffentlichungen des Südostinstituts München; 14), 1 f.; ebd. (Gutkas), 163. Siehe zu Klebel auch Fritz Fellner/Doris A. Corradini, Österreichische Geschichtswissenschaft im 20. Jahrhundert. Ein biographisch-bibliographisches Lexikon, Wien-Köln-Weimar 2006, 220 f., sowie Gernot Heiss, Von der gesamtdeutschen zur europäischen Perspektive? Die mittlere, neuere und österreichische Geschichte sowie die Wirtschafts- und Sozialgeschichte an der Universität Wien 1945-1955, in: Margarete Grandner/Gernot Heiss/Oliver Rathkolb (Hg.), Zukunft mit Altlasten. Die Universität Wien 1945-1955, Innsbruck u. a. 2005, 189-210, hier 192.

173 Herbert Klein, Das Große Sterben von 1348/49 und seine Auswirkung auf die Besiedlung der Ostalpenländer, in: Beiträge zur Siedlungs-, Verfassungs- und Wirtschaftsgeschichte von Salzburg. Gesammelte Aufsätze von Herbert Klein, Salzburg 1965, 33-113.

Historiker Fritz Posch (1911-1995) (Graz) und der Historiker Otto Stolz (Innsbruck) voran.[174]

Die beiden steirischen Historiker Helmut Carstanjen (1905-1991) und Manfred Straka (1911-1990) verbanden im Unterschied zur Mehrheit der Siedlungshistoriker den historiographischen Ansatz stärker mit bevölkerungsstatistischen Methoden. Beide vertraten inhaltlich einen völkischen Zugang zur Geschichte der »Untersteiermark« (slowen. Spodnja Štajerska), die seit 1918/19 zum Königreich Jugoslawien gehörte und mehrheitlich von slowenisch-, daneben auch von deutschsprachigen Bevölkerungsgruppen besiedelt war. Carstanjen promovierte 1928 in Graz bei Hans Pirchegger über »Die bevölkerungspolitischen Verschiebungen der Untersteiermark«, während Straka sein Studium der Geographie 1933 mit einer verkehrsgeographischen Dissertation abschloss. Carstanjen bewegte sich seit den späten 1920er-Jahren im Umkreis des VDA. Nach der Eroberung Jugoslawiens wurde er nationalpolitischer Referent beim Chef der Zivilverwaltung für die Untersteiermark und arbeitete als Leiter des 1938 in Graz gegründeten *Südostdeutschen Instituts* eng mit Straka zusammen. Dieser vertrat Carstanjen als Direktor des *Instituts* und fungierte als »Beauftragter für die höheren Schulen« beim Chef der Zivilverwaltung in der Untersteiermark. Straka war bereits Carstanjens Verbindungsmann in Graz gewesen, als dieser sich 1936-1938 als VDA-Funktionär in Berlin aufgehalten hatte. Das *Südostdeutsche Institut* beteiligte sich im Zweiten Weltkrieg in Verbindung mit der statistischen Erfassung und historisch-demographischen Untersuchung der deutschsprachigen Minderheit in Jugoslawien an Planungen und Expertisen für die Eroberung und geplante »Eindeutschung« der Untersteiermark.[175]

Von den ehemaligen Mitarbeitern des *Südostdeutschen Instituts* in Graz konnte vor allem Straka in den 1950er- bis 1970er-Jahren seine früheren Forschungsthemen weiterhin bearbeiten, wobei er sich räumlich auf die Steiermark konzentrierte. Carstanjen wurde hingegen Mittelschullehrer in Berchtesgaden und trat in der Wissenschaft nicht mehr in Erscheinung. Obzwar Straka nach 1945 eine Karriere an der Universität versagt blieb, engagierte er sich als Kartograph für die *Historische Landeskommission der Steiermark*, deren Geschäftsstelle ihm bevölkerungsgeschichtliche Grundlagenforschungen zur Steiermark ermöglichte.[176]

174 Vgl. hierzu die entsprechenden bibliographischen Angaben bei Erich Zöllner, Geschichte Österreichs: Von den Anfängen bis zur Gegenwart, Wien 1961, 616 (hier zit. n. der 8. Aufl. 1990), sowie die neuere Literatur bei Ernst Bruckmüller, Sozialgeschichte Österreichs, Wien-München 2001, 462-464; 469 f.

175 Promitzer, Täterwissenschaft, 98-100.

176 Vgl. Gerhard Pferschy, Zur Geschichte der Historischen Kartographie in der Steiermark, in: Othmar Pickl (Hg.), 100 Jahre Historische Landeskommission für Steiermark 1892-1992. Bausteine zur Historiographie der Steiermark, Graz 1992, 325-336, 334; 336. Vgl. u.a. Manfred Straka, Beiträge zur Bevölkerungs- und Sozialgeschichte der Steiermark im 18. Jahrhundert, in: Zeitschrift des Historischen Vereins für Steiermark 55 (1964), 41-54.

Daneben trat Straka vor allem im Umfeld der *Föderalistischen Union Europäischer Volksgruppen* (FUEV) in Erscheinung.[177]

Die weitgehende Beherrschung der FUEV durch westdeutsche und österreichische Ethnowissenschaftler und das von ihnen vertretene Gedankengut verwies auf deutliche politische, ideologische und personelle Kontinuitäten, die aus der Zeit vor 1945 herrührten. Die von der FUEV herausgegebene Zeitschrift *Europa Ethnica* trat 1961 an die Stelle der 1944 eingestellten *Nation und Staat*, welche der bereits damals von deutschsprachigen Wissenschaftlern und Volksgruppenvertretern dominierte *Europäische Nationalitätenkongress* herausgegeben hatte. Straka gehörte in den 1960er-Jahren zusammen mit dem Völkerrechtler Theodor Veiter (1907-1994) und dem Historiker und Journalisten Franz Hieronymus Riedl (1906-1994) zu den wichtigsten Akteuren der FUEV in Österreich. 1965 beschloss diese bei einer Tagung in Graz, ein »Handbuch der europäischen Volksgruppen« herauszugeben, dessen Bearbeitung Straka übertragen wurde.[178] Straka und Riedl blickten damals beide auf eine Vergangenheit als nationalsozialistische Volkstumsforscher zurück: Riedl war ein Schüler des Wiener Historikers Hans Hirsch gewesen und musste im Februar 1935 als illegaler Nationalsozialist Österreich verlassen. Er kam rasch in Budapest als Leiter des *Südostdienstes* der NS-Zeitschrift *Volk und Reich – politische Monatshefte* unter. 1981 zählte er zu den Mitunterzeichnern des rassistischen und ausländerfeindlichen »Heidelberger Manifests«.[179] Veiter soll im ›Dritten Reich‹ eigenen Angaben zufolge ein »Schreibverbot« auferlegt worden sein; auch lehnte das NSDAP-Gaugericht eine offizielle Feststellung der Parteimitgliedschaft Veiters, der am 9. Juni 1934 illegal in die NSDAP eingetreten war, mit Hinweis auf seinen früheren »politischen Katholizismus« ab.[180] Noch in der Zweiten Republik teilten alle drei Volkstumsforscher die

177 Vgl. zur weithin fehlenden Anerkennung von Begriff und Konzept der ›Volksgruppe‹ außerhalb des deutschen Sprachraums Undine Ruge, Die Erfindung des »Europa der Regionen«. Kritische Ideengeschichte eines konservativen Konzepts, Frankfurt a. M.-New York 2003, 232 f.

178 Manfred Straka (Bearb.), Handbuch der europäischen Volksgruppen. Hg. im Auftrage der Föderalistischen Union Europäischer Volksgruppen unter ihrem Generalsekretär Povl Skadegard, Wien-Stuttgart 1970.

179 Andreas H. Zajic, Hans Hirsch (1878-1940). Historiker und Wissenschaftsorganisator zwischen Urkunden- und Volkstumsforschung, in: Hruza (Hg.), Österreichische Historiker, 307-417, hier 348 f.

180 Der US-amerikanische Nachrichtendienst CIC stufte Veiter aber als einen »Pseudowiderständler« ein, »der selber während der ›illegalen Zeit‹ als Beamter des Bundeskanzleramtes Nachrichtendienste für die NSDAP geleistet haben soll«. NARA, Washington D. C., CIA Name files (Reference Copies) 1923-1999, Box 30, Wilfried Krallert. Die Einschätzung des CIC lässt sich dadurch bestätigen, dass Veiter selbst 1940 gegenüber dem Parteigericht für sich in Anspruch genommen hatte, im Dollfuß-Schuschnigg-Regime »in laufender Verbindung mit Nationalsozialisten außerhalb Österreichs« gestanden und »sehr wesentlich zur Schwächung des Systems von innen heraus« beigetragen zu haben. Zit. n. Samuel Salzborn, Ethnisierung der Politik. Theorie und Geschichte des Volksgruppenrechts in Europa, Frankfurt a. M.-New York 2005, 205. Vgl. auch Alexander Pinwinkler, »Bevölkerungssoziologie« und Ethnizität: Historisch-demographische »Minderheitenforschung« in Österreich, ca. 1918-1938, in: ZfG 57 (2009), 101-133, hier 107-113.

Ablehnung des österreichischen Nationsgedankens, den Veiter als »Modeschlagwort« brandmarkte,[181] und bekannten sich offen zu ihrer ›gesamtdeutschen‹ Orientierung.

In der von Riedl 1967 herausgegebenen »Festschrift für Theodor Veiter« war Straka mit einem Artikel »Zur Methodik der historischen Demographie am Beispiel der Steiermark« vertreten. Was Straka hier als »Historische Demographie« bezeichnete, hatte allerdings mit der internationalen historischen-demographischen Forschung nichts zu tun. Seine Arbeiten können vielmehr in die Hauptrichtung der wenigen bevölkerungshistorischen Arbeiten in Österreich in den 1950er- und 1960er-Jahren eingeordnet werden, die über detaillierte »Archiv- und Erhebungsarbeiten« jeweils nicht hinauskamen.[182] Strakas methodischer Zugang beschränkte sich auf eine konventionelle Kritik staatlicher Bevölkerungszählungen seit dem 18. Jahrhundert. Aus seinen Ausführungen wurde weder deutlich, warum sich aus der österreichischen Volkszählung von 1754, die 42,2 Prozent der Bevölkerung als unter zwanzigjährig auswies, »das Bild eines gesunden Volkes« ergeben haben soll, noch löste er sein Versprechen ein, aus der Rekonstruktion der steirischen Bevölkerungsentwicklung die für diese Region vermeintlich gültigen soziologischen Gesetzmäßigkeiten zu ermitteln.[183]

Erst in den frühen 1970er-Jahren boten zwei Sammelbände erstmals einen konzisen Überblick über die Bevölkerungsentwicklung in Österreich: Die Kompendien zur »Bevölkerungs- und Sozialgeschichte Österreichs« (1973) und zur »Siedlungs- und Bevölkerungsgeschichte Österreichs« (1974) projizierten ihre Forschungen jeweils konsequent auf das Gebiet der österreichischen Republik. Sie wandten sich damit endgültig von der Identifikation ›historischer Bevölkerungsforschungen‹ mit dem ›Deutschtum‹ ab.[184] Als Untersuchungseinheiten spielten die österreichischen Bundesländer in beiden Bänden weiterhin eine wichtige Rolle. Selbst der Überblicksartikel »Die Bevölkerung Österreichs vom Beginn des 16. bis zur Mitte des 18. Jahrhunderts«, welchen der Statistiker und Historiker Kurt Klein für den ersten der beiden genannten Bände verfasste, stellte diese als jeweils eigenständig zu betrachtende Objekte der Bevölkerungsgeschichte dar. Erst aus ihrer additiven Zusammenschau ergäben sich die wesentlichen demographischen Trends für Österreich.[185]

181 Zit. n. ebd. (Salzborn), 213.

182 Karl Husa/Christian Vielhaber, Die Entwicklung der Bevölkerungsforschung in Österreich nach dem Zweiten Weltkrieg, in: dies./Ernest Troger/Helmut Wohlschlägl, Bibliographie zur Bevölkerungsforschung in Österreich 1945-1978, Wien 1980, 123-163, hier 144.

183 Manfred Straka, Zur Methodik der historischen Demographie am Beispiel der Steiermark, in: Franz Hieronymus Riedl (Hg.), Humanitas ethnica. Menschenwürde, Recht und Gemeinschaft. Festschrift für Theodor Veiter, dargeboten zum 60. Lebensjahr, Wien-Stuttgart 1967, 111-129, hier 115; 112.

184 Heimold Helczmanovszki (Hg.), Beiträge zur Bevölkerungs- und Sozialgeschichte Österreichs, Wien 1973; Institut für Österreichkunde (Hg.), Siedlungs- und Bevölkerungsgeschichte Österreichs, Wien 1974.

185 Kurt Klein, Die Bevölkerung Österreichs vom Beginn des 16. bis zur Mitte des 18. Jahrhunderts (mit einem Abriß der Bevölkerungsentwicklung von 1754 bis 1869), in: Helczmanovszki (Hg.), Beiträge, 47-112.

Der Band zur »Bevölkerungs- und Sozialgeschichte Österreichs«, welcher der 39. Session des *Internationalen Statistischen Instituts* in Wien 1973 als Festgabe vorgelegt wurde, akzentuierte bereits in seinem Titel das Feld der »Sozialgeschichte«. Das Kompendium beschränkte sich nicht darauf, Bevölkerungsentwicklungen und Sozialstrukturen aus makrostruktureller Perspektive zu untersuchen. Erstmals waren darin neuere mikroanalytische Ansätze zur ›Historischen Demographie‹ und ›Historischen Familienforschung‹ mit Beiträgen von Michael Mitterauer (*1937) und Jean-Paul Lehners vertreten. Während Mitterauers damaliger Mitarbeiter Lehners erste Ergebnisse einer demographischen Analyse von Kirchenbüchern der niederösterreichischen Pfarre Stockerau vorlegte, wandte sich Mitterauer selbst in seiner Studie »Zur Familienstruktur in ländlichen Gebieten Österreichs im 17. Jahrhundert« den »Seelenbüchern« (Kommunikantenverzeichnissen) dreier Salzburger Pfarren zu. Der Wiener Historiker interessierte sich vor allem für Familienformen, generatives Verhalten sowie für den Status und die Rollen der einzelnen Familienangehörigen. Dadurch gelangte er zu Erkenntnissen über Familienstrukturen in ländlichen Gebieten, die über rein quantitative Angaben deutlich hinausgingen und auf die Verschränkung von sozial-, wirtschafts- und rechtsgeschichtlichen Perspektiven abzielten.[186]

Der 1974 erschienene Band zur »Siedlungs- und Bevölkerungsgeschichte« ging auf eine Tagung des Wiener *Instituts für Österreichkunde* zurück: Erich Zöllner (1916-1996), der selbst seit 1948 an der Universität Wien einen Vorlesungszyklus zur »Siedlungs- und Bevölkerungsgeschichte Österreichs« begonnen hatte, sowie Alexander Novotny (1906-1986) betonten in ihrem Vorwort die siedlungsgeschichtliche Schwerpunktsetzung der von ihnen herausgegebenen Veröffentlichung. Gleichzeitig wiesen sie darauf hin, dass »Siedlungs-« und »Bevölkerungsgeschichte« sich hinsichtlich ihres Objekts, der »Herkunft, Wirtschaftsführung und Sozialstruktur« der »siedelnden Menschen«, weitgehend deckten. Zöllners Studie zur »Bevölkerung und Siedlung des österreichischen Raumes in der Völkerwanderungszeit« las sich dann aber als eine um die Darstellung von Völkerzügen erweiterte Politikgeschichte, die zu demographischen Fragen nur wenig beisteuerte.[187]

Aus der Sicht von Manfred Straka erweckte der Band zur »Bevölkerungs- und Sozialgeschichte Österreichs« den Eindruck, »als gäbe es etwa in Tirol oder in der Steiermark gar niemanden, der sich mit Bevölkerungs- und Sozialgeschichte befaßt und in der Lage wäre, diese Forschungszweige durch grundlegende Arbei-

186 Vgl. Jean-Paul Lehners, Die Pfarre Stockerau im 17. und 18. Jahrhundert. Erste Resultate einer demographischen Studie, sowie Michael Mitterauer, Zur Familienstruktur in ländlichen Gebieten Österreichs im 17. Jahrhundert; beide in: ebd., 373-401; 167-222.

187 Vgl. Erich Zöllner, Bevölkerung und Siedlung des österreichischen Raumes in der Völkerwanderungszeit, in: Institut für Österreichkunde (Hg.), Siedlungs- und Bevölkerungsgeschichte, 57-73, das Vorwort dieses Bands, sowie Hans Krawarik, Siedlungsgeschichte Österreichs, Siedlungsanfänge, Siedlungstypen, Siedlungsgenese, Wien 2006, 4.

ten zu bereichern.«[188] Zugleich lobte er den Artikel des amtlichen Statistikers Heimold Helczmanovszki über »Die Entwicklung der Bevölkerung Österreichs in den letzten hundert Jahren nach den wichtigsten demographischen Komponenten« als »meisterhaft«, wobei er Helczmanovszkis Erkenntnisse über die Auswirkungen des Geburtenrückgangs auf die Veränderungen der Altersstruktur der Bevölkerung hervorhob. Hingegen bemängelte der Rezensent an Mitterauers Beitrag, dass dieser aus seiner Untersuchung zu allgemeine, über den engeren Gegenstand hinausgehende Schlussfolgerungen ziehe.[189]

Der von Straka Kritisierte zeigte selbst Distanz gegenüber jenen bevölkerungshistorischen Studien, die bislang für das frühneuzeitliche Tirol und die Steiermark vorgelegt worden waren. Wopfners und Strakas Verdienste um die bevölkerungsgeschichtliche Forschung hob Mitterauer zwar ausdrücklich hervor. Beide hätten beispielsweise auf den Zusammenhang zwischen stärkerer Gesindehaltung und höherem Heiratsalter in einzelnen Regionen dieser Länder aufmerksam gemacht. Straka habe aber den Anteil der zeitlebens ledig Gebliebenen in der Bevölkerung überschätzt, indem er den für die Berechnung des Ledigenanteils bedeutsamen Unterschied zwischen ledig und verwitwet, den die Seelenzählung des Jahres 1754 nicht mache, in seine Berechnung nicht vollständig habe einfließen lassen.[190]

Strakas Forschungen sind über seinen engeren Beitrag zur bevölkerungsgeschichtlichen Forschung in Österreich hinaus vor allem deshalb interessant, weil sich seine beiden Arbeitsfelder als steirischer Bevölkerungshistoriker und als international vernetzter Volksgruppenforscher in seinem publizistischen Einsatz für die »volkstreuen« Grenzlandaktivisten in Österreich gleichsam politisch zuspitzten: Für die rechtsextremen *Eckartschriften* des Schutzvereins *Österreichische Landsmannschaft* (ÖLM) verfasste er Beiträge, in denen er an der von Martin Wutte entwickelten minderheitenfeindlichen Unterscheidung zwischen »Nationalslowenen« und »Windischen« in Kärnten festhielt und nicht zuletzt die fortbestehende Notwendigkeit völkischer »Schutzarbeit« an den österreichischen Staatsgrenzen hervorhob.[191] In seit der Vorkriegszeit erprobter Weise beschwor

188 Manfred Straka, Zur Bevölkerungs- und Sozialgeschichte Österreichs, in: Zeitschrift des Historischen Vereines für Steiermark 66 (1975), 270-276, hier 275.

189 Ebd., 273 f.

190 Michael Mitterauer, Zur Familienstruktur in ländlichen Gebieten Österreichs im 17. Jahrhundert, in: Helczmanovszki (Hg.), Beiträge, 167-222.

191 Vgl. Manfred Straka, Deutsche in aller Welt: Siedlungsräume, Volkszahlen, Kartenbilder, Geschichts- und Gedenktage, Wien 1961 (= Eckartschriften; 6); ders., Das Südostdeutschtum als europäisches Aufbauelement, Wien 1964 (= Eckartschriften; 15); ders., Grenzland-Schutzarbeit: eine Lebensnotwendigkeit Österreichs, Wien 1966 (= Eckart-Schriften; 20); vgl. auch ders., Untersteiermark. Unvergessene Heimat, Graz 1965. Das Dokumentationsarchiv des Österreichischen Widerstandes (DÖW) charakterisierte die 1952 gegründete ÖLM als »eine rechtsextreme Organisation mit vordergründig humanitärer Ausrichtung, die vor allem im publizistischen Bereich beträchtliche Aktivitäten setzt und aufgrund ihrer ideologisch-kulturellen Tätigkeit eine wichtige integrative Funktion für das deutschnationale und rechtsextreme Lager erfüllt.«

er die vermeintliche Schicksalhaftigkeit der völkischen Bindung Österreichs ans »Deutschtum«. In ebenso bewährtem, die Propaganda der völkischen ›Schutzvereine‹ fortsetzenden Alarmismus warnte er vor den Folgen der »Westwanderung der österreichischen Bevölkerung«. Sie dünne den östlichen und nördlichen Grenzraum entlang des »Eisernen Vorhangs« demographisch aus und öffne zudem »fremdvölkischer« Zuwanderung Tür und Tor. Denn: Sollten »einmal die Grenzen für die Besiedlung geöffnet sein, so würde dieser Gürtel sehr bald sein deutsches Gepräge verlieren. Und das ist alarmierend und fordert Schutzmaßnahmen des Staates und aller Staatsbürger.«[192]

Die seit den 1920er-Jahren vorangetriebene Mobilisierung österreichischer Historiker für die deutsche ›Volksgeschichte‹ wirkte, wie das Beispiel Strakas andeutet, bis weit in die 1970er-Jahre nach. Nur eingeschränkt kann dies hingegen von Adolf Helboks biologischer ›Volkstums-‹ oder ›Volksleibgeschichte‹ behauptet werden, die im ›Dritten Reich‹ lebhafte Resonanz erfahren hatte, nach 1945 jedoch weithin marginalisiert worden war. Otto Brunners Konzept einer »politischen Volksgeschichte« als angestrebte »Darstellung der inneren Volksordnung« war hingegen langfristig ungleich erfolgreicher.[193] Brunners modifizierter begriffsgeschichtlicher Ansatz erfuhr besonders in der Bundesrepublik Deutschland nachhaltige Beachtung: Das Buch »Land und Herrschaft«, erstmals 1939 erschienen, wurde und wird zum Teil bis heute so kontrovers diskutiert, dass es bis 1965 fünf Auflagen erlebte und zehn Jahre nach Brunners Tod sogar in englischer Übersetzung erscheinen konnte.[194] Im Unterschied dazu dürften die im Folgenden zu behandelnden Arbeiten von Hermann Wopfner außerhalb Tirols und jenseits agrargeschichtlich interessierter Historikerkreise heute kaum mehr bekannt sein.

Wopfner und die ›Bevölkerungs- und Siedlungsgeschichte‹ der Tiroler Bergbauern

Hermann Wopfner ist ein markantes Beispiel für die Bedeutung, die österreichische »Landeshistoriker« von den 1920er- bis in die 1960er-Jahre in ihren Arbeiten ›Siedlung‹, ›(Lebens-)Raum‹ und ›Volkstum‹ zuwiesen. Die folgenden Ausführungen vertiefen daher exemplarisch die oben skizzierten Problemstellungen

DÖW, Aktuelle rechtsextreme Vereine, Parteien, Zeitschriften in Österreich. URL: http://www.doew.at/frames.php?/projekte/rechts/organisation/oelm.html (2.9.2013).

192 Straka, Grenzland-Schutzarbeit, 6.

193 Zit. n. Ehmer/Müller, Sozialgeschichte in Österreich, 115.

194 Brunner, Land und Herrschaft. Grundfragen der territorialen Verfassungsgeschichte Südostdeutschlands im Mittelalter, Brünn 1939; Otto Brunner, Land and lordship. Structures of governance in medieval Austria. Translated from the fourth, revised ed., Philadelphia 1992. Vgl. zur Diskussion um Brunner u. a. Gadi Algazi, Otto Brunner – »Konkrete Ordnung« und Sprache der Zeit, in: Schöttler (Hg.), Geschichtsschreibung, 166-203; Reinhard Blänkner, Nach der Volksgeschichte. Otto Brunners Konzept einer europäischen Sozialgeschichte, in: Hettling (Hg.), Volksgeschichten, 326-366.

zur ›Bevölkerungsgeschichte‹ in Österreich: Wopfner galt als Fachmann für bäuerliche Wirtschafts- und Siedlungsgeschichte und Volkskunde Tirols, dessen mehr als 2.000 Manuskriptseiten umfassendes »Bergbauernbuch« bis in die Gegenwart als Standardwerk der Tiroler Siedlungs- und Wirtschaftsgeschichte gilt.[195] Für die hier verfolgten Fragestellungen ist Wopfner auch deswegen interessant, weil er in den 1930er-Jahren wohl der einzige österreichische Ordinarius für Geschichtswissenschaft war, der wenigstens einen Teil seiner Arbeiten als »bevölkerungsgeschichtlich« deklarierte.

Der gebürtige Innsbrucker Wopfner wurde 1904 im Fach ›Wirtschaftsgeschichte‹ an der Universität seiner Heimatstadt habilitiert. Im Jahr 1909 begann er dort eine Karriere als Universitätsprofessor, nachdem er an der Universität Tübingen ein Zweitstudium der Rechtswissenschaften mit einer Promotion über das Tiroler Freistiftrecht abgeschlossen hatte. Wopfner mühte sich wie andere Innsbrucker »Grenzland- und Heimatforscher« seit den 1920er-Jahren um den Nachweis der Zugehörigkeit Tirols nördlich und südlich der Brennergrenze zum deutschen Kultur- und Sprachraum.[196] Es ging ihm dabei um die Erkenntnis des »tirolischen Volkstums«, dessen Verwurzelung im bäuerlich-hochalpinen »Lebensraum« für ihn eine unhintergehbare historische Tatsache darstellte. Seiner Auffassung nach habe der »im bayerischen Stamm« ohnehin stark entwickelte »Individualismus« sich im »deutschen Bergbauern« Tirols besonders ausgeprägt und bei diesem einen »lebhaften Sinn für Freiheit und Selbständigkeit« geweckt.[197] Als integrierendes Moment der Tiroler Einheit hob Wopfner das »Landesbewußtsein« besonders hervor, welches er als »ein starkes Hindernis für die von den Italienern […] angestrebte Assimilierung des deutschen Tirolertums« ansah.[198] Seine Thesen zum »tirolischen Volkstum« legte Wopfner im Oktober 1930 auch seinen Kollegen bei einer Tagung der Leipziger SVKF in Graz vor. Siedlungs- und volkskundliche Untersuchungen dienten seiner Ansicht nach dem Zweck, die »völkische Genealogie der Bewohner Tirols« zu erschließen.[199] Indem er die Tiroler Verbindungen zum bayerisch-schwäbischen Raum betonte und diese u. a. mit verkehrsgeographischen Argumenten belegte, insistierte Wopfner auf der historisch eigenständigen Rolle Tirols im Rahmen des habsburgischen

195 R. Sandgruber ging sogar so weit, Wopfner als einen »frühe[n] Vertreter der Alltagsgeschichte« zu bezeichnen, von dessen wissenschaftlicher Leistung als Historiker, Ethnologe und Feldforscher auch nach fünfzig Jahren »erstaunlich viel« bleibe. Roman Sandgruber, Hermann Wopfner. Bergbauernbuch. Von Arbeit und Leben des Tiroler Bergbauern, Bde. 1-2, Innsbruck 1995, in: VSWG 84 (1997), 597 f., hier 598.

196 Vgl. hierzu Michael Wedekind, »Völkische Grenzlandwissenschaft« in Tirol: Vom wissenschaftlichen Abwehrkampf zur Flankierung der NS-Expansionspolitik, in: Geschichte und Region / Storia e regione 5 (1996), 227-265.

197 Hermann Wopfner, Deutsche Siedlungsarbeit in Südtirol. Eine volkskundliche Studie, Innsbruck 1926, 42.

198 Hermann Wopfner, Entstehung und Eigenart des tirolischen Volkstums, in: DHVKf 1 (1930/31), 290-296, hier 296.

199 Ebd., bes. 291.

Länderkomplexes. Im Jahr 1938 erneuerte er seine Thesen in einem Artikel, der in der Festschrift zum 70. Geburtstag von Alfons Dopsch erschien.

Diese Studie nannte er »Beiträge zur Bevölkerungsgeschichte der österreichischen Länder«: Dem Innsbrucker Historiker ging es darin nicht etwa darum, das 1918/19 gegründete Österreich als republikanischen Bundesstaat bevölkerungsgeschichtlich zu legitimieren. Vielmehr bildeten Länder bzw. Ländergruppen im ehemals habsburgischen Ostalpenraum den Rahmen seiner Auffassung von ›Bevölkerungsgeschichte‹. Wopfner vertrat dabei einen offensiven Tiroler Regionalismus. Dieser äußerte sich in einer rigiden Unterscheidung der westlichen von der östlichen Ländergruppe Österreichs, die er mit historisch-kulturell gewachsenen Disparitäten und den im jeweiligen »Volkstum« begründeten »Eigenarten« der in den einzelnen Ländern ansässigen Bevölkerungsgruppen begründete. Seine »Beiträge zur Bevölkerungsgeschichte« blieben indes methodisch eher blass. Sie vermochten ihre Nähe zur konventionellen Siedlungsgeschichte nicht zu verleugnen, die er nach dem narrativen Muster ›von der Vergangenheit zur Gegenwart‹ abhandelte. Der Schwerpunkt seiner Darstellung lag demgemäß auf der Siedlungsgeschichte der Prähistorie, der Römerzeit sowie des Früh- und Hochmittelalters. Innerhalb dieser Epochen konzentrierte sich Wopfner auf die Zeit der Völkerwanderung. Die neuzeitliche Bevölkerungsentwicklung streifte er in dem Artikel hingegen auf nur wenigen Seiten.

Wopfners Überblick über die »Bevölkerungsgeschichte der österreichischen Länder« beinhaltete zwei wesentliche Argumentationslinien: Einerseits zielte er auf die zeitgenössische Südtirolproblematik ab: Wiederholt verdeutlichte er seine Auffassung, dass der Alpenkamm in der Geschichte nie eine »Völkerscheide« gebildet habe.[200] Damit sollte italienischen Ansprüchen auf Südtirol, die der italienische Nationalist und Senator Ettore Tolomei (1865-1952) maßgeblich wissenschaftlich abzusichern trachtete, der Boden entzogen werden. Andererseits konstruierte er einen scharfen kulturellen Gegensatz zwischen den westlichen Alpenländern (»Tirol und das südliche Vorarlberg und vielleicht noch das westliche Kärnten«) und der umfangreicheren östlichen Gruppe, die »den Großteil von Kärnten, dann Ober- und Niederösterreich, Steiermark und das Burgenland« umfasse.[201] Demnach konnte von einer Bevölkerungsgeschichte, welche das Territorium der Republik Österreich in seiner Gesamtheit untersuchte, nicht die Rede sein. Wopfner vertiefte die kulturelle Trennung der beiden österreichischen Ländergruppen zusätzlich, indem er deren vermeintlichen völkisch-anthropologischen Unterschiede stark herausstrich: Dem »illyrischen Westen« stehe bereits seit der jüngeren Eisenzeit »ein keltischer Osten« gegenüber. Die nachfolgenden Einwanderungen und dadurch hervorgerufenen eth-

200 Hermann Wopfner, Beiträge zur Bevölkerungsgeschichte der österreichischen Länder, in: Wirtschaft und Kultur. Festschrift zum 70. Geburtstag von Alfons Dopsch, Baden bei Wien-Leipzig 1938, 191-242, hier 194; 210.

201 Ob das Bundesland Salzburg zur westlichen oder östlichen Gruppe zu zählen sei oder ob es sogar eine gesonderte Stellung beanspruchen konnte, geht aus Wopfners Ausführungen nicht hervor. Ebd., 197.

nisch-sprachlichen Überschichtungen hätten, so Wopfner, den »herrschenden Rassentypus der heimischen Bevölkerung« allerdings nur wenig verändert. Umso weniger sei für das gebirgige Innere des Landes davon auszugehen, dass ein »Bevölkerungswandel in rassischer Hinsicht« stattgefunden habe.[202] Selbst die Romanisierung habe an der »Eigenart« des osträtischen »Bergvolkes« kaum etwas zu ändern vermocht. Hingegen sei die östliche Ländergruppe seit dem Frühmittelalter vor allem durch die bayerische Besiedlung geprägt worden. Daraus leitete Wopfner die Schlussfolgerung ab, dass »nicht von einem österreichischen Stamm oder gar von einem österreichischen Menschen« gesprochen werden könne. So lehnte er die Konstruktion einer eigenständigen österreichischen Identität ab und behauptete gleichzeitig, dass die verschiedenen Regionalismen in Österreich »keineswegs eine Minderung großdeutschen Fühlens und Denkens« mit sich bringen würden. Gerade in Tirol sei die Zugehörigkeit zum Deutschen Reich stets hervorgehoben worden.[203]

Mit dieser dezidierten Ablehnung der Vorstellung von einem ›österreichischen Menschen‹, die vielleicht auch der gerade um die Jahreswende 1937/38 sich zuspitzenden Konfrontation zwischen dem ›Dritten Reich‹ und dem austrofaschistischen Regime geschuldet war, stand Wopfner in offenem Widerspruch zum in Österreich in dieser Zeit vorherrschenden katholisch-›vaterländischen‹ Geschichtsbild.[204]

Als Onkel von Bundeskanzler Kurt Schuschnigg (1897-1977) war er diesem zwar verwandtschaftlich verbunden; dies hinderte ihn aber nicht daran, das von Schuschnigg und seinem Regime propagierte Geschichts- und Staatsdenken deutlich abzulehnen. Wopfners föderalistisch geprägtes Demokratieverständnis, das sich gegen den autoritären und zentralistischen Geist des – laut Verfassung – »christlichen deutschen Bundesstaats« Österreich richtete, dürfte für seine latent oppositionelle Haltung ausschlaggebend gewesen sein. Zumindest anfänglich sympathisierte Wopfner sogar mit den Nationalsozialisten. Im Unterschied zu seinem Schüler Adolf Helbok unterstützte er allerdings nicht die nationalsozialistische Rassenlehre. Er widersprach dieser aber auch nicht offen, und nach 1945 distanzierte er sich nie unmissverständlich von Helbok.[205]

Aufschluss über Wopfners Denkmuster zu den Zusammenhängen von ›Ökonomie‹ und ›Bevölkerung‹ vermittelt sein gleichfalls 1938 erschienener Aufsatz

202 Ebd., hier 201, 203

203 Ebd., 238-240; 242.

204 Vgl. hierzu Werner Suppanz, Geschichtsbilder im Ständestaat, in: Ursula Prutsch/Manfred Lechner (Hg.), Das ist Österreich. Innensichten und Außensichten, Wien 1997, 61-91. Maßgeblicher Vertreter der Idee einer katholischen Sendung Österreichs war im austrofaschistischen ›Ständestaat‹ der Historiker und Benediktinerpater Hugo Hantsch (1895-1972), der u.a. eine monumentale zweibändige »Geschichte Österreichs« (1937/1950) veröffentlichte.

205 Zu Wopfners durchaus ambivalenter Haltung gegenüber dem Dollfuß-Schuschnigg-Regime und dem Nationalsozialismus vgl. Reinhard Johler, Geschichte und Landeskunde: Innsbruck, in: Jacobeit et al. (Hg.), Völkische Wissenschaft, 449-462, hier 459.

über »Güterteilung und Übervölkerung«.[206] Er beabsichtigte darin, die »gewaltige Bevölkerungszunahme« Tirols seit dem 15. Jahrhundert zu erklären, die vor allem auf das Konto der Landbevölkerung gegangen sei.[207] Wopfner verfolgte in seiner Ursachenforschung keinen historisch-statistischen Ansatz, der etwa die Auswertung von Kirchenbüchern beinhaltet hätte, sondern diskutierte die zunehmende bäuerliche Güterteilung als »Begleiterscheinung der zunehmenden Aufstauung der Volksmenge in den Landbezirken«.[208]

Nicht vorrangig in der Auswanderung, sondern in der weiteren Aufteilung der Höfe und in der Ausweitung von zusätzlichen Verdienstmöglichkeiten als Tagelöhner oder Gewerbetreibende hätten die Menschen versucht, ihrer durch die »Übervölkerung« ausgelösten wirtschaftlichen Not zu begegnen.[209] Nach dem Vorbild der von Adolf Günther (1881-1958), einem 1923 bis 1929 an der Universität Innsbruck tätigen Rechts- und Staatswissenschaftler, vorgelegten Zahlen des »Wohnhausdurchschnitts« und der »Wohnhausdichte«[210] erläuterte Wopfner das Ausmaß der Hausteilungen. Als Beispiel zog er die Bevölkerung des Westtiroler Lechtals heran. Er glaubte einen »starken Sinn« der Lechtaler für Wohnkultur feststellen zu können, der sich darin äußerte, dass diese im Gegensatz zu den Bewohnern mancher anderer Westtiroler Regionen nicht zu Besitzzersplitterungen geneigt hätten. Dementsprechend sei die Ziffer des Wohnhausdurchschnitts im Lechtal in der ersten Hälfte des 19. Jahrhunderts verhältnismäßig niedrig gewesen.[211] Die »Lösung der mit der Übervölkerung vieler Landbezirke zusammenhängenden Spannung« kam für Wopfner im signifikanten Rückgang der Hausteilungen zum Ausdruck. In der zweiten Hälfte des 19. Jahrhunderts begann sogar »eine Umkehrung der Verhältnisse einzutreten; an die Stelle der Übervölkerung [...] [trat] Bevölkerungsabnahme und Landflucht, an die Stelle der Hausteilungen Verödung vieler Häuser [...]«.[212]

›Übervölkerung‹ bildete bei Wopfner eine vage Denkfigur, die soziale und wirtschaftliche Krisenerscheinungen erklären sollte. Der Innsbrucker Historiker ging jedoch weder auf die ökonomischen und sozialpolitischen Diskurse um ›Übervölkerung‹ ein, die diesen Begriff bereits in der frühen Rezeption von Malthus als wissenschaftlich und politisch umstritten ausgewiesen hatten,[213] noch

206 Hermann Wopfner, Güterteilung und Übervölkerung tirolischer Landbezirke im 16., 17. und 18. Jahrhundert, in: Südostdeutsche Forschungen 3 (1938), 202-232.
207 Ebd., 202.
208 Ebd., 204.
209 Ebd., 204f.
210 Adolf Günther, Südbayern und Westösterreich. Eine bevölkerungs- und sozialstatistische Darstellung. Innsbruck 1933 (= Schriften des Instituts für Sozialforschung in den Alpenländern an der Universität Innsbruck; 10).
211 Wopfner, Güterteilung und Übervölkerung, hier 217.
212 Ebd., hier 220.
213 Vgl. speziell zur Pauperismusdebatte und zu Friedrich Lists (1789-1846) Kritik an Malthus: Ursula Ferdinand, Das Malthusische Erbe. Entwicklungsstränge der Bevölkerungstheorie im 19. Jahrhundert und deren Einfluß auf die radikale Frauenbewegung in Deutschland, Münster 1999, 52-62; 65-69.

legte er die gedanklichen Vorannahmen offen, die ihn zur Verwendung dieses Begriffs im Rahmen seiner wirtschaftsgeschichtlichen Studie bewogen hatten. Offensichtlich ging Wopfner a priori von einer gleichsam natürlichen Korrelation zwischen Bevölkerungsvermehrung, ›Übervölkerung‹ und Realteilung aus. Diese ließ sich jedoch empirisch kaum erhärten. So verwendete Wopfner den seine Gedankenführung bestimmenden Begriff ›Übervölkerung‹ nur alltagssprachlich und bemühte sich nicht darum, ihn terminologisch näher zu bestimmen. Abgesehen davon führte die Art, wie Wopfner seine Begriffe verwendete, nicht etwa zur Bildung soziologischer, empirisch überprüfbarer Modelle, sondern vielmehr zu Fragen nach vergleichsweise unwägbarer »Volks- oder Stammeseigenart«.[214] Derartige Zuschreibungen zu qualitativen Volkseigenschaften seien zwar, wie Wopfner zugeben musste, »schwierig« zu fassen. Er hielt dennoch daran fest, dass zwischen der im Westen bevozugt siedelnden, romanisierten »Urbevölkerung Tirols« und »dem Baiern« ein volkstumsmäßiger Gegensatz bestehe. Dies drücke sich in regional unterschiedlichen, historisch tradierten Praktiken der Erbteilung aus: Der Westen Tirols neige zur Güterteilung, während der Ostteil des Landes zur Siedlung im geschlossenen Einzelhof tendiere.[215]

Genauere statistische Angaben über die Bevölkerungsbewegung »bis herab zu den Gerichtsbezirken« ließen sich anhand von Volkszählungen erst seit der Mitte des 18. Jahrhunderts machen. Zahlen für einzelne Gemeinden seien nur vereinzelt vorhanden. Wopfner forderte daher eine Auswertung der Kirchenbücher, um dieses Quellenproblem zu lösen, und kündigte an, seine Schüler nach dem Vorbild von Johann Bredts (1873-1936) »Volkskörperforschungen« zu derartigen Arbeiten ermutigen zu wollen.[216] Er setzte diese Idee zwar nicht selbst um, jedoch dürfte er vor allem den jungen Studenten Hans Kinzl zu solchen Forschungen angeregt haben.[217]

Wopfner steht exemplarisch für die vielfältigen Forschungen in Österreich, die regionale Siedlungsgeschichte und -formen untersuchten und diese zum Teil auch als Ausdruck von Nationalitätenverhältnissen deuteten. Die seit der zweiten Hälfte des 19. Jahrhunderts von ›Geschichte‹, ›Geographie‹, ›Statistik‹, ›Staatsrecht‹ und ›Anthropologie‹ vorangetriebene Nationalitätenforschung setzte sich nach 1918 in den österreichischen Geschichtswissenschaften mit anderen thematischen Schwerpunkten fort.[218] Die ausgeprägte Neigung zum politischen Revisionismus und die enge institutionelle und diskursive Vernetzung mit gleichgerichteten Arbeiten in Deutschland gehörten zu ihren wesentlichen Kennzeichen. Deutschnational orientierte österreichische Kultur- und Sozialwissenschaftler fanden in den späten 1920er-Jahren in der SVKF und ab 1931 in den VFG institutionelle Rahmenbedingungen für ihre Forschungen vor. So wurde beispielsweise die Zeitschrift *Tiroler*

214 Wopfner, Güterteilung und Übervölkerung, hier 212; 215.
215 Ebd., hier 212.
216 Ebd., hier 221.
217 Vgl. Hugo Penz, Hans Kinzl (1898-1979) und das Institut für Geographie der Universität Innsbruck, in: Innsbrucker Jahresbericht 1997/98, 5-28, hier 12; 25.
218 Vgl. hierzu auch Pinwinkler, »Bevölkerungssoziologie«, 113-117.

Heimat, die Wopfner herausgab, von der Leipziger Stiftung ebenso finanziell gefördert wie das vierbändige Werk seines Innsbrucker Kollegen Otto Stolz über »Die Ausbreitung des Deutschtums in Südtirol im Lichte der Urkunde«.[219]

Wopfner selbst ließ sich bereits 1941, ehe er das Emeritierungsalter als ordentlicher Professor für Österreichische Geschichte und Wirtschaftsgeschichte erreicht hatte, von der Lehrtätigkeit entpflichten und in den Ruhestand versetzen. Seine Lehrkanzel wurde geteilt und sein ehemaliger Schüler Adolf Helbok, der von 1935 bis 1941 den Lehrstuhl für Deutsche Landes- und Volksgeschichte an der Universität Leipzig eingenommen hatte, auf ein neu errichtetes Ordinariat für Volkskunde bestellt. Hingegen wurde Wopfners bisherige Lehrkanzel für »Geschichte und Wirtschaft des Alpenraums« umbenannt und Franz Huter (1899-1997) als außerordentlicher Professor berufen. Wopfner emeritierte 1946 nach österreichischem Recht und wurde im Sinne des Verbotsgesetzes, das 1947 zur Regelung der Entnazifizierung erlassen worden war, als politisch unbelastet eingestuft. Er setzte daher seine wissenschaftlichen Forschungen fort und wirkte in den ersten Nachkriegsjahren an der Universität Innsbruck als Honorarprofessor für Volkskunde.

Einen Teil seines in den 1930er-Jahren begonnenen wissenschaftlichen Hauptwerks, das »Bergbauernbuch«, konnte er in drei Hauptstücken (Lieferungen) im Verlauf der 1950er-Jahre veröffentlichen.[220] Ein Schüler von Wopfner, der Kultur-, Rechts- und Wirtschaftshistoriker Nikolaus Grass (1913-1999), brachte die neun Lieferungen dieses Werks, die zu Lebzeiten seines Lehrers nicht mehr zum Druck gelangt waren, ab 1995 aus dem Nachlass heraus. Darunter war die »Siedlungs- und Bevölkerungsgeschichte«, der erste Band des »Bergbauernbuchs«. Wopfners Vorstellungen von der historisch bedingten Eigenart des »Tiroler Volkstums«, die er seit den 1920er-Jahren publizistisch kontinuierlich vertreten hatte, kamen in dieser posthumen Veröffentlichung neuerlich deutlich zum Vorschein: »Der völkische Stammbaum der deutschen Tiroler von heute zeigt wesentliche Verschiedenheit von jenem der Deutschen in den östlichen Alpenländern und im Donauraum.« Die Ursache für diese in der Abstammung begründeten Differenz, für die er letztlich physisch voneinander zu unterscheidende Bevölkerungsgruppen imaginierte, sah Wopfner in den weit zurückliegenden »Stürmen der Völkerwanderung«. Die in den späteren österreichischen Alpenländern ansässigen Romanen seien damals durch die Vorstöße der Awaren und Slawen »weitgehend verdrängt« worden, während die Tiroler »Vorbevölkerung allen Stürmen zu trotzen« vermocht habe.[221] Wopfner blieb

219 Fahlbusch, »Wo der deutsche … ist, ist Deutschland!«, Liste der durch die SVKF geförderten Projekte und Bücher, 275 f.

220 Vgl. hierzu die kritisch bilanzierende Würdigung von Wolfgang Meixner/Gerhard Siegl, Erwanderte Heimat. Hermann Wopfner und die Tiroler Bergbauern, in: Ernst Bruckmüller/Ernst Langthaler/Josef Redl (Hg.), Agrargeschichte schreiben. Traditionen und Innovationen, Innsbruck-Wien-München 2004, 228-239.

221 Hermann Wopfner, Bergbauernbuch. Von Arbeit und Leben des Tiroler Bergbauern in Vergangenheit und Gegenwart. Bde. 1-3, 1, I.-III. Hauptstück: Siedlungs- und Be-

somit den volksgeschichtlichen Prämissen seiner Arbeits- und Denkrichtung über 1945 hinweg weitgehend treu. Dies bildete einen wesentlichen Grund dafür, dass seine Darstellungsweise der Tiroler ländlichen Gesellschaft an neuere wirtschafts- und sozialgeschichtliche Forschungsrichtungen kaum anschließen konnte.[222]

Hans Kinzl und die ›Innsbrucker Schule‹ der (historischen) ›Bevölkerungsgeographie‹

Die Vertreter der Innsbrucker ›Landesgeschichte‹ waren mit Volks- und Landeskundlern, Geographen sowie Rechts- und Staatswissenschaftlern der Universität Innsbruck vielfach vernetzt. So vertrat z.B. Hermann Wopfner die Fächer ›Volkskunde‹ und Tiroler ›Landesgeschichte‹ gleichberechtigt nebeneinander. Seine Vorlesungen wurden auch von Studierenden der Geographie besucht, die in Wopfner einen der besten Kenner der Tiroler Agrargeschichte sahen.[223] Dass in Innsbruck seit den 1930er-Jahren neben Historikern und Volkskundlern auch Geographen zur Konstituierung volkstumswissenschaftlicher Netzwerke beitrugen, ist seit langem hinlänglich bekannt. Derartige Forschungen waren in der Regel eng mit der ›heimatkundlichen‹ Bewegung verknüpft, die ihrerseits die geographische und ethnische Einheit des Landes Tirol gegenüber dem italienischen Anspruch auf die Brennergrenze nachdrücklich zu verteidigen suchte. Michael Fahlbusch und Michael Wedekind haben die ihnen zugrunde liegenden Netzwerke für die Zeit des ›Dritten Reichs‹ mit Blick auf die AFG eingehend untersucht.[224]

Wie eng die wechselseitigen Verflechtungen zwischen diesen Innsbrucker Fachrichtungen waren, verdeutlicht ferner ein Blick auf akademische Festschriften: Zur Veröffentlichung anlässlich Wopfners 70. Geburtstag im Jahr 1948 steuerte auch der Wopfner-Schüler Kinzl einen Artikel bei. Umgekehrt verfasste der Historiker Franz Huter unter dem Titel »Lieber Freund Kinzl!« die Einleitung für die Jubiläumsgabe, die Kinzls habilitierte Schüler diesem anlässlich seines 70. Geburtstags überreichten.[225] Der Kinzl-Schüler Ernest Troger (1926-

völkerungsgeschichte. Hg. v. Nikolaus Grass, Innsbruck-Wien 1995 (2. Aufl. = unveränd. Neudr. d. Lfg. 1-3, erschienen 1951-1960), hier 45f.

222 So auch das Urteil von Meixner/Siegl, Erwanderte Heimat, 235.

223 Vgl. hierzu u.a. Hermann Wopfner [Selbstdarstellung], in Nikolaus Grass (Hg.), Österreichische Geschichtswissenschaft der Gegenwart in Selbstdarstellungen Bd. I, Innsbruck 1950, 157-201; vgl. Helbok, Erinnerungen, 68f.

224 Vgl. Fahlbusch, Wissenschaft, 297-350; Wedekind, »Völkische Grenzlandwissenschaft«.

225 Hans Kinzl, Zur bevölkerungsbiologischen Lage des Bergbauerntums, in: Festschrift zu Ehren Hermann Wopfners, 2. Teil, Innsbruck 1948, 191-206; Franz Huter, Lieber Freund Kinzl! In: Franz Fliri (Hg.), Festschrift für Hans Kinzl zum siebzigsten Geburtstag, Innsbruck 1968, VII-X.

1988) wiederum gab im Abstand von zehn Jahren jeweils eine Festschrift für Huter heraus, für die auch Kinzl Beiträge verfasste.[226]

Der gebürtige Oberösterreicher Kinzl hatte an der Universität Innsbruck Geographie und Geschichte studiert und dort 1923 promoviert. Er ging anschließend nach Heidelberg, wo er sich 1931 habilitieren konnte. Vier Jahre später wurde Kinzl als Nachfolger von Friedrich Metz (1890-1969), der ein Jahr zuvor wegen seiner NS-Aktivitäten als Professor entlassen worden war, zum außerordentlichen Professor der Innsbrucker Universität ernannt. Kinzl, der sich in Deutschland dem später in die SA überführten *Stahlhelm* anschloss, nahm diesen Ruf offenbar »auf ausdrücklichen Wunsch der Nazibehörden«[227] an. Bis zu seiner Emeritierung als Ordinarius im Jahr 1968 prägte er als Institutsvorstand maßgeblich die Innsbrucker Geographie. Als er am 15. April 1946 im Zuge eines Entnazifizierungsverfahrens vom Dienst enthoben wurde, sorgte dies nur für eine vorübergehende Unterbrechung seiner akademischen Laufbahn. Kinzl trat nicht nur als Verfasser gletscher- und landeskundlicher Untersuchungen, sondern vor allem als Initiator bevölkerungsgeographischer Forschungen in Peru und im Alpenraum hervor. Ein nachhaltiges Interesse für Kirchenbücher als demographische Quellen weckten bei ihm vor allem die Studien, die er in dem 1857 am peruanischen Ostabhang der Anden gegründeten Tiroler Emigrantendorf Pozuzo durchführte. In den Jahren 1932, 1936 und 1939 bis 1941 unternahm er drei Alpenvereins-Expeditionen in die Cordillera Blanca. 1939 begann er mit der systematischen Auswertung von Kirchenbüchern. Darin dürfte sich nicht nur Kinzls deutschvölkisch motiviertes Interesse für die Lebensbedingungen des »Überseedeutschtums« artikulieren, das vermeintlich der »deutschen Heimat verlorengegangen« sei;[228] den Anpassungsfähigkeiten europäischer Siedler an tropische Lebensbedingungen galt damals international das Interesse der Geographen.[229]

Mit diesen Studien, die Kinzl mit gleicher Methode auch im Alpenraum durchführte, wurde er Begründer der ›Innsbrucker Schule der Bevölkerungsgeographie‹. In seinem Forschungskonzept ließ er sich u. a. von den wissenschaftlichen Ansätzen Johann Bredts, Ilse Schwidetzkys (1907-1997) und Walter Scheidts anregen, die ihrerseits kleinräumigen Erhebungen den Vorzug gegenüber den

226 Vgl. Ernest Troger (Hg.), Beiträge zur geschichtlichen Landeskunde Tirols. Festschrift für Universitätsprofessor Dr. Franz Huter anläßlich der Vollendung des 60. Lebensjahres, Innsbruck 1959; Ernest Troger/Georg Zwanowetz (Hg.), Neue Beiträge zur geschichtlichen Landeskunde Tirols. Festschrift für Univ.-Prof. Dr. Franz Huter anläßlich der Vollendung des 70. Lebensjahres, Innsbruck 1969.

227 Gerhard Oberkofler, Franz Huter. Soldat und Historiker Tirols, Innsbruck-Wien 1999, 119; Goller/ Oberkofler, Universität Innsbruck, 24.

228 Zit. n. Fahlbusch, Wissenschaft, 730.

229 So widmeten sich z. B. zahlreiche Vorträge des Internationalen Geographenkongresses in Amsterdam (1938) diesem Thema. Vgl. Wolfgang Kuls/Franz-Josef Kemper, Bevölkerungsgeographie. Eine Einführung. 3., neu bearb. Aufl., Leipzig 2000, 15.

aggregierten Daten der zentralen amtlichen Statistik gaben.[230] Abgesehen von Würdigungen durch seine zahlreichen Schüler anlässlich seiner runden Geburtstage hat Kinzls wissenschaftlicher Werdegang kaum historiographisches Interesse gefunden. Erst Michael Fahlbusch, Peter Goller und Gerhard Oberkofler gebührt das Verdienst, auf Kinzls Tätigkeit in den Netzwerken völkischer Forschungen der 1930er- und 1940er-Jahre hingewiesen und die verschiedenen Wendungen seines Entnazifizierungsverfahrens, das er 1947 mit dem Verdikt »nicht belastet« absolvierte, gründlich aufgearbeitet zu haben.[231]

Zur Frage, wie die ›Innsbrucker Schule der Bevölkerungsgeographie‹ fachlich einzuschätzen ist, dominiert in der geographischen Literatur bis in die jüngere Vergangenheit ein eher unkritisches Bild. Kinzls Leistung als Vorreiter der ›Bevölkerungsgeographie‹ im Alpenraum wird nach wie vor besonders hervorgehoben. Nach Heinz Fassmann habe Kinzl »ein Gerüst von demographischen Merkmalen« entwickelt, »die zur Beschreibung des generativen Verhaltens in westösterreichischen Berg- und Talgemeinden notwendig« gewesen seien. Dazu gehörten neben der Darstellung der Bevölkerungsbewegung »Untersuchungen der biologischen, sozialen und geographischen Heiratskreise ebenso wie der Fertilitäts- und Mortalitätsentwicklung in Abhängigkeit von der ökonomischen Entwicklung und vom landwirtschaftlichen Arbeitsjahr.«[232] Aus der Sicht seiner Schüler war Kinzl zwar ein durchaus patriarchalischer Vertreter der traditionellen Ordinarienuniversität, er galt aber auch als ein begeisternder Lehrer, der Generationen von Studierenden zum Studienabschluss und darüber hinaus vierzehn seiner Schüler zur akademischen Laufbahn als habilitierte Hochschullehrer führte.[233]

230 Johann Bredt, Volkskörperforschung, Breslau 1930; Ilse Schwidetzky, Heiratskreise in Oberschlesien, in: Zeitschrift für Rassenkunde 6 (1937), 311-331; Scheidt/Wriede, Die Elbinsel Finkenwärder.

231 Vgl. Fahlbusch, Wissenschaft, 310, 316, 345, 730; Goller/Oberkofler, Universität Innsbruck, 24f.

232 Heinz Fassmann, Demographie und Sozialökologie, in: Karl Acham (Hg.), Geschichte der österreichischen Humanwissenschaften. Bd. 2: Lebensraum und Organismus des Menschen, Wien 2001, 189-215, hier 200f. Vgl. allgemein zur Geschichte der Geographie in Österreich Elisabeth Lichtenberger, Geographie, in: Acham (Hg.), Geschichte. Bd. 2, 71-148.

233 Einige dieser Erinnerungen tragen allerdings eher dazu bei, Kinzls Aktivitäten im Dollfuß-Schuschnigg-Regime, im ›Dritten Reich‹ und in der Zweiten Republik zu verunklären, als diese zu erhellen: So meinte beispielsweise Kinzls jüngster habilitierter Schüler H. Penz, dass sein Lehrer sich vor 1938 »politisch nicht exponiert habe«. Etwas schief wirkt sein Argument, dass Kinzl im ›Dritten Reich‹ aus diesem Grund nicht nur seine bisherige Stelle behalten, sondern 1942 sogar zum Ordinarius aufsteigen konnte. Vgl. Penz, Hans Kinzl, 8; 13. Vgl. hierzu P. Gollers und G. Oberkoflers Charakterisierung Kinzls als »CVer deutschnationalen Einschlags«, »der nach 1945 jedweden Zusammenhang mit einer NS-Sympathie zurückwies, nichtsdestotrotz aber das autoritär-reaktionäre Denken im Zwischenfeld von CV [=*Österreichischer Cartellverband katholischer Studenten*, Anm. d. Vf.], Deutschtümelei und Professorendünkel über 1945 hinaus kolportierte und sich nie aus der Gedankenwelt von *Stahlhelm* und

Die Innsbrucker Geographen betrieben lokale und regionale ›historische Bevölkerungsforschungen‹ auf der Grundlage von Kirchenbüchern, die sie meist vollständig auswerteten. 1938-1968 entstanden unter der Leitung von Kinzl 61 bevölkerungsgeographische Dissertationen,[234] von denen allerdings nur wenige gedruckt wurden. Nach Meinung von Adolf Leidlmair (1919-2010), einem seiner Schüler, wurde die ›Innsbrucker Schule‹ infolgedessen trotz Kinzls reger Kontakte zur *Deutschen Akademie für Bevölkerungswissenschaft* (DABW) in der Bundesrepublik Deutschland kaum zur Kenntnis genommen.[235] Franz Fliri (1918-2008), Kinzls Nachfolger in Innsbruck, hatte bei diesem eine Dissertation über »Bevölkerungsgeographische Untersuchungen im Unterinntal« verfasst, die sich auf Quellenmaterial aus drei Jahrhunderten (1635-1939) stützte. Die 1948 veröffentlichte Arbeit umfasste räumlich ein Teilgebiet des Unterinntals. Einen Schwerpunkt bildete die Aufschlüsselung der Eheschließungen in Bezug auf Heiratsalter, Herkunft des Partners, Einfluss der Hofgröße auf die Partnerwahl, Ehedauer und Kinderzahl in bäuerlichen und nichtbäuerlichen Familien. Die Studie untersuchte die Entwicklung der Geburten demographisch differenziert nach Zahl, Geschlechtsverhältnis, Mehrlingsgeburten, Entwicklung der Unehelichkeit und Geburtenabständen sowie Kinder- und Müttersterblichkeit.[236] Fliri wurde 1964 zunächst außerordentlicher, vier Jahre später ordentlicher Professor für Geographie. Er vergab weitere dreizehn bevölkerungsgeographische Doktorarbeiten.

Fliri unterschied drei »Arbeitsstile«, welche die »Innsbrucker Schule« gekennzeichnet habe: Zum Ersten die aufwändigste Methode, nämlich die Untersuchung der demographischen Strukturen von Ehe und Familie als den kleinsten Analyseeinheiten der Demographie. Zu dieser Richtung gehörten 25 Schülerarbeiten, die rund 220.000 Matrikelfälle verwertet hätten. Dem zweiten Stil seien seit der Dissertation von Ernest Troger im Jahre 1954 zur »Bevölkerungsgeographie des Zillertales«[237] Studien über größere Gebiete zuzuordnen, die vor allem aus der Zeit vor 1950 stammten, als man rascher zu Aussagen über größere Regionen kommen wollte. Fliri ordnete dieser Richtung vierzehn Arbeiten mit ca. 770.000 Matrikeleinträgen zu. Der dritte Arbeitsstil umfasste laut Fliri jene Studien, die sich auf veröffentlichte und unveröffentlichte demographische Erhebungen von Bund, Land und Gemeinden bezogen.[238]

sonstigen Frontkämpfervereinigungen löste.« Goller/Oberkofler, Universität Innsbruck, 24.

234 Vgl. Hugo Penz, Verzeichnis der von Univ.-Prof. Dr. Hans Kinzl betreuten Dissertationen, in: Franz Fliri (Hg.), Festschrift für Hans Kinzl zum siebzigsten Geburtstag, Innsbruck 1968, 157-160.

235 Adolf Leidlmair, Hans Kinzl. Im Licht seines Briefwechsels, Lebenslaufes und persönlicher Erinnerungen, in: Innsbrucker Jahresbericht (2003), 142-176, hier 160.

236 Franz Fliri, Bevölkerungsgeographische Untersuchungen im Unterinntal (Baumkirchen, Fritzens, Gnadenwald und Terfens). Innsbruck 1948 (= Schlern-Schriften; 55).

237 Ernest Troger, Bevölkerungsgeographie des Zillertales, Innsbruck 1954 (= Schlern-Schriften; 123).

238 Fliri, Hans Kinzl, 173, 150.

Die Innsbrucker bevölkerungsgeographischen Forschungen konzentrierten sich auf die demographische und wirtschaftliche Situation der Tiroler Bergbauern. Sie griffen damit eine Fragestellung auf, die nicht nur der Historiker Hermann Wopfner, sondern auch der Innsbrucker Ökonom und Statistiker Ferdinand Ulmer (1901-1974) seit den 1930er-Jahren zum Gegenstand seiner Untersuchungen gemacht hatte. Ulmer konzentrierte sich auf statistische Untersuchungen zur »Höhenflucht« der Bergbauern, die er als Gegenstück zur Landflucht ansah und für die er Begriffe wie »Entsiedlung« oder »Gebirgsentvölkerung« verwendete.[239] Einige seiner Schüler verfassten »Dorfuntersuchungen« als bevölkerungs- und wirtschaftskundliche Studien, die in den 1960er- und frühen 1970er-Jahren in den von Ulmer herausgegebenen »Beiträgen zur alpenländischen Wirtschafts- und Sozialforschung« erschienen.[240] Die ersten bevölkerungsgeographischen Dissertationen entstanden seit 1937 unter der Leitung von Kinzl. Eine dieser frühen Arbeiten verfasste Hedwig Reichle, die in ihrer Arbeit über Angerberg im Unterinntal[241] ein durchschnittlich hohes Heiratsalter konstatierte und dieses in zutreffender Weise als wesentlich durch das Erbrecht bedingt sah.[242] Franz Fliri beschrieb im Rückblick die frühen Kirchenbuchauswertungen der ›Innsbrucker Schule‹ allerdings als äußerst mangelhaft: Es seien besonders statistische Fehler unterlaufen,

> »die heute das Zusammenfügen und Vergleichen der Ergebnisse erschweren oder ganz unmöglich machen. So wurden Merkmalsbegriffe unscharf oder willkürlich gewählt, Relativzahlen [...] wie in der Makro-Demographie berechnet, ohne daß absolute Bezugswerte genau angegeben wurden. Vom einzelnen Jahr bis zum Jahrhundert waren verschiedene Teilperioden in Gebrauch.«[243]

239 Vgl. Ferdinand Ulmer, Höhenflucht. Eine statistische Untersuchung der Gebirgsentsiedlung Deutschtirols, Innsbruck 1935 (= Schlern-Schriften; 27); ders., Die Bergbauernfrage. Untersuchungen über das Massensterben bergbäuerlicher Kleinbetriebe im alpenländischen Realteilungsgebiet. Innsbruck 1942 (2., neu bearb. Aufl. 1958).

240 Vgl. Lichtenberger, Forschungsrichtungen der Geographie, 12 f.; 46-48. Das ehemalige NSDAP-Mitglied Ulmer vertrat die Wahlpartei der Unabhängigen (WdU), welche die Interessen der ehemaligen NSDAP-Mitglieder vertreten wollte, 1949 bis 1954 im österreichischen Bundesrat. Ulmer kehrte erst 1952 an die Universität zurück: Republik Österreich, Parlament, DDr. Ferdinand Ulmer. URL: http://www.parlament.gv.at/WW/DE/PAD_01328/pad_01328.shtml (2.9.2013).

241 Hedwig Reichle, Der Angerberg, Diss. (masch.), Innsbruck 1944.

242 An dieser Stelle sei hinsichtlich der männlichen Dominanz der Universitätslandschaft angemerkt, dass bei Kinzl im Zeitraum von 1938 bis 1968 siebzehn von 61 Dissertationen von Frauen verfasst wurden. Während von 44 männlichen Studierenden, die bei Kinzl promovierten, vierzehn ihre akademische Laufbahn mit der Habilitation fortsetzten und Professuren erreichten, gelangten die siebzehn Promovendinnen Kinzls in ihrer akademischen Laufbahn nicht über die Doktorarbeit hinaus. Vgl. Penz, Verzeichnis.

243 Fliri, Hans Kinzl, 151.

Dennoch zeichneten die Innsbrucker Geographen seiner Ansicht nach »ein zutreffendes bevölkerungsbiologisches Bild der ländlichen Gesellschaft vom 17. bis zum 19. Jahrhundert«.[244] Fliri selbst hatte als Ziel seiner Dissertation angegeben, zur Erkenntnis der »Anatomie und Pathologie des Volkskörpers« beitragen und die »Veränderung der Erbmasse der Ausgangsbevölkerung« vom 18. Jahrhundert bis zur Gegenwart erforschen zu wollen.[245]

Er betrachtete offenbar noch fast fünfzig Jahre später die von ihm so bezeichnete »bevölkerungsbiologische« Arbeitsweise als wissenschaftlich unproblematisch. Eine fundierte Kritik an diesen Forschungen sollte diese daher an ihrem Anspruch messen, grundlegende Erkenntnisse über die ländliche Bevölkerung der Alpenregion zu gewinnen. Hierzu soll daher Kinzl selbst zu Wort kommen, der die Arbeiten seiner Schüler und Schülerinnen zwar nie selbst zusammenfasste,[246] sich aber in seiner Innsbrucker Rektoratsrede vom 29. November 1958 über »Wandlungen im alpinen Bevölkerungsbild« zu der von ihm vertretenen Forschungsrichtung ausführlich äußerte.

Kinzl sprach sich gegen unrealistische »romantische Vorstellungen« vom »Bergbauerntum als Lebensquell des Volkes« aus,[247] und er wollte den häufigen Wechsel im bäuerlichen Besitz keineswegs als einen Indikator für den vermeintlichen Niedergang bäuerlichen Erbhofdenkens sehen. Gleichzeitig gab er unmissverständlich zu verstehen, dass er an »biologischen« Deutungsmustern des Bevölkerungswandels weiterhin festhalten wollte: viele Höfe hätten sich über die weibliche Linie vererbt, wodurch sich zwar der Schreibname geändert habe, jedoch immerhin »biologisch eine vollwertige Fortsetzung der Sippe« verbunden gewesen sei. Zudem bedeute Abwanderung nicht gleichzeitig Landflucht. Nicht die Höfe, sondern die »bäuerlichen Geschlechter« sollten daher künftig in den Mittelpunkt der Betrachtung gestellt werden. Dann würde sich »anstelle der wenigen Erbhöfe eine wesentlich größere Zahl bodenverwurzelter und hochwertiger Sippen ergeben, die seit Jahrhunderten die heimatliche Scholle bestellt haben, wenn auch nicht immer auf demselben Hof.« Bei dieser Frage gehe es aber nicht nur um die Landbevölkerung, sondern auch um »unsere vergreisten Städte«, die ihren Nachwuchs vom Land bezögen. Kinzl scheute nicht davor zurück, Wien, das eine besonders ungünstige »bevölkerungsbiologische Lage« aufweise, als eine Stadt zu bezeichnen, die aufgrund ihrer zu geringen Geburtenziffer und ungewöhnlich hohen Sterbeziffer »Selbstmord« begehe.[248] Eindringlich warb Kinzl daher dafür, dass die Länder ihren »Bevölkerungsüberschuß« an Wien abgeben sollten, wodurch eine engere verwandtschaftliche Verflechtung

244 Ebd., 173.

245 Fliri, Bevölkerungsgeographische Untersuchungen, 5; 93.

246 Hingegen nahm H. Wopfner einige der Ergebnisse in sein »Bergbauernbuch« auf: Vgl. Wopfner, Bergbauernbuch. Bd. 1, Lfg. 2, 222-324.

247 Vgl. auch Kinzl, Zur bevölkerungsbiologischen Lage, 206.

248 Hans Kinzl, Wandlungen im alpinen Bevölkerungsbild, Innsbruck. Antrittsrede gehalten anläßlich der Inauguration zum Rector magnificus des Studienjahres 1958/59 am 29. November 1958, o. J. [1958], 13 f.

zwischen der Bundeshauptstadt und den Ländern zustande kommen werde. Denn »Wien, die Hauptstadt des Alpenlandes Österreich, soll auch seiner Bevölkerung nach alpenländisch-deutsch sein. *Wir wollen kein Österreich ohne Wien, aber auch kein Wien ohne Österreich.*«[249]

Kinzls dramatischer Appell an den »Lebenswillen des Volkes«[250] entsprach mit einer gewissen Folgerichtigkeit seinen ›bevölkerungsbiologischen‹ Vorstellungen. Im Unterschied zu ähnlichen Forschungen der Zwischenkriegszeit verzichtete er nur darauf, sich offen auf Rassenfragen zu beziehen. Zudem gab er sich staatstragend, was den angestrebten demographischen Ausgleich zwischen Wien und den Bundesländern betraf. Die vermeintliche biologische Homogenität der Bevölkerung war ihm als bevölkerungspolitisches Ziel nach wie vor wichtig, wobei diese möglichst auf den (groß-)bäuerlichen Sippenverbänden beruhen sollte. Die unter- und nichtbäuerliche Landbevölkerung klammerte Kinzl hingegen aus seinen Überlegungen aus. So ist auch Fliris Befund, dass die Innsbrucker Bevölkerungsgeographen »ein zutreffendes bevölkerungsbiologisches Bild der ländlichen Gesellschaft« gezeichnet hätten, hinsichtlich der von Kinzl vorgebrachten grundsätzlichen Überlegungen stark zu bezweifeln. Das schließt nicht aus, dass einzelne seiner Schüler wie z. B. Wilhelm Lutz (*1931), der sich in seiner Dissertation gegen die u. a. von Hermann Wopfner vorgebrachte These wandte, das Flurbild der Südtiroler Kulturlandschaft sei ethnisch bedingt,[251] eigenständige, von bisher vertretenen Lehrmeinungen abweichende Wege einschlugen. Ernest Troger wiederum weitete seine bevölkerungsgeographischen Forschungen bereits Mitte der 1950er-Jahre auf Teile Südostasiens aus, wobei er ein starkes Interesse für Bevölkerungsfragen der sogenannten ›Dritten Welt‹ entwickelte.[252]

Spätestens seit den 1960er-Jahren sorgte der an den Universitäten in Wien und Freiburg im Breisgau tätige österreichische Geograph Hans Bobek (1903-1990) im deutschsprachigen Raum maßgeblich für eine »Neuorientierung in der Geographie des Menschen«.[253] Die von Bobek vorangetriebene ›Sozialgeographie‹, die bevölkerungswissenschaftliche Fragestellungen nur als eine von anderen untersuchte, trug nahezu zwangsläufig dazu bei, die Kinzl-Schule als überholt erscheinen zu lassen. Nach Bobek sei diese Forschungsrichtung der ›Sozialgeographie‹ zwar »sehr nahe« gekommen, sie habe jedoch eines theoretischen

249 Ebd., 14 (im Original kursiv). Nach den Anmerkungen zu der Rede Kinzls findet sich ein Hinweis »Zur Wahl des Themas«, in dem es heißt, dass »einige Formulierungen neben lebhafter Zustimmung bei ein paar Zuhörern auch Anstoß erregt hatten.« Gleichwohl sei für die Druckfassung nichts am Redemanuskript verändert worden.

250 Ebd., 14.

251 Wilhelm Lutz, Gröden. Landschaft, Siedlung und Wirtschaft eines Dolomitenhochtales, Innsbruck 1966, 114-119.

252 Karl Husa/Christian Vielhaber/Helmut Wohlschlägl (Hg.), Ernest Troger – 60 Jahre, in: dies. (Hg.), Beiträge zur Bevölkerungsforschung. Festschrift Ernest Troger zum 60. Geburtstag, Bd. 1, Wien 1986, 9-14.

253 Kuls/Kemper, Bevölkerungsgeographie, 16.

Rahmens entbehrt.[254] Die Innsbrucker ›bevölkerungsgeographischen‹ Forschungen gingen räumlich weder über Tirol und das angrenzende Vorarlberg hinaus, noch konnten sie den methodischen Ansprüchen der ›Historischen Demographie‹ bzw. ›Sozialökologie‹ nach generalisierbaren Erklärungen gerecht werden. Vereinzelte Studien, die außerhalb Tirols z. B. am Geographischen Institut der Universität Wien nach dem Vorbild der Kinzl-Schule ›bevölkerungsbiologische‹ Untersuchungen von Dörfern durchführten, vermochten diesen Eindruck nicht grundsätzlich zu verändern.[255] Ihr methodischer Zugang ist vor allem deshalb von Interesse, weil die Kinzl-Schule damit einen Forschungsansatz bearbeitete, der in Deutschland nach 1945 fast vollständig an Bedeutung verloren hatte. Die ›Innsbrucker Schule‹ dürfte international nicht zuletzt aus diesem Grund nur eine geringe Resonanz erzielt haben. So stellte Arthur E. Imhof in seiner »Einführung in die Historische Demographie« zwar Walter Scheidts Bedeutung für ›Rassenbiologie‹ und ›Sippenkunde‹ im Nationalsozialismus dar; auf die Innsbrucker ›Bevölkerungsgeographie‹ ging er aber nicht ein.[256]

Ausblick: ›Historische Bevölkerungsforschungen‹ in Österreich

Die siedlungshistorischen und volkskundlichen Forschungen Hermann Wopfners und der ›Innsbrucker Schule‹ bezogen sich überwiegend auf Tirol dies- und jenseits der Brennergrenze. Wopfners Arbeiten zum ›Tiroler Volkstum‹ hatten ihre Ursprünge in dem Bestreben Tiroler Historiker, Geographen und Volkskundler, die durch den Vertrag von Saint-Germain erzwungene Abtrennung Südtirols von Österreich als unrechtmäßige Zerstörung einer über jahrhundertealten wirtschaftlichen und kulturellen Einheit zu brandmarken. Die von Kinzl angeregten historisch-demographischen Forschungen gingen hingegen auf sein ursprüngliches Interesse für das ›Überseedeutschtum‹ zurück, die er später auf die alpinen Regionen Österreichs übertrug.

Wopfner und Kinzl teilten die deutsch-völkische Stoßrichtung ebenso wie ihre jeweils auf bestimmte überschaubare Regionen oder Gemeinden konzentrierten Forschungsbemühungen. Beide beriefen sich dabei auf die ›Volkskörperforschungen‹ von Johann Bredt und Walter Scheidt, die in Deutschland und Österreich in den 1930er-Jahren weithin als Vorbilder für die künftige Erfor-

254 Auch der Kinzl-Schüler Penz sprach davon, dass die von Bobek u. a. angestoßene Debatte Kinzl kaum berührt habe. Vgl. Penz, Hans Kinzl, 26. Hans Bobek, Der Beitrag der Geographie zur Bevölkerungs- und Sozialforschung in Österreich, in: Helczmanovszki (Hg.), Beiträge, 19-28, hier 21.

255 Vgl. Husa/Vielhaber, Die Entwicklung, 142 f.

256 Vgl. Imhof, Einführung, 21-28; vgl. ferner Louis Henry, Die Kirchenbücher als demographische Quellen, in: Wolfgang Köllmann/Peter Marschalck (Hg.), Bevölkerungsgeschichte, Köln 1972, 220-229, der sich ausschließlich auf französische Forschungen bezog. Auch Ehmer, Bevölkerungsgeschichte, erwähnte diesen Forschungsstrang mikrodemographischer Forschungen in Österreich nicht.

schung des deutschen ›Volkstums‹ angesehen wurden. Während Wopfner seine genealogische Rhetorik nicht durch die empirische Bearbeitung von Pfarrmatriken stützte und ›Bevölkerung‹ als Argumentationsfigur kaum reflektiert nur im Zuge seiner Ausführungen zur Siedlungs- und Wirtschaftsgeschichte entgegentrat, rief Kinzl eine breitere Bewegung zur Erforschung der historischen Demographie Tirols ins Leben. Die von ihm und insbesondere von seinen Schülern und Schülerinnen betriebenen historisch-geographischen Forschungen bezeichnete er als Beiträge zur ›Bevölkerungsbiologie‹ der ländlichen Gesellschaft im alpinen Raum des 17. bis 19. Jahrhunderts. Die ideologisch konnotierte Komponente dieser Forschungsrichtung, welche Kinzl nie zusammenfassend bearbeitete, trat bei seiner Rektoratsrede an der Innsbrucker Universität im Jahr 1958 deutlich hervor. Er teilte die Hochschätzung des Tiroler Bergbauerntums als potenzielle demographische Ressource eines ›gesunden‹ Volkes, welche auch Wopfners Denken zugrunde lag, und deren Kehrseite in der Furcht vor dessen quantitativem und qualitativem Niedergang lag. Die ›erbbiologisch‹ zu bestimmende ›Qualität‹ einer Bevölkerung äußerte sich für Kinzl wesentlich in ihrer Verwurzelung im heimatlichen Boden und ihrer hohen Kinderzahl. Der von ihm und seinem Nachfolger Franz Fliri maßgeblich vertretenen ›Innsbrucker Schule‹ lagen daher wesentlich ›bevölkerungsbiologische‹ Denkmuster zugrunde, die in den 1930er-Jahren im Kontext der Forschungen zum ›Grenz- und Auslandsdeutschtum‹ entwickelt worden waren. Es spricht für die These einer relativen Isolierung dieser Forschungsrichtung in den 1960er- und 1970er-Jahren gegenüber internationalen Entwicklungen in diesem Feld, dass sie diese epistemologischen Grundlagen offenbar nie zum Ansatzpunkt einer Methodenkritik machte und auch nicht über eine Reflexion der Generierung und Verwertung von statistischem Datenmaterial hinausging.

Die österreichische Geschichtswissenschaft dürfte die Forschungen von Kinzl und seiner Schule nur am Rande oder nicht rezipiert haben.[257] Bevölkerungsgeschichtliche Forschungen und Argumentationsmuster waren in Österreich von den 1920er-Jahren bis in die 1960er-Jahre stark in die breite Tradition der historischen Siedlungsforschung eingebettet. Dadurch orientierten sie sich wesentlich auf die Bundesländer, insbesondere auf Steiermark, Kärnten und Tirol. Abgesehen von der auffällig engen Verbindung zwischen siedlungsgeschichtlichen, landeskundlichen und bevölkerungsgeschichtlichen Forschungen dürfte dafür u.a. die reiche Tradition der altösterreichischen amtlichen Statistik ausschlaggebend gewesen sein. Diese hatte zahlreiche Forschungsarbeiten mit regionalen und überregionalen Bezügen und eine Fülle von statistischen Materialien

257 Darauf deutet etwa der Umstand hin, dass E. Bruckmüller die Arbeiten der Kinzl-Schule im instruktiven Literaturverzeichnis seiner »Sozialgeschichte Österreichs« nicht anführte. Vgl. Bruckmüller, Sozialgeschichte, 447-534. K. Klein zitierte in seinem Überblick nur die Studie von E. Troger über die »Bevölkerungsgeographie des Zillertales«. Vgl. Klein, Die Bevölkerung Österreichs, 104.

bereitgestellt.[258] Die Untersuchungen zur Geschichte der Familie an der Universität Wien wandten sich hingegen demographischen und sozialgeschichtlichen Mikroanalysen zu und gingen in ihrem Erklärungsanspruch über Österreich weit hinaus. Im Unterschied zur ›Innsbrucker Schule‹ und den auf diesem Gebiet tätigen österreichischen Historikerkollegen stieß Michael Mitterauer, der seine Arbeiten in die ›Historische Sozialwissenschaft‹ zu integrieren verstand, international auf ein breites und durchwegs zustimmendes Echo.[259]

›Siedlungs-‹ und ›Bevölkerungsgeschichte‹ waren in Österreich wie in der Bundesrepublik Deutschland in der Forschungspraxis eng miteinander verflochten. Im Unterschied zur bundesdeutschen Debatte zwischen Wolfgang Köllmann und Arthur E. Imhof scheint es zwischen den beteiligten österreichischen Wissenschaftlern nicht zu einem offenen Dialog oder einer Kontroverse über die methodischen Grundlagen dieser Fachrichtungen gekommen zu sein. Immerhin markierten die beiden 1973 und 1974 erschienenen Sammelbände zur »Siedlungs- und Bevölkerungsgeschichte Österreichs« sowie zur »Bevölkerungs- und Sozialgeschichte Österreichs« nicht nur das damals starke Interesse an diesen Themenfeldern, sondern auch eine paradigmatische Verschiebung von der ›Siedlungs-‹ zur ›Sozialgeschichte‹ im Bereich der ›historischen Bevölkerungsforschungen‹.

Nach ihrer vorübergehenden Blüte in den frühen 1970er-Jahren spielten diese Forschungsrichtungen innerhalb der österreichischen Historiographie keine nennenswerte Rolle mehr. Nur die von Mitterauer angestoßene ›Familienforschung‹ hatte sich im Forschungsdiskurs etabliert. Der in den 1980er-Jahren zu beobachtende Paradigmenwechsel in den Geschichtswissenschaften, der eine historisch-anthropologische und kulturgeschichtliche Neuorientierung beinhaltete, forderte allerdings die ›Historische Sozialwissenschaft‹, der sich auch die ›Familienforschung‹ zurechnete, verstärkt dazu heraus, »Wahrnehmungen und Handlungen der Menschen«[260] in den Blick zu nehmen. Damit sei die Stoßrichtung des epistemologischen Wandels in den Geschichtswissenschaften angedeutet, welche das wesentliche methodische Problem berührte, wie gesellschaftliche Strukturen mit subjektiven Handlungs- und Wahrnehmungsformen verknüpft werden könnten.

Paradigmatische Verschiebungen in den Geschichtswissenschaften lassen sich anhand der Werkbiographien einzelner Forscher oftmals seismographisch ablesen. So erweiterte z. B. Michael Mitterauer die ›Historische Familienforschung‹ »in Richtung auf eine Vielfalt von Fragestellungen, die sich auf Frauen-, Männer- und Kinderrollen bezog, auf deren jeweilige historische Ausgestaltung und

258 Vgl. hierzu auch Christel Durdik, Bevölkerungs- und Sozialstatistik in Österreich im 18. und 19. Jahrhundert, in: Helczmanovszki (Hg.), Beiträge, 225-266.

259 Vgl. Josef Ehmer/Tamara K. Hareven/Richard Wall, Vorwort, in: dies. (Hg.), Historische Familienforschung. Ergebnisse und Kontroversen. Michael Mitterauer zum 60. Geburtstag, Frankfurt a. M. 1997, 7-15, hier 11 f.

260 Jürgen Kocka, Historische Sozialwissenschaft zu Anfang des 21. Jahrhunderts, in: ders., Arbeiten an der Geschichte: gesellschaftlicher Wandel im 19. und 20. Jahrhundert, Göttingen 2011, 78-93, hier 86.

auf ihre Zusammenhänge mit den jeweiligen arbeitsweltlichen Rahmenbedingungen«.[261] Dies ist ein Beispiel dafür, dass Historiker ihre individuellen Forschungsinteressen und -pfade an den dynamischen fachlichen und gesellschaftlichen Wandel adaptieren und dabei deren fortbestehende Relevanz möglichst hervorheben. Auch Jürgen Kocka deutete die kulturwissenschaftliche Herausforderung als eine Chance für die ›Historische Sozialwissenschaft‹, der sich diese letztlich mit Erfolg gestellt habe. Gleichzeitig betonte er sein »fortbestehendes Interesse an Sozialgeschichte in einem weiten Sinn«.[262]

5. ›Kulturraumforschung‹ und ›Bevölkerungsgeschichte‹ im Dienste des deutschen ›Volkstums‹: Hermann Aubin und Erich Keyser

Sowohl Hermann Aubin als auch Erich Keyser waren einflussreiche Wegbereiter von ›Landesgeschichte‹, deutscher ›Ostforschung‹ und ›Bevölkerungsgeschichte‹. Ihre nationalkonservativ geprägte, für völkische und rassenkundliche Anschauungen offene Auffassung der Geschichtswissenschaft vertraten sie nicht nur im Rahmen der akademischen Historiographie, sondern mit dem Selbstverständnis des ›politischen Historikers‹ auch in Politik und Öffentlichkeit. Aubin spielte vor und nach der NS-Herrschaft eine Schlüsselrolle sowohl bei der akademischen und außeruniversitären Institutionalisierung als auch der programmatischen Weiterentwicklung von ›Ostforschung‹ und ›Volksgeschichte‹. Sein fachlich weit gespanntes Arbeitsfeld reichte von wirtschafts-, rechts-, landes- und verwaltungsgeschichtlichen Themen bis zur ›Kulturraum-‹ und ›Ostforschung‹.[263] Die nachfolgenden Untersuchungen konzentrieren sich auf Aubins und Keysers ›bevölkerungsgeschichtliche‹ Konzepte und Praktiken sowie auf ihren Beitrag zur Rekonstituierung der deutschen ›Ostforschung‹ in der frühen Bundesrepublik (siehe hierzu auch das Kapitel IV.1).

Geschichtswissenschaft im Dienst der Politik?

Für Aubins und Keysers volksgeschichtlichen Forschungen dürfte die frühe Sozialisation an der tschechischen bzw. polnischen Sprachgrenze durchaus bedeutsam gewesen sein. Der aus dem nordböhmischen Reichenberg (Liberec) stammende Aubin studierte in München, Bonn und Freiburg im Breisgau und wandte sich dort seinen ersten wissenschaftlichen Arbeiten zu. Für Keyser hingegen bildete seine Heimatstadt Danzig den ersten Ansatzpunkt historischer

261 Ernst Bruckmüller, Zu diesem Band, in: Institut für Wirtschafts- und Sozialgeschichte, Universität Wien (Hg.), Wiener Wege der Sozialgeschichte. Themen – Perspektiven – Vermittlungen, Wien-Köln-Weimar 1997, 11-20, 12f.

262 Jürgen Kocka, Vorwort, in: ders., Arbeiten an der Geschichte: gesellschaftlicher Wandel im 19. und 20. Jahrhundert, Göttingen 2011, 7-10, 7.

263 Vgl. allgemein zu Aubin Mühle, Für Volk.

Studien, die er im Verlauf seiner wissenschaftlichen Karriere zu vergleichenden städtegeschichtlichen Forschungen ausbaute. Keyser lebte seit Ende März 1945, als er vor der sowjetischen Armee aus Danzig geflohen war, in Hamburg.[264] Der emphatische Glaube der beiden Historiker an die deutsche Kultursendung in Ostmittel- und Südosteuropa paarte sich mit der Neigung, die historische Bedeutung der deutschen ›Ostsiedlung‹ deutlich zu überschätzen und die slawische und jüdische Bevölkerung in diesem Teil Europas aus ihrem ethnozentrischen Geschichtsverständnis auszublenden.

Beide Historiker engagierten sich vor und nach 1945 als Wissenschaftsorganisatoren für die deutsche ›Ostforschung‹. Aubin trat für eine – von ihm selbst so bezeichnete – »politische Geschichtsschreibung« ein, welche die Politik aus seiner Sicht zur Verteidigung der Interessen des deutschen ›Volkes‹ dringend benötigte. Dem lag eine diffuse Vorstellung davon zugrunde, dass eine zu enge Verflechtung von Wissenschaft und Politik seinem eigenen Anspruch auf wissenschaftliche Glaubwürdigkeit schaden könnte. So versicherte er im Jahr 1942 dem NOFG-Vorsitzenden Albert Brackmann, dass die »Ostforschung« sich der Politik »nicht einfach ad libitum zur Verfügung stellen« oder sich »ihr Programm bis zur völligen geistigen Entleerung aushöhlen« lassen sollte.[265] Der NSDAP trat Aubin zwar nicht bei, er begrüßte aber 1933 die »nationale Revolution«[266] und verknüpfte mit ihr Hoffnungen auf einen »Wiederaufstieg« des deutschen »Volkes«. Erich Keyser, der am 1. Mai 1933 in die NSDAP aufgenommen wurde, hatte in seiner Identifizierung mit den Zielsetzungen des Nationalsozialismus weniger Selbstzweifel als Aubin und dokumentierte dies durch zahlreiche einschlägige Publikationen: Noch im Jahr der Machtübernahme durch die Nationalsozialisten erläuterte er seine Sicht der »völkischen Geschichtsauffassung«, die von »jedem Historiker völkische Gesinnung« erwartete und in der unbedingten Forderung gipfelte, dass es »in Zukunft nur noch politische Historiker geben« sollte.[267]

Der 1885 geborene Hermann Aubin stammte aus einer großbürgerlichen Industriellenfamilie mit hugenottischen Wurzeln. Seine ›großdeutsche‹ Gesinnung dürfte mit dazu beigetragen haben, dass er 1906 als Student nach Deutschland ging. Er beendete sein Studium 1910 in Freiburg im Breisgau bei Georg von Below (1858-1927) mit einer Dissertation über die »Verwaltungsorganisation des Bistums Paderborn im Mittelalter«. Am Ersten Weltkrieg nahm er als Reserveoffizier der k. u.k. Armee teil. 1916 wurde Aubin in Bonn mit einer Arbeit zur rheinischen ›Landesgeschichte‹ habilitiert. Nach dem Ende des Krieges verwirklichte

264 Im Krieg hatte Keyser seine gesamte Familie verloren. Seine Frau Charlotte und seine jüngsten Kinder Hildegard und Günter starben auf der Flucht aus Danzig beim Untergang der »Wilhelm Gustloff«. Keysers ältester Sohn Gerhard kam 1943 als Soldat ums Leben, sein Sohn Helmut galt seit April 1945, als er in sowjetische Kriegsgefangenschaft geriet, als vermisst. DSHI 100 Keyser 23, Briefwechsel 1950-60, Lebenslauf.

265 Zit. n. Mühle, Für Volk, 356 f.

266 Mühle, Für Volk, 99 f.

267 Vgl. auch Volkmann, Historiker aus politischer Leidenschaft, 48; Keyser, Die völkische Geschichtsauffassung, 19.

er 1921 zusammen mit dem Germanisten Theodor Frings (1886-1968) seinen Plan, in Bonn ein *Institut für geschichtliche Landeskunde der Rheinlande* zu begründen. Seine akademische Karriere führte ihn 1925 auf ein Ordinariat nach Gießen und 1929 in gleicher Funktion an die Universität Breslau, wo er als Leiter des neu gegründeten *Seminars für Geschichtliche Landeskunde Schlesiens* bis Kriegsende verblieb.[268]

Den Ausgangspunkt für Aubins Aufstieg zu einem der führenden Verfechter einer ›Kulturraumforschung‹ mit interdisziplinärem Anspruch[269] und hochgradig politisierten deutschen ›Volksgeschichte‹ bildete zweifellos die von ihm in den 1920er-Jahren an der Universität Bonn betriebene rheinische ›Landeskunde‹ und ›-geschichte‹.

Er baute dabei auf Erfahrungen auf, die er vor dem Ersten Weltkrieg im Auftrag der *Gesellschaft für Rheinische Landeskunde* mit seinen Arbeiten über die Weistümer der kurkölnischen Ämter Hülchrath und Brühl gemacht hatte. Aubin entwickelte auf dieser Grundlage Pläne zur regionalen ›Siedlungsgeschichte‹, die sich auf kartographische Aufnahmen als Mittel der Erkenntnis stützte und zum Zweck der Bestandsaufnahme des historischen Wandels von Kulturformen und -räumen mit Geographie, Ortsnamenforschung und Volkskunde kooperierte. Das Bonner Institut gliederte sich diesem Konzept zufolge in eine historische Abteilung, die Aubin unterstand, und eine von Frings geleitete Abteilung für Mundartenforschung und Volkskunde. Aubins Vernetzung im völkisch-großdeutschen Milieu der deutschen ›Landes-‹ und ›Volksforschung‹ trug zur erheblichen Resonanz, welche das Institut in Wissenschaft und Öffentlichkeit erfuhr, ebenso bei wie die politische Zielsetzung der von diesem betriebenen landeskundlichen Forschungen: So sollte die ethnische Zusammengehörigkeit der links- und rechtsrheinischen Gebiete mit Blick auf die alliierte Besetzung des Rheinlands wissenschaftlich legitimiert und popularisiert werden. Seit den ausgehenden 1920er-Jahren näherte sich die Bonner ›Kulturraumforschung‹ zudem revisionistischen und expansionistischen Tendenzen in der deutschen Politik an.[270]

Als Aubin im Jahr 1929 nach Breslau berufen wurde, übernahm einer seiner Schüler, Franz Steinbach (1895-1964), bis 1961 die Institutsleitung. Steinbach unterstützte nicht zuletzt Franz Petris Forschungen zum »Germanischen Volkserbe in Wallonien und Nordfrankreich«. Petri vertrat die These, dass Belgien und

268 Mühle, Für Volk, 13-27; Otto Brunner, Hermann Aubin, in: VSWG 56 (1969), 433-437.

269 Dieser Anspruch bedeutete keineswegs, dass die ›Stuckart-Denkschrift‹ *tatsächlich* als interdisziplinär einzustufen ist. Vgl. hierzu Henning Trüper, Die Vierteljahrschrift für Sozial- und Wirtschaftsgeschichte und ihr Herausgeber Hermann Aubin im Nationalsozialismus, Wiesbaden 2005, 50.

270 Dies drückte sich z. B. darin aus, dass die Bonner ›Westforschung‹ französischen Städten wie etwa Nancy oder Cambrai deutschtümelnde Namenbezeichnungen wie »Nanzig« oder »Kamerich« zuteilte. Marlene Nikolay-Panter, Geschichte, Methode, Politik. Das Institut und die geschichtliche Landeskunde der Rheinlande 1920-1945, in: Burkhard Dietz et al. (Hg.), Griff nach dem Westen: die »Westforschung« der völkisch-nationalen Wissenschaften zum nordwesteuropäischen Raum (1919-1960). Bde. 1-2, 2, Münster 2003, 689-714, hier 690 f.; 693; 702.

große Teile Nordfrankreichs während der Völkerwanderungszeit germanisches Siedlungsgebiet gewesen seien. Steinbach sah darin, der Logik des auch von der Geschichtswissenschaft auszutragenden ›Volkstumskampfs‹ folgend, »unsere wissenschaftliche Antwort auf die französischen Versuche, die Rheinlande als kelto-romanisches Siedlungsgebiet zu erweisen«.[271]

An der Breslauer ›Grenzlanduniversität‹ wandte sich Aubin der deutschen ›Ostforschung‹ zu. In der NOFG, deren stellvertretender Vorsitzender er seit ihrer Gründung 1933 war, setzte er sich als Beauftragter Schlesiens dafür ein, der polnischen Westforschung historiographische Konzepte entgegenzustellen, welche den deutschen Anspruch auf Schlesien untermauern sollten. Das bedeutete z. B., dass die von polnischen Gelehrten aufgestellte These einer ununterbrochenen slawischen Besiedlung dieser Provinz zurückgewiesen werden sollte. Aubin ging dabei von der Auffassung aus, dass die von ihm am Rhein gemachten Erfahrungen nicht einfach auf das östliche »Kolonialland« übertragen werden könnten. Im Vergleich zum Westen sei nämlich dort die »Bildung des neuen Deutschtums« noch nicht abgeschlossen[272] und daher von völlig anders gearteten Voraussetzungen auszugehen. Bevölkerungspolitische Eingriffe schienen aufgrund der im Fluss befindlichen ethnisch-sozialen Verhältnisse umso mehr notwendig zu sein. Nach dem deutschen Überfall auf Polen dürfte Aubin indes befürchtet haben, dass das rasche Tempo der deutschen militärischen Eroberungen die Bedeutung wissenschaftlicher Politikberatung für die angestrebte ethnische ›Neuordnung‹ zurückdrängen könnte. Gegenüber Brackmann formulierte er daher im September 1939, dass die »Wissenschaft […] nicht einfach warten« könne, »bis sie gefragt wird«. Die unter Aubins Federführung in Breslau entstandene Polen-Denkschrift ging dann tatsächlich weit über das nationalkonservative Programm hinaus, das eine Revision der deutschen Grenzen auf den Stand von 1914 vorgesehen hatte und plädierte für eine umfangreiche Aus- und Umsiedlungspolitik.[273]

Die legitimatorische Unterstützung der Politik als zentraler Aufgabenstellung der Geschichtswissenschaft büßte für Aubin selbst unter den geänderten Bedingungen des Kalten Krieges nichts an Bedeutung ein. Für den seit 1946 als Ordinarius an der Hamburger Universität tätigen Wissenschaftler stand allerdings nicht mehr die Ausdehnung jenseits des deutschen ›Volksbodens‹, sondern die defensive Rückkehr zu den Reichsgrenzen von 1937 auf der Tagesordnung. Aubin wollte ferner die Bundesregierung in Bonn bei den Vorbereitungen der von ihm erwarteten Friedensverhandlungen unterstützen, um das ›Heimatrecht‹ der Deutschen in den ehemaligen deutschen Ostgebieten historiographisch abzusichern. Die deutsche ›Ostforschung‹ galt es seiner Ansicht nach zu diesem Zweck auf breiter Basis zu reorganisieren. Er spielte dabei u. a. als Präsident des

271 Zit. n. ebd., 709.

272 Vgl. hierzu auch Hermann Aubin, Gemeinsam Erstrebtes. Umrisse eines Rechenschaftsberichtes, in: Rheinische Vierteljahrsblätter 17 (1952), 305-331, 316.

273 Volkmann, Historiker aus politischer Leidenschaft, 37.

Johann Gottfried Herder-Forschungsrats, der 1949 als Nachfolger der NOFG gegründet wurde, neuerlich eine Schlüsselrolle. Die Übernahme dieser Funktion wurde ihm deshalb erleichtert, weil er trotz seiner Involvierung in die NS-Politik über die ›Ostforschung‹ hinaus vor allem in der westdeutschen Wirtschafts- und Sozialhistorie sein Ansehen ungebrochen wahren konnte.[274] Als wissenschaftliche Disziplin verblieb die westdeutsche ›Ostforschung‹ »im Zwischenraum von Wissenschaft und Politik, die einen Teil ihrer Legitimation aus ihrer politischen Relevanz generierte, diese Relevanz jedoch wiederum mit dem Verweis auf ihre Wissenschaftlichkeit zu rechtfertigen hatte«.[275]

Erich Keyser war im Rahmen der NOFG und des Herder-Instituts in Marburg einer von Aubins wichtigsten Mitstreitern. Der 1893 als Sohn einer wohlhabenden Familie in Danzig geborene Keyser studierte Geschichte in Freiburg im Breisgau, Halle und Berlin. In seiner 1918 erschienenen Dissertation untersuchte er Fragen der ältesten Siedlungs- und Besitzgeschichte seiner Heimatstadt. 1920 wurde er Mitarbeiter des Danziger Staatsarchivs.[276] Keysers politische Denkmuster prägten sich nach dem Ersten Weltkrieg aus, als er die Erfahrung des Verlusts deutscher Machtansprüche gegenüber Polen machte. Im Freistaat Danzig, der vom polnischen Nachbarn vorgeblich in seiner Existenz bedroht wurde, erlangte die völkische Geschichtsschreibung, die Keyser bereits in der Weimarer Republik maßgeblich mit verantwortete, eine vermeintlich unmittelbar greifbare politische Bedeutung. Die völkische Radikalisierung großer Teile der deutschen Geschichtswissenschaft der Zwischenkriegszeit hatte eine ihrer Wurzeln im sozialen Milieu der ›Landesgeschichte‹ West- und Ostpreußens, in dem Keysers Aufstieg zu einem überregional bekannten Historiker seinen Anfang nahm.[277]

Im Jahr 1931 zum ao. Professor an der Technischen Hochschule Danzig berufen, suchte Keyser in den 1930er-Jahren mit der ›Bevölkerungsgeschichte‹ einen eigenen Zweig der Geschichtswissenschaft zu entwickeln und dieser in der akademischen Historiographie Geltung zu verschaffen. Seine Programmschrift zu diesem Thema erschien bereits 1931: »Die Geschichtswissenschaft, Aufbau und Aufgaben«. 1938 veröffentlichte er die »Bevölkerungsgeschichte Deutschlands« (2., erw. Aufl. Leipzig 1941; 3., umgearb. u. verm. Aufl. 1943).[278]

Ebenfalls in den 1930er-Jahren begann Keyser mit dem Projekt eines mehrbändigen »Deutschen Städtebuchs«, das er als Herausgeber in der Bundesrepublik weiter bearbeitete. Es beruhte neben verfassungs-, wirtschafts- und politikgeschichtlichen auch auf bevölkerungsgeschichtlichen Perspektiven. Die demographischen Einträge zu den einzelnen Städteartikeln enthielten »Bevölke-

274 Vgl. u.a. Unger, Ostforschung in Westdeutschland, bes. 116-130; Hackmann, Ostpreußen und Westpreußen, 308.

275 Ebd. (Unger), 121.

276 Hermann Aubin, Zu den Schriften Erich Keysers, in: Bahr (Hg.), Studien, 1-11, sowie Ernst Bahrs Nachruf auf Keyser, in: ZfO 17 (1968), 288-291.

277 Vgl. hierzu u.a. Erich Keyser, Die Historische Kommission für ost- und westpreußische Landesforschung, in: ZfO 1 (1952), 525-529.

278 Keyser, Die Geschichtswissenschaft; Keyser, Bevölkerungsgeschichte Deutschlands.

rungsverzeichnisse« sowie Angaben zur zahlenmäßigen Entwicklung der Bevölkerung, zu deren »Herkunft«, aber auch zu »berühmten Personen«. Das »Städtebuch« wurde von der *Vereinigung der Landesgeschichtlichen Kommissionen* angeregt, der Rudolf Kötzschke vorstand. Der *Deutsche Gemeindetag*, der sich unter seinem Präsidenten Kurt Jeserich (1904-1995) im ›Dritten Reich‹ nicht darauf beschränkte, seine Interessen als kommunalpolitischer Fachverband zu wahren, sondern daneben auch die antijüdische Lokalpolitik koordinierte,[279] unterstützte dieses Vorhaben. Jeserich hob dabei besonders hervor, dass »die heutige Geschichtsauffassung« die Berücksichtigung neuartiger Fragestellungen verlange, die z. B. auf »die Zusammensetzung der Bevölkerung und die Stellung der Juden in den einzelnen Städten« abziele. Keysers Konzeptualisierung der ›Bevölkerungsgeschichte‹ lag damit auch im »Deutschen Städtebuch«, das ein wissenschaftliches Großprojekt mit nahezu 800 Mitarbeitern darstellte, auf einer Linie mit der vom NS-Regime gestützten rassistischen ›Geschichtsauffassung‹.[280]

Keyser war Archivar, Hochschullehrer und Bevölkerungsforscher, aber auch Museologe und Organisator vielfältiger wissenschaftlicher und publizistischer Aktivitäten. Frühzeitig betätigte er sich neben seiner Berufsarbeit bei der propagandistischen Verbreitung deutschnationalen Gedankenguts.[281] In verschiedenen landesgeschichtlichen und -kundlichen Zeitschriften veröffentlichte er zahlreiche Aufsätze zur Danziger Stadtgeschichte und zur ›Landesgeschichte‹ West- und Ostpreußens. Die Gründung der *Historischen Kommission für ost- und westpreußische Landesforschung*, die 1923 in Königsberg erfolgte, ging wesentlich auf seine Anregung zurück. 1926 rief Keyser das *Staatliche Landesmuseum für Danziger Geschichte* in Oliva ins Leben und leitete dieses bis 1945. Im *Westpreußischen Geschichtsverein* übernahm er 1938 das Amt des ersten Vorsitzenden und leitete seit 1941 für die *Landeskundliche Forschungsstelle* des Reichsgaues Danzig-Westpreußen die *Forschungsstelle für westpreußische Landesgeschichte*.

Nach dem Zusammenbruch des ›Dritten Reichs‹ trat Keyser bei der (Re-)Konstituierung des Netzwerks völkischer Forscher neuerlich in Erscheinung.[282] Im Jahr 1950 war er zusammen mit Hermann Aubin einer der Mitbegründer des *Herder-Forschungsrates* in Marburg. Das Publikationsorgan des mit diesem verbundenen *J. G. Herder-Instituts*, dem er als Direktor bis 1959 vorstand, die *Zeitschrift für*

279 Wolf Gruner, Öffentliche Wohlfahrt und Judenverfolgung. Wechselwirkung lokaler und zentraler Politik im NS-Staat (1933-1942), München 2002, 321 f.

280 BArch Koblenz, R 73/14867, Städtegeschichte, Keyser E., Dr. Jeserich an den Herrn Reichs- und Preußischen Minister des Innern, 9.12.1935. Vgl. Deutsches Städtebuch. Handbuch städtischer Geschichte. Begr. v. Erich Keyser, fortgef. v. Heinz Stoob. I. Nordostdeutschland, Berlin 1939. II. Mitteldeutschland, Stuttgart-Berlin 1941. III. Niedersächsisches Städtebuch, Stuttgart 1952; Westfälisches Städtebuch, Stuttgart 1954; Rheinisches Städtebuch, Stuttgart 1956. IV. Hessisches Städtebuch, Stuttgart 1957; Badisches Städtebuch, Stuttgart 1959; Württembergisches Städtebuch, Stuttgart 1962. V. Bayerisches Städtebuch. Stuttgart 1971/1974.

281 Aubin umriss Keysers diesbezügliches Engagement mit dem Ausdruck »Volksbildner«. Aubin, Zu den Schriften, 2.

282 Vgl. hierzu Pinwinkler, Zur (Re-)Konstruktion, 64-100, hier bes. 70-77..

Abb. 1: Hermann Aubin und Erich Keyser, Marburg, April 1960. Sign. DSHI 200 Fotos (Personen) 37.

Ostforschung (ZfO), gab er zusammen mit Aubin und Herbert Schlenger bis zu seinem Tod am 21. Februar 1968 in Marburg mit heraus.[283] Als Direktor des *J. G. Herder-Instituts* in Marburg versuchte Keyser, die west- und ostpreußische ›Landesgeschichte‹ unter grundlegend veränderten innen- und außenpolitischen Rahmenbedingungen weiter zu tradieren und daneben Kontakte zu bevölkerungsgeschichtlich interessierten Forschern aus unterschiedlichen Fachrichtungen zu knüpfen. Er war wie bereits im ›Dritten Reich‹ innerhalb der deutschen ›Ostforschung‹, aber auch in der 1952 neu gegründeten *Deutschen Gesellschaft für Bevölkerungswissenschaft* (DGBW) einer der federführenden Bevölkerungshistoriker.

283 Vgl. Bahr, Nachruf auf Erich Keyser, 289 f. Keysers Nachlass ist zwischen dem *Johann Gottfried Herder-Institut* Marburg und dem *Institut für vergleichende Städtegeschichte* in Münster aufgeteilt. Der im *Herder-Institut* befindliche Teil des Nachlasses E. Keyser umfasst 210 Archivalieneinheiten auf 3,5 lfd. Regalmetern. Das Findbuch »Bevölkerungsgeschichte« aus dem Nachlass bezieht sich ausschließlich auf Bestände aus der Zeit nach 1945 und enthält u. a. Hinweise auf Korrespondenzen Keysers mit Personen und Institutionen zu Themen der Bevölkerungswissenschaft.

Von der ›Ostkolonisation‹ zur ›Ostbewegung‹: Aubin und die ›Siedlungs- und Bevölkerungsforschung‹

Welche Bedeutung Hermann Aubin in der Zwischenkriegszeit für die Entwicklung der deutschen ›Volksgeschichte‹ und ›Ostforschung‹ hatte, und wie er diese nach 1945 weiterentwickelte, wurde in der Literatur bereits vielfach reflektiert und ist auch im Kapitel II der vorliegenden Studie bereits mehrfach deutlich geworden. Welchen Zugang Aubin zu ›Bevölkerung‹ als historiographischem Konstrukt entwickelte, ist bislang aber nicht näher untersucht worden. Dabei ist vorweg zu bemerken, dass Aubin im Unterschied etwa zu seinem Danziger Kollegen Keyser nie die Absicht verfolgte, die ›Bevölkerungsgeschichte‹ als selbständige Teildisziplin der Geschichtswissenschaften zu inaugurieren.

Aubins Beschäftigung mit ›Bevölkerung‹ konzentrierte sich vor und nach 1945 auf die deutsche ›Ostsiedlung‹, wobei für ihn, nachdem er nach Breslau berufen worden war, Schlesien als Forschungsgegenstand in den Vordergrund rückte. Aubin setzte sich seit den 1930er-Jahren vehement dafür ein, an die Stelle von ›Ostsiedlung‹ oder ›Ostkolonisation‹ den Begriff ›Ostbewegung‹ zu setzen. Er verknüpfte damit eine historiographische Neukonzeption, die vor allem auf eine ›ganzheitliche‹ Betrachtungsweise der ›Ostsiedlung‹ abzielte. Was Aubin darunter verstand, erläuterte er in zugespitzter Form in einer Miszelle, die er 1941 zu dem von Keyser herausgegebenen »Deutschen Städtebuch« veröffentlichte. Das Vorwort im ersten Band dieses historiographischen Großprojekts, in dem Keyser für die Städtegeschichte sein Konzept einer arbeitsteilig organisierten »Gemeinschaftsarbeit« vorstellte, bildete für Aubin die gelungene Umsetzung der Forderung, dass »heute Ganzheitsforschung angestrebt wird«. In ihren unterschiedlichen Disziplinen der »Verfassungs-, Sozial- und Wirtschaftsgeschichte« sei die historische Forschung noch immer einer »individualistischen Betrachtungsweise« verpflichtet. Um diese zu überwinden, gelte es, »mit dem Grundprinzip des Stoffes und der Methodik, die diesen Fächern eigen sind, mit der Massenerscheinung und ihrer Bearbeitung, kompromißlos Ernst [zu] machen« und dadurch »erst zu einer im vollen Sinne sozialgeschichtlichen Auffassung« zu gelangen.[284]

Aubins Forderung, die ›individualistische Betrachtungsweise‹ der tradierten Historiographie durch eine ›ganzheitliche‹ Forschungspraxis zu ersetzen, entsprach der Versuch, an die Stelle der gesellschaftliche Massenerscheinungen vermeintlich isolierenden historischen Bevölkerungsstatistik ›Volksforschungen‹ zu setzen, die von der ›Totalität‹ des ›Volkstums‹ ausgingen. Auch Aubin ging es um die Erkenntnis der historischen »Massenerscheinung«, wobei er im Laufe der 1920er-Jahre anstelle von ›Masse‹ zunehmend von ›Volk‹ sprach. Die anvisierte »Massenerscheinung« meinte er in der deutschen »Ostbewegung« und im Transfer von »Kulturformen« gefunden zu haben. Allerdings sollte nicht etwa die ›Bevölkerungsgeschichte‹, sondern die »Kulturmorphologie« entsprechende me-

284 Hermann Aubin, Das deutsche Städtebuch, in: VSWG 34 (1941), 324-335, 329.

thodische Instrumentarien bereitstellen. Dieser Zugang zielte darauf ab, Bausteine für die Identifizierung der »deutschen Eigenart« bereitzustellen.[285] Aubin versprach mit dem kulturmorphologischen Ansatz »kompromißlos Ernst [zu] machen« und brachte so in einer für den 1941 in Deutschland herrschenden Zeitgeist nicht untypischen rhetorischen Wendung zum Ausdruck, dass der proklamierten ›Ganzheitsforschung‹ ein ›radikales Ordnungsdenken‹ im Sinne von Lutz Raphael zugrunde lag. Indem Aubin sich hier auf eine »im vollen Sinne sozialgeschichtliche Auffassung« bezog, unterstrich er seine Erwartung, dass die »Volksgeschichte« künftig um eine theoretisch und methodisch ausgebaute »Sozialgeschichte« bereichert werden würde. Als richtungweisende Wegmarke galt ihm dabei die Studie »Land und Volk« von Otto Brunner.[286]

Die ›ganzheitliche‹ Betrachtung der deutschen ›Ostbewegung‹ beinhaltete für Aubin inhaltlich die Forderung, die sogenannte deutsche »Ostkolonisation« als »ein zusammenhängendes Ganzes« zu erfassen. Sachlich hätten die »Siedlungsvorgänge« »eine gewisse Typisierung der Formen von Recht und Wirtschaft, von Haus und Dorfgestalt« hervorgerufen, zeitlich sei seit Karl dem Großen bis zum Ersten Weltkrieg ein kontinuierliches »Ausbauen des eigenen Volksraumes nach Osten« festzustellen, und räumlich habe die »Ostbewegung« vor allem die Begrenztheit des binnen- und kleindeutschen Denkens überwunden.[287] Aubin konnte die seit 1918 eingetretene Krise der deutschen Ostexpansion in dieser Sichtweise, welche die deutschen Wanderungen als zyklisch verlaufende Wellenbewegungen konstruierte, aufgrund dieses Ansatzes als einen nur vorübergehenden Einbruch darstellen. Die vom ›Dritten Reich‹ ausgehende deutsche Ausbreitung nach Osten, deren imperialistische und rassistische Motive Aubin kaum übersehen konnte, ließ sich so scheinbar sinnvoll in einen langfristigen historischen Prozess einordnen. Seine abschätzige Bewertung der »Ostvölker«, welche »der langgewohnten Einwirkung Deutschlands nicht entgehen können«[288] und einer niedrigeren Kulturstufe angehörten, stützte zusätzlich Aubins Geschichtsbild von der angeblich allseitigen ›Geschlossenheit‹ der deutschen ›Ostbewegung‹.

Das Konzept der deutschen ›Ostbewegung‹ erhielt im Rahmen der vom Innenministerium und vom Auswärtigen Amt finanziell geförderten Forschung der NOFG offiziösen Charakter. Für die ethnopolitische Praxis des ›Dritten Reichs‹ waren hingegen vor allem Programme relevant, die sich auf die Erforschung der regionalen Bevölkerungsgeschichte stützten. Albert Brackmann hielt daher die Vertreter der einzelnen »Gaue« in der NOFG dazu an, Konzepte

285 Zit. n. Trüper, Die Vierteljahrschrift, 51, sowie 52 zur Frage der Konsistenz der von Aubin entwickelten methodischen Verfahrensweisen. Vgl. Nikolay-Panter, Geschichte, 700.

286 Vgl. zu den Zusammenhängen von ›radikalem Ordnungsdenken‹ und entgrenzten Planungsphantasien im ›Dritten Reich‹ Raphael, Radikales Ordnungsdenken; vgl. ebd. (Trüper), 126; 125.

287 Hermann Aubin, Zur Erforschung der deutschen Ostbewegung, in: Forschungen und Fortschritte 13 (1937), 246 f.

288 So Aubin Ende 1939, zit. n. Volkmann, Historiker aus politischer Leidenschaft, 36.

bereitzustellen, um die jeweiligen »bevölkerungspolitischen Fragen« zu lösen und diese den regionalen Verwaltungsbehörden mitzuteilen.[289] Aubin hatte seine Bereitschaft, die deutschen Behörden bei ihrem bevölkerungspolitischen Vorgehen gegen Polen beratend zu unterstützen, bereits mit seiner Mitwirkung an der Ausarbeitung der Polen-Denkschrift (September 1939, siehe Kapitel II.5) unter Beweis gestellt. Er zielte vor allem auf die »Rück- und Eindeutschung« der in der Vergangenheit durch polnische Assimilationspraktiken »entdeutschten« Bewohner Schlesiens ab. Dabei entsprach er den an ihn herangetragenen Erwartungen, die deutschen Eroberungen in Polen als Teil einer Strategie zur ›Regermanisierung‹ darzustellen. Aubin versuchte daher nach 1939, in der nach der Zerschlagung des polnischen Staates um ehemals polnische Gebiete vergrößerten Provinz Schlesien eine »gesamtschlesische Bevölkerungsforschung« ins Leben zu rufen. Hierzu setzte er sich mit dem Erforscher der ›Ruhrpolen‹ Wilhelm Brepohl (1893-1975) in Verbindung, dessen extrem antipolnisch gefärbtes Gutachten über »Die Eindeutschung der Polen an der Ruhr: Deutsche Arbeit verwandelt fremdes Volkstum« Auskunft über die Dauer der Assimilierung der polnischen Industriearbeiter im Ruhrgebiet geben sollte. Aubin plante, ergänzend zu diesen Untersuchungen im Ruhrgebiet selbst Studien zur »Volksbewegung« in Schlesien anzustellen, wobei er der ethnopolitischen Situation im oberschlesischen Industrierevier besondere Aufmerksamkeit zuteilwerden lassen wollte.[290]

Diese Forschungen suchte Aubin während des Krieges als Breslauer Ordinarius und Leiter der Historischen Kommission für Schlesien zusammen mit Forschern wie Ernst Birke (1908-1980), Walter Kuhn und Gotthold Rhode (1916-1990) und in enger Kooperation mit der P-Stelle der NOFG voranzutreiben. Sein Arbeitskreis lieferte u.a. dem »Höheren SS- und Polizeiführer Südost« auf Aufforderung Datenmaterial über die demographische Situation der polnischen und tschechischen Bevölkerung in Schlesien. Nach 1942/43 dürfte allerdings zunehmend die Vorbereitung der zu erwartenden späteren Friedensverhandlungen, wofür Aubin allerdings kriegsbedingt kaum mehr Mitarbeiter zur Verfügung standen, auf die Tagesordnung gelangt sein.[291] Sein Bild von der Bevölkerungsentwicklung im deutsch-polnischen Grenzraum blieb wesentlich von antislawischen Ressentiments geprägt. Im November 1940 äußerte er bei der »Bevölkerungsgeschichtlichen Tagung« der NOFG in Berlin die Sorge, dass der »außerordentliche Expansionsdrang der jungen slawischen Völker« den »Bevölkerungsdruck« auf die »sich entleerenden deutschen Ostgebiete« in jüngster Zeit weiter verstärkt habe. Aus dem Befund des neuzeitlichen Bevölkerungsrückgangs des Deutschtums leitete er wie schon in der Polen-Denkschrift die Notwendigkeit einer »Bevölkerungsauffüllung des Ostens« ab, die entweder im Rahmen einer deutschen »Rücksiedlung« oder im Zuge der »Rückdeutschung« der slawisierten Bevölkerung Oberschlesiens erfolgen könnte.[292]

289 Brackmann an Keyser, 5.3.1940, zit. n. Haar, Historiker, 336.
290 Mühle, Für Volk, 306-308.
291 Ebd., 365; 386; 370.
292 Zit. n. ebd., 368.

Das Argumentieren mit Kategorien der »angestammten Veranlagung«[293] oder der ›Rasse‹ war ihm dabei keineswegs fremd: So legitimierte er die Zugehörigkeit Böhmens und Mährens zum Deutschen Reich geschichtspolitisch damit, dass das tschechische Volk nicht nur kulturell, sondern auch »rein biologisch« mit Deutschtum »völlig durchtränkt« sei. Um seine Forschungen zur schlesischen Bevölkerungsgeschichte zusätzlich zu stützen, berief er sich auf entsprechende Hypothesen des Breslauer Rassenkundlers Egon von Eickstedt (1892-1965).[294]

›Bevölkerungsgeschichte‹ stellte für Aubin ein argumentatives Reservoir dar, um den ›Volkstumskampf‹ zwischen Deutschen und Polen im politischen Interesse des ›Deutschtums‹ auf der Grundlage eines vermeintlich sachlich-wertneutralen Zugangs historiographisch bearbeiten zu können. Die von ihm verwendeten argumentativen Muster entbehrten allerdings theoretisch fundierter Reflexion: Für Aubin gab es nämlich mit dem kulturell und biologisch bedingten ›Menschengefälle‹ zwischen deutschen und slawischen Bevölkerungsgruppen eine historisch unhintergehbare Konstante, die er jedem Versuch zur Erforschung der ›Bevölkerungsgeschichte‹ der deutsch-slawischen Grenzgebiete zugrunde legte. Aubin konturierte die deutsch-polnische Differenz entlang teils bildkräftiger Begriffe wie ›Kulturgefälle‹, ›Bevölkerungsdichte‹ oder ›Bevölkerungsüberschuss‹. Die »Übervölkerung« sah er als eine mit dem frühmittelalterlichen Stand der »Wirtschaftstechnik« ursächlich zusammenhängende periodisch auftretende Krisenerscheinung an, welcher der Staat zunächst durch »Binnenkolonisation« und später durch die »Ostsiedlung« abgeholfen habe.[295]

Als »Grundursache« für den deutschen »Ostzug« gab Aubin den »Bevölkerungsüberschuß« an, den er als »Kraftüberschuß eines in vollem Aufstieg befindlichen Volkes« beschrieb.[296] Hinter demographischen Prozessen und wirtschaftlichen Strukturen und Interessen, die er als Auslöser der deutschen Migrationsbewegung erkannte, stand als untergründig treibender Faktor eine von ihm so bezeichnete »Wanderkraft«, die bereits die Germanen über Jahrhunderte hinweg in Bewegung gehalten habe.[297] Aubin war zeitlebens von der Vorstellung fasziniert, ›Völker‹ historiographisch in ›(Kultur-)Räumen‹ verorten zu können. Demographischer Wandel vollzog sich für ihn als Migration von ›Völkern‹ in

293 Aubin, Das Gesamtbild, 357.

294 Zit. n. Hans-Erich Volkmann, Hermann Aubin, in: Haar/Fahlbusch (Hg.), Handbuch der völkischen Wissenschaften. Personen, Institutionen, Forschungsprogramme, Stiftungen, 58-62, 60; Volkmann, Historiker aus politischer Leidenschaft, 48.

295 Aubin, Von Raum und Grenzen, 11.

296 Aubin, Das Gesamtbild, 350. Rhode und Kuhn deuteten in ihrem Nachruf auf Aubin an, dass dieser seine Auffassung von der Erklärungskraft der »Übervölkerung« jedoch relativiert und als »Ursache der Auswanderung« stärker die »Verhältnisse des Ostens« betont habe. Wann und in welcher Veröffentlichung Aubin diesen Schwenk vollzogen haben soll, gaben sie jedoch nicht an. Gotthold Rhode/Walter Kuhn, Hermann Aubin und die Geschichte des deutschen und europäischen Ostens, in: ZfO 18 (1969), 601-621, 610.

297 Aubin, Zur Erforschung, 246.

›Lebensräumen‹, welche die Gesetzmäßigkeiten von ›Entdeutschung‹ und ›Rückdeutschung‹, von ›Sesshaftigkeit‹ und ›Wanderung‹ mechanisch vorgaben.

Die Forschungsliteratur beurteilt die handlungsrelevante Bedeutung, welche die von Aubin durchgeführten oder geleiteten ethnopolitischen Forschungen und Expertisen für die Umsetzung der nationalsozialistischen Umsiedlungs- und Vernichtungspolitik hatten, insgesamt eher vorsichtig. Mühle vertrat die Auffassung, dass die NS-Politik Aubins bevölkerungsgeschichtliche Expertisen kaum wahrgenommen habe; Volkmann betonte, dass die Volkstumsforscher im ›Dritten Reich‹ »Grundsatzentscheidungen«, die auf höchster politischer Ebene gefällt wurden, nicht beeinflusst hätten.[298]

Es sollte dabei m. E. aber nicht unterschätzt werden, dass das wissenschaftliche Renommee, das Historiker wie Aubin selbst in den Augen der NS-Machthaber für sich buchen konnten, zu den geistigen Ressourcen gerechnet werden kann, welche die Nationalsozialisten für ihre verbrecherische Politik propagandistisch zu verwerten wussten. Formell trat der Ostforscher Aubin der NSDAP zwar nicht bei, er war aber nur allzu sehr bereit, Staats- und Parteistellen seine Dienste zur Verfügung zu stellen und jenen politischen Zielsetzungen vorzuarbeiten, die er mit dem NS-Regime weitgehend teilte; dieses erwies sich im Gegenzug als großzügig bei der finanziellen Dotierung und symbolischen Würdigung der von Aubin betriebenen Forschungen, Expertisen und propagandistischen Dienstleistungen.[299]

›Volk‹, ›Rasse‹, ›Raum‹: Keysers Konzeptualisierungen der ›Bevölkerungsgeschichte‹

Erich Keyser entwickelte seit den späten 1920er-Jahren eine Konzeption der deutschen ›Bevölkerungsgeschichte‹, die ›Bevölkerung‹, ›Volk‹ und ›Raum‹ eng miteinander verkoppelte und inhaltlich vorwiegend das ›Grenz- und Auslandsdeutschtum‹ im Blick hatte. Keyser bezog ›Bevölkerung‹ auf vermeintlich ethnisch homogene Gruppen im Bereich des ›deutschen Volks- und Kulturbodens‹. Er wandte sich scharf gegen vermeintliche »individualistische« Definitionsweisen dieses Begriffs und stimmte darin mit der verbreiteten Kritik am seit dem 19. Jahrhundert tradierten »statistischen« Bevölkerungsbegriff überein, der sich darin erschöpft habe, eine Summe von Individuen statistisch auszuzählen und »ganzheitliche« Aspekte des »Volkstums« zu vernachlässigen.[300] »Volk« definierte Keyser in enger Anlehnung an Adolf Helbok als »eine geschichtlich gewordene Lebensgemeinschaft solcher Personen, die durch ihre familiäre Abkunft eine

298 Mühle, Für Volk, 371; Volkmann, Historiker aus politischer Leidenschaft, 42.

299 Die Interessenidentität zwischen führenden NS-Funktionsträgern und Vertretern der offiziösen ›Ostforschung‹ dürfte für Aubin spätestens dann klar geworden sein, als er im Rahmen einer Fahrt deutscher »Dichter« durch das eroberte Polen dem Propagandaminister Goebbels seine Aufwartung machen konnte. Vgl. Mühle, Für Volk, 379.

300 Keyser, Bevölkerungswissenschaft und Geschichtsforschung, 155 f.

Bluts- und Werkgemeinschaft […] bilden und sich dadurch gegen andere Völker absondern.«[301] »Rasse« war für ihn eine bestimmte Menge von körperlichen Merkmalen, die Angehörige eines »Volks« gemeinsam aufweisen sollten. »Bevölkerungsgeschichte« untersuchte a priori nur »eine Gruppe von Menschen, die den gleichen Raum bewohnen«.[302] Sie umfasste daher nicht nur »deutsche«, sondern auch nichtdeutsche Bevölkerungsgruppen, jedoch nur insoweit, als diese mit deutschen »Siedlern« als vermeintlichen »Kulturträgern« historisch in Berührung gekommen seien. Der »Bevölkerungsraum«, d. i. »der Raum, den das deutsche Volk zuzeiten seiner größten Ausdehnung in zusammenhängender Siedlung eingenommen hat«,[303] konnte daher zumindest theoretisch mehrere ›Völker‹ und ›Rassen‹ umfassen; im Fokus von Keysers Forschungen stand jedoch stets – und das war der für ihn entscheidende Punkt – das deutsche ›Volk‹.

Die Erforschung der »Bevölkerungsgeschichte« sollte nach Keysers konzeptionellen Vorstellungen aus dem Jahr 1931, die er später nicht mehr grundlegend veränderte, vier Themenfelder umfassen:

1.) den *Bevölkerungsraum* als den »Lebensraum« bestimmter »menschlicher Gemeinschaften«. Der »Bevölkerungsraum« könne von mehreren »Nationen« oder »Rassen« ausgefüllt werden.[304]
2.) die *Bevölkerungszahl*. Methodisches Vorbild für dieses Teilgebiet der »Bevölkerungsgeschichte« – die Untersuchung von Bevölkerungsstand und Bevölkerungsbewegung – waren die Arbeiten der Ökonomen und Statistiker Karl Bücher und Karl Julius Beloch.[305]
3.) die *Bevölkerungsgruppen* »als die natürlichen Einheiten der Bevölkerung« (»Personen, Familien, Stände, Stämme, Völker«). Nach Keyser bildete die »Sozialgeschichte« ein Teilgebiet der »Bevölkerungsgeschichte«, denn beide Disziplinen erforschten die gesellschaftliche »Schichtung« der Bevölkerung; auch die »Familiengeschichte« werde im Rahmen der »Bevölkerungsgeschichte« betrieben. Die »Geschichte der Stämme und Nationen« beziehe sich hingegen auf einzelne Volksgruppen und ›Völker‹.[306]
4.) die *Bevölkerungsart* »nach der körperlichen und seelischen Artung oder der rassischen Zusammensetzung der Bevölkerung und ihrer Gruppen«.[307] Als Hilfswissenschaften für derartige rassenkundliche Studien wollte Keyser Forschungen zu ›Anthropologie‹ und ›Völkerpsychologie‹ heranziehen.[308]

301 Erich Keyser, Rassenforschung und Geschichtsforschung, 3.
302 Keyser, Bevölkerungsgeschichte Deutschlands (³1943), 13.
303 Erich Keyser, Die Zeitalter der Bevölkerungsgeschichte Deutschlands, in: ABB 4 (1934), 147-157, hier 148.
304 Keyser, Die Geschichtswissenschaft, 132.
305 Ebd., 131.
306 Ebd., 128 f., 131.
307 Keyser, Bevölkerungswissenschaft und Geschichtsforschung, 148.
308 Keyser, Neue Forschungen über die Bevölkerungsgeschichte, 47.

Keyser fasste die »Bevölkerungsgeschichte Deutschlands« somit im spezifischen Zusammenwirken der »Bevölkerungszahl« mit der »Bevölkerungsart« und dem »Bevölkerungsraum«. Dieses Forschungsprogramm hatte aus seiner Sicht nur dann Aussicht auf Erfolg, wenn Historiker in arbeitsteiliger Zusammenarbeit mit Ur- und Frühgeschichtlern Bodenfunde aus allen Epochen der Geschichte systematisch auswerteten. Im ›Dritten Reich‹ zählte er damit zu den Vorkämpfern einer rassenanthropologisch fundierten Geschichtswissenschaft.[309] Seine Frage nach den rassebiologischen Folgeerscheinungen des Eindringens ›fremder‹ Bestandteile in den deutschen ›Volkskörper‹ sollte dazu beitragen, nicht nur die fernere Vergangenheit zu erkunden, sondern ›Wesen‹ und ›Wert‹ des gegenwärtigen ›Deutschtums‹ zu erfassen. Keyser wollte damit der ›Bevölkerungsgeschichte‹ im Bereich der regional orientierten ›Landesgeschichte‹, aber auch auf der Darstellungsebene der deutschen ›Volksgeschichte‹ zum Durchbruch verhelfen. Die »Bevölkerungsgeschichte Deutschlands« (1938; ^{2}1941; ^{3}1943), sein bevölkerungshistorisches Hauptwerk, sollte diese programmatischen Überlegungen und Vorarbeiten praktisch umsetzen.

Das ambitionierte Vorhaben des Danziger Historikers rief ein breites Echo nicht nur bei seinen Fachkollegen, sondern auch in ›Bevölkerungssoziologie‹, Ökonomie und ›Geopolitik‹ hervor. Selbst im Rückblick prahlte Keyser, dass »Mediziner, Soziologen, Politiker« mit Begeisterung »zu dem von ihnen längst gewünschten Handbuch gegriffen« hätten und dieses rasch vergriffen gewesen sei.[310] Die zeitgenössische fachliche Kritik nahm das Werk allerdings vergleichsweise differenziert auf und ließ es nicht an kritischen Stellungnahmen fehlen: So sah Helmut Haufe in der Studie einen Versuch, den Schritt »von den bisherigen Fragestellungen der Wirtschafts- und Sozialwissenschaften zu einer Volkslehre« zu tun. Er kritisierte Keyser dafür, dass dieser es in der ersten Auflage seines Buches unterlassen habe, im Zusammenhang der Frage nach dem »Wesen« des deutschen »Volkes« auf Gunther Ipsens Artikel im »Handwörterbuch des Grenz- und Auslanddeutschtums« einzugehen. Zudem erblickte Haufe in der mangelnden Klärung des Volksbegriffs ein wesentliches theoretisches Problem der von dem Danziger Historiker vorgelegten »Bevölkerungsgeschichte«.[311]

Diese Kritik dürfte Keyser dazu bewogen haben, in der zweiten Auflage (1941) die Unterschiede zwischen ›Bevölkerung‹ und ›Volk‹ stärker herauszuarbeiten. Er stellte klar, dass die »Bevölkerungsgeschichte« sich nicht auf die »Rasse« beschränke, sondern Elemente der Kultur- und Sozialforschung mit umfasse. Gerhard Mackenroth registrierte Keysers Darlegungen aufmerksam; seine Rezension war aber zu knapp bemessen, um einer genaueren Wertung Raum geben zu

309 Vgl. u.a. Erich Keyser, Rassenforschung und Geschichtswissenschaft, in: VSWG 27 (1934), 165-169; ders., Bevölkerungswissenschaft und Geschichtsforschung.

310 Keyser bezog sich dabei auf die 1938 erschienene erste Auflage des Buchs. DSHI 100 Keyser 2, Erich Keyser, Mein Werden und Wirken, Alveslohe Mai 1945 [ungedr. Mskr.] [S. 54].

311 Helmut Haufe, Zur bevölkerungsgeschichtlichen Forschung, in: ABB 8 (1938), 277.

können.[312] Der Wirtschaftshistoriker Friedrich Lütge (1901-1968) sah den Danziger Kollegen in einer Rezension der dritten Auflage der »Bevölkerungsgeschichte« weiterhin auf eine »umfassendere Volkslehre« zusteuern. Lütge riet Keyser dazu, eher diese Richtung weiterzuverfolgen, denn die »eigentlichen« bevölkerungsgeschichtlichen Fragestellungen (wie etwa Probleme der Fertilität) würden ohnehin Siedlungsforscher und Agrarhistoriker bearbeiten.[313] Kurt Vowinckel – zusammen mit Elisabeth Pfeil Schriftleiter des *Archivs für Bevölkerungswissenschaft und Bevölkerungspolitik* – zeigte sich aus geopolitischer Sicht erfreut über Keysers Bemühen, die Begriffe »Rasse und Volk – Bevölkerung und Volk« klarzustellen und lobte sein Werk als eine Pionierleistung.[314] Der Ökonom Roderich von Ungern-Sternberg (1885-1965) war hingegen vergleichsweise kritischer eingestellt. Er monierte an Keysers Buch, dass es zur ungleichmäßigen Behandlung unterschiedlicher Epochen der Geschichte neige: Dem 19. und 20. Jahrhundert, für das relativ umfangreiche statistische Quellen vorlägen, sei im Unterschied zur Vor- und Frühgeschichte und zum Mittelalter »kaum ein Drittel der Schrift gewidmet«.[315]

Abgesehen von der Frage, ob Keyser seinen Stoff inhaltlich bewältigt habe oder ob seine Studie der damals vorherrschenden Richtung der bevölkerungswissenschaftlichen Forschung entsprochen habe oder nicht, stellt sich die Frage, ob und inwiefern die drei Auflagen der »Bevölkerungsgeschichte Deutschlands« sich inhaltlich voneinander unterschieden und ob sie die Erfahrung des deutschen Vernichtungskriegs im Osten in irgendeiner Weise reflektierten. Immerhin vermehrte Keyser seine Darstellung von der ersten auf die zweite Auflage um hundert Seiten und von der zweiten auf die dritte Auflage wiederum um rund 130 Seiten. Dieser Erweiterung entsprachen verschiedene inhaltliche Änderungen: Für die zweite Auflage 1941 verfasste Keyser statt einer »Einführung« ein eigenes Einleitungskapitel »Volk und Forschung« mit den Unterabschnitten »Was ist das deutsche Volk?« und »Volk und Bevölkerung«.[316] Diese Einleitung ergänzte er in der dritten Auflage 1943 zusätzlich um das Unterkapitel »Volk und Rasse«. 1943 erörterte er ferner in einem eigenen Unterabschnitt, den er mit »Volksfremde in Deutschland« übertitelte, »das erste Auftreten der Juden«, »Die nationalsozialistische Bevölkerungspolitik« und »Die Unsterblichkeit des deutschen Volkes«.[317] Diese Ergänzungen spiegelten einerseits die damals innerhalb

312 Gerhard Mackenroth, Bespr. Erich Keyser, Bevölkerungsgeschichte Deutschlands, 2. Aufl. Leipzig 1941, in: Weltwirtschaftliches Archiv 57 (1943), 75 f.

313 Friedrich Lütge, Bespr. Erich Keyser, Bevölkerungsgeschichte Deutschlands, 3. Aufl. Leipzig 1943, in: JbbNSt 159 (1944), 249 f.

314 Kurt Vowinckel, Fragen des deutschen Volkskörpers, in: Zeitschrift für Geopolitik 21 (1944), 40.

315 Vgl. Roderich v. Ungern-Sternberg, Bespr. Erich Keyser, Bevölkerungsgeschichte Deutschlands, 3. Aufl. Leipzig 1943, in: AStA 32 (1943/44), 172 f.

316 Vgl. Keyser, Bevölkerungsgeschichte (^{2}1941), 1-23.

317 Keyser, Bevölkerungsgeschichte (^{3}1943), 3-12 (»Volk und Rasse«); 128-135 (»Volksfremde in Deutschland«); 572-582 (»Die nationalsozialistische Bevölkerungspolitik«); 585-588 (»Die Unsterblichkeit des deutschen Volkes«).

der Bevölkerungswissenschaften sich ausbreitende Debatte um die vermuteten Zusammenhänge zwischen ›Volk‹, ›Bevölkerung‹, ›Rasse‹ und ›Raum‹. Im Jahr der Zuspitzung und der Wende des Krieges – 1943 – schrieb Keyser, dass »der Wille, das deutsche Volk von unerwünschten rassischen Bestandteilen zu säubern«,[318] die wesentliche Triebkraft für die Untersuchung dieser Zusammenhänge darstelle. Das »Volk« war jetzt nicht mehr wie noch 1938 durch einen Dualismus von »Bluts- *und* Werkgemeinschaft« bestimmt, sondern es erschien semantisch eingeengt auf die »Blutsgemeinschaft« im Sinne einer »Erbanlagen- und […] Fortpflanzungsgemeinschaft«.[319]

Nach dem Zweiten Weltkrieg suchten Bevölkerungsforscher in der Bundesrepublik Deutschland an ihre früheren Forschungsaktivitäten anzuknüpfen und diese in begrenztem Ausmaß an die neuen politischen Gegebenheiten anzupassen. Keyser verfasste zu diesem Zweck eine programmatische »Denkschrift« über »Die gegenwärtigen Aufgaben der Bevölkerungswissenschaft in Deutschland«.[320] Eine Rohfassung dieses Memorandums dürfte die Grundlage für ein Referat gebildet haben, das er am 6. Juni 1952 bei einer Tagung der *Deutschen Gesellschaft für Anthropologie* in Frankfurt a. M. vortrug. Dort rief er Anthropologen, Statistiker und Historiker dazu auf, eine deutsche »Gesellschaft für Bevölkerungswissenschaft« zu begründen.[321] Die »Bevölkerungswissenschaft« habe in der Zwischenkriegszeit zunehmend an Bedeutung gewonnen. Keyser räumte ein, dass sich dieser Aufschwung im ›Dritten Reich‹ erkennbar verstärkt habe:

> »Gewiss hat sich der nationalsozialistische Staat […] mit Aufgaben der Bevölkerungspolitik und mit Fragen der Bevölkerungswissenschaft beschäftigt; er hat Vertreter dieser Wissenschaften zu seinen Maßnahmen herangezogen und einigen Zweigen der Bevölkerungswissenschaft akademische Geltung verschafft.«

Nach 1933 habe sich die »Bevölkerungswissenschaft« gleichwohl politisch nicht instrumentalisieren lassen: »Die Forderungen und die Folgerungen«, die der Nationalsozialismus mit seiner Förderung dieses Fachs verbunden habe, seien nämlich »gerade von den wissenschaftlichen Vertretern der Bevölkerungsforschung abgelehnt worden«:

> »Es darf wohl allgemein angenommen werden, dass diese die Auswüchse der nationalsozialistischen Bevölkerungspolitik nicht gebilligt haben, und dass ihre Warnungen und Ratschläge nicht gehört worden sind. Im Gegenteil ist fast jeder, der Bevölkerungswissenschaft trieb, ohne den parteipolitischen

318 Keyser, Bevölkerungsgeschichte (^{3}1943), 2.

319 Ebd., 5.

320 DSHI 100 Keyser 74, Denkschrift Erich Keyser, Die gegenwärtigen Aufgaben der Bevölkerungswissenschaft in Deutschland, ungedr. Mskr. [undat., um 1952]. Keyser bemerkte darin (S. 17), dass »kürzlich ein deutscher Landesverband der Union [gemeint ist die IUSSP, Anm. d. Verf.] begründet worden« sei. Keysers Text entstand daher vermutlich nicht vor der Gründung der deutschen Gruppe der Union, die am 19.7.1952 erfolgte. Vgl. DSHI 100 Keyser 74, DGBW, Gründungsprotokoll.

321 Vgl. DSHI 100 Keyser 74, Denkschrift Erich Keyser. Vgl. hierzu auch Kap. IV.4.

Ideen und Gewaltmassnahmen zuzustimmen, in seiner persönlichen Haltung und in seiner wissenschaftlichen Arbeit behindert worden. Es entstand mehr und mehr eine [...] Kluft zwischen der nationalsozialistischen Staatsführung und den Vertretern der Bevölkerungswissenschaft. Diese mussten es ablehnen, dass die richtigen Ergebnisse der Erblehre und der Rassenkunde in grotesker Verzerrung der nationalsozialistischen Volksaufklärung und Volksführung dienstbar gemacht wurden. [...] Es muss mit Nachdruck betont werden, dass die Vertreter der wahren und wahrhaftigen Bevölkerungswissenschaft mit den nationalsozialistischen Irrlehren und Gewalttaten nichts gemein hatten.«[322]

Im Rückblick auf das ›Dritte Reich‹ suchte Keyser somit eine »wahre und wahrhaftige« Bevölkerungswissenschaft von gleichsam irregeleiteten bevölkerungspolitischen Praktiken abzuspalten. Die theoretischen und methodischen Grundlagen der deutschen Bevölkerungsforschung müssten daher nicht revidiert werden. Keyser begnügte sich stattdessen damit, den Begriff ›Rasse‹, der bei ihm zuvor einen ähnlichen Stellenwert eingenommen hatte wie ›Volk‹, in seiner »Denkschrift« unter Anführungszeichen zu setzen.[323] Im Unterschied etwa zu Ilse Schwidetzky (1907-1997), welche die Konjunktur ihres Fachs im ›Dritten Reich‹ in einer disziplingeschichtlichen Darstellung der ›Anthropologie‹ unerwähnt ließ, scheint Keyser nicht beabsichtigt zu haben, etwa bloß an die Zeit vor 1933 anzuknüpfen und dadurch die NS-Ära aus der Geschichte seines Fachgebiets auszublenden.[324] Die retrospektive Abspaltung eines wissenschaftlich ›seriösen‹ Anteils an der Bevölkerungsforschung von einer im engeren Sinn ›nationalsozialistischen‹ Bevölkerungswissenschaft ermöglichte es ihm vielmehr, kritiklos auf seine Forschungen zurückzugreifen, die er in der NS-Zeit betrieben hatte.

Die demographischen Umwälzungen, welche die westdeutsche Gesellschaft aufgrund von Flucht und Vertreibung der deutschsprachigen Bevölkerung aus den ehemaligen deutschen Ostgebieten in den Jahren nach dem Ende des Zweiten Weltkriegs erfuhr, suchte Keyser mit Hilfe von Denkfiguren zu erfassen, die im ›Dritten Reich‹ in volksgeschichtlichen Darstellungen gleichsam kanonische Geltung erlangt hatten. Damals hatte sich etwa die Annahme verbreitet, dass die mittelalterliche deutsche »Ostsiedlung« aus »Kolonisten« neue deutsche »Volksstämme« gebildet habe.[325] Für die Zeit nach 1945 beobachtete Keyser aus seiner Sicht analoge Prozesse der ethnischen Umgestaltung des deutschen »Volkskörpers«: Die Integration der »volksdeutschen« Vertriebenen habe in der Bundesrepublik einen ungeheuren »Bevölkerungsüberdruck« hervorgerufen, wodurch dic »Stammes- und Standesgliederung des deutschen Volkes« sich »gelockert und vielfach aufgelöst« habe. Es entstünde daher gegenwärtig »ein neuer Volkskör-

322 Ebd., 2.

323 Ebd., 14-17.

324 Vgl. Niels C. Lösch, Rasse als Konstrukt. Leben und Werk Eugen Fischers, Frankfurt a. M. 1997, 26; 48.

325 Vgl. u. a. Martin Wähler (Hg.), Der deutsche Volkscharakter. Eine Wesenskunde der deutschen Volksstämme und Volksschläge, Jena 1937.

per«, der einen völligen »Wandel von Menschweise [=vermutl. Menschenweise, Anm. d. Vf.] und Volksart« mit sich bringe. Keyser vertrat weiterhin in erster Linie einen qualitativen Bevölkerungsbegriff, der neben der sozialen und ethnischen auch die »körperliche und die seelische Beschaffenheit des deutschen Menschen« darstellen sollte.[326]

Rassenkundliche, völkerpsychologische, begabungstheoretische und eugenische Ideologeme bildeten bei Keyser um 1950 den Kern einer vermeintlich anthropologisch fundierten Bevölkerungswissenschaft. Deren Zielsetzungen schienen neuerlich eine solche gesellschaftliche Relevanz erlangt zu haben, dass es ihm leicht fiel, auf eine kritische Auseinandersetzung mit den theoretischen Grundlagen dieses Forschungsfelds zu verzichten. Den gravierenden Einschnitt in der Zusammensetzung der Bevölkerung, welchen der nationalsozialistische Genozid an den europäischen Juden und anderen Gruppen verursacht hatte, vermied Keyser zu thematisieren. Die Auseinandersetzung mit der jüngsten Vergangenheit und der eigenen Mitverantwortung für den Aufstieg des Nationalsozialismus spielte für die ›Ostforschung‹ und ›Bevölkerungsgeschichte‹ keine Rolle. Speziell der millionenfache Mord an den europäischen Juden (Shoah) wurde in der frühen Nachkriegszeit und häufig auch danach in der deutschen Historiographie diskursiv weitgehend marginalisiert.[327] Werner Conze mied als Historiker gleichfalls die Auseinandersetzung mit der Shoah; in seinem wissenschaftlichen Werk bildete sie eine auffällig dominante »Leerstelle«.[328]

Keyser zählte zu jenen Historikern, die ihren Forschungen in der frühen Bundesrepublik neuerlich Legitimität zu verschaffen suchten. Keyser wollte vor allem seine ›anthropologische‹ Auffassung der ›Bevölkerungswissenschaft‹ weiterentwickeln, wobei er nunmehr ›Europa‹ in diese zu integrieren beabsichtigte. Diese Form der Geschichtsinterpretation diente nicht mehr ausschließlich wie vor 1945 dem Zweck, das ›Wesen und Werden‹ des deutschen ›Volkstums‹ zu erfassen. Die Historiographie sollte stattdessen die europäischen ›Völker‹ als die wahren Grundkräfte Europas deklarieren: »Werden […] Franzosen, Deutsche, Engländer, Italiener und alle anderen Völker […] selbst zu ›Europäern‹ werden, zu einer Bevölkerungsgruppe, die sich durch bestimmte Merkmale stärker von anderen nichteuropäischen Gruppen unterscheidet, als sie in sich selbst gegliedert ist?«,[329] fragte Keyser, womit er dem Zeitgeist der wirtschaftlichen und politischen Annäherung der westeuropäischen Länder und ihrer gleichzeitigen Ab-

326 DSHI 100 Keyser 74, Denkschrift Keyser, 14-17. Ähnlich argumentierte Keyser in seiner Besprechung zu: Raum und Bevölkerung in der Weltgeschichte. Bevölkerungs-Ploetz, Würzburg 1955, in: VSWG 44 (1957), 254-257, hier 257; 255.

327 Vgl. zu den nach 1945 fortwirkenden antijüdischen Ressentiments und den Versuchen zur historiographischen ›Vergangenheitsbewältigung‹ in Westdeutschland Nicolas Berg, Der Holocaust und die westdeutschen Historiker. Erforschung und Erinnerung, Göttingen 2003, 182-192; 201-212.

328 Vgl. Jan Eike Dunkhase, Werner Conze. Ein deutscher Historiker im 20. Jahrhundert, Göttingen 2010, 235-256.

329 DSHI 100 Keyser 74, Denkschrift Keyser, 14 f.

grenzung gegenüber den sozialistischen Staaten entgegenkam.[330] Gleichzeitig akzentuierte er weiterhin die ethnische Substanz als die vorgebliche Konstante aller geschichtlichen Entwicklung. Sozialer Wandel erschien so nicht als eine säkulare Auseinandersetzung zwischen gesellschaftlichen Klassen oder Schichten, sondern folgte einem biologischen Prozess des »Wachsens« und »Vergehens«. Menschliche »Gemeinschaften« hatten demnach eine bestimmte Lebensdauer, die von der »Vermehrungskraft« der Völker abhing.[331]

Für Keyser war der Verlust des »Ostraums« eine elementare Katastrophe. Nach dem faktischen Abbruch der deutschen Siedlungstradition in Ostmittel-, Ost- und Südosteuropa liege es an der Bevölkerungsforschung, dem deutschen »Volk« neuerlich die geschichtliche Bedeutung des »Ostens« zu vermitteln.[332] 1954 stellte er die Frage, »wie weit aus den Taten und Werken der Völker auf die Veränderung ihrer Zusammensetzung« geschlossen werden könne, in einem Brief an Ilse Schwidetzky als für beide Disziplinen von zentraler Bedeutung hin.[333] Das geht auch aus seiner Rezension des Sammelbands »Die neue Rassenkunde« hervor, den Schwidetzky 1962 veröffentlichte: den Historiker interessiere weniger eine statische »Feststellung von Rassentypen«, die wohl zu sehr entsprechende Klassifizierungen im ›Dritten Reich‹ in Erinnerung gerufen hätte, sondern mehr die geschichtliche »Veränderung der Population«.[334] Der anthropologische Interessenschwerpunkt verlagerte sich also für Keyser von der »Klassifikation« zur »Evolution« der Menschheit. Eine solchermaßen modifizierte »neue Rassenkunde« sah Keyser bis in die 1960er-Jahre als einen elementaren Bestandteil ›historischer Bevölkerungsforschungen‹ an.[335]

Fazit: ›Historische Bevölkerungsforschungen‹ von Aubin und Keyser

Metaphorisch aufgeladene Denkfiguren wie die ›Bevölkerungsdichte‹ oder die ›Übervölkerung‹, welche Aubin in seinen Arbeiten kaum jemals historisch-statistisch belegte, bildeten ungeachtet dessen wichtige argumentative Ansatzpunkte für die Art und Weise, wie er die deutsche ›Ostbewegung‹ als eine aus seiner Sicht bedeutungsvolle Erscheinung der ostmitteleuropäischen Geschichte konstruierte.

330 Im selben Jahr 1952, als Keyser seine Denkschrift verfasste, trat die 1951 gegründete *Europäische Gemeinschaft für Kohle und Stahl* (EGKS) (Montan-Union) in Kraft, die sich 1957 zur *Europäischen Wirtschaftsgemeinschaft* (EWG) weiter entwickelte.

331 Erich Keyser, Die Erforschung der Bevölkerungsgeschichte, in: Studium generale 9 (1956), 495-500, hier 496; 500; 499.

332 Ebd., 498.

333 DSHI 100 Keyser 78, Keyser an I. Schwidetzky, 30.11.1954.

334 Erich Keyser, Bespr. Ilse Schwidetzky (Hg.), Die neue Rassenkunde, Stuttgart 1962, in: VSWG 51 (1964), 370-373, hier 372.

335 Die aus den ehemaligen deutschen Ostgebieten nach Westdeutschland Vertriebenen betrachtete er folgerichtig als legitime Untersuchungsobjekte für anthropologische Forschungen. Einen entsprechenden Vorschlag richtete Keyser an H. Harmsen. DSHI 100 Keyser 75, H. Harmsen an H. Muckermann, 25.3.1955, Durchschlag an Keyser.

Die Affinität der von ihm vertretenen ›Kulturraumforschung‹ zur ›bevölkerungsgeschichtlichen‹ Darstellung der deutschen ›Volksgeschichte‹ dürfte wesentlich in seinem subjektiven Interesse für ›Massenerscheinungen‹ gelegen haben, die sich für ihn im Wandel von Kulturformen, aber auch in menschlichen Migrationsbewegungen und deren Folgen für die Beziehungen von ›Völkern‹ materialisierten. Aubins ausgeprägtes Interesse für die historische ›lange Dauer‹ geht aus seinen programmatischen Schriften zu ›Landesgeschichte‹ und deutscher ›Ostforschung‹ deutlich hervor. Er bemühte sich jedoch weder um eine ausreichende empirische Absicherung der von ihm skizzierten geschichtlichen Prozesse, noch löste er das Versprechen einer interdisziplinär agierenden ›Kulturraumforschung‹ so ein, dass diese tatsächlich Anspruch auf transdisziplinäre Vergleichbarkeit erheben konnte.[336] Im Unterschied zu Keyser legte es Aubin nicht darauf an, die ›Bevölkerungsgeschichte‹ zu einer selbständigen Disziplin der Geschichtswissenschaften auszubauen (in diesem Zusammenhang sprach er eher von ›Sozialgeschichte‹, wobei er sich an Otto Brunner anlehnte), und in seinen Schriften ist in diesem Zusammenhang eher von ›Volksforschung‹ die Rede. Dies sollte jedoch nicht den Blick darauf verstellen, dass gerade bevölkerungsgeschichtliche Denkfiguren Aubins ›ganzheitlichem‹ Konzept der deutschen ›Ostbewegung‹ als eines zeitlich, räumlich und sachlich einheitlichen historischen Prozesses in den Augen zahlreicher Zeitgenossen Plausibilität verliehen haben dürften.

Aubin trat in den 1930er- bis 1960er-Jahren als programmatischer Kopf und einflussreicher Organisator von ›Landesgeschichte‹, ›Kulturraumforschung‹ und deutscher ›Ostforschung‹ hervor. Sein Danziger Kollege nahm die Position eines publizistisch aktiven Historikers ein, der an einer für die deutsche historiographische ›Zunft‹ weniger bedeutenden Technischen Hochschule lehrte. Keyser war gleichwohl einer der wichtigeren Vertreter der deutschen ›Volksgeschichte‹, dessen Arbeiten vor allem in der west- und ostpreußischen Landesforschung und innerhalb der NOFG sowie in den 1950er- und 1960er-Jahren im Umfeld des Herder-Forschungsrats rezipiert wurden. Einen Lehrstuhl an einer der angeseheneren Universitäten im Deutschen Reich erhielt er ebenso wenig, wie sein Versuch, die ›Bevölkerungsgeschichte‹ als eine neue Teildisziplin der Geschichtswissenschaft zu etablieren, nachhaltig erfolgreich gewesen wäre. Nach Keysers Auffassung der ›Bevölkerungsgeschichte‹ sollte die ›Landesgeschichte‹ mit der historischen Bevölkerungsstatistik und physischen ›Anthropologie‹ verknüpft werden. Die praktische Umsetzung der von ihm in diese Richtung vorangetriebenen Forschungen erschöpfte sich dabei allerdings in dem Versuch, mit seinem Buch »Bevölkerungsgeschichte Deutschlands« eine historiographische Synthese von ›Bevölkerungsraum‹, ›Bevölkerungszahl‹ und ›Bevölkerungsart‹ vorzulegen. Keyser setzte sich jedoch weder mit Gunther Ipsens, noch – nach 1945 – mit

336 Trüper, Die Vierteljahrschrift, 55, sprach in diesem Zusammenhang davon, dass »Aubins landesgeschichtliche Forschungen nicht über Kartographie und programmatische Entwürfe hinaus« gelangt seien.

Gerhard Mackenroths Bevölkerungstheorien eingehend auseinander. Ipsens »Programm einer Soziologie des deutschen Volkstums« stufte er in einer Rezension als systematisch wenig entwickelt ein.[337]

In den 1960er-Jahren vermochte Keysers stark rassenkundlich eingefärbtes Konzept der ›Bevölkerungsgeschichte‹ selbst im engeren Kreis seiner Historiker-Kollegen im Umfeld des Marburger Herder-Forschungsrats kaum mehr zu überzeugen. In einer Würdigung von Keysers wissenschaftlichem Werk, die Aubin 1963 in der seinem Marburger Kollegen gewidmeten Festschrift »Studien zur Geschichte des Preußenlandes« veröffentlichte, legte dieser den Schwerpunkt von Keysers wissenschaftlichen Leistungen nicht zufällig auf die historische Städteforschung und das von ihm herausgegebene deutsche »Städtebuch«. Keysers Gedanken über das »neue Teilfach« der »Bevölkerungsgeschichte« seien hingegen in seinem Buch »Bevölkerungsgeschichte Deutschlands« durch »den damals hereingebrochenen Zeitgeist verunklart« worden. Die Zielrichtung dieser Darstellung sei – »bei der Überschneidung von Bevölkerungsgeschichte und Volksgeschichte – auf die Frage nach dem Werden des deutschen Volkes abgelenkt.« Für Aubin bildete daher aus der Rückschau die »Stadtgeschichte«, nicht etwa die von ihrem selbst ernannten Vordenker im ›Dritten Reich‹ besonders betonte ›Bevölkerungsgeschichte‹, das »vereinigende Gesamtproblem« von Keysers wissenschaftlichem Lebenswerk.[338] In den 1930er-Jahren war Aubin als Herausgeber der *Vierteljahrschrift für Sozial- und Wirtschaftsgeschichte* (VSWG) allerdings noch selbst dafür verantwortlich gewesen, dass Keyser ab 1933 in diesem Organ seine Sammelberichte »Neue Forschungen über die Bevölkerungsgeschichte Deutschlands« veröffentlichen konnte.[339] Der ›Bevölkerungsgeschichte‹ hatte Keyser darin eine ›rassenkundliche‹ Funktion zugewiesen, womit er über »die Frage nach dem Werden des deutschen Volkes« deutlich hinausging. Aubin muss also Keysers ›rassenkundliche‹ Auffassung der ›Bevölkerungsgeschichte‹ durchaus gebilligt haben. Er selbst dürfte ›historische Bevölkerungsforschungen‹ vor und nach 1933/45 als einen integralen Bestandteil der deutschen ›Volksgeschichte‹ und ›Ostforschung‹ angesehen haben. Konzeptionelle Überlegungen, die im Anschluss an seinen Marburger Kollegen den Status der ›Bevölkerungsgeschichte‹ als ›neues Teilfach‹ der akademischen Historiographie näher erläutert hätten, verknüpfte er selbst damit allerdings nicht. Auch in seinem programmatischen Artikel »An einem neuen Anfang der Ostforschung« (1952) äußerte sich Aubin dazu nur am Rande. Allerdings zögerte er nicht, die deutsche ›Volksforschung‹ der Zwischenkriegszeit in die Nähe der westeuropäischen ›Demographie‹

337 Vgl. Erich Keyser, Bespr. Gunther Ipsen, Programm einer Soziologie des deutschen Volkstums, Berlin 1933, in: ABB 5 (1935), 209.

338 Aubin, Zu den Schriften, 6f.

339 Vgl. Keyser, Neue Forschungen über die Bevölkerungsgeschichte; vgl. hierzu auch Trüper, Die Vierteljahrschrift, 118f., der vermutete, dass Aubin bewusst dafür Sorge getragen haben könnte, Keysers Sammelberichte an einem Ort zu bündeln, um den Rest der Zeitschrift von der »Rassenlehre« frei zu halten.

zu rücken und die von ihr angeblich ausgegangene methodische Innovation zu behaupten:

> »Indem diese Forschung das gewohnheitsmäßige Denken in Staatsgrenzen überwand, gewann sie zugleich die Ausrichtung auf eine Volksforschung vorwiegend in soziologischem Sinne – der Westen spricht bei ähnlicher Arbeit von Demographie –, die auch methodisch neue Wege einschlug.«[340]

Aubins Argumentationsweise erschien wie ein damals wie heute kaum überzeugender Versuch, der ›Volksgeschichte‹ nachträglich einen Anflug von wissenschaftlicher Dignität zu verleihen. Der Begriff ›Demographie‹ blieb den deutschen Ostforschern aber nach wie vor überaus fremd, was u.a. dadurch zum Ausdruck kam, dass Keyser es ausdrücklich ablehnte, nach internationalem Vorbild für ›Bevölkerungswissenschaft‹ das Äquivalent ›Demographie‹ zu gebrauchen. Er begründete dies damit, dass ›Demographie‹ »in deutschem Munde« in verkürzender Weise als »Volksbeschreibung« aufgefasst werden könnte.[341] Es war gerade die Fixierung der beiden Historiker Aubin und Keyser auf das »Werden des deutschen Volkes« und dessen Abgrenzung vom ›Fremden‹ (wovon Aubin erst 1952 ein wenig abzurücken schien), welche die transdisziplinäre und internationale Vergleichbarkeit und methodische Anschlussfähigkeit der deutschen ›Volksforschung‹ und ›Bevölkerungsgeschichte‹ von vornherein ausschloss.

In der *Zeitschrift für Ostforschung* verdeutlichte Keyser den politisch revisionistischen Anspruch der ›Ostforschung‹, wobei er die angebliche historische Mission des ›Deutschtums‹ rhetorisch in den zivilisatorischen Dienst ›Europas‹ stellte: »Deutschland hört nicht an der Elbe oder an der Oder auf; auch Europa greift über diese Ströme hinweg in den Raum des Ostens hinein; die Deutschen sind die Vorposten und die Pioniere dieser gesamteuropäischen Bewegung gewesen.«[342] Keyser sprach sich wieder dafür aus, »das Anrecht des deutschen Volkes auf den Besitz der Landschaften an der Weichsel, Pregel und Memel zu begründen«.[343] Was für die ethnozentrische ›Ostforschung‹ der frühen Bundesrepublik insgesamt galt, nahm Keyser für seine Arbeiten ebenfalls in Anspruch: einen wenigstens symbolischen Beitrag zur Erinnerung an die verlorene Heimat zu leisten, denn einen vermeintlichen praktischen Nutzen im Sinne einer Rückgewinnung dieser Gebiete vermochten die Ostforscher der Bundesrepublik nicht zu stiften.

340 Aubin, An einem neuen Anfang, 13 f.

341 DSHI 100 Keyser 74, Denkschrift Keyser, 16. Vgl. zur Geschichte des Begriffs ›Demographie‹ Rainer Mackensen, Vergangenheit und Zukunft der Demographie als Wissenschaft, in: ZfB 25 (2000), 399-429. Vgl. zur spezifisch distanzierenden Umgangsweise bundesdeutscher Historiker mit dem Begriff ›Demographie‹ das Kap. IV.2.

342 Erich Keyser, Der Johann Gottfried Herder-Forschungsrat und das Johann Gottfried Herder-Institut, in: ZfO 1 (1952), 101-106, hier 102.

343 Zit. n. Unger, Ostforschung, 154.

6. ›Bevölkerungslehre‹, ›ländliche Soziologie‹ und deutsche ›Ostforschung‹: Gunther Ipsen und Werner Conze

Der Soziologe und Bevölkerungswissenschaftler Gunther Ipsen (1899-1984) und der Historiker Werner Conze (1910-1986) sind Beispiele für das enge Zusammenwirken eines in den 1930er-Jahren bereits akademisch etablierten Gelehrten (Ipsen) mit einem jüngeren Forscher, der im ›Dritten Reich‹ entscheidende Karriereschritte setzte und in der Bundesrepublik als führender Sozialhistoriker fachliche Anerkennung erwarb (Conze). Beide sahen in der deutschen ›Volksforschung‹, die soziologische und geschichtswissenschaftliche methodische Zugänge miteinander verknüpfen sollte, ein Instrument zur Stärkung des deutschen ›Volkstums‹. Die ›Volksforschung‹ führte Ipsen direkt zu seiner »Bevölkerungslehre« (1933), die in der spannungsvollen Beziehung von ›Gattungsvorgang‹ und ›Lebensraum‹ das dynamische Element des Bevölkerungsprozesses zu erfassen suchte.

Ipsens Königsberger Assistent Conze suchte die von seinem Lehrer entwickelte »Bevölkerungslehre« in den 1930er-Jahren in einige seiner Arbeiten zu integrieren. Ipsen repräsentierte damals neben Hans Freyer (1887-1969) maßgeblich die Leipziger und Königsberger Schule der ›Deutschen Soziologie‹. Als einer der Begründer des *Arbeitskreises für moderne Sozialgeschichte* bemühte sich Conze nach 1945, sozial- und strukturgeschichtliche Zugänge zusammen mit soziologischen Forschungsansätzen stärker in der westdeutschen Geschichtswissenschaft zu verankern. Die von Conzes Schüler Wolfgang Köllmann seit den 1950er-Jahren federführend vertretene ›Bevölkerungsgeschichte‹ bildete einen integralen Bestandteil der von Conze repräsentierten ›Strukturgeschichte‹ und führte ihre Wurzeln selbst auf Ansätze der ›Deutschen Soziologie‹ zurück.

Der folgende Abschnitt reflektiert die breite und teils kontrovers geführte Forschungsdebatte zu Ipsen und Conze nur insoweit, sofern sie für die hier zu behandelnde Frage nach den Zusammenhängen von ›Bevölkerung‹ und ›Geschichte‹ relevant ist. Er untersucht die Ausprägungen und den Wandel von Bevölkerungskonzepten bei Ipsen und Conze und stellt diese in einen Zusammenhang mit ihren Praktiken als Wissenschaftler vor und nach 1945. Dabei geraten der Einfluss von Ipsens »Bevölkerungslehre« auf die bundesdeutsche ›Bevölkerungssoziologie‹ und die Rolle von Conze als Historiker während und nach dem ›Dritten Reich‹ in den Blick.[344]

›Volksforschung‹ als Paradigma und wissenschaftliche Praxis

Die Arbeitsbeziehung von Ipsen und Conze lässt sich zumindest bis ins Jahr 1935 zurückverfolgen, als der zuletzt Genannte in Königsberg Ipsens außerplanmäßiger Assistent wurde. Ipsen war seit 1933 Ordinarius für Philosophie und Volkslehre in

344 Vgl. hierzu u. a. Aly, Theodor Schieder; Wehler, Nationalsozialismus.

Königsberg und wurde 1939 an die Universität Wien berufen. Conze wechselte zwar zusammen mit seinem Vorgesetzten nach Wien und wurde dort im Jahr 1940 habilitiert. Beide Wissenschaftler waren jedoch 1939 als Soldaten in den Krieg eingezogen worden, so dass Wien in ihren Laufbahnen nur eine Episode blieb. Nach 1945 machte Conze seinen Einfluss geltend, um Ipsen Arbeitsmöglichkeiten und damit die Wiedereingliederung in den akademischen Betrieb zu ermöglichen. Der von Conze 1957 initiierte Heidelberger *Arbeitskreis für moderne Sozialgeschichte* bot Ipsen, der 1959 als ehemaliger Königsberger Professor auf eine Emeritusstelle an der Universität Münster berufen wurde, erneut wissenschaftliche Wirkungsmöglichkeiten.[345]

Für die Frage nach den Wurzeln ihres Interesses für deutsche ›Volksforschungen‹ ist für beide Forscher auf individuelle lebensweltliche Prägungen zu verweisen. Beim gebürtigen Österreicher Ipsen dürfte die Erfahrung der Auflösung der Habsburgermonarchie, in deren Armee er 1915 im Alter von 16 Jahren als ›Einjährig-Freiwilliger‹ eingetreten war, einen entscheidenden Motivationsschub für seine verstärkte Hinwendung zum ›Deutschtum‹ gebildet haben. Conzes Beitritt zur *Deutsch-Akademischen Gildenschaft* (DAG) im Sommer 1929 begünstigte bei ihm die Ausprägung bestimmter Ordnungsvorstellungen zu ›Staat‹ und ›Volk‹, wobei er von Theodor Schieder wesentliche Anregungen erfuhr.[346] Die ›Übervölkerung‹ als Ausdruck eines angenommenen Ungleichgewichts zwischen agrarischer Struktur und Bevölkerungsgröße in Ostmitteleuropa und die davon abgeleiteten Folgeerscheinungen für die Beziehungen von ›Deutschen‹, ›Slawen‹ und anderen ›Völkern‹ spielten, wie ich im Folgenden zeigen werde, eine tragende Rolle für den Zugang von Ipsen und Conze zu ›Volksforschungen‹ und die Konstituierung ihres Bevölkerungsbegriffs.

Conze betonte noch in den 1960er-Jahren, dass er von den »bevölkerungs- und agrarsoziologischen Methoden Gunther Ipsens« »fasziniert« gewesen sei.[347] Diese Äußerung verdeckte die im Grunde politisch-ideologisch motivierten Denkmuster und Deutungskategorien, die diesen Forschungen zugrunde gelegen waren. Es scheint nämlich gerade die spezifische Verbindung von historiographischem Blick, vermeintlich sachbezogener Forschungspraxis und volkstumspolitischer Gegenwartsorientierung gewesen zu sein,[348] die den jungen Conze für die Studien Ipsens besonders eingenommen hatte. Tatsächlich charakterisierten das Interesse für ›Bevölkerungsgeschichte‹ und ›Agrarsoziologie‹,

345 David Hamann, Gunther Ipsen und die völkische Realsoziologie, in: Fahlbusch/Haar (Hg.), Völkische Wissenschaften und Politikberatung, 177-198, hier bes. 194; 197.

346 »Das Beispiel ihrer überlegenen Gesittung und Leistung« hatte die deutschen Bewohner des Habsburgerreiches nach Ipsen zum »Sauerteig der Monarchie bestimmt«. Gunther Ipsen, Erfahrungen aus der österreichisch-ungarischen Armee im Ersten Weltkrieg, in: ders., Vielvölkerheere und Koalitionskriege, Darmstadt 1952, 40-47, hier 40. Vgl. auch Christian Sehested v. Gyldenfeldt, Gunther Ipsen zu VOLK und LAND. Versuch über die Grundlagen der Realsoziologie in seinem Werk, Berlin 2008, 26; vgl. zu Conze Dunkhase, Werner Conze, 19-22.

347 Zit. n. Hamann, Gunther Ipsen, 197.

348 Vgl. hierzu auch Dunkhase, Werner Conze, 31.

die Vorliebe für das ›Grenz- und Auslandsdeutschtum‹ und die Länder Ostmittel- und Südosteuropas sowie die Neigung zu Antislawismus und Antisemitismus Ipsen und Conze in ähnlicher Weise. Das persönliche Verhältnis zwischen den beiden blieb offenbar über 1945 hinweg von ungetrübter wechselseitiger Wertschätzung geprägt: So lobte Ipsen seinen ehemaligen Assistenten Conze dafür, dass dieser bemüht sei, die »Realsoziologie Ostmitteleuropas weiterhin in Sicht und Griff« zu haben und »in der Geschichte geltend zu machen«.[349] Conze bezeichnete Ipsens »Bevölkerungslehre« (1933) seinerseits noch im Jahr 1975 weiterhin als »unverzichtbar«.[350]

Ipsens Interesse an quantifizierenden Untersuchungen des deutschen ›Volkskörpers‹ lässt sich wesentlich von seinen frühen Erfahrungen in der experimentellen Wahrnehmungspsychologie ableiten: Als Ipsen kurz nach Studienbeginn von Innsbruck nach Leipzig wechselte, traf er an der dortigen Universität auf Felix Krueger (1874-1948), der in Deutschland als einer der Hauptvertreter der Ganzheits- und Strukturpsychologie galt. In Anlehnung an Krueger begann Ipsen wahrnehmungspsychologische Untersuchungen, die er als Labor-Experimente mit studentischen Probanden durchführte. Diese Arbeiten führten sowohl zu seiner Dissertation wie auch zu seiner Habilitationsschrift. Die Anlage und Auswertung psychologischer Experimente mit Probanden, der Umgang mit dem Rechenschieber und mit statistischen Auswertungen machten ihn dabei mit wissenschaftlichen Praktiken vertraut, die in der Soziologie damals kaum bekannt waren und eine methodische Brücke zu Ipsens späteren ›bevölkerungssoziologischen‹ Studien bildeten.[351]

Abgesehen von seiner Schulung zur praktischen Arbeit mit statistischem Datenmaterial dürfte ihn besonders Kruegers ›ganzheitlicher‹ Zugang zur Psychologie beeindruckt haben. Von noch größerer Bedeutung war allerdings der Einfluss zu veranschlagen, den Hans Freyer auf Ipsen ausübte. Freyer hatte 1925 in Leipzig den ersten Lehrstuhl für Soziologie in Deutschland erhalten. Dieser war wie Ipsen der deutschen Jugendbewegung eng verbunden; er stand jungkonservativen Kreisen nahe und propagierte eine Auffassung der Soziologie als ›Wirklichkeitswissenschaft‹, welche die ›Krise der Gegenwart‹ zum Ausgangspunkt historisch fundierter diagnostischer Forschungen machen sollte. Als Teil der ›Leipziger Schule‹ um Freyer, zu der auch Arnold Gehlen (1904-1976) und Helmut Schelsky (1912-1984) zählten, wandte sich Ipsen in seinen Dozentenjahren (1926-1933) solchen als ›realsoziologisch‹ verstandenen Forschungen zu.[352]

349 Ipsen an Conze, 30.10.1953, zit. n. Hamann, Gunther Ipsen, 197.

350 Ebd., 197.

351 Rainer Mackensen, Vier Wurzeln der empirischen Sozialforschung, in: ZfB 28 (2003), 483-504, 488; vgl. zu Ipsens Arbeitsweise die aus eigener Anschauung gewonnene eindrückliche Schilderung von Rainer Mackensen: Gunther Ipsens Bevölkerungslehre: Herkunft, Inhalt und Wiedergabe im Werk Mackenroths, in: Josef Schmid (Hg.), Bevölkerungswissenschaft. Die »Bevölkerungslehre« von Gerhard Mackenroth – 30 Jahre danach, Frankfurt a. M. 1985, 42-89, hier 43-47.

352 Vgl. zuletzt Sehested v. Gyldenfeldt, Gunther Ipsen, 303.

In seinen Dorf- und Bevölkerungsstudien sah Ipsen einen Versuch zur empirischen ›Entzifferung‹ der sozialen Wirklichkeit. Die politischen Intentionen, welche eine solche ›Realsoziologie‹ wesentlich anregten, waren für Ipsen Teil einer spezifisch handlungsorientierten Wissenschaftsauffassung. Nach Hansjörg Gutberger bestand die besondere »Ironie« dieser Forschungsrichtung darin, dass Ipsen »eher an seinem Bild von der ›Gestalt‹ der Welt« interessiert gewesen sei, als an der »wirklichen Welt«. Bei seinen Forschungen habe es sich um »einen zweifelhaften Abweg« gehandelt, sowohl was die ›Soziologie‹ als auch was die Bevölkerungswissenschaft betraf«.[353] Im Zentrum dieser Arbeiten standen ›Dorfaufnahmen‹, die ab 1931 unter Ipsens Gesamtleitung mit Hilfe von verschiedenen studentischen Forschergruppen in sogenannten ›Dorfwochen‹ durchgeführt wurden. Diese Untersuchungen sollten auf dem Wege der ›teilnehmenden Beobachtung‹ ein bestimmtes ›Gefüge‹ von ständischen ›Gemeinschaften‹ aufdecken.[354] Zu den Schülerarbeiten, die auf sie zurückgingen, zählte u.a. die Dissertation von Hans Linde über das ostpreußische Dorf Piassutten. Ipsen bezeichnete diese Arbeit in seinem Vorwort als »ein echtes Stück deutscher Volksgeschichte«.[355]

Die Dorfstudien waren »Bestandsaufnahmen der landwirtschaftlichen und der Familien-Strukturen in ausgewählten Dörfern, die von Gruppen von Studenten in direkter Beobachtung durchgeführt und historisch unterlegt wurden«.[356] Sie sollten »die Lebenswirklichkeit des deutschen Dorfes« erfassen. Ipsen sah im Verlust der »Ordnungen des Gemeinschaftslebens auf dem Lande« eine der Ursachen für den »Verfall« im »ländlichen Bereich des deutschen Lebens« und stimmte in dieser Diagnose mit führenden Propagandisten der ›konservativen Revolution‹ wie Freyer überein.[357] Er betonte aber auch, dass die ländliche Gesellschaft ihren ›ganzheitlichen‹ Charakter dort bewahrt habe, wo sie die überlieferten kulturellen Formen des ›Deutschtums‹ nicht aufgegeben habe. Die konventionelle konservative Kritik an den Folgen von Technisierung und Industrialisierung seit dem 19. Jahrhundert, in welche Ipsen sich hiermit einreihte, bildete nur die Kehrseite seiner offensiven Suche nach agrarökonomischen Ordnungsmodellen. Deren Kristallisationskern erblickte Ipsen im deutschen ›Bauerntum‹ als dem vermeintlichen Bindeglied von ›Land‹ und ›Volk‹. Das Verfahren der ›Dorfaufnahmen‹ verstand sich im Sinne der ›Realsoziologie‹ als eine sozio-demographische Untersuchung des ›Volkskörpers‹. Mit den Ergebnissen,

353 Gutberger, Bevölkerung, 95; 88.

354 Vgl. ebd., 91-100.

355 Linde promovierte mit dieser Studie bei Hans Freyer und Hans Jürgen Seraphim (1899-1962). Gunther Ipsen, Vorwort, in: Hans Linde, Preußischer Landesausbau. Ein Beitrag zur Geschichte der ländlichen Gesellschaft in Süd-Ostpreußen am Beispiel des Dorfes Piassutten, Kreis Ortelsburg, Leipzig 1939, III-V, IV. Vgl. zu Lindes Dissertation die exemplarische Kritik von Axel Flügel, Ambivalente Innovation. Anmerkungen zur Volksgeschichte, in: GG 26 (2000), 653-671, bes. 659-671.

356 Mackensen, Vier Wurzeln, 487.

357 Gunther Ipsen, Über Dorfforschungen, in: Zeitschrift für Volkskunde N.F. 47 (1938), 245-250, 248.

die Ipsen aus diesem Verfahren zu gewinnen suchte, hoffte er, der deutschen »Agrarpolitik« ein Instrumentarium an die Hand zu geben, »um das Landvolk anzusprechen, zu erziehen und [zu] gestalten.«[358]

Die spezifische politische Mentalität Ipsens, der als rühriger Organisator nationalsozialistischen Auffassungen der ›kämpfenden Wissenschaft‹ zur Durchsetzung verhelfen wollte, verdeutlichen insbesondere die Vorbereitungsarbeiten zum 14. Internationalen Soziologen-Kongress in Bukarest. Dieser war für Ende August 1939 geplant und musste aufgrund der sich zuspitzenden Kriegsgefahr abgesagt werden. Vom *Reichsministerium für Wissenschaft, Erziehung und Volksbildung* (REM) offiziell zum »Führer der deutschen Teilnehmer« bestimmt, beeinflusste Ipsen in dieser Eigenschaft maßgeblich die Auswahl der nach Bukarest zu entsendenden Vortragenden. Gegenüber Reichsminister Bernhard Rust (1883-1945) begründete er die Notwendigkeit, an dem Kongress teilzunehmen: Es sei nämlich »falsch«, »ein solches Feld der Werbung unsern politischen Feinden – Juden, Volksfrontgruppen, Liberalen und Marxisten – zu überlassen«. Um »die Ansätze unsrer nationalsozialistischen Volkslehre« in Bukarest propagandistisch wirksam zu verbreiten, warb er für die »Zusammenstellung einer einheitlich handlungsfähigen, disziplinierten und verantwortlichen deutschen Mannschaft«. Im Februar 1938 berichtete er dem Ministerium, dass er »selbstverständlich alle Einladungen an Juden, Mischlinge, jüdisch Versippte und politisch Ausgeschiedne zurückgehalten« habe. Im Mai des folgenden Jahres stand die Teilnehmerliste der politisch Opportunen weitgehend fest: Abgesehen von Ipsen selbst hatten sich u.a. Werner Conze, Hans Freyer, Helmut Haufe, Adolf Helbok, Karl Valentin Müller und Kleo Pleyer zu der Tagung angemeldet, wofür ihnen bereits die Genehmigung des REM erteilt worden war.[359]

Für die Verteilung der Kongressvorträge sah Ipsen eine Schwerpunktsetzung auf der »ländlichen Soziologie« und »Bevölkerungswissenschaft« vor. Er kündigte »eine Behandlung der Judenfrage« an und beabsichtigte hierzu den »Pariakapitalismus des Land- und Dorfjuden« zu thematisieren. Er selbst wollte über die »Agrarische Bevölkerung« vortragen; sein Mitarbeiter Conze sollte über »Die ländliche Übervölkerung in Polen« sprechen. Für den Kongress strebte Ipsen eine offene Konfrontation mit westlich-liberalen Richtungen innerhalb der internationalen Soziologie an. In militanter Rhetorik kündigte er an, mit seiner Delegation in Bukarest »wissenschaftlich an[zu]treten« und »dem Gegner« dadurch »das Feld nicht kampflos« zu überlassen. Um dieses Ziel zu erreichen, wollte er sich zusätzlich der Unterstützung von Corrado Gini (1884-1965) als dem Leiter der italienischen Delegation versichern.[360]

358 Ebd., 248.

359 BArch Berlin, R 4901/2979, REM an Ipsen, Bl. 128, 11.4.1938; Bl. 260, 25.5.1939, Beilage; Ipsen an REM, Bl. 121, 2.2.1938; Bl. 180, 21.1.1939.

360 BArch Berlin, R 4901/2979, Ipsen an REM, Bl. 180, 21.1.1939; Ipsen an REM, Bl. 234, 10.2.1939; Bl. 292, 11.3.1939. Vgl. zum Bukarester Soziologenkongress ausführlich Klingemann, Soziologie, 73-84. Für die französische Soziologie plante Marc Bloch, den

Während Ipsen in Königsberg seinen ersten (und letzten) Lehrstuhl erlangte, kam Werner Conze dort als junger Doktorand im Umkreis von Hans Rothfels zur deutschen ›Volks-‹ und ›Ostforschung‹. Im autobiographischen Rückblick schrieb er Ipsen, den er im Zuge seiner Dissertationsarbeit kennengelernt hatte, die entscheidende Anregung zu, ihn von der Geschichtswissenschaft zu den »mich reizenden Grenzgebieten zwischen Geschichte und Soziologie«[361] geführt zu haben. In Königsberg promovierte Conze 1934 als letzter Doktorand von Rothfels, der im selben Jahr wegen seiner jüdischen Herkunft von seinem Lehrstuhl vertrieben wurde und 1939 über England in die USA emigrieren musste. Conzes Dissertation »Hirschenhof – die Geschichte einer Sprachinsel in Livland« entstand im Zusammenhang mit der ›Deutschtumsarbeit‹ der DAG, in welcher er zusammen mit Theodor Oberländer und Theodor Schieder auf seine künftige Rolle als ›politischer‹ Historiker vorbereitet wurde.[362] Von Königsberg wechselte Conze nach Wien, wo er sich mit seiner Studie »Agrarverfassung und Bevölkerung in Litauen und Weißrußland« habilitierte; seine akademische Karriere führte ihn, der während des Krieges als Soldat meist an der Ostfront stand, allerdings bereits 1943 nach Posen (Poznań), wo er nominell Dozent für »Agrar- und Siedlungsgeschichte sowie Geschichte der völkischen Sozialentwicklung« wurde.[363]

Ipsens ›Deutsche Soziologie‹ und ›Bevölkerungslehre‹

Gunther Ipsen ist als Verfasser des Artikels »Bevölkerungslehre« bekannt, der 1933 im »Handwörterbuch des Grenz- und Auslanddeutschtums« erschien.[364] Köllmann sah in dieser »Bevölkerungslehre« einen wesentlichen Beitrag zur Entwicklung einer historisch-soziologischen Bevölkerungstheorie. Ipsen versuche damit »das deutende Verstehen des Bevölkerungsgeschehens in seinem raumzeitlichen und gesellschaftlichen Beziehungsgefüge«.[365] Bernhard vom Brocke wies gleichfalls darauf hin, dass Ipsen »in mehrjähriger Gemeinschaftsarbeit« mit Helmut Haufe dadurch »den Grund zu einer histor.-soziol. Theorie des Bevölkerungsprozesses« gelegt habe, der »über seine Schüler W. Conze und W. Köllmann auf die moderne Sozial- und Bevölkerungsgeschichte«[366] gewirkt habe. An anderer Stelle schrieb vom Brocke allerdings einschränkend, dass »von Haufes Ansatz« »alle Wege zur modernen Bevölkerunssoziologie« geführt hätten, »von der Agrarromantik und Blut und Boden-Ideologie des Lehrers v o r 1945 keiner«.[367]

Verfechtern der ›Volksforschung‹ in Bukarest wissenschaftlich entgegenzutreten. Vgl. Werner Lausecker, Werner Conze, in: Haar/Fahlbusch (Hg.), Handbuch, 93-103, 95.

361 Conze an Gerhard A. Ritter, 9.9.1985, zit. n. Dunkhase, Werner Conze, 38 f.

362 Vgl. Lausecker, Werner Conze, 93-103; Haar, Historiker, 70-76.

363 Ebd. (Lausecker), 99 f.

364 Vgl. Ipsen, Bevölkerungslehre.

365 Köllmann, Bevölkerungsgeschichte, 14.

366 Vom Brocke, Bevölkerungswissenschaft, 426.

367 Ebd., 85.

Mit diesen hinsichtlich Ipsens langfristiger Wirkung nicht widerspruchsfreien Einschätzungen sind wenigstens zwei Problemstellungen verknüpft, die ich im Folgenden näher diskutiere: Die eine bezieht sich auf die Frage, welches Verständnis von Ipsens Bevölkerungstheorie dazu führte, dass diese häufig als ›historisch-soziologisch‹ charakterisiert wurde, und wie damit umzugehen ist. Die zweite Frage bezieht sich auf ihre Rezeption in Forschungen zur deutschen ›Bevölkerungsgeschichte‹.

Das erste Forschungsproblem führt unmittelbar zu den von Ipsen in seiner »Bevölkerungslehre« postulierten Zusammenhängen zwischen ›Bevölkerung‹, ›Rasse‹ und ›Lebensraum‹: Der Bevölkerungsprozess vollziehe sich demnach als dynamischer »Gattungsvorgang« einer »Rasse«. Unter »Bevölkerung« sei der »Drang« zu verstehen, »womit eine Rasse ihren Herrschaftsraum lebendig erfüllt«. »Bevölkerung« definierte Ipsen daher als »das immerwährende Geschehn, wodurch die Rasse ihren Bestand erhält«. »Rasse« sei »die unter einem züchtenden Artbild zusammengeschlossene oder zusammenwachsende Gemeinschaft der Nahrung und des Blutes«.[368] Ipsen zufolge wies der Bevölkerungsprozess somit einen Fluchtpunkt in der ›Rasse‹ auf, die er als hinter der ›Bevölkerung‹ stehendes biologisches Substrat konstruierte: Diese erschien in Anlehnung an den Begriff der ›Peuplierung‹, welcher die prozesshafte Dimension von ›Bevölkerung‹ betonte, als im ›Lebensraum‹ sich vollziehender biologischer Vorgang. Aus diesem Befund der zentralen Stellung einer biologischen Auffassung der ›Rasse‹ in Ipsens »Bevölkerungslehre« zog Josef Ehmer die Schlussfolgerung, dass diese in sich zusammenbräche, würde man »den ›Bestand der Rasse‹ nicht als Sinn oder innere Logik aller demographischen Ereignisse und Beziehungen« akzeptieren.[369]

Ipsen sah sich selbst als in der Tradition einer ›Deutschen Soziologie‹ stehend, die ihrerseits in Wilhelm Heinrich Riehl einen ihrer Ahnherrn erblickte und soziologisches Denken mit historiographischen Verfahrensweisen zu verknüpfen suchte. Er selbst war bestrebt, sein bevölkerungswissenschaftliches Lehrgebäude mit vermeintlich historisch begründeten Argumenten zu untermauern. Kollektivistische Vorstellungen, wie die Gesellschaft beschaffen sei, paarten sich in Ipsens Forschungsansatz mit der dogmatischen Ablehnung vermeintlich individualistischer Theorieentwürfe zu ›Bevölkerung‹. Ehmer vermutete, dass Ipsens »Bevölkerungslehre« letztlich einen Versuch darstellte, das gleichlautende Werk von Paul Mombert, welches im Kontext der Nationalökonomie entstanden war, durch eine völkische Bevölkerungstheorie zu ersetzen.[370]

Um sein Erklärungsmodell abzusichern, bediente sich Ipsen zwar wie erwähnt aus dem Arsenal der Historie; seine darauf aufbauenden Interpretationsmuster ließen sich allerdings anhand empirischer Befunde nicht schlüssig überprüfen: So bildete eines der zentralen Elemente seiner Theorie die Vorstellung,

368 Ipsen, Bevölkerungslehre, 426.

369 Josef Ehmer, Eine »deutsche« Bevölkerungsgeschichte? Gunther Ipsens historisch-soziologische Bevölkerungstheorie, in: Demographische Informationen (1992), 60-70, 64.

370 Ebd., 63.

dass vorindustrielle Gesellschaften durch eine überzeitlich konstante »agrarische Bevölkerungsweise« gekennzeichnet gewesen seien.[371] Darin drückte sich eine – nur als ahistorisch zu bezeichnende – Auffassung des »bodenständigen Bauernstands« aus, der als »positive Macht der Beharrung« den Fortbestand einer fest gefügten ständischen Sozialordnung garantierte.[372] Demgegenüber konstruierte Ipsen das ›Proletariat‹ als zerstörerische Kraft, dessen ungezügelte Reproduktion als Folge von Bauernbefreiung und Wegfall ständischer Schranken in der Krise des ›Pauperismus‹ in der ersten Hälfte des 19. Jahrhunderts eine ›Übervölkerung‹ herbeigeführt und dadurch das überlieferte Gleichgewicht von ›Nahrungsspielraum‹ und Bevölkerungsgröße ernsthaft bedroht habe.[373] Ipsens Bevölkerungstheorie wies zudem eine Stoßrichtung gegen die geburtenstarken Länder Ostmitteleuropas auf; auch hier imaginierte Ipsen das deutsche ›Bauerntum‹ als eine wesentlich biologisch determinierte Kraft, die sich gegen den ›Bevölkerungsdruck‹ stemmte, welcher latent auf den Grenzen des Deutschen Reiches lastete.[374]

Die soeben knapp referierten Grundgedanken dieser »Bevölkerungslehre« sollen zum Ausdruck bringen, dass ihre völkische Fundierung zusammen mit ihrer ahistorischen und biologistischen Argumentationsweise ihren Gehalt zu sehr bestimmte, um sie unreflektiert als einen ›historisch-soziologischen‹ Beitrag zur Bevölkerungswissenschaft zu kennzeichnen. Denn nicht die ›Gesellschaft‹, sondern ›Bevölkerung‹ als deren Substituent und eigentlich bestimmende Kraft des sozialen Lebens stand im Mittelpunkt von Ipsens Betrachtungen. Für Carsten Klingemann wiesen die von Ipsen angeregten Studien gleichwohl »einen Weg zur modernen empirischen Soziologie und Sozialgeschichte«. Trotzdem wollte er Ipsens Bevölkerungswissenschaft nicht als »historisch-soziologisch« einstufen. Dies unterstrich er dadurch, indem er in einer spitzfindigen Pointe darauf hinwies, dass Ipsen seine Arbeiten selbst eher als »historisch-politisch« denn als »historisch-soziologisch« eingestuft habe.[375] Sehested v. Gyldenfeldt meinte dazu relativierend, dass die empirischen und historischen Elemente in Ipsens »Realsoziologie« darauf abzielten, »etwas zu bewirken«. Dies habe Ipsen mit »historisch-politisch« gemeint.[376]

Die uneinheitlichen Interpretationslinien, welche in der Literatur zu Ipsen wie oben gesehen nach wie vor zutage treten, führen mich zu dem zweiten Forschungsproblem, der spezielleren hier interessierenden Frage nach der Rezeption von Ipsens »Bevölkerungslehre« in den Geschichtswissenschaften:

371 Vgl. hierzu Ipsen, Bevölkerungslehre, 431-434.

372 Gunther Ipsen, Agrarverfassung III. Das Landvolk. Soziale Struktur, in: Handwörterbuch des Grenz- und Auslanddeutschtums, Bd. 1 (1933), 37-52, hier 39.

373 Vgl. Ehmer, Eine »deutsche« Bevölkerungsgeschichte? 64 f.

374 Vgl. Hamann, Gunther Ipsen, 186.

375 Klingemann, Soziologie, 325; 329. Klingemann bezog sich dabei auf ein Gutachten, das Ipsen 1940 für Helmut Haufe verfasste, in welchem er dessen Arbeiten als »Grundlage zu meinen Forschungen zur historisch-politischen Bevölkerungslehre« charakterisierte (zit. n. ebd.).

376 Sehested v. Gyldenfeldt, Gunther Ipsen, 303.

Die verquer anmutenden Begriffswelten des Königsberger Bevölkerungsforschers stießen, sofern Ipsens Arbeiten in Historikerkreisen überhaupt wahrgenommen wurden, bereits in den 1930er-Jahren bei Erich Keyser auf unverhohlene Skepsis. Der Danziger Historiker äußerte sich in seiner Rezension zu Ipsens »Programm einer Soziologie des deutschen Volkstums«, welche auf dessen Leipziger Antrittsvorlesung vom 13. Juni 1931 zurückging. Er kritisierte den »Reichtum überflüssiger Fremdworte« in diesem Text und dass »alle Begriffe mehr angedeutet als entwickelt« seien.[377] Köllmann bemerkte zum Artikel »Bevölkerungslehre« mehr als fünf Jahrzehnte später lakonisch, dass dieser »an entlegener Stelle in eigenwilliger, schwer zugänglicher Terminologie« veröffentlicht worden sei. Dies sei der Grund dafür gewesen, dass »die allgemeine Geschichtswissenschaft« von Ipsens Ansatz »kaum Kenntnis« genommen haben.[378] Köllmann stellte Ipsen ungeachtet dessen wissenschaftsgeschichtlich in eine Reihe mit deutschen Bevölkerungswissenschaftlern wie Johann Peter Süßmilch (1707-1767) und Gerhard Mackenroth.[379] Das Problem der Rezeption von Ipsens Schriften dürfte Köllmann mit diesem Versuch, Ipsen in die Ahnengalerie der deutschen Bevölkerungsforscher einzureihen, allerdings mehr verdeckt als erhellt haben. Der Publikationsort von Ipsens »Bevölkerungslehre« ist nämlich kaum als ›entlegen‹ zu bezeichnen; bei dem »Handwörterbuch des Grenz- und Auslanddeutschtums« handelte es sich bekanntlich um eines der wichtigsten wissenschaftlichen Großvorhaben der deutschen ›Volksforschung‹ der 1930er-Jahre.[380]

Insgesamt spricht vieles dafür, dass der von Ipsen entwickelte theoretische Ansatz außerhalb seines engeren Leipziger und Königsberger Kreises zwar rezipiert wurde, aber als für konkrete Forschungsfragen nicht operationalisierbar nur wenig Resonanz erfuhr.[381] Analysiert man die konzeptionellen Grundlagen, von denen ausgehend Ipsen (und später auch Mackenroth) ihre Theorien entwarfen, so erscheinen die Erklärungsmodelle des ›Pauperismus‹, der ›Bevölkerungswelle‹ (als Vorform des Modells des ›demographischen Übergangs‹) und des ›Bevölkerungsdrucks‹, der permanent gegen die verfügbaren Ressourcen andränge, zudem als empirisch nicht belegbar. Sie können eher als Ausdruck »zeittypische[r] Leitdiskurse[]« beschrieben werden, die sich auf damalige politische und gesellschaftliche Interessen und Motivlagen zurückführen lassen.[382]

377 Keyser, Bespr. Gunther Ipsen, Programm einer Soziologie, 209.

378 Köllmann, Bevölkerungsgeschichte, 14; 17.

379 Vgl. zu Mackenroths wissenschaftlichen Praktiken im ›Dritten Reich‹ Patrick Henßler, Rassenparadigma und Sozialhygiene in Gerhard Mackenroths wissenschaftlichen Arbeiten und Vorlesungen der Jahre 1933-1943, in: Ehmer et al. (Hg.), Bevölkerungskonstruktionen, 101-130.

380 Vgl. hierzu Oberkrome, Geschichte, Volk und Theorie.

381 Vgl. ferner die Arbeiten von Burgdörfer, Volk ohne Jugend, Helbok, Deutsche Siedlung und Keyser, Bevölkerungsgeschichte (1. Aufl. 1938) (hier »Die deutsche Bevölkerungsgeschichte und ihre Erforschung«, 1-9), für deren wissenschaftliche Ansätze die von Ipsen vertretenen Theoreme keine Rolle spielten und die seine Veröffentlichungen unerwähnt ließen. Vgl. auch Klingemann, Soziologie, 326.

382 Vgl. Ehmer, Bevölkerungsgeschichte, 63 (Zit.); 121f.

Conzes Dissertation und Habilitationsschrift

Als Ostforscher machte sich Conze aufgrund seiner Dissertation »Hirschenhof« und seiner Habilitationsschrift »Agrarverfassung und Bevölkerung« in der Geschichtswissenschaft bekannt. Die späteren Debatten um seine Rolle als Historiker im ›Dritten Reich‹ und die These einer methodischen Innovation in der ›Volksgeschichte‹ kreisten besonders häufig um diese frühen Veröffentlichungen Conzes. Im Folgenden charakterisiere ich daher die darin zu findenden Bevölkerungsargumente nur mit wenigen Strichen. Anschließend weise ich ebenso knapp anhand einiger Beispiele aus der neueren Sekundärliteratur auf die bis heute kontroverse Einschätzung dieser Arbeiten hin.

Conzes Dissertation untersuchte die deutsche ›Sprachinsel‹ Hirschenhof, die 1766 im Zuge der Kolonisationen Katharinas II. entstanden war. Für diese 1934 erschienene Studie nahm sich Conze die »Verbindung von historischer, soziologischer, volkskundlicher und statistischer Methode« durch Walter Kuhn zum Vorbild.[383] Indem er seine Arbeit selbst als »historisch-politisch« charakterisierte – womit er sich wohl nicht zufällig an Ipsens Diktion anlehnte –, suchte er sich gleichzeitig von Kuhns ›Sprachinselforschung‹ abzugrenzen. Die Hirschenhof-Studie beruhte auf dem Theorem des ›Volks- und Kulturbodens‹; das Motiv der deutschen kulturellen Überlegenheit und die strikte Abgrenzung von ›Deutschen‹, ›Letten‹ und ›Slawen‹ waren für sie konstitutiv.[384] Conzes 1940 veröffentlichte Habilitationsschrift untersuchte »Agrarverfassung und Bevölkerung« in Litauen und Weißrussland. Ihre theoretische Grundlage bildete Ipsens »Bevölkerungslehre«. Die angenommene Wechselwirkung von ›Bevölkerung‹ und ›Lebensraum‹ sollte anhand des ehemaligen Großfürstentums Litauen veranschaulicht werden. Dort war in der zweiten Hälfte des 16. Jahrhunderts eine ›deutschrechtliche‹ Hufenverfassung eingeführt worden, die den ›Lebensraum‹ von Litauern und Weißrussen beträchtlich ausgeweitet habe. Während die Litauer die Hufenstelle als Besitzgröße durchwegs angenommen hätten, sei die neue ›Agrarverfassung‹ von den weißrussischen Bauern abgelehnt worden. Da die Weißrussen die ihnen zugewiesenen Hufen fortwährend geteilt hätten, sei die Hufe als Regulativ der Bevölkerungsentwicklung unwirksam geworden und in den weißrussischen Regionen des Großfürstentums eine ländliche ›Übervölkerung‹ entstanden.[385]

Conze verfasste seine Arbeiten im ›Dritten Reich‹ vor dem Hintergrund politischer Konzeptionen, welche die ökonomische und politische Expansion Deutschlands bezweckten und hierzu eine deutsch bestimmte ›Neuordnung‹

383 Conze, Hirschenhof, 14. Vgl. hierzu auch Dunkhase, Werner Conze, 32, der Kuhn unzutreffend als »Sprachwissenschaftler« bezeichnete, dessen vermeintlich linguistischen Fachbegriff »Sprachinsel« Conze abgelehnt und der stattdessen den Terminus »Volksinsel« vorgezogen habe. Vgl. auch Pinwinkler, Walter Kuhn.

384 Vgl. Lausecker, Werner Conze, 93 f.; Conze, Hirschenhof, etwa 82 f.; 98 f.; 105.

385 Marco Wauker, »Volksgeschichte« als moderne Sozialgeschichte? Werner Conze und die deutsche Ostforschung, in: ZfO 52 (2003), 347-397, hier 363-379.

Ostmitteleuropas anstrebten.[386] Dass die Studien des Königsberger Historikers in diesen politischen Kontext zu stellen sind, dürfte in der Forschung mittlerweile kaum mehr bestritten werden. Deutlich unterschiedliche Akzentuierungen ergeben sich allerdings nach wie vor bei der Frage, wie die damals entstandenen Forschungen Conzes aus methodischer und fachgeschichtlicher Sicht einzuordnen sind. So räumte Dunkhase zwar ein, dass etwa die Untersuchung von Dorfformen durch ideologische Voreingenommenheit »überschattet« worden sei. In diesem Zusammenhang verzichtete der Conze-Biograph nicht auf die – hier nicht weiter belegte – Aussage, dass Conzes »wissenschaftliche Vorgehensweise« durchaus »modern in dem Sinne anmuten mag, dass sie statistisch-kartographische Verfahren mit sozialwissenschaftlich präzisierter Analyse und Typisierung unterschiedlicher Dorfformen«[387] verbunden habe. Bezüglich Conzes bekannter antisemitischer Äußerungen führte Dunkhase aus, dieser habe »lediglich judenfeindliche Gemeinplätze des ihn umgebenden Meinungsklimas« bestätigt, »ohne darüber hinaus weiter reichende Maßnahmen anzumahnen«.[388]

Werner Lausecker und Marco Wauker hinterfragten demgegenüber deutlich die oft behauptete Modernität und methodische Innovation von Conzes Forschungen. Mit ihren Studien knüpften sie an eine frühe Kritik Conzes durch den polnischen Historiker Henryk Łowmiański (1898-1984) an, der 1947 eine Studie zu den methodischen Grundlagen von Conzes Habilitationsschrift veröffentlicht hatte. Łowmiański zog aus dieser Untersuchung die Schlussfolgerung, dass die von Conze errechneten Bevölkerungsziffern ein »zufälliges Ergebnis von statistischen Daten« darstellten. Den »ethnographischen Faktor« bezeichnete er als »rätselhaft«.[389] Lausecker schloss sich diesem Urteil weitgehend an. Er konzentrierte sich in seiner detaillierten Kritik der Habilitationsschrift auf den Nachweis, dass diese Arbeit im Kern ihres als empirisch deklarierten methodischen Ansatzes von der apriorischen Konstruktion völkischer Differenzen ausgegangen sei. Seine diesbezügliche Argumentation spitzte er folgendermaßen zu: »Diese völkischen Differenzen werden nicht mit sozialen Argumenten erklärt, vielmehr werden soziale Phänomene durch völkische Differenzen erklärt.«[390]

Nach der Auffassung von Wauker deuteten einige von Conzes Befunden darauf hin, dass etwa die Bewohner der ›Sprachinsel‹ Hirschenhof fremde landwirtschaftliche Methoden oder sozialrechtliche Gewohnheiten übernommen hätten. Conze habe trotzdem durchgehend das Dogma der kulturellen Überlegenheit der Hirschenhöfer vertreten. Dieses könne aber bereits aufgrund der von Conze selbst vorgelegten Ergebnisse nicht als plausibel betrachtet werden.

386 Siehe hierzu auch die entsprechenden Hinweise im Kap. II.5.

387 Dunkhase, Werner Conze, 31. Vgl. zur Problematik der Zuschreibungen von ›Modernität‹ und ›Innovation‹ an Statistik und Kartographie insbesondere das Kap. II.4 der vorliegenden Studie.

388 Ebd., 54.

389 Zit. n. Lausecker, Werner Conze, 100.

390 Werner Lausecker, »Bevölkerung« / »Innovation« / Geschichtswissenschaften, in: Mackensen/Reulecke (Hg.), Das Konstrukt »Bevölkerung«, 201-235, hier 222.

Wauker wies Conze in seiner Analyse der methodischen Grundlagen, auf welchen seine Dissertation und Habilitationsschrift beruhten, zudem krasse Rechenfehler nach: Die Annahme eines unterschiedlichen Bevölkerungswachstums von Litauern und Weißrussen sei, folge man diesen Berechnungen, nämlich keineswegs belegbar. Dies bedeute aber, dass Conzes Grundaussage eines Kausalzusammenhangs zwischen ›Agrarverfassung‹ und Bevölkerungsentwicklung sich als wissenschaftlich haltlos erwiesen habe.[391]

Seine Vorschläge zur ›Entjudung‹ von polnischen ›Marktflecken und Städten‹, für die er in seinem Vortragsmanuskript zum 1939 abgesagten Bukarester Soziologenkongress warb, deklarierte Conze als bevölkerungspolitisches Mittel zur Linderung von Übervölkerungsproblemen.[392] Diese viel zitierten Aussagen Conzes verweisen unmittelbar auf seine ideologische Affinität zur NS-Bevölkerungspolitik in Osteuropa. Die Belege für weitere antisemitische Argumentationsmuster, die Lausecker in verschiedenen seiner Schriften aus der Zeit des ›Dritten Reichs‹ ausfindig machte,[393] lassen die Frage, wie antisemitisches Denken, Bevölkerungsargumente und Volkstumspolitik bei Conze einander wechselseitig bedingten, daher weiterhin als diskussionswürdig erscheinen.

In diesem Zusammenhang weise ich ergänzend auf thematisch vergleichbare, wenngleich noch in der späten Weimarer Republik erschienene zeitgenössische Minderheitenforschungen hin, die im Unterschied zu Conze sich keiner antisemitischen Argumentationsmuster bedienten. So stufte der Soziologe Rudolf Heberle, der auch in politisch rechts stehenden Zeitschriften publizierte, in seinem 1927 erschienenen Buch »Die Deutschen in Litauen« die in diesem Land lebenden Juden zwar als eine ethnisch zu bestimmende Gruppe ein. Er stimmte damit mit vielen anderen zeitgenössischen Forschern überein. Indem er die Benachteiligung der Juden durch den litauischen Staat herausarbeitete,[394] unterschied er sich allerdings deutlich von jenen Minderheitenforschern, die den antisemitischen Denkmustern des deutschen Volkstumsdiskurses folgten. Paul Mombert ging in seiner Abgrenzung von derartigen Arbeiten allerdings noch einen Schritt weiter, indem er ›Bevölkerung‹ ausdrücklich von Begriffen wie ›Volk‹ oder ›Nation‹ unterschied.[395] Für Ipsen und Conze bildete hingegen die ethnisch oder sogar rassisch begründete Bedeutung von ›Volk‹ und ›Nation‹ den heuristischen Ausgangspunkt schlechthin, um ›Bevölkerung‹ als vermeintlich ›historisch-soziologischen‹ Leitbegriff überhaupt fassbar werden zu lassen.

391 Wauker, »Volksgeschichte«, 355 f.; 373.
392 Vgl. hierzu auch die Ausführungen in Kap. II.5.
393 Vgl. Lausecker, Werner Conze, 96-98.
394 Rainer Waßner, Rudolf Heberle, Hamburg 1995, 31.
395 Vgl. Lausecker, Werner Conze, 95.

Ipsen und Conze in der Bundesrepublik Deutschland

In der Festschrift zu Gunther Ipsens 65. Geburtstag feierte dessen Schüler Hans Linde 1967 die wissenschaftlichen Verdienste seines Lehrers: Ipsen habe mit seiner »Bevölkerungslehre« »die überkommene Fragestellung der Bevölkerungswissenschaft aus der Enge einer vorwiegend auf den biologischen Aspekt beschränkten Sicht« befreit und »den Grund zu einer historisch-soziologischen Theorie des Bevölkerungsprozesses« gelegt.[396] Autoren von Nachrufen auf Conze, der im April 1986 in Heidelberg verstarb, priesen diesen als Gründerfigur der westdeutschen ›Sozialgeschichte‹, der nach 1945 die Historiographie in Übereinstimmung mit dem demokratischen Grundkonsens der Bundesrepublik Deutschland thematisch und institutionell maßgeblich mitgestaltet habe. Die ›Historische Sozialwissenschaft‹ um Hans-Ulrich Wehler (*1931) und Jürgen Kocka (*1941) hatte die ältere ›Sozialgeschichte‹, die mit Conze eng verbunden gewesen war, damals allerdings bereits überholt.[397]

Es steht außer Zweifel, dass Conze als Wissenschaftsorganisator seit den 1950er-Jahren an führender Stelle am institutionellen Aufbau der bundesdeutschen Geschichtswissenschaft mitwirkte. Der *Arbeitskreis für moderne Sozialgeschichte* erlangte dafür eine ausschlaggebende Bedeutung.[398] Conze suchte die Hinwendung der historiographischen ›Zunft‹ zur ›Sozial-‹ und ›Strukturgeschichte‹, so sehr diese in den Traditionen der ›Volksgeschichte‹ und ›Deutschen Soziologie‹ wurzelte, nachdrücklich zu fördern. Nach Thomas Etzemüller übernahm er, gestützt auf das Renommee seiner Heidelberger Professur, dabei die »Position des Sprechers«. Etzemüller bezog sich in dieser Charakterisierung von Conzes Rollenverständnis auf Michel Foucault: Das von einem Sprecher übernommene Amt verlieh demnach den von diesem gemachten Aussagen eine Geltung, »die sie aus sich selbst heraus nicht besitzen«.[399] Gerade weil Conze in seiner ›Zunft‹ eine herausragende Sprecherrolle eingenommen hatte, sind die teils heftig geführten Debatten erklärbar, die in jüngster Vergangenheit um seine Positionierungen und Praktiken im ›Dritten Reich‹ geführt wurden. Wie im Folgenden angedeutet werden soll, war die Art und Weise, wie er ›Bevölkerung‹ in seinen Schriften als Denkansatz verwendete, auch nach 1945 von einer nur wenig modifizierten Kontinuität geprägt. Dieser Befund zieht an dieser Stelle keine Wertung seiner anderen wissenschaftlichen Aktivitäten in der Bundesrepublik nach sich.

In seinen wissenschaftlichen Arbeiten knüpfte Conze noch in den 1950er-Jahren wiederholt an seine früheren agrargeschichtlichen und agrarsoziologischen Forschungen an. Die im Umkreis der deutschen ›Volksgeschichte‹ und ›Ostfor-

396 Hans Linde, Gunther Ipsen, in: Harald Jürgensen (Hg.), Entzifferung. Bevölkerung als Gesellschaft in Raum und Zeit, Göttingen 1967, 167.

397 Dunkhase, Werner Conze, 116f.

398 Vgl. hierzu die Ausführungen im Kap. IV.1.

399 Etzemüller, Sozialgeschichte, 49-176, hier 128, sowie zur pragmatisch gehandhabten und somit weitgehend ungeklärt gebliebenen begrifflichen Bestimmung von ›Struktur-‹ und ›Sozialgeschichte‹ 160-170.

schung‹ entstandenen Studien verteidigte er auch in Zeitschriftenbeiträgen, die im westlichen Ausland erschienen, als wissenschaftlich durchwegs valide: Die im ›Dritten Reich‹ entstandenen Veröffentlichungen von Wilhelm Abel, Hermann Aubin, Otto Brunner, Günther Franz, Helmut Haufe, Gunther Ipsen, Erich Keyser, Hans Linde und Walter Schlesinger bezeichnete er so neben seiner eigenen Habilitationsschrift als relevante Beiträge zur ›Wirtschafts- und Sozialgeschichte‹ in Deutschland.[400] Thematisch bildete allerdings nicht mehr wie vor 1945 das ›Bauerntum‹, sondern die ›Arbeiterschaft‹ einen bevorzugten Gegenstand seiner Forschungen. Den Begriff ›Volksordnung‹, welchen er in einem Artikel über die »Wirkungen der liberalen Agrarreformen« noch 1949/50 unbefangen verwendet hatte,[401] ersetzte er durch »Sozialstruktur«; die deutsche ›Volksgeschichte‹ wurde damit programmatisch zur »Strukturgeschichte der industriellen Welt«. Diese umfasste ein breites Spektrum von Forschungen, besonders zur Industrialisierung in Mitteleuropa, für die auch ›Bevölkerungsgeschichte‹ eine Rolle spielte.[402] Neben Conze zählte Theodor Schieder zu ihren maßgeblichen Organisatoren. Conze und Schieder stellten sich damit gegen den Freiburger Politikhistoriker Gerhard Ritter, der insbesondere der ›Annales‹-Schule und der von ihr bewirkten grundlegenden Neuorientierung der französischen Geschichtswissenschaft skeptisch gegenüberstand.[403]

Conze überließ es zwar seinem Schüler Köllmann, sich auf ›Bevölkerungsgeschichte‹ zu spezialisieren und diese im Kreis der Fachkollegen zu vertreten. Dessen ungeachtet hielt er erstaunlich zäh an antithetischen Denkschablonen fest, die der ›Bevölkerungsgeschichte‹ narrative Kohärenz verleihen sollten. Anhand seines bekannten Artikels »Vom ›Pöbel‹ zum ›Proletariat‹« (1954) lassen sich argumentative Muster nachweisen, deren Affinität zu sozialkonservativ geprägtem Bevölkerungsdenken unverkennbar ist. Die durch sinkende Mortalität und liberale Agrarreformen in der ersten Hälfte des 19. Jahrhunderts hervorgerufene ›Übervölkerung‹ drohte demnach in Deutschland eine nicht näher bestimmte »Katastrophe« herbeizuführen; es war zu befürchten, dass der »entfesselte Pöbel« »über seine Grenzen« trat und »das in sich abgestimmte Gefüge der Gesellschaft« sprenge; die »überwuchernde Unterschicht« musste daher »in ein neues Bett geleitet werden«, wozu die deutschen Staaten nochmals mittels verschärfter Heiratsbeschränkungen einen »Damm« zu bauen versuchten.[404]

400 Vgl. Werner Conze, Writings on Social and Economic History in Germany (1939-1949), in: The Ecomomic History Review 3 (1950), 126-132.

401 Vgl. Werner Conze, Die Wirkungen der liberalen Agrarreformen auf die Volksordnung in Mitteleuropa im 19. Jahrhundert, in: VSWG 38 (1949/50), 2-43.

402 Vgl. Werner Conze, Die Strukturgeschichte des technisch-industriellen Zeitalters als Aufgabe für Forschung und Unterricht, Köln-Opladen 1957. Vgl. zum »Sprung von der Volksgeschichte zur Sozialgeschichte«, den Conze damit vollzogen habe, Dunkhase, Werner Conze, 124f.

403 Winfried Schulze, Deutsche Geschichtswissenschaft nach 1945, München 1993, 286. Vgl. Corneließen, Gerhard Ritter, sowie die Ausführungen in Kap. IV.4.

404 Werner Conze, Vom ›Pöbel‹ zum ›Proletariat‹. Sozialgeschichtliche Voraussetzungen für den Sozialismus in Deutschland, in: VSWG 41 (1954), 333-364, hier 335; 348; 338f.

In diesem Artikel bildeten nicht mehr ›Juden‹ und ›Slawen‹, sondern der ›Pöbel‹ die Projektionsfläche seiner Angstvisionen von ›Übervölkerung‹ und ›Überwucherung‹. Allerdings finden sich in anderen Arbeiten von Conze, die er in der Bundesrepublik veröffentlichte, wiederum klischeehafte Zuschreibungen zu kollektiven jüdischen Verhaltensmustern. Wie schon vor 1945 nahmen diese bei ihm die Funktion ein, seine Denkfigur der ›Übervölkerung‹ als soziales und ökonomisches Problem aufrechtzuerhalten: So machte Conze 1953 den Umstand, dass »Handel und Gewerbe in den kleinen Städten und Flecken« des östlichen Mitteleuropa »in jüdischer Hand« gewesen seien, dafür verantwortlich, dass es für die »ländliche Übervölkerung« nicht »genügend Abflußmöglichkeit« gegeben habe. Noch in den 1970er- und 1980er-Jahren erschien ihm zudem »jüdische Beweglichkeit« ein kollektives Merkmal zu sein.[405]

Im Unterschied zu Conze blieb seinem Lehrer Ipsen die Wiederaufnahme einer Universitätslaufbahn nach der Kapitulation des Deutschen Reiches verwehrt. Im Jahr 1951 kam er aber an die *Sozialforschungsstelle der Universität Münster* in Dortmund, wo er bis 1961 die Abteilung »Demographie und Sozialstatistik« leitete. Er wandte sich vor allem der Großstadt-Soziologie zu, wobei ihm Elisabeth Pfeil als Mitarbeiterin zur Hand ging. Sein früherer Königsberger Kollege Carl Jantke hatte ihm zu der Position an der ›Sozialforschungsstelle‹ verholfen, an der in den frühen 1950er-Jahren ehemalige NS-Wissenschaftler, darunter frühere Leipziger und Königsberger Soziologen, Unterschlupf fanden.[406] Nach Klingemann unternahm Ipsen in der Bundesrepublik keine Anstrengungen, um seiner »Bevölkerungslehre« ein »Überleben« zu sichern.[407] Ungeachtet dessen bearbeitete er weiterhin ›bevölkerungssoziologische‹ Themen, wobei er Bevölkerungsphänomene modellhaft zu erfassen suchte und seine frühere Terminologie nur zögerlich relativierte.

Dies lässt sich anhand seines 1960 erschienenen Artikels »Die Analyse des Volkskörpers« exemplarisch beobachten: Ipsen definierte darin den ›Volkskörper‹ als »die Daseinsform einer durch commercium und connubium verbundenen Menge«. Er unterschied zwischen einem »vollwertigen Volkskörper« der »hochindustriellen Gesellschaft« und dem »halbwertigen Volkskörper« vorindustrieller Herkunft, der durch eine entsprechend verringerte Lebenserwartung gekennzeichnet sei. Im Vergleich zu seiner früheren »Bevölkerungslehre« behielt Ipsen die Unterscheidung zwischen »vorindustriellen« und »industriellen« demographischen Systemen bei; er kam dabei ohne den Begriff der ›Rasse‹ oder der ›Bevölkerungsweise‹ aus.[408] Die Verwendung des Begriffs »Volkskörper« anstelle etwa von ›Alterspyramide‹ spricht hingegen dafür, dass Ipsen sich weiterhin gegen

405 Zit. n. Lausecker, Werner Conze, 100 f.; 103.
406 Vgl. Hamann, Gunther Ipsen, 195 f.; Adamski, Ärzte, 128 f.
407 Klingemann, Soziologie, 330 f.
408 Vgl. Gunther Ipsen, Die Analyse des Volkskörpers, in: Jahrbuch für Sozialwissenschaft 11 (1960), 1-16, hier 1; 8 f.

eine Auffassung von »Bevölkerung« sträubte, »in der nur noch die unverbundene Masse der Individuen nach ihren Merkmalen sortiert, begriffen wird«.[409]

Ein Beispiel für den ambivalenten Versuch einer begrenzten Neupositionierung war ferner Ipsens Studie über die polnische »Volkskraft«, welcher in dem Band »Polen« des von Werner Markert (1905-1965) herausgegebenen »Osteuropa-Handbuchs« erschien. Darin meinte er einerseits, dass der »starke Bevölkerungsdruck des Polentums« nicht als eine »Naturgegebenheit« zu sehen sei. Er brach damit scheinbar mit seinen früheren biologistischen Argumentationslinien. Andererseits schrieb er der polnischen »Volkskraft« eine sie charakterisierende Vermehrungsfähigkeit zu, wobei er seine Bewunderung für die selbst in Krisenzeiten feststellbare Reproduktionsleistung der polnischen Bevölkerung kaum verbergen konnte: »Wenn irgendwer, dann scheint diese [=die polnische] Bevölkerung geeignet, auch schwere Einbußen des Raumes über kurz oder lang wieder auszugleichen.«[410] In einer überarbeiteten Fassung des Abschnitts »Bevölkerungsgeschichte« aus dem Artikel »Bevölkerungslehre«, den Köllmann 1972 in seinem Kompendium mit Abhandlungen zur »Bevölkerungsgeschichte« herausgab, blieben Ipsens Korrekturen ebenfalls nur kosmetisch. Immerhin bediente er sich jetzt des Begriffs der »generativen Struktur«, den Linde 1950 erstmals inhaltlich näher bestimmt hatte. Die Metapher des »Volkskörpers«, die er selbst wie oben skizziert noch 1960 als analytischen Begriff herangezogen hatte, betrachtete er nunmehr offenbar als überholt. Ipsen schrieb ferner statt »Daseinsmächtigkeit des rassischen Bestandes« jetzt »Daseinsmächtigkeit des Bestandes«; statt »Lebenswillen der Rasse« sprach er vom »Lebenswillen des Geschlechts«.[411]

Ipsens Artikel »Bevölkerungslehre« erlebte nach dem Zweiten Weltkrieg keine Neuauflage.[412] Diese bildete gleichwohl eine der Grundlagen für die von einigen seiner Schüler in der Bundesrepublik vorgenommene Konzeption einer deutschen ›Bevölkerungssoziologie‹ und ›Bevölkerungsgeschichte‹. Mackenroths Buch »Bevölkerungslehre« spielte als Vermittler dabei eine wesentliche Rolle. Dieser wandte sich zwar explizit gegen die Überhöhung des »Bauerntums«, die für Ipsen 1933 eine tragende Rolle eingenommen hatte. Mackenroth übernahm aber Ipsens Konzept der »historisch-soziologisch« zu erklärenden »Bevölkerungsweisen« und bezog dieses auf den demographischen Übergang von »agrarischen« zu »industriellen« Gesellschaften: Während die »vorindustrielle Bevölkerungs-

409 Mackensen, Gunther Ipsens Bevölkerungslehre, 48. Mackensen bezog sich hier ausdrücklich auf Ipsens Artikel »Analyse des Volkskörpers« (1960).

410 Gunther Ipsen, Die polnische Volkskraft und der Bevölkerungswechsel in Ostdeutschland, in: Werner Markert (Hg.), Polen, Köln-Graz 1959, 268-313, hier 270.

411 Vgl. Ipsen, Bevölkerungslehre, 430; Gunther Ipsen, Bevölkerungsgeschichte, in: Köllmann/Marschalck (Hg.), Bevölkerungsgeschichte, 84-92, hier 87; 89; 91 f., Anm. 2; vgl. Hans Linde, Die generative Form spezifischer Bevölkerungen, in: Raum und Gesellschaft. Forschungs- und Sitzungsberichte der Akademie für Raumforschung und Landesplanung. Bd. 1, Bremen-Horn 1950, 25-39.

412 Vgl. zu den diesbezüglichen, erfolglos gebliebenen Bemühungen und zu Ipsens ›bevölkerungssoziologischen‹ Beiträgen für die ab 1953 erschienene Neuauflage des »Großen Brockhaus« Klingemann, Soziologie, 330 f.; 335 f.

weise« durch eine hohe Mortalität und Fertilität bei geringem Bevölkerungswachstum gekennzeichnet gewesen sei, habe die »Bevölkerungswelle des 19. Jahrhunderts« eine neue »Bevölkerungsweise« mit niedriger Mortalität und Fertilität herbeigeführt.[413]

An der *Sozialforschungsstelle Dortmund* galt seit den frühen 1960er-Jahren Lindes Konzept der ›generativen Struktur‹ als ein geeignetes Modell zur Analyse von Bevölkerungen. Von Ipsens kollektivistischem, volkstumspolitisch geprägtem Ansatz grenzte Linde sich nicht offen ab. Stattdessen wandte er sich gegen einen »biologischen Bevölkerungsbegriff«, der das Verhältnis des Menschen zur Umwelt »zutiefst falsch« beschreibe. Er stellte sich damit nicht etwa gegen Ipsen als »Bevölkerungssoziologen«, dessen Denkmodell er als lehrreich für einen »anthropologischen Bevölkerungsbegriff« ansah, sondern ausdrücklich gegen die »Bevölkerungsbiologie« von Walter Scheidt.[414] Linde betonte einen dezidiert »individualistischen« gegen einen von ihm als »unfruchtbar« bezeichneten »demostatistischen« Erklärungsansatz; er trat folgerichtig dafür ein, auf der Analyseebene Entscheidungen von Familien für oder gegen Geburten in den Blick zu nehmen und diese in den Kontext innerfamilialer Kosten-Nutzen-Kalküle zu stellen.[415]

Conze sah Ipsens wesentliches Verdienst darin, »die grundlegende Bedeutung der Bevölkerungssoziologie für die Sozialgeschichte der industriellen Gesellschaft« erwiesen zu haben.[416] Er wertete aber nicht etwa Ipsens, sondern Mackenroths »Bevölkerungslehre« bei ihrem Erscheinen als die erste »befriedigende Bevölkerungssoziologie«, welche die deutsche ›Wirtschafts- und Sozialgeschichte‹ grundlegend bereichern werde.[417] Dem Kieler Soziologen Mackenroth traute Conze es offenbar zu, als Initiator eines vermeintlich neuartigen Blicks auf Bevölkerungsprozesse auch Forschungen zur ›Bevölkerungsgeschichte‹ neu zu beleben. Mackenroths sozialkonservative und sozialdarwinistische Theoreme, die keinen eindeutigen Bruch mit Ipsens Modell erkennen ließen,[418] blieben bei ihm hingegen unerörtert.

Kritik an Ipsens »Bevölkerungslehre« setzte – sofern sie aus dem Kreis seiner Schüler und (ehemaligen) Mitarbeiter überhaupt geäußert wurde – zunächst eher vorsichtig an einigen ihrer methodischen Aspekte an: So äußerte sich Rainer Mackensen (*1927), der 1955 bis 1960 Assistent Ipsens an der ›Sozialforschungsstelle‹ gewesen war, in seiner Habilitationsschrift (1966) zu den bis dahin

413 Zit. n. Ehmer, Bevölkerungsgeschichte, 121 f., der hier auch auf Analogien zwischen der Theorie der ›demographischen Transition‹ und Mackenroths ›bevölkerungssoziologischem‹ Konzept einging. Vgl. auch Mackenroth, Bevölkerungslehre, 109-154.

414 Linde, Die generative Form, 34 f.

415 Vgl. hierzu ausführlich Rainer Mackensen, Nachwuchsbeschränkung – Ansatz, Theorie und Methode bei Hans Linde, in: ZfB 25 (2000), 291-325, bes. 321 zum Wandel der Position Lindes von der demostatistischen zur generativen Analyseebene.

416 Conze, Vom ›Pöbel‹ zum ›Proletariat‹, 335.

417 Werner Conze, Bespr. Gerhard Mackenroth, Bevölkerungslehre. Theorie, Soziologie und Statistik der Bevölkerung, Berlin 1953, in: HZ 177 (1954), 386 f.

418 Vgl. hierzu Ehmer, Eine »deutsche« Bevölkerungsgeschichte? 66-68.

erarbeiteten theoretischen Entwürfen und empirischen Studien zur ›Bevölkerungssoziologie‹ allgemein mit kritischem Vorbehalt: Demnach sei bereits die »Annahme einer generativen Struktur für eine empirisch gegebene Gesamtbevölkerung« als »unzutreffend« zu bezeichnen. »Bevölkerungssoziologische Schlüsse« könnten nämlich »nur für sozial homogene Gruppen« gezogen werden.[419] Eine Dekade später, als Linde seinen wissenschaftlichen Ansatz in dem von Conze herausgegebenen Band »Sozialgeschichte der Familie in der Neuzeit« zur Diskussion stellte, wurde dieser wenigstens in einem Aspekt etwas konkreter: Die von Ipsen und Mackenroth angesprochenen »schichtenspezifischen Unterschiede der Fortpflanzungsmuster« seien als »historisch noch keineswegs nachgeprüfte Rückprojektionen von Befunden anzusehen, die in der europäischen Geburtenrückgangsdiskussion der Zwischenkriegszeit aktuell waren.«[420] Spätestens in den 1970er-Jahren lassen sich somit erste, wenngleich vereinzelte Ansätze erkennen, Ipsens Arbeiten in ihre spezifischen historischen Entstehungskontexte einzuordnen.[421] Selbst in der Sicht einiger Ipsen-Schüler, die ihrem Lehrer ansonsten durchwegs in Loyalität verpflichtet blieben, geriet dieser sukzessive in die Rolle eines Vorläufers, mit dem zwar nicht gebrochen wurde, dessen epistemologischen Grundannahmen aber in Frage gestellt werden konnten.

7. ›Agrargeschichte‹ zwischen Deutschtümelei und internationaler Respektabilität? Wilhelm Abel und Günther Franz

Einige Thesen des Agrarökonomen und -historikers Wilhelm Abel und des Agrarhistorikers Günther Franz werden nicht nur im deutschsprachigen Raum, sondern auch international noch heute diskutiert. Historiographische Synthesen bauen in einigen Aspekten auf Forschungen dieser beiden Historiker auf. Im Vordergrund der folgenden Untersuchungen steht die exemplarische Erörterung ihrer jeweiligen Bevölkerungskonzeptionen als Historiker, aber auch die facettenreiche Selbstmobilisierung von Abel und Franz für den Nationalsozialismus. Der Befund einer wenigstens partiell bis heute andauernden kritischen Rezeption der Arbeiten von Abel und Franz wirft Fragen auf, die über die Rekonstruktion der jeweiligen Relationen von ›Bevölkerung‹ und ›Agrargeschichte‹ deutlich hinausführen: Was macht vor allem Abels Forschungen so interessant, dass sie

419 Zit. n. Klingemann, Soziologie, 334. Vgl. auch Mackensen, Gunther Ipsens Bevölkerungslehre, 59-69.

420 Hans Linde, Familie und Haushalt als Gegenstand bevölkerungsgeschichtlicher Forschung, in: Werner Conze (Hg.), Sozialgeschichte der Familie in der Neuzeit Europas, Stuttgart 1976, 32-52, hier 39.

421 Dazu dürften auch die von Adamski beigebrachten Belegstellen aus den 1950er- und 1960er-Jahren passen, die darauf hindeuten, dass insbesondere Ipsens Rolle im ›Dritten Reich‹ damals in seinen Mitarbeiter- und Schülerkreisen offenbar nicht einmal andeutungsweise diskutiert wurde. Adamski, Ärzte, 131.

noch heute neben Zustimmung auch Kritik und Widerspruch herausfordern? Worin unterscheiden sie sich von den Arbeiten Günther Franz'?

›Agrarökonomie‹ und ›Agrarverfassung‹

Bis in die jüngere Vergangenheit pflegten Wilhelm Abels Schüler dessen Habilitationsschrift »Agrarkrisen und Agrarkonjunktur in Mitteleuropa vom 13. bis zum 19. Jahrhundert«,[422] die 1935 in erster Auflage erschienen war, als frühes Meisterwerk zu würdigen.

So hob der Wirtschafts- und Sozialhistoriker Friedrich-Wilhelm Henning (1931-2008) hervor, dass Abel realgeschichtliche mit theoretischen Ansätzen systematisch in einer Weise vernetzt habe, wie dies zuvor in der agrargeschichtlichen Forschung weder in Deutschland, noch in anderen Ländern geschehen sei.[423] Sein Kollege Karl Heinrich Kaufhold (*1932) sah in diesem Buch »ein neues Bild der Wirtschaftsgeschichte« verwirklicht. Das von Karl Bücher entwickelte Modell der »geschlossenen Hauswirtschaft« sei von einer neuen Sicht auf die Geschichte der Marktbeziehungen abgelöst worden: Entwickelte Marktbeziehungen habe es bereits seit dem hohen Mittelalter gegeben. Die Wirtschaftsgeschichte könne laut Abel nicht als gleichförmiger Prozess betrachtet werden. Das ökonomische Geschehen sei vielmehr von spezifisch geformten historischen Perioden, sogenannten »säkularen Wechsellagen«, bestimmt. Abel habe darunter »die Einflüsse der Veränderungen der Agrarpreise, der Marktverhältnisse und der Bevölkerungsverhältnisse« verstanden. Die Bevölkerungsentwicklung bildete dabei nur eines unter mehreren, reziprok miteinander verknüpften Elementen, die auf diese Wechsellagen kausal einwirkten.[424]

Zur Beschäftigung mit der ›Agrar-‹ und ›Bevölkerungsgeschichte‹ kam Abel, weil er sich eingehend mit der französischen Literatur zur langfristigen Bewegung der Getreidepreise befasst hatte. Er hatte beobachtet, dass die Bevölkerungszunahme in Mitteleuropa langfristigen Schwankungen der Preis- und Lohnbewegung entsprach. Abel zog daraus die Schlussfolgerung, dass diese beiden Reihen miteinander verknüpft werden sollten, um den Nachweis zu ermög-

422 Wilhelm Abel, Agrarkrisen und Agrarkonjunktur in Mitteleuropa vom 13. bis zum 19. Jahrhundert, Berlin-Hamburg 1935, ²1966, ³1978 (japan. 1972, franz. 1973, ital. 1976, engl. 1980).

423 Friedrich-Wilhelm Henning, Agrargeschichte als wichtiger Bestandteil der Wirtschafts- und Sozialgeschichte unter besonderer Berücksichtigung der Forschungsansätze Wilhelm Abels, in: Markus A. Denzel (Hg.), Wirtschaft – Politik – Geschichte. Beiträge zum Gedenkkolloquium anläßlich des 100. Geburtstages von Wilhelm Abel am 16. Oktober 2004 in Leipzig, Stuttgart 2004, 11-36, hier 14.

424 Karl Heinrich Kaufhold, Der Beitrag Wilhelm Abels zur wirtschaftshistorischen Forschung im 20. Jahrhundert, in: Denzel (Hg.), Wirtschaft, 106 f. Henning, Agrargeschichte, 32 (Zit.).

lichen, dass die mitteleuropäische Landwirtschaft schon frühzeitig von Marktbeziehungen abhängig gewesen sei.[425]

Abels agrarökonomischer Ansatz unterschied sich grundlegend von den agrarhistorischen Zugängen, die ausgebildete Fachhistoriker wie Günther Franz oder Werner Conze entwickelten. Diese bezogen sich zumindest bis 1945 in erster Linie auf den Nachweis völkisch determinierter ›Agrarverfassungen‹, die sie als Ausdruck hierarchisch gegliederter ›Volksordnungen‹ betrachteten, wobei sie die Analyse von wirtschaftlichen Strukturen und Prozessen vernachlässigten. Auch Conzes Habilitationsschrift »Agrarverfassung und Bevölkerung in Litauen und Weißrußland« kann dafür als ein Beleg gelten.[426] Dieselbe Arbeit lässt sich aber auch als eine affirmative Fallstudie sehen, die der Darstellung des Aufzwingens einer »fremden, nach deutschen Maßstäben ausgebildeten Verfassung« in Ostmitteleuropa breiten Raum gab.[427] Derartige volksgeschichtlich geprägte Sichtweisen waren in der geschichtswissenschaftlichen Agrarforschung spätestens seit den 1930er-Jahren weit verbreitet. Dies galt auch für Günther Franz' Habilitationsschrift »Die agrarischen Unruhen des ausgehenden Mittelalters«.[428]

Sein bis 1984 in zwölf Auflagen aufgelegtes Buch »Der deutsche Bauernkrieg« enthielt bereits in der ersten Auflage 1933 im Vorwort jenen Satz, der das Bekenntnis seines Verfassers zum Nationalsozialismus und zu einer völkisch ideologisierten Auffassung der ›Agrargeschichte‹ unmissverständlich klarlegte.[429] Zudem erfuhren die im ›Dritten Reich‹ publizierten Auflagen des Buchs nach Dornheim eine »Enteuropäisierung« und »Germanisierung«. Einerseits ließ Franz außerdeutsche Vorläufer des Bauernkriegs, auf die er noch in der ersten Auflage hingewiesen hatte, nunmehr weg. Andererseits deutete er die Formel vom alten Recht jetzt ausdrücklich als germanisches Recht.[430]

425 Abel, Agrarkrisen (1. Aufl. 1935), Vorwort.

426 Vgl. Werner Conze, Agrarverfassung und Bevölkerung in Litauen und Weißrußland. 1. Teil: Die Hufenverfassung im ehemaligen Großfürstentum Litauen, Leipzig 1940.

427 Zu dieser Interpretation von Conzes Habilitationsschrift und den entsprechenden ausführlichen Quellenbelegen vgl. die Ausführungen in Kap. III.6.

428 Günther Franz, Die agrarischen Unruhen des ausgehenden Mittelalters. Ein Beitrag zur Vorgeschichte des Bauernkrieges. Habil.-Schrift, Univ. Marburg 1930 (Teildruck).

429 »Heute, am Ende der ersten siegreichen deutschen Revolution, hat der Bauer im Dritten Reich endlich die Stellung im Leben der Nation gewonnen, die er schon 1525 erstrebte.« Zit. n. Andreas Dornheim, Die deutsche Agrargeschichte in der NS-Zeit und die Lehrstuhl-Berufungen nach 1945 in Westdeutschland, in: Zeitschrift für Agrargeschichte und Agrarsoziologie 53 (2005), 39-55, hier 41. Vgl. Günther Franz, Der deutsche Bauernkrieg, München-Berlin 1933 (12. Aufl., Darmstadt 1984).

430 Ebd. (Dornheim), 41.

Abel, die Theorien von Oswald Spengler und Robert Malthus und seine wissenschaftlichen Aktivitäten im ›Dritten Reich‹

Im Gegensatz zur völkisch orientierten ›Agrargeschichte‹, die sich auf das deutsche ›Volkstum‹ beschränkte, bezog Wilhelm Abel seinen Forschungsgegenstand neben Deutschland auch auf andere europäische Länder, und er rezipierte daher neben der deutschsprachigen auch die englische und französische Forschungsliteratur. In seiner akademischen Antrittsvorlesung, die der damals 31-jährige Abel 1935 vor der Wirtschafts- und Sozialwissenschaftlichen Fakultät der Universität Frankfurt a. M. hielt, widmete er sich den Ursachen der säkularen Schwankungen der Bevölkerungsbewegung, die er in seiner Habilitationsschrift noch offengelassen hatte. Abel setzte sich in seinen Ausführungen über »Wachstumsschwankungen mitteleuropäischer Völker seit dem Mittelalter« kritisch mit Theorien auseinander, die der Geschichtsphilosoph Oswald Spengler (1880-1936) mit Blick auf Praktiken der Geburtenbeschränkung zum »Werden« und »Vergehen« der »Völker« entworfen hatte.[431] Indem er Spengler kritisierte, der einer der Vordenker der ›Konservativen Revolution‹ war, wandte er sich gegen einen der bekanntesten zeitgenössischen Intellektuellen Deutschlands. Spengler distanzierte sich bereits 1933 öffentlich von Hitler und feierte stattdessen Mussolini als den idealen faschistischen Diktator. Er fiel daher bei den nationalsozialistischen Machthabern in Deutschland in Ungnade.[432] In den 1950er-Jahren erneuerte Abel seine Kritik an Spengler und bezog sich dabei auf dessen Typisierung des Bauern als des erdverbundenen »ewigen Menschen«. Abel nannte diese ein »Zerrbild«, das nicht zuletzt der Blut-und-Boden-Gesetzgebung des ›Dritten Reichs‹ zugrunde gelegen habe.[433]

In seinem 1935 gehaltenen Frankfurter Vortrag suchte Abel aufzuzeigen, dass Spenglers kulturpessimistische These einer Korrelation von Geburtenrückgang und kulturell-zivilisatorischem Verfall auf wissenschaftlich unhaltbaren Vorannahmen beruhe. Die Geburtlichkeit sei nämlich bei den »Völkern des Abendlandes« bis zum Einsetzen des Rückgangs der Geburtenziffern im 19. Jahrhundert konstant gewesen. Im Unterschied zur konventionellen ›Historischen Bevölkerungsstatistik‹, deren Ergebnisse sachlich, zeitlich und räumlich eng begrenzt seien, vermöge die siedlungs- und agrargeschichtliche Forschung deutlichere Hinweise auf die langfristigen Schwankungen des Bevölkerungswachstums zu vermitteln. Je nach Intensität und Ausbreitung des Ackerbaus und je nach dem Verbrauch an Ackerfrüchten pro Kopf der Bevölkerung könnten Rückschlüsse auf die Bevölkerungsentwicklung gezogen werden. Abel setzte sich in diesem Zusammenhang kritisch mit dem bevölkerungswissenschaftlichen Schrifttum

431 Wilhelm Abel, Wachstumsschwankungen mitteleuropäischer Völker seit dem Mittelalter. Ein Beitrag zur Bevölkerungsgeschichte und -lehre, in: JbbNSt 142 (1935), 670-692, hier 671; 692.

432 Vgl. Detlef Felken, Oswald Spengler. Konservativer Denker zwischen Kaiserreich und Diktatur, München 1988, 226-229.

433 Wilhelm Abel, Agrarpolitik. 3., neu bearb. Aufl. Göttingen 1951, 49.

auseinander. Die Bevölkerungstheorie von Thomas Robert Malthus (1766-1834) lehnte er ab, da sie sich zu einseitig auf der Annahme einer historisch ständig präsenten »Übervölkerungsnot« gründe. Die »Völker« vermehrten sich aber nicht kontinuierlich, sondern in langfristig angelegten Zyklen. In kritisch-ironischer Wendung gegen die im ökonomischen Denken immer wieder zu beobachtenden demographischen Katastrophenszenarien machte Abel deutlich, dass er die gelehrten Warnungen vor der »Übervölkerung« oder wahlweise der »Entvölkerung« selbst als zeitbedingt erkannte und sie als ein historisch zu problematisierendes Element des Bevölkerungsdiskurses ansah:

> »Es ist nicht ohne Reiz zu beobachten, wie in den Stockungsperioden regelmäßig die Sorge vor dauernder Entvölkerung auftritt, die in den folgenden Jahrhunderten alsbald von der Furcht vor einer Übervölkerung abgelöst wird. [...] Nach langem Vorherrschen malthusianischer Sorgen drängen sich auch heute wieder Untergangspropheten hervor. Künftige Geschlechter werden von ihnen das gleiche sagen können wie wir von manchen Theoretikern der Vergangenheit: sie haben sich geirrt.«[434]

Indem er dogmen- und ›realgeschichtliche‹ Zugänge so miteinander verknüpfte, dass sich daraus sowohl für die agrargeschichtliche Forschung als auch für das theoretische Reflektieren über ›Bevölkerung‹ anregende Impulse ergaben, erwies sich Abel in dieser Hinsicht als durchaus zukunftsweisend. Seine Kritik an Malthus stützte sich allerdings nicht nur auf der Überzeugung, dass dessen Übervölkerungstheorem auf unzureichenden Kenntnissen der europäischen Bevölkerungsentwicklung beruhte. Darüber hinaus kritisierte er auch das spezifische Menschenbild des englischen Ökonomen und Pfarrers: Malthus habe nämlich übersehen, dass »das Bedürfnis nach Familie und Kind« häufig zugunsten »egozentrische[r] Erwägungen« zurückgestellt werde. Der Geburtenrückgang sei vielfach »durch eine innere Schwäche des Volkskörpers bedingt«. Dabei gab er seiner Hoffnung Ausdruck, dass der jetzt »in allen Schichten unseres Volkes neu erwachende Lebensmut« künftig »vor nationalem und kulturellem Niedergang, so auch vor einer Entvölkerung bewahren« werde.[435] Abel lehnte sich somit an die besonders unter nationalkonservativen Bevölkerungsforschern verbreitete, spezifisch bürgerliche Wertvorstellungen betonende Deutungsweise des Geburtenrückgangs an.[436] Dies kann ebenso wie seine – allerdings im publizierten Vortragstext nur indirekt formulierte – rhetorische Verbeugung vor den Machthabern als Vorleistung für seinen künftigen Eintritt in die NSDAP interpretiert werden.

Zur Frage, wie Abels wissenschaftliche Aktivitäten während des ›Dritten Reiches‹ einzuschätzen sind, gibt es in der historischen Forschung nach wie vor keine vollständige Einigkeit: Abel selbst behauptete nach 1945, dass ihm die

434 Abel, Wachstumsschwankungen, 692.
435 Ebd., 671; 690; 692.
436 Vgl. hierzu auch Pinwinkler, Wilhelm Winkler, 176-189.

Frankfurter Dozentenschaft im Vorfeld seiner Habilitation nahegelegt habe, in die Partei einzutreten. Unbestreitbare Tatsache ist, dass Abel am 1. November 1937 der NSDAP beitrat, nachdem der Aufnahmestopp aufgehoben worden war. Der NS-Dozentenbund bescheinigte ihm, der auch die Funktion eines NSDAP-Blockleiters übernommen hatte, »vollkommen zuverlässig« im Sinne der NS-Ideologie zu sein. Während des Krieges war er »u. k. gestellt«.[437] Spätestens seit seiner Aufnahme in die NSDAP dürfte er keinen Anlass mehr gehabt zu haben zu fürchten, dass sein Naheverhältnis zu seinem Lehrer August Skalweit (1879-1960), einem Schmoller-Schüler, seiner weiteren Hochschullaufbahn schaden könnte. Die dortige Studentenschaft hatte Skalweit als Rektor der Kieler Universität vorgeworfen, kommunistische Studierende protegiert zu haben. Skalweit wurde aus diesem Grund noch 1933 an die Universität Frankfurt a. M. versetzt, wobei Abel als sein Assistent ihm dorthin folgte.[438]

Abgesehen von den genauen Umständen, die zu Abels NSDAP-Mitgliedschaft führten, scheint auch die Motivation und Bedeutung seiner Tätigkeit für die »Raumforschung« in der NS-Zeit lange Zeit klärungsbedürftig gewesen zu sein. Nach Jörg Gutberger steht mittlerweile eindeutig fest, dass Abel »eine enge Beziehung zur RAG-Raumforschung« hatte. Demnach bestand zwischen der »soziologisierten Raumforschung« und der »Volksgeschichte«, wie sie z. B. Abel oder Conze betrieben hätten, ein forschungspraktischer Zusammenhang, den die SS als »strukturwissenschaftliche Sozialerhebungs- und Begründungsarbeit« zu nutzen verstand.[439] Abel übernahm zudem wie bereits erwähnt als erster Historiker einen Lehrauftrag für ›Raumforschung‹ an einer deutschen Universität.[440] Friedrich-Wilhelm Henning lehnte es hingegen ab, daraus abzuleiten, dass Abel mit nationalsozialistischen Raumplanern in Verbindung gestanden oder gar ihre politischen Zielsetzungen geteilt habe. Dieser Lehrauftrag stehe »offensichtlich« – Henning gab hierzu keinen Quellenbeleg an – mit Abels siedlungsgeschichtlichen Interessen und Forschungen in Verbindung. Henning führte zudem aus, dass Abel kein NSDAP-Mitglied gewesen sei und lieber auf eine Laufbahn an der Universität »verzichtet« habe. Dies kann aber aufgrund der erwähnten neueren Erkenntnisse von Andreas Dornheim und angesichts des Umstands, dass Abel im Jahr 1942 auf eine ao. Professur an der ›Grenzlanduniversität‹ Königsberg berufen wurde, nicht als zutreffend bezeichnet werden.[441]

437 Dornheim, Die deutsche Agrargeschichte, 52; 47.

438 Professor Dr. August Skalweit. URL: http://www.uni-kiel.de/ns-zeit/bios/skalweit-august.shtml (2.9.2013).

439 Gutberger, Volk, 145, 308, 387. Vgl. auch Konrad Meyer, Die Reichsarbeitsgemeinschaft für Raumforschung 1935-1945, in: Raumordnung und Landesplanung im 20. Jahrhundert, Hannover 1971, 103-116, hier 110.

440 Gutberger, Volk, 145.

441 Henning, Agrargeschichte, 21; 23. Henning bezog sich auf eine Dissertation von U. Mai, der seine Informationen über Abel aus Kürschners Gelehrten-Kalender (1940/41) bezog. Dort stehe aber lediglich, dass »Abel ab 1937 in der wissenschaftlichen Raumlehre tätig« gewesen sei. Vgl. Mai, »Rasse und Raum«, 74.

Franz und der ›Ordnungswille des 1., 2. und 3. Reiches‹

Der 1902 geborene Günther Franz machte nicht nur innerhalb der NSDAP, sondern auch in der SA und der SS an leitender Stelle Karriere.[442] Im Jahr 1937 erhielt er einen Posten in dem von Franz Alfred Six (1909-1975) geleiteten Amt VII (»Gegnerforschung«) des Reichssicherheitshauptamts (RSHA). Seit Frühjahr 1942 spielte Franz dort »die zentrale Rolle bei der Planung, Koordination und Überwachung der wissenschaftlichen Arbeiten der Gegnerforscher«, und er wurde noch im Januar 1945 hauptamtlicher SD-Mitarbeiter für »Sonderaufträge des RSHA«.[443] Im Jahr 1925 promoviert, hatte Franz 1927 bis 1929 eine Assistentenstelle bei Arnold Oskar Meyer (1877-1944) in Göttingen inne. Im Jahr 1935 wurde er ao. Prof. an der Universität Heidelberg, stieg 1936/37 zum ordentlichen Professor an der Universität Jena auf und folgte 1941 einem Ruf an die deutsche *Reichsuniversität Straßburg*. Dort erhielt er – wie erwähnt – einen Lehrstuhl »für Geschichte der Reformation und des Dreißigjährigen Krieges und insbesondere zur Erforschung des deutschen Volkskörpers«. Die Initiative für Franz' Berufung nach Straßburg war vom dortigen Neuzeithistoriker Ernst Anrich (1906-2001) ausgegangen, der in der Gründungsphase der ›Reichsuniversität‹ als Vertrauensmann des Chefs der Zivilverwaltung im Elsass, Robert Wagner (1895-1946), selbst Berufungsverhandlungen führen konnte. Auch die Bezeichnung des Straßburger Lehrstuhls ging offenbar auf Anrich zurück.[444]

Nach dem Untergang des ›Dritten Reichs‹ war Franz »aus dem Kreis der ›Malkontenten‹ der letzte, der wieder berufen wurde«: Er erhielt 1957 eine Professur an der Landwirtschaftlichen Hochschule in Stuttgart-Hohenheim und war von 1963 bis 1967 deren Rektor.[445] Gerhard Ritter (1888-1967), der im ›Dritten Reich‹ der konservativen Opposition angehört hatte und daher nach 1945 als Widerständler galt, unterstützte eine Berufung von Franz. In seiner Stellungnahme hielt Ritter als einziger von vier Begutachtern, zu denen u.a. auch Theodor Schieder zählte, zwar fest, dass Franz die Zugehörigkeit zur SS sehr geschadet habe. Er habe aber den Eindruck gewonnen, dass dieser »über die deutsche Vergangenheit völlig ins Klare gekommen« sei. Ritter würdigte Franz als einen Historiker, der sich neben seinen Bauernkriegsforschungen besonders »auf dem Gebiet der sogen. ›Demographie‹, d.h. der ›Volksgeschichte‹, ›Bevölkerungsge-

442 Franz trat am 1. Mai 1933 der NSDAP bei, er schloss sich im November der SA an und trat am 1. Oktober 1935 in die SS ein, wodurch seine Mitgliedschaft in der SA erlosch. Dornheim, Die deutsche Agrargeschichte, 42. Vgl. zur bereits gut dokumentierten Biographie von Franz, die ich im Folgenden nur gerafft wiedergebe, Wolfgang Behringer, Bauern-Franz und Rassen-Günther. Die politische Geschichte des Agrarhistorikers Günther Franz (1902-1992), in: Schulze/Oexle (Hg.), Deutsche Historiker, 114-141.

443 Ebd. (Behringer), 121.

444 UAStH, N6-Nachlass Günther Franz, 0/1/5 Personalunterlagen für die Professur in Straßburg 1940-1944, Anrich an Franz, 9.11.1940; 3.12.1940.

445 Behringer, Bauern-Franz, 130.

schichte‹« als »hervorragend tüchtig erwiesen« habe.[446] Gerade Agrar- und Bevölkerungsstudien stellte Ritter 1950 auch in seiner Bilanz zur »Deutschen Geschichtswissenschaft im 20. Jahrhundert« als jene Forschungsfelder dar, die vom Nationalsozialismus entscheidende Anregungen empfangen und dabei auch neuartige Fragestellungen entwickelt hätten.[447]

Franz gab nach 1945 unumwunden zu, dass er »aus Überzeugung« Nationalsozialist gewesen sei. Im ›Dritten Reich‹ suchte er seine unbedingte Gesinnungstreue zur Partei u. a. dadurch unter Beweis zu stellen, dass er den Leipziger Historiker Walter Goetz (1867-1958), der als Mitglied der DDP 1920 bis 1928 Abgeordneter im Reichstag gewesen war, wegen seiner politischen Haltung scharf angriff. Franz suchte den in der Historikerzunft hoch angesehenen Goetz zu desavouieren, indem er ihm vorwarf, nach 1933 »Nichtarier« beschäftigt zu haben.[448] Franz' völkische Weltsicht soll bereits in seinem bürgerlichen Elternhaus angelegt worden sein: Seine Mutter, die Witwe eines Wollkämmereidirektors, verbot ihm offenbar bereits als Knaben, in jüdischen Geschäften einzukaufen und warnte ihn vor einer späteren Ehe mit einer Ausländerin oder einer Katholikin. Später gehörte er der Jugendbewegung an.[449] Seine im ›Dritten Reich‹ entstandenen Schriften – und mehr noch seine Aktivitäten in der SD-›Gegnerforschung‹ – folgten ganz dem von der NS-Rassenideologie überwölbten und damit zusehends radikalisierten ideologischen Programm des forcierten Antiliberalismus, Antisemitismus und Antikatholizismus.[450]

Auf diesem Hintergrund betrachtet, mutet es eher skurril an, dass Franz 1981 öffentlich behauptete, dass seine 1943 erschienene Veröffentlichung über »Geschichte und Rasse« in der NS-Zeit »der einzige Aufsatz« gewesen sei, in dem ein

446 Mit dieser Äußerung des einflussreichen Freiburger Historikers wird erkennbar, wie eng ›Bevölkerungs-‹ und ›Volksgeschichte‹ ineinander verwoben wurden und welche ausgeprägte Skepsis die konventionelle politische Geschichtsschreibung der – von Ritter abschätzig so bezeichneten – »sogenannten Demographie« entgegenbrachte. Zit. n. Dornheim, Die deutsche Agrargeschichte, 54.

447 Ritter erwähnte dabei exemplarisch die Studien von Günther Franz. Vgl. Gerhard Ritter, Deutsche Geschichtswissenschaft im 20. Jahrhundert, in: GWU 1 (1950), 81-96; 129-137, hier Anm. 16.

448 H. Gottwald vermutete, dass die Radikalität der politischen Ansichten von Günther Franz im ›Dritten Reich‹ damit zusammenhing, dass dieser als »Konjunkturnationalsozialist« galt und diesen Verdacht durch übersteigertes Engagement im nationalsozialistischen Sinn beschwichtigen wollte. Vgl. Herbert Gottwald, Die Jenaer Geschichtswissenschaft in der Zeit des Nationalsozialismus, in: Uwe Hoßfeld et al. (Hg.), »Kämpferische Wissenschaft«. Studien zur Universität Jena im Nationalsozialismus, Köln-Weimar-Wien 2003, 916-942, hier 923 f.

449 Günther Franz, Mein Leben, Stuttgart-Hohenheim 1982 [ungedr. Mskr., UBStH], 78; 76 f.

450 Zur Gruppe der SD-Historiker und zu ihren Entwürfen einer NS-Historie vgl. Joachim Lerchenmueller, Die Geschichtswissenschaft in den Planungen des Sicherheitsdienstes der SS. Der SD-Historiker Hermann Löffler und seine Denkschrift »Entwicklung und Aufgaben der Geschichtswissenschaft in Deutschland«, Bonn 2001.

Fachhistoriker »kritisch zu dem Rassebegriff Stellung« bezogen habe.[451] In dieser Studie bezeichnete er den konfessionellen Gegensatz zwischen Katholiken und Protestanten indes als im Kern »rassisch« bedingt. Während Letztere verstärkt »germanisch-nordische« Anteile aufwiesen, habe die zölibatäre Lebensweise des katholischen Klerus »eine negative Rassenauslese größten Ausmaßes mit verhängnisvollen Folgen für den deutschen Volkskörper« bedeutet.[452] Zudem behauptete er, dass die Jesuiten, die gegenreformatorische Kampftruppe der römischen Papstkirche, jüdisch unterwandert gewesen seien. Daraus ließ sich eine Brücke zur Beschwörung der ›rassengeschichtlich‹ herleitbaren Überlegenheit Deutschlands über Frankreich schlagen: Die rassisch wertvollen Hugenotten, vom katholischen Frankreich im 17. Jahrhundert vertrieben, hätten für dieses eine »negative Rassenauslese«, für das sie aufnehmende protestantische Deutschland aber einen »blutlichen« Gewinn erbracht.[453]

Mit derartigen Veröffentlichungen befand sich Franz auf einer Linie mit der SD-›Gegnerforschung‹, die Juden, Katholiken und Freimaurer zu ihren bevorzugten feindlichen Forschungsobjekten deklarierte. Daneben bildete Frankreich für Franz das wichtigste Feindbild: So stilisierte er etwa in Vorträgen vor deutschen Wehrmachtseinheiten den westlichen Nachbarn zu einem Gegner, dessen Ziel stets die »Zerschlagung des Reiches, die Rückkehr zu 1648, das Chaos« gewesen sei. Dagegen stelle sich der »Ordnungswille des 1., 2. und 3. Reiches«.[454]

Das Dreigestirn der westdeutschen ›Agrargeschichte‹

Wilhelm Abel und Günther Franz bildeten nach dem Zweiten Weltkrieg zusammen mit dem Wirtschafts- und Sozialhistoriker Friedrich Lütge (1901-1968), der seit 1947 als Professor an der Münchner Universität tätig war, eine Art Dreigestirn der ›Agrargeschichte‹, das diese Fachrichtung vor allem in den 1950er- und 1960er-Jahren maßgeblich repräsentierte. Abel und Franz nahmen im Lauf des Jahres 1938 erstmals Kontakt miteinander auf, und zwar im Zuge einer Tagung

451 Franz führte dazu weiter aus: »Diese Auseinandersetzung mit dem Rassebegriff war für mich eine Art Selbstbehauptung der Wissenschaft, aber, das möchte ich, um einen falschen Eindruck zu vermeiden, auch sagen, keine Sache des Widerstandes.« Günther Franz, Das Geschichtsbild des Nationalsozialismus und die deutsche Geschichtswissenschaft, in: Oswald Hauser (Hg.), Geschichte und Geschichtsbewußtsein. 19 Vorträge, Göttingen-Zürich 1981, 91-111, hier 107.

452 Günther Franz, Geschichte und Rasse. Bemerkungen zur deutschen Geschichte in der Zeit der Glaubenskämpfe, in: Kurt von Raumer/Theodor Schieder (Hg.), Stufen und Wandlungen der deutschen Einheit, Stuttgart-Berlin 1943, 75-96, hier 79. Vgl. auch Die rassischen Grundlagen unserer Geschichte. Prof. Franz sprach in zwei Vorträgen zu der Straßburger SS, in: Straßburger Neueste Nachrichten vom 17.5.1943.

453 Ebd. (Geschichte und Rasse), 88 f.

454 Zit. n. Franz, Mein Leben, 128. Die Zitate stammen aus hektographierten Notizen, die Franz damals angelegt und aufbewahrt hatte und die er in seiner Autobiographie wiedergab.

im oberfränkischen Lauenstein, die Franz im März 1938 auf Einladung von Konrad Meyer (1901-1973), dem maßgeblichen Organisator der NS-Agrarwissenschaft und NS-Raumplanung im eroberten Osteuropa, veranstaltete. Abel betätigte sich als zeitweiliger Mitherausgeber der 1953 von Franz begründeten und herausgegebenen *Zeitschrift für Agrargeschichte und Agrarsoziologie*. Spätestens seit 1936 bestanden zudem fachliche Beziehungen zwischen Franz und Lütge.[455] Letzterer interessierte sich gleichfalls für bevölkerungsgeschichtliche Fragestellungen, was u. a. in seinen zustimmenden Rezensionen einschlägiger Studien von Karl Kasiske (1909-1941) und Hans Linde (1913-1994) zum Ausdruck kam.[456] Zusammen mit Franz gab Lütge seit 1943 die Reihe »Quellen und Forschungen zur Agrargeschichte« heraus, in der Abels Buch über »Die Wüstungen des ausgehenden Mittelalters« als erster Band erschien.[457] Während Franz wie erwähnt erst zwölf Jahre nach Kriegsende wieder eine Professur antreten konnte, knüpften Abel und Lütge nach 1945 weitgehend bruchlos an ihre Hochschullaufbahn im ›Dritten Reich‹ an: Abel ging 1946 nach Göttingen, wo er zunächst 1947 die agrarpolitische Professur wahrnahm und zwei Jahre später Direktor des dortigen *Instituts für Agrarwesen und Wirtschaftspolitik* wurde. 1964 erhielt er den neu geschaffenen Lehrstuhl für Wirtschafts- und Sozialgeschichte an der Universität Göttingen, wodurch er sich neuerlich ökonomischen Forschungsproblemen zuwenden konnte. Der sowohl in Volkswirtschaftslehre als auch in Geschichtswissenschaft promovierte Lütge stieg 1945, nach US-amerikanischer Besetzung, zum letzten Rektor der Leipziger Handelshochschule auf. 1947 wechselte er auf den Lehrstuhl für Volkswirtschaftslehre und Sozialgeschichte an der Universität München, den er bis zu seiner Emeritierung 1968 innehatte.[458]

Inhaltlich kam es zwischen den Historikern zu einer arbeitsteiligen Kooperation, die als Ergebnis vor allem in der Veröffentlichung der sechsbändigen »Deutschen Agrargeschichte« bestand. Abel steuerte dazu den Band über agrarwirtschaftliche Fragen bei, aus denen sich die sozialen Probleme der ländlichen Bevölkerung ergaben. Franz setzte für diese Reihe seine Arbeiten über den deutschen »Bauernstand« fort. Lütge konzentrierte sich auf die deutsche »agrarische Verfassungsgeschichte«, worunter er »die Erfassung des Rechtsgehalts der ländlichen Grundordnungen« verstand und die »hinter den Rechtsnormen und -formen sich verbergenden Realitäten des Lebens« vernachlässigte.[459] Sein methodischer Zugang wies jedenfalls darauf hin, dass er in einem hohen Maß an den

455 Dornheim, Die deutsche Agrargeschichte, 47.

456 Vgl. Friedrich Lütge, Bespr. Karl Kasiske, Beiträge zur Bevölkerungsgeschichte Pommerellens im Mittelalter, Königsberg 1942, in: JbbNSt 159 (1944), 152 f.; ders., Bespr. Hans Linde, Preußischer Landesausbau, in: HZ 162 (1940), 434 f.

457 Vgl. Abel, Die Wüstungen (1. Aufl. 1943).

458 Henning, Agrargeschichte, 27-29; Wolfgang Zorn, Friedrich Lütge als Sozial- und Wirtschaftshistoriker, in: VSWG 55 (1968), 427-432.

459 So die kritische Einschätzung von Hans Rosenberg, Probleme der deutschen Sozialgeschichte, Frankfurt a. M. 1969, 92; 95.

Arbeiten seines Lehrers Georg von Below (1858-1927) geschult war.[460] Die Konzentration der ›Agrargeschichte‹ auf Typologien der »Agrarverfassung«, aber auch ihre »etatistische Ummantelung« führten dazu, dass sich ihre Forschungsperspektiven verengten und eine Rezeption methodischer Neuansätze nachhaltig erschwert wurde.[461]

Im Unterschied zu Franz, der seine vergleichsweise anspruchslose Darstellungsweise demographischer Forschungsprobleme nach 1945 unverändert beibehielt und damit internationalen Forschungen kaum Impulse vermitteln konnte,[462] erzielte Abel seit den 1950er-Jahren eine beachtliche internationale Resonanz. Dass in der deutschen und französischen wirtschaftsgeschichtlichen Forschung Modelle der Bevölkerungsentwicklung gleichermaßen verbreitet waren, dürfte zudem die Anbahnung fachlicher Beziehungen zwischen dem Göttinger Agrarhistoriker und seinen Kollegen in Frankreich erleichtert haben. Dies- und jenseits des Rheins neigten Historiker dazu, reale oder angenommene soziale Krisen in der Geschichte mittels malthusianischer Denkmuster zu erklären.

Eheschließungen sozialer Unterschichten erschienen weniger eine kulturelle oder soziale Frage, sondern ein im Kern demographisches Problem zu sein. Werner Conzes einflussreicher Aufsatz »Vom ›Pöbel‹ zum ›Proletariat‹« (1954) ist ein Paradebeispiel für ein Deutungsmuster, in welchem das angeblich (zu) frühe Heiraten sozialer Unterschichten Bevölkerungswachstum hervorrief. Die damit einhergehende Gefährdung der wirtschaftlichen Entwicklung wurde dabei in den Vordergrund gerückt und als tiefere Ursache von Massenarmut dargestellt.[463] Das ursprünglich von Gunther Ipsen entworfene und später von Gerhard Mackenroth weiterentwickelte Modell der ›agrarischen Bevölkerungsweise‹ lässt sich auch für den historischen Bevölkerungsdiskurs in Frankreich nachweisen. Im Unterschied zu Ipsen betonten französische Historiker aber nicht den obrigkeitlichen Zwang als Garant vorindustriellen Bevölkerungsgleichgewichts; vielmehr hoben sie die Wirksamkeit eines ›autoregulativen Systems‹ der demographischen Entwicklung hervor.[464]

460 Wilhelm Abel, Geschichte der deutschen Landwirtschaft vom frühen Mittelalter bis zum 19. Jahrhundert, Stuttgart 1962 (= Deutsche Agrargeschichte; 2) (^{2}1967; ^{3}1978); Günther Franz, Geschichte des deutschen Bauernstandes vom frühen Mittelalter bis zum 19. Jahrhundert, Stuttgart 1970 (= Deutsche Agrargeschichte; 4) (^{2}1976); Friedrich Lütge, Geschichte der deutschen Agrarverfassung vom frühen Mittelalter bis zum 19. Jahrhundert, Stuttgart 1963 (= Deutsche Agrargeschichte; 3) (^{2}1967).

461 Vgl. Henning, Agrargeschichte, 30 f.; Peter Blickle, Deutsche Agrargeschichte in der zweiten Hälfte des 20. Jahrhunderts, in: Werner Troßbach/Clemens Zimmermann (Hg.), Agrargeschichte. Positionen und Perspektiven, Stuttgart 1998, 7-32, hier 30 (Zit.).

462 John Theibault, The Demography of the Thirty Years' War Re-revisited. Günter Franz and his Critics, in: German History 15 (1997), 1-21, hier 19.

463 Vgl. Conze, Vom ›Pöbel‹ zum ›Proletariat‹, u. a. 335, 338 f., 348.

464 Vgl. hierzu Ehmer, Bevölkerungsgeschichte, bes. 113-118.

Zu Rezeption und Kritik der Arbeiten von Abel und Franz

Abels spezifisch volks- und betriebswirtschaftliche Arbeitsrichtung setzte ihrer Rezeption innerhalb der deutschen Historikerzunft von Beginn an enge Grenzen. Seine Habilitationsschrift, die nach dem Zweiten Weltkrieg von Kollegen im In- und Ausland besonders gewürdigt wurde, hatten selbst Nationalökonomen ursprünglich mit Vorbehalt und teils sogar äußerst kritisch aufgenommen. Der Bonner Ökonom Arthur Spiethoff (1873-1957) beispielsweise bemängelte 1935 in seinem Gutachten für die DFG, dass der von Abel bearbeitete Quellenkorpus zu uneinheitlich sei, um historische Verallgemeinerungen zuzulassen. Die Arbeit lasse insgesamt den »Eindruck des Unfertigen« zurück. Sie mache nicht den Eindruck, dass sie von einem Volkswirtschaftler stamme, sondern sie könnte auch »von einem Historiker verfaßt sein«.[465] Außerhalb Deutschlands wurden Abels Forschungen aufgrund der weitgehenden internationalen Isolierung der deutschen Volkswirtschaftslehre vor 1945 zunächst nicht bekannt. Erst der britische Historiker Michael M. Postan (1898-1981) machte beim 9. Internationalen Historikerkongress, der 1950 in Paris veranstaltet wurde, auf dessen Arbeiten über die Zusammenhänge zwischen spätmittelalterlichen Wüstungen, Agrardepression und Bevölkerungsentwicklung aufmerksam, was zur Folge hatte, dass Abel seither in Deutschland deutlich stärker als zuvor rezipiert wurde.[466] In den folgenden Jahren entwickelte sich vor allem mit französischen Wirtschafts- und Sozialhistorikern ein reger wissenschaftlicher Austausch, welcher zur Folge hatte, dass Fernand Braudel (1902-1985), der seit den 1950er-Jahren führende ›Annales‹-Historiker, Abels »Agrarkrisen« in französischer Übersetzung herausgab.[467]

Im Zuge des III. Internationalen Kongresses für Wirtschaftsgeschichte, den Friedrich Lütge 1965 in München organisierte, kam es auch zu Kontakten zwischen Abel und Historikern aus der DDR. Jürgen Kuczynski (1904-1997), der Direktor des *Instituts für Wirtschaftsgeschichte* an der *Akademie der Wissenschaften der DDR*, übte aus marxistischer Sicht Kritik an den Forschungen des Göttinger Agrarhistorikers: Kuczynski vertrat die Ansicht, dass Abel die Bevölkerungsentwicklung und Wüstungen zu sehr auf den Einfluss von vermeintlich natürlichen Faktoren wie Seuchen zurückführe und die Witterungsbedingungen zu sehr als entscheidend für die Schwankungen der Ernteerträge darstelle. Nicht sich verändernde natürliche Rahmenbedingungen, sondern gesellschaftliche Prozesse wie die »Krise des Feudalismus« seien für die spätmittelalterliche Krisenmortalität verantwortlich. Henning stellte diese Kritikpunkte als ideologisch moti-

465 BArch Koblenz, R73/10.005, Abel, W., A. Spiethoff an die DFG, 28.10.1935. Vgl. hierzu auch Henning, Agrargeschichte, 14.

466 Postan machte seine Ausführungen in modifizierter Weise auch dem deutschsprachigen Fachpublikum zugänglich: Vgl. M. M. Postan, Die wirtschaftlichen Grundlagen der mittelalterlichen Gesellschaft, in: JbbNSt 166 (1954), 180-205, hier 189 zu Abel.

467 Kaufhold, Der Beitrag, 121-125.

vierte Überspitzung des Ostberliner Historikers dar.[468] Dabei verkannte er aber, dass Abel mit seiner starken Betonung vermeintlich naturgegebener Faktoren bei der Erklärung demographischer Krisenzyklen dem neuesten Stand internationaler sozialwissenschaftlicher und nationalökonomischer Forschung zusehends weniger gerecht wurde. So wies die neuere Forschung u. a. darauf hin, dass sich spätmittelalterliche Hungerkrisen nur dann angemessen darstellen ließen, wenn neben den Schwankungen der Ernteerträge Probleme der Vorratshaltung, des Nachschub- und Transportwesens, aber auch der Einfluss von Profitgier und Wucher auf die Nahrungsmittelversorgung der Bevölkerung berücksichtigt würden.[469] Ungeachtet dieser Kritikpunkte war Henning offensichtlich bestrebt, seinen Lehrer Abel als prononcierten Konjunkturtheoretiker von den konventionelleren Vertretern der deutschen ›Agrargeschichte‹ möglichst positiv abzuheben. Dabei geriet allerdings aus dem Blick, dass Abel selbst hinsichtlich seiner – wenn auch vergleichsweise sublimeren – ›biologischen‹ Argumentationsmuster durchaus auf älteren Traditionslinien der deutschen Wirtschafts- und Sozialhistorie fußte.

Die Arbeiten von Abel und Franz wirkten besonders in wirtschafts- und sozialhistorischen Überblicksdarstellungen vielfach weiter. So referierte beispielsweise Massimo Livi Bacci (*1936) Abels These, dass die Wüstungen infolge der Großen Pest (1348) der Grund für eine Ausweitung der Viehzucht und damit des Fleischkonsums gewesen seien.[470] Auch für die Erörterung der in Deutschland während des Dreißigjährigen Krieges lokal und regional unterschiedlichen demographischen Verlustbilanz, die Franz erstmals genauer herausgearbeitet hatte, werden diese Forschungen nach wie vor herangezogen. Franz' Tendenz, die durch den Dreißigjährigen Krieg verursachten Bevölkerungsverluste als ›Malthusian check‹ zu interpretieren, wird dabei nicht immer einer kritischen Erörterung unterzogen.[471]

In Deutschland wurde und wird die marginale Stellung der ›Agrargeschichte‹ innerhalb der Geschichtswissenschaften vielfach wortreich beklagt.[472] Die Aus-

468 Henning, Agrargeschichte, 24.

469 Vgl. zum neueren Forschungsstand Christian Jörg, Teure, Hunger, Großes Sterben. Hungersnöte und Versorgungskrisen in den Städten des Reiches während des 15. Jahrhunderts, Stuttgart 2008, 40-48, sowie die differenzierte Kritik von H. Rosenberg (1904-1988) an der »Deutschen Agrargeschichte«, deren Tendenz zur Aufsplitterung in die drei voneinander abgegrenzten agrargeschichtlichen Sektoren »Verfassungs-«, »Wirtschafts-« und »Sozialgeschichte« er als eine ihrer grundlegenden Defizite einschätzte: Rosenberg, Probleme, 81-147, hier bes. 84f.

470 Abel fußte damit seinerseits auf Arbeiten von Gustav Schmoller (1838-1917). Vgl. Massimo Livi Bacci, The population of Europe: a history, Oxford 2007, 49f.

471 So z. B. André Holenstein, Bauern zwischen Bauernkrieg und Dreißigjährigem Krieg, München 1996 (= Enzyklopädie deutscher Geschichte; 38), 49-51.

472 Vgl. hierzu schon Toni Pierenkemper, Englische Agrarrevolution und preußisch-deutsche Agrarreformen in vergleichender Perspektive, in: ders. (Hg.), Landwirtschaft und industrielle Entwicklung. Zur ökonomischen Bedeutung von Bauernbefreiung, Agrarreform und Agrarrevolution, Stuttgart 1989, 7-25, hier 14f.

einandersetzung mit ihrer jüngeren Vergangenheit wurde aber nur zögerlich angegangen, und Anstöße dazu kamen häufig nicht von den Agrarhistorikern selbst.[473] Hingegen werden international wesentliche theoretische und methodische Grundlagen dieser Forschungsrichtung, soweit sie auf älteren Traditionen beruhen, heute einhellig als problematisch eingeschätzt.[474] Dies gilt vor allem für die in Günther Franz' Studien erkennbare Bauerntumsideologie, die nicht zuletzt auf Wilhelm Heinrich Riehl (1823-1897), einem Vordenker der Agrarromantik, beruhte: Gleichwohl konnte der Hohenheimer Historiker seine Bücher in den Nachkriegsjahrzehnten in zahlreichen revidierten Auflagen neuerlich auf den Markt bringen. Die Arbeiten beruhten jedoch weiterhin in einem erstaunlich großen Ausmaß auf entsprechenden Forschungen aus dem ›Dritten Reich‹. Franz zitierte beispielsweise selbst in der vierten Auflage seines Bauernkriegsbuchs (1978) noch Ergebnisse einer sogenannten »anthropologischen Untersuchung« aus dem Jahr 1938, die für eine Siedlergruppe im Bereich der Schwäbischen Alb angeblich bestimmte rassische Eigenschaften ergeben hatte. Im Vorwort zur vierten Auflage seines Buchs »Der Dreißigjährige Krieg« anerkannte Franz zwar rhetorisch die Forschungen einiger französischer Historiker, darunter Pierre Goubert (1915-2012) und Emmanuel Le Roy Ladurie (*1929); faktisch ließ er sich von diesen international einflussreichen Forschungen in seinen eigenen Arbeiten jedoch keineswegs beeinflussen.[475]

Auch Abels Wüstungstheorie, welche das Sinken der Getreidepreise wesentlich auf die spätmittelalterliche Bevölkerungsabnahme zurückführte und die Agrarkrise volkswirtschaftlich als Absatzkrise definierte, musste von der wirtschaftsgeschichtlichen Forschung mittlerweile revidiert werden. Dabei ist immerhin zu bemerken, dass Abels Arbeiten der internationalen Forschung weithin beachtete Impulse vermittelten und insgesamt als viel weniger durch den Nationalsozialismus belastet erschienen als etwa die Studien seines Kollegen aus Stuttgart-Hohenheim. Jüngere Forschungen bestätigten zwar die von Abel angenommene große Zahl der Wüstungen im Spätmittelalter. Diese waren jedoch nicht bloß Ursache eines allgemeinen demographischen Niedergangs, sondern sie verdankten sich wesentlich der Migration agrarischer Produzenten in die Städte, die durch den Fall der Agrarpreise ruiniert worden waren. Auch lassen sich die im Gefolge der Großen Pest eingetretenen Wüstungen nicht als isoliertes Phänomen betrachten. Ihre Zahl war, wie anhand verschiedener Regionalstudien gezeigt werden konnte, ca. 1250-1350 sogar größer als in den eineinhalb Jahrhunderten danach. Die Ursache des Wüstungsvorgangs kann demnach

473 Vgl. z. B. Behringer, Bauern-Franz.

474 Vgl. zuletzt Julien Demade, The Medieval Countryside in German-Language Historiography since the 1930s, in: Isabel Alfonso (ed.), The Rural History of Medieval European Societies. Trends and Perspectives, Turnhout 2007, 173-252, hier 175-216 (»The Problematic Foundations of Recent Rural Historiography«).

475 Theibault, The Demography, bes. 5f. Vgl. Günther Franz, Der Dreißigjährige Krieg und das deutsche Volk: Untersuchungen zur Bevölkerungs- und Agrargeschichte. 4., neu bearb. u. verm. Aufl., Stuttgart 1979, 4.

nicht als Ausdruck ökonomischer oder demographischer Krisen gesehen werden. Wüstungen hatten mehr mit einem längeren Trend zur Siedlungsverdichtung zu tun, der seinen Höchststand bereits im Hochmittelalter erreicht hatte und sich im Spätmittelalter fortsetzte. ›Bevölkerung‹ wird somit als Erklärungsmuster für ›Agrarkrisen und Agrarkonjunkturen‹ heute insgesamt mit größerer Vorsicht und unter stärkerer Berücksichtigung anderer Faktoren herangezogen, als dies noch bei Abel – geschweige denn bei Franz – meist der Fall gewesen war.[476]

8. Wolfgang Köllmann und Arthur E. Imhof: ›Bevölkerungsgeschichte‹ versus ›Historische Demographie‹?

Arthur E. Imhof wurde in den 1970er-Jahren zum anerkannten Vorreiter der ›Historischen Demographie‹ in Deutschland. Die damals erzielte Anerkennung für diese geschichtswissenschaftliche Subdisziplin lässt sich mit der Erwartung erklären, dass diese einen Schlüssel zur Sozial- und Kulturgeschichte der breiten Masse der Bevölkerung liefern sollte. Sie schien den programmatischen Zielsetzungen der zu dieser Zeit aufstrebenden ›Historischen Sozialwissenschaft‹ daher voll zu entsprechen. Dem entsprach nicht zuletzt die Begeisterung für Pfarrmatrikeln: »Wir stürzten uns auf die Kirchenbücher, die praktisch die einzige Quelle für das Leben aller unserer Vorfahren sind.«[477]

Die ›Historische Demographie‹, deren Vorläufer wie hier beschrieben bis 1945 ›Bevölkerungsbiologie‹ und ›Volkskörperforschung‹ gewesen waren, trat in den 1970er-Jahren neben die ›Bevölkerungsgeschichte‹, als deren Hauptvertreter Wolfgang Köllmann galt. Letztere führte ihre Konzepte wesentlich auf die ›Deutsche Soziologie‹ zurück.[478] Köllmann trug seit Mitte der 1960er-Jahre maßgeblich dazu bei, die westdeutschen Forschungen zur ›Bevölkerungsgeschichte‹ in einem begrenzten Ausmaß für internationale historisch-demographische Diskurse zu öffnen. Umgekehrt nahmen Demographen und Historiker in England, Frankreich und den Vereinigten Staaten zwar von früheren makrostrukturellen ›historischen Bevölkerungsforschungen‹ in Deutschland Notiz (namentlich von den Arbeiten von Gustav Schmoller, Ignaz Jastrow, Karl Bücher, Karl Julius Beloch, Karl Lamprecht und Rudolf Kötzschke);[479] bundes-

476 Vgl. zusammenfassend Demade, The Medieval Countryside, 217-222, auch zur Kritik an Abels Thesen zu den Wechselwirkungen der sich ändernden Zahl von Produzenten und Konsumenten mit der Bevölkerungsentwicklung. Vgl. ferner Jörg, Teure, 48-56.

477 Hubert Christian Ehalt, Gespräche zur Zeit, Wien 1996, Gespräch mit Arthur E. Imhof, 10.4.1991, 84-94, hier 84, der so die erste Phase seiner Arbeit als Professor an der Freien Universität Berlin beschrieb.

478 Vgl. zur ›Deutschen Soziologie‹ u.a. Klingemann, Soziologie, bes. 35-70, sowie das Kap. III.6.

479 Vgl. u.a. David Landes, The treatment of population in history textbooks, in: D.V. Glass/Roger Revelle (eds.), Population and Social Change, London 1972, 23-42, hier 24.

deutsche Arbeiten zur ›Bevölkerungsgeschichte‹ wurden jedoch international nach wie vor kaum rezipiert.[480]

Imhof gebührte hingegen das wesentliche Verdienst, die internationale historisch-demographische Forschung in Westdeutschland bekannt gemacht und sie in die internationale Forschungslandschaft integriert zu haben. Wie hier gezeigt werden soll, schlug ihm dabei von Seiten Köllmanns nicht unerheblicher Widerstand entgegen. Welche Konzepte und wissenschaftlichen Praktiken Köllmann von Imhof unterschieden, werde ich ebenso diskutieren wie die Frage, warum es in Deutschland zu der eigentümlichen Dichotomie von ›Bevölkerungsgeschichte‹ und ›Historischer Demographie‹ kam. Ich werde dabei über den hier zu behandelnden Untersuchungszeitraum zeitlich hinausgehen, soweit es die leitende Fragestellung nach ›Bevölkerungsgeschichte‹ und ›Historischer Demographie‹ als Paradigmen im Kontext der Untersuchungen zu Köllmann und Imhof erfordert.

Karrierewege

Köllmann stammte aus Wuppertal-Langerfeld. Im Jahr 1943 wurde er als 18-Jähriger in die Wehrmacht eingezogen und erlitt 1944 an der Ostfront eine schwere Verwundung. 1946 bis 1950 studierte er Geschichte an der Philosophischen Fakultät der Universität Göttingen. Seine sozialhistorische Ausbildung erhielt er bei Werner Conze, der im Sommersemester 1949 laut Köllmann eine Übung zu »Bevölkerungsfragen« abhielt. Es handelte sich um die erste bevölkerungsgeschichtliche Lehrveranstaltung an einer deutschen Universität in der Nachkriegszeit. Conze verbreitete dabei vor allem die Forschungen seines Lehrers Gunther Ipsen und weckte bei Köllmann damit augenscheinlich ein nachhaltiges Interesse für diesen Gegenstand.[481] Ein Jahr darauf promovierte Köllmann bei Conze mit einer Doktorarbeit über die traditionsreiche westfälische Industriesiedlung Barmen, die 1930 zusammen mit Elberfeld zur Stadt Wuppertal zusammengeschlossen worden war.[482]

Mit dieser erst 1960 in überarbeiteter Form gedruckten Studie legte Köllmann die lokalgeschichtliche Grundlage für seine späteren Forschungen zur ›Bevölkerungsgeschichte‹, in welchen er sich regional auf das Rheinland und Westfalen und zeitlich auf die Industrialisierung im 19. Jahrhundert konzentrierte.[483]

480 Vgl. hierzu die Ausführungen in Kap. IV., insbesondere im Abschnitt 5.

481 Vom Brocke, Bevölkerungswissenschaft, 417; Köllmann, Bevölkerung in der industriellen Revolution, Vorbemerkung, 7; Dunkhase, Werner Conze, 290, Anm. 33.

482 Vgl. Wolfgang Köllmann, Entwicklung der Stadt Barmen von 1808 bis 1871, Göttingen 1950 [Phil. Diss. masch.].

483 Köllmanns heimatkundlich gefärbtes Interesse für Wuppertal und das Ruhrgebiet geht nicht zuletzt aus seiner Tätigkeit als Vorsitzender der Abteilung Wuppertal des Bergischen Geschichtsvereins (1954-57) und als Zweiter bzw. Erster Vorsitzender des Bergischen Geschichtsvereins (ab 1960/1964) hervor. Festgabe zum 65. Geburtstag von

Spätestens seit Anfang der 1950er-Jahre gehörte er zusammen mit Horst Stuke, Dieter Groh (1932-2012) und Reinhart Koselleck (1923-2006) zum engeren Kreis von Conzes Schülern und Mitarbeitern.[484] Mit Hilfe von Conze und Percy Ernst Schramm (1894-1970), dem Zweitbetreuer seiner Dissertation, fand Köllmann schließlich Aufnahme in den Kreis der Soziologen und Historiker, die an der *Sozialforschungsstelle an der Universität Münster* in Dortmund tätig waren. Dort lernte er Gunther Ipsen, dessen Assistent er von 1951 bis 1954 war, und die Historiker Helmuth Croon (1906-1994) und Kurt Utermann (1905-1986) kennen, die an der ›Sozialforschungsstelle‹ eine Reihe regionalgeschichtlicher Feldstudien durchführten.[485] Bevölkerungshistorische Forschungen entwickelten sich in Dortmund zunehmend zu Köllmanns wissenschaftlichem Arbeitsschwerpunkt.[486] So verfasste er unter der Leitung Ipsens eine Sozialmonographie der Stadt Dortmund, welche die »Veränderungen der sozialen Schichtung und der städtischen Siedlungsstruktur« zum Thema hatte.[487]

1964 wurde Köllmann an die neu gegründete *Ruhr-Universität-Bochum* berufen und erhielt einen von zwei Lehrstühlen für Wirtschafts- und Sozialgeschichte, die in Bochum neu eingerichtet wurden. Er bekam zwei Assistentenstellen zugesagt und darüber hinaus u.a. einmalige finanzielle Mittel, um im Bereich der Sozial- und Wirtschaftsgeschichte eine Fachbücherei aufzubauen.[488] Es gehörte zu den wesentlichen Innovationen des ersten Bochumer Strukturplans, dass das Fach ›Sozial- und Wirtschaftsgeschichte‹ nicht mehr bei der Nationalökonomie oder den Sozialwissenschaften ressortierte, sondern der Ge-

Professor Dr. Wolfgang Köllmann, Wuppertal 1990 (= Mitteilungen des Stadtarchivs, des Historischen Zentrums und des Bergischen Geschichtsvereins; 15), 7 f.

484 Etzemüller, Sozialgeschichte, 47.

485 Vgl. vor allem Helmut Croon/Kurt Utermann, Zeche und Gemeinde – Untersuchungen über den Strukturwandel einer Zechengemeinde im nördlichen Ruhrgebiet, Tübingen 1958.

486 J. Reulecke sah den Ursprung von Köllmanns Auseinandersetzung mit ›Bevölkerung‹ ausdrücklich in der Sozialforschungsstelle, nicht etwa nur in seiner Eigenschaft als ein Schüler Conzes. Mackensen (Hg.), Bevölkerungsfragen auf Abwegen, 203, Stellungnahme Jürgen Reulecke.

487 Wolfram Fischer, Wolfgang Köllmann (1925-1997), in: VSWG 85 (1998), 153-155, hier 153.

488 ARUB, Universitätsverwaltung 05,11, Berufungsvereinbarung mit Prof. Dr. W. Köllmann. Die Hintergründe von Köllmanns Berufung konnten anhand der vorliegenden Dokumente nicht recherchiert werden. Die Akten Nr. 23 der Fak. für Geschichtswissenschaft sind diesbezüglich wenig ergiebig. Sowohl das Hauptstaatsarchiv Düsseldorf als auch das Nordrheinwestfälische Ministerium für Wissenschaft und Forschung gaben gegenüber dem Vf. an, zur Berufung Köllmanns über keine Unterlagen zu verfügen (HStA Düsseldorf, Schreiben an den Vf. vom 16.3.2006). Köllmann betrachtete seinen Bochumer Lehrstuhl jedenfalls als für ihn wie »maßgeschneidert«. ARUB, NL Köllmann, Nr. 28, Köllmann an H. Harmsen, 28.12.1964. Vgl. zu den Netzwerken, die hinter Köllmanns Habilitation und Bochumer Berufung standen, die Ausführungen im Kap. IV.1.

schichtswissenschaft zugerechnet wurde.[489] Am 26. Oktober 1964 trat Köllmann sein neues Amt an. Als er bereits fünf Jahre später an die Universität Freiburg im Breisgau berufen wurde, ließ er sich in Bochum im Zuge von »Bleibeverhandlungen« die Bezeichnung seines Lehrstuhls von »Sozial- und Wirtschaftsgeschichte« um »Demographie« erweitern. Einer der wesentlichen Gründe für dieses Ansinnen sei gewesen, dass die »Historische Demographie« in der Bundesrepublik »im Gegensatz vor allem zum westlichen Ausland« bisher an keiner Universität vertreten gewesen sei. Für den Fall einer Ausweitung der Bezeichnung seines Lehrstuhls kündigte er an, »wie in meiner Forschung so auch in meiner Lehre den Fragen der Bevölkerung einen breiteren Raum« zuzuweisen.[490] Wolfgang Köllmann, der im Jahr 1990 an der Universität Bochum emeritierte, starb am 28. September 1997 in Hattingen.

Der gebürtige Schweizer Imhof studierte Geschichte in Zürich, Brüssel, Paris und Rom. Für seine Dissertation unternahm er Archivstudien in Paris, wodurch er »schon früh in recht engen und permanenten Kontakt mit den Leuten der EHESS (damals noch Sixième Section) [=*L'École des hautes études en sciences sociales*, Anm. d. Vf.] und der Annales E.S.C. gekommen« sei. Dadurch sei er »historisch-demographisch nach französischem Muster imprägniert« worden.[491] Im Jahr 1965 promovierte Imhof mit einer Studie »Der Friede von Vervins 1598« an der Universität Zürich zum Dr. phil. und ging von dort als Lektor an die schwedischen Universitäten von Lund, Stockholm und Uppsala. 1967 wurde er Wissenschaftlicher Assistent am Historischen Seminar der Universität Gießen. In den Jahren 1970 bis 1973 bezog er für sein Habilitationsvorhaben »Aspekte der Bevölkerungsentwicklung in den nordischen Ländern 1720-1750« ein Stipendium des *Schweizerischen Nationalfonds*, das es ihm ermöglichte, seine skandinavischen Feldforschungen weiter voranzutreiben. Zu diesem Zweck unternahm er ausgedehnte Sprachstudien in Schwedisch, Dänisch, Norwegisch, Finnisch und Isländisch, die ihm »die nordische Welt« überhaupt erst erschlossen.[492] Imhof hatte bereits früh erkannt, dass in Europa neben Frankreich und England vor allem die skandinavischen Länder Maßstäbe in der interdisziplinären, teamorientierten und auf computergestützte Analyse von statistischen Massendaten

489 Hans Mommsen, Geschichtswissenschaft in Bochum, in: Klaus Schaller (Hg.), Universität – Wissenschaft – Gesellschaft. Festschrift zum 25-jährigen Bestehen der Ruhr-Universität Bochum, Sankt Augustin 1990, 53-72, hier 53f. Hier sei ergänzend darauf hingewiesen, dass bereits das *Seminar für Wirtschafts- und Kulturgeschichte*, das Alfons Dopsch im Jahr 1922 an der Universität Wien begründete, zu den Geschichtswissenschaften ressortierte. Vgl. Buchner, Alfons Dopsch, 185-190.

490 ARUB, NL Köllmann, Nr. 2, Köllmann an den Rektor der RUB, Prof. K. Biedenkopf, vom 24.1.1969; Köllmann an Prof. Dr. Grimm, Dekanat der Abteilung für Geschichtswissenschaft, 19.11.1968; Köllmann an den Rektor der RUB, Prof. K. Biedenkopf, 24.1.1969; Köllmann an Prof. Dr. Grimm, Dekanat der Abteilung für Geschichtswissenschaft, 19.11.1968.

491 Mitteilung von Prof. Dr. Arthur E. Imhof an den Vf., 17.10.2010.

492 Vgl. Arthur E. Imhof, Aspekte der Bevölkerungsentwicklung in den nordischen Ländern 1720-1750. Bde. 1-2, Bern 1976, 17.

beruhenden historisch-demographischen Forschung setzten. Das 1973 ins Leben gerufene Forschungszentrum im schwedischen Umeå zeichnete sich durch die institutionalisierte Zusammenarbeit von Demographen, Soziologen und Medizinhistorikern aus.[493] Imhof selbst betonte, dass die »exzellente Quellenlage« der skandinavischen Bevölkerungsgeschichte ihm bei seinen Forschungen ebenso geholfen habe wie »das große Interesse und Entgegenkommen schwedischer und norwegischer Medizinhistoriker«.[494]

Auf der Grundlage dieser Forschungen und seiner internationalen Vernetzung entwickelte Imhof eine breit angelegte Publikations- und Herausgebertätigkeit, wobei er seine Aufsätze in historischen, sozialwissenschaftlichen und medizingeschichtlichen Fachjournalen herausbrachte. Seine Forschungen über Medizingeschichte veröffentlichte er zusammen mit dem schwedischen Medizinhistoriker Bengt I. Lindskog und dem norwegischen Medizinhistoriker Øivind Larsen (*1938) in skandinavischen Fachzeitschriften. Obgleich sich Imhof in Deutschland anfänglich »ziemlich fremd« fühlte,[495] suchte er seine Forschungen auch der bundesdeutschen Historikerzunft zu vermitteln. Die frühesten Publikationen, die auf seine Kontakte zur etablierten westdeutschen Bevölkerungs- und Raumforschung hindeuten, datieren aus dem Jahr 1974: So veröffentlichte er in den »Forschungs- und Sitzungsberichten« der *Akademie für Raumforschung und Landesplanung* (ARL) einen Artikel, in dem er seine skandinavischen Forschungsergebnisse mit Mittel- und Westeuropa verglich und stellte im Mitteilungsblatt der *Deutschen Gesellschaft für Bevölkerungswissenschaft* (DGBW) eine historisch-demographische Fallstudie über Gießen vor.[496]

Imhof wurde 1973 mit seiner Studie zur Bevölkerungsgeschichte der nordischen Länder an der Universität Gießen habilitiert. Er lehrte am dortigen Historischen Seminar zwei Jahre als Privatdozent und ergänzte seine skandinavischen Forschungen um die Untersuchung von deutschem Quellenmaterial. 1975 wurde er als Professor für »Sozialgeschichte der Neuzeit« an das *Friedrich-Meinecke-Institut* der FU Berlin berufen und verblieb dort bis zu seiner Pensionierung im Jahr 2004. In Berlin baute er eine bis zu fünfzehn Mitarbeiter umfassende Forschergruppe zur ›Historischen Demographie‹ der Neuzeit auf. Auf von ihm veranstalteten Konferenzen diskutierten u.a. Historiker, Mediziner, Ethnologen

493 Wolfgang Uwe Eckart/Robert Jütte, Medizingeschichte. Eine Einführung, Köln-Weimar-Wien 2007, 231.

494 Mitteilung von Prof. Dr. Arthur E. Imhof an den Vf., 17.10.2010.

495 Ebd.

496 Vgl. zu ARL und DGBW die detaillierten Ausführungen im Kap. IV.4. – Vgl. Arthur E. Imhof, Der agrare Charakter der schwedischen und finnischen Städte im 18. Jahrhundert im Vergleich zu Mittel- und Westeuropa, in: Stadt-Land-Beziehung und Zentralität als Problem der historischen Raumforschung. Forschungs- und Sitzungsberichte der Akademie für Raumforschung und Landesplanung, Bd. 88, Hannover 1974 (= Historische Raumforschung; 11), 161-197; Arthur E. Imhof, Die historisch-demographische Entwicklung einer bäuerlichen Gesellschaft im vorindustriellen Deutschland: Der Raum Gießen als Fallstudie, in: Mitteilungen der Deutschen Gesellschaft für Bevölkerungswissenschaft 47, H. 1 (1974), 5-9.

und Sozialanthropologen über Themen wie »Mensch und Gesundheit in der Geschichte« (1978) und »Mensch und Körper in der Geschichte der Neuzeit« (1981). In der deutschsprachigen Bevölkerungsforschung wurde Imhof vor allem durch seine 1977 erschienene »Einführung in die Historische Demographie« bekannt, »die bis heute das einzige deutsche Lehrbuch geblieben« ist, »das eine ganze Generation junger Historiker/innen geprägt hat«.[497]

Imhof erweiterte und vertiefte seine internationalen Kontakte und Kooperationen durch zahlreiche Gast- bzw. Kurzprofessuren und Vortragsreisen. So war er 1980 bis 1981 z. B. Directeur d'études associé an der renommierten EHESS in Paris und wurde zum Vizepräsidenten der *Société de Démographie Historique* gewählt. Er ging mehrfach als Gastdozent an die Medizinische Fakultät und an das Historische Institut der Universität Oslo. In der selben Funktion wurde er 1985 an die neuseeländischen Universitäten von Auckland, Christchurch und Dunedin und seit 1984 regelmäßig an die brasilianischen Universitäten von São Paulo, Curitiba, Porto Alegre, Belo Horizonte und Recife berufen. Dazu kamen Gastprofessuren und Aufenthalte als Research Fellow, die ihn neuerlich in die skandinavischen Länder und darüber hinaus bis in die 1990er-Jahre u. a. nach Australien, China, Estland, Großbritannien, Indien, Israel, Japan, Neuseeland, Thailand und den USA führten.[498]

Seit den frühen 1980er-Jahren verlagerte sich Imhofs Interessensschwerpunkt von der Erforschung der ›Historischen Demographie‹ und Medizingeschichte stärker zu kultur- und mentalitätsgeschichtlichen Fragestellungen. Seine diese Themen behandelnden Bücher – u. a. »Die gewonnenen Jahre« (1981) und »Die verlorenen Welten« (1984)[499] – wandten sich nicht nur an Fachleute, sondern auch an ein breiteres Leserpublikum. Seither erörterte Imhof immer wieder die Frage, wie sich die seit rund dreihundert Jahren feststellbare sukzessive Zunahme der Lebenserwartung auf Lebensalltag und Sinnstiftung der Menschen auswirkte, und welche Konsequenzen damit verbunden sein würden.

Köllmann: Eine ›Strukturgeschichte‹ der Bevölkerung?

Köllmanns spezifischer Zugang zur ›Bevölkerungsgeschichte‹ ruhte seit den Anfängen seiner Tätigkeit als Historiker um 1950 wesentlich auf der Grundlage regional- und strukturgeschichtlicher Interessen. Die »Heimatgeschichte« sollte in Anlehnung an Conze als »Teil einer Strukturgeschichte der industriellen Welt«

497 Eckart/Jütte, Medizingeschichte, 230-242; 230 (Zit.); vgl. Imhof, Einführung.

498 Curriculum Vitae Arthur E.(rwin) Imhof, dat. 23.12.1994 (Mitteilung Prof. Dr. Arthur E. Imhof an den Vf., 17.10.2010); vgl. auch Kürschners Deutscher Gelehrten-Kalender. Hg. v. Werner Schuder, Bde. 1-3, 2: I-R, Berlin-New York 1987, 2003, Sp. 2.

499 Vgl. u. a. Imhof, Die gewonnenen Jahre; Arthur E. Imhof, Die verlorenen Welten. Alltagsbewältigung durch unsere Vorfahren – und weshalb wir uns heute so schwer damit tun. München 1984 (^{2}1985).

betrieben werden.[500] Köllmann bezog sich häufig auf Schriften ›volkstumsbewusster‹ Historiker und Soziologen der ersten Hälfte des 20. Jahrhunderts, von denen einige wie etwa Wilhelm Brepohl aus der Heimatbewegung zur ›Volkstumsforschung‹ gekommen waren. Brepohls »Volkskunde der Industriegesellschaft«[501] spielte für Köllmann eine wesentliche Rolle. Dazu kam Ipsens Artikel »Bevölkerungslehre«, der 1933 im »Handwörterbuch des Grenz- und Auslanddeutschtums« erschienen war. Bei seinen Forschungen über Binnenwanderungen pflegte er auf Rudolf Heberles Monographie »Die Großstädte im Strome der Binnenwanderung«[502] hinzuweisen.[503] Welche Denkfiguren Köllmann aus diesen Forschungen übernahm und wie sie seinen Zugang zur ›Bevölkerungsgeschichte‹ besonders in den beiden ersten Jahrzehnten seiner beruflichen Tätigkeit beeinflussten, ist bislang nicht genauer untersucht worden. Dieser Frage gilt daher das besondere Interesse der folgenden Erörterungen.

In den frühen 1950er-Jahren machten einige deutsche Historiker deutlich, dass sie soziologische Themenstellungen für die Geschichtswissenschaft allgemein als relevant erachteten. Im engeren Sinn soziologische Deutungen vergangener demographischer Strukturen und Prozesse blieben jedoch die Ausnahme. Hierbei ist Peter Rassow (1889-1961) zu nennen, bei dem Köllmann 1959 an der Gesamtredaktion der Quellen zur Geschichte der deutschen Sozialpolitik arbeitete.[504] Rassow sah die Kenntnis der Bevölkerungsvermehrung des 19. Jahrhunderts als wesentliche Grundlage für das historische Verständnis gesellschaftlicher Verhältnisse an und stellte einen diesbezüglichen Mangel in gängigen Geschichtsdarstellungen fest.[505] Für die Debatte um die Zusammenhänge von Geschichtswissenschaft und Bevölkerungsforschung lieferte die Sektion »Soziologie und Historie« beim deutschen Historikertag in Marburg (1951) wesentliche Anstöße. Hans Freyer sah in einem Vortrag, den er bei diesem Historikertreffen hielt, für die Geschichtswissenschaft die Möglichkeit, unter Anwendung soziologischer Kategorien nun auch historische »Sachzusammenhänge« systematisch zu erfassen. Schieder übersetzte in seinem Referat, das er in derselben Sektion hielt, Freyers »Sachzusammenhänge« in »Strukturen«. Er knüpfte dabei an Leopold von Ranke (1795-1886) und Jacob Burckhardt an, die von Strukturen anthropologischer Art ausgegangen waren.[506]

500 Fischer, Wolfgang Köllmann, 155.
501 Vgl. Wilhelm Brepohl, Industrievolk im Wandel von der agraren zur industriellen Daseinsform, dargestellt am Ruhrgebiet, Tübingen 1957; vgl. Goch, Wege, hier 145.
502 Rudolf Heberle, Die Großstädte im Strom der Binnenwanderung, Leipzig 1937.
503 Vgl. Mackensen (Hg.), Bevölkerungsfragen, 203, Stellungnahme Jürgen Reulecke.
504 ARUB, NL Köllmann, Nr. 20-25, Köllmann an Elisabeth Pfeil, 22.12.1959.
505 Peter Rassow, Die Bevölkerungsvermehrung Europas und Deutschlands im 19. Jahrhundert, in: ders., Die geschichtliche Einheit des Abendlandes. Reden und Aufsätze, Köln-Graz 1960, 139-150. Rassows Essay erschien erstmals in: Richard Nürnberger (Hg.), Festschrift für Gerhard Ritter zu seinem 60. Geburtstag, Tübingen 1950, 289-298.
506 Hans Freyer, Die Rolle der Soziologie in der westeuropäischen Geschichtswissenschaft, in: Bericht über die 21. Versammlung deutscher Historiker in Marburg 13.-16. September 1951, Stuttgart 1951, 25-26; Theodor Schieder, Die Stellung der Histori-

Ein Artikel über »Sozialplanung als eine Grundlage der Landesplanung«, den Köllmann gemeinsam mit dem Architekten Wolfgang Schütte (1915-1988) und dem Historiker Ernst W. Buchholz verfasste – beide wie Köllmann Mitarbeiter der ›Sozialforschungsstelle‹ –,[507] erlaubt eine erste Annäherung an seine frühen Zugänge zur ›Bevölkerungsgeschichte‹. Im Zentrum dieser Studie standen die demographischen Folgeerscheinungen der Industrialisierung, die einen »Bevölkerungsdruck« auslöste und die zunehmend konsumbewussten Individuen von der »Gemeinschaft« entfremdete. Die sogenannte vorindustrielle Ära erschien im Vergleich dazu als eine Epoche, in der Bevölkerungszahl und »Nahrungsspielraum« im Gleichgewicht gestanden hatten und die gesellschaftlichen Verhältnisse harmonisch gestaltet gewesen waren. Ein Jahrzehnt später äußerte sich Köllmann in einem Artikel »Die deutsche Bevölkerung im Industriezeitalter« neuerlich zu diesem Problem:[508] Die Hochindustrialisierung rief demnach nicht selbst jene »Bevölkerungswelle« hervor, welche die massenhafte Verarmung der Arbeiterschaft zur Folge hatte, sondern sie fing umgekehrt eine »Überschussbevölkerung« auf, die sich bereits in der Krise des »Pauperismus« in der ersten Hälfte des 19. Jahrhunderts gebildet hatte. Sie bewirkte, indem sie einer wachsenden Bevölkerungszahl eine Existenz ermöglichte, somit »die Rettung des deutschen Volkes vor der Verelendung«.[509] Köllmann nahm an, dass »der Reproduktionsprozeß der Bevölkerung in der industriellen Gesellschaftsordnung« im Widerspiel mit der wirtschaftlichen Entwicklung »völlig rational gesteuert« werde.[510] Der ›Pauperismus‹ des Vormärz und der vergleichsweise mangelhafte ›Abfluss‹ der ›überschüssigen‹ Bevölkerung durch die überseeische Emigration dienten ihm als Denkfiguren, auf deren kognitiven Grundlagen die Industrialisierung sich als ein gesellschaftliches Phänomen darstellte, das demographisch induziert war und andauernd demographische Wechselwirkungen produzierte.

Ohne die Bedeutung von Ethnizität im Hinblick auf die Genese und die soziale Strukturierung von Migrationen theoretisch durchleuchtet zu haben, übernahm Köllmann in seinen frühen Studien zur ›Bevölkerungsgeschichte‹ in affirmativer Weise ethnisierende Konzeptionen von Binnenmigrationen, die Brepohl in seinen Studien über das ›Ruhrvolk‹ seit den 1930er-Jahren entwickelt hatte.[511] Die kulturelle Angleichung von Bevölkerungsgruppen unterschiedlicher Herkunft

ker zur Soziologie, in: ebd., 27f. Vgl. zum Marburger Historikertag Etzemüller, Sozialgeschichte, 91-95.

507 W.[olfgang] Schütte/Ernst W. Buchholz/Wolfgang Köllmann, Die Sozialplanung als eine Grundlage der Landesplanung, ein Diskussionsbeitrag, in: RuR 11 (1953), 93-97.

508 Wolfgang Köllmann, Die deutsche Bevölkerung im Industriezeitalter, in: Mitteilungen der Deutschen Gesellschaft für Bevölkerungswissenschaft e.V., 27. Folge, Nov. 1962, 56-69. Wieder abgedruckt in Köllmann, Bevölkerung in der industriellen Revolution, 35-46.

509 Köllmann, Die deutsche Bevölkerung im Industriezeitalter, 37.

510 Ebd., 44.

511 Vgl. u.a. Wolfgang Köllmann, Bespr. Wilhelm Brepohl, Industrievolk im Wandel von der agraren zur industriellen Daseinsform, dargestellt am Ruhrgebiet, Tübingen 1957, in: VSWG 45 (1958), 129-131. Köllmann hob an dieser Studie hervor, dass es ihr gelungen

habe, so Köllmann unter Bezugnahme auf Brepohls Konzeption einer »industriellen Volkskunde«, das sogenannte »Ruhrvolk« hervorgebracht, einen städtisch-industriell bestimmten neuen deutschen »Volksstamm«. In der Verschmelzung unterschiedlicher deutscher »Stämme« zu einem eigenständigen »Volkstypus« sah Köllmann eine der wesentlichen Folgen der Binnenwanderung. Diese hatte gerade deshalb einen wesentlichen Anteil an der Entwicklung »eines eigentümlichen deutschen Nationalbewußtseins«, das wiederum eine der Voraussetzungen für die im Bismarckreich erfolgte politische Einigung Deutschlands gewesen sei.[512]

Die Herkunft von Köllmanns Arbeiten aus der spezifisch makroanalytischen Theorietradition der deutschen ›Bevölkerungsgeschichte‹ ist anhand dieser Beispiele deutlich nachzuvollziehen. Er war einer der ersten deutschen Historiker, der die Modelle der ›Bevölkerungsweise‹ und der ›Bevölkerungswellen‹, die Gunther Ipsen und Gerhard Mackenroth entworfen hatten, in seinen Schriften diskutierte. Die im Kontext dieser Tradition entstandenen Modellannahmen suchte er anhand der deutschen Bevölkerungsentwicklung seit dem 19. Jahrhundert systematisch nachzuprüfen. Seine regional- und lokalgeschichtlichen Studien, etwa die »Sozialgeschichte der Stadt Barmen«,[513] verstand er insofern als exemplarisch, als er sie auf grundlegende Probleme der Entstehung der modernen industriellen Wirtschaftsweise bezog. Neben derartige Forschungen traten bei Köllmann Studien, die sich auf den deutschen Nationalstaat und die deutsche Staatsbevölkerung konzentrierten. Der von ihm verfasste vierte Band des »Bevölkerungs-Ploetz« ist dafür ein Beispiel. Dieses 1956 erschienene Buch gilt als »frühes Beispiel einer nationalstaatlich orientierten und zugleich vergleichenden Bevölkerungsgeschichte«, die noch ohne das Theorem des »demographischen Übergangs« auskam.[514]

Gegenüber den etablierten Stadt- und Bevölkerungshistorikern konnte Köllmann in den 1960er-Jahren zunehmend sein eigenes Profil schärfen. Während etwa Erich Keyser neben wirtschaftlichen und politischen Aspekten weiterhin die ›körperliche‹ und ›seelische‹ Qualität der Bevölkerung von Städten untersuchen wollte und damit wissenschaftlich im Abseits verblieb, suchte Köllmann demographische Strukturen und Prozesse möglichst zu quantifizieren und diese tabellarisch und graphisch darzustellen. Hierin spiegelte sich ein ›strukturgeschichtliches‹ Interesse, das

sei, »Volkstum in der Entstehung zu beobachten und die Stilelemente dieses neuen Volkstums aufzuweisen« (130).

512 Köllmann, Die deutsche Bevölkerung im Industriezeitalter, 39.

513 Wolfgang Köllmann, Sozialgeschichte der Stadt Barmen im 19. Jahrhundert, Tübingen 1960 (= Soziale Forschung und Praxis, hg. von der Sozialforschungsstelle an der Universität Münster; 21).

514 Ehmer, Bevölkerungsgeschichte, 59; 121. Den »Bevölkerungs-Ploetz« hatte Conze angeregt. Köllmann bearbeitete den Zeitraum von 1750 bis zur Gegenwart. Köllmann, Bevölkerung in der industriellen Revolution, Vorbemerkung, 7f. Vgl. Raum und Bevölkerung in der Weltgeschichte. Bevölkerungs-Ploetz. Bd. 1: Kartenteil zu Bd. 2, 3, 4; 3. Aufl. 1965; Bd. 2: Ernst Kirsten, Von der Vorzeit bis zum Mittelalter, 3., unveränd. Aufl. 1968; Bd. 3: Ernst Buchholz, Vom Mittelalter zur Neuzeit, 3. Aufl. 1966; Wolfgang Köllmann, Bevölkerung und Raum in Neuerer und Neuester Zeit, Würzburg 1956; 3. Aufl. 1965.

die Handlungen und Mentalitäten einzelner Menschen zwar nicht grundsätzlich aus der historischen Betrachtung ausklammerte,[515] das aber doch überindividuelle, ökonomische und demographische Entwicklungen als entscheidende geschichtliche Triebkräfte in den Vordergrund rückte: Aus Köllmanns Sicht untersuchte ›Bevölkerungsgeschichte‹ daher »demographische Strukturen und strukturwandelnde Prozesse raumgebundener sozialer Kollektive – der Gesamtheit der Menschen eines Raumes oder bestimmter Gruppen innerhalb dieser Gesamtheit«.[516]

Die unterschiedlichen städtegeschichtlichen Zugangsweisen von Keyser und Köllmann lassen sich z. B. anhand von Köllmanns Barmen-Studie nachvollziehen. Diese nahmen Stadthistoriker wie Hektor Ammann (1894-1967) und Keyser zunächst kaum wahr. Der Arbeit von Hans Mauersberg über zentraleuropäische Städte, die im selben Jahr wie Köllmanns Studie veröffentlicht wurde, schenkten sie ungleich mehr Beachtung.[517] Günther Franz bezeichnete Köllmanns Arbeit zwar als »wichtig«, er bezweifelte aber, ob das Fallbeispiel Barmen für die »Bevölkerungsgeschichte Deutschlands« »typisch« sei. Köllmann indes hegte in dieser Studie eine Verallgemeinerungsabsicht mehr in methodischer Hinsicht, ohne damit zu bezwecken, die deutsche Bevölkerungsgeschichte umfassend zu erschließen.[518] Er betonte, dass der wirtschaftliche »Strukturwandel« des 19. Jahrhunderts seinen »wesentlichen Ort in der Stadt und hier vornehmlich in der neu entstehenden Großstadt besaß«.[519] Im Unterschied zur Barmen-Studie, die sich auf das 19. Jahrhundert konzentrierte, beschränkte sich die ältere Stadtgeschichte meist auf das Mittelalter und in einem schon geringeren Maß auf die Frühe Neuzeit. Dazu kam, dass Keysers mehrbändiges Unternehmen zur »Deutschen Städtegeschichte« von einem integrierten Konzept, das über die Geschichte einzelner Städte hinaus allgemeinere Fragestellungen bearbeitet hätte, nichts erkennen ließ.[520]

515 Köllmann sprach sich gegen ausschließlich quantifizierende Methoden in der Geschichtswissenschaft aus, wobei er sich namentlich von der US-amerikanischen ›New Economic History‹ abgrenzte. Vgl. Wolfgang Köllmann, Zur Bedeutung der Regionalgeschichte im Rahmen struktur- und sozialgeschichtlicher Konzeptionen, in: Archiv für Sozialgeschichte 15 (1975), 43-50, hier 44.

516 Köllmann, Bevölkerungsgeschichte, 18.

517 Vgl. Hektor Ammann, Bespr. Hans Mauersberg, Wirtschafts- und Sozialgeschichte zentraleuropäischer Städte in neuerer Zeit, Göttingen 1960, in: HZ 194 (1962), 399-401. In einem Literaturbericht, den Keyser Neuerscheinungen zur Städtegeschichte widmete, führte er Köllmanns Barmen-Studie nicht an. Vgl. Erich Keyser, Städtewesen, in: BDLG 97 (1961), 228-259.

518 Vgl. Günther Franz, Zur Bevölkerungsgeschichte, in: BDLG 102 (1966), 212-222, hier 212. Franz bezog sich hier auf Wolfgang Köllmann, The Population of Barmen before and during the Period of Industrializatiom, in Glass/Eversley (eds.), Population in History, 588-607.

519 Wolfgang Köllmann, Bespr. Fritz Mogs, Die sozialgeschichtliche Entwicklung der Stadt Oberhausen (Rhld.) zwischen 1850 und 1933. Diss. rer. pol., Köln 1956, in: VSWG 48 (1961), 417-419, hier 418.

520 Vgl. zu den bevölkerungsgeschichtlichen Aspekten des »Städtebuchs« die Kritik von Köllmann, der hervorhob, dass dieses »nicht über [die] Ermittlung von Volkszahlen hinausging«. Köllmann, Bevölkerungsgeschichte, 17. Vgl. hierzu auch das Kap. III.5.

Anhand der demographischen Entwicklung Barmens im 19. Jahrhundert ließ sich Ipsens Bevölkerungstheorie, dessen These einer »Wendung vom Nachwuchs zur Aufzucht« Köllmann als wesentliche soziale Konsequenz des damaligen demographischen Wandels bezeichnete, seiner Auffassung nach empirisch verifizieren.[521] Die Assimilation der Nah- und Fernwanderer zu einem einheitlichen »Ruhrvolk«, dessen Kern »die eigenwüchsige Art des bergischen Menschen« bildete, lag demnach in der stammlich ähnlichen »Art« der Migranten begründet. Die Zuwanderer repräsentierten »ländliche Überschüsse« aus dem »nordostdeutschen Raum«, »die in der Heimat nur geringe Lebensmöglichkeiten besaßen und darum gezwungen waren, abzuwandern«.[522]

Selbst in späteren Phasen seiner wissenschaftlichen Forschungstätigkeit gründete sich Köllmanns Darstellung der deutschen ›Bevölkerungsgeschichte‹ in einem hohen Ausmaß auf deutschsprachige Forschungsliteratur, die in den 1930er- bis 1960er-Jahren veröffentlicht worden war. Dies lässt sich z. B. anhand seiner Studie zur »Bevölkerungsgeschichte 1800 bis 1970« aufzeigen, die 1976 im Rahmen des »Handbuchs der deutschen Wirtschafts- und Sozialgeschichte« erschien. Darin übernahm er unverändert Brepohls Annahme einer »Verschmelzung westdeutscher und ostdeutscher Elemente zum »Ruhrvolk«, einem neuen deutschen Volksstamm charakteristischer Eigenprägung«.[523] Dennoch war er bereit, seine früheren Anschauungen weiterzuentwickeln und diese in einem begrenzten Maß zu revidieren: In der Anmerkung, die auf die oben zitierte Passage seines Texts verwies, widersprach er etwa Brepohls These, »daß sich in diesem Integrationsprozeß biologisch das ostdeutsche Element durchgesetzt habe«.[524]

Gegenüber eugenischen Deutungen der demographischen Entwicklung grenzte sich Köllmann klar ab. So kritisierte er mehrfach den Statistiker Friedrich Burgdörfer, der die Auswanderung aus Deutschland als rassenbiologische »Gegenauslese« dargestellt habe. Zu dieser Thematik verwies er u. a. auf die Tübinger Dissertation von Wilhelm Mönckmeier, der bereits 1912 volkswirtschaftlich als positiv zu bewertende Effekte der Auswanderung beschrieben hatte.[525] Deutschen Bevölkerungsforschern, deren Involvierung in die nationalsozialistische Bevölkerungspolitik offen zutage lag – und die sich auch schon in der Weimarer Republik volkstumspolitisch betätigt hatten –, billigte Köllmann dennoch wissenschaftlich einwandfreie Arbeitsweisen zu. Das galt speziell für Burg-

521 Köllmann, Sozialgeschichte, 75.

522 Ebd., 93.

523 Wolfgang Köllmann, Bevölkerungsgeschichte 1800 bis 1970, in: Hermann Aubin/Wolfgang Zorn (Hg.), Handbuch der deutschen Wirtschafts- und Sozialgeschichte, Bde. 1-2, 2, Stuttgart 1976, 9-50, hier 20.

524 Köllmann, Bevölkerungsgeschichte, 26, Anm. 10.

525 Vgl. ebd. kritisch zu Burgdörfers Verfahren der Bevölkerungsprognostik, 49, Anm. 16; Wilhelm Mönckmeier, Die deutsche überseeische Auswanderung. Ein Beitrag zur deutschen Wanderungsgeschichte, Jena 1912; Köllmann, Bevölkerungsgeschichte, 34f., Anm. 29.

dörfer, der vor und nach 1945 in deutschen Fachkreisen ein weithin anerkannter Statistiker war. In dem zusammen mit Peter Marschalck (*1938) herausgegebenen Kompendium »Bevölkerungsgeschichte« brachte Köllmann den Artikel »Die Wanderungen über die deutschen Reichsgrenzen im letzten Jahrhundert«, den Burgdörfer 1930 veröffentlicht hatte, 1972 neuerlich in gekürzter Fassung heraus.[526]

Imhof: ›Historische Demographie‹ als ›Sozialgeschichte‹ und ›Kulturanthropologie‹

In den 1970er-Jahren war Imhof zwar einer der prononciertesten, aber nicht der einzige Historiker, der seine Fachkollegen dazu aufrief, die in Deutschland verfügbaren reichhaltigen Quellenmaterialien sowohl anhand von anonym-numerischen als auch namentlichen Methoden (Familienrekonstitution) auszuwerten. So warb z.B. der englische Historiker Robert W. Lee (*1946) dafür, Pfarrmatrikeln und ›Ortssippenbücher‹ stärker für die Erforschung der Bevölkerungsgeschichte zu nützen, als dies in der Bundesrepublik bislang geschehen war.[527] Bereits 1973 veröffentlichte Adelheid von Nell (*1938) ihre bei Köllmann entstandene Dissertation, welche die von Mackenroth festgestellte Ausweitung der Geburtenbeschränkung auf breite gesellschaftliche Schichten anhand von Niedersachsen empirisch untersuchte.[528] Im selben Jahr begründete Hermann Weber (*1928) zusammen mit Walter G. Rödel (1940-2009) am Historischen Seminar der Universität Mainz einen *Arbeitskreis Historische Demographie.* Aus dieser Projektgruppe, welche die im Stadtarchiv Mainz vorhandenen Kirchenbücher auszuwerten plante, ging u.a. die von Rödel verfasste Habilitationsschrift »Mainz und seine Bevölkerung« hervor.[529]

Imhofs Leistung bestand ab Mitte der 1970er-Jahre darin, die ›Historische Demographie‹ in Westdeutschland nicht nur konzeptionell dargestellt, sondern entsprechende Forschungen selbst beispielhaft durchgeführt zu haben. Seine ungewöhnlich weitläufigen internationalen Kooperationen kamen ihm dabei ebenso zugute wie seine interdisziplinäre und teamorientierte Arbeitsweise. Im Unterschied zu Walter G. Rödel, dem die fachliche Kritik vorwarf, sich zu sehr auf Mainz zu konzentrieren und zu wenig vergleichende Bezüge zu anderen

526 Friedrich Burgdörfer, Die Wanderungen über die deutschen Reichsgrenzen im letzten Jahrhundert, in: Köllmann/Marschalck (Hg.), Bevölkerungsgeschichte, 281-289.

527 R.W. Lee, Zur Bevölkerungsgeschichte Bayerns 1750-1850. Britische Forschungsergebnisse, in: VSWG 62 (1975), 309-338.

528 Vgl. Adelheid von Nell, Die Entwicklung der generativen Strukturen bürgerlicher und bäuerlicher Familien von 1750 bis zur Gegenwart, Bochum 1973.

529 Vgl. Walter G. Rödel, Mainz und seine Bevölkerung im 17. und 18. Jahrhundert. Demographische Entwicklung, Lebensverhältnisse und soziale Strukturen in einer geistlichen Residenzstadt, Stuttgart 1985, sowie die Liste der in dem Arbeitskreis entstandenen Veröffentlichungen bei Walter G. Rödel, Einführung, in: Michael Matheus et al. (Hg.), Landesgeschichte und historische Demographie, Stuttgart 2000, 1-8.

Städten herzustellen,[530] konzipierte Imhof die ›Historische Demographie‹ als eine Forschungsrichtung, die sich grundsätzlich nicht auf eine bestimmte Stadt oder Region einengte. Imhof sah diese als eine »dezidiert problemorientierte Form der empirischen sozialgeschichtlichen Grundlagenforschung«, die fließende Grenzen »nicht nur zur Sozial- und Wirtschaftsgeschichte, sondern auch zu den – damals noch neuen – Forschungsfeldern der Geschichte der Mentalitäten, der Familie, der Sexualität, des Körpers, der Krankheiten und des Klimas« aufwies.[531]

Er fand mit diesem Konzept Anschluss an internationale Trends in der sozial- und medizingeschichtlichen Forschung und vermittelte diese gleichzeitig – u. a. mit seiner »Einführung in die Historische Demographie« – mit Erfolg an ein interessiertes Fachpublikum. In der Forschungsliteratur gilt Imhof daher als der »Begründer der modernen Historischen Demographie in Deutschland«, der durch seine unermüdliche »Kärrnerarbeit« wesentliche Voraussetzungen zur Etablierung quantitativ-serieller Methoden in der Geschichtswissenschaft geschaffen habe.[532]

Trotz dieser bis heute nachwirkenden positiven Resonanz stießen Imhofs Veröffentlichungen zur ›Historischen Demographie‹ auf ein durchaus geteiltes Echo. Dabei fällt zunächst auf, dass mit Werner Conze und Wolfgang Zorn (1922-2004) zwei prominente ältere Vertreter der ›Wirtschafts- und Sozialgeschichte‹ die von Imhof repräsentierte Forschungsrichtung einhellig begrüßten: Conze sah in dem von dem Berliner Sozialhistoriker herausgegebenen Sammelband »Biologie des Menschen in der Geschichte« einen »wichtige[n] Anstoß«, um eine »noch ungewohnte Forschungsrichtung sowohl Historikern wie Medizinern zu vermitteln«. Imhofs Arbeiten dürfte er bereits seit 1975 gekannt haben. Der *Arbeitskreis für moderne Sozialgeschichte* veranstaltete damals unter Conzes Leitung eine internationale Tagung zur Sozialgeschichte der Familie, für die Imhof anhand eines hessischen Beispiels eine mikrodemographische Studie beisteuerte.[533] Zorn rezensierte sein Buch »Die gewonnenen Jahre«. Der Münchner Wirtschafts- und Sozialhistoriker begrüßte das Bemühen des Autors, aus der Erkenntnis der verlängerten Lebenszeit die Selbstverpflichtung abzuleiten, ein über fachliche Kreise hinausreichendes Leserpublikum anzusprechen. Er sah darin »einen rechten Ausgleich für die ja unvermeidliche Sprödigkeit der Alltags-Strukturanalyse«.[534] Andererseits riefen bereits die von Imhof Mitte der 1970er-

530 Sieglerschmidt, Bevölkerungsgeschichte, 261.

531 Sokoll/Gehrmann, Historische Demographie, 157.

532 Ehmer, Bevölkerungsgeschichte, 59; Sokoll/Gehrmann, Historische Demographie, 156f.

533 Vgl. Arthur E. Imhof, Ländliche Familienstrukturen an einem hessischen Beispiel: Heuchelheim 1690-1900, in: Conze, (Hg.), Sozialgeschichte, 197-230.

534 Werner Conze, Bespr. Arthur E. Imhof (Hg.), Biologie des Menschen in der Geschichte: Beiträge zur Sozialgeschichte der Neuzeit aus Frankreich und Skandinavien, Stuttgart-Bad Cannstatt 1978, in: VSWG 68 (1981), 270f., hier 270; Wolfgang Zorn, Bespr. Imhof, Die gewonnenen Jahre, in: VSWG 70 (1983), 97f., hier 98.

Jahre herausgegebenen historisch-demographischen Studien zu Gießen auch fachlichen Widerspruch hervor: Peter Burg (*1941) begrüßte es zwar, dass Imhof in- und ausländische Forschungen vermittle und selbst neuartige Ansätze beisteuere. Er kritisierte aber im Einzelnen, dass diese Arbeiten einen durchgehenden theoretischen Bezug vermissen ließen und die Ergebnisse der Bevölkerungsentwicklung daher unverbunden neben den preis- und klimageschichtlichen Beiträgen stünden.[535]

Auf die von Imhof in den 1980er- und 1990er-Jahren veröffentlichten kultur- und mentalitätsgeschichtlichen Studien kann ich hier nicht näher eingehen. Es soll aber wenigstens angedeutet werden, dass der Berliner Sozialhistoriker in diesen Arbeiten nicht nur auf die sozialgeschichtlichen Ursachen der ›gewonnenen Jahre‹ einging, sondern häufig die individuell zu gestaltenden Folgeerscheinungen der Zunahme der Lebenserwartung in den Blick nahm. Das in diesem Zusammenhang von ihm vielfach vorgetragene Konzept der ›Ars vivendi‹ und ›Ars moriendi‹, das er als Aufruf zu einer frühzeitigen vorausschauenden Planung und sinnvollen Gestaltung des eigenen Lebens verstand, rief unter Fachkollegen aus der historischen ›Zunft‹ keine ungeteilte Zustimmung hervor: Robert Jütte (*1954) schrieb dazu pointiert, dass Imhof es sich »inzwischen offensichtlich zur Lebensaufgabe gemacht« habe, »als Historiker nicht mehr den rückwärtsgewandten Propheten (F. Schlegel), sondern den in die Zukunft schauenden (Gesundheits-)Politikberater zu spielen«.[536] Klaus-Jürgen Matz (*1949) sah in Imhofs Buch »Die verlorenen Welten« ein Beispiel für die von seinem Autor selbst eingeräumten Methodenprobleme der sogenannten »Alltagsgeschichte«. Imhofs These, dass unsere Vorfahren den Tod »lediglich als Passage« betrachtet hätten, dem sie gelassen entgegengelebt hätten, sei »wohl kaum zu belegen«.[537]

Imhof erläuterte indes selbst zunehmend differenzierter nicht nur die Chancen, sondern er ging auch auf die Grenzen der historisch-demographischen Forschung ein. Bereits in seiner Habilitationsschrift hatte er die räumlich und zeitlich stark variierenden Ergebnisse zu Natalitäts-, Mortalitäts- und Heiratsfrequenzen als spezifisches Forschungsproblem der von ihm vertretenen historischen Spezialdisziplin dargestellt. Dieses Dilemma lasse sich weder durch einzelne oder viele Forschungsarbeiten nach dem Vorbild der »Crulai-Studie«, noch durch »mikroregionale Modelle« auflösen. Es könnten daher »nur die Forschungsresultate von grossräumigen Bevölkerungsstudien weiterhelfen«.[538] Zehn Jahre später, als Imhof im Band »Sozialgeschichte in Deutschland« seinen

535 Peter Burg, Bespr. Arthur E. Imhof (Hg.), Historische Demographie als Sozialgeschichte. Gießen und Umgebung vom 17. zum 19. Jahrhundert, Darmstadt-Marburg 1975, in: VSWG 66 (1979), 143-146, hier bes. 145.

536 Robert Jütte, Bespr. Arthur E. Imhof/Rita Weinknecht (Hg.), Erfüllt leben – in Gelassenheit sterben: Geschichte und Gegenwart, Berlin 1994, in: VSWG 82 (1995), 84-86, hier 85.

537 Klaus-Jürgen Matz, Bespr. Imhof, Die verlorenen Welten, in: VSWG 72 (1985), 572 f., hier 572.

538 Imhof, Aspekte, 10 f.

instruktiven Beitrag »Historische Demographie« veröffentlichte, bilanzierte er, dass diese in einen fruchtbaren Dialog mit den – oben genannten – neuen sozialhistorischen Forschungsfeldern getreten sei. Von seinen Hoffnungen, die er auf eine breit angelegte historisch-demographische Erforschung einer Vielzahl von Pfarrgemeinden gesetzt hatte, war schon Mitte der 1980er-Jahre allerdings wenig übrig geblieben: Die überregionale Synthese lokaler »Bevölkerungsstudien«, die er offenbar nach französischem Vorbild auch für die Bundesrepublik als anstrebenswertes Forschungsziel angesehen hatte, war weitgehend Programm geblieben. Die »Bilanz einer historisch-demographisch orientierten Sozialgeschichte«, so Imhof, nehme sich daher »in Deutschland bisher bescheiden aus«. Er erklärte dies wie bereits in den 1970er-Jahren wissenschaftsgeschichtlich wohl nicht ganz zureichend mit der nachwirkenden »Tabuisierung populationsgeschichtlicher Themen nach den rassen- und bevölkerungsideologischen Exzessen der Nazi-Zeit«.[539]

Andererseits erwartete Imhof, dass die siedlungsräumlich, politisch und sozialgeschichtlich vielfältig differenzierten Strukturbedingungen in Deutschland, die sich von Frankreich oder Schweden stark unterschieden, weitere historisch-demographische Studien begünstigen könnten. Von verstärkten historisch-demographischen Forschungsbemühungen versprach er sich u. a. Aufschlüsse über Zusammenhänge zwischen konfessionell geprägten Mentalitäten und dem Reproduktionsverhalten der Bevölkerung zu gewinnen. Im Unterschied zu den genannten monokonfessionellen Ländern sei das zwischen Katholizismus und Protestantismus gespaltene Deutschland für diese Fragestellung besonders attraktiv.[540]

Imhof erläuterte zwar selbst ausführlich die methodischen Grenzen, an die ›historische Bevölkerungsforschungen‹ in ihren Interpretationsmustern häufig stießen und nahm dabei Studien zur ›Historischen Demographie‹ nicht aus.[541] In seinem Versuch einer Annäherung der ›Historischen Demographie‹ an die ›Bevölkerungsgeschichte‹ argumentierte er aber selbst mit pessimistischen Annahmen, deren empirische Validität deutlich zu wünschen übrig ließ, über langfristig zu erwartende makrostrukturelle Folgeerscheinungen menschlichen Sozialverhaltens. Die Feststellung der in der Bundesrepublik unzweifelhaft zunehmenden Zahl von Einpersonenhaushalten kreuzte sich dabei mit dem normativen Konzept der »sinnvollen Lebensplanung«: Angesichts der historisch

539 Imhof, Historische Demographie, in: Schieder/Sellin (Hg.), Sozialgeschichte, 32-63, hier 37-42; 45 (Zit.); vgl. Arthur E. Imhof, Methodenfragen zur Historischen Demographie, in: Bericht über die 31. Versammlung deutscher Historiker in Mannheim, 22. bis 26. September 1976, Stuttgart 1977, 136-138, hier 137. Vgl. zu den Kontinuitäten und Diskontinuitäten ›populationsgeschichtlicher Themen‹ und ›bevölkerungsgeschichtlicher‹ Studien über 1945 hinweg insbesondere die Kap. IV.1. und III.4.-6.

540 Imhof, Historische Demographie, 46.

541 So z. B., indem Imhof die unzureichenden Erklärungsmöglichkeiten der ›Historischen Demographie‹ für die in manchen Familien gehäuft auftretende Säuglingssterblichkeit erläuterte. Vgl. Imhof, Historische Demographie, 45.

relativ neuartigen Chance, das eigene Leben planvoll zu gestalten, hätten die Menschen nämlich so viel »individuelle Freiheit« gewonnen, dass sie zu »Einzelgängern« würden. Die »Entwicklung unserer Gesellschaft zu einem Volk von Einzelgängern« würde dadurch, so Imhof, »noch beschleunigt werden«. »Einzelgänger« seien aber »nicht fruchtbar«. Er könne daher nicht ausschließen, dass »damit die Geschichte dieser Gesellschaft überhaupt zu Ende geht«.[542]

Hier hätte man sich wohl eher erwartet, dass Imhof nach sozialwissenschaftlichem Modus geklärt hätte, auf welche Weise tradierte und neuartige Formen familialer und außerfamilialer Verflechtungen die deutsche Gesellschaft transformierten. Stattdessen versuchte er sein Untergangsszenario mit einem vermeintlichen historischen Analogieschluss zu stützen: Auch die »Vorgänger der heutigen südamerikanischen Bevölkerung indianischen Ursprungs« hätten sich im 16. und 17. Jahrhundert aus unterschiedlichen Gründen »lautlos aus der Geschichte verabschiedet« und seien durch die Europäer ersetzt worden.[543] Abgesehen davon, dass erhebliche Teile der indigenen Bevölkerung Süd- und Mittelamerikas europäischer kolonialer Expansions- und Genozidpolitik zum Opfer gefallen und nicht einfach ›lautlos‹ verdrängt worden waren, erinnerte diese Analogiebildung auffallend an Visionen des Verschwindens der weißen Europäer, die in der Zwischenkriegszeit deutsche Bevölkerungswissenschaftler und Geschichtsphilosophen wie etwa Friedrich Burgdörfer und Oswald Spengler geschürt hatten. Hingegen scheint Imhofs Prognose, dass Länder wie Brasilien ähnlich wie die europäischen Gesellschaften künftig mit sozialpolitischen Problemen konfrontiert sein würden,[544] die mit der demographischen Alterung zusammenhingen, eher als plausibel eingeschätzt werden zu können.[545]

Einige der Argumentationslinien in Imhofs programmatischem Artikel zur ›Historischen Demographie‹ ähnelten – so ließe sich zusammenfassen – der makrostrukturellen deutschen Bevölkerungswissenschaft, die gleichfalls häufig das ›Volk‹ als vermeintliche Ganzheit adressierte. Imhof formulierte seine Erwartungen zur künftigen demographischen Entwicklung in der Bundesrepublik zwar eher vorsichtig als Hypothesen. In seinem hier untersuchten Artikel näherte er sich gleichwohl dem ›apokalyptischen Bevölkerungsdiskurs‹ an, der in Deutschland

542 Imhof, Historische Demographie, 60. Ähnlich plakativ äußerte sich Imhof in einem Interview, das H. C. Ehalt mit ihm führte: »Der Mensch entdeckt sich selbst und versucht dabei auch, der Gemeinschaft zu entkommen. [...] sobald es uns nicht mehr gut geht [...], schreien wir nach Sozialstaat, Gemeinschaft und Gesellschaft.« Ehalt, Gespräche, 88.

543 Imhof, Historische Demographie, 60.

544 Ebd., 33.

545 Dabei soll hier aber nicht näher diskutiert werden, ob derartige Annahmen eines linearen Verlaufs sozio-demographischer Prozesse etwa modernisierungstheoretische Annahmen beinhalteten, die als deterministisch einzustufen sind. Vgl. hierzu Susan Greenhalgh, The Social Construction of Population Science: An Intellectual, Institutional, and Political History of Twentieth-Century Demography, in: Comparative Studies in Society and History 38 (1996), 26-66, hier bes. 26-30; 42-45.

auf eine lange Tradition zurückblickte[546] und dessen alarmistischen Tendenzen für Teile der Bevölkerungswissenschaften weiterhin eine Legitimationsquelle bilden. Imhof dürfte die methodisch begründeten Vorbehalte, die er selbst in dem Artikel hinsichtlich der Interpretationsmöglichkeiten der ›Historischen Demographie‹ aufzeigte, mit seiner von ihm beabsichtigten Grenzüberschreitung in Richtung ›Bevölkerungsgeschichte‹ daher ungewollt bestätigt oder sogar verstärkt haben.

›Bevölkerungsgeschichte‹ oder ›Historische Demographie‹? Die kontroversen Ansätze von Köllmann und Imhof

Die unterschiedlichen Auffassungen, welche Köllmann und Imhof zu Fragestellungen, Inhalten und Methoden von ›Bevölkerungsgeschichte‹ und ›Historischer Demographie‹ vertraten, sollten nicht dazu verleiten, die Entwicklung dieser beiden Disziplinen der historischen Wissenschaften losgelöst voneinander zu betrachten. ›Bevölkerungsgeschichte‹ und ›Historische Demographie‹ hatten zuvor im Sprachgebrauch der Historiker ein Forschungsfeld abgesteckt, das nicht unbedingt konzise definiert war und gleichzeitig vielfältige Überschneidungen aufwies.

Die Kontroverse zwischen Köllmann und Imhof trug seit den 1970er-Jahren dazu bei, dass ›Bevölkerungsgeschichte‹ und ›Historische Demographie‹ in Deutschland bis heute nach wie vor unverbunden nebeneinander stehen. In den Beiträgen, welche sie 1986 im Band »Sozialgeschichte in Deutschland« veröffentlichten, trafen die bevölkerungswissenschaftlichen Konzepte dieser beiden Historiker direkt aufeinander. Köllmann definierte in seinem Artikel den Gegenstand der ›Bevölkerungsgeschichte‹ wie oben zitiert als die »Gesamtheit der Menschen eines Raumes oder bestimmter Gruppen innerhalb dieser Gesamtheit«. Diesem makrostrukturellen Zugang zur ›Bevölkerungsgeschichte‹ setzte Imhof seine Sichtweise der ›Historischen Demographie‹ als einer Disziplin entgegen, die »auf dem Individuum« basiere, »da sie quellenmäßig jeden Menschen einzeln und namentlich erfasse«. Als Forschungseinheit der »Historischen Demographie« benannte Imhof »die rekonstituierte Familie«.[547]

Während Köllmann ›Bevölkerung‹ auf menschliche Gruppen in einem meist von (national-)staatlichen Grenzen gezogenen Raum bezog, umfasste Imhofs Bevölkerungsbegriff programmatisch »die einzelnen Menschen«.[548] Obzwar ein wesentlicher Unterschied zwischen den beiden Konzepten damit bereits benannt war, betonten beide Historiker rhetorisch die Notwendigkeit einer Annäherung von ›Bevölkerungsgeschichte‹ und ›Historischer Demographie‹. Dies sollte »in

546 Vgl. hierzu etwa Thomas Etzemüller, Ein ewigwährender Untergang. Der apokalyptische Bevölkerungsdiskurs im 20. Jahrhundert, Bielefeld 2007, bes. 7-16.

547 Köllmann, Bevölkerungsgeschichte, 18; Imhof, Historische Demographie, 47.

548 Ebd. (Imhof), 47.

wechselseitiger Ergänzung von Anregungen und Interpretationshilfen« (Köllmann) geschehen, bzw. sollten sich »die beiden Richtungen in Zukunft zum beiderseitigen Nutzen [einander] wieder stärker annähern« (Imhof).[549] Während Imhof meinte, dass die »ältere Art von Bevölkerungs-Geschichte« [sic!] weiterhin ihre Berechtigung habe,[550] fasste Köllmann die ›Historische Demographie‹ lediglich als eine »Erweiterung der herkömmlichen genealogischen Methoden« auf.[551] Der Bochumer Historiker kritisierte recht unverblümt den wissenschaftlichen Ansatz seines Berliner Kollegen Imhof. Seiner Meinung nach verkannte

> »die etwa von Imhof postulierte Ablösung einer im makrodemographischen Bereich arbeitenden Bevölkerungsgeschichte durch die ›Historische Demographie‹ die Notwendigkeit der Erfassung übergreifender Strukturen und Prozesse. Sie beachtet auch den grundlegenden Tatbestand des Vollzugs des Bevölkerungsprozesses im Nahrungsspielraum – das ist eben kein einzelnes Dorf und auch keine ländliche Kleinregion – nicht und verliert schon deshalb den gesamten Bereich der Wanderungsbewegungen aus dem Blickfeld.«[552]

Köllmann beharrte somit auf seiner spezifischen Auffassung der ›Bevölkerungsgeschichte‹, welche den »Bevölkerungsprozess« auf der Makroebene untersuchte, diesen im Spannungsfeld zwischen demographischer Reproduktion und ›Nahrungsspielraum‹ ansiedelte und auch auf die Untersuchung von Migrationen nicht verzichten wollte. Hierin spiegelte sich Köllmanns Prägung durch die Traditionen der ›Deutschen Soziologie‹ und Bevölkerungswissenschaft. Imhof führte hingegen die von ihm vertretene Arbeitsrichtung auf Transferleistungen französischer, englischer, skandinavischer und nordamerikanischer Forschungen zurück. Obgleich er die mikrodemographischen Forschungen von Walter Scheidt und Otto Konrad Roller nachweislich kannte, ließ er mit diesem Argument die Forschungsgeschichte der ›Historischen Demographie‹ in Deutschland erst in den 1960er-Jahren beginnen. Als ihr wichtigstes Entwicklungshemmnis nannte er die »bis heute nachwirkende Tabuisierung populationsgeschichtlicher Themen nach den rassen- und bevölkerungsideologischen Exzessen der Nazi-Zeit«.[553] Trotz dieses »Skrupels«, in Deutschland neuerlich Bevölkerungswissenschaften zu betreiben, differenzierte sich das Feld der ›historischen Bevölkerungsforschungen‹ in den 1970er- und 1980er-Jahren deutlich. Abgesehen von der ›Bevölkerungsgeschichte‹ und der ›Historischen Demographie‹ sind dabei vor allem die ›Historische Migrationsforschung‹ sowie die Göttinger Forschungen zur ›Protoindustrialisierung‹ anzuführen.[554]

Die unterschiedlichen konzeptionellen Auffassungen von Köllmann und Imhof trafen erstmals Mitte der 1970er-Jahre aufeinander, als Letzterer damit

549 Köllmann, Bevölkerungsgeschichte, 20; ebd. (Imhof), 61.
550 Ebd. (Imhof), 61.
551 So die Einschätzung von Sokoll/Gehrmann, Historische Demographie, 160.
552 Köllmann, Bevölkerungsgeschichte, 20.
553 Imhof, Historische Demographie, 14, 66f.
554 Vgl. hierzu auch die Ausführungen im Kap. IV.2.

begann, die internationale ›Historische Demographie‹ in Westdeutschland als Subdisziplin der Geschichtswissenschaft zu etablieren. Der Aufstieg der ›Historischen Sozialwissenschaft‹ setzte etwa zur selben Zeit ein und schuf ein spezifisches wissenschaftliches Umfeld, in das seine Bemühungen um die ›Historische Demographie‹ zweifellos eingeordnet werden können.[555] Zumindest in den ersten Jahren seiner Tätigkeit in der Bundesrepublik bediente sich Imhof auch der Publikationsorgane der konventionellen Landes- und Bevölkerungsgeschichte, um seinen Ansatz weiteren Kreisen näher bekannt zu machen. So griff er etwa die Tradition der Sammelberichte zur ›Bevölkerungsgeschichte‹ in den *Blättern für deutsche Landesgeschichte*, die vor ihm Günther Franz verfasst hatte, in deren Jahrgangsband 1976 neuerlich auf. Er nützte dieses Forum, um die vermeintliche Rückständigkeit deutscher ›historischer Bevölkerungsforschungen‹ im internationalen Vergleich hervorzuheben. Dies erlaubte es ihm, die von ihm beworbene Methode der Familienrekonstitution als umso zeitgemäßer günstig hervortreten zu lassen.[556]

Es dürfte Köllmann, der bis dahin in der Bundesrepublik als der führende Spezialist für ›historische Bevölkerungsforschungen‹ gegolten hatte, sehr missfallen haben, dass Imhof sich in seiner »Einführung in die Historische Demographie« von der makroregionalen deutschen ›Bevölkerungsgeschichte‹ kritisch zu distanzieren suchte.[557] Köllmann ersuchte Lothar Gall (*1936), neben Theodor Schieder der zweite Herausgeber der *Historischen Zeitschrift*, Imhofs »Einführung« besprechen zu können. Sie bedürfe »einer eingehendere[n] Auseinandersetzung, weil sonst völlig irrige Auffassungen sich bei den Studenten breitmachen könnten.«[558] Imhof selbst rezensierte den von Köllmann und Marschalck herausgegebenen Aufsatzband »Bevölkerungsgeschichte«, der Grundlagentexte zur historischen und soziologischen Bevölkerungsforschung zusammenstellte: In seinem Sammelbericht »Bevölkerungsgeschichte« äußerte er sich skeptisch zu der Frage, ob dieses Kompendium ein »ausgewogenes Bild dessen ergibt, was unter dem Schlagwort ›Bevölkerungsgeschichte‹, heute meist ›historische Demographie‹ genannt, weltweit verstanden wird.«[559] Der kanadische Medizinhistoriker Edward Shorter (*1941) vertrat eine ähnliche Meinung. Shorter nannte es eine traurige Tatsache (»sad fact«), dass Köllmann und Marschalck ausschließlich »macro-studies« in ihr Kompendium aufgenommen und die ›Historische Demographie‹ vernachlässigt hätten. Bevölkerungsgeschichtliche Schlüsselprob-

555 So widmete sich z. B. das Sprachrohr der ›Bielefelder Schule‹, die Zeitschrift *Geschichte und Gesellschaft*, bereits in ihrem ersten Jahrgang (1975, H. 2/3) in zwei Ausgaben dem Thema »Historische Familienforschung und Demographie«.

556 Vgl. Arthur E. Imhof, Bevölkerungsgeschichte (Sammelbericht), in: BDLG 112 (1976), 346-362, hier 346 f.

557 Vgl. Imhof, Einführung, 9 f.

558 ARUB, NL Köllmann, Nr. 32, Köllmann an Lothar Gall, 16.1.1978. Eine Rezension ist zu Imhofs »Einführung« in der HZ jedoch nicht erschienen.

559 Imhof, Bevölkerungsgeschichte (Sammelbericht), 353.

leme wie etwa der Rückgang der Fertilität gegen Ende des 19. Jahrhunderts könnten allein aufgrund aggregierter Statistiken aber nicht gelöst werden.[560]

Imhofs vielgestaltige Strategien, seiner Auffassung der ›Historischen Demographie‹ Geltung zu verschaffen, dürften Köllmann stark irritiert haben. So referierte Imhof, der damals erst seit kurzem zum Berliner Ordinarius aufgestiegen war, beim Historikertag in Mannheim (1976) in der Sektion »Probleme der Historischen Demographie in der frühen Neuzeit«. Er übernahm dabei das einführende Referat »Methodenfragen der Historischen Demographie«.[561] In einem Brief, den Köllmann mehr als ein Jahr nach diesem Mannheimer Historikertreffen an Werner Conze schickte, meinte er angesichts von Imhofs wissenschaftlichen Aktivitäten, »wie berechtigt« seine »Verärgerung über die Sektion Historische Demographie des letzten Historikertages« gewesen sei: »Herr Imhof« gehe »im Augenblick damit hausieren, dass er der einzige Vertreter bzw. der Begründer (!) der historischen Demographie in der Bundesrepublik Deutschland sei [...].« Köllmann erblickte darin eine »Ignoranz«, »wie sie m. E. einem Lehrstuhlinhaber nicht gestattet sein dürfte«, und er mokierte sich zusätzlich darüber, »dass wir es diesem Herrn ermöglicht haben, sich in unserem Familienforschungsband zu produzieren«.[562]

Während Köllmann in Imhof offenbar einen ungebetenen Rivalen sah, lobte er als Gutachter uneingeschränkt das geplante Forschungsprojekt »Familie im sozialen Wandel«, welches der Wiener Sozialhistoriker Michael Mitterauer beim österreichischen *Fonds zur Förderung wissenschaftlicher Forschung* (FWF) eingereicht hatte. Ob der Bochumer Ordinarius damit möglicherweise die wissenschaftspolitische Strategie verfolgte, Mitterauer innerhalb der deutschsprachigen ›Sozialgeschichte‹ als förderungswürdigen Gegenpol zu Imhof aufzubauen, lässt sich freilich nicht mit Gewissheit entscheiden.[563] Immerhin charakterisierte Köllmann seinen Wiener Kollegen – dies sage er »nicht ganz ohne Neid« – als »geeignet, auch in der internationalen Forschung eine Sonderstellung einzunehmen«, welcher die bundesdeutsche Forschung »nichts Entsprechendes an die

560 Edward Shorter, Bespr. Köllmann/Marschalck (Hg.), Bevölkerungsgeschichte, in: Archiv für Sozialgeschichte 14 (1974), 722-724, hier 723.

561 Die Sektion leitete der Mainzer Historiker Hermann Weber, während Walter G. Rödel und Markus Mattmüller (1927-2003) (Basel) empirische Fallstudien beisteuerten. Vgl. Imhof, Methodenfragen. In der gedruckten Version dieses Vortrags äußerte sich Imhof nicht zu den Arbeiten von Köllmann.

562 Köllmann hatte in dem von ihm angesprochenen ›Familienforschungsband‹ allerdings gar keinen eigenen Beitrag veröffentlicht (vgl. Conze, Hg., Sozialgeschichte); vgl. Imhof, Ländliche Familienstrukturen; ARUB, NL Köllmann, Nr. 31, Köllmann an Conze, 9.11.1977.

563 Eine solche Annahme dürfte m. E. schon deshalb fragwürdig zu sein, weil die Forschungen zu ›Bevölkerungsgeschichte‹, ›Historischer Demographie‹ und ›Historischer Familienforschung‹ nicht nur in der Bundesrepublik selbst, sondern auch in der Schweiz und Österreich methodisch nicht miteinander vernetzt waren und lediglich von »Einzelbemühungen« die Rede sein konnte. So jedenfalls Sieglerschmidt, Bevölkerungsgeschichte, 261.

Seite zu setzen« habe. Mitterauer gehe über »die Methoden der Familienrekonstitution (Imhof) [...] durch Einbeziehung des sozialen Umfelds und der gesamtgesellschaftlichen Bezüge methodisch und sachlich weit hinaus.« Der Wiener familiengeschichtliche Ansatz, welcher die Methode der Familienrekonstitution nicht anwandte, schien Köllmanns Vorstellung von historischer Familienforschung wohl am ehesten zu entsprechen. Köllmann plädierte daher folgerichtig für eine »längerfristige« Förderung dieser Arbeiten.[564]

Vergleicht man die hier nur angedeuteten zeitgenössischen Debatten um ›Bevölkerungsgeschichte‹ und ›Historische Demographie‹ mit bilanzierenden Forschungsberichten aus den letzten Jahren, stellt man eine gewisse Ernüchterung fest, was deren bislang erzielten Forschungsleistungen betrifft: Weder lassen sich demnach Koordinierungsbemühungen zwischen den einzelnen Forschern und Forschergruppen erkennen, noch gab es einen Versuch, die unterschiedlichen Fragestellungen miteinander zu verbinden und dadurch über die französischen Vorbilder konzeptionell hinauszugehen. Dazu kommt, dass im Feld der ›Historischen Demographie‹ nach dem Ende ihrer Blütezeit um 1990 kaum neue Doktorarbeiten entstanden sind.[565] ›Bevölkerungsgeschichte‹, ›Historische Demographie‹ und die gegenwartsbezogene ›Bevölkerungswissenschaft‹ konnten daher in Deutschland bislang kaum voneinander profitieren.

Wenn man bedenkt, dass Köllmann und Imhof trotz der grundlegenden Unterschiede, die zwischen ihren Konzepten und Forschungsmethoden fraglos bestanden, auch einander partiell überschneidende Denkansätze und Zielsetzungen vertraten, verwundert die Schroffheit der Abgrenzung zwischen ›Bevölkerungsgeschichte‹ und ›Historischer Demographie‹. Imhofs hier geschilderter Versuch einer Annäherung an die ›Bevölkerungsgeschichte‹ im Band »Sozialgeschichte in Deutschland«, in dem Köllmann aber gleichzeitig scharf gegen dessen Konzept der ›Historischen Demographie‹ opponierte, ist hierfür ein Beispiel. Diese Kontroverse verwies nicht zuletzt auf das Spannungsfeld zwischen hoch entwickelter demographischer Methodik und mangelnder theoretischer Fundierung in den Interpretationsansätzen von ›historischen Bevölkerungsforschungen‹. Sowohl die makrostrukturelle Bezugnahme auf das deutsche ›Volk‹ (Köllmann) als auch die Orientierung an der ›Gemeinschaft‹ sowie die Annahme, dass europäische Gesellschaften aufgrund des Geburtenrückgangs verschwinden könnten (Imhof), reflektierten Denkansätze, die in deutschen Bevölkerungswissenschaften eine gleichermaßen ausgeprägte Tradition aufwiesen. Die besondere Ironie des Gelehrtenstreits zwischen Köllmann und Imhof dürfte – auf diesem Hintergrund betrachtet – darin liegen, dass er mit dazu beitrug, in der deutschen Forschungslandschaft jene »Dreiteilung demographischer Forschungsinteressen« zwischen ›Bevölkerungsgeschichte‹, ›Historischer Demogra-

564 ARUB, NL Köllmann, Nr. 33, Köllmann an Prof. Tuppy, FWF Wien, 12.6.1978.

565 Vgl. Sieglerschmidt, Bevölkerungsgeschichte, 261; Rolf Gehrmann, Historical Demography in Germany [ungedr. Mskr.]. Herrn Gehrmann danke ich für die freundliche Erlaubnis, aus seinem ungedruckten Paper zu zitieren.

phie‹ und ›Bevölkerungswissenschaft‹ herbeizuführen, die es in anderen Ländern in dieser Form nach wie vor nicht gibt.[566]

9. ›Bevölkerung‹ und Geschichtswissenschaften: Relationen von wissenschaftlichem Werk, Karriereverläufen und ›Generationalität‹ vor, im und nach dem ›Dritten Reich‹

Relationen zwischen Karriereverläufen und generationellen Mustern drängen sich für die Akteure in ›historischen Bevölkerungsforschungen‹ nicht unbedingt auf den ersten Blick auf. Die hier vorgestellten Historiker und Soziologen (bzw. Volkstumsforscher) bildeten keine geschlossene »Generationseinheit« im Sinne des Soziologen Karl Mannheim (1893-1947).[567] Bei aller gebotenen methodischen Vorsicht, welche bei der verhältnismäßig geringen Zahl der hier untersuchten Wissenschaftler und aufgrund ihrer Zugehörigkeit zu unterschiedlichen Alterskohorten erforderlich ist, erlaubt es das Generationsmodell, die bereits durchgeführten Analysen wenigstens annäherungsweise mit individual- und kollektivbiographischen Verfahren zu kombinieren. Das detailliert beschriebene individuelle Agieren von Historikern lässt sich mit diesem Modell anhand von Fallbeispielen in einen genauer bestimmbaren historisch-sozialen Raum einbetten.[568] Dadurch sind zugleich Voraussetzungen dafür geschaffen, um im folgenden Kapitel IV Netzwerke und Kommunikationsstrukturen in ›historischen Bevölkerungsforschungen‹ aufzuarbeiten.

Im Folgenden beziehe ich mich neuerlich auf die im Kapitel III behandelten Wissenschaftler. In einer abschließenden Skizze untersuche ich die Selbststilisierung der Bielitzer ›Heimatforscher‹ um Walter Kuhn als ›sachliche‹ und ›nüchterne‹ Gelehrte. Indem verdeutlicht wird, dass ›Generationalität‹ in diesem Fall eine beabsichtigte apologetische Funktion hatte, um frühere Forschungspraktiken der beteiligten Akteure nachträglich zu rechtfertigen, verweise ich gleichzeitig exemplarisch auf die analytischen Grenzen dieses Konzepts.

566 Vgl. Sokoll/Gehrmann, Historische Demographie, 160; Ehmer, Bevölkerungsgeschichte, 61. Vgl. hierzu auch die Ausführungen in Kap. IV.2.

567 Vgl. Karl Mannheim, Das Problem der Generationen, in: Kölner Vierteljahreshefte für Soziologie 7 (1928/29), 157-184; vgl. zu Mannheims Generationskonzept Beate Fietze, Historische Generationen. Über einen sozialen Mechanismus kulturellen Wandels und kollektiver Kreativität, Bielefeld 2009, 39-41.

568 Vgl. Ash, Wissenschaftswandel, anhand von deutschen und österreichischen Beispielen zu den Zusammenhängen zwischen politischen Konstellationen und Ereignissen und der Entwicklung der Wissenschaften.

›Generation‹ und ›Generationalität‹ in der historischen Forschung

In der historischen und soziologischen Forschung wird seit langem versucht, die Begriffe ›Generation‹ und ›Generationalität‹ zu definieren und auf ihre forschungspraktische Verwendbarkeit zu prüfen. Einen entscheidenden theoretischen Beitrag zur Generationslehre lieferte in der zweiten Hälfte des 19. Jahrhunderts der deutsche Philosoph Wilhelm Dilthey (1833-1911). Dilthey zufolge bildete die Generation »einen engeren Kreis von Individuen, welche durch Abhängigkeit von denselben großen Tatsachen und Veränderungen, wie sie in dem Zeitalter ihrer Empfänglichkeit auftraten, trotz der Verschiedenheit hinzutretender anderer Faktoren zu einem homogenen Ganzen verbunden sind.«[569] Diltheys Verdienst bestand aus heutiger Sicht vor allem darin, dass er »den Bezug zwischen dem natürlichen Austausch der Generationen und der sozialen Entwicklung« herstellte.[570] Außerdem regte er an, Generationszusammenhänge unter Zuhilfenahme statistischer Erhebungsverfahren empirisch zu erfassen. Ein weiterer wesentlicher Schritt in der Entwicklung der Generationstheorie war mit Karl Mannheims Konzept der »Historischen Generationen« verknüpft. Mannheim blieb nicht wie Dilthey bei einem Nacheinander von Generationen stehen. Er untersuchte vielmehr das »Nebeneinander der Generationen als die Gleichzeitigkeit von zu unterschiedlichen Zeiten geprägten Individuen« und analysierte »die sich daraus ergebende historische Dynamik«.[571]

In der gegenwärtigen Forschung dominiert ein politisch-kultureller Generationenbegriff, der sich deutlich auf die Jugend konzentriert. Die Vielzahl der Zuordnungs- und Klassifizierungsversuche von Jahrgangsklassen (Kohorten) zu Generationseinheiten führt dabei zu variierenden und teils einander überlappenden Generationskonzepten.[572] Obgleich die Zuordnung des Generationsbegriffs zu abgegrenzten Kohorten oft kontrovers diskutiert wird, knüpfen Historiker und Soziologen vielfach an die Beobachtungen der Wechselwirkung zwischen Generationenabfolgen und sozialer Entwicklung an. Sie gehen häufig von der Annahme aus, dass bestimmte Kohorten und Altersgruppen über einen gemeinsamen »Erfahrungsraum« verfügten, der ihre Weltsichten und Wertvorstellungen prägte und ihnen auch bestimmte Handlungsmuster vorzugeben schien. Das Konzept der »Generation« soll demnach dazu beitragen, »bestimmte Menschen oder Menschengruppen in aktuelle oder zurückliegende Gesellschaftsformationen« sinnvoll einzuordnen. Eine im Denken und Handeln erkennbare »Gleichge-

569 Wilhelm Dilthey, Über das Studium der Geschichte der Wissenschaften vom Mensch, der Gesellschaft und dem Staat (1875), in: ders., Die Geistige Welt. Einleitung in die Philosophie des Lebens. Erste Hälfte: Abhandlungen zur Grundlegung der Geisteswissenschaften, Gesammelte Schriften V. Bd., 5. unveränderte Aufl., Göttingen 1968, 31-73, hier 37.

570 Fietze, Historische Generationen, 35f.

571 Ebd., 40.

572 Vgl. Josef Ehmer, Generationen in der historischen Forschung: Konzepte und Praktiken, in: Harald Künemund/Marc Szydlik (Hg.), Generationen. Multidisziplinäre Perspektiven, Wiesbaden 2009, 59-80, hier 68f.

richtetheit« im Sinne von Jürgen Reulecke, die ein gewisses Maß an überindividueller Typisierung erlaubt, nimmt die historische Forschung nicht zuletzt für viele Frontsoldaten des Ersten Weltkriegs und die nachfolgende, nicht mehr in den Krieg eingezogene Generation der ca. zwischen 1902 und 1912 Geborenen an.[573]

Michael Wildt betonte in seiner bekannten Fallstudie über das Reichssicherheitshauptamt (RSHA) die »weitgehende generationelle Homogenität« der RSHA-Spitze, von der mehr als drei Viertel »den Jahrgängen 1900 und jünger« entstammte. Michael Grüttner hob in seiner Untersuchung über die Vertrauensleute der NSDAP an den Universitäten und die (Gau-)Dozentenbundführer des *Nationalsozialistischen Deutschen Dozentenbundes (NSDDB)* hervor, dass diese meist »kurz vor der Jahrhundertwende« geborenen Akademiker in vielen Fällen sich um 1930 noch in einer beruflich nahezu ausweglosen Lage befanden, ehe sie von den 1933 einsetzenden Massenentlassungen an den Universitäten stark profitierten.[574] Auch viele der hier untersuchten Wissenschaftler zogen von der Errichtung der NS-Diktatur einen persönlichen Nutzen. Sie werden häufig der »Kriegsjugendgeneration« zugerechnet, die den Ersten Weltkrieg als Kinder und Jugendliche erlebt, aber nicht mehr aktiv als Soldaten an ihm teilgenommen hatten. Für Historiker und Bevölkerungsforscher aus der »Kriegsjugendgeneration« wird in der Forschungsliteratur eine Tendenz zu politischer Radikalisierung angenommen, die häufig in antidemokratische und völkische Ideologien und Praktiken der 1920er- und 1930er-Jahre einmündete.[575]

Im Unterschied zu ›Generation‹ als einem historiographischen Analyseinstrument bezieht sich »Generationalität« nach Ute Daniel auf »ein Ensemble von altersspezifischen inhaltlichen Zuschreibungen, mittels derer sich Menschen in ihrer jeweiligen Epoche verorten und die teils mehr, teils weniger zugespitzt ausformuliert werden.«[576] ›Generationalität‹ rückte in den wissenschaftlichen Forschungen und Debatten um die deutsche ›Ostforschung‹ und die Bevölkerungswissenschaften als ein geistiges Konstrukt ins Blickfeld, das der subjektiven (Selbst-)Identifizierung von stärker profilierten Generationseinheiten zugrunde lag.

Der langfristige Wandel ›historischer Bevölkerungsforschungen‹ ging notwendig mit einer sich verändernden personellen Zusammensetzung der jeweiligen

573 Jürgen Reulecke, Generationalität und die West-/Ostforschung im »Dritten Reich« – ein Interpretationsversuch, in: vom Bruch/Kaderas (Hg.), Wissenschaften, 354-360, hier 355f.; vgl. ferner als Fallbeispiel Jürgen Reulecke, Jugend und »junge Generationen« um 1930: Gerhard Mackenroths generationelle Ortsbestimmung als 30-Jähriger, in: Ehmer et al. (Hg.), Herausforderung Bevölkerung, 223-232, hier bes. 226-229.

574 Vgl. Wildt, Generation des Unbedingten, 24; Michael Grüttner, Nationalsozialistische Wissenschaftler: ein Kollektivporträt, in: ders./Rüdiger Hachtmann et al. (Hg.), Gebrochene Wissenschaftskulturen. Universität und Politik im 20. Jahrhundert, Göttingen 2010, 149-165, hier 155-157.

575 Vgl. zu den Zusammenhängen von Lebensläufen und Bevölkerungswissenschaften die Reflektionen von Jürgen Reulecke, Bevölkerung denken: Herausforderungen einer neueren Wissenschafts- und Mentalitätsgeschichte, in: Mackensen (Hg.), Bevölkerungsforschung, 13-21.

576 Daniel, Kompendium, 331.

Forschergruppen einher. Das Generationskonzept bietet dabei einen relevanten Ansatz, um die Frage auszuloten, wie personelle Verflechtungen von Historikern sich über politische Zäsuren hinweg entwickelten. Inwiefern sich für die Wissenschaftler eine verbindende mentale ›Gleichgerichtetheit‹, ähnliche Denkmuster und Handlungsweisen annehmen lassen, die es erlauben, von distinkten Generationseinheiten zu sprechen, lässt sich dabei nur vorsichtig und mit begrenzter Aussagekraft erörtern. Es handelte sich bei ihnen weder um eine homogene Gruppe, welche die Zusammenstellung eines statistisch aussagekräftigen ›Samples‹ rechtfertigen würde, noch waren ihre Lebenswege dauerhaft so miteinander verflochten, dass eine systematisch vergleichende Analyse weiterführende Erkenntnisse verspräche.

Ich werde mich daher im Folgenden auf die Fragestellung konzentrieren, inwiefern die individuellen Biographien und Karriereverläufe der sechzehn Wissenschaftler, die hier als Protagonisten behandelt werden – die ich um Raimund Friedrich Kaindl und Walter Kuhn ergänze –, Alterszugehörigkeit und politische Sozialisationsmuster reflektierten. Hierzu gehe ich insbesondere auf Inklusions- und Exklusionsideologien ein, die in den individuellen Erfahrungs- und Handlungsräumen dieser Akteure nachweisbar sind und möglicherweise auf damit verwobene generationelle Muster verweisen. Daran schließen sich einige Bemerkungen zu den Lebensdaten an, welche in der Tabelle *Bevölkerungswissenschaftler* (siehe S. 289-292) dargeboten werden. Die Frage nach ›Generationalität‹ als subjektiver Selbstzuschreibung politisch-sozialer Identitäten wird hingegen nur aufgrund eines einzigen Fallbeispiels näher behandelt. Umfang und Qualität der hier vorliegenden lebensgeschichtlichen Quellen lassen es nicht zu, diesbezüglich fundierte Aussagen über alle – oder auch nur die Mehrzahl – der hier interessierenden Protagonisten zu treffen. Ich beschränke mich daher darauf, auf die Selbststilisierung der ›Bielitzer Heimatforscher‹ als über politische Brüche hinweg stets ›nüchterne‹ und ›sachliche‹ Wissenschaftler einzugehen. Inwieweit diese vorrangig als Ausdruck von ›Generationalität‹ zu deuten ist, oder ob nicht etwa spezifische politische Entlastungsstrategien den eigentlich entscheidenden Hintergrund für die Inszenierung der ›Bielitzer‹ als Forschergruppe bildeten, wird dabei zu diskutieren sein.

Mentale ›Gleichgerichtetheit‹? ›Wilhelminer‹ und ›Kriegsjugendgeneration‹

Die Darstellung der synchronen Lagerung und Abfolge von Alterskohorten bildet nur eines unter anderen methodischen Verfahren, um historischen Wandel im Bereich der Wissenschaftsgeschichte sichtbar zu machen. Hierzu unterziehen die folgenden Ausführungen einen engeren Kreis von Wissenschaftlern – die oben erwähnten sechzehn Protagonisten des Kapitels III – einer genaueren Analyse.[577]

577 Zu biographischen Informationen über einzelne Akteure, die in diesem Abschnitt quellenmäßig nicht näher belegt werden, verweise ich auf entsprechende Angaben in den vorherigen Kapiteln zu den Protagonisten ›historischer Bevölkerungsforschungen‹.

Das Doppelporträt von Karl Julius Beloch (*1854) und Karl Bücher (*1847) steht am Beginn des Kapitels III: Die Gründung des ›kleindeutschen‹ Nationalstaats dürfte diese beiden Forscher in ihrer Jugend politisch am nachhaltigsten geprägt haben. Beloch und Bücher wurden beide während oder knapp nach der deutschen Reichsgründungsphase 1866 bis 1870/71 akademisch sozialisiert. Beloch begeisterte sich bereits als Zehnjähriger im Krieg des Deutschen Bunds gegen Dänemark (1864) für die schleswig-holsteinische Sache und blieb trotz seiner überwiegenden beruflichen Tätigkeit in Italien zeitlebens Deutschland verbunden. Es deutet nichts darauf hin, dass etwa antisemitische oder antislawische Haltungen und entsprechende politische Praktiken für die beiden Historiker in ihrer Jugend- und Studentenzeit wesentlich an Bedeutung gewonnen hätten.[578]

Das hinderte Beloch wie in Kapitel III.1 erwähnt nicht daran, im Rückblick jüdische oder von ihm als Juden etikettierte Kollegen für Rückschläge verantwortlich zu machen, die er später in seiner akademischen Laufbahn hatte hinnehmen müssen. Beloch, der Sohn eines Rittergutsbesitzers, von dem man annehmen könnte, dass er aristokratischen Idealen nicht abgeneigt gewesen wäre, stilisierte sich im autobiographischen Rückblick selbst zum Republikaner, welcher die »Freiheit« stets »für das höchste Gut gehalten« habe. Neben seine Abscheu gegen die Monarchie trat bei ihm – soweit sich das anhand seiner Autobiographie nachvollziehen lässt – eine ausgeprägte Juden- und Sozialistenfeindschaft: Die Weimarer Republik »wie unter Ebert, in der Sozialisten und Juden das große Wort führten«, so schrieb er 1926, habe er von Beginn an abgelehnt. Gleichwohl sei die republikanische Staatsform »noch besser, als der Junkerstaat und die zwei Dutzend Monarchen, die dann in so schmählicher Weise von ihren Thronen und Thrönchen geflohen sind, nachdem sie das Land ins Unglück geführt hatten.«[579]

Für die ›Wilhelminer‹ im Deutschen Reich bildete in der Regel der kleindeutsche Nationalstaat das prägende Ferment ihrer politisch-generationellen Sozialisation. Hingegen reflektierte eine spezifisch ›großdeutsche‹ Orientierung in nicht zu unterschätzendem Ausmaß die Erfahrung und Selbstsicht vieler ›Deutschösterreicher‹. Das lässt sich z. B. für den 1866 im österreichischen Kronland Bukowina geborenen Siedlungshistoriker Raimund Friedrich Kaindl feststellen. Die Auflösung des Deutschen Bunds infolge des preußisch-österreichischen Kriegs (1866) und das gegenüber der slawischen Mehrheitsbevölkerung in der Habsburgermonarchie dadurch verringerte politische Gewicht der ›Deutschösterreicher‹ beeinflussten sowohl seine ›großdeutsche‹ Einstellung als auch die politische Tendenz, die in vielen seiner Publikationen bereits vor dem Ersten Weltkrieg zutage traten. Diese Themen beschäftigten Kaindl mehr als

578 Vgl. Beloch, Selbstdarstellung, 16. Aus Büchers Lebenserinnerungen geht allerdings hervor, dass er in den 1870er-Jahren als christlicher Lehrer an der Frankfurter Wöhlerschule zum Vater eines jüdischen Schülers ein konfliktbeladenes Verhältnis hatte, für das offenbar konfessionell bedingte Differenzen verantwortlich waren. Vgl. Bücher, Lebenserinnerungen, 173 f.

579 Ebd. (Beloch), hier 16 f.

etwa die Frage, ob kulturell assimilierte Juden in der Bukowiner Landeshauptstadt Czernowitz (Černivci, Cernăuţi) gleichermaßen als ›Deutsche‹ anzuerkennen seien oder nicht.[580]

Das Generationskonzept lässt sich so deuten, dass Angehörige bestimmter Alterskohorten mentale Vorprägungen und Verhaltensmuster weiterentwickelten, die sie in Elternhaus, Schule oder Studium aufgenommen hatten. Dazu zählten etwa verschiedene Formen des Antisemitismus. Diese werden in ihren Zusammenhängen mit Antislawismus, Antiliberalismus und Antisozialismus als Leitideologeme erkennbar, die in deutschen und österreichischen Historikerkreisen zunehmend an Bedeutung gewannen.[581] Noch in der Weimarer Republik blieb allerdings selbst in deutschen nationalkonservativen Kreisen ein allerdings kleiner werdender Raum für Geschichtswissenschaftler wie etwa Johannes Hohlfeld, die für republikanische Wertvorstellungen eintraten und sich offen gegen antisemitisch motivierte Exklusionsstrategien aussprachen.

Für den ›Wilhelminer‹ Hohlfeld (*1888) zählten antisemitische Praktiken zumindest bis 1933 nicht zum scheinbar selbstverständlichen Repertoire der politischen und wissenschaftlichen Auseinandersetzung. Hingegen gehörte die Kategorie der ›Volksgemeinschaft‹ zusammen mit einem aggressiven Antisemitismus für Günther Franz (*1902) zum Erscheinungsbild ›kämpferischer Wissenschaft‹. Die im März 1921 in den mitteldeutschen Industrieregionen ausgebrochene bewaffnete Arbeiterrevolte deutete Franz als entscheidend dafür, dass er sich als Student politisch nach »rechts« entwickelt habe. Seither habe er das Kommen eines Mannes erhofft, »der den Mumm in den Knochen hätte, um zu einer neuen Volksgemeinschaft hinzuführen«. An Hitler habe er als 19-Jähriger freilich noch nicht gedacht.[582]

Deutschvölkische politische Orientierungen, soziale Deklassierungsängste und Kritik am bestehenden System der Ordinarienuniversität trieben in den 1920er- und 1930er-Jahren viele jüngere Wissenschaftler in die Arme der NSDAP, die sich in der Öffentlichkeit mit Erfolg als eine ›Partei der Jugend‹ zu präsentieren verstand. Nachdem die Nationalsozialisten in Deutschland und Österreich an die Macht gelangt waren, profitierte der völkisch und nationalsozialistisch eingestellte Teil des wissenschaftlichen Nachwuchses von den politisch und ras-

580 Vgl. zu Kaindls wissenschaftlichem Werk sowie zu seinen politischen Aktivitäten, die insgesamt eher auf eine Kooperation mit der jüdischen Bevölkerung der Bukowina abzielten, Pinwinkler, Raimund Friedrich Kaindl, 140-146; 139.

581 Vgl. zur zunehmenden Bedeutung des politischen Antisemitismus im letzten Drittel des 19. Jahrhunders nach wie vor Peter G. J. Pulzer, Die Entstehung des politischen Antisemitismus in Deutschland und Österreich 1867-1914, Göttingen 2004 (Titel der engl. Originalausg. The Rise of Political Anti-Semitism in Germany and Austria, 1964), bes. 261-270, sowie zu dem vom Historiker Heinrich von Treitschke (1834-1896) ausgelösten ›Antisemitismusstreit‹ Karsten Krieger, Der »Berliner Antisemitismusstreit« 1879-1881. Eine Kontroverse um die Zugehörigkeit der deutschen Juden zur Nation. Kommentierte Quellenedition, München 2003.

582 Franz, Mein Leben, 60.

sisch motivierten Massenentlassungen der Jahre 1933 bis 1938.[583] Eine wichtige Rolle spielten in diesem Zusammenhang die männerbündischen akademischen Gilden. So schloss sich Franz, der wie z. B. Walter Kuhn im *Wandervogel e. V.* sozialisiert worden war, in seiner Göttinger Studienzeit der *Deutsch-Akademischen Gilde* an. Die aus der Jugendbewegung hervorgegangenen und nach dem Ersten Weltkrieg ins Leben gerufenen Gilden bildeten ein Netzwerk junger, radikal völkisch eingestellter Republikgegner. Die Wahrnehmung von ›Volk‹ als ›Bluts-‹ oder ›Schicksalsgemeinschaft‹, die Ablehnung der tradierten akademischen Hierarchien und die Veranstaltung von Wehrsportübungen schweißten die Gildenmitglieder eng zusammen. Historiker wie Theodor Schieder, Theodor Oberländer (1905-1998) oder Werner Conze, die noch die Historiographie in der Bundesrepublik nachhaltig prägten, gehörten in ihrer Studentenzeit derartigen Gilden an.[584]

Nach 1933 wurden die akademischen Gilden von den Nationalsozialisten ›gleichgeschaltet‹. Ihr völkisches Gedankengut wurde in nochmals radikalisierter Form in das spezifisch eklektizistische NS-Ideenkonglomerat integriert. Franz dokumentierte durch seinen Beitritt zur NSDAP am 1. Mai 1933, dass er bereit war, diesen politischen Umbruch nachzuvollziehen. Er wurde daher zu den spöttisch so bezeichneten ›Maikäfern‹ gerechnet, denen die herrschenden nationalsozialistischen Parteikader ein unerwünschtes Übermaß an politischer Wendigkeit vorwarfen. Nicht zuletzt seine Bekanntschaft mit dem führenden RSHA-›Gegnerforscher‹ Franz Alfred Six (*1909) verhalf Franz trotz einer gewissen Skepsis, die ihm von arrivierten nationalsozialistischen Parteigängern entgegenschlug, zu einer glänzenden Laufbahn in SD und SS. Die Nationalsozialisten verstanden es darüber hinaus, nicht nur jüngere Leute dies- und jenseits ihrer Parteigrenzen, sondern auch Angehörige der in der wilhelminischen Ära Aufgewachsenen für ihre politischen Zwecke zu mobilisieren. Selbst der nationalkonservativ eingestellte Königsberger Historiker Hans Rothfels (1891-1976), den das NS-Regime 1934 wegen seiner jüdischen Herkunft aus seinem Amt entfernte, dürfte sich bereits in der Endphase der Weimarer Republik an die Nationalsozialisten angenähert haben.[585] Die Verbindung mit den Studenten, darunter Werner Conze und Theodor Schieder, beschrieb Rothfels in seiner Abschiedsrede als eine generationenübergreifende »Gemeinschaft«. Er selbst nehme dabei »die richtige Stelle im Generationenzusammenhang« ein.[586]

583 Vgl. Michael Grüttner, Machtergreifung als Generationskonflikt. Die Krise der Hochschulen und der Aufstieg des Nationalsozialismus, in: vom Bruch/Kaderas (Hg.), Wissenschaften, 339-353.

584 Vgl. Haar, Historiker, bes. 73 f.

585 Vgl. zur Debatte um Rothfels und sein Wahlverhalten beim zweiten Wahlgang der Reichspräsidentenwahl 1932 u. a. die Beiträge in: Hürter/Woller (Hg.), Hans Rothfels.

586 Zit. n. Jan Eckel, Hans Rothfels: eine intellektuelle Biographie im 20. Jahrhundert, Göttingen 2005, 111. Vgl. zu Mannheims Konzept des ›Generationszusammenhangs‹ Fietze, Historische Generationen, 41.

Rudolf Kötzschke (*1867) ist für den von Rothfels postulierten ›Generationenzusammenhang‹ zwischen den ›Wilhelminern‹ und der ›Kriegsjugendgeneration‹ ebenso ein Beispiel wie Hermann Aubin (*1885). Kötzschke, der völkisch-nationalem Denken nahestand, ohne selbst jemals NSDAP-Mitglied zu sein, wurde zwar 1935 von der Universität Leipzig vorschriftsmäßig emeritiert. Er nahm jedoch über seine Schüler und seine Tätigkeit im Rahmen der VFG in den 1930er- und 1940er-Jahren weiterhin Einfluss auf die deutsche Geschichtsforschung. Zudem wurde Kötzschke 1941 und 1945 zweimal als Leiter seines Leipziger Seminars reaktiviert. Im Unterschied zum 1949 verstorbenen Kötzschke setzte der vergleichsweise deutlich jüngere Aubin, der gleichfalls formal der NSDAP nie beigetreten war, seine Karriere bis in die 1960er-Jahre fort. Den einzigen geringfügigen Einschnitt in seiner ansonsten kontinuierlichen Laufbahn bildete 1945/46 eine Lehrstuhlvertretung in Göttingen. Aubin war wie schon in den 1930er-Jahren im ›Dritten Reich‹ auch in der frühen Bundesrepublik eine der Schlüsselfiguren bei der (Re-)Organisation der deutschen ›Ostforschung‹.

Ingo Haar machte das Bündnis von ›Wilhelminern‹ (wie Kötzschke und Aubin) und Angehörigen der ›Kriegsjugendgeneration‹ dafür verantwortlich, dass deklarierte ›Vernunftrepublikaner‹ wie etwa der Berliner Historiker und Begründer der ›Ideengeschichte‹ Friedrich Meinecke (1862-1954) im ›Dritten Reich‹ ganz oder großteils aus dem Wissenschaftsbetrieb verdrängt wurden. Meinecke verlor 1934 den Vorsitz der *Historischen Reichskommission* und wurde ein Jahr später aus der Redaktion der *Historischen Zeitschrift* (HZ) gedrängt; einige seiner Schüler mussten emigrieren.[587] Meinecke war einer der Mitbegründer der DDP gewesen, der wie oben angedeutet auch Johannes Hohlfeld angehörte. Im Unterschied zu Meinecke, der den Nationalsozialismus aus politischer Überzeugung ablehnte, integrierte sich der Leipziger Genealoge Hohlfeld in der zweiten Hälfte der 1930er-Jahre in die nationalsozialistische ›Sippenforschung‹. Dieser Vorgang verlief zwar keineswegs friktionsfrei. Hohlfeld hatte nämlich Hitler 1926 wie erwähnt ›einen zugewanderten österreichischen Demagogen‹ genannt und sich dadurch die Feindschaft der Nationalsozialisten zugezogen. Noch in der Endphase des ›Dritten Reichs‹ würdigte er jedoch den vom Nationalsozialismus angeblich erfolgreich vollzogenen Schwenk »Von der Genealogie zur Sippenkunde«. Dazwischen lag Hohlfelds offenbar unter Druck erfolgte Unterwerfung unter die politischen Zielsetzungen des ›Dritten Reichs‹: Diese bildete wohl den Preis dafür, dass er nach 1933 weiterhin als Leiter der Leipziger *Zentralstelle für deutsche Personen- und Familiengeschichte* geduldet wurde.

Der spezifische Antiliberalismus ›historischer Bevölkerungsforschungen‹ äußerte sich in den 1920er- und 1930er-Jahren dadurch, dass die nunmehr als ›liberal‹ verrufene ›Historische Bevölkerungsstatistik‹ durch eine exklusive deutsche

587 Vgl. Gerhard A. Ritter, Die Verdrängung von Friedrich Meinecke als Herausgeber der Historischen Zeitschrift 1933-1935, in: Dieter Hein/Klaus Hildebrand/Andreas Schulz (Hg.), Historie und Leben. Der Historiker als Wissenschaftler und Zeitgenosse. Festschrift für Lothar Gall zum 70. Geburtstag. München 2006, 65-88.

›Volksgeschichte‹ abgelöst werden sollte. Volkshistoriker vertraten die Ansicht, dass die Arbeit mit aggregierten statistischen Massendaten eine ›Atomisierung‹ des Individuums hervorrufe, die zu Lasten seiner Eingliederung ins ›Volkstum‹ gehe.[588] Dem im liberalen 19. Jahrhundert wurzelnden ›Trennungsdenken‹ sollte daher eine organische Auffassung des ›Volkstums‹ entgegengestellt werden, die neben der statistischen Erfassung von vorgeblich gemeinschaftsstiftenden Kollektivkonstrukten wie ›Volk‹ und ›Rasse‹ die ›schöpferische Persönlichkeit‹ und deren Wirken für das ›Volk‹ nicht außer Acht lassen sollte. Die ›totale Wendung von der Soziologie zur Volkskunde‹, wie sie deutsche Volksforscher während des Zweiten Weltkriegs aggressiv beschworen,[589] richtete ihre rhetorische Spitze offensiv gegen angloamerikanische und französische Wissenschaftstraditionen im Allgemeinen und gegen vermeintlich oder tatsächlich ›jüdische‹ oder ›jüdisch-bolschewistische‹ Wissenschaftler im Besonderen.

Einer der Vorreiter im publizistischen Kampf gegen vermeintlich liberale historisch-statistische Traditionen war seit den 1920er-Jahren der österreichische Historiker Adolf Helbok (*1883), der 1912 selbst noch über ein gängiges historisch-statistisches Thema promoviert hatte.[590] Als Student an der Innsbrucker Universität gehörte er der schlagenden Verbindung *Corps Athesia* an, die deutschnationales Gedankengut mit einer brüchigen Loyalität zum habsburgischen Kaiserhaus zu verbinden versuchte.[591] Helbok, dessen Vater als altösterreichischer Staatsbeamter noch ein »deutschbewußter Großösterreicher«[592] gewesen war, dürfte im und unmittelbar nach dem Ersten Weltkrieg im deutschvölkischen Sinn radikalisiert worden sein. Er entwickelte seither eine Wissenschaftsauffassung, welche die Grenzen zwischen Wissenschaft und Politik bewusst einebnete. Dahinter stand die Absicht, über eine heimat- und landschaftsbezogene Historiographie morphologische Bausteine zur Erkenntnis von ›Familie‹, ›Boden‹, ›Heimat‹, ›Volk‹ und ›Rasse‹ zu gewinnen und subjektiv wahrgenommene gesellschaftliche Krisenerscheinungen über einen Rückgriff auf vermeintlich überzeitlich gültige Wertvorstellungen zu überwinden.

Das Muster der lebensgeschichtlich frühen Hinwendung zum Deutschnationalismus, die sich während des Ersten Weltkriegs und danach noch verstärkte, lässt sich auch bei anderen Wissenschaftlern beobachten, deren Biographien und Karriereverläufe hier untersucht werden. Dies dürfte für Forscher aus Deutschland ebenso gelten wie für Wissenschaftler, die aus Österreich bzw. der

588 Vgl. hierzu etwa Lausecker, »Bevölkerung« / »Innovation« / Geschichtswissenschaften, hier 228 f.

589 Vgl. als Beispiel für die verbale Verabsolutierung des ›Totalen‹ in Soziologie und ›Volksforschung‹ Carl-Heinz Pfeffer, Die Notwendigkeit der totalen Volksforschung, in: DALV 5 (1941), 407-420.

590 Vgl. Helbok, Die Bevölkerung der Stadt Bregenz.

591 Vgl. Helbok, Erinnerungen, 7. Vgl. zur ›Athesia‹ die Darstellung von F. Ranzi, dem langjährigen Assistenten Helboks: Fritz Ranzi, Die Geschichte des akademischen Corps Athesia zu Innsbruck, Innsbruck 1961.

592 Ebd. (Helbok), 18.

Habsburgermonarchie stammten. Der bereits früh ausgeprägte politische Aktivismus, der Adolf Helbok früh die Nähe der österreichischen Nationalsozialisten suchen ließ, dürfte über das geforderte Mindestmaß der Identifizierung mit ›Volk‹ und ›Volksforschung‹ deutlich hinausgegangen sein. So zählte Helboks späterer Innsbrucker Kollege Hermann Wopfner nach 1918 zwar gleichfalls zu den Protagonisten der deutschen ›Heimatforschung‹ in Tirol, die Italiens Anspruch auf Südtirol publizistisch widerlegen sollte. Zudem war er wie viele andere österreichische Volksforscher eng mit den volkstumspolitischen und -wissenschaftlichen Organisationen vernetzt, die sich in den 1920er-Jahren die Revision der Pariser Friedensverträge zum Ziel gesetzt hatten. Im Unterschied zu Helbok war Wopfner (*1876) jedoch nie ein Anhänger des exklusiven ›Rassegedankens‹; vielmehr konzentrierte er sich auf die national-konservative Idealisierung des Tiroler Freiheitsgedankens. Wopfner arbeitete von 1909 bis zum Jahr 1941, als er sich vorzeitig in den Ruhestand versetzen ließ, in verschiedenen Positionen durchgehend an der Universität Innsbruck. Helbok wurde hingegen 1934 wegen seiner Mitgliedschaft bei der in Österreich illegalen NSDAP vorzeitig pensioniert. Er übernahm noch im selben Jahr eine Professur in Berlin.

Eine geistige und berufliche Orientierung nach Deutschland, die sich bereits vor dem ›Anschluss‹ Österreichs an Deutschland (1938) vielfach in grenzüberschreitenden Karriereverläufen und Forschungskooperationen niederschlug, lässt sich bei Wissenschaftlern wie Hermann Aubin, Gunther Ipsen, Hans Kinzl und Walter Kuhn beobachten: So nahm der aus Reichenberg (Liberec) in Böhmen stammende Aubin 1906 sein Studium in Deutschland auf, wo er auch seine akademische Laufbahn begann. Ipsen studierte nach dem Ersten Weltkrieg anfänglich in Innsbruck, jedoch wechselte er früh nach Leipzig, wo er promovierte und seine akademische Karriere fortsetzte. Der aus Oberösterreich gebürtige Geograph Kinzl (*1898) studierte in Innsbruck. Er ging 1928 zusammen mit seinem akademischen Lehrer nach Heidelberg und schloss sich dort der Frontkämpfervereinigung *Stahlhelm* an. 1935 kehrte Kinzl als Extraordinarius an die Innsbrucker Universität zurück und wurde dort 1942 Ordinarius. Die ›großdeutsche‹ Hinwendung zum Deutschen Reich galt umso mehr für Walter Kuhn (*1903), den im damaligen Österreichisch-Schlesien aufgewachsenen Siedlungshistoriker und Volkskundler. Kuhn studierte in den 1920er-Jahren in Wien und Graz; als ›Auslandsdeutscher‹ verdankte er dem Netzwerk aus deutschen und österreichischen Volksforschern, die sich in den VFG zusammengeschlossen hatten, 1937 seinen Aufstieg zum Breslauer Ordinarius für Volkskunde.

Der politische Systemwechsel von 1945 sorgte nicht unmittelbar für einen Abbruch der Tradition der deutschen ›Ostforschung‹. Indem er die Auflösung des Netzwerks der VFG bedingte, entzog er dieser aber vorerst ihre institutionelle Grundlage. Die westdeutsche Geschichtswissenschaft integrierte nur wenige der nach 1933 Emigrierten wie etwa Hans Rothfels, der 1950 einen Ruf an die Universität Tübingen annahm. Ansonsten war insgesamt ein hohes Ausmaß an personeller Kontinuität zu beobachten: Es beherrschten »zunächst diejenigen Geburtsjahrgänge die historiographischen Debatten«, »die ihre wissenschaftliche und politische Sozialisation noch vor Ausbruch des Ersten Weltkriegs durchlaufen hatten«. Das hing mit der Rückkehr zahlreicher vorübergehend suspendierter Hochschullehrer an die Universität sowie mit der Integration von Wissenschaftlern aus den deutschen Ostgebieten zusammen.[593] Für die hier interessierenden Historiker und Bevölkerungsforscher ist festzuhalten, dass viele von ihnen nach der Wiedereröffnung der Universitäten sich zunächst mit Lehraufträgen durchschlugen oder zumindest nicht umgehend eine ihren früheren Ämtern gleichzusetzende Anstellung fanden (Aubin; Abel; Kinzl). Einige konnten an ihre früheren akademischen Positionen erst nach Jahren – oft entnazifizierungsbedingt – wieder anknüpfen (Conze, Franz, von Klocke, Kuhn). In einigen Fällen bedeutete die Zäsur von 1945 das Ende individueller akademischer Laufbahnen (Helbok, Keyser, Ipsen). Für Ipsen ist dabei allerdings zu sagen, dass diesem nach 1945 zwar die Wiedererlangung einer Professur in Westdeutschland verwehrt blieb; da er aber 1959 als »Professor zur Wiederverwendung« an der Universität Münster emeritierte, hatte er seinen früheren Sozialstatus als Königsberger Ordinarius formal wiedergewonnen. Ipsens Schüler Conze amtierte damals bereits seit zwei Jahren als Lehrstuhlinhaber an der Heidelberger Universität. Während ihn vor 1945 vor allem Ipsen dabei unterstützt hatte, seine Karriere voranzutreiben, schien sich diese Konstellation in den 1950er-Jahren zu drehen: Jetzt war Conze als ›Sprecher‹ der westdeutschen ›Sozialgeschichte‹ darum bemüht, seinen ehemaligen Lehrer in neu entstehende Netzwerke der Geschichtswissenschaft zu integrieren.

Hohlfeld war neben dem im November 1945 in Leipzig reaktivierten Kötzschke der Einzige der im Kapitel III näher untersuchten Historiker, der am selben Ort an seine bisherige Funktion fast nahtlos anschließen konnte. Allerdings tat Hohlfeld dies bis zu seinem Tod (1950) in Leipzig unter politischen Rahmenbedingungen, die sich für die konventionelle genealogische Forschung im Vergleich zur NS-Zeit von Beginn an ungünstig gestalteten. Relativ unabhängig von den Aussichten auf eine Wiedereingliederung an den Universitäten entwickelten sich hingegen die personellen Netzwerke, die sich im außeruniversitären Bereich, z. B. in den Historischen Kommissionen, rasch wieder konstituierten. Die deutsche ›Ostforschung‹ und die ›Königsberger Gruppe‹ des ehemaligen Kreises um Hans Rothfels sind weitere Beispiele für den über 1945 hinweg weitgehend ungebrochenen Zusammenhalt der bisherigen Forschermilieus.[594]

Auch in den Arbeiten und Forschungspraktiken der beiden prononcierten Bevölkerungshistoriker Keyser (*1893) und Köllmann (*1925) spiegelten sich jeweils generationelle Dispositionen und individuelle lebensgeschichtliche Erfahrungen. Keyser war Weltkriegsteilnehmer gewesen und hatte die Versailler Nachkriegsordnung als Professor an der Technischen Hochschule Danzig stets

593 Christoph Cornelißen, Deutsche Geschichtswissenschaft nach 1945. Zwischen nationalen Traditionen und transnationalen Öffnungen, in: Ulrich Pfeil (Hg.), Die Rückkehr der deutschen Geschichtswissenschaft in die »Ökumene der Historiker«. Ein wissenschaftsgeschichtlicher Ansatz, München 2008, 17-34, hier 23.

594 Vgl. hierzu ausführlich das Kap. IV.1.

heftig bekämpft. Spätestens seit 1933 stellte er sich rückhaltlos in den Dienst einer nationalsozialistischen ›Neuordnung‹ Europas. Sein Programm einer ›Bevölkerungsgeschichte Deutschlands‹ hatte unter diesen politischen Vorzeichen deutlich größere Chancen als in der Weimarer Republik, unter Historikern und Volksforschern auf breite Resonanz zu stoßen und die staatliche Bevölkerungspolitik zu beeinflussen. Köllmann hatte hingegen einen biographischen Hintergrund, der sich von dem des – nach 1945 am Marburger *J. G. Herder-Institut* tätigen – Keyser erkennbar unterschied. Nicht die Auflösungserscheinungen des Bismarckschen Nationalstaats als Folge des Ersten Weltkriegs, gegen die Keyser als deutscher Volksforscher von Danzig aus opponiert hatte, sondern die katastrophalen Folgen der nationalsozialistischen Herrschaft und des Zweiten Weltkriegs bildeten Köllmanns zentralen Erfahrungshorizont. Als Schüler war er in der ›Bekennenden Kirche‹ sozialisiert und von einem nationalkonservativ eingestellten Lehrer seiner Wuppertaler Oberrealschule auf die Gefahren des Nationalsozialismus hingewiesen worden. In der Bundesrepublik gehörte er zur ersten Studierendengeneration nach dem ›Dritten Reich‹.[595] Anders als z. B. Keyser, der die Bundesrepublik in ihren aktuellen Grenzen als historisches Intermezzo ansah, in dem deutschnational eingestellte Gelehrte bestenfalls mental überwintern konnten,[596] trug Köllmann als jüngerer Wissenschaftler das neue demokratische Staatswesen vorbehaltlos mit.[597] In den Jahren 1970 bis 1984 war er Stadtverordneter für die CDU im Gemeinderat von Hattingen a. d. Ruhr.[598]

Köllmann grenzte sich gegen Keysers Forschungsrichtung ab. Er stand aber zeitlebens in der Tradition einer nationalstaatlich orientierten, von der ›Deutschen Soziologie‹ geprägten ›deutschen Bevölkerungsgeschichte‹. Sozialstrukturelle Probleme seiner westfälischen Herkunftsregion, mit der er sich stark verbunden fühlte, beschäftigten ihn in zahlreichen Arbeiten. Köllmanns persönliche Prägungen als Forscher unterschieden sich somit unverkennbar von seinem späteren wissenschaftlichen Widerpart Arthur E. Imhof (*1939), einem gebürtigen Schweizer, der erst seit 1967 in der Bundesrepublik Deutschland lebte. Imhofs internationale Studien- und Forschungserfahrungen öffneten seinen Blick über die deutschen Grenzen hinaus. Sein wissenschaftlicher Ansatz erschien dadurch weniger von nationalstaatlichen Traditionslinien geprägt zu sein, als dies etwa bei Köllmann durchwegs der Fall war: Die ›Historische Demographie‹ richtete

595 Wolfgang Köllmann, Dank für die Verleihung des Eduard von der Heydt-Preises, in: Festgabe zum 65. Geburtstag von Professor Dr. Wolfgang Köllmann, 19-24, hier 20.

596 Vgl. hierzu E. Keysers unveröffentlichte »Raumgeschichte Deutschlands«: HI DSHI 100 Keyser 119, Bll. 1-217 [undat. Typoskript, nach 1950], hier [5]: Die Erforschung der »Raumgeschichte« würde »den für die Zukunft des deutschen Volkes notwendigen Lebensraum« abzustecken helfen und damit »jenen politisch nutzbaren Beitrag zu der Neugestaltung unseres völkischen [sic!] Lebens« liefern, zu dem »jede von Deutschen betriebene Wissenschaft heute verpflichtet ist.«

597 So Burkhard Dietz/Jürgen Reulecke/Jürgen Stohlmann: Wolfgang Köllmann (1925-1997), in: Zeitschrift des Bergischen Geschichtsvereins 97 (1995/96) [gedr. 1997], I-XIV, hier IX.

598 Vgl. Festgabe zum 65. Geburtstag von Professor Dr. Wolfgang Köllmann, 8.

ihr Erkenntnisinteresse nicht auf die Entwicklung von Staat und Nation aus; ihr ging es vielmehr um gesellschaftliche Sachfragen.

Abb. 2: Tabelle Bevölkerungswissenschaftler[599]

Name, letzter Berufsort	*/†	Alter im Jahre:				†
		1871	1919	1933	1945	mit
August Meitzen, Berlin	1822-1910	49	-	-	-	88
Ottokar Lorenz, Jena	1832-1904	39	-	-	-	72
Friedrich J. Neumann, Tübingen	1835-1910	36	-	-	-	75
Schönberg, Gustav von, Tübingen	1839-1908	32	-	-	-	69
Karl Th. v. Inama-Sternegg, Wien	1843-1908	28	-	-	-	65
Friedrich Ratzel, Leipzig	1844-1904	27	-	-	-	60
Karl Bücher, Leipzig	1847-1930	24	72	-	-	83
Karl Julius Beloch, Rom	1854-1929	17	65	-	-	75
Karl Lamprecht, Leipzig	1856-1915	15	-	-	-	59
Stephan Kekulé v. Stradonitz, Berlin	1863-1933	8	56	70	-	70
Raimund Friedrich Kaindl, Graz	1866-1930	5	53	-	-	64
Rudolf Kötzschke, Leipzig	1867-1949	4	52	66	78	82
Alfons Dopsch, Wien	1868-1953	3	51	65	77	85
Armin Tille, Weimar	1870-1941	1	49	63	-	71
Albert Brackmann, Berlin	1871-1952	-	48	62	74	81
Otto Konrad Roller, Karlsruhe	1871-1936	-	48	62	-	65
Johann Bredt, Kleinbistritz	1873-1936	-	46	60	-	63
Hans Grimm	1875-1959	-	44	58	70	84
Harold Steinacker, Innsbruck	1875-1965	-	44	58	70	90

599 Hier werden die Wissenschaftler aufgenommen, welche in der Liste der Kurzbiographien (siehe Anhang) angeführt sind. Ausnahmen sind Heinz Rogmann, von dem weder das Geburts- noch das Sterbejahr bekannt ist, Heinz Wülker (†1943), dessen Geburtsjahr nicht in Erfahrung gebracht werden konnte, sowie Georg Bartholomäus (*1912), Fritz Koerner (*1893) und Gustav Paul (*1890), deren Sterbejahre sich nicht ermitteln ließen.

Name, letzter Berufsort	*/†	Alter im Jahre:				†
		1871	1919	1933	1945	mit
Hermann Wopfner, Innsbruck	1876-1964	-	43	57	69	88
Martin Wutte, Klagenfurt	1876-1948	-	43	57	69	72
Konrad Brandner, Graz	1881-1939	-	38	52	-	58
Eugen Kulischer, Washington DC	1881-1956	-	38	52	64	75
Adolf Helbok, Innsbruck	1883-1968	-	36	50	62	85
Hermann Aubin, Hamburg	1885-1968	-	34	48	60	83
Hans Freyer, Münster	1887-1969	-	32	46	58	82
Johannes Hohlfeld, Leipzig	1888-1950	-	31	45	57	62
Friedrich Burgdörfer, München	1890-1967	-	29	43	55	77
Alexander Kulischer	1890-1942	-	29	43	55	52
Max Hildebert Boehm, Lüneburg	1891-1968	-	28	42	54	77
Friedrich v. Klocke, Münster	1891-1960	-	28	42	54	69
Erich Wentscher, Naumburg	1892-1953	-	27	41	53	61
Wilhelm Brepohl, Dortmund	1893-1975	-	26	40	52	82
Erich Keyser, Marburg	1893-1968	-	26	40	52	75
Hektor Ammann, Saarbrücken	1894-1967	-	25	39	51	73
Johann Hermann Mitgau, Göttingen	1895-1980	-	24	38	50	85
Walter Scheidt, Hamburg	1895-1976	-	24	38	50	81
Franz Steinbach, Bonn	1895-1964	-	24	38	50	69
Rudolf Heberle, Baton Rouge	1896-1991	-	23	37	49	95
Ernst Klebel, Regensburg	1896-1961	-	23	37	49	65
Otto Brunner, Hamburg	1898-1982	-	21	35	47	84
Hans Kinzl, Innsbruck	1898-1979	-	21	35	47	81
Kleo Pleyer, Innsbruck	1898-1942	-	21	35	47	44
Gunther Ipsen, Dortmund	1899-1984	-	20	34	46	85
Adalbert Klaar, Wien	1900-1981	-	19	33	45	81

Name, letzter Berufsort	*/†	Alter im Jahre:				†
		1871	1919	1933	1945	mit
Max Aschkewitz, Schlüchtern	1901-1972	-	18	32	44	71
Friedrich Lütge, München	1901-1968	-	18	32	44	67
Elisabeth Pfeil, Hamburg	1901-1975	-	18	32	44	74
Stella Seeberg, Göttingen	1901-nach 1971	-	18	32	44	
Günther Franz, Stuttgart-Hohenheim	1902-1992	-	17	31	43	90
Karl Ferdinand Helleiner, Toronto	1902-1984	-	17	31	43	82
Peter-Heinz Seraphim, Bamberg	1902-1979	-	17	31	43	77
Reinhard Wittram, Göttingen	1902-1973	-	17	31	43	71
Walter Kuhn, Hamburg	1903-1983	-	16	30	42	80
Gerhard Mackenroth, Kiel	1903-1955	-	16	30	42	52
Franz Petri, Münster	1903-1993	-	16	30	42	90
Wilhelm Abel, Göttingen	1904-1985	-	15	29	41	81
Heinrich Banniza v. Bazan, Tecklenburg	1904-1950	-	15	29	41	46
Helmut Carstanjen, Berchtesgaden	1905-1991	-	14	28	40	86
Theodor Oberländer, Bonn	1905-1998	-	14	28	40	93
Helmut Haufe, Wien	1906-1943	-	13	27	39	37
Wilhelm Lenz, Otterndorf	1906-1976	-	13	27	39	70
Hans Joachim Beyer, Flensburg	1908-1971	-	11	25	37	63
Theodor Schieder, Köln	1908-1984	-	11	25	37	76
Walter Schlesinger, Marburg	1908-1984	-	11	25	37	76
Karl Kasiske, Königsberg	1909-1941	-	10	24	36	32
Erich Woehlkens, Uelzen	1909-1987	-	10	24	36	78
Werner Conze, Heidelberg	1910-1986	-	9	23	35	76
Hans Mauersberg, München	1910-1989	-	9	23	35	79

Name, letzter Berufsort	*/†	Alter im Jahre:				†
		1871	1919	1933	1945	mit
Manfred Straka, Graz	1911-1990	-	8	22	34	79
Hermann Arnold, Landau	1912-2005	-	7	21	33	93
Friedrich Blendinger, Augsburg	1912-1993	-	7	21	33	81
Wilfried Krallert, Wien	1912-1969	-	7	21	33	57
Dietrich v. Oppen, Marburg	1912-2006	-	7	21	33	94
Theodor Penners, Osnabrück	1912-1994	-	7	21	33	82
Felix v. Schroeder, München	1912-2003	-	7	21	33	91
Hans Linde, Karlsruhe	1913-1994	-	6	20	32	81
Gotthold Rhode, Mainz	1916-1990	-	3	17	29	74
Ernst Wolfgang Buchholz, Bonn	*1923	-	-	10	22	
Wolfgang Köllmann, Bochum	1925-1997	-	-	8	20	72
Karlheinz Blaschke, Dresden	*1927	-	-	6	18	
Michael Mitterauer, Wien	*1937	-	-	-	8	
Arthur E. Imhof, Berlin	*1939	-	-	-	6	
Walter G. Rödel, Mainz	1940-2009	-	-	-	5	69

Von den in der Tabelle *Bevölkerungswissenschaftler* angeführten 87 Akteuren lassen sich 53 aus der Sicht heutiger Historiker der ›Kaiserreich-‹ und ›Frontkämpfergeneration‹ (geb. ca. 1870 bis 1895) sowie der ›Kriegsjugendgeneration‹ (geb. ca. 1900 bis 1910) zuordnen.[600] Im Vergleich zu diesen beiden generationellen Einheiten bilden diejenigen Akteure, die vor 1870/71 oder nach 1945 geboren bzw. politisch und akademisch sozialisiert wurden, in der Tabelle eine klare Minderheit.[601] Diese Tatsachen erweisen sich für die hier interessierenden Frage-

600 Vgl. zu den in der Literatur erörterten Generationsbezeichnungen und den sich darauf beziehenden Altersjahrgängen Ehmer, Generationen, 68.

601 Hierzu sei ergänzend bemerkt, dass die zwischen 1918 und 1928 Geborenen, die häufig der ›Hitlerjugend-‹ oder ›Flakhelfergeneration‹ zugeordnet werden, in der Literatur häufig den ›45ern‹ oder ›68ern‹ gegenübergestellt werden, die ca. zwischen 1925 und 1935 bzw. in den 1940er-Jahren geboren wurden. Vgl. ebd. (Ehmer). Neun Gelehrte wurden übrigens im Verlauf der 1820er- bis 1850er-Jahre geboren, für welche die politischen Umwälzungen von 1870/71 – und für Karl Bücher und Karl Julius Beloch auch noch der Umbruch von 1918/19 – relevante lebensgeschichtliche Einschnitte mit sich gebracht haben dürften. Vgl. zu den beiden Letztgenannten, von denen sich Beloch in plastischer Weise zu der Zäsur von 1918 äußerte, die Ausführungen in diesem Abschnitt.

stellungen hinsichtlich der wissenschaftspolitischen Situation der frühen 1930er-Jahre als durchaus beachtenswert. Damals erlebten völkisch orientierte ›historische Bevölkerungsforschungen‹ einen erkennbaren ›Take-off‹. Das Jahr der nationalsozialistischen Machtübernahme in Deutschland – 1933 – lässt mich die Karriereverläufe der Akteure dieser Forschungen näher in Augenschein nehmen: Danach lässt sich feststellen, dass von den damals 20- bis 39-jährigen jüngeren Studenten und Forschern (45 Personen),[602] die in der Tabelle angeführt sind, nur Rudolf Heberle und Karl Ferdinand Helleiner nach 1933 ihre bisherige akademische Laufbahn nicht fortsetzen konnten, da sie von den Nationalsozialisten zur Emigration gezwungen wurden. Die übrigen 43 Wissenschaftler erzielten im ›Dritten Reich‹ einen oder sogar mehrere Karrieresprünge, wobei in einigen Fällen – wie etwa bei Hans Joachim Beyer, Günther Franz oder Gunther Ipsen – akademische Standeserhöhungen wie die Berufung auf eine Professur mit Statusverbesserungen in Partei, Wehrmacht bzw. SS weitgehend parallel gingen. Von diesen 43 Forschern kamen fünf – Haufe, Kasiske, Pleyer, Schünemann und Weinelt – als Soldaten im Zweiten Weltkrieg um. Insgesamt herrscht der Eindruck vor, dass ›historische Bevölkerungsforschungen‹ in den 1930er-Jahren wesentlich von jüngeren Forschern und Experten getragen wurden, die häufig in der Jugendbewegung oder in Akademischen Gildenschaften sozialisiert worden waren. Diese Wissenschaftler versicherten sich, wie hier bereits ausgeführt wurde, in der Regel der Unterstützung älterer Förderer oder Mentoren. Es wäre daher verfehlt, ›historische Bevölkerungsforschungen‹ der damaligen Zeit ausschließlich als ein ›Generationsprojekt‹ der Jüngeren zu konstruieren.

Die Frage des individuellen Bewusstseins für die Zugehörigkeit zu distinkten Altersgruppen, für das sich das Konzept der ›Generationalität‹ besonders interessiert, soll hier ebenfalls kurz angesprochen werden. Dieses dürfte bei den einzelnen Wissenschaftlern nicht einheitlich ausgeprägt und zudem mit unterschiedlichen politischen Identitäten verknüpft gewesen sein. Subjektive Selbstvergewisserungen zur eigenen Verortung im Generationsgefüge wurden – etwa im Medium der Lebenserinnerung des Gelehrten –, wenn überhaupt, oft erst mit Jahre oder Jahrzehnte überdauernder zeitlicher Verzögerung zur Sprache gebracht.[603] Wissenschaftler waren sich üblicherweise dessen bewusst, dass ihre eigene Gegenwart vielfach auf historischen Entwicklungen fußte und sich von diesen nicht abtrennen ließ. Gleichwohl ist zu konstatieren, dass die gelehrten Verfasser der hier herangezogenen Selbstbiographien es durchgehend vermieden, narrative Konstruktionsmuster autobiographischer Erinnerung zu reflektieren. Frühere lebensgeschichtliche Erfahrungen wurden aber häufig von jüngeren zeitgeschichtlichen Erfahrungen überlagert. Dadurch reicherten sich neue Bedeutungsschichten sukzessive im individuellen Erfahrungshorizont an, die den Blick auf das frühere

602 Die genannten Altersober- und Untergrenzen sollen nur annäherungsweise einen Rahmen für die folgenden Bemerkungen bilden und sind daher keineswegs als absolut zu verstehen.

603 Vgl. zu den vielfältigen Theorie- und Methodenproblemen der Biographik: Klein (Hg.), Handbuch.

biographische Geschehen permanent neu akzentuierten. Wenn z. B. in der rückschauenden Selbstdeutung lebensweltliche Jugend- und politische Sozialisationserfahrungen miteinander verwoben werden – wie etwa andeutungsweise von Günther Franz (siehe oben) –, erscheint dies dabei oft als späte Affirmation gegenüber einer idealisiert gesehenen, weit zurückliegenden Phase des eigenen Lebens.[604]

Weder die in den 1930er-Jahren zu Lasten der ›Historischen Bevölkerungsstatistik‹ erfolgte Durchsetzung einer völkischen ›Bevölkerungsgeschichte‹, noch die intellektuelle Öffnung ›historischer Bevölkerungsforschungen‹ zur englischen und französischen ›Historical Demography‹ bzw. ›Démographie historique‹ in den 1970er-Jahren können somit ausschließlich mit dem Wandel generationeller Lagebeziehungen verknüpft werden. Es ist dabei aber festzuhalten, dass Forscher wie Arthur E. Imhof oder Michael Mitterauer, die erst in den 1960er-Jahren ihre akademischen Laufbahnen begannen, generationell bedingt andere individuelle Erfahrungen mitbrachten. Nicht zuletzt vor diesem Hintergrund dürften sie auch andere wissenschaftliche Zugangsweisen entwickelt haben als wesentlich ältere Gelehrte wie etwa Hermann Aubin oder Erich Keyser, die damals den Zenit ihrer wissenschaftlichen Tätigkeit bereits erreicht hatten und gegen Ende dieses Jahrzehnts verstarben.

Eine Beschränkung auf das Generationskonzept als alleiniges Erklärungsmuster für wissenschaftlichen Wandel verlöre indes die individuelle Verantwortung der involvierten Forscher aus dem Blick. Der diskursive Umbruch der ›historischen Bevölkerungsforschungen‹ reflektierte in den frühen 1970er-Jahren vielmehr grundlegendere gesellschaftliche Transformationen.[605] Die begrenzte Erklärungskraft der ›Generationengeschichte‹ kann daher nur dann voll ausgeschöpft werden, wenn sie ihre Fragestellungen auf die Entwicklung der Wissensgesellschaft und deren Kommunikationsstrukturen bezieht und sie sich bemüht, diese eng mit der politischen Geschichte und der Mentalitätsgeschichte zu verzahnen.

604 Diese allgemeinen quellenkritischen Bemerkungen lassen sich auch auf die autobiographischen Zeugnisse beziehen, die für diese Studie herangezogen wurden. Die Tendenz zum affirmativen Selbstbezug wird u. a. deutlich in den Lebenserinnerungen von Erich Keyser (DSHI 100 Keyser 2, Mein Werden und Wirken, Alveslohe Mai 1945 [ungedr. Mskr.], hier 245 f.), die er selbst der »Selbsterkenntnis« in einer Phase seines Lebens widmete, in welcher das aus seiner Sicht »opfervoll neugewonnene Großdeutschland« in Trümmern lag. Für ihn ging es als »Gebot der Stunde« jetzt darum, »den richtigen Weg zu finden«. Damit verknüpfte sich für Keyser der Versuch, seine bisherige Lebens- und Wissenschaftsauffassung beizubehalten. Die Lebenserinnerungen von Karl Julius Beloch und Friedrich von Klocke (»Selbstdarstellung« bzw. »Auf Wegen der Genealogie als Wissenschaft«), die ich hier nur exemplarisch anspreche, sollten offenkundig ähnlichen Zwecken der biographischen Selbstvergewisserung dienen; Fragen ihrer generationellen Zuordnung diskutierten sie ebenso wenig wie etwa Keyser.

605 Vgl. als Beispiel für eine Studie, welche die Möglichkeit der Analyse von Generationenverhältnissen für diese Ära differenziert auslotet, Thomas Kroll, Generationenverhältnisse und politischer Konflikt während der Studentenrevolte von 1968 in der Bundesrepublik Deutschland, in: Steidl et al. (Hg.), Übergänge und Schnittmengen, 319-346.

›Distanz‹ und ›Sachlichkeit‹ als generationell bedingte Prägungen? Die Bielitzer ›Heimatforscher‹

Die ›Bielitzer Wandervögel‹ und ›Heimatforscher‹ um Walter Kuhn sind ein bezeichnendes Beispiel für mentale Dispositionen und habituelle Verhaltensmuster vieler Wissenschaftler, die der ›Kriegsjugendgeneration‹ zugerechnet werden können. Ihre lebensgeschichtlichen Erfahrungen in der Jugendbewegung, ihre Identifikation mit dem ›Grenz- und Auslandsdeutschtum‹ und ihre Ausbildung in technischen, geschichtswissenschaftlichen und volkskundlichen Studien schufen für die Bielitzer ›Heimatforscher‹ günstige Vorbedingungen für ihre späteren Laufbahnen als deutsche Volksforscher. Die oben angesprochene enge Verbindung von Nachwuchsforschern der ›Kriegsjugendgeneration‹ mit den etablierten ›Wilhelminern‹ lässt sich für die Bielitzer Gruppe eindrücklich dokumentieren. Zudem kann gezeigt werden, dass die ›Bielitzer‹ um ihre angeblich vor und nach 1945 stets sachbezogene und wissenschaftlich anspruchsvolle Arbeitsweise eine Art Mythos aufbauten, den ihre unkritischen Apologeten trotz bereits zeitgenössischer Kritik in Festschriften, Lobreden und Nekrologen bis weit in die bundesrepublikanische Nachkriegszeit hinein verbreiteten.[606] Wenn mit Ute Daniel ›Generationalität‹ wie erwähnt als ein Ensemble von altersspezifischen inhaltlichen Zuschreibungen erfasst werden soll, so bedeutet das für die Bielitzer ›Heimatforscher‹, dass neben der Untersuchung ihrer Gruppenidentität vor allem ihre darauf sich beziehende Selbstinszenierung in den Blick genommen werden sollte.

Die ›Bielitzer‹ trafen sich erstmals im Jahr 1919. Damals schloss sich Kuhn mit einigen anderen ›Wandervögeln‹ – Josef Lanz (1902-1981), Alfred Karasek (1902-1970) und Viktor Kauder (1899-1985) – im schlesischen Bielitz (poln. Bielsko-Biała) zu einer »heimatkundlichen Arbeitsgemeinschaft« zusammen, deren Losung »Heimatbildung durch Heimatforschung« lautete. Die Entstehung dieser Forschergruppe bildete den Auftakt für die lebenslange arbeitsteilige Zusammenarbeit dieser vier ›auslandsdeutschen Heimatforscher‹ aus Polen, die lokale Bevölkerungsstudien und volkskundliche Feldforschungen durchführten. Besonders Kuhn und Karasek, die in den 1920er-Jahren in Wien zunächst Elektrotechnik und dann Geschichte und Volkskunde studierten, wurden bereits in der Weimarer Republik von deutlich älteren Historikern und Volkskundlern wie Arthur Haberlandt (1889-1964) und Georg Schreiber (1882-1963) als ›jungkonservative‹ Nachwuchsforscher gezielt gefördert. Sie kamen dabei in Kontakt zur SODFG, die Kuhn und Karasek 1932 ausdrücklich als »jüngere Leute«, die »das Gebiet aus eigener wissenschaftlicher Arbeit kennen«, dazu einlud, an einer Exkursion in die Slowakei teilzunehmen und dort verschiedene deutsche Sprachinseln zu besuchen.[607]

606 Vgl. zum Folgenden Pinwinkler, Walter Kuhn, bes. 46-51.
607 PA AA, Kult VI A, 2-FOG Bd. 2, versch. Berichte, Protokoll der 1. Tagung der »Südostdeutschen Forschungsgemeinschaft« in der Slowakei vom 24.-27. September 1932.

Jürgen Reuleckes Diagnose, dass bisher verschlossene berufliche Möglichkeiten sich »spätestens [...] ab Mitte der 30er-Jahre für diejenigen jungen Wissenschaftler« geöffnet hätten, »die sich den ›richtigen‹ Mentoren angeschlossen hatten und die [die] ›richtigen‹ Forschungsthemen bearbeiteten«,[608] trifft für Kuhn und seine Mitstreiter daher zu. Es war vor allem die Zeit zwischen der Machtübertragung an die Nationalsozialisten und dem deutschen Angriff auf Polen ab dem 1. September 1939, welche die beruflichen Laufbahnen der ›Bielitzer‹ entscheidend vorantrieb. Besonders Kuhn profitierte von den Karrierechancen, welche die NS-Herrschaft in Deutschland und der – schon zuvor wirkungsmächtige – Trend zur ›Volksgeschichte‹ innerhalb der deutschen Geschichtswissenschaft mit sich brachten.

Als Erklärungsmuster für ihren sozialen Aufstieg reicht es allerdings nicht aus, auf die gemeinsamen lebensgeschichtlichen Prägungen und ideologischen Denkmuster der ›Bielitzer‹ hinzuweisen. Dem NS-Regime ging es vor allem um ihr Expertenwissen, das im Zuge der Expansionsplanungen in Ostmittel- und Südosteuropa stark nachgefragt wurde. Das Konzept der als »Funktionselite«[609] zu bezeichnenden Volkstumsexperten, die ihre Forschungen dem bürokratischen Apparat von Staat und Partei im ›Dritten Reich‹ zur Verfügung stellten, ergänzt daher für die Gruppe um Walter Kuhn das Generationsmodell auf eine überzeugende Weise. Wenn man die sozialen und institutionellen Bedingungen, aufgrund derer ihm und den anderen ›Bielitzern‹ der Sprung in das Milieu der Ostforscher und Ostexperten gelang, rekonstruiert, fällt zudem auf, dass neben den VFG auch das staats- und parteinahe Stipendien- und Preisverleihungswesen eine wichtige Rolle spielte.[610]

Nachdem Kuhn 1947 aus britischer Kriegsgefangenschaft entlassen worden war, vermochte er beruflich nur allmählich wieder Fuß zu fassen. Erst 1955 erlangte er neuerlich eine Professur an der Universität Hamburg und nahm dabei die Hilfe von Hermann Aubin in Anspruch, der bereits 1936 einen entscheidenden Anteil an Kuhns Berufung auf den Breslauer Lehrstuhl für Volkskunde gehabt hatte. Zur Ausbildung der vier Bielitzer ›Wandervögel‹ als Elektrotechniker und Maschinenbauer äußerte sich Alfred Karasek rückblickend mit folgenden Worten: »[...] Diese technische Seite unseres Daseins bewahrte uns Bielitzer davor, als Scholaren der Wiener Alma mater dem dort gültigen Hang zur Mythologie in der Volkskunde [...] zu verfallen. [...] Wir [haben] uns eher der Sach-

608 Reulecke, Generationalität und die West-/Ostforschung, 358.

609 Vgl. Alf Lüdtke, Funktionseliten: Täter, Mit-Täter, Opfer? Zu den Bedingungen des deutschen Faschismus, in: ders. (Hg.), Herrschaft als soziale Praxis. Historische und sozial-anthropologische Studien, Göttingen 1991, 559-590.

610 Vgl. Johann Wolfgang Goethe-Stiftung: Der Nikolaus Coppernicus-Preis 1939. Zur Erinnerung an die Verleihung des Nikolaus Coppernicus-Preises 1939 an Walter Kuhn, Breslau, Hamburg-Wandsbeck o. J. [1940]. Der Coppernicus-Preis wurde in den folgenden Jahren u. a. an Alfred Karasek und Viktor Kauder vergeben. Vgl. Jan Zimmermann, Beitrag Toepfer-Preise 1935-1945, in: H-Soz-u-Kult Humanities Sozial- und Kulturgeschichte. URL: http://hsozkult.geschichte.hu-berlin.de/BEITRAG/diskusio/NSZEIT/nszeit23.htm (2.9.2013).

forschung, Statistik, Kulturgeographie, Soziologie und ähnlich nüchterner Betrachtungsweise zugehörig gefühlt.«[611] Kuhns nahezu gleichaltriger Weggefährte Bruno Schier (1902-1984), aber auch seine Schülerin Heide Wunder (*1939) bescheinigten ihm, in seinen Arbeiten »immer Distanz und Sachlichkeit« gewahrt zu haben.[612]

Vermeintliche ›Distanz‹ und ›Sachlichkeit‹ konnten aber mit Härte und geradezu (sozialtechnologischem) ›Machbarkeitswahn‹ eng verkoppelt sein.[613] Es handelte sich dabei um wissenschaftliche Praktiken, die auch die Forschungen von Kuhn, Karasek, Lanz und Kauder im ›Dritten Reich‹ wesentlich mitbestimmten.[614] Dieser Umstand wurde in Würdigungen und Nachrufen hingegen meist negiert. Es entbehrt daher nicht einer gewissen Ironie, dass sich die Bielitzer ›Heimatforscher‹ derartige Eigenschaften in ihrer legitimatorischen Rückschau nach 1945 notorisch selbst zuschrieben: ›Distanz‹, ›Sachlichkeit‹ und wissenschaftlicher Anspruch sollten wenigstens retrospektiv bei ihnen geradezu eine Symbiose eingehen. Dabei verschwiegen sie aber, dass sie als völkische Wissenschaftler zwischen Gelehrsamkeit und politischem Engagement nie scharf getrennt hatten.

611 Alfred Karasek-Langer, Walter Kuhn zum 65. Geburtstag. Ostdeutsche Siedlungsforschung zwischen gestern und morgen, in: Der Kulturwart 16 (1968), 1-21, hier 5.

612 Bruno Schier, Prof. Dr. Walter Kuhn, Hamburg: zum 65. Geburtstag, in: Jahrbuch für Ostdeutsche Volkskunde 11 (1968), 174-178 u. Heide Wunder, Walter Kuhn, in: Preußenland 21 (1983), 61.

613 Dies veranschaulichte Wildt, Generation des Unbedingten, bes. 283-415. Eine weitere annähernde Parallele zwischen dem RSHA-Führungskorps und dem Bielitzer Kreis ist der von Wildt konstatierte funktionale Zusammenhang zwischen Antisemitismus und einem »sachlichen« »Rationalitätsmodus«, wodurch nicht zuletzt Juden zu einem »Sicherheitsproblem« erklärt und der Willkür des nationalsozialistischen Regimes beliebig unterworfen werden konnten (23).

614 Vgl. zur näheren Begründung dieser These die Ausführungen in Kap. II.5 sowie in: Pinwinkler, Walter Kuhn.

IV. Wissenschaftliche Netzwerke

Chancen und Grenzen von Institutionalisierung und Internationalisierung

1. ›Bevölkerungsgeschichte‹ und deutsche ›Ostforschung‹: Von Königsberg nach Marburg und Bochum

Historikernetzwerke im Bereich der Bevölkerungswissenschaften wiesen meist ein hohes Maß an Flexibilität und Durchlässigkeit auf, welches den jeweiligen Akteuren oft ein Partizipieren an verschiedenen Arbeitskreisen und Institutionen ermöglichte. Die spezifische Belastbarkeit ihrer sozialen Netzwerke ergab sich für die Bevölkerungshistoriker meist dadurch, dass sie sich aufgrund einer ähnlichen Deutungsweise der Welt intellektuell miteinander verbunden fühlten. Dies verband sich mit intersubjektiv vergleichbaren lebensgeschichtlichen Erfahrungen, die die politischen Brüche von der Weimarer Republik bis zur Bundesrepublik Deutschland in vielen Fällen mehr oder weniger stark modifiziert zu überdauern vermochten.

Die vor 1945 in Königsberg tätigen deutschen Ostforscher, deren akademischer Mentor nach 1945 neuerlich Hans Rothfels hieß, werden aufgrund der engen wechselseitigen Bezugnahmen von ›Ostforschung‹ und ›Bevölkerungsgeschichte‹ auch im Folgenden wieder thematisiert. Die Untersuchung der Frage, in welche personellen und institutionellen Netzwerke Erich Keyser und Wolfgang Köllmann als in der historischen ›Zunft‹ anerkannte Bevölkerungshistoriker eingebunden waren, und welche Konsequenzen sich für ihre Forschungsarbeit daraus ergaben, bildet den Schwerpunkt der folgenden Ausführungen.

Die ›Königsberger‹ vor und nach 1945

Thomas Etzemüller plädierte dafür, dass die ehemaligen Königsberger Hochschullehrer auch nach 1945 einen gruppenspezifischen Denkstil kultivierten. Gleichwohl warnte er vor der Annahme einer zu starken Homogenität dieser Gruppe(n): Die einzelnen Forscher seien nämlich meist »durch mehrere Einflüsse geprägt« und »in mehreren Netzwerken verankert« gewesen.[1] Dazu lässt sich ergänzend festhalten, dass Strategien zur Entwicklung von Netzwerken zwar den Aufbau und die personelle und institutionelle Persistenz bestimmter Forschungsrichtungen innerhalb der Geschichtswissenschaften sicherzustellen vermochten. Die Loyalitätsbeziehungen, die derartigen Netzwerken zugrunde

1 Etzemüller, Sozialgeschichte, 47.

lagen, wurden zuweilen aber auch Belastungsproben unterzogen, was im Folgenden exemplarisch dargestellt werden soll.[2]

Die historische Forschung widmete zuletzt besonders dem Werdegang und der intellektuellen Prägung der im ostpreußischen Königsberg akademisch sozialisierten Historiker ihre Aufmerksamkeit.[3] Die spätere subjektive Erinnerung, an der *Albertus-Universität Königsberg* eine besondere Atmosphäre erlebt und in einem gefährdeten ›Vorposten‹ des Deutschen Reiches studiert oder gelehrt zu haben, scheint die Bindekraft des Netzwerks der ›Königsberger‹, insbesondere der ›Rothfelsianer‹, noch lange nach 1945 gestärkt zu haben.[4] Königsberg war für viele angehende Historiker ein Studienort, der nicht zuletzt wegen der dort im Rahmen der ›Ostforschung‹ stark betriebenen Volks- und Bevölkerungsstudien eine besondere Anziehungskraft aufwies.[5] Der Kreis um den 1926 an die Universität Königsberg berufenen Hans Rothfels bildete einen Kristallisationspunkt derartiger Forschungen. Dem Historikerzirkel um Rothfels gelang es, das auf gemeinsamen mentalen Prägungen in der Jugendbewegung und deutschen Gildenschaft aufbauende Netzwerk zugunsten individueller Karriereinteressen sukzessive auszubauen. Nachwuchshistoriker wie Werner Conze, Werner Markert (1905-1965) oder Theodor Schieder wurden in den 1930er-Jahren ihrerseits von Rothfels, aber auch anderen ›Mandarinen‹ der deutschen Geschichtswissenschaft wie Hermann Aubin oder Albert Brackmann mit Nachdruck gefördert. In den 1950er-Jahren scharten die ehemaligen Angehörigen der ›Rothfels-Gruppe‹, mittlerweile zum großen Teil erstmals oder wieder auf Lehrstühle gelangt, neuerlich Schüler um sich. Rothfels gab ihnen dabei Rückendeckung: Ihr einstiger Königsberger Mentor erwarb als zurückgekehrter Emigrant, der 1951 einen Lehrstuhl in Tübingen annahm, in der Bundesrepublik erheblichen wissen-

2 Die folgenden Ausführungen sind eine adaptierte und erweiterte Fassung der entsprechenden Abschnitte meines Aufsatzes Zur (Re-)Konstruktion von »Bevölkerungsgeschichte«.

3 Vgl. insbesondere Haar, Historiker, 70-76; Etzemüller, Sozialgeschichte, 22-35.

4 Analoge Beobachtungen lassen sich z. B. auch für die ehemaligen Professoren der deutschen ›Reichsuniversität Straßburg‹ anstellen, wenngleich die Bindekraft der gemeinsam geteilten Erfahrungen im Vergleich zur Rothfels-Gruppe vergleichsweise etwas geringer gewesen sein dürfte: Vgl. Frank-Rutger Hausmann, Reichsuniversität Straßburg, in: Haar/Fahlbusch (Hg.), Handbuch, 578-584, sowie Pinwinkler, Konstruktionen des Volkstums.

5 Von den Bevölkerungsforschern, die im Anhang dieser Arbeit in Kurzbiographien vorgestellt werden, studierten folgende in den 1930er-Jahren (u. a. auch) in Königsberg: Georg Bartholomäus, Hans Joachim Beyer, Friedrich Blendinger, Werner Conze, Karl Kasiske, Hans Linde, Theodor Oberländer, Theodor Penners, Gotthold Rhode und Peter-Heinz Seraphim. Als Hochschullehrer waren an der Universität Königsberg folgende hier interessierende Historiker tätig: Wilhelm Abel (1942-45 als ao. Prof.), Werner Conze (1935-39 als wissenschaftlicher Assistent), Helmut Haufe (als Assistent G. Ipsens), Gunther Ipsen (1933-38 als o. Prof.), Karl Kasiske (1939 als Dozent für mittlere und neuere Geschichte), Theodor Oberländer (1937-39 als Direktor des Institut für osteuropäische Wirtschaft), Kleo Pleyer (1937/38 als o. Prof.), Theodor Schieder (1942-44 als o. Prof.), Herbert Weinelt (seit 1940 als Dozent).

schaftspolitischen Einfluss und suchte diesen als ›soziales Kapital‹ für seine ehemaligen Schüler einzusetzen.[6]

Werner Conze beeinflusste maßgeblich die Karriereschritte seines Schülers Wolfgang Köllmann. Zu den Hamburger und Marburger Ostforschern um Hermann Aubin und Erich Keyser pflegte der Kreis um Conze nur lose Beziehungen. Für Keysers erfolgreiches Bemühen, nach 1945 neuerlich ›Ostforschung‹ zu treiben, hatte das von Aubin repräsentierte Netzwerk der ehemals in Breslau tätigen Historiker eine entscheidende Bedeutung. Die Kooperation zwischen Aubin und Keyser ist ein Beispiel für das hohe Ausmaß an Stabilität, das ihre Kooperation von den 1920er- bis in die 1960er-Jahre auszeichnete.

Die Schule des Mediävisten Friedrich Baethgen (1890-1972), der gleichfalls als ordentlicher Professor 1929-1938 in Königsberg lehrte, prägte die deutsche Geschichtswissenschaft vergleichsweise weniger als die Angehörigen des Rothfels-Kreises. Baethgen war der Politik- und Geistesgeschichte des Mittelalters verpflichtet. Er engagierte sich jedoch seit den 1920er-Jahren an der Seite der in der Leipziger SVKF und den VFG organisierten Gegner des Versailler Friedensvertrags und unterstützte die Erforschung des ›Grenz- und Auslandsdeutschtums‹.[7] In den 1930er-Jahren entstanden bei Baethgen eine Reihe von bevölkerungs- und siedlungsgeschichtlichen Doktorarbeiten, von denen die Veröffentlichung von Karl Kasiske (1909-1941) über das östliche Preußen und Pommerellen hervorzuheben ist. Nach 1945 wandte sich Baethgen von derartigen Themen ab und bekleidete 1947 bis 1958 als Präsident der *Monumenta Germaniae Historica* (MGH) einen der wichtigsten Posten, den die deutschsprachige Mediävistik zu vergeben hatte.[8] Wilhelm Abel, der 1942 in Königsberg eine Stelle als ao. Prof. erhielt und 1946 in Göttingen seine akademische Laufbahn wieder aufnahm, lässt sich den beschriebenen Königsberger akademischen Kreisen wohl kaum zurechnen (was wechselseitige Kontaktnahmen und Kooperationen – wie oben angedeutet – allerdings nicht ausschloss). Die eher apodiktischen

6 Vgl. zu Rothfels, seinem Kreis und dessen wissenschaftlichen Nachwirkungen Johannes Hürter/Hans Woller (Hg.), Hans Rothfels und die deutsche Zeitgeschichte, München 2005. Der breitere Rothfels-Kreis ist demnach von der kleineren ›Königsberger Gruppe‹ zu unterscheiden; zu Letzterer zählten neben Rothfels Theodor Schieder, Erich Maschke, Werner Markert, Gunther Ipsen, Werner Conze, Hans Linde, Kurt von Raumer (1900-1982), Helmut Schelsky (1912-1984), Arnold Gehlen (1904-1976) und Herbert Grundmann (1902-1970). Vgl. hierzu und besonders zu Problemen der Abgrenzbarkeit und prekären Stabilität dieser Historikergruppe(n) Etzemüller, Sozialgeschichte, 47.

7 Vgl. u. a. Friedrich Baethgen, Der Weg des deutschen Volkes in den Osten, in: Das Auslandsdeutschtum des Ostens, Königsberg 1932, 11-36. Diese Publikation ging auf Vorträge zurück, die Baethgen im Januar und Februar 1932 in Königsberg zur Lage des ›Auslandsdeutschtums‹ gehalten hatte.

8 Vgl. Karl Kasiske, Beiträge zur Bevölkerungsgeschichte Pommerellens im Mittelalter, Königsberg 1942; vgl. Friedrich Baethgen, Karl Kasiske zum Gedächtnis, in: ebd., I-VII; vgl. auch Theodor Penners, Untersuchungen über die Herkunft der Stadtbewohner im Deutschen Ordensland Preußen bis in die Zeit um 1400, Leipzig 1942 (zugl. Diss., Königsberg 1942); Haar, Historiker, 37; 302.

Hinweise von Friedrich-Wilhelm Henning helfen in diesem Zusammenhang nicht wesentlich weiter.[9] Welche speziellen personellen Konstellationen und Netzwerke die Königsberger Berufung Abels herbeiführten, ist daher bislang ebenso wenig geklärt, wie dessen Königsberger Aktivitäten selbst als zureichend erforscht gelten können.[10]

Erich Keyser im Kreis bundesdeutscher Ostforscher und Bevölkerungshistoriker

Der Zusammenbruch des ›Dritten Reichs‹ im Frühjahr 1945 bewirkte in der deutschen ›Ostforschung‹ und ›Bevölkerungsgeschichte‹ insgesamt nur einen partiellen Bruch. Zwar erschienen zwischen 1944 und 1949 aus diesem Feld nur sehr wenige historiographische Publikationen. Dies tat den Bemühungen der Ostforscher jedoch keinen Abbruch, ihre gelockerten Netzwerke neu zu knüpfen und an den institutionellen Wiederaufbau ihrer Forschungsrichtung zu denken.[11]

Bereits Ende 1945 bemühte sich Keyser darum, die ›Ostforschung‹ an der Hamburger Universität zu reorganisieren. Zunächst gelang es allerdings nur wenigen Ostforschern, an den westdeutschen Universitäten Fuß zu fassen; viele von ihnen waren gezwungen, sich unter prekären wirtschaftlichen Bedingungen beruflich neu zu orientieren.[12] Hermann Aubin hatte 1946 bis 1954 einen Lehrstuhl an der Hamburger Universität inne. Er nutzte diese Position, um das Netzwerk seiner ehemaligen Breslauer Schüler und Mitarbeiter und allgemein der Ostforscher neu zu knüpfen. Zu diesen Bemühungen gehörte auch, dass Aubin 1947 Keyser einen Lehrauftrag an der Hamburger Universität vermittelte. Dieser

9 Henning vermutete, dass Abel nach Königsberg geholt worden sei, weil »man« sich von ihm erhoffte, er werde sich an der dortigen »Ostforschergruppe« beteiligen. Von der dort virulenten »Ostlandreiterstrategie« habe sich Abel allerdings nie vereinnahmen lassen. Ein Gespräch, das Henning 1971 mit Theodor Schieder in Köln geführt habe, um diese Frage zu klären, sei an dessen abweisender bis negierender Haltung gescheitert. Henning, Agrargeschichte, 24.

10 H. Kellenbenz (1913-1990) tat Abels Königsberger Berufung in seinem Nachruf auf den Göttinger Historiker lakonisch mit folgenden Worten ab: »Vorübergehend konnte er, einem Ruf an die Universität Königsberg folgend, 1942 dort die Lehrtätigkeit ausüben. In Königsberg verlor er mit der Wohnung auch seine inzwischen angesammelte Bibliothek.« Hermann Kellenbenz, Wilhelm Abel (1904-1985), in: VSWG 73 (1986), 297-300, hier 297. Vgl. zu W. Abel auch Kap. III.7.

11 Vgl. Jörg Hackmann, Ostpreußen und Westpreußen in deutscher und polnischer Sicht. Landeshistorie als beziehungsgeschichtliches Problem, Wiesbaden 1996, 305; vgl. zu Aubins wissenschaftspolitischen Aktivitäten zur Wiederbelebung der deutschen ›Ostforschung‹ Unger, Ostforschung, 116-130.

12 Vgl. hierzu Eduard Mühle, Institutionelle Grundlegung und wissenschaftliche Programmatik der westdeutschen Beschäftigung mit »deutscher Geschichte« im östlichen Mitteleuropa (1945-1959), in: Jerzy Kloczowski/Witold Matwiejczyk/ders. (Hg.), Erfahrungen der Vergangenheit. Deutsche in Ostmitteleuropa in der Historiographie nach 1945, Lublin-Marburg 2000, 25-64, hier 29.

trat fortan zusammen mit Aubin, zu dem er in einem engen Loyalitätsverhältnis stand, als einer der Proponenten der (Re-)Konstituierung der westdeutschen ›Ost-‹ und ›Volkstumsforschung‹ in Erscheinung.[13] Einen ersten Schritt in diese Richtung bildete 1946 die Gründung des stark landsmannschaftlich gebundenen *Göttinger Arbeitskreises*, der die P-Stelle Dahlem der ehemaligen NOFG fortführen und ein ›Heimatrecht‹ der aus den ehemaligen deutschen Ostgebieten Vertriebenen entwickeln sollte. Der *Göttinger Arbeitskreis* wurde aus Mitteln des Bundesinnenministeriums gefördert. Das Organ der erinnerungspolitischen Aktivitäten dieser Vertriebenenorganisation bildeten die *Jahrbücher der Albertus-Universität zu Königsberg/Pr.*[14] Im Jahr 1950 riefen zwanzig Ostforscher zusätzlich den *J. G. Herder-Forschungsrat* in Marburg ins Leben.[15]

Keyser knüpfte spätestens seit den frühen 1950er-Jahren wieder an seine früheren Rollen als Ostforscher und Städtehistoriker an. Für ihn bildeten der *J. G. Herder-Forschungsrat* und das *J. G. Herder-Institut* die institutionellen Grundlagen, von denen ausgehend er sich neuerlich wissenschaftlichen Aktivitäten zuwandte. Sein *Institut für deutsche Städtegeschichte*, das er faktisch als ›Ein-Mann-Unternehmen‹ führte, war dem *Herder-Institut* seit 1947 angegliedert. Die Achse Aubin-Keyser scheint vor allem dann gut funktioniert zu haben, wenn es darum ging, eigene gegenüber konkurrierenden Interessen abzuschirmen: Als der Göttinger Historiker Hermann Heimpel Anfang der 1950er-Jahre versuchte, seinem sächsischen Kollegen Walter Schlesinger vorübergehend eine Stelle als Assistent am Städteinstitut zu vermitteln, ehe ihm der erhoffte Anschluss im Westen gelänge, reagierten Keyser und Aubin mit hinhaltendem Widerstand. Heimpel schrieb hierzu an den Leipziger Landeshistoriker: »Der schwierige Punkt ist natürlich der Marburger Kollege [...]. Dies ist Herr K[eyser]. Mit aller Sentimentalität hier aufgenommen als Flüchtling, ist er längst wieder der Großorganisator von einst.«[16]

Keyser fand also in den 1950er-Jahren, wie es auch im obigen Zitat anklingt, rasch wieder in seine Rolle als Ostforscher hinein. Die ›Ostforschung‹ selbst bildete jedoch weniger denn je eine auf ideologisch einheitlichen Grundlagen aufbauende Arbeitsrichtung. Die Grenzen ihres Netzwerks zeigten sich spätestens in den 1960er-Jahren, als die ›Ostforschung‹ zunehmend auf wissenschaftliche und politische Kritik stieß. Darauf deutet auch eine politische Kontroverse von Keyser mit dem Siedlungsgeographen Walter Maas (1901-1976) hin, der seine

13 Vgl. Kai Arne Linnemann, Das Erbe der Ostforschung. Zur Rolle Göttingens in der Geschichtswissenschaft der Nachkriegszeit, Marburg 2002, 140; Mühle, Für Volk und deutschen Osten, bes. 391-459.

14 Mühle, Institutionelle Grundlegung, 30f.; vgl. Samuel Salzborn, Göttinger Arbeitskreis, in: Haar/Fahlbusch (Hg.), Handbuch, 198-203.

15 Vgl. Bahr, Nachruf, 289f.; vgl. zur Kooperation zwischen Aubin und Keyser auch Linnemann, Das Erbe, 133-142.

16 Anne Christine Nagel, Im Schatten des Dritten Reichs: Mittelalterforschung in der Bundesrepublik Deutschland 1945-1970, Göttingen 2005, 110-112. Schlesinger kam Ende 1951 nach Marburg, wo er 1964 an der Universität eine Professur übernahm (ebd.).

akademische Laufbahn nicht nur in Deutschland, sondern als Gastdozent auch in England, Frankreich und Pakistan verbracht hatte.[17] Maas kritisierte unzweideutig jenen »blinden Nationalismus«, der in Deutschland bei den 1961 abgehaltenen »Ostdeutschen Wochen« erkennbar geworden sei.[18] Keyser reagierte auf diese Äußerungen verärgert, schienen sie doch die ideologisch begründete ›ostdeutsche‹ Solidarität zu untergraben. Da sich Maas überdies an einer Zeitschrift, von der sich Keyser angegriffen fühlte, mit einem Geleitwort beteiligt hatte, entschloss sich dieser in einer ersten Reaktion dazu, seinen geplanten Beitrag für die Festschrift zu Ehren von Maas' 60. Geburtstag zurückzuziehen. Keyser beteiligte sich schließlich doch an der Maas-Festschrift, so dass der soziale Zusammenhalt der ›Ostforschung‹ wenigstens nach außen hin gewahrt blieb.[19]

Derartige Differenzen dürften die forschungsstrategische Gesamtsituation von ›Ostforschung‹ und ›Bevölkerungsgeschichte‹ nur geringfügig berührt haben, solange die Netzwerke der jeweiligen Lehrstuhlinhaber intakt blieben. In der hierarchisch strukturierten Ordinarienuniversität der 1950er-Jahre hatten Kontakte zwischen den Lehrstuhlinhabern nach wie vor eine entscheidende wissenschaftspolitische Bedeutung.[20] Von den Ordinarien der Geschichtswissenschaft, mit denen Keyser einen regeren Austausch pflegte, sind neben Hermann Aubin vor allem Günther Franz und der deutsch-völkische Schweizer Wirtschafts- und Stadthistoriker Hektor Ammann zu nennen. Die genannten Wissenschaftler teilten mit Keyser die lebensgeschichtliche Erfahrung, im ›Dritten Reich‹ einen Höhepunkt ihrer wissenschaftlichen und gesellschaftlichen Anerkennung als Gelehrte erreicht zu haben. Sie publizierten Artikel in den Festschriften ihrer Kollegen bzw. gaben diese (mit) heraus. Festschriften verdeutlichten der fachlichen Öffentlichkeit, wer sich zu einem Kreis von Schülern und Kollegen eines geehrten Professors zählen durfte, gleich, ob dieser seine Professur (wie Keyser) als Danziger Flüchtling verloren oder diesen (wie Franz) erst

17 Vgl. Kürschners Deutscher Gelehrten-Kalender. Hg. von Werner Schuder, Bd. 1, Berlin 1966, Sp. 1494.

18 Zit. n. DSHI 100 Keyser 11, R. Urban, »Prof. Dr. Walter Maas im Dienste der polnischen Auslandspropaganda«, ungedr. Mskr., 2.2.1961. Vgl. zur Bedeutung der »Ostdeutschen Wochen« als Element westdeutscher populärer Erinnerungskultur Amy A. Alrich, Germans Displaced from the East: Crossing Actual and Imagined Central European Borders, 1944-1955, Phil. Diss., The Ohio State University 2003 [masch.], 37. URL: https://etd.ohiolink.edu/ap:10:0::NO:10:P10_ACCESSION_NUM:osu1050669879#abstract-files (2.9.2013).

19 DSHI 100 Keyser 11, Keyser an F. Wenzel, 24.2.1961. Vgl. Erich Keyser, Die Ansiedlungen in Westpreußen am Ende des 18. Jahrhunderts, in: Walther Wenzel (Hg.), Geographie, Geschichte, Pädagogik. Festschrift für Walther Maas, Göttingen 1961, 117-119. Vgl. auch Mühle, Institutionelle Grundlegung, 56 f.

20 Vgl. zur »tribalistischen Traditionalität der Gelehrtenkorporation« und deren kultureller Eigenart Jürgen Wilhelm, Die Stammeskultur der Ordinarienuniversität, in: Martin Baethgen/Wolfgang Eßbach (Hg.), Soziologie: Entdeckungen im Alltäglichen, Frankfurt a. M.-New York 1983, 477-495.

1957 (in Stuttgart-Hohenheim) neuerlich erworben hatte.[21] Indem sie sich zudem wechselseitig über fachliche Neuerscheinungen informierten, indem sie gegenseitig ihre Veröffentlichungen besprachen und daneben sich über ihre Erfahrungen austauschten, die sie auf Tagungen gemacht hatten, versicherten sie einander ihre ungebrochene kollegiale Loyalität.[22]

Sowohl der Austausch zwischen den Professoren als auch die Förderungsmaßnahmen, welche die einzelnen Gelehrten zugunsten des wissenschaftlichen Nachwuchses ergriffen, dienten der Sicherung kontinuierlicher Forschungen im Bereich der ›Bevölkerungsgeschichte‹. Keyser kontaktierte zu diesem Zweck vorwiegend Historiker, die bereits im ›Dritten Reich‹ über ›Bevölkerungsgeschichte‹ publiziert hatten. Zu diesen meist jüngeren Wissenschaftlern zählten u. a. die Archivare Friedrich Blendinger (1912-1995) und Theodor Penners (1912-1994). Blendinger hatte in München und Königsberg Germanistik studiert. Er war 1940 mit einer bevölkerungsgeschichtlichen Monographie über Weißenburg im Nordgau (heute Weißenburg in Bayern) hervorgetreten.[23] Seit 1949 Archivar der Stadt Weißenburg, ehe er 1955 ins Stadtarchiv Augsburg wechselte, setzte Blendinger nach dem Zweiten Weltkrieg die Verkartung der Weißenburger Kirchenbücher kontinuierlich fort. 1956 berichtete er Keyser, dass seine »volksgenealogische Darstellung der Gesamtbevölkerung [sc. von Weißenburg] in Form von Stammtafeln« weitere Fortschritte gemacht habe.[24] Penners, der u. a. in Danzig und Königsberg studiert hatte und 1938 von Friedrich Baethgen promoviert worden war, dürfte selbst nicht bei Keyser studiert haben, wohl aber seine Ehefrau Hedwig Penners-Ellwart. Penners begann seine Archivlaufbahn 1943 im Geheimen Staatsarchiv in Berlin-Dahlem. 1946 trat er in den Dienst des Staatsarchivs Hannover ein, von wo er 1956 nach Osnabrück ging. Als Direktor leitete Penners 1956 bis 1977 das dortige Staatsarchiv. Seine Arbeitsschwerpunkte bildeten regionale Wanderungsbewegungen im Mittelalter und in der Frühneuzeit.[25]

21 Vgl. Erich Keyser, Die deutsche Stadt im Bilde, in: Otto Brunner/Hermann Kellenbenz et al. (Hg.), Festschrift Hermann Aubin zum 80. Geburtstag. Bde. 1-2, 1, Wiesbaden 1965, 405-422; Erich Keyser, Erforschung und Darstellung der deutschen Städtegeschichte 1945-1965, in: Hermann Aubin (Hg.), Beiträge zur Wirtschafts- und Stadtgeschichte. Festschrift für Hektor Ammann, Wiesbaden 1965, 1-28.

22 Vgl. DSHI 100 Keyser 78; 79, Keyser an Franz, 27.5.1960; 20.2.1963, Aubin an Keyser, 24.9.1960 u. a.

23 Vgl. Friedrich Blendinger, Bevölkerungsgeschichte einer deutschen Reichsstadt im Zeitalter der Glaubenskämpfe, Leipzig 1940. Blendinger war 1939-1945 wissenschaftlicher Assistent am Historischen Seminar der Universität München. Vgl. Verein deutscher Archivare (Hg.), Verzeichnis der Archivare, Wiesbaden 1975, hier 95. Der wissenschaftliche Nachlass Blendingers liegt dem Augsburger Stadtarchiv vor, der Bestand ist jedoch nicht erschlossen (Schreiben des Archivs der Stadt Augsburg an den Vf. vom 1.8.2005).

24 DSHI 100 Keyser 10, Nord-Ost-Forscher, 1941-50, Blendinger an Keyser, 20.1.1956; 3.6.1957.

25 Vgl. Hedwig Penners/Theodor Penners, Die Land-Stadtwanderung im Spiegel der Danziger Bürgerbücher von 1640-1709, in: Bahr (Hg.), Studien, 290-311, hier Anm. 4 u. 5; vgl. Horst-Rüdiger Jarck, Theodor Penners zum 80. Geburtstag, in: Osnabrücker

Für Bevölkerungshistoriker erwies sich die *Deutsche Gesellschaft für Bevölkerungswissenschaft* (DGBW) als jene Institution, die es ihnen ermöglichte, ihre Arbeiten der Fachöffentlichkeit vorzustellen. Keyser war Mitglied des ersten Vorstands der DGBW. Er sorgte maßgeblich dafür, dass Historiker und Soziologen, die bevölkerungsgeschichtliche Themen bearbeiteten, in die DGBW aufgenommen wurden. So trat Günther Franz, nachdem Keyser sich für seine Aufnahme eingesetzt hatte, 1958 der DGBW bei.[26] Seit 1957 war auch der Historiker und Polen-Spezialist Gotthold Rhode (1916-1990) DGBW-Mitglied. Rhode hatte seine Karriere im 1940 gegründeten Breslauer *Institut für deutsche Ostarbeit* begonnen und war 1941 als »Sonderführer« im Rang eines Leutnants bei Umsiedlungsaktionen in Litauen beteiligt gewesen. Nach 1945 Assistent Aubins in Hamburg, gehörte Rhode seit 1952 zu Keysers Mitarbeitern im Marburger *Herder-Institut*.[27] Keysers Kontaktnahmen dürften ferner dazu beigetragen haben, den Soziologen und Historiker Dietrich von Oppen (1912-2006), den Wirtschaftshistoriker Hans Mauersberg (1910-1989), den Historiker und Archivar Erich Woehlkens (1909-1987), den Marburger Siedlungsgeographen und -historiker Kurt Scharlau (1906-1965) und den Mediziner Hermann Arnold (1912-2005) in die DGBW aufzunehmen. Die meisten dieser Wissenschaftler, die im Folgenden jeweils knapp vorgestellt werden, hatten der NSDAP bzw. deren Gliederungen und/oder der SS angehört und konnten in den 1960er-Jahren durchwegs weitere akademische Karrierestufen erklimmen.

Dietrich von Oppen, ein Ipsen-Schüler, der 1933 in die SS und vier Jahre später in die NSDAP eingetreten war, hatte 1942 mit einer Dissertation über »Die Umvolkung in Westpreußen« promoviert und war 1960 bis 1980 Professor am *Seminar für Sozialethik* des *Fachbereichs Evangelische Theologie* der Universität Marburg.[28] Mauersberg gehörte der DGBW vermutlich seit Mitte der 1950er-Jahre an. Er war ähnlich wie von Oppen bereits als Student im Alter von 21 Jahren in die NSDAP eingetreten. Mauersberg promovierte 1937 an der Universität Berlin mit einer siedlungsgeschichtlichen Dissertation über das Amt Schleusingen. In den beiden folgenden Jahren trat er jeweils mit einer bevölkerungsgeschichtlichen Monographie hervor. Sein Buch »Beiträge zur Bevölkerungs- und Sozialgeschichte Niedersachsens« erschien in der Reihe »Studien zur Volkskörperforschung Niedersachsens«, die Mauersberg gemeinsam mit Hans-Helmut

Mitteilungen des Vereins für Geschichte und Landeskunde von Osnabrück, H. 97 (1992), 11-16; vgl. u. a. Theodor Penners, Forschungsfragen zur mittelalterlichen Wanderungsgeschichte in Norddeutschland, in: Studium generale 9 (1956), 500-503; ders., Bevölkerungsgeschichtliche Probleme der Städte Braunschweig und Wolfenbüttel um die Mitte des 18. Jahrhunderts, in: Braunschweigisches Jahrbuch 37 (1956), 57-134.

26 DSHI 100 Keyser 75, Harmsen an Keyser, 1.7.1958; Konventstagung der DABW, 1.11.1958, Niederschrift.

27 Linnemann, Erbe, 68; 133, Mühle, Für Volk, 260f.

28 Vgl. zu von Oppen Ahlheim, Geschöntes Leben, 53; 31, sowie die Ausführungen im Kap. II.2.

Rehkopf, dem Leiter des *Rassenpolitischen Amtes* in Hannover, herausgab.[29] Mauersberg war daneben in der gleichgeschalteten Presse journalistisch aktiv. Ende 1938 veröffentlichte er in der *Niedersächsischen Tageszeitung* eine Serie propagandistischer Artikel, in denen er die Judenpogrome, die das Reich im späten Mittelalter erschüttert hatten, als Modell für die Verfolgung der Juden im nationalsozialistischen Deutschland darstellte.[30] Während des Zweiten Weltkriegs amtierte er zeitweise als »Gaustellenleiter« im *Rassenpolitischen Amt* des Reichsgaus Süd-Hannover-Braunschweig. Er konnte sich 1962 mit einer städtegeschichtlichen Studie habilitieren.[31]

Woehlkens scheint politisch vergleichsweise weniger oder nicht exponiert gewesen zu sein. Er hatte ursprünglich Mathematik, Physik und Chemie studiert. Seit 1936 Studienreferendar in der niedersächsischen Stadt Uelzen, betätigte er sich dort seit 1937 als Heimat- und Familienforscher.[32] 1951 bis 1953 erhielt er einen Auftrag vom *Niedersächsischen Amt für Landesplanung und Statistik*, die Geschichte der Pest und Ruhr in Uelzen anhand von »Läute-« und Trauregistern zu untersuchen. Woehlkens promovierte 1954 an der Universität Göttingen mit einer Arbeit über die Seuchengeschichte von Uelzen.[33] Scharlau gehörte seit 1953 als Mitglied der DGBW an. Er hatte u.a. Chemie, Physik, Geographie und

29 Hans Mauersberg, Besiedlung und Bevölkerung des ehemals hennebergischen Amtes Schleusingen, Würzburg 1938; ders., Beiträge; ders., Bevölkerungs- und Sozialgeschichte des Berchtesgadener Landes, Hannover 1939 (= Studien zur Volkskörperforschung; 4).

30 Vgl. Hans Mauersberg, Wie die Juden sich wieder im Lande breitmachten. Das Wiedererstarken des Judentums in Niedersachsen vom Beginn der Neuzeit bis zur Emigration; Judas Weg zum Höhepunkt seiner Macht. Die Emanzipation des Judentums und sein Durchbruch zur Macht im 19. Jahrhundert in: Niedersächsische Tageszeitung, 29.12.1938; 30.12.1938. Zit. n. Herbert Obenhaus, The Germans: »An Antisemitic People«. The Press Campaign After 9 November 1938. URL: www1.yadvashem.org/odot_pdf/Microsoft%20Word%20-%205623.pdf (2.9.2013), 1-35, hier 20-22.

31 BArch Berlin, BDC, NSDAP-Gaukartei; NSDAP-Parteikorrespondenz, Veränderungsmeldung, 18.8.1944. Hans Mauersberg, Wirtschafts- und Sozialgeschichte zentraleuropäischer Städte in neuerer Zeit. Dargestellt an den Beispielen von Basel, Frankfurt a.M., Hamburg, Hannover und München, Göttingen 1960. Mauersberg war seit 1967 apl. Prof. an der Universität München. J. Schneider, ein Schüler von Kellenbenz, der Mauersberg in den 1960er- oder 1970er- Jahren kennenlernte, schilderte diesen als einen akademischen »Außenseiter«, der keine eigenen »Schüler« gehabt habe. Er sei »ein vornehmer und feinsinniger Mann« gewesen. (Schreiben von Dr. Jürgen Schneider an den Vf., 31.8.2004.)

32 Woehlkens wurde 1972 Stadtarchivar der Stadt Uelzen. Vgl. Verzeichnis der Archivare, hier 242. Vgl. Fritz Röver (Hg.), Uelzener Beiträge, Uelzen 1980 (= Veröffentlichungen des Museums- und Heimatvereins des Kreises Uelzen; H. 8) [=Festschrift für Erich Woehlkens], Vorwort. Recherchen im BArch Berlin erbrachten keine Klarheit darüber, ob Woehlkens der NSDAP angehörte. In den Beständen des BDC finden sich zu Woehlkens keine Akten.

33 Erich Woehlkens, Pest und Ruhr im 16. und 17. Jahrhundert. Grundlagen einer statistisch-topographischen Beschreibung der großen Seuchen, insbesondere in der Stadt Uelzen, Uelzen 1954.

Frühgeschichte studiert und promovierte 1931 zum Dr. phil. Im ›Dritten Reich‹ durchlief er eine steile Parteikarriere: Im selben Jahr der NSDAP beigetreten, war er seit 1933 auch Angehöriger des *Reichs- und Siedlungshauptamts* (RuS) der SS. Seither tat sich Scharlau durch vielfältige Aktivitäten hervor, die an der Schnittstelle von Wissenschaft und Politik angesiedelt waren. So fungierte er u. a. als Geograph am *Hygiene-Institut der Waffen-SS* in Berlin. Er leitete ferner während des Krieges die *Fachgruppe Geographie* der *Arbeitsgemeinschaft für Raumforschung an der Universität Marburg*.[34]

Die Anfänge der beruflichen Karriere des Mediziners Hermann Arnold (1912-2005) reichten ebenfalls in die NS-Zeit zurück. Die genauen Umstände seiner damaligen Aktivitäten verbleiben bisher jedoch weitgehend im Dunkeln. Im Krieg war er als Militärarzt (zuletzt als Oberstabsarzt) an verschiedenen Einsatzorten, zum Teil in Zusammenhang mit Truppenteilen, die auf Chemiewaffen spezialisiert waren, tätig gewesen. Ob er sich bereits in dieser Funktion oder in dieser Zeit mit Bevölkerungsproblemen auseinandersetzte, konnte bislang nicht zweifelsfrei geklärt werden. In den 1950er- und 1960er-Jahren betrieb Arnold Forschungen über sogenannte »Sozialisolate«, d. h. Bevölkerungsgruppen wie ›Zigeuner‹ und ›Juden‹, die seiner Ansicht nach außerhalb der deutschen Mehrheitsbevölkerung standen. Nach 1945 leitete er das Gesundheitsamt der Stadt Landau/Pfalz und wurde 1966 habilitiert. Arnold berief sich unentwegt kritiklos auf den NS-Rassenbiologen Robert Ritter (1901-1951) und sprach diesen von jeglicher Verantwortung für die nationalsozialistische Verfolgung und Ermordung der Sinti und Roma frei.[35]

Wolfgang Köllmann und die Strukturhistoriker um Werner Conze

Köllmann ist ein treffendes Beispiel für einen Wissenschaftler, der die verfügbaren institutionellen Ressourcen und personellen Konstellationen und Netzwerke im Bereich der Geschichtswissenschaft und Sozialforschung erfolgreich für sein eigenes berufliches Fortkommen zu nutzen verstand. Neben dem Kreis um Conze frequentierte er die Zirkel der in der DGBW tätigen Bevölkerungshistoriker und -wissenschaftler, in denen das von Conze vorangetriebene Forschungsprogramm sonst nur wenig wahrgenommen wurde: So referierte er 1958 bei der DGBW über »Die Binnenwanderung und soziale Frage als Beitrag zur Geschichte der Entstehung der Industriegroßstädte«, und vier Jahre später folgte ein Vortrag in derselben Vereinigung, der diesmal »Deutschlands Bevölkerung

34 Vgl. Kürschners Deutscher Gelehrtenkalender, Bd. 2, Berlin 1966, Sp. 2105; vgl. BArch Berlin, BDC, Dr. Kurt Scharlau, NSDAP-Personalfragebogen; Scharlau an das RuS-Hauptamt SS, 21.8.1940.

35 Vgl. Wolfgang Wippermann, »Wie die Zigeuner«. Antisemitismus und Antiziganismus im Vergleich, Berlin 1997, 197; vgl. auch Joachim S. Hohmann, Die Forschungen des »Zigeunerexperten« Hermann Arnold, in: 1999. Zeitschrift für Sozialgeschichte des 20. und 21. Jahrhunderts 10 (1995), 35-49.

im industriellen Zeitalter« gewidmet war.[36] Nur bei zwei Historikern, die in den 1950er-Jahren in die DGBW eintraten, lassen sich die Anfänge ihrer Karriere nicht in die Zeit vor 1945 zurückverfolgen: neben Köllmann selbst handelte es sich dabei um Ernst W. Buchholz (*1923). Den beiden wurde 1962 aufgrund ihrer Beiträge zum »Bevölkerungs-Ploetz« die *Alfred-Grotjahn-Medaille der Akademie für Bevölkerungswissenschaft* verliehen.[37]

Mit seiner Anfang der 1950er-Jahre entstandenen Studie über Barmen legte Köllmann die lokalgeschichtliche Grundlage für seine späteren Forschungen zur ›Bevölkerungsgeschichte‹. Wie hier bereits gezeigt wurde, beachteten Historiker wie Keyser und Ammann diese Arbeit kaum oder besprachen sie mit kritischem Vorbehalt.[38] Hingegen äußerten sich Köllmanns Kollegen aus dem Umfeld der *Sozialforschungsstelle Dortmund* in Rezensionen über diese Arbeit einhellig zustimmend. Sie bekräftigten damit symbolisch den Zusammenhalt ihres Netzwerks: Helmuth Croon (1906-1994) hob Köllmanns Leistung hervor, »einen beachtlichen Beitrag zum wirtschaftlichen und gesellschaftlichen Strukturwandel der deutschen Städte« gegeben zu haben. Der Tübinger Wirtschafts- und Sozialhistoriker Karl Erich Born (1922-2000) würdigte dessen Barmen-Studie als einen Beitrag zur »Klarlegung eines typischen sozialgeschichtlichen Prozesses«, der über den lokalen Einzelfall hinausweise. Born gehörte u.a. der *Gesellschaft für Wirtschafts- und Sozialgeschichte* an und stand daneben auch mit der Wissenschaftlergruppe um Conze in Verbindung. Der Rothfels-Schüler und wissenschaftliche Referent an der ›Sozialforschungsstelle‹ Wolfram Fischer (*1928) bezeichnete Köllmanns Buch als eine Pilotstudie. Ihr Autor habe die methodischen Probleme, die sich aus der Untersuchung von Bevölkerungswachstum, Binnenwanderung und Berufsgliederung ergaben, »mustergültig gelöst«.[39]

Die Frage, welche Richtung in der Historiographie künftig an Einfluss gewinnen würde, war in den 1950er-Jahren möglicherweise offener, als der Erfolg der ›Strukturgeschichte‹ es nachträglich nahelegt. Die Struktur- und Sozialhistoriker konnten sich in der bundesdeutschen Geschichtsforschung wohl auch des-

36 DSHI 100 Keyser 77, Einladung zur Mitgliederversammlung, 26.9.1962.

37 DSHI 100 Keyser 74, DGBW, ordentliche Mitgliederversammlung vom 19.10.1954, Protokoll; vgl. Kürschners Deutscher Gelehrten-Kalender. Bd. 1, Berlin-New York 1976, Sp. 389 (Buchholz); vgl. Kürschners Deutscher Gelehrten-Kalender, Bd. 2, Berlin-New York 1987, Sp. 2365 (Köllmann).

38 Vgl. hierzu und zur Barmen-Studie Kap. III.8. – Köllmanns heimatkundlich gefärbtes Interesse für Wuppertal und das Ruhrgebiet geht auch aus seiner Tätigkeit als Vorsitzender der Abteilung Wuppertal des Bergischen Geschichtsvereins (1954-1957) und als Zweiter bzw. Erster Vorsitzender des Bergischen Geschichtsvereins (ab 1960/1964) hervor. Vgl. Festgabe zum 65. Geburtstag von Professor Dr. Wolfgang Köllmann, 7f.

39 Helmut Croon, Besprechung Wolfgang Köllmann, Sozialgeschichte der Stadt Barmen im 19. Jahrhundert, Tübingen 1960, in: VSWG 48 (1961), 279-282, hier 281f.; Kürschners Deutscher Gelehrten-Kalender, Bd. 1, Berlin 1966, Sp. 233f.; Karl Erich Born, Besprechung Köllmann, Sozialgeschichte, in: HZ 194 (1962), 768; Wolfram Fischer, Neuere Veröffentlichungen zur Sozial- und Wirtschaftsgeschichte, in: BDLG 97 (1961), 270-287, hier 284.

halb durchsetzen, weil sie sich, wenngleich mit unterschiedlicher Schwerpunktsetzung, gleichzeitig in verschiedenen Forschungsverbünden engagierten.[40] Dass die an den Universitäten nach der Krise der unmittelbaren Nachkriegszeit neuerlich vorübergehend reüssierende ›Ostforschung‹ der bundesdeutschen Geschichtswissenschaft nachhaltig ihren Stempel würde aufdrücken können, war zwar kaum zu erwarten. Doch erst die Entspannungs- und Ostpolitik der 1960er- und 1970er-Jahre ließ das Interesse an ›ostdeutscher Geschichte‹ merklich in den Hintergrund treten.[41]

Auf Köllmanns Mitgliedschaft bei der DGBW, der er seit 1954 angehörte, folgte drei Jahre später sein Beitritt zur IUSSP. Im Jahr 1963 konnte er sich bei Carl Jantke (1910-1989), einem ehemaligen Königsberger Soziologen, für das Fach ›Wirtschafts- und Sozialgeschichte‹ an der Wirtschafts- und Sozialwissenschaftlichen Fakultät der Universität Hamburg habilitieren.[42] Köllmann zählte Jantke neben Conze und Otto Brunner zu seinen wissenschaftlichen Mentoren, die ihn in die Fragestellungen der ›Sozialgeschichte‹ eingeführt hätten.[43] Als in Westdeutschland seit den 1960er-Jahren die Universitäten zunehmend expandierten, erhielt er die Chance, eine dauerhafte Berufsstellung zu finden: Für ihn war in dieser Hinsicht die Gründung der *Ruhr-Universität Bochum* im Jahr 1962 – der Lehrbetrieb wurde 1965 aufgenommen – von entscheidender Bedeutung. Diese Hochschule wurde vor allem wegen ihrer neuartigen Forschungsorganisation als eine »Reformuniversität« bezeichnet; ihre auch restaurative Tendenz spiegelte sich in der Beibehaltung hierarchischer Herrschafts- und Arbeitsstrukturen. Ihr 1961 ins Leben gerufener siebzehnköpfige »Gründungsausschuss« war bis auf einen Vertreter des staatlichen »Wissenschaftsrates« professoral zusammengesetzt. Conze war Mitglied dieses Ausschusses.[44]

40 So war beispielsweise Conze 1952 als Mitglied des Kuratoriums der DABW vorgesehen. Staatsarchiv Hamburg, Bestand Schulbehörde Hamburg, Hochschulabteilung, Akte 14.00-2b, Akademie für Bevölkerungswissenschaft in Hamburg, 10.11.1952. Sonja Schnitzler danke ich für den freundlichen Hinweis auf diese Quelle.

41 Mühle, Institutionelle Grundlegung, 27; vgl. Unger, Ostforschung, 298-301.

42 ARUB, NL Köllmann, Nr. 28, Köllmann an D. Landes, 8.4.1965.

43 Ebd., Nr. 28, Köllmann an O. Brunner vom 17.4.1978; Nr. 23, Gründungsausschuss der Universität Bochum, An den Kultusminister des Landes NRW (undat.), Vorschlag für die Besetzung des ersten Lehrstuhls für Sozial- und Wirtschaftsgeschichte. Köllmann schilderte Conze den Ablauf seines Habilitationskolloquiums. Er berichtete ihm von dem – von ihm so wahrgenommenen – Versuch des Soziologen [Heinz] Kluth (1922-1977), ihn »aufs Glatteis zu führen, indem er stante pede behauptete, die von mir beschriebene vorgewerbliche Ordnung in der Mark sei keine ›agrarische‹, sondern eine ›feudalistische‹. Otto Brunner soll, als er ihm davon erzählt habe, mit anscheinend kaum zu überhörendem österreichischen Akzent lakonisch Folgendes geäußert haben: »Jå, jå die Soziologen – nichts wissen sie, in den Köpfen spukt der Feudalismus und dann die Gegenwart«. Ebd., Nr. 26-27, Köllmann vermutl. an Conze, 26.2.1963.

44 Vgl. Maria Osietzki, Modernisierung oder Reform? Das Erbe der Wissenschafts- und Bildungspolitik der 50er Jahre, in: Burkhard Dietz/Winfried Schulze/Wolfhard Weber (Hg.), Universität und Politik. Festschrift zum 25jährigen Bestehen der Ruhr-Universität Bochum. Bd. 1, Bochum 1990, 11-52, hier 43; 51. Außer Conze war Max Braubach

Es kann wohl angenommen werden, dass der Heidelberger Ordinarius Conze maßgeblich hinter dem gremialen Beschluss stand, Köllmann nach Bochum zu berufen. Der dortige Gründungsausschuss reihte diesen *primo loco* vor Rudolf Braun (1930-2012), damals Privatdozent an der Universität Bern, und Privatdozent Ernst Klein (*1923), dem Assistent von Günther Franz an der Hochschule Stuttgart-Hohenheim. Im Vorschlag für die Besetzung eines der beiden Lehrstühle für Sozial- und Wirtschaftsgeschichte hieß es, dass Köllmann »ein führender Fachmann« auf dem Gebiet der ›Bevölkerungssoziologie‹ und ›-geschichte‹ sei. Aufgrund seiner einschlägigen Veröffentlichungen sei er wie kaum ein anderer Vertreter seines Faches in der Lage, »die spezifischen sozial- und wirtschaftsgeschichtlichen Fragen des Ruhrgebiets« zu bearbeiten.[45]

1964 erhielt Köllmann schließlich den Ruf nach Bochum und verblieb dort bis zu seiner Emeritierung im Jahr 1990.[46] Zwei Jahre nachdem er Ordinarius geworden war, wurde er aufgrund von Conzes Befürwortung in den Heidelberger *Arbeitskreis für moderne Sozialgeschichte* (auch *Emser Kreis* genannt) aufgenommen, den Conze, Brunner und Jantke 1957 gegründet hatten.[47] Conze nahm in diesem Kreis eine federführende Rolle ein. Das kann u. a. aus den detaillierten Anweisungen geschlossen werden, die Köllmann von Conze für ein Referat entgegennahm, das er im *Emser Kreis* vortragen sollte: Conze trug ihm u. a. auf, »in quantitativer und qualitativer Hinsicht das Bevölkerungswachstum (einschließlich der Wanderungen) mit seinen Determinanten« darzustellen, »einen Überblick über die jeweilige regionale Verteilung der Arbeitskraft und zugleich des Pauperismus« zu geben und darüber hinaus aufzuzeigen, »woher die Arbeiter kamen, welcher Art das Arbeitspotential war und wie es genutzt wurde, welche Möglichkeiten der Arbeitsbeschaffung es gab und in welchem Verhältnis zahlenmäßig Fach- und Hilfsarbeiter zueinander standen«.[48] Köllmann wurde in dem Arbeitskreis als der »Spezialist unter den Historikern« betrachtet, »der die Bevölkerungsgeschichte breit vertrat und sozialgeschichtlich eingefärbt« einbrachte.[49]

Der langfristige Erfolg von Köllmanns bevölkerungsgeschichtlichem Ansatz lässt sich wesentlich auf seine enge Verwobenheit mit dem Konzept der Conzeschen ›Strukturgeschichte‹ zurückführen. Diese Form der Geschichtsbetrachtung sollte quer über die verschiedenen Felder der historischen Forschung gelegt

(1899-1975) als weiterer Historiker im Gründungsausschuss der Ruhr-Universität Bochum vertreten.

45 ARUB, NL Köllmann, Nr. 23, Gründungsausschuss der Universität Bochum, Besetzungsvorschlag.

46 Vgl. zur personellen und institutionellen Ausstattung von Köllmanns Lehrstuhl Kap. III.8.

47 Vgl. Fischer, Wolfgang Köllmann, 154. Vgl. Etzemüller, Sozialgeschichte, 157-160.

48 ARUB, NL Köllmann, Nr. 28, Conze an Köllmann, 17.5.1966.

49 Mackensen (Hg.), Bevölkerungsfragen, Stellungnahme Jürgen Reulecke, 205; 204. Jürgen Kocka, der 1973/74 Mitglied des Arbeitskreises wurde, fand dort Historiker wie Hans-Ulrich Wehler, Wolfram Fischer, Wolfgang Köllmann, Rudolf Braun und Dietrich Geyer (*1928) vor. Vgl. Hohls/Jarausch (Hg.), Versäumte Fragen, Interview mit J. Kocka, 383-403, hier 391.

werden und stellte einen Versuch dar, die Isolierung der ›Wirtschafts- und Sozialgeschichte‹ als spezialisiertes Segment der Geschichtswissenschaft zu überwinden.[50] Conzes 1957 erschienene »Strukturgeschichte des technisch-industriellen Zeitalters« bildete dabei einen Schlüsseltext,[51] dessen Rezeption einen ›Marker‹ gebildet haben dürfte, der nach innen wie nach außen hin die Selbstzuordnung zur Conze-Gruppe signalisierte.

Conzes Einfluss begleitete Köllmann vom Beginn seiner Laufbahn an und prägte ihn wohl auch in einem hohen Ausmaß. Daneben trat er relativ früh mit britischen, US-amerikanischen und französischen Historikern und Sozialwissenschaftlern in Verbindung. Diese internationalen Kontakte lassen sich anhand seiner Korrespondenz bis in die späten 1950er-Jahre zurückverfolgen. Einen informellen Austausch pflegte er u. a. mit den US-amerikanischen Wirtschaftshistorikern Herbert Kisch (1924-1978) und David S. Landes (1924-2013), die er 1959 in Köln zu einer Unterredung über »deutsche und amerikanische Forschungsprobleme« traf.[52] Köllmanns Verhältnis zu Conze war von hoher Wertschätzung und gleichzeitiger respektvoller Distanz gekennzeichnet.[53] Erst als er selbst bereits seit langem Ordinarius war, konnte er einen ernsthaften »Missklang« zwischen ihm und seinem ›Doktorvater‹ einmal offenbar nur knapp abwenden. Als der Vorstand des westdeutschen Historikerverbands beim deutschen Historikertag in Mannheim 1976 eine Sektion »Demographie« einrichtete, offenbar ohne Köllmann vorher darüber zu informieren, machte dieser seiner Entrüstung in einem Brief an Conze Luft:

> »Ich bin empört darüber, dass der Vorstand des Historikerverbandes zum Historikertag eine Sektion ›Demographie‹ einrichtet, ohne dass ich überhaupt vorher informiert oder gar gefragt worden bin, obwohl ich, verbunden mit meinem historischen Lehrstuhl, den einzigen Lehrstuhl für Demographie in der Bundesrepublik innehabe. Ich hätte Ihnen ganz sicher andere Vorschläge gemacht. Ich würde es außerordentlich bedauern, wenn diese Geschichte zu einem Missklang zwischen uns führen würde, aber ich bitte um Verständnis dafür, dass ich solche Dinge nicht goutieren kann.«[54]

Da Conze zu dieser Zeit selbst Vorsitzender des deutschen Historikerverbands war, machte ihn Köllmann für dessen Vorgangsweise mitverantwortlich.[55] Er

50 Vgl. Sebastian Conrad, Auf der Suche nach der verlorenen Nation. Geschichtsschreibung in Westdeutschland und Japan, 1945-1960, Göttingen 1999, 269.

51 Vgl. Conze, Die Strukturgeschichte.

52 Vgl. zu Kisch Jürgen Kuczynski, Herbert Kisch als Wirtschaftshistoriker, in: JWG 2 (1984), 187-189; ARUB, NL Köllmann, Nr. 19-27, Köllmann an Conze vom 28.9.1959. Vgl. hierzu auch Kap. IV.2.

53 Köllmann sprach diesen brieflich meist mit »Sehr verehrter, lieber Herr Conze« an. ARUB, NL Köllmann, Korrespondenzen.

54 Ebd., Nr. 31, Köllmann an Conze, 20.5.1976.

55 Conze war von 1972 bis 1976 Vorsitzender des VHD. Er hielt am Mannheimer Historikertag (1976) den Schlussvortrag »Die deutsche Geschichtswissenschaft seit 1945 – Bedingungen und Ergebnisse«, in: HZ 255 (1977), 1-28.

schickte das Schreiben jedoch nicht ab und suchte die Angelegenheit auf telefonischem Weg zu bereinigen.[56] Ungeachtet dieses Zwischenfalls dürfte das Vertrauensverhältnis zwischen Conze und Köllmann recht tragfähig gewesen sein. Es bildete eine der Grundlagen für die Entwicklung von wissenschaftlichen Paradigmen wie der ›Strukturgeschichte der industriellen Welt‹ als auch für die Akzeptanz dieser Paradigmen innerhalb der westdeutschen historischen ›Zunft‹. Die Definitionshoheit über ›Demographie‹ oder ›Bevölkerungsgeschichte‹ ließ sich nur dann wahren, wenn die beteiligten Akteure – wie in diesem Fall Conze und Köllmann – kontinuierlich vertrauensvoll kooperierten. Erst das Auftreten von Historikern, die im Verlauf der 1970er-Jahre in Westdeutschland vom internationalen Aufschwung der ›Historischen Demographie‹ profitierten und die aus Köllmanns Sicht seine institutionelle Hegemonie als führender Bevölkerungshistoriker in Frage stellten, setzten dieses Netzwerk einer ernsthaften Belastungsprobe aus.

2. Deutsche ›Bevölkerungsgeschichte‹ im Schatten der internationalen Historischen Demographie

Die folgenden Ausführungen widmen sich der Frage, wie sich westdeutsche ›historische Bevölkerungsforschungen‹ und die in Frankreich und England entwickelte ›Démographie historique‹/›Historical Demography‹ zueinander verhielten.[57] Ich untersuche dabei die Frage, wie Historiker mit dem Problem der Involvierung der deutschen Bevölkerungswissenschaften in den Nationalsozialismus umgingen. Der Fokus richtet sich damit wesentlich auf die frühe Nachkriegszeit; dies kann jedoch nicht von der spezifischen Vorgeschichte deutscher Bevölkerungswissenschaften absehen. Umgekehrt gilt für die westeuropäische historisch-demographische Forschung, dass deren meist auf der Untersuchung von Kirchenbüchern und Einwohnerverzeichnissen sich stützenden Arbeiten eine methodische Innovation darstellten, welche durch die deutsche Geschichtswissenschaft damals nur am Rande oder gar nicht rezipiert wurde.

Zunächst gilt es Maßstäbe dafür zu gewinnen, welchen Stellenwert bundesdeutsche bevölkerungsgeschichtliche Forschungen im Untersuchungszeitraum international gesehen einnahmen. Dies kann nur aufgrund einer Darstellung der fachspezifischen Entwicklungen in jenen Ländern geschehen, deren historisch-demographische Arbeitsrichtung sich am dynamischsten weiterentwickelten.[58]

56 Das geht aus einem handschriftlichen Vermerk hervor, der auf dem oben zitierten Briefentwurf Köllmanns vom 20.5.1976 angebracht ist: »Der Brief wurde nicht abgeschickt: Telephongespräch Prof. Köllmann/Prof.Conze«.

57 Dieser Abschnitt ist eine umgearbeitete Fassung meines Artikels Figurationen des Peripheren.

58 Der Vergleich dient hier als ein heuristisches Instrument; er kann eine Forschungsperspektive, die daneben Transfers, Rezeptionen, aber auch Abgrenzungen umfasst, nicht ersetzen.

Ich skizziere daher im Folgenden zuerst wesentliche Entwicklungsschritte und Problemstellungen der entsprechenden Forschungsbemühungen in Frankreich und England.

Zur französischen ›Démographie historique‹ und britischen ›Historical Demography‹

Seit den 1960er- und 1970er-Jahren bestand unter französischen Historikern und Demographen weitgehende Einigkeit über die für ihre Forschungen heranzuziehenden Quellen (Pfarrmatrikel), Formulare, die das Material aufbereiten sollten (Familienkarten) und Methoden, um relevante Informationen zu organisieren (Familienrekonstitution).[59] Parallel zu dem Erfolg der ›Historischen Demographie‹ in den Geschichts- und Sozialwissenschaften setzte in den 1960er-Jahren auf verschiedenen Ebenen eine Institutionalisierung dieser Forschungsrichtung ein (1963 Gründung der *Société de démographie historique*, Zeitschrift *Annales de démographie historique*, das Forschungszentrum *Laboratoire de démographie historique* an der *École des hautes études en sciences sociales*). Ehe die ›Démographie historique‹ in Frankreich jedoch als eine Zweigdisziplin der Geschichtswissenschaft allgemein anerkannt wurde, musste sie sich zunächst gegen ältere Modelle der ›historischen Bevölkerungsforschungen‹ durchsetzen. Letztere wurde u. a. durch Louis Chevalier (1911-2001) repräsentiert, der bereits 1946 erstmals dazu aufgerufen hatte, derartige Arbeiten voranzutreiben. Chevalier wollte sich ausschließlich auf gedruckte statistische Quellen beschränken. Er begründete dies mit dem Argument, dass die sogenannte vorstatistische Periode vor dem 19. Jahrhundert nur dazu geeignet sei, historiographische Darstellungen zu illustrieren, nicht aber, zu einem eigenständigen Gegenstand historisch-demographischer Forschung zu werden. Aus diesem Grund setzte er um 1800 eine Zäsur. Chevalier sah mit dem Beginn des 19. Jahrhunderts den Anfang der ›demographischen Transition‹ als jenes demographischen Regimes, das bis zur Gegenwart bestimmende Wirkung entfaltet habe. Er leitete daraus ab, dass die Bedeutung der Bevölkerungsgeschichte vorwiegend darin bestehe, das aktuelle demographische Regime historisch herzuleiten und zu verstehen.[60]

Im Jahr 1952 wurde die Debatte um die Verbindung zwischen ›Geschichte‹ und ›Demographie‹ neu akzentuiert, als mit Pierre Goubert, einem Schüler von Marc Bloch, ein neuer Akteur die Szene der Forschung betrat. Goubert stellte damals in der Zeitschrift *Annales* seine Arbeiten über die Lebensbedingungen im

59 Die folgenden Ausführungen über die ›Démographie historique‹ stützen sich wesentlich auf Paul-André Rosental, Thirteen Years of Debate: From population history to French historical demography (1945-1958), in: Population 9 (1997), 215-242, hier bes. 215 f.; 218; 231 f.; ders., L'intelligence démographique. Sciences et politiques des populations en France (1930-1960), Paris 2003, hier bes. 215-230.

60 Vgl. Louis Chevalier, Pour une histoire de la population, in: Population 1 (1946), 245-256.

Beauvaisis (Picardie) zur Diskussion, wobei er demographische Themen historisch bearbeitete. Er steuerte dadurch einen wesentlichen Baustein zu den Methoden historisch-demographischer Regionalstudien bei.[61] Neben Goubert bezog sich auch Jean Meuvret, der bereits Mitte der 1940er-Jahre eine Analyse des Zusammenhangs zwischen Nahrungsmittelknappheit und Mortalitätskrisen vorgelegt hatte, auf den Statistiker François Simiand (1873-1935) und den Historiker Ernest Labrousse (1895-1988). Die beiden zuletzt genannten Forscher hatten in Frankreich die Untersuchung langer Preisserien veranlasst. Meuvret untersuchte die durch den Anstieg von Getreidepreisen hervorgerufenen Mortalitätskrisen und bearbeitete die vorstatistische Periode auf der Grundlage von Pfarrmatrikeln. Damit setzte er sich in einen Gegensatz zur Arbeitsweise der meisten seiner Historikerkollegen.[62]

Einer der Forscher am Pariser *Institut national d'études démographiques* (INED), Louis Henry (1911-1991), gab der Debatte neuerlich eine Wendung, als er 1953 in der Zeitschrift *Population* einen Artikel veröffentlichte, der sich von Goubert kritisch abgrenzte.[63] Als erster Bevölkerungswissenschaftler wandte sich Henry bewusst der historisch-kritischen Methode zu: erstens, indem er seinen Artikel mit einer Quellenkritik der Pfarrmatrikeln eröffnete; zweitens, indem er sich nicht bloß auf die letzten Jahrzehnte des *Ancien Régime* konzentrierte, sondern das 17. und 18. Jahrhundert mit einbezog. Henry widmete sich Fragen der Fertilität, Nuptialität, Mortalität, also offenkundigen biologischen Determinanten der Bevölkerungsentwicklung. Einen nicht zu unterschätzenden Hintergrund für seinen letztlich erfolgreichen Versuch, demographische Methoden für historische Forschungen zu adaptieren, bildeten die Wiederentdeckung der Fertilität durch die Demographie infolge des Baby-Booms der 1950er-Jahre und das bevölkerungspolitische Engagement der *Vereinten Nationen* (UN) für die Geburtenkontrolle in den Ländern der ›Dritten Welt‹. Begünstigt wurden Henrys Forschungsarbeiten zudem durch die Erwartungshaltung führender Bevölkerungswissenschaftler, aufgrund dieser Studien über frühneuzeitliche Bevölkerungen neue Impulse für ihre eigenen theoretischen Debatten zu gewinnen. Nach Paul-André Rosental bildete diese zeittypische politische Agenda – neben der ausgeprägten methodischen Stringenz von Henrys Forschungsansatz – einen deutlichen Unterschied zum wesentlich begrenzteren Erfolg ›historischer Bevölkerungsforschungen‹, wie sie sich im Rahmen der Internationalen Historikerkongresse der Zwischenkriegszeit entwickelt hatten.[64] Die von Henry gemeinsam mit dem Lokalhistoriker Etienne Gautier verfasste Fallstudie über Crulai in

61 Pierre Goubert, En Beauvaisis: Problèmes démographiques du XVIIième siècle, in: Annales. Économies-Sociétés-Civilisations 7 (1952), 453-486.

62 Rosental, Thirteen Years of Debate, 227 f.

63 Louis Henry, Une richesse démographique en friche: les registres paroissiaux, in: Population 8 (1953), 281-290.

64 Rosental, The Novelty of an Old Genre, 1-9. Vgl. zu den Historikerkongressen das Kap. IV.3.

der Normandie[65] gab jedenfalls für Hunderte von Untersuchungen, die auf Pfarrmatrikeln beruhten, das Modell ab.[66]

In Verbindung mit diesem grundlegenden methodischen Wandel kam es innerhalb des Diskurses auch zu einer nachhaltigen terminologischen Verschiebung: Begriffe wie ›Démographie historique‹ und ›Histoire démographique‹ waren bislang mit ›Histoire des populations‹ mehr oder weniger synonym verwendet worden. Nunmehr beanspruchte die Fachbezeichnung ›Démographie historique‹ ausschließlich Verwendung zu finden. Die Methode der von Henry entwickelten Familienrekonstitution bildete für diese Entwicklung die entscheidende wegweisende Grundlage. Henry ließ Informationen, welche die Pfarrmatrikel über Individuen beinhalteten, nicht wie sonst üblich in der Anonymität statistischer Zeitreihen verschwinden, sondern er trug sie in Familienkarten ein.[67] Diese nominale Analyse entwickelte sich zu einer zentralen Verfahrensweisen der sozialgeschichtlichen Forschung.

Die ›Histoire démographique‹ rückte Fertilität, Nuptialität und Mortalität in den Vordergrund ihrer Forschungen. Der moderne Geburtenrückgang hatte zuerst in Frankreich eingesetzt und wirkte sich prägend auf die Arbeitsrichtung französischer Demographen aus. Hingegen beschäftigte sich die britische ›Historical Demography‹ bzw. ›Population History‹ verstärkt mit den Zusammenhängen zwischen demographischen Strukturen und industrieller Entwicklung. Für britische Historiker-Demographen bildete nicht die Frühe Neuzeit wie in Frankreich, sondern die Industrielle Revolution des 19. Jahrhunderts den zeitlichen Analyserahmen für ihre Forschungen. Indem sie sich kontinuierlich mit der Bevölkerungslehre von Malthus beschäftigten, vertraten die Briten zudem eine globale Herangehensweise an demographische Fragen, die ihnen den Austausch mit Fachkollegen aus anderen Ländern erleichtert haben dürfte.[68]

Britische Wissenschaftler erkannten die methodischen Pionierleistungen ihrer französischen Kollegen durchaus an: So rezipierten englische und US-amerikanische Demographen und Biometriker die von Henry entwickelten Modelle zur Entwicklung der Fertilität.[69] Die britische ›Historical Demography‹ gewann jedoch zusehends selbst an Dynamik, wobei die Gründung der *Cambridge Group for the History of Population and Social Structure* im Jahr 1965 einen Meilenstein darstellte. Im selben Jahr veröffentlichten D. V. Glass (1911-1978) und D. E. C. Eversley (1921-1995) ihr Kompendium »Population in History«. Dieses

65 Etienne Gautier/Louis Henry, La population de Crulai, paroisse normande, Paris 1958.

66 Rosental, Thirteen Years of Debate, hier 229; 232

67 Louis Henry/Michel Fleury, Manuel de dépouillement et d'exploitation de l'état civil ancien, Paris 1956.

68 Vgl. Thomas Robert Malthus, Essay on the Principle of Population, in: E. A. Wrigley/D. C. Souden (eds.), The Works of Thomas Robert Malthus. Vol. 1-8, 1, London 1987, 1-137; Antoinette Fauve-Chamoux (Hg.), Malthus. Hier et aujourd'hui. Congrès International de Démographie historique, mai 1980, Paris 1984.

69 E.[tienne] van de Walle, Henry, Louis (1911-1991), in: Neil J. Smelser/Paul B. Baltes (eds.), International Encyclopedia of the Social and Behavioral Sciences. Vol. 10, Amsterdam-Paris u. a. 2001, 6661 f.

verknüpfte erstmals historisch-demographische Studien aus England, Frankreich, Deutschland und anderen Ländern.[70] Eversley, der mit dem Familiennamen Eberstadt in Frankfurt a. M. geboren worden war und 1937 vor den Nationalsozialisten nach England emigriert war,[71] betonte die Bedeutung regionaler und lokaler Zugänge zu ›historischen Bevölkerungsforschungen‹. Die Entwicklung der Bevölkerung sollte möglichst innerhalb ihres »historical and physical context« dargestellt werden.[72] Mikroanalytische Forschung konnte aus dieser Sicht dazu beitragen, makrostrukturelle Fragen zu klären, beispielsweise das Problem der Geburtenbeschränkung in der vorindustriellen Gesellschaft. Angeregt von den Arbeiten der ›Cambridge Group‹, entstanden in England nun zahlreiche historisch-demographische Lokalstudien. Edward A. Wrigley (*1931) und Roger Schofield (*1937) suchten sie in ihrer »Population History of England« auf nationaler Ebene zusammenzufassen. Zu ihrem wesentlichen Verdienst gehörte es, aufgrund empirischer Forschungen kritische Einwände gegen das Modell des ›demographischen Übergangs‹ ermöglicht zu haben. So konnte etwa die Vorstellung eines Gleichgewichts zwischen Fertilität und Mortalität vor und nach dem ›demographischen Übergang‹ in Zweifel gezogen werden. An die Stelle der These stabiler demographischer Verhältnisse trat für die Zeit vor 1780 jetzt die Vorstellung demographischer ›Wechsellagen‹. Abgesehen davon stellten Wrigley und Schofield, aber auch andere Studienautoren fest, dass die Geburtenkontrolle und der Sterblichkeitsrückgang deutlich früher einsetzten als bislang vermutet. Dadurch wurden nicht zuletzt modernisierungstheoretische Ansätze zur Periodisierung der europäischen Geschichte der Neuzeit in Frage gestellt.[73]

Englische und französische Forschungen dominierten in den 1960er-Jahren das historisch-demographische Feld. Ungeachtet ihrer den Diskurs beherrschenden Stellung entfaltete sich unter den Historikern dieser Länder ein zunehmend ausgeprägteres Bewusstsein für die Notwendigkeit eines stärkeren internationalen Austauschs. Dies wurde beispielsweise bei der *Third International Conference of Economic History* 1965 in München deutlich.[74] Internationaler Austausch und internationale Kooperationen schufen günstigere Bedingungen dafür, demographische Ereignisse und strukturelle Muster (z. B. Epidemien, Mi-

70 D. V. Glass/D. E. C. Eversley (eds.), Population in History: Essays in Historical Demography, London 1965.

71 Vgl. Biographisches Handbuch der deutschsprachigen Emigration nach 1933. Bd. 2/ Part 1: A-K, München-New York u. a. 1983, 275.

72 Zit. n. Robert Lee, The Development of Population History (»Historical Demography«) in Great Britain from the Late Nineteenth Century to the Early-1960s, in: Ehmer et al. (Hg.), Bevölkerungskonstruktionen, 34-63. Vgl. ferner zum historiographischen Denken in Raumkategorien die Kap. II.3 und II.4.

73 Edward A. Wrigley/Roger S. Schofield, The population history of England 1541-1871. A reconstruction, London 1981. (Neuflagen dieser Studie erschienen 1989, 1993, 1997 und 2002). Vgl. Josef Ehmer, Demographische Transition, in: Enzyklopädie der Neuzeit, Stuttgart-Weimar 2005, 908-914, hier 911-913.

74 Vgl. D. E. C. Eversley (ed.), Third International Conference of Economic History, Munich 1965. Vol. 4: Demography and Economy, Paris 1972.

grationen oder das ›European Marriage Pattern‹) als Phänomene zu betrachten, die nationalstaatliche Grenzen transzendierten.[75] Es überrascht daher kaum, dass Wrigley 1966 in einem an seine französischen Kollegen gerichteten Bericht über die Arbeiten der ›Cambridge Group‹ anregte, die jeweiligen Forschungsbemühungen besser aufeinander abzustimmen. Es sollten dieselben Methoden angewandt werden, um Fertilität und Mortalität zu messen, und die Familienstrukturen sollten überall nach dem gleichen Muster untersucht werden.[76] Wrigley knüpfte damit an eine Initiative Eversleys an, der bereits vier Jahre zuvor einen Rundbrief an Historiker-Demographen in neunzehn europäischen Ländern gesandt und darin auf ihre Information und internationale Vernetzung abgezielt hatte. Eversley hatte sich mit seinem Schreiben auch an deutsche Historiker wie Wilhelm Abel, Hektor Ammann, Erich Keyser und Wolfgang Köllmann gewandt.[77]

Ehe stärker institutionalisierte internationale Kooperationen Erfolg versprechend zu sein schienen, sollte jedoch herausgefunden werden, welche methodischen Probleme die historisch-demographischen Forschung in den einzelnen Ländern selbst hervorrief. Dabei ergab sich vielfach ein nicht zu unterschätzender organisatorischer und technischer Aufwand: So wandten sich beispielsweise die englischen Historiker gezielt an die Öffentlichkeit, um der Erhebung und Weiterverarbeitung der Kirchenbucheintragungen eine breitere personelle Grundlage zu geben. Die auf nationaler Ebene erzielten Forschungsergebnisse ließen sich indes teils nur schwer miteinander vergleichen: So war die von Henry und Michel Fleury (1923-2002) entwickelte Familienrekonstitutionsmethode für Frankreich zwar wegweisend gewesen, sie ließ sich aber nicht ohne Weiteres auf England übertragen. Die englischen Kirchenbucheintragungen waren nämlich meist weniger vollständig als die französischen Pfarrregister. Die erste englische Studie, die auf der Familienrekonstitution beruhte, untersuchte daher eine beinahe ununterbrochene und vollständige, von 1540 bis 1837 reichende Datenserie. Es handelte sich um die Pfarrmatrikel von Colyton in der Grafschaft Devon, die sich für die Verarbeitung in einer Pilotstudie bestens eigneten.[78] Die englischen Wissenschaftler rezipierten dabei eine Technik, die zuvor unter anderen Bedingungen arbeitende französische Forscher mit Erfolg getestet hatten. Schofield

75 Vgl. z. B. Hajnal, European marriage patterns.

76 E. A. Wrigley, Note sur le Travail du Groupe de Cambridge pour l'Histoire de la Population et des Structures Sociales, in: Annales de démographie historique 1 (1966), 187-223, hier 191.

77 Vgl. DSHI 100, Keyser, Korrespondenzen internat., Eversley an Keyser, Januar 1962; Keyser an Eversley, 19.2.1962. John Habakkuk (1915-2002) hatte auf Veranlassung von Wilhelm Abel schon früher Keyser dazu eingeladen, bei einer internationalen wirtschaftsgeschichtlichen Tagung in Aix-les-Bains über »Bevölkerungsgeschichte Europas im späten Mittelalter« zu sprechen. Dieser hatte damals mit Verweis auf anderweitige Arbeiten dankend abgelehnt. Ebd., Keyser an Habakkuk, 21.12.1961.

78 Vgl. E. A. Wrigley, Mortality in pre-industrial England: the example of Colyton, Devon, over three Centuries, in: Population and social change (1972), 243-273.

nannte Wrigleys Colyton-Studie im bilanzierenden Rückblick »an initial experiment«.[79]

Erst der Erfolg oder Misserfolg eines derartigen Experiments konnte Aufschluss darüber vermitteln, wie der Forschungsprozess im englischen Fall weiter vorangetrieben werden sollte. Obgleich die Colyton-Studie aus technisch-methodischer Sicht sich letztlich als erfolgreich erwies (und u. a. die Praktiken der Geburtenbeschränkung in dieser Pfarre zu klären half[80]), begrenzten die englischen Historiker-Demographen ihre Forschungen nicht auf die ›nominative‹ Methode der Familienrekonstitution. Ihre Untersuchungen von Kirchenbucheintragungen umfassten doch in erster Linie makroskopische aggregative Analysen, welche die demographischen ›Ereignisse‹ (Taufen, Begräbnisse, Heiraten) monatsweise zusammenfassten. Im Laufe der Zeit liefen Hunderte derartige Untersuchungen von den einzelnen Pfarren in Cambridge ein und verbreiterten die Quellenbasis der Forschergruppe um Wrigley, Schofield und Peter Laslett (1915-2001).[81]

Abgesehen von den skizzierten speziellen Problemen der Quellenüberlieferung und -bearbeitung bildeten einige Besonderheiten der englischen Wirtschafts- und Sozialgeschichte die Ursache dafür, dass die Bevölkerungsforschung in England andere methodische Schwerpunktsetzungen als in anderen Ländern erforderte. Dazu zählten die im europäischen Vergleich früh einsetzende Industrialisierung, aber auch die verhältnismäßig offenen gesellschaftlichen Strukturen, die eine relativ starke soziale Mobilität mit sich brachten. Die Untersuchung des Bevölkerungswachstums wurde daher mit der ökonomischen Entwicklung des Landes verknüpft. Die Historiker der ›Cambridge Group‹ untersuchten auf dieser Grundlage die Haushalts- und Familienstrukturen. Eine der wesentlichen Fragen, die sie beantworten wollten, war jene nach den Spezifika der englischen Bevölkerungsentwicklung. Ihre primäre Anstrengung bestand dabei darin, »to complete the aggregative project, to find the larger picture of national population change.«[82] Diese Studien resultierten in der oben erwähnten, im Jahr 1981 erstmals erschienenen »population history of England« von Wrigley und Schofield. Jacques Dupâquier (1922-2010) folgte 1995 mit einer vierbändigen Synthese der Bevölkerungsgeschichte Frankreichs, die er zusammen mit Jean-Pierre Bardet (*1937) um eine Geschichte der europäischen Bevölkerungen ergänzte.[83]

79 Roger Schofield, »Through a Glass Darkly«, in: Social Science History 22 (1998), 117-130, hier 121.

80 Wrigley, Note sur le Travail, 188.

81 Schofield, »Through a Glass Darkly«, 122.

82 Ebd., 122.

83 Jacques Dupâquier, Histoire de la Population française. Vol. 1. Des Origines à la Renaissance, Vol. 2. De la Renaissance à 1789, Vol. 3. De 1789 à 1914, Vol. 4. De 1914 à nos Jours, Paris 1995; Jean-Pierre Bardet/Jacques Dupâquier (eds.), Histoire des populations de l'Europe. Vol. 1. Des origines aux prémices de la révolution démographique. Vol. 2. La révolution démographique 1750-1914. Vol. 3. Les temps incertains 1914-1998, Paris 1997-1999. Vgl. auch Carlo M. Cipolla/Josiah Cox Russell/Roger J. Mols/André Armengaud (Hg.), Bevölkerungsgeschichte Europas. Mittelalter bis Neuzeit, München 1971.

In Deutschland fanden diese Forschungen lange kein Pendant.[84] Die ›Historische Demographie‹ begann in der Bundesrepublik erst seit den 1970er-Jahren neuerlich auf die in ›Ortssippenbüchern‹ zusammengefassten Pfarrmatrikel als Quellen zurückzugreifen. Im Vergleich zu den französischen Vorreitern hinkte die deutsche Forschung damit um rund 20 Jahre nach. Aufgrund der politisch belasteten Umstände, die in der NS-Zeit zur Erstellung der ›Ortssippenbücher‹ geführt hatten, zögerten deutsche Historiker lange, sie wiederum für historische Forschungen heranzuziehen. Es waren daher vor allem ausländische Wissenschaftler, die sich seit den späten 1960er-Jahren erstmals wieder diesen Quellenbeständen zuwandten. So ermöglichte die ›Cambridge Group‹ dem US-amerikanischen Soziologen und Demographen John E. Knodel (*1940), eine Bestandsaufnahme der ›Ortssippenbücher‹ durchzuführen und deren Bedeutung als Quellen der historisch-demographischen Forschung abzuschätzen.[85] Knodel selbst, aber auch der britische Historiker Robert W. Lee und der französische Demograph Jacques Houdaille (*1912) zählten zu jenen Forschern, die an der Schwelle des Aufschwungs der bundesrepublikanischen ›Historischen Sozialwissenschaft‹ auf diesem Gebiet Pionierarbeit leisteten.[86]

Ihre Studien konzentrierten sich meist auf die Untersuchung regionaler Fertilität, Mortalität, aber auch Illegitimität, womit sie dazu beitragen sollten, neue Erkenntnisse über die demographischen Triebkräfte des Bevölkerungswachstums zu gewinnen. Viele der methodisch anspruchsvollsten sozialgeschichtlichen Mikrostudien, die im Verlauf der 1970er-Jahre in Westdeutschland vor allem Hans Medick und Jürgen Schlumbohm vorlegten, grenzten sich hingegen gegenüber einer makrostrukturellen ›Bevölkerungsgeschichte‹ ebenso ab, wie sie eine bloß auf formale Phänomene beschränkte ›Historische Demographie‹ ablehnten.[87]

84 Vgl. aber für zeitlich oder regional spezifizierte Teilbereiche der deutschen Bevölkerungsgeschichte Michel Hubert, L'Allemagne en mutation. Histoire de la population allemande depuis 1815, Paris 1995 (dt., Stuttgart 1998), sowie Rolf Gehrmann, Bevölkerungsgeschichte Norddeutschlands zwischen Aufklärung und Vormärz, Berlin 2000.

85 Vgl. John Knodel, Ortssippenbücher als Quelle für die Historische Demographie, in: GG 1 (1975), 288-324.

86 Vgl. John Knodel/Étienne van de Walle, Breast-feeding, Fertility and Infant mortality. An Analysis of Some Early German Data, in: Population Studies 21 (1967), 109-131; Lee, Zur Bevölkerungsgeschichte; Jacques Houdaille, Quelques résultats sur la demographie de trois villages d'Allemagne de 1750 à 1879. Population 25 (1970), 649-654. Vgl. zu den Forschungen des »Princeton Project on the European Fertility Transition«, die in den 1960er- und 1970er-Jahren Ansley Coale (1917-2002), der Direktor des Office of Population Research der Princeton University, und seine Mitarbeiter vorantrieben, John C. Brown/Timothy W. Guinnane, Two Statistical Problems in the Princeton Project on the European Fertility Transition, Economic Growth Center, Yale University, Center Discussion Paper No. 869, September 2003. URL: http://www.econ.yale.edu/growth_pdf/cdp869.pdf (2.9.2013).

87 Ehmer, Bevölkerungsgeschichte, 60; vgl. u.a. Hans Medick, Weben und Überleben in Laichingen 1650-1900. Lokalgeschichte als Allgemeine Geschichte, Göttingen 1996.

Internationalisierung als Weiterentwicklung ›deutscher‹ Forschungstraditionen? Erich Keyser und die ›Bevölkerungsgeschichte‹

Erich Keyser gehörte in der frühen Bundesrepublik wie schon im ›Dritten Reich‹ zu den am häufigsten sich zu bevölkerungsgeschichtlichen Fragen zu Wort meldenden Forschern. 1952 rief er in seiner Denkschrift »Die gegenwärtigen Aufgaben der Bevölkerungswissenschaft in Deutschland« dazu auf, an die bisherigen bevölkerungswissenschaftlichen Forschungen weitestgehend wieder anzuknüpfen und vergleichenden anthropologischen Bevölkerungsstudien besonderes Augenmerk zu schenken.[88] Hier stellt sich die Frage, welche Resonanz Keyser mit einem derartigen Forschungsprogramm international zu erzielen vermochte. Für sich selbst nahm er in Anspruch, bereits in den 1930er-Jahren im Zuge seiner Forschungen zur »Städtegeschichte« über Deutschland hinausgehende wissenschaftliche Kontakte angestrebt zu haben: »Es lag mir daran, mit den ausländischen Vertretern der ›Demographie‹ in Verbindung zu kommen, doch ist mir dieses wegen der völlig ablehnenden Haltung, die politisch bedingt war, nicht gelungen.«[89]

Ein wesentlicher Grund für diese Zurückweisung dürfte darin zu suchen sein, dass Keyser kaum jemals seinen nationalbetonten ›deutschen‹ Standpunkt verließ und dies in seinen Rezensionen von französischen oder englischen Arbeiten nach wie vor deutlich zum Ausdruck brachte: So bemängelte er etwa an der »Histoire de la population mondiale« von Marcel R. Reinhard (1899-1973), dass ihr Verfasser sich »der Vorarbeiten der deutschen Bevölkerungswissenschaft nicht bedient« habe. Gleichzeitig wies Keyser darauf hin, dass Reinhard die »Maßnahmen der nationalsozialistischen Bevölkerungspolitik [...] vielfach günstig beurteilt« habe.[90] Den englischen ›historischen Bevölkerungsforschungen‹ warf er ebenfalls vor, die deutschen Arbeiten zur ›Bevölkerungsgeschichte‹ vernachlässigt zu haben: Dass sich Eversley, Laslett und Wrigley auf Familiengeschichte und Kirchenbücher konzentrierten, bewertete er allerdings als durchaus »bemerkenswert«.[91]

Keysers völkisch geprägte Vergangenheit blieb international tätigen Demographen indes keineswegs verborgen. Als sich 1952 die deutsche Gruppe der IUSSP konstituierte, machte es seine Vorstandsfunktion der DGBW vorerst unmöglich, sich in die internationale ›scientific community‹ der Bevölkerungswissenschaft einzureihen. Keysers politische Rolle im ›Dritten Reich‹ führte dazu, dass sich die IUSSP »sehr eingehend« mit seiner damals erschienenen »Bevölke-

88 Vgl. hierzu auch Kap. III.5.

89 DSHI 100, Keyser 2, Keyser, Mein Werden, 44.

90 Erich Keyser, Bespr. Marcel R. Reinhard, Histoire de la population mondiale de 1700 à 1948, Paris 1949, in: VSWG 40 (1953), 261-263, hier 262.

91 Erich Keyser, Bespr. D. E. C. Eversley/Peter Laslett/E. A. Wrigley with contributions by W. A. Armstrong and Lynda Ovenall, An Introduction to English Historical Demography. From the Sexteenth to the Nineteenth Century, London 1966, in: VSWG 54 (1967), 362f.

rungsgeschichte Deutschlands« auseinandersetzte.[92] Frank Lorimer (1894-1985), der Präsident der »Union«, arbeitete im Zuge dieser Erhebungen ein »Memorandum« aus, das der DGBW nahelegte, Keyser aus ihrem Vorstand zu entfernen. Während der Mediziner und Bevölkerungsforscher Hans Harmsen (1899-1989) – vermutlich wegen seiner formalen Nichtmitgliedschaft in der NSDAP – keine Schwierigkeiten hatte, als erster Deutscher in die IUSSP aufgenommen zu werden, wurden Keyser und Friedrich Burgdörfer »wegen ihrer Glorifizierung der Nazipolitik [...] als Mitglieder abgelehnt«.[93]

Das bedeutete allerdings nicht, dass Keyser und andere politisch einschlägig vorbelastete deutsche Historiker einhellig aus den Kooperationsüberlegungen der westlichen Demographen ausgeschlossen worden wären. Auch Karl F. Helleiner, der 1939 vor den Nationalsozialisten aus Österreich nach Kanada geflohen war,[94] tauschte sich mit seinem Marburger Historiker-Kollegen fachlich aus. Keyser hielt nach einer persönlichen Begegnung mit Helleiner in Marburg fest, dass dieser die Demographen in London und Paris persönlich kenne und er selbst sich mit ihm »gut verstanden« habe.[95] Helleiner suchte die Traditionen der deutschsprachigen historischen Statistik mit angloamerikanischen historisch-demographischen Forschungen zu verknüpfen. International gesehen blieb er mit diesem Konzept zwar eher ein Außenseiter, und er entwickelte keine neuartigen methodischen Ansätze; sein im europäischen Maßstab vergleichender Zugang verriet jedoch eine stupende Kenntnis der internationalen ökonomischen, demographischen und historischen Forschungsliteratur.[96] Keyser rezipierte zwar gleichfalls beispielsweise britische Studien zur Familiengeschichte. Seine Hauptinteressen galten jedoch unverändert der »körperlichen, geistigen und seelischen

92 Keyser, Bevölkerungsgeschichte Deutschlands. Obzwar der Verlag Quelle & Meyer sich interessiert zeigte, »eine neue Darstellung der Bevölkerungsgeschichte Deutschlands« aus der Feder Keysers zu publizieren, kam es nach 1945 zu keiner weiteren Auflage dieser Arbeit. DSHI 100 Keyser 76, Keyser an Harmsen, 23.5.1960.

93 DSHI 100, Keyser 23, Briefwechsel, Harmsen an Keyser, 2.6.1953; 9.6.1953. Keyser schied erst 1957 aus gesundheitlichen Gründen aus dem Vorstand der DGBW aus. DSHI 100, DABW, Keyser an Harmsen, 15.8.1957; Charlotte Höhn, Grundsatzfragen in der Entstehungsgeschichte der Internationalen Union für Bevölkerungswissenschaft (IUSSP/IUSIPP), in: Rainer Mackensen/Lydia Thill-Thouet/Ulrich Stark (Hg.), Bevölkerungsentwicklung und Bevölkerungstheorie in Geschichte und Gegenwart, Frankfurt a. M.-New York 1989, 233-254, hier 252.

94 Helleiner nahm 1942 eine Lehrtätigkeit an der Universität Toronto auf. UTA, B1979-0018/005cC15, K. F. Helleiner, Curriculum vitae.

95 Vgl. DSHI 100, Keyser 74, DABW, Keyser an Harmsen, 7.6.1953. Ob Eversleys für Sommer 1962 angekündigter Besuch bei Keyser in Marburg jemals zustande kam, muss hier offenbleiben. DSHI 100 Keyser, Korrespondenzen internat., Eversley an Keyser, 26.3.1962.

96 Vgl. K. F. Helleiner, The Vital Revolution Reconsidered, in: Glass/Eversley (eds.), Population, 79-86; ders., The Population of Europe from the Black Death to the Eve of the Vital Revolution, in: E. E. Rich (ed.), The Cambridge Economic History of Europe. Vol. IV: The Economy of Expanding Europe in the Sixteenth and Seventeenth Centuries, Cambridge 1967, 1-95.

Beschaffenheit« von »Ursprungsgemeinschaften« wie »Familien, Sippen, Stämmen, Ständen, Völkern und Völkergruppen«. Qualitative rangierten in seiner Beschäftigung mit der ›Bevölkerungsgeschichte‹ weiterhin vor quantitativen Aspekten.[97]

Einer jener westeuropäischen Historiker, der zumindest Keysers städtegeschichtlichen Interessen am ehesten entgegenkam, war der an der katholischen Universität Louvain (Leuven; Löwen) lehrende belgische Jesuit Roger Mols (1909-1986). Dieser hatte 1954 bis 1956 eine mehrbändige historisch-demographische Städtegeschichte veröffentlicht.[98] Keyser, sein Stadthistoriker-Kollege Ammann, der Wirtschaftshistoriker Friedrich Lütge und Karl F. Helleiner zeigten sich von der Arbeit gleichmaßen stark beeindruckt. Das war wohl auch deshalb so, weil Mols' Darstellung vielfach an Arbeiten von Karl Julius Beloch erinnerte, den zeitlebens meist in Italien wirkenden deutschen Pionier der ›Bevölkerungsgeschichte‹. Keyser kritisierte Mols allerdings in für ihn typischer Weise dafür, dass er die Frage nach der »Bevölkerungsart« vernachlässigt habe.[99] Der US-amerikanische Historiker Wesley D. Camp (1915-1991) vermisste in dieser Studie hingegen mehr die historische Kontextualisierung. Hierin liege aber der wesentliche Unterschied zwischen der jüngeren »Historical Demography« und der älteren »demographic history«.[100]

Seit Anfang der 1960er-Jahre setzten von zumindest zwei verschiedenen Seiten her Bemühungen ein, historisch-demographische Forschungen methodisch zu vereinheitlichen und die auf diesem Gebiet tätigen Forscher persönlich miteinander bekannt zu machen. Hinter diesen Bestrebungen stand einerseits die erwähnte Forschergruppe um Eversley, andererseits der Kreis um Paul Harsin, einem belgischen Kollegen von Mols. Wenigstens zwischen einzelnen Personen, die diesen Arbeitsgruppen zuzurechnen waren, dürfte ein Konkurrenz- bzw. Spannungsverhältnis bestanden haben. Eversley charakterisierte seine belgischen Kollegen ziemlich unverblümt als »narrow-minded and self-important people«.[101] Harsin hatte beim 11. Internationalen Historikerkongress in Stockholm (1960) mit Erfolg dazu aufgerufen, eine Internationale Kommission für Historische

97 DSHI Keyser 75, Bemerkungen von Prof. Keyser zur »Arbeitstagung für Bevölkerungsgeschichte«, Marburg 1961.

98 Roger Mols, Introduction à la Démographie Historique des Villes d'Europe du XIVe au XVIIIe siècle. Vol. 1: Les Problèmes (1954). Vol. 2: Les resultats (1955). Vol. 3: Annexes (1956), Gembloux 1954-1957.

99 Erich Keyser, Bespr. Roger Mols, Introduction, in: Hansische Geschichtsblätter 75 (1957), 105-111, hier 106; vgl. ferner Hektor Ammann, Bespr. Roger Mols, Introduction, in: HZ 194 (1962), 397-399; Friedrich Lütge, Roger Mols' »Introduction à la Démographie Historique des Villes d'Europe du XIVe au XVIIIe siècle«, München 1957; Karl F. Helleiner, New Light on the History of Urban Populations, in: JEH 18 (1958), 56-61.

100 Wesley D. Camp, Bespr. Roger Mols, Introduction, in: The American Historical Review 63 (1958), 950f.

101 ARUB, NL Köllmann, Nr. 26-27, Eversley an Köllmann, 16.7.1962.

Demographie ins Leben zu rufen und wurde 1965 ihr erster Präsident.[102] Eine internationale historisch-demographische Konferenz zu »Problèmes de Mortalité« (an der übrigens auch Eversley teilnahm), die Harsin 1963 im belgischen Liège veranstaltete, sollte die internationale Verflechtung zusätzlich unterstützen. Keyser war bei dieser Tagung als einziger westdeutscher Referent vorgesehen. Er lieferte einen Beitrag zur deutschen Pestforschung ab, obgleich er auf der Tagung aus gesundheitlichen Gründen nicht persönlich erscheinen konnte.[103]

Die Kontakte, die westeuropäische Historiker-Demographen in den 1960er-Jahren mit Keyser aufnahmen, bestätigen somit die Annahme, dass dieser wegen seiner völkischen Denkrichtung nicht unbedingt von vornherein aus der internationalen ›scientific community‹ ausgeschlossen war. ›Historische Bevölkerungsforschungen‹ in Deutschland wurden nach dem Krieg international nicht gänzlich negiert, sie nahmen aber eine randständige Position ein. Der Erklärungsversuch des französisch-elsässischen Historikers und anerkannten Fachmanns für die Erforschung der Hanse, Philippe Dollinger (1904-1999), dass deutsche Bevölkerungsstudien an Bedeutung verloren hätten, »parce que durant la période nationale-socialiste, elles avaient été entachées de partis-pris raciaux«,[104] greift daher etwas zu kurz. Andererseits verdeutlicht das Beispiel Keysers, dass seine Arbeiten zumindest auf der Ebene der IUSSP bereits seit Anfang der 1950er-Jahre kritisch auf ihre ideologische Kontaminierung hin geprüft wurden.

Wie das auch gegen innerfranzösische Widerstände erfolgende erfolgreiche Vordringen von Henrys historisch-demographischer Methode zeigte, bildete die historisch-demographische Forschung ihrerseits weder auf nationaler noch auf internationaler Ebene hermetisch voneinander abgegrenzte Konzepte oder Paradigmen aus. In den 1960er-Jahren begannen Historiker wie Eversley oder Harsin gerade damit, innerhalb dieses Forschungsfelds internationale Kooperationen anzubahnen, die über lose Kontaktnahmen einzelner Forscher hinausgehen sollten. Westdeutsche Historiker wie Keyser, Ammann oder Lütge öffneten sich aber kaum für neue Fragestellungen.

Keyser selbst suchte am ehesten mit jenen Fachkollegen im In- und Ausland zu kooperieren, die selbst ›anthropologischen‹ oder ›völkerpsychologischen‹ Traditionslinien der Bevölkerungsforschung anhingen. Er tauschte sich zu diesen Fragen wie gesehen in Deutschland vor allem mit der Anthropologin Ilse Schwidetzky aus. In Westeuropa und den USA stand Keyser in dem Ruf, ein Kenner der von den Sowjets in Osteuropa ›unterdrückten‹ Völker zu sein, wodurch seine Expertise als Ostforscher im Kalten Krieg neuerlich nachgefragt

102 DSHI Keyser, Korrespondenzen internat., Harsin an Keyser, 23.6.1962. Vgl. zu den internationalen Historikerkongressen speziell das Kap. IV.3.

103 Erich Keyser, Die Pest in Deutschland und ihre Erforschung, in: Actes du Colloque International de Démographie Historique. Liège, 18-20 Avril 1963. Problèmes de Mortalité, Paris 1965, 369-377.

104 Philippe Dollinger, Les recherches de démographie historique sur les villes allemandes au moyen age, in: La Démographie médiévale. Sources et méthodes, Monaco 1972, 113-120, hier 113.

wurde. Dies erklärt auch eine Einladung des 1957 neu gegründeten *Institute of Ethnic Studies* der *Georgetown University* in Washington, D.C. an Keyser, der internationalen Gruppe der »Associates« dieses Instituts beizutreten. Abel Miroglio (1895-1978), ein französischer Ethnopsychologe, der 1937 in Le Havre ein privates *Institut de Sociologie Économique et de Psychologie des Peuples* gegründet hatte, nahm Mitte der 1950er-Jahre ebenfalls mit Keyser Kontakt auf. Miroglio bereitete zu dieser Zeit die Herausgabe seines groß angelegten »Dictionnaire des Populations« vor. Dieses sollte neben soziologischen Daten europäischer Ethnien auch den »esprit collectif« städtischer Bevölkerungen erfassen. Der Mainzer Kulturanthropologe Wilhelm E. Mühlmann (1904-1988) hatte die Oberleitung für den deutschen Teil dieses Lexikons inne. Er empfahl Miroglio, sich in dieser Frage an seinen Marburger Kollegen zu wenden, welcher die demographische Entwicklung und »geistige Haltung« von Stadtbevölkerungen erforscht habe. Dieser informierte Miroglio schließlich über methodische Fragen des von ihm herausgegebenen »Deutschen Städtebuchs«.[105]

Von der Peripherie ins Zentrum der ›Struktur-‹ und ›Sozialgeschichte‹? Wolfgang Köllmanns Anverwandlung deutscher und internationaler Traditionen ›historischer Bevölkerungsforschungen‹

Als Wolfgang Köllmann Mitte der 1980er-Jahre die Entwicklung der bevölkerungshistorischen Forschung in Deutschland bilanzierte, grenzte er sich von Erich Keyser deutlich ab. Dessen »Volkstumsgeschichte«[106] sei »mit Recht kaum beachtet« worden. Er selbst begriff die ›Bevölkerungsgeschichte‹ als Teil einer Strukturgeschichte »raumgebundener sozialer Kollektive«. Bereits Gunther Ipsen und Gerhard Mackenroth hätten demographische Prozesse im »Raum« verortet und diesen als »Lebensraum« (Ipsen) oder als »Nahrungsspielraum« (Mackenroth) begriffen.[107]

Knapp eineinhalb Jahrzehnte zuvor hatte Köllmann festgehalten, dass »in Deutschland fruchtbare Ansätze demographischer Forschung in den 20er Jahren, die vor allem mit den Namen Oppenheimer, Mombert, Kulischer, Heberle und auch Burgdörfer verknüpft waren, durch die rassistische Ideologie des NS-Systems verdrängt oder verfälscht« worden seien. Damit erklärte er die im Vergleich zu anderen Ländern marginale Stellung der Bevölkerungswissenschaften

105 DSHI Keyser 78, Tibor Kerekes an Keyser, 16.7.1959; Mühlmann an Keyser, 25.10.1955; Keyser an Miroglio, 20.2.1956; Miroglio an Keyser, 24.2.1956; vgl. Abel Miroglio/Yvonne-Delphée Miroglio (eds.), L'Europe et ses populations. Vues d'ensemble et dictionnaire descriptif, La Haye 1978.

106 Wie bereits oben in Kap. III.3. und III.5. ausgeführt, hatte Keyser im ›Dritten Reich‹ nie (wie z.B. Adolf Helbok) von ›Volkstumsgeschichte‹, sondern von ›Volksgeschichte‹ und ›Bevölkerungsgeschichte‹ gesprochen.

107 Köllmann, Bevölkerungsgeschichte, 17-19. Vgl. hierzu auch Kap. III.8.

in der frühen Bundesrepublik.[108] Köllmanns Versuch, die ›Bevölkerungsgeschichte‹ methodisch weiterzuentwickeln, erschien mit Blick auf eine solche posthume Loslösung des Statistikers Burgdörfer vom NS-Regime eher problematisch zu sein. Sie erinnerte ironischerweise an Keysers Unterfangen, eine ›wahre‹ Bevölkerungswissenschaft von einer angeblich genuin nationalsozialistischen demographischen Irrlehre abzutrennen. Im ›Dritten Reich‹ war jedoch gerade Burgdörfer wie schon in der Weimarer Republik einer der profiliertesten Bevölkerungsstatistiker und -politiker gewesen.[109]

Seine eher ambivalenten Äußerungen zur Geschichte der Bevölkerungswissenschaften sollten indes nicht den Blick darauf verstellen, dass Köllmann – etwa im Unterschied zu Keyser – bereits seit den 1950er-Jahren einer der wenigen bundesrepublikanischen Bevölkerungsforscher war, die internationale Kontakte dazu nutzten, um neue fachliche Perspektiven zu gewinnen. Köllmann galt spätestens seit Mitte der 1960er-Jahre international als einer der besten Kenner der deutschen Bevölkerungsgeschichte und -theorie. Er publizierte erstmals 1964 in einem New Yorker Kompendium, dann 1965 in dem Band »Population in History«.[110] Köllmann konnte seinerseits Eversley, Glass, Henry u.a. dazu gewinnen, ihre Arbeiten in einem von ihm und seinem Osnabrücker Kollegen Peter Marschalck herausgegebenen Sammelband auch in deutscher Sprache vorzulegen. Henry bilanzierte darin die französische historisch-demographische Forschung an Kirchenbüchern. Hingegen spricht aus den Ausführungen von Eversley und Glass das ausgeprägte Interesse, über das englische Fallbeispiel hinaus zu stärker vergleichenden Forschungen im westeuropäischen Rahmen zu gelangen.[111]

In den frühen 1950er-Jahren war Köllmann Mitarbeiter der *Sozialforschungsstelle der Universität Münster* in Dortmund gewesen. Diese untersuchte z.B. Wohnungs-, Einkommens- und Raumordnungsfragen. Damit war er in einem ungleich größeren Ausmaß sozialwissenschaftlich gebildet, als dies für einen deutschen Historiker damals sonst üblich war. Dem musste aber nicht unbedingt widersprechen, dass er ethnisierende Deutungsmuster von Binnenmigrationen, wie sie Wilhelm Brepohl in seinen Studien über das ›Ruhrvolk‹ entwickelt

108 Wolfgang Köllmann, Entwicklung und Stand demographischer Forschung, in: ders./Peter Marschalck (Hg.), Bevölkerungsgeschichte, Köln 1972, 9-17, hier 11.

109 Vgl. zu Burgdörfer Florence Vienne, Die »Lösung der Bevölkerungsfrage« im Nationalsozialismus. Richard Korherrs und Friedrich Burgdörfers Beiträge zur Vernichtung der Juden in der Geschichte der Bevölkerungswissenschaft, in: Mackensen (Hg.), Bevölkerungslehre, 151-164.

110 Wolfgang Köllmann, The Population of Germany in the Age of Industrialism, in: Herbert Moller (ed.), Population Movements in Modern European History, New York 1964, 100-108; ders., The Population of Barmen before and during the Period of Industrialization, in: Glass/Eversley (eds.), Population, 588-607.

111 Vgl. D.E.C. Eversley, Bevölkerung, Wirtschaft und Gesellschaft, in: Köllmann/Marschalck (Hg.), Bevölkerungsgeschichte, 93-153; D.V. Glass, Familienplanung in Westeuropa: Programme und Wirklichkeit, in: ebd., 362-389; Louis Henry, Die Kirchenbücher als demographische Quellen, in: ebd., 220-229.

hatte, in teils unkritischer Weise übernahm.[112] Pointiert lässt sich fragen: Wie konnte Brepohls Begriff ›Ruhrvolk‹ so ins Englische übersetzt werden, dass seine »Nazi-connotation« – so Eversley – nicht sichtbar würde? Eversley bezog sich dabei explizit auf das Manuskript von Köllmanns englischsprachigem Artikel, der im Band »Population in History« erscheinen sollte. Für den Begriff ›Ruhrvolk‹ unterbreitete er seinem deutschen Kollegen den folgenden (Übersetzungs-)Vorschlag:

> »As regards Ruhrvolk, I have omitted the brackets, as any English reader will know what it means. I hate the word ›folk‹ (except in the term ›folkore‹) since its only associations in the normal reader's mind are: a) folk art, folk ways, etc. [...] and b) its Nazi connotation, as in ein Volk, Ein Reich etc. So we leave it as it is. But as a translation of Brepohl's title I think population is a good word as any. We too use the word as meaning the people in general, and a description would include their social and cultural characteristics. Perhaps ›The People of the Ruhr‹ might be better [...]. ›Nation‹ is definitely wrong – the only context in which we use this term is any level other than that of a whole nation is in relation to medieval student groups at European universities.«[113]

Köllmann, der mit seinem britischen Kollegen über Jahrzehnte hinweg kooperierte,[114] schrieb diesem daraufhin, dass die »Frage der Terminologie« für ihn »sehr lehrreich« sei. Zugleich vermeinte er die bundesdeutsche Bevölkerungswissenschaft in Schutz nehmen zu müssen: Unter »der üblen Umwertung mancher Begriffe durch die Nazis« hätten nämlich »die deutschen Demographen ja immer zu leiden« gehabt.[115]

Köllmann konnte wie oben beschrieben dem Conze-Kreis, seit 1954 aber auch der DGBW zugeordnet werden. Diese stellte sich nach wie vor als ein Netzwerk völkisch oder zumindest nationalkonservativ eingestellter Demographen dar. 1962 wurde ihm die »Alfred-Grotjahn-Medaille der Akademie für Bevölkerungswissenschaft« verliehen.[116] Hans Harmsen, bis zu ihrer Auflösung 1975 der Präsident dieser ›Akademie‹, spielte auch danach innerhalb der westdeutschen Bevölkerungswissenschaften eine einflussreiche Rolle. Im Jahr 1979 fand im Bonner

112 Vgl. Köllmann, Bespr. Wilhelm Brepohl, Industrievolk. Vgl. zur Bedeutung Brepohls für Köllmanns Konzeption der ›Bevölkerungsgeschichte‹ auch das Kap. III.8.

113 ARUB, NL Köllmann, Nr. 26-27, Eversley an Köllmann, 16.7.1962.

114 Vgl. u. a. David Eversley/Wolfgang Köllmann (eds.), Population change and social planning. Social and economic implications of the recent decline in fertility in the United Kingdom and the Federal Republic of Germany, London 1982.

115 ARUB, NL Köllmann, Nr. 26-27, Köllmann an Eversley, 24.7.1962. Köllmann übersetzte ›Ruhrvolk‹ schließlich nicht etwa mit ›The People of the Ruhr‹, sondern doch mit »Population of the Ruhr«; Brepohls Bezeichnung »Industrievolk« (vgl. Brepohl, Industrievolk), findet sich bei ihm hingegen als »industrial nation«. Köllmann, The Population of Barmen before and during the Period of Industrialization, 591; 601.

116 DSHI Keyser 74, DGBW, ord. Mitgliederversammlung vom 19.10.1954, Protokoll; Kürschners Deutscher Gelehrten-Kalender, Bd. 2, Berlin-New York 1987, 2365.

Bundesministerium des Innern ein Experten-Hearing statt, an dem auch Harmsen teilnahm. Dieser erklärte mit Blick auf die nationalsozialistische Bevölkerungspolitik, dass damals »tatsächlich erhebliche Strukturveränderungen erreicht worden« seien, »wobei [...] das Vertrauen in die Zukunft« maßgeblich gewesen sei. In Köllmanns Denken ließ sich hingegen ein Klärungsprozess erkennen, denn unter Einbeziehung englischer Forschungsergebnisse hielt er sachlich differenzierend fest:

> »Ich bin nicht ganz der optimistischen Ansicht von Herrn Harmsen, daß in der NS-Zeit die Bevölkerungspolitik einen solchen Effekt gehabt habe. [...] Wenn man bedenkt, daß trotz der ausgedehnten Bevölkerungspolitik die Nettoreproduktionsrate auch damals nicht auf 1 gelangt ist, stellt sich für mich jedenfalls die Frage, ob nicht im wesentlichen zwei Elemente eine Rolle spielen: einmal das Nachholen in der Weltwirtschaftskrise zurückgestellter Geburten [...]. Der zweite Effekt ist die Verschärfung der Abtreibungsgesetzgebung. Ich kann mich erinnern, daß David Glass der erste gewesen ist, der darauf hingewiesen und erklärt hat: Der Anstieg der Geburten nach 1933 ist allein auf die Verschärfung der Abtreibungsgesetze zurückzuführen.«[117]

Offene Kritik an Harmsen dürfte innerhalb der demographischen ›scientific community‹ damals die Ausnahme geblieben sein.[118] Eine breitere Auseinandersetzung mit dem völkischen Erbe der Bevölkerungsforschung, die sich nicht auf einzelne seinerzeit involvierte Personen beschränkte, sondern die damit ursächlich verknüpfte internationale Marginalisierung deutscher Bevölkerungsstudien kritisch thematisierte, ließ noch bis Ende der 1990er-Jahre auf sich warten.[119] Köllmanns Kontakte zur britischen ›Historical Demography‹ und zur französischen ›Démographie historique‹, aber auch Studien aus dem Kreis seiner Mitarbeiter und Mitarbeiterinnen,[120] trugen immerhin dazu bei, dass sich die ›historischen Bevölkerungsforschungen‹ unter Einbeziehung der Migrationsforschung allmählich methodisch öffneten.

Das sollte aber nicht über die verhältnismäßig begrenzte Bereitschaft zur Rezeption und aktiven Anverwandlung der britisch-französischen Forschungen in der Bundesrepublik hinwegtäuschen. Thomas Sokoll (*1954) konstatierte noch um 1990, dass die bahnbrechende »population history of England« von Wrigley und Schofield in Deutschland zunächst nur ein »anhaltend betretene[s] Schweigen« ausgelöst habe. Während die über das englische Fallbeispiel weit hinausreichende Leistung dieses »Glanzstück[s] der englischen historischen Demographie«

117 ARUB, NL Köllmann, Nr. 62, »Nichtöffentliche Anhörung zu dem Entwurf eines Berichts über die Bevölkerungsentwicklung in der Bundesrepublik Deutschland am 19. und 20. November 1979 in Bonn«, Protokoll [masch.], hier 17; 23.

118 Vgl. zu Harmsen Sabine Schleiermacher, Experte und Lobbyist für Bevölkerungspolitik. Hans Harmsen in Weimarer Republik, Nationalsozialismus und Bundesrepublik, in: Fisch/Rudloff (Hg.), Experten, 211-238, hier 225-230.

119 Vgl. hierzu vom Brocke, Bevölkerungswissenschaft, 3-9.

120 Vgl. etwa von Nell, Die Entwicklung.

international breit gewürdigt worden sei, sei die Resonanz in Deutschland lange Zeit sehr verhalten geblieben.[121]

Zur methodischen Diversifizierung und zum Desiderat einer kulturgeschichtlichen Vertiefung historisch-demographischer Forschungen

Erst die mikrostrukturelle ›Historische Demographie‹, die sich nicht zuletzt gegen Köllmanns Widerstand durchsetzte, markierte zumindest programmatisch einen Bruch mit den nationalbetonten Traditionslinien der ›historischen Bevölkerungsforschungen‹.[122] Die ›Historische Demographie‹ gab sich selbst eine ›sozial- und kulturwissenschaftliche‹ Identität. Im wissenschaftlichen Diskurs blieb sie jedoch nicht unangefochten. So wurde zum Beispiel kritisiert, dass der verhältnismäßig große technische Aufwand EDV-gestützter Erhebungen in einem ungünstigen Verhältnis zu ihrem wissenschaftlichen Ertrag stünde; die Präsentation des statistischen Materials werde zudem nur ansatzweise in übergreifende, theoretisch vertiefte Fragestellungen eingeordnet.[123]

Die ›Historische Demographie‹ in der Bundesrepublik Deutschland profitierte trotzdem sowohl von der Konjunktur der ›Historischen Sozialwissenschaft‹ als auch vom sukzessive sich verstärkenden kulturwissenschaftlichen Interesse an der Geschichte. Es kann jedoch nicht einfach behauptet werden, dass die ›Historische Demographie‹ die von Köllmann geprägte ›Bevölkerungsgeschichte‹ verdrängt und als erkenntnisleitendes Paradigma schließlich abgelöst habe. Eher trat in den 1970er-Jahren eine Intensivierung bisheriger Forschungsbestrebungen bei gleichzeitiger methodischer Diversifizierung der Forschungsstrategien ein. Während vor allem die Arbeitsgruppen in Bochum (Köllmann) und Gießen (Imhof) ihre jeweiligen Studien vorantrieben, kristallisierten sich gerade in dieser Zeit weitere Arbeitsfelder heraus, die ›Bevölkerung‹ untersuchten und ihrerseits einen deklariert sozialwissenschaftlichen Anspruch vertraten.

So entwickelte der Osnabrücker Historiker Klaus J. Bade (*1944) um 1980 einen »Ansatz zur sozialhistorisch vergleichenden Migrationsforschung«, wobei er von der vielfach diskutierten »Wanderarbeiterfrage« im Kaiserreich eine Brücke zur »Gastarbeiterfrage« in der Bundesrepublik zu schlagen hoffte.[124]

121 Thomas Sokoll, Historische Demographie und historische Sozialwissenschaft, in: Archiv für Sozialgeschichte 32 (1992), 405-425, hier 407.

122 Vgl. hierzu C. Cornelißens skeptisches Resümee, der die Auffassung vertrat, dass »die Praxis der Sozialgeschichtsschreibung in Westdeutschland zu einem ganz überwiegenden Teil nationalzentriert« geblieben sei, und zwar »sowohl im Hinblick auf ihre Themenwahl als auch ihre theoretische Fundierung«. Cornelißen, Deutsche Geschichtswissenschaft, 21. Vgl. hierzu auch Kap. III.8.

123 Sieglerschmidt, Bevölkerungsgeschichte, hier 260f.

124 ARUB, NL Köllmann, Nr. 31, Bade an Köllmann, 28.6.1979. Vgl. hierzu auch Klaus J. Bade, Sozialhistorische Migrationsforschung, in: Ernst Hinrichs/Henk van Zon (Hg.), Bevölkerungsgeschichte im Vergleich, Studien zu den Niederlanden und Nordwestdeutschland, Aurich 1988, 63-74.

Soziale, ökonomische und politische Aspekte von Migrationen, die im Unterschied zur ›Historischen Demographie‹ kontinuierlich einen zentralen Gegenstand der ›Bevölkerungsgeschichte‹ gebildet hatten,[125] sollten mit demographischen Fragen verknüpft und mit internationalen, insbesondere nordamerikanischen Forschungsbemühungen koordiniert werden. International vergleichende Forschungen prägten auch die Aktivitäten der Gruppe um Michael Mitterauer. Deren »Wiener Datenbank zur europäischen Familiengeschichte« entstand 1974 bis 1984 und schuf eine Sammlung quantifizierbarer Quellen, die der historischen Erforschung von Heiratsmustern, Familien- und Haushaltsstrukturen wegweisende Impulse gab.[126] Den Trend zur Untersuchung sozialer Strukturen auf lokaler und regionaler Ebene, der bereits Imhof angeleitet hatte, bekräftigten ferner die Göttinger Arbeiten von Peter Kriedte, Hans Medick und Jürgen Schlumbohm zur Proto-Industrialisierung. Die Fallstudien dieser drei Historiker zeigten Zusammenhänge zwischen agrarischen und heimindustriellen Erwerbsstrukturen mit demographischen Verhaltensmustern auf.[127]

Die genannten Forschungsrichtungen[128] suchten die von ›Bevölkerungsgeschichte‹ und ›Historischer Demographie‹ aufgeworfenen Fragen nach den Verbindungen von Bevölkerungsentwicklung, ökonomischen Strukturen und sozialen Verhaltensmustern einer Klärung näherzubringen. Die einzelnen methodischen Ansätze blieben jedoch weitgehend voneinander separiert. Gegenwärtig kann sogar von einer – international singulären – »eigentümlichen Dreiteilung demographischer Forschungsinteressen« gesprochen werden, »die bis heute anhält und die die deutsche Forschung im internationalen Feld wieder zurückgeworfen hat. Diejenigen, die auf dem Gebiet der historischen Demographie arbeiten, konzentrieren sich vornehmlich auf das 17. bis 19. Jahrhundert [...]. Dagegen beschränkt sich die Bevölkerungsgeschichte in der Nachfolge Köllmanns nach wie vor auf das 19. und 20. Jahrhundert«. Die aktuelle Bevölkerungswissenschaft dürfte hingegen »die reichhaltigen Ergebnisse der historisch-demographischen Forschung überhaupt nicht zur Kenntnis« nehmen.[129]

125 Vgl. Wolfgang Köllmann, Versuch des Entwurfs einer historisch-soziologischen Wanderungstheorie, in: Ulrich Engelhardt/Volker Sellin/Horst Stuke (Hg.), Soziale Bewegung und politische Verfassung. Beiträge zur Geschichte der modernen Welt, Stuttgart 1976, 260-269. Vgl. zu Wechselbezügen und Abgrenzungen von ›Bevölkerungsgeschichte‹ und ›Migrationsforschung‹ Ehmer, Bevölkerungsgeschichte, 74-77.

126 Vgl. u.a. Michael Mitterauer/Reinhard Sieder, Vom Patriarchat zur Partnerschaft. Zum Strukturwandel der Familie, München [4]1991, 17-20; Josef Ehmer, Wiener Datenbank zur Europäischen Familiengeschichte. Historische Einleitung. URL: http://www.univie.ac.at/Wirtschaftsgeschichte/famdat/index-gr.html (2.9.2013).

127 Vgl. Sokoll/Gehrmann, Historische Demographie, 158; vgl. Peter Kriedte/Hans Medick/Jürgen Schlumbohm (Hg.), Industrialisierung vor der Industrialisierung. Gewerbliche Warenproduktion auf dem Land in der Formationsperiode des Kapitalismus, Göttingen 1977.

128 Vgl. Sieglerschmidt, Bevölkerungsgeschichte, hier 276-281, darüber hinaus beispielsweise zur historischen Epidemiologie, Sozialgeschichte der Medizin und Anthropometrie.

129 Sokoll/Gehrmann, Historische Demographie, 160. Vgl. hierzu auch Ehmer, Bevölkerungsgeschichte, 61.

Abgesehen von dieser spezifischen »Dreiteilung«, die sich auf einige der hier skizzierten historischen Ursachen zurückführen lässt, bleiben grundlegende methodisch-theoretische Fragen weiterhin ungelöst, etwa jene nach einem zentralen Paradigma, »das eine stringente Verbindung zwischen Analysen auf der Mikro- und der Makroebene erlauben würde«.[130]

Der zuletzt angesprochenen Problematik sieht sich indessen nicht nur die bundesdeutsche Forschungslandschaft gegenüber. Sie fordert vielmehr die historisch-demographische Forschung insgesamt dazu heraus, ihre theoretischen Grundannahmen stets aufs Neue zu überdenken. Ähnliches gilt für den sogenannten *cultural turn* seit den 1980er-Jahren, der das Selbstverständnis und die Arbeitsweisen der Geschichtswissenschaften grundlegend gewandelt hat. Imhof hatte eine kulturgeschichtliche Vertiefung ›historischer Bevölkerungsforschungen‹ für die ›Historische Demographie‹ konzeptionell angedacht und diese als Fragestellung für die eigene Gegenwart fruchtbar gemacht.[131] Dies scheint umso mehr erforderlich zu sein, da sozial-biologische Tatsachen (wie Geburt oder Tod) stets kulturell überformt oder von kulturell geprägten Praktiken sogar kausal mit bedingt gewesen sind.[132]

3. ›Bevölkerung‹ bei den Internationalen Historikerkongressen

Seit dem Internationalen Historikerkongress in Oslo (1928) bildete die ›Historische Demographie‹ im Rahmen der Internationalen Historikerkongresse eine eigenständige Sektion. Beim Internationalen Historikerkongress in Stockholm (1960) wurde die bis heute bestehende Internationale Kommission für ›Historische Demographie‹ gegründet. Im Folgenden werden die fachlichen Beiträge deutscher und österreichischer Geschichts- und Sozialwissenschaftler bei den historisch-demographischen Sektionen dieser Kongresse in den 1920er- bis 1960er-Jahren dargestellt.[133] Im Vordergrund stehen die Fragen nach dem Begriff und den Inhalten historiographischer Diskurse um ›Bevölkerung‹, soweit sich diese anhand der Kongressprotokolle rekonstruieren lassen.

International vergleichende Perspektiven auf damalige europäische Historiographien rücken dabei notwendig in den Blick. Das Problem der Abgrenzungen der Geschichtswissenschaften voneinander, aber auch ihrer Verflechtungen, be-

130 Ebd. (Sokoll/Gehrmann), 208, unter Bezugnahme auf Roger S. Schofield/David Coleman, Introduction, in: dies. (eds.), The State of Population Theory: Forward from Malthus, Oxford 1986, 1-13.

131 Vgl. etwa Imhof, Die gewonnenen Jahre.

132 Vgl. hierzu etwa David I. Kertzer/Tom Fricke (eds.), Anthropological Demography: Toward a New Synthesis, Chicago 1997.

133 Die folgenden Untersuchungen sind die umgearbeitete und erweiterte Version meines Artikels Deutsche Geschichtswissenschaften und »Bevölkerung« bei den Internationalen Historikerkongressen der Zwischenkriegszeit, in: Steidl et al. (Hg.), Übergänge und Schnittmengen, 371-398.

zogen auf nationale und internationale Ebenen,[134] kann auf diesem Hintergrund nur mit Bedacht, aber nicht erschöpfend abgehandelt werden. Ich nehme jedoch grundsätzlich an, dass sozial- und wirtschaftsgeschichtliche Prozesse, darunter auch demographische Strukturwandlungen wie etwa der Geburtenrückgang, staatliche und nationale Grenzen häufig transzendierten. Dies bedeutete allerdings nicht unbedingt, dass Historiker derartige Problemstellungen und darauf bezogene methodische Zugangsweisen etwa in der Absicht gebrauchten, ihren historiographischen Blickwinkel selbst transnational auszuweiten.[135] Der europäische Vergleich würde in diesen Forschungsfeldern aber – wie erwähnt – schon deshalb naheliegen, weil mit der Bevölkerungsentwicklung verknüpfte Fragen in einem hohen Maß gemeineuropäische Themen darstellten. Welchen Stellenwert international vergleichende Perspektiven in den historisch-demographischen Sektionen der Internationalen Historikerkongresse einnahmen und wie nicht deutschsprachige Kongressteilnehmer die Referate deutschsprachiger Historiker rezipierten, wird daher im Folgenden näher beleuchtet.

Einige geschichtliche und quellenkritische Bemerkungen zu den Internationalen Historikerkongressen

›Bevölkerung‹ und ›Geschichte‹ waren bereits Gegenstand von Verhandlungen der Internationalen Historikerkongresse gewesen, ehe die ›Historische Demographie‹ in den 1920er-Jahren auf internationaler Ebene institutionell aufgewertet wurde. In westeuropäischen Historiographien bildeten Migrationen und kulturelle Begegnung bzw. Konflikt neben der Industriellen Revolution, welche die sozio-demographische Zusammensetzung der Bevölkerung grundlegend verändert hatte, entscheidende gedankliche Ausgangspunkte, von denen aus Bevölkerungsfragen in den historiographischen Diskurs eindrangen. Wie in den vorangegangenen Untersuchungen ausführlich dargelegt, trat ›Bevölkerung‹ deswegen nicht unbedingt gleichberechtigt neben die zeitgenössischen historiographischen Zentralkategorien ›Staat‹ und ›Nation‹. Es ist dennoch bemerkenswert, dass die breite Masse der Bevölkerung bereits seit dem 19. Jahrhundert Gegenstand der historischen Forschung wurde.

Die ›scientific community‹ der Fachhistoriker tagte erstmals 1898 auf internationaler Ebene in Den Haag. Der Internationale Kongress für Geschichtswissenschaften wurde somit im transdisziplinären Vergleich erst relativ spät ein Forum der Historiker. Die Kongressbewegung hatte sich nämlich bereits seit der Mitte

134 Vgl. hierzu u. a. Hettling (Hg.), Volksgeschichten.

135 Vgl. hierzu auch die Argumentation von Stefan Berger, Geschichten von der Nation. Einige vergleichende Thesen zur deutschen, englischen, französischen und italienischen Nationalgeschichtsschreibung seit 1800, in: C. Conrad/S. Conrad (Hg.), Die Nation schreiben, 49-77, hier 70-74. Vgl. auch Heinz-Gerhard Haupt/Jürgen Kocka, Historischer Vergleich: Methoden, Aufgaben, Probleme, in: dies. (Hg.), Geschichte und Vergleich, 9-45, hier 26.

des 19. Jahrhunderts zunehmend verbreitet. Obgleich sie für die Entstehung der modernen ›scientific community‹ eine große Bedeutung hatte, wurde sie in der wissenschaftsgeschichtlichen Forschung bislang weitgehend vernachlässigt.[136] Umso wichtiger ist es zu betonen, dass die Einrichtung von Kongressen einen wichtigen Indikator für die Differenzierung und Professionalisierung wissenschaftlicher Disziplinen darstellte. Kongresse waren »gleichzeitig Ausdruck und Mittel des Wettbewerbs um wissenschaftlichen Rang und Macht«; sie sollten nicht als ein »Votum für einen Internationalismus« verstanden werden, zumal die Gelehrten dazu angehalten waren, sich im Interesse des eigenen Nationalstaats international zu bilden.[137] Peter Burke sah die Entwicklung der internationalen Kongresse von Historikern in einem engen Zusammenhang mit der Ausprägung des westlichen Geschichtsdenkens. Er verglich sie mit internationalen Ausstellungen von Künstlern. In beiden Fällen handle es sich um »eine globale professionelle Kultur«, welche die regionalen Kulturen überlagere. Diese sei zwar nicht einheitlich, jedoch seien ihre »wichtigsten bestehenden Optionen« (also z. B. methodische Ensembles oder fachliche Richtungen) international zugänglich.[138]

Die folgenden Ausführungen setzen mit den 1920er-Jahren ein, als der Aufschwung der Kongressbewegung einen merklichen Dämpfer erfahren hatte: Die gegenseitige Abschottung der nationalen Wissenschaften im Ersten Weltkrieg wirkte sich noch in den ersten Nachkriegsjahren in den Beziehungen der Gelehrten untereinander aus. Der internationale Boykott deutscher Wissenschaftler, den alliierte Wissenschaftsakademien im Herbst 1918 beschlossen hatten, wurde erst 1925/26 gelockert. Im Jahr 1935 wurden die Akademien Deutschlands und Österreichs dazu aufgefordert, in die *Union Académique Internationale* einzutreten. Teilnehmer aus diesen beiden Ländern waren von der Mitarbeit am ersten Internationalen Historikerkongress nach dem Krieg, der 1923 in Brüssel stattfand, noch ausgeschlossen gewesen. Auf der Kongressebene trat erst 1928 eine gewisse Normalisierung der internationalen Beziehungen der Historiker ein: An dem damals in Oslo stattfindenden Internationalen Historikerkongress

136 So jedenfalls Eckhardt Fuchs, Zwischen Wissenschaft und Politik. Die internationalen Historiker- und Orientalistenkongresse vor dem Ersten Weltkrieg, in: Stefan Jordan/Peter Th. Walther (Hg.), Wissenschaftsgeschichte und Geschichtswissenschaft, Waltrop 2002, 352-373, hier 352. Neuere Trends in den Geschichtswissenschaften dürften allerdings künftig die Chancen für die historische Vergleichs- und Transferforschung auch im Bereich der wissenschaftsgeschichtlichen Forschung deutlich vergrößern. Vgl. hierzu u. a. Gunilla-Friederike Budde (Hg.), Transnationale Geschichte: Themen, Tendenzen und Theorien, Göttingen 2006.

137 Brigitte Schroeder-Gudehus, Internationale Kongresse und die Organisation der Wissenschaft: Ein Blick auf die Jahrhundertwende, in: Hartmut Boockmann/Kurt Jürgensen (Hg.), Nachdenken über Geschichte. Beiträge aus der Ökumene der Historiker – in memoriam Karl Dietrich Erdmann, Neumünster 1991, 247-255, hier 247, 249 u. 255.

138 Peter Burke, Westliches historisches Denken in globaler Perspektive – 10 Thesen, in: Jörn Rüsen (Hg.), Westliches Geschichtsdenken. Eine interkulturelle Debatte. Göttingen 1999, 31-52, hier 34.

nahm neben deutschen und österreichischen Historikern erstmals auch eine große Delegation aus der Sowjetunion teil.[139]

Deutsche Geschichtswissenschaftler sahen sich dennoch in ihrer Wahrnehmung zuweilen scheinbar bestätigt, bei internationalen Historikertreffen als Einzelne oder als nationale Gruppe eher an den Rand gedrängt zu sein. Ein deutscher Beobachter der Osloer Historikertagung notierte, dass im Unterschied zu den Vorkriegskongressen, zu denen »durchaus die einzelnen Gelehrten« erschienen waren, »heute« die »Nationen« zusammenkämen. Die internationalen Historikertage trugen somit dazu bei, dass die Unterschiede wissenschaftlicher Traditionen wahrgenommen wurden und die Vorstellung einer Zugehörigkeit zu einer nationalen Historiographie gestärkt wurde.[140] In dieser Haltung spiegelte sich eine mentale Disposition, die sich im Nationalsozialismus bis zu der verqueren Selbstgewissheit von der wissenschaftlichen ›Überlegenheit‹ des eigenen Landes steigern konnte. Die Internationalen Historikerkongresse von Warschau (1933) und Zürich (1938) standen denn auch unter dem Eindruck der nationalsozialistischen Machtübernahme in Deutschland, obgleich offene Grundsatzdebatten zum Faschismus als politisch-sozialer Formation weitgehend ausblieben. Für 1943 war vorgesehen, dass der Kongress in Rom tagen sollte. Doch erst fünf Jahre nach dem »Pariser Rumpfkongress«[141] von 1950, dem ersten großen internationalen Historikertreffen nach dem Zweiten Weltkrieg, konnte die Historikergemeinde in der italienischen Hauptstadt zusammenkommen.

Als Quellengrundlage werden im Folgenden die gedruckten Kurzzusammenfassungen der Vorträge und die Diskussionen zu den einzelnen Referaten herangezogen, die in den Veröffentlichungen des Internationalen Komitees für Geschichtswissenschaften wiedergegeben sind. Das sind zum einen die »Résumés des communications présentées au congrès«,[142] welche die Kurzfassungen der Vorträge enthalten, zum anderen die »Actes du congrès«,[143] in denen die Diskussionen zu den Referaten zusammengefasst sind. Karl Dietrich Erdmanns (1910-1990)

139 Jürgen von Ungern-Sternberg, Wissenschaftler, in: Gerhard Hirschfeld/Gerd Krumeich/Irina Renz (Hg.), Enzyklopädie Erster Weltkrieg, Paderborn u. a. ²2004, 169-176, hier 174 f.; Lutz-Dieter Behrendt, Sowjetische Historiker auf internationalen Historikerkongressen der zwanziger und dreißiger Jahre, in: Comparativ 5-6 (1996), 72-98, hier 76.

140 Hermann Reincke-Bloch, Der sechste Internationale Historikerkongress zu Oslo, in: HZ 139 (1929), 313-322, hier 319 f.; vgl. Gerald Diesener/Matthias Middell, Institutionalisierungsprozesse in den modernen historischen Wissenschaften, in: Comparativ 5/6 (1996), 7-20, hier 15.

141 So Peter Stadler, Internationaler Historikerkongreß im Schatten der Kriegsgefahr: Zürich 1938, in: Boockmann/Jürgensen (Hg.), Nachdenken, 269-281, hier 281.

142 Comité international des sciences historiques (ed.), Résumés des communications présentées au congrès. Vol. 1-11, wechselnde Verlagsorte 1900-1960.

143 Comité international des sciences historiques (ed.), Actes du congrès. Vol. 6-16, Wechselnde Verlagsorte 1928/1929-1985.

Studie »Die Ökumene der Historiker«,[144] welche die Geschichte der Internationalen Historikerkongresse und des *Comité International des Sciences Historiques* (CISH) darstellt, bietet einen ersten Zugang sowohl zur institutionellen Entwicklung der Historikerkongresse als auch zu inhaltlichen Fragen, Methoden und Theorien, die bei diesen Tagungen erörtert wurden. Zur Frage, wie diese Kongressprotokolle, vor allem die gedruckten Diskussionsbeiträge, aus quellenkritischer Sicht zu bewerten sind, gab Erdmann keine systematischen Erläuterungen. Er wies aber auf die Unterscheidung von Mitteilungen (*communications*) und Berichten (*rapports*) hin. Erstere sollten »einzelne Forschungsergebnisse oder Interpretationen« vorlegen, während die Berichte sich darauf konzentriert hätten, den Forschungsstand zu umreißen und noch zu klärende Fragen anzusprechen. Die Grenzen zwischen den beiden Varianten waren jedoch oft fließend.[145]

Um die bei den Kongressen vorherrschende Gesprächsatmosphäre zu rekonstruieren, dürfte es nicht genügen, sich nur auf die gedruckten Protokolle zu stützen. Es ist nicht auszuschließen, dass es bei ihrer Niederschrift zu stilistischen oder inhaltlichen ›Glättungen‹, in einzelnen Fällen sogar zu Auslassungen und Streichungen kam. Ein Hinweis, der diese Vermutung zu stützen scheint, findet sich in einer Studie von Peter Stadler über den Zürcher Historikerkongress 1938: Eine Kontroverse, die der damals bereits aus Deutschland emigrierte deutsch-jüdische Historiker Wolfgang Hallgarten (1901-1975) bei dieser Veranstaltung mit Ernst Anrich austrug und die sich um »kritischere, in Deutschland unbekannt gebliebene Beurteilungen des Kanzlers« [AP: Otto von Bismarck] drehte, habe nämlich »in den Kongreßakten keine Spuren« hinterlassen.[146] Aus diesem Grund ist es erforderlich, an Quellen neben den Protokollen und der Forschungsliteratur auch zeitgenössische Tagungsberichte[147] und lebensgeschichtliche Erinnerungen von Historikern[148] auszuwerten.

Der 5. Internationale Historikerkongress in Brüssel (1923)

Beim ersten Internationalen Historikerkongress nach dem Ersten Weltkrieg, der 1923 in Brüssel tagte, wurden die Zusammenhänge zwischen den zeitgeschichtlichen Erfahrungen der Historiker und ihren individuellen Forschungsschwerpunkten gut sichtbar. Verlauf und Folgen des Weltkriegs weckten unter den His-

144 Vgl. Karl Dietrich Erdmann, Die Ökumene der Historiker. Geschichte der Internationalen Historikerkongresse und des Comité International des Sciences Historiques, Göttingen 1987.

145 Vgl. ebd., 160, 204f.

146 Stadler, Historikerkongreß, 275.

147 Vgl. beispielsweise für den Zürcher Kongress Wolfgang Hallgarten, VIII. Internationaler Kongress für Geschichtswissenschaft, in: Zeitschrift für freie deutsche Forschung 1/2 (1938), 124-132.

148 Vgl. DSHI 100 Keyser 2, Keyser, Mein Werden.

torikern ein »lebhaftes Interesse für den Siedlungsraum der Völker, den Bereich der Kulturverbreitung und alle Veränderungen […], die in diesem Zusammenhang durch Auswanderungen, Invasionen und Kriege verursacht worden waren.«[149] Es überrascht somit wenig, dass Krieg und Migration in den historisch-demographischen Sektionen der auf Brüssel folgenden Historikerkongresse als Forschungsgegenstände ebenfalls häufig miteinander verknüpft wurden. Völkerwanderungen und kriegerischen Invasionen und den dadurch ausgelösten Völkervermischungen galten, wie Cinzio Violante anhand einer Untersuchung dieses Kongresses zeigte, tatsächlich in einem vorher kaum gekannten Ausmaß die Forschungsbemühungen vieler Historiker in Europa.[150] Bei der Brüsseler Tagung selbst spielten Bevölkerungsthemen indes nur eine untergeordnete Rolle. Das Thema erschien bloß in einzelnen Referaten, z. B. in der Sektion VIII »Histoire économique«.[151] Eine eigene historisch-demographische Sektion wurde erst beim folgenden Kongress in Oslo eingerichtet, zu dem erstmals nach dem Krieg wieder deutsche (und österreichische) Historiker zugelassen waren.

Der belgische Wirtschaftshistoriker Henri Pirenne (1862-1935) warnte in seiner viel beachteten Brüsseler Eröffnungsansprache eindringlich davor, nationale Vorurteile in die Geschichtsschreibung einfließen zu lassen. Indem Pirenne die empirischen Grundlagen von Kollektivmetaphern wie ›Volk‹ und ›Rasse‹ anzweifelte und sie als Ausdruck nationalistischen Ungeists kennzeichnete, plädierte er für eine Neubestimmung von Methode und Gegenstandsbereich der Geschichtswissenschaft. Sein Konzept einer Dualität von »kritischer Faktenerhebung und kausaler Zuordnung«, und vor allem sein Plädoyer für die Komparatistik, relativierten im Geist des Historismus wurzelnde Erkenntnisformen und methodische Zugangsweisen der traditionellen europäischen Geschichtswissenschaft.[152]

Die Appelle von Pirenne, der während des Ersten Weltkriegs wegen seiner Weigerung, die Kriegszielpolitik der Invasionsmacht zu unterstützen, selbst in Deutschland interniert worden war, fielen jedoch nicht bei allen Historikern auf fruchtbaren Boden. Einige Referenten ließen nicht davon ab, sogar rassistisch verbrämte völkerpsychologische Theorien über ›die Deutschen‹ zu verbreiten. So ließ sich aus einem Referat des französischen Historikers Georges Blondel (1856-1948) der Schluss ableiten, dass die ganze deutsche Geschichte ›rassisch‹ prädisponiert sei. Blondel setzte sich damit aber umgehend fachlicher Kritik aus: Es gehe nicht an, so ein schottischer Teilnehmer, »alle« Deutschen unter einem Nenner sehen zu wollen, denn dies sei wahrhaftig ein »phantastisches

149 Cinzio Violante, Das Ende der ›großen Illusion‹. Ein europäischer Historiker im Spannungsfeld von Krieg und Nachkriegszeit, Henri Pirenne (1914-1923) – zu einer Neulesung der »Geschichte Europas«, Berlin 2004, 263.

150 Vgl. ebd., 263-265.

151 Vgl. J.[ohn] H.[oward] Clapham (Cambridge), Irish Migration into Britain 1775-1830, in: Compte rendu du Ve congrès international des sciences historiques, Bruxelles 1923, 278 f.; vgl. [Jan St.] Lewinski (Lublin), L'évolution économique est déterminée par des lois, in: ebd., 288 f.

152 Erdmann, Die Ökumene, 121 f.

Unterfangen«.[153] Wie virulent ›völkerpsychologische‹ und rassistische Vorstellungen in westeuropäischen Geschichtswissenschaften in den Nachkriegsjahren waren, mag damit knapp angedeutet sein. Derartige Elemente des historiographischen Diskurses dürften aber, jedenfalls in den westeuropäischen Ländern, eher als Ausläufer der nationalen Hybris des Ersten Weltkriegs zu bewerten sein, die weit davon entfernt waren, einen in der fachlichen Auseinandersetzung hegemonialen Status beanspruchen zu können.

Zur Gründung der ›Commission de démographie historique comparée‹

Die Initiative zur Begründung regelmäßiger historisch-demographischer Sektionen im Rahmen der Internationalen Historikerkongresse ging gemeinsam von der Wirtschafts- und Sozialwissenschaftlerin Sophie Daszyńska-Golińska (1866-1934) und dem Pariser Historiker und Demographen Jean Bourdon (1889-1974) aus.[154] Daszyńska-Golińska, Professorin an der Freien Universität Warschau, Senatorin und Frauenrechtlerin, hatte zahlreiche Schriften veröffentlicht, die Bevölkerungsprobleme aus den verschiedenen Blickwinkeln der historischen Statistik, der Sozialpolitik und der ökonomischen Dogmengeschichte behandelten. Ihre 1891 an der Universität Zürich approbierte Dissertation untersuchte bevölkerungsgeschichtliche Probleme von Zürich im 17. Jahrhundert.[155] Daszyńska-Golińska arbeitete unter anderem 1894 bis 1896 an der *Humboldt-Akademie* in Berlin. Sie gehörte zu jenen international tätigen polnischen Wissenschaftlerinnen, darunter als heute berühmteste die Nobelpreisträgerin Maria Skłodowska-Curie (Marie Curie, 1867-1934), die um die Jahrhundertwende an ausländischen Universitäten studierten bzw. lehrten.[156] Bourdon, neben Daszyńska-Golińska der zweite Initiator der historisch-demographischen Sektion, war »Professeur agrégé« an der Universität und »chargé de cours« am *Institut des hautes études internationales* in Paris. Er hatte sich 1927 an der ersten internationalen Weltbevölkerungskonferenz in Genf beteiligt. Bei den dortigen Diskussionen um die Regelung der Einwanderungspolitik hatte er »moralische Ausgewiesenheit und rassische Zugehörigkeit« als Selektionskriterien genannt,[157] die bei der Steuerung der Migration angewandt werden sollten.

153 Zit. nach ebd., 127 f.

154 Vgl. hierzu und zum Folgenden Commission de démographie historique comparée, in: Bulletin of the International Committee of Historical Sciences 9 (1930), 523-526.

155 Sophie Daszyńska-Golińska, Die Bevölkerung von Zürich im XVII. Jahrhundert. Ein Beitrag zur historischen Städtestatistik, Zürich 1891.

156 Vgl. Francisca de Haan et al. (ed.), A Biographical Dictionary of Women's Movements and Feminisms, Budapest 2006, 102-105.

157 Ursula Ferdinand, Bevölkerungswissenschaft und Rassismus. Die internationalen Bevölkerungskongresse der »International Union of the Scientific Investigation of Population Problems« (IUSIPP) als paradigmatische Foren, in: Mackensen (Hg.), Bevölkerungslehre, 61-98, hier 68. Vgl. zu den internationalen Konferenzen von Statistikern und Bevölkerungswissenschaftlern Petra Overath, Bevölkerungsforschung transnational.

Bei der Gründungssitzung der Kommission legte Sophie Daszyńska-Golińska mögliche Ziele und ein Arbeitsprogramm für eine historisch-demographische Sektion der Historikerkongresse vor. Sie betonte, dass Migrationen von Völkern den Verlauf der Geschichte wesentlich beeinflusst hätten und erwähnte als Beispiel den Untergang der griechischen Kultur und des Römischen Reiches. Auch der körperliche und geistige »Wert« (*la valeur physique et mentale*) der Bevölkerung seien zu untersuchen. Obgleich dies grundlegende Probleme seien, hätten weder die Öffentlichkeit noch die historische Wissenschaft sich ihnen in einem ausreichenden Maß gewidmet. Für die Demographie selbst sei das Studium geschichtlicher Fragen äußerst wichtig, denn »chaque problème démographique a son passé, son histoire et son évolution [...]«.[158]

Ein solches noch zu entwickelndes Fachgebiet beinhaltete demnach Untersuchungen der quantitativen Entwicklung und Struktur sowie zu Fragen nach der qualitativen Beschaffenheit der Bevölkerung. ›Statistische‹ und ›eugenische‹ Erkennntnisinteressen sollten so in historischer Absicht miteinander verknüpft werden. Nicht einzelne Individuen, sondern ›Völker‹ standen im Mittelpunkt der Betrachtung. ›Bevölkerung‹ wurde so als eine Vielzahl vornehmlich ethnisch bestimmter Kollektive gedacht, die ständig in horizontaler Bewegung gewesen seien. Da die historisch-demographische Kommission eine von der Antike bis zur Moderne reichende Perspektive und einen vergleichenden Zugang (der allerdings nicht präzisiert wurde) wählte, beschritt sie thematisch und methodisch *im Prinzip* Neuland. Die leitende Fragestellung war allerdings wenig differenziert, und fundamentale Erklärungsdefizite der Bevölkerungsforschung, die zwischen ›Völkern‹ und ›Bevölkerungen‹ kaum unterschied, wurden nicht angesprochen.

Der 6. Internationale Historikerkongress in Oslo (1928)

Die *Internationale Historische Vereinigung* beschloss, den sechsten internationalen Historikertag in Oslo abzuhalten. Offenbar standen hinter dieser Entscheidung vor allem politische Erwägungen. Norwegen galt nämlich als ein neutraler Staat, der von den früheren Kriegswirren nicht belastet gewesen sei, und die verantwortlichen Organisatoren wollten es Deutschen und Österreichern ermöglichen, wieder an den internationalen Beratungen der Historiker teilzunehmen.[159] Seit der Osloer Tagung war dem Historikerkongress eine *Commission extérieur* zugeordnet, die dazu bestimmt war, die »démographie historique (comparée)« zu

Eine Skizze zu Interaktionen zwischen Wissenschaft und Politik am Beispiel der *International Union of the Scientific Study of Population*, in: dies. (Hg.), Die vergangene Zukunft Europas. Bevölkerungsforschung und -prognosen im 20. und 21. Jahrhundert, Köln-Weimar-Wien 2011, 57-83.

158 Commission de démographie historique comparée, 524 f.

159 So jedenfalls Reincke-Bloch, Historikerkongress, 314.

erforschen.[160] Bei der Tagung traten die bevölkerungsgeschichtlich interessierten Historiker erstmals in einer »Séance spéciale« zusammen, die sich »Histoire et population« nannte.

Daszyńska-Golińska hinterfragte in ihrem Beitrag die aktuelle Relevanz der malthusianischen Übervölkerungsdoktrin, die, gemessen an der relativen Verbesserung des Lebensstandards der Arbeiterschaft, an Erklärungskraft verloren habe. Die »Untervölkerung« sei hingegen eine reale Bedrohung, insbesondere für die »weiße Rasse« (*la race blanche*). Die Demographie wende sich aus diesem Grund als eine soziologische Wissenschaft der »Rassenpolitik« zu. Es gelte das Bevölkerungsoptimum für jedes Territorium und jede Zivilisationsstufe zu ermitteln.[161] Erich Keyser betonte die gestiegene Bedeutung, die bevölkerungspolitische Fragen in Deutschland seit dem Ersten Weltkrieg erfahren hätten. Die deutsche Geschichtswissenschaft sehe sich aufgrund der jüngsten politischen Umbrüche vor die Anforderung gestellt, »die Entwicklung der Bevölkerung des deutschen Volks- und Kulturbodens in volklicher und statistischer Hinsicht quellenmäßig darzulegen«. Interdisziplinär arbeitende ›historische Bevölkerungsforschungen‹, die Historie, Archäologie, Anthropologie, Geographie und Genealogie umfassten, würden neben der nationalstaatlichen »auch die allgemeine europäische Bevölkerungsgeschichte« aufklären, »deren Bearbeitung schon […] Beloch gefordert und erfolgreich begonnen hat«.[162]

Der aus Russland stammende deutsch-jüdische Jurist und Demograph Alexandre M. Koulicher interpretierte in seinem Vortrag die Weltgeschichte als ein komplexes Wechselspiel von Krieg und massenhafter Migration. Die Bewegung der »Völker« erschien bei ihm als Migration der Entwurzelten, wobei der *Circulus vitiosus* von »Not-Krieg-Not« als Erklärungsmodell im Zentrum stand.[163] Sein Bruder Eugen Kulischer, ebenfalls Jurist und Demograph, beschrieb die »Richtungen der Völkerbewegungen« als von mechanisch wirkenden Regelmäßigkeiten abhängig, die sich durch wechselseitige Anziehung und Verstärkung erklären ließen: »Die eine Bewegung zieht die andere nach sich: sei es daß sie in ihrem Rücken ein ›Vakuum‹ erzeugt, welches neue Bewegungen anzieht (eine ›führende‹ Bewegung), sei es daß sie vor sich her ein ›Gedränge‹ erzeugt, das zum Ausgangspunkt neuer Bewegungen wird (eine ›treibende‹ Bewegung).« Hierbei kam ein zyklisches Deutungsschema der Geschichte ins Spiel: Auf Perioden

160 Vgl. Commission de démographie historique comparée, 458 f.

161 Sophie Daszyńska-Golińska, La doctrine de R. T. Malthus, selon les théories démographiques récentes et les faits, in: VIe Congrès international des sciences historiques. Résumés des communications présentées au congrès, Oslo 1928, 25 f.

162 Erich Keyser, Entwicklung und Aufgaben der bevölkerungsgeschichtlichen Forschung in Deutschland, in: ebd., 26-28.

163 Alexandre M. Koulicher, Les guerres et les migrations, in: VIe Congrès international, 29 f. Den Protokollen des Osloer Historikerkongresses ist zu entnehmen, dass Koulicher als Kongressteilnehmer aus Paris verzeichnet wurde. Die Schreibweise von Alexandre M. Koulichers Eigenname ist durchwegs französisch, und zwar im Unterschied zu der seines Bruders Eugen, dessen Eigenname in den Protokollen stets auf Deutsch wiedergegeben wird.

überwiegend nach Westen zielender »Völkerbewegungen« folgten Epochen, die eher von einer gegenläufigen Bewegungsrichtung gekennzeichnet gewesen seien.[164] Zudem nahmen die beiden Kulischers an, »daß die historischen Ursachen der Wanderungsbewegungen in übergreifenden Wechselbezügen zu suchen seien, die es auch zwischen ihnen und kriegerischen Ereignissen geben müsse«. Klaus J. Bade vermutete dahinter die »zeittypische Suche nach einem Brückenschlag zwischen natur- und humanwissenschaftlichen Erklärungen bevölkerungsgeschichtlicher Entwicklungen«.[165]

Der 7. Internationale Historikerkongress in Warschau (1933)

Im Vorfeld des in der polnischen Hauptstadt veranstalteten Kongresses sollten die deutschen Tagungsteilnehmer politisch so indoktriniert werden, dass sie den Zielen des NS-Regimes dienlich sein konnten. Die von Albert Brackmann geleitete P-Stelle Berlin-Dahlem spielte als Scharnier zwischen Wissenschaft und Politik eine Schlüsselrolle. Unter Brackmanns Federführung wurde ein sogenanntes »Vademekum der historisch-politischen Auseinandersetzung zwischen Polen und Deutschland« für die deutschen Teilnehmer des Internationalen Historikerkongresses in Warschau 1933«[166] entworfen. Dieses ›Vademekum‹ listete 31 zwischen polnischen und deutschen Historikern strittige Fragen auf. Es sollte den deutschen Historikern eine angemessene Argumentationsweise gegenüber ihren polnischen Kollegen vorzeichnen.[167] Auf diesem Hintergrund betrachtet, erscheint Erich Keysers im Mai 1945 aufgestellte Behauptung, dass es ihm ein wichtiges Anliegen gewesen sei, bei den internationalen Kongressen der Zwischenkriegszeit mit Bevölkerungsforschern aus dem Ausland in Kontakt zu kommen, dass ihm dies jedoch aus politischen Gründen verwehrt gewesen sei,[168] eher fragwürdig zu sein.

164 Eugen Kulischer, Die Richtungen der Völkerbewegungen, in: VIe Congrès international, 30-33, hier 31.

165 Klaus J. Bade, Historische Migrationsforschung, in: IMIS-Beiträge 20 (2002), 21-44, hier 33; vgl. zu den selbst im Zeichen von Flucht und Emigration stehenden Lebensläufen der Brüder Kulischer ebd., 33-34; zu Eugen Kulischer auch A.[bram] J. Jaffe, E. M. Kulischer (1881-1956), in: Milbank Memorial Fund Quarterly 40 (1962), 187-206.

166 Hg. von der Publikationsstelle des Preußischen Geheimen Staatsarchivs, Berlin (Umdruck), BArch, R 153/723; zit. n. Erdmann, Die Ökumene, 198.

167 Markus Krzoska, Nation und Volk als höchste Werte: die deutsche und die polnische Geschichtswissenschaft als Antagonisten zwischen den Weltkriegen, in: Bernard Linek/Kai Struve (Hg.), Nationalismus und nationale Identität in Ostmitteleuropa im 19. und 20. Jahrhundert, Opole/Marburg 2000, 296-333, hier 307 f. Vgl. zu dem von Albert Brackmann herausgegebenen Sammelband »Deutschland und Polen – Beiträge zu ihren geschichtlichen Beziehungen«, München-Berlin 1933, Haar, Historiker, 118-120.

168 Er, Keyser, sei allerdings nicht wegen seiner Person, sondern aufgrund seiner Eigenschaft als ein Vertreter des »Landesverbandes deutscher Historiker in Danzig« bei den

Im Vergleich zur Osloer Tagung scheint die ›Historische Demographie‹ in Warschau auf ein deutlich größeres Interesse gestoßen zu sein. In der historisch-demographischen Sektion traten erstmals neben Historikern auch Fachstatistiker als Vortragende auf. So stellte etwa der italienische Statistiker Corrado Gini die laufenden bevölkerungswissenschaftlichen Arbeiten des italienischen Komitees vor.[169] Historiker und Statistiker aus Frankreich stellten mit sieben (von insgesamt sechzehn) Referaten die relativ meisten Vorträge der demographischen Sektion des Warschauer Historikertreffens, wobei die umfassende thematische Bandbreite der französischen Demographie deutlich sichtbar wurde. Sie reichte von Untersuchungen zur Geschichte der Bevölkerungspolitik über die Frage des relationalen Einflusses von Geburtlichkeit und Sterblichkeit auf das Wachstum der Bevölkerung, die charakteristischen Typen der Altersverteilung in den französischen Départements bis hin zur Verluststatistik der französischen Armeen zur Zeit der napoleonischen Kriege.[170]

Die deutsche Geschichtswissenschaft war in der historisch-demographischen Sektion hingegen nur mit einem einzigen Vortrag von Keyser vertreten. Dieser beschäftigte sich mit den »Epochen der Bevölkerungsgeschichte Deutschlands«.[171] Die Ur- und Frühgeschichte des ›Deutschtums‹ nahm bei dem Danziger Historiker einen im Vergleich zur jüngeren Geschichte des deutschen ›Volkes‹ proportional größeren Anteil ein. Die »Bevölkerungsgeschichte Deutschlands« begann in der »Älteren Steinzeit«. Es folgten die Zeitalter der Indogermanen, der Germanen, der Kelten und der Illyrier auf »deutschem Boden«. An diese Phase der Expansion schlossen sich Zeiten des demographischen Niedergangs an. Im Frühen Mittelalter seien die deutschen Stämme der Bayern, Franken, Alemannen und Sachsen entstanden. Hingegen sei der deutsche »Bevölkerungsraum« im Hohen Mittelalter von außen bedroht gewesen, so etwa von den Ungarn oder den Westslawen. Im Späten Mittelalter dehnte sich dann der deutsche »Bevölkerungsraum« in einer Weise aus, die zuvor unbekannt gewesen war: »Seine Ostgrenze wurde gesprengt. Deutsches Volkstum ergoss sich bis zum finnischen Meerbusen, über ganz Polen und Ungarn«. Auf eine solche »Kräfte-Anspannung des deutschen Volkskörpers« folgte indes »eine Zeit der Erschlaffung«. Kriege

Kongressen isoliert gewesen. Das Warschauer Treffen habe ihn lediglich dazu angeregt, das Deutsche Städtebuch herauszugeben; DSHI 100, Keyser 2, Keyser, Mein Werden, 44.

169 Vgl. Corrado Gini, I Lavori della Commissione di Demografia Storica, in: VIIe Congrès international des sciences historiques. Résumés des communications présentées au congrès Varsovie 1933. Bd. II, Warsaw 1933, 339-343.

170 Vgl. u. a. Alfred Sauvy, La politique de la population dans l'histoire et la notion de population dirigée, in: ebd., 345-350; Alexandre M. Koulicher, Le cycle de population dans les pays modernes, in: ebd., 354-355; Marcel Moine, Composition de la population par âge dans les départements français de 1851 à 1926, in: ebd., 374-379; Albert Meynier, Les pertes des armées françaises pendant les guerres de la révolution et de l'empire (1792-1815), in: ebd., 370-373.

171 Erich Keyser, Die Epochen der Bevölkerungsgeschichte Deutschlands, in: ebd., 367-370; vgl. auch ders., Die Zeitalter.

und Seuchen verminderten die Bevölkerungszahl Deutschlands erheblich. Erst zu Beginn des 19. Jahrhunderts sei wieder ein »Umschwung« erfolgt: Die Aufhebung der früheren wirtschaftlichen und sozialen Beschränkungen bewirkte »ein fast regelloses Durcheinanderfluten der Bevölkerung«; Binnenwanderung und Massenemigration strukturierten die Bevölkerung Deutschlands völlig neu. Dieser Prozess sei zwar nicht abgeschlossen, jedoch sei bereits jetzt erkennbar, »dass in der Bevölkerung Deutschlands der nationalstaatliche und der völkische Gedanke immer stärker sich geltend« machen würden.[172]

Daneben referierte der Statistiker Friedrich Burgdörfer über die »Dynamik der europäischen Bevölkerungsentwicklung im 19. und 20. Jahrhundert«.[173] Er legte einige seiner Thesen zur europäischen Bevölkerungsentwicklung vor, die er ein Jahr zuvor in seinem Werk »Volk ohne Jugend: Geburtenschwund und Überalterung des deutschen Volkskörpers«[174] veröffentlicht hatte. Burgdörfer versuchte nachzuweisen, dass sich der europäische Bevölkerungsschwerpunkt »immer mehr über Mitteleuropa hinaus nach Osteuropa« verschieben würde. Nicht so sehr Schwankungen der Sterblichkeit oder das Ausmaß der Migrationen galten ihm als entscheidende Triebkräfte der Bevölkerungsentwicklung; als wichtigsten Indikator sah er vielmehr die Entwicklung der »bereinigten« Geburtenrate an, die über das »biologische«, also das »tatsächliche« Bevölkerungswachstum in einem Land Aufschluss gebe.[175]

Indem Burgdörfer die »germanische« von der »romanischen« und der »slawischen« Ländergruppe in Europa abgrenzte und die demographischen Entwicklungen und proportionalen Verschiebungen zwischen diesen Gruppen zum Gegenstand seines Vortrags machte, ließ er implizit erkennen, welches Geschichtsbild seiner Dreiteilung von Völkern und Ländern zugrunde lag: ›Völker‹ als zahlenmäßig bestimmbare Großgruppen, die ihrerseits distinkten ethno-rassischen Einheiten angehörten, bestimmten demnach den Lauf der Geschichte.

Eugen Kulischer, der 1933 noch das Amt eines Dozenten am *Institut für Ausländisches Recht* an der Universität Berlin innehatte, stellte in seinem Referat »Kriege und Wanderungen« eine »Theorie der Völkerbewegungen« auf.[176] Kulischer griff dabei eine Fragestellung auf, die er bereits beim Osloer Kongress thematisiert hatte und aus der die Monographie »Kriegs- und Wanderzüge. Weltgeschichte als Völkerbewegung«[177] hervorging, die er gemeinsam mit seinem Bruder Alexander verfasst hatte. Der Gedanke, dass der Bevölkerungsentwicklung mechanische Gesetzmäßigkeiten zugrunde lagen, war auch Eugen Kulischer vertraut. Unter diesem

172 Keyser, Die Epochen, 368-370.
173 Friedrich Burgdörfer, Dynamik der europäischen Bevölkerungsentwicklung im 19. und 20. Jahrhundert, in: ebd., 359-366.
174 Friedrich Burgdörfer, Volk ohne Jugend.
175 Burgdörfer, Dynamik, 361 f.
176 Eugen Kulischer, Kriege und Wanderungen. Theorie der Völkerbewegungen, in: VIIe Congrès international des sciences historiques, 355-356. Eugen Kulischer dürfte beim Warschauer Kongress 1933 der deutschen Delegation nicht mehr angehört haben.
177 A./E. Kulischer, Kriegs- und Wanderzüge.

übergeordneten Gesichtspunkt erörterte er die »Bedingungen, unter denen ein Bewegungsdrang die gewaltsame Form annimmt«. Die eigentliche Ursache des Ersten Weltkriegs sah er in der »Verstopfung der Wanderwege nach Amerika und Sibirien am Vorabend des Weltkriegs«. Dadurch sei es zu einem vermehrten »Druck der europäischen Völker aufeinander« gekommen, der unmittelbar zum Krieg geführt habe.[178]

Burgdörfer und Keyser stellten übereinstimmend ›Völker‹ in den Mittelpunkt ihrer historisch-demographischen Betrachtungen. Keyser verwob sein Konzept einer »Bevölkerungsgeschichte Deutschlands« mit rassenkundlich-anthropologischen Denkmustern. Während Keyser sich jedoch ausschließlich auf ›das Deutschtum‹ konzentrierte, indem er neben der Kategorie des deutschen ›Volkes‹ jene des (Siedlungs-)›Raums‹ verwendete und den Staat dabei völlig vernachlässigte, stellte Burgdörfer seine Berechnungen auf Grund staatlicher Bevölkerungsstatistiken unterschiedlicher europäischer Länder an. Doch auch Burgdörfer stellte das ›Volk‹ über die ›Bevölkerung‹. Dass jenes das eigentliche Objekt ›bevölkerungsgeschichtlicher‹ Forschung sein sollte, wird klar, wenn man sich vor Augen führt, dass Burgdörfer nicht verwaltungstechnisch konstruierte ›Bevölkerungen‹, sondern ›Völker‹, die er als Sprach- und Abstammungsgemeinschaften begriff, miteinander zu vergleichen suchte. Hermann Aubin, der in Warschau in der Sektion »Mittelalter und Byzanz« referierte, näherte sich einer anderen Thematik und historischen Epoche in ganz ähnlicher Weise an und suchte dabei auch den Faktor der ›Rasse‹ zu bestimmen: Bei seinen Untersuchungen über die »Völkerbewegungen« der »Araber« und »Germanen« in der Spätantike kam Aubin zu dem Schluss, dass für die unterschiedliche Art und Weise, wie diese Völker auf den Niedergang des Römischen Reiches reagiert hätten, »auch die Veranlagungen der Rassen eine Rolle gespielt haben«.[179] Eugen Kulischer sah wie erwähnt im »Druck der europäischen Völker aufeinander« ebenfalls einen auslösenden Faktor für den Ersten Weltkrieg. Das ›Volk‹ wurde somit nicht nur in jenen völkischen Milieus, denen Burgdörfer, Keyser und Aubin zuzurechnen waren, als eine wissenschaftliche Kategorie anerkannt.

Burgdörfers, Keysers und Aubins Volksbegriff, der bei ihnen wesentlich von geopolitischen und rassistischen Annahmen bestimmt war,[180] unterschied sich jedoch grundlegend vom Volksbegriff der beiden Kulischers: Letztere verfolgten eine ›dynamische‹ Auffassung von ›Volk‹, welches sie durchgehend auf Migrationen bezogen. Horizontale Mobilität der Volksmassen bestimmte aus ihrer Sicht die »Weltgeschichte als Völkerbewegung«. In ihre »Lehre von den Völkerbewegungen« bezogen die beiden Kulischers *alle* ›Völker‹ ein, und sie leiteten daraus allgemein gültige – freilich mechanistische – Gesetzmäßigkeiten von Migrationen ab.

178 Kulischer, Kriege, 355 f.

179 Hermann Aubin, Der Einbruch der Germanen und der Araber in die antike Welt, in: Résumés des communications présentées au congrès Varsovie 1933. Bd. I, Warsaw 1933, 95-97, hier 96.

180 Vgl. auch Pinwinkler, Volk, bes. 90-92.

Die völkische Geschichtsauffassung stellte hingegen das deutsche ›Volk‹ ins Zentrum ihrer Betrachtungen, wobei die anderen ›Völker‹ bloß zum Vergleich und nicht etwa als eigenständige Untersuchungsobjekte herangezogen wurden. Migrationen wurde zwar ein großer Stellenwert innerhalb völkischer Geschichtsdeutungen zugeschrieben, die sich zudem häufig auf geschichtliche Perioden bezogen, in welchen Kolonisationen den deutschen ›Volksboden‹ vergrößert hatten. Ausgangspunkt dieser Geschichtsbetrachtung war jedoch nicht a priori die ›Völkerbewegung‹, sondern eher die ›Sesshaftigkeit‹ und der davon abgeleitete genealogische Mythos eines Jahrhunderte überdauernden blutlichen Zusammenhangs von ›Volk‹ und ›Raum‹ bzw. ›Boden‹. Burgdörfer und Keyser instrumentalisierten die Strukturanalysen des ›Volkskörpers‹ nur dazu, um ›Wesen und Werden‹ des deutschen ›Volkstums‹ zu ergründen. Dabei handelte es sich um eine Zweckbestimmung historischer Forschung, die außerhalb international wissenschaftlich anerkannter Denklogiken lag. Von einer derartigen normativen Setzung konnte bei den Kulischers hingegen keine Rede sein. ›Volk‹ bedeutete bei ihnen aber stets ein selbsttätig mechanisch handelndes Kollektiv. Nicht charismatische Führerfiguren bestimmten, wohin das ›Volk‹ migrieren sollte, sondern vermeintliche ›mechanische‹ Wechselwirkungen, etwa jene zwischen »Not – Krieg – Not«, eine »furchtbare Antinomie«, die geradezu ein strukturelles Prinzip der Weltgeschichte darstelle.[181]

Die Referate Burgdörfers und Keysers wurden lebhaft diskutiert. Hingegen wurden die Vorträge von Alexander und Eugen Kulischer nicht erörtert, da sie bei der Sitzung nicht zugegen waren.[182] Jean Bourdon beispielsweise äußerte sich eher zurückhaltend zu Burgdörfers Prognosen. Diese seien ebenso wie die Berechnungen von Alfred Sauvy (1898-1990), die dieser für Frankreich angestellt hatte, nur als Hypothesen aufzufassen. Bourdon konzedierte Burgdörfer, dass »le surplus de l'accroissement de la population est provisoire et apparent«. Dieses Phänomen sei gesamteuropäisch: »Cette diminution existe. On pourra voir si les prévisions de M. Burgdörfer pour les années 1940-1960 seront réalisées.« Burgdörfer antwortete auf diese Stellungnahmen mit einem von diplomatischen Formulierungen übertünchten optimistischen Hinweis auf die gegenwärtige demographische Lage in Deutschland: Die dortige »nationale Wiedergeburt« werde nämlich die »biologische Wiedergeburt« erleichtern. Burgdörfer vergaß dabei nicht das französische Beispiel einer »politique démographique« anzusprechen, welche die Geburtenziffer stabilisiert habe, eine Zielsetzung, die auch die anderen Staaten erreichen könnten.[183]

Wesentlich kritischer rezipierten die anwesenden französischen und polnischen Historiker Keysers Referat. Karol Górski (1903-1987) aus Poznań (Posen) etwa bemängelte, dass Keysers Begriff »Volksraum« nur sehr schwer zu definieren sei. Keyser zog sich daraufhin auf die Position zurück, dass dieser nicht als

181 Vgl. Kulischer, Kriegs- und Wanderzüge, Vorwort, 17, 32 f. u. 47-49.
182 VIIe Congrès international des sciences historiques, 559.
183 Ebd., 559-561.

ein klar abgrenzbares Territorium gedacht sei; vielmehr handle es sich um Gebiete, die von mehreren »Völkern« beeinflusst seien. Ähnlich wie Burgdörfer, der am Ende seiner Replik es allen europäischen »Völkern« anheimstellte, die Bevölkerungsfrage zu lösen, vermied auch Keyser eine tiefgehende Auseinandersetzung mit seinen Kritikern. Er schloss seine Ausführungen mit der pauschalen Bemerkung, dass »Volksräume« nur durch die wissenschaftliche Zusammenarbeit aller »Völker« erforscht werden könnten.[184]

Der 8. Internationale Historikerkongress in Zürich (1938)

Das Zürcher Treffen der Historiker stand unter dem Eindruck der sich ständig verschärfenden ›Sudetenkrise‹. Die Besetzung tschechoslowakischen Staatsgebiets durch das Deutsche Reich stand unmittelbar bevor. Das »sichtliche Bemühen aller Beteiligten, ernsthafte Auseinandersetzungen zu vermeiden«, soll jedoch nach der Aussage eines zeitgenössischen Beobachters dafür gesorgt haben, »daß kein zündender Blitz in diese Stickluft hineinfuhr«.[185] Peter Stadler vermutete, dass die deutsche und italienische Delegation vor allem deshalb nicht versucht hätten, den Kongress offensiv im faschistischen Sinn zu ideologisieren, weil die Sowjetunion keine Vertreter nach Zürich entsandt hatte. Die Vorträge deutscher Kongressteilnehmer seien im Wesentlichen »bei wissenschaftlich unverfänglichen Darbietungen von teilweise sehr hohem Niveau« gewesen. »Von der jungen Parteigarnitur« habe, so Stadler weiter, »einzig der dreißigjährige Ernst Anrich« mit markigen Worten »die Gestaltung des Volkskörpers« als »das eigentlich Reichsbildende« erkannt.[186]

Wenn man hingegen die Tagungsberichte von Hans Joachim Beyer liest, der ebenfalls zu den jungen Parteigängern der NSDAP zählte, erweist sich dieser vermeintlich wissenschaftliche ›Beinahe-Normalzustand‹ doch als eher trügerisch. Bei engagierten Nationalsozialisten innerhalb der deutschen Delegation stießen nämlich besonders einige Vorträge ihrer Schweizer Kollegen auf heftiges Missfallen, das sich jedoch offenbar weniger im Zuge der Verhandlungen des Kongresses selbst äußerte, sondern sich mehr in gedruckten Tagungsberichten deutscher Fachorgane niederschlug. Der Grundkonflikt zwischen den Gastgebern und ihren deutschen Kollegen kreiste demnach um die Frage, ob die ›Nation‹ auf einer Willensentscheidung des Einzelnen beruhe, wie es die Schweizer unter Hinweis auf ihre »vielsprachige Nation« nahegelegt hätten, oder ob sie vielmehr

184 Ebd., 661 f.

185 Hallgarten, VIII. Internationaler Kongress, 124 f. Vgl. im Gegensatz dazu Gunther Ipsens Pläne, beim geplanten 14. Internationalen Soziologenkongress in Bukarest (1939) seine Auffassung einer nationalsozialistischen ›Volksforschung‹ offensiv zu vertreten (siehe Kap. III.6).

186 Vgl. Stadler, Internationaler Historikerkongreß, 274 f.; vgl. auch Laurenz Müller, Diktatur und Revolution. Reformation und Bauernkrieg in der Geschichtsschreibung des »Dritten Reiches« und der DDR, Stuttgart 2004, 145-150.

in »Rasse« und »Sprache« zu verankern sei. Beyer kritisierte seine Schweizer Kollegen deshalb besonders scharf, weil sie die Frieden stiftende Rolle der kleinen Staaten in der europäischen Geschichte hervorgehoben hätten. In diesem »Lob des Kleinstaates« erblickte Beyer unhaltbare »Übertreibungen, die bei dem notwendigen Verzicht auf Machtentfaltung und damit dem Verzicht auf Entfaltung der männlichen Kräfte in der Schweiz [...] psychologisch erforderlich wurden«.[187]

Die Themen, die in der historisch-demographischen Sektion des Kongresses zur Sprache kamen, beinhalteten meist national begrenzte Fragestellungen. Einer der wenigen, vielleicht der einzige aus Deutschland gebürtige Historiker, der das Kongressgeschehen kritisch aus einer antifaschistischen und marxistischen Perspektive beobachtete, war Wolfgang Hallgarten.[188] Dieser bemängelte ganz allgemein die zu geringe Bedeutung, die seiner Meinung nach die meisten der in Zürich versammelten Historiker soziologischen und ökonomischen Theorien und Methoden in der Geschichtswissenschaft zuwiesen. Dies und vor allem das Verhalten der von Zensur und Meinungsterror beherrschten Delegationen der autoritär und totalitär regierten Staaten ließen ihn daran zweifeln, »welchen Zwecken ein solcher Internationaler Kongress der Geschichtswissenschaft unter den heutigen Verhältnissen und in Zukunft überhaupt zu dienen vermag«.[189]

In der Sektion ›Historische Demographie‹ bildeten in Zürich wiederum französische Gelehrte die zahlenmäßig größte und bei den Diskussionen aktivste Gruppe. Der deutsche Historiker Erich Maschke (1900-1982) erblickte in der ›Historischen Demographie‹ (die er distanziert unter Anführungszeichen setzte) geradezu eine »Domäne« der Franzosen, »die sie fast ausschließlich beherrschten«.[190] Weder unter den Referenten, noch unter den Diskussionsrednern schien ein Teilnehmer aus Deutschland auf. Auch Keyser trat in dieser Sektion im Gegensatz zu den beiden früheren Tagungen in Oslo und Warschau nicht in Erscheinung. Stattdessen hielt er in der Sektion »Mittelalter und Byzanz« einen Vortrag über »Die Erforschung

187 Hans Joachim Beyer, Volksdeutsche Fragen auf dem Internationalen Historikerkongreß in Zürich, in: AdVf 2 (1938), 426-428, hier 426f. Vgl. auch K. Brandis Hinweis auf den Vortrag von Karl Meyer (Zürich), der »die fast leidenschaftliche Charakteristik eines Staates« gab, »der sich überall auf dem Gegenpol von Macht und Volkstum rein im Sinne individueller Freiheit gebildet habe«. Karl Brandi, Der Internationale Historikerkongress in Zürich, in: HZ 159 (1939), 214-218, hier 217.

188 Zu den Verfolgungen, die Hallgarten in der NS-Zeit erlitt, gehörte auch, dass ihm die Universität München seinen Doktortitel aberkannte; vgl. Die NS-Geschichte der LMU, in: Münchner Uni.Magazin. Zeitschrift der Ludwig-Maximilians-Universität München 3 (2002), 6-9, hier 7.

189 Hallgarten, VIII. Internationaler Kongress. Das erste Heft der *Zeitschrift für freie deutsche Forschung*, in der dieser Bericht Hallgartens erschien, enthielt übrigens einen Beitrag von ihm zur Sozialgeschichte der deutschen Rassenideologie.

190 Erich Maschke, VIII. Internationaler Kongreß für Geschichtswissenschaft in Zürich, in: Osteuropa 14 (1938/39), 59-61, hier 59f.

der deutschen Städtegeschichte«, in dem demographische Fragen nur einen Aspekt unter mehreren anderen bildeten.[191]

Von den insgesamt 22 Vorträgen, die in der historisch-demographischen Sektion gehalten wurden, stammten 17 von französischen Historikern und Statistikern. Die Fülle der Themen, über die sie referierten, deutete auf die erhebliche thematische Bandbreite der französischen demographischen Forschung,[192] der kein anderes Land bei den Internationalen Historikerkongressen Vergleichbares zur Seite stellen konnte. Desgleichen fällt auf, dass (auch) die französische Historische Demographie überwiegend auf den (eigenen) Nationalstaat ausgerichtet blieb.[193] Bestimmte Erklärungsansätze wie z. B. das Übervölkerungsparadigma, die in der gegenwärtigen historisch- demographischen Forschung häufig kritisch hinterfragt werden,[194] wurden offenbar auf internationaler Kongressebene damals nicht darauf geprüft, auf welchen konzeptionellen Grundlagen sie beruhten. Henri de Montfort (1889-1965) aus Paris referierte beispielsweise über »Le problème du surpeuplement agricole en Pologne depuis 1850«, ohne dass er in der Diskussion zu Begriff und Problematik der ›Übervölkerung‹ befragt worden wäre. Die ›agrarische Übervölkerung‹ scheint, könnte man daraus schließen, von zeitgenössischen Demographen international als ein in manchen Ländern unter bestimmten wirtschaftlichen Bedingungen objektiv durchaus gegebener Zustand gesehen worden zu sein. Diese habe sich im Falle Polens, so der Referent, sogar noch verschlimmert, denn das Ventil der Auswanderung habe nach dem Ersten Weltkrieg aufgehört zu funktionieren.[195]

Exkurs: ›Bevölkerungsgeschichte‹ als eine Erzählung vom ›Verfall der Antike‹ – eine biographisch-mentale Disposition deutscher Historiker?

Die griechisch-römische Antike und der Wandel von der Antike zum frühen Mittelalter[196] erfreuten sich international bei Historikern, die sich mit Bevölkerungsproblemen beschäftigten, eines ausgeprägten Interesses. Dies ist anhand

191 Vgl. VIIIe Congrès international des sciences historiques. Zurich 1938. Actes du congrès, Paris 1939, 321.

192 Vgl. zur Entwicklung von Demographie und Bevölkerungspolitik in Frankreich in den 1930er-Jahren Rosental, L'Intelligence démographique, 17-53.

193 Vgl. allerdings Jean Bourdon, Les idées sur les rapports de la population et la vie économique du VIIIe siècle à nos jours, in: VIIIe Congrès international des sciences historiques, Zurich 1938. Communications présentées, pt. II, Paris, 393-395, Paris 1939, bei dem zwar die französische Bevölkerungsentwicklung im Zentrum der Betrachtung stand, der aber auch auf andere europäische Länder einging.

194 Vgl. u. a. Ehmer, Bevölkerungsgeschichte, 65 f.

195 Henri de Montfort, Le Problème du surpeuplement agricole en Pologne depuis 1850, in: VIIIe Congrès international des sciences historiques, Zurich 1938. Communications présentées, pt. II, 404 f., hier 405.

196 Vgl. zum Untergang der Antike aus forschungsgeschichtlicher Sicht Reinhold Kaiser, Das römische Erbe und das Merowingerreich, München 1993, 47-58.

der hier untersuchten Kongressprotokolle deutlich nachzuvollziehen. Mit Karl Julius Beloch war ein Althistoriker einer der zu seiner Zeit originellsten Erforscher der ›Bevölkerungsgeschichte‹.[197] Demographische Fragestellungen konzentrierten sich, soweit sie von Historikern angesprochen wurden, zwar keineswegs ausschließlich auf die Antike. Im Vergleich zu den historisch-demographischen Studien, die dem Mittelalter, und mehr noch zu jenen, die der Neuzeit gewidmet waren, fällt das relativ starke Gewicht der griechisch-römischen Antike aber doch auf. Ein Grund für dieses verhältnismäßig große Interesse mag darin liegen, dass die Historiographie des Altertums besonders im Vergleich zu den historischen Neuzeitforschungen über eine längere Tradition verfügte, wirtschafts- und sozialgeschichtliche, mithin auch demographische Probleme zu untersuchen.[198] Ähnliche Tendenzen gab es in der Nationalökonomie und Soziologie, wenn man etwa an Max Webers Studien zu den antiken Agrarverhältnissen denkt.[199] Die verbreitete Neigung, der eigenen Gegenwart die ›Modernität‹ der griechisch-römische Antike zur Seite zu stellen, kam bereits in der Debatte zwischen Eduard Meyer und Karl Bücher zum Ausdruck,[200] und sie erregte noch 1930 den Spott des Wirtschaftshistorikers Edgar Salin (1892-1974), der Karl Julius Beloch dafür kritisierte, dass das von ihm entworfene Bild der antiken Wirtschaft »als eine unfreiwillige Karikatur der [ihm] maßgeblichen Fortschrittswelt«[201] erscheine.

Die Diagnose des besonderen Interesses für die Antike unter Historikern dürfte als Erklärungsansatz für sich genommen allerdings nicht genügen. Dass gerade Historiker von der griechisch-römischen Antike so fasziniert waren, lässt sich kollektivbiographisch wohl auch damit begründen, dass bereits die humanistische Bildung vieler künftiger Geschichtsforscher ausgedehnte philologische und historische Studien nach sich gezogen hatte. Eine Forschungsarbeit von Wolfgang Weber vermag diese These indirekt zu stützen. Weber untersuchte Herkunft, Ausbildung und Karriere deutscher Historiker von 1800 bis 1970, wobei er ausschließlich Lehrstuhlinhaber in den Blick nahm. Von 643 Historikern, die das Sample in Webers Arbeit bilden, hatten im Untersuchungszeitraum 534 (83 Prozent von 643) das Humanistische Gymnasium besucht. Oberrealschule und Realgymnasium nahmen jedoch seit 1900, als ausgehend von Preußen ›humanistische‹ und ›realistische‹ Schulformen hinsichtlich der Anerkennung ihrer Reifezeugnisse durch die Universitäten einander formal gleichgestellt wurden, an Bedeutung zu. Eine »gewisse Häufung« von Ordinarien mit Realausbildung stellte Weber bei der ›Wirtschafts- und Sozialgeschichte‹ fest: »Acht Historiker

197 Vgl. das Porträt Belochs in Kap. III.1.
198 Vgl. hierzu Beloch, Lebenserinnerungen, hier 11.
199 Vgl. hierzu Luigi Capogrossi Colognesi, Max Weber und die Wirtschaft der Antike, Göttingen 2004.
200 Vgl. hierzu die Ausführungen in Kap. III.1.
201 Zit. n. Wagner-Hasel, Die Arbeit, 214.

mit diesem Schwerpunkt sind Realgymnasiumsabsolventen, das ist ein knappes Drittel der Gesamtgruppe der Sozial- und Wirtschaftshistoriker.«[202]

Gleich wie verschieden das Interesse an der Antike bei einzelnen Historikern wirklich gewesen sein mag, bot diese den Geschichtsforschern jedenfalls ein breites Arsenal an Denkfiguren und stofflichem Material, das zudem vielfach durch ältere historische Arbeiten aufbereitet und argumentativ umgeprägt worden war.[203] Einige der im Geist des (Neu-)Humanismus aufgewachsenen Historiker verknüpften dieses meist schulische Vorwissen als professionalisierte Wissenschaftler mit der Kenntnis von Bevölkerungsfragen (nicht unbedingt mit der Kenntnis der Methoden der ›Historischen Bevölkerungsstatistik‹!). Gerade der dynamische demographische Wandel der Spätantike – die Veränderungen von Natalität und Mortalität und vor allem die vielfältigen und umfangreichen Migrationsbewegungen in dieser Zeit – bot sich insofern offenbar an, um sich mit diesen Fragen zu befassen. Der Diskurs um den ›Untergang der Antike‹ verfügte über eine längere geistesgeschichtliche Tradition, und er war mit häufig übertriebenen Annahmen über das Ausmaß der damaligen Bevölkerungsverschiebungen verknüpft, die ihrerseits auf die unkritische Rezeption von Zahlenangaben antiker Schriftsteller zurückgingen.[204]

Es scheint ferner ein beliebtes historisches Experiment gewesen zu sein, Theorien gesellschaftlich-demographischer ›Dekadenz‹ am Beispiel der Antike zu erproben und diese prognostisch an Entwicklungswahrscheinlichkeiten der eigenen Gegenwart zu messen. Der demographische Wandel in der Spätantike schien sich dabei als Vergleichsfolie für den als Krisensymptom gedeuteten aktuellen Geburtenrückgang besonders anzubieten. Adolphe Landry (1874-1956) etwa, ein Pariser Statistiker, deutete in seinem Zürcher Vortrag »La dépopulation dans l'antiquité et dans l'époque contemporaine« den antiken wie auch den aktuellen Bevölkerungswandel allerdings jeweils als Phänomene sui generis. Die Kenntnis der antiken Demographie schien ihm aber insofern nützlich zu sein, da sie »nous conduit à d'utiles, à des nécessaires méditations sur les conséquences à atteindre de la présente évolution démographique«.[205]

Es lag wohl wesentlich an einer verbreiteten politisch-kulturellen Krisenmentalität, die Historiker gerade in der Zwischenkriegszeit so häufig auf die Spätzeit des römischen Imperiums blicken ließ. Im Übergangsbereich zwischen römischer Spätantike und Frühmittelalter (er-)fanden Gelehrte ein widerspruchsvol-

202 Wolfgang Weber, Priester der Klio. Historisch-sozialwissenschaftliche Studien zur Herkunft und Karriere deutscher Historiker und zur Geschichte der Geschichtswissenschaft 1800-1970, Frankfurt a. M. u.a. 1984, 93-101.

203 Vgl. u. a. einige jener Monumentalwerke der Geschichtsschreibung, die speziell in bildungsbürgerlichen Kreisen des 19. Jahrhunderts sich großer Beliebtheit erfreuten: Edward Gibbon, History of the Decline and Fall of the Roman Empire, 6 Bde., 1776-88, Leipzig 1805-1807; Theodor Mommsen, Römische Geschichte, 3 Bde., Leipzig 1854-1856, (Bd. 4 nicht ersch.), Bd. 5, Leipzig 1885.

204 Vgl. Josef Schmid, Einführung in die Bevölkerungssoziologie, Reinbek 1976, 17.

205 Adolphe Landry, La dépopulation dans l'antiquité et dans l'époque contemporaine, in: VIIIe Congrès international des sciences historiques, pt. II, 422-424, hier 424.

les Gemenge von kulturellen, politischen, ökonomischen und demographischen Krisensymptomen, die ihnen aus ihrer eigenen Gegenwart her vertraut zu sein schienen. Krisenmentalität, politischer Legitimationsbedarf und das Interesse für Probleme der Alten Geschichte flossen indes besonders bei völkisch orientierten deutschen Historikern zu einem Amalgam zusammen, das in seiner Art einzigartig gewesen sein dürfte.

Harold Steinacker kann hierfür als ein Beispiel gelten. Dieser Innsbrucker Historiker verstieg sich dazu, den vermeintlichen ›Untergang der Antike‹ als eine »rassische« Frage zu deuten.[206] Beim Osloer Kongress hatte er sich damit begnügt, bloß die »Nichtachtung des nationalen Prinzips« und die »Internationalisierung der Kultur und des Staates« als dessen Hauptursachen darzustellen. Steinacker hatte in Oslo erklärt: »Ich bin kein Anhänger Gobineaus. Ich glaube nicht, dass Rasse Schicksal ist.«[207] In Zürich meinte er dann aber, dass das Ende des (west-)römischen Imperiums nicht vom Staat her zu erklären sei. Dieses sei vielmehr eine Folge der »Absorption der vielen Volkstümer« in der Spätantike gewesen. Unterhalb dieser Schicht läge »das biologische Substrat, die rassischen Kräfte«, die es künftig zu erforschen gelte, um »eine umfassende Antwort auf die Frage des Untergangs der Antike« zu geben.[208] Im Kreis jener französischen, polnischen und britischen Historiker, die sich diesem Thema gleichfalls aus einer bevölkerungsgeschichtlichen Sicht her näherten, dürfte sich allerdings niemand gefunden haben, der bereit gewesen wäre, diese Ansicht Steinackers zu unterstützen.[209]

Zu den Internationalen Historikerkongressen in Paris (1950), Rom (1955), Stockholm (1960), Wien (1965) und Moskau (1970)

»Die deutsche Wissenschaft war vorerst nur durch eine Art von Horchposten vertreten, ein halbes Dutzend persönlich Geladener […]. Es bleibe unerörtert, mit welch widerspruchsvoller Mischung von nationaler Scham und Trauer mit aufkeimender abendländischer Hoffnung wir Deutsche uns der freien Welt wiedergegeben sahen.«[210]

206 Vgl. in ähnlicher Weise auch Richard Korherr, Der Untergang der alten Kulturvölker. Eine Statistik in Worten, in: AStA 27 (1937/38), 29-50 u. 447-461; 28 (1939), 72-89 u. 299-321.

207 Harold Steinacker, Volk, Staat, Heimat und ihr Verhältnis bei den romanisch-germanischen Völkern, in: Bulletin of the International Committee of Historical Sciences 7 (1929), 273-301, hier 275; 276.

208 VIIIe Congrès international des sciences historiques, 436.

209 Wenigstens findet sich in den Kongressprotokollen nichts, was dieser Annahme widersprechen würde.

210 Ludwig Dehio, Der internationale Historikerkongreß in Paris, in: HZ 170 (1950), 671-673, hier 672.

»[...] gewiß sind die Streitfragen der westlichen Wissenschaft zwischen einer mehr soziologisch-sozialgeschichtlichen Richtung und einer mehr staatengeschichtlich-politischen nicht ausgetragen worden oder gleich in den Sog ost-westlicher Gegensätze geraten, aber vorhanden waren sie sicher. Die große Leere vieler Diskussionen war in der Hauptsache eine Folge der Lähmung, die durch den Hauptkonflikt hervorgerufen wurde, nicht die Ursache dafür, daß dieser Konflikt so beherrschend hervortrat.«[211]

Nach dem Ende des Zweiten Weltkriegs traf sich die ›Ökumene der Historiker‹ erstmals 1950 in Paris wieder zu einem internationalen Kongress. Die Treffen der globalen Historikergemeinschaft standen seither im Schatten des Ost-West-Konflikts. Die (west-)deutschen Historiker, die an diesen Kongressen teilnahmen, waren allerdings nicht mehr wie in den 1930er-Jahren von den internationalen Entwicklungen in der Geschichtswissenschaft weitgehend abgeschottet. Sie bemühten sich im Gegenteil, wieder Anschluss an die ›scientific community‹ zu gewinnen. Ihr Interesse an der Erneuerung internationaler Beziehungen paarte sich noch mit »nationaler Scham und Trauer«, wie es Hermann Heimpel formulierte, gleichzeitig verwies es aber auf eine »aufkeimende abendländische Hoffnung« und die damit subjektiv verknüpfte Frontstellung der »westlichen« Geschichtswissenschaften gegen die marxistisch-leninistisch dominierte Geschichtsforschung der Sowjetunion und ihrer Satelliten. Von rund 1.350 gemeldeten Teilnehmern reisten aus der Bundesrepublik nur acht Historiker nach Paris. Sie bildeten keine offizielle Delegation, sondern waren als Einzelpersonen Gäste des Kongresses.[212] Die österreichische Geschichtswissenschaft war in Paris hingegen bereits als Delegation mit neun Teilnehmern und einer Teilnehmerin vertreten.[213] Fünf Jahre später fuhren zum Kongress in Rom bereits fast 200 deutsche Historiker. Gerhard Ritter nahm diese hohe Zahl an deutschen Tagungsteilnehmern »mit Genugtuung« als Zeichen für eine Normalisierung der Beziehungen der (west-)deutschen Geschichtswissenschaft zur internationalen ›scientific community‹ wahr.[214]

Andererseits stellte sich Ritter lange Zeit erfolgreich gegen die Bemühungen der DDR-Historiker, in den internationalen Historikerverband aufgenommen zu werden. Der Freiburger Historiker verfügte nicht nur in der westdeutschen Historikerschaft, sondern auch im internationalen Verband über beträchtlichen Einfluss: So stand Ritter dem *Verband der Historiker und Historikerinnen Deutschlands* (VHD), der 1948 als Nachfolger des *Verbands Deutscher Historiker* gegründet worden war, in den Jahren 1949 bis 1953 vor und gehörte dessen Bei-

211 Theodor Schieder, Der XI. Internationale Historikerkongreß in Stockholm vom 21. bis 28. August 1960, in: HZ 193 (1961), 515-521, hier 518.

212 Hermann Heimpel, Internationaler Historikertag in Paris, in: GWU 1 (1950), 556-559, hier 556.

213 Heinrich Fichtenau, Der IX. Internationale Historikerkongreß (Paris 1950), in: MIÖG 59 (1951), 221-224, hier 221.

214 Vgl. Gerhard Ritter, Der X. Internationale Historikerkongreß in Rom, in: HZ 180 (1955), 657-663, hier 663.

rat 1955 bis 1962 an. Das »Comité International« ließ im März 1951 die deutschen Historiker endgültig wieder zu und anerkannte 1956 den ›Verband‹ als einzige legitime Vertretung der deutschen Geschichtswissenschaft. Ritter war 1962 bis 1965 gewählter Vizepräsident des »Comité International«. Dem Nationalkomitee der DDR gelang es erst auf dem 13. Internationalen Historikerkongress in Moskau, drei Jahre nach Ritters Tod, in das CISH aufgenommen zu werden.[215]

Der deutsch-deutsche Systemkonflikt spielte somit unweigerlich in die wissenschaftlichen Auseinandersetzungen auf der Ebene der internationalen Kongresse hinein. Unter Ritters Führung erwiesen sich die westdeutschen Historiker als loyale Adepten von Adenauers Politik der Westintegration. ›Neorankeaner‹ wie Ritter, Hans Rothfels und Karl Dietrich Erdmann nahmen für sich in Anspruch, die bundesdeutsche Geschichtswissenschaft maßgeblich zu repräsentieren. Sie stellten sich gegen marxistische oder als marxistisch verdächtigte Richtungen in der Geschichtswissenschaft und suchten die stärkere Anwendung sozial- und wirtschaftsgeschichtlicher Verfahrensweisen innerhalb der bundesdeutschen Historikerschaft zu verhindern. Selbst westeuropäische Historiographien blieben von Ritters selbstbewusst vorgetragener Kritik nicht verschont, wobei er besonders die französische ›Annales‹-Schule nachdrücklich ablehnte. Darin spiegelte sich nicht zuletzt die Furcht vor kommunistischer ›Unterwanderung‹, die in der damaligen bundesdeutschen Gesellschaft weit verbreitet war. Es kann daher pointiert davon gesprochen werden, dass westdeutsche Historiker aus ihrer Sicht »deutsche Werte gegen den Westen« verteidigten, sich aber gleichzeitig als »Vertreter westlicher Werte gegen den Osten« verstanden.[216] Die bundesdeutsche Historiographie konnte sich daher, bedingt durch einen Generationswechsel und eine neue Bereitschaft zur Öffnung nach außen, erst ab Ende der 1960er-Jahre mit Verzögerung internationalisieren und damit auch modernisieren.[217]

Theodor Schieder konstatierte in seinem Bericht über den Stockholmer Historikerkongress (1960), dass wesentliche »Streitfragen der westlichen Wissenschaft« bei dieser Tagung nicht ausgetragen worden seien. Dies verweist auf die grundsätzliche Problematik der internationalen Historikerkongresse, die sie aus der Zwischenkriegszeit übernommen hatten: Die Tagungen des »Comité International« waren weiterhin weniger Laboratorien für methodische Neuerungen, sondern Foren des nationalen Wettbewerbs und der Repräsentation der Teilnehmerstaaten. Was die Kongresse der Nachkriegszeit von den Tagungen der Zwischenkriegszeit indes unterschied, war die Überlagerung der nationalen Antagonismen durch den nunmehr im Weltmaßstab stattfindenden Systemkonflikt zwischen Ost und West. Andererseits gehörten diese Treffen zu den wenigen Veranstaltungen, bei denen z. B. Historiker aus der BRD und der DDR einander

215 Vgl. Ulrich Pfeil, Deutsche Historiker auf den internationalen Historikertagen von Stockholm (1960) und Wien (1965), in: ders. (Hg.), Die Rückkehr, 305-325, hier 307.

216 Etzemüller, Sozialgeschichte, 306.

217 Dies ist auch das Fazit von Pfeil, Deutsche Historiker, 325.

treffen konnten.[218] Dies änderte aber nichts daran, dass westdeutsche Historiker verstärkt daran zweifelten, welcher wissenschaftliche Wert diesen Kongressen angesichts des auf sie einwirkenden globalen Konflikts noch zuerkannt werden könne. So meinte Ritter, dass beim Kongress in Rom der Eindruck »bloßen Deklamierens an Stelle echten Debattierens« vorgeherrscht habe und eine wissenschaftliche Auseinandersetzung zwischen West und Ost daher nicht möglich gewesen sei. Schieder registrierte beim Stockholmer Kongress »eine eigentümliche Mischung von ideologischem und nationalem Wettbewerb«. Er sprach sich dafür aus, vermeintlichem marxistischen Dogmatismus die »lebendige Wirklichkeit der Geschichte« entgegenzusetzen.[219]

Der Göttinger Historiker Hermann Heimpel, der einer der einflussreichen Kollegen Ritters im westdeutschen Historikerverband war, gehörte zu den wenigen deutschen Besuchern der Pariser Historikertagung. Aus Heimpels Sicht hatte »der Kongress, wie die außerdeutsche Geschichtswissenschaft überhaupt, einen vorherrschend soziologischen Akzent«.[220] Als Beleg erwähnte er den »Bericht über mittelalterliche Demographie«, welcher »exakte Fortschritte über Bevölkerungszahlen in Stadt und Land, Wanderungen, Methodenlehre« vorgestellt habe. Dieser »Rapport collectif« wurde von Carlo Cipolla (1922-2000) (Italien), Jan Dhondt (1915-1972) (Belgien), Michael M. Postan (England) und Philippe Wolff (1913-2001) (Frankreich) gemeinsam vorgestellt. Er beschränkte sich auf die westeuropäischen Länder und suchte die Befürchtung von Demographen zu zerstreuen, dass jede historisch-demographische Forschung, die auf die Zeit vor das 18. Jahrhundert zurückgehe, zum Scheitern verurteilt sei. Die Berichterstatter beriefen sich wesentlich auf Henri Pirenne, der in der Zwischenkriegszeit an international führender Stelle die Bedeutung der ›Bevölkerungsstatistik‹ als Teilgebiet der ›Wirtschafts- und Sozialgeschichte‹ hervorgehoben hatte.[221]

Heimpel betonte in seinem Tagungsbericht ausdrücklich die »Vorzüge der Schule M. Blochs«, die für ihn wesentlich in der »Erweiterung der rechts-

218 So ebd., 305.

219 Ritter, Der X. Internationale Historikerkongreß, 662; Schieder, Der XI. Internationale Historikerkongreß, 521; 518.

220 Heimpel, Internationaler Historikertag, 557.

221 Carlo Cipolla/Jan Dhondt/M. M. Postan/Philippe Wolff, Rapport collectif, in: IXe Congrès international des sciences historiques. Paris, 28 août – 3 septembre 1950. I. Rapports, Section Anthropologie et Démographie, Moyen Âge, Paris 1950, 55-75, hier bes. 56; 75. Die von Pirenne 1933 zusammen mit Gustave Cohen und Henri Focillon veröffentlichte Studie »Le mouvement économique et social« (in: La civilisation occidentale au Moyen Age, du XIe au milieu du XVe siècle, Paris 1933) wurde erstmals 1946 unter dem Titel »Sozial- und Wirtschaftsgeschichte Europas im Mittelalter«, Bern o. J. (1946), in deutscher Sprache veröffentlicht und erlebte bis 1982 fünf Auflagen. – L. Chevalier stellte für die Neuzeitforschung (die »Époque contemporaine« umfasste aus französischer Sicht die Zeit seit der Französischen Revolution) gleichfalls eine zunehmende wirtschafts- und sozialgeschichtliche Ausrichtung fest. Vgl. Louis Chevalier, Rapport, in: IXe Congrès international des sciences historiques. Paris, 28 août – 3 septembre 1950. I. Rapports, Section Anthropologie et Démographie, Époque contemporaine, Paris 1950, 98-109, hier 103.

geschichtlichen Fragestellung zum sozialgeschichtlichen Problem« bestanden. Beim 1956 in Ulm veranstalteten deutschen Historikertag äußerte er sich hingegen abschätzig über die »Schule der Bloch und Febvre [sic!]«, die ihn nur an den eigentlich überwunden geglaubten »Methodenstreit« um Karl Lamprecht erinnerte.[222] Ausgeprägte Skepsis gegenüber einer konzeptionellen Erneuerung der deutschen Geschichtsforschung, sofern sie aus dem ›Ausland‹ angestoßen werde, spiegelte sich auch in verschiedenen Aussagen von Ritter. Dieser hatte beim ersten Nachkriegshistorikertag 1949 in München seine deutschen Kollegen zwar dazu aufgefordert, die nationale Begrenzung ihrer Forschungsinteressen zu überwinden und »endlich herauszukommen aus dem deutschen Ghetto«;[223] zugleich wandte er sich aber scharf gegen die Kritik »ausländischer Historiker«, in Deutschland werde »zu viel Ideen-, zu wenig Wirtschaftsgeschichte und Soziologie getrieben«.[224]

Beim Kongress in Rom legte Ritter seine Beobachtungen zur Entwicklung der Historiographie in dem umfangreichen Bericht »Leistungen, Probleme und Aufgaben der internationalen Geschichtsschreibung zur Neueren Geschichte« nieder. Wie stark der nationale Blickwinkel Ritters Sicht auf die Entwicklung der Forschungslandschaft prägte, machte schon der Umstand deutlich, dass er in dem »Rapport« zuerst die einzelnen Länder darstellte, ehe er dazu überging, allgemeinere Probleme der Geschichtsbetrachtung zu diskutieren. Deutschland schien innerhalb der westlichen Welt zusammen mit Italien den einen Pol der Geschichtswissenschaft zu bilden, der wesentlich auf der idealistischen Tradition der deutschen Geschichtsschreibung beruhte. Frankreich bildete demnach zusammen mit England den anderen Pol, wobei die französische Geschichtswissenschaft den »philosophischen Boden des westeuropäischen Positivismus« mittlerweile verlassen habe und sich zunehmend dem historischen Materialismus anzunähern schien. Ritter griff neuerlich wie schon in Paris besonders die ›Annales‹-Historiker an und wandte sich gegen deren Versuch des interdisziplinären »team work«, welches die schöpferische Einsamkeit des Gelehrten keineswegs zu ersetzen vermöge; andererseits lobte er einige »neuartige« soziologische und typologische Arbeiten aus Deutschland, wobei er Otto Brunners Studien als musterhaft hervorhob.[225]

222 Zit. n. Kaudelka, Rezeption, 133.

223 Zit. n. Cornelißen, Deutsche Geschichtswissenschaft, 20.

224 Heimpel, Internationaler Historikertag, 558; Ritter an F. Valsecchi, 13.11.1955, zit. n. Christoph Cornelißen, »Ausländische Historie« und »deutsche Geschichtswissenschaft«. Gerhard Ritter und die »Verwestlichung« der deutschen Historiografie seit 1945, in: Tobias Kaiser et al. (Hg.), Historisches Denken und gesellschaftlicher Wandel. Studien zur Geschichtswissenschaft zwischen Kaiserreich und deutscher Zweistaatlichkeit, Berlin 2004, 149-170, hier 158 f.

225 Gerhard Ritter, Leistungen, Probleme und Aufgaben der internationalen Geschichtsschreibung zur Neueren Geschichte (16.-18. Jahrhundert), in: X Congresso Internazionale di Scienze Storiche. Relazioni generali e supplementi, vol. VI, Firenze 1955, 169-330, hier 198; 300; 223 f.

In Rom wurden Probleme der politischen Geschichte im Vergleich zur Pariser Vorgängertagung wieder verstärkt diskutiert. Von den westdeutschen Teilnehmern trat vor allem Werner Conze mit einem sozialgeschichtlichen Vortrag hervor: Dieser damals in Münster tätige Historiker referierte über die Entstehung des Proletariats im frühen 19. Jahrhundert, wobei er auf seinen ein Jahr zuvor erschienenen Aufsatz »Vom ›Pöbel‹ zum ›Proletariat‹« zurückgriff. Wie in dem Artikel selbst, führte er auch in diesem Referat den »Pauperismus« auf die angeblich »entfesselte« Geburtenrate der proletarischen Unterschichten zurück, welche die demographische »Tragfähigkeit« bedroht und so staatliche Beschränkungen der Eheschließung notwendig gemacht habe.[226]

Anfang der 1960er-Jahre erfuhren die wissenschaftlichen Aktivitäten im Bereich der internationalen historisch-demographischen Forschung neuerlich einen Schub. Beim Internationalen Historikerkongress in Stockholm konnte an die *Commission de démographie historique comparée* der 1930er-Jahre angeknüpft und wieder eine Internationale Kommission für Historische Demographie ins Leben gerufen werden.[227] In der schwedischen Hauptstadt tagte 1960 auch die erste Internationale Konferenz für Wirtschaftsgeschichte, bei der demographische Phänomene breit diskutiert wurden. Selbst die IUSSP widmete 1961 bei ihrer Tagung in New York eine Sektion dem »Status of Research and Knowledge Concerning Eighteenth Century Populations«. Seither unterhielt die IUSSP eine permanente Kommission für ›Historische Demographie‹, die von Louis Henry geleitet wurde.[228]

Henry legte dem Stockholmer Kongress einen Bericht über die jüngsten Entwicklungen in diesem Fachbereich vor und stieß damit auf breite Zustimmung.[229] Einzig Karl F. Helleiner von der Universität Toronto wollte Henrys methodisch begründete Skepsis, welche dieser bezüglich der Validität der Daten aus der sogenannten vorstatistischen Zeit äußerte, nicht teilen. Für die Sozial- und Wirtschaftsgeschichte könnte nämlich selbst unvollständiges und inadäquates Datenmaterial annäherungsweise Ergebnisse liefern und als Grundlage für

226 Werner Conze, Zur Entstehung des Proletariats in der sozialen Bewegung Deutschlands im 19. Jahrhundert, in: X Congresso Internazionale di Scienze Storiche. Riassunti delle Comunicazioni, vol. VII, Firenze 1955, 356-358, hier 357. Vgl. ders., Vom ›Pöbel‹ zum ›Proletariat‹.

227 Diese Kommission besteht seit dem Jahr 2000, sie hat ihren Sitz in Genf und ist dem *International Committee of Historical Sciences* (ICHS) angegliedert. Vgl. International Commission of Historical Demography (ICHD). URL: http://historicaldemography.net/about.php (2.9.2013).

228 Vgl. D. E. C. Eversley, Demography and Economics: A Summary Report, in: ders., (ed.), Troisième conférence internationale d'histoire économique, Munich 1965, 15-35, hier 15 f.

229 Louis Henry, Développements récents de l'étude de la démographie du passé, in: XIe Congrès international des sciences historiques, Stockholm, 21-28 août 1960. Rapports I. Méthodologie – Histoire des universités – Histoire des prix avant 1750, Uppsala 1962, 89-96.

Schätzungen herangezogen werden.[230] Henry konzentrierte sich in seinen Arbeiten vorwiegend auf das 17. und 18. Jahrhundert: Damit setzte die ›Historische Demographie‹ ihre Untersuchungen nicht mehr mit der Zeit um 1800 an, als Volkszählungen kontinuierliche Zeitreihen zu entwickeln erlaubten, sondern bereits um 1660, mit dem ungefähren Beginn relativ kontinuierlicher demographischer Eintragungen in die Kirchenbücher. Diese Daten sollten mit den gegenwärtigen amtlichen Statistiken des *Institut national de la statistique et des études économiques* (INSEE) kombiniert und zu homogenen statistischen Serien verarbeitet werden.[231] Die historisch-demographische Forschung stieß, wie sich in Stockholm zeigte, mittlerweile nicht nur in Frankreich und allgemein in Westeuropa auf Interesse, sondern auch nordamerikanische Forscher konnten damit zunehmend reüssieren. Historisch-demographische Forschungen, deren Gegenstände in räumlicher Hinsicht nicht der westlichen Hemisphäre zuzurechnen waren, scheinen bei diesem Kongress hingegen kaum Beachtung gefunden zu haben.[232]

Die von Henry maßgeblich repräsentierte historisch-demographische Forschungsrichtung der Familienrekonstitution war um 1960 keineswegs gänzlich unangefochten: René Baehrel (1904-1993), ein in in der französischen historischen Wissenschaft kaum etablierter, wenngleich von Fernand Braudel vorübergehend unterstützter Lehrer an einem Lyceum in Marseille, kritisierte neben Henry vor allem Pierre Goubert. An Henrys Methode bemängelte er, dass der zu erwartende Ertrag den enormen Aufwand, den vorbereitende Recherchen und Auswertungen mit sich brächten, nicht rechtfertigen würde. Baehrel artikulierte damit Ängste einiger Kollegen, die befürchteten, dass die ›Demographie‹ (und die ›Wirtschaftsgeschichte‹) sich auf rein technischer Grundlage weiterentwickeln würden. Offenbar überspannte Baehrel mit seinen Vorstößen aber den Bogen. Er ging nämlich nicht nur gegen Henry und Goubert, sondern auch gegen Ernest Labrousse nahezu gleichzeitig mit methodischen Kritiken vor. Sein Einfluss auf den historisch-demographischen Diskurs spiegelte sich allerdings noch in den Verhandlungen der ersten internationalen Konferenz für ›Historische Demographie‹, die 1963 in Liège stattfand. Dieses Symposion brachte jene Historiker zusammen, die gemeinsam ihre Ansichten gegen Baehrel verteidigten.[233]

230 Vgl. Discussion sur le rapport de M. Louis Henry »Développements récents de l'étude de la démographie du passé«, in: XIe Congrès international des sciences historiques, Stockholm, 21-28 août 1960. Section I, Méthodes et problèmes généraux, Uppsala 1962, 67-70.

231 Vgl. Rosental, Thirteen Years of Debate, 238.

232 Vgl. etwa Woodrow Borah/Sherburne F. Cook, New Demographic Research on the Sixteenth Century in Mexico: the Social and Economic Effects of Catastrophic Loss of Population, in: XIe Congrès international des sciences historiques, Stockholm, 21-28 août 1960, Résumés des communications, 46-48. Von den in Stockholm anwesenden deutschen Historikern meldete sich übrigens einzig Karlheinz Blaschke (Halle) in der Diskussion zu Henrys »Rapport« zu historisch-demographischen Fragen zu Wort.

233 Rosental, Thirteen Years of Debate, 233-236.

Beim 1965 in Wien stattfindenden Historikertreffen trat neuerlich die auf der internationalen Kongressebene fortbestehende Dominanz der französischen historisch-demographischen Forschung zu Tage. Deutsche und österreichische Historiker beteiligten sich weiterhin kaum an der Weiterentwicklung dieses Forschungsfelds. Die Vorreiterrolle der französischen Geschichtswissenschaft auf dem Gebiet der ›Historischen Demographie‹ führte nach Auffassung des Wiener Historikers Erich Zöllner dazu, dass französische Forscher die europäische Bedeutung der Bevölkerungsgeschichte Frankreichs besonders hervorhoben.[234] So beschrieb Marcel Reinhard (Paris) in seinem Vortrag zur »Bilan du Monde en 1815« Frankreich als »Nation-Pilote«: Im Übergang vom »Ancien régime« zur industriellen Gesellschaft habe sich, ausgehend von Frankreich, der Trend zur Geburtenbeschränkung und zur Verringerung der Sterblichkeit, aber auch die im Allgemeinen feststellbare Zunahme der Zahl der Heiraten in weiten Teile Europas verbreitet: Der Französischen Revolution und der Industriellen Revolution entsprach demnach eine »demographische Revolution«, deren Doktrin Malthus entworfen hatte und welche die Franzosen selbst als Erste und am wirksamsten umgesetzt hätten.[235] Der starken Betonung der Französischen Revolution als Triebkraft eines globalen Epochenumbruchs widersprachen allerdings in Wien anwesende angloamerikanische Historiker, die auf von der Französischen Revolution unabhängige historische Entwicklungen hinwiesen. Diese Kontroverse erinnerte an die Debatte um die Theorie der atlantischen Revolution, die US-amerikanische Historiker beim Kongress in Rom 1955 entfacht hatten. Diese hatte damals auf Frankreich selbst übergegriffen, wobei Marcel Reinhard zusammen mit Georges Lefèbvre (1874-1959) zu jenen gezählt hatte, welche die Bedeutung der Französischen Revolution als Epochenscheide verteidigten.[236]

Im Jahr 1970 fand der Internationale Historikerkongress in Moskau statt. Rund 3.500 Historiker aus 46 Ländern nahmen an der Großveranstaltung teil, die wieder einmal von der weltpolitischen Lage überschattet wurde: Das englische und das norwegische Nationalkomitee nahmen nämlich die Niederschlagung des ›Prager Frühlings‹ durch Truppen des Warschauer Pakts (1968) zum Anlass für ihre Entscheidung, beim Moskauer Kongress nicht als Delegation, sondern nur durch Beobachter vertreten zu sein. Auch bei dieser Tagung galt der Erörterung des Verhältnisses zwischen Geschichts- und Sozialwissenschaften sowie der Anwendung quantitativer Methoden ein besonderes Interesse. Theodor Schieder, der seit 1967 Vorsitzender des westdeutschen Historikerverbandes war, beteiligte sich an dieser Debatte mit einem Referat über »Unterschiede der his-

234 Erich Zöllner, Bericht über den 12. Internationalen Historikerkongreß, in: MIÖG 73 (1965), 437-445, hier 439.

235 Marcel Reinhard, Bilan démographique de l'Europe 1789-1815, in: XIIe Congrès international des sciences historiques, Vienne, 29 août – 5 septembre 1965, Grands thèmes, Wien 1965, 451-471, hier bes. 451; 469.

236 Vgl. Zöllner, Bericht über den 12. Internationalen Historikerkongreß, 439 f.; Manfred Kossok, 1789 – Versuch einer Positionsbestimmung, in: ders./Edith Kroß (Hg.), 1789. Weltwirkung einer großen Revolution, Bde 1-2, 1, Vaduz 1989, 1-31.

torischen und der sozialwissenschaftlichen Methode«. Er stellte fest, dass Geschichts- und Sozialwissenschaften über ein gemeinsames Forschungsobjekt verfügten. Die Sozialwissenschaften gingen aber eigentlich ahistorisch vor, während die Geschichtswissenschaft es mit historisch abgeschlossenen Vorgängen zu tun habe.[237] In der Bundesrepublik äußerte sich etwa zur selben Zeit – um 1970 – erstmals zaghafte Kritik an derartigen programmatischen Positionen, welche die beiden Rothfels-Schüler Werner Conze und Theodor Schieder gegenüber der deutschen und der internationalen Fachöffentlichkeit mit normativem Anspruch durchzusetzen suchten.[238]

Zusammenfassend kann festgehalten werden, dass führende bundesdeutsche Historiker in den 1950er- und 1960er-Jahren der wesentlich nationalstaatlich bestimmten Ausrichtung der deutschen Geschichtsschreibung auf internationaler Ebene weiterhin Anerkennung zu verschaffen suchten. Ihre weitgehende Selbstbeschränkung auf idealistische sowie politik- und ereignisgeschichtliche Traditionen (Ritter, Heimpel) bzw. die ›Strukturgeschichte der Moderne‹ (Conze, Schieder) war eine der Folgeerscheinungen der intellektuellen Selbstisolierung der deutschen Historiographie, die seit dem Ersten Weltkrieg, der »Urkatastrophe Deutschlands«[239] und Europas, die Entwicklung der internationalen Historikerkongresse wesentlich geprägt hatte. Die Favorisierung politischer Ereignisse oder demographischer Strukturen und Prozessen der ›Nation‹ oder des ›Volks‹ bildete indes keine deutsche Besonderheit. Diese Begrenzung der historisch-demographischen Interessen auf das vermeintlich ›Eigene‹ kennzeichnete vor wie auch nach 1945 die meisten Referate und Diskussionen, die bei den bevölkerungswissenschaftlichen Sektionen der Historikerkongresse abgehalten wurden. Selbst der Rassebegriff kam vor 1945 gelegentlich in den Diskussionen vor, so etwa, als Sophie Daszyńska-Golińska 1928 davor warnte, dass die ›weiße Rasse‹ in ihrer Gesamtheit durch Geburtenrückgang und globale ›Übervölkerung‹ bedroht würde.

Obzwar eine dichotomische Unterscheidung zwischen ›westlichem‹ Nationsverständnis und ›deutschen‹ Utopien der ›Volksgemeinschaft‹ fragwürdig zu sein scheint, ist doch darauf hinzuweisen, dass deutsche und westeuropäische Historiker spätestens seit 1933 intellektuell weiter auseinanderdrifteten: Deutsche Historiker grenzten ›Bevölkerungs-‹ und ›Volksgeschichte‹ bereits vor 1945 von einer als westlich-liberal verstandenen ›Demographie‹ ab; hinter dem Begriff ›Volksforschung‹

237 Theodor Schieder, Unterschiede zwischen historischer und sozialwissenschaftlicher Methode, in: XIII Meždunarodnyj Kongress Istoričeskich Nauk, Moskva, 16-23 avgusta 1970 goda. Tom I, Moskva 1973, 51-76, hier 52.

238 Vgl. Etzemüller, Sozialgeschichte, 339f. Erstmals berieten die Historiker in Moskau auch die Frage, welche Möglichkeiten der Einsatz der elektronischen Datenverarbeitung der historischen Forschung eröffnen könnte. Speziellere historisch-demographische Forschungsthemen waren bei diesem Kongress laut Tagungsprogramm nicht vertreten. Vgl. Karl Jordan, Der 13. Internationale Historikerkongreß in Moskau vom 16.-23. August 1970, in: HZ 211 (1970), 518-524.

239 So der paradigmatische Begriff von Wolfgang J. Mommsen, Die Urkatastrophe Deutschlands. Der Erste Weltkrieg 1914-1918, Stuttgart 2002.

(bzw. ›Volksgeschichte‹) verbargen sich jedoch in deutschsprachigen Forschungskontexten neben anderen *auch* ›demographische‹ Fragestellungen, Denkfiguren und Theoreme. Nach 1945 spielten offen rassentypologisch argumentierende deutsche ›Volksforschungen‹ bei den Internationalen Historikerkongressen keine Rolle mehr. ›Eugenisch‹ und ›völkerpsychologisch‹ orientierte Denkmodelle, die selbst in Großbritannien und Frankreich bislang zumindest diskursiv verfügbar gewesen waren, hatten ihre historiographische Bedeutung weitgehend eingebüßt. Westeuropäische historisch-demographische Forschungen, die international zunehmend an Bedeutung gewannen, wurden in der Bundesrepublik zwar rezipiert. Anhand der Kongressprotokolle lässt sich indes kein substanzieller fachlicher Dialog zwischen westdeutschen und westlichen Bevölkerungswissenschaften nachweisen, der davon gekennzeichnet gewesen wäre, dass die deutsche Seite zu einem Methodentransfer bereit gewesen wäre. Dies lässt sich mit dem hinhaltenden Widerstand erklären, den deutsche ›Neorankeaner‹ wie Gerhard Ritter einer an westeuropäischen und US-amerikanischen Vorbildern geschulten, stärker sozialwissenschaftlichen Ausrichtung der deutschen Geschichtswissenschaft entgegenbrachten.

Die internationalen Kongresse bildeten somit weiterhin in erster Linie Foren der wechselseitigen Beobachtung und teils auch Abgrenzung. Mit Theodor Schieder und Werner Conze traten seit den 1950er-Jahren zwei deutsche Historiker auf der internationalen Kongressbühne auf, die selbst in nationalsozialistischen und völkischen Forschungskontexten sozialisiert worden waren. Die von ihnen praktizierte ›Struktur-‹ und ›Sozialgeschichte‹ lässt sich als um soziologische und ökonomische Problemstellungen erweiterte Politikgeschichte beschreiben. Conze und Schieder scheuten zwar nicht die intellektuelle Auseinandersetzung mit der außerdeutschen wirtschafts- und sozialhistorischen Forschung; sie gehörten jedoch nicht zu jenen meist jüngeren Historikern, welche die westdeutsche Geschichtsforschung Anfang der 1970er-Jahre offensiv zu einer ›Historischen Sozialwissenschaft‹ weiterentwickeln wollten.[240] Das bei Schieder und Conze auf methodischer Ebene sichtbare Weiterwirken volksgeschichtlicher Theoreme lässt sich exemplarisch anhand der von ihnen vertretenen ›demographischen‹ Denkfiguren aufzeigen: So stellte Conze beim Kongress in Rom (1955) eine von ihm variierte Spielart des ›Pauperismus‹ vor, den er als vom demographischen Faktor des ›Bevölkerungsdrucks‹ ausgelöst ansah. Die dadurch anscheinend hervorgerufene Gefährdung der herrschenden Gesellschaftsordnung des frühen 19. Jahrhunderts konnte er so wesentlich mit Hinweis auf sozialstrukturelle Umwälzungen erklären. Deren empirische Evidenz dürfte allerdings aus damaliger wie auch aus heutiger Sicht überaus zweifelhaft sein.

240 Für die Begründung einer ›Historischen Sozialwissenschaft‹ waren die programmatischen Bemühungen von H.-U. Wehler wegweisend, der das Verhältnis der Geschichtswissenschaft zu Soziologie, Ökonomie und Psychoanalyse neu zu bestimmen suchte: Vgl. hierzu Hans-Ulrich Wehler, Geschichte als Historische Sozialwissenschaft, Frankfurt a. M. 1973.

4. Provinzialisierte Institutionalisierung

Institutionen und Forschungsnetzwerke, die wissenschaftlichen Forschungen auf einem bestimmten Gebiet eine gemeinsame Richtung geben, die zu ihrer verstärkten Koordinierung beitragen und längerfristig die Anerkennung einer bestimmten Disziplin innerhalb der ›scientific community‹ maßgeblich vorantreiben, bilden eine wesentliche Voraussetzung für die Selbstverständigung von Wissenschaftlern über relevante Forschungsfragen und methodische Strategien. Der Grad des institutionellen Ausbaus eines Fachs oder einer Fachrichtung ist einer der Faktoren, die Aufschluss darüber vermitteln, welcher Stellenwert dieser Disziplin im akademischen Feld zuerkannt wird.[241]

Im Unterschied zu anderen Ländern, insbesondere zu England, entstand in Deutschland und Österreich kein koordinierendes Forschungszentrum, das in der Lage gewesen wäre, historisch-demographische Forschungen methodisch zu vereinheitlichen. Der in der Überschrift dieses Abschnitts angeführte Leitbegriff der ›provinzialisierten Institutionalisierung‹ soll hier so verstanden werden, dass Bestrebungen zur Institutionalisierung derartiger Forschungen wenig nachhaltig waren und diese meist von der Peripherie der etablierten Geschichtsforschung her an sie herangetragen wurden. Nach dem Zweiten Weltkrieg wurden in der Bundesrepublik Deutschland zwar zahlreiche Lokalstudien angefertigt, die auf den im ›Dritten Reich‹ angefertigten ›Ortssippenbüchern‹ beruhten. Eine institutionalisierte Bündelung dieser Forschungen erfolgte allerdings nicht, was mit dazu beigetragen haben dürfte, dass ihre wissenschaftliche Qualität sehr unterschiedlich war.[242] ›Historische Bevölkerungsforschungen‹ entbehrten methodischer Einheitlichkeit und erschwerten damit Vergleichsmöglichkeiten zwischen den einzelnen Studien. Gab es in Deutschland gleichwohl Forschungseinrichtungen, welche die Disziplinbildung ›historischer Bevölkerungsforschungen‹ voranzutreiben suchten? Falls ja, welchen Anteil hatten derartige Institutionen an ihrem Erfolg oder Scheitern?

Lehrstühle, Tagungen, Fachgesellschaften

Nach Gabriele Lingelbach lassen sich drei Typen von geschichtswissenschaftlichen Institutionen voneinander abgrenzen: Institutionen der akademischen Ausbildung sind demnach für das Fach von zentraler Bedeutung. Neben den Universitäten als erstem Typ gibt es eine Vielzahl weiterer staatlicher und privater Einrichtungen, in denen Geschichte erforscht und gelehrt wird. Zu den wichtigsten Institutionen des außeruniversitären Bereichs, an denen im Untersuchungszeitraum dieser Arbeit in

241 Vgl. hierzu Karl-Siegbert Rehberg, Die stabilisierende »Fiktionalität« von Präsenz und Dauer. Institutionelle Analyse und historische Forschung, in: Bernhard Jussen/Reinhard Blänkner (Hg.), Ereignis und Institutionen, Göttingen 1998, 381-407, sowie für die englische und französische historisch-demographische Forschung das Kap. IV.2.

242 Vgl. Ehmer, Bevölkerungsgeschichte, 60.

den Geschichts- und Bevölkerungswissenschaften geforscht wurde, gehörten die Akademien. Dem dritten Typ sind schließlich »Institutionen der innerfachlichen Öffentlichkeit, der formellen und informellen Kommunikation« zuzuordnen. Dazu zählen Historische Vereine und Verbände sowie geschichtswissenschaftliche Arbeitskreise oder Fachzeitschriften als wesentliche Vermittler geschichtswissenschaftlichen Wissens.[243]

Für die Universitäten selbst vermitteln die Aufgabenbezeichnungen von Lehrstühlen und die an diesen propagierten Forschungsschwerpunkte Aufschluss darüber, welche Bedeutung einer bestimmten Fachrichtung institutionell zugeschrieben wurde. Aussagen über den Grad ihrer Institutionalisierung vermittelt u.a. die Frage, ob mit der ordentlichen Professur etwa ein besonderes Forschungsinstitut verbunden war, und welche materielle Ausstattung dieses aufwies. Dazu gehört auch die Frage, wie die Lehrstuhlbezeichnungen im Lauf der Zeit neu akzentuiert wurden und inwieweit derartige Änderungen Verschiebungen in den relationalen Gewichtungen der einzelnen Disziplinen und Forschungsfelder reflektierten.[244]

Wolfgang Köllmann war 1964 bis 1990 Inhaber des Lehrstuhls für Wirtschafts- und Sozialgeschichte an der Universität Bochum. Fünf Jahre nach seiner Berufung ließ er im Zuge von »Bleibeverhandlungen« die Bezeichnung seines Lehrstuhls um ›Demographie‹ erweitern. Die ›Historische Demographie‹ war damit im Jahr 1969 unter dieser Bezeichnung erstmals institutionell an einer bundesdeutschen Universität verankert.[245] ›Demographie‹ schien dabei als Bestandteil des Fachs ›Wirtschafts- und Sozialgeschichte‹ auf. Schon zuvor waren deutsche und österreichische Historiker, die sich mit Bevölkerungsproblemen befasst hatten, häufig fachlich ausgewiesene Wirtschafts- und Sozialhistoriker gewesen. Dies galt beispielsweise für den habilitierten Nationalökonomen Wilhelm Abel, der 1946 zunächst einen Lehrstuhl für Agrarpolitik und ab 1964 eine ordentliche Professur für Wirtschafts- und Sozialgeschichte in Göttingen innehatte. Michael Mitterauer, der in den 1970er-Jahren die ›Historische Familienforschung‹ in Österreich maßgeblich vorantrieb, hatte sich 1969 habilitiert und war seit 1973 ebenfalls ordentlicher Professor für Wirtschafts- und Sozialgeschichte an der Universität Wien.

Die Benennung der Lehrkanzel[246] von Hermann Wopfner, der 1914 bis 1941 Ordinarius für Österreichische Geschichte und Wirtschaftsgeschichte an der

243 Gabriele Lingelbach, Institutionelle Rahmenbedingungen disziplinärer Standardisierungsprozesse – ein amerikanisch-französischer Vergleich, in: Eckel/Etzemüller (Hg.), Neue Zugänge, 110-134, hier 112f. Vgl. zu den Fachzeitschriften Kap. IV.5.

244 Vgl. zum Folgenden die Angaben zu den jeweiligen Akteuren im Kap. III sowie in den Kurzbiographien im Anhang dieser Arbeit.

245 Köllmanns Arbeitsrichtung wurde auch von seinen Mitarbeitern und Mitarbeiterinnen fortgeführt. Vgl. u.a. von Nell, Die Entwicklung. Vgl. hierzu Kap. III.8.

246 Im Unterschied zu Deutschland wurde an den österreichischen Universitäten für ›Lehrstuhl‹ (Ordinariat) der Begriff ›Lehrkanzel‹ verwendet. ›Lehrstuhl‹ ist eine Lehnübersetzung aus dem griechisch-lateinischen ›cathedra‹, was mit ›Lesestuhl‹ umschrieben werden kann und den erhöhten Stuhl des Lehrers an einer Universität bezeich-

Universität Innsbruck war, reflektierte hingegen nur bedingt die volkskundlichen und siedlungsgeschichtlichen Forschungsinteressen dieses Gelehrten. Der Name des *Instituts für geschichtliche Siedlungs- und Heimatkunde der* Alpenländer, das Wopfner 1923 an der Universität Innsbruck begründete, wies auf diese fachlichen Schwerpunkte mit größerem Nachdruck hin. Die Breslauer Professur von Hermann Aubin, dem Mitbegründer des *Instituts für geschichtliche Landeskunde der Rheinlande* in Bonn, bezog sich auf ›Mittelalterliche Geschichte, Verfassungs- und Wirtschaftsgeschichte sowie geschichtliche Landeskunde‹. Diese relativ umfassende Lehrstuhlbezeichnung beanspruchte Forschungsfelder wie die Mediävistik, die im Kanon der historischen Forschung längst verankert waren, inhaltlich mit der von Aubin propagierten ›Historischen Landeskunde‹ zu verknüpfen. Die Bezeichnung der ordentlichen Professur ›für mittelalterliche und neuere Geschichte‹, die Aubin 1946 bis 1954 an der Universität Hamburg innehatte, ordnete sich im Vergleich dazu formal eher in konventionelle Traditionen der deutschen Geschichtswissenschaft ein.

Seit den 1930er-Jahren schlug sich der Aufschwung völkisch und nationalsozialistisch geprägter Forschungen in der Schaffung von thematisch einschlägigen Professuren nieder. Selbst verhältnismäßig subtile semantische Verschiebungen, wie sie in den begrifflichen Beschreibungen der Forschungsgegenstände einzelner Fachgelehrter auftraten, konnten sich dabei in entsprechend wechselnden Lehrstuhlbezeichnungen niederschlagen: Adolf Helbok sollte so, nachdem er 1935 als ordentlicher Professor ›für Deutsche Landes- und Volksgeschichte‹ an die Universität Leipzig berufen worden war, unter dieser Aufgabenbeschreibung an die von Karl Lamprecht begründete und von Rudolf Kötzschke weitergeführte Tradition anknüpfen. Als Helbok 1941 nach Innsbruck zurückkehrte, richtete die Universität dort ein für ihn maßgeschneidertes Ordinariat ›für Volkskunde und Volkstumsgeschichte‹ ein. Die Innsbrucker Universität unterstützte damit Helboks Absicht, die von ihm selbst favorisierte Spielart der ›Volksgeschichte‹ unter der Bezeichnung ›Volkstumsgeschichte‹ in den akademischen Diskurs einzuführen.

Besonders jene Lehrstühle, die an den in Grenznähe gelegenen Universitäten eingerichtet wurden, erhielten oft vermeintlich zeitgemäße Aufgabenbeschreibungen – wie etwa im Fall der 1941 erfolgten Berufung von Günther Franz an die ›Reichsuniversität Straßburg‹. Ebenso deutlich ist in individuellen Laufbahnen, die sich über 1945 hinweg erstreckten, die wenigstens formale Abkehr von den Lehrstuhlbezeichnungen aus der NS-Zeit erkennbar: So erhielt Werner Conze noch 1944 die Stellung eines außerplanmäßigen Professors ›für Agrar- und Siedlungsgeschichte sowie Geschichte der völkischen Sozialentwicklung‹ an der ›Reichsuniversität Posen‹, die er wegen seiner Einberufung zum Kriegsdienst allerdings nicht mehr antreten konnte. 1952 zunächst mit einer außerordentlichen Professur ›für Zeit-, Sozial- und Wirtschaftsgeschichte‹ an der Universität

nete. Vgl. Ulrich Ammon, Die deutsche Sprache in Deutschland, Österreich und der Schweiz. Das Problem der nationalen Varietäten, Berlin 1995, 37.

Münster ausgestattet, erreichte Conze schließlich 1957 den Gipfel seiner akademischen Laufbahn, als er zum Heidelberger Ordinarius für Neuere Geschichte aufstieg. Eine Ausnahme von dieser Regel stellte Walter Kuhn dar,[247] der 1955 an der Universität Hamburg mit maßgeblicher Unterstützung von Hermann Aubin einen Lehrstuhl für ›Siedlungsgeschichte und Volkstumsforschung namentlich Ostdeutschlands‹ übernehmen konnte. Sonst wiesen die Aufgabenbeschreibungen der bundesdeutschen Ordinariate keine ›ostdeutschen‹ Bezüge mehr auf.

Abgesehen von Lehrstühlen und (Forschungs-)Instituten, die an Universitäten angesiedelt waren, können vor allem wissenschaftliche Tagungen, Arbeitskreise und Kongresse als Instanzen akademischer Sozialisation und Professionalisierung angesehen werden. Je nachdem, wie regelmäßig derartige Veranstaltungen abgehalten wurden, vermögen sie darüber Aufschluss zu geben, inwieweit sich ein Fachgebiet in der akademischen Landschaft bereits etabliert hatte bzw. ob Forschungen auf einem bestimmten Gebiet sich bereits so weit Anerkennung verschafft hatten, dass sie sich institutionell und teilweise auch personell verstetigen konnten. Eine zunehmende institutionelle Verdichtung kann für die ansonsten thematisch heterogenen ›Volksforschungen‹ der 1920er- bis 1940er-Jahre – wie in dieser Studie bisher dargestellt – problemlos erwiesen werden. Gleichzeitig dürften die spezifischen polykratischen Machtstrukturen innerhalb des NS-Wissenschaftssystems[248] die institutionelle Dezentriertheit sogenannter deutscher ›Volksforschungen‹ begünstigt haben. Projekte wie das »Handwörterbuch des Grenz- und Auslanddeutschtums« oder das »Deutsche Städtebuch« von Erich Keyser führten zudem nicht über konventionelle methodische Traditionen der historischen, geographischen und statistischen Landesforschung hinaus. Sie bildeten wissenschaftsorganisatorische Unternehmungen, die den Trend zur »Großforschung«[249] von den Naturwissenschaften auf die Geistes- und Sozialwissenschaften ausweiteten.

Historische Bevölkerungsfragen spielten im Kontext der ›Volks-‹ und ›Landesforschungen‹ stets eine mehr oder minder ausgeprägte Rolle; ›Landes- und Städtegeschichte‹, ›historische Siedlungs-‹, ›Migrations-‹ und ›Raumforschung‹, ›historische Genealogie‹ und ›Familienforschung‹ bezogen sich, wenngleich in unterschiedlichem Ausmaß und häufig in Verbindung mit anderen Fragestellungen, auf den Leitbegriff ›Bevölkerung‹. Eine Institutionalisierung in dem Sinne, dass sie an den Universitäten verankert wurden, war aber mit der vermehrten Beachtung dieser Forschungen nicht unbedingt verbunden. Ein recht typisches Beispiel für dieses Spannungsfeld, das sich zwischen relativ stark ausgeprägter – auch außeruniversitärer – Nachfrage nach bevölkerungshistorischer Expertise und begrenzten akademischen Institutionalisierungsmöglichkei-

247 Vgl. Matthias Weber, Zur deutschen Historiographie über Schlesien seit 1945, in: Jerzy Kloczowski et al. (Hg.), Erfahrungen der Vergangenheit, 133-144, hier 140.

248 Vgl. zu diesem Thema, das in der zeitgeschichtlichen Forschung vor allem in den 1970er- und 1980er-Jahren diskutiert wurde, bereits Ian Kershaw, Der NS-Staat. Geschichtsinterpretationen und Kontroversen im Überblick, Reinbek 1994, bes. 112-147.

249 Vgl. zur Bedeutung wissenschaftlicher Großunternehmen in der sich ausprägenden Wissensgesellschaft Szöllösi-Janze, Wissensgesellschaft, 303f.

ten auftun konnte, ist wiederum Erich Keyser. Im hier interessierenden Untersuchungszeitraum einer der in diesem Feld aktivsten Forscher und Publizisten, war Keyser als Mitglied und Wissenschaftsorganisator in zahlreichen Institutionen und Netzwerken tätig. Als außerordentlicher Professor der Technischen Hochschule Danzig verfügte er über den vermeintlichen Vorzug, an einer ›grenzlanddeutschen‹ Universität zu arbeiten. Um in der deutschen Universitätslandschaft fachlich langfristig erfolgreich zu sein, benötigten Historiker neben einer ausreichenden institutionellen Verankerung in der Regel die Fürsprache einflussreicher Ordinarien. Keyser verfügte zwar über kontinuierliche Kontakte zu Hermann Aubin und anderen Ostforschern, er dürfte aber aus der Sicht einiger maßgeblicher Kollegen insgesamt über zu wenig ›symbolisches Kapital‹ verfügt haben, um für ein Ordinariat an einer angesehenen Universität in Betracht zu kommen. Bei der Frage, wer Adolf Helbok 1941 in Leipzig nachfolgen sollte, kam Keysers vergleichsweise geringeres Ansehen in den Berufungsverhandlungen deutlich zum Ausdruck. Eine wenigstens lokale universitäre Institutionalisierung der von ihm vertretenen Forschungsrichtung blieb für den Danziger Historiker somit vor und nach 1945 außer Reichweite.[250]

Im ›Dritten Reich‹ waren Historiker und andere Wissenschaftler, die Bevölkerungsprobleme untersuchten, vielfach im komplexen Überschneidungsbereich von akademischer Forschung und politischen und administrativen Strukturen tätig. Ihre regelmäßigen Tagungen im Rahmen der VFG und anderer Forschungsnetzwerke sorgten für einen engen Kontakt zwischen Wissenschaftlern, Politikern und Beamten. Die insgesamt eher begrenzten Institutionalisierungsschritte im Bereich der ›historischen Bevölkerungsforschungen‹ im ›Dritten Reich‹ wurden daher wesentlich im Spannungsfeld von Wissenschaft, Politik und Verwaltung gesetzt. Dieses spezifische Kennzeichen ›historischer Bevölkerungsforschungen‹ lässt sich auch für die anderen Forschungs- und Arbeitsrichtungen der Bevölkerungswissenschaften beobachten.[251]

Impulse für die Institutionalisierung von Bevölkerungsstudien erfolgten somit vor und nach 1933/45 wesentlich in außeruniversitären Kontexten, dem von Gabriele Lingelbach beschriebenen zweiten und dritten Typ der für die Geschichtswissenschaften relevanten Institutionen. Neben der VFG hatten hierfür vor allem die Historischen Kommissionen der deutschen Länder und die von ihnen betriebenen regionalgeschichtlichen Vereine Bedeutung.[252] Zu den Unterstützern einer überwiegend außeruniversitären Institutionalisierung und fachlichen Verstetigung sind aber auch jene privaten Initiativen zu rechnen, die sich seit dem 19. Jahrhundert im Umfeld der ›Genealogie‹ und ›Sippenforschung‹

250 Vgl. die Ausführungen in Kap. III.2. zu den eher kritischen Einschätzungen von Ordinarien der Geschichtswissenschaft wie Adolf Helbok (vor 1945) und Hermann Heimpel (vor und nach 1945) zu Keysers fachlicher Bedeutung. Vgl. auch Bourdieu, Ökonomisches Kapital.

251 Vgl. auch vom Brocke, Bevölkerungswissenschaft, bes. 15-18.

252 Vgl. etwa zur *Historischen Kommission für westpreußische Landesgeschichte* Hackmann, Ostpreußen.

entwickelt hatten. Die ersten Vereine für Heraldik und Genealogie, denen zahlreiche weitere folgten, waren *Der Herold* (1869, Berlin) und *Der Adler* (1870, Wien).[253] Viele dieser Gründungen lassen sich der in zahlreichen Gruppen und Parteien organisierten völkischen Bewegung des wilhelminischen Kaiserreichs und der Weimarer Republik zuordnen. Eine der Triebfedern für den Aufschwung der genealogischen Bewegung bildete die antisemitisch motivierte Suche nach vermeintlichen jüdischen Vorfahren. So verwehrte z. B. der *Deutsche Roland – Verein für deutsch-völkische Sippenkunde zu Berlin* bereits vor dem Ersten Weltkrieg Juden die Aufnahme. Dieser wurde 1904 durch den Reichspräsidialrat und Genealogen Bernhard Koerner (1875-1952) als eine Abspaltung vom familienkundlichen Verein *Roland* in Dresden ins Leben gerufen, da der *Roland* es abgelehnt hatte, ein »arisches Blutsbekenntnis« zur Bedingung für eine Mitgliedschaft zu machen. Koerner selbst gehörte als führender Ariosoph u. a. dem 1912 gegründeten *Germanen-Orden* an, der eine Schwesterorganisation des *Reichshammerbundes* von Theodor Fritsch (1852-1933) war.[254]

Die institutionell bedeutendste Neugründung der Jahrhundertwende war zweifellos die *Zentralstelle für deutsche Personen- und Familiengeschichte* in Leipzig, die im Jahr 1904 als Verein ins Leben gerufen und 1934 in eine gemeinnützige rechtsfähige Stiftung umgewandelt wurde.[255] Hinter der ›Zentralstelle‹ stand eine Initiative von Leipziger Kaufleuten und Rechtsanwälten, der sich u. a. die beiden Historiker Erich Brandenburg (1868-1946) und Armin Tille angeschlossen hatten. Sie nahm für sich in Anspruch, naturwissenschaftliche und genealogische Arbeiten zusammenzuführen und zu einer ›exakten Familienforschung‹ auszubauen. Veröffentlichungen wie Eduard Heydenreichs (1852-1915) »Handbuch der praktischen Genealogie« (1913) und Friedrich Weckens (*1875; seit 1946 vermisst) »Taschenbuch der Familiengeschichtsforschung« (seit 1919), die von der ›Zentralstelle‹ gefördert wurden, sollten zusammen mit der »Familiengeschichtlichen Bibliographie« praktische Forschungen im Bereich der ›Genealogie‹ anleiten. Die ›Zentralstelle‹ interessierte sich für die Probleme von Vererbung, Degeneration und Regeneration. Sie reflektierte damit die in Wissenschaft und Gesellschaft weit verbreitete Erwartungshaltung, dass medizinisch-biologische Erkenntnisse die tradierte historiographische ›Genealogie‹ grundlegend erneuern und dadurch bevölkerungspolitische Eingriffe in die Gesellschaft ermöglicht würden.[256]

253 Volkmar Weiss, Die Vorgeschichte des arischen Ahnenpasses. Teil 1: Das sogenannte Blutsbekenntnis, in: Genealogie 50 (2000), 417-436, hier 419 f.

254 Stefanie von Schnurbein, Die Suche nach einer »arteigenen« Religion in »germanisch-« und »deutschgläubigen« Gruppen, in: Puschner et al. (Hg.), Handbuch, 172-185, hier 183.

255 Die ›Zentralstelle‹ gab folgende Publikationsreihen heraus: *Familiengeschichtliche Blätter. Monatsschrift für die gesamte deutsche Genealogie*, Leipzig 1.1903-32.1934; 33=66.1935-37=70.1939; 38.1940-42.1944,12, die vielbändige Familiengeschichtliche Bibliographie, Leipzig 1928 ff. und die 59 Hefte *Mitteilungen der Zentralstelle*.

256 Vgl. Schulle, Das Reichssippenamt, 25.

Diese Forschungsfelder wurden in den zahlreichen bürgerlichen Vereinen, von denen sie institutionell überwiegend getragen wurden, über 1945 hinweg kontinuierlich tradiert. Ihre Zentralisierung, welche die Leipziger ›Zentralstelle‹ angestrebt hatte, blieb jedoch aus. Soziologen und Historiker wie Johannes Hohlfeld, Friedrich von Klocke oder Hermann Mitgau beabsichtigten zwar eine stärker ›sozialwissenschaftliche‹ Fundierung der überwiegend dezentral organisierten genealogischen Forschungen, jedoch kam es dadurch zu keiner nennenswerten Beeinflussung der akademischen Geschichtswissenschaft.

Historisch-demographische Forschungen erfuhren seit den 1950er-Jahren vor allem in England und Frankreich und auf transnationaler Ebene bei den internationalen Historikerkongressen einen bedeutenden Entwicklungsschub. Der allgemeine Trend zur Wirtschafts- und Sozialgeschichte nötigte selbst deutsche Politikhistoriker wie Gerhard Ritter, sich mit den dadurch ausgelösten geschichtsphilosophischen Problemen auseinanderzusetzen.[257] Die bundesdeutschen und österreichischen Universitäten reagierten vorerst auf diese Entwicklungen jedoch kaum mit einer verstärkten Förderung von bevölkerungswissenschaftlichen Studien. Nach 1945 sorgten neben den genannten Akteuren und Institutionen vor allem Fachverbände und Akademien dafür, dass sich die Bevölkerungswissenschaften relativ kontinuierlich weiterentwickeln konnten: Deren thematische Profilierung stelle ich im Folgenden anhand der *Deutschen Gesellschaft für Bevölkerungswissenschaft* (DGBW) und des *Arbeitskreises Historische Raumforschung* der *Akademie für Raumforschung und Landesplanung (ARL)* in Hannover exemplarisch dar.

Trotz insgesamt ungünstiger institutioneller Rahmenbedingungen lässt sich nicht behaupten, dass die in diesem Fachgebiet tätigen Gelehrten voneinander isoliert gearbeitet hätten. Der sukzessive Ausbau ihrer Netzwerke fand nämlich im Trend zur Errichtung historischer Forschungsinstitute und inhaltlich ausgerichteter Arbeitskreise, der seit den 1950er-Jahren verstärkt zu beobachten war, einen allgemeinen wissenschaftsgeschichtlichen Hintergrund.[258] Wissenschaftler waren häufig mehrfach vernetzt. Dies lässt sich auch am Beispiel der im Folgenden untersuchten Institutionen feststellen: So waren einflussreiche Akteure der ›Raumforschung‹ in der frühen Bundesrepublik meist nicht nur in der ARL, sondern auch in anderen Netzwerken der Sozialstruktur- und Raumforschung aktiv, so z. B. in der *Deutschen Akademie für Bevölkerungswissenschaft* (DABW), welche die DGBW ergänzen sollte, und in der Dortmunder ›Sozialforschungsstelle‹: Elisabeth Pfeil betätigte sich so im Rahmen eines Programms »Raum und Gesellschaft« der ARL, aber auch in der ›Sozialforschungsstelle‹ als Analytikerin der modernen Großstadt.[259] Der Sozialanthropologe

257 Vgl. zur Rolle Ritters Kap. IV.3.

258 Vgl. hierzu Schulze, Deutsche Geschichtswissenschaft, 228 f.

259 Gutberger, Volk, 546; vgl. ferner Sonja Schnitzler, Realsoziologische Expertise der Sozialforschungsstelle an der Universität Münster in Dortmund – Elisabeth Pfeil und die Studie zum Bergarbeiterwohnungsbau, in: Ehmer et al. (Hg.), Herausforderung Bevölkerung, 295-306.

Karl Valentin Müller,[260] seit 1952 Geschäftsführer der DGBW, suchte innerhalb der ARL eine empirische ›Begabungssoziologie‹ zu entwickeln. Ernst W. Buchholz, ein Göttinger Schüler von Werner Conze und Mitarbeiter des *Instituts für Raumforschung* in Bonn-Bad Godesberg, wurde 1957 in den Vorstand der DGBW gewählt.[261] Kurt Brüning und Hans Harmsen, die Leiter der ARL bzw. der DGBW, gehörten beiden Institutionen jeweils als individuelle Mitglieder an.[262]

Beispiel 1: ›Bevölkerungsgeschichte‹ in der ›Deutschen Gesellschaft für Bevölkerungswissenschaft‹ (1952 bis ca. 1970)[263]

Die DGBW (›Gesellschaft‹) wurde am 1. Oktober 1952 in München ins Leben gerufen. Sie umfasste einen Mitgliederkreis, der sich aus Medizinern, Statistikern, Soziologen, Historikern und hohen Beamten zusammensetzte, die meist schon in der Weimarer Republik und im ›Dritten Reich‹ sich für ›Rassenhygiene‹, ›Bevölkerungsstatistik‹ oder ›Bevölkerungsgeschichte‹ engagiert hatten.[264] »Bevölkerungsfragen und ihre Beziehungen zu der gegenwärtigen wirtschaftlichen, sozialen und politischen Situation in Deutschland und im Ausland« sollten wissenschaftlich bearbeitet und »die Forschungsergebnisse den Kreisen des öffentlichen Lebens, der Wissenschaft und Verwaltung zur Verfügung« gestellt werden.[265] Ergänzend zur DGBW wurde ein halbes Jahr später die DABW (›Akademie‹) gegründet, die sich als Koordinationszentrum universitärer Forschungsprojekte zu bevölkerungswissenschaftlichen Fragen verstand.[266] Hans Harmsen,

260 Vgl. zu K. V. Müller Wiedemann, Reinhard-Heydrich-Stiftung, bes. 63-66.

261 DSHI 100 Keyser 75, Keyser an Harmsen, 8.11.1957. Vgl. auch Ernst Wolfgang Buchholz, Methodische Probleme der Erforschung von Wanderungsmotiven, in: Beiträge zur Frage der räumlichen Bevölkerungsbewegung. Forschungsberichte des Ausschusses »Raum und Bevölkerung« der Akademie für Raumforschung und Landesplanung, Hannover 1970 (= Veröffentlichungen der Akademie für Raumforschung und Landesplanung: Forschungs- und Sitzungsberichte; 55), 29-36.

262 DSHI 100 Keyser 81, DABW, Korrespondenz 1955-67, Verzeichnis der Ordentlichen Mitglieder der ARL, Stand Juni 1957; DABW, Korrespondenz Keyser-Harmsen, Mitgliederverzeichnis der DGBW, Stand um 1953.

263 Dieser Abschnitt ist eine überarbeitete Fassung meines Artikels »Bevölkerungsgeschichte« in der »Deutschen Gesellschaft für Bevölkerungswissenschaft« (1952 bis ca. 1970), in: Ehmer et al. (Hg.), Herausforderung Bevölkerung, 283-294.

264 Sabine Schleiermacher, Sozialethik im Spannungsfeld von Sozial- und Rassenhygiene. Der Mediziner Hans Harmsen im Centralausschuß für die Innere Mission, Husum 1998, 225; zur DGBW vgl. ferner dies., Experte; Ludger Weß, Das Bundesinstitut für Bevölkerungsforschung – Politikberatung mit Tradition, in: 1999. Zeitschrift für Sozialgeschichte des 20. und 21. Jahrhunderts 10 (1995), 101-114, hier 103-108.

265 DSHI 100 Keyser 74, Entwurf zur Begründung einer Deutschen Gesellschaft für Bevölkerungswissenschaft e. V. [undat., um 1952].

266 Vgl. Weß, Bundesinstitut, 104. Die DABW hatte 24 ordentliche Gründungsmitglieder, darunter u. a. Friedrich Burgdörfer, Hans Harmsen, Gunther Ipsen, Erich Keyser, Siegfried Koller (1908-1998), Gerhard Mackenroth, Hermann Schubnell (1910-1996)

Professor für Allgemeine und Soziale Hygiene an der Universität Hamburg, nahm als Gründungsmitglied und Vorsitzender der DGBW und als Präsident der DABW in beiden Institutionen eine führende Rolle ein.[267]

Die DGBW erwartete von ihren Mitgliedern, möglichst arbeitsteilige Forschungen voranzutreiben. Von der ergänzenden Gründung einer Akademie erhoffte sich Harmsen, »einen entsprechenden Träger für Forschungsarbeit und Forschungsmittel« zu schaffen. Diese sollten auch die Mitfinanzierung einer neuen bevölkerungswissenschaftlichen Zeitschrift ermöglichen, die an das 1944 eingestellte *Archiv für Bevölkerungswissenschaft und Bevölkerungspolitik* (ABB) anknüpfen sollte.[268] Es war beabsichtigt, die DABW nach amerikanischem Vorbild einzurichten. Dadurch sollten die Chancen für die Zuerkennung finanzieller Förderung durch die US-amerikanische *Ford-Foundation* erhöht werden: Harmsen hatte offensichtlich erkannt, dass die amerikanischen Wissenschaftler »Wert auf team-work« legten, was wiederum »den Gedanken einer überörtlichen Akademie« nach dem Vorbild von »Professor Heberle an der Louisiana State University« mit seinem »Research-Department für Bevölkerungswissenschaft« begünstigte.[269] Es gelang Harmsen tatsächlich, für die DABW aus den USA wenigstens punktuell finanzielle Hilfen einzuwerben; die Zuwendungen dürften aber nicht allzu hoch gewesen sein.[270] Von den damaligen westdeutschen Demografen verfügte Harmsen über die vergleichsweise besten Verbindungen ins westliche Ausland. Er galt vor allem als Wissenschaftsorganisator, was ihm allerdings auch zu Lasten seiner fachlichen Leistungen als Bevölkerungsforscher angekreidet wurde: »In den Augen von denen, die ich aus heutiger Sicht als Bevölkerungswissenschaftler ansehe, war er [=Harmsen] kein Bevölkerungswissenschaftler. Er hat organisiert.«[271]

und Otmar Frhr. v. Verschuer (1896-1969). StBA, Archiv (Wiesbaden), DABW, Protokoll der Gründungssitzung der DABW, 23.2.1953.

267 Zu den Gründen für Harmsens Erfolg als Organisator bevölkerungswissenschaftlicher Forschungen nach 1945 vgl. Schleiermacher, Sozialethik.

268 DSHI 100 Keyser 74, Harmsen an die Mitglieder des DGBW-Vorstands, 6.12.1952. Nach freundlicher Auskunft von Sonja Schnitzler erschien zumindest noch das Heft 1/2 1944 des *Archivs für Bevölkerungswissenschaft und Bevölkerungspolitik* im Druck. Vgl. hierzu auch Sonja Schnitzler, Fallbeispiel für rekursive Kopplung von Wissenschaft und Politik: Das »Archiv für Bevölkerungswissenschaft und Bevölkerungspolitik« (1934-1944), in: Mackensen et al. (Hg.), Ursprünge, Arten und Folgen, 321-344.

269 Schulze, Geschichtswissenschaft, 228 f. DSHI 100 Keyser 74, Sitzung des vorläufigen Vorstands der DGBW in Hannover am 3. November 1952, Protokoll. Vgl. zu Heberle dessen Selbstbiografie: Rudolf Heberle, Soziologische Lehr- und Wanderjahre, in: Kölner Zeitschrift für Soziologie und Sozialpsychologie 28 (1976), 197-211.

270 So empfing die DABW 1957 von der Universität Chicago 833,80 DM an finanziellen Mitteln. Größter Geldgeber der DABW war in diesem Jahr das deutsche Bundesministerium des Innern (1.200,- DM), gefolgt von einem *Verein zur Förderung der Wiedervereinigung*, der einen Betrag von 450,- DM spendete. DSHI 100 Keyser 76, DABW, Interne Mitteilung Nr. 20 (1958).

271 Mackensen (Hg.), Bevölkerungsfragen, 183, mündliche Stellungnahme von Prof. Dr. Charlotte Höhn. Harmsen zeichnete sich im wissenschaftlichen Feld vor allem dadurch aus, dass er materielles Kapital akkumulierte. Besonders bei jüngeren Fachkollegen

Welche Auswirkungen dies auf die Entwicklungen der DGBW hatte, wird hier noch zu zeigen sein.

Wenn sich Keyser über die Weiterentwicklung von Bevölkerungsforschungen äußerte, betonte er immer wieder die Notwendigkeit internationaler Kooperationen. So schrieb er 1962 an D. E. C. Eversley, dass sich die DGBW bereits »seit längerer Zeit« um interdisziplinäre und internationale Kooperationen in Bereich ›historischer Bevölkerungsforschungen‹ bemühe und »in der gleichen Richtung« wie die englischen Kollegen arbeite.[272] Keysers Denkschrift »Die gegenwärtigen Aufgaben der Bevölkerungswissenschaft in Deutschland« trug im Verlauf des Jahres 1952 wesentlich dazu bei, dass sich ein Ausschuss bildete, der die Begründung der DGBW vorbereiten sollte.[273]

Die deutsche Bevölkerungsforschung sollte demnach »grundsätzlich international« eingestellt sein. Die weltweite Migration würde nämlich einen Vergleich über die Ländergrenzen hinaus künftig unentbehrlich machen. Mit diesem Ansatz erhoffte sich Keyser, die »Sonderstellung« der Bevölkerungsforschung »über den einzelnen Fächern erweisen und wirkungsvoll bekunden [zu] können«. Ihm ging es also nicht in erster Linie um einen Transfer von Methoden und Theorien, der die internationale Randständigkeit der deutschen Bevölkerungswissenschaften günstigstenfalls verringert hätte, sondern vorrangig um die Aufwertung der Bevölkerungswissenschaften innerhalb des akademischen Fächerkanons. Gleichzeitig versuchte er, die vom Nationalsozialismus in Deutschland verursachte politische und moralische Katastrophe in ein breiteres geschichtliches Umfeld zu stellen und diese damit zu relativieren: »Geburtenrückgang«, »Kinderarmut und Vergreisung«, »Überschwemmung Deutschlands [...] mit fremdvölkischen Arbeitskräften«, »Geburt von Mischlingen«, wie sie aus seiner Sicht aus Paarbeziehungen zwischen deutschen Frauen und westlichen Besatzungssoldaten resultierten, reflektierten demnach eine tiefer gehende gesellschaftliche Krise. Bei der von ihm behaupteten »Zersetzung« und »Umwandlung« der deutschen Gesellschaft schien es sich um ein Phänomen zu handeln, das überwiegend nicht auf die nationalsozialistische Politik zurückzuführen sei, sondern als eine akkumulierte Folgeerscheinung der »Moderne«.[274]

Die enge Verzahnung von Bevölkerungsforschung und ›Anthropologie‹, wie sie Keyser favorisierte, setzte sich in der DGBW allerdings nicht durch. Selbst

verlor er damit aber längerfristig an Glaubwürdigkeit. Denn in der wissenschaftlichen Kommunikation muss nach Pierre Bourdieu materielles erfolgreich in symbolisches Kapital (= innovative Forschungsergebnisse) übersetzt werden. Dies ist Voraussetzung für die Entstehung von Reputation als einer sozialen Ressource, die wiederum die Grundlage für die Prolongierung wissenschaftlicher Kommunikation darstellt. Bourdieu, Ökonomisches Kapital; Weingart, Wissenschaftssoziologie, 49.

272 Vgl. Erich Keyser, Die gegenwärtigen Aufgaben der Bevölkerungswissenschaft in Deutschland, in: Homo. Internationale Zeitschrift für die vergleichende Biologie der Menschen 3 (1952), 179. DSHI Keyser 78, Keyser an Eversley, 19.2.1962.

273 DSHI 100 Keyser 74, Keyser an Harmsen, 11.11.1952; DGBW, erste ord. Mitgliederversammlung, 8.10.1953, Protokoll.

274 DSHI 100 Keyser 74, Denkschrift Erich Keyser.

Harmsen hielt sie taktisch »nicht für geschickt«; »Bonn« habe »gegen diese Verbindung« opponiert.[275] Harmsen befürwortete stattdessen eine »sozialhygienische« Konzeption der Bevölkerungswissenschaften. Er arbeitete dabei bis 1933 eng mit Hermann Muckermann (1877-1962) zusammen, dem ehemaligen Leiter der Abteilung Eugenik im *Kaiser Wilhelm-Institut für menschliche Erblehre und Eugenik*. Für die 1956 vorgesehene Jahrestagung der DGBW war die Erörterung »eugenischer Fragen« vorgesehen. Dieses Ansinnen rief indes ebenfalls Widerspruch hervor: Elisabeth Pfeil, Mitglied des Vorstands der DGBW, äußerte »Bedenken wegen einer zu starken Betonung rassenhygienischer Probleme«. Harmsen wich indes von seiner Position nicht ab und lud den Humangenetiker und früheren NS-Rassentheoretiker Otmar Freiherr von Verschuer für 1958 zur DGBW-Jahrestagung ein.[276] Er erwartete sich davon, »endlich einen Ansatz« zu finden, »einmal die humangenetischen Probleme wieder in ein stärkeres öffentliches Interesse zu stellen«.[277] Internen Widerspruch erregte auch Harmsens Beharren auf einem Verständnis von ›Bevölkerungswissenschaft‹, welches die von ihm so bezeichnete »Wissenschaft der Bevölkerungspolitik« normativ mit einschloss. So stießen die sogenannten »Marburger Thesen«, die eine Expertengruppe der DGBW 1954 aus Anlass einer »Arbeitstagung über Familienlastenausgleich und familiengerechte Besteuerung« unter maßgeblicher Beteiligung von Friedrich Burgdörfer erarbeitet hatte, auf entschiedene Gegnerschaft des DGBW-Mitglieds Rudolf Gunzert (*1907): Der Direktor des Statistischen Amtes der Stadt Frankfurt a. M. vertrat die Ansicht, dass die DGBW »rein politische Fragen grundsätzlich nichts« angingen.[278]

275 DSHI 100 Keyser 74, Keyser an Harmsen, 11.11.1952; DGBW, erste ord. Mitgliederversammlung, 8.10.1953, Protokoll; DSHI 100 Keyser 74, Gründung der deutschen Gruppe der IUSSP in Kassel am 19.7.1952, Protokoll.

276 DSHI 100 Keyser 74, Niederschrift über die Vorstandssitzung, 2.3.1956. Vgl. zu von Verschuers Involvierung in die NS-Rassenforschung und zu seiner Rolle in der Nachkriegszeit Mitchell G. Ash, Verordnete Umbrüche – Konstruierte Kontinuitäten: Zur Entnazifizierung von Wissenschaftlern und Wissenschaften nach 1945, in: ZfG 10 (1995), 903-923, hier 915-918.

277 DSHI 100 Keyser 74, Harmsen an von Verschuer, 3.6.1957. Damals neu sich ergebende Chancen der bislang mangelhaft institutionalisierten humangenetischen Forschung, an staatliche Mittel zu gelangen, dürften für diesen Vorstoß Harmsens einen relevanten Hintergrund gebildet haben. Die Humangenetiker erhofften sich von der Thematisierung der Auswirkungen der Atomforschung auf die menschlichen Mutationsraten, ein neues Forschungsgebiet zu erschließen und dadurch ihre eigene Institutionalisierung wieder voranzutreiben. Vgl. Hans-Peter Kröner, Förderung der Genetik und Humangenetik in der Bundesrepublik durch das Ministerium für Atomfragen in den fünfziger Jahren, in: Karin Weisemann et al. (Hg.), Wissenschaft und Politik. Humangenetik in der DDR, Münster 1997, 69-82.

278 DSHI 100 Keyser 74, Gunzert an K. V. Müller, 7.4.1954; Keyser an Harmsen, 4.5.1954; DGBW, »Marburger Thesen«, Rundschreiben an die Mitglieder des Vorstands, 11.5.1954. Vgl. zum zeitgeschichtlichen Hintergrund Christiane Kuller, Familienpolitik im föderativen Sozialstaat. Die Formierung eines Politikfeldes in der Bundesrepublik 1949-1975, München 2004, 85 f.

In einzelnen Sachfragen mochten Harmsen und Keyser zwar unterschiedliche Standpunkte vertreten haben. Dies hinderte sie aber nicht daran, kontinuierlich zusammenzuarbeiten. Harmsen trat für Keyser, aber auch für Burgdörfer ein, als diesen beiden wegen ihrer nationalsozialistischen Vergangenheit von der IUSSP die Zuwahl ins deutsche Nationale Komitee verweigert wurde.[279] Keyser gestand zwar durchaus ein, dass seine »Bevölkerungsgeschichte Deutschlands« antisemitische Passagen enthielt. Er gab diese aber als ein Zugeständnis an die damaligen Machthaber aus, welches es erst ermöglicht habe, seine Arbeit in Buchform zu veröffentlichen.[280] Historisch interessierte Bevölkerungsforscher unterschiedlicher Fachrichtungen, die der DGBW beitraten, erreichten ihre Aufnahme meist über eine entsprechende Empfehlung Keysers. Ihre partielle Mitverantwortung für die Involvierung der Bevölkerungswissenschaften in die Politik des Nationalsozialismus dürften sie weitgehend verdrängt haben: »Eben das aber wurde nach 1945 zur generalisierenden Apologie: Man habe, was man tat, ja auch schon vorher getan; ergo könne es nicht nationalsozialistisch gewesen sein.«[281]

Keyser zog sich 1957 aus gesundheitlichen Gründen aus dem Vorstand der DGBW zurück; seine Stelle nahm künftig Ernst W. Buchholz ein.[282] Aus dem Kreis der Mitglieder der DGBW war es einzig Wolfgang Köllmann, der sein Ansehen als Bevölkerungsforscher seit Mitte der 1960er-Jahre national und international steigern konnte. Doch bot dem Bochumer Wirtschafts- und Sozialhistoriker vorzugsweise Conzes Heidelberger *Arbeitskreis für moderne Sozialgeschichte* eine Bühne, auf der er seine bevölkerungsgeschichtlichen Konzepte und Ideen zur Diskussion stellte.[283] Binnenmigrationen und Urbanisierung im 19. Jahrhundert, in Köllmanns Arbeit zunehmend wichtiger werdende Forschungsthemen, brachte er daneben auch in der DGBW zur Sprache.[284]

›Bevölkerungsgeschichtliche‹ Fragen wurden innerhalb der DGBW in einzelnen Vorträgen, vor allem aber im Rahmen der »Arbeitstagungen für Bevölkerungsgeschichte« besprochen. An diesen Gelehrtentreffen nahmen fast ausschließlich westdeutsche Gäste teil. Neben Mols war Philippe Dollinger der einzige Referent, der nicht aus Deutschland kam. Dollinger hatte seit 1945 eine Professur für elsässische Geschichte an der Universität Straßburg (Strasbourg)

279 DSHI 100 Keyser 23, Keyser an Harmsen, 5.3.1953; 2.6.1953; Harmsen an Keyser, 9.6.1953. Vgl. hierzu auch Kap. IV.3. Außer Harmsen waren der Statistiker Kurt Horstmann (1909-1986), Muckermann und Pfeil 1951 in dem Nationalen Komitee vertreten. Höhn, Grundsatzfragen, 249; 252; DSHI 100 Keyser 74, Harmsen an Keyser, 6.12.1952; 13.2.1953.

280 DSHI 100 Keyser 74, Keyser an Harmsen, 7.6.1953.

281 Ulrich Herbert, Wer waren die Nationalsozialisten? Typologien des politischen Verhaltens im NS-Staat, in: Gerhard Hirschfeld/Tobias Jersak (Hg.), Karrieren im Nationalsozialismus. Funktionseliten zwischen Mitwirkung und Distanz, Frankfurt a. M.-New York 2004, 17-42, hier 26.

282 DSHI 100 Keyser 75, 76, Keyser an Harmsen, 8.11.1957; 23.5.1960.

283 Vgl. Mackensen (Hg.), Bevölkerungsfragen, 205, mündliche Stellungnahme von Prof. Dr. Jürgen Reulecke.

284 Vgl. u. a. Köllmann, Die deutsche Bevölkerung im Industriezeitalter.

inne und leitete das dortige *Institut des hautes études alsassiennes*. Dollinger war ein Straßburger Schüler von Lucien Febvre (1878-1956) und Marc Bloch. Er war zweisprachig aufgewachsen und bemühte sich als Historiker zeitlebens darum, die französische und deutsche Geschichte im engen Zusammenhang zu betrachten.[285] Die erste derartige Arbeitstagung fand 1956 in Marburg statt. Es gab u.a. Vorträge von Hermann Mitgau über die Beziehungen der »Genealogie« zur »Lehre von der sozialen Vererbung«, von Kurt Scharlau über den »Beitrag der Wüstungsforschung zur Bevölkerungsgeschichte« und von Erich Woehlkens über Probleme der historischen Pestforschung.[286]

Aus heutiger Sicht erscheint Scharlaus Ansatz einer historisch-geographischen Wüstungsforschung in statischer Weise auf den Zustand der Wüstung begrenzt, ohne dass derselbe in einem ausreichenden Maß in politische, wirtschaftliche, soziale und bevölkerungsgeschichtliche »Prozesse, die hinter diesen Regressionsvorgängen standen«, eingebettet wurde.[287] Woehlkens' statistisch-topographische Studie über die Pest (und Ruhr) in Uelzen war zwei Jahre vor dem ersten Marburger Arbeitstreffen der Bevölkerungshistoriker erschienen. Sie widmete sich, hierin überlieferten Konventionen deutscher Forschungen zu dieser Thematik folgend, vor allem demographischen und medizingeschichtlichen Fragestellungen.[288]

Im Herbst 1958 fand in Marburg die zweite derartige »Arbeitstagung« mit elf Vorträgen statt. Tagungsräume stellte die Marburger *Deutsche Burse* zur Verfügung. Diese leitete Johann Wilhelm Mannhardt (1883-1969), der ein ehemaliger »Bursenkamerad« Harmsens war. Die *Deutsche Burse* war im Sommersemester 1918 als *Institut für das Deutschtum im Ausland (Deutsche Burse)* gegründet worden und führte seit 1920 die Bezeichnung *Institut für Grenz- und Auslandsdeutschtum an der Universität Marburg (Deutsche Burse)*. Ihre Aufgabe war die »wissenschaftliche Durchbildung der akademischen Jugend auf dem Gebiet der Volkstums- und Seelenkunde« gewesen.[289] 1958 referierte Keyser in der »Burse«

285 Vgl. Antjekathrin Graßmann, Philippe Dollinger (1904-1999), in: Hansische Geschichtsblätter 119 (2001), 1-3; vgl. Dollinger, Les recherches.

286 Diese Tagung förderte das Bundesministerium des Innern mit 2.000,- DM. DSHI 100 Keyser 75. Protokoll der Vorstandssitzung der DGBW, 2.3.1956. Vgl. Hermann Mitgau, Die Genealogie; Kurt Scharlau, Der Beitrag der Wüstungsforschung zur Bevölkerungsgeschichte, in: Studium generale 9 (1956), 516-519, hier 518f.; Erich Woehlkens, Das Wesen der Pest, in: Studium generale 9 (1956), 507-512, hier 512.

287 Dietrich Denecke, Wege der Historischen Geographie und Kulturlandschaftsforschung, Stuttgart 2005, 60.

288 Gegenwärtig werden hingegen kultur-, alltags- und sozialgeschichtliche Dimensionen der Pest stärker berücksichtigt. Vgl. Woehlkens, Pest, sowie Otto Ulbricht, Einleitung: Die Allgegenwärtigkeit der Pest in der Frühen Neuzeit und ihre Vernachlässigung in der Geschichtswissenschaft, in: ders. (Hg.), Die leidige Seuche. Pest-Fälle in der Frühen Neuzeit, Köln-Weimar-Wien 2004, 1-63, hier 34, 36f.

289 Vgl. Anne Christine Nagel/Ulrich Sieg (Hg.), Die Philipps-Universität Marburg im Nationalsozialismus: Dokumente zu ihrer Geschichte, Stuttgart 2000, 385f.; Franz Hieronymus Riedl, Die Deutsche Burse zu Marburg und ihre Ausstrahlung besonders

über »Umvolkung in Westpreußen nach dem Ersten Weltkrieg«. Er bezog sich damit auf Studien, die er in den 1940er-Jahren zusammen mit Max Aschkewitz an seiner *Forschungsstelle für westpreußische Landesgeschichte* in Danzig-Oliva betrieben hatte. Keyser versuchte den »Deutschtumsverlust« in Westpreußen anhand eines Vergleichs zwischen »Sesshaftigkeit«, »Abwanderung« und »Umvolkung« zu schätzen. Diese Variablen bildeten die Grundlage für eine Berechnung des zahlenmäßigen Zu- und Abflusses zu, von und zwischen den »Volkstümern«. Demnach sollen etwa 100.000 Personen, welche die reichsdeutsche Volkszählung 1910 als Deutschsprechende ausgewiesen hatte, in den Jahren nach dem Ersten Weltkrieg »umgevolkt« worden sein.[290] Köllmann sprach über »Binnenwanderung und soziale Frage als Beitrag zur Geschichte der Entstehung der Industriegroßstädte«. Mols referierte über die »Bevölkerung der westdeutschen Städte im Mittelalter«, Dollinger sprach über »Die Bevölkerung Frankreichs im Mittelalter«.[291]

Bei der dritten Arbeitstagung zur »Bevölkerungs- und Sozialgeschichte« der DGBW im Oktober 1961 wurden insgesamt neun Vorträge gehalten.[292] Keyser warb als Organisator dieser Tagung neuerlich für eine Spielart der ›Bevölkerungsgeschichte‹, die soziale Einheiten einerseits essenzialistisch auf vorgebliche Abstammungsgruppen bezog und die andererseits gesellschaftlichen Wandel nicht mit der vertikalen Mobilität sozialer Schichten, sondern mit eugenischen Theoremen zu verknüpfen suchte.[293] Hans Mauersberg konzentrierte sich in seinem Vortrag indes auf Wechselwirkungen zwischen »Bevölkerungszahl und Wirtschaftspotential«. Hermann Arnold entsprach Keysers programmatischen Vorgaben in einem deutlich höheren Maß, indem er sich »Asozialen« und »Zigeunern« zuwandte. Er erörterte die Frage »Wer ist Zigeuner?« und berichtete über eine ethnografische Feldstudie in Griechenland, wo er die konnubiale »Vermischung« sogenannter regionaler »Zigeunermischlingsgruppen« studiert habe.[294] Die normative Feststellung, wer denn »Zigeuner« sei, machte Arnold von bestimmten sozio-kulturellen Verhaltensmustern abhängig, die sich auf dicho-

nach Südosteuropa, in: Südostdeutsches Archiv 28/29 (1985/86), 104-116. DSHI Keyser 75, DABW, Interne Mitteilung Nr. 15, 1958.

290 DSHI 100 Keyser 31 (II A 27), Max Aschkewitz, Die Volksgruppen im Reichsgau Danzig-Westpreußen und ihre Veränderung in den Jahren 1910-1940, DSHI Westpr. 31 (II A 27), Bl. 1-286, hier bes. 22f. DSHI Keyser 169, Bevölkerungsgeschichte Westpreußens 1920-39/45.

291 DSHI Keyser 75, DABW, Interne Mitteilung Nr. 15, 1958.

292 Zum Programm vgl. DSHI Keyser 76, DABW, Mitteilungen für die Mitglieder und Freunde der Gesellschaft, 23. Folge (1961), 41f.

293 DSHI Keyser 75, DABW, Bemerkungen von Prof. Keyser zu den Vorträgen und zur Aussprache.

294 Hans Mauersberg, Bevölkerungszahl und Wirtschaftspotential in historischer Sicht, in: Mitteilungen der Deutschen Gesellschaft für Bevölkerungswissenschaft (1962), 18-31; Hermann Arnold, Wer ist Zigeuner? In: Zeitschrift für Ethnologie 87 (1962), 115-134. Vgl. auch ders., Die Zigeuner – Herkunft und Leben der Stämme im deutschen Sprachgebiet, Olten-Freiburg/Br. 1965.

tom aufeinander bezogene Kategorien von »Sesshaftigkeit« versus Mobilität und »planmäßiger« versus »unstetiger« Erwerbsweise stützten. Seine Ergebnisse fasste der Landauer Zigeunerforscher so zusammen:

> »Die Bastardisierung der Zigeuner [...] wird durch soziale Motive auf eine negativ ausgelesene Sozialgruppe der seßhaften Population beschränkt. Das geringe soziale Leistungsvermögen der Mischlinge geht nicht zu Lasten der Rassenmischung an sich, sondern des sozialen Siebungsvorganges, der die Partner liefert.«[295]

Die von Arnold kriminalbiologisch eingefärbte Variante der ›Zigeunerforschung‹ ging mit der DABW eine enge institutionelle Verbindung ein: Seine euphemistisch so bezeichnete *Dokumentationsstelle für die Probleme nichtsesshafter Familien*, die seit 1968 bestand, konnte er dieser organisatorisch angliedern. Die ›Dokumentationsstelle‹ sammelte »in enger Verbindung mit Polizei- und Meldebehörden Daten über Zigeuner« und fertigte »Stammbäume ›nichtseßhafter Sippen‹« an.[296]

Die Forschergruppe um Harmsen hielt sich bis gegen Ende der 1960er-Jahre an der Spitze der DGBW.[297] In den beiden vorangegangenen Dekaden hatte sich diese überwiegend um Wissenschaftler ergänzt – wie z. B. um Arnold, Mauersberg, von Oppen oder den Anthropologen Hans W. Jürgens (*1932) –, die ihr ideologisch wenigstens teilweise nahestanden. Die hier im Kapitel III.9 diskutierte These einer ›Gleichgerichtetheit‹ des Denkens, welche die Wortführer aus der »Frontgeneration des Ersten Weltkriegs«, die meist »im letzten Jahrzehnt des 19. Jahrhunderts« geboren worden waren, mit »der nachfolgenden Generation der zwischen ca. 1902 und 1913 Geborenen mit bemerkenswerten historischen Folgen«[298] miteinander verbunden habe, lässt sich somit anhand der Geschichte der DGBW recht anschaulich belegen. Harmsen selbst trat mit fachlichen Beiträgen nicht besonders hervor. Einige jüngere Wissenschaftler dürften seine wissenschaftlichen Positionierungen zwar schon in den 1960er-Jahren kritisch eingeschätzt haben, doch konnte Harmsen seine Position als ›Sprecher‹ der Bevölkerungsforscher vorerst halten. Einer von ihnen war Rainer Mackensen, der der DGBW seit ca. 1958 selbst angehörte. Mackensen wusste sich im Einklang mit Köllmann und Buchholz in der Auffassung im Einklang, dass Harmsen »zu betulich« und »in sozialdarwinistischen Vorstellungen und entsprechenden Politikinteressen befangen« sei. Mackensen und seine Kollegen störte vor allem »seine Einseitigkeit, seine sture Beharrlichkeit – und die Selbstverständlichkeit, mit der er seine kontinuierliche Wiederwahl zelebrierte.«[299]

295 Ebd. (Arnold, Wer ist Zigeuner?), 132; 134.
296 Hohmann, Die Forschungen, 47.
297 Vgl. Schleiermacher, Experte, 229.
298 Reulecke, Generationalität und die West-/Ostforschung, 355 f.
299 Mackensen (Hg.), Bevölkerungsfragen, mündliche Stellungnahme von Prof. Dr. Rainer Mackensen, 228; 224 f.

Mackensen war (und ist) seit den 1980er-Jahren jedenfalls einer jener deutschen Demographen und Soziologen, die sich am nachhaltigsten für eine kritische Aufarbeitung der Geschichte der deutschen Bevölkerungswissenschaften einsetzen.[300] Im Jahr 1971 geriet Harmsen erstmals wegen seiner wissenschaftlichen Ansichten unter Druck. Gegenstand öffentlicher Kritik waren einige seiner in der Presse kolportierten Äußerungen, in denen er u. a. dafür eingetreten war, dass die Behörden die demographischen Strukturen der Zuwanderer »vollständig« und »gesondert« erfassen sollten. Der Statistiker Hermann Schubnell, der selbst ein Gründungsmitglied beider bevölkerungswissenschaftlicher Vereinigungen war, exponierte sich öffentlich als Harmsen-Kritiker. Offenbar begünstigt durch die mediale Aufmerksamkeit, die seine Auseinandersetzung mit Harmsen hervorgerufen hatte, soll Schubnell auf eine Auflösung der DABW, deren Präsident Harmsen nach wie vor war, gedrängt haben.[301] Offiziell erfolgte diese am 30. Juni 1975. Bereits zwei Jahre zuvor war in Wiesbaden ein *Bundesinstitut für Bevölkerungsforschung* (BiB) eingerichtet worden, das zunächst 1973/74 kommissarisch von Schubnell und schließlich 1974 bis 1979 von Jürgens geleitet wurde.[302] Die DGBW bestand hingegen weiterhin, ehe sie im Jahr 2002 mit der *Johann Peter Süßmilch-Gesellschaft* (JPSG) vereinigt wurde. Dieser Fachverband bundesdeutscher Bevölkerungsforschung nennt sich *Deutsche Gesellschaft für Demographie e. V.* (DGD) und hat seinen Sitz in Berlin.

Beispiel 2: Arbeitskreis ›Historische Raumforschung‹ der ›Akademie für Raumforschung und Landesplanung‹ (ARL) in Hannover[303]

Die ARL begründete 1951 ihren Forschungsausschuss *Historische Raumforschung*, der im Zuge einer Neustrukturierung der ARL 1973 in *Arbeitskreis Geschichtliche Entwicklung des Stadtraums* umbenannt wurde.[304] Die ARL war die Rechtsnach-

300 So z. B. in seiner Eigenschaft als DGBW-Vorsitzender (1986-1990), als er 1987 eine Tagung in Berlin durchführte, welche die Geschichte der Bevölkerungswissenschaften mit berücksichtigte. Vgl. Rainer Mackensen/Lydia Thill-Thouet/Ulrich Stark (Hg.), Bevölkerungsentwicklung und Bevölkerungstheorie in Geschichte und Gegenwart. Deutsche Gesellschaft für Bevölkerungswissenschaft, 21. Arbeitstagung, Frankfurt a. M.-New York 1989.

301 So jedenfalls die Version von Hermann Arnold, Bevölkerungswissenschaft 1952-1995. Vom Niedergang einer politiknahen Disziplin, Landau 1996, 13-17. Vgl. ferner zu Schubnells Bemühungen, anstelle von Harmsen den Historiker Buchholz als Kandidaten für den DGBW-Vorsitz aufzustellen, Mackensen (Hg.), Bevölkerungsfragen, Stellungnahme R. Mackensen, 225.

302 Vgl. ebd. (Mackensen), 258.

303 Dieser Abschnitt ist die leicht gekürzte Version meines Artikels Arbeitskreis »Historische Raumforschung« der ARL, in: Haar/Fahlbusch (Hg.), Handbuch, München 2008, 45-54.

304 Vgl. Hanns Hubert Hofmann, Zur Einführung, in: Stadt und Stadtraum, Hannover 1974 (= Veröffentlichungen der Akademie für Raumforschung und Landesplanung. Forschungs- und Sitzungsberichte; 97), 1-2, hier 2.

folgerin der 1936 ins Leben gerufenen *Reichsarbeitsgemeinschaft für Raumforschung* (RAG). Deren letzter Obmann, der Geograph Kurt Brüning (1897-1961), war von 1945 bis 1959 erster Präsident der ARL.[305] Im Unterschied zur DABW, die an das im ›Dritten Reich‹ projektierte, aber nicht verwirklichte »Reichsinstitut für Bevölkerungswissenschaft und Bevölkerungspolitik« anzuknüpfen suchte, bestand im Fall der ARL somit eine ungebrochene institutionelle Kontinuität über 1945 hinweg. Bei Kriegsende war die RAG »mit ihren gesamten Daten-Unterlagen und ihrem qualifizierten Personal in Göttingen gestrandet«. Dieser Umstand dürfte die am 26. Mai 1945 erfolgte Gründung der ARL begünstigt haben. Brüning machte sie zum Kern des neu errichteten *Niedersächsischen Amtes für Landesplanung und Statistik*.[306] Er selbst hielt programmatisch fest: »Die Akademie für Raumforschung und Landesplanung ist also keine neue Organisation, sondern der Teil der alten Reichsarbeitsgemeinschaft, der den wissenschaftlichen Forschungen gewidmet ist.«[307] Neben dieser Akademie entstand 1949 in Bonn-Bad Godesberg das *Institut für Raumforschung*, das zunächst im Rahmen des Marshallplans und ab 1952 für das Bundesinnenministerium die wissenschaftlichen Grundlagen für die Raumordnung erarbeitete.[308]

Die ARL richtete 1957 einen Unterausschuss »Bevölkerungsgeschichte« des *Arbeitskreises Historische Raumforschung* ein. Sie verdeutlichte damit ihr Anliegen, die historischen Zusammenhänge zwischen ›Raum‹ und ›Bevölkerung‹ zu ergründen und die daraus gewonnenen Einsichten für die ›Raumplanung‹ nutzbar zu machen. In der deutschen ›Bevölkerungsgeschichte‹ der 1950er- und 1960er-Jahre galt die Bevölkerungsbewegung als unmittelbar an räumliche Bestimmungsfaktoren gebunden.[309] Es lag daher nahe, dass im ARL-*Arbeitskreis Historische Raumforschung* Bevölkerungsfragen eine wichtige Rolle spielten.

Die multidisziplinäre ›Raumforschung‹ und ›Raumplanung‹ der frühen Bundesrepublik wurde erst in jüngster Zeit verstärkt untersucht. Die ›Raumforschung‹ sollte ihrem Selbstverständnis gemäß wie schon im ›Dritten Reich‹

305 Vgl. zur Kontinuität der Kategorie (Raum-)Planung über die politischen Zäsuren von 1933 und 1945 hinweg, die allerdings nicht mit einem Weiterwirken des Nationalsozialismus gleichzusetzen sei, Dirk van Laak, Zwischen »organisch« und »organisatorisch«: »Planung« als politische Leitkategorie zwischen Weimar und Bonn, in: Dietz et al. (Hg.), Griff nach dem Westen, 67-90.

306 Heinz Weyl, Zur Geschichte der Landes- und Regionalplanung in Niedersachsen, in: Zur geschichtlichen Entwicklung der Raumordnung, Landes- und Regionalplanung in der Bundesrepublik Deutschland, Hannover 1991 (= Forschungs- und Sitzungsberichte; 182), 197-251, hier 201.

307 Zit. n. Marcel Herzberg, Raumordnung im nationalsozialistischen Deutschland, Dortmund 1997, 172.

308 Gutberger, Volk, 467. Hier ist anzumerken, dass sich für ›Landesplanung‹ nach 1933 der Begriff ›Raumordnung‹ einbürgerte. Vgl. Wolfgang Benz/Hermann Graml/Hermann Weiß (Hg.), Enzyklopädie des Nationalsozialismus, München 1997, 660. Der Terminus ›Raumordnung‹ kann somit nicht ohne seine Entstehung und spezifische Verwendungsweise im ›Dritten Reich‹ gedacht werden.

309 Vgl. hierzu Kap. II.3.

»weiterhin gesellschaftsdiagnostische Arbeit mit einer angeschlossenen therapeutischen Sozialplanung verbinden«. Antiliberale weltanschauliche Haltungen verbanden sich dabei mit der Zielsetzung, eine homogene »Leistungsgemeinschaft« herzustellen.[310] Das »Planen« sollte nur auf der Grundlage der »Summe der Tendenzen der erfassbaren historischen Entwicklung« betrieben werden. Dieser Leitgedanke findet sich z. B. in der Studie von Wolfgang Schütte, Ernst W. Buchholz und Wolfgang Köllmann über »Die Sozialplanung als eine Grundlage der Landesplanung«: Die perhorreszierte »Auflösung der Gemeinschaft« galt ihnen als das Ergebnis eines seit der Industrialisierung nachhaltig gestörten Gleichgewichts zwischen Stadt und Land, das mittels landesplanerischer Maßnahmen überwunden werden sollte. Es galt nämlich »zu einer Lebensordnung durchzustoßen, die die Gemeinschaft nicht negiert, sondern bejaht«.[311] Gestaltenden Eingriffen in die bestehende Gesellschafts- und Raumstruktur räumte die ›Raumforschung‹, die etwa von der *Sozialforschungsstelle Dortmund* oder der ARL betrieben wurde, eine große Bedeutung ein.[312]

Am Forschungsausschuss *Historische Raumforschung*, der bei seiner Gründung achtzehn Mitglieder hatte, arbeiteten Historiker, Statistiker und Geographen mit. Später wurden dreizehn Mitglieder hinzugewählt; elf Mitglieder schieden durch den Tod oder durch Austritt aus. Der Ausschuss tagte seit 1955 alljährlich an wechselnden Orten der Bundesrepublik. Er verdankte seine Konstituierung wesentlich den Erörterungen über die administrative Neugliederung des Bundesgebiets nach Art. 29 des Grundgesetzes.[313] Die künftige ›Raumplanung‹ sollte neben historischen vor allem auf politischen, verkehrsgeographischen und wirtschaftlichen Kriterien fußen. Die Neustrukturierung der Verwaltung war bereits in der Weimarer Republik und im ›Dritten Reich‹ unter dem Titel einer »Reichsreform« mehrfach angestrebt worden. Sie sollte dazu beitragen, die vielfach beklagte »territoriale Zerrissenheit Deutschlands« endlich zu beenden.[314] Die Integration der aus den ehemaligen deutschen Ostgebieten Vertriebenen, die in der bundesdeutschen ›Raumplanung‹ sonst eine hervorgehobene Rolle spielte, scheint im Forschungsausschuss *Historische Raumforschung* hingegen nur in einem geringeren Ausmaß erörtert worden zu sein.

Günther Franz leitete den Arbeitskreis von 1951 bis 1972. In der frühen Nachkriegszeit trat Franz in den Dienst des von Brüning geleiteten *Niedersächsischen Amtes für Landesplanung und Statistik*. Er suchte die historische ›Raumfor-

310 Gutberger, Volk, 468. Vgl. zum ›Dritten Reich‹ Herzberg, Raumordnung; zur frühen Bundesrepublik Leendertz, Ordnung schaffen.

311 Schütte/Buchholz/Köllmann, Sozialplanung, 93.

312 Gutberger, Volk, 467; 469.

313 Günther Franz, Einführung, in: Stadt-Land-Beziehungen und Zentralität als Problem der historischen Raumforschung, Hannover 1974 (= Veröffentlichungen der Akademie für Raumforschung und Landesplanung: Forschungs- und Sitzungsberichte; 88), IX-XI, hier IX. Vgl. ebd., VII, Mitgliederliste des Ausschusses.

314 Vgl. Werner Münchheimer, Die Neugliederung Deutschlands. Grundlagen – Kritik – Ziele und die Pläne zur »Reichsreform« von 1919-1945, Frankfurt a. M. 1949, 38-42; 21-23 (Zit. 23).

schung‹ vor allem dadurch voranzutreiben, indem er entsprechende bibliographische Hilfsmittel herausgab. So veröffentlichte er eine Studie über »Historische Kartographie« sowie eine Serie ausführlicher Forschungsberichte über »Bevölkerungsgeschichte«.[315] Innerhalb der ARL bildete Franz den wichtigsten Ansprechpartner für Geschichtswissenschaftler, die sich für ›Raumplanung‹ und ›Bevölkerungswissenschaft‹ interessierten. Der Stuttgarter Historiker regte Brüning beispielsweise dazu an, seinen Marburger Kollegen Keyser, der der ARL seit 1953 als »korrespondierendes Mitglied« angehörte, in den Kreis ihrer »ordentlichen« Mitglieder aufzunehmen.[316]

Im Arbeitskreis gaben Wissenschaftler den Ton an, die überwiegend bereits im ›Dritten Reich‹ in der deutschen ›Volksforschung‹ und ›Volksgeschichte‹ eine Rolle gespielt hatten. Dies galt abgesehen von Günther Franz für die Historiker Erich Keyser, Franz Petri und Ludwig Petry (1908-1991).[317] Karl Bosl (1908-1993), ein Schüler von Karl Alexander von Müller (1882-1964), der 1960 ordentlicher Professor für Geschichte des Mittelalters an der Universität München wurde,[318] und der Dresdener Archivar Karlheinz Blaschke erlebten den Höhepunkt bzw. im Fall Blaschkes die Anfänge ihrer akademischen Karrieren allerdings erst nach 1945. Der Statistiker Kurt Horstmann konnte hingegen wie einige seiner Historiker-Kollegen im Arbeitsausschuss auf eine amtliche Laufbahn zurückblicken, die bis in die 1930er-Jahre zurückreichte. Er war einer derjenigen Statistiker gewesen, die für die Auswertung der deutschen Volkszählungen von 1933 und 1939 verantwortlich gewesen waren. Horstmann konnte 1945 im Statistischen Amt für die Britische Besatzungszone an seine bisherige fachliche Tätigkeit anknüpfen.[319] Der Geograph und Siedlungshistoriker Hans Mortensen (1894-1964) hatte sich ähnlich wie sein Kollege Kurt Scharlau in der NS-Zeit als Volksforscher einen Namen gemacht und war u. a. »Reichsobmann für Geographie« im *Nationalsozialistischen Lehrerbund* (NSLB) gewesen.[320]

Anhand der Themen, die im *Arbeitskreis Historische Raumforschung* der ARL besprochen wurden, lässt sich erkennen, dass vergleichsweise pragmatische Zugänge völkisch-nationale Orientierungen insgesamt überwogen. Der Planungsbegriff wurde dabei meist bedenkenlos in Analogie zu vormodernen Reichsbildungen gesetzt. Brüning selbst argumentierte bereits 1948 damit, dass die Politik der »Raumordnung« als eine welthistorische Konstante anzusehen sei: »Wir finden staatliche Institutionen der Landesplanung in antiken wie in modernen

315 Vgl. Günther Franz, Historische Kartographie. Forschung und Bibliographie, Bremen-Horn 1955 (= Veröffentlichungen der Akademie für Raumforschung und Landesplanung; 29); ders., Zur Bevölkerungsgeschichte, in: BDLG 95 (1959), 336-339; 96 (1960), 266-272; 97 (1961), 262-270; 98 (1962), 272-277; 100 (1964), 356-367; 102 (1966), 212-222; 104 (1968), 208-219; 106 (1970), 192-200; 108 (1972), 298-301.

316 DSHI 100 Keyser 81, Brüning an Keyser, 4.8.1958. Vgl. zu G. Franz auch Kap. III.7.

317 Vgl. u. a. Haar, Historiker, 346 f., 272-275, 328 f.

318 Vgl. Rüdiger vom Bruch/Rainer A. Müller, Historiker-Lexikon. Von der Antike bis zur Gegenwart, München ²2002, 33 f.

319 Vgl. vom Brocke, Bevölkerungswissenschaft, 425 f.

320 Fahlbusch, Wissenschaft, 219.

Staatsgebilden, von Babylon, Assyrien, Altchina, bis in die gegenwärtige Staatenwelt Europas, USA.s, Englands, Rußlands oder Brasiliens.«[321] Franz war sich zwar bewusst, dass die Begriffe »Raumordnung« und »Landesplanung« sich »nicht ohne weiteres auf vergangene Zeiträume übertragen« ließen. »Die Geschichte der Völker« sei aber nicht nur »eine Geschichte der Landnahme«, sondern auch »eine Geschichte der Raumordnung«.[322] Staatliche Planung als vorausschauende strukturwandelnde Intervention in räumliche und gesellschaftliche Gegebenheiten setzte allerdings voraus, dass Staatswesen über entsprechende administrative Steuerungsinstrumente verfügten. Dazu bedurfte es bestimmter Ressourcen (Bürokratie) und Machttechniken (Volkszählungswesen, Kataster, fiskalische Unterlagen).[323] Diese waren wenigstens in einigen westeuropäischen Ländern jedoch erst seit dem 19. Jahrhundert stärker ausgebaut worden.

Die Referate, die in dem Forschungsausschuss gehalten wurden, spiegelten Brünings Programm in einem hohen Ausmaß. So beschäftigte sich z. B. Ernst Kirsten mit »Raumordnung und Kolonisation in der griechischen Geschichte«, Karl Bosl mit »Raumordnung im Aufbau des mittelalterlichen Staates« und Karlheinz Blaschke mit »Industrialisierung und Bevölkerung in Sachsen im Zeitraum von 1830 bis 1890«. Eine in thematischer Hinsicht globale Herangehensweise ergänzte die insgesamt vorherrschende deutsche und europäische Perspektive.[324]

Die Historiker der ARL begrenzten ihre Suche nach vermeintlichen Raumplanungen in vergangenen Kulturen und Gesellschaften somit weder zeitlich

321 Kurt Brüning, Zum Geleit, in: Raumforschung – Raumordnung. Hefte der Akademie für Raumforschung und Landesplanung 1 (1948), 2.

322 Günther Franz, Raumplanung in der Geschichte, in: Handwörterbuch der Raumforschung und Raumordnung. Hg. von der Akademie für Raumforschung und Landesplanung. 2. Aufl., Bd. 1-2, 2, Hannover 1970, Sp. 2553-2565, hier 2553.

323 Vgl. hierzu u. a. Wolfgang Reinhard, Geschichte der Staatsgewalt. Eine vergleichende Verfassungsgeschichte Europas von den Anfängen bis zur Gegenwart, München ^{3}2002, 306-322.

324 Vgl. Ernst Kirsten, Raumordnung und Kolonisation in der griechischen Geschichte, in: Zur Raumordnung in den alten Hochkulturen, Hannover 1958 (= Forschungs- und Sitzungsberichte der Akademie für Raumforschung und Landesplanung. Historische Raumforschung; 2), 25-72; Karl Bosl, Raumordnung im Aufbau des mittelalterlichen Staates, in: Raumordnung im Aufbau des mittelalterlichen Staates, Hannover 1961 (= Forschungs- und Sitzungsberichte der Akademie für Raumforschung und Landesplanung. Historische Raumforschung 3), 9-24; Karlheinz Blaschke, Industrialisierung und Bevölkerung in Sachsen im Zeitraum von 1830 bis 1890, in: Raumordnung im 19. Jahrhundert, Hannover 1965 (= Forschungs- und Sitzungsberichte der Akademie für Raumforschung und Landesplanung. Historische Raumforschung; 5), 69-96; Franz Taeschner, Landesplanung der Türken in Anatolien und Rumelien, in: Zur Raumordnung in den alten Hochkulturen, Hannover 1958 (= Forschungs- und Sitzungsberichte der Akademie für Raumforschung und Landesplanung. Historische Raumforschung 2), 73-82; Hermann Trimborn, Raumerschließung und Planung in den Hochkulturen des alten Amerika, in: Zur Raumordnung in den alten Hochkulturen (= Forschungs- und Sitzungsberichte der Akademie für Raumforschung und Landesplanung. Historische Raumforschung; 2), 83-88.

noch räumlich. Das nicht nur verwaltungstechnische, sondern durchaus politische Instrument ›Raumplanung‹ sollte so, indem es zu einer historischen Konstante deklariert wurde, einer historisch-kritischen Betrachtung gerade der jüngeren Vergangenheit weitgehend enthoben werden: Den Konnex zwischen ›Raum-‹ und ›Landesplanung‹ und den Umsiedlungs- und Vernichtungspolitiken des ›Dritten Reichs‹ vermieden sie offen zu thematisieren. Der Umgang der Mitglieder des Arbeitskreises mit der jüngeren Vergangenheit kann insgesamt mit dem Ausdruck des ›beredten Schweigens‹ charakterisiert werden: Während die verlorenen Ostgebiete Gegenstand nostalgischer Rückbesinnung waren, verloren sie über die Entrechtung, Vertreibung und Ermordung der jüdischen Bürger Deutschlands kein Wort. Der Frage, ob es aus methodischen Gründen nicht etwa problematisch sei, den Planungsbegriff auf vorindustrielle Gesellschaften und außereuropäische Kulturen zu projizieren, wich der *Arbeitskreis Historische Raumforschung* ebenfalls weitgehend aus. Walter Kuhn überhöhte als »Gast« des Forschungsausschusses »Planerische Gesichtspunkte in der deutschen Ostsiedlung«: Die (deutschen) Kolonisten galten ihm nach wie als eine Vorhut der »Moderne« in Ostmitteleuropa, und die sogenannten Lokatoren, welche die Ansiedlung organisierten, stilisierte er zu genuinen »Landesplanern«.[325]

Die erste Sitzung des Forschungsausschusses *Historische Raumforschung* fand im Oktober 1955 in Marburg statt, wobei vor allem Fragen der Kartographie zur Diskussion standen. Es ging darum, historische Karten zu erarbeiten, die in den »Deutschen Planungsatlas«, einen wissenschaftlichen Arbeitsschwerpunkt der ARL, aufgenommen werden sollten. Die ARL erstellte diesen in Kooperation mit den jeweiligen Landesregierungen. Der Atlas bearbeitete in neun Einzelbänden die deutschen Länder und stellte in einem abschließenden Band das Gesamtgebiet der Bundesrepublik Deutschland dar.[326] Für die Länderbände war jeweils »ein Mindestbestand an Karten vorgesehen, wobei die Natur des Landes, die Bevölkerungsverhältnisse, die Landwirtschaft, die Industrie und das Handwerk, Handel, der Verkehr und historische sowie kulturelle Gegebenheiten als Grundkarten festgelegt wurden«.[327] Neben territorial-, verwaltungs- und wirtschaftsgeschichtlichen sollten die Historiker auch bevölkerungsgeschichtliche Karten erstellen. Letztere sollten die Bevölkerungsverhältnisse im 19. Jahrhundert aufgrund amtlicher statistischer Quellen veranschaulichen, aber auch verschiedene Spezialthemen darstellen. Diese Funktion hatten die »Bevölkerungskarte 1830«, die

325 Vgl. Hugo Weczerka, Historische Raumforschung, in: Berichte zur Deutschen Landeskunde 19 (1957), 281-287, hier 283.

326 Vgl. Deutscher Planungsatlas. Atlas über Raum, Volk und Wirtschaft der Bundesrepublik Deutschland, hg. von der Akademie für Raumforschung und Landesplanung, Bremen-Horn (Dorn) bzw. Hannover (Jänecke). 1. Nordrhein-Westfalen (1970-78). 2. Niedersachsen und Bremen ([3]1961). 3. Schleswig-Holstein (1960). 4. Hessen (1960). 5. Bayern (1960). 6. Baden-Württemberg (1969). 7. Rheinland-Pfalz (1965). 8. Hamburg (1971 ff.). 9. Berlin (1960/62). 10. Saarland (1965 ff.). Der Deutsche Planungsatlas sollte ausdrücklich die »vaterländische« Gesinnung der Deutschen stärken: Kurt Brüning, Der Deutsche Planungsatlas, in: RuR 13 (1955), 1-5, hier 1.

327 Ebd. (Brüning), 2.

»Wüstungskarte«, die »Konfessionskarte 1939«, die »Erbrechtskarte«, sogenannte »Gaukarten« und eine »Karte der Zerstörungen durch den zweiten Weltkrieg«. Eine weitere »Konfessionskarte« sollte zudem »die Verschiebung durch die Vertriebenen erkennen lassen«.[328]

1957 rief die ARL einen Unterausschuss »Bevölkerungsgeschichte« des Ausschusses *Historische Raumforschung* ins Leben. Die Mitglieder des neuen Unterausschusses – Blaschke, Franz, Horstmann und Keyser – vereinbarten, eine Bibliographie bevölkerungsgeschichtlicher Quellen zu erarbeiten.[329] »Zur Förderung der Bevölkerungsgeschichte« sollten ferner gemeindeweise Verzeichnisse der Einwohnerzahlen seit etwa 1800 angelegt werden. Horstmann wurde dazu beauftragt, die Statistischen Landesämter zu Veröffentlichungen über die Bevölkerungsentwicklung seit ca. 1800 anzuregen.[330] Die Mitglieder des Unterausschusses hatten sich mit den 1945/48 wirksam gewordenen territorialen Verschiebungen in den späten 1950er-Jahren noch nicht abgefunden: Denn nicht nur »Mitteldeutschland« verblieb als Forschungsobjekt vorerst weiterhin in ihrem Gesichtskreis, sondern auch die ehemaligen deutschen Ostgebiete; zudem sollte Österreich in die Bearbeitung mit einbezogen werden. Die 1945 vermeintlich zerstörte ›großdeutsche‹ Einheit sollte somit in den Reichsgrenzen des 12. März 1938 wenigstens ›bevölkerungs-‹ und ›raumgeschichtlich‹ weiter tradiert werden.[331]

Bei der vierten Tagung des *Arbeitskreises Historische Raumforschung* in Stuttgart-Hohenheim war u. a. der österreichische Geograph Egon Lendl (1906-1989) zu Gast. Dieser hatte sich in der NS-Zeit an agrarsoziologischen deutschtumskundlichen Forschungen der SODFG beteiligt und im ›Dritten Reich‹ zahlreiche Arbeiten über deutsche »Volksinseln« und kulturgeographische Probleme in Südosteuropa veröffentlicht.[332] Lendl sprach nun über »Planungswichtige Karten in den österreichischen historischen Atlanten« und hob den organisatorisch-planerischen Aspekt der 1732 erfolgten Protestantenvertreibung aus dem damaligen Erzstift Salzburg als einer »richtigen Umsiedlungsaktion« hervor.[333] 1959 erörterte der Arbeitskreis Probleme mittelalterlicher »Landesplanung und

328 DSHI 100 Keyser 75, DABW, Protokoll der ersten Sitzung des Forschungsausschusses »Historische Raumforschung«, 6./7.10.1955 in Marburg.

329 DSHI 100 Keyser 75, DABW, Protokoll der 3. Sitzung des Forschungsausschusses »Historische Raumforschung«, 20./21.6.1957 in Büdingen/Oberhessen. Ein derartiges Quellenverzeichnis konnte ich bibliographisch allerdings nicht nachweisen. Vgl. Franz, Zur Bevölkerungsgeschichte (1960/72).

330 Möglicherweise erschienen als Folge dieser Initiative im Druck: Geschichtliches Ortsverzeichnis von Niedersachsen, Hildesheim 1964/77. 1. D. Schomburg, Land Bremen (1964). 2. H. Kleinau, Land Braunschweig (1967/68). 3. G. Wrede, Fürstbistum Osnabrück (1975-77).

331 DSHI 100 Keyser 81, DABW, Sitzung des Unterausschusses Bevölkerungsgeschichte im Forschungsausschuß »Historische Raumforschung« der ARL, 22.10.1957, Protokoll.

332 Vgl. u. a. Egon Lendl, Die siedlungsgeographische Forschung in den südostdeutschen Volksinseln, in: DALV 2 (1938), 453-470.

333 Fahlbusch, Wissenschaft, 282, 294.; Egon Lendl, Planungswichtige Karten in österreichischen historischen und Regional-Atlanten, in: RuR 19 (1961), 221-225, hier 225.

Raumordnung«. Kuhn stellte in seinem Referat die These auf, dass Bevölkerungsschätzungen für »Ostdeutschland« schon für das 14. Jahrhundert möglich seien.[334] »Die westliche Hufenordnung«, die sich im Zuge der deutschen »Ostsiedlung« durchgesetzt habe, würde es ermöglichen, die spätmittelalterliche Bevölkerungsdichte annäherungsweise zu schätzen. Unter Berücksichtigung des Anteils der Menschen, die außerhalb der Hufengliederung lebten, suchte der Hamburger Siedlungshistoriker für die Hufen einen geeigneten Multiplikationsfaktor zu finden, von dem er auf die ländliche Bevölkerungsdichte schloss. Kuhn folgerte aus seinen Untersuchungen, dass die »Ostsiedlung« einen »Dichteausgleich größten Ausmaßes« zur Folge gehabt habe.[335]

Franz gab die Referate, die bei den Tagungen des *Arbeitskreises Historische Raumforschung* gehalten wurden, in elf Bänden der »Forschungs- und Sitzungsberichte der ARL« heraus.[336] In der »Bindung an einen bestimmten Raum« sah er »eine genetisch determinierte Verhaltensform vieler Lebewesen und vor allem auch des Menschen.« Er übertrug dabei Erkenntnisse der »moderne[n] Verhaltensforschung« auf die von ihm unter dem Gesichtspunkt der Aneignung von ›Lebensraum‹ diskutierten Siedlungsweise des Menschen. Jedes »geordnete Staatswesen« ziele darauf ab, »seinen Lebensraum so zu nutzen, daß er möglichst vielen Menschen einen möglichst hohen Lebensstandard zu gewähren vermag.«[337] »Durch die vergleichende Betrachtung raumordnender Maßnahmen bei verschiedenen Völkern und in verschiedenen Zeiträumen« lehre die Geschichte, »Möglichkeiten und Grenzen der Raumordnung zu erfassen, vor allem aber auch die geschichtliche Bedingtheit einzelner Räume zu erkennen.«[338] Franz fasste so die Ergebnisse der Arbeit des Ausschusses *Historische Raumforschung* zusammen, die er in der Zeit seiner Vorsitzführung erzielt hatte. Mit seinem Hinweis auf die Verantwortung des Staates für das wirtschaftliche Wohlergehen der Menschen, die innerhalb seiner Grenzen lebten, machte er sich Denkfiguren des Merkantilismus des 18. Jahrhunderts zu eigen und reicherte diese mit geodeterministischen und erbbiologischen Vorstellungen an.

334 DSHI 100 Keyser 81, Sitzung des Arbeitskreises »Historische Raumforschung« der ARL, 28./29.5.1959, Eberbach, Protokoll. Vgl. Walter Kuhn, Planung in der deutschen Ostsiedlung, in: Historische Raumforschung 1, Bremen-Horn 1956 (= Forschungs- und Sitzungsberichte der Akademie für Raumforschung und Landesplanung; 6), 77-99.

335 Damit ließ sich der Fortschrittsimpuls, den die deutschen Siedler den slawischen Ländern gebracht hätten, zusätzlich mittels demographischer Argumentationsmuster legitimieren. Vgl. Walter Kuhn, Ostsiedlung und Bevölkerungsdichte, in: Ostdeutsche Wissenschaft 7 (1960), 31-68, hier 61, 64 f.; 66 f.

336 Historische Raumforschung. Forschungsberichte des Ausschusses »Historische Raumforschung« der Akademie für Raumforschung und Landesplanung (= Forschungs- und Sitzungsberichte der Akademie für Raumforschung und Landesplanung; Bd. 6 [u. a.]: Bremen-Horn; [Bd. 4-11]: Hannover 1963-74).

337 Günther Franz, Zur Einführung, in: Grenzbildende Faktoren in der Geschichte, Hannover 1969 (= Forschungs- und Sitzungsberichte der Akademie für Raumforschung und Landesplanung; 48), 1-2, hier 1; ders., Raumplanung, Sp. 2553.

338 Franz, Einführung (1974), X.

Fazit: Zur Begrenztheit der Institutionalisierungsprozesse in ›historischen Bevölkerungsforschungen‹

Bemühungen um eine fachliche Institutionalisierung gingen in ›historischen Bevölkerungsforschungen‹ seit der Zwischenkriegszeit meist von den institutionellen Rändern oder von außerhalb der akademischen Geschichtswissenschaft aus. Erich Keyser setzte schon 1927 und 1929 in einem programmatisch angelegten Referat, das er vor dem *Gesamtverein der deutschen Geschichts- und Altertumsvereine* hielt, die Erforschung der ›Bevölkerungsgeschichte‹ auf die aktuelle wissenschaftspolitische Agenda. Er machte sich damit zu einem Vorreiter der Vernetzung der an diesem Themenfeld interessierten Historiker.[339]

In den Netzwerken der deutschen ›Volks- und Landesforschung‹ und der ›Genealogie‹ und ›Sippenkunde‹ erlebten oft betont politisch-kämpferische Formen der Bevölkerungswissenschaften in den 1920er- bis 1940er-Jahren einen stürmischen Aufschwung. Es wäre jedoch verfehlt, aus diesem Befund ableiten zu wollen, dass sich dies in einer langfristig wirksamen und durchgreifenden akademischen Verankerung der ›Bevölkerungsgeschichte‹ niedergeschlagen hätte. Immerhin lehnten sich Lehrstühle, die im ›Dritten Reich‹ besonders an den Universitäten des ›Grenzlands‹ neu errichtet wurden, vielfach an die völkische Metaphorik von ›Volksgeschichte‹, ›Grenzland-‹ und ›Volkskörperforschung‹ an; Emigrationsverluste und völkische Ideologisierungen führten gleichzeitig zu einer ›provinzialisierten Institutionalisierung‹ ›historischer Bevölkerungsforschungen‹, die quer zu den etablierten Strukturen der deutschen Geschichtswissenschaften stand. Diese wissenschaftspolitischen Entwicklungen wirkten nach 1945 nach und legten den Bemühungen zur Institutionalisierung, die in diesem Feld unternommen wurden, enge Beschränkungen auf. Denn nach 1945 setzten zunächst gerade jene Forscher Schritte der Institutionalisierung, die bereits im ›Dritten Reich‹ bevölkerungswissenschaftlich tätig gewesen waren und deren Bereitschaft, ihre bisherige spezifische Betrachtungsweise von Bevölkerungsprozessen aufzugeben oder wenigstens zu modifizieren, insgesamt äußerst begrenzt blieb.

Die DGBW und der Unterausschuss ›Bevölkerungsgeschichte‹ im Forschungsausschuss ›Historische Raumforschung‹ der ARL sind aussagekräftige Beispiele für die diskursive und institutionelle Randständigkeit der bundesdeutschen Bevölkerungswissenschaften im Allgemeinen und der ›historischen Bevölkerungsforschungen‹ im Besonderen: Wesentliche Impulse kamen international seit den 1950er-Jahren für derartige Forschungen nicht aus Deutschland oder Österreich, sondern zunehmend aus dem westeuropäischen und US-amerikanischen Ausland. Vor diesem Hintergrund betrachtet erscheinen die beiden hier untersuchten Forschungsinstitutionen wie marginalisierte Überbleibsel einer spezifisch ›deutschen‹ Spielart der Bevölkerungsforschung. Eine gewisse Anpassungsleistung an die nach 1945 grundlegend veränderten politischen Bedingun-

339 Vgl. hierzu bereits das Kap. I.3.

gen lässt sich im Fall der ARL-Raumforscher zwar durchaus nachvollziehen: Für die ›Historische Raumforschung‹ der ARL bildete vornehmlich die Bundesrepublik selbst den wissenschaftlichen Referenzort, der ihre übergreifenden Fragestellungen und Forschungsarbeiten anleitete. In der DGBW gingen jedoch Problemstellungen der ›zünftig‹ organisierten Historiographie mit eugenisch, sozialhygienisch und rassistisch motivierten Fragestellungen, wie sie etwa Hermann Arnold im Zuge seiner ›Zigeunerforschung‹ verfolgte, nach wie vor Hand in Hand.

Für die ›Raumforschung‹ der frühen Bundesrepublik hatte die Geschichtswissenschaft – so paradox ein derartiges Fazit erscheinen mag – eine im Grunde ahistorische Funktion: Nicht nur die Rekonstruktion gesellschaftlicher Strukturen bildete das Ziel der ›Historischen Raumforschung‹, sondern vielmehr die geschichtlich begründete Apologetik gegenwärtiger sozialer und politischer Zustände und künftiger Sozialplanungen. Dies setzte die Erwartung voraus, dass die Folgen der technisch-industriellen Moderne durch staatliche Planung in den Griff gebracht werden müssten. Nicht anders ist es zu verstehen, dass Günther Franz die liberale Politik des 19. Jahrhunderts für vermeintliche »Schäden« verantwortlich machte, die fehlende Planung in Landschaftsgestaltung und Stadtentwicklung verursacht hätte.[340] Entgrenzte ›Planung‹ und ›Neuordnung‹ waren im ›Dritten Reich‹ mit massenhaften Vertreibungen und mehrfachem Genozid verknüpft gewesen. Diesem historischen Erbe wichen die in der bundesdeutschen ›Raumforschung‹ tätigen Historiker allerdings aus. Konrad Meyer (1900-1973) war im ›Dritten Reich‹ selbst hauptverantwortlich für die Erstellung des ›Generalplans Ost‹ gewesen. In einer Publikation der ARL charakterisierte Meyer noch 1971 die RAG als »eine ganz normale Wissenschaftsorganisation«. Er relativierte und verharmloste damit die Rolle der RAG in der Zeit des Nationalsozialismus.[341]

Die bundesdeutschen Raumforscher suchten wirtschafts- und gesellschaftspolitischem Verwertungs- und Nützlichkeitsdenken in der historischen Forschung verstärkt Geltung zu verschaffen. Das Denken in Kategorien des anzustrebenden Ausgleichs zwischen ›Bevölkerung‹, ›Raum‹ und wirtschaftlichen Ressourcen spielte hierfür eine entscheidende Rolle. Es ist daher kaum verwunderlich, dass Günther Franz ›Planung‹ a priori als im Sinne der Stabilisierung von gesellschaftlichen Verhältnissen anzustrebendes Ziel einschätzte. So ließ sich

340 Franz, Raumplanung, Sp. 2564.

341 Zit. n. Herzberg, Raumordnung, 167. Vgl. ferner Franz, der seine weltgeschichtliche Skizze der Entwicklung der ›Raumplanung‹ mit dem eher kryptischen Hinweis abschloss, dass »die Zeit der modernen Raumordnung und Landesplanung« mit dem Ende des Ersten Weltkriegs begonnen habe. Franz, Raumplanung, Sp. 2565. Franz hielt noch 1980 mit Bezug auf Forschungen des Anthropologen und Rassentheoretikers Egon von Eickstedt (1892-1965) an der Überzeugung fest, dass die »friderizianische Kolonisation« Schlesiens eine »Erhöhung des nordischen Anteils« der Bevölkerung herbeigeführt habe. Vgl. Günther Franz/Helmut Jäger, Historische Kartographie, Hannover ³1980 (= Beiträge der Akademie für Raumforschung und Landesplanung; 46), 55.

die einstige deutsche ›Ostsiedlung‹ nun als vermeintliches Vorbild instrumentalisieren, um die ›planmäßige‹ (Um-)Gestaltung der als ›ungeordnet‹ wahrgenommenen bundesrepublikanischen Gesellschaft als notwendig darzustellen.[342] Dabei gerieten teils erst seit kurzer Zeit in der Bundesrepublik wohnhafte Teile der Bevölkerung in den Blick, darunter die aus den ehemaligen deutschen Ostgebieten Vertriebenen. Diese sollten in für sie angeblich geeigneten (Sozial-) Räumen angesiedelt werden. Das Vorhaben der Raumforscher, die administrativen Binnengrenzen der Bundesrepublik neu zu ziehen, standen mit diesem sozialplanerischen Ordnungsdenken in einem engen Zusammenhang. Im Unterschied zu den in der DGBW aktiven Wissenschaftlern, die als Publikationsmedium lediglich über intern zirkulierende »Mitteilungen« verfügten, konnten sich die Raumforscher der ARL auf instititutionell verankerte und kontinuierlich erscheinende Publikationsmedien stützen.[343]

Das Selbstverständnis der ARL und DGBW zeichnete sich somit jeweils durch eine ausgeprägte Anwendungsorientierung aus. Besonders bei Hans Harmsen lässt sich ein Streben nach Anerkennung der von ihm organisierten Forschungen durch Politik und Verwaltung feststellen. Die problematische Kehrseite dieser eher praxisbezogenen Forschungsrichtung lag in ihrer mangelhaften theoretischen und methodischen Fundierung. Die Marburger ›Arbeitstagungen für Bevölkerungsgeschichte‹ der DGBW verwiesen zwar durchwegs auf das thematische Spektrum westdeutscher ›historischer Bevölkerungsforschungen‹: Deren Bandbreite reichte von siedlungs- und agrargeschichtlichen Arbeiten über anthropologische und epidemiologische Studien bis hin zu historischen Migrationsforschungen. Die neueren methodischen Entwicklungen innerhalb der ›Historischen Demographie‹, die international zunehmend ins Zentrum der Debatte rückten, fanden bei diesen Tagungen jedoch keinen quellenmäßig dokumentierten Niederschlag. Zudem entbehrten die ›Marburger Arbeitstagungen‹ einer Verstetigung, die wie oben angedeutet eine der Vorbedingungen für die Institutionalisierung einer wissenschaftlichen Disziplin bildete. Der fachlich relativ isolierte Rahmen, in dem diese abgehalten wurden, dürfte wesentlich dazu beigetragen haben, dass von ihnen kaum nachvollziehbare Impulse an die ›zünftige‹ Geschichtswissenschaft ausgingen. Historiker wie Wolfgang Köllmann, die eine begrenzte methodische Öffnung und Internationalisierung der ›Bevölkerungsgeschichte‹ anstrebten, waren umso weniger auf die institutionelle Förderung durch die DGBW angewiesen, je stärker sie andere westdeutsche und internationale Forschungsnetzwerke frequentierten. Köllmann schöpfte nicht zuletzt aus diesen Kontakten und Kooperationen jene Reputation, die ihm selbst

342 Vgl. Günther Franz, Besprechung Kuhn, Geschichte der deutschen Ostsiedlung, in: RuR 15 (1957), 225: »[Es …] wird jeder Leser überrascht sein, wie viel an planerischen Gesichtspunkten bei der Ostsiedlung wirksam gewesen ist, wie modern vieles anmutet. Es ist wirklich ein Werk, das […] man gern in der Hand auch der Praktiker wüßte.«

343 Vgl. hierzu die Quellenangaben in diesem Abschnitt und in Kap. IV.5.

als erstem westdeutschen Historiker eine Institutionalisierung der ›Demographie‹ im Rahmen seines Bochumer Lehrstuhls ermöglichte.

5. Fachzeitschriften und Rezensionen

Medien der wissenschaftlichen Kommunikation: Fachzeitschriften

Die hier durchgeführten Untersuchungen stützen sich wesentlich auf Artikel, Forschungsberichte und Rezensionen in Zeitschriften, welche die Entwicklung von Theoremen, Paradigmen und Begriffen ›historischer Bevölkerungsforschungen‹ wissenschaftsgeschichtlich nachvollziehbar machen sollen. Wissenschaftszeitschriften betrachte ich hier bewusst als eine Quellengruppe *sui generis*. Ihre Interpretation wirft zwar spezifische Forschungsprobleme auf – siehe hierzu weiter unten –; für die Frage nach der Institutionalisierung wissenschaftlicher Fachrichtungen oder Disziplinen können sie gleichwohl als relevante Indikatoren gelten.

Als Beispiel führe ich die verschiedenen Zeitschriften im Umfeld von landes- und volksgeschichtlichen Forschungen der 1920er- und 1930er-Jahre an. Journale wie etwa die *Deutschen Hefte für Volks- und Kulturbodenforschung*[344] deuteten auf den Versuch bestimmter arbeitsteilig vernetzter Forschergruppen hin, die ›Volks- und Kulturbodenforschung‹ als relevantes Forschungsgebiet durchzusetzen. Neben solchen oft eher kurzlebigen, nur wenige Jahrgänge umfassenden Zeitschriften spielten Fachjournale für das hier untersuchte Themenfeld eine Rolle, die nahezu über den gesamten Untersuchungszeitraum hinweg publiziert wurden und in der historischen ›Zunft‹ über ein kontinuierlich hohes Ansehen verfügten. Die im Jahr 1903 ins Leben gerufene *Vierteljahrschrift für Sozial- und Wirtschaftsgeschichte* (VSWG)[345] ist eine solche Zeitschrift, die, abgesehen von einer kriegs- und nachkriegsbedingten Unterbrechung, in den Jahren zwischen 1945 und 1948 bis heute durchgehend erscheinen konnte.

Die hier nur angedeutete besondere Bedeutung des Zeitschriftenwesens für die sozialen Strukturen, Kommunikationsformen und inhaltlichen Entwicklungen in den Wissenschaften ist somit kaum zu übersehen. Welche Relevanz Zeitschriften als Vermittlungsinstanzen von historischen Forschungen hatten, lässt sich indes nur aufgrund eingehender kontextualisierender Untersuchungen ermitteln. Diesem an sich wenig überraschenden allgemeinen Forschungspostulat steht allerdings entgegen, dass wissenschaftsgeschichtliche Forschungen sich mit den methodischen Problemen, welche die Analyse von Zeitschriften mit sich

344 Die *Deutschen Hefte für Volks- und Kulturbodenforschung* (1.1930/31-4.1934,1) (ab 1934, H. 1: *Deutsche Hefte für Volksforschung*) wurden im Auftrag der SVKF von Wilhelm Volz (1870-1958) und Hans Schwalm herausgegeben.

345 *Vierteljahrschrift für Sozial- und Wirtschaftsgeschichte* (VSWG). 1.1903-37.1944; 38.1949/51 -. Wiesbaden. Vorg.: *Zeitschrift für Social- und Wirtschaftsgeschichte*. 1.1893-7.1900,4 (Aug.).

bringt, bislang nur in geringem Maße befasst haben. Dazu trägt der Umstand bei, dass das Feld der »Wissenschaftszeitschriften« stark variierende Formen aufweist und daher »kaum als eigenständiges Genre wahrgenommen« wird.[346] Bereits Ludwik Fleck (1896-1961) betonte darüber hinaus für die »Zeitschriftwissenschaft« den vorläufigen, unsicheren und »persönlichen« Aspekt der Produktion von wissenschaftlichem Wissen, der im Medium der Zeitschrift zur Darstellung dränge und dieses vom »Handbuch« abgrenze.[347] Zudem dürfte eine Herangehensweise an Zeitschriften, die diese unreflektiert als freie Wissenschaftsforen auffasst, ihrer Qualität als von Akteuren mit Eigeninteressen geprägten sozialen Institutionen kaum entsprechen.

In ›historischen Bevölkerungsforschungen‹ ist für den Untersuchungszeitraum eine erhebliche und kaum überschaubare Bandbreite des Zeitschriftenwesens festzustellen. Ich beschränke mich daher im Folgenden anhand von vier Zeitschriften auf eine exemplarische Analyse zu Kontinuität und Wandel der hier interessierenden Themen. Bei den – jeweils knapp zu besprechenden – Zeitschriften handelt es sich um das *Archiv für Bevölkerungswissenschaft und Bevölkerungspolitik* (ABB), die *Deutsche Wissenschaftliche Zeitschrift für Polen* (DWZP), die *Blätter für deutsche Landesgeschichte (BDLG)* und die *Jahresberichte für deutsche Geschichte* (JDG), deren Auswahl sich folgendermaßen begründen lässt:

Das ABB wird hier näher untersucht, weil es sich bei dieser Zeitschrift um ein Organ handelte, welches für sich in Anspruch nahm, die Forschungen zur ›Bevölkerungswissenschaft‹ in Deutschland zusammenzuführen; die DWZP war eines der thematisch regional gebundenen Organe der deutschen ›Ostforschung‹ und vermittelt daher Zugänge zu der Frage, wie ›Bevölkerung‹ auf eine bestimmte Region der ›Ostforschung‹ projiziert wurde. Ihre Nachfolgerin *Deutsche wissenschaftliche Zeitschrift im Wartheland* reflektierte die völkerrechtswidrige Eingliederung des »Reichsgaus Wartheland« in das Deutsche Reich. Dies wirft die Frage auf, ob die militärische Unterwerfung Polens durch Deutschland ab 1939 die bevölkerungsgeschichtlichen Inhalte dieser Zeitschrift veränderte; die BDLG werden als führendes Organ der deutschen ›Landesgeschichte‹ untersucht, welche die laufenden Forschungen auf diesem Gebiet überregional zu bündeln suchten; die JDG sollen schließlich darüber Aufschluss geben, wann und in welchen Kontexten ›Bevölkerungsgeschichte‹ in den ›Jahresberichten‹ der deutschen Historiographie als eigenständige Rubrik auftauchte, und wie deren Beziehungen zu anderen Disziplinen der Geschichtswissenschaften dargestellt wurden.

346 Sigrid Stöckel, Verwissenschaftlichung der Gesellschaft – Vergesellschaftung der Wissenschaft, in: dies./Wiebke Lisner/Gerlind Rüve (Hg.), Das Medium Wissenschaftszeitschrift seit dem 19. Jahrhundert. Verwissenschaftlichung der Gesellschaft – Vergesellschaftung von Wissenschaft, Stuttgart 2009, 9-23, hier 9.

347 Vgl. Ludwik Fleck, Entstehung und Entwicklung einer wissenschaftlichen Tatsache: Einführung in die Lehre vom Denkstil und Denkkollektiv, Frankfurt a. M. 2006 (zuerst: 1935), 156f.

Das einzige fachwissenschaftlich ausgerichtete Journal, das in Deutschland im Untersuchungszeitraum »Bevölkerungswissenschaft und Bevölkerungspolitik« als alleiniges Leitthema und Gegenstand der von ihm publizierten Studien ausgab, war das 1931 bis 1944 im Leipziger Hirzel-Verlag erschienene *Archiv für Bevölkerungswissenschaft und Bevölkerungspolitik* (ABB).[348] Zum Vergleich sei darauf hingewiesen, dass Bevölkerungsforschungen in den westlichen Ländern sich damals neben den Journalen der jeweiligen Statistischen Ämter u. a. auf die 1933 bis 1939 erscheinende Zeitschrift *Population* als Publikationsorgan stützten, welche die *International Union for the Scientific Investigation of Population Problems* (IUSIPP) herausgab. Das vom französischen INED herausgegebene Journal *Population* erschien wie sein englisches Gegenstück *Population Studies. A Journal of Demography* erst nach dem Zweiten Weltkrieg (ab 1946 bzw. ab 1947).[349]

Das ›Archiv‹ sollte vor allem ein Publikations- und Diskussionsorgan für die bevölkerungswissenschaftlichen Forschungen in Deutschland sein. Es beabsichtigte ein breites Spektrum von Disziplinen und Forschungsfeldern wie ›Anthropologie‹, ›Volks-‹ und ›Rassenkunde‹, ›Bevölkerungsgeschichte‹, ›Medizin‹, ›Hygiene‹, ›Statistik‹, ›Demographie‹, ›Erblehre‹, ›Geographie‹ und ›Geopolitik‹ anzusprechen. Das ABB repräsentierte damit die spezifische Ausdifferenzierung und Heterogenität von bevölkerungswissenschaftlichen Disziplinen und Fachrichtungen, die in Deutschland seit den 1920er-Jahren üblich geworden war.[350] Die Schriftleitung hatte Elisabeth Pfeil 1934 zusammen mit Kurt Vowinckel (1895-1978), dem Verleger und Mitbegründer der *Zeitschrift für Geopolitik*, übernommen. Das ABB veröffentlichte zahlreiche Studien und Rezensionen, die bevölkerungsgeschichtliche Themen behandelten. Forschungsartikel, die Quellen und Methoden der ›Bevölkerungsgeschichte‹ untersuchten,[351] standen Abhandlungen gegenüber, die bestimmte ›Völker‹ oder Regionen aus siedlungs- und bevölkerungsgeschichtlicher Sicht erörterten.[352] Andere Artikel analysierten genealogische

348 *Archiv für Bevölkerungswissenschaft und Bevölkerungspolitik* (ABB), Leipzig 4.1934-13.1943. Hauptsachtitel 1.1931-3.1933: *Archiv für Bevölkerungspolitik, Sexualethik und Familienkunde*; 4.1934-5.1935: *Archiv für Bevölkerungswissenschaft, Volkskunde und Bevölkerungspolitik*.

349 *Population: Journal of the International Union for the Scientific Investigation of Population Problems*. London 1.1933/35-3.1939,1. *Population. Revue bimestrielle de l'Institut National d'Études Démographiques*, Paris 1.1946 -; *Population Studies. A Journal of Demography*. London School of Economics and Political Science / Population Investigation Committee, London [u. a.] 1.1947/48 (1948) -.

350 Vgl. Schnitzler, Fallbeispiel für rekursive Kopplung, 339.

351 Vgl. etwa Fritz Harzendorf, Quellen und Methode bevölkerungsgeschichtlicher Untersuchungen, in: ABB 9 (1939), 8-14; Günter Pröbsting, Untersuchungen über Stand und Bewegung der Bevölkerung im 17. und 18. Jahrhundert – eine methodische Übersicht, in: ABB 11 (1941), 82-98.

352 Erich Keyser, Das Volk der Indogermanen und seine Erforschung, in: ABB 7 (1937), 276-288; Helmut Haufe, Die skandinavische Landbevölkerung im Zeitalter der Industrialisierung, in: ABB 9 (1939), 214-216.

oder ›sippenkundliche‹ Fragestellungen[353] oder untersuchten die Bevölkerungsbewegung einzelner Kirchen- und Landgemeinden.[354] Ein ausgeprägtes Interesse für die Siedlungsgeschichte des ›Grenz- und Auslandsdeutschtums‹,[355] für das ›Landvolk‹ und ›Bauerntum‹ war dabei ebenso wenig zu übersehen wie der Anspruch einer sogenannten »Volkskörperforschung«,[356] mittels ›ganzheitlicher‹ Interpretationsmuster statistischer Daten vorgeblich tiefere Einsichten zum ›Wesen‹ des deutschen ›Volkstums‹ zu gewinnen.[357]

Das ABB verwies merklich auf den doppelten wissenschaftlichen und politischen Anspruch der Bevölkerungswissenschaften im ›Dritten Reich‹. Carsten Klingemann sprach in diesem Zusammenhang von »rekursiver Kopplung«, einem Modell, das Peter Weingart für die Beziehungen zwischen Wissenschaft und Politik in der modernen Wissensgesellschaft entwickelt hatte. Die enge Verflechtung zwischen Bevölkerungsforschung und Politik, die auch im Namen des ABB proklamiert wurde, sollte demnach durch die im Herausgebergremium dieser Zeitschrift vertretenen hochrangigen Repräsentanten der nationalsozialistischen Bevölkerungs- und Rassenpolitik institutionell abgesichert werden.[358]

Unter den Autoren und Autorinnen, die im ›Archiv‹ Studien zur ›Bevölkerungsgeschichte‹ veröffentlichten, waren neben Historikern vor allem Geographen, Soziologen und Statistiker. Der fachlich breite Querschnitt von bevölkerungswissenschaftlich tätigen Forschern setzte sich in der interdisziplinären Programmatik der DGBW fort, die in der frühen Bundesrepublik einige der früheren ABB-Mitarbeiter, darunter Elisabeth Pfeil, Friedrich Burgdörfer, Hans Harmsen und Erich Keyser, zu ihren Mitgliedern zählte. Harmsen verfolgte damals das Ziel, im Rahmen

353 Vgl. u.a. Josef Müller, Entwicklung von vier bäuerlichen Sippen in den vergangenen hundert Jahren, in: ABB 6 (1936), 20-36; E.[rich] Murr, Von zeitgemäßer Sippenkunde und ihrem Verhältnis zur alten Genealogie, zu Rassen- und Volkskunde, in: ABB 7 (1937), 73-90; J. Hermann Mitgau, Verstädterung und Großstadtschicksal genealogisch gesehen, in: ABB 11 (1942), 339-364.

354 Vgl. Edmund Albrecht, Die Bevölkerungsbewegung einer mecklenburgischen Landgemeinde vom 17. bis zum 20. Jahrhundert. Eine bevölkerungsstatistische Untersuchung auf Grund der Kirchenbücher, in: ABB 10 (1940), 33-45.

355 Vgl. etwa Eugen Rußde, Zur Siedlungs- und Bevölkerungsgeschichte der Deutschen in der Sowjetunion, in: ABB 5 (1935), 188-195.

356 Vgl. Hans Linde, Zur Volkskörperforschung, in: ABB 8 (1938), 316-326; Ludwig Schmidt-Kehl, Bemerkungen zu der Kritik von H. Linde an dem Scheidtschen Verfahren, in: ABB 8 (1938), 326-328.

357 Das ABB wurde durch Beihefte ergänzt, von denen 1936-1943 zwölf als selbständige Abhandlungen erscheinen konnten. Vgl. u.a. Bh. 2: Heberle, Auslandsvolkstum (1936); Bh. 7: Linde, Preußischer Landesausbau (1939); Bh. 8: Blendinger, Bevölkerungsgeschichte (1940).

358 Vgl. Carsten Klingemann, Rekursive Kopplung von sozialwissenschaftlicher Bevölkerungsforschung und -politik im Dritten Reich, in: Mackensen et al. (Hg.), Ursprünge, Arten und Folgen, 291-296, hier 293f. Vgl. ferner zu dem Richtungsstreit um eine ganzheitliche »Volkskunde«, die im ABB gegen die vermeintlich ›statistische‹ Spielart der »Bevölkerungswissenschaft« gerichtet wurde, Ruttke/Burgdörfer/Helbok, »Volkskunde« statt »Bevölkerungswissenschaft«.

der DGBW an das 1944 eingestellte ›Archiv‹ anzuknüpfen. Hierzu sollte eine – so zu bezeichnende – »Zeitschrift für Bevölkerungswissenschaft« ins Leben gerufen werden. Der geplante Herausgeberkreis sollte außer Harmsen selbst u. a. Gerhard Mackenroth, den Schweizer Historiker und Statistiker Wilhelm Bickel (1903-1977) sowie den Innsbrucker Geographen Hans Kinzl und den Wiener Statistiker Wilhelm Winkler umfassen. Als Nukleus für die Neugründung des ABB sollten die ursprünglich von Keyser im Rahmen der DGWB angeregten, im Jahr 1956 erstmals erschienenen *Mitteilungen für die Mitglieder und Freunde der Gesellschaft* herangezogen werden. Diese konnten jedoch nie in eine reguläre bevölkerungswissenschaftliche Zeitschrift umgewandelt werden. Die 1975 begründete *Zeitschrift für Bevölkerungswissenschaft* (ZfB) ist von den Veröffentlichungen der DGBW deutlich abzugrenzen. Sie wurde vom *Bundesinstitut für Bevölkerungsforschung* (BiB) in Wiesbaden herausgegeben und erschien bis zum Jahr 2010.[359]

›Historische Bevölkerungsforschungen‹ in Deutschland verfügten im Untersuchungszeitraum über kein eigenes, von ›zünftigen‹ Historikern herausgegebenes Organ. Sie wurden vom ABB als eine Fachrichtung neben anderen nur mit vertreten. Historiker publizierten ihre Arbeiten zur ›Bevölkerungs-‹ und ›Siedlungsgeschichte‹ meist in den zahlreichen Zeitschriften, die seit den 1930er-Jahren die wissenschaftliche Institutionalisierung der sogenannten ›Landes- und Volksforschung‹ voranzutreiben suchten. Vom damaligen Trend zur ›Volksforschung‹ war aber selbst die 1859 begründete *Historische Zeitschrift* (HZ), das führende Organ der deutschen Historiographie, nicht ausgenommen. Solche Arbeiten nahmen besonders nach 1933/35 einen größeren Stellenwert als zuvor ein,[360] wobei in diesem Zusammenhang darauf hinzuweisen ist, dass die 1936 in der HZ erstmals veröffentlichte Rubrik »Forschungen zur Geschichte der Judenfrage« den spezifisch nationalsozialistischen Einfluss auf diese Zeitschrift wohl am stärksten reflektierte.[361] Dies deutete auf eine Konjunktur dieser Studien hin, die auch andere Fachrichtungen der deutschen Historiographie erfasste. Mit Hans Joachim Beyer und Kleo Pleyer kamen im ›Dritten Reich‹ sogar zwei der militantesten Verfechter einer ›kämpferischen Wissenschaft‹ in der HZ zu Wort.[362]

359 DSHI Keyser 74, DABW, Niederschrift über die ordentliche Akademiesitzung am 8.10.1953 in Mainz, Interne Mitteilung Nr. 3, Oktober 1953. *Mitteilungen für die Mitglieder und Freunde der Gesellschaft.* Bornheim 1.1956-71.1991. Seit dem Jahrgang 2010 gibt das BiB das Online-Journal *Comparative Population Studies – Zeitschrift für Bevölkerungswissenschaft* (CpoS) als Nachfolger der ZfB heraus.

360 Vgl. aus der Fülle der einschlägigen HZ-Besprechungen u. a. Wilhelm Volz, Bespr. Adolf Helbok, Deutsche Siedlung. Wesen, Ausbreitung und Sinn, Halle/Saale 1938, in: HZ 160 (1939), 378-381; Lütge, Bespr. Hans Linde, Preußischer Landesausbau.

361 Vgl. Ursula Wiggershaus-Müller, Nationalsozialismus und Geschichtswissenschaft. Die Geschichte der Historischen Zeitschrift und des Historischen Jahrbuchs 1933-1945, Hamburg 2000, 128-135. Vgl. zum politisch motivierten Herausgeberwechsel der HZ von Friedrich Meinecke zu Karl Alexander von Müller ebd. (57-65) sowie die Angaben im Kap. III.9.

362 Vgl. u. a. Hans Joachim Beyer, Geschichte des Deutschtums im Auslande, in: HZ 168 (1943), 667-672; vgl. Kleo Pleyer, Ein Standbild aller Deutschen. Das Handwörterbuch des Grenz- und Auslanddeutschtums, in: HZ 158 (1938), 541.

Neben den Fachjournalen des landes-, siedlungs- und volksgeschichtlichen Forschungsfelds, die eine überregionale Synthese dieser Arbeiten anstrebten,[363] etablierten sich im Volkstumsdiskurs Zeitschriften mit regionalen Forschungsinteressen. Derartige Periodika waren mit regionalen Historischen Gesellschaften oder Vereinen meist eng verbunden und blickten auf eine Geschichte zurück, die in der Regel bis ins 19. Jahrhundert zurückreichte. Anhand der DWZP (ab 1940 *Deutsche wissenschaftliche Zeitschrift im Wartheland*), lässt sich exemplarisch andeuten, welche Bedeutung ›historische Bevölkerungsforschungen‹ im Verlauf der 1930er-Jahre für eine solche regional verankerte Zeitschrift erlangten. Die DWZP wurde vom Volksgruppenpolitiker Hermann Rauschning (1887-1982) begründet und erschien ab 1923 im Verlag der *Historischen Gesellschaft für Posen*. Ihre Herausgeberschaft übernahm ab 1926 der Gymnasiallehrer und Bibliothekar Alfred Lattermann.[364]

Die DWZP verfügte über ein breites thematisches Spektrum an Aufsätzen und wies einen ungewöhnlich ausführlichen Besprechungsteil auf. In ihren Jahresverzeichnissen bildete die »Sippenforschung« neben der »Siedlungs- und Ortsgeschichte« einen Hauptabschnitt. Die Rezensionen wurden gruppenweise zusammengefasst, wobei die »Bevölkerungs-« mit der »Siedlungs- und Ortsgeschichte« und die »Sippen-« mit der »Wappenforschung« meist zu einer Rubrik verbunden wurden. Lattermann übernahm selbst zahlreiche Besprechungen, darunter zu jenen Veröffentlichungen, die regional über Westpreußen hinauswiesen.[365] Unter der 1940 neu eingeführten Bezeichnung *Deutsche wissenschaftliche Zeitschrift im Wartheland* behielt sie dieses Konzept im Wesentlichen bei. Die Zuordnungen von Beiträgen, welche die Redaktion der Zeitschrift zur ›Bevölkerungs-‹, ›Siedlungs-‹ oder ›Sippenforschung‹ rechnete, wechselten allerdings häufiger als zuvor und wiesen auf die offenbar gestiegene Zahl derartiger Arbeiten hin; zugleich verdeutlichten sie eine grundlegende Unsicherheit über ihre Inhalte und kategorialen Abgrenzungen. Besonders die 1940 erfolgte Neuaufnahme einer Kategorie »Volkstumsforschung« (bzw. ab 1941 »Volksforschung«) im Besprechungsteil vermochte nicht recht deutlich zu machen, wie diese sich von den weiterhin bestehenden Rubriken »Bevölkerungs- und Siedlungsgeschichte« (im Jahr 1943 »Bevölkerungs- und Siedlungsforschung«) sowie »Sippen- und Wappenforschung« abgrenzen ließ.[366]

Nach dem Aufschwung, den die verschiedenen Spielarten ›historischer Bevölkerungsforschungen‹ in den 1930er-Jahren unter wechselnden terminologischen Benennungen zu verzeichnen hatten, brachen derartige Forschungen nach 1945

363 So z.B. das *Deutsche Archiv für Landes- und Volksforschung* (1.1937-8.1944,4), das nach der Auflösung der Leipziger SVKF (1931) zu einem der Sprachrohre der VFG aufstieg.

364 Vgl. zu Lattermanns Biographie Fielitz, Das Stereotyp, 381.

365 Vgl. *Deutsche wissenschaftliche Zeitschrift für Polen*, Posen 1923-1939. Vgl. u.a. A.[lfred] L.[attermann], Bespr. Erich Keyser, Bevölkerungsgeschichte Deutschlands, Leipzig 1938, in: DWZP, H. 34 (1938), 248f.

366 Vgl. *Deutsche wissenschaftliche Zeitschrift im Wartheland*. Hg. v. Alfred Lattermann, Posen 1940-1943.

zwar nicht einfach ab; sie konnten jedoch nur in bestimmten Nischen überleben. Dabei ist hervorzuheben, dass nicht zuletzt landeskundliche und -geschichtliche Zeitschriften für weitgehend kontinuierliche Publikationsmöglichkeiten sorgten. So verfügten beispielsweise die an der Universität Innsbruck tätigen Historiker, Geographen und Volkskundler mit den 1923 begründeten *Schlern-Schriften* über eine Schriftenreihe, in der sie vor, während und nach 1938/45 viele ihrer landeskundlichen, bevölkerungsgeographischen und historischen Studien veröffentlichten. Die *Schlern-Schriften* waren ursprünglich auf Südtirol beschränkt. Ab dem neunten Band (1925) bezogen sie Nord-, Süd- und Osttirol sowie das Trentino, den ehemals habsburgischen, als Welschtirol bezeichneten italienischsprachigen Teil von Tirol, mit ein.[367]

Die BDLG[368] waren in den bundesrepublikanischen Nachkriegsjahrzehnten eine der wichtigsten überregionalen Fachzeitschriften, die bevölkerungsgeschichtlichen Veröffentlichungen ab 1959 in Verbindung mit der ›Wirtschafts- und Sozialgeschichte‹ als eigenständige Rubrik ihres Literaturteils einen festen Platz zuwiesen. Günther Franz war als Autor einer Serie von Sammelbesprechungen »Zur Bevölkerungsgeschichte« neben Hektor Ammann die treibende Kraft bei der (Re-)Etablierung der ›Bevölkerungsgeschichte‹ in den BDLG.[369] Im Jahr 1960 veröffentlichte Franz einen derartigen Literaturbericht, der im allgemeinen Teil der Literaturbesprechungen aufschien;[370] im darauf folgenden Jahr wechselte dieser zur Rubrik »Bevölkerungs-, Wirtschafts- und Sozialgeschichte«.[371] Eine neuerliche Veränderung der Zuordnung erfolgte im Jahrgang 1962: Der entsprechende Abschnitt nannte sich jetzt »Verfassungs- und Wirtschaftsgeschichte, Bevölkerungsgeschichte, Städtewesen«, wobei wiederum die Sammelbesprechung des Stuttgart-Hohenheimer Historikers den einzigen Beitrag zur ›Bevölkerungsgeschichte‹ bildete, der in dieser Rubrik erschien.[372] 1964 wurde die Aufzählung der Themen ausnahmsweise um »Politische Geschichte«

367 *Schlern-Schriften,* Innsbruck 1.1923-50.1942; 51.1947-. Vgl. u. a. Ulmer, Höhenflucht (1935) (= Schlern-Schriften; 27); Festschrift zu Ehren Hermann Wopfners (1948) (= Schlern-Schriften; 53); Troger, Bevölkerungsgeographie des Zillertales (1954) (= Schlern-Schriften; 123).

368 *Blätter für deutsche Landesgeschichte*. N. F. Bd. 83.1936/37-87.1942,1 (1943); 88.1951-. Zusatz zum Titel: *Neue Folge des Korrespondenzblattes.* – Der Vorläufer dieser Zeitschrift war das *Korrespondenzblatt des Gesamtvereins der Deutschen Geschichts- und Alterthumsvereine*, das seit 1852 von dem im selben Jahr ins Leben gerufenen *Gesamtverein der deutschen Geschichts- und Altertumsvereine* im Selbstverlag herausgegeben wurde. Bis zum Band 87 des Jahres 1942 in kontinuierlicher Folge erschienen, wurden die *Blätter für deutsche Landesgeschichte* zwischen 1942 und 1950 kriegsbedingt eingestellt. Erst 1951 gelang es dem ›Gesamtverein‹ (der selbst bereits 1947 seine Tätigkeit wieder aufnahm), den 88. Band der Zeitschrift herauszubringen. Vgl. hierzu auch Franz Schnabel, Zum Geleit, in: BDLG 88 (1951), 1-3.

369 Vgl. Günther Franz, Zur Bevölkerungsgeschichte, in: BDLG 95 (1959), 336-339.

370 Vgl. ebd. 96 (1960), 266-272.

371 Ebd., 97 (1961), 262-270.

372 Ebd., 98 (1962), 272-277.

ergänzt;[373] im folgenden Jahr hieß die Rubrik »Rechts- und Verfassungsgeschichte, Wirtschafts- und Sozialgeschichte, Städtewesen«, ohne dass diesmal ein eigener Bericht zur ›Bevölkerungsgeschichte‹ erschien. 1966 bildete diese hingegen ein Anhängsel im Komplex der »Rechts- und Verfassungsgeschichte, Wirtschafts- und Sozialgeschichte, Bevölkerungsgeschichte«;[374] ab 1968 erschienen die von Franz verfassten Sammelberichte in zweijährigen Abständen wieder im »Allgemeinen Teil« der Literaturbesprechungen. Schwerpunkte seiner Besprechungstätigkeit bildeten neu erschienene Editionen von Bürger- und Häuserbüchern, Mannschaftsregistern und Kopfsteuerbeschreibungen. Dazu kamen Stadtgeschichten, die bevölkerungsgeschichtliche Quellen verarbeiteten, ›sozialanthropologische‹ Forschungsarbeiten sowie Regional- und Lokalstudien zur (Aus-)Wanderungsgeschichte einzelner deutscher Länder bzw. Gemeinden.[375]

Obgleich die ›Bevölkerungsgeschichte‹ im Besprechungsteil der BDLG präsent blieb und Arthur E. Imhof diese Tradition im Jahr 1976 mit einem weiteren Sammelbericht bereicherte,[376] spielten ›historische Bevölkerungsforschungen‹ in dieser Zeitschrift keine herausragende Rolle. Für die international deutlich angesehenere VSWG gilt übrigens ein ähnlicher Befund. Nach Jörn Sieglerschmidt spiegelt diese Zeitschrift »in den hundert Jahren ihrer Geschichte die Nachrangigkeit bevölkerungsgeschichtlicher Fragen symptomatisch wider«. Die VSWG veröffentlichte in diesem Zeitraum nur 27 Artikel, die solchen Forschungen zuzurechnen seien. Sieglerschmidt schränkte diesen Befund jedoch mit dem Hinweis ein, dass eine Einbeziehung jener Artikel, welche die Sozialstruktur einer Bevölkerung behandelten, den Anteil »bevölkerungsgeschichtlicher« Arbeiten in der VSWG »sehr viel höher« ausfallen lassen würde.[377] Die von ihm angesprochene »Nachrangigkeit« der ›Bevölkerungsgeschichte‹ reflektierte im Übrigen auch der Umstand, dass die VSWG Erich Keyser nach dessen Tod 1968 keinen Nachruf widmete.[378]

Landes-, volks- und wirtschafts- und sozialgeschichtliche Zeitschriften verwiesen somit einerseits auf den Aufstieg ›historischer Bevölkerungsforschungen‹ der 1930er-Jahre und andererseits auf die insgesamt randständige Stellung der ›Bevölkerungsgeschichte‹ in der bundesrepublikanischen Geschichtswissenschaft.

Abschließend soll die Frage aufgegriffen werden, ob und in welchem Umfang ›Bevölkerung‹ in verschiedene Disziplinen übergreifenden allgemein orientierten Organen der ›zünftigen‹ Geschichtsforschung eine Rolle spielte. Hierfür werden die JDG exemplarisch näher betrachtet.[379] Die JDG beinhalteten zwei

373 Ebd., 100 (1964), 356-367.

374 Ebd., 102 (1966), 212-222.

375 Ebd., 104 (1968), 208-219; 106 (1970), 192-200; 108 (1972), 298-301.

376 Vgl. Imhof, Bevölkerungsgeschichte (Sammelbericht).

377 Sieglerschmidt, Bevölkerungsgeschichte, 249 f.; 252.

378 Keyser hatte in den 1930er-Jahren für die VSWG eine Serie von Sammelbesprechungen zur ›Bevölkerungsgeschichte‹ veröffentlicht. Vgl. hierzu Kap. III. 5.

379 *Jahresberichte für deutsche Geschichte*. Hg. von der Berlin-Brandenburgischen Akademie der Wissenschaften. Berlin 1.1925 (1927)-15/16.1939/40 (1942); N. F. 1.1949 (1952)

Teile: eine systematisch nach Fachgebieten gegliederte Bibliographie als Ersten Teil und die Abteilung Forschungsberichte als Zweiten Teil. Einen Unterabschnitt ›Bevölkerungsgeschichte‹ führten die ›Jahresberichte‹ erstmals im 6. Jahrgang 1930 (erschienen 1932) im Kapitel VIII »Genealogie« ein. Johannes Hohlfeld zeichnete damals für einen ersten kurzen Abriss über Neuerscheinungen zur »Bevölkerungsgeschichte« verantwortlich.[380] Im 8. Jahrgang 1932 (publiziert 1934) wurde »Bevölkerungsgeschichte« erstmals zusammen mit »Rassen- und Familienkunde« als ein Abschnitt gebracht (was im 9./10. Jahrgang 1933/34 und im 11. Jahrgang 1935 beibehalten wurde). Im 12. Jahrgang der JDG (1936), der im darauf folgenden Jahr im Druck erschien, nahmen ihre Herausgeber, Albert Brackmann und Fritz Hartung (1883-1967), erstmals einen umfangreicheren Forschungsbericht zur »Bevölkerungsgeschichte« auf. Brackmann konnte dafür seine ehemalige Assistentin Elisabeth Pfeil, die 1929 bei ihm promoviert hatte, als Referentin gewinnen. Pfeil veröffentlichte für die JDG in den Jahren 1936, 1937 und 1940 jeweils einen ausführlichen Bericht über bevölkerungsgeschichtliche Neuerscheinungen.[381]

Über ihre wissenschaftspolitischen Überlegungen, die sie dazu bewogen hatten, einen Forschungsbericht ›Bevölkerungsgeschichte‹ zu veröffentlichen, äußerten sich die beiden Herausgeber im Vorwort zum 12. Jahrgang der JDG. Zu den Themenfeldern »Bevölkerungsgeschichte« und »Raumgeschichte – Historische Kartographie und Landeskunde«, aber auch zur sogenannten »Judenfrage in Deutschland« erschienen in der JDG damals erstmals ausführliche Forschungsberichte. Brackmann und Hartung begründeten diese Neuerungen ausdrücklich mit dem vermeintlichen Übergang von einer staats- zu einer volkszentrierten Perspektive in der deutschen Geschichtswissenschaft: Im ›Dritten Reich‹ habe sich nämlich »eine neue Geschichtsbetrachtung durchgesetzt, die nicht mehr in Staaten, Kulturen, Parteien und Ideen, sondern in Räumen und Völkern denkt«.[382] Die beiden Herausgeber sprachen zugleich die Unsicherheit, wie diese Forschungszweige terminologisch voneinander abzugrenzen wären, in ihrem Vorwort deutlich an: »Die Raum- und Volksforschung, alle Untersuchungen um Siedlung, Bevölkerung, Rasse und Sippe liegen noch heute in einer Gemengelage wissenschaftlicher Begriffsbildung.« Eine »reinliche bibliographische Abgrenzung« sei daher »fast unmöglich, solange der Inhalt und die Benennung dieser einzelnen Forschungszweige noch durchaus ungeklärt« seien.[383]

Im Jahr 1950 konnte die Arbeit an den JDG nach der kriegs- und nachkriegsbedingten Unterbrechung wieder aufgenommen werden. Die 1952 begonnene

-. Vorg. *Jahresberichte der deutschen Geschichte* 1.1918 (1920)-7.1924 (1926); Vorg. *Jahresberichte der Geschichtswissenschaft* 1.1878 (1880)-36.1913 (1916).

380 Vgl. Johannes Hohlfeld, Genealogie. Bevölkerungsgeschichte. Wappen und Siegel, in: JDG 6 (1930), 538-540.

381 Vgl. Elisabeth Pfeil, Bevölkerungsgeschichte, in: JDG 12 (1936), 322-329; 13 (1937), 336-343; 14 (1940), 304-310.

382 Albert Brackmann/Fritz Hartung, Vorwort, in: JDG 12 (1936), V-VI, hier V.

383 Ebd.

»Neue Folge« der JDG verzichtete auf Forschungsberichte und enthielt ausschließlich systematisch gegliederte Bibliographien. In ihrer ersten Ausgabe behandelte sie »Bevölkerungsgeschichte« zusammen mit »Genealogie, Wappen und Siegeln«. Später wurde dieses Forschungsfeld (auch als »Siedlungs- und Bevölkerungsgeschichte« bezeichnet) als Unterabschnitt in die Rubrik »Sozialökonomische Verhältnisse und Massenbewegungen« aufgenommen.[384]

Wie anhand der obigen Ausführungen unschwer deutlich wird, ließen sich ›Historische Bevölkerungsforschungen‹ in Zeitschriften nur schwer in eine konsistente disziplinäre Matrix einfügen. Die Frage, welche Relationen dieses Forschungsgebiet zu den verschiedenen historiographischen Teildisziplinen aufwies, war für die hier untersuchten Wissenschaftszeitschriften jeweils von wechselnden Zuordnungen abhängig. Dies ist dazu geeignet, die im Verlauf der vorliegenden Studie bereits vielfach festgestellte, permanent sich wandelnde Amalgamierung ›historischer Bevölkerungsforschungen‹ mit unterschiedlichen Arbeits- und Forschungsgebieten neuerlich nachdrücklich zu belegen. Dabei ist allerdings hervorzuheben, dass vor allem ›Bevölkerungsgeschichte‹, ›Siedlungskunde‹ oder ›Landes-‹ und ›Volksgeschichte‹ einander deutlich überschneidende Fragestellungen und methodische Zugangsweisen aufwiesen: Hermann Aubins programmatischer Forschungsbericht über ›Die Erforschung der deutschen Ostbewegung‹ wurde etwa in den JDG nicht nur von Elisabeth Pfeil in ihren drei erwähnten Sammelbesprechungen, sondern auch von Rudolf Kötzschke in seinem Bericht zur »Siedlungsgeschichte« jeweils als ein relevanter Beitrag zum jeweiligen Berichtsgegenstand begriffen.[385] Auch Bibliographien zur deutschen Geschichtswissenschaft beantworteten die Frage, wie die ›Bevölkerungsgeschichte‹ in einen Kanon der Geschichtswissenschaft eingeordnet werden sollte, nach 1945 weiterhin durchaus unterschiedlich.[386]

384 *Jahresberichte für deutsche Geschichte*. Hg. v. Fritz Hartung. N. F., 2. Jg. 1950, Berlin 1953, 42 ff.; *Jahresberichte für deutsche Geschichte*. Hg. v. d. Abteilung Bibliographie und Dokumentation des Instituts für Geschichte an der Akademie der Wissenschaften zu Berlin. N. F. 11./12. Jg. 1959/60, Berlin 1965.

385 Pfeil, Bevölkerungsgeschichte (1937), 341; Rudolf Kötzschke, Siedlungsgeschichte, in: JDG 13 (1937), 343-355, hier 346; Aubin, Zur Erforschung.

386 Vgl. zur wechselnden bibliographischen Verortung der »Bevölkerungsgeschichte« Bücherkunde Ostdeutschlands und des Deutschtums in Ostmitteleuropa. Bearb. v. Heinrich Jilek et al., Köln-Graz 1963, Kapitel III. »Bevölkerungskunde, Siedlungswesen und Volkskunde«, 7-13; 94 f.; Walther Holtzmann/Gerhard Ritter (Hg.), Die deutsche Geschichtswissenschaft im Zweiten Weltkrieg. Bibliographie des historischen Schrifttums deutscher Autoren 1913-1945, »B. Landes- und Volksgeschichte, 6. Bevölkerungsgeschichte«, 4662a-4769; 7. Familiengeschichte, 4770-4807; Dahlmann-Waitz. Quellenkunde der deutschen Geschichte. 10. Aufl., Bd. 1, Stuttgart 1969, Kap. 27. Bevölkerung: Bevölkerungswissenschaft, Nr. 1-34; Bevölkerungsgeschichte, Nr. 35-64a; Bevölkerungsraum und Bevölkerungsbewegung, Nr. 65-288; Bevölkerungszahl, Nr. 289-347; Bevölkerungsbiologie, Nr. 348-373; Bevölkerungspolitik, Nr. 374-390a.

Beobachtung, Rezeption und Transfer: Rezensionen und Forschungsberichte

Die Untersuchung der Internationalen Historikerkongresse bot – wie im Kapitel IV.3 gesehen – relativ wenige Anhaltspunkte dafür, dass auf dieser Ebene des institutionell verankerten fachwissenschaftlichen Austauschs wissenschaftliche Kategorien oder Konzepte über nationale Grenzen hinweg transferiert wurden. Im Folgenden greife ich die Frage nach der Bedeutung von Rezeption und Transfer als soziale Praktiken im fachwissenschaftlichen Austausch neuerlich auf.[387] Dabei gehe ich davon aus, dass Rezensionen und Forschungsberichte besonders für die fachliche Binnenkommunikation Bedeutung haben. Diese wissenschaftlichen Textsorten werden im Folgenden als Quellen herangezogen, um die Transformation von wissenschaftlichen Theoremen, Methoden und Erkenntnissen zu untersuchen.

Rezensionen werden meist entweder als Einzel- oder Sammelbesprechungen veröffentlicht, wobei Letztere als wissenschaftliche Textsorte von Forschungsberichten nicht immer eindeutig getrennt werden können. Im Rahmen des fachwissenschaftlichen Austauschs spielen Buchbesprechungen nicht zuletzt für die kontinuierliche Reproduktion von Machtbeziehungen innerhalb akademischer Forschungsmilieus eine Rolle. Ein markantes Beispiel speziell für Machtpolitiken von Rezensionen im Nationalsozialismus ist Hans Joachim Beyer, bei dem personelle Netzwerkbildung, diskursive Ausgrenzungsstrategien und der Versuch einer Paradigmenbildung der ›Volksforschung‹ auf der Ebene der fachlichen Kritik eng miteinander verwoben waren.[388]

Buchbesprechungen deuten so auf soziale Konstellationen in der Historiographie hin, deren spezifische Bedeutung wissenschaftsgeschichtlich rekonstruiert werden muss. So mag es z. B. auf den ersten Blick überraschen, dass der völkisch eingestellte Historiker Erich Keyser die »Bevölkerungslehre« des der ›Historischen Schule‹ zuzurechnenden Nationalökonomen Paul Mombert noch 1931 für die HZ ausdrücklich lobend rezensierte. Keyser sah damals in den bevölkerungshistorischen Teilen von Momberts Arbeit sogar den ersten gelungenen Versuch, »die Kausalbeziehungen zwischen Wirtschaft und Bevölkerung seit dem Altertum über das Mittelalter bis zur Gegenwart zu verdeutlichen.«[389] Zugleich

387 Die Forschungsliteratur konzentrierte sich diesbezüglich bislang auf die deutsch-französischen Wissenschaftsbeziehungen. Rezensionen fanden dabei als Medien der wissenschaftlichen Kommunikation in letzter Zeit verstärkt Beachtung: vgl. u. a. Schöttler, Das »Annales-Paradigma«; Etzemüller, Sozialgeschichte, bes. 105-114; Kaudelka, Rezeption.

388 Vgl. hierzu Roth, Heydrichs Professor, hier 288, über Beyers Rezensionstätigkeit für die *Zeitschrift für Politik* des *Deutschen Auslandswissenschaftlichen Instituts* sowie meine Untersuchungen im Kap. II. 2.

389 Erich Keyser, Bespr. Paul Mombert, Bevölkerungslehre, Jena 1929, in: HZ 143 (1931), 614 f. Mombert selbst zitierte in seiner »Bevölkerungslehre« Keysers Studien über die Herkunft der Bevölkerung Danzigs (vgl. Mombert, Bevölkerungslehre, 73).

machte er seine betont völkische Geschichtsauffassung zum Ausgangspunkt der Kritik an dieser Studie: Keyser hob dabei die seiner Ansicht nach einseitige Konzentration Momberts auf bevölkerungsstatistische Fragen hervor. Er betonte, dass damit eine Vernachlässigung der »Geschichte der Bevölkerungsgruppen« einhergehe, die er hingegen als grundlegenden Gegenstand der »Bevölkerungsgeschichte« betrachtete. Johannes Hohlfeld notierte in einem Besprechungsaufsatz für die JDG, dass Mombert der »ökonomisch-soziologischen Betrachtungsweise gegenüber der biologisch-naturwissenschaftlichen den Vorrang« einräume. Der Leipziger Historiker regte an, die aus seiner Sicht »einseitige statistische Grundlage unter Vernachlässigung der Auswertung der die innersten Beziehungen der Bevölkerung aufdeckenden genealogischen Arbeiten« in einer Neuauflage des Werks zu überwinden.[390]

Eine Studie von Heinz Hartmann und Eva Dübbers über »Kritik in der Wissenschaftspraxis«, die bereits 1984 veröffentlicht wurde, gibt zur Frage der wissenschaftssoziologischen Relevanz von Rezensionen nach wie vor anregende Hinweise. Hartmann und Dübbers setzten es sich zum Ziel, »Buchbesprechungen und ihr Echo« systematisch anhand einer Befragung von 363 wissenschaftlichen Fachautoren und -autorinnen zu erforschen. Sie verfolgten dabei den Ansatz, die ›Kritik der Kritik‹ in den Kontext sozialer Strukturen in den Wissenschaften einzubetten. Mit diesen beiden Autoren vertrete ich den Ansatz, dass die Frage nach Rezeption und Transfer vor allem dann an Gewicht gewinnt, sobald kontextuelle Rahmenbedingungen einer Rezension in den Blick genommen werden: Wissenschaftstheoretische Einschätzungen von Buchbesprechungen, die annehmen, dass »durch den Vergleich von Rezensionen untereinander […] Ausrichtung und Bedeutung eines Buches im allgemeinen durchaus erkennbar«[391] würden, beurteile ich hingegen mit kritischem Vorbehalt: ›Ausrichtung und Bedeutung eines Buches‹ lassen sich nämlich durch einen bloß *isolierten* Vergleich von Rezensionen kaum annähernd erschließen. Zu gering ist meist das Maß an intersubjektiver Übereinstimmung zwischen wissenschaftlichen Fachautoren, um anhand von Buchbesprechungen vermeintlich objektive Maßstäbe gewinnen zu können, die es erlauben könnten, den Stellenwert einer Publikation für die Entwicklung einer wissenschaftlichen Disziplin einzuschätzen.[392]

Rezensionen vermögen nichtsdestoweniger darüber Auskunft zu geben, wie aus der Sicht einzelner Vertreter einer Fachdisziplin deren kognitive Binnenstruktur beschaffen ist oder wie diese idealiter aussehen sollte. Ein sowohl diachron als auch synchron angelegter analytischer Vergleich derartiger Texte ermöglicht es, den Wandel begrifflich-kategorialer Zuordnungen und sich ver-

390 Hohlfeld, Genealogie, 304. Vgl. hierzu auch Lausecker, »Bevölkerung« / »Innovation« / Geschichtswissenschaften, 228 f.

391 Volker Sellin, Einführung in die Geschichtswissenschaft, Göttingen 1995, 121.

392 Vgl. Heinz Hartmann/Eva Dübbers, Kritik in der Wissenschaftspraxis. Buchbesprechung und ihr Echo, Frankfurt a. M.-New York 1984. Vgl. zu Problemstellungen und insbesondere quantifizierenden Untersuchungsmethoden fachwissenschaftlicher Kommunikation auch Weingart, Wissenschaftssoziologie, 31-39.

ändernde Gewichtungen von Teilrichtungen einzelner Diszplinen zu rekonstruieren. Rezensionen stellen in der Regel nicht nur die Inhalte von Büchern dar, sondern sie bewerten sie und stellen sie – wie auch im Fall von Sammelbesprechungen – in einen breiteren fachlichen Kontext. Zudem verweisen sie auf das sich wandelnde Profil einer wissenschaftlichen Fachzeitschrift, das seinerseits auf sich verschiebende Relationen mehr oder minder scharf voneinander abgegrenzter wissenschaftlicher Teildisziplinen reagiert oder diese umgekehrt in ihren wechselseitigen Relationen beeinflusst.

So verdeutlichten etwa die oben erwähnten Sammelrezensionen, die Elisabeth Pfeil in den 1930er-Jahren für die JDG verfasste, welche konzeptuellen Vorstellungen von ›Bevölkerungsgeschichte‹ diese Autorin vertrat und wie sie diese von konkurrierenden fachlichen Richtungen abgrenzte. Pfeil ließ erkennen, dass sie selbst einen ›biologischen‹ Ansatz von ›Bevölkerungsgeschichte‹ favorisierte. Sie sah insbesondere die Auswirkungen von »Auslese« und »Siebung« auf die sich wandelnde erbbiologische Zusammensetzung der Bevölkerung als relevante bevölkerungsgeschichtliche Fragestellung an und wollte diese im Zusammenwirken von rassenkundlichen, erbbiologischen und volkskundlichen Studien erforschen. Pfeil ordnete nicht nur Schriften von Fachhistorikern, wie etwa jene von Erich Keyser oder Hermann Aubin, in die Rubrik »Bevölkerungsgeschichte« ein. Sie ging vielmehr über die Fachhistorie hinaus und behandelte in ihrem Bericht u.a. soziologische, anthropologische und geographische Publikationen.[393] Eine derartige transdisziplinäre Ausweitung ihrer Rezensionstätigkeit war aus ihrer Sicht wohl deshalb erforderlich, weil die ›Bevölkerungsgeschichte‹ in der traditionellen Geschichtswissenschaft nur über eine geringe Akzeptanz verfüge und sich die Historiographie zu sehr auf das »Einmalige« als auf das »Typische« konzentriere.[394]

Ähnlich wie im Fall der Kongresse sollte daher bei der Untersuchung von Rezensionen den vielfach einander ergänzenden Strategien von ›Beobachtung‹, ›Abgrenzung‹ und ›Rezeption‹ nachgegangen werden. Dies gilt in dem hier interessierenden Zusammenhang besonders für die deutsche und österreichische wissenschaftliche ›Abwehrarbeit‹ in den 1920er- und 1930er-Jahren. Michael Wedekind stellte hierzu treffend fest, dass die norditalienische »Grenzlandwissenschaft« um Ettore Tolomei für Innsbrucker Historiker »zugleich als Feindbild wie als methodisches Vorbild prägend gewirkt« habe und dass so »ungeachtet des spezifischen Konkurrenzdenkens eine eigentümliche Nähe zum ›nationalen Gegner‹ geschaffen« wurde.[395]

393 Pfeil wies u.a. Veröffentlichungen von Statistikern (Burgdörfer), Soziologen bzw. Ethnologen (Mühlmann, Heberle, Pfeil), Bevölkerungsbiologen und Sippenforschern (Keiter, Banniza v. Bazan), Anthropologen/Rassenkundlern (Schwidetzky), Geographen (Krebs), Volkskundlern (Bach) und Raumforschern (Tscharnke) der »Bevölkerungsgeschichte« zu. Pfeil, Bevölkerungsgeschichte (1937), 336-343.

394 Pfeil stellte zum aktuellen Forschungsstand lapidar fest, dass die »Volksforscher« »in der seltsamen Lage« seien, »daß die stärksten Anregungen für die Bevölkerungsgeschichte von Nichthistorikern wie W. Scheidt, W. Mühlmann, F. Keiter, A. Bach ausgehen.« (Ebd., 338.)

395 Wedekind, »Völkische Grenzlandwissenschaft«, 231.

Dies bedeutete nicht, dass einzelne deutsche und österreichische Geschichtswissenschaftler keine kritischen und zugleich wertschätzenden Rezensionen, etwa zu französischen historiographischen Studien, publiziert hätten: Der Innsbrucker Historiker Hermann Wopfner bescheinigte etwa Marc Bloch, mit seiner 1931 erschienenen Agrargeschichte »Les caractères originaux de l'histoire rurale française« eine »anerkennenswerte Leistung« zustande gebracht zu haben. Im Unterschied zu Bloch, der August Meitzens Annahme einer ethnischen Bedingtheit von Flur- und Ortsformen eindeutig zurückwies, wollte Wopfner jedoch nicht vorn vornherein ausschließen, dass zwei »Völker«, die nebeneinander »auf annähernd gleichartiger Kulturstufe wohnen, ganz verschiedene Flur- und Siedlungsformen« entwickelt haben könnten.[396] Bloch selbst rezipierte bereits früh die Arbeiten seiner deutschen Kollegen Karl Lamprecht und Georg von Below. Die von Bloch und Lucien Febvre begründete Zeitschrift *Annales* beschäftigte sich kontinuierlich mit Themen und Fragestellungen der deutschen Geschichte. Zudem kommentierte Bloch in der *Revue historique* regelmäßig die Arbeiten der deutschen Mediävistik. Infolge der Machtübernahme der Nationalsozialisten schwanden jedoch zusehends die Möglichkeiten der transnationalen Kooperation. Die Herausgeber der *Annales* gaben seither verstärkt Historikern und Sozialwissenschaftlern die Möglichkeit, in der Zeitschrift zu publizieren, die Deutschland oder Österreich aus politischen oder ›rassischen‹ Gründen hatten verlassen müssen. Die 1934 ins französische Exil gegangene Wiener Historikerin Lucie Varga (1904-1941), eine Schülerin von Alfons Dopsch, gilt sogar als Beispiel für einen gelungenen Transfer von deutsch-österreichischer ›Landesgeschichte‹ und den Fragestellungen der *Annales*.[397] Umgekehrt verschwanden nach 1933 französische Forschungsthemen weitgehend aus den VSWG.[398]

Ich stimme mit Peter Schöttler überein, dass allein durch Lektüren und Rezensionen eine wechselseitige ›Beeinflussung‹ nicht abgeleitet werden kann. Zum viel diskutierten Problem der Beziehungen zwischen der französischen *Annales*-Schule und der deutschen ›Landes-‹ und ›Volksgeschichte‹ der 1930er-Jahre forderte Schöttler daher mit Recht, das Augenmerk auf »konkrete Rezeptionsvorgänge, Kontaktbildungen und Transferprozesse« zu legen.[399] Die von Schöttler hierzu bereits vorgelegten Ergebnisse wurden zuletzt von Steffen Kaudelka

396 Hermann Wopfner, Zur französischen Agrargeschichte, in: HZ 149 (1934), 82-97, hier 97; 87. Blochs »Agrargeschichte« gehörte zu den in deutschen Fachzeitschriften am häufigsten besprochenen Büchern des französischen Historikers. Vgl. Marc Bloch, Les caractères originaux de l'histoire rurale française. Instituttet for sammenlignende kulturforskning, Serie B.: Skrifter 19, Leipzig 1931.

397 Schöttler, Das »Annales-Paradigma«, 210-212. Vgl. auch Peter Schöttler, Lucie Varga – eine österreichische Historikerin im Umkreis der »Annales« (1904-1941), in: ders. (Hg.), Lucie Varga, Zeitenwende. Mentalitätshistorische Studien 1936-1939, Frankfurt a. M. 1991, 13-110.

398 Für die Zeit zwischen 1933 und 1939 kann gleichwohl nicht pauschal von einem Rückgang an Internationalität der VSWG gesprochen werden. Vgl. hierzu Trüper, Die Vierteljahrschrift, 108-117.

399 Schöttler, Die intellektuelle Rheingrenze, 278; 280; 277.

weiter vertieft. Dieser gelangte aufgrund einer Untersuchung zur deutschen und französischen Geschichtsforschung der 1920er- und 1930er-Jahre zu der Einschätzung, dass die französische Geschichtswissenschaft in Deutschland »stärker beachtet« worden sei als bislang angenommen. Neben differenzierenden Urteilen, wie sie etwa Hedwig Hintzes (1884-1942) Rezensionen für die HZ kennzeichneten, standen allerdings »zahlreiche Beispiele intellektuell-politischer Wahrnehmungsbarrieren«, die den »Weg von der Rezension zur Rezeption« blockiert hätten. So wurden zwar Marc Blochs Arbeiten stärker beachtet als bisher bekannt gewesen sei, die deutsche geschichtswissenschaftliche Kritik habe jedoch weder zu einem echten Dialog gefunden, noch habe die Diskussion von Blochs Studien nach 1945 eine Neuorientierung der deutschen Geschichtswissenschaft herbeigeführt.[400]

Marc Blochs 1929 erschienene Rezension eines Aufsatzes von Erich Keyser über »Deutsche Landesgeschichte« verdeutlicht exemplarisch das charakteristische Spannungsfeld von fundiertem Interesse und kritischer Distanz, welches seinen Zugang zu deutschen landes-, siedlungs- und volksgeschichtlichen Forschungsarbeiten kennzeichnete: Bloch forderte die Leser der *Annales* ausdrücklich dazu auf, sich trotz der nationalistischen Befangenheit des Danziger Historikers nicht davon abhalten zu lassen, einige seiner weiterführenden Hinweise in die Diskussion einfließen zu lassen (»l'usage excessif que cet exposé de méthode fait d'une idéologie parfois brumeuse ne saurait empêcher le lecteur d'y relever quelques indications intéressantes«): Der Kritik an der Überbetonung politischer und administrativer Grenzen durch die Geschichtsschreibung stimmte der französische Historiker ebenso grundsätzlich zu, wie er Keysers Konzeption einer Regionalgeschichte befürwortete, die verschiedene Fach- und Arbeitsrichtungen programmatisch miteinander verknüpfte. Der Rezensent bedauerte allerdings, dass Keyser keine von den Arbeiten kenne, die außerhalb Deutschlands in vergleichbarer Richtung durchgeführt würden.[401]

Auch für die 1950er- und 1960er-Jahre bildet die Rezensionistik für die Frage, inwieweit (west-)deutsche Geschichtswissenschaften sich für nicht deutschsprachige Forschungen öffneten, bzw. inwieweit sie international wahrgenommen wurden, eine relevante Untersuchungseinheit: Hierzu ist zu bemerken, dass einzelne oder mehrere Besprechungen zu einer Veröffentlichung *a priori* keinen Aufschluss darüber zu geben vermögen, ob eine wissenschaftliche Theorie, die z. B. in einer Monographie vorgetragen wurde, in theoretische Konzepte oder Paradigmen integriert wurde oder nicht. Ebenso wenig dürfte es genügen, beispielsweise

400 Kaudelka, Rezeption, 473; 475.

401 Marc Bloch, L'histoire locale en Allemagne, in: Annales d'histoire économique et sociale 1 (1929), 306. (Eine Übersetzung dieser Rezension ins Deutsche findet sich in Schöttler, Marc Bloch, 243 f.). Vgl. Erich Keyser, Deutsche Landesgeschichte, in: HZ 139 (1928), 252-272. Vgl. u. a. auch die ausführliche Sammelbesprechung von Marc Bloch, Un problème de contact social: la colonisation allemande en Pologne, in: Annales d'histoire économique et sociale 6 (1934), 593-598.

Zitierungen umstandslos als Belege für die ›Anverwandlung‹ eines Sachverhalts bzw. für wissenschaftlichen ›Transfer‹ zu nehmen.

Inwieweit in der frühen Nachkriegszeit die Betonung scheinbar überzeitlich gültiger Wertvorstellungen ›Europas‹ und des ›christlichen Abendlands‹ zu einer stärkeren Bereitschaft deutscher Geschichtswissenschaftler beitrug, historische Forschungstraditionen anderer Länder vorbehaltlos zu rezipieren, dürfte eher zweifelhaft sein.[402] Der gebürtige baltendeutsche Historiker Reinhard Wittram (1902-1973) beurteilte die Frage, inwiefern das »Abendland« eine »realisierbare Größe« im Hinblick auf die »Wiederherstellung Europas« sei,[403] hingegen mit deutlicher Skepsis. Wittram war zudem einer der wenigen Vertreter der deutschen ›Ostforschung‹, der im Rahmen seiner damaligen Rezeption französischer Bevölkerungsstudien die Differenzierung der europäischen Geschichtswissenschaften entlang nationalstaatlicher Grenzen vorsichtig kritisch bewertete. Er rezensierte 1951 einen Artikel von Marcel R. Reinhard, der in der *Revue Historique* das Verhältnis von »Histoire et Démographie« erläutert hatte, und zog daraus den folgenden Schluss: Reinhards Veröffentlichung zeige »dreierlei mit Deutlichkeit: wie ähnlich die Fragestellungen in der europäischen Geschichtswissenschaft bei den einzelnen Nationen sind, wie groß die Verschiedenheiten der methodischen Traditionen und wie wenig man im einzelnen voneinander weiß.«[404]

Ausblick: US-amerikanische Historiker über die deutsche ›Bevölkerungsgeschichte‹

Was »wussten« also, um Wittrams soeben zitierte Formulierung aufzugreifen, nordamerikanische Historiker in den 1950er- und 1960er-Jahren von (west-) deutschen ›historischen Bevölkerungsforschungen‹? Allgemein fällt diesbezüglich auf, dass Rezensionen und Forschungsberichte zur ›Bevölkerungs-‹ und ›Wirtschaftsgeschichte‹ oft US-amerikanische oder kanadische Historiker verfassten, die selbst im ›Dritten Reich‹ aus Deutschland (bzw. aus Österreich) vertrieben worden waren[405] und die daher die entsprechenden deutschsprachigen Forschungen aus eigener Anschauung kannten. Vorbehalte gegenüber der (west-)deutschen ›Wirtschaftsgeschichte‹ dürften wenigstens zu einem Teil mit der Frage zu tun gehabt haben, ob und wie die aktuellen Vertreter dieser Forschungsrichtung die Zeit des ›Dritten Reichs‹ in ihren Arbeiten thematisierten.

402 Vgl. hierzu Axel Schildt, Zwischen Abendland und Amerika: Studien zur westdeutschen Ideenlandschaft der 50er Jahre, München 1999, bes. 24-38.

403 Zit. n. ebd., 135.

404 R.W. [=Reinhard Wittram], [Notiz zu »Anzeigen und Nachrichten«], in: HZ 172 (1951), 391 f., hier 392.

405 Vgl. zur Emigration von Historikern u.a. Claus-Dieter Krohn, Geschichtswissenschaften, in: ders. et al. (Hg.), Handbuch der deutschsprachigen Emigration 1933-1945, Darmstadt 1998, 747-761; Gabriela Ann Eakin-Thimme, Geschichte im Exil. Deutschsprachige Historiker nach 1933, München 2005.

Diese Bedenken brachte z. B. der US-amerikanische Wirtschaftshistoriker Herman Freudenberger (*1922) in einer Rezension von Friedrich Lütges 1960 erschienener Überblicksdarstellung »Deutsche Sozial- und Wirtschaftsgeschichte« zum Ausdruck: Lütge habe die Ära des Nationalsozialismus auf nur sechs Seiten gestreift, den Aufstieg der »Nazis« gerechtfertigt und diesen überdies als »the only alternative to the *Schreckensherrschaft* of Bolshevism« dargestellt.[406]

Der in Berlin geborene Fritz Redlich (1892-1978) gehörte zu jenen deutschen Historikern und Ökonomen, die erst in der Emigration wissenschaftlich hervortraten. Redlich war in Deutschland in der Privatwirtschaft tätig gewesen und wirkte in den USA als Wirtschaftshistoriker u. a. an der Harvard University. Seine in Deutschland unternommenen Habilitationsversuche scheiterten – zuletzt 1935 aus politischen Gründen. Im folgenden Jahr emigrierte er nahezu mittellos in die Vereinigten Staaten.[407] Redlich, der sich als spätes Glied der ›Jüngeren Historischen Schule der Nationalökonomie‹ fühlte, interessierte sich als Emigrant weiterhin für deutsche wirtschaftsgeschichtliche Forschungen. Ähnliches gilt für Karl F. Helleiner, der sich erst nach 1945 publizistisch zu bevölkerungsgeschichtlichen Problemen äußerte und in methodischer Hinsicht der ›Historischen Bevölkerungsstatistik‹ in der Tradition des ausgehenden 19. Jahrhunderts verpflichtet blieb.[408] Redlich meldete sich 1958 im US-amerikanischen *Journal of Economic History*, dem Organ der *Economic History Association*, zur aktuellen Lage der deutschen wirtschaftsgeschichtlichen Forschung zu Wort. Er hatte sich zuvor mit Ludwig Beutin (1903-1958), Hermann Kellenbenz (1913-1990) und Wolfgang Zorn (1922-2004), drei der angesehensten westdeutschen Wirtschaftshistoriker, über den Gegenstand unterhalten und ihre Beobachtungen in seinen Forschungsbericht einbezogen. Er zeichnete darin das Bild einer – gemessen an den Entwicklungen im westeuropäischen Vergleich – insgesamt rückständigen deutschen Forschungslandschaft; diese verfüge über kein institutionelles Zentrum, ihre Verbindungen zu den benachbarten Sozialwissenschaften seien nur schwach ausgeprägt, und soziologische, kulturanthropologische und statistische Methoden und Fragestellungen nehme sie kaum wahr. Wirtschaftsgeschichtliche Forschung werde in Westdeutschland zudem nicht von Ökonomen, sondern fast ausschließlich von Fachhistorikern betrieben.[409]

Seinen Befund fasste Redlich so zusammen:

406 Herman Freudenberger, Bespr. Friedrich Lütge, Deutsche Sozial- und Wirtschaftsgeschichte, Berlin 1960, in: JEH 23 (1966), 117 f., hier 117.

407 Jürgen Kocka, Zum Tod von Fritz Redlich, in: GG 5 (1979), 167-171, hier 167 f. Vgl. ferner Kenneth E. Carpenter/Alfred D. Chandler, Jr., Fritz Redlich: Scholar and Friend, in: JEH 39 (1979), 1003-1007.

408 Vgl. Helleiner, New Light. Mit diesen Beobachtungen stimmt die von Eakin-Thimme vertretene These überein, dass die emigrierten Historiker mit den deutschen bzw. österreichischen Wissenschaftstraditionen in der Regel nicht brachen, sondern nach 1950 meist sogar zu ihren früheren wissenschaftlichen Arbeitsschwerpunkten zurückkehrten. Vgl. Eakin-Thimme, Geschichte, 13.

409 Fritz Redlich, Recent Developments in German Economic History, in: JEH 18 (1958), 516-530, hier 516; 527.

»The large role which historians play in modern German economic and social history explains that there are relatively few ties with the social sciences. Incidentally, it also explains the limited interest in historical statistics. German books and papers in our field are usually straight narratives, implying that the underlying questions are: What happened and when? Genuine problems that the recent developments in the social sciences, especially sociology and cultural anthropology but also statistics, pose for the economic and social historian are hardly seen, and I have found, in otherwise satisfactory papers, attempts at conceptualization that were just primitive.«[410]

Der US-amerikanische Wirtschaftshistoriker David S. Landes, der wie Redlich u. a. am *Research Center in Entrepreneurial History* der Harvard University tätig war, betonte in einem Kommentar zum Artikel seines Kollegen gleichfalls die relative Rückständigkeit deutscher Forschungen, und er ging dabei genauer auf ›historische Bevölkerungsforschungen‹ ein. Karl Bücher, Karl Julius Beloch oder Karl Lamprecht hatten demnach vorzugsweise weit zurückliegende geschichtliche Perioden zu Gegenständen ihrer Forschungen gemacht. Landes erklärte dies damit, dass die Entwicklung der deutschen Bevölkerung – im Unterschied etwa zur französischen Bevölkerung – in den letzten Jahrzehnten des 19. Jahrhunderts als weitgehend befriedigend betrachtet wurde. Es gebe in Deutschland somit eine reiche Tradition wirtschaftshistorischer und -wissenschaftlicher Forschung, aber kaum theoretisch avancierte Studien; Landes kritisierte diesbezüglich vor allem die deutsche, aber auch die französische ›Wirtschaftsgeschichte‹; die englische Forschung verstehe es hingegen mit größerem Erfolg, ›Wirtschaft‹, ›Geschichte‹ und ›Bevölkerung‹ miteinander zu verknüpfen. Die statistische Raffinesse (»statistical sophistication«) von Arbeiten, wie sie etwa der britische Wirtschaftshistoriker John Habakkuk vorgelegt habe, fand Landes bemerkenswert. Wie er mit ironischer Spitze festhielt, gehe diese mitunter »to the point where we are no longer certain wether birth and death rates rose or fell in the eighteenth century«.[411] Ein wesentlicher Unterschied zu Nordamerika sei in Europa das Fehlen eines vergleichenden Zugangs. Das dortige akademische Geschichtsstudium sei nach wie vor stark auf die jeweilige Nation hin ausgerichtet. Hier sah Landes den großen Vorteil der amerikanischen Forschung, die viel mehr weltgeschichtliche als bloß amerikanische Probleme anspreche.[412]

Neben den notorischen Hinweisen auf das weitgehende Fehlen eines Transfers sozialwissenschaftlicher Forschungen und die mangelnden Bemühungen, den transnationalen Vergleich als Methode in die (wirtschafts-)geschichtliche Forschung aufzunehmen, geht aus US-amerikanischen Stellungnahmen hervor, dass aus diesem Blickwinkel *geschichtliche* Verdienste ›historischer Bevölkerungs-

410 Ebd., 528. Vgl. auch den ebenfalls 1958 erschienenen Forschungsbericht von Helleiner, New Light, der u. a. die Arbeiten von Roger Mols, John Habakkuk, Erich Woehlkens, Gerhard Mackenroth, Jean Meuvret und Pierre Goubert anführte.

411 David S. Landes, [Commentary], in: JEH 18 (1958), 531-536, hier 534 (Zit.).

412 Ebd., 535.

forschungen‹ in Deutschland viel stärker gewürdigt wurden als entsprechende aktuelle deutsche Forschungsbemühungen. Aus der Sicht von David Landes konnten lediglich Autoren von mittlerweile klassischer Bedeutung wie namentlich Beloch und Lamprecht Relevanz für die methodische Entwicklung der globalen historisch-demographischen Forschung beanspruchen.[413]

Wenig könnte über Landes' Wahrnehmung des damals *aktuellen* internationalen Stellenwerts deutscher ›historischer Bevölkerungsforschungen‹ mehr aussagen, als die ausschließliche Erwähnung ›klassischer‹ Werke, die in Deutschland bereits vor 1900 veröffentlicht worden waren. Einen ähnlichen Befund legte der US-amerikanische Wirtschaftshistoriker Franklin D. Mendels (1943-1988) zu deutschen ›historischen Bevölkerungsforschungen‹ vor: Mendels' Sammelbesprechung unterstrich indirekt deren Randständigkeit, indem er in seinem kritischen Bericht ausschließlich auf westeuropäische, insbesondere neuere französische und englische Arbeiten, einging.[414] Die Bedeutungszunahme der mikroanalytischen ›Historischen Demographie‹ gegenüber der traditionellen ›Bevölkerungsgeschichte‹ in der Bundesrepublik Deutschland schlug sich in seiner 1970 veröffentlichten Darstellung (noch) nicht nieder. Der eigentliche wissenschaftliche Durchbruch der ›Historischen Demographie‹ erfolgte, angeregt durch französische, englische und nordamerikanische Forschungen, in der Bundesrepublik bekanntlich erst im Verlauf der 1970er-Jahre.

413 Landes, The treatment, 24. Vgl. auch Lee, Zur Bevölkerungsgeschichte, 309 f., der neben Süßmilch, Jastrow, Bücher und Lamprecht auch F. J. Neumann und O. K. Roller zu den Vorreitern ›historischer Bevölkerungsforschungen‹ in Deutschland zählte.

414 Franklin F. Mendels, Recent Research in European Historical Demography, in: The American Historical Review 75 (1970), 1065-1073.

V. Resümee

›Historische Bevölkerungsforschungen‹ nahmen im 20. Jahrhundert einen im Vergleich zu anderen historiographischen Forschungsrichtungen insgesamt weniger bedeutenden Stellenwert ein. In der erklärten Absicht, diese in der Literatur verbreitete Auffassung zu relativieren und analytisch zu differenzieren, untersucht die Studie die Annahme, wonach Historiker in Deutschland und Österreich ›Bevölkerung‹ signifikant häufiger und in vielfältigeren Variationen in ihren Forschungen herangezogen hätten, als dies speziell in der Debatte um die deutsche ›Volksgeschichte‹ bislang zum Ausdruck gekommen sei: Dies ist ein wesentlicher Grund dafür, dass sich die Arbeit ›Bevölkerung‹ nicht nur aus begriffsgeschichtlicher Sicht annähert, sondern auf historisch-demographische Forschungspraktiken eingeht und diese zudem innerhalb eines breiteren Spektrums der Geschichtswissenschaften zu verorten sucht. Indem sie dabei verschiedene Fachrichtungen wie etwa ›Agrar-‹, ›Familien-‹, ›Landesgeschichte‹ und historische Raumforschungen in den Blick nimmt, geht sie zeitlich und thematisch über die um ›Ost-‹ und ›Westforschung‹ zentrierte Debatte um die deutsche ›Volksgeschichte‹ deutlich hinaus. Darüber hinaus umfasst sie die Analyse der beiden Spezialdisziplinen ›Bevölkerungsgeschichte‹ und ›Historische Demographie‹, die beide erst gegen Ende des hier interessierenden Untersuchungszeitraums endgültig im Kanon der akademischen Historiographie verankert wurden.

Die Studie knüpft somit bewusst an ein semantisch weit gefasstes Verständnis von ›Bevölkerung‹ an: Die in den Augen vieler deutscher Historiker vermeintlich sachlogischen und innovativen Begriffe wie ›Siedlung‹, ›Bevölkerungsdruck‹, ›Volkskörper‹ oder ›Übervölkerung‹ ordne ich so dem erkenntnisleitenden Begriff ›Bevölkerung‹ zu. Anhand empirischer Fallstudien werden ihre Bedeutung(en) für diskursive Konstruktionen von ethnischer und sozialer Differenz herausgearbeitet. In diesem Kontext erörtert die Abhandlung nicht zuletzt den Stellenwert, den ›Bevölkerung‹ speziell im ›Dritten Reich‹ für Praktiken der wissenschaftlichen Politikberatung gewann. Aufgrund dieses methodischen Zugangs ließ sich eine perspektivische Engführung auf die wenigen Geschichtswissenschaftler vermeiden, welche die von ihnen vertretene Arbeitsrichtung – jeweils in individuell unterschiedlicher Weise – als distinkte historiographische Disziplin zu etablieren bestrebt waren (vor allem Karl Julius Beloch, Erich Keyser und Wolfgang Köllmann).

Dieser hier nochmals skizzierte Forschungsansatz lässt mich im Rahmen eines ersten Untersuchungsschwerpunkts zunächst nach Begriffen, Forschungsfeldern und Inszenierungen von ›Bevölkerung‹ sondieren. In einem zweiten Schritt führe ich Studien zu Akteuren und Paradigmen von ›historischen Bevölkerungsforschungen‹ durch. Dabei erziele ich die folgenden wesentlichen Ergebnisse:

1.) ›Bevölkerung‹ trat erstmals in der ›Historischen Bevölkerungsstatistik‹ als spezifische wissenschaftliche Leitkategorie in Erscheinung, wobei diese Fachrichtung gegen Ende des 19. und Anfang des 20. Jahrhunderts ihre größte Resonanz erzielte. Seit den 1920er-Jahren setzten sich allerdings ›Landesgeschichte‹, ›Siedlungsgeschichte‹, ›Familienforschung‹ und ›Agrargeschichte‹ im historiographischen Diskurs weitgehend durch, wobei sie in wechselvollen semantischen Kombinationen auftraten. Diese Forschungsrichtungen begriffen ›Bevölkerung‹ in der Regel als eine Ressource, welche der Erkenntnis des deutschen ›Volkstums‹ dienen sollte. Sie grenzten sich dabei von der herkömmlichen ›Historischen Bevölkerungsstatistik‹ deutlich ab.

2.) ›Bevölkerung‹ stellte für diese genannten Forschungsrichtungen eine argumentative und methodische Ressource dar, die einerseits den Brückenschlag von den Geistes- und Sozialwissenschaften zu den Naturwissenschaften ermöglichen und andererseits die von vielen Historikern angestrebte politische Mobilisierung der Geschichtswissenschaften für das Ziel der Revision der Friedensverträge von Versailles und Saint-Germain-en-Laye (1919) erreichen sollte.

Die im Verlauf der 1920er-Jahre herbeigeführte Neugewichtung der semantischen Relationen von ›Volk‹ und ›Bevölkerung‹ (siehe hierzu meine *erste These* in der Einführung) erfolgte wesentlich im Zusammenhang mit der Aufwertung des ›Raums‹ als humanwissenschaftlicher Analysekategorie: Obgleich dieser zwischen etatistischen und geopolitischen Konzeptualisierungen und spezifisch biologistischen Imaginationen hin und her oszillierte, bildete der Raumbegriff (inklusive seiner semantischen Variationen als ›Lebens-‹, ›Volks-‹ oder ›Großraum‹) bereits in der Weimarer Republik eine Projektionsfläche, auf deren Hintergrund ›Volk‹ und ›Bevölkerung‹ als Komponenten eines abgrenzbaren Forschungsdiskurses konstruiert und praktiziert wurden. Die bereits im 19. Jahrhundert entwickelte ›Anthropogeographie‹ (Friedrich Ratzel) sowie geographische ›Landeskunde‹ (Albrecht Penck) und ›Kulturraumforschung‹ (Hermann Aubin) lieferten der akademischen Geschichtswissenschaft grundlegende argumentative Muster (wie etwa zur ›Grenze‹ als ethno-sozialem Konzept) als auch methodische Instrumentarien (wie etwa die Kartographie), um ›Bevölkerung‹, ›Volk‹ und ›Raum‹ in ihrem Wechselverhältnis historiographisch zu operationalisieren.

Auf diesem skizzierten Hintergrund vollzog sich in den Geschichtswissenschaften eine erkennbare Bedeutungszunahme von ›Bevölkerung‹ als analytischer Kategorie und argumentativem Muster. Dies lässt sich mit zeittypischen gesellschaftlichen Trends erklären, die wesentlich dazu beitrugen, dass Humanwissenschaftler im frühen 20. Jahrhundert Bevölkerungsthemen verstärkt untersuchten. Die viel diskutierte Frage der krisenhaften Entwicklung der industriellen ›Massengesellschaft‹ bildete hierfür einen wesentlichen Anstoß: In der Dynamisierung sozialer Strukturen, wie sie etwa mit der Aufhebung der bäuerlichen Erbuntertänigkeit bzw. Grundentlastung in der ersten Hälfte des 19. Jahrhunderts zum Ausdruck gekommen war, vermuteten Historiker einen unmittelbaren Auslöser von Bevölkerungswachstum, Migration und ethnischen

Umschichtungsprozessen. Derartige Phänomene hatten vor den Geschichtswissenschaften bereits Ökonomen, Statistiker, Geographen, Anthropologen und Mediziner dazu angeregt, sich als ›Bevölkerungsfragen‹ verstandenen wissenschaftlichen Themenstellungen zuzuwenden. Es war zunächst vor allem die erwähnte ›Historische Bevölkerungsstatistik‹, deren Vertreter der ›Jüngeren Schule der Nationalökonomie‹ zuzurechnen waren, welche den sozialen Strukturen der breiten Masse der Bevölkerung ihr Augenmerk schenkte. Darüber hinaus reflektierte vor allem die historische ›Genealogie‹, die bis dahin vorwiegend eine Legitimationswissenschaft dynastischer und großbürgerlicher Familien- und Standesinteressen gewesen war, um 1900 ein damals neuartiges Interesse für breitere Bevölkerungsschichten sowie für naturwissenschaftliche Vererbungstheorien. Die von dem Historiker Ottokar Lorenz angeregte Neuausrichtung der ›Genealogie‹ auf erbbiologischer Grundlage stieß allerdings in der deutschen Historiographie vor 1914/18 ebenso wenig auf gesteigerte Resonanz wie der historisch-demographische Forschungsansatz von Otto Konrad Roller, den dieser 1907 in seiner Studie über das badische Durlach empirisch verarbeitete.

Die ›Historische Bevölkerungsstatistik‹ suchte Familien- und Haushaltsgrößen zu ermitteln und von diesen ausgehend aufgrund von Bevölkerungsmultiplikatoren auf den Umfang kommunaler Gesamtbevölkerungen zu schließen (z. B. Karl Bücher). Anthropologische, landeskundliche und historische Forschungen wandten sich hingegen zusehends der angenommenen ethnischen oder rassischen Substanz der Bevölkerung zu. Die Gelehrten beschäftigten sich dabei vorzugsweise mit dem Grenzgebiet des Deutschen Reiches zu Polen (Friedrich Julius Neumann) und den multiethnischen Siedlungs- und Bevölkerungsverhältnissen in der Habsburgermonarchie (Raimund Friedrich Kaindl). Diese Forschungsinteressen vertieften sich im Zuge der Kriegszieldebatte des Ersten Weltkriegs, als die Entstehung von ›Volksgrenzen‹ und die ethnischen und sprachlichen Strukturen in politisch umstrittenen Grenzgebieten in den Blickpunkt von Öffentlichkeit und Politik rückten.

Im Bereich der ›Ökumene der Historiker‹ (K. D. Erdmann) reflektierten die Internationalen Historikerkongresse der 1920er-Jahre das Interesse für Siedlungsräume von ›Völkern‹ und deren zeitlichen Wandlungen. Nicht etwa Staaten oder ›Nationen‹, sondern ›Völker‹, deren ›biologischen‹ Kräfte aufgrund angenommener naturwissenschaftlicher Gesetzmäßigkeiten permanent ein Gleichgewicht zu wirtschaftlichen Ressourcen und räumlichen Strukturbedingungen anzustreben schienen, standen im Blickpunkt damaliger internationaler Historikerdebatten zu ›Bevölkerungsgeschichte‹ und ›Demographie‹. Alexander und Eugen Kulischer stellten bei diesen Tagungen ihre Lehre von den ›Völkerbewegungen‹ vor, die mechanische Wechselwirkungen zwischen ›Bevölkerungsdruck‹ und ›Wanderung‹ imaginierte. Demgegenüber konstruierten Erich Keyser und Friedrich Burgdörfer das deutsche ›Volk‹ als das eigentliche Objekt ›historischer Bevölkerungsforschungen‹. Das von ihnen vertretene rassenanthropologisch fundierte Modell der ›Bevölkerungsgeschichte‹ richtete sich gegen liberale Richtungen innerhalb der ›Bevölkerungslehre‹ und ›Historischen Bevölkerungsstatistik‹, deren

Repräsentanten (z. B. Paul Mombert) in Deutschland in den 1930er-Jahren diskursiv ausgegrenzt und zur Emigration gezwungen wurden.

Völkische Konzeptionalisierungen von ›historischen Bevölkerungsforschungen‹ erzielten in deutschen und österreichischen Geschichtswissenschaften im Verlauf der 1930er- und 1940er-Jahre ein hohes Maß an wissenschaftlicher Akzeptanz. Bereits Zeitgenossen führten die vermeintliche ›Wiederentdeckung‹ des ›Deutschtums‹ als dem angenommenen Vermittler von kulturellen Leistungen gegenüber Ostmittel- und Südosteuropa auf das subjektive Erleben der ›Volksgemeinschaft‹ im Ersten Weltkrieg und die ›Grenzkämpfe‹ der unmittelbaren Nachkriegszeit zurück. Für das Denken in Kategorien des deutschen ›Volks- und Kulturbodens‹, welches diesen lebensgeschichtlichen Erfahrungen zweifellos viel verdankte, bildeten vor allem kartographische Arbeiten eine wichtige Vermittlungsinstanz. Sie zählten als Instrumente zur Gewinnung von Forschungsergebnissen wie auch zur Popularisierung volksgeschichtlicher Ideologeme und zur Durchsetzung bevölkerungspolitischer ›Neuordnung‹ zu den verbreitetsten bevölkerungswissenschaftlichen Praktiken. Neben Geographen und Volkskundlern beteiligten sich auch ›zünftige‹ Historiker an diesem Diskurs, indem sie z. B. vermehrt Karten zur Bevölkerungsverteilung, zur Verbreitung von Kulturformen und zu Siedlungsstrukturen produzierten und diese an Politik und Verwaltung weiterleiteten.

Die Studie betont die Kluft zwischen den deterministischen politischen Zielsetzungen der deutschen ›Volksgeschichte‹ und ihrem programmatischen Anspruch, als methodisch neuartig oder ›modern‹ deklarierte Forschungspraktiken zu etablieren. Hierbei ist festzuhalten, dass Forschungen zu ›Bevölkerung‹ dem partiellen Wandel der Geschichtswissenschaften von einer auf philologische Hermeneutik hin orientierten Geisteswissenschaft zu einer Wissenschaftsdisziplin, die sich politischen Legitimationsabsichten zuwandte und dabei nach 1933 dem utilitaristischen Kalkül nationalsozialistischer Volkstumspolitik in die Hände spielte, wesentliche Impulse vermittelte. Historiker betätigten sich dabei, so könnte man mit Friedrich Schlegel formulieren, als ›rückwärtsgewandte Propheten‹, die eine oft weit zurückliegende Vergangenheit in den Dienst der von den Verwerfungen der industriellen Moderne befreiten, noch zu verwirklichenden ›Volksgemeinschaft‹ stellten.

Die hier vorgelegten Untersuchungen zu Verbreitung und Stellenwert von ›Bevölkerung‹ in den Geschichtswissenschaften erweitern die Forschungsergebnisse, die zu deutschen ›Volksforschungen‹ bereits erzielt wurden, um wesentliche Aspekte: Insbesondere die detaillierten Analysen der Forschungen und wissenschaftlichen Expertisen zu ›Volkstumswechsel‹ und ›Umvolkung‹, zu Migrationen als ›Völkerbewegungen‹ und zur ›Bevölkerungs-‹, ›Raum-‹ und ›Siedlungsgeschichte‹ belegen nachdrücklich, dass ›Bevölkerung‹ in der Zeit zwischen den beiden Weltkriegen zu einem in den Geschichtswissenschaften vorübergehend viel diskutierten Schlüsseltheorem avancierte.

Dass sich in den 1920er-Jahren weite Teile der deutschen und österreichischen Geschichtswissenschaften dem anscheinend zeitgemäßen Dienst am deutschen ›Volk‹ verschrieben, dürfte ungeachtet dessen in einem hohen Maße erklärungsbedürftig bleiben. Die spezifische politisch-kämpferische Mentalität vieler Historiker (z. B. Hans Joachim Beyer) dürfte jedenfalls einen der Gründe für den damaligen Trend zur historischen ›Volksforschung‹ gebildet haben. Dieser Forschungsfrage geht die Studie einerseits von den jeweiligen lebensgeschichtlichen Voraussetzungen einzelner Akteure her nach, andererseits sucht sie den Bedeutungsgewinn von ›historischen Bevölkerungsforschungen‹ anhand ihrer sozialen Netzwerke näher zu bestimmen. Deren Ausbreitung wurde durch die weitgehende ideologische Übereinstimmung von Angehörigen der ›Kaiserreichgeneration‹ mit der jüngeren ›Kriegsjugendgeneration‹ wesentlich begünstigt. Das Zusammenwirken von einflussreichen Ordinarien der Geschichtswissenschaft wie Hermann Aubin und Albert Brackmann mit noch nicht etablierten Forschern wie Werner Conze, Theodor Schieder oder Walter Kuhn trug maßgeblich dazu bei, der ›Kulturraumforschung‹, ›Landesgeschichte‹ oder ›Ostforschung‹ wissenschaftliche und politische Akzeptanz zu verschaffen.

Die exemplarische Untersuchung von Denkschriften und Memoranden, die Historiker im ›Dritten Reich‹ verfassten, verweist zusätzlich auf die politische Relevanz als volkstums- oder rassenpolitisch deklarierter Bevölkerungsfragen. Hierbei sollte verdeutlicht werden, dass Kategorien und Konzepte wie ›Übervölkerung‹, ›Umvolkung‹ und ›Lebensraum‹ sowohl unter politisch entgrenzten wie auch unter vermeintlich normalen Bedingungen des wissenschaftlichen Forschens – wenngleich mit nach 1945 sich deutlich abschwächender Tendenz – Plausibilität beanspruchen konnten. Zu den Beispielen, die für die relative Persistenz und gleichzeitig spezifische Wandlungsfähigkeit von Theoremen sprechen, welche sich mit ›Bevölkerung‹ assoziieren ließen, sind unter anderen die Arbeiten von Werner Conze zu rechnen: Diesem Königsberger Historiker galt ›Übervölkerung‹ in der Zeit der NS-Herrschaft als ein ›sachlogisches‹ Argument, um die Präsenz von ›Juden‹ und ›Slawen‹ in Ostmitteleuropa als ökonomisches Problem zu konstruieren, das vermeintlich rationaler Lösungsstrategien bedurfte. In den 1950er-Jahren zog Conze ein analoges sozialkonservatives Denkmuster der drohenden ›Überwucherung des Proletariats‹ dazu heran, um dem angeblich (zu) frühen Heiraten sozialer Unterschichten die Ursache für Bevölkerungswachstum und ›Verelendung‹ zuzuschreiben. Nicht mehr ›Juden‹ und ›Slawen‹, sondern der ›Pöbel‹ bildete nunmehr die Projektionsfläche von Conzes historiographischen Imaginationen der ›Übervölkerung‹ und ›Überwucherung‹.

Hier wird die Auffassung vertreten, dass propagierte ›Rationalität‹ und ›Sachlichkeit‹ nicht *a priori* dazu beitrugen, Bevölkerungswissenschaften vor ihrer vermeintlichen Kontaminierung durch ideologisch motivierte Denkmuster und Forschungspraktiken zu immunisieren. Ebenso wenig dürfte sich die Argumentationslinie ausreichend begründen lassen, dass die deutsche ›Bevölkerungswissenschaft‹ aufgrund ihrer Indienstnahme durch den Nationalsozialismus im Verlauf der 1930er-Jahre als ›eigenständiges Entwicklungssubjekt‹ aus der Arena der Wissenschaften verschwunden sei (so die Annahme von Rainer Mackensen). Es trifft zwar zu, dass es in einigen bevölkerungswissenschaftlichen Fachrichtungen im ›Dritten Reich‹ zu einer semantischen Verschiebung von ›Bevölkerung‹ zu

›Volk‹ kam. Nicht nur hochgradig politisierte Volksforscher wie etwa Adolf Helbok, sondern auch der in der bundesrepublikanischen Nachkriegszeit einflussreiche Freiburger Politikhistoriker Gerhard Ritter standen demographischen Kategorien und Methoden kritisch gegenüber. Diese sahen sie nämlich als Elemente von ihnen abgelehnter westlicher Wissenschaftstraditionen an. Die Ergebnisse dieser Studie sprechen aber dagegen, dass ›Volksforschungen‹ im ›Dritten Reich‹ und in der frühen Bundesrepublik die Chance einer Disziplinbildung ›historischer Bevölkerungsforschungen‹ beeinträchtigt hätten. Wie hier zudem gezeigt wurde, versuchten deutsche Bevölkerungsforscher wie Hans Harmsen und Erich Keyser in den 1950er-Jahren mit dem Argument des ›Missbrauchs‹ der ›wahren‹ Bevölkerungswissenschaft durch den Nationalsozialismus, einer Debatte um die Involvierung der Bevölkerungswissenschaften in die NS-Politik zu entgehen. Die Denkfigur des zu vermutenden ›Verschwindens‹ der ›Bevölkerungswissenschaft‹ als ›eigenständiges Entwicklungssubjekt‹ gerät dadurch in eine – wohl unbeabsichtigte – Analogie zu spezifischen Rechtfertigungsstrategien deutscher Bevölkerungsforscher nach 1945. Es wird daher nachdrücklich dafür plädiert, bevölkerungswissenschaftliche Praktiken im Nationalsozialismus zu untersuchen und nicht unbedingt von einem nach 1933 erfolgten Abbruch der ›Bevölkerungswissenschaft‹ als Fachrichtung oder sich formierender Disziplin auszugehen.

›Historische Bevölkerungsforschungen‹ zeichneten sich – wie hier anhand eines breiten Quellenmaterials erwiesen wurde – durch die wechselseitige Amalgamierung verschiedenartiger wissenschaftlicher Traditionen, Kategorien und Praktiken aus. Erich Keyser deklarierte etwa die Untersuchung der statistischen Verteilung und der anthropologischen ›Typengliederung‹ des ›Volkstums‹ in Danzig und Westpreußen ebenso als genuinen Bestandteil der ›bevölkerungsgeschichtlichen‹ Forschung wie den Versuch, deutsche Ursprünge in ›indogermanischer‹ Zeit aufzufinden. Das ist im hier interessierenden Zusammenhang vor allem deshalb aufschlussreich, weil sich anhand von Keysers wissenschaftlichen Studien *en nuce* die spezifische epistemologische Ambivalenz ›historischer Bevölkerungsforschungen‹ im ›Dritten Reich‹ aufzeigen lässt: Einerseits bediente sich dieser Danziger Historiker des Leitbegriffs ›Bevölkerung‹, um seiner weithin irrationalen Theorie der unwandelbaren siedlungs- und rassengeschichtlichen Kontinuität des ›Deutschtums‹ in weiten Teilen Ostmittel- und Nordeuropas Plausibilität zu verleihen. Andererseits stützte er seine diesbezüglichen Argumentationsmuster auf die als rational erscheinende Logik von Bevölkerungszählungen. Derartige Verfahrensweisen wurden – wie etwa das Beispiel Walter Kuhns verdeutlichte – häufig zugunsten der von den Forschern favorisierten völkischen Deutungsmuster der Bevölkerungsentwicklung in ihrer Signifikanz relativiert und diskursiv marginalisiert. Die charakteristische Verflechtung wissenschaftlicher Praktiken mit ethnozentrischen Denkmustern lässt es daher als unmöglich erscheinen, zwischen wissenschaftlichen Forschungen und angewandten Praktiken – etwa der wissenschaftlichen Politikberatung – in jedem Fall trennscharf zu unterscheiden (siehe hierzu meine *zweite These* in der Einführung).

Abgesehen von der Frage nach der Ausbreitung und den inhaltlichen Ausprägungen von bevölkerungsbezogenen Begriffen und Denkmustern bildete somit die Untersuchung des Wandels ›historischer Bevölkerungsforschungen‹ über politische Zäsuren hinweg den zweiten Schwerpunkt der Arbeit. Hierzu erzielte ich die folgenden wesentlichen Ergebnisse:

1.) ›Historische Bevölkerungsforschungen‹ wurden im Untersuchungszeitraum in mehreren Wellen wesentlich von außerhalb der ›zünftigen‹ Historiographie her transformiert. Nach 1945 spielten hierfür vor allem westeuropäische und angelsächsische historisch-demographische Forschungen eine entscheidende Rolle (z. B. Louis Henry und die Wissenschaftler der *Cambridge Group for the History of Population and Social Structure).* Der überwiegend positivistisch und historistisch orientierte Mainstream der deutschen historischen Forschung nahm gegenüber den Impulsen, welche von diesen internationalen Entwicklungen in der ›Historischen Demographie‹ ausgingen, eine deutlich abwehrende Haltung ein. Dies trug zu einer verzögerten Rezeption westlicher Forschungen in diesem Bereich bei.

2.) Trotz des Legitimationsdrucks, der wegen ihrer Involvierung in die Politik des ›Dritten Reichs‹ und aufgrund des veränderten internationalen Forschungsumfelds auf den ›historischen Bevölkerungsforschungen‹ lastete, verloren ihre völkischen Denktraditionen in der frühen Bundesrepublik nur allmählich an Bedeutung: Insbesondere ›Landesgeschichte‹ und deutsche ›Ostforschung‹ bildeten noch in den 1950er-Jahren überwiegend Residuen modifiziert ethnozentrischer Forschungspraktiken, die sich erst im Verlauf der 1960er- und 1970er-Jahre abzuschwächen begannen.

Ausgeprägte Entwicklungsschübe verzeichneten ›historische Bevölkerungsforschungen‹ jeweils am Beginn und gegen Ende des hier gewählten Untersuchungszeitraums. Die zeitlichen Zäsuren ›um 1900‹ und ›um 1970‹ verweisen dabei auf Umbruchsphasen, die jeweils längerfristigen paradigmatischen Wandlungen zum Durchbruch verhalfen: Zunächst war es vor allem die Historische Nationalökonomie, die im ausgehenden 19. Jahrhundert einen Schrittmacher für ›historische Bevölkerungsforschungen‹ bildete. Karl Julius Beloch suchte der statistischen Methode in der Geschichtswissenschaft Akzeptanz zu verschaffen, jedoch erzielte er damit zu Lebzeiten keinen nachhaltigen Erfolg. Sein Programm einer allgemeinen Bevölkerungsgeschichte Europas, die über die griechisch-römische Antike zeitlich weit hinausgehen und auch Mittelalter und Neuzeit umfassen sollte, konnte er ebenfalls nur bruchstückhaft umsetzen. Als eine zweite Umbruchsphase ›historischer Bevölkerungsforschungen‹ lassen sich die frühen 1970er-Jahre ausmachen: Die ›Historische Demographie‹, welche das Individuum in seinen sozialen Verflechtungen untersuchte, brach mit dem überwiegend makrostrukturellen Forschungsfokus der ›Bevölkerungsgeschichte‹. Sie wandte sich der Familie als bevorzugter Untersuchungseinheit zu und nutzte als Quellen die im ›Dritten Reich‹ entstandenen ›Ortssippenbücher‹. In methodischer Hinsicht ließ sie sich von französischen und britischen Forschungen anregen.

Die Zeit zwischen diesen beiden wesentlichen Umbruchsphasen bildet den thematischen und zeitlichen Rahmen der vorliegenden Studie: In den 1920er- bis zu den 1950er-Jahren war das deutsche ›Volk‹ das bevorzugte Objekt von ›Historischen Bevölkerungsforschungen‹. Dieses sollte in seinen räumlichen Verzweigungen (›Stämmen‹) sowie ausgehend von seiner vermuteten demographischen Grundeinheit her (›Sippe‹/›Familie‹) dargestellt werden. So untersuchten etwa Gunther Ipsen und seine Mitarbeiter (wie z. B. Helmut Haufe) ›Dorfgemeinschaften‹ erklärtermaßen sowohl aus ›volkskundlicher‹ wie aus ›bevölkerungswissenschaftlicher‹ Sicht. Diese Studien galten nicht dem einzelnen Dorf oder einer bestimmten Region *an sich*, sondern der umfassenden Erkenntnis ›ganzheitlicher‹ ›Ordnungen‹ einer mythologisierten ›Volksgemeinschaft‹, die Ipsen anhand von dezidiert mikrostrukturellen Zugängen zu gewinnen hoffte.

Selbst als in den 1930er-Jahren der Aufschwung der ›Volksgeschichte‹ dafür sprach, dass die ›Bevölkerungsgeschichte‹ in seinem Sog künftig den Rang einer institutionell verstetigten historiographischen Teildisziplin beanspruchen könnte, verblieben ihre Protagonisten in der Regel auf weniger einflussreichen akademischen Positionen (wie z. B. Erich Keyser), oder sie rieben sich in hohem Maße in den polykratischen Strukturen des NS-Wissenschaftsbetriebs auf (wie z. B. Adolf Helbok). Deutsche Historiker artikulierten zudem deutliche Skepsis gegenüber der angeblichen ›Atomisierung‹ des Individuums durch die Statistik, worin sich ihre Abwehrhaltung gegenüber der als ›liberalistisch‹ geltenden und überwunden geglaubten ›Historischen Bevölkerungsstatistik‹ spiegelte. Sie zögerten deswegen aber nicht, z. B. in der Politikberatung im ›Dritten Reich‹ quantifizierende Verfahren anzuwenden und dabei auf die Ergebnisse amtlicher oder privater Bevölkerungs- und Sprachenstatistiken zurückzugreifen.

Aus den Untersuchungen zum Wandel ›historischer Bevölkerungsforschungen‹ ging ferner wie bereits angedeutet die Diagnose einer – perspektivisch sich abschwächenden – Persistenz völkischer Zugänge über 1945 hinweg hervor: Die Selbstmobilisierung von Historikern für völkische Denkmuster und Forschungspraktiken führte bereits in den 1930er-Jahren zu einer internationalen Isolierung der deutschen (und österreichischen) Historiographie, die zumindest bis in die 1960er-Jahre nachwirkte (siehe hierzu meine *dritte These* in der Einführung). Wie die im Kapitel IV durchgeführten Untersuchungen ergaben, war hierfür einerseits die weitgehende personelle Kontinuität der in der ›zünftigen‹ Geschichtswissenschaft etablierten Akteure über 1945 hinweg, andererseits die – abgesehen von wenigen Ausnahmen (z. B. Hans Rothfels) – unterbliebene Rückkehr von Emigranten verantwortlich.

Repräsentanten der ›zünftigen‹ Geschichtswissenschaft, die im Nationalsozialismus ihre Karriere fortgesetzt oder begonnen hatten, zählten zwar nicht in jedem Fall zu den nachdrücklichsten Unterstützern der ›Volksgeschichte‹. Sowohl einflussreichen Vertretern der Politikgeschichte wie Hermann Heimpel oder Gerhard Ritter als auch Bevölkerungs- und Volkshistorikern wie Hermann Aubin, Günther Franz und Erich Keyser war jedoch gemeinsam, dass sie auch nach 1945 klar gegen die ›Soziologisierung‹ der Geschichtswissenschaft Stellung bezogen, sofern diese nach westeuropäischem und US-amerikanischem Vorbild erfolgen sollte. Hinter dieser Haltung, die Rezeptionen nicht ausschloss, Methodentransfers aber weitgehend abwehrte, dürfte nicht zuletzt die nachhaltige Resistenz der deutschen Historiographie gegenüber dem probabilistischen Denken gestanden haben. Dieses hatte sich in den westlichen Sozialwissenschaften bereits seit dem Ende des 19. Jahrhunderts durchgesetzt. Die von deutschen Historikern durchgeführten Schätzungen verblieben hingegen bestenfalls auf dem Niveau, das die ›Historische Bevölkerungsstatistik‹ um 1900 bereits erreicht hatte.

Selbst Wolfgang Köllmann, der in den 1960er-Jahren erste Schritte zu einer zaghaften internationalen Öffnung der deutschen ›Bevölkerungsgeschichte‹ setzte, beharrte zudem bis in die 1980er-Jahre auf einer spezifisch ›deutschen‹ Konzeption der Bevölkerungswissenschaft, die er selbst linear auf die ›Bevölkerungslehren‹ von Gunther Ipsen und Gerhard Mackenroth zurückführte. Von dieser makroskopischen Spielart der ›Bevölkerungsgeschichte‹, die auf ›Raum‹ und ›Struktur‹ zentriert blieb, grenzten sich erst in den 1970er-Jahren in der Bundesrepublik Deutschland die ›Historische Demographie‹ (Arthur E. Imhof) und in Österreich die ›Historische Familienforschung‹ (Michael Mitterauer) deutlich ab. Damit wurde nicht nur die Abwendung vom Paradigma des ›Volks‹ endgültig festgeschrieben, sondern auch ein Durchbruch zur Internationalisierung ›historischer Bevölkerungsforschungen‹ erzielt. In Deutschland kam es dabei zu einer Segmentierung zwischen einer ›makroskopischen‹ ›Bevölkerungsgeschichte‹ und einer ›mikroskopischen‹ ›Historischen Demographie‹, die international gesehen bis heute beispiellos ist. Dies war aus wissenschaftsgeschichtlicher Sicht in dieser Form neuartig, denn ›historische Bevölkerungsforschungen‹ der ersten Hälfte des 20. Jahrhunderts unterschieden konzeptionell – wie hier ebenfalls gezeigt wurde – kaum trennscharf zwischen Mikro- und Makrostrukturen der Bevölkerung: Den meisten Volksforschern ging es lediglich darum, die vermeintliche Ordnung der ›Volksgemeinschaft‹ historiographisch zu antizipieren bzw. zu legitimieren. Um ›historischen Bevölkerungsforschungen‹ Kohärenz zu verleihen, kombinierten sie in vielfältig abgestufter Weise verschiedenartige Raum- und Kollektivbegriffe von ›Bevölkerung‹ miteinander, wobei insbesondere ›Dorf‹, ›Stand‹, ›Stamm‹, ›Stadt‹, ›Familie‹/›Sippe‹, ›Volk‹ oder ›Volkskörper‹ eine herausragende Rolle spielten.

Abkürzungen

ABB	Archiv für Bevölkerungswissenschaft und Bevölkerungspolitik
AdVf	Auslandsdeutsche Volksforschung
AFG	Alpenländische Forschungsgemeinschaft
ao. Prof.	außerordentlicher Professor
apl. Prof.	außerplanmäßiger Professor
ARL	Akademie für Raumforschung und Landesplanung
ARUB	Archiv der Ruhr-Universität Bochum
AStA	Allgemeines Statistisches Archiv
BArch	Bundesarchiv Berlin/Koblenz
BDLG	Blätter für deutsche Landesgeschichte
BDO	Bund deutscher Osten
Bespr.	Besprechung
BiB	Bundesinstitut für Bevölkerungsforschung
CISH	Comité International des Sciences Historiques
DA	Deutsche Akademie (München)
DABW	Deutsche Akademie für Bevölkerungswissenschaft
DAG	Deutsch-Akademische Gildenschaft
DAI	Deutsches Ausland-Institut
DALV	Deutsches Archiv für Landes- und Volksforschung
DDP	Deutsche Demokratische Partei
DFG	Deutsche Forschungsgemeinschaft
DGBW	Deutsche Gesellschaft für Bevölkerungswissenschaft
DGD	Deutsche Gesellschaft für Demographie e. V.
DHVKf	Deutsche Hefte für Volks- und Kulturbodenforschung
DSB	Deutscher Schutzbund für das Grenz- und Auslanddeutschtum
DSHI	J. G. Herder-Institut Marburg, Dokumentesammlung
DVL	Deutsche Volksliste
DWZP	Deutsche Wissenschaftliche Zeitschrift für Polen
EHESS	L'École des hautes études en sciences sociales
FGB	Familiengeschichtliche Blätter
FUEV	Föderalistische Union Europäischer Volksgruppen
GG	Geschichte und Gesellschaft
GWU	Geschichte in Wissenschaft und Unterricht
HZ	Historische Zeitschrift
INED	Institut national d'études démographiques
INSEE	Institut national de la statistique et des études économiques
IÖG	Institut für österreichische Geschichtsforschung
IUSSP	International Union for the Scientific Study of Population
JbbNSt	Jahrbücher für Nationalökonomie und Statistik
JDG	Jahresberichte für deutsche Geschichte
JEH	The Journal of Economic History

JPSG	Johann Peter Süßmilch-Gesellschaft
JWG	Jahrbuch für Wirtschaftsgeschichte
MGH	Monumenta Germaniae Historica
MIÖG	Mitteilungen des Instituts für Österreichische Geschichtsforschung
NARA	National Archives, Washington, D. C.
NDB	Neue Deutsche Biographie
NL	Nachlass
NOFG	Nord- und Ostdeutsche Forschungsgemeinschaft
NSDAP	Nationalsozialistische Deutsche Arbeiterpartei
NSLB	Nationalsozialistischer Lehrerbund
o. Prof.	ordentlicher Professor
ÖLM	Österreichische Landsmannschaft
ÖZG	Österreichische Zeitschrift für Geschichtswissenschaften
PA AA	Politisches Archiv Auswärtiges Amt Berlin
PD	Privatdozent
P-Stelle	Publikationsstelle
RAG	Reichsarbeitsgemeinschaft für Raumforschung
REM	Reichsministerium für Wissenschaft, Erziehung und Volksbildung
RSHA	Reichssicherheitshauptamt
RU	Reichsuniversität
RuR	Raumforschung und Raumordnung
RuS	Reichs- und Siedlungshauptamt der SS
SD	Sicherheitsdienst der SS
SODFG	Südostdeutsche Forschungsgemeinschaft
StAH	Staatsarchiv Hamburg
StBA	Statistisches Bundesamt, Archiv
SVKF	Stiftung für deutsche Volks- und Kulturbodenforschung Leipzig
TAJB	Tel Aviver Jahrbuch für deutsche Geschichte
TH	Technische Hochschule
U	Universität
UAL	Universitätsarchiv Leipzig
UAM	Universitätsarchiv Münster
UAStH	Universitätsarchiv Stuttgart-Hohenheim
UBStH	Universitätsbibliothek Stuttgart-Hohenheim
UTA	University of Toronto Archives
VDA	Verband für das Deutschtum im Ausland
VFG	Volksdeutsche Forschungsgemeinschaft
VHD	Verband der Historiker und Historikerinnen Deutschlands
VOMI	Volksdeutschen Mittelstelle
VSWG	Vierteljahrschrift für Sozial- und Wirtschaftsgeschichte
ZfB	Zeitschrift für Bevölkerungswissenschaft

ZfG	Zeitschrift für Geschichtswissenschaft
ZfO	Zeitschrift für Ostforschung (ab 1995: Zeitschrift für Ostmitteleuropa-Forschung)

Kurzbiographien

Vorbemerkungen

In die Liste der Kurzbiographien werden deutsche und österreichische Geschichtswissenschaftler(innen), in Ausnahmefällen auch Vertreter(innen) anderer Fachrichtungen oder Disziplinen, aufgenommen, die maßgeblich dazu beitrugen, dass sich ›historische Bevölkerungsforschungen‹ im Untersuchungszeitraum in den Geschichtswissenschaften ausbreiteten.

Die Hauptgruppe der in der Liste der Kurzbiographien verzeichneten Bevölkerungsforscher(innen) bilden somit jene Geschichtswissenschaftler(innen), die ihre Forschungsschwerpunkte selbst in ›Agrar-‹, ›Bevölkerungs-‹, ›Landes-‹, ›Volks-‹ oder ›Familiengeschichte‹ verankerten (z. B. Erich Keyser, Wilhelm Abel, Adolf Helbok oder Johannes Hohlfeld) oder die als Ökonomen und Soziologen thematisch bzw. methodisch relevante Beiträge zu derartigen Forschungen beisteuerten (z. B. Karl Bücher oder Elisabeth Pfeil).

Strukturierung der Kurzartikel: Nachname, Vorname(n) Lebensdaten; Berufsbezeichnung(en) mit kurzer Angabe des(r) wissenschaftlichen Arbeitsschwerpunkts(e); chronologische berufliche Laufbahn; Stichworte zum spezifischen Beitrag zu ›historischen Bevölkerungsforschungen‹; bibliographische Angaben zu wissenschaftlichen Qualifikationsschriften (i. d. R. Dissertation und/oder Habilitationsschrift) und wichtigen Arbeiten in der chronologischen Reihenfolge ihrer Veröffentlichung.

Institutionen und Vereine, Lehrstuhlbezeichnungen sowie Forschungsrichtungen und Fachdisziplinen werden – sofern diese nicht wörtliche Zitate darstellen – im Folgenden nicht unter Anführungszeichen gesetzt. Wissenschaftliche Veröffentlichungen der Forscher(innen) und Fachzeitschriften werden kursiv, Kurztitel dieser Publikationen, Schriftenreihen sowie unpublizierte Dissertationen werden mit doppelten Anführungszeichen dargestellt.

Abel, Wilhelm (1904-1985)
Agrarhistoriker und -soziologe; Geschichte der deutschen Landwirtschaft; agrarische Konjunktur- und Armutsforschung; schloss das Studium der Volkswirtschaftslehre in Kiel 1927 als Diplomvolkswirt ab; 1929 Promotion mit einer Studie über den Getreidehandel; ging 1933 als Assistent A. Skalweits nach Frankfurt a. M., wo er sich 1935 im Fach Volkswirtschaftslehre mit einer Studie über *Agrarkrisen und Agrarkonjunkturen in Mitteleuropa vom 13. bis zum 19. Jahrhundert (1935) (^{2}1966; ^{3}1978)* habilitierte; untersuchte Preisbewegungen im Wechselspiel mit der Bevölkerungsentwicklung; erhielt 1937 einen Lehrauftrag für Raumforschung; vertrat in seiner Studie *Die Wüstungen des ausgehenden Mittelalters (1943)* die These, dass der säkulare Wandel der Bevölkerungsbewegung

maßgeblich zur Entwicklung der Löhne beitrage; 1942 ao. Prof. in Königsberg, ab 1946 Lehrstuhl für Agrarpolitik in Göttingen; 1962 erschien seine *Geschichte der deutschen Landwirtschaft* (²1967; ³1978); 1964 o. Prof. für Wirtschafts- und Sozialgeschichte U Göttingen; veröffentlichte 1974 sein Buch *Massenarmut und Hungerkrisen*. A. war einer der letzten Vertreter der Historischen Schule der Nationalökonomie, der von marxistischen Historikern (z. B. von J. Kuczynski) wegen seiner Betonung ›natürlicher‹ Faktoren der Bevölkerungsentwicklung (Pest, Ernteschwankungen) kritisiert wurde. A. konnte aber die europäische Dimension der Bevölkerungsentwicklung aufzeigen und fand nach 1945 späte internationale Anerkennung (etwa durch M. Postan).[1]

Ammann, Hektor (1894-1967)
Historiker und Archivar; Wirtschafts- und Stadtgeschichte; promovierte mit einer Dissertation über *Freiburg und Bern und die Genfer Messen (1921)*; 1929 Staatsarchivar und Kantonsbibliothekar in Aargau; verfügte schon seit dem Ersten Weltkrieg über Kontakte mit alldeutschen Gruppierungen und seit den 1920er-Jahren mit jungkonservativen Intellektuellenzirkeln in Deutschland; im ›Dritten Reich‹ war A. der wichtigste Vertrauensmann der NS-Kulturpolitik in der Schweiz; Mitglied des Vorstands der VFG; wurde nach 1945 unter Beibehaltung seiner Bezüge aus dem Staatsdienst entlassen; übersiedelte nach Mannheim, wo er 1955 an der dortigen Wirtschaftshochschule Dozent für Wirtschaftsgeschichte wurde; ging 1958 an die neu gegründete U Saarbrücken und leitete seit 1960 das Institut für Landeskunde des Saarlandes; präsidierte 1960 der Kommission für Städtegeschichte des Internationalen Historikerverbandes; veröffentlichte zur Bevölkerungsgeschichte u. a. die Aufsätze *Die Bevölkerung der Westschweiz im ausgehenden Mittelalter (1937)* und *Wie groß war die mittelalterliche Stadt? (1956)*.[2]

Arnold, Hermann (1912-2005)
Mediziner und Medizinalbeamter; 1937 Dr. med. U Berlin; war im Zweiten Weltkrieg zuletzt Oberstabsarzt; 1945 bis ca. 1977 Leiter des Gesundheitsamts der Stadt Landau/Pfalz; 1966 PD U Saarbrücken; 1968 Leiter der Dokumentationsstelle für die Probleme nichtsesshafter Familien in der DABW; 1971 Titel eines Prof. der Sozialhygiene; Sachverständiger für ›Zigeunerfragen‹ im Bundesfamilienministerium; A. betrieb in den 1950er- und 1960er-Jahren ›bevölkerungsgeschichtliche‹ und ethnologische Studien über sogenannte ›Sozialisolate‹ wie etwa die ›Zigeuner‹. Er ordnete sich selbst in die Tradition des NS-Rassenbiologen Robert Ritter ein und rückte seine eigenen Studien in den Kontext eines vorgeblichen ›Asozialenproblems‹ und der behaupteten Kriminalitätsprävention.

1 Blickle, Deutsche Agrargeschichte; Demade, The Medieval Countryside; Kaufhold, Der Beitrag Wilhelm Abels.
2 Vgl. Fahlbusch, Wissenschaft, 303-308; vgl. Werner Schnyder, Hektor Ammann, in: Schweizerische Zeitschrift für Geschichte 17 (1967), 372-374.

Er konnte mit Unterstützung des Bundesinnenministeriums Aktenbestände aus Ritters ehemaliger bevölkerungsbiologischer Forschungsstelle des Reichsgesundheitsamtes auswerten, darunter ›Sippentafeln‹ über ›kriminelle‹ und ›schwachsinnige‹ Familien. A.s Studien, die u. a. auf dieser Quellengrundlage beruhten, ließen in einem hohen Maß antiziganistische und rassistisch-biologisierende Züge erkennen (*Vaganten, Komödianten, Fieranten und Briganten, 1958; Die Zigeuner – Herkunft und Leben der Stämme im deutschen Sprachgebiet, 1965*). Noch in den 1990er-Jahren verteidigte A. anthropologisch-erbbiologische Tendenzen der bundesdeutschen Bevölkerungsforschung (*Bevölkerungswissenschaft 1952-1995. Vom Niedergang einer politiknahen Disziplin, 1996*).[3]

Aschkewitz, Max (1901-1972)

Historiker und Lehrer; Siedlungs- und Bevölkerungsgeschichte Westpreußens und Pommerellens; Studium der Geschichte, Philosophie und Archäologie in seiner Heimatstadt Dorpat sowie in Halle und Leipzig, wo er 1934 zum Dr. phil. promovierte; Gymnasiallehrer am Deutschen Gymnasium im estländischen Pernau; 1939 Optation für die deutsche Staatsangehörigkeit, von Herbst 1939 bis Januar 1945 als Kustos des Museums für westpreußische Landesgeschichte in Danzig-Oliva engster Mitarbeiter von ↪ E. Keyser, der ihn in Probleme der Siedlungs- und Bevölkerungsgeschichte einführte; seit 1946 Studienrat im hessischen Schlüchtern. A. erarbeitete vor 1945 zusammen mit Keyser bevölkerungsstatistische Untersuchungen wie etwa über *Die Juden in Westpreußen*, *Die Kaschuben* und zu *Abwanderung und Umvolkung von 1910-1931,* die vor Kriegsende ungedruckt blieben. Seine 1967 erschienene monographische Darstellung *Zur Geschichte der Juden in Westpreußen* ging auf diese Studien zurück.[4]

Aubin, Hermann (1885-1968)

Historiker; Ostforscher; geschichtliche Landeskunde; deutsche Ostsiedlung (›Ostbewegung‹); 1906-10 Studium in München, Bonn und Freiburg; 1916 Habilitation und 1921-25 ao. Prof. an der U Bonn; 1921 Begründung und Leitung des Instituts für geschichtliche Landeskunde an der U Bonn; 1925 Ruf nach Gießen; veröffentlichte Aufsatzsammlung *Geschichtliche Landeskunde (1925)*; 1929-45 Prof. an der U Breslau; 1930-33 Gastprofessuren an der U Kairo; 1945 Verwundung als Meldegänger des ›Volkssturms‹ in Breslau; 1945/46 Lehrstuhlvertretung in Göttingen; 1946-54 o. Prof. für mittelalterliche und neuere Geschichte an der U Hamburg; 1953-58 Vorsitzender des Verbandes Deutscher Historiker. 1949 gründete A. den Johann Gottfried Herder-Forschungsrat und war 1950-59 dessen Präsident. Von 1926-67 gehörte A. dem Herausgeberkreis der VSWG an, wobei er seit 1933 ihr Alleinherausgeber war; 1952-66 zählte er zudem

3 Hohmann, Forschungen; vgl. Wippermann, »Wie die Zigeuner«, 197.

4 BArch Berlin, Einwandererzentralstelle Gotenhafen, Dokumente zum Einbürgerungsantrag Dr. Max Aschkewitz v. 27.10.1939; Georg von Rauch, Zur Erinnerung an Dr. Max Aschkewitz, in: ZfO 25 (1976), 661-662.

zu den Mitherausgebern der ZfO; 1953 wurde er zum Präsidenten des Verbandes der Historiker Deutschlands gewählt und war dessen Vorsitzender bis 1958. A. beeinflusste die deutsche Ostforschung über den politischen Systemwandel hinweg sowohl in der Weimarer Republik als auch im ›Dritten Reich‹ und in der frühen BRD. Bereits 1930 hatte er zusammen mit ↪ A. Helbok, ↪ M. H. Boehm u. a. eine ›Wende‹ der Geschichtswissenschaft zur ethnozentrisch-rassistischen Volksgeschichte gefordert; A. verdrängte zusammen mit ↪ A. Brackmann die ›Vernunftrepublikaner‹ der Weimarer Republik um F. Meinecke und H. Oncken und engagierte sich als stellvertretender Vorsitzender der NOFG. Er war Mitverfasser einer Denkschrift vom 11.10.1939 der P-Stelle Berlin-Dahlem zur ›Eindeutschung Posens und Westpreußens‹ und zur sofortigen ›Umsiedlung‹ von zunächst 2,9 Millionen Polen und Juden (vgl. u. a. *Das Gesamtbild der mittelalterlichen deutschen Ostsiedlung*, in: *Deutsche Ostforschung. Ergebnisse und Aufgaben seit dem ersten Weltkrieg*, 1942).[5]

Banniza von Bazan, Heinrich (1904-1950)
Lehrer und Genealoge; B. studierte in Tübingen und Berlin Germanistik, Geschichte, Kunstgeschichte und Latein; seit 1924 ›Führer‹, dann ›Bundesführer‹ im Bund der Reichspfadfinder; promovierte 1929 über Heinrich V.; B. war Lehrer an mehreren Schulen in Berlin und Brandenburg; 1937 Gründung der Oberschule Kleinmachnow, der er 1944 als Oberstudiendirektor vorstand; 1949 Studienrat in Tecklenburg; veröffentlichte u. a. *Das deutsche Blut im deutschen Raum. Sippenkundliche Grundzüge des deutschen Bevölkerungswandels in der Neuzeit (1937)* und *Deutsche Geschichte in Ahnentafeln, Bd. 1 (1939) (²1940), Bd. 2 (1942).* Die Arbeit an der zuletzt genannten Publikation, die B. gemeinsam mit seinem Lehrerkollegen R. Müller verfasste, wurde vom NS-Lehrerbund finanziell unterstützt. Sie erschien in der Schriftenreihe von W. Franks Reichsinstitut für Geschichte des neuen Deutschland.[6]

*Bartholomäus, Georg (*1912)*
Geograph; 1933-37 Studium der Geographie, Geschichte und Anglistik an den Universitäten Jena, Königsberg, München, Freiburg und Münster; Promotion an der U Münster bei Hans H. F. Dörries mit einer Studie über *Die Bevölkerungsbewegung im Eisenacher Land seit dem 16. Jahrhundert. Eine bevölkerungsgeographische Untersuchung (1939)*.[7]

5 Haar, Historiker, u. a. 90-97; 276-286; Mühle, Für Volk, 13-151; Trüper, Die Vierteljahrschrift.
6 Nikolaus von Preradovich, Banniza v. Bazan, in: NDB, Bd. 1, Berlin 1953, 577; Werner Kindt (Hg.), Die deutsche Jugendbewegung 1920 bis 1933. Die bündische Zeit, Düsseldorf 1974, biographischer Anhang, s. v. Heinrich Banniza v. Bazan, 1755.
7 Mitteilung des Universitätsarchivs der Westfälischen Wilhelms-Universität Münster an den Vf. vom 24.11.2005.

Beloch, (Karl) Julius (1854-1929)
Historiker; Alte Geschichte; Bevölkerungsgeschichte; lebte schon als junger Mann wegen eines Bronchialleidens in Italien; 1872-75 Studium in Palermo, Heidelberg und Rom; 1875 Promotion in Heidelberg, 1877 Habilitation in Rom; seit 1879 Prof. der Alten Geschichte an der U Rom; 1912-13 Prof. an der U Leipzig; im Ersten Weltkrieg Internierung in Italien und Verlust seiner Professur und seines Hauses; nach 1918 o. Prof. für Griechische Geschichte an der U Rom. B. war der Begründer der modernen althistorischen Forschung in Italien (*Griechische Geschichte, Bde. 1-3, 1893-1904*) und ein Pionier der bevölkerungsgeschichtlichen Forschung (u. a. *Die Bevölkerung der griechisch-römischen Welt, 1886*; *Die Volkszahl als Faktor und Gradmesser der historischen Entwicklung,* 1913, d. i. Antrittsvorlesung an der U Leipzig). B. bemühte sich im Sinne der ›Historischen Bevölkerungsstatistik‹ um eine möglichst sorgfältige, nach sozialen und regionalen Gesichtspunkten differenzierende Erfassung von Bevölkerungszahlen, die er als Gradmesser politischer Macht verstand. Er widerlegte die Behauptung einer Abnahme der Bevölkerung und wandte sich gleichermaßen gegen die Annahme einer unveränderten Bevölkerungszahl in der Menschheitsgeschichte. Seine *Bevölkerungsgeschichte Italiens (3 Bde. 1937, 1939, 1961)* sollte den Ausgangspunkt für eine umfassende Bevölkerungsgeschichte Europas darstellen. Die Ergebnisse von Archivstudien, die er zu diesem Zweck anstellte, wurden jedoch nie veröffentlicht. B. vertrat eine kollektivistische Geschichtsauffassung; er strebte nach naturwissenschaftlicher Exaktheit chronologischer, geographischer, demographischer und wirtschaftshistorischer Forschungen im Bereich der Alten Geschichte, wobei er in polemischer Form gegen die Philologen unter den Althistorikern opponierte. B. zog sich dabei die Gegnerschaft Th. Mommsens zu, die einen wesentlichen Grund dafür bildete, dass er mit Ausnahme einer Berufung nach Leipzig 1912/13 an deutschen Universitäten nie Fuß fassen konnte.[8]

Beyer, Hans Joachim (1908-1971)
Historiker und Volkstumstheoretiker; Volkstums- und Rassenkunde Ostmitteleuropas; Umvolkung; studierte 1928-31 Geschichte, Öffentliches Recht und Volkstumswissenschaften in Hamburg, Graz und Königsberg; freier Journalist; 1933 im Staatsdienst und Beitritt zur SA; 1934 Dozent Hochschule für Lehrerbildung in Danzig; 1937 Leiter der Arbeitsstelle für auslandsdeutsche Volksforschung am DAI in Stuttgart; 1938 Beitritt zur SS, 1939 hauptamtlicher Mitarbeiter des SD und Ukraine-Referent im Amt III (Deutsche Lebensgebiete) in der Amtsgruppe III B (Volkstum) des RSHA in Berlin; 1940 Dozent am Auslandswissenschaftlichen Institut der U Berlin; 1940 SS-Obersturmführer; 1941 zusammen mit ↪ Th. Oberländer Berater bei der Einsatzgruppe C des SD; B. war in dieser Funktion nachweislich an der Ermordung polnischer Intellektueller in Lemberg beteiligt; veröffentlichte nach seinem Einsatz *Das Schicksal der Polen.*

8 Bowersock, Beloch; Christ, Beloch; Ehmer, »Historische Bevölkerungsstatistik«; Scheidel (ed.), Debating, bes. 5-9.

Rasse – Volkscharakter – Stammesart (1942), in dem er den Polen jegliche Fähigkeit zur Staatsbildung absprach, da sie weder eine ›rassische‹, noch eine ›seelische‹ Einheit darstellten; erstellte 1942 ›Dörferkataloge‹ zur Erfassung der deutschsprachigen Bevölkerung des Generalgouvernements; 1942 o. Prof. für Volkslehre einschließlich Grenz- und Auslanddeutschtum an der RU Posen; SS-Hauptsturmführer; 1943 o. Prof. Deutsche U Prag; dort Direktor des Instituts für europäische Völkerkunde und Völkerpsychologie der Reinhard-Heydrich-Stiftung; Schlüsselfigur der SD-Sozialforschung. B. veröffentlichte Anfang 1945 seine – heute verschollene – Habilitationsschrift *Umvolkung – Studien zur Frage der Assimilation und Amalgamation in Ostmitteleuropa und Übersee*; 1947 Leiter der Pressestelle der Landeskirche Kiel; 1951 Prof. Pädagogische Hochschule Flensburg. B. suchte die Zusammenhänge von ›Umvolkung‹ und ›Leistungsauslese‹ – als verdeckte ›Rassenauslese‹ – zu klären, wobei er das Ziel verfolgte, im ›Volkstumskampf‹ verschüttete rassisch wertvolle Elemente des deutschen ›Volkstums‹ wieder für das deutsche ›Volk‹ zu gewinnen.[9]

*Blaschke, Karlheinz (*1927)*
Historiker und Archivar; Landes- und Bevölkerungsgeschichte Sachsens; 1943-45 Luftwaffenhelfer und Soldat; ab 1946 Studium der Geschichte, Germanistik und Latinistik an der U Leipzig; 1950 Promotion mit einer Dissertation über *Die fünf neuen Leipziger Universitätsdörfer*; 1951 Archivar im Sächsischen Landeshauptarchiv Dresden; 1962 Habilitation U Leipzig mit einer Studie zur *Bevölkerungsgeschichte von Sachsen bis zur industriellen Revolution (1967)*, die demographische und kartographische Methoden miteinander verknüpfte; hielt in der Zeit des Kalten Krieges weiterhin Kontakt mit westdeutschen Wirtschafts- und Agrarhistorikern (B. beteiligte sich z. B. mit agrar- und bevölkerungsgeschichtlichen Beiträgen an den Festschriften zum 65. Geburtstag von ↪ G. Franz (1967) und zum 70. Geburtstag von ↪ W. Abel (1974) und trat, der Tradition der Leipziger ›Kötzschke-Schule‹ folgend, für die Erforschung der sächsischen Landesgeschichte ein; erlitt als sogenannter ›bürgerlicher Historiker‹ Diskriminierungen durch die offizielle DDR-Historiographie, die 1965 zur Entlassung aus seiner Stellung als Abteilungsleiter im Landeshauptarchiv führten; 1969 Dozent am Theologischen Seminar in Leipzig; 1990 Honorarprofessor an der U Marburg; 1991 Referatsleiter für Archivwesen im Sächsischen Staatsministerium des Inneren; 1992 o. Prof. am neu errichteten Lehrstuhl für Sächsische Landesgeschichte an der TU Dresden; seit 1998 emeritiert.[10]

9 Roth, Heydrichs Professor; Gutberger, Volk, 501 f.; Pinwinkler, »Assimilation«, 34-38.
10 Hans K. Schulze, Karlheinz Blaschke zur Feier des siebzigsten Geburtstages, in: Uwe John/Josef Matzerath (Hg.), Landesgeschichte als Herausforderung und Programm. Karlheinz Blaschke zum 70. Geburtstag, Stuttgart 1997, 1-5; Karlheinz Blaschke vor 50 Jahren promoviert (April 2001).

Blendinger, Friedrich (1912-1993)
Historiker, Archivar; Studium der Germanistik in München und Königsberg; 1939-45 wissenschaftlicher Assistent am Historischen Seminar der Universität München; verarbeitete seine Forschungen im Archiv von Weißenburg zu einer Dissertation über das Thema *Bevölkerungsgeschichte einer deutschen Reichsstadt im Zeitalter der Glaubenskämpfe (1940)*; seit 1949 Archivar der Stadt Weißenburg; 1953 stellvertretender Archivleiter beim Bundespresseamt in Bonn; 1955 im Stadtarchiv Augsburg, wo er 1965 die Amtsleitung übernahm. B. betrieb kontinuierliche ›volksgenealogische‹ Studien zur Verkartung der Weißenburger Kirchenbücher.[11]

Boehm, Max Hildebert (1891-1968)
Soziologe und Publizist aus Birkenruh in Livland; studierte Rechts- und Staatswissenschaften an der U Jena und promovierte 1914 in Berlin; während des Ersten Weltkriegs u. a. politischer Referent der preußischen Armee in Mitau (Kurland); beteiligte sich in Bromberg an den Kämpfen gegen polnische Freikorps; schloss sich nach 1918 den radikal-nationalistischen Kreisen um Karl C. von Loesch und Arthur Moeller van den Bruck an; wurde Ende 1920 Leiter einer Arbeitsstelle für Nationalitätenprobleme; 1925 geschäftsführender Vorsitzender im Ausschuss für Minderheitenrecht; Vorstandsmitglied im DSB, im VDA und in der Baltischen Arbeitsgemeinschaft. Seit 1926 führte er die Arbeitsstelle für Nationalitätenprobleme als Institut für Grenz- und Auslandsstudien e. V. selbständig weiter. Forderte um 1930 ähnlich wie ↪ H. Aubin und ↪ A. Helbok eine Wendung von der Staats- zur ethnozentrischen ›Volksgeschichte‹; fasste seine volkstumstheoretischen Ideen 1932 in seinem Buch *Das eigenständige Volk. Volkstheoretische Grundlagen der Ethnopolitik und Geisteswissenschaften* zusammen. B.s Paradigma des ›eigenständigen Volks‹ erlaubte die Identifizierung des ›Eigenen‹ und dessen hierarchisierende Absonderung vom ethnisch ›Fremden‹. Im Oktober 1933 erhielt B. einen Lehrauftrag für Nationalitätenkunde und gleichzeitig die Leitung des neuerrichteten Seminars für Nationalitätenkunde an der U Berlin, kurz darauf einen Ruf als o. Prof. auf einen noch in der Ära Papen eigens für ihn geschaffenen Lehrstuhl für Volkstheorie und Volkstumssoziologie an die U Jena. Gründete nach dem Zweiten Weltkrieg die Ostdeutsche Akademie in Lüneburg und leitete diese bis zu seinem Tod 1968.[12]

11 Früherer Leiter des Stadtarchivs tot, in: Augsburger Allgemeine vom 29.11.1995, Nr. 275. Nach Auskunft des Archivs der Stadt Augsburg an den Vf. vom 1.8.2005 liegt Blendingers wissenschaftlicher Nachlass dem Stadtarchiv vor, dieser ist jedoch noch nicht erschlossen; vgl. auch Verein deutscher Archivare (Hg.), Verzeichnis, 95; HI DSHI 100 Keyser 10, Nord-Ost-Forscher, 1941-50, Blendinger an E. Keyser, 20.1.1956.

12 Haar, Historiker, 364; Gutberger, Volk, 502 f.; Ulrich Prehn, »Volk« und »Raum« in zwei Nachkriegszeiten. Kontinuitäten und Wandlungen in der Arbeit des Volkstumsforschers Max Hildebert Boehm, in: Habbo Knoch (Hg.), Das Erbe der Provinz. Heimatkultur und Geschichtspolitik nach 1945, Göttingen 2001, 50-72.

Brackmann, Albert (1871-1952)
Historiker; Archivar; Geschichte der Beziehungen zwischen dem Heiligen Römischen Reich und dem Papsttum; deutsche Ostforschung; Studium an den U Tübingen, Leipzig und Göttingen; 1905 Extraordinarius in Marburg; 1913 o. Prof. für mittelalterliche Geschichte an der U Königsberg; 1920 wieder in Marburg und ab 1922 Prof. an der U Berlin; 1929 wurde B. Generaldirektor der preußischen Staatsarchive und Erster Direktor des Geheimen Staatsarchivs, 1935 kommissarischer Leiter des Reichsarchivs; Mitherausgeber der HZ; 1936 erfolgte sein Übertritt in den Ruhestand. Als Generaldirektor der preußischen Staatsarchive beeinflusste B. über die 1931 von ihm mitbegründete P-Stelle Berlin-Dahlem und über die NOFG, deren Leiter er bis Kriegsende war, die expansionistische deutsche Politik gegenüber den Nachbarstaaten und -völkern in Ostmittel- und Südosteuropa. Als graue Eminenz der deutschen Ostforschung war B. in Kooperation mit Historikern wie ↪ H. Aubin, ↪ E. Keyser und ↪ W. Kuhn mitverantwortlich für die wissenschaftliche Vorbereitung und Durchführung der Germanisierung und ethnopolitischen Segregation weiter Teile Europas im ›Dritten Reich‹.[13]

Brandner, Konrad (1881-1939)
Lehrer am bischöflichen Knabenseminar in Graz, Bibliothekar und Genealoge; B. studierte Theologie an der U Graz, wurde 1904 zum Priester geweiht und 1907 als Professor und Präfekt an das bischöfliche Knabenseminar in Graz berufen; 1929 wurde er zum Studienrat, 1935 zum Hofrat ernannt. B. prägte unmittelbar nach dem Ersten Weltkrieg den Begriff ›Volksgenealogie‹ für genealogische Forschungen, welche die Abstammung der gesamten Bevölkerung eines Ortes untersuchen sollten. B. organisierte zu diesem Zweck 1921-29 mit Unterstützung der obersteirischen Geistlichkeit die Kirchenbuchverkartung auf Familienbasis (als Rekonstruktion der Familien), die in eine ›steirische Volksgenealogie‹ einmünden und das Heimatbewusstsein in der Steiermark stärken sollte. Im Vordergrund von B.s genealogischen Forschungen standen Bauernfamilien in agnatischer Linie, wobei er ländlich-agrarische Unterschichten nicht berücksichtigte *(Über Volksgenealogie, in: FGB 24, 1926)*; *Die Bevölkerung der Pfarre Weichselboden in Steiermark (1920)*.[14]

Bredt, Johann (1873-1936)
Evangelischer Pfarrer in Siebenbürgen; 1892-96 Studium der Theologie und Philosophie an den U Tübingen, Klausenburg und Leipzig; 1896-1903 Lehrer in Hermannstadt und Bistritz, 1903-30 Pfarrer in Oberneudorf, Waltersdorf, Windau und Kleinbistritz; B. war mit seiner Studie »Volkskörperforschung«, zu der

13 Haar, Historiker, bes. 106-149; 197-208.
14 Fuchs, »Rasse«, 244 f.; Weiss, Die Vorgeschichte; Franz Seidl, Hofrat Kanonikus Dr. Konrad Brandner †, in: Jahresbericht des Fürstbischöflichen Gymnasiums am Seckauer Diözesan-Knabenseminar Carolinum-Augustineum in Graz, Graz 1945, 5 f.

ihn die Leipziger SVKF anregte, einer der Initiatoren der Richtung in der Genealogie, die auf der Verkartung von Kirchenbüchern beruhte. Die sogenannte Volkskörperforschung entwickelte A. Csallner in Siebenbürgen als ›volksbiologische Forschung‹ mit eugenischer und bevölkerungspolitischer Komponente weiter; *Windau in Gegenwart und Vergangenheit. Eine Ortsgeschichte auf Grundlage der Volkskörperforschung (1929); Volkskörperforschung (1930).*[15]

Brepohl, Wilhelm (1893-1975)
Volkskundler und Journalist; entwickelte eine ›industrielle Volkskunde‹ des Ruhrgebiets; studierte 1912-14 vor allem Völkerkunde in Marburg, Paris und Berlin; nach dem Ersten Weltkrieg Studium der Philologie in Münster; 1933 Chefredakeur der Gelsenkirchener Allgemeinen Zeitung, die gegen Ende der Republik politisch nach rechts in Richtung der Deutschnationalen Volkspartei rückte. B. gelangte über die Heimatbewegung zur Volkstumsforschung. Seit Bestehen des Provinzialinstituts für Westfälische Landes- und Volkskunde (1928/29) gehörte er dessen Volkskundlicher Kommission an. Ab 1935 leitete B. die Forschungsstelle für das Volkstum im Ruhrgebiet. Am 1. Mai 1933 Beitritt B.s zur NSDAP; 1943/44 war er als ›Volkstumssachverständiger‹ in Nordfrankreich und an der ›Nordfrankreich-Aktion‹ beteiligt, die »der Bewertung und Einbürgerung von Menschen in Nord-Frankreich diente, die als volksdeutsch angesehen wurden« (S. Goch). 1947-66 Abteilungsleiter der Sozialforschungsstelle in Dortmund; daneben hielt er seit 1948 an der U Münster Vorlesungen über »Neuere Sozialgeschichte insbesondere des Ruhrgebietes«. Er untersuchte seit den 1930er-Jahren den Bevölkerungswandel im Ruhrgebiet seit dem 19. Jahrhundert, so z.B. in *Der Aufbau des Ruhrvolkes im Zuge der Ost-Westwanderung (1948)* und *Industrievolk im Wandel von der agraren zur industriellen Daseinsform, dargestellt am Ruhrgebiet (1957)*. An der Ruhr habe die Arbeitsmigration zu einer »biologischen Verostdeutschung« und »kulturellen Verwestdeutschung« geführt, womit B. die sozio-biologische Eigenart eines spezifischen »Ruhrvolks« zu erklären suchte.[16]

Brunner, Otto (1898-1982)
Historiker; Sozial- und Verfassungsgeschichte; deutsche Volksgeschichte; 1918-22 Studium der Geschichte und Geographie an der U Wien; 1922 promovierte B. mit einer Dissertation über *Österreich und die Walachei während des Türkenkrieges 1683-1699* zum Dr. phil.; 1921-23 ord. Mitglied des IÖG; 1923-31 Archivar am Haus-, Hof- und Staatsarchiv in Wien; 1929 PD, 1931 ao. Prof. für Mittelalterliche und Österreichische Geschichte an der U Wien; 1940-45 Dir. des IÖG; 1940 Leiter der SODFG in Wien; 1941 o.Prof. für Mittlere und Neuere

15 Lexikon der Siebenbürger Sachsen. Hg. v. Walter Myß, Mannheim 1993, 72.
16 Goch, Wege (wörtl. Zit.); Adamski, Ärzte, 88-103; UAM, Bestand 10 Nr. 12569, Rechts- und Staatswissenschaftliche Fakultät der Universität Münster an den Kurator der Universität, 28.6.1952.

Geschichte ›mit besonderer Berücksichtigung der südostdeutschen Landesgeschichte‹; 1941 Beirat in W. Franks Reichsinstitut für Geschichte des neuen Deutschland; 1942-44 Kriegsdienst; 1943 Aufnahme in die NSDAP; 1945 seines Amtes enthoben und 1948 in den Ruhestand versetzt. 1952 Gastprof. U Köln; 1954-66 o. Prof., 1959/60 Rektor der U Hamburg; 1957 begründete B. zusammen mit ↪ W. Conze den Arbeitskreis für moderne Sozialgeschichte. – B. erörterte in Arbeiten wie z. B. *Land und Herrschaft. Grundfragen der territorialen Verfassungsgeschichte Südostdeutschlands im Mittelalter* (1939; ^{5}1965) oder *Neue Wege der Sozialgeschichte. Vorträge und Aufsätze (1956)* Modelle und Begriffe, die teils bis heute kontrovers diskutiert werden. Dies gilt besonders für B.s Konzept zur Entstehung der spätmittelalterlichen Landesherrschaft, seine Vorstellungen zum ›Ganzen Haus‹ und zur Methode der historischen Begriffssprache. B.s Rolle als Volksforscher im ›Dritten Reich‹ geriet erst seit den 1990er-Jahren verstärkt in den Blickpunkt der historischen Forschung.[17]

*Buchholz, Ernst Wolfgang (*1923)*
Historiker; Raumforschung, Bevölkerungsgeschichte und -soziologie; 1952 Promotion U Göttingen bei ↪ W. Conze mit einer Studie über *Die Bevölkerung des Raumes Braunschweig im 19. Jahrhundert* (gedruckt u. d. T. *Ländliche Bevölkerung an der Schwelle des Industriezeitalters – der Raum Braunschweig als Beispiel, 1966*); 1967 PD Stuttgart-Hohenheim; Mitarbeiter des Instituts für Raumforschung in Bonn-Bad Godesberg und der ARL; Co-Autor des »Bevölkerungs-Ploetz« *Raum und Bevölkerung in der Weltgeschichte, Bd. 3: Vom Mittelalter zur Neuzeit (1966)*; trat 1954 in die DABW ein; B. wurde zusammen mit ↪ W. Köllmann, mit dem er fachlich eng kooperierte, 1962 die Alfred-Grotjahn-Medaille der DABW verliehen; Mitglied des Vorstands der DGBW; u. a. Herausgeber des von der DGBW gestalteteten Bands *Bevölkerungswissenschaft, Bevölkerungspolitik – wissenschaftliche Grundlagen bevölkerungspolitischen Handelns (1975)*.[18]

Bücher, Karl (1847-1930)
Nationalökonom, Historiker, Statistiker und Begründer der Zeitungswissenschaften; 1866-70 Studium der Alten Geschichte und Philologie in Bonn und Göttingen; 1870 Promotion in Geschichte und Epigraphik; 1872-79 Gymnasiallehrer in Dortmund und Frankfurt; 1878-80 Wirtschaftsredakteur der Frankfurter Rundschau; 1881 Habilitation *Zur mittelalterlichen Bevölkerungsstatistik mit besonderer Rücksicht auf Frankfurt a. Main (1881/82)*. Aus diesen Forschungen ging seine Monographie *Die Bevölkerung von Frankfurt am Main im 14. und 15. Jahrhundert – sozialstatistische Studien (1886)* hervor, die für die Historische Bevölkerungsstatistik methodisch bahnbrechend war. Die städtische Sozialgeschichte des Mittelalters sollte nach B. einen Ansatzpunkt zum verbesserten Verständnis der

17 Algazi, Otto Brunner; Blänkner, Nach der Volksgeschichte, hier bes. 88-93; Fahlbusch, Wissenschaft, 247-297; Fellner/Corradini, Österreichische Geschichtswissenschaft, 70.
18 Vgl. Kürschners Deutscher Gelehrten-Kalender. Bd. 1, Berlin-New York 1976, 389.

modernen Gesellschaft liefern. 1881/82 PD in München; 1882/83 o. Prof. für Ethnographie, Geographie und Statistik in Dorpat; 1883-90 Prof. in Basel, 1890-92 in Karlsruhe; 1892-1916 o. Prof. für Nationalökonomie und Statistik an der U Leipzig; *Die Entstehung der Volkswirtschaft (1893); Arbeit und Rhythmus (1896).* B. war ein Vertreter der Jüngeren Historischen Schule der Nationalökonomie, der vor allem durch seine dreigliedrige Wirtschaftsstufentheorie bekannt wurde.[19]

Burgdörfer, Friedrich (1890-1967)
Statistiker und NS-Bevölkerungspolitiker; 1912-16 Studium der Staatswissenschaften, Kriegsfreiwilliger; seit 1921 im Statistischen Reichsamt in Berlin, 1925 Oberregierungsrat und Generalreferent für die Volks-, Berufs- und Betriebszählung von 1925; 1929-39 Direktor der Abteilung Bevölkerungs-, Betriebs- und Kulturstatistik, 1939-45 Präsident des Bayerischen Statistischen Landesamts; war daneben u.a. Honorarprofessor für Bevölkerungspolitik an der U Berlin; veröffentlichte 1932 sein einflussreichstes Werk *Volk ohne Jugend: Geburtenschwund und Überalterung des deutschen Volkskörpers; ein Problem der Volkswirtschaft, der Sozialpolitik, der nationalen Zukunft*; warnte vor der angeblichen erbbiologischen Degeneration des deutschen ›Volkes‹ und erwartete im Osten durch den slawischen ›Bevölkerungsüberdruck‹ hervorgerufene ›biopolitische Grenzkämpfe‹; Vorsitzender des Deutschen Ausschusses für historische Demographie des CISH, referierte beim Internationalen Historikerkongress 1933 in Warschau über die *Dynamik der europäischen Bevölkerungsentwicklung im 19. und 20. Jahrhundert*; Referent des Rassenpolitischen Amtes der NSDAP; plante 1942 ein nicht mehr verwirklichtes Reichsinstitut für Bevölkerungswissenschaft und Bevölkerungspolitik; 1945 Entzug der Lehrbefugnis und Versetzung in den vorzeitigen Ruhestand als Belasteter; 1949 Erneuerung des Lehrauftrags; 1960 Ehrenmitglied der Deutschen Statistischen Gesellschaft.[20]

Carstanjen, Helmut (1905-1991)
Historiker; nahm 1928 für den VDA eine private Zählung der deutschsprachigen Minderheit in der Untersteiermark vor; promovierte 1930 mit einer Dissertation *Die bevölkerungspolitischen Verschiebungen in der Untersteiermark* bei den Grazer Historikern H. Pirchegger und K. Kaser; C. veröffentlichte diese Arbeit unter dem Pseudonym Gerhard Werner unter dem Titel *Sprache und Volkstum in der Untersteiermark (1935)*; betrachtete die Untersteiermark als ›deutsche Grenzmark‹ und segregierte ihre Bevölkerung in Deutschsprachige, ›Windische‹ und ›Nationalslowenen‹; 1936-38 Funktionär des VDA in Berlin; leitete seit 1938 das Südostdeutsche Institut in Graz; war Gauhauptstellenleiter der VOMI und national-

19 Backhaus (ed.), Karl Bücher; Wagner-Hasel, Die Arbeit; vgl. auch Schriftenverzeichnis Karl Bücher. Bearb. v. Arnulf Kutsch, Leipzig 2000.

20 Götz Aly/Karl Heinz Roth, Die restlose Erfassung – Volkszählen, Identifizieren, Aussondern im Nationalsozialismus, Frankfurt a.M. 2000, 36-39; Bryant, Friedrich Burgdörfer; Vienne, Science.

politischer Referent verschiedener NS-Organisationen und während des Zweiten Weltkriegs aktiv planerisch an Maßnahmen zur Zwangsumsiedlung und Deportation in der sogenannten Untersteiermark beteiligt; C. war nach 1945 Mittelschullehrer in Berchtesgaden.[21]

Conze, Werner (1910-1986)
Historiker; deutsche Volks- und Agrargeschichte; Sozialgeschichte der ›industriellen Welt‹; seit 1929 Studium der Geschichte, Soziologie und Slawistik in Leipzig, Königsberg und Riga; schloss sich der bündisch-jugendbewegten DAG an; promovierte 1934 in Königsberg als letzter Doktorand von H. Rothfels mit der Studie *Hirschenhof – Die Geschichte einer deutschen Sprachinsel in Livland (1934)*; war 1935-39 wissenschaftlicher Assistent an der U Königsberg; wurde von der Leipziger Schule der ›Deutschen Soziologie‹ entscheidend beeinflusst (↪ H. Freyer; ↪ G. Ipsen); verknüpfte die Erörterung von Bevölkerungsthemen mit rassistischen Ordnungskonzeptionen: C. bezeichnete als »äußerst wirksame« Maßnahme, die die angebliche »ländliche Überbevölkerung in weiten Teilen Osteuropas« mildern sollte, »die Entjudung der Städte und Marktflecken zur Aufnahme bäuerlichen Nachwuchses in Handel und Handwerk« (*Die ländliche Übervölkerung in Polen, 1940*); Assistent ↪ G. Ipsens an dessen Lehrstuhl für Philosophie und Volkslehre an der U Wien, wo er sich 1940 mit der Studie *Agrarverfassung und Bevölkerung in Litauen und Weißrußland. Teil 1: Die Hufenverfassung im ehemaligen Großfürstentum Litauen (1940)* habilitierte; im Sommer 1939 zum Wehrdienst eingezogen; Kriegsteilnahme zuletzt im Rang eines Hauptmanns im Stab und 1944 schwere Verwundung; seit 1943 Dozent, 1944 Position eines apl. Prof. für Agrar- und Siedlungsgeschichte sowie Geschichte der völkischen Sozialentwicklung an der RU Posen, die er wegen seines Kriegsdienstes nicht mehr antreten konnte; seit 1946 an der U Göttingen, wo er mit ›Übungen über Bevölkerungsfragen‹ die erste bevölkerungsgeschichtliche Lehrveranstaltung an einer westdeutschen Universität der Nachkriegszeit abhielt; vergab bevölkerungsgeschichtliche Dissertationen (an ↪ W. Köllmann; ↪ E. W. Buchholz); 1952 ao. Prof. für Zeit-, Sozial- und Wirtschaftsgeschichte an der U Münster; veröffentlichte 1954 den einflussreichen Aufsatz *Vom »Pöbel« zum »Proletariat«. Sozialgeschichtliche Voraussetzungen für den Sozialismus in Deutschland*, 1957 *Die Strukturgeschichte des technisch-industriellen Zeitalters als Aufgabe für Forschung und Unterricht*; 1957-79 o. Prof. für Neuere Geschichte an der U Heidelberg; 1969/70 Rektor der U Heidelberg; 1972/76 Vorsitzender des Verbandes Deutscher Historiker; gründete 1957 den Arbeitskreis für moderne Sozialgeschichte, der als Hauptwerk das von ihm selbst, ↪ O. Brunner und R. Koselleck herausgegebene Historische Lexikon zur politisch-sozialen Sprache in Deutschland *Geschichtliche Grundbegriffe* herausbrachte. In der Schriftenreihe »Industrielle Welt« des Arbeitskreises erschien u. a. das von C. herausgegebene Kompendium *Sozialgeschichte der Familie in der Neuzeit Europas (1976)*; C. war einer der Begründer der

21 Promitzer, Täterwissenschaft, bes. 96-98.

bundesrepublikanischen Sozialgeschichte, die er nicht als Sektorwissenschaft, sondern als Synthese erfassen wollte. Inwiefern sein ›strukturgeschichtlicher‹ Ansatz durch volksgeschichtliche Anteile methodisch mit geprägt wurde, bildet eine der Fragen, die innerhalb der Geschichtswissenschaften weiterhin kontrovers diskutiert werden.[22]

Dopsch, Alfons (1868-1953)
Historiker; Wirtschafts- und Sozialgeschichte, besonders des Frühen Mittelalters; 1886-89 Stud. der Geschichte an der U Wien; 1893 PD U Wien, 1898 ao. Prof., 1900 o. Prof. für österreichische und allgemeine Geschichte an der U Wien; 1924-33 Vizepräsident des Internationalen Historikerverbandes; Leiter des Seminars für Wirtschafts- und Kulturgeschichte; 1936 in den vorzeitigen Ruhestand versetzt; D. betrachtete die Wirtschaftsgeschichte nicht als Sondergebiet der Geschichtswissenschaft, sondern zählte sie als kombinierte Wirtschafts-, Sozial- und Verfassungsgeschichte zum Kernbereich der Mediävistik; er wandte sich u. a. gegen die herrschende Lehre der ›Freien Markgenossenschaften‹ in germanischer Zeit und wies demgegenüber soziale Differenzierungen nach der Besitzgröße schon für diese Zeit nach (*Die Wirtschaftsentwicklung der Karolingerzeit, 1912/13*); in seinem zweibändigen Werk *Wirtschaftliche und soziale Grundlagen der europäischen Kulturentwicklung aus der Zeit von Cäsar bis auf Karl den Großen (1918/20)* vertrat D. im Gegensatz zur herkömmlichen ›Katastrophentheorie‹ die These einer relativen Kontinuität römischer Kultur im frühen Mittelalter; D. verstand sich als ›Kulturhistoriker‹, der sich gegenüber archäologischen Befunden und Methoden der Sprachwissenschaft, der Volkskunde und der Siedlungsgeschichte ungewöhnlich aufgeschlossen zeigte; er vertrat gleichwohl in erster Linie eine am Historismus geschulte hermeneutische Methode der Quellenkritik, die er gegen seiner Meinung nach reduktionistische Theorien der Nationalökonomie im Bereich der Wirtschafts- und Sozialgeschichte wendete.[23]

Franz, Günther (1902-1992)
Historiker; Agrargeschichte, Geschichte des Bauernstands; seit 1921 Studium der Geschichte in Marburg, Göttingen und München; 1925 Promotion; 1927-29 Assistent bei A. O. Meyer in Göttingen; 1930 Habilitation in Marburg mit einer Studie über *Die agrarischen Unruhen des ausgehenden Mittelalters. Ein Beitrag zur Vorgeschichte des Bauernkrieges (Teildr. 1930)*; war bereits vor 1933, als er in die NSDAP sowie in die SA eintrat, ein Anhänger der völkischen Rechten; 1935 ao. Prof. U Heidelberg, seit 1936/37 o. Prof. U Jena, 1941-45 o. Prof. für Geschichte der Reformation und des Dreißigjährigen Krieges und insbesondere zur Erforschung des deutschen Volkskörpers an der RU Straßburg; 1943 SS-Hauptsturm-

22 Vom Brocke, Bevölkerungswissenschaft, 416 f.; Etzemüller, Sozialgeschichte, bes. 128-176; Wauker, »Volksgeschichte«; Lausecker, »Bevölkerung«, hier bes. 208-226; wörtl. Zit. n. Lausecker, Werner Conze, 96.

23 Hanna Vollrath, Alfons Dopsch, in: Hans-Ulrich Wehler (Hg.), Deutsche Historiker. Bd. 7, Göttingen 1980, 39-54; Buchner, Alfons Dopsch.

führer und noch im Januar 1945 hauptamtlicher SD-Mitarbeiter für ›Sonderaufträge des RSHA‹; F. betonte die volksgeschichtliche und rassenpolitische Bedeutung des »Bauerntums« (*Deutsches Bauerntum, Bde. 1-2. Hg. von G. Franz, 1939/40*). Er durchlief während der NS-Zeit eine zweifache Laufbahn als Professor und als Planer und Koordinator der SD-›Gegnerforschung‹ und der wissenschaftlichen Arbeiten zur sogenannten ›Lösung der Judenfrage‹ im Amt VII des RSHA: Im Kreis seiner SD-Amtskollegen deutete F. den Dreißigjährigen Krieg – mit unübersehbaren Analogien zur eigenen Gegenwart – als einen ›Rassenkrieg‹; diese Auffassung fand sich – weniger explizit – auch in seinem Buch *Der Dreißigjährige Krieg und das deutsche Volk: Untersuchungen zur Bevölkerungs- und Agrargeschichte (1940) (2., verm. Aufl. 1943; 3. verm. Aufl. 1961; 4., neu bearb. u. verm. Aufl. 1979)* wieder. Er beschrieb darin, eugenischen Theoremen folgend, die stammesgeschichtliche ›Auslese‹ und ›Umschichtung‹ innerhalb des deutschen ›Volkes‹ als Begleiterscheinung und Folge des kriegsbedingten Bevölkerungswandels; F. wies nach, dass Hunger und Seuchen, wenngleich in regional unterschiedlichem Ausmaß, in höherem Maße zu den demographischen Verlusten beitrugen als die unmittelbaren Kriegseinwirkungen. Nach 1945 gehörte er zu den Organisatoren des Netzwerks ehemaliger nationalsozialistischer Historiker in der BRD; er trat Anfang der 1950er-Jahre in das Niedersächsische Amt für Landesplanung und Statistik ein; erhielt 1957 eine Professur an der Landwirtschaftlichen Hochschule in Stuttgart-Hohenheim; veröffentlichte 1959-62 und 1964 in den BDLG eine Serie von Sammelbesprechungen *Zur Bevölkerungsgeschichte.*[24]

Freyer, Hans (1887-1969)
Soziologe, Historiker und Philosoph; Vertreter der Konservativen Revolution in der Weimarer Republik und Begründer der ›neueren‹ Leipziger Schule; ab 1907 Studium der Nationalökonomie, Geschichte und Philosophie an der U Greifswald; seit 1908 an der U Leipzig, wo er 1911 mit einer Doktorarbeit zur Geschichte der Philosophie im 18. Jahrhundert zum Dr. phil. promoviert wurde; 1911-14 Lehrtätigkeit an der Reformschule der Freien Schulgemeinde Wickersdorf; 1914-18 Teilnahme am Ersten Weltkrieg; 1920 PD für Philosophie an der U Leipzig; seit 1922 o. Prof. der Philosophie an der U Kiel, wurde F. 1925 auf den Lehrstuhl für Soziologie der Philosophischen Fakultät der U Leipzig berufen; 1935-44 leitete er nebenamtlich das Deutsche Kulturinstitut in Budapest; nach Kriegsende kehrte F. auf seine Leipziger Professur zurück, er verlor diese jedoch aufgrund zunehmender Kritik an seiner Rolle im ›Dritten Reich‹ und zog 1948 nach Westdeutschland um; 1953-1963 lehrte F. als Emeritus an der U Münster (u. a. *Theorie des gegenwärtigen Zeitalters, 1955*). Vor allem mit seiner Auffassung von *Soziologie als Wirklichkeitswissenschaft (1930)* wirkte F. auf Bevölkerungsfor-

24 Vgl. Behringer, Bauern-Franz; Demade, The Medieval Countryside; Gottwald, Die Jenaer Geschichtswissenschaft, 920-924; Pinwinkler, Konstruktionen des Volkstums, bes. 166-170.

scher wie ↪ G. Ipsen, ↪ W. Conze, ↪ H. Linde und ↪ F. v. Schroeder und beeinflusste damit auch die makrostrukturelle Bevölkerungsgeschichte der frühen Bundesrepublik (↪ W. Köllmann).[25]

Grimm, Hans (1875-1959)
Publizist; 1895-97 Ausbildung zum Auslandskaufmann in London; 1897-1908 Geschäftsmann in Deutsch-Südwestafrika; 1911-15 Studium der Staatswissenschaften in München und am Kolonialinstitut Hamburg; im Ersten Weltkrieg in der Auslandsabteilung der Obersten Heeresleitung (OHL); verknüpfte nach 1918 als Schriftsteller antidemokratische und antiliberale Denkmuster mit elitär-bürgerlichen Traditionen und einem ausgeprägten Nationalismus; veröffentlichte 1926 seinen kommerziell erfolgreichen Roman *Volk ohne Raum*, der von völkischen Kreisen in Deutschland propagandistisch ausgebeutet wurde; 1933-35 Präsident der Reichsschrifttumskammer; verteidigte nach 1945 den Nationalsozialismus als vermeintlich notwendige Maßnahme gegen den Aufstieg des Kommunismus.[26]

Haufe, Helmut (1906-1943)
Bevölkerungssoziologe und -historiker; Studium der Geographie, Philosophie und Soziologie; wurde ideologisch in der Jugendbewegung geprägt; war seit 1932/33 Assistent ↪ G. Ipsens in Leipzig, Königsberg und Wien, bei dem er sich 1936 mit der Studie *Die Bevölkerung Europas. Stadt und Land im 19. und 20. Jahrhundert (1936)* habilitierte; H. entwickelte in dieser Studie einen ›bevölkerungssoziologischen‹ Ansatz und diskutierte offen Arbeiten ↪ R. Heberles, W. Winklers, ↪ P. Momberts und der Brüder ↪ A. und E. Kulischer; er beschrieb den Vorgang der Großstadtbildung als einen gesellschaftlichen Prozess, ohne sich völkischer Ideologeme zu bedienen; H. bekannte sich allerdings zur Erweiterung des deutschen ›Lebensraums‹ als eine der nächsten politischen Aufgabenstellungen Deutschlands; H. beteiligte sich am Artikel »Bevölkerung« im ersten Band des *Handwörterbuchs des Grenz- und Auslanddeutschtums* (1933) mit dem Abschnitt *II. Bevölkerungszahlen*. Das von H. erhobene statistische Material beeinflusste ebenso wie sein ›bevölkerungssoziologischer‹ Ansatz ↪ G. Ipsens *Bevölkerungslehre*. H. starb 1943 als Soldat an der Ostfront.[27]

Heberle, Rudolf (1896-1991)
Soziologe und Bevölkerungswissenschaftler; ab 1919 Studium der Rechts- und Staatswissenschaften in Göttingen, Freiburg, Marburg und Kiel; 1923 Promotion mit einer Dissertation *Zur Geschichte der Arbeiterbewegung in Schweden (1925)* zum Dr. sc. pol.; lehrte 1923-26 an der U Königsberg; 1926-29 Research

25 Elfriede Üner, Soziologie als »geistige Bewegung«. Hans Freyers System der Soziologie und die ›Leipziger Schule‹, Weinheim 1992; Etzemüller, Sozialgeschichte, 60-65.

26 Wolter, »Volk ohne Raum«, 63-69.

27 Vom Brocke, Bevölkerungswissenschaft, 81-85; 423 f.; Klingemann, Soziologie, 337 f.

Fellow der Rockefeller Foundation; 1929-38 PD in Kiel; 1938 Emigration in die USA, wo er im selben Jahr an die Louisiana State University in Baton Rouge auf einen Lehrstuhl für Soziologie berufen wurde, den er bis zu seiner Emeritierung 1963 innehatte. Als Schüler von F. Tönnies äußerte sich in H.s wissenschaftlichem Werk ein ausgeprägter Zug zur soziologischen Feldforschung und Soziographie; veröffentlichte Arbeiten zur Wanderungsmobilität (*zusammen mit F. Meyer, Die Großstädte im Strome der Binnenwanderung, 1937*), wobei er auf Zu- und Abwanderungsstatistiken der großen Städte zurückgriff; untersuchte aus nicht-völkischer Sicht in theoretisch-soziologischer und vergleichender Weise das *Auslandvolkstum (1936)*; trat bereits 1925 unter einem Pseudonym mit einer soziologischen Analyse über die völkische Bewegung hervor. 1934 entstand daraus eine Monographie, die H. erst nach dem Krieg auf Deutsch veröffentlichen konnte (*Landbevölkerung und Nationalsozialismus, 1963*).[28]

Helbok, Adolf (1883-1968)
Historiker und Volkskundler; Heimat-, Siedlungs- und Bevölkerungsgeschichte Österreichs; ›gesamtdeutsche Volksgeschichte‹; 1905-10 Studium der Geschichte und Klassischen Philologie an den U Innsbruck und Wien; Promotion mit einer Studie über *Die Bevölkerung der Stadt Bregenz am Bodensee – vom 14. bis zum Beginne des 18. Jahrhunderts (1912)*; 1919-34 PD für Österreichische Geschichte und Wirtschaftsgeschichte und seit 1924 beamteter ao. Prof. für Wirtschaftsgeschichte sowie geschichtliche Siedlungs- und Heimatkunde an der U Innsbruck, wo er zusammen mit ↪ H. Wopfner das Institut für geschichtliche Volks- und Landeskunde der Alpenländer aufbaute; 1934 Berufung auf einen eigens für ihn errichteten Lehrstuhl an der U Berlin; 1935-41 als Nachfolger von ↪ R. Kötzschke o. Prof. für Deutsche Landes- und Volksgeschichte an der U Leipzig; benannte das Seminar für Landesgeschichte und Siedlungskunde in Institut für deutsche Landes- und Volksgeschichte um; 1941-45 als o. Prof. für Volkskunde und Volkstumsgeschichte an der U Innsbruck; 1945 aus dem Hochschuldienst entlassen. H. war in den 1920er- bis 1940er-Jahren einer der Hauptvertreter der deutschen Volkstumsforschung, die Siedlungsgeschichte und Volkskunde miteinander verknüpfen und so zu einer biologisch und rassenkundlich vertieften, Fächer übergreifenden ›Volkstumskunde‹ gelangen sollte (vgl. u. a. *Siedelungsforschung. Ein Weg zur geistigen und materiellen Wiederaufrichtung des deutschen Volkes (1921)*. In seiner programmatischen Schrift *Was ist deutsche Volksgeschichte? Ziele, Aufgaben und Wege (1935)* definierte H. »Deutsche Volksgeschichte« als eine »Entwicklungsgeschichte des Volksleibes als Organismus aus seinen naturhaften und seelischen Grundlagen heraus« (Helbok, 1). ›Blut-‹, ›Siedlungs-‹, ›Volksstrukturen‹ und ›Kulturformenräume‹ sollten den Gegenstand derartiger Studien bilden. H. lehnte sich mit diesem Ansatz an die programmatischen Entwürfe ↪ E. Keysers zur Geschichtswissenschaft als Raum-, Bevölkerungs- und

28 Waßner, Rudolf Heberle, hier zum äußeren Lebenslauf Heberles 26-31; 38-40; 51-60; 76-84; 110-119.

Kulturgeschichte an, ohne jedoch Keysers Bevölkerungsbegriff, der ihm terminologisch zu weit gefasst erschien, in seine Konzeption einer ›lebensgesetzlichen Volkstumsgeschichte‹ aufzunehmen (vgl. *Grundlagen der Volksgeschichte Deutschlands und Frankreichs. Vergleichende Studien zur deutschen Raum-, Kultur- und Staatsgeschichte (1935-38); Biologische Volkstumsgeschichte (1936).*[29]

Helleiner, Karl Ferdinand (1902-1984)
Historiker und Archivar; Siedlungs- und Bevölkerungsgeschichte, Wirtschaftswissenschaften; studierte Geschichte, Kunstgeschichte und Philosophie an der U Wien; promovierte 1925 mit einer Dissertation zur *Geschichte der Besiedelung des Ennswaldes vom 9. bis 13. Jahrhundert*; absolvierte 1923-25 das IÖG und war seit 1927 Stadtarchivar in St. Pölten; Mitarbeiter der Diplomataabteilung der MGH; wurde wegen der jüdischen Herkunft seiner Ehefrau Gretl, der Tochter des sozialdemokratischen Schutzbundführers J. Deutsch, aufgrund des § 3 der »Verordnung zur Neuordnung des österreichischen Berufsbeamtentums« mit Ende Dezember 1938 in den Ruhestand versetzt; emigrierte 1939 mit seiner Familie zuerst nach England und dann nach Kanada; kam 1939 durch Vermittlung der Canadian Society for the Protection of Science and Learning an die U Toronto; 1942-48 Lecturer, 1948-53 Assistant Prof., 1953-59 Associate Prof. und 1959-70 Prof. am Department of Political Economy der U Toronto. H. publizierte seit den 1950er-Jahren zu bevölkerungsgeschichtlichen Themen; er suchte die Traditionen der deutschsprachigen historischen Statistik mit angloamerikanischen Forschungen zur Demographie zu verbinden; einen die einzelnen Nationalstaaten übergreifenden vergleichenden Zugang vertrat er in dem Aufsatz *Europas Bevölkerung und Wirtschaft im späteren Mittelalter (1954)* und in der Studie *The Population of Europe from the Black Death to the Eve of the Vital Revolution*, die er in *The Cambridge Economic History of Europe (1967)* veröffentlichte.[30]

Hohlfeld, Johannes (1888-1950)
Historiker und Genealoge; 1908-11 Studium der Geschichte und Germanistik in Leipzig und Wien; Promotion 1911 zum Thema *Stadtrechnungen als historische Quellen. Dargestellt an dem Beispiele der Pegauer Stadtrechnungen des 14./15. Jahrhunderts*; 1912 auf Empfehlung von ↪ K. Lamprecht Assistent an der Zentralstelle für Deutsche Personen- und Familiengeschichte in Leipzig, die er von 1924 bis zu seinem Tod 1950 ehrenamtlich als Geschäftsführer leitete; nach seiner Teilnahme am Ersten Weltkrieg betätigte sich H. ab 1919 in der DDP (seit 1930 Deutsche Staatspartei). In seiner Funktion als leitender Funktionär der Leipziger Sängerschaft ›Arion‹ nannte H. 1932 Adolf Hitler einen »alle Hemmungen nieder reißenden Demagogen« (Zit. n. BArch R 1509, Nr. 1063), was zur Folge

29 Fehn, Volksgeschichte im Dritten Reich; Haar, Historiker, 95-97; 281-283; Johler, »Volksgeschichte«; Meixner, »… eine wahrhaft nationale Wissenschaft der Deutschen …«.

30 Karl Gutkas, Karl Helleiner †, in: MIÖG 92 (1984), 525-527; Gutkas, Landeskunde, bes. 162 f.

hatte, dass er 1933 seine Ämter in der Sängerschaft verlor. H. suchte die familiengeschichtliche Genealogie schon früh in eine allgemeine deutsche Volksgeschichte zu integrieren; er kritisierte jedoch Bestrebungen, eine ›völkische Genealogie‹ zu begründen, als unwissenschaftlich (*Genealogie als Wissenschaft und als Politik, 1924*) und sprach sich dagegen aus, Juden von der Mitarbeit an genealogischen Vereinen auszuschließen. H. hielt seit 1926 als Nachfolger ↪ F. v. Klockes genealogische Übungen am Institut für Kultur- und Universalgeschichte der U Leipzig ab; obgleich Demokrat, behielt er im ›Dritten Reich‹ die Leitung der Zentralstelle – vermutlich aufgrund seines Versuchs einer Anbiederung (oder äußerlicher Anpassung) an die Nationalsozialisten; 1939 zum Kriegsdienst eingezogen, wurde er 1942 als Hauptmann entlassen, weil er sich geweigert hatte, gegen einen Offizier wegen Beleidigung von Goebbels und Ley kriegsgerichtlich vorzugehen; 1945 einer der Mitbegründer der Liberaldemokratischen Partei in Leipzig; ab 1946/47 wieder genealogische Lehrveranstaltungen an der U Leipzig, so z. B. »Zum genealogischen Auf- und Abstieg der Familien«.[31]

*Imhof, Arthur E.[rwin] (*1939)*
Historiker; Historische Demographie, Medizingeschichte und Historische Altersforschung; Studium der Geschichte in Zürich, Brüssel, Paris und Rom; 1965 Promotion an der U Zürich mit einer Dissertation über *Der Friede von Vervins 1598 (1966)*; 1965-67 Lektor an den schwedischen Universitäten von Lund, Stockholm und Uppsala; 1967-70 Wissenschaftlicher Assistent am Historischen Seminar der U Gießen; 1970-73 Forschungsbeauftragter des Schweizerischen Nationalfonds zur Förderung der Wissenschaftlichen Forschung; 1973 Habilitation an der U Gießen mit einer Studie über *Aspekte der Bevölkerungsentwicklung in den nordischen Ländern. 2 Teile (1976)*; 1973-75 PD für Neuere Geschichte U Gießen; 1975 bis zu seiner Pensionierung 2004 Prof. für Sozialgeschichte der Neuzeit an der FU Berlin; zahlreiche Gastdozenturen u. a. an der East Anglia University Norwich (England), an der Hebrew University in Jerusalem, an der École des Hautes Études en Sciences Sociales in Paris und seit 1984 regelmäßig an verschiedenen brasilianischen Universitäten; leistete wegweisende Arbeit bei der Vermittlung internationaler Traditionen der Historischen Demographie in der BRD (u. a. *Einführung in die Historische Demographie (1977);* wandte sich in zahlreichen Buchpublikationen der historisch-anthropologischen Richtung der Erforschung der Lebenszeit, der Lebenserwartung und des Alterns zu (u. a. *Lebenserwartungen in Deutschland vom 17. bis 19. Jahrhundert (1990); Die Kunst des Sterbens. Wie unsere Vorfahren sterben lernten (1998)*; Vize-Präsident der Commission International de Démographie Historique.[32]

31 BArch Berlin, R 1509, Nr. 1063, Geheimes Staatspolizeiamt (Dr. W. Best) an den Reichs- und Preußischen Minister des Innern, 19.9.1935; Weiss, Johannes Hohlfeld; Weiss, Johannes Hohlfeld (1888-1950).

32 Vgl. vom Brocke, Bevölkerungswissenschaft, 426. Arthur E. Imhof, Curriculum Vitae (Mitteilung Prof. Dr. Arthur E. Imhof an den Vf., 17.10.2010).

Inama-Sternegg, Karl Theodor von (1843-1908)
Staatswissenschaftler und Statistiker, Wirtschaftshistoriker; 1868 PD U München und ao. Prof. U Innsbruck; 1871 o. Prof. der politischen Wissenschaften ebd., 1880 der politischen Ökonomie U Prag; 1881 Direktor des Bureaus für administrative Statistik und Honorarprofessor für Statistik und Verwaltungslehre an der U Wien; 1882 Gründung des Statistischen Seminars, 1884 Präsident der k. k. Statistischen Zentralkommission, 1899 Präsident des Internationalen Statistischen Instituts; leitete die österreichischen Volkszählungen von 1880, 1890 und 1900. I. vertrat die Auffassung, dass die statistische Aufnahme der Bevölkerung die wichtigste Zielsetzung der Historischen Bevölkerungsstatistik sei. Erst wenn diese bekannt sei, könne das innere demographische Gefüge der statistischen Massen erforscht werden (*Die Quellen der historischen Bevölkerungsstatistik, in: Statistische Monatsschrift 12 (1886)*; vgl. auch *Deutsche Wirtschaftsgeschichte. Bd. 1: Leipzig 1879. Bd. 2: Leipzig 1891* und I.s Artikel *Bevölkerung des Mittelalters und der neueren Zeit bis Ende des 18. Jahrhunderts in Europa* im *Handwörterbuch der Staatswissenschaften. Bd. 2, (³1909), 882-898. (⁴1924), 670-687 (gemeinsam mit R. Häpke).*[33]

Ipsen, Gunther (1899-1984)
Soziologe und Bevölkerungstheoretiker; gilt zusammen mit ↪ H. Freyer als Begründer der ›Leipziger Schule‹ einer sogenannten ›Deutschen Soziologie‹; 1915 als gebürtiger Österreicher freiwilliger Landsturmdienst und Einjährig-Freiwilliger bei der Tiroler Kaiserjäger-Division; nach dem Krieg Studium in Innsbruck und Leipzig; 1922 Promotion und 1925 Habilitation mit wahrnehmungspsychologischen Studien für Soziologie und Philosophie in Leipzig; 1926-33 als PD und apl. Prof. an der U Leipzig (Institut für Universal- und Kulturgeschichte, Institut für Soziologie); in Leipzig unter dem Einfluss von ↪ H. Freyer Übergang von philosophischen Themen zur ›Realsoziologie‹; seit 1933 o. Prof. für Philosophie und Volkslehre an der U Königsberg; seit 15. März 1938 Mitglied der NSDAP; 1939-45 o. Prof. an der U Wien, er wurde jedoch bereits im August 1939 zur Wehrmacht eingezogen und kam als Major an die Ostfront; 1943 übernahm er die Funktion eines NS-Führungsoffiziers; 1945 entlassen und Verlust der österreichischen Staatsbürgerschaft; ließ sich zunächst in Götzens bei Innsbruck nieder; 1951-61 Leiter der Abteilung Demographie und Sozialstatistik an der Sozialforschungsstelle Dortmund und Befassung mit Großstadt-Soziologie; 1959 Emeritierung als Prof. zur Wiederverwendung an der U Münster und damit Wiedererlangung seines Professorenstatus; als Emeritus war I. u.a. Mitglied der ARL Hannover. I. bemühte sich in den 1930er-Jahren zusammen mit seinem Assistenten ↪ H. Haufe und weiteren Mitarbeitern am Leipziger bzw. Königsberger Soziologischen Institut (u. a. ↪ H. Linde und ↪ W. Conze) nach dem Vorbild von W. H. Riehl um die theoretische Begründung soziographischer

33 Vgl. ebd. (vom Brocke), 426; Valerie Müller, Karl Theodor von Inama-Sternegg. Ein Leben für Staat und Wissenschaft, Innsbruck 1976, 7-19.

›Dorfforschungen‹ und ihre empirisch-soziologische Umsetzung (Boberhauskreis, ›Dorfwochen‹ in Südosteuropa); I. lieferte Beiträge zur Reichserbhofgesetzgebung (u. a. mit dem Begriff der ›Hufengröße‹); er veröffentlichte mit der *Bevölkerungslehre,* die 1933 im *Handwörterbuch des Grenz- und Auslanddeutschtums* erschien, eine deutschvölkisch geprägte Deutung des demographischen Wandels im Übergang von der agrarischen zur industriell geprägten Gesellschaft; I. beeinflusste über ↪ W. Conze und dessen Schüler ↪ W. Köllmann wesentlich die bundesrepublikanische Bevölkerungs- und Sozialgeschichte.[34]

Kaindl, Raimund Friedrich (1866-1930)
Historiker und Volkskundler; Siedlungsgeschichte der Deutschen in den Karpatenländern; 1885-1891 Studium der Germanistik, Geographie und Geschichte an der U Czernowitz (Bukowina); 1891-93 ao. Mitglied des IÖG in Wien; 1892-96 Lehrer, 1896-1901 Prof. an der Lehrerbildungsanstalt Czernowitz; 1893 Habilitation mit einer Studie *Beiträge zur älteren ungarischen Geschichte*; PD für Österreichische Reichsgeschichte U Czernowitz, 1901 ao. Prof., 1904-1914 o. Prof., 1912/13 Rektor; 1915-1930 o. Prof. für Österreichische Geschichte an der U Graz. K. verknüpfte als einer der ersten Historiker Volkskunde und Landesgeschichte mit dem Ziel, kulturelle Erscheinungen in kulturellen Grenzgebieten quantifizierend-typisierend zu erfassen (vgl. *Geschichte der Deutschen in den Karpathenländern, 3 Bde., 1906-1911*). Die Volkskunde sollte als Hilfswissenschaft der Geschichte Methoden zur Verfügung stellen, die eine Aufgliederung einzelner ›Volkstümer‹ nach ethnisch-sprachlichen Kriterien ermöglichen sollten (*Die Volkskunde, ihre Bedeutung, ihre Ziele und ihre Methode (1903); Geschichte und Volkskunde (1913)*. K. wurde so ein Vorläufer und Anreger der ethnonationalistischen vergleichenden Landeskunde und -geschichte der 1920er- und 1930er-Jahre. K. war ein großdeutsch gesinnter Historiker, der die deutschen ›Vorposten‹ in Ostmittel- und Osteuropa in die Debatte einer Neuordnung Mitteleuropas einbrachte. Er griff dabei die ›kleindeutsche‹ Geschichtsschreibung so heftig an, dass er sich in einen offenen Gegensatz zu den meisten deutschen und österreichischen Historikern brachte (*Österreich, Preußen, Deutschland. Deutsche Geschichte in großdeutscher Beleuchtung, 1926*).[35]

Kasiske, Karl (1909-1941)
Historiker; Siedlungs- und Bevölkerungsgeschichte des Ordenslandes Preußen; 1929-33 Studium der Geschichte, Germanistik und Religionswissenschaft in Marburg und Königsberg; Dissertation *Die Siedlungstätigkeit des Deutschen Ordens im östlichen Preußen bis zum Jahre 1410 (1934);* seit 1. Mai 1937 Mitglied der NSDAP; 1938/39 Stipendiat am Deutschen Historischen Institut in Rom, dort Standortführer der HJ; 1939 Dozent für mittlere und neuere Geschichte an der

34 Ebd. (vom Brocke), 426; Adamski, Ärzte, 113-117; Gutberger, Volk, 526f.; Hamann, Gunther Ipsen; Sehested v. Gyldenfeldt, Gunther Ipsen, 25-63.

35 Pinwinkler, Raimund Friedrich Kaindl.

U Königsberg; 1940 Berufung in die Regierungskommission für die Änderung der Ortsnamen im ehemaligen Pommerellen; starb als »Führer eines Spähtrupps« (Göring) an der Ostfront. K.s Habilitationsschrift bestand aus den beiden Teilen *Das deutsche Siedlungswerk des Mittelalters in Pommerellen (1938)* und *Beiträge zur Bevölkerungsgeschichte Pommerellens im Mittelalter (1942)*. K. forderte eine Ergänzung der staatsbezogenen durch eine ›bevölkerungsgeschichtliche‹ Betrachtungsweise der Siedlung, welche die ›Lebenskraft‹ der bäuerlichen Kolonisten herausarbeiten sollte. Die spätmittelalterliche Binnenwanderung innerhalb Pommerellens bzw. des Ordensstaates, weniger der Siedlernachschub aus dem Reich selbst, habe für die Kolonisation zahlenmäßig ausreichende Kräfte gestellt.[36]

Kekulé von Stradonitz, Stephan (1863-1933)
Jurist und Privatgelehrter; Genealoge; Studium der Naturwissenschaften, Geschichte und Orientalistik (Dr. phil. 1892) und Rechtswissenschaft (Dr. jur. 1894); Referendar am Berliner Kammergericht und Kammerherr des Fürsten Georg von Schaumburg-Lippe; umfangreiche Gutachtertätigkeit für Adelsfamilien; langjähriger Vorsitzender des Vereins Herold in Berlin; K. verwendete 1898 in seinem »Ahnentafel-Atlas« eine Ahnenbezifferungsmethode, die später unter dem Begriff der Kekulé-Zahlen nach ihm benannt wurde. K. begriff die Genealogie als eine quantifizierend-biologische Arbeitsrichtung und als Hilfswissenschaft der Vererbungslehre. Ausgehend von der Zweigenerationenfamilie, die er als »genealogische Zelle« ansprach, erfasste er ganze »Sippen und Sippenverbände« (Köllmann). *Ahnentafel-Atlas: Ahnentafel zu 32 Ahnen, der Regenten Europas und ihrer Gemahlinnen (1898-1904); Genealogie als Wissenschaft, in: Der Deutsche Herold 29 (1898)*.[37]

Keyser, Erich (1893-1968)
Historiker, Archivar und Museumsdirektor; Geschichte des deutschen Ostens, deutsche Bevölkerungsgeschichte und deutsche Städtegeschichte; studierte Geschichte, Germanistik, Philosophie, Kunstgeschichte und Geographie an den Universitäten Freiburg, Berlin, München und Halle; promovierte 1917 mit einer Dissertation über *Der bürgerliche Grundbesitz der Rechtstadt Danzig im 14. Jahrhundert (1918)*; Kriegsdienst 1915-18; Ausbildung im Geheimen Staatsarchiv in Berlin; 1920-27 Staatsarchivrat im Danziger Staatsarchiv; leitete 1927-45 das von ihm gegründete Staatliche Landesmuseum für Danziger Geschichte in Danzig-Oliva; habilitierte sich 1925 für das Fach der mittleren und neueren Geschichte; 1931 ao. Prof. an der Technischen Hochschule Danzig; veröffentlichte *Die Geschichtswissenschaft, Aufbau und Aufgaben (1931)*; 1938 Erster Vorsitzender des

36 BArch Berlin, Hochschullehrerkartei, R 4901/13267, K. Kasiske; Heinz Göring, Karl Kasiske zum Gedächtnis, in: Altpreußische Forschungen 19 (1942), 98-104; Max Hein, Karl Kasiske †, in: Jomsburg 5 (1941), 425-427; Baethgen, Karl Kasiske.

37 Zit. n. Köllmann, Genealogische Materialien, 17 f.

Westpreußischen Geschichtsvereins; 1947-50 Lehrauftrag für Historische Hilfswissenschaften an der U Hamburg; 1950 Mitbegründer des Herder-Forschungsrates und bis 1959 Direktor des J. G. Herder-Instituts in in Marburg. K. war derjenige deutsche Historiker, der in den 1920er- bis 1960er-Jahren wohl am stärksten für die Erforschung einer völkisch verstandenen Bevölkerungsgeschichte eintrat. Diese sollte allerdings nicht nur die Deutschen, sondern alle ›Völker‹ umfassen, die mit dem ›Deutschtum‹ siedlungsräumlich und bevölkerungsgeschichtlich verflochten waren. K. stellte dieses Programm erstmals 1927 bei der Tagung des Gesamtvereins der deutschen Geschichts- und Altertumsvereine in Speyer zur Diskussion *(Die Erforschung der deutschen Bevölkerungsgeschichte, 1927)*. K. warb für rassenkundlich-anthropologische Deutungsweisen der Geschichte (Aufsatz *Rassenforschung und Geschichtswissenschaft, 1934*); publizierte in den 1930er-Jahren in der VSWG regelmäßig Forschungsberichte über *Bevölkerungsgeschichte Deutschlands.* In seiner Monographie *Bevölkerungsgeschichte Deutschlands (1938)* akzentuierte K. einen geodeterministischen, rassenkundlichen und völkerpsychologischen Ansatz der Bevölkerungsgeschichte. Der antisemitische und rassistische Duktus der *Bevölkerungsgeschichte*, die sich immer mehr zu einer allgemeinen ›Volksgeschichte‹ weiterentwickelte, radikalisierte sich in den beiden folgenden Auflagen dieses Werks *(^{2}1941; ^{3}1943)*. K. war seit dem 1. Mai 1933 NSDAP-Mitglied. Er stellte seine Kenntnisse der westpreußischen Bevölkerungsstatistik dem politischen Programm des deutschen ›Volkstumskampfs‹ in Westpreußen zur Verfügung. Im Rahmen der geplanten ›Eindeutschung‹ des Gaus Danzig-Westpreußen beteiligte er sich an der Erstellung der ›Deutschen Volksliste‹. In den 1930er-Jahren begann er ein Projekt zur Erforschung der Geschichte der deutschen Städte, in dem sozial-, politik- und bevölkerungsgeschichtliche Aspekte miteinander verwoben wurden (*Deutsches Städtebuch. Handbuch städtischer Geschichte, Bde. 1-5 [in 11 Teilbänden], 1939-74*). Nach dem Zusammenbruch des ›Dritten Reichs‹ war K. einer der Organisatoren der Rekonstituierung des Netzwerks der deutschen Volksforscher; seine grundlegend völkische Auffassung der historiographischen Teildisziplin Bevölkerungsgeschichte passte er nur geringfügig an die geänderten politischen Rahmenbedingungen an.[38]

Kinzl, Hans (1898-1979)

Geograph, Hochgebirgs- und Gletscherforscher; Gründer der Innsbrucker Schule der (historischen) Bevölkerungsgeographie, die auf Kirchenbuchauswertungen beruhte. K. studierte an der U Innsbruck Geographie und Geschichte und promovierte 1923 bei J. Sölch mit einer Dissertation über »Die Hauptzüge der Landformung im westlichen Oberösterreich zwischen Traun und Inn«. K. ging 1928 zusammen mit Sölch nach Heidelberg, wo er 1931 zum Thema

38 Haar, Historiker, 346f.; Hackmann, Ostpreußen; Pinwinkler, Volk. HI DSHI 100 Keyser 23, Briefwechsel 1950-60, Lebenslauf E. Keyser; vgl. zu Keysers NSDAP-Mitgliedschaft BArch (ehem. BDC), NSDAP-Gaukartei, E. Keyser.

Gletscherschwankungen in den Alpen habilitiert wurde. 1935 nahm K. einen Ruf an die U Innsbruck an, wo er zunächst als ao. Prof. und ab 1942 als o. Prof. dem Geographischen Institut als Direktor vorstand. Mit einer Unterbrechung im Wintersemester 1945/46, als im Zuge des Entnazifizierungsverfahrens festgestellt wurde, dass er trotz seiner seit 1939 bestehenden Mitgliedschaft bei der NSDAP politisch nicht belastet sei, setzte K. seine Laufbahn bis zu seiner 1968 erfolgten Emeritierung fort. 1958-59 Rektor der U Innsbruck, 1958-67 und 1971/72 Erster Vorsitzender des Österreichischen Alpenvereins. K. unternahm 1936-54 fünf Expeditionen nach Peru.[39]

Klaar, Adalbert (1900-1981)
Architekt; Siedlungsplan- und Bauforscher; Siedlungs- und Flurformenkunde Österreichs; 1919-24 Studium der Architektur an der TH Wien; 1924-28 Beschäftigung in der Firma seines Großvaters; 1929 Promotion mit einer Dissertation über *Niederösterreichische Dorf- und Stadtsiedlungen aus der Babenbergerzeit*; 1929-38 freischaffender Architekt; 1938-44 an der Reichsstelle für Raumordnung, Planungsbehörde beim Reichsstatthalter für Österreich; 1942 Habilitation aufgrund seiner Studie über *Die Siedlungsformen von Salzburg (1940)* und Ernennung zum ›Dozenten neuer Ordnung‹ für Geschichte der Siedlungstechnik und -formen an der TH Wien; 1946 Rückkehr aus der Kriegsgefangenschaft und Lehrauftrag an der U Wien über Siedlungskunde und Raumplanung; 1946-65 Eintritt in den öffentlichen Dienst, Bundesdenkmalamt; 1958 Oberstaatskonservator; 1965 Übertritt in den dauernden Ruhestand.[40]

Klebel, Ernst (1896-1961)
Historiker; Siedlungs- und Landesgeschichte; bayerische Verfassungsgeschichte. Studierte ab 1917 Kunstgeschichte und Geschichte in Graz und Wien; gehörte 1919-21 als ordentliches Mitglied dem IÖG in Wien an; K. promovierte 1922 in Kunstgeschichte, wandte sich aber zunehmend der Siedlungs,- Rechts- und Verfassungsgeschichte zu. 1927 Mitarbeiter der MGH bei der geplanten Ausgabe des Schwabenspiegels; 1931 PD für Geschichte des Mittelalters an der U Wien; am 1. Juni 1933 Beitritt zur NSDAP; 1934 Entzug der Lehrbefugnis und Übernahme von Vertretungsprofessuren in Berlin, Frankfurt a. M. und Würzburg; 1939-45 wieder PD an der U Wien; Veröffentlichung der *Siedlungsgeschichte des Deutschen Südostens (1940)*; 1945 neuerlicher Entzug der Venia Legendi; 1949 Stadtarchivar in Regensburg; 1952 o. Prof. für Allgemeine Geschichte und Bayerische Geschichte an der Philosophisch-theologischen Hochschule Regensburg.[41]

39 Penz, Hans Kinzl, 5-28. Gerhard Oberkofler, Franz Huter (1899-1997). Soldat und Historiker Tirols, Innsbruck 1999, 35.

40 Architektenlexikon Wien 1880-1945, URL: http://www.architektenlexikon.at/de/302.htm (2.9.2013), s.v. Adalbert Josef Klaar; Fellner/Corradini, Österreichische Geschichtswissenschaft, 219 f.

41 Ebd. (Fellner/Corradini), 220 f.; Heiss, Von der gesamtdeutschen zur europäischen Perspektive? 192; Zajic, Hans Hirsch, 350 f.

Klocke, Friedrich von (1891-1960)
Historiker und Genealoge, westfälische Landesgeschichte, Bevölkerungs- und Siedlungsgeschichte; 1911-16 und 1919/20 Studium der Geschichte und der Rechts- und Staatswissenschaften in München, Berlin und Münster; 1916/18 Kriegsdienst in einer Abteilung des Stellvertretenden Generalkommandos des VII. Armeekorps in Münster; 1921 Promotion zum Dr. phil.; 1920-25 Archivar in der Zentralstelle für Deutsche Personen- und Familiengeschichte in Leipzig; 1922-25 Lehrtätigkeit am Institut für Kultur- und Universalgeschichte der U Leipzig (mit einer Vorlesung über Soziologische Genealogie); 1925-31 Oberarchivar der Vereinigung Westfälischer Adelsarchive; 1931 Habilitation an der U Münster mit einer Studie über *Patriziat und Honoratiorentum in Westfalen* (gedruckt 1965 u. d. T. *Das Patriziatsproblem und die Werler Erbsälzer*); v. K. lehrte zur Genealogie, er hielt seit 1931/32 Vorlesungen zur »Deutschen Sozialgeschichte« (als »Volksordnungsgeschichte«) und zur »Deutschen Bevölkerungsgeschichte«; 1939 beamteter Dozent, 1942 apl. Prof. an der U Münster; 1933 Beitritt zur NSDAP; 1934-37 Gaustellenleiter im NS-Gaukulturamt und Referent im Gauschulungsamt des Gaues Westfalen-Nord; 1945 Enthebung vom Universitätsdienst; 1949 als apl. Prof. wieder zugelassen; erhielt Lehrauftrag für Genealogie und Geschichte der Familie; seit 1954 Ehrenvorsitzender des Vereins zur Erhaltung der Zentralstelle für deutsche Personen- und Familiengeschichte; verfasste die Selbstbiographie *Auf Wegen der Genealogie als Wissenschaft. Autoergographie zum 65. Geburtstag (1956).*[42]

*Koerner, Fritz (*1893)*
Geograph; thüringische Bevölkerungsgeschichte und -kartographie; veröffentlichte *Beiträge zur Geopolitik und Bevölkerungsgeschichte des mittleren Saalegebietes (1935)*, die als Heft 1 der Schriftenreihe des Nationalsozialistischen Lehrerbundes Jena erschienen; K. habilitierte sich 1956 mit einer Studie über *Die Bevölkerungsverteilung in Thüringen am Ausgang des 16. Jahrhunderts (1958)* an der U Jena; K.s historisch-statistischen Interessen erstreckten sich vor allem auf vergleichende Analysen von kirchlichen Visitationsprotokolle, Steuer-, Zins- und Kommunikantenregistern, womit wirtschaftsgeschichtlich aufschlussreiche statistische Angaben über die regionale Bevölkerungsverteilung in Thüringen gewonnen werden sollten.[43]

42 Aders, Friedrich von Klocke; Spruth, Friedrich von Klocke †; UAM, Bestand 10 Nr. 3597, Bestand 63 Nr. 3, Bd. 1, Bestand 186 Nr. 23; Personalbogen Dr. F. von Klocke, Bescheid des Universitätskurators der Universität Münster, 4.12.1949; Einreihungsbescheid der Militärregierung Deutschland vom 24.2.1948, Vorlesungen F. v. Klocke.

43 Nach Auskunft des Thüringischen Hauptstaatsarchivs Weimar vom 20.8.2008 an den Vf. konnten drei Personalakten und einzelne Sachakten ermittelt werden, die sich auf Koerner beziehen.

Köllmann, Wolfgang (1925-1997)
Historiker; deutsche Bevölkerungsgeschichte, Industrialisierung des 19. Jahrhunderts; 1943-45 Kriegsdienst und schwere Verwundung an der Ostfront; 1946-50 Studium der Geschichte und Germanistik an der U Göttingen; sozialhistorische Ausbildung bei ↪ W. Conze; 1950 Promotion bei Conze mit einer Dissertation über die *Entwicklung der Stadt Barmen von 1808 bis 1871 (Sozialgeschichte der Stadt Barmen im 19. Jahrhundert, 1960)*; 1951 kam K. auf Empfehlung Conzes an die Sozialforschungsstelle der Universität Münster in Dortmund, wo er bis 1954 Assistent ↪ G. Ipsens war; 1954 im Vorstand des Bergischen Geschichtsvereins, ab 1964 als Erster Vorsitzender; 1954-64 u. a. Stipendiat der Kommission für Geschichte des Parlamentarismus und der politischen Parteien; 1963 Habilitation an der U Hamburg mit einer Studie über den Unternehmer und Politiker Friedrich Harkort; 1964 o. Prof. für Sozial- und Wirtschaftsgeschichte an der neu gegründeten U Bochum, 1969 Erweiterung der Lehrstuhlbezeichnung auf das Fach Demographie; 1990 Emeritierung. K. war der in der BRD und auch international zu seiner Zeit fachlich am meisten anerkannte Vertreter der westdeutschen Forschungen zur Bevölkerungsgeschichte, die er von erbbiologischen Lokalstudien strikt abgrenzte. Hingegen suchte er die völkischen Theoreme ↪ G. Ipsens und ↪ W. Brepohls ›Volkskunde der Industriegesellschaft‹ in sein Konzept einer makrostrukturellen Bevölkerungsforschung zu integrieren. K.s wesentlich nationalstaatlich gebundene Auffassung der Bevölkerungsgeschichte, die auf das 19. und 20. Jahrhundert konzentriert blieb *(Raum und Bevölkerung in der Weltgeschichte, Bd. 3: Bevölkerung und Raum in neuerer und neuester Zeit, ^{1}1956; ^{2}1958; ^{3}1965)*, spiegelte sich auch in seiner Mitwirkung an internationalen Publikationen der Historical Demography (vgl. u. a. *The Population of Barmen before and during the Period of Industrialization, 1965)*. K.s internationale wissenschaftliche Austauschbeziehungen reichten bis in die 1950er-Jahre zurück. Insbesondere seine Kooperation mit dem englischen Historiker D. E. C. Eversley hatte wesentlichen Anteil bei der sukzessiven vorsichtigen Öffnung der westdeutschen historischen Bevölkerungsforschung, ohne dass K. seinen makroanalytischen Zugang zur Bevölkerungsgeschichte deswegen aufgegeben hätte. Die von ↪ A. E. Imhof seit den 1970er-Jahren in der BRD propagierte mikrostrukturelle Historische Demographie lehnte K. ab, weil sie übergreifende Strukturen und Prozesse nicht erfasse. K.s wichtigste Schriften erschienen 1974 in dem Band *Bevölkerung in der industriellen Revolution. Studien zur Bevölkerungsgeschichte Deutschlands.*[44]

44 Adamski, Ärzte, 114 f.; Ehmer, Bevölkerungsgeschichte, 59; Fischer, Wolfgang Köllmann; Festgabe zum 65. Geburtstag von Professor Dr. Wolfgang Köllmann; Dietmar Petzina/Jürgen Reulecke (Hg.), Bevölkerung, Wirtschaft, Gesellschaft seit der Industrialisierung. Festschrift für Wolfgang Köllmann zum 65. Geburtstag, Dortmund 1990; Pinwinkler, Figurationen des Peripheren.

Kötzschke, Rudolf (1867-1949)
Historiker; Methoden und Theorien der Siedlungskunde; Siedlungs- und Landesgeschichte Sachsens, Geschichte der ostdeutschen Kolonisation; 1886-89 Studium der klassischen Philologie, germanischen Sprachwissenschaft, Sanskrit, Geographie und Geschichte in Leipzig und Tübingen; 1890 Promotion und Staatsprüfung; Lehrer an einer Privatschule in Dresden; 1894 Assistent bei ↪ K. Lamprecht; 1898 Assistent in ↪ F. Ratzels Historisch-Geographischem Institut; Leiter der Zentralstelle für Grundkarten; 1899 Habilitation bei ↪ K. Lamprecht; 1905 ao. Prof., 1930 persönlicher Ordinarius; 1906-49 (mit Unterbrechungen) Leiter des von Lamprecht gegründeten Seminars für Landesgeschichte und Siedlungskunde an der U Leipzig. Im Zentrum von K.s Werk, das von der Landesgeschichte her zur deutschen Volksgeschichte führen sollte, stand der Heimatbegriff, den er als ›ganzheitlichen‹ Zusammenhang von ›Land‹, ›Siedlung‹, ›Volkstum‹, ›Kultur‹ und ›Sprache‹ ansah; 1924 Veröffentlichung der *Allgemeinen Wirtschaftsgeschichte des Mittelalters*; 1935 Übertritt in den Ruhestand; *Geschichte der ostdeutschen Kolonisation (1937) (gemeinsam mit W. Ebert)*; 1941-45 nach Rücktritt ↪ A. Helboks neuerlich Institutsdirektor. K. grenzte die von ihm geprägte ›Leipziger Schule‹ einer kulturmorphologisch und siedlungsgeographisch orientierten Siedlungsgeschichte von einer ›biologisch‹ verstandenen Bevölkerungsgeschichte ab; gleichwohl finden sich bevölkerungswissenschaftliche und -politische Interessen schon in seinem frühen Werk (vgl. *Die Gefahren des Neomalthusianismus, 1893*). In seiner Tätigkeit in der NOFG unterstützte er, obwohl nie selbst mit rassentheoretischen Erwägungen hervortretend, Bestrebungen, die Erforschung des deutschen ›Volks- und Kulturbodens‹ um rassenkundliche Erhebungen zu ergänzen.[45]

Krallert, Wilfried (1912-1969)
Historiker und Geograph; Volkstumskartographie; Studium der Geschichte und Geographie an der U Wien; 1935-40 Mitarbeiter der MGH; 1937 Sekretär der Geschäftsstelle der SODFG und später Leiter der P-Stelle in Wien; trat im April 1933 der NSDAP und 1934 der SS bei; wurde nach dem fehlgeschlagenen Putsch gegen das Dollfuß-Regime zum SS-Hauptscharführer befördert; beteiligte sich im Rahmen des ›Sonderkommandos Künsberg‹ des Auswärtigen Amtes 1941 an der Beschlagnahmung von Dokumenten und Karten im besetzten Jugoslawien; seit 1943 Gruppenleiter in der Abteilung VI G des RSHA und in dieser Funktion federführend verantwortlich für die Nachrichtenbeschaffung und für die Planung der Plünderung von Kulturgütern und wissenschaftlichen Bibliotheken, insbesondere von jüdischen Buchhandlungen und Antiquariaten in Budapest im Mai 1944; 1945-48 in britischer Kriegsgefangenenschaft; 1952-55 Redakteur beim Wissenschaftlichen Dienst Südosteuropa, Mitarbeiter der sogenannten Arbeitsgemeinschaft Ost in Wien und Agent mehrerer westlicher Geheimdienste; Mitinitiator des Atlas der Donauländer. K. konzipierte für die P-Stelle Wien

45 Held/Schirmer (Hg.), Rudolf Kötzschke; Schlesinger, Rudolf Kötzschke.

Nationalitätenkarten, die zur bevölkerungspolitischen ›Neuordnung‹ Ostmitteleuropas herangezogen wurden; zahlreiche Publikationen zur Methodik der Nationalitätenkartographie (u. a. *Methodische Probleme der Völker- und Sprachenkarten, 1961*); vgl. auch *Atlas zur Geschichte der deutschen Ostsiedlung (1958) (gemeinsam mit ↪ W. Kuhn und Ernst Schwarz).*[46]

Kuhn, Walter (1903-1983)
Volkskundler und Siedlungshistoriker; Sprachinselforschung und Geschichte der deutschen Ostsiedlung; gehörte dem Wandervogel e. V. in der Sprachinsel Bielsko/Bielitz im ehemaligen Österreichisch-Schlesien an; studierte 1921-27 zunächst an der TU Wien und an der TU Graz (1927 Ingenieursdiplom) und schließlich mit Hilfe der Studienstiftung des deutschen Volkes an der U Wien Geschichte, Volkskunde und Geographie; unternahm zahlreiche Wanderfahrten in deutschsprachige Siedlungsgebiete Ostmitteleuropas; promovierte 1931 bei A. Haberlandt über die galizischen Sprachinseln (*Die jungen deutschen Sprachinseln in Galizien, 1930*); habilitierte sich mit dem Werk *Deutsche Sprachinselforschung – Geschichte, Aufgaben, Verfahren (1934)* und wurde 1937 auf den Lehrstuhl für deutsche Volkskunde an der U Breslau berufen, wo er dem Kreis der Siedlungsforscher um ↪ H. Aubin angehörte; K. war Sachverständiger für Polen der NOFG und Mitglied des BDO; Beitritt zur NSDAP am 1. Februar 1940; erhielt 1939 aufgrund seiner Verdienste um den »wissenschaftlichen Volkstumskampf Polens« (so F. Metz als Gutachter, zit. n. Zimmermann) den Nicolaus Coppernicus-Preis der Stiftung F. V.S.; K. war einer der Mitverfasser der Denkschrift über die ›Eindeutschung‹ Posens und Westpreußens; er wurde bei der Umsiedlung der Deutschen aus Ostpolen von den ›Ansiedlungsstäben‹ des ›Reichskommissars für die Festigung deutschen Volkstums‹ als Berater herangezogen; 1943-47 Soldat an der Westfront und in britischer Kriegsgefangenenschaft; K. erhielt 1955 mit Hilfe ↪ H. Aubins eine Professur für Siedlungsgeschichte und Volkstumsforschung namentlich Ostdeutschlands an der U Hamburg, die er bis zu seiner Emeritierung 1968 innehatte. Nach 1945 erforschte er weiterhin schwerpunktmäßig die deutsche Ostsiedlung (*Geschichte der deutschen Ostsiedlung in der Neuzeit, 2 Bde., 1955/57*) und bekannte sich unverändert – auch gegen aufkommende fachliche Kritik – zu der von ihm vertretenen Sprachinselvolkskunde.[47]

Kulischer, Alexander (1890-1942) [auch Alexandre Koulicher]
Rechtswissenschaftler und Migrationsforscher; veröffentlichte gemeinsam mit seinem Bruder ↪ E. Kulischer die Studie *Kriegs- und Wanderzüge. Weltgeschichte als Völkerbewegung (1932)*, die einen historisch-soziologischen Zugang zum Pro-

46 Fahlbusch, Wilfried Krallert; Svatek, Geisteswissenschaftliche Südostforschung.
47 BArch (ehem. BDC), NSDAP-Gaukartei, W. Kuhn; Fielitz, Das Stereotyp, zu Kuhn bes. 48-73; Kuhn, Eine Jugend; Pinwinkler, Walter Kuhn; bes. 34-39; Jan Zimmermann, Die Kulturpreise der Stiftung F. V.S. 1935-45. Darstellung und Dokumentation, Hamburg 2000, hier 503 f.

blem der Migrationen entwickelte. Die mehrfache persönliche Emigrationserfahrung der beiden Kulischers wirft nicht zuletzt ein tragisches Licht auf ihre wissenschaftlichen Arbeiten: Während ↪ E. Kulischer 1941 in die USA entkommen konnte, wurde K. »beim Überschreiten der Demarkationslinie [zwischen dem besetzten und dem nicht besetzten Teil Frankreichs, Anm. d. Vf.] von französischer Gendarmerie arrestiert, an die Deutschen ausgeliefert und im Konzentrationslager ermordet« (Bade).[48]

Kulischer, Eugen (1881-1956)
Rechtswissenschaftler und Migrationsforscher; 1906 Dr. jur. U St. Petersburg; 1916 PD U St. Petersburg, 1918-20 o. Prof der Rechtswissenschaften und Soziologie an der U Kiew, Flucht vor der Roten Armee, 1921-34 Dozent am Institut für Ausländisches Recht der U Berlin, 1934 Emigration nach Frankreich, 1935-40 im Kultusministerium in Paris, 1941 Emigration in die USA und bis 1945 Berater für europäische Bevölkerungsfragen im Office of Strategic Services; 1946 Dozent für europäische Bevölkerungsprobleme an der American University, Washington, DC.; 1947 Bureau of Census; 1948 Abt. Departement of the Army; 1949-56 Demograph an der Library of Congress Washington; K. veröffentlichte 1932 gemeinsam mit seinem Bruder ↪ Alexander Kulischer die Studie *Kriegs- und Wanderzüge. Weltgeschichte als Völkerbewegung*. Die beiden Kulischers vertraten eine historisch-soziologische »Lehre von den Völkerbewegungen«: Horizontale Mobilität als Massenbewegung bestimmte demnach die gesamte Weltgeschichte. Sie bezogen *alle* ›Völker‹ ungeachtet ihrer ethnischen Abkunft in ihr Denkgebäude ein. Dabei suchten sie universal gültige – freilich mechanische – Gesetzmäßigkeiten von Migrationen zu beschreiben. Nach dem Tod seines Bruders ↪ A. Kulischer entwickelte K. seine Forschungen weiter und veröffentlichte die Ergebnisse in seinen Studien *The Displacement of Population in Europe (1943)* und *Europe on the Move – War and Population Changes 1917-47 (1948)*, in denen er die europäischen Massen(-zwangs)wanderungen der ersten Hälfte des 20. Jahrhunderts soziologisch verdichtete und historisch vertieft reflektierte; der Begriff ›Displaced Person‹ geht auf K. zurück[49]

Lamprecht, Karl (1856-1915)
Historiker; 1874-78 Studium der Geschichte und Nationalökonomie in Göttingen, Leipzig und München; 1878 Dr. phil., 1883 PD U Bonn; 1890 Prof. in Marburg, 1891 in Leipzig, wo er 1909 das Kgl. Sächsische Institut für Kultur- und Universalgeschichte begründete. L. veröffentlichte seit 1891 seine »Deutsche Geschichte«, die den ›Methodenstreit‹ in der deutschen Geschichtswissenschaft auslöste. In Abgrenzung zur konventionellen Politikgeschichte unterschied L. zwischen natürlichen, sozial-psychischen oder kulturellen und individualpsychischen Teilfaktoren der Geschichte. Seine vierbändige Darstellung *Deutsches*

48 Bade, Historische Migrationsforschung, 33 f.
49 Ebd., 32-39; vom Brocke, Bevölkerungswissenschaft, 429; Jaffe, E. M. Kulischer.

Wirtschaftsleben im Mittelalter (1885-86) enthielt Ausführungen zur Besiedlungsgeschichte, zur Zusammensetzung und Dichte der Bevölkerung im Mittelalter.[50]

Lenz, Wilhelm (1906-1976)
Historiker, Kreisarchivar; 1923-28 Studium der Geschichte in Dorpat und Tübingen; 1928 Promotion; 1928-38 Lehrer in Mitau; 1938-39 Leiter des Kulturamts der Deutschen Volksgemeinschaft in Lettland; 1941-44 Referent beim Reichskommissariat in Riga; 1948-68 Kreisarchivar in Otterndorf; verfasste die Studie *Umvolkungsvorgänge in der ständischen Ordnung Livlands. Der landische Mittelstand in Südlivland in der Zeit vom Nordischen Kriege bis zum Weltkrieg (1941)*. Als die ›Baltendeutschen‹ 1940 ins Deutsche Reich umgesiedelt wurden, war der baltdendeutsche Historiker ↪ R. Wittram an der Sicherstellung baltendeutscher Kulturgüter beteiligt. 1940 plante dieser gemeinsam mit W. Sievers, dem Geschäftsführer der Stiftung ›Ahnenerbe‹ der SS, sowie vermutlich mit L. ein ›baltendeutsches‹ Forschungsinstitut zu errichten. L. beschäftigte sich nach 1945 weiterhin mit bevölkerungsgeschichtlichen Fragen. So publizierte er 1973 in der Festschrift für ↪ R. Wittram den Artikel *Die Bevölkerungsstruktur der Kreisstadt Wenden in Livland vor dem Ersten Weltkriege*.[51]

Linde, Hans (1913-1994)
Agrarsoziologe, Sozialhistoriker; 1932-37 Studium der Soziologie in Leipzig und Königsberg; 1937 Promotion bei ↪ H. Freyer und H. J. Seraphim mit der Studie *Preußischer Landesausbau. Ein Beitrag zur Geschichte der ländlichen Gesellschaft in Süd-Ostpreußen am Beispiel des Dorfes Piassutten, Kreis Ortelsburg (1939)*; 1936-38 Forschungsassistent am Institut für landwirtschaftliche Betriebslehre in Leipzig. Bereits vorher und parallel zu dieser Tätigkeit war L. Sachbearbeiter im Reichsnährstand (1936-39), Geschäftsführer der Leipziger Hochschularbeitsgemeinschaft für Raumforschung und Mitarbeiter im NS-Amt für Landesplanung und Statistik; 1939-45 bei der Wehrmacht; 1945-49 Bergmann im niedersächsischen Steinkohlenbergbau; 1949-56 wurde L. als Referent ins Niedersächsische Amt für Landesplanung und Statistik übernommen; 1957-59 bekleideter er in der Dortmunder Sozialforschungsstelle den Posten eines Abteilungsleiters; 1961 Habilitation U Münster; 1962-81 o. Prof. an der TH Karlsruhe. Als Agrarsoziologe und Raumforscher war L. vor 1945 u. a. an Untersuchungen zur sozialen Lage des Auslandsdeutschtums beteiligt; er trat für eine struktur- und raumsoziologische Orientierung der angewandten Soziologie ein und wollte diese zu einer ›Sozialökologie‹ weiter entwickeln. Als Historischer Demograph (vgl. u. a. *Familie und Haushalt als Gegenstand bevölkerungsgeschichtlicher Forschung (1976)* beruhten L.s Forschungen und methodisch-theoretischen Entwürfe wesentlich auf

50 Luise Schorn-Schütte, Karl Lamprecht. Kulturgeschichtsschreibung zwischen Wissenschaft und Politik. Göttingen 1984, zu Lamprechts Biographie 21-109.

51 Vgl. Paul Kaegbein/Wilhelm Lenz, Fünfzig Jahre baltische Geschichtsforschung 1947-1996, Köln 1997, 130 f.; Lerchenmueller, Geschichtswissenschaft, 175.

↪ G. Ipsens Bevölkerungstheorie; im Unterschied zu Ipsens organizistischem Volksdenken vertrat er aber einen individualistischen Erklärungsansatz, wodurch er mit dazu beitrug, Ipsens konzeptionellen Entwurf zu überwinden. L.s methodischer Zugang zeichnete sich durch eine spezifisch empirische Arbeitsweise aus, die ihn 1984 das Theorem des ›demographischen Übergangs‹ einer kritischen Revision unterziehen ließ (*Theorie der säkularen Nachwuchsbeschränkung 1800-2000*).[52]

Lorenz, Ottokar (1832-1904)
Historiker und Genealoge; seit 1851 Studium der Klassischen Philologie, Philosophie und Geschichtswissenschaft an der U Wien; 1854 Lehramtsprüfung für Geschichte und Geographie; 1855/56 Teilnahme am ersten Kurs des damals neu errichteten IÖG; 1857 Beamter des Haus-, Hof- und Staatsarchivs in Wien; 1860 ao. Prof., 1861 o. Prof. der allgemeinen und österreichischen Geschichte an der U Wien; seit 1885 o. Prof. an der U Jena; L. vertrat in seinen Studien zur Mittelalterlichen und Neueren Geschichte einen politik- und staatsgeschichtlichen Zugang; in Jena befasste sich L. vorwiegend mit einer naturwissenschaftlich-darwinistisch verstandenen Genealogie, deren Entwicklung zu einer historischen Hilfswissenschaft wesentlich mit seinem Namen verbunden war. Im Unterschied zu ↪ S. Kekulé von Stradonitz, der die Zweigenerationenfamilie als relevante genealogische Einheit betrachtete, trieb L. vor allem die ›Tafel-Genealogie‹ voran, wobei er das Individuum als genealogische Untersuchungseinheit in den Mittelpunkt stellte. In seiner Generationslehre suchte er einen Rhythmus von 300 bis 600 Jahren als gesetzmäßigen Ablauf geschichtlichen Lebens nachzuweisen. *Genealogischer Hand- und Schulatlas (1892)*; *Lehrbuch der gesammten wissenschaftlichen Genealogie (1898)*.[53]

Lütge, Friedrich (1901-1968)
Wirtschafts- und Sozialhistoriker; Forschungen zur ›Agrarverfassung‹, mittelalterlichen Grundherrschaft, Sozialpolitik u. a.; Studium der Volkswirtschaft und Geschichte an den U Freiburg, Marburg und Jena; 1924 Promotion zum Dr. rer. pol. (Staatswissenschaften) mit einer Dissertation über *Die Bauernbefreiung in der Grafschaft Wernigerode*; 1928 Dr. phil.; Lektor des Verlags Gustav Fischer in Jena und Privatassistent des Nationalökomomen Ludwig Elster; 1937 Habilitation für Volkswirtschaftslehre und Wirtschaftsgeschichte und PD an der U Jena; integrierte in seine Studie *Die Agrarverfassung des frühen Mittelalters im mitteldeutschen Raum, vornehmlich in der Karolingerzeit (1937)* Untersuchungen zur Bevölkerungs- und Siedlungsentwicklung, zur Sozialstruktur und ländlichen Besitzstruktur; 1940 apl. Prof.; 1943 o. Prof. Handelshochschule Leipzig; 1945 o.

52 Adamski, Ärzte, 138; Gutberger, Volk, 532 f.; vom Brocke, Bevölkerungswissenschaft, 430; Flügel, Ambivalente Innovation; Mackensen, Nachwuchsbeschränkung, hier bes. 293.

53 Silvia Backs, Lorenz, O., in: NDB, Bd. 15, Berlin 1987, 170-172; Köllmann, Genealogische Materialien, 17 f.

Prof. U Leipzig, wo er 1943 bis 1947 auch dem Institut für Wohnungs- und Siedlungswirtschaft vorstand; 1947-1968 o. Prof. der Volkswirtschaftslehre und Sozialgeschichte an der U München. In der Tradition der Jüngeren Historischen Schule der Nationalökonomie stehend, betonte L. die enge fachliche und institutionelle Verflechtung der Geschichtswissenschaft mit der Volkswirtschaftslehre. Zusammen mit ↪ G. Franz und ↪ W. Abel gab L. u.a. die »Quellen und Forschungen zur Agrargeschichte« heraus (Jena 1943-1968, zwanzig Bände), in denen u.a. Arbeiten von ↪ G. Franz und ↪ E. W. Buchholz zur Bevölkerungsgeschichte erschienen. *(Geschichte der deutschen Agrarverfassung vom frühen Mittelalter bis zum 19. Jahrhundert, 1963; ²1967; Deutsche Sozial- und Wirtschaftsgeschichte (1952; ²1960; ³1966).*[54]

Mackenroth, Gerhard (1903-1955)
Sozial- und Bevölkerungswissenschaftler; 1922-26 Studium der Nationalökonomie, Philosophie und Psychologie in Leipzig, Berlin und Halle; wurde geprägt von der Jugendbewegung und der ›Konservativen Revolution‹ der Zwischenkriegszeit; er promovierte 1926 an der U Halle mit einer Doktorarbeit über die Wirkung von Zöllen zum Dr. rer. pol.; 1927/28 beim Magistrat der Stadt Halle; 1928-31 Fellow der Rockefeller Foundation; 1932 Habilitation U Halle mit einer Studie über *Theoretische Grundlagen der Preisbildungsforschung und Preispolitik* und PD für theoretische Nationalökonomie, Sozialpolitik und Statistik; nach der ›Machtergreifung‹ Beitritt zur NSDAP und einer der Unterzeichner des ›Bekenntnisses der Professoren an deutschen Universitäten und Hochschulen zu Adolf Hitler und dem nationalsozialistischen Staat‹ (März 1933); 1934 ao. Prof. für Nationalökonomie U Kiel; 1942 o. Prof. RU Straßburg; 1944/45 zur Wehrmacht eingezogen; seit 1946 Vorlesungen an der U Kiel, 1948 o. Prof. für Sozialwissenschaften, Soziologie und Statistik und 1951 Gründung und Leitung des Seminars für Soziologie an der U Kiel. M. schuf mit seiner *Bevölkerungslehre. Theorie, Soziologie und Statistik der Bevölkerung (1953)* eine Synthese der historischen und sozial-ökonomischen Erforschung von Bevölkerungsprozessen, welche die letzte deutschsprachige enzyklopädische Einführung in das Fach darstellt; M. war nicht frei vom Rassedenken und befürwortete vor und nach 1945 bevölkerungspolitische Maßnahmen der negativen Eugenik; M.s zentrales Theorem der ›generativen Struktur‹ (bzw. ›Bevölkerungsweise‹) fußte auf Vorarbeiten von ↪ G. Ipsen und ↪ H. Linde.[55]

Mauersberg, Hans (1910-1989)
Historiker; Wirtschafts-, Städte- und Bevölkerungsgeschichte; 1937 Promotion an der U Berlin mit einer Dissertation über *Besiedlung und Bevölkerung des ehe-*

54 Zorn, Friedrich Lütge; vgl. zur Kritik an Lütges »Geschichte der deutschen Agrarverfassung« Rosenberg, Probleme, 87-109.

55 Henßler, Rassenparadigma; Mackensen, Gunther Ipsens Bevölkerungslehre; Reulecke, Jugend und »junge Generationen« um 1930; Schmid (Hg.), Bevölkerungswissenschaft.

mals hennebergischen Amtes Schleusingen (1938); war bis Kriegsbeginn einer der publizistisch aktivsten Bevölkerungshistoriker: u. a. *Beiträge zur Bevölkerungs- und Sozialgeschichte Niedersachsens (1938); Bevölkerungs- und Sozialgeschichte des Berchtesgadener Landes (1939)*; 1931 Mitglied der NSDAP; war ›Gaustellenleiter‹ im Rassenpolitischen Amt des Reichsgaus Süd-Hannover-Braunschweig; nach 1945 in der Privatwirtschaft tätig; 1962 Habilitation mit einer Studie über *Wirtschafts- und Sozialgeschichte zentraleuropäischer Städte in neuerer Zeit. Dargestellt an den Beispielen von Basel, Frankfurt/Main, Hamburg, Hannover und München (1960)*; 1962 Vertretung des wirtschaftshistorischen Lehrstuhls an der U Kiel; seit 1967 apl. Prof. U München; 1961-81 Schatzmeister der Gesellschaft für Sozial- und Wirtschaftsgeschichte.[56]

Meitzen, August (1822-1910)
Regierungsbeamter und Agrarhistoriker; Studium der Rechts- und Staatswissenschaften; 1846 Promotion in Breslau zum Dr. iur., 1848 zum Dr. phil.; trat in den Staatsdienst ein, u. a. seit 1861 als Regierungskommissar bei der Einführung des preußischen Grundsteuergesetzes; 1868-71 bearbeitete er für das Landwirtschaftsministerium vier Bände und einen Atlasband *Der Boden und die landwirthschaftlichen Verhältnisse des Preuß. Staates nach dem Gebietsumfange von 1866*; 1872 erstes Mitglied des Statistischen Amtes des Deutschen Reiches; 1875 ao. Prof. der Staatswissenschaften U Berlin; die Summe seiner siedlungsgeschichtlichen Studien zog er in dem Werk *Siedelung und Agrarwesen der Westgermanen und Ostgermanen, der Kelten, Römer, Finnen und Slawen. 3 Bde., 1 Atlasbd. (1895)*; M. entdeckte die Flurkarten als (agrar-)historische Quellen und erwarb sich Verdienste in der Typenbildung und vergleichenden Analyse von Siedlungsformen, seine Annahmen über ethnisch gebundene Siedlungstypen und konstante Siedlungsformen sind heute jedoch großteils widerlegt.[57]

Mitgau, (Johann) Hermann (1895-1980)
Sozialwissenschaftler, Kulturhistoriker und Genealoge; meldete sich 1914 als Kriegsfreiwilliger zum Fronteinsatz und wurde wesentlich durch die deutsche Jugendbewegung geprägt; Studium der Pädagogik und Promotion 1922/23 in Heidelberg; 1923-28 Geschäftsführer beim Verein Studentenhilfe e. V.; M. veröffentlichte *Familienschicksal und soziale Rangordnung – Untersuchungen über den sozialen Aufstieg und Abstieg (1928)*; habilitierte sich 1929/30 an der U Heidelberg bei A. Weber mit einer Studie über *Das soziale Generationsschicksal – Untersuchungen zur Frage der Klassenbildung und des sozialen Aufstiegs*; 1930 Prof. für Soziale Volks- und Staatsbürgerkunde an der Pädagogischen Akademie Frankfurt a. M.;

56 BArch Berlin, BDC, NSDAP-Gaukartei; NSDAP-Parteikorrespondenz, Veränderungsmeldung, 18.8.1944; vgl. Obenhaus, The Germans, 20-22; Jörg Rode, Die Gesellschaft für Sozial- und Wirtschaftsgeschichte (1961-1998), Stuttgart 1998, 34f.

57 Rita Aldenhoff, Meitzen, A., in: NDB, Bd. 16, Berlin 1990, 734f.; Hartmut Harnisch, August Meitzen und seine Bedeutung für die Agrar- und Siedlungsgeschichte. in: JWG 1975/I, 97-119.

1932 Wechsel an die Hochschule für Politik in Berlin; 1933 Rückkehr als PD an die U Heidelberg; 1934-39 Prof. für Volkskunde und Familienforschung an der Hochschule für Lehrerbildung in Cottbus; 1937 Eintritt in die NSDAP; 1939 Wechsel zur Hochschule für Lehrerbildung Frankfurt/O., dann zur Hochschule für Lehrerbildung Schneidemühl; M. wurde 1942 von ↪ F. Burgdörfer und ↪ E. Pfeil auf einen Abteilungsleiterposten der Forschungsgemeinschaft für Bevölkerungswissenschaft und Bevölkerungspolitik in München berufen, aus dem ein bevölkerungswissenschaftliches Reichsinstitut hervorgehen sollte; 1943 Aufnahme in die SS im Rang eines Untersturmführers des SD; 1946 erhielt M. eine Professur für Didaktik der Geschichte und niedersächsische Landesgeschichte an der Pädagogischen Hochschule in Göttingen; Emeritierung 1963; M. betrieb eine »genealogische Familienforschung als Bevölkerungswissenschaft« (Gutberger) und trat für eine historisch vertiefte, mit zeitlichen Längsschnitten arbeitende vergleichende Genealogie als Lehre von der ›Sozialen Vererbung‹ ein; er beabsichtigte, Prozesse der sozialen Mobilität auf historisch-demographischer Grundlage zu untersuchen und so ›Gesellschaftsgebilde‹ induktiv zu entschlüsseln. Hinsichtlich dieser methodischen Zugänge stand er ↪ W. Brepohl, ↪ G. Ipsen und L. Neundörfer nahe.[58]

*Mitterauer, Michael (*1937)*
Wirtschafts- und Sozialhistoriker; Historische Familienforschung, populare Autobiographik, Namenforschung, Alltagsgeschichte, sozial- und wirtschaftshistorische Mediävistik; 1960 Promotion ›sub auspiciis praesidentis‹ zum Dr. phil an der U Wien; 1969 Habilitation; 1971 ao. Prof., 1973 o. Prof. für Wirtschafts- und Sozialgeschichte an der U Wien; 2003 emeritiert; veröffentlichte u.a. *Vom Patriarchat zur Partnerschaft* (1977); *Historische Familienforschung* (1982) (jeweils zusammen mit Reinhard Sieder); erhielt zahlreiche Auszeichnungen, u.a. den Deutschen Historikerpreis für seine Studie *Warum Europa? Mittelalterliche Grundlagen eines Sonderwegs* (2003) und sein Lebenswerk. Mitbegründer und Mitherausgeber der Reihe »Damit es nicht verlorengeht ...« (seit 1983) und der Zeitschrift *Historische Anthropologie* (seit 1993). Unter den deutschsprachigen Historikern gilt M. als Pionier, der den Wandel der Sozialgeschichtsforschung wesentlich mitgestaltete und insbesondere historisch-anthropologischen und soziologischen Perspektiven in der Geschichtswissenschaft zum Durchbruch verhalf.[59]

Mombert, Paul (1876-1938)
Statistiker und Nationalökonom; Dogmengeschichte, Bevölkerungslehre und Finanzwissenschaft; Studium der Nationalökonomie, Rechtswissenschaft und

58 Gutberger, Bevölkerung, 55-57, 58 (wörtl. Zit.); Hans-Christian Harten/Uwe Neirich/Matthias Schwerendt, Rassenhygiene als Erziehungsideologie des Dritten Reichs: bio-bibliographisches Handbuch, Berlin 2006, 254f.

59 Ernst Bruckmüller, Zu diesem Band, in: Institut für Wirtschafts- und Sozialgeschichte, Universität Wien (Hg.), Wiener Wege der Sozialgeschichte. Themen – Perspektiven – Vermittlungen, Wien-Köln-Weimar 1997, 11-20; Ehmer/Hareven/Wall, Vorwort, 7-15.

Geschichte u. a. in Heidelberg und Leipzig; 1902 Promotion zum Dr. oec. publ. bei Lujo Brentano; 1906 Habilitation (*Studien zur Bevölkerungsbewegung in Deutschland in den letzten Jahrzehnten, 1907*); 1911 ao. Prof. in Freiburg; 1922 o. Prof. in Gießen; wurde 1933 wegen seiner ›nichtarischen‹ Abstammung aufgrund des § 4 des »Gesetzes zur Wiederherstellung des Berufsbeamtentums« entlassen; lebte als Pensionär und Privatgelehrter; erkrankte schwer an Krebs und wurde am 9. November 1938 (Reichspogromnacht) verhaftet; er starb am 8. Dezember 1938 in Stuttgart; M. vertrat als Bevölkerungstheoretiker mechanistische Denkmodelle (wie etwa der ›Unter-‹ und ›Übervölkerung‹); er war gleichwohl einer der wenigen Bevölkerungsforscher der Weimarer Republik, die komplexe Wechselwirkungen zwischen ›Wirtschaft‹ und ›Bevölkerung‹ durch ideengeschichtlich fundierte Analysen aufzeigten und sich von nationalistischen und völkischen Formen des Bevölkerungsdiskurses dadurch deutlich unterschieden; im Rahmen des historischen Teils seiner *Bevölkerungslehre (1929)*, dem deutschen Standardwerk bis zu ↪ G. Mackenroths *Bevölkerungslehre (1953)*, verfasste er einen Überblick der »Entwicklung von Bevölkerung, Wirtschaft und Gesellschaft im Zusammenhang mit den Anschauungen und Lehren darüber«.[60]

Neumann, (Friedrich) Julius (1835-1910)
Nationalökonom; Studium der Staats- und Rechtswissenschaften in Königsberg und Leipzig; promovierte mit einer Dissertation über *Die Gestaltung der mittleren Lebensdauer in Preußen seit 1816 in ihren Beziehungen zu dem gleichzeitigen Wachsthum des allgemeinen Wohlstandes der Bevölkerung (1865)*; habilitierte sich 1865 an der U Königsberg; 1871 o. Prof. der Volkswirtschaftslehre in Basel; folgte 1873 einem Ruf nach Freiburg, 1876 nach Tübingen; N. gab die erste Buchreihe heraus, die in Deutschland zur Bevölkerungsgeschichte erschien: *Beiträge zur Geschichte der Bevölkerung in Deutschland seit dem Anfange dieses Jahrhunderts (1883-1903)*; N. vertrat in seiner Studie *Volk und Nation (1888)* die These, dass der Germanisierungsprozess in den preußischen Ostprovinzen seit den 1860er-Jahren ins Stocken geraten sei und dort eine Repolonisierung zu erwarten sei.[61]

Oberländer, Theodor (1905-1998)
Agrarwissenschaftler, Ostforscher und Politiker; studierte Agrarwissenschaften in München, Hamburg und Berlin (Dr. agr. 1929) und Nationalökonomie in Berlin und Königsberg (Dr. rer. pol. 1930); nahm 1923 am Hitlerputsch in München teil und gehörte der ›Bündischen Jugend‹ an; trat am 1. Mai 1933 in die NSDAP ein und wurde SA-Obersturmbannführer in Pommern; leitete seit 1937 das Institut für osteuropäische Wirtschaft an der U Königsberg und wurde zugleich Landesleiter des BDO und Leiter des ostpreußischen Büros des VDA; 1941

60 Fritz Neumark, Paul Mombert, in: Hans Georg Gundel et al. (Hg.), Gießener Gelehrte in der ersten Hälfte des 20. Jahrhunderts, Marburg 1982, 672-680; vom Brocke, Bevölkerungswissenschaft, 433.
61 Handwörterbuch der Staatswissenschaften, Bd. 6, Jena ^{3}1910, F. J. Neumann, 913 f.

Dekan der rechts- und staatswissenschaftlichen Fakultät der Deutschen U Prag; arbeitete nach 1945 zunächst in der Landwirtschaft; 1950 war O. einer der Mitbegründer des revanchistischen Blocks der Heimatvertriebenen und Entrechteten; 1950 Staatssekretär für Flüchtlingswesen, 1957 Bundesminister für Vertriebene, Flüchtlinge und Kriegsgeschädigte; trat 1959/60 von seinem Posten als Minister zurück, als Vorwürfe gegen ihn erhoben wurden, er habe sich beim Einmarsch der deutschen Wehrmacht in Lwiw/Lwów (Lemberg) an Mordaktionen gegen die dortige jüdische Bevölkerung beteiligt. O. war im ›Dritten Reich‹ einer der Vordenker der nationalsozialistischen Ost- und Bevölkerungspolitik, auch wenn seine Rolle bei den Planungen zur Umsetzung bevölkerungspolitischer Konzepte nicht restlos geklärt ist. In seiner Schrift *Die agrarische Übervölkerung Polens (1935)* behauptete er die »Übervölkerung« Polens, um ordnungspolitische Eingriffe zugunsten der deutschen Vormachtstellung in Ostmitteleuropa rechtfertigen zu können.[62]

Oppen, Dietrich von (1912-2006)
Historiker, Sozialethiker; 1930-32 Lehrzeit in einem Genfer Bankhaus; 1933-39 Studium der Theologie, Geschichte und Soziologie in Berlin und Königsberg; 1. November 1933 Eintritt in die SS, 1937 in die NSDAP; 1939 Einziehung zum Wehrdienst. Seine Dissertation entstand nach schwerer Verwundung im Rahmen eines Studien- und Genesungsurlaubs 1941/42 unter dem maßgeblichen Einfluss von ↪ G. Ipsen; die Arbeit untersuchte *Die Umvolkung in Westpreußen von der Reichsgründung bis zum Weltkriege (T. 1.2)* und wurde 1942 an der Universität Innsbruck approbiert. ↪ Th. Schieder, der zu dieser Zeit in Innsbruck eine Vertretungsprofessur innehatte, und ↪ H. Steinacker begutachteten sie. 1949/50 arbeitete v. O. an einer Kreisbeschreibung des Landkreises Harburg im Auftrag des Niedersächsischen Amtes für Landesplanung und Statistik; seit 1950 arbeitete er in der Sozialforschungsstelle der Universität Münster in Dortmund; 1960-80 war er Prof. am Seminar für Sozialethik am Fachbereich Evangelische Theologie der U Marburg. In seiner aktiven Zeit galt v. O. im Vergleich zu seinen Kollegen als ein eher liberaler Hochschulpolitiker. Erst 1995 machte K. Ahlheim auf die antisemitischen und antipolnischen Passagen in v. O.s angeblich verschwundener Dissertation aufmerksam. V. O. entschuldigte sich daraufhin öffentlich für die antisemitischen Äußerungen in seiner Doktorarbeit.[63]

*Paul, Gustav (*1890)*
Studienrat; 1908-13 Studium der Geschichte, Germanistik und Klassischen Philologie an den U Heidelberg und Gießen; Staatsexamen 1913; Doktorexamen Juni 1914; Studienassessor und Studienrat an der Pädagogischen Hochschule Darmstadt und dort Professor für Deutsche Geschichte, Deutsche Vorge-

62 Haar, Historiker, 250-252; 294-296; Christian Philipp Wachs, Der Fall Oberländer. Ein Lehrstück deutscher Geschichte, Frankfurt a. M.-New York 2000.

63 Adamski, Ärzte, 128; Ahlheim, Geschöntes Leben, 66-75; 53, 31.

schichte und Methodik des Geschichtsunterrichts; P. ließ sich unter dem Einfluss der Rassenanthropologen H. F. K. Günther und O. Reche zur Frage nach der Bedeutung der ›Rasse‹ in der deutschen Volksgeschichte hinführen; er hielt bereits 1931 in völkischen Verbänden, darunter dem von A. Ploetz gegründeten Geheimbund Nordischer Ring, Vorträge über deutsche Bevölkerungsgeschichte, die er weitgehend mit der ›Rassengeschichte‹ gleichsetzte; P. beabsichtigte mit seinem Buch *Grundzüge der Rassen- und Raumgeschichte des deutschen Volkes (1935; ²1936)*, das von der DFG finanziell gefördert wurde, die Bevölkerungsentwicklung aus geisteswissenschaftlicher und naturgeschichtlicher Perspektive abzuhandeln. An der akademischen Geschichtsforschung kritisierte P., dass diese mit Ausnahme von ↪ E. Keyser, welcher für ihre Förderung ohne nachhaltigen Erfolg eingetreten sei, gegenüber ›Rassen- und Bevölkerungsforschung‹ überwiegend skeptisch eingestellt sei (vgl. *Rasse und Staat im Nordostraum, 1937; Die räumlichen und rassischen Gestaltungskräfte der großdeutschen Geschichte, 1938)*.[64]

Penners, Theodor (1912-1994)
Historiker und Archivar; mittelalterliche und frühneuzeitliche regionale Migrationen in Norddeutschland; studierte u. a. in Danzig und Königsberg und promovierte 1938 bei F. Baethgen an der U Königsberg über die *Herkunft der Stadtbewohner im Deutschen Ordensland Preußen bis in die Zeit um 1400 (1942)*; verfolgte in dieser Studie die These, dass die Bevölkerung des Ordenslandes Preußen sich zum größten Teil aus Deutschland und dem Ordensland selbst rekrutierte, während slawische und prußische Anteile nur vereinzelt zehn Prozent erreichten; 1943 im Geheimen Staatsarchiv in Berlin-Dahlem; 1946 im Staatsarchiv Hannover; 1956-77 Direktor des Staatsarchivs Osnabrück; veröffentlichte u. a. einen Aufsatz über *Bevölkerungsgeschichtliche Probleme der Land-Stadtwanderung untersucht an der ländlichen Abwanderung in die Städte Braunschweig und Wolfenbüttel um die Mitte des 18. Jahrhunderts (1956)*.[65]

Petri, Franz (1903-1993)
Historiker und Landeskundler; zusammen mit ↪ H. Aubin und ↪ F. Steinbach führender Vertreter der Bonner Schule der Kulturraumforschung; 1921-25 Studium der Geschichte und Germanistik in Berlin; Mitarbeiter am Institut für Landeskunde der Rheinlande der U Bonn; seit 1937 NSDAP-Mitglied; 1936 Habilitation an der U Köln mit einer Studie über *Germanisches Volkserbe in Wallonien und Nordfrankreich, Bde. 1-2 (²1942)*. P. suchte darin nachzuweisen, dass Belgien und große Teile Nordfrankreichs während der Völkerwanderungszeit germanisches Siedlungsgebiet gewesen seien; 1942-45 o. Prof. für niederländische

64 BArch Koblenz, R 73 Nr. 13543, Paul, G., DFG an Paul, 10.07.1937; Personalfragebogen Dr. Paul ebd., dat. 21.10.1935; Hochschule für Lehrerbildung Darmstadt, Arbeitsplan Winterhalbjahr 1939/40, Darmstadt 1939; vgl. Bespr. H. Zeiß, Gustav Paul, Rassen- und Raumgeschichte Deutschlands, München 1935, in: Deutschlands Erneuerung 19 (1935), 99-105, hier bes. 100.

65 Jarck, Theodor Penners.

Geschichte in Köln; seit 1940 Kulturreferent bei der Militärverwaltung im von den Deutschen besetzten Belgien und Nordfrankreich und dort mitverantwortlich für die rassistische Kultur- und Wissenschaftspolitik der Nationalsozialisten; 1945 Verlust seiner Professur und Internierung durch die Alliierten; seit 1951 war P. Direktor des Provinzialinstituts für Westfälische- Landes- und Volkskunde in Münster; 1961-69 erneut o. Prof. für geschichtliche Landeskunde der Rheinlande in Bonn; gab u. a. 1973 einen Sammelband *Siedlung, Sprache und Bevölkerungsstruktur im Frankenreich* heraus, an dem zahlreiche seiner Mitstreiter aus der Zeit vor 1945 mitarbeiteten.[66]

Pfeil, Elisabeth (1901-1975)
Historikerin und Soziologin; Flüchtlingsfragen, (Groß-)Stadt- und Familiensoziologie; 1921-29 Studium der Geschichte, Kunstgeschichte und Philosophie in Marburg und Berlin; Dissertation *Die Fränkische und Deutsche Romidee im frühen Mittelalter*; 1928/29 wissenschaftliche Assistentin bei ↪ A. Brackmann; kam durch die Geopolitiker A. Haushofer und K. Vowinckel zur Bevölkerungswissenschaft; 1934-44 gemeinsam mit Letzterem Schriftleitung des ABB; 1941-45 als wissenschaftliche Mitarbeiterin von ↪ F. Burgdörfer bei der Forschungsgemeinschaft für Bevölkerungswissenschaft und Bevölkerungspolitik in München, wo sie u. a. den vermeintlichen bevölkerungspolitischen Erfolg der Ehestandsdarlehen untersuchte; nach Ende des Krieges beim Bayerischen Statistischen Landesamt in München beschäftigt; 1952 engste Mitarbeiterin von ↪ G. Ipsen und Gruppenleiterin der Großstadtuntersuchungen an der Sozialforschungsstelle Dortmund; 1955-68 Wissenschaftliche Referentin für Soziologie an der Akademie für Gemeinwirtschaft; 1964 Prof. an der Hochschule für Wirtschaft und Politik in Hamburg, 1968 Emeritierung; Mitglied des Präsidiums der DABW und ordentliches Mitglied der ARL; P. veröffentlichte 1936, 1937 und 1940 in den JDG eine Serie von Forschungsberichten über »Bevölkerungsgeschichte«.[67]

Pleyer, Kleo (1898-1942)
Historiker; nationalsozialistischer Publizist und Parteifunktionär; stieß zur Jugendbewegung und zur Deutschen Nationalsozialistischen Arbeiterpartei (DNSAP) in der Tschechoslowakei; studierte seit 1922 an der Deutschen U Prag; ›Führer‹ der Deutschen Studentenschaft in Prag; beteiligte sich 1923 an Hitlers Putschversuch in München; 1925 geschichtswissenschaftliche Promotion bei J. Haller in Tübingen; 1926 Assistent von ↪ M. H. Boehm am Berliner Institut für Grenz- und Auslandsstudien; 1930-33 Dozent an der Berliner Hochschule für Politik; habilitierte sich 1934 bei H. Oncken mit einer Studie über *Die Land-*

66 Hans Derks, German Westforschung, 1918 to the Present. The Case of Franz Petri, 1903-1993, in: Haar/Fahlbusch (eds.), German Scholars, 175-199.

67 Adamski, Ärzte, 115 f.; vom Brocke, Bevölkerungswissenschaft, 435 f., Gutberger, Bevölkerung, 65 f.; Sonja Schnitzler, Elisabeth Pfeil und das »Blaue Archiv«. Aspekte einer Bevölkerungssoziologie im Nationalsozialismus, in: Mackensen (Hg.), Bevölkerungsforschung und Politik, 203-219.

schaft im neuen Frankreich. Stammes- und Volksgruppenbewegung im Frankreich des 19. und 20. Jahrhunderts (1935); 1937 o. Prof. für Mittlere und Neuere Geschichte in Königsberg; 1939 o. Prof. an der U Innsbruck; starb als Oberleutnant an der Ostfront. P. stellte den ›Volkstumskampf‹ an der ›Grenze‹ in den Mittelpunkt seiner wissenschaftlichen und politisch-agitatorischen Schriften (vgl. u. a. *Die Kräfte des Grenzkampfes in Ostmitteleuropa, 1937*) und verkörperte den Typus des politisch ›kämpferischen‹ NS-Historikers, der die ›Arbeiter- und Bauerngeschichte‹ in die Kategorien von Staats- und Kulturnation einbezog. ↪ Th. Schieder charakterisierte P. 1942 in einem Nachruf als Historiker, »der das ganze deutsche Volk in seiner erdräumlichen und sozialen Erstreckung« als »eine geschichtliche Einheit zu erfassen und politisch anzusprechen« strebte.[68]

Ratzel, Friedrich (1844-1904)
Geograph und Zoologe; Begründer der Anthropogeographie und der politischen Geographie; einer der Wegbereiter der Geopolitik in Deutschland; studierte 1865-68 Geologie und Zoologie in Heidelberg, Jena und Berlin; seit 1875 PD für Geographie an der TH München; 1880-85 Prof. TH München, seit 1886 Prof. U Leipzig; veröffentlichte u. a. *Anthropogeographie (1882)*; wirkte mit seinem wissenschaftlichen Ansatz u. a. auf ↪ R. Kötzschke; R. fasste Migrationen begrifflich als Einzel-, Familien- und Völkerwanderungen und beschrieb sie im Rahmen der geschichtlichen Differenzierung von ›Völkern‹ und ›Kulturen‹ als universale Konstanten.[69]

Rhode, Gotthold (1916-1990)
Osteuropa-Historiker; deutsche Ostforschung und Geschichte Polens; Studium der Geschichte, Volkstumskunde und Geographie in Jena, München, Königsberg und Breslau; wechselte 1937/38 nach Breslau zum Schülerkreis um ↪ H. Aubin, wo er nach seiner Promotion 1939 (Dissertation über *Brandenburg-Preußen und die Protestanten in Polen 1640-1740*) Referent für Polen des Breslauer Instituts für deutsche Ostarbeit wurde; nahm als Dolmetscher am Polenfeldzug teil und trat 1940 in die SA und NSDAP ein; wirkte 1941 als ›Sonderführer‹ im Rang eines Leutnants an der Umsiedlung der Deutschen in Litauen mit; 1946 Assistent ↪ H. Aubins in Hamburg, wo er sich 1952 habilitierte; R. forschte nach 1945 als wissenschaftlicher Mitarbeiter des J. G. Herder-Instituts Marburg zu den Ursachen und Folgen neuzeitlicher Zwangsmigrationen (*Völker auf dem Wege – Verschiebungen der Bevölkerung in Ostdeutschland und Osteuropa seit 1917, 1952*) und zur polnischen Geschichte (u. a. *Die Ostgrenze Polens – politische Entwicklung, kulturelle Bedeutung und geistige Auswirkung, 1955*); 1957 ao. Prof. für Osteuropäische Geschichte in Mainz.[70]

68 Hermann Weiß, Kleo Pleyer, in: NDB, Berlin 2001, 541 f. Theodor Schieder, Kleo Pleyer zum Gedächtnis, in: Jomsburg 6 (1942), 133-137, hier 135.
69 Vgl. u. a. Osterhammel, Raumerfassung, hier bes. 57-72.
70 Linnemann, Das Erbe, 68, 133; Mühle, Für Volk, 260 f.; 260 f.; 453.

Rödel, Walter G. (1940-2009)
Historiker; Historische Demographie, Migrationsforschung und Geschichte des Johanniterordens; 1965 Promotion zum Dr. phil. an der U Mainz; Ausbildung zum höheren Bibliotheksdienst in Mainz und Köln; 1970 Akademischer Rat an der U Mainz; 1973 einer der Gründer des Arbeitskreises Historische Demographie an der U Mainz; 1984 Habilitation mit der Studie *Mainz und seine Bevölkerung im 17. und 18. Jahrhundert (1985)*; 1990 apl. Prof.; 2004 Pensionierung.[71]

Rogmann, Heinz
1936 Promotion an der U Breslau mit einer Studie über *Die Bevölkerungsentwicklung im preußischen Osten in den letzten hundert Jahren (1937)*; Stabsreferent der Landesgruppe Schlesien des BDO in Breslau; R. reihte seine Dissertation in die Tradition der Historischen Bevölkerungsstatistik ein und grenzte diese von der an ↪ E. Keyser orientierten Spielart der bevölkerungsgeschichtlichen Forschung ab; R. veröffentlichte zahlreiche Studien zur demographischen Entwicklung der deutschen Ostprovinzen und arbeitete auch über die deutsche Westmigration der letzten hundert Jahre; er verfasste die Studie *Der großdeutsche Osten in der Bevölkerungsdynamik Ostmitteleuropas* (2., erw. Aufl. 1939), die in der *Schriftenreihe der Landesgruppe Schlesien des Bundes Deutscher Osten, Breslau* veröffentlicht wurde (u. a. *Grundlinien der Bevölkerungsentwicklung Schlesiens (1939)*.[72]

Roller, Otto Konrad (1871-1936)
Historiker, Genealoge und Archivar; Studium in Marburg; arbeitete seit 1898 beim Badischen Generallandesarchiv in Karlsruhe; promovierte mit einer Dissertation über *Eberhard von Fulda und seine Urkundenkopien (1901)*; 1904-36 Beamter beim Großherzoglich Badischen Münzkabinett; R. forschte über die Abstammungsverhältnisse des Hauses Baden und verfasste im Auftrag des Badischen Ministeriums der Justiz, des Kultus und Unterrichts die historisch-demographische Pionierstudie *Die Einwohnerschaft der Stadt Durlach im 18. Jahrhundert in ihren wirtschaftlichen und kulturgeschichtlichen Verhältnissen dargestellt aus ihren Stammtafeln (1907)*.[73]

Scheidt, Walter (1895-1976)
Eugeniker und Anthropologe; bevölkerungsbiologische und -geschichtliche Dorfforschung; Kriegsdienst 1914-18; Studium der Medizin und Naturwissen-

71 Walter G. Rödel [Nachruf], in: Rhein-Main-Presse, 5.6.2009.

72 Lt. Mitteilung des BArch (Berlin) an den Vf. lassen sich in den Beständen des BArch zu Rogmann keine Archivalien ermitteln. Rogmanns Karriereweg und Lebensdaten konnten daher nicht erhoben werden. Vgl. auch Edmund Spevack, Borderland Nationalism, Westward Migration, and Anti-Polish Aggression: The Case of the Grenzmark Posen-Westpreussen, 1919-1939, in: East European Quarterly 30 (1996), 301-330, hier 327, Anm. 12.

73 Schaub, Sozialgenealogie, 16; Ralph-Jürgen Lischke, Biographisches Lexikon zur Geschichte der Demographie, Berlin 2007, 251.

schaften; Promotion 1918; Habilitation 1923 über *Die Rassen der jüngeren Steinzeit in Europa (1924)*; leitete seit 1924 die anthropologische Abteilung des Hamburgischen Museums für Völkerkunde; 1933 erster Direktor des neu gegründeten Instituts für Rassen- und Kulturbiologie an der U Hamburg. Sein Lehrstuhl für Rassenbiologie entstand durch Umwidmung der Professur von E. Cassirer, der kurz zuvor wegen seiner jüdischen Herkunft aus Deutschland hatte emigrieren müssen; S. trat dafür ein, humangenetische und bevölkerungsgeschichtliche Forschungen aufeinander zu beziehen. Er veröffentlichte eine *Einführung in die naturwissenschaftliche Familienkunde (1923)*, eine *Allgemeine Rassenkunde (1925)* und gemeinsam mit Hinrich Wriede die anthropologisch-volkskundliche Dorfuntersuchung *Die Elbinsel Finkenwärder (1927)* (Neuauflage 1932 unter dem Titel *Bevölkerungsbiologie der Elbinsel Finkenwärder)*. Nach der Machtübernahme der Nationalsozialisten gehörte er am 11. November 1933 zu den Unterzeichnern des ›Bekenntnisses der Professoren an den deutschen Universitäten und Hochschulen zu Adolf Hitler und dem nationalsozialistischen Staat‹. Trotz ideologischer Affinitäten verweigerte S. aber eine Kollaboration mit den Nationalsozialisten, indem er auf seiner Unabhängigkeit als Wissenschaftler beharrte, keine ›Rassegutachten‹ erstellte und damit zum akademischen Außenseiter wurde; S. entwickelte das Programm einer ›neurologischen Psychologie‹ und emeritierte im Jahr 1963.[74]

Schieder, Theodor (1908-1984)
Historiker; Geschichte des Liberalismus, des deutschen Nationalstaats und der europäischen Nationalbewegungen; Geschichte der Staatslehre; Geschichtstheorie; studierte 1928-33 Geschichte bei H. Rothfels und K.A. von Müller; 1933 Promotion aufgrund einer Doktorarbeit über *Die deutsche Fortschrittspartei in Bayern und die deutsche Frage*; 1939 Habilitation; 1942-44 o. Prof. U Königsberg; 1948-76 o. Prof., 1962-64 Rektor der U Köln; seit 1957 Herausgeber der HZ; 1967-72 Vorsitzender des Historikerverbandes. S. war zusammen mit ↪ W. Conze einer der einflussreichsten Historiker der BRD, der als Organisator die westdeutsche Geschichtswissenschaft maßgeblich formte. Seine Involvierung in die Politik des ›Dritten Reichs‹ wurde erst in den 1990er-Jahren näher erörtert, als breiteren Kreisen bekannt wurde, dass S. in seiner Denkschrift vom 7. Oktober 1939 für die »Herauslösung des Judentums aus den polnischen Städten« (zit. n. Haar, 331) sowie die Beseitigung der polnischen Intelligenzschicht eingetreten war.[75]

74 Bernd Gausemeier, Walter Scheidt und die »Bevölkerungsbiologie«. Ein Beitrag zur Geschichte der »Rassenbiologie« in der Weimarer Republik und im »Dritten Reich«. Magisterarbeit, Freie Universität, Berlin 1998 [masch.], bes. 9-11; Ernst Klee, Das Personenlexikon zum Dritten Reich. Wer war was vor und nach 1945. 2., aktual. Aufl., Frankfurt a. M. 2005, 529.

75 Aly, Theodor Schieder; Ebbinghaus/ Roth, Vorläufer des Generalplans Ost; Haar, Historiker, 235-237; 327-329; 331.

Schlesinger, Walter (1908-1984)
Historiker; Landes- und Agrarverfassungsgeschichte; 1929-34 Studium der Geschichte und Germanistik in Tübingen und Leipzig, wo er maßgeblich von ↪ R. Kötzschke geprägt wurde; 1935 Promotion; 1936 Assistent von H. Heimpel am Leipziger Historischen Seminar, wo er sich 1940 mit einer Studie über *Die Entstehung der Landesherrschaft (1941; Neudr. 1964; 6. Aufl. 1983)* habilitierte; 1942 als ao. Prof. an die U Leipzig berufen, konnte er sein Amt nach schwerer Verwundung und folgendem Lazarettaufenthalt erst 1944 antreten; im November 1945 wegen seiner NSDAP-Mitgliedschaft entlassen; 1952 Übersiedlung nach Westdeutschland; 1954 o. Prof. an der FU Berlin, 1959 Frankfurt a. M., 1964 bis zu seiner Emeritierung 1973 Marburg; S. übte 1963 vor dem Herder-Forschungsrat deutliche Kritik an der revisionistischen Ostforschung der frühen BRD, wie sie ↪ H. Aubin, ↪ M. H. Boehm und ↪ E. Keyser repräsentierten, und wurde dadurch zu einem Wegbereiter einer modernisierten sogenannten Ostmitteleuropaforschung; S. hielt am Begriff ›Volk‹ gegen Kritik (welche insbesondere František Graus artikulierte) als verfassungsgeschichtlicher Kategorie fest.[76]

Schönberg, Gustav Friedrich von (1839-1908)
Nationalökonom; seit 1857 Studium der Rechts- und Staatswissenschaften sowie Philosophie an den U Bonn und Berlin; 1860 Dr. iur. utr. und Übernahme in den Staatsdienst; 1865/66 beim Kgl. Preußischen Statistischen Büro; 1869/70 o. Prof. der Nationalökonomie und Statistik an der U Basel; 1870 an der U Freiburg; 1873 als o. Prof. an die U Tübingen berufen. S. galt als sozialpolitisch engagierter Gelehrter und war u. a. einer der Begründer des Vereins für Sozialpolitik. Seine Arbeit über *Basels Bevölkerungszahl im 15. Jahrhundert (1883)* war eine Vorläuferin der Monographie von ↪ K. Bücher über Frankfurt a. M., der S.s Studie allerdings grobe methodische Unzulänglichkeiten vorwarf.[77]

Schroeder, Felix von (1912-2003)
Historiker; Genealoge; studierte 1930-35 Naturwissenschaften in München und Berlin sowie Geschichte und Germanistik an der U Leipzig; nahm als Student an von ↪ J. Hohlfeld veranstalteten genealogischen Übungen am Institut für Kultur- und Universalgeschichte der U Leipzig teil; promovierte 1935 bei ↪ R. Kötzschke und ↪ H. Freyer mit einer Dissertation über *Der Zufluß ortsfremden Blutes in die Bevölkerung des Kirchspieles Döhlen 1648-1799 (1935)*; wissenschaftlicher Mitarbeiter an der Zentralstelle für deutsche Personen- und Familiengeschichte in Leipzig; seit 1960 Mitarbeiter von F. Valjavec am Südost-Institut in

76 Enno Bünz, Schlesinger, Friedrich Walter, in: Sächsische Biografie, bearb. von Martina Schattkowsky. URL: http://saebi.isgv.de/biografie/Walter_Schlesinger_%281908-1984%29 (2.9.2013); Nagel, Im Schatten des Dritten Reiches, bes. 117-120; 132-134.

77 Helmut Marcon, Schönberg, Gustav Friedrich von, in: NDB, Bd. 23, Berlin 2007, 394 f., sowie die Ausführungen im Kap. III.1 dieser Arbeit.

München und Mitglied der Südostdeutschen Historischen Kommission, deren langjähriges Geschäftsführendes Vorstandsmitglied er war.[78]

Schünemann, Konrad (1900-1940)
Historiker; Geschichte des Deutschtums in Südosteuropa, insbesondere in Ungarn; Kriegsfreiwilliger des Ersten Weltkriegs; 1919-22 Studium; 1927 Habilitation in Berlin; 1937 ao. Prof. für Mittelalterliche und Neuere Geschichte an der U Kiel; starb 1940 als Feldwebel der Infanterie in Frankreich; S. stellte erstmals auf breiter archivalischer Grundlage *Österreichs Bevölkerungspolitik unter Maria Theresia. Bd. 1 (1935)* dar. Er deutete diese als eine historische Gelegenheit, die nach den Türkenkriegen für die Habsburgermonarchie neu gewonnenen Gebiete »mit deutschen Menschen anzufüllen« (Keyser); S. lieferte neben einer Untersuchung der amtlichen Bevölkerungs- und Siedlungspolitik einen »Überblick über Bevölkerungsstand, Bevölkerungsdichte und die wirtschaftliche Lage in den einzelnen Ländern der Monarchie« (Keyser).[79]

Seeberg, Stella (1901-nach 1971)
Ökonomin und Agrarsoziologin; Dorfuntersuchungen; Statistik und Volkswirtschaftspolitik; 1920-24 Studium der Volkswirtschaft und Psychologie an den U Rostock, Kiel und München; 1924 Promotion in München mit einer Doktorarbeit über *Die Berufsberatung, eine Analyse ihrer Möglichkeiten und Grenzen*; nach verschiedenen Anstellungen als Praktikantin und Hauslehrerin wurde S. 1928 Dozentin an der Wohlfahrtsschule des Pestalozzi-Fröbelhauses in Berlin; 1932 übernahm sie die Stelle einer Hilfs- und später einer Vollassistentin am Institut für Agrar- und Siedlungswesen in Rostock; 1934/35 trat S. u.a. der NS-Volkswohlfahrt und dem NS-Frauenwerk bei; 1936 erhielt sie ein Stipendium des Arbeitskreises ›Bäuerliche Dorfgemeinschaft‹ des Forschungsdienstes für eine agrarsoziologische Dorfuntersuchung; 1939 erwarb S. an der U Berlin mit der Studie *Dorfgemeinschaft in dreihundert Jahren – gemeinsam mit den Bewohnern des Bauerndorfes Kuhbier (1938)* den Grad eines Dr. rer.pol.habil. 1942 kam sie an die U Graz, wo sie im April 1944 als öffentliche Lehrprobe über das Thema »Wachstum und Altersaufbau des deutschen Volkes als statistisches Problem« referierte. Ab 1948 setzte S. ihre akademische Laufbahn an der Evangelischen Akademie Hermannsburg/Loccum fort. Ihre berufliche Tätigkeit beendete sie 1971 als Dozentin für Politische Ökonomie (Agrarpolitik, Sozialpolitik) an der U Göttingen.[80]

78 UAL, Phil. Fak. Prom. 974, Bl. 9 (Gutachten Diss. F. v. Schroeder); Arndt Richter, Dr. Felix von Schröder 1912-2003. Gedenken und persönliche Erinnerungen, in: Familienforschung in Mitteldeutschland 45, H. 3 (2004), 305.

79 Das Historische Seminar im »Dritten Reich«. Begleitheft zur Ausstellung des Historischen Seminars der Christian-Albrechts-Universität zu Kiel im Sommersemester 2003. URL: http://www.uni-kiel.de/ns-zeit/allgemein/historisches-seminar.pdf (2.9.2013); Keyser, Neue Forschungen (1936), 49f. (wörtl. Zit.).

80 Kernbauer, Stella Seeberg.

Seraphim, Peter-Heinz (1902-1979)
Ökonom und Ostforscher; beteiligte sich Ende 1918 als Freiwilliger am Kampf der ›Baltischen Landeswehr‹ gegen die Rote Armee und nahm an einem Putsch gegen die lettische Regierung teil; 1921-24 Studium der Volkswirtschaftslehre in Königsberg, Graz und Breslau; 1924 ging er ans Breslauer Osteuropa-Institut und wechselte von dort 1926 nach Königsberg, wo er sich als Lokalredakteur der Königsberger Allgemeinen Zeitung betätigte; 1930 Assistent am Institut für Ostdeutsche Wirtschaft; Ende April 1933 Beitritt zur NSDAP, am 1. Oktober 1933 zur SA; Schulungsleiter im BDO; 1937 Habilitation mit einer Studie über *Die Ostseehäfen und der Ostseeverkehr*. S. verknüpfte als Ostforscher seit 1934 bevölkerungswissenschaftliche Studien mit rassistischen Expertisen zur ›Judenfrage‹ (*Das Judentum im osteuropäischen Raum, 1938*); er plädierte im März 1941 für eine »Gesamtlösung der Judenfrage« als einer ökonomischen Maßnahme gegen die ›Übervölkerung‹ des eroberten Ostmitteleuropas (zit. n. Haar); 1941 ao. Prof., 1943 o. Prof. für Volkswirtschaft an der U Greifswald; im Sommer 1941 Kriegsoberverwaltungsrat der Wirtschaftsinspektion Ukraine; kritisierte die Massenerschießungen in Rowno und Kameniez-Podolsk aus strikt ökonomischer Perspektive, ohne seine Forderung aufzugeben, dass Europa langfristig ›judenfrei‹ werden müsse. S. arbeitete nach 1945 in der BRD für die Organisation Gehlen und setzte sich für eine Reorganisation der Ostforschung ein; in den 1950er-Jahren erhielt er u.a. verschiedene Lehraufträge an der U München und an der Phil.-Theol. Hochschule Bamberg. S. publizierte u.a. über die Situation der Vertriebenen und verfasste eine *Deutsche Wirtschafts- und Sozialgeschichte – von der Frühzeit bis zum Ausbruch des Zweiten Weltkrieges (1962)*.[81]

Steinacker, Harold (1875-1965)
Historiker; deutsche Volksgeschichte; Geschichte des Südostdeutschtums; Studium der Geschichte und 1898 Promotion zum Dr. phil. in Wien, 1897-99 Mitglied des IÖG; 1905 Habilitation U Wien; 1909 ao. Prof. U Innsbruck; 1917 oö. Prof. Deutsche U Prag, Innsbruck 1918; im Jahr 1934 vorübergehend Mitglied der illegalen NSDAP in Österreich; 1938-42 Rektor der U Innsbruck. S. vertrat einen völkischen Geschichtsbegriff (u.a. *Die volksdeutsche Geschichtsauffassung und das neue deutsche Geschichtsbild, 1937*; Aufsatzsammlung *Volk und Geschichte, 1943)*; er forderte einen die Naturwissenschaften integrierenden Ansatz der Geschichtswissenschaft und verknüpfte damit die Zielsetzung, die historische Erforschung des ›Volkskörpers‹ um rassenkundliche und erbbiologische Fragestellungen zu erweitern. S. setzte sich als prononcierter Vertreter einer ›gesamtdeutschen‹ Geschichtsauffassung bereits vor dem ›Anschluss‹ Österreichs an das Deutsche Reich (1938) aktiv für den Nationalsozialismus ein; im ›Dritten Reich‹ spiegelte sich seine öffentlichkeitswirksame Stellung in zahlreichen Ämtern und Funktionen: so z.B. 1938 Ehrenvorsitz der Sippenkundlichen Arbeitstagung innerhalb der Jahresversammlung des DAI; Mitgliedschaft im Beirat des Reichsin-

81 Petersen, Bevölkerungsökonomie, bes. 341-357; Haar, Historiker, 251, 310, 351f.

stituts für die Geschichte des neuen Deutschland; 1944 Vorlesungen bei den Front-Hochschulwochen in Venedig über »Grundkräfte und Entwicklungsstufen der deutschen Volkwerdung« und »Rasse als historischer Faktor«. Sein nationalsozialistisches Engagement führte 1945 zu S.s Entlassung aus dem Hochschuldienst; 1948 Registrierung als Minderbelasteter und sukzessive Rehabilitierung als Wissenschaftler, u.a. 1964 durch Ernennung zum Ehrenmitglied der Österreichischen Akademie der Wissenschaften. S. wurde 1958 Vorsitzender der Südostdeutschen Historischen Kommission; seine weiterhin völkisch geprägte Geschichtsauffassung wurde z.B. in seinen geschichtsphilosophischen Ausführungen *Von Sinn und Wesen der Geschichte (Epilog zu Historia Mundi, 1961)* erkennbar, in denen er u.a. im Phänomen der globalen ›Überbevölkerung‹ Anzeichen für kulturelle Verfallserscheinungen zu erkennen glaubte.[82]

Steinbach, Franz (1895-1964)
Historiker; westdeutsche Volksforschung; Agrargeschichte; bäuerliche Rechts- und Sozialordnung; 1918-22 Studium der Geschichte, Germanistik, Geographie und Wirtschaftswissenschaften an der U Bonn; Promotion bei ↪ H. Aubin mit einer Dissertation über »Vererbung und Mobilisierung des ländlichen Grundbesitzes im bergischen Hügelland«; seit 1921 Assistent am Institut für geschichtliche Landeskunde der Rheinlande an der U Bonn; 1925 Habilitation mit *Studien zur westdeutschen Stammes- und Volksgeschichte (1926; 2. Aufl 1962)*; 1926-61 Leitung des Instituts für geschichtliche Landeskunde der Rheinlande in Bonn; 1928 ao. Prof.; S. trat 1934 dem NS-Lehrerbund und 1937 dem NS-Dozentenbund bei, nicht aber der NSDAP; 1941-45 Kriegsdienst in Norwegen; 1946 Wiederzulassung als Hochschuldozent; 1949 Ernennung zum o. Prof. für Rheinische Geschichte und allgemeine Wirtschaftsgeschichte an der U Bonn; 1950-60 Prof. für Sozial- und Wirtschaftsgeschichte ebendort, 1960 Emeritierung. S. stellte sein volksgeschichtliches Expertenwissen, das germanische Kultureinflüsse bei den westlichen Nachbarn Deutschlands aufzeigen wollte, »bereitwillig zur Legitimierung der nationalsozialistischen Expansionspolitik im Westen« (Tiedau) zur Verfügung. Nach 1945 wandte er sich von der deutschen Westforschung ab und widmete sich nunmehr der Wirtschafts-, Sozial- und Verfassungsgeschichte.[83]

Straka, Manfred (1911-1990)
Gymnasiallehrer, Historiker und Geograph; Nationalitätenfragen und Bevölkerungsgeschichte der Steiermark; Historische Kartographie; S. stammte aus einer altösterreichischen Offiziers- und Beamtenfamilie; er kam 1918 nach Graz, wo er ›Wandervogel‹ wurde und zur evangelischen Jugendbewegung ›Die Kreuzfahrer‹

82 Schader, Harold Steinacker; Spreitzer, Harold Steinacker.

83 Vom Bruch/Müller, Historiker-Lexikon, Steinbach, F., 318; Freund, Volk, bes.111-118; 151 f.; Ulrich Tiedau, Franz Steinbach, in: Haar/Fahlbusch (Hg.), Handbuch, 661-666; 665 (wörtl. Zit.).

stieß; Studium der Geschichte und Geographie an der U Graz, wo er 1933 mit einer verkehrsgeographischen Arbeit über Kärnten zum Dr. phil. promovierte; Aktivist des Deutschen Schulvereins Südmark mit Schwerpunkt Untersteiermark; Mitarbeiter der AFG; seit 1938 Mitarbeiter des Südostdeutschen Instituts in Graz, das Planungen und Expertisen für die Eroberung der Untersteiermark bereitstellte; Habilitation mit einer Studie über *Die volkliche Gliederung Südslawiens* (1943); 1941 Direktor des Tegethoff-Gymnasiums in Marburg; meldete sich 1942 freiwillig zur Wehrmacht; 1943-47 in französischer Kriegsgefangenenschaft; 1949 Bauhilfsarbeiter in Graz, 1951 Hauptschullehrer, 1956 Lehrer an einer Höheren Bundeslehranstalt für Frauenberufe; veröffentlichte zahlreiche Studien zur steirischen Bevölkerungsgeschichte (*u. a. Die Bevölkerungsgeschichte im Raume von Groß-Graz, 1957; Beiträge zur Bevölkerungs- und Sozialgeschichte der Steiermark im 18. Jahrhundert, 1964);* publizierte ferner in den deutschvölkischen *Eckartschriften* (u. a. *Deutsche in aller Welt, 1961*); 1971 Leiter der Geschäftsstelle der Historischen Landeskommission des Landes Steiermark; redigierte im Auftrag der Föderalistischen Union europäischer Volksgruppen das *Handbuch der europäischen Volksgruppen (1970)*; 1980 Honorarprofessor an der U Graz.[84]

Tille, Armin (1870-1941)

Archivar, Bibliothekar und Historiker (Genealoge); Studium der Philosophie, germanischen Philologie, Volkswirtschaft und Geschichte in Leipzig; Promotion 1894 und anschließend Ausbildung zum Archivar; 1907-13 Landtagsbibliothekar in Dresden, anschließend Leiter des Staatsarchivs für Sachsen-Weimar-Eisenach; 1926-34 Direktor der Thüringischen Staatsarchive; 1904 einer der Gründer der Zentralstelle für deutsche Personen- und Familiengeschichte in Leipzig; vertrat zunehmend sozialdarwinistische, antiindividualistische und antifeministische Positionen und bemühte sich in den 1930er-Jahren um die Transformation der Genealogie in eine ›Volkskörperforschung‹; begrüßte als Direktor des Thüringischen Staatsarchivs im Mai 1933 Pläne zur ›Unfruchtbarmachung Minderwertiger‹ und veröffentlichte pamphletartige Schriften wie *Blut und Boden als Grundlagen der Volksgemeinschaft (1933)* oder *Judenaustreibung war nicht billig (1936).*[85]

Weinelt, Herbert (1910-1943)

Germanist; Volkskundler; Siedlungshistoriker; ›Umvolkungen‹ in der böhmisch-mährischen und slowakischen Volksgeschichte; 1929-34 Studium der Germanistik, Geschichte, Anglistik, Geographie und Volkskunde an der Deutschen Karls-Universität Prag. 1939 Habilitation in Prag mit einer Studie über *Die mittelalterliche Kanzleisprache in der Slowakei*; W. trat 1929 dem Nationalsozialis-

84 Promitzer, Täterwissenschaft, hier bes. 98-100; Gerhard Pferschy, Nachruf Manfred Straka, in: Zeitschrift des Historischen Vereines für Steiermark 81 (1990), 303-306.

85 Bernhard Post, Armin Tille (1870-1941), in: Thüringer Archivarverband (Hg.), Lebensbilder Thüringer Archivare, Rudolstadt 2001, 242-255; Ehmer, »Historische Bevölkerungsstatistik«, 26.

tischen Deutschen Studentenbund (NSDStB) und der Deutschen National-Sozialistischen Arbeiterpartei (DNSAP) bei und wurde 1933 in der CSR verhaftet. 1935 wurde er zunächst in die Sudetendeutsche Heimatfront und am 1. November 1938 in die NSDAP aufgenommen. 1940 Dozent an der Philosophischen Fakultät der U Königsberg. Im Oktober 1939 stieg W. zum SS-Untersturmführer auf. Er starb im Februar 1943 »bei den Kämpfen im Raum von Charkow« (Beyer).[86]

Wentscher, Erich (1892-1953)
Archivar, Bibliothekar und Genealoge; Dr. jur.; Familien-(Sippen-)forschung; Archivar am Domstift in Naumburg a. d. Saale und Stadtarchivar in Meisenheim a. G.; 1928-44 leitender Redakteur des *Archivs für Sippenforschung*, das im Verlag für Sippenforschung und Wappenkunde in Görlitz erschien; 1935 stellvertretender Vorsitzender des Volksbunds der deutschen sippenkundlichen Vereine; W. veröffentlichte *Einführung in die praktische Genealogie (1933; ²1936; ³1939; 4. Aufl. umgearb. u. erg. von ↪ H. Mitgau)*; 1952-53 Schriftleiter des *Mitteilungsblatts Familie und Volk – Zeitschrift für Genealogie und Bevölkerungskunde*.[87]

Wittram, Reinhard (1902-1973)
Historiker; baltische und russische Geschichte, Nationalitätenprobleme im 19. und 20. Jahrhundert; 1920-1925 Studium der Geschichte, Geographie und Religionsgeschichte in Riga, Jena und Tübingen, wo er 1925 zum Dr. phil. promovierte; 1928 Habilitation an der Herder-Hochschule in Riga, dort zunächst ao. Prof. (1935) und seit 1938 o. Prof.; 1941-45 o. Prof. an der RU Posen; SS-Hauptsturmführer; 1955 o. Prof. für Osteuropäische Geschichte U Göttingen; W. propagierte *Die Wendung zur Volksgeschichte* (Vortrag, 1936) und arbeitete als führender Vertreter der baltendeutschen Historiker an der NOFG mit; W. distanzierte sich in den 1960er-Jahren aus christlicher Sicht von seinem eigenen Verhalten im ›Dritten Reich‹, wodurch er sich von anderen deutschen Volkshistorikern merklich unterschied.[88]

Woehlkens, Erich (1909-1987)
Historiker; Archivar; Studium der Mathematik, Physik und Chemie. Seit 1936 Studienreferendar in der niedersächsischen Stadt Uelzen, betätigte er sich dort seit 1937 als Heimat- und Familienforscher. 1951 bis 1953 erhielt er einen Auftrag vom Niedersächsischen Amt für Landesplanung und Statistik, die Geschichte

86 Beyer, Hans Joachim: H. Weinelt †, in: HZ 168 (1943), 674 (wörtl. Zit.); BArch Berlin, Bestand R 4901 Reichsministerium für Wissenschaft, Erziehung und Volksbildung, Herbert Weinelt, sowie BArch (ehem. BDC), NSDAP Zentralkartei, Mitgliedskarte H. Weinelt.

87 Hermann Mitgau, Dr. Erich Wentscher sechzig Jahre alt, in: Familie und Volk 1 (1952), 73 f.; ders., Dr. Erich Wentscher †, in: Familie und Volk 2 (1953), 264.

88 Bernhard Laxy, Wittram, Reinhard, in: Biographisch-bibliographisches Kirchenlexikon 25 (2005), Sp. 1529-1543; vgl. auch Berg, Der Holocaust, 233-241.

der Pest und Ruhr in Uelzen anhand von Trauregistern zu untersuchen; Promotion an der U Göttingen mit einer Studie über *Pest und Ruhr im 16. und 17. Jahrhundert. Grundlagen einer statistisch-topographischen Beschreibung der großen Seuchen, insbesondere in der Stadt Uelzen (1954)*; seit 1972 Stadtarchivar von Uelzen.[89]

Wopfner, Hermann (1876-1964)
Historiker und Volkskundler; bäuerliche Wirtschafts- und Siedlungsgeschichte, Tiroler Volkskunde; seit 1896 Studium der Geschichte in Innsbruck, Leipzig und Wien; 1900 Promotion zum Dr. phil.; Archivar im Innsbrucker Statthaltereiarchiv, daneben Studium der Rechtswissenschaften und 1909 Promotion zum Dr. iur. in Tübingen; 1904 Habilitation im Fach Wirtschaftsgeschichte an der U Innsbruck mit *Beiträgen zur Geschichte der freien bäuerlichen Erbleihe Deutschtirols im Mittelalter (1903)*; 1909-14 ao. Prof. für Österreichische Geschichte, 1914-41 o. Prof. für Österreichische Geschichte und Wirtschaftsgeschichte an der U Innsbruck; Leiter des von ihm 1923 an der Innsbrucker Universität begründeten Instituts für geschichtliche Siedlungs- und Heimatkunde der Alpenländer; W. war nach 1918 einer der Protagonisten der deutschen Heimatforschung in Tirol, die Italiens Anspruch auf Südtirol publizistisch widerlegen sollte (z. B. *Deutsche Siedlungsarbeit in Südtirol. Eine volkskundliche Studie, 1926*); W. verknüpfte das systematische Erwandern des Landes (nach dem Vorbild W. H. Riehls) mit ausgedehnten archivalischen Studien; er stand mit seinem ›volkskundlichen‹ Ansatz zwar der ›Volksgeschichte‹ nahe, im Unterschied zu seinem Mitarbeiter und späteren Kollegen ↪ A. Helbok vertrat er aber keine dezidierte Rassenideologie; W. stellte sich, motiviert durch seine national-konservative Idealisierung des Tiroler Freiheitsgedankens, gegen den autoritären Kurs des Dollfuß-Schuschnigg-Regimes in Österreich; W. fasste seine Lebensarbeit im *Bergbauernbuch (1951-60) (unveränd. Neudr. 1995)* zusammen (Bd. 1: *Siedlungs- und Bevölkerungsgeschichte*; Bd. 2: *Bäuerliche Kultur und Gemeinwesen*; Bd. 3: *Wirtschaftliches Leben*), ohne seine wissenschaftlichen Auffassungen wesentlich zu ändern.[90]

Wülker, Heinz (†1943)
Agrarsoziologe; Dr. rer. nat. habil.; W. war Mitarbeiter des Arbeitskreises VII/13 der Reichsarbeitsgemeinschaft Agrarpolitik und Betriebslehre beim Forschungsdienst, der zur Reichsarbeitsgemeinschaft der Landbauwissenschaft gehörte. W.s Habilitationsschrift *Bevölkerungsbiologie der Dörfer Hainholz, Vahrenwalde und List (Hannover) (1941)* untersuchte die Verstädterung von drei Bauerndörfern bei Hannover von 1740-1891; W. starb als Soldat im Zweiten Weltkrieg.[91]

89 Verein deutscher Archivare (Hg.), Verzeichnis, 242; Röver (Hg.), Uelzener Beiträge, Vorwort.

90 Fellner/Corradini, Österreichische Geschichtswissenschaft, 664; Meixner/Siegl, Erwanderte Heimat, 228-239.

91 Weiss/Münchow, Ortsfamilienbücher, 97-104.

Wutte, Martin (1876-1948)
Gymnasiallehrer und Landesarchivar; Geschichte Kärntens, Grenz- und Minderheitenfragen in Kärnten/Slowenien; 1896-1901 Studium der Geschichte in Graz; bis 1922 Gymnasiallehrer; 1913-39 Schriftleiter der landeskundlichen Zeitschrift *Carinthia*; 1919 Sachverständiger für Kärnten der deutschösterreichischen Delegation bei den Friedensverhandlungen von Saint-Germain-en-Laye; beteiligte sich an den Vorbereitungen zur ›Kärntner Volksabstimmung‹ (1920); 1922-39 Direktor des Landesarchivs in Klagenfurt; im Oktober 1942 Beitritt zur NSDAP. Als einer der führenden Aktivisten des deutschvölkisch geprägten Minderheitendiskurses in Kärnten plante W., die Kärntner Bevölkerung mit Hilfe der historischen Statistik als ethnisch möglichst homogen darzustellen. Er entwarf hierfür ein Konzept, das die slowenische Bevölkerung in Kärnten in eine Mehrheit aus deutschfreundlichen ›Windischen‹ und eine verschwindende Minorität Laibach-höriger ›Nationalslowenen‹ aufspaltete (u. a. *Deutsch-Windisch-Slowenisch. Zum 7. Jahrestag der Kärntner Volksabstimmung, 1927*; *Die Bevölkerungsbewegung in Kärnten 1880-1934, 1938*). Dieses wissenschaftliche Konzept fügte sich 1938-45 nahtlos in die nationalsozialistische Volkstumspolitik in Kärnten und Slowenien ein.[92]

92 Fellner/Corradini, Österreichische Geschichtswissenschaft, 465 f.; Rolf Wörsdörfer, Ethnisch-nationale Differenzierung in den Ostalpen: ›Deutsch-Windisch-Slowenisch‹ (1920-1991), in: Michael G. Müller/Rolf Petri (Hg.), Die Nationalisierung von Grenzen. Zur Konstruktion nationaler Identität in sprachlich gemischten Grenzregionen, Marburg 2002, 137-160; Wedekind, The Sword of Science, 119 f.

Quellen- und Literaturverzeichnis

1. Ungedruckte Quellen

Berlin

Bundesarchiv Berlin (BArch Berlin)

Ehem. BDC, NSDAP-Personalfragebogen, K. Scharlau an das RuS-Hauptamt SS, 21.8.1940; NSDAP-Gaukartei, E. Keyser; W. Kuhn; NSDAP-Parteikorrespondenz, Veränderungsmeldung (zu H. Mauersberg), 18.8.1944; NSDAP Zentralkartei, Mitgliedskarte H. Weinelt.

Einwandererzentralstelle Gotenhafen, div. Dokumente zum Einbürgerungsantrag Dr. Max Aschkewitz v. 27.10.1939.

R 1509/1063, Geheimes Staatspolizeiamt (Dr. W. Best) an den Reichs- und Preußischen Minister des Innern, 19.9.1935; Dr. Lorenz an den Reichs- und Preußischen Minister des Innern, 6.6.1936; Reichs- und Preußischer Minister des Innern an Geheimes Staatspolizeiamt, 1.4.1937.

R 4901/13267, Hochschullehrerkartei, K. Kasiske; H. Weinelt.

Politisches Archiv Auswärtiges Amt Berlin (PA AA)

Kult VI A, 2-FOG Bd. 2, versch. Berichte, Protokoll der 1. Tagung der »Südostdeutschen Forschungsgemeinschaft« in der Slowakei vom 24.-27. September 1932.

Bochum

Archiv der Ruhr-Universität Bochum (ARUB)

NL Prof. Dr. Wolfgang Köllmann, Nr. 2, Köllmann an den Rektor der RUB, Prof. K. Biedenkopf, vom 24.1.1969; Köllmann an Prof. Dr. Grimm, Dekanat der Abteilung für Geschichtswissenschaft, 19.11.1968; Nr. 19-27, Köllmann an Conze vom 28.9.1959; Nr. 20-25, Köllmann an Elisabeth Pfeil, 22.12.1959; Nr. 23, Gründungsausschuss der Universität Bochum, An den Kultusminister des Landes NRW (undat.), Vorschlag für die Besetzung des ersten Lehrstuhls für Sozial- und Wirtschaftsgeschichte; Nr. 26-27, Eversley an Köllmann, 16.7.1962; Köllmann [vermutl.] an Conze, 26.2.1963; Nr. 28, Köllmann an H. Harmsen, 28.12.1964; Köllmann an D. Landes, 8.4.1965; Köllmann an O. Brunner vom 17.4.1978; Nr. 31, Köllmann an Conze, 9.11.1977; Bade an Köllmann, 28.6.1979; Nr. 62, »Nichtöffentliche Anhörung zu dem Entwurf eines Berichts über die Bevölkerungsentwicklung in der Bundesrepublik Deutschland am 19. und 20. November 1979 in Bonn«, Protokoll [masch.].

Universitätsverwaltung 05,11, Berufungsvereinbarung mit Prof. Dr. W. Köllmann.

Hamburg

Staatsarchiv Hamburg (StAH)

Entnazifizierungsakt W. Kuhn, Fragebogen.

Bestand Schulbehörde Hamburg, Hochschulabteilung, Akte 14.00-2b, Akademie für Bevölkerungswissenschaft in Hamburg, 10.11.1952.

Koblenz

Bundesarchiv Koblenz (BArch Koblenz)

R 73/10005, Abel, W., A. Spiethoff an die DFG, 28.10.1935.

R 73/11525, G. Ipsen an die DFG, Gutachten über die Arbeit Dr. Haufes, 15.4.1939.

R 73/12566, »Durchführung anthropologisch-rassenkundlicher Erhebungen im Gebiet der Freien Stadt Danzig«, E. Keyser an die DFG v. 17.6.1936; E. Keyser an die DFG v. 24.7.1936; DFG an das Landesfinanzamt Berlin v. 4.8.1936; »Vorschläge für die Durchführung anthropologisch-rassenkundlicher Erhebungen im Gebiet der Freien Stadt Danzig«, G. Zimmermann.

R 73/13543, Paul, G., DFG an Paul, 10.7.1937; Personalfragebogen Dr. Paul ebd., dat. 21.10.1935.

R 73/14867, Städtegeschichte, Keyser E., Dr. Jeserich an den Herrn Reichs- und Preußischen Minister des Innern, 9.12.1935.

R 73/15341, Otmar von Verschuer, Antrag um Gewährung einer Beihilfe für eine erbbiologische Bestandsaufnahme der Bevölkerung in der Schwalm, 20.2.1936.

Leipzig

Universitätsarchiv Leipzig (UAL)

Phil. Fak. B2/22-28, Nachfolge A. Helbok (1941), Gutachten Heimpel, undat.; Gutachten Helbok, 22.5.1941; Protokoll der Niederschrift der Kommissionssitzung vom 25.6.1941.

Phil. Fak. Prom. 974, Bl. 9 (Gutachten Diss. F. v. Schroeder).

PA 561, A. Helbok an den Leiter des Sächsischen Ministeriums für Volksbildung, 8.2.1940.

PA 2639 Johannes Hohlfeld, Politische Reden in der Deutschen Staatspartei: u. a. Für Hindenburg – gegen Hitler, 4.4.1932 in Pegau; Die Staatspartei – der letzte Hort des freiheitlichen Bürgertums, 28.7.1932 in Waldheim; Letzter Appell, 27.2.1933 in Zwenkau. BArch, R 1509, Nr. 1063; Der Dekan der Philosophischen Fakultät der Universität Leipzig an die Landesverwaltung Sachsen, 13.9.1945; Johannes Hohlfeld, Lebenslauf (undat., nach 1945).

Marburg

J. G. Herder-Institut Marburg, Dokumentesammlung (DSHI)

Nachlass Prof. Dr. Erich Keyser (100 Keyser):

2, E. Keyser, Mein Werden und Wirken, Alveslohe, Mai 1945 [ungedr. Mskr.] [54 S.].

10, Nord-Ost-Forscher, 1941-50, Blendinger an Keyser, 20.1.1956; 3.6.1957.

11, R. Urban, »Prof. Dr. Walter Maas im Dienste der polnischen Auslandspropaganda«, ungedr. Mskr., 2.2.1961; Keyser an F. Wenzel, 24.2.1961.

23, Briefwechsel 1950-60, Lebenslauf E. Keyser; Keyser an Harmsen, 5.3.1953; 2.6.1953; Harmsen an Keyser, 9.6.1953.

74, Denkschrift E. Keyser, Die gegenwärtigen Aufgaben der Bevölkerungswissenschaft in Deutschland, ungedr. Mskr. [undat., um 1952]; Entwurf zur Begründung einer Deutschen Gesellschaft für Bevölkerungswissenschaft e. V. [undat., um 1952]; Gründung der deutschen Gruppe der Internationalen Union für Bevölkerungsfragen in Kassel am 19.7.1952, Protokoll; DGBW, erste ord. Mitgliederversammlung, 8.10.1953, Protokoll; Sitzung des vorläufigen Vorstands der DGBW in Hannover am 3.11.1952, Protokoll; Keyser an Harmsen, 11.11.1952;

Harmsen an die Mitglieder des DGBW-Vorstands, 6.12.1952; Harmsen an Keyser, 6.12.1952; 13.2.1953; Keyser an Harmsen, 7.6.1953; DGBW, Gründungsprotokoll; DGBW, erste ord. Mitgliederversammlung, 8.10.1953, Gunzert an K. V. Müller, 7.4.1954; DABW, Niederschrift über die ordentliche Akademiesitzung am 8.10.1953 in Mainz, Interne Mitteilung Nr. 3, Oktober 1953. Keyser an Harmsen, 4.5.1954; DGBW, »Marburger Thesen«, Rundschreiben an die Mitglieder des Vorstands, 11.5.1954, Protokoll; DGBW, ordentliche Mitgliederversammlung vom 19.10.1954, Protokoll; Niederschrift über die Vorstandssitzung, 2.3.1956; Harmsen an von Verschuer, 3.6.1957.

75, H. Harmsen an H. Muckermann, 25.3.1955, Durchschlag an Keyser; 1. Sitzung des Forschungsausschusses »Historische Raumforschung«, 6./7.10.1955 in Marburg, Protokoll; Protokoll der Vorstandssitzung der DGBW, 2.3.1956; 3. Sitzung des Forschungsausschusses »Historische Raumforschung«, 20./21.6.1957 in Büdingen/Oberhessen, Protokoll; Sitzung des Unterausschusses Bevölkerungsgeschichte im Forschungsausschuss »Historische Raumforschung« der ARL, 22.10.1957, Protokoll; Keyser an Harmsen, 8.11.1957; Harmsen an Keyser, 1.7.1958; Konventstagung der DABW, 1.11.1958, Niederschrift; Keyser an Harmsen, 8.11.1957; DABW, Bemerkungen von Prof. Keyser zu den Vorträgen und zur Aussprache; DABW, Interne Mitteilung Nr. 15 (1958).

76, Interne Mitteilung Nr. 20 (1958); Keyser an Harmsen, 23.5.1960; DABW, Mitteilungen für die Mitglieder und Freunde der Gesellschaft, 23. Folge (1961).

77, Einladung zur Mitgliederversammlung, 26.9.1962.

78, Keyser an I. Schwidetzky, 30.11.1954; Mühlmann an Keyser, 25.10.1955; Keyser an Miroglio, 20.2.1956; Miroglio an Keyser, 24.2.1956.

79, Keyser an Franz, 27.5.1960; 20.2.1963; Keyser an Eversley, 19.2.1962; Aubin an Keyser, 24.9.1960.

81, DABW, Verzeichnis der Ordentlichen Mitglieder der ARL, Stand Juni 1957; DABW, Korrespondenz Keyser-Harmsen, Mitgliederverzeichnis der DGBW, Stand um 1953; Brüning an Keyser, 4.8.1958; Sitzung des Arbeitskreises »Historische Raumforschung« der ARL, 28./29.5.1959, Eberbach, Protokoll.

119, E. Keyser, Raumgeschichte Deutschlands, Bll. 1-217 [undat. Typoskript, nach 1950].

169, Bevölkerungsgeschichte Westpreußens 1920-39/45.

Aschkewitz 3, »Eidesstattliche Erklärung« [o. J., um 1945].

Westpreußen 31 (II A 27), E. Keyser/Max Aschkewitz: Die Volksgruppen im Reichsgau Danzig-Westpreußen und ihre Veränderung in den Jahren 1910-1940, Herder-Institut Marburg, Bl. 1-286 [o. J.].

Münster

Universitätsarchiv Münster (UAM)

10/3597, Der Dekan der Philosoph. und Naturwiss. Fakultät, Antrag auf Ernennung des Dozenten Dr. v. Klocke zum apl. Professor, 2.12.1941; Einreihungsbescheid F. v. Klocke, 16.10.1947; Dekanat der Philosophischen Fakultät der Universität Münster, 20.7.1949; Der Kurator der Universität Münster, 21.12.1949; Rechtsanwalt Jöstingmeier an Kultusminister Schütz, 25.9.1954; [vermutl.] Dekan der Philosophischen Fakultät der Universität Münster an den Kultusminister, 20.11.1954; Berufungsschreiben von Klocke.

10/3597; Bestand 63/3, Bd. 1, Bestand 186/23; Personalbogen Dr. F. von Klocke, Bescheid des Universitätskurators der Universität Münster, 4.12.1949; Einreihungsbescheid der Militärregierung Deutschland vom 24.2.1948, Vorlesungen F. v. Klocke.

10/12569, Rechts- und Staatswissenschaftliche Fakultät der Universität Münster an den Kurator der Universität, 28.6.1952.

63/3, Bd. 1, Historisches Seminar der Universität Münster an den Dekan der Philosophischen und Naturwissenschaftlichen Fakultät der Universität zu Münster, 8.3.1937; von Klocke an Prof. Dr. E. Lehnartz, 31.7.1948; Bestand 63/3, Bd. 2, Friedrich v. Klocke, Bemerkungen zur Habilitationsschrift, 4.11.1941.

186/1, Notiz v. Klocke, 8.10.1931; Nr. 7b, Erster Entwurf zu einer Vorlesung »Deutsche Bevölkerungsgeschichte im Grundriß« (gelesen WS 1931/32); Nr. 7b, Vorlesungsmanuskript »Deutsche Bevölkerungs- und Siedlungsgeschichte« (gelesen WS 1933/34); 18, Vorlesungsmanuskript »Allgemeine deutsche Volksgeschichte (Volk und Reich, Raum und Grenzen)«.

Bibl. Sig. UMS26, Universität Münster i. W. (Hg.), Vorlesungsverzeichnis, WS 1933/34; WS 1934/35; Universität Münster i. W. (Hg.), Personal- und Vorlesungsverzeichnis, SS 1936, 95.

Stuttgart-Hohenheim

Universitätsarchiv Stuttgart-Hohenheim (UAStH)

N6-NL Günther Franz, 0/1/5 Personalunterlagen für die Professur in Straßburg 1940-1944, Anrich an Franz, 9.11.1940; 3.12.1940.

Universitätsbibliothek Stuttgart-Hohenheim (UBStH)

Franz, Günther: Mein Leben, Stuttgart-Hohenheim 1982 [ungedr. Mskr.].

Toronto

University of Toronto Archives (UTA)

B1979-0018/005cC15, K. F. Helleiner, Curriculum Vitae.

Washington, D. C.

National Archives and Records Administration, Washington, D. C. (NARA)

CIA Name files (Reference Copies) 1923-1999, Box 30, Wilfried Krallert.

Wiesbaden

Statistisches Bundesamt, Archiv (StBA)

Deutsche Akademie für Bevölkerungswissenschaft (DABW), Gründungssitzung, 23.2.1953, Protokoll.

Mitteilungen an den Verfasser

Archiv der Stadt Augsburg, 1.8.2005.
J. G. Herder-Institut, Dr. Peter Wörster, 19.7.2002.
Prof. Dr. Arthur E. Imhof, 17.10.2010; Curriculum Vitae Arthur E.(rwin) Imhof, dat. 23.12.1994.
Dr. Jürgen Schneider, 31.8.2004.
Thüringisches Hauptstaatsarchiv Weimar, 20.8.2008.
Universitätsarchiv der Humboldt-Universität Berlin, 10.11.2011.
Universitätsarchiv Münster, 24.11.2005.

2. Gedruckte Quellen[1]

Festschriften, Nachrufe und Würdigungen

Baethgen, Friedrich: Karl Kasiske zum Gedächtnis, in: Karl Kasiske, Beiträge zur Bevölkerungsgeschichte Pommerellens im Mittelalter, Königsberg 1942, I-VII.

Bahr, Ernst (Hg.): Studien zur Geschichte des Preußenlandes. Festschrift für Erich Keyser zu seinem 70. Geburtstag, Marburg 1963.

Bahr, Ernst: Nachruf auf Erich Keyser, in: ZfO 17 (1968), 288-291.

Beyer, Hans Joachim: H. Weinelt †, in: HZ 168 (1943), 674.

Brunner, Otto: Hermann Aubin, in: VSWG 56 (1969), 433-437.

Carpenter, Kenneth E./Alfred D. Chandler, Jr.: Fritz Redlich: Scholar and Friend, in: JEH 39 (1979), 1003-1007.

Dietz, Burkhard/Jürgen Reulecke/Jürgen Stohlmann: Wolfgang Köllmann (1925-1997), in: Zeitschrift des Bergischen Geschichtsvereins 97 (1995/96) [gedr. 1997], I-XIV.

Festgabe zum 65. Geburtstag von Professor Dr. Wolfgang Köllmann, Wuppertal 1990 (= Mitteilungen des Stadtarchivs, des Historischen Zentrums und des Bergischen Geschichtsvereins; 15).

Fischer, Wolfram: Wolfgang Köllmann (1925-1997), in: VSWG 85 (1998), 153-155.

Fliri, Franz (Hg.): Festschrift für Hans Kinzl zum siebzigsten Geburtstag, Innsbruck 1968.

Früherer Leiter des Stadtarchivs tot, in: Augsburger Allgemeine, 29.11.1995, Nr. 275.

Göring, Heinz: Karl Kasiske zum Gedächtnis, in: Altpreußische Forschungen 19 (1942), 98-104.

Graßmann, Antjekathrin: Philippe Dollinger (1904-1999), in: Hansische Geschichtsblätter 119 (2001), 1-3.

Gutkas, Karl: Karl Helleiner †, in: MIÖG 92 (1984), 525-527.

Hein, Max: Karl Kasiske †, in: Jomsburg 5 (1941), 425-427.

Husa, Karl/Christian Vielhaber/Helmut Wohlschlägl (Hg.): Ernest Troger – 60 Jahre, in: dies. (Hg.), Beiträge zur Bevölkerungsforschung. Festschrift Ernest Troger zum 60. Geburtstag, Bd. 1, Wien 1986, 9-14.

Jaffe, A.[bram] J.: E. M. Kulischer (1881-1956), in: Milbank Memorial Fund Quarterly 40 (1962), 187-206.

Jarck, Horst-Rüdiger: Theodor Penners zum 80. Geburtstag, in: Osnabrücker Mitteilungen des Vereins für Geschichte und Landeskunde von Osnabrück, H. 97 (1992), 11-16.

Karasek-Langer, Alfred: Walter Kuhn zum 65. Geburtstag. Ostdeutsche Siedlungsforschung zwischen gestern und morgen, in: Der Kulturwart 16 (1968), 1-21.

Karlheinz Blaschke vor 50 Jahren promoviert, in: Universität Leipzig, April 2001, 32. URL: https://service.uni-leipzig.de/cumulus-uni-journal/#1378114467743_10 (2.9.2013).

Kellenbenz, Hermann: Wilhelm Abel (1904-1985), in: VSWG 73 (1986), 297-300.

Kocka, Jürgen: Zum Tod von Fritz Redlich, in: GG 5 (1979), 167-171.

Kuczynski, Jürgen: Herbert Kisch als Wirtschaftshistoriker, in: JWG 2 (1984), 187-189.

1 Aus Platzgründen werden Sammelbände, die mehrere der herangezogenen Aufsätze beinhalten, in den bibliographischen Angaben zu diesen Beiträgen nur im Kurztitel genannt und an entsprechender Stelle der Bibliographie im Volltitel angeführt.

Mitgau, Hermann: Dr. Erich Wentscher sechzig Jahre alt, in: Familie und Volk 1 (1952), 73-74.
Mitgau, Hermann: Dr. Erich Wentscher †, in: Familie und Volk 2 (1953), 264.
Petzina, Dietmar/Jürgen Reulecke (Hg.): Bevölkerung, Wirtschaft, Gesellschaft seit der Industrialisierung. Festschrift für Wolfgang Köllmann zum 65. Geburtstag, Dortmund 1990.
Pferschy, Gerhard: Nachruf Manfred Straka, in: Zeitschrift des Historischen Vereines für Steiermark 81 (1990), 303-306.
Rauch, Georg von: Zur Erinnerung an Dr. Max Aschkewitz, in: ZfO 25 (1976), 661-662.
Richter, Arndt: Dr. Felix von Schröder 1912-2003. Gedenken und persönliche Erinnerungen, in: Familienforschung in Mitteldeutschland 45, H. 3 (2004), 305.
Röver, Fritz (Hg.): Uelzener Beiträge, Uelzen 1980 (= Veröffentlichungen des Museums- und Heimatvereins des Kreises Uelzen; H. 8) [= Festschrift für Erich Woehlkens].
Schieder, Theodor: Kleo Pleyer zum Gedächtnis, in: Jomsburg 6 (1942), 133-137.
Schier, Bruno: Prof. Dr. Walter Kuhn, Hamburg: zum 65. Geburtstag, in: Jahrbuch für Ostdeutsche Volkskunde 11 (1968), 174-178.
Schlesinger, Walter: Rudolf Kötzschke, in: ZfO 1 (1952), 274-278.
Schnyder, Werner: Hektor Ammann, in: Schweizerische Zeitschrift für Geschichte 17 (1967), 372-374.
Schulze, Hans K.: Karlheinz Blaschke zur Feier des siebzigsten Geburtstages, in: Uwe John/Josef Matzerath (Hg.), Landesgeschichte als Herausforderung und Programm. Karlheinz Blaschke zum 70. Geburtstag, Stuttgart 1997, 1-5.
Seidl, Franz: Hofrat Kanonikus Dr. Konrad Brandner †, in: Jahresbericht des Fürstbischöflichen Gymnasiums am Seckauer Diözesan-Knabenseminar Carolinum-Augustineum in Graz, Graz 1945, 5-6.
Spruth, Herbert: Friedrich von Klocke †, in: Familie und Volk 10 (1961), 326-327.
Troger, Ernest (Hg.): Beiträge zur geschichtlichen Landeskunde Tirols. Festschrift für Universitätsprofessor Dr. Franz Huter anläßlich der Vollendung des 60. Lebensjahres, Innsbruck 1959.
Troger, Ernest/Georg Zwanowetz (Hg.): Neue Beiträge zur geschichtlichen Landeskunde Tirols. Festschrift für Univ.-Prof. Dr. Franz Huter anläßlich der Vollendung des 70. Lebensjahres, Innsbruck 1969.
Walter G. Rödel [Nachruf], in: Rhein-Main-Presse, 5.6.2009.
Wunder, Heide: Walter Kuhn, in: Preußenland 21 (1983), 61.

Primärliteratur

Abel, Wilhelm: Agrarkrisen und Agrarkonjunktur in Mitteleuropa vom 13. bis zum 19. Jahrhundert, Berlin-Hamburg 1935, ²1966, ³1978 (japan. 1972, franz. 1973, ital. 1976, engl. 1980).
Abel, Wilhelm: Wachstumsschwankungen mitteleuropäischer Völker seit dem Mittelalter. Ein Beitrag zur Bevölkerungsgeschichte und -lehre, in: JbbNSt 142 (1935), 670-692.
Abel, Wilhelm: Die Wüstungen des ausgehenden Mittelalters. Ein Beitrag zur Siedlungs- und Agrargeschichte Deutschlands, Jena 1943 (²1955; ³1976).
Abel, Wilhelm: Agrarpolitik, 3., neu bearb. Aufl. Göttingen 1951.
Abel, Wilhelm: Geschichte der deutschen Landwirtschaft vom frühen Mittelalter bis zum 19. Jahrhundert, Stuttgart 1962 (= Deutsche Agrargeschichte; 2) (²1967; ³1978).

Albrecht, Edmund: Die Bevölkerungsbewegung einer mecklenburgischen Landgemeinde vom 17. bis zum 20. Jahrhundert. Eine bevölkerungsstatistische Untersuchung auf Grund der Kirchenbücher, in: ABB 10 (1940), 33-45.

Ammann, Hektor: Bespr. Hans Mauersberg, Wirtschafts- und Sozialgeschichte zentraleuropäischer Städte in neuerer Zeit, Göttingen 1960, in: HZ 194 (1962), 399-401.

Ammann, Hektor: Bespr. Mols, Introduction, in: HZ 194 (1962), 397-399.

Arnold, Hermann: Wer ist Zigeuner? In: Zeitschrift für Ethnologie 87 (1962), 115-134.

Arnold, Hermann: Die Zigeuner – Herkunft und Leben der Stämme im deutschen Sprachgebiet, Olten-Freiburg/Br. 1965.

Arnold, Hermann: Bevölkerungswissenschaft 1952-1995. Vom Niedergang einer politiknahen Disziplin, Landau 1996.

Aschkewitz, Max: Die Bevölkerung im südöstlichen Pommerellen vom 13.-18. Jahrhundert, in: Altpreußische Forschungen 19 (1942), 155-186.

Aschkewitz, Max: Geschichte des Dobriner Landes, in: DALV 7 (1943), 261-316.

Aschkewitz, Max: Die deutsche Siedlung in Westpreußen im 16., 17. und 18. Jahrhundert, in: ZfO 1 (1952), 553-567.

Aschkewitz, Max: Zur Frage der Umvolkung in Westpreußen im 19. und 20. Jahrhundert, in: Bahr (Hg.), Studien, 312-326.

Aschkewitz, Max: Zur Geschichte der Juden in Westpreußen, Marburg 1967 (= Wissenschaftliche Beiträge zur Geschichte und Landeskunde Ostmitteleuropas; 81).

Aubin, Hermann (Hg.): Geschichtlicher Handatlas der Rheinprovinz. Bearb. v. Josef Niessen, Köln-Bonn 1926.

Aubin, Hermann: Der Einbruch der Germanen und der Araber in die antike Welt, in: Résumés des communications présentées au congrès Varsovie 1933, Bd. I, Warsaw 1933, 95-97.

Aubin, Hermann: Die historisch-geographischen Grundlagen der deutsch-polnischen Beziehungen, in: Albert Brackmann (Hg.), Deutschland und Polen. Beiträge zu ihren geschichtlichen Beziehungen, München-Berlin 1933, 13-25.

Aubin, Hermann: Zur Erforschung der deutschen Ostbewegung, in: DALV 1 (1937), 37-70; 309-331; 562-602.

Aubin, Hermann: Zur Erforschung der deutschen Ostbewegung, in: Forschungen und Fortschritte 13 (1937), 246-247.

Aubin, Hermann: Von Raum und Grenzen des deutschen Volkes. Studien zur Volksgeschichte, Breslau 1938.

Aubin, Hermann: Das deutsche Städtebuch, in: VSWG 34 (1941), 324-335.

Aubin, Hermann/Otto Brunner/Wolfgang Kohte/Johannes Papritz (Hg.): Deutsche Ostforschung. Ergebnisse und Aufgaben seit dem ersten Weltkrieg, Bde. 1-2,1, Leipzig 1942.

Aubin, Hermann: Das Gesamtbild der mittelalterlichen deutschen Ostsiedlung, in: ders. et al. (Hg.), Deutsche Ostforschung, 331-361.

Aubin, Hermann: An einem neuen Anfang der Ostforschung, in: ZfO 1 (1952), 3-16 (Ndr. in: ders., Grundlagen und Perspektiven geschichtlicher Kulturraumforschung und Kulturmorphologie. Aufsätze zur vergleichenden Landes- und Volksgeschichte aus viereinhalb Jahrzehnten anläßlich der Vollendung des 80. Lebensjahres des Verfassers. Hg. v. Franz Petri, Bonn 1965, 60-71).

Aubin, Hermann: Gemeinsam Erstrebtes. Umrisse eines Rechenschaftsberichtes, in: Rheinische Vierteljahrsblätter 17 (1952), 305-331.

Aubin, Hermann: Zu den Schriften Erich Keysers, in: Bahr (Hg.), Studien, 1-11.

Baethgen, Friedrich: Der Weg des deutschen Volkes in den Osten, in: Das Auslandsdeutschtum des Ostens, Königsberg 1932, 11-36.

Der zweite Band des Vorarlberger Lesebuches und seine Beurteilung in der »Heimat«, in: Vorarlberger Volksblatt, 31.10.1925, 10.

Banniza von Bazan, Heinrich: Das deutsche Blut im deutschen Raum. Sippenkundliche Grundzüge des deutschen Bevölkerungswandels in der Neuzeit, Berlin 1937.

Bartholomäus, Georg: Die Bevölkerungsbewegung im Eisenacher Land seit dem 16. Jahrhundert. Eine bevölkerungsgeographische Untersuchung, Jena 1939 (= Zeitschrift des Vereins für Thüringische Geschichte und Altertumskunde; Bh. 20).

Bartholomäus, Georg: Das Eisenacher Land im 19. und 20. Jahrhundert. Versuch einer übersichtlichen Darstellung der Bevölkerungsentwicklung, in: ABB 9 (1939), 14-23.

Beck, Robert: Schwebendes Volkstum im Gesinnungswandel. Eine sozial-psychologische Untersuchung, Stuttgart 1938.

Beiträge zur Geschichte der Bevölkerung in Deutschland seit dem Anfange dieses Jahrhunderts. Hg. v. Julius Neumann. Bde. 1-7, Tübingen 1883-1903.

Beloch, Karl Julius: Der Italische Bund unter Roms Hegemonie. Staatsrechtliche und statistische Forschungen, Leipzig 1880.

Beloch, Karl Julius: Die Bevölkerung der griechisch-römischen Welt, Leipzig 1886.

Beloch, Karl Julius: Die Bevölkerung Europas im Mittelalter, in: Zeitschrift für Socialwissenschaft 3 (1900), 406-423.

Beloch, Karl Julius: Die Volkszahl als Faktor und Gradmesser der historischen Entwicklung, in: HZ 3. F. 15 (1913), 321-337.

Beloch, Karl Julius: Selbstdarstellung, in: Steinberg (Hg.), Geschichtswissenschaft, Bd. 2, 1-27.

Beloch, Karl Julius: Bevölkerungsgeschichte Italiens. 1. Grundlagen. Die Bevölkerung Siziliens und des Königreiches Neapel. Hg. v. Gaetano De Sanctis, Berlin-Leipzig 1937. 2. Die Bevölkerung des Kirchenstaates, Toscanas und der Herzogtümer am Po. Hg. v. Gaetano De Sanctis, Berlin 1939; ²1965. 3. Die Bevölkerung der Republik Venedig, des Herzogtums Mailand, Piemonts, Genuas, Corsicas und Sardieniens. Die Gesamtbevölkerung Italiens. Hg. von Luigi Pareti/Wolfgang Hagemann, Berlin 1961.

Beyer, Hans Joachim: Zur Einführung, in: AdVf 1 (1937), 1-16.

Beyer, Hans Joachim: Zur Frage der Umvolkung, in: AdVf 1 (1937), 361-397.

Beyer, Hans Joachim: Volksdeutsche Fragen auf dem Internationalen Historikerkongreß in Zürich, in: AdVf 2 (1938), 426-428.

Beyer, Hans Joachim: Rassische Kräfte in der Umvolkung, in: DALV 6 (1942), 1-16.

Beyer, Hans Joachim: Die deutsche Einheit des größeren Mitteleuropa und ihr Verfall im 19. Jahrhundert, Posen 1943 (= Reichsuniversität Posen, Vorträge und Aufsätze; H. 6).

Beyer, Hans Joachim: Amerikanisches oder bolschewistisches »Volkstum«?, in: Deutsche Volksforschung in Böhmen und Mähren 2 (1943), 201-208.

Beyer, Hans Joachim: Geschichte des Deutschtums im Auslande, in: HZ 168 (1943), 667-672.

Blaschke, Karlheinz: Industrialisierung und Bevölkerung in Sachsen im Zeitraum von 1830 bis 1890, in: Raumordnung im 19. Jahrhundert, Hannover 1965 (= Forschungs- und Sitzungsberichte der Akademie für Raumforschung und Landesplanung. Historische Raumforschung; 5), 69-96.

Blaschke, Karlheinz: Bevölkerungsgeschichte von Sachsen bis zur industriellen Revolution, Weimar 1967.

Blendinger, Friedrich: Bevölkerungsgeschichte einer deutschen Reichsstadt im Zeitalter der Glaubenskämpfe, Leipzig 1940 (= Archiv für Bevölkerungswissenschaft, Bh. 8).

Bloch, Marc: L'histoire locale en Allemagne, in: Annales d'histoire économique et sociale 1 (1929), 306.
Bloch, Marc: Les caractères originaux de l'histoire rurale française. Instituttet for sammenlignende kulturforskning, Serie B.: Skrifter 19, Leipzig 1931.
Bloch, Marc: La civilisation économique des Germains, in: Annales d'histoire économique et sociale 5 (1933), 202-203.
Bloch, Marc: Un problème de contact social: la colonisation allemande en Pologne, in: Annales d'histoire économique et sociale 6 (1934), 593-598.
Bobek, Hans: Der Beitrag der Geographie zur Bevölkerungs- und Sozialforschung in Österreich, in: Helczmanovszki (Hg.), Beiträge, 19-28.
Boeckh, Richard: Die statistische Bedeutung der Volkssprache als Kennzeichen der Nationalität, Berlin 1866.
Boehm, Max Hildebert: Das eigenständige Volk. Volkstheoretische Grundlagen der Ethnopolitik und Geisteswissenschaften, Göttingen 1932.
Boehm, Max Hildebert: Volkstumswechsel und Assimilationspolitik, in: Roland Freisler/George Anton Löning/Hans Carl Nipperdey (Hg.), Festschrift Justus Wilhelm Hedemann zum sechzigsten Geburtstag, Jena 1938, 134-158.
Boehm, Max Hildebert: Assimilation und Reassimilierung, in: Ostbrief (1957/58), 277-284.
Borah, Woodrow/Sherburne F. Cook: New Demographic Research on the Sixteenth Century in Mexico: the Social and Economic Effects of Catastrophic Loss of Population, in: XIe Congrès international des sciences historiques, Stockholm, 21-28 août 1960, Résumés des communications, Uppsala 1962, 46-48.
Born, Karl Erich: Bespr. Köllmann, Sozialgeschichte, in: HZ 194 (1962), 768.
Bosl, Karl: Raumordnung im Aufbau des mittelalterlichen Staates, in: Raumordnung im Aufbau des mittelalterlichen Staates, Hannover 1961 (= Forschungs- und Sitzungsberichte der Akademie für Raumforschung und Landesplanung. Historische Raumforschung; 3), 9-24.
Bourdon, Jean: Les idées sur les rapports de la population et la vie économique du VIIIe siècle à nos jours, in: VIIIe Congrès international des sciences historiques, pt. II, 393-395.
Brackmann, Albert (Hg.): »Deutschland und Polen – Beiträge zu ihren geschichtlichen Beziehungen«, München-Berlin 1933.
Brackmann, Albert/Fritz Hartung: Vorwort, in: JDG 12 (1936), V-VI.
Brandi, Karl: Der Internationale Historikerkongress in Zürich, in: HZ 159 (1939), 214-218.
Brandner, Konrad: Über Volksgenealogie, in: FGB 24 (1926), 225-228; 293-296.
Braudel, Fernand: La méditerranée et le monde méditerranéen à l'époque de Philippe II. Vol. 1-2, Paris 1949 (5ième éd. 1986) (dt. Das Mittelmeer und die mediterrane Welt in der Epoche Philipps II., Bde. 1-3, Frankfurt a. M. 1998).
Bredt, Johann: Volkskörperforschung, Breslau 1930.
Brepohl, Wilhelm: Anpassung, in: Wilhelm Bernsdorf/Friedrich Bülow (Hg.), Wörterbuch der Soziologie, Stuttgart 1955, 11-13.
Brepohl, Wilhelm: Industrievolk im Wandel von der agraren zur industriellen Daseinsform, dargestellt am Ruhrgebiet, Tübingen 1957.
Brüning, Kurt: Zum Geleit, in: Raumforschung – Raumordnung. Hefte der Akademie für Raumforschung und Landesplanung 1 (1948), 2.
Brüning, Kurt: Der Deutsche Planungsatlas, in: RuR 13 (1955), 1-5.

Brunner, Otto: Land und Herrschaft. Grundfragen der territorialen Verfassungsgeschichte Südostdeutschlands im Mittelalter, Brünn 1939; ²1942; Darmstadt ⁵1965 (Land and lordship. Structures of governance in medieval Austria. Translated from the fourth, revised ed., Philadelphia 1992).

Buchholz, Ernst Wolfgang: Methodische Probleme der Erforschung von Wanderungsmotiven, in: Beiträge zur Frage der räumlichen Bevölkerungsbewegung. Forschungsberichte des Ausschusses »Raum und Bevölkerung« der Akademie für Raumforschung und Landesplanung, Hannover 1970 (= Veröffentlichungen der Akademie für Raumforschung und Landesplanung: Forschungs- und Sitzungsberichte; 55), 29-36.

Bücher, Karl: Die Bevölkerung von Frankfurt am Main im 14. und 15. Jahrhundert – sozialstatistische Studien, Tübingen 1886.

Bücher, Karl: Die Entstehung der Volkswirtschaft, Tübingen 1893.

Bücher, Karl: Arbeit und Rhythmus, Berlin 1896.

Bücher, Karl: Zur griechischen Wirtschaftsgeschichte, in: Festgaben für Albert Schäffle zur siebenzigsten Wiederkehr seines Geburtstages am 24. Februar 1901, Tübingen 1901, 191-254.

Bücher, Karl: Lebenserinnerungen, Bd. 1: 1847-1890, Tübingen 1919.

Buomberger, Ferdinand: Bevölkerungs- und Vermögensstatistik in der Stadt und Landschaft Freiburg (im Uechtland) um die Mitte des 15. Jahrhunderts, Bern 1900.

Burckhardt, Jacob: Weltgeschichtliche Betrachtungen, Stuttgart 1978.

Burgdörfer, Friedrich: Volk ohne Jugend: Geburtenschwund und Überalterung des deutschen Volkskörpers; ein Problem der Volkswirtschaft, der Sozialpolitik, der nationalen Zukunft, 1. Aufl. 1932; 2., erg. u. verm. Aufl. 1934; 3., verm. Aufl. Heidelberg 1938 (= Beihefte zur Zeitschrift für Geopolitik; 9).

Burgdörfer, Friedrich: Dynamik der europäischen Bevölkerungsentwicklung im 19. und 20. Jahrhundert, in: VIIᵉ Congrès international des sciences historiques, 359-366.

Burgdörfer, Friedrich: Die Wanderungen über die deutschen Reichsgrenzen im letzten Jahrhundert, in: Köllmann /Marschalck (Hg.), Bevölkerungsgeschichte, 281-289.

Camp, Wesley D.: Bespr. Mols, Introduction, in: The American Historical Review 63 (1958), 950-951.

Chevalier, Louis: Pour une histoire de la population, in: Population 1 (1946), 245-256.

Chevalier, Louis: Rapport, in: IXᵉ Congrès international des sciences historiques. Paris, 28 août – 3 septembre 1950. I. Rapports, Section Anthropologie et Démographie, Époque contemporaine, Paris 1950, 98-109.

Cipolla, Carlo/Jean Dhondt/M. M. Postan/Philippe Wolff: Rapport collectif, in: IXᵉ Congrès international des sciences historiques. Paris, 28 août – 3 septembre 1950. I. Rapports, Section Anthropologie et Démographie, Moyen Âge, Paris 1950, 55-75.

Cipolla, Carlo M./Josiah Cox Russell/Roger J. Mols/André Armengaud (Hg.): Bevölkerungsgeschichte Europas. Mittelalter bis Neuzeit, München 1971.

Clapham, J.[ohn] H.[oward]: Irish Migration into Britain 1775-1830, in: Compte rendu du Vᵉ Congrès international des sciences historiques, Bruxelles 1923, 278-279.

[Claß, Heinrich]: Deutsche Geschichte von Einhart, 3., verb. u. vermehrte Aufl. Leipzig 1910.

Comité international des sciences historiques (ed.): Résumés des communications présentées au congrès. Vol. 1-11, wechselnde Verlagsorte 1900-1960.

Comité international des sciences historiques (ed.): Actes du congrès. Vol. 6-16, Wechselnde Verlagsorte 1928/1929-1985.

Commission de démographie historique comparée, in: Bulletin of the International Committee of Historical Sciences 9 (1930), 523-526.

Conze, Werner: Hirschenhof – Die Geschichte einer deutschen Sprachinsel in Livland, Berlin 1934.

Conze, Werner: Agrarverfassung und Bevölkerung in Litauen und Weißrußland. 1. Teil: Die Hufenverfassung im ehemaligen Großfürstentum Litauen, Leipzig 1940.

Conze, Werner: Die Wirkungen der liberalen Agrarreformen auf die Volksordnung in Mitteleuropa im 19. Jahrhundert, in: VSWG 38 (1949/50), 2-43.

Conze, Werner: Writings on Social and Economic History in Germany (1939-1949), in: The Ecomomic History Review 3 (1950), 126-132.

Conze, Werner: Bespr. Gerhard Mackenroth, Bevölkerungslehre. Theorie, Soziologie und Statistik der Bevölkerung, Berlin 1953, in: HZ 177 (1954), 386-387.

Conze, Werner: Vom ›Pöbel‹ zum ›Proletariat‹. Sozialgeschichtliche Voraussetzungen für den Sozialismus in Deutschland, in: VSWG 41 (1954), 333-364.

Conze, Werner: Zur Entstehung des Proletariats in der sozialen Bewegung Deutschlands im 19. Jahrhundert, in: X Congresso Internazionale di Scienze Storiche. Riassunti delle Comunicazioni, vol. VII, Firenze 1955, 356-358.

Conze, Werner: Die Strukturgeschichte des technisch-industriellen Zeitalters als Aufgabe für Forschung und Unterricht, Köln-Opladen 1957.

Conze, Werner (Hg.): Sozialgeschichte der Familie in der Neuzeit Europas, Stuttgart 1976.

Conze, Werner: Die deutsche Geschichtswissenschaft seit 1945 – Bedingungen und Ergebnisse, in: HZ 255 (1977), 1-28.

Conze, Werner: Bespr. Arthur E. Imhof (Hg.), Biologie des Menschen in der Geschichte: Beiträge zur Sozialgeschichte der Neuzeit aus Frankreich und Skandinavien, Stuttgart-Bad Cannstatt 1978, in: VSWG 68 (1981), 270-271.

Croon, Helmuth/Kurt Utermann: Zeche und Gemeinde – Untersuchungen über den Strukturwandel einer Zechengemeinde im nördlichen Ruhrgebiet, Tübingen 1958.

Croon, Helmuth: Bespr. Wolfgang Köllmann, Sozialgeschichte der Stadt Barmen im 19. Jahrhundert, Tübingen 1960, in: VSWG 48 (1961), 279-282.

Czoernig, Karl: Ethnographische Karte der Oesterreichischen Monarchie, Wien 1857.

Daszyńska-Golińska, Sophie: Die Bevölkerung von Zürich im XVII. Jahrhundert. Ein Beitrag zur historischen Städtestatistik, Zürich 1891.

Daszyńska-Golińska, Sophie: La doctrine de R.T. Malthus, selon les théories démographiques récentes et les faits, in: VIe Congrès international des sciences historiques, 25-26.

Dehio, Ludwig: Der internationale Historikerkongreß in Paris, in: HZ 170 (1950), 671-673.

Deutscher Planungsatlas. Atlas über Raum, Volk und Wirtschaft der Bundesrepublik Deutschland, hg. von der Akademie für Raumforschung und Landesplanung, Bremen-Horn (Dorn) bzw. Hannover (Jänecke). 1. Nordrhein-Westfalen (1970-78). 2. Niedersachsen und Bremen (^{3}1961). 3. Schleswig-Holstein (1960). 4. Hessen (1960). 5. Bayern (1960). 6. Baden-Württemberg (1969). 7. Rheinland-Pfalz (1965). 8. Hamburg (1971 ff.). 9. Berlin (1960/62). 10. Saarland (1965 ff.).

Deutsches Städtebuch. Handbuch städtischer Geschichte. Begr. v. Erich Keyser, fortgef. v. Heinz Stoob. I. Nordostdeutschland, Berlin 1939. II. Mitteldeutschland, Stuttgart-Berlin 1941. III. Niedersächsisches Städtebuch, Stuttgart 1952; Westfälisches Städtebuch, Stuttgart 1954; Rheinisches Städtebuch, Stuttgart 1956. IV. Hessisches Städtebuch, Stuttgart 1957; Badisches Städtebuch, Stuttgart 1959; Württembergisches Städtebuch, Stuttgart 1962. V. Bayerisches Städtebuch, Stuttgart 1971/1974.

Dilthey, Wilhelm: Über das Studium der Geschichte der Wissenschaften vom Mensch, der Gesellschaft und dem Staat (1875), in: ders., Die Geistige Welt. Einleitung in die Philosophie des Lebens. Erste Hälfte: Abhandlungen zur Grundlegung der Geisteswissenschaften, Gesammelte Schriften V. Bd., 5., unveränderte Aufl., Göttingen 1968, 31-73.

Discussion sur le rapport de M. Louis Henry »Développements récents de l'étude de la démographie du passé«, in: XIe Congrès international des sciences historiques, Stockholm, 21-28 août 1960. Section I, Méthodes et problèmes généraux, Uppsala 1962, 67-70.

Dörries, Hans: Siedlungs- und Bevölkerungsgeographie (1908-1938), in: Geographisches Jahrbuch 55, 1 (1940), 3-380.

Dokumentation der Vertreibung der Deutschen aus Ost-Mitteleuropa. Hg. vom Bundesministerium für Vertriebene, Flüchtlinge und Kriegsgeschädigte 1953-1961. Bearbeitung von Theodor Schieder, dokumentiert von Adolf Diestelkamp/Rudolf Laun/Peter Rassow/Hans Rothfels, München 2004.

Dollinger, Philippe: Les recherches de démographie historique sur les villes allemandes au moyen age, in: La Démographie médiévale. Sources et méthodes, Monaco 1972, 113-120.

Dopsch, Alfons: Die historische Stellung der Deutschen in Böhmen, in: Rudolph Lodgman (Hg.), Deutschböhmen, Berlin 1919, 17-49.

Dopsch, Alfons: Die Herausgabe von Quellen zur Agrargeschichte des Mittelalters. Hg. von Erna Patzelt, Wien 1928 [Ndr. Aalen 1968], 516-542.

Ehalt, Hubert Christian: Gespräche zur Zeit, Wien 1996, Gespräch mit Arthur E. Imhof, 10.4.1991, 84-94.

Eheberg, Karl Theodor: Straßburgs Bevölkerungszahl seit dem 15. Jahrhundert bis zur Gegenwart, in: JbbNSt N.F. 7 (1883), 297-314; 413-429.

Ernstberger, Anton: Bespr. Beyer, Die deutsche Einheit, in: Deutsche Volksforschung in Böhmen und Mähren 3 (1944), 114-115.

Eversley, D.E.C.: Demography and Economics: A Summary Report, in: ders. (ed.), Troisième conférence internationale d'histoire économique, Munich 1965, 15-35.

Eversley, D.E.C. (ed.): Third International Conference of Economic History, Munich 1965. Vol. 4: Demography and Economy, Paris 1972.

Eversley, D.E.C.: Bevölkerung, Wirtschaft und Gesellschaft, in: Köllmann/Marschalck (Hg.), Bevölkerungsgeschichte, 93-153.

Eversley, D.E.C./Wolfgang Köllmann (eds.): Population change and social planning. Social and economic implications of the recent decline in fertility in the United Kingdom and the Federal Republic of Germany, London 1982.

Fahlbusch, Otto: Die Bevölkerungszahl der Stadt Braunschweig im Anfang des 15. Jahrhunderts, in: Hansische Geschichtsblätter 18 (1912), 249-256.

Fichtenau, Heinrich: Der IX. Internationale Historikerkongreß (Paris 1950), in: MIÖG 59 (1951), 221-224.

Fischer, Wolfram: Neuere Veröffentlichungen zur Sozial- und Wirtschaftsgeschichte, in: BDLG 97 (1961), 270-287.

Fliri, Franz: Bevölkerungsgeographische Untersuchungen im Unterinntal (Baumkirchen, Fritzens, Gnadenwald und Terfens), Innsbruck 1948 (= Schlern-Schriften; 55).

Franz, Günther: Die agrarischen Unruhen des ausgehenden Mittelalters. Ein Beitrag zur Vorgeschichte des Bauernkrieges. Habil.-Schrift, Univ. Marburg 1930 (Teildruck).

Franz, Günther: Der deutsche Bauernkrieg, München-Berlin 1933 (12. Aufl., Darmstadt 1984).

Franz, Günther: Geschichte und Rasse. Bemerkungen zur deutschen Geschichte in der Zeit der Glaubenskämpfe, in: Kurt von Raumer/Theodor Schieder (Hg.), Stufen und Wandlungen der deutschen Einheit, Stuttgart-Berlin 1943, 75-96.

Franz, Günther: Historische Kartographie. Forschung und Bibliographie, Bremen-Horn 1955 (= Veröffentlichungen der Akademie für Raumforschung und Landesplanung; 29).

Franz, Günther: Bespr. Kuhn, Geschichte der deutschen Ostsiedlung, in: RuR 15 (1957), 225.

Franz, Günther: Zur Bevölkerungsgeschichte, in: BDLG 95 (1959), 336-339; 96 (1960), 266-272; 97 (1961), 262-270; 98 (1962), 272-277; 100 (1964), 356-367; 102 (1966), 212-222; 104 (1968), 208-219; 106 (1970), 192-200; 108 (1972), 298-301.

Franz, Günther: Historische Kartographie. Forschung und Bibliographie. 2., verb. u. erg. Aufl., Hannover 1962; ders./Helmut Jäger, Historische Kartographie, Hannover [3]1980 (= Beiträge der Akademie für Raumforschung und Landesplanung; 46).

Franz, Günther: Historische Kartographie, in: BDLG 105 (1969), 175-182.

Franz, Günther: Zur Einführung, in: Grenzbildende Faktoren in der Geschichte, Hannover 1969 (= Forschungs- und Sitzungsberichte der Akademie für Raumforschung und Landesplanung; 48), 1-2.

Franz, Günther: Geschichte des deutschen Bauernstandes vom frühen Mittelalter bis zum 19. Jahrhundert, Stuttgart 1970 (= Deutsche Agrargeschichte; 4) ([2]1976).

Franz, Günther: Raumplanung in der Geschichte, in: Handwörterbuch der Raumforschung und Raumordnung. Hg. von der Akademie für Raumforschung und Landesplanung, 2. Aufl., Bd. 1-2, 2, Hannover 1970, Sp. 2553-2565.

Franz, Günther: Einführung, in: Stadt-Land-Beziehungen und Zentralität als Problem der historischen Raumforschung, Hannover 1974 (= Veröffentlichungen der Akademie für Raumforschung und Landesplanung: Forschungs- und Sitzungsberichte; 88), IX-XI.

Franz, Günther: Der Dreißigjährige Krieg und das deutsche Volk: Untersuchungen zur Bevölkerungs- und Agrargeschichte, 4., neu bearb. u. verm. Aufl., Stuttgart 1979.

Franz, Günther: Das Geschichtsbild des Nationalsozialismus und die deutsche Geschichtswissenschaft, in: Oswald Hauser (Hg.), Geschichte und Geschichtsbewußtsein. 19 Vorträge, Göttingen-Zürich 1981, 91-111.

Freudenberger, Herman: Bespr. Friedrich Lütge, Deutsche Sozial- und Wirtschaftsgeschichte, Berlin 1960, in: JEH 23 (1966), 117-118.

Freyer, Hans: Die Rolle der Soziologie in der westeuropäischen Geschichtswissenschaft, in: Bericht über die 21. Versammlung deutscher Historiker in Marburg. 13.-16. September 1951, Stuttgart 1951, 25-26.

Friederichs, Heinz F.: Kirchenbuchverkartungen und Dorfsippenbücher in alter und neuer Sicht, in: Aktuelle Themen zur Genealogie H. 1 (1957), 21-29.

Gamillscheg, Ernst: Romania Germania. Sprach- und Siedlungsgeschichte der Germanen auf dem Boden des alten Römerreiches, Bde. 1-3, Berlin-Leipzig 1934-1936.

Gautier, Etienne/Louis Henry: La population de Crulai, paroisse normande, Paris 1958.

Geißler, Heinrich: Zweisprachigkeit deutscher Kinder im Ausland, Stuttgart 1938.

Geißler, Heinrich: Umvolkserscheinungen bei Jugendlichen in der fremdvölkischen Großstadt, in: AdVf 2 (1938), 358-365.

Geschichtliches Ortsverzeichnis von Niedersachsen, Hildesheim 1964/77. 1. D. Schomburg, Land Bremen (1964). 2. H. Kleinau, Land Braunschweig (1967/68). 3. G. Wrede, Fürstbistum Osnabrück (1975-77).

Gibbon, Edward: History of the Decline and Fall of the Roman Empire, 6 Bde., 1776-88, Leipzig 1805-1807.

Gierlichs, Willy: Zur Soziologie der »Umvolkung« als Gegenwartsproblem, in: Volksforschung 3, H. 1 (1939), 1-7.

Gini, Corrado: I Lavori della Commissione di Demografia Storica, in: VIIe Congrès international des sciences historiques, 339-343.

Glass, D. V./D. E. C. Eversley (eds.): Population in History: Essays in Historical Demography, Chicago 1965.

Glass, D. V.: Familienplanung in Westeuropa: Programme und Wirklichkeit, in: Köllmann/Marschalck (Hg.), Bevölkerungsgeschichte, 362-389.

Goubert, Pierre: En Beauvaisis: Problèmes démographiques du XVIIième siècle, in: Annales. Économies-Sociétés-Civilisations 7 (1952), 453-486.

Grimm, Hans: Volk ohne Raum, Bd. 1: München 1927; Bd. 2: München 1930.

Die rassischen Grundlagen unserer Geschichte. Prof. Franz sprach in zwei Vorträgen zu der Straßburger SS, in: Straßburger Neueste Nachrichten, 17.5.1943.

Günther, Adolf: Soziologie des Grenzvolks, in: Jahrbuch für Soziologie 3 (1927), 200-234.s

Günther, Adolf: Südbayern und Westösterreich. Eine bevölkerungs- und sozialstatistische Darstellung, Innsbruck 1933 (= Schriften des Instituts für Sozialforschung in den Alpenländern an der Universität Innsbruck; 10).

Hajnal, John: European marriage patterns in perspective, in: Glass/Eversley (eds.), Population, 101-143.

Hallgarten, Wolfgang: VIII. Internationaler Kongress für Geschichtswissenschaft, in: Zeitschrift für freie deutsche Forschung 1/2 (1938), 124-132.

Hantsch, Hugo: Die Geschichte Österreichs. Bd. 1 [bis 1648]: Innsbruck-Wien 1937, Bd. 2 [1648-1918]: Graz-Wien 1950.

Harzendorf, Fritz: Quellen und Methode bevölkerungsgeschichtlicher Untersuchungen, in: ABB 9 (1939), 8-14.

Haufe, Helmut: Die Bevölkerung Europas. Stadt und Land im 19. und 20. Jahrhundert, Berlin 1936.

Haufe, Helmut: Zur bevölkerungsgeschichtlichen Forschung, in: ABB 8 (1938), 277.

Haufe, Helmut: Die Wandlung der Volksordnung im rumänischen Altreich: Agrarverfassung und Bevölkerungsentwicklung im 19. und 20. Jahrhundert, Stuttgart 1939.

Haufe, Helmut: Die skandinavische Landbevölkerung im Zeitalter der Industrialisierung, in: ABB 9 (1939), 214-216.

Heberle, Rudolf: Auslandsvolkstum. Soziologische Betrachtungen zum Studium des Deutschtums im Auslande, Leipzig 1936 (= Archiv für Bevölkerungswissenschaft und Bevölkerungspolitik 6; Beil. 2).

Heberle, Rudolf/Fritz W. Meyer: Die Großstädte im Strome der Binnenwanderung, Leipzig 1937.

Heimpel, Hermann: Internationaler Historikertag in Paris, in: GWU 1 (1950), 556-559.

Helbig, Herbert: Deutsche Siedlungsforschung, in: Archiv für Kulturgeschichte 32 (1944), 300-340.

Helbig, Herbert: Fünfzig Jahre Institut für Deutsche Landes- und Volksgeschichte (Seminar für Landesgeschichte und Siedlungskunde) an der Universität Leipzig, in: Berichte zur deutschen Landeskunde 19 (1957), 55-77.

Helbok, Adolf: Die Bevölkerung der Stadt Bregenz am Bodensee – vom 14. zum Beginne des 18. Jahrhunderts, Innsbruck 1912.

Helbok, Adolf: Aufbau einer deutschen Landesgeschichte aus einer gesamtdeutschen Siedelungsforschung, Dresden 1925.
Helbok, Adolf: Probleme und Methoden der deutschen Siedlungsgeschichte, in: DHVKf 1 (1931), 226-241.
Helbok, Adolf: Sippensiedlung und Grundherrschaft, in: DHVKf 2 (1931/32), 105-130.
Helbok, Adolf: Was ist deutsche Volksgeschichte? Ziele, Aufgaben und Wege, Berlin 1935.
Helbok, Adolf: Wesen und Aufgaben der deutschen Volkstumsgeschichte, Frankfurt a. M. 1936.
Helbok, Adolf: Deutsche Siedlung. Wesen, Ausbreitung und Sinn, Halle/Saale 1938.
Helbok, Adolf: Grundlagen der Volksgeschichte Deutschlands und Frankreichs. Vergleichende Studien zur deutschen Rassen-, Kultur- und Staatsgeschichte, Berlin 1938, Kartenband.
Helbok, Adolf: Deutsche Geschichte auf rassischer Grundlage, Halle/Saale 1939.
Helbok, Adolf: Das Werden des deutschen Volkes, in: Petermanns Geographische Mitteilungen, H. 3 (1940), 93-97.
Helbok, Adolf: Erinnerungen – ein lebenslanges Ringen um volksnahe Geschichtsforschung. Hg. von Fritz Ranzi/Margit Gröhsl, Innsbruck o. J. [=1962].
Helbok, Adolf: Deutsche Volksgeschichte. Wesenszüge und Leistungen des deutschen Volkes. Erster Band: Von der Frühzeit bis zur Reformation, Tübingen 1964.
Helczmanovszki, Heimold (Hg.): Beiträge zur Bevölkerungs- und Sozialgeschichte Österreichs, Wien 1973.
Helleiner, Karl F.: New Light on the History of Urban Populations, in: JEH 18 (1958), 56-61.
Helleiner, Karl F.: The Vital Revolution Reconsidered, in: Glass/Eversley (eds.), Population, 79-86.
Helleiner, Karl F.: The Population of Europe from the Black Death to the Eve of the Vital Revolution, in: E. E. Rich (ed.), The Cambridge Economic History of Europe. Vol. IV: The Economy of Expanding Europe in the Sixteenth and Seventeenth Centuries, Cambridge 1967, 1-95.
Henry, Louis: Une richesse démographique en friche: les registres paroissiaux, in: Population 8 (1953), 281-290.
Henry, Louis/Michel Fleury: Manuel de dépouillement et d'exploitation de l'état civil ancien, Paris 1956.
Henry, Louis: Développements récents de l'étude de la démographie du passé, in: XIe Congrès international des sciences historiques, Stockholm, 21-28 août 1960. Rapports I. Méthodologie – Histoire des universités – Histoire des prix avant 1750, Uppsala 1962, 89-96.
Henry, Louis: Die Kirchenbücher als demographische Quellen, in: Köllmann/Marschalck (Hg.), Bevölkerungsgeschichte, 220-229.
Herzfeld, Hans: Menschenrecht und Staatsgrenze in Zwischeneuropa, in: ders., Ausgewählte Aufsätze, Berlin 1962, 216-228.
Hippius, Rudolf (Hg.): Volkstum, Gesinnung und Charakter. Bericht über psychologische Untersuchungen an Posener deutsch-polnischen Mischlingen und Polen (Sommer 1942), Prag 1943.
Historische Raumforschung. Forschungsberichte des Ausschusses »Historische Raumforschung« der Akademie für Raumforschung und Landesplanung (= Forschungs- und Sitzungsberichte der Akademie für Raumforschung und Landesplanung; Bd. 6 [u. a.]: Bremen-Horn; [Bd. 4-11]: Hannover 1963-74).

Hochschule für Lehrerbildung Darmstadt: Arbeitsplan Winterhalbjahr 1939/40, Darmstadt 1939.
Hofmann, Hanns Hubert: Zur Einführung, in: Stadt und Stadtraum, Hannover 1974 (= Veröffentlichungen der Akademie für Raumforschung und Landesplanung. Forschungs- und Sitzungsberichte; 97), 1-2.
Hohlfeld, Johannes: Genealogie als Wissenschaft und als Politik, in: Zeitschrift für kulturgeschichtliche und biologische Familienkunde 1 (1924), 195-196.
Hohlfeld, Johannes: Über die Genealogie als Grenzwissenschaft zwischen Geschichte und Naturwissenschaft, in: Mitteilungen der Zentralstelle für Deutsche Personen- und Familiengeschichte, H. 36, Leipzig 1928, 13-17.
Hohlfeld, Johannes: Genealogie. Bevölkerungsgeschichte. Wappen und Siegel, in: JDG 6 (1930), 538-540.
Hohlfeld, Johannes: Deutsche Volksgenealogie, in: FGB 31 (1933), Sp. 241-256.
Hohlfeld, Johannes: In eigner Sache, Leipzig 1935.
Hohlfeld, Johannes: Bismarcks Ahnen und Enkel. Eine genealogische Studie, in: Michael Hesch/Günther Spannaus (Hg.), Kultur und Rasse. Otto Reche zum 60. Geburtstag, München-Berlin 1939, 111-121.
Hohlfeld, Johannes: Über den Stand der deutschen Judenforschung, in: FGB 39 (1941), 26.
Hohlfeld, Johannes: Die Dorfsippenbücher, in: FGB 42 (1944), Sp. 65-90.
Hohlfeld, Johannes: Von der Genealogie zur Sippenkunde. Ein geistesgeschichtlicher Wandel in Deutschland, in: FGB 42 (1944), Sp. 1-8.
Hopf, Hans: Zur Frage der Assimilation der Deutschen Mittelpolens (unter Berücksichtigung ihrer sozialen Struktur), in: AdVf 2 (1938), 487-499.
Houdaille, Jacques: Quelques résultats sur la demographie de trois villages d'Allemagne de 1750 à 1879, in: Population 25 (1970), 649-654.
VIIIe Congrès International des Sciences Historiques. Zurich 1938. Actes du congrès. Communications présentées, pt. II, Paris 1939.
Huter, Franz: Lieber Freund Kinzl! In: Fliri (Hg.), Festschrift, VII-X.
Imhof, Arthur E.: Der agrare Charakter der schwedischen und finnischen Städte im 18. Jahrhundert im Vergleich zu Mittel- und Westeuropa, in: Stadt-Land-Beziehung und Zentralität als Problem der historischen Raumforschung. Forschungs- und Sitzungsberichte der Akademie für Raumforschung und Landesplanung, Bd. 88 (= Historische Raumforschung; 11), Hannover 1974, 161-197.
Imhof, Arthur E.: Die historisch-demographische Entwicklung einer bäuerlichen Gesellschaft im vorindustriellen Deutschland: Der Raum Gießen als Fallstudie, in: Mitteilungen der Deutschen Gesellschaft für Bevölkerungswissenschaft 47, H. 1 (1974), 5-9.
Imhof, Arthur E.: Aspekte der Bevölkerungsentwicklung in den nordischen Ländern 1720-1750. Bde. 1-2, Bern 1976.
Imhof, Arthur E.: Bevölkerungsgeschichte (Sammelbericht), in: BDLG 112 (1976), 346-362.
Imhof, Arthur E.: Ländliche Familienstrukturen an einem hessischen Beispiel: Heuchelheim 1690-1900, in: Conze (Hg.), Sozialgeschichte, 197-230.
Imhof, Arthur E.: Einführung in die Historische Demographie, München 1977.
Imhof, Arthur E.: Methodenfragen zur Historischen Demographie, in: Bericht über die 31. Versammlung deutscher Historiker in Mannheim, 22. bis 26. September 1976, Stuttgart 1977, 136-138.
Imhof, Arthur E.: Die gewonnenen Jahre. Von der Zunahme unserer Lebensspanne seit dreihundert Jahren oder der Notwendigkeit einer neuen Einstellung zu Leben und Sterben. Ein historischer Essay, München 1981.

Imhof, Arthur E.: Die verlorenen Welten. Alltagsbewältigung durch unsere Vorfahren – und weshalb wir uns heute so schwer damit tun, München 1984 ([2]1985).

Imhof, Arthur E.: Historische Demographie, in: Schieder/Sellin (Hg.), Sozialgeschichte, Bd. II, 32-63.

Inama-Sternegg, Karl Theodor von: Bevölkerung des Mittelalters und der neueren Zeit bis Ende des 18. Jahrhunderts in Europa, in: Handwörterbuch der Staatswissenschaften, Bd. 2, 3. Aufl., Jena 1909, 882-898, Jena [4]1924, 670-687 (gemeinsam mit R. Häpke).

Inama-Sternegg, Karl Theodor von: Die Quellen der historischen Bevölkerungsstatistik, in: Statistische Monatsschrift 12 (1886), 387-408.

Inama-Sternegg, Karl Theodor von: Städtische Volkszählungen im Mittelalter, in: Statistische Monatschrift N. F. 11 (1906), 279-283.

Institut für Österreichkunde (Hg.): Siedlungs- und Bevölkerungsgeschichte Österreichs, Wien 1974.

Ipsen, Gunther: Bevölkerung. I. Bevölkerungslehre, in: Handwörterbuch des Grenz- und Auslanddeutschtums, Bd. 1 (1933), 425-463.

Ipsen, Gunther: Agrarverfassung III. Das Landvolk. Soziale Struktur, in: Handwörterbuch des Grenz- und Auslanddeutschtums, Bd. 1 (1933), 37-52.

Ipsen, Gunther: Über Dorfforschungen, in: Zeitschrift für Volkskunde N. F. 47 (1938), 245-250.

Ipsen, Gunther: Vorwort, in: Hans Linde, Preußischer Landesausbau. Ein Beitrag zur Geschichte der ländlichen Gesellschaft in Süd-Ostpreußen am Beispiel des Dorfes Piassutten, Kreis Ortelsburg, Leipzig 1939, III-V.

Ipsen, Gunther: Erfahrungen aus der österreichisch-ungarischen Armee im Ersten Weltkrieg, in: Vielvölkerheere und Koalitionskriege, Darmstadt 1952, 40-47.

Ipsen, Gunther: Die polnische Volkskraft und der Bevölkerungswechsel in Ostdeutschland, in: Werner Markert (Hg.), Polen, Köln-Graz 1959, 268-313.

Ipsen, Gunther: Die Analyse des Volkskörpers, in: Jahrbuch für Sozialwissenschaft 11 (1960), 1-16.

Ipsen, Gunther: Bevölkerungsgeschichte, in: Köllmann (Hg.), Bevölkerungsgeschichte, 84-92.

Isbert, Otto Albrecht: Statistik und Kartographie im Dienste der Volksforschung, in: AdVf 2 (1938), 151-161.

Jastrow, Ignaz: Die Volkszahl deutscher Städte zu Ende des Mittelalters und zu Beginn der Neuzeit, Berlin 1886.

Johann Wolfgang Goethe-Stiftung: Der Nikolaus Coppernicus-Preis 1939. Zur Erinnerung an die Verleihung des Nikolaus Coppernicus-Preises 1939 an Walter Kuhn, Breslau, Hamburg-Wandsbek o. J. [1940].

Jordan, Karl: Der 13. Internationale Historikerkongreß in Moskau vom 16.-23. August 1970, in: HZ 211 (1970), 518-524.

Jütte, Robert: Bespr. Arthur E. Imhof/Rita Weinknecht (Hg.), Erfüllt leben – in Gelassenheit sterben: Geschichte und Gegenwart, Berlin 1994, in: VSWG 82 (1995), 84-86.

Kaindl, Raimund Friedrich: Geschichte der Deutschen in den Karpathenländern (= Allgemeine Staatengeschichte, hg. v. Karl Lamprecht. Dritte Abt.: Deutsche Landesgeschichten 8, hg. v. Armin Tille) 1: Geschichte der Deutschen in Galizien bis 1772, Gotha 1907. 2. Geschichte der Deutschen in Ungarn und Siebenbürgen bis 1763, in der Walachei und Moldau bis 1774, Gotha 1907. 3. Geschichte der Deutschen in Galizien, Ungarn, der Bukowina und Rumänien seit etwa 1770 bis zur Gegenwart, Gotha 1911.

Kaindl, Raimund Friedrich: Deutsche Siedlung im Osten, Stuttgart-Berlin 1915 (= Der Deutsche Krieg. Politische Flugschriften; 34).

Kampf im Osten. Politische Buch- und Dokumentenschau. Hg. vom Werbe- und Beratungsamt für das Deutsche Schrifttum beim Reichsminister für Volksaufklärung und Propaganda, Berlin 1942.

Kasiske, Karl: Beiträge zur Bevölkerungsgeschichte Pommerellens im Mittelalter, Königsberg 1942.

Keyser, Erich: Die Entstehung von Danzig, Danzig 1924.

Keyser, Erich: Die Erforschung der deutschen Bevölkerungsgeschichte, in: Korrespondenzblatt des Gesamtvereins der deutschen Geschichts- und Altertumsvereine 75 (1927), Sp. 197-205.

Keyser, Erich: Entwicklung und Aufgaben der bevölkerungsgeschichtlichen Forschung in Deutschland, in: VIe Congrès international des sciences historiques, 26-28.

Keyser, Erich: Bevölkerungsgeschichte des Preußenlandes zur Ordenszeit, in: Korrespondenzblatt des Gesamtvereins der deutschen Geschichts- und Altertumsvereine 77 (1929), Sp. 146-147.

Keyser, Erich: Deutsche Landesgeschichte, in: HZ 139 (1928), 252-272.

Keyser, Erich: Die Geschichtswissenschaft, Aufbau und Aufgaben, München 1931.

Keyser, Erich: Bespr. Mombert, Bevölkerungslehre, in HZ 143 (1931), 614-615.

Keyser, Erich: Die Epochen der Bevölkerungsgeschichte Deutschlands, in: VIIe Congrès international des sciences historiques, 367-370.

Keyser, Erich: Die völkische Geschichtsauffassung, in: Preußische Jahrbücher 234 (1933), 1-20.

Keyser, Erich: Die volkskundliche Landesaufnahme im Gebiet der Freien Stadt Danzig, in: Zeitschrift für Volkskunde 6 (1934), 277-279.

Keyser, Erich: Neue Forschungen über die Bevölkerungsgeschichte Deutschlands, in: VSWG 27 (1934), 165-169; 29 (1936), 45-62; 32 (1939), 42-59; 34 (1941), 66-85.

Keyser, Erich: Rassenforschung und Geschichtswissenschaft, in: VSWG 27 (1934), 165-169.

Keyser, Erich: Die Zeitalter der Bevölkerungsgeschichte Deutschlands, in: ABB 4 (1934), 147-157.

Keyser, Erich: Bevölkerungswissenschaft und Geschichtsforschung, in: ABB 5 (1935), 145-161.

Keyser, Erich: Bespr. Gunther Ipsen, Programm einer Soziologie des deutschen Volkstums, Berlin 1933, in: ABB 5 (1935), 209.

Keyser, Erich: Rassenforschung und Geschichtsforschung, in: ABB 5 (1935), 1-8.

Keyser, Erich: Das Volk der Indogermanen und seine Erforschung, in: ABB 7 (1937), 276-288.

Keyser, Erich: Bevölkerungsgeschichte Deutschlands, Leipzig 1938 [2. Aufl. Leipzig 1941; 3. Aufl. Leipzig 1943].

Keyser, Erich: Geschichte des deutschen Weichsellandes, Leipzig 1939.

Keyser, Erich: Grundfragen städtischer Bevölkerungsgeschichte, in: Egon Freiherr von Eickstedt (Hg.), Bevölkerungsbiologie der Großstadt. Der Stadt Breslau zur Siebenhundertjahrfeier ihres Wiederaufbaus nach dem Mongolensturm gewidmet, Stuttgart 1941, 68-82.

Keyser, Erich: Die Erforschung der Bevölkerungsgeschichte des deutschen Ostens, in: Aubin et al. (Hg.), Deutsche Ostforschung, 90-104.

Keyser, Erich: Geschichte der Stadt Danzig, Kitzingen 1951.

Keyser, Erich: Die gegenwärtigen Aufgaben der Bevölkerungswissenschaft in Deutschland, in: Homo. Internationale Zeitschrift für die vergleichende Biologie der Menschen 3 (1952), 179.

Keyser, Erich: Der Johann Gottfried Herder-Forschungsrat und das Johann Gottfried Herder-Institut, in: ZfO 1 (1952), 101-106.

Keyser, Erich: Die Historische Kommission für ost- und westpreußische Landesforschung, in: ZfO 1 (1952), 525-529.

Keyser, Erich: Bespr. Marcel R. Reinhard, Histoire de la population mondiale de 1700 à 1948, Paris 1949, in: VSWG 40 (1953), 261-263.

Keyser, Erich: Die Erforschung der Bevölkerungsgeschichte, in: Studium generale 9 (1956), 495-500.

Keyser, Erich: Bespr. Mols, Introduction, in: Hansische Geschichtsblätter 75 (1957), 105-111.

Keyser, Erich: Bespr. Raum und Bevölkerung in der Weltgeschichte. Bevölkerungs-Ploetz, Würzburg 1955, in: VSWG 44 (1957), 254-257.

Keyser, Erich: Die Ansiedlungen in Westpreußen am Ende des 18. Jahrhunderts, in: Walther Wenzel (Hg.), Geographie, Geschichte, Pädagogik. Festschrift für Walther Maas, Göttingen 1961, 117-119.

Keyser, Erich: Der Deutschtumsverlust in Westpreußen 1918 bis 1939, in: Ostdeutsche Wissenschaft 8 (1961), 63-79.

Keyser, Erich: Städtewesen, in: BDLG 97 (1961), 228-259.

Keyser, Erich: Bespr. Ilse Schwidetzky (Hg.), Die neue Rassenkunde, Stuttgart 1962, in: VSWG 51 (1964), 370-373.

Keyser, Erich: Erforschung und Darstellung der deutschen Städtegeschichte 1945-1965, in: Hermann Aubin (Hg.), Beiträge zur Wirtschafts- und Stadtgeschichte. Festschrift für Hektor Ammann, Wiesbaden 1965, 1-28.

Keyser, Erich: Die deutsche Stadt im Bilde, in: Otto Brunner/Hermann Kellenbenz et al. (Hg.), Festschrift Hermann Aubin zum 80. Geburtstag, Bde. 1-2, 1, Wiesbaden 1965, 405-422.

Keyser, Erich: Die Pest in Deutschland und ihre Erforschung, in: Actes du Colloques International de Démographie Historique. Liège, 18-20 Avril 1963. Problèmes de Mortalité, Paris 1965, 369-377.

Keyser, Erich: Bespr. D. E. C. Eversley/Peter Laslett/E. A. Wrigley with contributions by W. A. Armstrong and Lynda Ovenall, An Introduction to English Historical Demography. From the Sexteenth to the Nineteenth Century, London 1966, in: VSWG 54 (1967), 362-363.

Kinzl, Hans: Zur bevölkerungsbiologischen Lage des Bergbauerntums, in: Festschrift zu Ehren Hermann Wopfners. 2. Teil, Innsbruck 1948 (= Schlern-Schriften; 53), 191-206.

Kinzl, Hans: Wandlungen im alpinen Bevölkerungsbild, Innsbruck. Antrittsrede gehalten anläßlich der Inauguration zum Rector magnificus des Studienjahres 1958/59 am 29. November 1958, o. J. [1958].

Kirsten, Ernst: Von der Vorzeit bis zum Mittelalter. Bd. 1: Kartenteil zu den Teilen I, II, III, Würzburg ^{2}1956 (= Raum und Bevölkerung in der Weltgeschichte), 5.

Kirsten, Ernst: Raumordnung und Kolonisation in der griechischen Geschichte, in: Zur Raumordnung in den alten Hochkulturen, Hannover 1958 (= Forschungs- und Sitzungsberichte der Akademie für Raumforschung und Landesplanung. Historische Raumforschung; 2), 25-72.

Klaar, Adalbert: Siedlungsformenkarte der Reichsgaue Wien, Kärnten, Niederdonau, Oberdonau, Salzburg, Steiermark und Tirol und Vorarlberg, Wien 1942.

Klebel, Ernst: Siedlungsgeschichte des Deutschen Südostens, München 1940 (= Veröffentlichungen des Südostinstituts München; 14).

Klein, Herbert: Das Große Sterben von 1348/49 und seine Auswirkung auf die Besiedlung der Ostalpenländer, in: Beiträge zur Siedlungs-, Verfassungs- und Wirtschaftsgeschichte von Salzburg. Gesammelte Aufsätze von Herbert Klein, Salzburg 1965, 33-113.

Klein, Kurt: Die Bevölkerung Österreichs vom Beginn des 16. bis zur Mitte des 18. Jahrhunderts (mit einem Abriß der Bevölkerungsentwicklung von 1754 bis 1869), in: Helczmanovszki (Hg.), Beiträge, 47-112.

Klocke, Friedrich von: Die Antiwissenschaftlichkeit und ihr Bemühen um die Genealogie, in: FGB 20 (1922), Sp. 225.

Klocke, Friedrich von: Westfalen und der deutsche Osten, Münster 1940.

Klocke, Friedrich von: Die Entwicklung der Genealogie vom Ende des 19. bis zur Mitte des 20. Jahrhunderts. Prolegomena zu einem Lehrbuch der Genealogie, Schellenberg 1950.

Klocke, Friedrich von: Auf Wegen der Genealogie als Wissenschaft. Autoergographie zum 65. Geburtstag, in: Familie und Volk 5 (1956), 89-98; 217-222.

Knodel, John: Ortssippenbücher als Quelle für die Historische Demographie, in: GG 1 (1975), 288-324.

Knodel, John/Étienne van de Walle: Breast-feeding, Fertility and Infant Mortality. An Analysis of Some Early German Data, in: Population Studies 21 (1967), 109-131.

Koch, Hans: Zur Frage der Umvolkung der evangelischen Deutschen in Kongreßpolen, in: AdVf 1 (1937), 398-406.

Koerner, Fritz: Beiträge zur Geopolitik und Bevölkerungsgeschichte des mittleren Saalegebietes, Jena 1935 (= Schriftenreihe des Nationalsozialistischen Lehrerbundes Jena; H. 1).

Koerner, Fritz: Die Bevölkerungsverteilung in Thüringen am Ausgang des 16. Jahrhunderts (= Wiss. Veröffentlichungen des Deutschen Instituts für Länderkunde N. F.; 15/16), Leipzig 1958.

Köllmann, Wolfgang: Entwicklung der Stadt Barmen von 1808 bis 1871, Göttingen 1950 [Phil. Diss. masch.].

Köllmann, Wolfgang: Bespr. Wilhelm Brepohl, Industrievolk im Wandel von der agraren zur industriellen Daseinsform, dargestellt am Ruhrgebiet, Tübingen 1957, in: VSWG 45 (1958), 129-131.

Köllmann, Wolfgang: Sozialgeschichte der Stadt Barmen im 19. Jahrhundert, Tübingen 1960 (= Soziale Forschung und Praxis, hg. von der Sozialforschungsstelle an der Universität Münster; 21).

Köllmann, Wolfgang: Bespr. Fritz Mogs, Die sozialgeschichtliche Entwicklung der Stadt Oberhausen (Rhld.) zwischen 1850 und 1933. Diss. rer. pol., Köln 1956, in: VSWG 48 (1961), 417-419.

Köllmann, Wolfgang: Die deutsche Bevölkerung im Industriezeitalter, in: Mitteilungen der Deutschen Gesellschaft für Bevölkerungswissenschaft e. V., 27. Folge, Nov. 1962, 56-69 (wieder abgedruckt in ders., Bevölkerung in der industriellen Revolution, 35-46).

Köllmann, Wolfgang: The Population of Germany in the Age of Industrialism, in: Herbert Moller (ed.), Population Movements in Modern European History, New York 1964, 100-108.

Köllmann, Wolfgang: Bevölkerung und Raum in Neuerer und Neuester Zeit, Würzburg 1965.

Köllmann, Wolfgang: The Population of Barmen before and during the Period of Industrializatiom, in Glass/Eversley (eds.), Population, 588-607.

Köllmann, Wolfgang/Peter Marschalck (Hg.): Bevölkerungsgeschichte, Köln 1972.

Köllmann, Wolfgang: Einleitung. Entwicklung und Stand demographischer Forschung, in: ders./ Marschalck (Hg.), Bevölkerungsgeschichte, 9-17.

Köllmann, Wolfgang: Bevölkerung in der industriellen Revolution. Studien zur Bevölkerungsgeschichte Deutschlands, Göttingen 1974.

Köllmann, Wolfgang: Genealogische Materialien in Deutschland als Grundlagen bevölkerungsgeschichtlicher Forschungen, in: ders., Bevölkerung in der industriellen Revolution, 17-24.

Köllmann, Wolfgang: Zur Bedeutung der Regionalgeschichte im Rahmen struktur- und sozialgeschichtlicher Konzeptionen, in: Archiv für Sozialgeschichte 15 (1975), 43-50.

Köllmann, Wolfgang: Bevölkerungsgeschichte 1800 bis 1970, in: Hermann Aubin/Wolfgang Zorn (Hg.), Handbuch der deutschen Wirtschafts- und Sozialgeschichte, Bde. 1-2, 2, Stuttgart 1976, 9-50.

Köllmann, Wolfgang: Versuch des Entwurfs einer historisch-soziologischen Wanderungstheorie, in: Ulrich Engelhardt/Volker Sellin/Horst Stuke (Hg.), Soziale Bewegung und politische Verfassung. Beiträge zur Geschichte der modernen Welt, Stuttgart 1976, 260-269.

Köllmann, Wolfgang: Bevölkerungsgeschichte, in: Schieder/Sellin (Hg.), Sozialgeschichte, Bd. II, 9-31.

Köllmann, Wolfgang: Dank für die Verleihung des Eduard von der Heydt-Preises, in: Festgabe zum 65. Geburtstag von Professor Dr. Wolfgang Köllmann, 19-24.

Kohl, Louis von: Biopolitik und Geopolitik als Grundlagen einer Naturwissenschaft vom Staate, in: Zeitschrift für Geopolitik 10 (1933), 305-310.

Kötzschke, Rudolf: Meitzen als Historiker des Siedelungs- und Agrarwesens, in: Deutsche Geschichtsblätter 11 (1910), 273-278.

Kötzschke, Rudolf: Allgemeine Wirtschaftsgeschichte des Mittelalters, Jena 1924.

Kötzschke, Rudolf/Hellmut Kretzschmar: Sächsische Geschichte, Dresden 1935.

Kötzschke, Rudolf: Siedlungsgeschichte, in: JDG 12 (1936), 329-338, hier 329; 13 (1937), 343-355; 14 (1940), 310-323.

Kötzschke, Rudolf/Wolfgang Ebert: Geschichte der ostdeutschen Kolonisation, Leipzig 1937.

Korherr, Richard: Der Untergang der alten Kulturvölker. Eine Statistik in Worten, in: AStA 27 (1937/38), 29-50 u. 447-461; 28 (1939), 72-89 u. 299-321.

Koulicher, Alexandre M.: Les guerres et les migrations, in: VIe Congrès international des sciences historiques, 29-30.

Koulicher, Alexandre M.: Le cycle de population dans les pays modernes, in: VIIe Congrès international des sciences historiques, 354-355.

Krallert, Wilfried: Die Geschichte Osteuropas in kartographischer Darstellung. Ein Beitrag zur Methodik der historischen Karte, in: Jahrbücher für Geschichte Osteuropas N. F. 3 (1955), 442-459.

Krallert, Wilfried, unter Mitarbeit von Walter Kuhn/Ernst Schwarz: Atlas zur Geschichte der deutschen Ostsiedlung, Bielefeld-Berlin-Hannover 1958 (= Velhagens und Klasings Monographien zur Weltgeschichte N. F.; 4).

Krebs, Norbert (Hg.): Atlas des deutschen Lebensraumes in Mitteleuropa. Hg. im Auftrage der Preußischen Akademie der Wissenschaften, Berlin 1937-1941.

Kriedte, Peter/Hans Medick/Jürgen Schlumbohm (Hg.): Industrialisierung vor der Industrialisierung. Gewerbliche Warenproduktion auf dem Land in der Formationsperiode des Kapitalismus, Göttingen 1977.

Kroh, Oswald: Zur Psychologie der Umvolkung, in: AdVf 1 (1937), 386-397.
Kronacher, Bettina: Der deutsche Lebensraum in der Geschichte, Frankfurt a. M. 1938.
Kuhn, Walter: Versuch einer Naturgeschichte der deutschen Sprachinsel, in: Deutsche Blätter in Polen 3 (1926), 65-140; 629-634.
Kuhn, Walter: Die jungen deutschen Sprachinseln in Galizien. Ein Beitrag zur Methode der Sprachinselforschung, Münster 1930.
Kuhn, Walter: Zur Abgrenzung des Begriffs des deutschen Volks- und Kulturbodens, in: DHVKf (1933), 65-71.
Kuhn, Walter: Art. Galizien. Werden und Wesen des deutschen Volkstums, in: Handwörterbuch des Grenz- und Auslanddeutschtums, Bd. 3 (1938), 17-39.
Kuhn, Walter: Die deutsche Leistung in Ostmitteleuropa. Die Lebensformen der ostdeutschen Volksinseln, Berlin o. J. [1939].
Kuhn, Walter: »Schwebendes Volkstum« und künftige Landgestaltung in Südost-Oberschlesien, in: Neues Bauerntum 33 (1941), 26-30.
Kuhn, Walter: Geschichte der deutschen Ostsiedlung in der Neuzeit, Köln-Graz 1955 (= Ostmitteleuropa in Vergangenheit und Gegenwart; 1), Kartenband.
Kuhn, Walter: Planung in der deutschen Ostsiedlung, in: Historische Raumforschung 1, Bremen-Horn 1956 (= Forschungs- und Sitzungsberichte der Akademie für Raumforschung und Landesplanung; 6), 77-99.
Kuhn, Walter: Ostsiedlung und Bevölkerungsdichte, in: Ostdeutsche Wissenschaft 7 (1960), 31-68.
Kuhn, Walter: Eine Jugend für die Sprachinselforschung. Erinnerungen, in: ders., Neue Beiträge zur schlesischen Siedlungsgeschichte. Eine Aufsatzsammlung, Sigmaringen 1984, 238-275.
Kulischer, Alexander/Eugen Kulischer: Kriegs- und Wanderzüge. Weltgeschichte als Völkerbewegung, Berlin 1932.
Kulischer, Eugen: Die Richtungen der Völkerbewegungen, in: VIe Congrès international des sciences historiques, 30-33.
Kulischer, Eugen: Kriege und Wanderungen. Theorie der Völkerbewegungen, in: VIIe Congrès international des sciences historiques, 355-356.
Lamprecht, Karl: Bespr. Bücher, Die Bevölkerung, in: Archiv für soziale Gesetzgebung und Statistik 1 (1888), 485-532.
Lamprecht, Karl: Deutsche Geschichte. Zweiter Ergänzungsband. Zweite Hälfte: Zur jüngsten deutschen Vergangenheit, Bde. 1-2,2, zweite Hälfte, Berlin, 4. Aufl. 1921.
Landes, David S.: [Commentary], in: JEH 18 (1958), 531-536.
Landes, David S.: The treatment of population in history textbooks, in: D. V. Glass/ Roger Revelle (eds.), Population and Social Change, London 1972, 23-42.
Landry, Adolphe: La dépopulation dans l'antiquité et dans l'époque contemporaine, in: VIIIe Congrès international des sciences historiques, pt. II, 422-424.
L.[attermann], A.[lfred]: Bespr. Erich Keyser, Bevölkerungsgeschichte Deutschlands, Leipzig 1938, in: DWZP, H. 34 (1938), 248-249.
Lee, R[obert]. W.: Zur Bevölkerungsgeschichte Bayerns 1750-1850. Britische Forschungsergebnisse, in: VSWG 62 (1975), 309-338.
Lehners, Jean-Paul: Die Pfarre Stockerau im 17. und 18. Jahrhundert. Erste Resultate einer demographischen Studie, in: Helczmanovszki (Hg.), Beiträge, 373-401.
Leibbrandt, Georg: Bolschewismus und Abendland, Berlin 1939.
Lendl, Egon: Die siedlungsgeographische Forschung in den südostdeutschen Volksinseln, in: DALV 2 (1938), 453-470.

Lendl, Egon: Die Volksgrenze als Forschungsaufgabe, in: Zeitschrift für Erdkunde (1938), 881-888.

Lendl, Egon: Planungswichtige Karten in österreichischen historischen und Regional-Atlanten, in: RuR 19 (1961), 221-225.

Lenz, Wilhelm: Umvolkungsvorgänge in der ständischen Ordnung Livlands. Der landische Mittelstand in Südlivland in der Zeit vom Nordischen Kriege bis zum Weltkrieg, Posen 1941.

Lewinski, [Jan St.]: L'évolution économique est déterminée par des lois, in: Compte rendu du Ve Congrès international des sciences historiques, Bruxelles 1923, 288-289.

Linde, Hans: Zur Volkskörperforschung, in: ABB 8 (1938), 316-326.

Linde, Hans: Preußischer Landesausbau. Ein Beitrag zur Geschichte der ländlichen Gesellschaft in Süd-Ostpreußen am Beispiel des Dorfes Piassutten, Kreis Ortelsburg, Leipzig 1939.

Linde, Hans: Die generative Form spezifischer Bevölkerungen, in: Raum und Gesellschaft. Forschungs- und Sitzungsberichte der Akademie für Raumforschung und Landesplanung. Bd. 1, Bremen-Horn 1950, 25-39.

Linde, Hans: Gunther Ipsen, in: Harald Jürgensen (Hg.), Entzifferung. Bevölkerung als Gesellschaft in Raum und Zeit, Göttingen 1967, 167.

Linde, Hans: Familie und Haushalt als Gegenstand bevölkerungsgeschichtlicher Forschung, in: Conze (Hg.), Sozialgeschichte, 32-52.

Loesch, Karl C. v.: Eingedeutschte, Entdeutschte und Renegaten, in: ders. (Hg.), Volk unter Völkern, Breslau 1925, 213-241.

Loesch, Karl C. v.: Die politische Bedeutung der Bevölkerungsverschiebung, in: Volk und Reich. Politische Monatshefte für das junge Deutschland (Dezember 1926), 517-539.

Loesch, Karl C. v.: Bespr. Robert Beck, Schwebendes Volkstum, in: Volk und Reich 17, H. 4 (1941), 288-290.

Lorenz, Ottokar: Lehrbuch der gesammten wissenschaftlichen Genealogie. Stammbaum und Ahnentafel in ihrer geschichtlichen, sociologischen und naturwissenschaftlichen Bedeutung, Berlin 1898.

Lütge, Friedrich: Bespr. Hans Linde, Preußischer Landesausbau, in: HZ 162 (1940), 434f.

Lütge, Friedrich: Bespr. Karl Kasiske, Beiträge zur Bevölkerungsgeschichte Pommerellebs im Mittelalter, Königsberg 1942, in: JbbNSt 159 (1944), 152f.

Lütge, Friedrich: Bespr. Keyser, Bevölkerungsgeschichte ([3]1943), in: JbbNSt 159 (1944), 249f.

Lütge, Friedrich: Roger Mols' »Introduction à la Démographie Historique des Villes d'Europe du XIVe au XVIIIe siècle«, München 1957.

Lütge, Friedrich: Geschichte der deutschen Agrarverfassung vom frühen Mittelalter bis zum 19. Jahrhundert, Stuttgart 1963 (= Deutsche Agrargeschichte; 3) ([2]1967).

Lutz, Wilhelm: Gröden. Landschaft, Siedlung und Wirtschaft eines Dolomitenhochtales, Innsbruck 1966.

Mackenroth, Gerhard: Bespr. Keyser, Bevölkerungsgeschichte ([2]1941), in: Weltwirtschaftliches Archiv 57 (1943), 75f.

Mackenroth, Gerhard: Bevölkerungslehre, Theorie, Soziologie und Statistik, Berlin u. a. 1953.

Malthus, Thomas Robert: Essay on the Principle of Population, in: E.A Wrigley/D. C. Souden (eds.), The Works of Thomas Robert Malthus. Vol. 1-8, 1, London 1987, 1-137.

Maschke, Erich: VIII. Internationaler Kongreß für Geschichtswissenschaft in Zürich, in: Osteuropa 14 (1938/39), 59-61.
Matz, Klaus-Jürgen: Bespr. Imhof, Die verlorenen Welten, in: VSWG 72 (1985), 572 f.
Mauersberg, Hans: Beiträge zur Bevölkerungs- und Sozialgeschichte Niedersachsens, Hannover 1938 (= Studien zur Volkskörperforschung; 1).
Mauersberg, Hans: Besiedlung und Bevölkerung des ehemals hennebergischen Amtes Schleusingen, Würzburg 1938.
Mauersberg, Hans: Wie die Juden sich wieder im Lande breitmachten. Das Wiedererstarken des Judentums in Niedersachsen vom Beginn der Neuzeit bis zur Emigration; Judas Weg zum Höhepunkt seiner Macht. Die Emanzipation des Judentums und sein Durchbruch zur Macht im 19. Jahrhundert in: Niedersächsische Tageszeitung, 29.12.1938; 30.12.1938.
Mauersberg, Hans: Bevölkerungs- und Sozialgeschichte des Berchtesgadener Landes, Hannover 1939 (= Studien zur Volkskörperforschung; 4).
Mauersberg, Hans: Wirtschafts- und Sozialgeschichte zentraleuropäischer Städte in neuerer Zeit. Dargestellt an den Beispielen von Basel, Frankfurt a. M., Hamburg, Hannover und München, Göttingen 1960.
Mauersberg, Hans: Bevölkerungszahl und Wirtschaftspotential in historischer Sicht, in: Mitteilungen der Deutschen Gesellschaft für Bevölkerungswissenschaft (1962), 18-31.
Meitzen, August: Die Ausbreitung der Deutschen in Deutschland und ihre Besiedlung der Slawengebiete, in: JbbNSt 32 (1879), 1-59.
Melching, L.: Umvolkung und gesamtdeutsches Geschichtsbewusstsein, in: ABB 7 (1937), 302-304; ders. in: Geographischer Anzeiger 38 (1937), 449-450.
Mendels, Franklin F.: Recent Research in European Historical Demography, in: The American Historical Review 75 (1970), 1065-1073.
Meyer, Konrad: Die Reichsarbeitsgemeinschaft für Raumforschung 1935-1945, in: Raumordnung und Landesplanung im 20. Jahrhundert, Hannover 1971, 103-116.
Meynier, Albert: Les pertes des armées françaises pendant les guerres de la révolution et de l'empire (1792-1815), in: VIIe Congrès international des sciences historiques, 370-373.
Miroglio, Abel/Yvonne-Delphée Miroglio (eds.): L'Europe et ses populations. Vues d'ensemble et dictionnaire descriptif, La Haye 1978.
Mitgau, J.[ohann] Hermann: Verstädterung und Großstadtschicksal genealogisch gesehen, in: ABB 11 (1942), 339-364.
Mitgau, Hermann: Die Genealogie als bevölkerungswissenschaftliche Quelle und Lehre von der »Sozialen Vererbung«, in: Studium generale 9 (1956), 523-526.
Mitgau, Hermann: Zur Entwicklung der genealogischen Soziologie. Ein Blick über die Zäune der Fachdisziplinen, in: Genealogisches Jahrbuch 5 (1965), 5-21.
Mitteilung an die Bezieher!, in: Volksforschung 3 (1939/40), Vorsatzblatt.
Mitterauer, Michael: Zur Familienstruktur in ländlichen Gebieten Österreichs im 17. Jahrhundert, in: Helczmanovszki (Hg.), Beiträge, 167-222.
Mönckmeier, Wilhelm: Die deutsche überseeische Auswanderung. Ein Beitrag zur deutschen Wanderungsgeschichte, Jena 1912.
Moine, Marcel: Composition de la population par âge dans les départements français de 1851 à 1926, in: VIIe Congrès international des sciences historiques, 374-379.
Mols, Roger: Introduction à la Démographie Historique des Villes d'Europe du XIVe au XVIIIe siècle. Vol. 1: Les Problèmes (1954). Vol. 2: Les resultats (1955). Vol. 3: Annexes (1956), Gembloux 1954-57.

Mombert, Paul: Bevölkerungslehre, Jena 1929.
Mommsen, Theodor: Römische Geschichte, 3 Bde., Leipzig 1854-1856, (Bd. 4 nicht ersch.), Bd. 5, Leipzig 1885.
Montfort, Henri de: Le Problème du surpeuplement agricole en Pologne depuis 1850, in: VIIIe Congrès international des sciences historiques, pt. II, 404-405.
Morré, Fritz: Grenzfragen im Osten, in: JDG (1937), 596-612.
Müller, Josef: Entwicklung von vier bäuerlichen Sippen in den vergangenen hundert Jahren, in: ABB 6 (1936), 20-36.
Murr, E.[rich]: Von zeitgemäßer Sippenkunde und ihrem Verhältnis zur alten Genealogie, zu Rassen- und Volkskunde, in: ABB 7 (1937), 73-90.
Nell, Adelheid von: Die Entwicklung der generativen Strukturen bürgerlicher und bäuerlicher Familien von 1750 bis zur Gegenwart, Bochum 1973.
Neumann, Julius (Hg.): Beiträge zur Geschichte der Bevölkerung in Deutschland seit dem Anfange dieses Jahrhunderts, Tübingen Bd. 1.1883-Bd. 7.1903.
Neumann, Julius: Volk und Nation, Leipzig 1888.
Oppen, Dietrich v.: Die Umvolkung in Westpreußen von der Reichsgründung bis zum Weltkriege (T. 1.2), o. O. [=Innsbruck] 1942 [Phil. Diss. masch.].
Oppen, Dietrich v.: Deutsche, Polen und Kaschuben in Westpreußen 1871-1914, in: Jahrbuch für die Geschichte Mittel- und Ostdeutschlands 4 (1955), 157-223.
Paasche, H.[ermann]: Die städtische Bevölkerung früherer Jahrhunderte. Nach urkundlichen Materialien aus dem Raths-Archive der Stadt Rostock, in: JbbNSt 39 (1882), 303-380.
Paul, Gustav: Grundzüge der Rassen- und Raumgeschichte des deutschen Volkes, 2., unveränd. Aufl., München 1936.
Penners, Hedwig/Theodor Penners: Die Land-Stadtwanderung im Spiegel der Danziger Bürgerbücher von 1640-1709, in: Bahr (Hg.), Studien, 290-311.
Penners, Theodor: Untersuchungen über die Herkunft der Stadtbewohner im Deutschen Ordensland Preußen bis in die Zeit um 1400, Leipzig 1942 (zugl. Diss., Königsberg 1942).
Penners, Theodor: Bevölkerungsgeschichtliche Probleme der Land-Stadtwanderung untersucht an der ländlichen Abwanderung in die Städte Braunschweig und Wolfenbüttel um die Mitte des 18. Jahrhunderts, in: Braunschweigisches Jahrbuch 37 (1956), 57-134.
Penners, Theodor: Forschungsfragen zur mittelalterlichen Wanderungsgeschichte in Norddeutschland, in: Studium generale 9 (1956), 500-503.
Penz, Hugo: Verzeichnis der von Univ.-Prof. Dr. Hans Kinzl betreuten Dissertationen, in: Franz Fliri (Hg.), Festschrift für Hans Kinzl zum siebzigsten Geburtstag, Innsbruck 1968, 157-160.
Pfeffer, Carl-Heinz: Die Notwendigkeit der totalen Volksforschung, in: DALV 5 (1941), 407-420.
Pfeil, Elisabeth: Bevölkerungsgeschichte, in: JDG 12 (1936), 322-329; 13 (1937), 336-343; 14 (1940), 304-310.
Pfeil, Elisabeth: Bevölkerung und Raum, in: ABB 7 (1937), 111-129 [unter demselben Titel in identischer Fassung neuerlich erschienen: Bevölkerung und Raum, Heidelberg-Berlin-Magdeburg 1939 (= Schriften zur Geopolitik; H. 14)].
Pfeil, Elisabeth: Bespr. Haufe, Die Bevölkerung Europas, in: ABB 11 (1941), 395-396.
Pickl, Othmar: Glaubenskampf und Türkenkriege in ihren Auswirkungen auf das Siedlungswesen und die Bevölkerungsstruktur der österreichischen Länder, in: Institut für Österreichkunde (Hg.), Siedlungs- und Bevölkerungsgeschichte, 97-113.

Pirenne, Henri: Les Dénombrements de la population d'Ypres au 15ième siècle (1412-1506). Contribution à la statistique sociale du moyen-âge, in: VSWG 1 (1903), 1-32.

Pirenne, Henri: Démographie historique, in: Annales d'histoire économique et sociale 2 (1930), 602.

Pirenne, Henri: Sozial- und Wirtschaftsgeschichte Europas im Mittelalter, Bern o.J. (1946), München [5]1982.

Pleyer, Kleo: Die Kräfte des Grenzlandkampfes in Ostmitteleuropa, in: Deutsche Monatshefte in Polen 4 (1938), 125-138.

Pleyer, Kleo: Ein Standbild aller Deutschen. Das Handwörterbuch des Grenz- und Auslanddeutschtums, in: HZ 158 (1938), 541.

Postan, M.[ichael] M.: Die wirtschaftlichen Grundlagen der mittelalterlichen Gesellschaft, in: JbbNSt 166 (1954), 180-205.

Pröbsting, Günter: Untersuchungen über Stand und Bewegung der Bevölkerung im 17. und 18. Jahrhundert – eine methodische Übersicht, in: ABB 11 (1941), 82-98.

Rassow, Peter: Die Bevölkerungsvermehrung Europas und Deutschlands im 19. Jahrhundert, in: ders., Die geschichtliche Einheit des Abendlandes. Reden und Aufsätze, Köln-Graz 1960, 139-150 (erstmals erschienen in: Richard Nürnberger (Hg.), Festschrift für Gerhard Ritter zu seinem 60. Geburtstag, Tübingen 1950, 289-298).

Ratzel, Friedrich: Anthropogeographie. Bd. 1: Grundzüge der Anwendung der Erdkunde auf die Geschichte, Stuttgart 1882. Bd. 2: Die geographische Verbreitung des Menschen, Stuttgart 1891.

Raum und Bevölkerung in der Weltgeschichte. Bevölkerungs-Ploetz. Bd. 1: Kartenteil zu Bd. 2, 3, 4; 3. Aufl. 1965; Bd. 2: Ernst Kirsten, Von der Vorzeit bis zum Mittelalter, 3., unveränd. Aufl. 1968; Bd. 3: Ernst Buchholz, Vom Mittelalter zur Neuzeit, 3. Aufl. 1966; Wolfgang Köllmann, Bevölkerung und Raum in Neuerer und Neuester Zeit, Würzburg 1956; 3. Aufl. 1965.

Redlich, Fritz: Recent Developments in German Economic History, in: JEH 18 (1958), 516-530.

Reichenbrand, Johann von [d. i. Johannes Hohlfeld]: Zwanzig Jahre deutsches Ringen. Vom Weltkrieg über Versailles zur nationalen Erneuerung, Berlin 1934.

Reichle, Hedwig: Der Angerberg, Diss. (masch.), Innsbruck 1944.

Reincke-Bloch, Hermann: Der sechste Internationale Historikerkongress zu Oslo, in: HZ 139 (1929), 313-322.

Reinhard, Marcel: Bilan démographique de l'Europe 1789-1815, in: XIIe Congrès international des sciences historiques, Vienne, 29 août – 5 septembre 1965, Grands thèmes, Wien 1965, 451-471.

Rhode, Gotthold/Walter Kuhn: Hermann Aubin und die Geschichte des deutschen und europäischen Ostens, in: ZfO 18 (1969), 601-621.

Ritter, Gerhard: Deutsche Geschichtswissenschaft im 20. Jahrhundert, in: GWU 1 (1950), 81-96; 129-137.

Ritter, Gerhard: Leistungen, Probleme und Aufgaben der internationalen Geschichtsschreibung zur Neueren Geschichte (16.-18. Jahrhundert), in: X Congresso Internazionale di Scienze Storiche. Relazioni generali e supplementi, vol. VI, Firenze 1955, 169-330.

Ritter, Gerhard: Der X. Internationale Historikerkongreß in Rom, in: HZ 180 (1955), 657-663.

Roller, Otto Konrad: Die Einwohnerschaft der Stadt Durlach im 18. Jahrhundert in ihren wirtschaftlichen und kulturgeschichtlichen Verhältnissen dargestellt aus ihren Stammtafeln, Karlsruhe 1907.

Rosenberg, Hans: Probleme der deutschen Sozialgeschichte, Frankfurt a. M. 1969, 81-147.
Rußde, Eugen: Zur Siedlungs- und Bevölkerungsgeschichte der Deutschen in der Sowjetunion, in: ABB 5 (1935), 188-195.
Ruttke, Falk/Friedrich Burgdörfer/Adolf Helbok: »Volkskunde« statt »Bevölkerungswissenschaft«, »Volkspflege« statt »Bevölkerungspolitik«!, in: ABB 6 (1936), 201-212.
Sauvy, Alfred: La politique de la population dans l'histoire et la notion de population dirigée, in: VIIe Congrès international des sciences historiques, 345-350.
Schäfer, Dietrich: Historische Atlanten und Karten, in: HZ 110 (1913), 557-566.
Scharlau, Kurt: Der Beitrag der Wüstungsforschung zur Bevölkerungsgeschichte, in: Studium generale 9 (1956), 516-519.
Scheidt, Walter/Hinrich Wriede: Die Elbinsel Finkenwärder, München 1927 (Neuauflage 1932 unter dem Titel »Bevölkerungsbiologie der Elbinsel Finkenwärder«).
Schieder, Theodor: Die Stellung der Historiker zur Soziologie, in: Bericht über die 21. Versammlung deutscher Historiker in Marburg. 13.-16. September 1951, Stuttgart 1951, 27-28.
Schieder, Theodor: Nationalstaat und Nationalitätenproblem, in: ZfO 1 (1952), 161-181.
Schieder, Theodor: Der XI. Internationale Historikerkongreß in Stockholm vom 21. bis 28. August 1960, in: HZ 193 (1961), 515-521.
Schieder, Theodor: Unterschiede zwischen historischer und sozialwissenschaftlicher Methode, in: XIII Meždunarodnyj Kongress Istoričeskich Nauk, Moskva, 16-23 avgusta 1970 goda. Tom I, Moskva 1973, 51-76.
Schieder, Wolfgang/Volker Sellin (Hg.): Sozialgeschichte in Deutschland. Entwicklungen und Perspektiven im internationalen Zusammenhang, Bd. II, Handlungsräume des Menschen in der Geschichte, Göttingen 1986.
Schlesinger, Walter: Zur Problematik der Erforschung der deutschen Ostsiedlung, in: ders. (Hg.), Die deutsche Ostsiedlung als Problem der europäischen Geschichte. Reichenau-Vorträge 1970-1972, Sigmaringen 1975, 12-30.
Schmidt, Erich: Geschichte des Deutschtums im Lande Posen unter polnischer Herrschaft, Bromberg 1904.
Schmidt-Kehl, Ludwig: Bemerkungen zu der Kritik von H. Linde an dem Scheidtschen Verfahren, in: ABB 8 (1938), 326-328.
Schmidt-Rohr, Georg: Methodisches und Logisches zum Problem der Umvolkung, in: AdVf 2 (1938), 373-381.
Schnabel, Franz: Zum Geleit, in: BDLG 88 (1951), 1-3.
Schnabel, Franz: Deutsche Geschichte im 19. Jahrhundert. Bde. 1-4, 3, München 1987 [zuerst Freiburg/Br. 1934].
Schönberg, Gustav Friedrich v.: Finanzverhältnisse der Stadt Basel im 14. und 15. Jahrhundert, Tübingen 1879.
Schönberg, Gustav: Basels Bevölkerungszahl im 15. Jahrhundert, in: JbbNSt 40 (1883), 344-380.
Schroeder, Felix von: Der Zufluß ortsfremden Blutes in die Bevölkerung des Kirchspieles Döhlen 1648-1799: Eine bevölkerungsgenealogische Untersuchung aus dem Plauenschen Grunde bei Dresden, Bleicherode am Harz 1935.
Schubert, Werner (Hg.): Ausschüsse für Völkerrecht und Nationalitätenrecht (1934-1942), Frankfurt a. M. 2002 (= Akademie für Deutsches Recht 1933-1945: Protokolle der Ausschüsse; 14).
Schünemann, Konrad: Österreichs Bevölkerungspolitik unter Maria Theresia, Berlin 1935.
Schütte, W.[olfgang]/Ernst W. Buchholz/Wolfgang Köllmann: Die Sozialplanung als eine Grundlage der Landesplanung, ein Diskussionsbeitrag, in: RuR 11 (1953), 93-97.

Schulze, Eduard Otto: Die Kolonisierung und Germanisierung der Gebiete zwischen Saale und Elbe, Leipzig 1896 (= Fürstlich-Jablonowskische Gesellschaft der Wissenschaften / Historisch-Nationalökonomische Sektion: Preisschriften; 20).
Schulze-Manitius, Hans: Deutsche Ostwanderungen, in: ABB 13 (1943), 158-164.
Schwidetzky, Ilse: Heiratskreise in Oberschlesien, in: Zeitschrift für Rassenkunde 6 (1937), 311-331.
Seeberg, Stella: Dorfgemeinschaft in dreihundert Jahren – gemeinsam mit den Bewohnern des Bauerndorfes Kuhbier, Hamburg 1938.
VIe Congrès international des sciences historiques. Résumés des communications présentées au congrès, Oslo 1928.
VIIe Congrès international des sciences historiques. Résumés des communications présentées au congrès Varsovie 1933. Bd. II, Warsaw 1933.
Shorter, Edward: Bespr. Köllmann/Marschalck (Hg.), Bevölkerungsgeschichte, in: Archiv für Sozialgeschichte 14 (1974), 722-724.
Skala, Jan: Assimilation – »Dissimilation« – Renationalisierung, in: Kulturwehr. Zeitschrift für Volkstumsfragen, April (1934), 77-87.
Srbik, Heinrich Ritter von: Geist und Geschichte vom deutschen Humanismus bis zur Gegenwart, Bd. 1-2, 2, München-Salzburg 1951.
Stegmann v. Pritzwald, Kurt: Bespr. Beck, Schwebendes Volkstum, in: AdVf 2 (1938), 550-552.
Steinacker, Harold: Volk, Staat, Heimat und ihr Verhältnis bei den romanisch-germanischen Völkern, in: Bulletin of the International Committee of Historical Sciences 7 (1929), 273-301.
Steinacker, Harold: Volk und Geschichte. Ausgewählte Reden und Aufsätze, Brünn-Wien 1943.
Steinacker, Harold: Weg und Ziel der deutschen Geschichtswissenschaft – Staatsgeschichte, Kulturgeschichte, Volksgeschichte, wieder abgedruckt in: ders., Volk und Geschichte, 149-167.
Steinacker, Harold: Von Sinn und Wesen der Geschichte, in: Historia Mundi. Ein Handbuch der Weltgeschichte, Bd. 10: Das 19. und 20. Jahrhundert, Bern-München 1961, 721-772.
Steinberg, Sigfrid (Hg.): Die Geschichtswissenschaft der Gegenwart. Bde. 1-2, Leipzig 1925/26.
Stepan, Eduard (Hg.): Neu-Österreich. Das Werk des Friedens von St. Germain, Amsterdam-Wien 1923.
Straka, Manfred: Deutsche in aller Welt: Siedlungsräume, Volkszahlen, Kartenbilder, Geschichts- und Gedenktage, Wien 1961 (= Eckartschriften; 6).
Straka, Manfred: Das Südostdeutschtum als europäisches Aufbauelement, Wien 1964 (= Eckartschriften; 15).
Straka, Manfred: Beiträge zur Bevölkerungs- und Sozialgeschichte der Steiermark im 18. Jahrhundert, in: Zeitschrift des Historischen Vereins für Steiermark 55 (1964), 41-54.
Straka, Manfred: Untersteiermark. Unvergessene Heimat, Graz 1965.
Straka, Manfred: Grenzland-Schutzarbeit: eine Lebensnotwendigkeit Österreichs, Wien 1966 (= Eckart-Schriften; 20).
Straka, Manfred: Zur Methodik der historischen Demographie am Beispiel der Steiermark, in: Franz Hieronymus Riedl (Hg.), Humanitas ethnica. Menschenwürde, Recht und Gemeinschaft. Festschrift für Theodor Veiter, dargeboten zum 60. Lebensjahr, Wien-Stuttgart 1967, 111-129.

Straka, Manfred (Bearb.): Handbuch der europäischen Volksgruppen. Hg. im Auftrage der Föderalistischen Union Europäischer Volksgruppen unter ihrem Generalsekretär Povl Skadegard, Wien-Stuttgart 1970.

Straka, Manfred: Zur Bevölkerungs- und Sozialgeschichte Österreichs, in: Zeitschrift des Historischen Vereines für Steiermark 66 (1975), 270-276.

Taeschner, Franz: Landesplanung der Türken in Anatolien und Rumelien, in: Zur Raumordnung in den alten Hochkulturen, Hannover 1958 (= Forschungs- und Sitzungsberichte der Akademie für Raumforschung und Landesplanung. Historische Raumforschung; 2), 73-82.

Tille, Armin: Zur Bevölkerungsstatistik des Mittelalters, in: Zeitschrift für Social- und Wirtschaftsgeschichte 5 (1897), 411-416.

Tille, Armin: Rasse und Geschichte, in: Rasse. Monatsschrift der Nordischen Bewegung 3 (1936), 198-205.

Treitschke, Heinrich v.: Deutsche Geschichte im 19. Jahrhundert, Bde. 1-5, 4, Leipzig [5] 1907.

Trimborn, Hermann: Raumerschließung und Planung in den Hochkulturen des alten Amerika, in: Zur Raumordnung in den alten Hochkulturen (= Forschungs- und Sitzungsberichte der Akademie für Raumforschung und Landesplanung. Historische Raumforschung; 2), 83-88.

Troger, Ernest: Bevölkerungsgeographie des Zillertales, Innsbruck 1954 (= Schlern-Schriften; 123).

Tscharnke, Hans: Bevölkerungsgeschichte und Raumforschung, in: ABB 7 (1937), 91-110.

Ulmer, Ferdinand: Höhenflucht. Eine statistische Untersuchung der Gebirgsentsiedlung Deutschtirols, Innsbruck 1935 (= Schlern-Schriften; 27).

Ulmer, Ferdinand: Die Bergbauernfrage. Untersuchungen über das Massensterben bergbäuerlicher Kleinbetriebe im alpenländischen Realteilungsgebiet, Innsbruck 1942 (2., neu bearb. Aufl. 1958).

Ungern-Sternberg, Roderich von: Bespr. Keyser, Bevölkerungsgeschichte ([3]1943), in: AStA 32 (1943/44), 172-173.

Vallentin, Wilhelm: Westpreußen seit den ersten Jahrzehnten dieses Jahrhunderts: ein Beitrag zur Geschichte der Entwickelung des allgemeinen Wohlstandes dieser Provinz und ihrer einzelnen Teile, Tübingen 1893 (= Beiträge zur Geschichte der Bevölkerung in Deutschland seit dem Anfange dieses Jahrhunderts. Hg. v. Julius Neumann; 4.).

Vasterling, Christian: Entdeutschungsgefahren im Reifealter. Zur Psychologie der Umvolkung Jugendlicher, Berlin 1936 [=Jena, Phil. Diss.] (= Neue deutsche Forschungen; 93 =Abtlg. Volkslehre und Gesellschaftskunde; 8).

Veiter, Theodor: Volkstod durch Unterwanderung, in: Europa Ethnica 18 (1958), 9-38.

Verschuer, Otmar Freiherr von: Was kann der Historiker, der Genealoge und der Statistiker zur Erforschung des biologischen Problems der Judenfrage beitragen? In: Forschungen zur Judenfrage. Bd. 2: Sitzungsberichte der Zweiten Arbeitstagung der Forschungsabteilung Judenfrage des Reichsinstituts für Geschichte des neuen Deutschlands vom 12. bis 14. Mai 1937, Hamburg 1937, 216-222.

Volz, H.: Vom Umsturz zur nationalsozialistischen Revolution 1918-1933, in: JDG 9/10 (1933/34), 365-392.

Volz, Wilhelm:Bespr. Adolf Helbok, Deutsche Siedlung. Wesen, Ausbreitung und Sinn, Halle/Saale 1938, in: HZ 160 (1939), 378-381.

Vowinckel, Kurt: Fragen des deutschen Volkskörpers, in: Zeitschrift für Geopolitik 21 (1944), 40.

Wachsmuth, C.[urth]: Bespr. [Karl] Julius Beloch, Die Bevölkerung der griechisch-römischen Welt, in: JbbNSt 49 (1887), 32-38.
Wähler, Martin (Hg.): Der deutsche Volkscharakter. Eine Wesenskunde der deutschen Volksstämme und Volksschläge, Jena 1937.
Weber, Max: Der Nationalstaat und die Volkswirtschaftspolitik (1895), in: ders., Schriften 1894-1922. Ausgewählt u. hg. von Dirk Kaesler, Stuttgart 2002, 22-46.
Wecken, Friedrich/Friedrich von Klocke (Hg.): Taschenbuch für Familiengeschichtsforschung. 2., erw. Aufl. Leipzig 1922.
Weczerka, Hugo: Historische Raumforschung, in: Berichte zur Deutschen Landeskunde 19 (1957), 281-287.
Weinelt, Herbert: Volkstumsverschiebungen in Mähren und Sudetenschlesien, in: AdVf 2 (1938), 321-343.
Weinelt, Herbert: Bespr. Beck, Schwebendes Volkstum, in: Deutsche Volksforschung in Böhmen und Mähren 1 (1939), 159-160.
Wentscher, Erich: Das Ergebnis der Volkszählung vom 16. Juni 1933, in: Archiv für Sippenforschung 10 (1933), 277-281.
Wentscher, Erich: Familie und Volk, in: Familie und Volk 1 (1952), 1-2.
Wittram, Reinhard: [Notiz zu »Anzeigen und Nachrichten«], in: HZ 172 (1951), 391-392.
Woehlkens, Erich: Pest und Ruhr im 16. und 17. Jahrhundert. Grundlagen einer statistisch-topographischen Beschreibung der großen Seuchen, insbesondere in der Stadt Uelzen, Uelzen 1954.
Woehlkens, Erich: Das Wesen der Pest, in: Studium generale 9 (1956), 507-512.
Wopfner, Hermann: Deutsche Siedlungsarbeit in Südtirol. Eine volkskundliche Studie, Innsbruck 1926.
Wopfner, Hermann: Entstehung und Eigenart des tirolischen Volkstums, in: DHVKf 1 (1930/31), 290-296.
Wopfner, Hermann: Zur französischen Agrargeschichte, in: HZ 149 (1934), 82-97.
Wopfner, Hermann: Beiträge zur Bevölkerungsgeschichte der österreichischen Länder, in: Wirtschaft und Kultur. Festschrift zum 70. Geburtstag von Alfons Dopsch, Baden bei Wien-Leipzig 1938, 191-242.
Wopfner, Hermann: Güterteilung und Übervölkerung tirolischer Landbezirke im 16., 17. und 18. Jahrhundert, in: Südostdeutsche Forschungen 3 (1938), 202-232.
Wopfner, Hermann: [Selbstdarstellung], in Nikolaus Grass (Hg.), Österreichische Geschichtswissenschaft der Gegenwart in Selbstdarstellungen, Bd. I, Innsbruck 1950, 157-201.
Wopfner, Hermann: Bergbauernbuch. Von Arbeit und Leben des Tiroler Bergbauern in Vergangenheit und Gegenwart, Bde. 1-3, 1, I.-III. Hauptstück: Siedlungs- und Bevölkerungsgeschichte. Hg. v. Nikolaus Grass, Innsbruck-Wien 1995 (2. Aufl. = unveränd. Neudr. d. Lfg. 1-3, erschienen 1951-1960).
Wrigley, E.[dward]. A.: Note sur le Travail du Groupe de Cambridge pour l'Histoire de la Population et des Structures Sociales, in: Annales de démographie historique 1 (1966), 187-223.
Wrigley, E.[dward]. A.: Mortality in pre-industrial England: the example of Colyton, Devon, over three Centuries, in: Population and social change (1972), 243-273.
Wülker, Heinz: Bevölkerungsbiologie der Dörfer Hainholz, Vahrenwalde und List (Hannover), Leipzig 1941.
Zeiß, H.: Bespr. Gustav Paul, Rassen- und Raumgeschichte Deutschlands, München 1935, in: Deutschlands Erneuerung 19 (1935), 99-105.

Zöllner, Erich: Bericht über den 12. Internationalen Historikerkongreß, in: MIÖG 73 (1965), 437-445.

Zöllner, Erich: Bevölkerung und Siedlung des österreichischen Raumes in der Völkerwanderungszeit, in: Institut für Österreichkunde (Hg.), Siedlungs- und Bevölkerungsgeschichte, 57-73.

Zorn, Wolfgang: Bespr. Arthur E. Imhof, Die gewonnenen Jahre, in: VSWG 70 (1983), 97-98.

3. Literatur

Bibliographien, Lexika, Nachschlagewerke

Architektenlexikon Wien 1880-1945. URL: http://www.architektenlexikon.at/de/302.htm (2.9.2013), s. v. Adalbert Josef Klaar.

Benz, Wolfgang/Hermann Graml/Hermann Weiß (Hg.): Enzyklopädie des Nationalsozialismus, München 1997.

Biographisches Handbuch der deutschsprachigen Emigration nach 1933, Bde. 1-3, München-New York u. a. 1983.

Brocke, Bernhard vom: Bevölkerungswissenschaft – Quo vadis? Möglichkeiten und Probleme einer Geschichte der Bevölkerungswissenschaft in Deutschland, Opladen 1998, Zweiter Teil: Literatur und Quellen zur Geschichte der Bevölkerungswissenschaft mit kommentiertem Namenverzeichnis, 113-453.

Bruch, Rüdiger vom/Rainer A. Müller: Historiker-Lexikon. Von der Antike bis zur Gegenwart, München ²2002.

Bruch, Rüdiger vom/Werner Conze (Hg.): Geschichtliche Grundbegriffe, Bde. 1-8, Stuttgart 1972-1997.

Bücherkunde Ostdeutschlands und des Deutschtums in Ostmitteleuropa. Bearb. v. Heinrich Jilek/Herbert Rister/Hellmuth Weiss, Köln-Graz 1963; A. Gesamtgebiet. III. Bevölkerungskunde, Siedlungswesen und Volkskunde, 7-12; B. Ost- und Westpreußen. III. Bevölkerungskunde, Siedlungswesen und Volkskunde, 37-43; C. Pommern. III. Bevölkerungskunde, Siedlungswesen und Volkskunde, 94-97; D. Ostbrandenburg und Grenzmark Posen-Westpreußen im Ganzen. III. Bevölkerungskunde, Siedlungswesen und Volkskunde, 139-140; E. Schlesien. III. Bevölkerungskunde, Siedlungswesen und Volkskunde, 167-172; F. Die Deutschen in den Sudetenländern. III. Bevölkerungswissenschaft, Volkskunde, 232-243; G. Die Deutschen in der Slowakei. III. Bevölkerungswissenschaft und Volkskunde, 304-305; H. Posen und Deutschtum in Polen. III. Bevölkerungskunde, Siedlungswesen und Volkskunde, 321-329; I. Baltische Länder, Estland und Lettland. III. Bevölkerungskunde, Siedlungswesen und Volkskunde, 359-363.

Bücherkunde zur Weltgeschichte vom Untergang des Römischen Weltreiches bis zur Gegenwart. Bearb. v. Günther Franz, München 1956.

Dahlmann-Waitz. Quellenkunde der deutschen Geschichte. Bibliographie der Quellen und der Literatur zur deutschen Geschichte, Bd. 1, Bevölkerung (Bevölkerungswissenschaft – Bevölkerungsgeschichte – Bevölkerungsraum und Bevölkerungsbewegung –

Bevölkerungszahl – Bevölkerungspolitik). Bearb. v. Erich Keyser (†), Stuttgart, 10. Aufl. 1969, 27/1-390.

Fellner, Fritz/Doris A. Corradini: Österreichische Geschichtswissenschaft im 20. Jahrhundert. Ein biographisch-bibliographisches Lexikon, Wien-Köln-Weimar 2006.

Franz, Günther: Bücherkunde zur deutschen Geschichte, München 1951. C. Hilfswissenschaften. 4. Land und Siedlung. 5. Rasse und Bevölkerung (33-43).

Grimm, Jacob/Wilhelm Grimm: Deutsches Wörterbuch, Bd. 3, Leipzig 1862, Sp. 508.

Haan, Francisca de et al. (eds.): A Biographical Dictionary of Women's Movements and Feminisms, Budapest 2006.

Haar, Ingo/Michael Fahlbusch (Hg.): Handbuch der völkischen Wissenschaften. Handbuch der völkischen Wissenschaften. Personen, Institutionen, Forschungsprogramme, Stiftungen, München 2008.

Handwörterbuch des Grenz- und Auslanddeutschtums. Hg. v. Carl Petersen/Paul Hermann Ruth/Hans Schwalm. Bde. 1-3. Breslau 1933-38.

Handwörterbuch der Staatswissenschaften, Bd. 6, Jena ^{3}1910, 913-914.

Holtzmann, Walther/Gerhard Ritter (Hg.): Die deutsche Geschichtswissenschaft im Zweiten Weltkrieg. Bibliographie des historischen Schrifttums deutscher Autoren 1939-1945, Marburg 1951; B. Landes- und Volksgeschichte, 7. Siedlungsgeschichte (vornehmlich Preußens), Nr. 4623-4640; 6. Bevölkerungsgeschichte, Nr. 4662a-4769; 7. Familiengeschichte, Nr. 4770-4807; 8. Grenz- und Auslanddeutschtum, Nr. 4808-5222.

Kindt, Werner (Hg.): Die deutsche Jugendbewegung 1920 bis 1933. Die bündische Zeit, Düsseldorf 1974.

Klee, Ernst: Das Personenlexikon zum Dritten Reich. Wer war was vor und nach 1945. 2., aktual. Aufl., Frankfurt a. M. 2005.

Kürschners Deutscher Gelehrten-Kalender. Hg. von Werner Schuder, Bde. 1-2, Berlin 1966; Berlin-New York 1976; 1987.

Lexikon der Siebenbürger Sachsen. Hg. v. Walter Myß, Mannheim 1993.

Lischke, Ralph-Jürgen: Biographisches Lexikon zur Geschichte der Demographie, Berlin 2007.

Mombert, Paul: Bevölkerungslehre, Jena 1929, Erster geschichtlicher Teil. Die Entwicklung von Bevölkerung, Wirtschaft und Gesellschaft im Zusammenhang mit den Anschauungen und Lehren darüber, 11-238.

Neue Deutsche Biographie (NDB), Bde. 1-24, Berlin 1953-2010.

Penz, Hugo: Verzeichnis der von Univ.-Prof. Dr. Hans Kinzl betreuten Dissertationen, in: Fliri (Hg.), Festschrift, 157-160.

Schmitz-Berning, Cornelia: Vokabular des Nationalsozialismus, Berlin-New York 1998.

Schriftenverzeichnis Karl Bücher. Bearb. v. Arnulf Kutsch, Leipzig 2000.

International Union for the Scientific Study of Population (Hg.): Mehrsprachiges Demographisches Wörterbuch. Deutschsprachige Fassung bearb. von Wilhelm Winkler, Augsburg 1960.

Verein deutscher Archivare (Hg.), Verzeichnis der Archivare, Wiesbaden 1975.

Wermke, Ernst: Bibliographie der Geschichte von Ost- und Westpreußen für die Jahre 1939-1970, Bonn-Bad Godesberg 1974, XI. Bevölkerungsgeschichte. A. Bevölkerungsstand und Bevölkerungsbewegung. B. Bevölkerungsart. C. Geschichte der Stämme und Nationalitäten. D. Geschichte der Stände und Berufe. E. Personen- und Familiengeschichte (799-827).

Darstellungen

Acham, Karl (Hg.): Geschichte der österreichischen Humanwissenschaften. Bd. 1: Historischer Kontext, wissenschaftssoziologische Befunde und methodologische Voraussetzungen, Wien 1999; Bd. 2: Lebensraum und Organismus des Menschen, Wien 2001; Bd. 4: Geschichte und fremde Kulturen, Wien 2002.

Adamski, Jens: Ärzte des sozialen Lebens. Die Sozialforschungsstelle Dortmund 1946-1969, Essen 2009.

Aders, Günter: Friedrich von Klocke. I. Biographische Einführung, II. Schriftenverzeichnis, in: Westfälische Forschungen 16 (1963), 195-215.

Ahlheim, Klaus: Geschöntes Leben. Eine deutsche Wissenschaftskarriere, Hannover 2000.

Algazi, Gadi: Otto Brunner – »Konkrete Ordnung« und Sprache der Zeit, in: Schöttler (Hg.), Geschichtsschreibung, 166-203.

Alrich, Amy A.: Germans Displaced from the East: Crossing Actual and Imagined Central European Borders, 1944-1955, Phil. Diss., The Ohio State University 2003 [masch.]. URL: https://etd.ohiolink.edu/ap:10:0::NO:10:P10_ACCESSION_NUM:osu1050669879#abstract-files (2.9.2013).

Aly, Götz/Susanne Heim: Vordenker der Vernichtung: Auschwitz und die deutschen Pläne für eine neue europäische Ordnung, Hamburg 1991 (durchges. Aufl. 1997).

Aly, Götz: Theodor Schieder, Werner Conze oder Die Vorstufen der physischen Vernichtung, in: Schulze/Oexle (Hg.), Deutsche Historiker, 163-182.

Aly, Götz/Karl Heinz Roth, Die restlose Erfassung – Volkszählen, Identifizieren, Aussondern im Nationalsozialismus, Frankfurt a. M. 2000.

Ammon, Ulrich: Die deutsche Sprache in Deutschland, Österreich und der Schweiz. Das Problem der nationalen Varietäten, Berlin 1995.

Anderson, Benedict: Die Erfindung der Nation. Zur Karriere eines folgenreichen Konzepts, Frankfurt a. M.-New York 1996 (Titel der engl. Originalausg. Imagined Communities, 1983).

Arnberger, Erik: Handbuch der thematischen Kartographie, Wien 1966.

Ash, Mitchell G.: Verordnete Umbrüche – Konstruierte Kontinuitäten: Zur Entnazifizierung von Wissenschaftlern und Wissenschaften nach 1945, in: ZfG 10 (1995), 903-923.

Ash, Mitchell G.: Wissenschaftswandel und politische Ereignisgeschichte im 20. Jahrhundert, in: Acham (Hg.), Geschichte. Bd. 1, 215-246.

Ash, Mitchell G.: Wissenschaft und Politik als Ressourcen für einander, in: vom Bruch/Kaderas (Hg.), Wissenschaften, 32-51.

Bacci, Massimo Livi: The population of Europe: a history, Oxford 2007 (Titel der italien. Originalausg. La Popolazione nella storia d'Europa, 1998).

Backhaus, Jürgen G. (ed.): Karl Bücher. Theory – History – Anthropology – Non Market Economies, Marburg 2000.

Backs, Silvia: Lorenz, O., in: NDB, Bd. 15, Berlin 1987, 170-172.

Bade, Klaus J.: Sozialhistorische Migrationsforschung, in: Ernst Hinrichs/Henk van Zon (Hg.), Bevölkerungsgeschichte im Vergleich, Studien zu den Niederlanden und Nordwestdeutschland, Aurich 1988, 63-74.

Bade, Klaus J.: Historische Migrationsforschung, in: IMIS-Beiträge 20 (2002), 21-44.

Baechler, Christian/François Igersheim/Pierre Racine (eds.): Les »Reichsuniversitäten« de Strasbourg et Poznan et les résistances universitaires, 1941-1944, Strasbourg 2005.

Bajohr, Frank/Dieter Pohl: Der Holocaust als offenes Geheimnis: die Deutschen, die NS-Führung und die Alliierten, München 2006.

Bamberger-Stemmann, Sabine: Der Europäische Nationalitätenkongreß 1925 bis 1938. Nationale Minderheiten zwischen Lobbyistentum und Großmachtinteressen, Marburg 2000.

Bardet, Jean-Pierre/Jacques Dupâquier (eds.): Histoire des populations de l'Europe. Vol. 1. Des origines aux prémices de la révolution démographique. Vol. 2. La révolution démographique 1750-1914. Vol. 3. Les temps incertains 1914-1998, Paris 1997-1999.

Bauman, Zygmunt: Moderne und Ambivalenz: in: Uli Bielefeld (Hg.), Das Eigene und das Fremde. Neuer Rassismus in der Alten Welt? Hamburg 1991, 23-49.

Baumgärtner, Ingrid/Paul-Gerhard Klumbies/Franziska Sick: Raumkonzepte. Zielsetzung, Forschungstendenzen und Ergebnisse, in: dies. (Hg.), Raumkonzepte. Disziplinäre Zugänge, Göttingen 2009, 9-25.

Beer, Mathias (Hg.): Südostforschung im Schatten des Dritten Reiches (1920-1960). Institutionen, Inhalte, Personen, München 2004.

Behrendt, Lutz-Dieter: Sowjetische Historiker auf internationalen Historikerkongressen der zwanziger und dreißiger Jahre, in: Comparativ 5-6 (1996), 72-98.

Behringer, Wolfgang: Bauern-Franz und Rassen-Günther. Die politische Geschichte des Agrarhistorikers Günther Franz (1902-1992), in: Schulze/Oexle (Hg.), Deutsche Historiker, 114-141.

Berg, Nicolas: Der Holocaust und die westdeutschen Historiker. Erforschung und Erinnerung, Göttingen 2003

Berger, Stefan: Geschichten von der Nation. Einige vergleichende Thesen zur deutschen, englischen, französischen und italienischen Nationalgeschichtsschreibung seit 1800, in: C. Conrad/S. Conrad (Hg.), Die Nation schreiben, 49-77.

Bevölkerung und Industrialisierung, Zur Frage des demographischen Übergangs, in: Beiträge zur Historischen Sozialkunde, H. 3, 30 (2000) [Themenheft].

Blänkner, Reinhard: Nach der Volksgeschichte. Otto Brunners Konzept einer »europäischen Sozialgeschichte«, in: Hettling (Hg.), Volksgeschichten, 326-366.

Blaschke, Karlheinz: Rudolf Kötzschke – der Vater der sächsischen Landesgeschichte, in: Wieland Held/Uwe Schirmer (Hg.), Rudolf Kötzschke und das Seminar für Landesgeschichte und Siedlungskunde an der Universität Leipzig. Heimstatt sächsischer Landeskunde, Beucha 1999, 9-20.

Blickle, Peter: Deutsche Agrargeschichte in der zweiten Hälfte des 20. Jahrhunderts, in: Werner Troßbach/Clemens Zimmermann (Hg.), Agrargeschichte. Positionen und Perspektiven, Stuttgart 1998, 7-32.

Bödeker, Hans Erich: Begriffsgeschichte, Diskursgeschichte, Metapherngeschichte, Göttingen 2002.

Boockmann, Hartmut/Kurt Jürgensen (Hg.): Nachdenken über Geschichte. Beiträge aus der Ökumene der Historiker – in memoriam Karl Dietrich Erdmann, Neumünster 1991.

Bourdieu, Pierre: Ökonomisches Kapital – Kulturelles Kapital – Soziales Kapital, in: Franzjörg Baumgart (Hg), Theorien der Sozialisation, Bad Heilbronn 1997, 217-231.

Bowersock, G. W.: Beloch and the Birth of Demography, in: Transactions of the American Philological Association 127 (1997), 373-379.

Brackmann, Karl-Heinz/Renate Birkenhauer: NS-Deutsch. »Selbstverständliche« Begriffe und Schlagwörter aus der Zeit des Nationalsozialismus, Straelen 1988.

Breuer, Stefan: Ordnungen der Ungleichheit – die deutsche Rechte im Widerstreit ihrer Ideen 1871-1945, Darmstadt 2001.

Brocke, Bernhard vom: Bevölkerungswissenschaft – Quo vadis? Möglichkeiten und Probleme einer Geschichte der Bevölkerungswissenschaft in Deutschland, Opladen 1998.
Brown, John C./Timothy W. Guinnane: Two Statistical Problems in the Princeton Project on the European Fertility Transition, Economic Growth Center, Yale University, Center Discussion Paper No. 869, September 2003. URL: http://www.econ.yale.edu/growth_pdf/cdp869.pdf (2.9.2013).
Bruch, Rüdiger vom: Wissenschaft im Gehäuse. Vom Nutzen und Nachteil institutionsgeschichtlicher Perspektiven, in: Berichte zur Wissenschaftsgeschichte 23 (2000), 37-50.
Bruch, Rüdiger vom/Brigitte Kaderas (Hg.): Wissenschaften und Wissenschaftspolitik: Bestandsaufnahmen zu Formationen, Brüchen und Kontinuitäten im Deutschland des 20. Jahrhunderts, Stuttgart 2002.
Bruckmüller, Ernst: Zu diesem Band, in: Institut für Wirtschafts- und Sozialgeschichte, Universität Wien (Hg.), Wiener Wege der Sozialgeschichte. Themen – Perspektiven – Vermittlungen, Wien-Köln-Weimar 1997, 11-20.
Bruckmüller, Ernst: Sozialgeschichte Österreichs, Wien-München ^{2}2001.
Bryant, Thomas: Friedrich Burgdörfer (1890-1967): eine diskursbiographische Studie zur deutschen Demographie im 20. Jahrhundert, Stuttgart 2010.
Buchner, Thomas: Alfons Dopsch (1868-1953). Die »Mannigfaltigkeit der Verhältnisse«, in: Hruza (Hg.), Österreichische Historiker, 155-190.
Budde, Gunilla-Friederike (Hg.): Transnationale Geschichte: Themen, Tendenzen und Theorien, Göttingen 2006.
Bünz, Enno/Werner Freitag: Einleitung, in: Räume und Grenzen. Traditionen und Konzepte der Landesgeschichte, in: BDLG 139/140 (2003/04), 146-154.
Bünz, Enno: Schlesinger, Friedrich Walter, in: Sächsische Biografie, bearb. von Martina Schattkowsky. URL: http://saebi.isgv.de/biografie/Walter_Schlesinger_%28 1908-1984%29 (2.9.2013).
Burg, Peter: Bespr. Arthur E. Imhof (Hg.), Historische Demographie als Sozialgeschichte. Gießen und Umgebung vom 17. zum 19. Jahrhundert, Darmstadt-Marburg 1975, in: VSWG 66 (1979), 143-146.
Burke, Peter: Westliches historisches Denken in globaler Perspektive – 10 Thesen, in: Jörn Rüsen (Hg.), Westliches Geschichtsdenken. Eine interkulturelle Debatte. Göttingen 1999, 31-52.
Burleigh, Michael: Germany turns Eastwards. A Study of Ostforschung in the Third Reich, Cambridge 1988.
Burleigh, Michael: Die Stunde der Experten, in: Mechtild Rössler/Sabine Schleiermacher (Hg.), Der »Generalplan Ost«. Hauptlinien der nationalsozialistischen Vernichtungspolitik, Berlin 1993, 346-350.
Capogrossi Colognesi, Luigi: Max Weber und die Wirtschaft der Antike, Göttingen 2004.
Christ, Karl: Karl Julius Beloch, in: ders., Von Gibbon zu Rostovtzeff. Leben und Werk führender Althistoriker der Neuzeit, Darmstadt 1972, 248-285.
Conrad, Christoph/Sebastian Conrad (Hg.): Die Nation schreiben: Geschichtswissenschaft im internationalen Vergleich, Göttingen 2002.
Conrad, Sebastian: Auf der Suche nach der verlorenen Nation. Geschichtsschreibung in Westdeutschland und Japan, 1945-1960, Göttingen 1999.
Conrad, Sebastian: Geographie und soziale Struktur. Die Frage nach dem Kern der Nation in Japan und der Bundesrepublik nach 1945, in: C. Conrad/S. Conrad (Hg.), Die Nation schreiben, 112-136.
Conrad, Sebastian: Bespr. Peter Schöttler (Hg.), Geschichtsschreibung. URL: http://

hsozkult.geschichte.hu-berlin.de/REZENSIO/buecher/cose0398.htm (erschienen 17.3.1998) (2.9.2013).
Cornelißen, Christoph: Gerhard Ritter: Geschichtswissenschaft und Politik im 20. Jahrhundert, Düsseldorf 2001.
Cornelißen, Christoph: »Ausländische Historie« und »deutsche Geschichtswissenschaft«. Gerhard Ritter und die »Verwestlichung« der deutschen Historiografie seit 1945, in: Tobias Kaiser et al. (Hg.), Historisches Denken und gesellschaftlicher Wandel. Studien zur Geschichtswissenschaft zwischen Kaiserreich und deutscher Zweistaatlichkeit, Berlin 2004, 149-170.
Cornelißen, Christoph: Deutsche Geschichtswissenschaft nach 1945. Zwischen nationalen Traditionen und transnationalen Öffnungen, in: Pfeil (Hg.), Die Rückkehr, 17-34.
Dachs, Herbert: Österreichische Geschichtswissenschaft und Anschluß 1918-1930, Wien-Salzburg 1974.
Daniel, Ute: Wissenschaftsgeschichte, in: dies., Kompendium Kulturgeschichte: Theorien, Praxis, Schlüsselwörter. 4., verb. u. erg. Aufl., Frankfurt a. M. 2004, 361-379.
Das Historische Seminar im »Dritten Reich«. Begleitheft zur Ausstellung des Historischen Seminars der Christian-Albrechts-Universität zu Kiel im Sommersemester 2003. URL: http://www.uni-kiel.de/ns-zeit/allgemein/historisches-seminar.pdf (2.9.2013).
Demade, Julien: The Medieval Countryside in German-Language Historiography since the 1930s, in: Isabel Alfonso (ed.), The Rural History of Medieval European Societies. Trends and Perspectives, Turnhout 2007, 173-252.
Demandt, Alexander (Hg.): Deutschlands Grenzen in der Geschichte, München ²1991.
Denecke, Dietrich: Wege der Historischen Geographie und Kulturlandschaftsforschung, Stuttgart 2005.
Denzel, Markus A. (Hg.): Wirtschaft – Politik – Geschichte. Beiträge zum Gedenkkolloquium anläßlich des 100. Geburtstages von Wilhelm Abel am 16. Oktober 2004 in Leipzig, Stuttgart 2004.
Derks, Hans: German Westforschung, 1918 to the Present. The Case of Franz Petri, 1903-1993, in: Haar/Fahlbusch (eds.), German Scholars, 175-199.
Diesener, Gerald/Matthias Middell: Institutionalisierungsprozesse in den modernen historischen Wissenschaften, in: Comparativ 5/6 (1996), 7-20.
Dietz, Burkhard et al. (Hg.): Griff nach dem Westen: die »Westforschung« der völkisch-nationalen Wissenschaften zum nordwesteuropäischen Raum (1919-1960). Bde. 1-2, Münster 2003.
Döring, Jörg/Tristan Thielmann (Hg.): Spatial Turn. Das Raumparadigma in den Kultur- und Sozialwissenschaften, Bielefeld 2008.
Dokumentationsarchiv des Österreichischen Widerstandes (DÖW): Aktuelle rechtsextreme Vereine, Parteien, Zeitschriften in Österreich. URL: http://www.doew.at/frames.php?/projekte/rechts/organisation/oelm.html (2.9.2013).
Dornheim, Andreas: Die deutsche Agrargeschichte in der NS-Zeit und die Lehrstuhl-Berufungen nach 1945 in Westdeutschland, in: Zeitschrift für Agrargeschichte und Agrarsoziologie 53 (2005), 39-55.
Drechsler, Wolfgang: Karl Bücher (1847-1930), in: Backhaus (ed.), Karl Bücher, 413-416.
Dunkhase, Jan Eike: Werner Conze. Ein deutscher Historiker im 20. Jahrhundert, Göttingen 2010.
Dupâquier, Jacques: Histoire de la Population française. Vol. 1. Des Origines à la Renaissance, Vol. 2. De la Renaissance à 1789, Vol. 3. De 1789 à 1914, Vol. 4. De 1914 à nos Jours, Paris 1995.

Durdik, Christel: Bevölkerungs- und Sozialstatistik in Österreich im 18. und 19. Jahrhundert, in: Helczmanovszki (Hg.), Beiträge, 225-266.

Eakin-Thimme, Gabriela Ann: Geschichte im Exil. Deutschsprachige Historiker nach 1933, München 2005.

Ebbinghaus, Angelika/Karlheinz Roth: Vorläufer des Generalplans Ost. Eine Dokumentation über Theodor Schieders Polendenkschrift vom 7. Oktober 1939, in: 1999. Zeitschrift für die Sozialgeschichte des 20. und 21. Jahrhunderts 7 (1992), 62-94.

Eberhart, Helmut: Von der »gläubigen Wissenschaft« zum »Ahnenerbe« der SS: Salzburg und die nationalsozialistische Volkskunde, in: Jacobeit et al. (Hg.), Völkische Wissenschaft, 549-557.

Eckart, Wolfgang Uwe/Robert Jütte: Medizingeschichte. Eine Einführung, Köln-Weimar-Wien 2007.

Eckel, Jan: Hans Rothfels: eine intellektuelle Biographie im 20. Jahrhundert, Göttingen 2005.

Eckel, Jan/Thomas Etzemüller (Hg.): Neue Zugänge zur Geschichte der Geschichtswissenschaft, Göttingen 2007.

Ehmer, Josef/Albert Müller: Sozialgeschichte in Österreich. Traditionen, Entwicklungsstränge und Innovationspotential, in: Jürgen Kocka (Hg.), Sozialgeschichte im internationalen Überblick. Ergebnisse und Tendenzen der Forschung, Darmstadt 1989, 109-140.

Ehmer, Josef: Heiratsverhalten, Sozialstruktur, ökonomischer Wandel: England und Mitteleuropa in der Formationsperiode des Kapitalismus, Göttingen 1991.

Ehmer, Josef: Eine »deutsche« Bevölkerungsgeschichte? Gunther Ipsens historisch-soziologische Bevölkerungstheorie, in: Demographische Informationen (1992), 60-70.

Ehmer, Josef/Tamara K. Hareven/Richard Wall: Vorwort, in: dies. (Hg.), Historische Familienforschung. Ergebnisse und Kontroversen. Michael Mitterauer zum 60. Geburtstag, Frankfurt a. M. 1997, 7-15.

Ehmer, Josef: Migration und Bevölkerung. Zur Kritik eines Erklärungsmodells, in: TAJB 27 (1998), 5-29.

Ehmer, Josef: Marriage, in: David Kertzer/Marzio Barbagli (ed.), Family Life in the Long Nineteenth Century 1789-1913, New Haven-London 2002 (= The History of the European Family; 2).

Ehmer, Josef: Bevölkerungsgeschichte und Historische Demographie 1800-2000, München 2004.

Ehmer, Josef: Demographische Transition, in: Enzyklopädie der Neuzeit, Stuttgart-Weimar 2005, 908-914.

Ehmer, Josef/Werner Lausecker/Alexander Pinwinkler (Hg.): Bevölkerungskonstruktionen in Geschichte, Sozialwissenschaften und Politiken des 20. Jahrhunderts. Transdisziplinäre und internationale Perspektiven, Köln 2006 (= Historical Social Research/Historische Sozialforschung, Sonderheft 31; 4).

Ehmer, Josef/Ursula Ferdinand/Jürgen Reulecke (Hg.): Herausforderung Bevölkerung: zu Entwicklungen des modernen Denkens über die Bevölkerung vor, im und nach dem »Dritten Reich«, Wiesbaden 2007.

Ehmer, Josef: »Historische Bevölkerungsstatistik«, Demographie und Geschichtswissenschaft, in: ders. et al. (Hg.), Herausforderung Bevölkerung, 17-29.

Ehmer, Josef: Bevölkerungswissen und Demographie in der Wissensgesellschaft des 20. Jahrhunderts, in: Jürgen Reulecke/Volker Roelcke (Hg.), Wissenschaften im 20. Jahrhundert: Universitäten in der modernen Wissenschaftsgesellschaft, Stuttgart 2008, 149-167.

Ehmer, Josef: Generationen in der historischen Forschung: Konzepte und Praktiken, in: Harald Künemund/Marc Szydlik (Hg.), Generationen. Multidisziplinäre Perspektiven, Wiesbaden 2009, 59-80.

Ehmer, Josef: Wiener Datenbank zur Europäischen Familiengeschichte. Historische Einleitung. URL: http://www.univie.ac.at/Wirtschaftsgeschichte/famdat/index-gr.html (2.9.2013).

Erdmann, Karl Dietrich: Die Ökumene der Historiker. Geschichte der Internationalen Historikerkongresse und des Comité International des Sciences Historiques, Göttingen 1987.

Esch, Michael G.: »Gesunde Verhältnisse«: deutsche und polnische Bevölkerungspolitik in Ostmitteleuropa 1939-1950, Marburg 1998.

Etzemüller, Thomas: Sozialgeschichte als politische Geschichte. Werner Conze und die Neuorientierung der westdeutschen Geschichtswissenschaft nach 1945, München 2001.

Etzemüller, Thomas: Ein ewigwährender Untergang. Der apokalyptische Bevölkerungsdiskurs im 20. Jahrhundert, Bielefeld 2007.

Fahlbusch, Michael: »Wo der deutsche … ist, ist Deutschland!« Die Stiftung für deutsche Volks- und Kulturbodenforschung in Leipzig 1920-1933, Bochum 1994.

Fahlbusch, Michael: Wissenschaft im Dienste der nationalsozialistischen Politik? Die »Volksdeutschen Forschungsgemeinschaften« von 1931-1945, Baden-Baden 1999.

Fahlbusch, Michael: Deutsche Ostforschung und Geographie, in: Piskorski et al. (Hg.), Deutsche Ostforschung, 223-259.

Fahlbusch, Michael: Wilfried Krallert (1912-1969). Ein Geograf und Historiker im Dienst der SS, in: Hruza (Hg.), Österreichische Historiker, 793-836.

Fahlbusch, Michael/Ingo Haar (Hg.): Völkische Wissenschaften und Politikberatung im 20. Jahrhundert, Paderborn-München u.a. 2010.

Fahlbusch, Michael/Ingo Haar, Einleitung, in: dies. (Hg.), Völkische Wissenschaften und Politikberatung, 9-38.

Fassmann, Heinz: Demographie und Sozialökologie, in: Acham (Hg.), Geschichte. Bd. 2, 189-215.

Fauve-Chamoux, Antoinette (Hg.): Malthus. Hier et aujourd'hui. Congrès International de Démographie historique, mai 1980, Paris 1984.

Febvre, Lucien: Das Gewissen des Historikers, Frankfurt a.M. 1990.

Fehn, Klaus: Volksgeschichte im Dritten Reich als fächerübergreifende Wissenschaftskonzeption am Beispiel von Adolf Helbok, in: Gunther Hirschfelder et al. (Hg.), Kulturen – Sprache – Übergänge. Festschrift für H.L. Cox zum 65. Geburtstag, Köln-Weimar-Wien 2000, 567-580.

Felken, Detlef: Oswald Spengler. Konservativer Denker zwischen Kaiserreich und Diktatur, München 1988, 226-229.

Fellner, Fritz: Geschichtsschreibung und nationale Identität. Probleme und Leistungen der österreichischen Geschichtswissenschaft, Wien-Köln-Weimar 2002.

Fellner, Fritz: Geschichte als Wissenschaft. Der Beitrag Österreichs zu Theorie, Methodik und Themen der Geschichte der Neuzeit, in: ders., Geschichtsschreibung, 36-91.

Fellner, Fritz: Heinrich von Srbik – »Urenkelschüler Rankes«, in: ders., Geschichtsschreibung, 330-345.

Fellner, Günter: Die österreichische Geschichtswissenschaft vom »Anschluß« zum Wiederaufbau, in: Friedrich Stadler (Hg.), Kontinuität und Bruch 1938-1945-1955. Beiträge zur österreichischen Kultur- und Wissenschaftsgeschichte, Wien-München 1988, 135-155.

Ferdinand, Ursula: Das Malthusische Erbe. Entwicklungsstränge der Bevölkerungstheorie im 19. Jahrhundert und deren Einfluß auf die radikale Frauenbewegung in Deutschland, Münster 1999.

Ferdinand, Ursula: Bevölkerungswissenschaft und Rassismus. Die internationalen Bevölkerungskongresse der »International Union of the Scientific Investigation of Population Problems« (IUSIPP) als paradigmatische Foren, in: Mackensen (Hg.), Bevölkerungslehre, 61-98.

Fielitz, Wilhelm: Das Stereotyp des wolhyniendeutschen Umsiedlers, Marburg 2000.

Fietze, Beate: Historische Generationen. Über einen sozialen Mechanismus kulturellen Wandels und kollektiver Kreativität, Bielefeld 2009.

Fisch, Stefan/Wilfried Rudloff (Hg.): Experten und Politik. Wissenschaftliche Politikberatung in geschichtlicher Perspektive, Berlin 2004.

Fleck, Christian: Stichprobe, in: Anne Kwaschik/Mario Wimmer (Hg.), Von der Arbeit des Historikers: Ein Wörterbuch zu Theorie und Praxis der Geschichtswissenschaft, Bielefeld 2010, 189-192.

Fleck, Christian/Albert Müller: »Daten« und »Quellen«, in: ÖZG 8 (1997), 101-126.

Fleck, Ludwik: Entstehung und Entwicklung einer wissenschaftlichen Tatsache: Einführung in die Lehre vom Denkstil und Denkkollektiv, Frankfurt a. M. 2006 (dt., 1935).

Fliri, Franz: Hans Kinzl und die Innsbrucker Schule der Bevölkerungsgeographie, in: Mitteilungen der Österreichischen Geographischen Gesellschaft 138 (1996), 147-181.

Flügel, Axel: Ambivalente Innovation. Anmerkungen zur Volksgeschichte, in: GG 26 (2000), 653-671.

Foucault, Michel: Sécurité, territoire et population <dt.> Sicherheit, Territorium, Bevölkerung. Geschichte der Gouvernementalität. I. Vorlesung am Collège de France 1977-1978, Frankfurt a. M. 2006.

François, Etienne et al. (Hg.): Die Grenze als Raum, Erfahrung und Konstruktion: Deutschland, Frankreich und Polen vom 17. bis zum 20. Jahrhundert, Frankfurt a. M. 2007.

Freund, Wolfgang: Volk, Reich und Westgrenze: Deutschtumswissenschaften und Politik in der Pfalz, im Saarland und im annektierten Lothringen 1925-1945, Saarbrücken 2006.

Früh, Dorothee: Die Genealogie als Hilfswissenschaft der Humangenetik, 1-25. URL: http://www.genetalogie.de/frueh/genealogie/genealogie.pdf (2.9.2013).

Fuchs, Brigitte: »Rasse«, »Volk«, Geschlecht. Anthropologische Diskurse in Österreich 1850-1960, Frankfurt a. M. 2003.

Fuchs, Eckhardt: Zwischen Wissenschaft und Politik. Die internationalen Historiker- und Orientalistenkongresse vor dem Ersten Weltkrieg, in: Stefan Jordan/Peter Th. Walther (Hg.), Wissenschaftsgeschichte und Geschichtswissenschaft, Waltrop 2002, 352-373.

Gailus, Manfred (Hg.): Kirchliche Amtshilfe. Die Kirche und die Judenverfolgung im »Dritten Reich«, Göttingen 2008.

Gausemeier, Bernd: Walter Scheidt und die »Bevölkerungsbiologie«. Ein Beitrag zur Geschichte der »Rassenbiologie« in der Weimarer Republik und im »Dritten Reich«. Magisterarbeit, Freie Universität, Berlin 1998 [masch.].

Gehrmann, Rolf: Bevölkerungsgeschichte Norddeutschlands zwischen Aufklärung und Vormärz, Berlin 2000.

Gehrmann, Rolf: Historical Demography in Germany [ungedr. Mskr.].

Goch, Stefan: Wege und Abwege der Sozialwissenschaft: Wilhelm Brepohls industrielle

Volkskunde, in: Mitteilungsblatt des Instituts für soziale Bewegungen 26 (2001), 139-176.
Goller, Peter/Gerhard Oberkofler: Universität Innsbruck – Entnazifizierung und Rehabilitation von Nazikadern (1945-1950), Innsbruck 2003.
Gosewinkel, Dieter: Einbürgern und ausschließen. Die Nationalisierung der Staatsangehörigkeit vom Deutschen Bund bis zur Bundesrepublik Deutschland, Göttingen 2001.
Gottwald, Herbert: Die Jenaer Geschichtswissenschaft in der Zeit des Nationalsozialismus, in: Uwe Hoßfeld et al. (Hg.), »Kämpferische Wissenschaft«. Studien zur Universität Jena im Nationalsozialismus, Köln-Weimar-Wien 2003, 916-942.
Gramley, Hedda: Propheten des deutschen Nationalismus. Theologen, Historiker und Nationalökonomen (1848-1880), Frankfurt a. M. 2001.
Granovetter, Mark: The Strength of Weak Ties, in: American Journal of Sociology 78 (1973), 1360-1380.
Greenhalgh, Susan: The Social Construction of Population Science: An Intellectual, Institutional, and Political History of Twentieth-Century Demography, in: Comparative Studies in Society and History 38 (1996), 26-66.
Greiff, Walter: Das Boberhaus in Löwenberg/Schlesien 1933-1937. Selbstbehauptung einer nonkonformen Gruppe, Sigmaringen 1985.
Gross, Toomas: From Karl Bücher to the Formalist-Substantivist Debate in Economic Anthropology, in: Backhaus (ed.), Karl Bücher, 245-274.
Grüttner, Michael: Machtergreifung als Generationskonflikt. Die Krise der Hochschulen und der Aufstieg des Nationalsozialismus, in: vom Bruch/Kaderas (Hg.), Wissenschaften, 339-353.
Grüttner, Michael: Nationalsozialistische Wissenschaftler: ein Kollektivporträt, in: ders./Rüdiger Hachtmann et al. (Hg.), Gebrochene Wissenschaftskulturen. Universität und Politik im 20. Jahrhundert, Göttingen 2010, 149-165.
Gruner, Wolf: Öffentliche Wohlfahrt und Judenverfolgung. Wechselwirkung lokaler und zentraler Politik im NS-Staat (1933-1942), München 2002.
Gugerli, David/Daniel Speich: Topografien der Nation. Politik, kartografische Ordnung und Landschaft im 19. Jahrhundert, Zürich 2002.
Gutberger, Hansjörg: Bevölkerungsforschung und »soziale Ordnung«, Anmerkungen zu den Methoden sozialwissenschaftlicher Bevölkerungsforschung in Deutschland (1930-1960), in: Mackensen/Reulecke (Hg.), Das Konstrukt »Bevölkerung«, 314-339.
Gutberger, Hansjörg: Bevölkerung, Ungleichheit, Auslese. Perspektiven sozialwissenschaftlicher Bevölkerungsforschung in Deutschland zwischen 1930 und 1960, Wiesbaden 2006.
Gutberger, Jörg: Volk, Raum und Sozialstruktur: Sozialstruktur- und Sozialraumforschung im »Dritten Reich«, Münster ²1999.
Gutkas, Karl: Landeskunde und Geschichtsforschung in St. Pölten, in: Jahrbuch für Landeskunde von Niederösterreich N. F. 54/55 (1990), 155-169.
Gyldenfeldt, Christian S. von: Gunther Ipsen zu Volk und Land. Versuch über die Grundlagen der Realsoziologie in seinem Werk, Münster 2008.
Haar, Ingo: »Revisionistische« Historiker und Jugendbewegung: Das Königsberger Beispiel, in: Schöttler (Hg.), Geschichtsschreibung als Legitimationswissenschaft 1918-1945, Frankfurt a. M. 1997 (²1999), 52-103.
Haar, Ingo: Historiker im Nationalsozialismus. Deutsche Geschichtswissenschaft und der »Volkstumskampf« im Osten, Göttingen 2000 (²2002).

Haar, Ingo: »Ostforschung« und »Lebensraum«-Politik im Nationalsozialismus, in: Reinhard Rürup/Wolfgang Schieder (Hg.), Geschichte der Kaiser-Wilhelm-Gesellschaft. Bde. 1-2, 2: Bestandsaufnahme und Perspektiven der Forschung. Hg. v. Doris Kaufmann, Göttingen 2000, 437-467.

Haar, Ingo: Die Genesis der »Endlösung« aus dem Geiste der Wissenschaften: Volksgeschichte und Bevölkerungspolitik im Nationalsozialismus, in: ZfG 49 (2001), 13-31.

Haar, Ingo/Michael Fahlbusch (eds.): German Scholars and Ethnic Cleansing (1920-1945), New York-Oxford 2005.

Haar, Ingo: Die deutschen »Vertreibungsverluste«. Zur Entstehungsgeschichte der »Dokumentation der Vertreibung«, in: TAJB (2007), 251-272.

Habel, Fritz Peter: Die Sudetendeutschen, München 1992.

Hackmann, Jörg: Ostpreußen und Westpreußen in deutscher und polnischer Sicht. Landeshistorie als beziehungsgeschichtliches Problem, Wiesbaden 1996.

Hagner, Michael: Ansichten der Wissenschaftsgeschichte, in: ders. (Hg.), Ansichten der Wissenschaftsgeschichte, Frankfurt a. M. 2001, 7-39.

Hahn, Sylvia: Migration – Arbeit – Geschlecht. Arbeitsmigration in Mitteleuropa vom 17. bis zum Beginn des 20. Jahrhunderts, Göttingen 2008.

Hamann, David: Gunther Ipsen und die völkische Realsoziologie, in: Fahlbusch/Haar (Hg.), Völkische Wissenschaften und Politikberatung, 177-198.

Harnisch, Hartmut: August Meitzen und seine Bedeutung für die Agrar- und Siedlungsgeschichte, in: JWG 1975/I, 97-119.

Harten, Hans-Christian/Uwe Neirich/Matthias Schwerendt: Rassenhygiene als Erziehungsideologie des Dritten Reichs: bio-bibliographisches Handbuch, Berlin 2006.

Hartmann, Heinz/Eva Dübbers: Kritik in der Wissenschaftspraxis. Buchbesprechung und ihr Echo, Frankfurt a. M.-New York 1984.

Haupt, Heinz-Gerhard/Jürgen Kocka (Hg.): Geschichte und Vergleich. Ansätze und Ergebnisse international vergleichender Geschichtsschreibung, Frankfurt a. M. 1996.

Haupt, Heinz-Gerhard/Jürgen Kocka: Historischer Vergleich: Methoden, Aufgaben, Probleme, in: Haupt/Kocka (Hg.), Geschichte und Vergleich, 9-45.

Hausen, Karin: Historische Familienforschung, in: Reinhard Rürup (Hg.), Historische Sozialwissenschaft. Beiträge zur Einführung in die Forschungspraxis, Göttingen 1977, 59-95.

Hausmann, Frank-Rutger: »Deutsche Geisteswissenschaft« im Zweiten Weltkrieg. Die »Aktion Ritterbusch« (1940-1945), Dresden-München 1998.

Hausmann, Frank-Rutger: Reichsuniversität Straßburg, in: Haar/Fahlbusch (Hg.), Handbuch, 578-584.

Heberle, Rudolf: Soziologische Lehr- und Wanderjahre, in: Kölner Zeitschrift für Soziologie und Sozialpsychologie 28 (1976), 197-211.

Heckmann, Friedrich: Ethnische Minderheiten, Volk und Nation. Soziologie inter-ethnischer Beziehungen, Stuttgart 1992.

Heinemann, Isabel: »Rasse, Siedlung, deutsches Blut«. Das Rasse- und Siedlungshauptamt der SS und die rassenpolitische Neuordnung Europas, Göttingen 2003.

Heiss, Gernot: Von der gesamtdeutschen zur europäischen Perspektive? Die mittlere, neuere und österreichische Geschichte sowie die Wirtschafts- und Sozialgeschichte an der Universität Wien 1945-1955, in: Margarete Grandner/Gernot Heiss/Oliver Rathkolb (Hg.), Zukunft mit Altlasten. Die Universität Wien 1945-1955, Innsbruck u. a. 2005, 189-210.

Heit, Alfred: Raum: Zum Erscheinungsbild eines geschichtlichen Grundbegriffs, in: Georg Jenal (Hg.), Gegenwart in Vergangenheit. Beiträge zur Kultur und Geschichte der Neueren und Neuesten Zeit. Festgabe für Friedrich Prinz zu seinem 65. Geburtstag, München 1993, 379-390.

Henning, Friedrich-Wilhelm: Agrargeschichte als wichtiger Bestandteil der Wirtschafts- und Sozialgeschichte unter besonderer Berücksichtigung der Forschungsansätze Wilhelm Abels, in: Denzel (Hg.), Wirtschaft – Politik – Geschichte, 11-36.

Henßler, Patrick: Rassenparadigma und Sozialhygiene in Gerhard Mackenroths wissenschaftlichen Arbeiten und Vorlesungen der Jahre 1933-1943, in: Ehmer et al. (Hg.), Bevölkerungskonstruktionen, 101-130.

Henßler, Patrick/Josef Schmid: Bevölkerungswissenschaft im Werden: die geistigen Grundlagen der deutschen Bevölkerungssoziologie, Wiesbaden 2007.

Herb, Guntram Henrik: Under the Map of Germany. Nationalism and propaganda 1918-1945, London-New York 1997.

Herbert, Ulrich: Wer waren die Nationalsozialisten? Typologien des politischen Verhaltens im NS-Staat, in: Gerhard Hirschfeld/Tobias Jersak (Hg.), Karrieren im Nationalsozialismus. Funktionseliten zwischen Mitwirkung und Distanz, Frankfurt a. M.-New York 2004, 17-42.

Herzberg, Marcel: Raumordnung im nationalsozialistischen Deutschland, Dortmund 1997.

Hettling, Manfred (Hg.): Volksgeschichten im Europa der Zwischenkriegszeit, Göttingen 2003.

Hochberger, Ernst/Anton Scherer/Friedrich Spiegel-Schmidt: Die Deutschen zwischen Karpaten und Krain, München 1994.

Höhn, Charlotte: Grundsatzfragen in der Entstehungsgeschichte der Internationalen Union für Bevölkerungswissenschaft (IUSSP/IUSIPP), in: Rainer Mackensen/Lydia Thill-Thouet/Ulrich Stark (Hg.), Bevölkerungsentwicklung und Bevölkerungstheorie in Geschichte und Gegenwart, Frankfurt-New York 1989, 233-254.

Hohls, Rüdiger/Konrad H. Jarausch (Hg.): Versäumte Fragen. Deutsche Historiker im Schatten des Nationalsozialismus, Stuttgart-München 2000.

Hohmann, Joachim S.: Die Forschungen des »Zigeunerexperten« Hermann Arnold, in: 1999. Zeitschrift für Sozialgeschichte des 20. und 21. Jahrhunderts 10 (1995), 35-49.

Holenstein, André: Bauern zwischen Bauernkrieg und Dreißigjährigem Krieg, München 1996.

Holland-Cunz, Barbara: Alarmismus. Die Struktur der öffentlichen Debatte über den demographischen Wandel in Deutschland, in: Diana Auth/dies. (Hg.), Grenzen der Bevölkerungspolitik. Strategien und Diskurse demographischer Steuerung, Opladen-Farmington Hills 2007, 63-80.

Hoßfeld, Uwe: Geschichte der biologischen Anthropologie in Deutschland: Von den Anfägen bis in die Nachkriegszeit, Stuttgart 2005.

Hruza, Karel (Hg.): Österreichische Historiker 1900-1945. Lebensläufe und Karrieren in Österreich, Deutschland und der Tschechoslowakei in wissenschaftsgeschichtlichen Porträts, Wien 2008.

Hruza, Karel: Österreichische Historiker 1900-1945. Zum Stand der Forschung, in: ders. (Hg.), Österreichische Historiker, 13-37.

Hubert, Michel: L'Allemagne en mutation. Histoire de la population allemande depuis 1815, Paris 1995 (dt., Stuttgart 1998).

Hürter, Johannes/Hans Woller (Hg.): Hans Rothfels und die deutsche Zeitgeschichte, München 2005.

Husa, Karl/Christian Vielhaber: Die Entwicklung der Bevölkerungsforschung in Österreich nach dem Zweiten Weltkrieg, in: dies., Ernest Troger/Helmut Wohlschlägl, Bibliographie zur Bevölkerungsforschung in Österreich 1945-1978, Wien 1980, 123-163.

Hutterer, Herbert/Thomas Just: Zur Geschichte des Reichsarchivs Wien 1938-1945, in: Robert Kretzschmar (Red.), Das deutsche Archivwesen und der Nationalsozialismus. 75. Deutscher Archivtag 2005 in Stuttgart, Essen 2007.

Iggers, Georg G.: Deutsche Geschichtswissenschaft. Eine Kritik der traditionellen Geschichtsauffassung von Herder bis zur Gegenwart, Wien-Köln 1997.

International Commission of Historical Demography (ICHD). URL: http://historicaldemography.net/about.php (2.9.2013).

Jacobeit, Wolfgang/Hannsjost Lixfeld/Olaf Bockhorn (Hg.): Völkische Wissenschaft. Gestalten und Tendenzen der deutschen und österreichischen Volkskunde in der ersten Hälfte des 20. Jahrhunderts, Wien-Köln-Weimar 1994.

Jaworski, Rudolf: Deutsche Ostforschung und polnische Westforschung in ihren historisch-politischen Bezügen, in: Piskorski et al. (Hg.), Deutsche Ostforschung, 11-23.

Jaworski, Rudolf/Hans-Christian Petersen: Biographische Aspekte der »Ostforschung«. Überlegungen zu Forschungsstand und Methodik, in: BIOS 15 (2002), 47-62.

Jörg, Christian: Teure, Hunger, Großes Sterben. Hungersnöte und Versorgungskrisen in den Städten des Reiches während des 15. Jahrhunderts, Stuttgart 2008.

Johler, Reinhard: Geschichte und Landeskunde: Innsbruck; Innsbruck: Zur Entstehung von Volkskunde an der Sprachgrenze; Geschichte und Landeskunde: Innsbruck; »Tradition und Gemeinschaft«: Der Innsbrucker Weg, in: Jacobeit et al. (Hg.), Völkische Wissenschaft, 449-462; 407-415; 449-462; 589-601.

Johler, Reinhard: »Volksgeschichte«: Adolf Helboks Rückkehr nach Innsbruck, in: Jacobeit et al. (Hg.), Völkische Wissenschaft, 541-547.

Kaegbein, Paul/Wilhelm Lenz: Fünfzig Jahre baltische Geschichtsforschung 1947-1996, Köln 1997.

Kaelble, Hartmut: Der historische Vergleich. Eine Einführung zum 19. und 20. Jahrhundert, Frankfurt a. M. 1999.

Kaelble, Hartmut/Jürgen Schriewer (Hg.): Vergleich und Transfer. Komparatistik in den Sozial-, Geschichts- und Kulturwissenschaften, Frankfurt a. M. 2003.

Kaiser, Reinhold: Das römische Erbe und das Merowingerreich, München 1993.

Kaser, Karl: Der Erbfall jenseits der »Hajnal-Mitterauer-Linie«. Historische Haushaltsformierungsmuster im Südosten Europas, in: Institut für Wirtschafts- und Sozialgeschichte der Universität Wien (Hg.), Wiener Wege der Sozialgeschichte, Wien-Köln-Weimar 1997, 163-182.

Kater, Michael H.: Das »Ahnenerbe« der SS 1935-1945. Ein Beitrag zur Kulturpolitik des Dritten Reiches, Stuttgart 1974.

Kaudelka, Steffen: Rezeption im Zeitalter der Konfrontation. Französische Geschichtswissenschaft und Geschichte in Deutschland 1920-1940, Göttingen 2003.

Kaufhold, Karl Heinrich: Der Beitrag Wilhelm Abels zur wirtschaftshistorischen Forschung im 20. Jahrhundert, in: Denzel (Hg.), Wirtschaft – Politik – Geschichte, 103-127.

Kernbauer, Alois: Stella Seeberg. Die erste Dozentin an der Rechts- und Staatswissenschaftlichen Fakultät, in: ders./Karin Schmidlechner-Lienhart (Hg.), Frauenstudium und Frauenkarrieren an der Universität Graz, Graz 1996, 260-264.

Kershaw, Ian: Der NS-Staat. Geschichtsinterpretationen und Kontroversen im Überblick, Reinbek 1994.

Kertzer, David I./Tom Fricke (eds.): Anthropological Demography: Toward a New Synthesis, Chicago 1997.

Kertzer, David I./Dominique Arel (eds.): Census and Identity. The Politics of Race, Ethnicity, and Language in National Censuses, Cambridge 2002.

Kessler, Wolfgang (Hg.): Hermann Rauschning: Die Abwanderung der Deutschen aus Westpreußen und Polen nach dem Ersten Weltkrieg. Ein Beitrag zur Geschichte der deutsch-polnischen Beziehungen 1919-1929. Die Entdeutschung Westpreußens und Posens, Essen 1988.

Kletzin, Birgit: Europa aus Rasse und Raum. Die nationalsozialistische Idee der Neuen Ordnung, Münster ²2002.

Klingemann, Carsten: Ostforschung und Soziologie während des Nationalsozialismus, in: Piskorski et al. (Hg.), Deutsche Ostforschung, 161-199.

Klingemann, Carsten: Bevölkerungssoziologie im Nationalsozialismus, in: Mackensen (Hg.), Bevölkerungslehre, 183-205.

Klingemann, Carsten: Semantische Umbauten im Kleinen Brockhaus von 1949/50 und im Großen Brockhaus der fünfziger Jahre durch die Soziologen Hans Freyer, Arnold Gehlen, Gunther Ipsen und Wilhelm Emil Mühlmann, in: Georg Bollenbeck/Clemens Knobloch (Hg.), Resonanzkonstellationen. Die illusionäre Autonomie der Kulturwissenschaften, Heidelberg 2004, 107-131.

Klingemann, Carsten: Soziologie und Politik: Sozialwissenschaftliches Expertenwissen im Dritten Reich und in der frühen westdeutschen Nachkriegszeit, Wiesbaden 2006.

Klingemann, Carsten: Konzeption und Praxis sozialwissenschaftlicher Bevölkerungswissenschaft in ihren Beziehungen zu Raumforschung und Geopolitik im Dritten Reich, in: Mackensen (Hg.), Bevölkerungsforschung, 221-250.

Klingemann, Carsten: Rekursive Kopplung von sozialwissenschaftlicher Bevölkerungsforschung und -politik im Dritten Reich, in: Mackensen et al. (Hg.), Ursprünge, Arten und Folgen, 291-296.

Kloczowski, Jerzy et al. (Hg.): Erfahrungen der Vergangenheit. Deutsche in Ostmitteleuropa in der Historiographie nach 1945, Lublin-Marburg 2000.

Knobloch, Clemens: Rassesemantik in der deutschen Sprachwissenschaft um 1933, in: Klaus D. Dutz (Hg.), Später Mittag. Vermischte Anmerkungen zur Metahistoriographie, Münster 2003, 143-160.

Kocka, Jürgen (Hg): Interdisziplinarität. Praxis – Herausforderung – Ideologie, Frankfurt a. M. 1987.

Kocka, Jürgen: Zwischen Nationalsozialismus und Bundesrepublik. Ein Kommentar, in: Schulze/Oexle (Hg.), Deutsche Historiker, 340-357.

Kocka, Jürgen: Vorwort, in: ders., Arbeiten an der Geschichte: gesellschaftlicher Wandel im 19. und 20. Jahrhundert, Göttingen 2011, 7-10.

Kocka, Jürgen: Historische Sozialwissenschaft zu Anfang des 21. Jahrhunderts, in: ders., Arbeiten an der Geschichte, 78-93.

Köster, Werner: Die Rede über den »Raum«. Zur semantischen Karriere eines deutschen Konzepts, Heidelberg 2002.

Konrád, Ota: Die Sudetendeutsche Anstalt für Landes- und Volksforschung 1940-1945, in: Stefan Albrecht (Hg.), Die »sudetendeutsche Geschichtsschreibung« 1918-1960. Zur Vorgeschichte und Gründung der Historischen Kommission der Sudetenländer, München 2008, 71-95.

Kossok, Manfred: 1789 – Versuch einer Positionsbestimmung, in: ders./Edith Kroß (Hg.), 1789. Weltwirkung einer großen Revolution, Bde 1-2, 1, Vaduz 1989, 1-31.

Kraus, Hans-Christof: Vorformen und Anfänge wissenschaftlicher Politikberatung im 19. Jahrhundert, in: Fisch/Rudloff (Hg.), Experten, 59-78.

Krawarik, Hans: Siedlungsgeschichte Österreichs, Siedlungsanfänge, Siedlungstypen, Siedlungsgenese, Wien 2006.

Krieger, Karsten: Der »Berliner Antisemitismusstreit« 1879-1881. Eine Kontroverse um die Zugehörigkeit der deutschen Juden zur Nation. Kommentierte Quellenedition, München 2003.

Kritische Psychologie Marburg: Volkmar Weiss: Das »Türkenproblem« oder die Angst vor der Degeneration der Bevölkerung. URL: http://www.kp-marburg.de/volkmar_weiss.htm (2.9.2013).

Kröner, Hans-Peter: Förderung der Genetik und Humangenetik in der Bundesrepublik durch das Ministerium für Atomfragen in den fünfziger Jahren, in: Karin Weisemann et al. (Hg.), Wissenschaft und Politik. Humangenetik in der DDR, Münster 1997, 69-82.

Krohn, Claus-Dieter: Geschichtswissenschaften, in: ders. et al. (Hg.), Handbuch der deutschsprachigen Emigration 1933-1945, Darmstadt 1998, 747-761.

Kroll, Thomas: Generationenverhältnisse und politischer Konflikt während der Studentenrevolte von 1968 in der Bundesrepublik Deutschland, in: Steidl et al. (Hg.), Übergänge und Schnittmengen, 319-346.

Krzoska, Markus: Nation und Volk als höchste Werte: die deutsche und die polnische Geschichtswissenschaft als Antagonisten zwischen den Weltkriegen, in: Bernard Linek/Kai Struve (Hg.), Nationalismus und nationale Identität in Ostmitteleuropa im 19. und 20. Jahrhundert. Opole/Marburg 2000, 296-333.

Krzoska, Markus: Ostforschung, in: Haar/Fahlbusch (Hg.): Handbuch, 452-463.

Kuller, Christiane: Familienpolitik im föderativen Sozialstaat. Die Formierung eines Politikfeldes in der Bundesrepublik 1949-1975, München 2004.

Kuls, Wolfgang/Franz-Josef Kemper: Bevölkerungsgeographie. Eine Einführung. 3., neu bearb. Aufl., Leipzig 2000.

Laak, Dirk van: Zwischen »organisch« und »organisatorisch«: »Planung als politische Leitkategorie zwischen Weimar und Bonn, in: Dietz et al. (Hg.), Griff nach dem Westen, 67-90.

Labbé, Morgane: Die Grenzen der deutschen Nation. Raum der Karte, Statistik, Erzählung, in: François et al. (Hg.), Die Grenze als Raum, 293-319.

Lausecker, Werner: »Bevölkerung« / »Innovation« / Geschichtswissenschaften, in: Mackensen/Reulecke (Hg.), Das Konstrukt »Bevölkerung«, 201-235.

Lausecker, Werner: »Übervölkerungs«konstruktionen in der deutschen Bevölkerungsgeschichte und Paul Momberts Kritik 1933. Eine Fallgeschichte zur Produktion und Dekonstruktion wissenschaftlicher Mythen 1929-1976, in: Ehmer et al. (Hg.), Bevölkerungskonstruktionen, 131-147.

Lausecker, Werner: Paul Mombert und die »Vordenker der Vernichtung«. Eine Skizze zu Fragen nach Zusammenhängen von »Bevölkerungs«konstruktionen und Social Engineering im Nationalsozialismus, in: Ehmer et al. (Hg.), Herausforderung Bevölkerung, 333-340.

Lausecker, Werner: Werner Conze, in: Haar/Fahlbusch (Hg.), Handbuch, 93-103.

Laxy, Bernhard: Wittram, Reinhard, in: Biographisch-bibliographisches Kirchenlexikon 25 (2005), Sp. 1529-1543.

Lee, Robert: The Development of Population History (»Historical Demography«) in Great Britain from the Late Nineteenth Century to the Early-1960s, in: Ehmer et al. (Hg.), Bevölkerungskonstruktionen, 34-63.

Leendertz, Ariane: Ordnung schaffen. Deutsche Raumplanung im 20. Jahrhundert, Göttingen 2008.

Leendertz, Ariane: Ordnung, Ausgleich, Harmonie. Koordinaten raumplanerischen Denkens in Deutschland, 1920 bis 1970, in: Thomas Etzemüller (Hg.), Die Ordnung der Moderne. Social Engineering im 20. Jahrhundert, Bielefeld 2009, 129-150.

Lehmann, Hartmut/Otto Gerhard Oexle (Hg.): Nationalsozialismus in den Kulturwissenschaften. Bd. 1: Fächer – Milieus – Karrieren. Bd. 2: Leitbegriffe – Deutungsmuster – Paradigmenkämpfe, Erfahrungen und Transformationen im Exil, Göttingen 2004.

Leidlmair, Adolf: Hans Kinzl. Im Licht seines Briefwechsels, Lebenslaufes und persönlicher Erinnerungen, in: Innsbrucker Jahresbericht (2003), 142-176.

Lenoir, Rémi: Die Erfindung der Demographie und die Bildung des Staates, in: ÖZG 8 (1997), 400-444.

Lerchenmueller, Joachim: Die Geschichtswissenschaft in den Planungen des Sicherheitsdienstes der SS. Der SD-Historiker Hermann Löffler und seine Denkschrift »Entwicklung und Aufgaben der Geschichtswissenschaft in Deutschland«, Bonn 2001.

Lerchenmueller, Joachim: Die »SD-mäßige« Bearbeitung der Geschichtswissenschaft, in: Michael Wildt (Hg.), Nachrichtendienst, politische Elite, Mordeinheit. Der Sicherheitsdienst des Reichsführers SS, Hamburg 2003, 160-189.

Le Rider, Jacques: Mitteleuropa. Auf den Spuren eines Begriffes, Wien 1994.

Lichtenberger, Elisabeth: Forschungsrichtungen der Geographie. Das österreichische Beispiel 1945-1975, in: Mitteilungen der Österreichischen Geographischen Gesellschaft 117 (1975), 12-13; 46-48.

Lichtenberger, Elisabeth: Geographie, in: Acham (Hg.), Geschichte. Bd. 2, 71-148.

Lingelbach, Gabriele: Institutionelle Rahmenbedingungen disziplinärer Standardisierungsprozesse – ein amerikanisch-französischer Vergleich, in: Eckel/Etzemüller (Hg.), Neue Zugänge, 110-134.

Linnemann, Kai Arne: Das Erbe der Ostforschung. Zur Rolle Göttingens in der Geschichtswissenschaft der Nachkriegszeit, Marburg 2002.

Lösch, Niels C.: Rasse als Konstrukt. Leben und Werk Eugen Fischers, Frankfurt a. M. 1997.

Loth, Wilfried: Rettungsanker Europa? Deutsche Europa-Konzeptionen vom Dritten Reich bis zur Bundesrepublik, in: Hans-Erich Volkmann (Hg.), Ende des Dritten Reiches – Ende des Zweiten Weltkriegs. Eine perspektivische Rückschau, München-Zürich 1995, 201-221.

Ludwig, Esther: »Ein sonniges Neuland« oder der Historiker als »Diagnostiker am Leibe des Volkes«, in: Westfälische Forschungen 46 (1996), 49-72.

Lüdtke, Alf: Funktionseliten: Täter, Mit-Täter, Opfer? Zu den Bedingungen des deutschen Faschismus, in: ders. (Hg.), Herrschaft als soziale Praxis. Historische und sozialanthropologische Studien, Göttingen 1991, 559-590.

Maas, Annette: »A l'extrême frontière …« Grenzerfahrung in Lothringen nach 1870, in: Lieselotte Kugler (Hg.): Grenzenlos. Lebenswelten in der deutsch-französischen Region an Saar und Mosel seit 1840, Saarbrücken 1998, 55-77.

Mackensen, Rainer: Gunther Ipsens Bevölkerungslehre: Herkunft, Inhalt und Wiedergabe im Werk Mackenroths, in: Schmid (Hg.), Bevölkerungswissenschaft, 42-89.

Mackensen, Rainer/Lydia Thill-Thouet/Ulrich Stark (Hg.): Bevölkerungsentwicklung und Bevölkerungstheorie in Geschichte und Gegenwart. Deutsche Gesellschaft für Bevölkerungswissenschaft, 21. Arbeitstagung, Frankfurt a. M.-New York 1989.

Mackensen, Rainer (Hg.): Bevölkerungsfragen auf Abwegen der Wissenschaften: Dokumentation des 1. Colloquiums zur Geschichte der Bevölkerungswissenschaft in Deutschland im 20. Jahrhundert, Opladen 1998.
Mackensen, Rainer: Nachwuchsbeschränkung – Ansatz, Theorie und Methode bei Hans Linde, in: ZfB 25 (2000), 291-325.
Mackensen, Rainer: Vergangenheit und Zukunft der Demographie als Wissenschaft, in: ZfB 25 (2000), 399-429.
Mackensen, Rainer: Vier Wurzeln der empirischen Sozialforschung, in: ZfB 28 (2003), 483-504.
Mackensen, Rainer (Hg.): Bevölkerungslehre und Bevölkerungspolitik im »Dritten Reich«, Opladen 2004.
Mackensen, Rainer: Zur Einführung, in: ders. (Hg.), Bevölkerungslehre, 9-17.
Mackensen, Rainer/Jürgen Reulecke (Hg.): Das Konstrukt »Bevölkerung« vor, im und nach dem »Dritten Reich«, Wiesbaden 2005.
Mackensen, Rainer (Hg.): Bevölkerungsforschung und Politik in Deutschland im 20. Jahrhundert, Wiesbaden 2006.
Mackensen, Rainer/Jürgen Reulecke/Josef Ehmer (Hg.): Ursprünge, Arten und Folgen des Konstrukts »Bevölkerung« vor, im und nach dem »Dritten Reich«. Zur Geschichte der deutschen Bevölkerungswissenschaft, Wiesbaden 2009.
Mai, Uwe: »Rasse und Raum«: Agrarpolitik, Sozial- und Raumplanung im NS-Staat, Paderborn u. a. 2002.
Mannheim, Karl: Das Problem der Generationen, in: Kölner Vierteljahreshefte für Soziologie 7 (1928/29), 157-184.
Marcon, Helmut: Schönberg, Gustav Friedrich von, in: NDB, Bd. 23, Berlin 2007.
Massin, Benoît: Rasse und Vererbung als Beruf. Die Hauptforschungsrichtungen am Kaiser-Wilhelm-Institut für Anthropologie, menschliche Erblehre und Eugenik im Nationalsozialismus, in: Hans-Walter Schmuhl (Hg.), Rassenforschung an Kaiser-Wilhelm-Instituten vor und nach 1933, Göttingen 2003, 190-244.
Medick, Hans: Zur politischen Sozialgeschichte der Grenzen in der Neuzeit Europas, in: Sozialwissenschaftliche Informationen 20 (1991), 157-163.
Medick, Hans: Weben und Überleben in Laichingen 1650-1900. Lokalgeschichte als Allgemeine Geschichte, Göttingen 1996.
Meixner, Wolfgang: »... eine wahrhaft nationale Wissenschaft der Deutschen ...«. Der Historiker und Volkskundler Adolf Helbok (1883-1968), in: Skolast 34 (1990), 126-133.
Meixner, Wolfgang/Gerhard Siegl: Erwanderte Heimat. Hermann Wopfner und die Tiroler Bergbauern, in: Ernst Bruckmüller/Ernst Langthaler/Josef Redl (Hg.), Agrargeschichte schreiben. Traditionen und Innovationen, Innsbruck-Wien-München 2004, 228-239.
Middell, Matthias: Weltgeschichtsschreibung im Zeitalter der Verfachlichung und Professionalisierung. Das Leipziger Institut für Kultur- und Universalgeschichte 1890-1990, Bde. 1-3, 2: Von der Kulturgeschichte unter Walter Goetz bis zur historischen Soziologie Hans Freyers, Leipzig 2005.
Mitterauer, Michael/Reinhard Sieder: Vom Patriarchat zur Partnerschaft. Zum Strukturwandel der Familie, München 1977 ([4]1991).
Mommsen, Hans: Geschichtswissenschaft in Bochum, in: Klaus Schaller (Hg.), Universität – Wissenschaft – Gesellschaft. Festschrift zum 25-jährigen Bestehen der Ruhr-Universität Bochum, Sankt Augustin 1990, 53-72.
Mommsen, Hans: Umvolkungspläne des Nationalsozialismus und der Holocaust, in: Helge Grabitz/Klaus Bästlein et al. (Hg.), Die Normalität des Verbrechens. Bilanz

und Perspektiven der Forschung zu den nationalsozialistischen Gewaltverbrechen, Berlin 1994, 68-84.

Mommsen, Wolfgang J. (Hg.): Leopold von Ranke und die moderne Geschichtswissenschaft, Stuttgart 1988.

Mommsen, Wolfgang J.: Vom »Volkstumskampf« zur nationalsozialistischen Vernichtungspolitik in Osteuropa. Zur Rolle der deutschen Historiker unter dem Nationalsozialismus, in: Schulze/Oexle (Hg.), Deutsche Historiker, 183-214.

Mommsen, Wolfgang J.: Anfänge des *ethnic cleansing* und der Umsiedlungspolitik im Ersten Weltkrieg, in: Eduard Mühle (Hg.), Mentalitäten – Nationen – Spannungsfelder. Studien zu Mittel- und Osteuropa im 19. und 20. Jahrhundert, Marburg 2001, 147-162.

Mommsen, Wolfgang J.: Die Urkatastrophe Deutschlands. Der Erste Weltkrieg 1914-1918, Stuttgart 2002.

Mommsen, Wolfgang J.: Gestürzte Denkmäler? Die Fälle Aubin, Conze, Erdmann und Schieder, in: Jürgen Elvert (Hg.), Historische Debatten und Kontroversen im 19. und 20. Jahrhundert, Stuttgart 2003, 96-109.

Mühle, Eduard: Institutionelle Grundlegung und wissenschaftliche Programmatik der westdeutschen Beschäftigung mit »deutscher Geschichte« im östlichen Mitteleuropa (1945-1959), in: Kloczowski et al. (Hg.), Erfahrungen, 25-64.

Mühle, Eduard: Für Volk und deutschen Osten. Der Historiker Hermann Aubin und die deutsche Ostforschung, Düsseldorf 2005.

Mühle, Eduard (Hg.): Briefe des Ostforschers Hermann Aubin aus den Jahren 1910-1968, Marburg 2008.

Müller, Joachim: Die »Ideen von 1914« bei Johann Plenge und in der zeitgenössischen Diskussion. Ein Beitrag zur Ideengeschichte des Ersten Weltkrieges, Neuried 2001.

Müller, Laurenz: Diktatur und Revolution. Reformation und Bauernkrieg in der Geschichtsschreibung des »Dritten Reich« und der DDR, Stuttgart 2004.

Müller, Michael G./Rolf Petri (Hg.): Die Nationalisierung von Grenzen. Zur Konstruktion nationaler Identität in sprachlich gemischten Grenzregionen, Marburg 2002.

Müller, Senya: Sprachwörterbücher im Nationalsozialismus. Die ideologische Beeinflussung von Duden, Sprach-Brockhaus und anderen Nachschlagewerken während des »Dritten Reichs«, Stuttgart 1994.

Müller, Valerie: Karl Theodor von Inama-Sternegg. Ein Leben für Staat und Wissenschaft, Innsbruck 1976.

Münchheimer, Werner: Die Neugliederung Deutschlands. Grundlagen – Kritik – Ziele und die Pläne zur »Reichsreform« von 1919-1945, Frankfurt a. M. 1949.

Nagel, Anne Christine/Ulrich Sieg (Hg.): Die Philipps-Universität Marburg im Nationalsozialismus: Dokumente zu ihrer Geschichte, Stuttgart 2000.

Nagel, Anne Christine: Im Schatten des Dritten Reichs: Mittelalterforschung in der Bundesrepublik Deutschland 1945-1970, Göttingen 2005.

Nagel, Jürgen G./Martin Schmidt: Raumstrukturen der rheinischen Frühindustrialisierung – neue Methoden zur Nutzung serieller Quellen in Verbindung mit zeitgenössischen Karten, in: Dietrich Ebeling (Hg.), Historisch-thematische Kartographie. Konzepte – Methoden – Anwendungen, Bielefeld 1999, 110-125.

Neumark, Fritz: Paul Mombert, in: Hans Georg Gundel et al. (Hg.), Gießener Gelehrte in der ersten Hälfte des 20. Jahrhunderts, Marburg 1982, 672-680.

Nikolay-Panter, Marlene: Geschichte, Methode, Politik. Das Institut und die geschichtliche Landeskunde der Rheinlande 1920-1945, in: Dietz et al. (Hg.), Griff nach dem Westen, 689-714.

Die NS-Geschichte der LMU, in: Münchner Uni.Magazin. Zeitschrift der Ludwig-Maximilians-Universität München, 3 (2002), 6-9.

Obenhaus, Herbert: The Germans: »An Antisemitic People«. The Press Campaign After 9 November 1938, 1-35. URL: www1.yadvashem.org/odot_pdf/Microsoft%20Word%20-%205623.pdf (2.9.2013).

Oberkofler, Gerhard: Franz Huter (1899-1997). Soldat und Historiker Tirols, Innsbruck 1999.

Oberkrome, Willi: Volksgeschichte: Methodische Innovation und völkische Ideologisierung in der deutschen Geschichtswissenschaft 1918-1945, Göttingen 1993.

Oberkrome, Willi: Reformansätze in der deutschen Geschichtswissenschaft der Zwischenkriegszeit, in: Michael Prinz/Rainer Zitelmann (Hg.), Nationalsozialismus und Modernisierung, Darmstadt [2]1994, 216-238.

Oberkrome, Willi: Geschichte, Volk und Theorie. Das »Handwörterbuch des Grenz- und Auslanddeutschtums«, in: Schöttler (Hg.), Geschichtsschreibung, 104-127.

Oberkrome, Willi: Entwicklungen und Varianten der deutschen Volksgeschichte (1900-1960), in: Hettling (Hg.), Volksgeschichten, 65-95.

Österreichs Archive unter dem Hakenkreuz. Hg. von der Generaldirektion, Wien 2010 (= Mitteilungen des Österreichischen Staatsarchivs; 54).

Osietzki, Maria: Modernisierung oder Reform? Das Erbe der Wissenschafts- und Bildungspolitik der 50er Jahre, in: Burkhard Dietz/Winfried Schulze/Wolfhard Weber (Hg.), Universität und Politik. Festschrift zum 25jährigen Bestehen der Ruhr-Universität Bochum. Bd. 1, Bochum, 1990, 11-52.

Osterhammel, Jürgen: Raumerfassung und Universalgeschichte im 20. Jahrhundert, in: Gangolf Hübinger/Jürgen Osterhammel/Erich Pelzer (Hg.), Universalgeschichte und Nationalgeschichten. Ernst Schulin zum 65. Geburtstag, Freiburg/Br. 1994, 51-72.

Osterhammel, Jürgen: Die Wiederkehr des Raumes: Geopolitik, Geohistorie und historische Geographie, in: Neue Politische Literatur 43 (1998), 374-397.

Osterhammel, Jürgen: Geschichtswissenschaft jenseits des Nationalstaats. Studien zu Beziehungsgeschichte und Zivilisationsvergleich, Göttingen 2001.

Overath, Petra: Bevölkerungsforschung transnational. Eine Skizze zu Interaktionen zwischen Wissenschaft und Politik am Beispiel der *International Union of the Scientific Study of Population*, in: dies. (Hg.), Die vergangene Zukunft Europas. Bevölkerungsforschung und -prognosen im 20. und 21. Jahrhundert, Köln-Weimar-Wien 2011, 57-83.

Penz, Hugo: Hans Kinzl (1898-1979) und das Institut für Geographie der Universität Innsbruck, in: Innsbrucker Jahresbericht 1997/98, 5-28.

Petersen, Hans-Christian: Bevölkerungsökonomie – Ostforschung – Politik: eine biographische Studie zu Peter-Heinz Seraphim (1902-1979), Osnabrück 2007.

Pfeil, Ulrich (Hg.): Die Rückkehr der deutschen Geschichtswissenschaft in die »Ökumene der Historiker«. Ein wissenschaftsgeschichtlicher Ansatz, München 2008.

Pfeil, Ulrich: Deutsche Historiker auf den internationalen Historikertagen von Stockholm (1960) und Wien (1965), in: ders. (Hg.), Die Rückkehr, 305-325.

Pferschy, Gerhard: Zur Geschichte der Historischen Kartographie in der Steiermark, in: Othmar Pickl (Hg.), 100 Jahre Historische Landeskommission für Steiermark 1892-1992. Bausteine zur Historiographie der Steiermark, Graz 1992, 325-336.

Pfister, Christian: Bevölkerungsgeschichte und Historische Demographie 1500-1800, München 1994.

Pierenkemper, Toni: Englische Agrarrevolution und preußisch-deutsche Agrarreformen in vergleichender Perspektive, in: ders. (Hg.), Landwirtschaft und industrielle Entwicklung. Zur ökonomischen Bedeutung von Bauernbefreiung, Agrarreform und Agrarrevolution, Stuttgart 1989, 7-25.

Pinwinkler, Alexander: Wilhelm Winkler (1884-1984) – eine Biographie. Zur Geschichte der Statistik und Demographie in Österreich und Deutschland, Berlin 2003 (= Schriften zur Wirtschafts- und Sozialgeschichte; 75).

Pinwinkler, Alexander: »Grenze« als soziales Konzept: Historisch-demographische Konstrukte des »Eigenen« und des »Fremden«, in: Comparativ 13 (2003), Themenheft »Volks-(An)Ordnung. Einschließen, ausschließen, einteilen, aufteilen!«, 31-48.

Pinwinkler, Alexander: *Volk*, *Bevölkerung*, *Rasse*, and *Raum*: Erich Keyser's Ambiguous Concept of a German History of Population, ca. 1918-1955, in: Haar/Fahlbusch (eds.), German Scholars, 86-99.

Pinwinkler, Alexander: Österreichische Historiker im Nationalsozialismus und in der frühen Zweiten Republik – eine ausgebliebene Debatte? Kritische Überlegungen zu Fritz Fellners Essay »Der Beitrag Österreichs zu Theorie, Methodik und Themen der Geschichte der Neuzeit«, in: Zeitgeschichte 32 (2005), 35-46.

Pinwinkler, Alexander: »Assimilation« und »Dissimilation« in der Bevölkerungsgeschichte, ca. 1918-1960, in: Mackensen (Hg.), Bevölkerungsforschung und Politik, 23-48.

Pinwinkler, Alexander: Zur (Re-)Konstruktion von »Bevölkerungsgeschichte« in der frühen Bundesrepublik Deutschland – nationale und internationale Kontexte, in: Ehmer et al. (Hg.), Bevölkerungskonstruktionen, 64-100.

Pinwinkler, Alexander: »Bevölkerungsgeschichte« in der »Deutschen Gesellschaft für Bevölkerungswissenschaft« (1952 bis ca. 1970), in: Ehmer et al. (Hg.), Herausforderung Bevölkerung, 283-294.

Pinwinkler, Alexander: Figurationen des Peripheren – »Bevölkerungsgeschichte« in der frühen Bundesrepublik Deutschland im internationalen Kontext, in: TAJB 35 (2007), 164-182.

Pinwinkler, Alexander: Arbeitskreis »Historische Raumforschung« der ARL, in: Haar/Fahlbusch (Hg.), Handbuch, München 2008, 45-54.

Pinwinkler, Alexander: Deutsche Geschichtswissenschaften und »Bevölkerung« bei den Internationalen Historikerkongressen der Zwischenkriegszeit, in: Steidl et al. (Hg.), Übergänge und Schnittmengen, 371-398.

Pinwinkler, Alexander: Raimund Friedrich Kaindl. Geschichte und Volkskunde im Spannungsfeld zwischen Wissenschaft und Politik, in: Hruza (Hg.), Österreichische Historiker, 125-154.

Pinwinkler, Alexander: »Bevölkerungssoziologie« und Ethnizität: Historisch-demographische »Minderheitenforschung« in Österreich, ca. 1918-1938, in: ZfG 57 (2009), 101-133.

Pinwinkler, Alexander: Trends der Bevölkerungsforschungen in den Geschichtswissenschaften, in: Mackensen et al. (Hg.), Ursprünge, Arten und Folgen, 107-127.

Pinwinkler, Alexander: Walter Kuhn (1903-1983) und der Bielitzer »Wandervogel e. V.«: Historisch-volkskundliche »Sprachinselforschung« zwischen nationalistischem Pathos und politischer Indienstnahme, in: Zeitschrift für Volkskunde 105 (2009), 29-51.

Pinwinkler, Alexander: »Hier war die große Kulturgrenze, die die deutschen Soldaten nur zu deutlich fühlten …« Albrecht Penck (1858-1945) und die deutsche »Volks- und Kulturbodenforschung«, in: Österreich in Geschichte und Literatur 55 (2011), 180-191.

Pinwinkler, Alexander: Konstruktionen des Volkstums in historisch-landeskundlichen Forschungen an der deutschen »Reichsuniversität Straßburg«, 1941-44, in: Konrad

Krimm (Hg.), NS-Kulturpolitik und Gesellschaft am Oberrhein, Ostfildern 2013, 157-171.

Piskorski, Jan M./Jörg Hackmann/Rudolf Jaworski (Hg.): Deutsche Ostforschung und polnische Westforschung im Spannungsfeld von Wissenschaft und Politik: Disziplinen im Vergleich, Osnabrück 2002.

Pohl, Walter: Die Germanen, München 2000.

Pohl, Walter: Die Völkerwanderung. Eroberung und Integration, Stuttgart [2]2005.

Popa, Klaus: Fritz Valjavec, in: Haar/Fahlbusch (Hg.), Handbuch, 697-700.

Post, Bernhard: Armin Tille (1870-1941), in: Thüringer Archivarverband (Hg.), Lebensbilder Thüringer Archivare, Rudolstadt 2001, 242-255.

Prehn, Ulrich: »Volk« und »Raum« in zwei Nachkriegszeiten. Kontinuitäten und Wandlungen in der Arbeit des Volkstumsforschers Max Hildebert Boehm, in: Habbo Knoch (Hg.), Das Erbe der Provinz. Heimatkultur und Geschichtspolitik nach 1945, Göttingen 2001, 50-72.

Preradovich, Nikolaus von: Banniza v. Bazan, in: NDB, Bd. 1, Berlin 1953, 577.

Professor Dr. August Skalweit. URL: http://www.uni-kiel.de/ns-zeit/bios/skalweit-august.shtml (2.9.2013).

Promitzer, Christian: Täterwissenschaft: das Südostdeutsche Institut in Graz, in: Mathias Beer/Gerhard Seewann (Hg.), Südostforschung im Schatten des Dritten Reiches. Institutionen – Inhalte – Personen, München 2004, 93-113.

Pulzer, Peter G.J.: Die Entstehung des politischen Antisemitismus in Deutschland und Österreich 1867-1914, Göttingen 2004 (Titel der engl. Originalausg. The Rise of Political Anti-Semitism in Germany and Austria, 1964).

Puschner, Uwe et al. (Hg.), Handbuch zur »Völkischen Bewegung« 1871-1918, München 1996.

Ranzi, Fritz: Die Geschichte des akademischen Corps Athesia zu Innsbruck, Innsbruck 1961.

Raphael, Lutz: Die Erben von Bloch und Febvre. *Annales*-Geschichtsschreibung und *nouvelle histoire* in Frankreich 1945-1980, Stuttgart 1994.

Raphael, Lutz: Die Verwissenschaftlichung des Sozialen als methodische und konzeptionelle Herausforderung für eine Sozialgeschichte des 20. Jahrhunderts, in: GG 22 (1996), 165-193.

Raphael, Lutz: Radikales Ordnungsdenken und die Organisation totalitärer Herrschaft: Weltanschauungseliten und Humanwissenschaftler im NS-Regime, in: GG 27 (2001), 5-40.

Raphael, Lutz: Geschichtswissenschaft im Zeitalter der Extreme. Theorien, Methoden, Tendenzen von 1900 bis zur Gegenwart, München 2003.

Raphael, Lutz: Zwischen Agrarromantik und empirischem Rationalismus: Wege der französischen Siedlungsgeografie und Agrargeschichte (1880-1945), in: Hettling (Hg.), Volksgeschichten, 147-172.

Rehberg, Karl-Siegbert: Die stabilisierende »Fiktionalität« von Präsenz und Dauer. Institutionelle Analyse und historische Forschung, in: Bernhard Jussen/Reinhard Blänkner (Hg.), Ereignis und Institutionen, Göttingen 1998, 381-407.

Reinhard, Wolfgang: Geschichte der Staatsgewalt. Eine vergleichende Verfassungsgeschichte Europas von den Anfängen bis zur Gegenwart, München [3]2002.

Republik Österreich, Parlament, DDr. Ferdinand Ulmer. URL: http://www.parlament.gv.at/WW/DE/PAD_01328/pad_01328.shtml (2.9.2013).

Reulecke, Jürgen: Generationalität und die West-/Ostforschung im »Dritten Reich« – ein Interpretationsversuch, in: vom Bruch/Kaderas (Hg.), Wissenschaften, 354-360.

Reulecke, Jürgen (Hg.): Generationalität und Lebensgeschichte im 20. Jahrhundert, München 2003.

Reulecke, Jürgen: Bevölkerung denken: Herausforderungen einer neueren Wissenschafts- und Mentalitätsgeschichte, in: Mackensen (Hg.), Bevölkerungsforschung, 13-21.

Reulecke, Jürgen/Armin Flender/Matthias Weipert: Bevölkerungswissenschaften im Rahmen einer Mentalitätsgeschichte des frühen 20. Jahrhunderts – generationelle und semantische Kontexte, in: Mackensen/Reulecke (Hg.), Das Konstrukt »Bevölkerung«, 92-94.

Reulecke, Jürgen: Jugend und »junge Generationen« um 1930: Gerhard Mackenroths generationelle Ortsbestimmung als 30-Jähriger, in: Ehmer et al. (Hg.), Herausforderung Bevölkerung, 223-232.

Richter, Arndt: Dr. Felix von Schröder 1912-2003. Gedenken und persönliche Erinnerungen, in: Familienforschung in Mitteldeutschland 45, H. 3 (2004), 305.

Riedl, Franz Hieronymus: Die Deutsche Burse zu Marburg und ihre Ausstrahlung besonders nach Südosteuropa, in: Südostdeutsches Archiv 28/29 (1985/86), 104-116.

Ritter, Gerhard A.: Die Verdrängung von Friedrich Meinecke als Herausgeber der Historischen Zeitschrift 1933-1935, in: Dieter Hein/Klaus Hildebrand/Andreas Schulz (Hg.), Historie und Leben. Der Historiker als Wissenschaftler und Zeitgenosse. Festschrift für Lothar Gall zum 70. Geburtstag, München 2006, 65-88.

Rode, Jörg: Die Gesellschaft für Sozial- und Wirtschaftsgeschichte (1961-1998), Stuttgart 1998.

Rödel, Walter G.: Mainz und seine Bevölkerung im 17. und 18. Jahrhundert. Demographische Entwicklung, Lebensverhältnisse und soziale Strukturen in einer geistlichen Residenzstadt, Stuttgart 1985.

Rödel, Walter G.: Einführung, in: Michael Matheus et al. (Hg.), Landesgeschichte und historische Demographie, Stuttgart 2000, 1-8.

Rosental, Paul-André: Thirteen Years of Debate: From population history to French historical demography (1945-1958), in: Population 9 (1997), 215-242.

Rosental, Paul-André: L'intelligence démographique. Sciences et politiques des populations en France (1930-1960), Paris 2003.

Rosental, Paul-André: The Novelty of an Old Genre: Louis Henry and the Founding of Historical Demography, in: Population 58 (2003), 97-130.

Roth, Karl Heinz: Heydrichs Professor. Historiographie des Volkstums und der Massenvernichtungen: Der Fall Hans Joachim Beyer, in: Schöttler (Hg.), Geschichtsschreibung, 262-342.

Ruge, Undine: Die Erfindung des »Europa der Regionen«. Kritische Ideengeschichte eines konservativen Konzepts, Frankfurt a. M.-New York 2003.

Sachse, Carola (Hg.): »Mitteleuropa« und »Südosteuropa« als Planungsraum: Wirtschafts- und kulturpolitische Expertisen im Zeitalter der Weltkriege, Göttingen 2010.

Sahlin, Peter: Boundaries. The Making of France and Spain in the Pyrenees, Berkeley 1989.

Salzborn, Samuel: Ethnisierung der Politik. Theorie und Geschichte des Volksgruppenrechts in Europa, Frankfurt a. M.-New York 2005.

Salzborn, Samuel: Göttinger Arbeitskreis, in: Haar/Fahlbusch (Hg.), Handbuch, 198-203.

Sandgruber, Roman: Hermann Wopfner. Bergbauernbuch. Von Arbeit und Leben des Tiroler Bergbauern, Bde. 1-2, Innsbruck 1995, in: VSWG 84 (1997), 597-598.

Sarasin, Philipp: Geschichtswissenschaft und Diskursanalyse, Frankfurt a. M. 2003.

Sarasin, Philipp: Zweierlei Rassismus? Die Selektion des Fremden als Problem in Michel Foucaults Verbindung von Biopolitik und Rassismus, in: Martin Stingelin (Hg.), Biopolitik und Rassismus, Frankfurt a. M. 2003, 55-79.

Schader, Anna: Harold Steinacker (1875-1965) – sein Weg in den Nationalsozialismus, Klagenfurt 1997 [Phil. Diss. masch.].

Schaub, Walter: Sozialgenealogie – Probleme und Methoden, in: BDLG 110 (1974), 15-28.

Scheidel, Walter (ed.): Debating Roman Demography, Leiden-Boston-Köln 2001.

Scheidel, Walter: Roman population size: the logic of the debate, July 2007 (= Princeton/Stanford Working Papers in Classics). URL: http://www.let.leidenuniv.nl/pdf/geschiedenis/scheidel_vici.pdf (2.9.2013).

Schildt, Axel: Zwischen Abendland und Amerika: Studien zur westdeutschen Ideenlandschaft der 50er Jahre, München 1999.

Schleiermacher, Sabine: Sozialethik im Spannungsfeld von Sozial- und Rassenhygiene. Der Mediziner Hans Harmsen im Centralausschuß für die Innere Mission, Husum 1998.

Schleiermacher, Sabine: Experte und Lobbyist für Bevölkerungspolitik. Hans Harmsen in Weimarer Republik, Nationalsozialismus und Bundesrepublik, in: Fisch/Rudloff (Hg.), Experten, 211-238.

Schlögel, Karl: Im Raume lesen wir die Zeit. Über Zivilisationsgeschichte und Geopolitik, München-Wien 2003.

Schlumbohm, Jürgen: Lebensläufe, Familien, Höfe: Die Bauern und Heuerleute des Osnabrückischen Kirchspiels Belm in proto-industrieller Zeit, 1650-1860, Göttingen 1994 (^{2}1997).

Schmid, Josef: Einführung in die Bevölkerungssoziologie, Reinbek 1976.

Schmid, Josef (Hg.): Bevölkerungswissenschaft. Die »Bevölkerungslehre« von Gerhard Mackenroth – 30 Jahre danach, Frankfurt a. M. 1985.

Schmitz-Berning, Cornelia: Vokabular des Nationalsozialismus, Berlin-New York 1998.

Schmoll, Friedemann: Die Vermessung der Kultur. Der »Atlas der deutschen Volkskunde« und die Deutsche Forschungsgemeinschaft 1928-1980, Stuttgart 2009.

Schneider, Werner: Die Deutsche Demokratische Partei in der Weimarer Republik 1924-1930, München 1978.

Schnitzler, Sonja: Elisabeth Pfeil und das »Blaue Archiv«. Aspekte einer Bevölkerungssoziologie im Nationalsozialismus, in: Mackensen (Hg.), Bevölkerungsforschung, 203-219.

Schnitzler, Sonja: Realsoziologische Expertise der Sozialforschungsstelle an der Universität Münster in Dortmund – Elisabeth Pfeil und die Studie zum Bergarbeiterwohnungsbau, in: Ehmer et al. (Hg.), Herausforderung Bevölkerung, 295-306.

Schnitzler, Sonja: Fallbeispiel für rekursive Kopplung von Wissenschaft und Politik: Das »Archiv für Bevölkerungswissenschaft und Bevölkerungspolitik« (1934-1944), in: Mackensen et al. (Hg.), Ursprünge, Arten und Folgen, 321-344.

Schnurbein, Stefanie von: Die Suche nach einer »arteigenen« Religion in »germanisch-« und »deutschgläubigen« Gruppen, in: Puschner et al. (Hg.), Handbuch, 172-185.

Schöller, Peter: Geopolitische Versuchungen bei der Interpretation der Beziehungen zwischen Raum und Geschichte. Eine kritische Bilanz der Konzeptionen und Theorien seit Friedrich Ratzel, in: Dietrich Denecke/Klaus Fehn (Hg.), Geographie in der Geschichte, Wiesbaden 1989, 73-88.

Schöttler, Peter: Lucie Varga – eine österreichische Historikerin im Umkreis der »Annales« (1904-1941), in: ders. (Hg.), Lucie Varga, Zeitenwende. Mentalitätshistorische Studien 1936-1939, Frankfurt a. M. 1991, 13-110.

Schöttler, Peter: Das »Annales-Paradigma« und die deutsche Historiographie (1929-1939). Ein deutsch-französischer Wissenschaftstransfer? In: Lothar Jordan/Bernd Kortländer (Hg.), Nationale Grenzen und internationaler Austausch. Studien zum Kultur- und Wissenschaftstransfer in Europa, Tübingen 1995, 200-220.

Schöttler, Peter (Hg.): Geschichtsschreibung als Legitimationswissenschaft 1918-1945, Frankfurt a. M. 1997 (²1999).

Schöttler, Peter: Marc Bloch: Historiker und Widerstandskämpfer, Frankfurt a. M. 1999.

Schöttler, Peter: Die intellektuelle Rheingrenze. Wie lassen sich die französischen Annales und die NS-Volksgeschichte vergleichen? In: C. Conrad/S. Conrad (Hg.), Die Nation schreiben, 271-295.

Schöttler, Peter: Eine Art »Generalplan West«: Die Stuckart-Denkschrift vom 14. Juni 1940 und die Planungen für eine neue deutsch-französische Grenze im Zweiten Weltkrieg, in: Sozial.Geschichte N. F. 18, Nr. 3 (2003), 83-131 (mit Edition, 110-131).

Schöttler, Peter: Die deutsche »Westforschung« der 1930er Jahre zwischen »Abwehrkampf« und territorialer Offensive, in: Tijdschrift voor Geschiedenis, 118 (2005), 158-168.

Schofield, Roger S./David Coleman: Introduction, in: dies. (eds.), The State of Population Theory: Forward from Malthus, Oxford 1986, 1-13.

Schofield, Roger: »Through a Glass Darkly«, in: Social Science History 22 (1998), 117-130.

Schorn-Schütte, Luise: Karl Lamprecht. Kulturgeschichtsschreibung zwischen Wissenschaft und Politik. Göttingen 1984.

Schröder, Iris: Die Nation an der Grenze. Deutsche und französische Nationalgeographien und der Grenzfall Elsaß-Lothringen, in: Ralph Jessen/Jakob Vogel (Hg.), Wissenschaft und Nation in der europäischen Geschichte, Frankfurt a. M. 2002, 207-234.

Schroeder-Gudehus, Brigitte: Internationale Kongresse und die Organisation der Wissenschaft: Ein Blick auf die Jahrhundertwende, in: Boockmann/Jürgensen (Hg.), Nachdenken, 247-255.

Schulle, Diana: Das Reichssippenamt. Eine Institution nationalsozialistischer Rassenpolitik, Berlin 2001.

Schulte, Jan Erik (Hg.): Die SS, Himmler und die Wewelsburg, Paderborn 2009.

Schulze, Winfried: Deutsche Geschichtswissenschaft nach 1945, München 1993.

Schulze, Winfried/Otto Gerhard Oexle (Hg.): Deutsche Historiker im Nationalsozialismus, Frankfurt a. M. 1999.

Sehested v. Gyldenfeldt, Christian: Gunther Ipsen zu VOLK und LAND. Versuch über die Grundlagen der Realsoziologie in seinem Werk, Berlin 2008.

Sellin, Volker: Einführung in die Geschichtswissenschaft, Göttingen 1995.

Serrier, Thomas: »Deutsche Kulturarbeit in der Ostmark«. Der Mythos vom deutschen Vorrang und die Grenzproblematik in der Provinz Posen (1871-1914), in: Müller/Petri (Hg.), Nationalisierung, 13-33.

Sieglerschmidt, Jörn: Bevölkerungsgeschichte, in: Günther Schulz et al. (Hg.), Sozial- und Wirtschaftsgeschichte. Arbeitsgebiete – Probleme – Perspektiven, Stuttgart 2004, 249-282.

Simmel, Georg: Der Raum und die räumlichen Ordnungen der Gesellschaft, in: ders., Soziologie. Untersuchungen über die Formen der Vergesellschaftung, hg. von Otthein Rammstedt, Frankfurt a. M. 1992, 687-790.

Sokoll, Thomas: Historische Demographie und historische Sozialwissenschaft, in: Archiv für Sozialgeschichte 32 (1992), 405-425.

Sokoll, Thomas/Rolf Gehrmann: Historische Demographie und quantitative Methoden, in: Michael Maurer (Hg.), Aufriß der Historischen Wissenschaften, Bde. 1-7, 7: Neue Themen und Methoden der Geschichtswissenschaft, Stuttgart 2003, 152-229.

Spevack, Edmund: Borderland Nationalism, Westward Migration, and Anti-Polish Aggression: The Case of the Grenzmark Posen-Westpreussen, 1919-1939, in: East European Quarterly 30 (1996), 301-330.

Spreitzer, Renate: Harold Steinacker (1875-1965). Ein Leben für »Volk und Geschichte«, in: Hruza (Hg.), Österreichische Historiker, 191-223.

Stadler, Peter: Internationaler Historikerkongreß im Schatten der Kriegsgefahr: Zürich 1938, in: Boockmann/Jürgensen (Hg.), Nachdenken, 269-281.

Stangl, Günter: Antike Populationen in Zahlen. Überprüfungsmöglichkeiten von demographischen Zahlenangaben in antiken Texten, Frankfurt a. M. 2008.

Steidl, Annemarie et al. (Hg.): Übergänge und Schnittmengen. Arbeit, Migration, Bevölkerung und Wissenschaftsgeschichte in Diskussion, Wien 2008.

Steidl, Annemarie: Trends der Bevölkerungsforschungen in den Geschichtswissenschaften, in: Mackensen et al. (Hg.), Ursprünge, Arten und Folgen, Wiesbaden 2009, 107-127.

Stöckel, Sigrid: Verwissenschaftlichung der Gesellschaft – Vergesellschaftung der Wissenschaft, in: dies./Wiebke Lisner/Gerlind Rüve (Hg.), Das Medium Wissenschaftszeitschrift seit dem 19. Jahrhundert. Verwissenschaftlichung der Gesellschaft – Vergesellschaftung von Wissenschaft, Stuttgart 2009, 9-23.

Suppanz, Werner: Geschichtsbilder im Ständestaat, in: Ursula Prutsch/Manfred Lechner (Hg.), Das ist Österreich. Innensichten und Außensichten, Wien 1997, 61-91.

Svatek, Petra: Geisteswissenschaftliche Südostforschung in Wien während des Nationalsozialismus: Interdisziplinarität und politischer Konnex, in: Ingrid Böhler/Eva Pfanzelter et al. (Hg.), 7. Österreichischer Zeitgeschichtetag 2008, Innsbruck 2010, 396-402.

Svatek, Petra: Hugo Hassinger und Südosteuropa. Raumwissenschaftliche Forschungen in Wien (1931-1945), in: Sachse (Hg.), »Mitteleuropa«, 290-311.

Szöllösi-Janze, Margit: Wissensgesellschaft in Deutschland: Überlegungen zur Neubestimmung der deutschen Zeitgeschichte über Verwissenschaftlichungsprozesse, in: GG 30 (2004), 277-313.

Szöllösi-Janze, Margit: Politisierung der Wissenschaften – Verwissenschaftlichung der Politik, in: Fisch/Rudloff (Hg.), Experten, 79-100.

Theibault, John: The Demography of the Thirty Years' War Re-revisited. Günter Franz and his Critics, in: German History 15 (1997), 1-21.

Tiedau, Ulrich: Franz Steinbach, in: Haar/Fahlbusch (Hg.), Handbuch, 661-666.

Timm, Elisabeth: Grounding the Family. Locality and its Discontents in Popular Genealogy, in: Ethnologia Europaea: Journal of European Ethnology 42 (2) (2012), 36-50.

Trüper, Henning: Die Vierteljahrschrift für Sozial- und Wirtschaftsgeschichte und ihr Herausgeber Hermann Aubin im Nationalsozialismus, Wiesbaden 2005.

Üner, Elfriede: Soziologie als »geistige Bewegung«. Hans Freyers System der Soziologie und die Leipziger Schule, Weinheim 1992.

Ulbricht, Otto: Einleitung: Die Allgegenwärtigkeit der Pest in der Frühen Neuzeit und ihre Vernachlässigung in der Geschichtswissenschaft, in: ders. (Hg.), Die leidige Seuche. Pest-Fälle in der Frühen Neuzeit, Köln-Weimar-Wien 2004, 1-63.

Unger, Corinna R.: Ostforschung in Westdeutschland. Die Erforschung des europäischen Ostens und die Deutsche Forschungsgemeinschaft, 1945-1975, Stuttgart 2007.

Ungern-Sternberg, Jürgen von: Wissenschaftler, in: Gerhard Hirschfeld/Gerd Krumeich/Irina Renz (Hg.), Enzyklopädie Erster Weltkrieg, Paderborn u. a. ^{2}2004, 169-176.

Vienne, Florence: Die »Lösung der Bevölkerungsfrage« im Nationalsozialismus. Richard Korherrs und Friedrich Burgdörfers Beiträge zur Vernichtung der Juden in der Geschichte der Bevölkerungswissenschaft, in: Mackensen (Hg.), Bevölkerungslehre, 151-164.

Vienne, Florence: Une science de la peur. La démographie avant et après 1933, Frankfurt a. M. 2006.

Violante, Cinzio: Das Ende der ›großen Illusion‹. Ein europäischer Historiker im Spannungsfeld von Krieg und Nachkriegszeit, Henri Pirenne (1914-1923) – zu einer Neulesung der »Geschichte Europas«, Berlin 2004.

Volkmann, Hans-Erich: Historiker aus politischer Leidenschaft. Hermann Aubin als Volksgeschichts-, Kulturboden- und Ostforscher, in: ZfG 49 (2001), 32-49.

Volkmann, Hans-Erich: Hermann Aubin, in: Haar/Fahlbusch (Hg.), Handbuch der völkischen Wissenschaften, 58-62.

Volkmar Weiss. URL: http://de.wikipedia.org/wiki/Volkmar_Weiss (2.9.2013).

Vollrath, Hanna: Alfons Dopsch, in: Hans-Ulrich Wehler (Hg.): Deutsche Historiker. Bd. 7, Göttingen 1980, 39-54.

Wachs, Philipp Christian: Der Fall Oberländer. Ein Lehrstück deutscher Geschichte, Frankfurt a. M.-New York 2000.

Wagner-Hasel, Beate: Die Arbeit des Gelehrten. Der Nationalökonom Karl Bücher (1847-1930), Frankfurt a. M.-New York 2011.

Walle, E.[tienne] van de: Henry, Louis (1911-91), in: Neil J. Smelser/Paul B. Baltes (eds.), International Encyclopedia of the Social and Behavioral Sciences. Vol. 10, Amsterdam-Paris u. a. 2001, 6661-6662.

Wassermann, Stanley/Katherine Faust: Social Network Analysis. Methods and Applications, Cambridge 1994.

Waßner, Rainer: Rudolf Heberle, Hamburg 1995.

Wauker, Marco: Volksgeschichte als moderne Sozialgeschichte? Werner Conze und die deutsche Ostforschung, in: ZfO 52 (2003), 347-397.

Weber, Matthias: Zur deutschen Historiographie über Schlesien seit 1945, in: Kloczowski et al. (Hg.), Erfahrungen, 133-144.

Weber, Wolfgang: Priester der Klio. Historisch-sozialwissenschaftliche Studien zur Herkunft und Karriere deutscher Historiker und zur Geschichte der Geschichtswissenschaft 1800-1970, Frankfurt a. M. u.a. 1984.

Weber, Wolfgang: Völkische Tendenzen in der Geschichtswissenschaft, in: Puschner et al. (Hg.), Handbuch, 834-858.

Wedekind, Michael: »Völkische Grenzlandwissenschaft« in Tirol: Vom wissenschaftlichen Abwehrkampf zur Flankierung der NS-Expansionspolitik, in: Geschichte und Region/Storia e regione 5 (1996), 227-265.

Wedekind, Michael: Ethnisch-soziale Neuordnungskonzepte im besetzten Europa (1939-1945) – Forschungsperspektiven zu Fallstudien zum Alpen-Adria-Raum, in: Mackensen/Reulecke (Hg.), Das Konstrukt »Bevölkerung«, 371-385.

Wedekind, Michael: The Sword of Science: German Scholars and National Socialist Annexation Policy in Slovenia and Northern Italy, in: Haar/Fahlbusch (eds.), German Scholars, 110-138.

Wehler, Hans-Ulrich: Geschichte als Historische Sozialwissenschaft, Frankfurt a. M. 1973.

Wehler, Hans-Ulrich: Nationalsozialismus und Historiker, in: Schulze/Oexle (Hg.), Deutsche Historiker, 306-339.

Wehler, Hans-Ulrich: Deutsche Gesellschaftsgeschichte 1914-1949, Bde. 1-5,4, 2., durchges. Aufl., München 2003.

Weingart, Peter: Wissenschaftssoziologie, Bielefeld 2003.

Weipert, Mathias: »Mehrung der Volkskraft«: Die Debatte über Bevölkerung, Modernisierung und Nation 1890-1933, Paderborn 2006.

Weiß, Hermann: Pleyer, K., in: NDB, Berlin 2001, 541-542.

Weiss, Volkmar/Katja Münchow: Ortsfamilienbücher mit Standort Leipzig in Deutscher Bücherei und Deutscher Zentralstelle für Genealogie, Neustadt/Aisch 1998.

Weiss, Volkmar: Die Vorgeschichte des arischen Ahnenpasses. Teil 1: Das sogenannte Blutsbekenntnis; Teil 2: Historische oder völkische Genealogie? In: Genealogie 50 (2000), 417-436; 497-507.

Weiss, Volkmar: Johannes Hohlfeld, von 1924 bis 1950 Geschäftsführer der Zentralstelle für Deutsche Personen- und Familiengeschichte in Leipzig, in: Genealogie 49 (2000), 65-83.

Weiss, Volkmar: Johannes Hohlfeld (1888-1950), in: Gerald Wiemers (Hg.), Sächsische Lebensbilder, Bd. 5, Leipzig 2003, 247-270.

Werner, Michael/Bénédicte Zimmermann: Vergleich, Transfer, Verflechtung. Der Ansatz der histoire croisée und die Herausforderung des Transnationalen, in: GG 28 (2002), 607-636.

Weß, Ludger: Das Bundesinstitut für Bevölkerungsforschung – Politikberatung mit Tradition, in: 1999. Zeitschrift für Sozialgeschichte des 20. und 21. Jahrhunderts 10 (1995), 101-114.

Weyl, Heinz: Zur Geschichte der Landes- und Regionalplanung in Niedersachsen, in: Zur geschichtlichen Entwicklung der Raumordnung, Landes- und Regionalplanung in der Bundesrepublik Deutschland, Hannover 1991 (= Forschungs- und Sitzungsberichte; 182), 197-251.

Wiedemann, Andreas: Die Reinhard-Heydrich-Stiftung in Prag (1942-1945), Dresden 2000.

Wiggershaus-Müller, Ursula: Nationalsozialismus und Geschichtswissenschaft. Die Geschichte der Historischen Zeitschrift und des Historischen Jahrbuchs 1933-1945, Hamburg 2000.

Wildt, Michael: Generation des Unbedingten. Das Führungskorps des Reichssicherheitshauptamtes, Hamburg 2002.

Wilhelm, Jürgen: Die Stammeskultur der Ordinarienuniversität, in: Martin Baethgen/Wolfgang Eßbach (Hg.), Soziologie: Entdeckungen im Alltäglichen, Frankfurt a. M-New York 1983, 477-495.

Wippermann, Wolfgang: »Wie die Zigeuner«. Antisemitismus und Antiziganismus im Vergleich, Berlin 1997.

Witt, Werner: Bevölkerungskartographie, Hannover 1971.

Wörsdörfer, Rolf: Ethnisch-nationale Differenzierung in den Ostalpen: ›Deutsch-Windisch-Slowenisch‹ (1920-1991), in: Müller/Petri (Hg.), Nationalisierung, 137-160.

Wolf, Gerhard: Deutsche Volksliste, in: Haar/Fahlbusch (Hg.), Handbuch, 129-135.

Wolter, Heike: »Volk ohne Raum«: Lebensraumvorstellungen im geopolitischen, literarischen und politischen Diskurs: eine Untersuchung auf der Basis von Fallstudien zu Leben und Werk Karl Haushofers, Hans Grimms und Adolf Hitlers, Münster 2003.

Wrigley, Edward A./Roger S. Schofield: The population history of England 1541-1871. A reconstruction, London 1981.

Zajic, Andreas H.: Hans Hirsch (1878-1940). Historiker und Wissenschaftsorganisator

zwischen Urkunden- und Volkstumsforschung, in: Hruza (Hg.), Österreichische Historiker, 307-417.
Ziegeldorf, Vera: Review-Symposion »Westforschung«: abschließende Redaktionsnotiz, in: H-Soz-u-Kult Humanities Sozial- und Kulturgeschichte, 7.7.2003, URL: http://hsozkult.geschichte.hu-berlin.de/forum/id=345&type=diskussionen (2.9.2013).
Zimmermann, Jan: Die Kulturpreise der Stiftung F.V.S. 1935-45. Darstellung und Dokumentation, Hamburg 2000.
Zimmermann, Jan: Beitrag Toepfer-Preise 1935-1945, in: H-Soz-u-Kult Humanities Sozial- und Kulturgeschichte. URL: http://hsozkult.geschichte.hu-berlin.de/BEITRAG/diskusio/NSZEIT/nszeit23.htm (2.9.2013).
Zöllner, Erich: Geschichte Österreichs: Von den Anfängen bis zur Gegenwart, Wien 1961
Zorn, Wolfgang: Friedrich Lütge als Sozial- und Wirtschaftshistoriker, in: VSWG 55 (1968), 427-432.
Zwilling, Martin: Mutterstämme – Die Biologisierung des genealogischen Denkens und die Stellung der Frau in Familie und Gesellschaft von 1900 bis zur NS-Zeit, in: TAJB 36 (2008), 29-47.

Nachwort

Die hier vorgelegte Monographie wurde im Wintersemester 2012/13 von der Historisch-Kulturwissenschaftlichen Fakultät der Universität Wien unter dem Titel »Bevölkerungsforschungen in den Geschichtswissenschaften – Deutschland und Österreich im internationalen Kontext 1900-1970« als Habilitationsschrift angenommen. Die für die Drucklegung leicht überarbeitete Studie entstand im Zuge des Projekts »›Bevölkerung‹ in den deutschen und österreichischen Geschichtswissenschaften, ca. 1870-1970«. Die Ursprünge dieses Forschungsvorhabens gehen auf das Jahr 2001 zurück, als die Deutsche Forschungsgemeinschaft (DFG) das interdisziplinäre Schwerpunktprogramm (SPP) 1106 zur Geschichte der Bevölkerungswissenschaften in Deutschland einrichtete. In den Jahren 2001 bis 2009 untersuchten bis zu sechzehn Teilprojekte des SPP 1106 das Rahmenthema »Ursprünge, Arten und Folgen des Konstrukts ›Bevölkerung‹ vor, im und nach dem ›Dritten Reich‹«.

Das Teilprojekt »›Bevölkerung‹ in den Geschichtswissenschaften« beschränkte sich auf den engeren Bereich der historischen Wissenschaften, wobei ein Schwerpunkt der Untersuchungen auf dem Austausch und den Verflechtungen der historischen Bevölkerungsforschungen mit Soziologie und Ökonomie lag.

Dieses Projekt wurde von Prof. Dr. Josef Ehmer geleitet und vom Verfasser zusammen mit Mag. Werner Lausecker bearbeitet. Es war 2001 bis 2005 am Fachbereich Geschichte der Universität Salzburg bzw. ab 2005 am Institut für Wirtschafts- und Sozialgeschichte der Universität Wien angesiedelt. Josef Ehmer danke ich herzlich für seine stete Bereitschaft zum fachlichen Austausch, aber auch für seine Begleitung in den Höhen und Tiefen des wissenschaftlichen Betriebs. Für vielfältige Anregungen, über ›Bevölkerung‹ kritisch zu reflektieren, bin ich Werner Lausecker ebenso dankbar wie für unsere konstruktive Zusammenarbeit. Die vorliegende Monographie wäre ohne die kontinuierliche Unterstützung und Begleitung, die ich durch meine beiden Kollegen im Projektteam erfahren durfte, in dieser Form nicht entstanden.

Mein Dank gilt darüber hinaus den beiden emeritierten Professoren Dr. Rainer Mackensen und Dr. Jürgen Reulecke, die als Koordinatoren des DFG-SPP »Bevölkerung« maßgeblich zum kollegialen Arbeitsklima im SPP 1106 beitrugen. Der engagierte und kontinuierliche wissenschaftliche Dialog mit ProjektleiterInnen, DFG-GutachterInnen und ProjektmitarbeiterInnen erwies sich für die Forschungsarbeit als wegweisend. Danken möchte ich dafür namentlich Prof. Dr. Ute Daniel, Prof. Dr. Carsten Klingemann, Prof. Dr. Robert Lee, Dr. Ursula Ferdinand, Dr. Wolfgang Freund, Heike Görzig M.A., Dr. Jörg Gutberger, Dr. Ingo Haar, Dr. Patrick Henßler, PD Dr. Sylvia Kesper-Biermann, PD Dr. Sybilla Nikolow, PD Dr. Michael C. Schneider, Dr. Sonja Schnitzler und Dr. Elfriede Üner. Hervorheben möchte ich insbesondere die kollegiale Unterstützung durch Dr. Michael Wedekind, der wesentliche Teile meines Manuskripts einer sorgfältig prüfenden Lektüre unterzog.

Für meine Forschungsarbeit habe ich darüber hinaus vielfältige Hilfen und Anregungen durch eine Reihe von KollegInnen und Institutionen erfahren, die ich hier nicht alle namentlich anführen kann. Von den Institutionen danke ich an erster Stelle der DFG, deren Sachbearbeiter Ingrid von Maikowski und Wolfgang Fülbier dem Projektteam stets in unbürokratischer Weise entgegenkamen, wenn es um inhaltlich begründete Umwidmungen und Änderungen ging. Abgesehen von der DFG verdanke ich der Fazit-Stiftung in Frankfurt a. M. und dem Centre Marc Bloch (CMB) in Berlin jene finanzielle Dotierung, die es mir ermöglichte, meine Studie zu verfassen: Im Rahmen eines Gastaufenthalts im Forschungsverbund des deutschen Bundesministeriums für Bildung und Forschung (BMBF) »Die vergangene Zukunft Europas: Kulturwissenschaftliche Analysen von demografischen Prognosen und Wissensordnungen im 20. und 21. Jahrhundert«, das von Dr. Petra Overath geleitet wurde, konnte ich meine Arbeit wesentlich voranbringen. Um die bis dahin nur in Teilen abgeschlossene Untersuchung fertigzustellen, gewährte mir die Fazit-Stiftung (Geschäftsführer Prof. Dr. Wolfgang Bernhardt) für das Jahr 2010 ein großzügig bemessenes Habilitationsstipendium. Diese Förderungen wurden durch den Theodor-Körner-Preis zur Förderung von Wissenschaft und Kunst ergänzt, den ich im April 2010 in Wien entgegennehmen konnte. Als Historiker vermag man schließlich kaum etwas zu erreichen, ohne sich der sachkundigen Unterstützung durch ArchivarInnen und BibliothekarInnen zu versichern: Hierfür habe ich insbesondere den Universitäts- und Fachbereichsbibliotheken in Salzburg und Wien, dem Bundesarchiv Berlin, den Universitätsarchiven Bochum, Leipzig und Münster sowie der Dokumentesammlung des J. G. Herder-Instituts Marburg zu danken.

Dem Wallstein Verlag danke ich dafür, dass er mein Buch in sein Programm aufgenommen hat. Die professionelle Unterstützung und verständnisvolle Begleitung, die ich im Zuge der Endredaktion des Bandes durch meine beiden Verlagslektoren Hajo Gevers und Florian Grundei erfahren habe, möchte ich dabei besonders hervorheben.

Dank gebührt schließlich denjenigen, die die Drucklegung dieser Arbeit großzügig unterstützten: der DFG in Bonn, der Fazit-Stiftung in Frankfurt a. M., der MA 7-Kulturabteilung der Stadt Wien (Wissenschafts- und Forschungsförderung) sowie der Stiftungs- und Förderungsgesellschaft der Paris-Lodron-Universität Salzburg.

Salzburg, im September 2013 *Alexander Pinwinkler*

Personenverzeichnis

Im Folgenden sind alle in der Studie erwähnten Akteure und Akteurinnen verzeichnet. Die kursivierten Seitenangaben beziehen sich auf einen Eintrag zu der betreffenden Person in der Liste der Kurzbiographien.

Sachverzeichnis

Die Begriffe ›Bevölkerungsgeschichte‹, ›Historische Demographie‹ und ›Volksgeschichte‹ sind im Register ebenso wenig aufgenommen wie ›Bevölkerung‹, ›Volk‹ und ›Raum‹. Auf wissenschaftliche und politische Institutionen sich beziehende Lemmata sind kursiv dargestellt.